中国财政扶持"三农"发展保障之路探讨

韩连贵 主编

中国财经出版传媒集团
中国财政经济出版社

图书在版编目（CIP）数据

中国财政扶持"三农"发展保障之路探讨／韩连贵主编．—北京：中国财政经济出版社，2019.10

ISBN 978-7-5095-9174-1

Ⅰ.①中… Ⅱ.①韩… Ⅲ.①三农问题-财政政策-研究-中国 Ⅳ.①F32②F812.0

中国版本图书馆 CIP 数据核字（2019）第 179707 号

责任编辑：马 真　　责任校对：徐艳丽

中国财政经济出版社出版
URL：http://www.cfeph.cn
E-mail：cfeph @ cfeph.cn
（版权所有　翻印必究）
社址：北京市海淀区阜成路甲 28 号　邮政编码：100142
营销中心电话：88190406　北京财经书店电话：64033436　84041336
北京财经印刷厂印刷　各地新华书店经销
889×1194 毫米　16 开　44.75 印张　1 328 000 字
2019 年 10 月第 1 版　2019 年 10 月北京第 1 次印刷
定价：118.00 元
ISBN 978-7-5095-9174-1
（图书出现印装问题，本社负责调换）
本社质量投诉电话：010-88190744
打击盗版举报热线：010-88190414　QQ：447268889

国家财政扶持"三农"课题组

主编：韩连贵

成员：李振宇　刘瑞新　陈贵锋　董　齐　韩铁峰
　　　刘仁芙　侯江华　万志刚　潘贵祥　陈友订
　　　孙　健　李克君　朱国平　易继平　张昭利
　　　张中仁　陈少华　王　岩　田晓东　余长河
　　　柳红录　张振江　张景祥　徐和平　王　威
　　　王贵良　林钢强　李贤锋　赵建生　王其文
　　　张国泰　王　恒　马秀梅　雏鹏飞　吴庆岚
　　　蒋立红　吴清平　张凌艳　杨　微　魏志远

前　言

我国农业、农村和农民进入了新的发展时代，全国各地区传统农业正向现代农业、粗放型经营正向集约型经营、资源掠夺性生产正向可持续性生产转变，正进行一次新的农业科技革命，依靠科技进步实现农业的跨越式发展，正进行调整优化农村一、二、三产业结构，提高农村整体素质、综合效益，逐年增加农民收入，全面建设农村小康社会，加速城乡一体农业现代化、工业化、信息化、城镇化建设进程。

70年来，以马克思主义、毛泽东思想、邓小平理论、"三个代表"重要思想、科学发展观、习近平新时代中国特色社会主义思想为指导，以我国农业、农村和农民的实践与发展之路为研究对象，对全国各地区农业、农村和农民发展变化情况，进行了认真探索、考察、评估、研讨、总结、分析，从中汲取营养、择其精髓，聚焦我国农村土地综合治理利用、征购储备、供应占用和财政筹融资监管体系完善的历程、农业基础设施建设、农业生态环境、农业资源开发、农业结构调整优化、农业科技革命、农业产业化经营、农业信息化工程、农村社会化服务体系、农村产品市场体系、农村经济体制、农民主体地位、农民增收致富、农业和农村经济可持续发展、城乡一体农业现代化、工业化、信息化、城镇化"四化"同步建设小康之路等方面问题。

农业和农村是自然再生产和经济再生产相互交织的特殊产业和地域。从事农业生产经营建设和农村经济活动，必须严格遵循农业和农村的自然再生产和经济再生产的规律，必须制定农业和农村经济发展的战略、方针、政策。中华民族的兴盛与农业和农村经济发展密不可分，农业是人类衣食之源、生存之本，是人类文明进步的基础和社会分工分业的前提。农业兴，则百业兴，天下安定；农业衰，则百业凋敝，社会动荡。这是古今中外的一个普遍规律。实践证明，农业这个第一产业与国民经济的第二、三产业相比，是基础产业，是与其他产业相辅相成、互相促进、共同发展，其地位和作用也越显突出。不断强化农业这个基础，把农业放在发展国民经济的首位，是任何时候、任何情况下，都必须始终坚持和毫不动摇的基本国策。

农民是农业的主体、土地的主人。农业和农村经济持续发展的决定因素，是农民的积极性和创造力。我国历史经验告诫人们，务必把农民的积极性和创造力调动好、保护好，在任何时候、任何情况下，都必须以农民对所办事情是否赞成、所作决定是否拥护为基本准则。当今世界已进入知识经济时代，以生物技术、信息技术为主要标志的科技革命正在我国兴起。基因工程育种、信息互联网、精准农业、设施农业、生态农业和深加工农业等高新科技成果正在全国各地区广泛应用。我国农业要实现跨越式发展，缩小与发达国家的差距，就必须在加大农业科技攻关力度、引进农业高新科技的同时，积极引导农民学习应用农业科技、抛弃高耗低效的粗放经营方式，广泛采用农业最新科技成果，科学合理节约、综合开发利用农业资源，持续有效提高农业综合生产能力，不断增强农业和农村经济持续发展实力。

我国农业和农村经济经过了三个时期：一是传统计划时期，主要矛盾是解决中华民族温饱问题，确保粮棉油肉糖等大宗农业产品生产在农业中占主导地位，以达到自给自足的目标；二是转型过渡时期，主要矛盾是在满足中华民族温饱的基础上，提高生活质量，因而向高产、优质、高效农业产品生产转变；三是国际接轨时期，主要矛盾是提高世界民族的优质化、多样化、多变化的生活水平，提高农业综合生产能力，壮大农村经济实力，实现城乡一体化经济效益、社会效益、生态效益的协调统一，使农业成为兴旺发达、持续发展的现代基础产业。当前，我国农业和农村经济，正在大力发展种植业、养殖业的基础上，进一步形成产加销一条龙产业链、结成农工贸一体化产业经营体系，完善农业和农村经济社会化服务网络，真正实现农业产品生产、加工、保鲜、包装、贮藏、运输、销售各环节的有机结合，把农村由单纯的第一产业延伸到第二、三产业，提高农业综合效益、增强农村经济实力。

要认清21世纪农业和农村经济发展的新形势、新任务，促使全国农民在物质上、精神上得到切实利益。我国农业和农村工作者、农村基层干部要遵循全心全意为农民谋利益的宗旨，相信和依靠农民群众，倾听农民群众的呼声，尊重农民群众的自主经营权和民主权利，遇事和农民群众商量，不断减轻农民群众的负担，巩固维护农村改革、发展、稳定的大好局面；我国农业和农村经济持续发展是一个长期的动态变化过程。因此，凡是从事农业和农村工作者、农村基层干部，都要按照"实践、认识、再实践、再认识"的思想原则，自觉地投身到农业和农村经济体制改革的实践中去，和农民群众一道，在实践中学习、探索、研讨、开拓、创新，善于运用成功的实践经验和科学的理论认识，去研究解决农业和农村经济发展中不断出现的新矛盾、新问题，推动农业和农村经济持续健康发展，确保农村社会不断进步、长治久安。

从2001年至2019年，立足于我国农业、农村和农民实践，从理论与实践、方略与法规的结合上研讨问题，把实践认识升华为理论认识，对怎样解决当前和今后时期我国农业和农村经济发展的对策、思路，提出了相应的意见和建议。在此期间，对我国"三农"领域开展了《关于农村土地使用权流转的考察评价意见》《关于正确认识和解决新时期农民问题的探讨意见》《关于组织实施农业产品产销订单合同的策略》《关于促进民营企业发展的探索思路和意见》《我国农业实践与发展之路》《我国社会主义新农村建设方略规程探索》《新中国农业税历程》《关于探讨农业产业化经营安全保障体系建设方略规程的思路》以及《关于探讨农业信息化体系建设的历程》等课题的研讨。

在上述基础上，重点深入开展了我国财政扶持"三农"发展保障之路的研讨，形成八项课题研究成果：一是关于我国农业生产经营建设管理体系逐步健全方略规程的探讨；二是关于农村土地综合开发治理利用、征购储备、供应占用和财政筹融资监管体系完善途径的探讨；三是关于组织开展农业结构和农村结构调整优化实践评估的建议；四是关于农业现代产业化经营有关问题的探讨；五是关于中共十八大以来全国农村农民群众脱贫增收致富奔小康社会之路的方略规程；六是关于拓展城乡一体"四化"建设小康之路的方略；七是关于扶持拓展"三农"发展安全保护保障体系途径的经验启示；八是关于农业综合开发治理项目工程建设的方略规程。现将上述研究成果汇编成本书，以利于读者从广度、深度、高度上更进一步认清我国农业和农村经济发展的趋势，在今后农业和农村经济发展走向中，不断解放思想、开阔视野、更新观念、开拓创新、继续前进。

韩连贵
2019年5月28日

目 录

关于我国农业生产经营建设管理体系逐步健全方略规程的探讨 ………………………………… 1
  一、我国农业为国计民生经济社会发展基础的方略 ………………………………………… 3
  二、我国农业区划、布局合理确定的方略 …………………………………………………… 5
  三、我国农业自然资源科学利用的方略 ……………………………………………………… 9
  四、我国农业生产经营建设要素有机组合的方略 ………………………………………… 12
  五、我国农业生产经营建设结构调整优化的方略 ………………………………………… 15
  六、我国农业生产经营建设预测决策的方略 ……………………………………………… 22
  七、我国农业生产经营建设土地承包利用保护的方略 …………………………………… 27
  八、我国农业生产经营建设管理责任制完善稳定的方略 ………………………………… 28
  九、我国农业生产经营建设事项调控管制的方略 ………………………………………… 30
  十、我国农业生产经营建设保障保险管制完善的方略 …………………………………… 37
  十一、我国农业生产经营建设劳动管理体系调整健全的方略 …………………………… 42
  十二、我国农业生产经营建设物资管理体系建立健全的方略 …………………………… 54
  十三、我国农业生产经营建设资金管理体系充实健全的方略 …………………………… 63
  十四、我国农业生产经营建设收益分配管理体系变革健全的方略 ……………………… 83
  十五、我国农业生产经营建设经济核算与分析相融合的方略 …………………………… 92
  十六、我国农业生产经营建设财务管理与会计核算相结合的方略 ……………………… 100
  十七、我国农业生产经营建设计划市场管理体系逐步健全的方略 ……………………… 116

关于农村土地综合开发治理利用、征购储备、供应占用和财政筹融资监管体系
完善途径的探讨 …………………………………………………………………………… 128
  一、农村土地所有制、使用权益和征购、占用法治途径 ………………………………… 130
  二、农村土地承包经营长久和使用权流转畅通保障途径 ………………………………… 148
  三、农村耕地永久保护和节约集约利用及占补平衡途径 ………………………………… 189
  四、农村土地全面整理和深入整治途径 …………………………………………………… 212
  五、农村土地综合开发和科学复垦途径 …………………………………………………… 219
  六、农村土地依法拓展征购、储供、利用途径 …………………………………………… 253
  七、农村土地定级估价和建设占用审批调控途径 ………………………………………… 261
  八、农村村民住宅基地建设维护和治理途径 ……………………………………………… 264
  九、农村土地利用规划制定和实施途径 …………………………………………………… 267
  十、农村土地及相关系统经营管理监督检查途径 ………………………………………… 273
  十一、农村村民失地后社会保障途径 ……………………………………………………… 287
  十二、农村土地财政筹融资监管体系逐步完善途径 ……………………………………… 293

关于组织开展农业结构和农村结构调整优化实践评估的建议 313
- 一、科学界定结构调整优化的范围和内容 313
- 二、综合分析结构调整优化的原因 314
- 三、全面规划结构调整优化的目标 317
- 四、统一筹谋结构调整优化的方略 321
- 五、因地制宜落实结构调整优化的任务 326
- 六、实事求是坚守结构调整优化的原则 333
- 七、严格达到结构调整优化的要求 338
- 八、掌握运用结构调整优化的方式 344
- 九、坚持履行结构调整优化的程序 351
- 十、实践验证结构调整优化的成效 358
- 十一、总结交流结构调整优化的经验 361

关于农业现代产业化经营有关问题的探讨 364
- 一、农业现代产业化经营的概念和标志 364
- 二、农业现代产业化经营的范围和内容 366
- 三、农业现代产业化经营的实质和意义 377
- 四、农业现代产业化经营的目标和标准 382
- 五、农业现代产业化经营的特点和重点 390
- 六、农业现代产业化经营的任务和要求 400
- 七、农业现代产业化经营的方略和准则 412
- 八、农业现代产业化经营的政策和制度 429
- 九、农业现代产业化经营的体制和机制 444
- 十、农业现代产业化经营的方式和方法 458

关于中共十八大以来全国农村农民群众脱贫增收致富奔小康社会之路的方略规程 472
- 一、农业和农村发展基础强化、城乡一体化经济社会发展方略规程 472
- 二、农业现代化建设任务、农村经济社会体制完善要求方略规程 473
- 三、粮食综合生产能力持续增强、农林牧渔各业产品生产供需平衡方略规程 475
- 四、农业土地基础设施建设开展、农林牧渔各业生态环境建设加强方略规程 478
- 五、农村经济社会公共公益基础设施建设、农村社会人居环境整治方略规程 480
- 六、农村生产经营服务体系构建、农村供销产品流通产业链体系健全方略规程 481
- 七、农村土地基本经营监督管理体制改革完善、农业生产经营建设土地占用与补充平衡方略规程 483
- 八、农村脱贫致富综合开发治理、科学精准扶持建设方略规程 495
- 九、农村文化教育卫生医疗、低保养老等社会保障体系建设方略规程 503
- 十、组织加强农村财税金融服务管理体制建设方略 507
- 十一、农村民主自治、法律法制、脱贫致富奔小康之路建设方略规程 515

关于拓展城乡一体"四化"建设小康之路的方略 520
- 一、组织开拓农业农村现代化生产经营建设脱贫增收致富途径方略 520

二、组织拓展城乡一体农业现代化、工业化、信息化、城镇化"四化"同步
建设脱贫增收致富奔小康之路方略 ·· 524
三、组织开展城乡一体"四化"同步建设取得显著成效 ·· 539
四、组织推广城乡一体"四化"同步建设经验做法 ··· 552
五、建立拓展城乡一体脱贫增收致富奔小康之路方略体系 ······································ 568

关于扶持拓展"三农"发展安全保护保障体系途径的经验启示 ································· 572
一、科学评定农业、农村、农民"三农"发展安全保护保障体系结构形成趋势 ············ 572
二、实事求是分析农业生产经营发展安全保护保障体系构建因素 ····························· 575
三、因地制宜拓展组合农业生产经营发展安全保护保障体系结构途径 ····················· 582
四、公平合理拓展组成农村生态公共公益基础设施建设服务发展安全保护保障体系
结构途径 ··· 588
五、统筹安排拓展布局农村经济社会健康发展安全保护保障体系结构途径 ············· 590
六、坚持不懈拓展调解农民群众脱贫致富奔小康安全保护保障体系结构途径 ········· 594
七、坚定不移拓展调整优化"三农"发展安全保护保障体系结构途径 ······················ 601
八、坚持全面拓展统筹调解"三农"发展安全保护保障体系建设资金供需矛盾途径 ···· 608

关于农业综合开发治理项目工程建设的方略规程 ··· 617
一、关于农业综合开发是提高农业综合生产能力的重要途径 ·································· 617
二、关于农业综合开发现代化示范区建设的方略 ·· 620
三、关于调整新时期农业综合开发的方略规程 ··· 624
四、关于坚持实现农业综合开发综合效益的目标和策略 ·· 632
五、关于传承发扬农业综合开发治理的成功经验 ·· 637
六、关于组织拓展农业综合开发系统工程之路的方略 ··· 646
七、关于农业综合开发的产生、发展、变化历程 ·· 672
八、关于组织拓展农业综合开发项目可行性途径的方略 ·· 679

关于我国农业生产经营建设管理体系逐步健全方略规程的探讨

农业生产经营建设方略课题组*

新中国成立以来，中共中央、国务院组织领导各级党委、政府及农业等部门，始终坚持将我国农业放在国计民生经济社会发展中的基础地位，切实根据我国农业的自然地理条件和基本特征，合理确定农业区划、布局，组织调整完善农业生产经营建设管理体制，科学合理确定农业生产经营建设的对象和任务，全面深入、因地制宜制定落实农业资源科学规划设计、农业生产经营建设结构调整优化、农业生产经营建设管理的方针政策措施。

从1979年至2019年40年来，各地区政府及部门认真执行中共中央、国务院关于农业基础战略地位、农业生产经营建设计划管理、农业生产经营建设组织管理、农业生产经营建设土地流转管理、农业生产经营基础设施建设管理、农林牧副渔各业生产经营建设管理和全方位筹融资管理等方针政策。从1981年起，各地区财政部门会同农业部门组织推行了财政部、农业部关于加强农业生产经营建设计划、劳动、物资、资金、收益分配等管理规章制度。从1986年至2019年，财政部会同农业部联合发布了关于农业生产经营建设财务管理与会计核算、农业生产经营建设预测、决策、核算与分析等规章制度，组织编写了《农业现代产业化生产经营建设管理》教材，加强了广大基层财政干部培训教育，提高了参加农业现代产业化生产经营建设管理政策业务水平。

第一，正确认识到我国农业在国计民生经济社会发展中的地位和作用。农业是人类利用生物的机能，通过自己的劳动去强化或控制生物生命的过程，以取得人类最基本生活需要和符合经济社会发展需要的产品的部门。它通过自然和经济再生产经营建设结合在一起的方式，从事农林种植业和牧渔养殖业生产经营建设活动。农业是人类衣食之源、生存之本，是国计民生经济社会发展的基础，是我国国计民生经济社会建设的重要部门。农业在国计民生经济社会发展中处于基础地位，农业发展规模和速度，直接关系到整个国计民生经济社会发展规模和速度，这是由于农业发展之后，可以为城乡人民提供更多的生活资料，为我国工业和国民经济其他部门提供更多的生产经营建设资料。同时，我国农村地域辽阔、人口众多，又为城乡一体二、三产业提供日益广阔的市场。具体地说，一是农业是为全国城乡人民提供最基本的生活资料的产业。农业是全国城乡人民最基本生活资料的主要来源。城乡人民要生活、要生产经营建设，首先必须有基本生活资料，如粮食、肉食、蔬菜等最为重要。农业作为基本生活资料的产业，对于不断改善人民群众的物质文化生活，充分调动人民群众的生产经营建设积极性，起着双重的作用；二是农业是直接影响国计民生经济社会全面发展的产业。农业是工业和其他部门劳动力的主要来源。任何行业的生产经营建设服务活动，都必须有劳动力。只有农业劳动生产经

---

* 课题组组长：韩连贵
课题组成员：李振宇　易继平　韩铁峰　张中仁　陈少华　田晓东　董齐　张照利　孙健　余长河　柳红录　杨微　张振江

营建设效率提高了，才能腾出人力，从事农业以外生产经营建设活动和社会活动。农业是城乡一体二、三产业的原料基地。工商服务产业需要的原料，绝大部分是由农业提供的，在工矿产业中，以农业产品为原料的产值，约占工矿产业总产值的1/3以上，约占生活资料工业产值的4/5以上。农业是为城乡一体二、三产业提供日益广阔的市场。随着我国农业生产经营建设科学技术的发展，农业购买的重工业产品也逐渐增多，为农业生产经营建设服务的化肥、农药、机械、电器、水利、设备、燃料和建筑材料等；三是农业是积累国民经济建设资金的重要来源。国家从农业取得的财政收入，主要通过农业产品的加工、运输和销售等形式所取得的税收和利润；四是农业持续健康发展是保护自然资源和生态环境的途径。历史的经验反复证明，只有农业持续健康发展，才能保护自然资源和生态平衡，改善人民群众的生活环境，为城镇工业交通事业创造良好的条件。总之，新中国成立以来的实践证明，哪一年农业丰收了，哪一年国民经济和各项事业的发展就快，国家财政经济的日子就好过；哪一年农业遭到灾害和挫折，国民经济和各项事业的发展就缓慢，国家财政经济的日子就难过。

第二，求真务实地掌握我国农业的自然地理条件、基本特征和优势。我国幅员广阔，国土总面积约960万平方公里，折合144亿亩，约占世界陆地面积的1/15，居世界第三位。具体来说，一是我国农业的自然地理条件具有三个特点：其一，我国大部地区属中纬度地带，热量条件优越，为农业生产经营活动提供120天以至全年的无霜期，可以种植各种喜温作物；其二，我国东南部地区受季风影响强烈，因而形成湿润区、半湿润区，全国90%以上的农业和林业都分布在这里。西北部地区气候大陆性极强，雨水稀少，这部分地区大多是草原和荒漠，全国90%以上的牧业分布在这里；其三，我国山地多于平地，山地占全国总面积的65%左右。山地比平地，地势高，温度低，生长季短。山地坡度大，土层薄，种植农作物比较困难。山区交通运输不便，但大部分是属于亚热带、热带山区，这对发展林特产等多种经营的潜力很大。我国农业自然地理资源总的情况较好，在国家土地和水资源中，有70%以上的土地可以用于开展农林牧渔各业生产经营建设。由于干旱地区大和山地多，所以按人口平均的土地和水资源相对数量较少。我国各地区土、热、水条件的配合不够协调，存在着复杂多样的自然地理条件，因而动植物资源丰富，种属繁多，有利于按照不同的自然地理条件组织开展农林牧渔各业生产经营活动。二是我国农业的基本特征和优势主要表现在四方面：其一，我国土地面积大，有丰富的自然资源，但耕地少、人口多。全国平均每人1.3亩耕地，其余90%左右的面积为林地、草原、水面、荒山和坡地等，这一特征决定我国发展农业，不只着眼于耕地面积上种植粮、棉、油等农作物，而应放眼于整个国土，充分合理利用好草原、林地、荒山和水面，积极发展多种经营，使农林牧副渔各业得到全面发展；其二，我国农业有精耕细作、预选良种的传统，但科学技术、文化水平低。在我国几千年的农业生产经营建设方面积累了精耕细作、预选良种、施用有机肥料、轮作换茬等方面的传统经验。但由于我国农业劳动生产经营建设效率、农业专业化、商品化和社会化程度比较低，农业在国计民生经济社会发展中的基础作用受到很大限制。因此，必须把农业的传统经验同现代科学技术结合起来，要提高农民群众科学文化水平，不断培养壮大农业科学技术队伍，逐步走上农业现代化生产经营建设道路；其三，我国农用工业已经形成了具有一定配套能力的体系，但农业经济力量薄弱，资金积累不足。新中国成立以来，我国农用工业已经有很大发展，自己已经能够制造多种类型的农业机械、农药、化肥、除草剂和塑料薄膜等农业技术装备和各种生产经营建设资料，初步形成了具有一定配套能力的农业工业体系，但是，我国农业经济力量薄弱，资金积累不足，用现代工业和科学技术武装农业的任务艰巨。为此，必须充分利用现有条件，发展多种经营，实行各种形式的生产经营建设责任制，充分调动农民群众的生产经营建设积极性，使人尽其才、地尽其利、扩大财源，增加资金积累，为农业走上现代化道路创造条件；其四，我国农业生产经营建设具有强烈的地区性，但全国农业生产经营建设布局还没有根本改变"小而全"的状况。我国农业地域辽阔，所处寒温带、温带、亚热带和热带，气候、地形、土壤等自然条件和经济条件复杂多样、差别极大。这一特征，决定了我国农业必须因地制宜地实行农业生产经营建设区域化和专业化。为此，必须从各地区实际情况出发，合理利用当地自然资源和经济条件，搞好农业生产经营建设布局，实行区域化、专业化生产经营建设，充分发挥各地区的农业生产经营建设优势，要在农业自然资源和农村经济条件普查的基础上，制定全国和地区的农业经济区划，对不同地区采取不同的措施，合理调整适应自然经济条件的农业生产经营建设布局逐步做到实行农业的区域化的专业化生产经营建设，以利于提高农业劳动生产经营建设效率和农业产品的商品率。

第三，组织推动我国农业生产经营建设管理体系的改革历程。1949年以前，我国农业封建的私人土地占有制的地主和富农人口，占全国农业人口不到10%，占有全国耕地面积的70%以上，而占全国农业人口的90%以上的雇农、贫农和中农，占有的耕地面积却不到全国耕地面积的30%。农具、耕畜和其他农业生产经营建设资料，也绝大部分为地主和富农所有。由于封建土地占有制度的束缚和地主阶级的残酷剥削，农业生产经营建设活动遭到严重的摧残和破坏。在土地革命战争、抗日战争、解放战争期间，中国共产党领导的各个根据地、解放区，已经基本上完成了土地改革，废除了封建剥削的土地制度。全国解放以后，农民群众在中国共产党的领导下，开展了大规模的土地改革运动，到1952年国民经济恢复时期结束时，在全国范围内（个别少数民族地区除外）胜利地完成了土地改革任务，这是民主革命阶段的一项基本任务已完成。全国大约有3亿多无地或少地的农民分得了7亿亩的土地，分得了许多房屋、耕畜、农具、用具、粮食等，免除了每年交纳的大约0.35亿吨粮食的苛重地租负担，使广大农民从几千年封建剥削的生产关系中解放出来。为了加快农业的社会主义改造和社会主义建设，使农民群众走上共同富裕的道路，在土地改革以后，从中央到地方各级党委和政府及时地引导个体农民走合作化道路，遵循自愿互利、典型示范与国家帮助的原则，采取了逐步前进的办法，通过组织互助组、初级农业生产合作社、高级农业生产合作社，大约用了4年的时间，基本上实现了农业合作化。随着我国社会主义改造的胜利完成，在全面建立农业生产合作化经济组织的基础上，又联合结成了三级所有的农村人民公社化组织。中共十一届三中全会以后，又对我国社会主义农业生产经营建设管理体制进行了改革，使农业生产经营建设得到了很大发展，基本解决了城乡人口的温饱问题，这是国内外公认的一件了不起的大事。

新中国成立以来，特别是中共十一届三中全会至十八届七中全会期间，始终坚持对我国农业生产经营建设管理体制逐步调整修正、深化改革，从1985年至2019年历经八个五年规划时期，全国在成功地实行农户家庭联产承包、统分结合的双层责任制为中心的第一步改革的基础上，又迈开了以改革农业产品统派购制度、调整农业产业结构为中心的重大一步，取得了显著的成绩。最主要的标志是农林牧副渔各业生产经营建设全面发展了，农工商联营经济搞活了，农业产品产供销渠道沟通了，农业生产经营建设横向联系加强了，农民按市场需求进行农业产品生产经营建设的积极性提高了，我国农业已开始走上有计划发展商品经济的轨道。逐步拓展了我国农业生产经营建设管理方针策略体系形成路程，主要开拓十七种渠道：一是农业为国民经济发展基础；二是农业区划、布局合理确定；三是农业自然资源科学利用；四是农业生产经营建设要素有机组合；五是农业生产经营建设结构调整优化；六是农业生产经营建设预测决策；七是农业生产经营建设土地承包利用保护；八是农业生产经营建设管理责任制完善稳定；九是农业生产经营建设事项调控管制；十是农业生产经营建设保障保险管制完善；十一是农业生产经营建设劳动管理体系调整健全；十二是农业生产经营建设物资管理体系建立健全；十三是农业生产经营建设资金管理体系充实健全；十四是农业生产经营建设收益分配管理体系变革健全；十五是农业生产经营建设核算与分析相融合；十六是农业生产经营建设财务管理与会计核算相结合；十七是农业生产经营建设计划市场管理体系逐步健全。现将上述十七种渠道的方针策略，探讨建议说明如下：

一、我国农业为国计民生经济社会发展基础的方略

农业是人类衣食之源、生存之本，是国民经济社会持续健康发展的基础。有史以来，任何社会、

经济、政治、文化的产生、发展和变革，都必须以农业为前提。农业生产经营建设发展的规模和速度，直接关系到整个国计民生经济社会发展的规模和速度。新中国成立之后，毛泽东同志就强调，全国各级党委、政府和各族人民要牢固地树立以农业为基础的指导思想，中共中央、国务院在组织领导开创我国社会主义革命、建设、改革的首要任务，就是要集中精力，尽快把农业搞上去，坚持以农业作为国计民生经济社会发展的基础，促进整个国民经济社会发展，加快我国社会主义现代化建设的进程。为此，中共中央、国务院决定，从"一五"规划时期初的1953年起要求，必须贯彻执行以农业为基础的方针，坚持以农轻重为序的原则。从"五五"规划时期末的1980年起，中共中央、国务院明确指出，要贯彻执行以农业为基础的方针，就必须在安排国民经济建设计划时，真正把农业放在国民经济基础的位置上，采取"一靠政策、二靠科学"等一系列方针政策，遵循自然规律和经济规律，调动广大农民群众的积极性，促进农林牧副渔各业全面发展。要认真坚持以农轻重为序的原则，就必须做到：一是要根据国家的人力、物力、财力的可能，优先保证农业生产经营建设发展的需要；二是要根据农业发展的规模和速度，安排城乡一体二、三产业发展的规模和速度，处理好城乡一体一、二、三产业之间互相依存、互相制约、互相促进的关系。具体地说，要贯彻执行以农业为基础的方针，使我国农业持续稳定健康的发展，必须抓好发展农业生产经营建设发展的中心环节和步骤。

（一）我国农业生产经营建设发展四个环节的方略

从"一五"规划时期初的1953年至"十二五"规划时期末的2015年的62年来的实践证明，我国农业生产经营建设发展的四个环节包括：一是坚持维护全国农民在农业生产经营建设中的合法权益，这就是在经济上充分关心农民的物质利益，在政治上切实保障农民的民主权利；二是坚持严格遵循自然经济规律，按照农民自觉自愿和民主的原则，坚持走群众路线、民主协商的方法，充分利用我国各地农业的自然地理资源条件，深入挖掘各方面的潜力，使农林牧副渔各业全面发展起来；三是坚持农业生产经营建设集体化的方向，建立健全各种生产经营建设责任制。为了提高农业生产经营建设能力，改善农民生产经营建设条件，彻底摆脱贫困，必须在农业生产经营建设集体化的基础上，改善农业生产经营建设管理，实现农业生产经营建设区域化、社会化和作物布局专业化，提高劳动生产率和商品率，落实按劳分配的原则，建立健全各种形式的生产经营建设责任制；四是坚持在组织农业生产经营建设、收益和分配的过程中，科学合理利用农业土地、劳动资料和劳动力，正确处理国家、集体和农民三者之间的关系，合理确定积累和消费之间的关系，保证农业生产经营建设发展的需要，不断提高农民劳动收入和生活水平。

（二）我国农业生产经营建设发展四个步骤的方略

要实现发展我国农业生产经营建设的四个环节，必须坚持四个步骤：一是要正确引导农民群众依法执行土地承包经营权有序流转，着力构建农业现代产业化规模经营体系，自觉培养农林牧渔各业结合、种养加产业一体、一、二、三产业融合发展的新型职业农民，坚持走上农业现代化的增产增收、资源节约、生态环境好的道路。要健全城乡发展一体化体制机制，推进城乡要素平等交换、合理配置和公共服务均等化。要维护进城落户农民土地承包权、宅基地使用权、集体收益分配权，支持其依法自愿有偿转让上述权益。要促进城乡公共资源均衡调整分配，健全农村基础设施投入长效机制，推动城镇公共服务向农村延伸，开展农村人居环境整治，建设美丽宜居农村，提高农民物质文化生活水平；二是要改善农业生产经营管理，要正确认识和掌握农业生产经营建设关系和生产经营建设力之间的矛盾运动规律，科学调节农业生产经营建设关系，合理组织农业生产经营建设力量，及时解决农业产、供、销过程中的问题，以适应农业生产经营建设发展的客观需要。在农业生产关系的调节中，要合理确定农业生产经营建设资料的所有权、使用权、经营管理自主权，以及正确处理好由此而产生的职责范围及其相互关系。同时，要因地制宜地制定农林牧副渔各业的生产经营建设方针、计划、组织管理办法。在农业生产经营建设力量的组织上，要合理组织和利用农业的土地、劳动资料和劳动力，正确处理我国农业生产经营建设过程中发生的权责关系，及时地解决好各种经济关系问题，合理组织生产经营建设力量，有效地使用人力、物力、财力，调动广大农民群众的积极性，促进农业生产经营建设健康发展；三是要坚持农林牧副渔各业同时并举，绝不放松粮食等大宗产品生产，积极开展多种经营。因此，必须根据各地区的自然地理情况，充分利用自然资源，在宜农的耕地、宜林的山区、宜木的草原、宜于水产的河湖和海域，扶持农林牧副渔各业全面持续发展；四是要坚持自力更生、艰苦奋斗、勤俭经营、增收节支管理。为此，坚持在我国农业生产经营建设过程中，必须从实际情况出发，正确处理好增产和节约的关系，增产是在节约基础上的增产，节约是在保证增产前提下的节约，二者是相互统一的。而要坚持增产节约，必须加强监督管理，加强经济核算，反对铺张浪费，节约农业生产经营建设费用，降低农业产品成本，以推动农业生产经营建设持续发展。

总之，只有贯彻执行以农业为基础的方针，坚持以一、二、三产业为序的原则，来科学合理地安排国民经济计划，才能科学地调整第一产业与第二、三产业的关系，合理地规定它们之间的比例关系。因此，这就要求工业部门和其他有关经济部门，必须从物资和技术上，大力支援农业生产经营建设健康持续发展，国家财政部门和银行要根据资金供应的可能，优先安排对农业生产经营建设投资和贷款，以便集中人力、物力、财力，改变农业生产经营建设条件，提高农业生产经营建设科学技术水平，为农业现代化生产经营建设奠定雄厚的物质基础，使我国农业和工业、商业、服务业协调发展起来，使整个国计民生经济社会繁荣富强起来。

二、我国农业区划、布局合理确定的方略

农业区划的概念，是根据客观的自然规律、经济规律与地域分异规律的要求，依照全国各地不同的自然条件、经济条件、社会条件和国家的政治经济任务，对农业生产经营建设区域进行的划分。农业区划的任务，主要有三项：一是阐明地貌、土壤、气候、植被、动物、水文、地质等农业的自然地理条件发生、发展和分布的规律；二是阐明人口、劳动力、农用地、技术、收入分配、地理位置等社会经济条件发生、发展、变化和分布的规律；三是查明和评价这些农业生产经营建设条件中资源的数量、质量和分布对农业生产的影响；四是研究地域农业生产经营建设潜力合理开发、利用、改造和保护，提出发展方向、合理结构、战略性措施，以便为农业规划提供科学论证，因地制宜地、有计划地推动农业现代化建设。

农业布局的概念，是在进行农业区划的基础上根据所确定的农业生产经营结构，而建立起来的农业生产经营建设布局，是因地制宜，分类组织进行农业生产经营建设活动，推进农业现代化建设的战略措施。农业生产经营建设布局是农业生产经营建设在地域上的分布，即农业、林业、牧业、渔业等生产经营建设部门和内部，在种类和数量上的地区安排；农业生产经营建设地域分布，包括农业生产经营建设的区间地域分工和区内各部门的地域结构分布，即农业各部门比例关系在地域上的部署。由于农业布局的长期性和全局性，它又是农业生产经营建设的空间战略部署。合理的农业生产经营建设布局，必然是在科学的农业区划、农业规划基础上部署的，必然是使生态系统与经济系统都达到相对的平衡；必然是经济效果最优；从而也必将促进农业商品化、专业化、社会化的发展。

农业区划与农业布局两者是互相联系的，科学地搞好农业区划，因地制宜地安排好农业布局，逐步实行区域化、专业化生产，可以获得最佳的社会效益，是实现农业现代化必不可少的途径。

（一）我国农业区划的方略

我国农业区划的方略包括：一是农业区划的内容决定于农业生产的门类和农业生产经营建设的各种条件。这些门类和条件彼此都有各自在地域上的差异性，为因地制宜地和分类指导农业生产经营建

设活动，就必须通过农业区划，依据它们的相似性与差异性加以分片划区，这样，农业区划就不能是一种而是内容繁多的区划形式了；二是农业区划的原则核心，是以客观的自然规律与经济规律为要求、以农业生产经营建设的自然条件、经济条件与社会条件和以国家的政治经济任务为依据的准则；三是农业区划依据的客观基础是自然条件和经济条件。

1. 农业划区内容的方略。根据我国农业区划工作的实践，对农业区划的内容概括为以下五个方面：

（1）农业自然区划。它主要是指各种自然条件的分析和区划。它主要包括地貌、气候、土壤、水文、地质、植被和动物等自然条件的单项区划。对这些自然条件的分析和区划，是为了提出发掘、利用、改造、保护的途径和措施，以推动农林牧副渔各业适应于各种自然条件生产经营建设。

（2）农业部门区划。它主要是指农业各部门和各种主要作物的分布和区划。它主要包括农业、林业、牧业、渔业等生产经营建设部门，以及粮食、棉花、油料、麻类、糖类、烟草、蔬菜等十二项农作物的区划。对这些生产经营建设部门和作物的区划，是为了提出合理的农业布局与结构、发展途径与保证措施，为农业规划提供科学依据。

（3）农业技术改造措施区划。它主要是指农业技术改造地区条件的评价与区划。主要包括农业的机械、水利、化学、土壤改良、良种繁育等农业生产技术改造措施区划。对这些农业生产经营建设技术改造措施的区划，是为了科学地遵循自然经济规律，根据不同的自然地理环境和社会经济条件，为全面制定农业生产经营建设技术发展规划提供科学依据。

（4）综合自然区划。它主要是指在综合分析地貌、气候、土壤、水文、地质、植被、动物等自然条件的地区差异基础上划分自然综合区。组织开展这种区划，是为了综合评价这些自然条件，对发展农林牧副渔各业生产经营建设的影响程度，提出综合利用与改造的途径和措施办法，为综合自然农业区划和农业发展规划提供科学依据。

（5）综合农业区划。它主要是指从全国范围着眼，把农林牧副渔各业生产经营建设部门和各种农作物作为一个整体，综合地进行农业区划。它是在综合分析全国各地不同的自然、经济条件和农林牧副渔各业生产经营建设特点的基础上，按照国家的国计民生、经济社会发展的要求，综合划分农业生产经营建设结构和布局，建立各种类型的商品粮和经济作物基地，为逐步实现农业生产经营建设的区域化、专业化、社会化提供科学依据，也为合理利用和保护自然资源、经济资源，正确制定农业发展规划提供科学依据。

2. 农业区划规范的方略。要科学地搞好农业区划，必须坚持落实以下三项政策措施：

（1）坚持掌握"差别"性的政策措施。由于我国幅员广大，各地区自然地理条件千差万别，所以要科学地验证各地区农业生产经营建设的自然条件和经济条件的差别，充分地估计各种有利与不利的条件，对农林牧副渔各业生产经营建设的影响程度，以便利用有利条件，改造和克服不利条件，促进农林牧副渔各业现代化生产经营建设的发展。

（2）坚持掌握"地域"性的政策措施。地域性是指由于地球表面海陆分布、太阳位置及地球运动的关系，使水、热条件变化，因而形成地域所处自然条件的差异性。在确定农业区划界限时，要全面估计到自然、社会和经济等方面的因素，对诸因素差异不大或相似的地域应划为大区，对诸因素大同小异的地域应划为小区。

（3）坚持掌握"完整"性的政策措施。"完整"性是各种自然因素相互联系与制约的自然综合体，并进行彼此之间的能量转化。再划分农业区划时，要坚持掌握"完整"性的政策措施，在不妨碍划分农业区的任务情况下，保持一定行政区的完整性。只有这样，才能因地制宜、因条件制宜地搞好农业区划工作。

3. 农业区划基础的方略。要进行高质量的农业区划，必须对深刻影响和制约农业区划的自然条件、社会经济条件两大客观基础，进行周密调查与全面评价。

（1）农业区划依据的自然条件基础。农业自然资源和条件的合理利用与有效控制，关系到农业劳动生产经营建设效率与经济效果的高低，关系到生态系统的平衡和农业现代化生产经营建设的规模、速度及发展水平。

农业自然资源性条件的共同基本特点包括：①整体性。各种自然因子是相互联系与制约的自然综合体并进行彼此之间的能量转化。土壤是由一定的水分、温度、光照、成土母质、植被、动物和微生物形成的，这些因子形成一个统一的自然综合体；②地域性。由于地球表面海陆分布、太阳位置及地球运动的关系，使水、热条件变化，自然条件形成地域差异；③可更新性。在合理利用、有效保护下，自然资源可以不断更新；④数量有限性、潜力无限性。任何农业自然资源的数量是有限的，即有一定的时空数量限制，其生产潜力既可周而复始的利用，又可随着科学技术的发展加以改善，提高其生产潜力，扩大其利用范围。

（2）农业区划依据的社会经济条件基础。农业的社会经济条件，直接对农业区划、农业布局产生不同程度的影响。新中国成立以来，由于农村的社会经济条件的巨大变化，农业生产经营建设水平才迅速提高。这就是说，农业自然条件，固然对农业生产经营建设影响很大，社会经济条件，对农业生产经营建设的促进与制约也不能低估。同时，自然条件离开了一定的社会经济条件，它只能是自然力，不能变为生产力；又在自然条件具有多种适用性时，是宜农、宜林、宜牧，还是宜渔，社会经济条件便成为区域划分的决定作用了。如在自然条件差异不大的城市郊区农村，社会经济条件，就成为分片划区、确定发展方向、组合生产经营建设结构、拟定战略措施的决定性依据。为此，要对社会经济条件，进行细致的调查与评价。

（二）我国农业布局的方略

我国农业布局是建立在农业区划基础之上的，只有进行科学的农业区划，才能确定合理的农业生产经营建设结构，合理地安排农业布局，可以使地尽其力，物尽其用，提高农业生产经营建设效益。为此，在科学合理制定农业布局的方针政策上，一是因地制宜地部署农业生产经营建设任务，即宜农则农、宜林则林、宜牧则牧、宜渔则渔的任务，体现合理的地域区间分工；二是因地而异地在区内实行一业为主、多种经营建设，或者是专业生产经营建设、综合发展，逐步改变小农经济遗留下来的不合理的农业生产经营建设结构，实行区域化、专业化、社会化的农业现代化产业；三是实事求是地确定农业布局的内容和原则，促使农业布局与农业区划、农业规划、农业计划，都必须遵循科学性、政策性、统一性、群众性、实践性的规则，正确处理这四者之间的辩证关系；四是因地制宜地开辟农业布局科学合理的途径，推动农业布局健康发展。

1. 农业布局内容的方略。农业布局方略的内容包括以下三方面：

（1）根据农业区划的划片分区，合理确定农业生产经营建设结构与关键措施，在此基础上进行农业规划，使农业生产经营建设布局科学合理化，因地制宜地安排农林牧副渔各业生产经营建设活动，推动宜农则农、宜林则林、宜牧则牧、宜渔则渔生产经营建设布局，达到地域分工合理化。

（2）根据各地区农业的自然地理资源情况，充分利用自然资源与经济资源，因地制宜地实行专业生产、多种经营和各项建设，使农林牧副渔各业生产经营建设因地而异、持续健康的发展。

（3）根据全国各地区农林牧副渔各业生产经营建设实际情况，本着因地制宜、适当集中的原则，使农林牧副渔各业逐步实行区域化、专业化、社会化和商品化。

2. 农业布局规范的方略。农业布局规范的方略，是指在保持良好的生态平衡条件下，充分合理地利用当地的自然资源和社会经济条件，有效地发挥地区分工和专业化生产经营建设的优越性，大幅度地提高农业产品的产量，促进农业生产经营建设健康持续发展，提高农业劳动利用率和农业产品商品率。为此，必须坚持规范落实农业布局的以下三项方略：

（1）坚持遵循客观规律与满足社会需要相结合的方略。我国社会主义农业生产经营建设根本目的是为了满足全社会的需要。为了达到这一目的，农业布局必须科学合理，必须坚持客观的自然规律和经济规律与满足社会需要相结合的原则，根据各地区自然条件、社会经济条件，服从国家社会经济发展全局，组织安排农业布局，使农业生产经营建设布局合理化。

（2）坚持实行农业专业化生产经营建设与综合发展相结合的方略。我国地域辽阔，由于各地区自然地理条件千差万别，加上经济条件不平衡、科学技术应用不广泛等因素，特别是各区域自然、社会、经济、技术条件差异较大，加之农业生产经营建设水平不高，交通运输不发达，科学技术的应用不广泛等限制性因素，农业地区专业化生产经营建设还不能过分集中，需要实行农业专业化生产经营建设同综合发展相结合的原则，在保障粮棉油等农业产品产量增长质量保障的同时，促进林牧副渔各业全面发展，组成农业生产经营建设的有机综合体。为此，必须充分利用各地区自然条件、经济条件，合理利用农业基地、劳动力和物质资料，坚持实行农业专业生产经营建设与综合发展相结合的原则，确保农林牧副渔各业布局因地制宜、顺利进展。

（3）农业生产经营建设布局与工业、交通运输业布局相结合的方略。农业与工业是国民经济相互联系密不可分的两大物质生产经营建设部门，一是在农业布局上，必须充分考虑到工商服务业对农业产品的需要；二是在工业布局上，要考虑到农业生产经营建设发展需要工业提供最基本生产资料、生活资料。

总之，农业布局与工业布局要相互适应，还必须与交通运输业的布局相适应，否则，城市提供的农村农业资料，难以运输进来，农村提供的城市工业原料难以运输出去。所以，农业布局不仅与工业布局相互适应，而且还要与交通运输业布局相适应。只有科学合理地安排农业布局，才能使国民经济繁荣富强起来。

（三）我国农业区划、农业布局、农业规划、农业计划要求的方略

为使农业区划、农业布局、农业规划、农业计划的方略，成为指导农业生产经营建设活动的科学依据，必须遵循以下五性要求的方略：

1. 科学性。不论在进行农业区化、农业布局，还是在制定农业规划、农业计划，都必须从客观实际出发，都必须遵循自然规律、经济规律，依照自然条件、经济条件、社会条件，深入进行农业资源调查，分区划片，确定方向，组织生产结构，调整经营结构、优化建设结构，确定发展指标、发展速度、比例关系，制定方案，提出设计，拟定政治、组织、经济、技术等措施时，都必须围绕科学性的要求下功夫。

2. 政策性。在我国社会主义制度下，农业区划、农业布局、农业规划、农业计划工作，都不是纯技术性的，都具有明显的政策性、党性，它们的发展方向、经济指标和保证措施，可以说都是国家政治经济任务的具体化。在组织制定和实行农业区划、农业布局、农业规划、农业计划，必须坚持在遵循客观规律的基础上，以国家的路线、方针政策、法规制度为依据，以维护农民利益为宗旨。

3. 统一性。农业区划、农业布局、农业规划、农业计划是各种自然、经济、社会诸因素密切联系错综复杂的有机综合体。在制定和实行时，一是全面考察自然地理条件、社会经济条件；二是科学评定各地农村生物、光、热、水、气、土等互相关系的生态系统；三是全面估价各地农村地理位置、人口、劳动力、耕地、农机具、农业技术、经济发展、收入水平；四是对比分析农林牧渔各业产品产量、供应量、需要量；五是综合平衡国家、农村集体、农民群众等方面的利益，对于这三者，都必须公平合理地得到应有的收益。不论是农业区划、农业布局，还是农业规划、农业计划，在进行时，必须强调遵循统一性的要求，不能片面地、孤立地考虑一个部分、一个环节和一个因素。

4. 群众性。农业区划、农业布局、农业规划、农业计划，都是一个由自然、经济、社会等条件所形成的错综复杂有机综合体，又是来自群众，来源于实践的产物，就要求他们必须具有广泛的群众基础，必须有广泛的群众参加。除发动与组织具有丰富智慧与经验的农民代表、具有远见卓识的技术人员参加到农业区划、农业布局、农业规划或农业计划的班子中来以外，还必须组聘地理学家、农学家、生物学家、农业经济学家参加，协同作战。组聘内部与外部的群众力量和智慧，对农业的地域分工与专业化发展方向、农业生产经营联系性的自然地理条件，参与开展农业区划和农业布局、进行农

业规划，与农业区划工作，共同调查评价，综合平衡。

5. 实践性。农业区划、农业布局、农业规划和农业计划，是为科学地指导农业生产经营建设的空间战略部署，加快实现农业现代产业化生产经营建设时间的实践而进行的。为此，必须组织力量进行实践，在实践中检验其科学性，以其科学性指导农业实践。农业区划、农业布局、农业规划和农业计划，既指导当前生产经营建设行动，又指明今后农业现代产业化生产经营建设发展方向，提出具有远景性的指标。

（四）我国农业区划、农业布局、农业规划、农业计划之间辩证的方略

农业区划、农业布局、农业规划、农业计划彼此之间具有相似性与差异性、相互联系性与相互制约性的辩证统一关系。相似性，是它们之间都带有以现代推断未来的科学预见性质，都是以农业的自然条件与社会经济条件作为客观依据，其关系极为密切，谁也不能离开谁而独立的发挥应有的作用。在实践中农民群众已把农业区划、农业布局、农业规划、农业计划，有机地联系成为一个整体，作为实现农业现代产业化生产经营建设的战略措施。农业自然条件与社会经济条件，对农业生产经营建设活动，起着相互交错的促进与制约作用，构成一个相对平衡的综合体，这种综合体的相对平衡，能够通过农业区划、农业布局、农业规划与农业计划，自觉地、有效地指导与布局、调配与控制。我国现阶段由于在农村集体所有制基础上的多种经济成分的并存，加上农业生产经营建设的季节性、地域性、周期性长的特点，为使农业现代产业化生产经营建设迅速发展，更好地照顾国家、集体、个人三者经济利益，就必须正确处理农业区划、农业布局、农业规划、农业计划的辩证关系。

农业区划与农业布局、农业规划与农业计划的方略之间存在着相互联系与制约的关系是：农业区划与农业布局方略的关系，是空间对空间的关系，也是依据与落实的关系。即农业区划根据客观的自然经济规律、自然经济条件和国家政治经济任务的要求，所划分的地域，必由农业生产经营建设结构空间表现的农业布局来落实；同样，农业生产经营建设结构空间表现的农业布局，必须以科学划分地域的农业区划为依据，否则，农业布局的合理性必将失去。农业区划必将打破原有的农业布局现状，为新的农业布局提供科学的论证，新的农业布局也必将打破原有的地区之间地域分工和一个地区内地域结构的分布，为新的农业区划奠定实现的基础。农业规划与农业计划方略的关系，是时间对时间的关系，也是方向与具体化的关系。即作为一种长期计划形式的农业规划，是为农业生产经营建设向何处发展和怎样发展指出的奋斗目标、前进方向。根据农业规划的长期性，指标不宜详细，只能简明扼要，为使其具体实现，就必须依据农业规划订定年度计划，规定具体任务、目标、要求，采取切实可行、行之有效的政策措施。

三、我国农业自然资源科学利用的方略

农业自然资源是指被人类利用来作为农业生产经营建设需要的自然界的物质和能源。农业自然资源主要包括：土地、气候、水利、生物和矿物资源。农业自然资源的基本特征主要有：一是整体性。它是指组成自然资源的各种资源要素为相互联系、相互制约的整体。如气候资源，在光照、降水、温度之间有着相互制约的关系，晴日多，光照多，温度就高。二是地域性。它是指自然资源的分布和组合具有严格的地域性。由于全国各地形成多种多样的自然生态环境，因此，再利用农业自然资源时，应根据不同地区内各种资源的性质、数量和组合特征，采取不同的措施。三是循环性。由于农业自然资源一般有再生和循环的规律性，因此，必须按照农业自然资源的发展规律，做到利用与保护相结合，使其不断地更新和循环，处于良好状态。四是改造性。农业自然资源的数量是有限的，但它的生产经营建设潜力是无穷的。随着科学技术的发展，农业生产经营建设物质技术基础的增强，人类可以

不断改善自然条件，因地制宜地改造自然资源的不利因素，充分利用有利因素，以达到不断提高农业自然资源的生产经营建设潜力。

中共中央、国务院决定，从2001年起要求各地区党委、政府全面深入调查研究农业和农村自然资源，科学保护和综合利用农业自然资源，贯彻执行农业自然资源保护利用方针策略。

（一）我国农业自然资源科学利用因素的方略

我国幅员辽阔，地处欧亚大陆东部，濒临太平洋西岸，东南部是属于海洋性气候，而西北部是属于大陆性气候，自然情况十分复杂，从全国范围来说，我国农业自然资源科学利用的因素，主要有以下三点：

1. 光、热条件充足，干湿气候差异很大。我国大部分地区是处于亚热带至温带的中纬度地带，一部分地区处于热带，这些地带的阳光、热量条件充足，农作物生长期间热量条件都较好。各地气候的干湿差异很大，一般来说，我国东南部地区气候湿润，成为湿润、半湿润地区，西北部内陆地区气候干旱，成为半干旱、干旱地区。我国洪涝、干旱、低温、霜冻、台风等农业气象灾害频率高，农业生产经营建设不够稳定。

2. 水力资源丰富，水土配合不协调。我国水利资源主要来自空中降水（年平均总量为60000亿立方米）、河川地表径流（年平均总量为26000多亿立方米）和地下水资源（地下径流量每年7000亿立方米）。但是，我国水利资源地区分布很不均衡，一般来说，我国东南部地区水多，西北部内陆地区水少，特别是黄淮海三大流域径流量只占全国的水量的4%，而耕地面积却占全国耕地面积的14%。长江流域每亩耕地平均占有水量为2800立方米，黄河流域每亩耕地平均占有水量为260立方米，而海河流域每亩耕地平均占有水量只有160立方米。同时，水量在一年四季之间分布上也很不平衡，这就造成我国洪涝、干旱灾害频繁，水利资源开发利用复杂的情况。

3. 生物资源种属繁多，各种生物分布错综复杂。由于我国有各种各样自然条件的地区，因而动植物资丰富，种属繁多，分布也错综复杂。我国植物资源最丰富，北半球的自然植被类型我国都有，我国有丰富多彩的花卉和中草药，有2300多种林木树种。我国的动物种类繁多，陆栖脊椎动物2090多种，其中鸟类1160种、兽类414种。在水产资源方面，有淡水鱼类600多种、海水鱼类1500多种，并有许多名贵鱼类资源。

（二）我国农业自然资源科学利用内容的方略

我国农业自然资源科学利用内容的方略是多方面的，从我国气候、水利、生物资源情况简要说明如下：

我国气候资源是指各地区气候对农林牧副渔各业生产经营建设活动所提供的自然条件和物质能源。它包括太阳辐射、日照、热量、水分、空气。我国光能资源丰富，农林牧副渔各业生产经营建设是否发展，与对光能利用率的高低有密切联系。热量资源是农林牧副渔各业生产经营建设发展的重要条件。我国地域这样辽阔，光能、热量资源是各地区用之不尽的自然资源。我国领土从南向北延伸五个气候带，即热带、亚热带、暖温带、温带、寒温带。每个气候带一般都有平原、丘陵、山地、高原或河谷盆地，形成多种多样的生态气候环境。我国所有亚热带至热带地区，与其他国家相比，农业气候具有自己的特点：一是气候资源丰富，四季常青的土地面积，约占我国土地面积的1/4，土地利用率高，是生物资源最丰富的地区，适宜生长粮食和经济作物。在这个地区农村进行生产经营建设，为发展粮食和经济作物创造生长条件，是有成效的。二是季风条件有利，因而夏季温度高，雨量多，为农作物生产创造了有利条件。三是气象千差万别，不同生态习性的动植物都可以在气象各异的环境中得到发展。一些较大的山区和山系有多种农业生态环境气候类型，具有农林牧副渔各业生产经营建设发展的条件。

我国水利资源总量占世界第六位，但人均水量并不多，我国水利资源主要来自地表水和地下水。

地表水主要包括天然河流、湖泊、冰川、沼泽等以及人工水库。由于我国各地气候、地质、地貌情况差别很大，水利资源地区分布不均匀，水土配合不协调。在水利资源开发利用过程中，应按照水利资源情况，因地制宜地采取多种措施，增加水利资源的可利用量。为此，除修建地表水利工程外，还要搞好地下水利工程建设，以增强对水利资源的调蓄作用。在水利资源管理方面，应改变农田水利工程和田间排灌设施不配套的状况，并健全水利管理机构和落实水利责任制，采用先进灌溉技术，实行科学用水，节约用水，以充分合理利用水利资源。

我国生物资源主要是指森林资源、草地资源、动物资源、天敌资源和水产资源。我国森林资源较少，但树种资源却十分丰富，是世界上木本植物种类最多的国家之一，全国有7000多种木本植物，其中有2800多种乔木树种。从全国来看，森林资源分布不均匀，多数森林分布在东北、西南林区。我国草原是欧亚大陆温带草原的一部分，约有43亿亩，其中可利用的有33亿亩。我国草场分夏季牧场和冬季牧场，夏季牧草充足，载畜能力高，而冬季牧草不足，质量差，载畜能力低，草场季节的不平衡性，给冬春季畜牧业生产经营建设带来不利的影响。为了解决季节不平衡性问题，我国已注意到发展季节性畜牧业。我国动物种类繁多，在世界2800种两栖类脊椎动物中，就占有200种，除一般野生动物外，还有不少特产、珍贵稀有动物。我国陆栖兽类有400多种，鸟类在陆栖脊椎动物中所占比例最大，有1100多种，大多是益农的鸟类。近几年来，我国已在21个省、市、自治区建立了72个自然保护区，这对合理利用动物资源起了极其重要的作用。我国海洋和淡水水域条件优越，水产资源十分丰富，海水渔场面积22亿亩，海洋鱼类有1500多种。我国内陆水面多，淡水面积2.5亿亩，全国淡水鱼类有600多种，约有一半可食用，其中经济价值较高的有40多种。我国为了合理利用水产资源，正大力开展资源增殖和人工养殖事业。我国害虫天敌的种类很多，主要有昆虫类、线虫类、蛛形纲类、微生物类、脊椎动物类。全国天敌种类繁多，数量很大，分布很广，每种害虫都有多种天敌。目前，我国正深入进行天敌资源调查，并自觉地将害虫天敌利用到农业生产经营建设上。

我国合理地利用农业自然资源，是促使农林牧副渔各业发展，取得最大经济效益的根本措施。这是因为合理地利用农业自然资源，可以不断地取得物质和能量，生产出丰富的农林牧副渔各业产品，如果利用不当，农业自然资源就会枯竭，人类就要受到惩罚。因此，要科学合理地利用农业自然资源的方略，主要包括以下四点：

1. 坚持统筹安排与因地制宜相结合的方略。农林牧渔各业生产经营建设过程，就是生物与生物之间、生物与直然环境之间进行物质与能量的转化过程。在这个过程中，生物之间、生物与环境之间，是相互联系、相互依存、相互制约，构成了一个不可分割的统一综合体，也就是构成了一个相对稳定的生态系统。因此，从宏观上必须统筹安排和处理好生物之间、生物与环境之间的相互关系，使它们之间的比例协调。同时，要查明不同地区自然资源的性质和特点，以及农业生物的生态特性，结合不同地区的经济条件，估价对农林牧渔各业生产经营建设的有利因素和不利因素，针对性地提出不同的利用方式和方法，以利于使农业生物与农业生态环境相适应。

2. 坚持开发利用与保护更新相结合的方略。在组织利用和改造农业自然资源过程中，必须使农林牧副渔各业生产经营建设结构逐步合理化，为农林牧副渔各业生产经营建设创造优良条件，使自然界的物质和能量更好地转化，更好地循环，做到用最少的人力、物力、财力的消耗，获得最佳的经济效果，而正确处理好自然资源开发利用与保护、生态环境条件与生物资源保护潜力之间的关系，以及农林牧副渔各业之间的相互协调、相互制约和相辅相成的关系，为了合理利用和有效保护农业自然资源，必须执行国家各项有关法规，使农业自然资源的利用和保护都有法可循，保护资源不断更新，永续利用。对于有代表性的原始自然环境、珍稀动物集中地区以及有特殊保护意义的其他自然生态环境地区，要建立自然保护区。只有这样，才能真正使我国农业自然资源既被利用又受到保护。

3. 坚持局部利益服从全局利益的方略。在组织开发利用农业自然资源过程中，必须坚持局部利益服从全局利益的原则，正确处理好局部与全局的关系，要充分考虑到各自然资源要素之间的关系、某种自然资源的开发利用对其他自然资源的影响。在考虑局部地区自然资源开发利用时，要重视整个地区自然资源的利用和保护，要着眼于农林牧副渔各业生产经营建设全面发展，使整个地区自然资源得到合理的综合性开发利用，充分发挥出全社会的效益。

4. 坚持目前利益服从长远利益的方略。在组织开发利用农业自然资源过中，必须坚持目前利益服从长远利益的原则，要对不同的自然资源采取不同的技术措施和经济手段，对目前既可开发利用又可更新保护的自然资源，要在资源再生能力允许的条件下，加快更新的速度，保持其合理的比例关系，对于不可更新的自然资源，要严格控制和节约，尽可能综合利用，尽量采用代替的更新资源。只有这样，才能处理好目前利益与长远利益的关系，一旦二者发生矛盾时，必须使目前利益服从长远利益。

总之，农业生产经营建设过程，是人类利用自然、改造自然的过程。因此，对农业自然资源的种类、数量、质量和分布情况，进行全面深入了解和综合评价，是合理地开发利用农业自然资源的最基本方略，也是加快我国农业持续健康发展的有效方略。

四、我国农业生产经营建设要素有机组合的方略

我国农业生产经营建设要素，是指农业生产经营建设不断更新发展变化因素。为了推动全国各地区农业生产经营建设走上规范化持续发展的轨道，从"八五"时期起，国家各级政府统一明确规定六种要素：一是农业生产经营建设的内容和条件；二是农业生产经营建设的性质和标志；三是农业生产经营建设的因素和途径；四是农业生产经营建设收入的分配和管理；五是国营农业生产经营建设收入与利润分配和管理；六是集体农业生产经营建设收入与收益分配和管理。分别说明如下：

（一）我国农业生产经营建设的内容和条件

我国农业生产经营建设的内容包括：农业生产经营建设产品，农业生产经营建设劳力、物力、财力，农业生产经营建设收益分配关系这三方面内容；农业生产经营建设的条件，是指农业生产经营建设必需的生产经营建设物资条件、劳动力生活物资条件、以上两方面的必需物资经过相互交换平衡之后的条件，即三个条件。

1. 农业生产经营建设三方面内容说明如下：

（1）农业生产经营建设产品。这是指在农业生产经营建设上，收获生产经营建设必需的物质资料和劳动力必需的生活物质资料。每一次农业生产经营建设过程，都要消耗掉一定数量的物质资料，同时，每一次都能创造出一定的物质资料，为下一次农业生产经营建设提供物资资料。这就是在每一次农业生产经营建设过程，所消耗的物质资料的实物形态变化了、消失了，可是又生产经营建设出一定新的物质资料，代替原来的物质资料，这就是农业物质资料的扩大再生产经营建设产品的过程。

（2）农业生产经营建设劳力、物力、财力。这是指在农业生产经营建设上，农业劳动力是一项重要内容。农业生产经营建设劳动力内容包括：农业劳动者自身的维持、新的劳动力的补充和劳动力质量提高等内容。农业劳动者自身的维持是指农业劳动者通过个人消费和休息，以补充、恢复在农业生产经营建设过程中被消耗的劳动能力；新的劳动力补充是指用新的劳动力来补充退休、死亡的劳动力；劳动力的质量提高是指通过培训使劳动者具有劳动技能，并提高科学文化素质。

（3）农业生产经营建设收益分配关系。这是指在农业生产经营建设上，农业生产经营建设者与劳动者形成的一定的社会生产关系，得到不断的维持和发展。在我国城乡公有制不断巩固和扩大条件下，农村集体所有制生产经营建设关系不断巩固和发展，在生产、交换、分配和消费诸过程的经济关系得到不断完善和发展，人与人之间同志式的互助合作关系不断加强。

总之，在农业生产经营建设三个方面的内容中，农业物资资料产品是基础、是前提，劳动力是条件，生产经营建设关系是保证，三者密不可分，互相影响。为了保证农业生产经营建设持续不断地进

行下去，必须使农业生产经营建设全过程中的生产、交换、分配、消费等各个方面都得到实现。

2. 农业生产经营建设三个条件说明如下：

（1）农业生产经营建设持续进展所必需的三个条件：一是生产经营建设必需的物资资料条件；二是生产经营建设劳动力生活必需的物资资料条件；三是上述两方面必需的物资资料经过相互交换平衡之后的条件。这三条是基本条件。只有符合这三个条件，农业生产经营建设才能够顺利进行。我国农业生产经营建设实践经验，充分说明，对上述两方面必需的物资资料之间，都要保持合理的比例关系。因为它们之间存在着互为市场、互为供求、互为条件、互相制约的关系。否则，就不能正常进行，带来严重的危害。为此，要保证农业生产经营建设持续进展，必须对以上两方面必需的物资资料，提供相互交换平衡比例的条件。

（2）农业生产经营建设持续进展的基本条件，是既要持续增加农业生产经营建设必需的物资资料供应，又要持续增加农业生产经营建设劳动力生活必需的物资资料，彻底解决衣、食、住、行等各方面的问题。如果劳动者所需要的生活资料得不到供应，就会严重地挫伤劳动者的积极性，严重地影响农业扩大再生产经营建设持续进展。所以，既要增加农业生产经营建设必需的物资资料供应，又要增加劳动者生活消费物资资料供应，两者必须保持合理的比例。

（3）农业生产经营建设持续进展的动力条件，是要坚持不断、全面深入、实事求是总结经验，纠正过去以重、轻、农为序，生产经营建设与人民生活相脱节的错误做法。要认真贯彻以农业为基础，以农、轻、重为序的生产建设方针，在进行生产经营建设的同时，要不断提高农民生活水平，要按照科学合理调节国计民生、始终推动经济社会发展的方针，正确处理好生产、经营、建设、生活、消费、积累互相之间保护协调平衡、制约促进、同步前进、和谐发展关系。这样，才能促使农业生产经营建设持续进展。

（二）我国农业生产经营建设的性质和标志

我国农业生产经营建设的性质，是建立公有制基础上，最大限度调动农业生产经营建设劳动者的积极创造性，科学合理和节约使用物资资料，不断增加产品产量、提高产品质量，满足城乡人民生活需求。农业生产经营建设的标志，是指改善农业农村生态环境，科学节约利用农业自然资源，彻底改变生产经营建设条件，健全农业生产经营建设监督管理体系。提供农业生产经营建设资金积累，扩大农业生产经营建设规模，提高农业生产经营建设收益分配与积累水平，增加农业生产经营建设劳动者收益。

1. 农业生产经营建设的性质。农业生产经营建设的性质，主要体现在以下三点：

（1）农业生产经营建设过程是建立在公有制基础上的，劳动者和物质资料直接结合，劳动者之间是同志式的互助合作关系，国家、集体和个人的根本利益是一致的。通过国家计划，使各地区农业生产经营建设积累与消费等各方面有计划按比例地进行安排，从而使农民生产经营建设顺利进展。

（2）农业生产经营建设的目的是为了满足整个社会日益增长的物质文化生活的需要。这种目的能够最大限度地调动劳动者的劳动积极性，能够充分合理地利用生产资料和一切生产资源，从而保证农业生产经营建设不间断地进行。

（3）农业生产经营建设的结果，使农业产品产量不断增加、质量不断提高，农业生产经营建设劳动者的体力和智力得到全面发展，农业生产经营建设劳动者之间互助合作关系更加密切，农业生产经营建设管理者与劳动者在收益分配上公平合理、平等互利。

2. 农业生产经营建设的标志。农业生产经营建设的标志是多方面的，主要是指以下三点：

（1）改变农业生产经营建设条件。这是指改善农田水利、农业机械、农业科技等生产经营条件。

（2）增加农业生产经营建设资金投入条件。这是指多元化、多层次、多渠道地对农业生产经营建设，加大资金投入力度，提高资金投入标准。

（3）提高农业产品产量、质量，促进农业增产增收、保障农村居民增产增收、脱贫致富。

(三) 我国农业生产经营建设因素和途径的方略

我国农业生产经营建设因素包括外延、内含两个因素。农业生产经营建设途径包括：推广应用农业先进物质装备和科学技术、科学开发农业劳动力资源、因地制宜利用自然地理条件，合理调整农业生产经营建设各种要素、促进增长农业生产经营资金积累。

1. 农业生产经营建设因素组合的方略。主要说明农业生产经营建设外延、内含两个因素组合的方略如下：

（1）农业生产经营建设外延因素。这是指农业生产经营建设要素量的增加，而引起规模扩大、产品增加的外延因素。农业生产经营建设外延因素的要求，在组织推进农业生产经营农田建设上，扩大面积、改良土壤、增强地力，提高单位面积产量，提高土地的利用率、生产经营建设效率。

（2）农业生产经营建设内含因素。这是指调整优化农业生产经营建设要素、效能。扩大产业规模、增加产品内含因素。农业生产经营建设内含因素的要求，就是在农业生产经营建设过程中，提高农业生产经营建设资料和劳动力投入质量，合理利用自然力，因地制宜采用先进科学技术，提高农业生产经营建设管理水平。

2. 农业生产经营建设途径的方略。在各地区政府组织开展农业生产经营建设途径上，为了科学开发利用外延、内含两个因素，正确处理好积累和消费的关系，促使农业生产经营建设稳定增长、经济效果逐步提高、农民得到更多的实惠，必须组织推行以下五项政策：

（1）推广应用农业先进的物质装备和科学技术的方针政策。为了改善农业生产经营建设管理条件，增强农业抵抗自然灾害和综合生产经营建设的能力，稳定地提高农业劳动效率，根据我国人多地少、经济力量薄弱、工业基础较差、主要目标是增产增收的特点，把应用先进科学技术放在重点，广泛应用生物学、遗传学、育种学、栽培学、土壤学、农业化学以及畜牧饲养方面的科学成果。

（2）科学开发农业生产经营建设劳动力资源的政策。为了科学开发劳动力资源，充分利用劳动力，从数量和质量两个方面影响农业扩大再生产经营建设，一是要通过广开农业扩大再生产经营建设门路，发展多种经营，把我国丰富的劳动力资源充分利用起来。同时，要进一步调动广大农民自力更生，艰苦奋斗的积极性，要继续利用和提高传统的精耕细作经验，多搞劳动密集型的生产经营建设；二是要十分重视提高劳动力质量，在科学技术日新月异发展的情况下，提高劳动力质量是推进农业扩大再生产经营建设速度的决定因素。所以，要通过多种途径，提高农业劳动者的科学文化水平、生产经营建设技术水平和劳动熟练程度。

（3）因地制宜利用自然地理条件的政策。在农业生产经营建设中，由于对自然力的利用程度不同，因而就有不同的土地利用率、劳动效率和资金使用效益。因此，一是要适应和利用动植物的特点，采取符合它们生长发育规律的种种有效措施；二是要适应不同地区的自然条件，种植所宜的农林植作物、饲养所宜的牧渔动物，在改造自然、控制自然能力较差的条件下，既能充分利用各地区的土地、森林、草原、水产资源和各地区不同季节的光、热、水资源，做到用较少的人力、物力、财力消耗，获得较高的产量和较好的经济效果，又能较好地保持大自然的生态平衡，减少自然灾害、保障农业稳定的持续发展。这就是对自然力利用程度较高的表现。

（4）合理调整农业生产经营建设要素的政策。我国多年农业生产经营建设实践表明，农业生产经营建设管理水平越高、越科学，投入农业生产经营建设的活劳动和物化劳动，就越能获得较高的经济效果，农业扩大再生产经营建设规模越大。因此，要认真搞好预测和决策，正确选择和确定经营目标、经营内容、经营方式，要搞好农业生产经营建设管理工作，必须调整优化农业生产经营建设要素，充分发挥它们的作用，增加产量，增加收入。

（5）促进扩大农业生产经营建设资金积累的政策。农业资金积累是实现农业扩大再生产经营建设的重要源泉。我国农业扩大再生产经营建设的规模和速度，提高农业科学技术水平，在很大程度上取决于农业资金积累的数量及其增产速度。因此，根据我国的情况，要逐步增加对农业资金积累。农业本身的积累有多种多样的形式，有价值形式、实物形式，还有劳动形式。广大农民进行农业基本建设所投入的劳动属于劳动积累形式。资金积累固属重要，但是，在我国当前经济力量不足的情况下，不能完全依靠资金积累。要采取有效措施，从多方面增加农业积累。

总之，上述五个方面是互相联系、互相促进的，从长远看投入农业生产经营建设资料的数量和质量、农业科学技术的发展和应用，特别是现代的生产经营建设资料和现代的科学技术的发展和应用，是推动农业生产经营建设发展的基本途径。但是，在我国目前的情况下，充分发挥丰富劳动资源的优势和丰富自然资源的优势，切实地搞好管理，是最现实、最有效的途径。

五、我国农业生产经营建设结构调整优化的方略

农业是指广义农业，即农林牧副渔各业。农业生产经营建设结构是在农林牧副渔各业生产经营建设的产品之间、产品品种之间、产品品种品质之间比例关系组合，也就是种植业、养殖业及其加工业之间比例关系构成。农业、林业是属于种植业，牧业、渔业是属于养殖业，农林牧副渔各业产品及副产品加工是属于加工业。种植业结构是指农业的粮食作物、经济作物等产品和林业的林木、林果等产品种植品种、品质、规格比例关系构成；养殖业结构是指牧业的牲畜、家禽产品和水产业鱼、虾等产品养殖品种、品质、规格比例构成；加工业结构是指农林牧副渔各业产品及副产品加工品种、品质、规格比例构成。农业生产经营建设结构的范围，是指农林牧副渔各业的生产、加工、包装、贮藏、运输、购销等环节服务结构的范围。农业生产经营建设结构的内容包含：一是农林牧副渔各业的产品生产结构、经营结构、产品品种结构、品种品质结构；二是农林牧副渔各业产品的生产、加工、包装、贮藏、销售等服务行业结构，也就是第一产业（种植业、养殖业）、第二产业（种植业、养殖业产品的加工业）和第三产业（为种植业、养殖业、加工业服务的服务业）生产经营建设结构。

（一）我国农业生产经营建设结构调整优化目标的方略

我国农业生产经营建设结构调整优化的概念，是指在我国为加强推动农业现代产业化生产经营建设发展，不断满足国内外市场对农林牧副渔各业产品副产品及其加工产品多样化、多变化的需求，科学利用自然地理条件，充分发挥区域农业资源优势，全面优化配置农业生产经营建设要素。

1. 农业生产经营建设结构调整优化长远目标的方略，就是为了掌握农业产品供应比较充裕的有利时机，继续加强农业生产经营基础设施建设，提高农业综合生产能力，不断满足我国城乡人民生活变化的需求，适应国内外市场对农业产品优质化、多样化、标准化的需求发展趋势，科学利用区域农业资源优势，全面优化农业产品品种结构，提高农业产品质量，发展高产、高质、高效农业产品生产，发展农业产品加工、包装、贮藏、运输、购销等服务业，提高农业生产经营建设综合效益，增强农村经济实力，增加农民群众收入，保障农业和农村经济持续健康发展，促进城乡经济的持续协调发展。

2. 农业生产经营建设结构调整优化近期目标的方略，明确规定两方面：一是调整优化农林牧副渔各业的产品结构，注重发展农林业中的绿色优质粮食、油料、蔬菜、花卉、林果产品生产，优先发展牧渔业中的名特优质畜禽、水产品生产，增强国内外市场竞争能力，推动高产、高质、高效农业发展；二是调整优化种植业、养殖业、加工业和服务业，稳定发展第一产业，即种植业、养殖业，突出发展第二产业，即加工业、加快发展第三产业，即服务业，合理调整三大产业的比例，推进城乡一体化经济发展。

（二）我国农业生产经营建设结构调整优化内容的方略

农业生产经营建设结构调整优化内容的方略，是指必须在继续加强农业基础设施建设和农业生态

环境建设，改善农业基本生产经营建设条件，增强抗御自然灾害能力的基础上，适应农业发展新形势，按照国内外市场的需求，发挥区域农业资源优势，依靠农业高新科学技术，大力发展高产、高质、高效农业主导产品和支柱产业，着力优化农业产品的品种和质量，不断促进农业产品生产、加工、销售一条龙产业化规模经营，不断增强农业生产经营建设的贸工农一体化的市场竞争能力。为此，组织推行农业生产经营建设结构调整优化具体内容的方略，主要有以下十一项：

1. 坚持遵循自然、经济规律的方略。农业生产经营建设结构调整优化，首先，要坚持遵循自然规律，在保护和综合利用农业自然资源，改善农业生态环境，发挥农业自然资源的效能，提高抗御自然灾害能力，增强农业发展后劲，实现农业和农村经济可持续发展；其次，要坚持遵循经济规律，强化市场机制，及时沟通购销信息，引导农民改善农业产品的品种和质量，生产适销对路的农业产品和农业加工品，尽快实现价值和附加值，有效增加农民收入，增强农业和农村经济实力。

2. 坚持发挥农业区域比较优势的方略。全国各地区域自然地理条件不同，农业和农村经济发展差异较大。为此，一是要坚持区域比较优势的原则，在全面规划各地区域农业产品布局的基础上，因地制宜地发挥各地区域的位置、资源、气温、科技、产品、加工、贮运、市场等方面的优势，突出名优特色，建设主导产品基地，结成支柱产业链；二是要抓住潜在的劳动力、科技集约优势，发展本地区名特优质农业产品生产，扩大名特优质农业产品单品种区域生产规模，尽快形成具有区域的农业主导产品和支柱产业，增强农业产品进入市场的能力，真正形成占领国内市场优势的支柱产业。

3. 坚持依靠科技推广应用到农业生产经营建设的方略。我国农业产品大多是科技含量低、质量差，不能满足国内外市场的需求。为此，各地区要坚持依靠科技推广应用的原则，推广应用高新技术，增加传统优势产业的科技含量，提高大宗农业产品的档次、规格、标准、质量，开发农业产品新品种，改善农业产品品质，推进农业产品的品种更新、品质优化，满足国内外市场对农业产品多样化、优质化和标准化的需求。

4. 坚持推进农业产业化系列规模经营的方略。要通过农业产品生产、加工、包装、储存、运输、销售一体化链条经营方式，引导有经济实力的农业产业化龙头企业，带动农民建立农业产品生产基地，收购并加工农业产品，直接销到国内外市场，切实解决农业产品生产、销售与市场脱节问题，走上农业、工业、商业、服务业、运输业一条龙产业化经营之路。

5. 坚持采取农业生产、经营建设优惠资金引导的方略。要通过农业综合开发财政、信贷资金扶持的政策，在尊重农民的生产经营建设自主权的前提下，加强农业基础设施建设和农业生态环境建设，改善农业基本生产经营建设条件，提高抗御自然灾害能力；充分发挥政府规范监督和市场机制的作用，采取奖惩严明等经济手段，推动农民群众拓展调整优化农业生产经营建设结构的途径。

6. 坚持调整优化农业生产经营建设方向的方略。农业生产经营建设结构调整优化方向的方略，必须坚持组织落实：一是不断地推动农林牧副渔各业向广度和深度发展。从广度上，要大力发展农林牧副渔各业产品加工的第二产业，着力扶持农林牧副渔各业生产经营建设服务的第三产业。从深度上，要发展高产、高质、高效的农林牧副渔各业产品生产，注重对农林牧副渔各业产品深加工、精加工转化增值；二是不断地推动农林牧副渔各业提高科学技术含量，增强农民科教兴农的自觉性，提高农民科学文化素质，在农林牧副渔各业生产经营建设过程中，采用现代科学技术装备，推广应用先进适用的科学技术成果；三是不断地推动农林牧副渔各业，从粗放生产经营建设，向集约化生产经营建设转化，增加农业的人力、财力、物力的投入，提高农业生产经营建设集约化程度，提高农业资源利用率和农业资金投入产出率，加速传统农业向现代化农业的转变；四是不断地推动农村新经济体制完善，在坚持稳定农民家庭联产承包责任制的基础上，完善农业社会化服务体系、国家对农业生产经营建设支持和保护体系、农业科学技术推广应用体系和农业产品市场流通体系。

7. 坚持调整优化农业产品种类、质量结构重点的方略。农业生产经营建设结构调整优化重点的方略，是在我国农业现代产业化生产经营建设发展进入新阶段，农业产品供求关系发生根本性变化，绝大部分农业产品供大于求的形势下进行的。改善农业产品的品种和质量结构，是农业生产经营建设结构调整优化的重点。具体地说，农业生产经营建设结构调整优化的重点，要依据全国各地区农业资源的优势和自然地理条件，一是在调整优化农林牧副渔各业区域布局重点上，划分全国东部、中部、西部区域布局，东部区域包括东部沿海区域和大中城市郊区，侧重发展高效型、外向型、城郊型现代化农业，建设优质农业产品出口基地；中部区域要发挥粮食和经济作物的优势，建立高产、高质、高效的粮食、饲料和经济作物生产、加工基地；西部区域要以农业生态环境建设为重点，对生存压力而过度开垦的荒坡地，有计划地进行退耕还林还草，发展生态农业、旱作节水农业。二是在调整优化各个区域内农林牧副渔各业的重点上，采取以下四项政策措施：

（1）优化粮食品种、品质结构。要依据国内外市场的需求，以发展优质专用小麦、水稻、玉米、饲料为重点，优化品种、品质结构，提高国内外市场竞争力。要在全面优化粮食品种、品质结构的基础上，一是大力发展优质强劲小麦，尽快淘汰劣质品种，以市场需求为依据确定重点推广种植的优质小麦品种；二是着力繁育推广优质水稻品种，提高稻米品质，在水稻产区建立无公害优质水稻基地，稳定水稻种植面积，重点发展绿色稻米；三是优先发展高蛋白饲料玉米，我国加入世界贸易组织以后，畜禽产品具有很强的市场竞争优势，要围绕畜牧业发展，扩大高蛋白饲料玉米种植面积，压缩普通玉米种植面积。

（2）优化经济作物品种、品质结构。要在全面优化经济作物品种、品质结构的基础上，一是加快拓宽产量品质并重的蔬菜、草药途径。蔬菜、草药出口是我国农业的优势，要充分利用各地区区域、自然条件和科技优势，把蔬菜、草药产业调整为农业支柱产业，重点发展季节精品蔬菜、草药，突出名特优新品种、品质，要做到一县一色、一乡一品，集中连片，形成规模基地，保障满足国内城镇和国际市场所需各种蔬菜、草药的供应；二是优先发展高产、高脂肪、高蛋白大豆、花生作物，扩大优质大豆、花生种植面积，建立抗虫害棉、彩色棉、长绒棉基地，尽快淘汰混杂退化、多病虫的棉花老品种；三是扩大市场所需名特优质花卉、西瓜、香瓜、食用菌等种植面积，发展脱毒红薯、脱毒土豆生产，提高其产量和质量。

（3）优化林木、林果产品品种、品质结构。要在全面优化林果业产品品种、品质结构的基础上，一是大力发展优良速生丰产林、桑蚕、白果、银杏等林木产品，建立林果业优良品种繁育、种植、加工、营销的连锁开发基地；二是重点发展名特优新林果业干鲜果品，按照国内外市场的需求，结合各地区自然地理条件，重点发展优质热带、温带、寒带地区珍稀干鲜果品，面向我国沿海城镇和国际市场，建立一批各种类优质水果保鲜储藏、包装、运输、加工基地。

（4）优化畜禽、鱼虾等产品品种、品质结构。要在全面优化畜牧业、渔业产品品种、品质结构基础上，一是大力扶持名特优新畜禽产品繁殖，加强奶牛、优质肉牛羊猪、优质肉鸡鸭鹅等畜禽养殖、加工基地建设，发展优质禽蛋、优质瘦肉型品种，提高肉食质量。科学利用江湖海洋资源，发展适销对路的名特优鱼、虾、蟹等水产品养殖；二是为满足市场，扩大出口创汇，不断调整优化畜禽、鱼虾蟹等产品的品种、品质，以国内外市场为导向，促进畜禽、鱼虾蟹等产品的加工、保鲜、储运技术和设备的引进开发，以加工企业为龙头，一头接市场，一头接农户，形成产加销一条龙的生产线。

8. 坚持调整优化农林牧副渔各产业化发展优势的方略。在中共中央、国务院组织领导下，从1979年到2019年的40年来，推动全国各地区在"决不放松粮食生产、积极发展多种经营"方针指引下，调整优化农业生产经营建设结构，开展农林牧副渔各业生产经营建设的布局区域化、农林种植业规模化、牧渔养殖业专业化，建立健全农林牧渔各业生产经营建设基地化、机械化、水利化、科技化、产业化、市场化、社会化服务体系，确保农林牧副渔各业现代产业化生产经营建设持续健康发展。从1986年到2019年，中共中央一直强调，一是必须始终把粮食生产放在首位，要防止放松粮食生产的倾向，千方百计稳定粮食播种面积，认真抓好粮棉油等商品基地建设，重点扶持商品粮大县，支持在保持粮食生产优势的同时，积极发展多种经营，使这些县的经济发展、财政收入和农民收入，到"十二五"时期末的2015年达到一个新水平；二是必须大力发展畜牧业，抓好种改良、疫病防治、饲料生产和草地建设，提高畜产品的数量和质量。必须加快渔业技术改造，发展人工养殖和远洋渔业；三是必须高度重视林业发展，全面实现造林绿化规划，严格执行采伐限额，加强资源培育和森林保护，抓好防护林体系建设和治沙工程，改善生态环境；四是必须办好农垦和其他国营农业企业，发挥他们在农业专业化、商品化、现代化过程中的示范作用；五是必须继续抓好菜篮子工程，切实搞好城市副食品的生产和供应，确保全国城乡人民改善生活，推进城乡工农业和国民经济健康持续发展。1991年1月，中共中央、国务院领导同志在全国农业工作会议上明确指出，调整优化农业生产经营建设结构，稳定粮食种植面积，确保粮食产量逐步增长，从数量增长引向高产优质高效的轨道；1994年4月，国务院向各省、自治区、直辖市人民政府和各部委、各直属机构发布的国发〔1994〕23号《关于加强"菜篮子"和粮棉油工作的通知》中强调指出，长期以来，为了确保改善全国城乡人民生活，而涉及粮棉油等农业产品和"菜篮子"产品生产供应，中共中央、国务院历来十分重视，采取了一系列政策措施，导致全国粮棉油等农业产品和"菜篮子"产品的生产、供应形势总体上逐年好转起来。为此，各级政府及有关部门在逐年好转的形势下，科学合理利用各地区农业自然地理资源，综合开发治理农林牧副渔各业生产经营建设环境，调整优化农林牧副渔各业现代产业生产经营建设结构，确保全国城乡"菜篮子"和粮棉油的等产品供应、市场价格保持相对稳定，推动整个国民经济持续、快速、健康发展，而在组织加强城乡"菜篮子"产品和粮棉油等农林牧副渔各业产品基地生产经营建设中，坚持执行以下五项调整优化优势政策：

（1）农业主导产品优势政策。坚持从实际出发、因地制宜、科学规划、宜种则种、宜养则养、开发农林牧渔各业主导产品的基础上，科学利用自然地理资源，以市场为导向，从农林牧渔各业产品数量扩展到质量和效益，从自给自足进入商品市场，走向社会，组织发挥农林牧渔各业主导产品品种、品质结构调整优化优势，提高农林牧渔各业主导产品基地生产经营建设科技含量和商品率。

（2）农林牧渔各业支柱产业优势政策。坚持实行农林种植业与牧渔养殖业并举、全面发展的政策，在全面发展农业、林业、牧业、副业、渔业的基础上，建立起粮棉油等农业产品产加销一条龙支柱产业、营造防护林一条龙支柱产业、育种防疫牧业区域性支柱产业、海淡水渔业产品养加销一条龙支柱产业。

（3）农林牧渔各业现代产业化规模经营优势政策。坚持在建立农林牧渔各业主导产品和支柱产业的基础上，进一步推行农林牧渔各业现代产业化规模经营优势政策，组织发动农业企业和农民扩大农林牧渔各业现代产业化经营规模，培育农林牧渔各业现代产业化规模经营组织载体，推进农林牧渔各业传统落后的生产经营建设方式，走向农林牧渔各业现代产业化、基地化、规模化、专业化、商品化的生产经营建设轨道。

（4）农林牧渔各业产业化联合优势政策。坚持在农林种植业和牧渔养殖业生产经营建设中，组织实行产加销一条龙、农工贸一体化联合经营，以契约、合同等法律关系与大批农民结成利益共同体，形成集约化、产业化联合的组织，辐射带动分散生产经营建设农户，执行农林牧渔各业现代产业化规模生产经营建设联合优势的政策，取得经济效益、社会效益。

（5）农业区域生产经营建设社会化服务优势政策。坚持从实际出发，充分发挥农业区域优势，根据农业区划、农业布局、农业规划的规定，本着"科学规划、合理布局、连片开发、专业生产、规模经营、基础建设"的原则，建立起各具区域特色的农林牧渔各业产品基地，围绕各业产品基地，建立健全县、乡、村社会化服务群体，上下连成一个服务农民从事农林牧副渔各业生产经营建设的网络体系，贯彻执行农业区域社会服务优势政策。

9. 坚持调整优化农林牧渔各业种子产业的方略。从1991年至2019年期间，中共中央、国务院反复强调，必须坚持把种子工作列入科技兴农的重中之重，坚持以市场为导向、以科技为支撑、以效益为中心、以农民增收为目的，加快良种繁育和推广步伐，逐步形成种子生产专业化、加工机械化、质量标准化、经营集团化、管理法制化和育繁销一体化的产业格局。各地区政府及财政等部门必须坚持调整优化种子产业的方略，主要包括以下四项政策：

（1）把种子工程作为新兴支柱产业政策。要建立农林牧渔各业产品规模化生产经营建设基地，组织建设农林牧渔各业良种专业化繁育基地，建立农林牧渔各业产品新品种引试中心，引进选育新品种，试验新品种，示范、推广新品种，与科研部门建立密切合作关系，与基地农户建立利益分享、风险共担的利益共同体；建立健全种子加工及质量检测体系，形成农林牧副渔各业良种育繁销一体化局面。

（2）把种子工程作为农业产业结构调整优化重点政策。要加强种子工程作为农业产业结构调整优化、重点建设，坚持因地制宜，突出重点，培育特色，连片布局，规模开发，重点培育种子龙头企业，拉长产业链条，辐射带动，促进科技成果转化，按照龙头＋基地＋农户的形式，上连市场，下连农户，在农户与市场之间架起一座桥梁，通过与基地农户签订预约种植、养殖良种合理的效益机制。

（3）把种子工程作为订单农业的载体政策。要通过建立种子繁育基地、新品种示范与推广基地、种子公司与农户签订统一供种、优价收购合同，以农民增收为出发点，引导农民自觉推广优良品种，推进农民保证种子推广规模、种子质量和效益，使种子生产经营建设步入了良性循环轨道。

（4）把种子工程作为商品经济的品牌政策。要把培育、开发新品种放在首位，实施"立足繁育、挖掘优势、内引外联、科技攻关、以质取信、争创名牌、提高效益、突破发展"的战略，努力做到人无我有、人有我优、人优我新，牢牢把握市场主动权，抢占市场空当，提高市场占有率。提高服务质量，突出品牌效益。

10. 坚持调整优化农业生产经营建设机制的方略。调整优化农业生产经营建设机制的方略，主要包括以下三项政策：

（1）农业生产经营建设资产运行机制政策。农业生产经营建设土地、资产、资本、技术等要素，按市场经济的规则流动和组合，实现保值增值。必须按照明确所有权、稳定承包权、搞活使用权、强化管理权的要求，逐步建立土地的有偿使用和依法转让机制，发挥集体资产投资、经营建设和管理主体的功能，合理运筹和配置集体资产，形成实业资本、土地资本的新格局。

（2）农业生产经营建设自我积累与发展机制政策。随着市场经济的发展，农业打破了结构单一、经营封闭、产供销脱节、城乡分割的原始生产经营建设状态，走上农工商、产供销一体化的产业化轨道，形成以市场为导向、以食品加工为龙头、以农业产品基地为依托的社会化生产经营建设体制，从根本上达到农业产业各个环节之间利益的自我调节，力求使农业劳动者获得社会平均利润。总之，通过多种形式，把农业产前、产中、产后各个环节连接起来，把千家万户的生产经营建设纳入社会化大生产经营建设的轨道，逐步形成农业自我积累、自我发展的机制。

（3）农业生产经营建设利益补偿机制政策。随着农业生产经营建设结构多元化和产业化经营格局的形成，农村各产业之间的利益关系日益复杂。各地区政府从有利于强化农业基础出发，探索建立既保护农民利益又促进各业发展的农业补偿与利益调节机制政策，包括农业产品风险基金制度、储备调节制度、价格保护制度、农业社会化服务制度以及投资补偿制度等利益调节机制的政策。

11. 坚持调整优化农业生产经营建设筹融资金投入方略。"八五"至"十二五"时期，国务院要求各地区政府及财政金融部门在扶持农业生产经营投入机制上，要树立农业现代产业化生产经营观念，要在增强自给能力的同时，组织好地区间的协作，互利互惠，联合投入农业生产经营开发建设，建立稳定的产销关系，以保证农林牧副渔各业产品市场的均衡供应。对于"菜篮子"和粮棉油等农林牧渔各业产品基地建设，都要增加专项资金投入，中共中央确定从1991年起扶持粮棉油等农林牧渔各业产品基地建设的各项政策措施，要坚持贯彻、落实，重点是落实扶持粮棉油等农林牧渔各业产品基地建设，要确保稳定粮食种植面积，加强田间管理，完成棉花种植计划和棉花收购任务，要坚持"郊区为主、农区为辅、外埠调剂"的方针，以"菜园子"保"菜篮子"；要恢复和扩大菜田面积，坚决制止滥占菜地，要认真执行新菜地开发建设基金征收、管理和使用的有关规定，专款专用，不得挪用。国务院分别于2008年、2010年、2011年、2012年，由全国人大第十一届一次、三次、四次、五次会议通过的《政府工作报告》提出，要落实好"米袋子"省长负责制和"菜篮子"市长负责制，保障农林牧渔各业主要产品供给，切实保障"米袋子"和"菜篮子"安全。2014年3月13日，全国人大第十二届二次会议通过的《政府工作报告》提出,确保谷物基本自产自给、口粮绝对安全,把13亿中国人的饭碗牢牢端在自己手中,以保障国家粮食安全和促进农民增收。要坚持把解决好"三农"问题放在全部工作的重中之重,必须坚持继续扶持"菜篮子"和粮棉油等农林牧渔各业产品基地建设,必须认真贯彻执行,确保落实各项政策措施。2008年至2019年期间,主要包括以下九项:

(1) 财政扶持农林牧渔各业生产经营建设资金政策。从1991年到2019年每年投入金额逐步增加:一是农业综合开发基金中每年安排菜篮子项目工程建设资金1500万元,增加到1.43亿元;二是财政支农资金中每年安排瘦肉型猪基地、水产养殖基地、各特优农林特产品基地建设资金5900万元,增加到4.89亿元;三是从2004年起,国家财政对种粮农民直接补贴、良种补贴、农机具购置补贴和农业生产经营建设资料综合补贴资金,从2007年639亿元增加到2017年1923亿元,重点向粮食主产区、重点品种、专业大户、农民专业合作组织倾向;四是从2005年起,国家对重点粮食品种实行最低收购价政策,到2012年小麦、稻谷最低收购价累计提高41.7%到86.7%。同时,采取综合政策措施,控制农业生产经营建设资料价格过快上涨。中央财政增加对粮食、油料、生猪调出大县转移支付额变,扩大奖励补贴规模和范围。扩大农业政策性保险试点范围,增强农林牧渔各业生产经营建设抗拒风险能力,促进农民人均纯收入持续较快增长。

(2) 银行信贷扶持农林牧渔各业生产经营建设资金政策。从1991年到2019年每年投入金额逐步增加:一是农业银行扶持畜禽、水产养殖基地贷款6000万元,增加到2.3亿元;二是工商银行扶持饲料工业技术改造、饲料工业基建贷款1.21亿元,增加到3.74亿元;三是建设银行扶持远洋渔业车、船、飞机购置等项基建设贷款12亿元,增加到23亿元;四是国家银行为加强农林牧渔各业生产经营所需流动资金服务,提供"三农"贷款,从2007年末6.12万亿元,增加到2017年末23.4万亿元。基本适应农林牧渔各业生产经营建设流动资金需求。

(3) 工业等部门扶持农林牧渔各业生产经营建设物资政策。从1991年至2019年每年投入物资逐步增加,给予优惠扶持政策:一是对农牧业产业区秸秆氨气养牛的尿素、大棚生产用的塑料薄膜、渔业基地养殖捕捞用的柴油、蔬菜果品生产基地用的化肥、农药,保障优惠供应;二是对农村加强水电路气等基础设施建设,水利部门扶持建设人畜饮水安全工程,电力部门扶持农村建设小电站、电网路,交通部门扶持农村新建改造公路,能源部门扶持农村建立沼气、太阳能等设施,邮电通讯部门扶持农村建立电话、电视、电讯等设施,推进农村居民改变物质文化生活环境和条件。

(4) 各级政府扶持农林牧渔各业供销市场建设资金政策。国务院要求各级政府必须重视市场建设,建立以批发市场为中心的农贸市场与零售商业相结合的市场网络和商品大流通的体系,形成总量平衡、物流畅通、经营灵活的农林牧渔各业产品批发市场运行机制。为此,一是要有计划地对现有的批发市场进行改造、扩建和完善。要在重点产区和重点城市建立若干个全国性的农林牧渔各业产品批发市场,各地区要新建一些区域性的农林牧渔各业产品批发市场。要通过建设全国性、区域性、地方性相结合的批发市场网络,促进形成全国统一农林牧渔各业产品批发市场的格局;二是国务院决定从1991年起,每年安排中央财政贴息贷款1亿元,用于蔬菜批发市场建设,贴息3年,具体基建规模和贷款规模由国内贸易部商国家计委、人民银行、农业银行落实。各级政府要重视运输、贮存、保鲜等流通基础设施建设,从1991年至1992年每年安排一定的贷款用于蔬菜恒温库、周转库和南菜北运铁路转运站建设,并列入基本建设计划;三是各级政府要特别重视加强农林牧渔各业产品批发市场管理。尤其是"菜篮子"产品,是极为重要的民生商品、敏感商品,单靠市场自发调节很难稳定。越是放开搞活,越是要加强市场管理。要认真解决市场交易制度不规范、秩序混乱以及各种不正当交易行为等问题。对于那些欺行霸市、哄抬物价、掺杂作假、坑蒙拐骗的不法分子和不法行为,以及车匪路霸等,要严厉打击。工商、公安、铁路、交通等部门要密切配合,协调行动,使市场交易秩序尽快有所好转并长期保持下去。要减少流通环节,使生产者和消费者真正得益;四是国务院决定,从"十一五"规划的2006年起,大力拓宽农村消费市场,加强农村流通体系和市场建设,充分发挥现有农村流通网络作用,支持城镇流通企业经营网络向农村延伸,为农民增加消费提供便利;五是国务院决定,从"十二五"规划的 2011 年起,继续实施家电下乡和以旧换新政策,加强农村商贸流通、文化、体育、旅游、网络等基础设施建设,推动农村商贸企业连锁经营和统一配送。大力整顿和规范农村商品市场秩序,切实维护农民消费权益;六是国务院决定,从"十三五"规划的 2016 年起,加强农林牧渔各业产品流通体系建设,积极开展"农超对接",畅通鲜活农林牧渔各业产品运输"绿色通道"。

(5) 国家扶持农林牧渔各业产品专项储备调节政策。为此,一是国务院规定,从 1991 年起,各地区必须执行粮、棉、油、肉、糖等农林牧渔各业产品的专项储备制度。建立农林牧渔各业产品储备及基金,实行旺吞淡吐,是调控市场、平衡供求的物质基础和重要手段。要尽快把中央和地方的粮、棉、油、肉、糖等农林牧渔各业产品储备及基金制度建立起来,进一步完善储备管理、使用办法,把政策性储备和经营性周转库存分开。已确定的支持建立肉、糖储备制度的政策,要认真落实。二是国务院规定,从 2007 年起,加强对粮食生产、消费、库存和进口的监测和调控,建立健全粮食安全预警系统,维护粮食供求平衡;国务院于 2008 年规定,加快健全储备体系,改进和完善储备调节和进出口调节方式,从严调整控制资源性产品价格和公共服务收费,防止出现轮番涨价;国务院于 2012 年规定,完善政府储备和商业储备体系,做好农林牧渔各业主要产品收储和投放工作,增强政府调控和市场调剂能力。

(6) 国家财政扶持农林牧副渔各业产品风险基金政策。为此,国务院规定,各地区必须建立粮棉油等农林牧渔各业产品分险基金制度,一是要把中央和地方减下来的粮、肉、菜等专项补贴全额,用于建立粮棉油等农林牧渔各业产品风险基金制度,还有从其他方面筹集一些资金,充实风险基金,形成规模;二是要对粮棉油等农林牧渔各业产品风险基金,由中央和地方共同筹集,粮价放开后减少的财政补贴,不得挪用,要全部用于建立风险基金。风险基金主要包括:中央财政在 3 年内减下的扶持生猪生产"议转评"饲料差价款 3.83 亿元,要全部转为中央风险基金,从 1991 年起每年按 1.28 亿元安排,其余 2.55 亿元继续用于发展生猪生产、生猪产销一体化和种猪场;三是要在副食品价格放开之后,地方财政对副食品企业减少的亏损补贴,必须全部转为地方生猪、蔬菜等副食品风险基金,以收回或挪用的必须恢复;四是各地区及有关部门必须尽快把粮食和副食品风险基金制度建立起来,保证各项基金及时、足额到位;五是要形成一种机制,滚动使用,不断有所增加。

(7) 国家商业、粮食和供销合作社等部门,落实粮棉购销价格政策。为此,一是必须建立农林牧副渔各业产品市场监控体系,要把监控市场、平抑物价作为一项日常管理工作;国有商业、粮食企业要在农林牧渔各业产品的市场调控中发挥主渠道作用。二是必须坚持落实粮棉购销价格政策。要在粮棉收购价格核定上,既有能够调动农民的生产经营建设积极性,又要考虑整个市场物价的稳定。要进一步改革粮食购销体制,把政策性业务与经营性业务分开。三是必须继续实行棉花由供销社统一收购的政策。要积极研究建立全国性的、规范的棉花市场的方案。要统筹安排棉花资源,有关部门要协同组织好棉花的调运和供应,保证重点需要。纺织企业要加快技术改造步伐,调整产品结构,加强管理,改进工艺,增加花色品种,提高经济效益,努力消化因棉花提价增加的成本开支。

(8) 国家财政、税务部门,落实税收优惠政策。为此,一是必须对粮棉和副食品批发企业实行税收优惠政策。从 1992 年起,对国有和集体商业企业批发粮、棉、油、饲料、肉、禽、蛋、水产品和蔬菜征收增值税后增加的税负实行退税,征收多少退多少,即收即退,由财政部、国家税务总局负责具体落实。在新税制实施过程中,财政、税务部门要进一步研究制定对国有粮食、副食品经营企业和供销合作社的扶持政策措施;二是必须针对粮、棉、油、糖及化肥、农药等产品每年都要适当进口,增强国家和地方吞吐调剂的物质基础的情况,为保持进口价格与国内价格大体一致,汇率并轨后对这些进口商品实行税收优惠政策。对进口管理要实行"三统一",即统一政策、统一价格、统一对外,由对外贸易经济合作部统一协调。

(9) 各级政府落实米袋子、菜篮子供给安全政策。要进一步做好"菜篮子"和粮棉油工作,是关系人民群众生活的头等大事,是各级政府的重要职责。为此,国务院规定,各省、自治区、直辖市和大中城市政府及有关部门，一是必须统一思想认识，切实加强领导，每年要对粮、棉、油、肉、菜、糖、水产品等农林牧副渔各业产品产供销问题，做出辖区内总量平衡的计划，对如何综合平衡要有一套完整的方案和有效的措施，狠抓落实。二是必须明确一条基本责任："菜篮子"产品和粮油供需平衡的责任在各省市，省长、市长对这几大产品的供需平衡要负责，尤其是大中城市的政府要负总责，实行市长负责制。市长要积极主动地做好工作，及时解决实际问题，绝不能等出了问题再抓。要把"菜篮子"工作列入市长岗位目标责任制，作为考核市长政绩的一项重要内容。凡是由于不落实风险基金、不建立储备制度致使供需平衡出问题的，要追究省长和市长的责任。中央各有关部委也要明确各自的职责和任务，切实做好工作。

六、我国农业生产经营建设预测决策的方略

我国农业生产经营建设预测，是指通过已经取得的数据资料和情报，按照一定的方法，对农业生产经营建设业务未来的发展情况，做出的估计和推断。农业生产经营建设活动受许多因素，包含有自然方面的因素，经济方面的因素等的影响和制约。因此，对农业生产经营建设预测，往往因为许多因素很难受人们所控制，而成为不确定或多变化。这样，农业生产经营建设预测就显得比其他行业生产经营建设预测，要难一些和复杂一些。尽管如此，通过业已取得的数据资料和情报，对未来的发展情况进行估计和推断，可以找出农业生产经营建设活动的一些带规律性的东西，从而有计划、有步骤、有重点地进行农业生产经营。科学的农业生产经营建设预测，是在科学理论的指导下，运用科学的方法，在掌握农业生产经营建设活动规律的基础上，做出科学估计和推断。

我国农业生产经营建设决策，是指在为达到同一目标的多种可供选择的方案中，选定一种最优方案的行为。农业生产经营建设决策的宗旨，是指对农业生产经营建设活动最终要达到的奋斗目标，以及为实现这些目标需要解决的问题，所做出的最优化选择和决定。

（一）我国农业生产经营建设预测决策意义的方略

农业生产经营建设预测，是农业生产经营建设管理的重要工具之一。通过科学的农业生产经营建设预测，可以采用相应的和恰当的农业生产经营建设对策。农业生产经营建设决策，是指农业生产经营建设选择和决定，并非一种任意的取舍，而是通过深入的调查研究，进行各种可行性预测分析而作出的。这个选择和决定具有科学性，只要根据制定的计划和要求，认真努力，是能够达到既定的目标的。正确的决策对农业生产经营建设持续发展起着举足轻重的作用。

1. 农业生产经营建设预测意义的方略。它主要体现在以下四点：

（1）为编制和执行农业生产经营建设计划提供信息。农业和农村经济是整个国民经济的有机组成部分。组织进行农业生产经营建设预测，体现了依据客观经济规律和价值规律，达到经济发展有计划的目标。对过去农业生产经营建设统计资料，目前农业生产经营建设的情况和问题，以及对将来的发展变化趋势，进行科学的预测和周密的分析，对农业生产经营建设的主要经济指标进行纵横向等多方面的对比，然后，根据预测的数据编制出以后年度的农业生产经营建设计划。这样一来，就有利于推动农业生产经营建设部门和单位准确地编制计划，正确地执行计划，顺利地完成计划。是农村经济在整个国民经济计划的指导下，有计划、有步骤按比例的发展。

（2）为农业生产经营建设的领导者择优决策提供依据。农业生产经营建设的领导者要确定今后的经济增长速度和发展方向，以及为达到目标应采取的措施、办法，其重要的依据之一就是要靠科学的预测数据。因此，作为农业生产经营建设的领导者，要重视和支持开展农业生产经营建设预测，在众多的为实现农业生产经营建设目的的预算方案中，进行反复择优，以便确定适当的经济增长速度、适度的生产经营建设规模和正确的发展方向。

（3）为促进农林副渔各业全面发展提供条件。在农业生产经营建设预测中，对自然环境变化趋势的预测是必不可少的，这是由农业既是经济的再生产经营建设过程，又是自然的再生产经营建设过程特点所决定的。预测自然环境的变化趋势，研究各种改善农业自然生态环境的措施、办法，对创造良好的农业生产经营建设条件，促进农林牧副渔各业全面发展具有重要的意义。

（4）为改善农业生产经营建设管理提供帮助。要促进农业和农村经济的迅速发展，必须切实加强农业生产经营建设管理。改善和加强农业生产经营建设管理的手段比较多，但不能否认，农业生产经营建设预测是加强农业生产经营建设管理的重要手段。通过对自然环境变化的预测、对农业经济发展的预测、对农业产品市场的预测等手段，有助于农业生产经营建设部门和单位在组织农业生产经营建设活动的时候，注意掌握和利用各种有利条件，注意遵循客观经济规律和自然规律，采取相应的、正确的措施和办法，努力改善和加强农业生产经营建设管理。

当今全国各地区农业生产经营建设活动，正朝着信息高度灵敏、科技高度发达方向迅猛发展，这就需要知识更新要快，信息反馈要灵。要善于捕捉这些信息，分析这些信息，预测这些信息中有哪些对农业生产经营建设活动具有影响和制约作用。从而为发展农业和农村经济采取相应的措施、办法和对策。并要善于了解和分析国外发达国家农业经济发展、发达的背景、原因和策略，把我国农业和农村经济发展，同世界各国农业经济的发展紧密联系起来，结合起来，以逐步缩小我国和发达国家之间的差距。加快我国农业现代化产业建设进程。

2. 农业生产经营建设决策意义的方略。农业生产经营建设决策是否科学正确，对农业生产经营建设管理人员提高政策业务水平、对农业生产经营建设单位加强经营管理，取得最佳经营成果，起到极其重要的作用。农业生产经营建设决策方略的意义，主要体现在以下三点：

（1）决定着农业生产经营建设管理人员工作水平。农业现代化产业化建设进程加快，要求农业生产经营建设管理人员，善于从复杂多变的因素中和许多备案的可行性方案中，找到最影响企业发展前进的因素，选择技术上最先进、经济上最合理的方案。决策正确，说明企业领导者和管理人员有才干、工作水平高；反之，则说明企业领导者和管理人员没有能力、工作水平低。

（2）决定着农业生产经营建设单位的各项管理工作成效。农业生产经营建设单位计划、组织、指挥、生产、财务、会计等各项管理工作，无一不牵涉到决策。可以说，没有决策，就没有管理。决策正确，各项管理工作才能做好；决策失误，就会对各项管理工作造成损失。

（3）决定着农业生产经营建设单位的经营效果。实践证明，农业生产经营建设效果，取决于决策的正确程度，决策的正确程度高，农业生产经营建设效果大，反之，经营效果小，如决策失误，还会导致严重的损失。

（二）我国农业生产经营建设预测决策内容的方略

农业生产经营建设预测决策内容的方略包括：对制约农业和农村经济发展的一些主要因素进行分析、预测，以提出建议方案，为制定计划，提供决策服务。农业生产经营建设决策具体内容的方略，主要包括：对农业生产经营建设过程中生产、供应、销售、投资、财务、组织等环节决策。

1. 农业生产经营建设预测内容的方略，主要包括以下四项：

（1）农业资源预测。农业资源包括有土地、自然环境、农业人口、农用物质和农业资金等。土地是农业最基本、也是不可代替的生产经营建设资料，对土地资源利用情况的预测，对考虑农业生产经营建设结构的变化和多种经营的发展很有帮助。自然环境对农业生产经营建设活动影响很大。未来气候状况发展趋势如何，水资源的开发利用前景怎样，可以利用的自然资源的数量、蕴藏量及其利用的可能性、效果有哪些等等，这些预测，都需要在农业生产经营建设过程中经常考虑到。农业人口的增加变化影响着对农业产品的消耗。预测未来农业人口的发展变化情况，预测未来农业劳动力的数量和素质状况，是决定农业劳动力是否补充、是否节约转移的基础。农用物质和原材料的预测，其目的，一是为了了解市场供应、市场采购的保证程度和价格变动情况。二是为了考察农产品的成本状况。资金预测是对在农业生产经营建设活动中，所需各项资金的数量、来源、筹措办法、使用方向、周转速度等预测，目的是为了寻求如何做到尽可能地以较小的投入，获得更大的产出。

（2）农业技术预测。科学技术是生产力。农业科学技术的每一次进步，都推动了农业农村经济迅速发展。农业技术预测主要是预测农业技术的发明和农业适用技术推广的方向、速度及其对农业农村经济的影响，包括对农业生产、经营建设和农业现代化、城乡一体化经济发展的影响。

（3）农业经济预测。农业经济预测包括的内容比较多，有农业经济发展速度方面的预测，有农业经济结构方面的预测，有农业生产经营建设积累与消费的预测，有农业产品成本、利润等的预测。

（4）农业产品销售预测。现阶段，在我国农业主要的产品是指农、林、牧、副、渔各业产品。产品销售预测，主要是对销售市场的预测。预测市场供求关系变化、价格变动、市场购买力和产品销售量，如何直接影响制约着产品销售，在大规模的进行农村商品生产的情况下，要十分注意产品销售市场的预测，做好货畅其流，财源茂盛。

总之，农业生产经营建设预测，尽管是对农业经济未来的发展变化情况进行估计和推断，但未来的预测并不是凭想象就能估计和推断出来的，它是在对过去农业经济的发展变化情况进行分析、找出带有规律性的东西，然后推断将来农业经济发展趋势。在过去和未来之间，有一种连贯性。通过连贯性和找出带有规律性的东西，设想未来。为此，把这两种情况称为农业生产经营建设预测的两条基本原则。一是预测连贯的原则，二是预测类推的原则。前者按照客观事物发展的连贯性分析农业经济现象；后者从农业经济活动模式变化的表现形式和变化规律，类推未来。比如统计学生上算的平均增长速度，就是遵循预测连贯的原则。

2. 农业生产经营建设决策内容的方略。农业生产经营建设决策具体内容的方略，主要包括以下六项：

（1）生产决策。包括农业生产经营建设的组织领导、政策规则、项目选定、要素组合、合理布局、耕作制度、牲畜饲养方式、饲料配合、机械的配套、更新、改造等。

（2）供应决策。包括农业生产经营建设物资资料的供应渠道、采购时间、采购数量和采购品种的确定等。

（3）销售决策。包括农业产品市场的选择、流通渠道的选择、储运方式的选择、销售量和销售季节的选择、销售价格的确定等。

（4）投资决策。包括农业生产经营建设投资方向的选择、投资项目的选择以及提高投资效果的措施确定等。

（5）财务决策。包括农业生产经营建设的流动资金、固定资金和其他专项资金的分配，农业生产经营建设费用消耗补偿的确定，农业产品成本的确定，农业生产经营建设收入、利润和收益分配的确定，农业生产经营建设积累与消费的确定以及劳动报酬的确定等。

（6）组织和人事决策。管理机构的设置、责任的划分、人员的配备、企业干部、群众的培训和考核等等。

总之，农业生产经营建设决策的内容繁多，决策处于农业生产经营建设管理的核心和基础地位。只要一经决策，就应该按照要求加强管理，建立健全各项法规制度，把农业生产经营建设管理工作做好。

（三）我国农业生产经营建设预测的程序和方法

我国农业生产经营建设预测程序，是指农业生产经营建设预测目标、计划、时间、资料、方法、误差程序。农业生产经营建设预测方法，是指农业生产经营建设集思广益法、专家预测法、时间序列法、趋势预测法、因果预测法。

1. 农业生产经营建设预测的程序。必须坚持严格遵循以下六步程序：

（1）确定预测目标。预测目标，就是指要预测什么、预测的内容和范围。只有首先确定预测目标，才能有的放矢地搜集有关数据资料。

（2）制定预测计划。制定预测计划，是预测工作顺利开展的保证。只有周密的计划，才能使预测工作有条不紊，达到预测的目的。预测计划包括：预测的组织领导、预测的方法和步骤等。

（3）确定预测时间。预测时间，是指预测本身的时间界限，即是要预测多少年，1年、5年，或者10年。只有确定预测的时间界限，才能使预测的资料符合要求。

（4）搜集预测资料。预测资料，有纵的资料，有横的资料，有有关的资料，有主要的资料，有可靠的资料，有带规律性的资料。对资料的搜集，要尽可能广泛，便于取舍。比如，从有关的资料中挑选出主要的资料，从主要的资料中找出可靠的资料，然后对可靠的资料进行分析，找出带规律性的资料。

（5）选择预测方法。预测方法，要根据预测的目的和已经占有或可能占有的资料，进行符合客观实际的选择。同时要尽可能定性分析和定量分析相结合，有理有据有科学性。

（6）分析预测误差。预测毕竟是预测，往往与实际有出入而产生误差。但是误差不能过大，否则预测就失去意义。因此，要分析可能产生的预测误差及产生的原因，直接对症下药，改进已选的预测方法，使预测结果尽量接近实际。

2. 农业生产经营建设预测的方法。全国农业生产经营建设预测的方法比较多，各地区都采取一些适用的方法。有些预测的方法，需要运用高等数学知识，为了采取简化易行的方法，可采用以下五种方法：

（1）集思广益法。这种方法，是邀请农业有关专业技术人员和专家参加会议进行讨论，以便对未来农业经济事项作出预测。为此，一是明确预测的目的、内容和意义，然后发动与会人员大胆设想，发表不同主张，对未来农业和农村经济事项发展的可能性提出种种预测。二是从讨论的意见中，找出比较符合实际的预测方案。这种方法的优点是体现了走群众路线的工作方法，缺点是参加会议的人数有限，难以广泛搜集到各种意见。

（2）专家预测法。这种方法，是先由主持预测的农业生产经营建设单位，选定愿意参加预测的专家（或专业技术人员）若干人，用通讯的方式，将要调查的内容列成表邮寄给各专家，并附寄与预测有关的一些背景材料，以征求对预测内容的意见。为此，一是在调查表中，不提任何带倾向性的意见和内容，表内意见全部不记名。二是把各专家寄回来的意见综合起来，进行分组分析，请他们再作第二次判断。三是在反复征询意见的过程中，每个专家可以坚持或修改他们的意见，各专家之间不交换意见。四是通过多次反复，最后得出一个较好的预测结果。

（3）时间序列法。这种方法，是根据时间数列变动的方向和程度，进行外延或类推的方法，以预测下一个时期、以后若干时期可能达到的水平。时间序列法的一个比较显著的特点，就是按照时间顺序排列起来的数列，有大有小，呈现出明显的不规则性。其常用的主要方法，有移动平均数法、加权移动平均数法、指数移动平均数法等。采取时间序列法，利用过去的资料进行预测，只适用于预测短期内不会有明显的变化趋势的事物，计算比较简便。比如，知道前三个月的产品销售额，预测四月份的产品销售额，用移动平均数的方法，将前三个月的产品销售额之和除3，得出四月份的预测值。这种预测方法简便易行。

（4）趋势预测法。通过这种趋势预测法，分析计算求出变动趋势，对后一段时期的任何阶段作出预测。其常用方法，有移动平均趋势预测法和线性回归趋势预测法等。

（5）因果预测法。这种方法，强调事物之间的因果关系，从客观事物发展变化的内在原因，从一事物对他事物的关系，去研究事物的变化发展，进行揭示其因果关系的经济预测。比如，投入产出法就是采用的这种方法。从社会产品的生产消耗与分配使用之间的数量依存关系，进行投入产出分析，"因"是产品投入的消耗，"果"是产品产出的数量及其分配使用去向，这种预测方法比较复杂一些，但预测的精确度比较高。

(四) 我国农业生产经营建设决策的类型和规则

我国农业生产经营建设决策，是指在农业生产经营建设管理工作中，必须掌握运用确定型、非确定型、风险型的类型；必须坚持深入调查研究、随机应变、讲求经济效益的规则。具体说明如下：

1. 农业生产经营建设决策的类型。农业生产经营建设决策的类型，主要有以下三种：

（1）确定型决策。确定型决策，是指在未来农业生产经营建设变化趋势条件为已知情况下的决策。这种决策未来农业生产经营建设变化趋势的条件已经确定，为决策所提供的数据资料也准确可靠，选择的目标以及达到目标的可行性方案，都十分明确和已经确定。例如，在了解各种因素的前提下，决定购买什么或出卖什么，买多少或卖多少，就属于这类决策。

（2）非确定型决策。非确定型决策，是指在未来农业和农村经济发展变化趋势的条件状态发生概率不能肯定情况下的决策。这种决策，虽然也掌握了一些数据资料，但都是过去的，未来的情况怎么样，因为受自然、经济的影响太深而难以确定。例如，有三个稻谷品种，要选择最优一种。但是，稻谷在丰年，歉收年和灾年等不同年景的产量差异较大，未来的年景又不能确定，在这种情况下，究竟采用哪个稻谷品种比较难以确定。这类决策，称之为非确定型决策。

（3）风险型决策。风险型决策，是指对未来农业和农村经济发展变化趋势的条件状态虽然不能肯定，但掌握了其统计概率值，可大致估计出其可能性的决策。这种决策的期望值，是根据可能的概率计算出来的数值，究竟能不能实现，则具有一定的风险性。风险型决策，一般要具备五个条件：一是有一个决策者企图达到的明确目标；二是有两个以上可供选择的行动方案；三是有不以决策者的主观意志为转移的两种以上的客观状态，或称自然状态；四是不同行动方案，在不同自然状态下的损失和利益是可以计算出来的；五是未来将出现哪种自然状态，决策者虽然不能肯定，但可以大致估计其出现的概率。

2. 农业生产经营建设决策的规则。农业生产经营建设决策，直接关系到农业生产经营建设的成败。因此，在决策时，必须遵循以下三项规则：

（1）讲求深入调查的规则。农业生产经营建设决策一经确定，关系到农业和农村经济的发展前途。因此，在决策前，必须慎之又慎，全盘定夺。要坚持走群众路线，深入进行调查研究。正确的决策，都是经过群众广泛酝酿，在生产经营实践中形成和发展的。农业生产经营建设的最高领导者和决策者要善于养成民主的作风，善于集中大家的智慧，深入实际调查研究，从较多的可供选择的方案中筛选出最优化方案。同时，方案的决策，要特别注意体现贯彻国家的农业政策和法令，体现因地制宜和保护农业自然生态平衡，体现投资少、见效快、收益大。为此，一是在决定农业生产经营建设方向、产业结构时，要贯彻执行关于"决不放松粮食生产、积极发展多种经营"的农业生产经营建设方针；二是在开展农业生产经营建设上，要注意保护农业自然生态平衡，绝不掠夺式的使用地力，要在提高社会效益，生态效益的前提下，提高经济效益；三是在组织农业生产经营建设项目选择上，要因地制宜，发挥优势，扬长避短，积极生产"拳头"产品和发展"骨干"项目。如果没有深入的调查研究，不可能有科学的生产经营建设决策，也不可能提高农业和农村经济效益，这些都是相辅相成的。

（2）讲求随机应变的规则。许多决策都常有非确定型的因素。农业生产经营受大自然的影响较大，销售市场也随时起变化，农业生产经营建设决策非确定型因素更多，决策尤为复杂、困难。所以，在作农业生产经营建设决策时，要充分估计到可能出现的多种情况，要力争考虑周全，做好随机应变的准备。目前，我国农村乡镇企业的发展比较迅速，乡镇企业日益成为农民致富的重要门路。在决策乡镇企业发展项目时，就应该要认真考虑市场的变化情况，考察原料的来源是否有保证，调研产品销售是否有市场等。通过对市场的了解和信息的捕捉，决策最能切合企业实际的生产经营建设项目。与此同时，还要预测市场的发展变化趋势，增添一些比较通用的设施设备，以便根据市场的需要随机应变，转产适销对路的产品。

（3）讲求经济效益的规则。农业生产经营建设决策的目的，归根到底，就是要提高农业经济效益。因此，作为农业生产经营建设的领导者和决策者，在最终选择实施方案的时候，一是要坚持遵循经济效益的原则。尽量使农业生产经营建设的项目，原料有来源，产品有销路，投资能收回，资金周转快，原料消耗低，经济效益大。如果决策的方案，经过实施，资金难以收回，原料消耗大，收不抵支，经营亏损，这种决策就是失误了。只有始终把提高农业经济效益放在第一位，端正农业生产经营建设方向，加强农业生产经营管理，才能在正确的决策的指导下，有效地发展生产，增加收入；二是坚持吸取集体和群众智慧的原则。决策虽然包含有集体和群众的智慧，是集体和群众智慧的结晶，但是最终拍板定案主要是领导和决策者。因此，需要领导者和决策者不断更新知识，提高管理水平，在最有把握或最小风险的基础上大胆决策，以促进和推动农林牧副渔各业全面发展，不断提高农业和农村经济效益，为确保农业和农村经济持续发展，促使农民生活达到小康水平而奋发努力。

七、我国农业生产经营建设土地承包利用保护的方略

土地是农业最基本的生产经营建设资料。对土地的公平承包、合理利用，是推动农户家庭联产承包责任制、统分结合的双层经营管理体制的关键政策措施。毫不动摇地坚持农村土地基本经营制度，继续完善农业生产经营建设土地承包利用保护法律法规和政策，现有土地承包关系必须保持稳定并长久不变。加强农村土地承包经营权流转服务管理，坚持在依法自愿有偿流转基础上，发展多种形式农业现代产业专业化规模经营。要使土地得到合理利用，必须公平规定土地承包期，实践证明，承包期起着决定性的作用。承包期短了，农民不愿意向土地投资，甚至进行掠夺性生产经营建设。承包期长了，农民感到投资有把握在承包期内全部收回，放心大胆地培养地力。1984年至2019年，中共中央一号文件明确规定土地承包期长久不变。生产经营周期长的和开发性的项目，如果树林、荒山、荒地等，承包期应当更长一些，这是一项非常英明的决策。

（一）我国农业生产经营建设土地承包期实施的方略

1984年至2019年，中央一号文件规定农业生产经营土地承包期实施的方略核心，是长久稳定农村承包关系、完善土地所有权、承包权、经营权分置办法，依法推进土地经营权有序流转。具体说明以下两项方略：

1. 土地承包期的延长，仅仅是使用权的延长，不是所有权的变动。在延长土地承包期的同时，还规定，所有承包地一律不准买卖，不准抵押，不准转作宅基地和其他非农业用地。这几个"不准"，就维护了土地公有这一根本制度。使用权，也不是不受限制的，承包地不准作宅基地和其他非农业用地，就是一种限制；在承包地上种什么，不种什么，种多少，农民可以自主，但也要接受国家计划的指导，这也是一种限制；对因掠夺经营而降低地力的，可以规定合理的赔偿办法。荒芜弃耕的土地，集体还可以及时收回。这些对使用权的运用都带有限制的性质。在延长承包期以前，群众有调整土地要求的，可以本着"大稳定、小调整"的原则，经过充分商量，由集体统一调整。也可以经集体同意，由农民自找对象协商转包。完善土地承包制度有两个主要环节：一是稳定土地使用权，鼓励农民向土地投资；二是鼓励土地向种田能手集中，提高土地利用率。农民在承包期内，因无力耕种或转营他业而要求不包或少包土地的，可以将土地交给集体统一安排，但不能擅自改变集体承包合同的内容。调整土地有一个前提条件，就是要尊重农民意愿。自留地、承包地均不准买卖、抵押，不准转作宅基地和其他非农业用地。

2. 农民对承包的土地，只有使用权，所有权仍属于集体。用承包的责任田调换宅基地是不允许的。在土地承包期内，由于人口增减或者一部分人转入非耕地的生产部门造成土地承包不合理现象时，可以在农民自愿的基础上，进行适当调整。各地区都制定了一些调整办法：一种是"动产不动

田",即人口增减,不调整土地,只调整粮食生产任务;一种是留有适当机动田,人口增减从机动田中调剂解决;一种是通过乡村企业或者开发荒山、荒水等非耕地生产项目中安排多余劳力。当然,还可以采取其他群众乐于接受的调整办法。总的原则是:一要和农民充分商量;二要使农民更加关心土地,提高土地的经营效益,促进农民增加收入。

(二) 我国农业生产经营建设土地承包利用保护的方略

农业生产经营建设土地承包利用保护的方略,主要包括以下六项:

1. 在建立和完善农户家庭联产承包责任制、统分结合的双层经营建设管理过程中,必须坚持土地的集体所有制,切实注意保护耕地和合理利用耕地。集体所有的耕地、园地、林地、草地、水面、滩涂、荒山、荒地等的使用,必须服从农村集体统一规划和安排,任何单位和个人一律不准私自占有。农村集体划分给农民长期使用的自留地、自留山以及宅基地,所有权仍属农村集体。坚持完善农村耕地、林地、草原等家庭承包经营制度,土地承包权、宅基地使用权、集体收益分配权,是国家法律赋予的农民的财产权利,任何人都不能侵犯。

2. 在实行各种类型的承包责任制上,必须力求土地的承包公平合理。在实行包产到户、包干到户的地方,提倡根据农业生产经营建设需要,按劳力或人劳比例承包土地;由于劳力强弱、技术高低不同,承包土地的数量也可以不同。国家职工和干部不承包土地。农民承包的土地,应尽可能连片,保持稳定。这样才能充分调动农民的积极性,提高土地的利用率,体现按劳分配的原则。农村集体可以留下少量机动地,暂由劳多户承包,以备调剂使用。为了保证土地所有权和经营权的协调与统一,农民承包的土地,必须依照合同规定,在农村集体统一计划安排下,从事农业生产经营建设活动。为了提高土地成效率,鼓励农民在承包土地上加工经营,应按照加工经营后增加的效益给以合理报酬。

3. 在农村承包经营土地管理督察上,必须坚持实行最严格保护耕地和节约集约用地制度,是关系国家长远利益和民族生存根基,必须坚守全国耕地不少于18亿亩这条红线,坚决实行最严格的土地管理制度:一是坚决控制非农业建设占地规模,加强耕地特别是基本农田保护,禁止擅自将农业用地转为建设用地,不准将农户承包土地盖房、葬坟、起土、荒废、抵押、买卖;二是严格执行节约集约用地标准,包括农村集体建设用地和宅基地,必须控制增量、盘活存量,提高土地利用率和集约化水平;三是严格控制非农业建设占用土地,坚定执行工业用地出让最低价标准;罩严格落实农村土地管理监督责任制和督察制度,对各类土地违法违规案件都要严肃查处。

4. 在农民向土地投资之后,应予合理补偿。可以通过农民民主协商制定一些具体办法,给土地定等定级或定等估价,作为土地使用权转移时实行投资补偿的凭据。农民无力经营或转营他业时应退还农村集体。坚持农户家庭经营基本地位,培育种养大户、家庭农牧场、农民合作社、产业化企业等新型农业土地承包经营主体,发展多种形式适度规模经营、尊重和维护农民意愿和合法权益。

5. 在我国人多地少,控制人口、保护耕地的重大国策指引下,必须严格控制机关、企业、团体、部队、学校、农村占用耕地,特别是城市附近的菜地更不应占用;对非法占用或不合理占用的问题,必须加以纠正和处理。各部门应严格执行土地利用规划和土地管理法令。要抓紧帮助农民搞好农村房屋建设的规划。

6. 在农村集体土地上搞起的公共建筑、生产设施、树木以及其他公共财产,都是公共积累,也是农村集体经济继续发展的基础,必须妥善管理和保护,可以采取有利于生产经营方式,但决不可任意破坏,对乘机巧取、强占、哄抢、私分、破坏者,要严肃处理。

八、我国农业生产经营建设管理责任制完善稳定的方略

从1979年开始到2019年为止,全国各地区农村在建立农户家庭联产承包责任制、统分结合的双

层经营建设管理体制的基础上，实行了多种形式的生产经营建设责任制，已经转入了完善、稳定阶段。

（一）我国农业生产经营建设管理责任制目标的方略

我国政府确定农业生产经营建设管理责任制方略的宗旨，一是从实际需要和实际情况出发，允许有多种经营形式，多种劳动组织，多种计酬办法同时存在，而不拘泥于一种形式，不搞"一刀切"。凡有利于广大农民从事农林牧渔各业生产经营活动、增加收入、增加商品的责任制形式，都是好的和可行的，都应加以支持。二是各地究竟实行何种责任制形式，要从实际出发，要尊重农民群众的选择。实行农业生产经营建设责任制管理方针政策长期不变。衡量农业生产经营建设责任制好与不好的主要标准，主要看它是否适应当时当地的生产经营建设发展水平，取得最好的经济效果。从1985年至2019年，全国各地区农村普遍建立健全了农业生产经营建设多种形式的责任制，反映了亿万农民要求农林牧副渔各业全面发展的强烈愿望。实践证明，实行多种形式的责任制方针政策，切实达到以下四方面成效：

1. 通过实行多种形式的责任制，促使农村的劳动成果与物质利益直接挂起钩来，调动了农民的劳动积极性，增强了按劳分配的责任，克服了分配上平均主义，吃大锅饭的倾向。

2. 通过实行多种形式的责任制，促使农村集体单位与农民分配时，落实提留比例，有利于增加农村集体经济积累，提高农民收入水平。

3. 通过实行多种形式的责任制，促使农民群众科学利用本地自然资源和剩余劳动力，因地制宜地发展多种经营，使人尽其力，地尽其用，节约了劳动力，提高了劳动效率。

4. 通过实行多种形式的责任制，促使农村基层干部承担一定的生产经营建设管理任务，解决了干部参加劳动的问题，有利于改善干群关系。

（二）我国农业生产经营建设管理责任制内容的方略

为了调动农民群众的积极性，促进农林牧副渔各业健康持续发展，国务院强调把加强和完善农业生产经营建设责任制，当作进一步巩固农村集体经济，促进农林牧副渔各业生产经营建设管理中心环节来抓，这是一个完全符合农村集体经济不断向前发展趋势的英明决策。为了全面推动农林牧副渔各业持续发展，必须从全国各地区农村实际情况出发，实行以下五项政策措施：

1. 在已建立各种责任制的农村中，要坚持因地制宜、分类指导。要允许实行多种形式生产责任制，大力提倡联产承包责任制，联产就需要承包。联产承包制的运用，可以恰当地协调集体利益与个人利益，并使集体统一经营和劳动者自主经营两个积极性同时得到发挥，所以能普遍应用并受到农民群众的热烈欢迎。全国各地区农村实行名目众多而又各具特色的责任制形式，是农民群众自觉自愿根据当地自然地理条件，灵活运用承包形式的结果。

2. 在经济发展水平较低、没有多少技术分工，而且又以种植业为主、没有多少集体副业的农村中，一般要坚持按人劳比例，或者按劳力平均分包耕地；在经济比较发达、已形成比较细的专业分工和技术分工的农村中，一般要坚持由劳动力按农、林、牧、副、渔、工等项分业和某些技术分工而实行专业承包；在情况介乎二者之间的地区农村坚持二者兼用。

3. 适于个人分散劳动的牧渔养殖业项目，可以包到劳、包到户；需要协作劳动的农林种植业项目，可以包到组。承包到组、到户、到劳，只是体现劳动组织的规模大小，并不一定标志农林牧副渔各业生产经营建设发展与落后，但必须与当时当地农林牧副渔各业发展需要相适应，宜统则统，宜分则分。通过承包把统和分协调起来，有统有包。包工、包产、包干，主要是体现劳动成果分配的不同方法。包干大多是"包交提留"方法简便，一般只适用于某些宜于分散生产经营建设的项目和单一生产经营建设的单位。

4. 在工副业收入比重较大、从而所形成的经济关系和劳动方式也比较复杂的农村，为实现劳动的等量交换,就要有一个共同计算标准,还有必要采用包工、包产或以产计工以及其他计酬方法,实行统一分配,以便合理平衡各类从业人员的报酬。

5. 在组织实施农业生产经营建设责任制上,一是要注意连续一个总的目标,这就是探索一种有利于农业生产经营建设管理体制。这种体制是否优越,主要表现在:既有利于发挥集体统一生产经营建设的优越性,又有利于调动农民个人的积极性,既照顾到集体利益和农民个人的利益,又照顾到国家建设的总体利益;既要吃饭,讲近期效益,又要建设,讲长远效益,既能鼓励农民发挥各自专长,劳动致富,又能扶贫助难,共同发展。满足上述要求,就可以保障社会生产力通畅发展;二是要注意坚持土地等物质资料公有制;三是要注意发挥农民和集体两个积极性,调动农民积极性,这是完善责任制的一条不可违反的基本政策;四是要注意不断解决前进中的问题。比如,要在教育农民坚持集体化的道路,合理承包土地,适当集中连片;农事活动,统分适当,上交提留,合理分摊;责任地不准荒废、抵押和买卖;不准擅自在责任地建房、葬坟、开矿、烧砖瓦等。

九、我国农业生产经营建设事项调控管制的方略

我国农业生产经营建设管理,是总结国内外农业生产经营建设的历史经验,吸取工业和其他部门经济管理科学技术的研究成果,为组织农业生产经营建设社会化活动和协作劳动管理。农业生产经营建设过程,包括农业动植物自行生长的过程,农业生产经营建设者的劳动过程。农业生产经营建设活动有三个特点:一是它直接受自然地理条件制约。在农业生产经营建设活动中,农林牧渔各业动植物生长离不开土地、水分、气温和阳光等自然因素,它有严格的季节性、地域性和生长周期长等特征。因此,只有掌握这一特点,利用自然力同大自然作斗争,才能使农林牧渔各业动植物生长发育并取得成果;二是它具有自然生长和经济再生产的双重性。农业要经过自然再生长和经济再生产的两个过程,并具有两重性。因此,在组织农业生产经营建设活动中,既要服从农业在自然生长中形成的自然规律,又要遵守农业在经济再生产中的社会经济规律;三是它始终受农业生产经营建设者支配。在农业生产经营建设活动中,农业生产经营建设者的组织管理起着极其重要的作用。目前,我国农业生产关系是以集体所有制合作经济为主要形式,同时存在多成分、多层次、多样性的形式。在这种情况下,既要充分发挥农业生产经营建设者的积极性和创造性,又要充分利用自然力,达到取得农业生产经营建设成果的目的。由此可见,只有认清农业生产经营建设活动的特点,切实加强农业生产建设经营管理工作,才能以尽可能少的人力、物力、财力的消耗,取得更大的农业经济效益。

(一) 我国农业生产建设事项调控管制对象的方略

随着我国农业生产经营建设活动的发展变化,农业生产经营建设事项调控管制方针政策,也相应发生变化。为此,农业生产经营建设事项调控管制方略的宗旨,是掌握农业生产经营建设发展规律,为农业生产经营建设服务。为此,必须相应组织确定农业生产经营建设事项调节控制对象的方略,明确规定以下三项:

1. 正确处理农业中的生产经营建设关系问题,主要包括生产资料所有制问题、农民生产经营建设活动中的地位和相互关系问题,以及产品交换和分类关系问题,以利于正确调节农业中生产经营建设关系诸方面的关系,以及正确处理好上层建筑方面的关系。

2. 正确掌握农业中生产经营建设发展变化规律,以及生产经营建设诸因素的合理组织和开发利用问题,主要包括劳动力、劳动资料、劳动对象、科学技术和自然资源的合理组织和科学利用问题,以利于使生产经营建设诸因素有机结合起来,形成比较完整的科学体系,充分发挥经济效益。

3. 科学认识农业中生产经营建设关系和生产经营建设能力之间、上层建筑和经济基础之间矛盾运动的客观规律,以便更好地贯彻国家关于农业生产经营建设管理的方针政策,解决农业的生产经营

建设过程中的问题。

(二) 我国农业生产经营建设事项调控管制范围的方略

我国农业生产经营建设事项调控管制范围的方略，随着我国农业生产经营建设发展变化，而相应发生变化，其方略主要内容有以下五项：

1. 确定和调整农业生产经营建设资料的所有权、使用权、管理自主权，以及由此而产生的职责范围及其相互关系。、

2. 制定和执行农林牧渔各业生产经营建设的计划、方针、政策和措施。

3. 组织和利用农业的土地、劳动资料和劳动人力，以及与此有关的人们在生产经营建设过程中发生的权力和职责的关系。

4. 核算农业经济效益，合理分配农业产品和收益，正确处理积累和消费之间的关系，以及与此产生的国家、集体和个人三者之间的经济关系。

5. 正确协调农业生产、经营、建设、流通、分配、消费过程中各方面的关系，贯彻落实国家关于农业生产经营建设管理的方针政策。

(三) 我国农业生产经营建设事项调控管制任务的方略

根据我国农业生产经营建设事项调节控制对象、范围的方略，确定农业生产经营建设事项调控管制任务的方略，主要有以下三方面：

1. 坚持不断完善农业生产经营建设关系，充分调动农业生产经营建设者的积极性，推动农业和农村经济持续发展。我国农业生产经营建设关系的内容包括：一是农业生产经营建设物资资料所有制形式；二是农业生产经营建设者之间的关系；三是农业生产经营建设者的产品分配形式。为了推进农业和农村经济持续发展，必须不断改善农业生产经营建设关系，充分调动农业生产经营建设者的积极性，以加快实现农业现代化的步伐。要组织推动农业生产经营建设者在农业生产经营建设各方面互相协作、互相交换劳动。在农业内部，农业生产经营建设供销各个环节，在各地区、各级部门或单位之间，都客观地存在着错综复杂的经济关系。因此，必须着重解决这些经济关系问题，不断完善各种关系。

2. 坚持增强组织农业生产经营建设综合能力，科学合理组织农业生产经营建设供销的人力、物力、财力，以尽可能少的消耗，取得最好的经济效益、生态效益、社会效益。农业生产经营建设综合能力是农村经济社会发展的动力，它是由农业劳动者、劳动对象和劳动资料有机结合构成的，要推动农业和农村经济持续健康发展，加快实现农业现代化，就必须在组织农业生产经营建设过程中，科学合理地使用人力、物力、财力，一是要注意遵守自然规律，充分利用大自然的力量，使农业生产经营建设事项，适应自然地理条件和农时季节的要求。二是要注意使农业劳动者在生产经营建设技术上要求一专多能，在劳动资料的安排使用上讲求经济核算。

3. 坚持遵循农业生产经营建设变化规律，科学地揭示我国农业逐步从自给半自给经济向着商品经济、传统农业向着现代化农业转化的规律，探索我国农业生产经营建设发展中的新情况和新问题，总结我国农业和农村经济发展变化的历史经验，吸取外国农业发展的先进经验，为制定和执行国家关于农业生产经营建设管理的方针政策，不断提高农业生产经营建设管理水平，使农业生产经营建设有秩序地遵循客观经济规律和自然规律蓬勃发展。

(四) 我国农业生产经营建设事项调控管制内容的方略

农业生产经营建设事项调控管制，是指农林牧副渔五业以及这五业内部不同类型和性质的生产经营建设管理。农业生产经营建设事项调控管制内容的方略包括：一是对投入生产资料、劳动力的数量与质量的管理政策措施；二是对自然资源、经济条件改造与利用程度的管理政策措施；三是对农业科

学技术推广与应用的管理政策措施；四是在农业生产经营建设过程中，生产关系与生产力能否相适应和生产力组织利用的管理政策措施；五是农业生产经营建设区域化、专业化、社会化、现代化管理政策措施。为此，重点说明以下两项具体政策措施：

1. 农业生产经营建设结构优化组合的政策措施。农业生产经营建设结构，是指在一定的自然资源和经济条件下，在国家、地域内，对农林牧副渔各业的比重，种植业中粮食作物与经济作物的比重。通常用农业总产值构成、农业用地构成、播种面积构成、劳动力占用构成和资金占用构成等经济指标来反映。农业生产经营建设结构的划分，一般可分为生产经营建设和非生产经营建设两大类：一是在生产经营建设类中，可分为主要生产经营建设、次要生产经营建设和辅助生产经营建设。主要生产经营建设是指生产经营建设规模大，占用劳动力、物质资料、资金多，经济地位重要，在生产经营建设中处于主导地位；次要生产经营建设，是指生产经营建设规模小，占用劳动力、物质资料、资金少，为充分利用内部资源和配合主要生产经营所进行的生产经营建设；辅助生产经营建设，是指直接为保证发展主要生产经营建设和次要生产经营建设所进行的服务性生产经营建设。二是在非生产经营建设类中，可分为农业生产经营建设和农业劳动者生活服务所提供的劳务的生产经营建设活动。

2. 农业生产经营建设管理科学调整的政策措施。农业生产经营建设管理水平的高低，直接影响农业生产经营建设的方向和规模，关系到能否充分发挥自然资源和经济条件的优势，持久的保护生态平衡，因地制宜地安排农林牧副渔各业生产经营建设的布局和结构，使农林牧副渔各业全面发展，满足国民经济建设和人民生活需要的战略问题。从1988年至2019年，随着我国农林牧副渔各业生产物质技术基础的不断增强，在农林牧副渔各业生产经营建设管理上，坚持推行科学调整的方针政策和措施办法，在合理保护和利用自然资源的基础上，逐步实行区域化、专业化、社会化和商品化生产，转变掠夺式经营为集约化经营建设，建立合理的农业生产经营建设结构的方针政策和措施，为促进农林牧副渔各业全面持续发展；拓展多种多样自然资源优势和丰富劳动力资源科学合理开发利用的途径。从"八五"至"十三五"时期，国务院调整充实两项政策措施：一是关于农业生产经营建设管理科学调整的政策措施。根据农林牧副渔各业的不同性质、特点和技术条件，科学合理地改造和利用自然资源和社会经济条件，及时安排投入生产资料、劳动力，推广和运用先进的科学技术，不断调整和处理生产关系与生产力不相适应的问题，逐步实行农业的区域化、专业化、社会化、产业化、现代化；二是关于农民种植业生产经营建设管理科学调整的政策措施。由于农林种植业是农林牧副渔各业生产经营建设中的一个重要组成部分。农林种植业生产经营建设是指粮、棉、油、麻、丝、茶、糖、菜、烟、果、药、杂种植业生产经营。对此，根据我国社会主义基本经济规律和有计划地发展商品经济的要求，正确处理发展粮食和多种经营的关系，对发展粮食和多种经营，必须统筹兼顾，密切结合，相互促进，既对粮食发展绝不可掉以轻心，必须抓紧抓好，又不能挤掉多种经营。对粮食作物和经济作物的种植，必须从各地区自然地理条件出发，因地制宜，切实做到：使粮食和棉、油、麻、丝、茶、糖、菜、烟、果、药、杂等产品，合理安排，全面发展。为此，必须认真执行种植业生产经营建设管理科学调整政策措施，坚持正确选定农作物种类，合理确定各种农作物播种面积的比重；因地制宜地落实各种农作物的播种面积，安排好农作物的布局；根据土地特点、农作物生长自然规律和生产经济规律的要求，组织合理轮作；不违农时地进行播种，加强田间管理，适时收获，颗粒归仓，增产征收。

（五）我国农林种植业生产经营建设事项调控管制要求的方略

我国种植业生产经营建设事项调控管制政策措施是多方面的。从"九五"计划时期初的1996年起，国务院要求各地区必须组织落实农林种植业生产经营建设事项调控管制要求的方略，主要有以下六项：

1. 坚持执行适应自然资源和经济条件的政策措施。在制定和执行农林种植业生产经营建设管理制度上，必须坚持执行适应当地自然资源和经济条件的方针政策。这就必须将制定和执行农林种植业生产经营建设管理制度，建立在保护良好的生态平衡基础之上，同时，既要遵循社会经济规律的要求，又要按照种植业各种产品生产经营建设发展所需的自然地理条件、经济技术条件组织生产经营建设管理，以利于因地制宜地组织种植业生产经营建设，达到增产增收的目的。

2. 坚持执行不断提高农林种植业产品产量、质量和经济效益的政策措施。加强农林种植业生产经营建设管理的目的，是提高种植业产品的质量和产量，增产增收，不断提高经济效益。同样的种植业产品的质量和产量，凡是通过一季能得到的，就不要多花工本延长二季得到。凡是通过二季能收获的就没有必要担风险搞三季。要在充分发挥种植业生产经营建设管理制度作用的基础上，逐步进行修改和充实，以便不断提高经济效益。

3. 坚持执行农林种植业生产经营建设用地与养地相结合的政策措施。为了组织建立种植业生产经营建设科学合理用地、养地管理制度，必须坚持执行农林种植业充分用地与科学养地相结合的方针政策。这就是说，在充分用地的同时，必须注意养地。只养不用，失去养地意义，达不到增产目的；只用不养，不能长期持续增产。种植业合理的生产经营建设管理制度，一定要坚持用地与养地相结合的原则。一方面，要在每个生产经营建设周期中，保持一定比例的绿肥等养地作物的面积。随着农业生产经营建设集约化程度的提高，生物养地将逐步向人工养地发展，通过施用有机肥料和矿物质肥料、秸秆还田、合理灌溉排水以及土壤耕作等措施，不断提高土壤肥力。要在茬口安排上，注意有利于进行合理的土壤耕作，适当保留农田休闲环节，已达到养地的目的。

4. 坚持执行农林种植业生产经营建设趋利与避害相结合的政策措施。为了组织建立种植业生产经营建设充分利用光热、水土自然资源管理制度，必须坚持执行种植业生产经营建设立足于趋利与避害相结合的政策措施。因此，一是必须根据各地区的土地、水利、机械、科技、劳力等条件，合理安排布局，并采取多种方式方法，不要搞单一化；二是要建立合理的轮作倒茬制度，选用适宜的品种组合，前季要为后季提供良好的前茬，以利于调节季节、劳动力，使全年各季高产、稳产；三是要注意有利于减轻或抑制病、虫、杂草的发生危害。

5. 坚持执行农林种植业生产经营建设健康持续发展的政策措施。为了组织建立科学合理的种植业生产经营管理制度，必须坚持执行种植业生产经营健康持续发展的方针政策。为此，一是必须在增加粮食产量、提高粮食质量的同时，积极发展其经济作物；二是必须在科学地调整种植业内部结构的基础上，通过水旱田的科学轮作、间做等生产经营建设管理方式，促进牧渔养殖业生产经营建设健康持续发展。

6. 坚持执行农林种植业生产经营建设合理地使用劳动力、自然力和技术力的方针政策。为了组织建立合理使用种植业生产经营建设劳动力、自然力和技术力管理制度，就必须坚持在种植业生产经营建设上，采取统筹兼顾、全面安排，充分发挥"三力"作用的政策措施。为此，一是必须合理使用自然力，要根据各地区自然地理条件，严格按照农时季节，组织好农林种植业生产经营建设的各项作业；二是必须合理使用劳动力，这就要根据农林种植业生产经营建设的特点和实际情况，按照种植业各项生产经营建设的需要，安排好劳动力，避免窝工浪费，充分发挥劳动力的作用；三是必须合理使用技术力，要合理组织农林种植业生产经营建设，不断改进和革新技术措施，提高作业质量。

（六）我国农林牧副渔各业生产经营建设事项调控管制规则的方略

我国农林牧副渔各业生产经营建设事项调控管制规则的方略，是指"决不放松粮食生产、积极发展多种经营"的方针，它是指导农林牧副渔各业全面发展的根本方针，这个方针的核心是要正确处理粮食发展和多种经营的关系。粮食是关系国计民生的不可替代的重要产品，粮食是我国人民的主食，又是食品工业、饲料工业的重要原料，粮食需要必须得到切实保证。因此，从全局着眼，对农林牧副渔各业，必须统筹兼顾、因地制宜、发挥优势、全面发展。为使决不放松发展粮食、积极发展多种经营的方针落到实处，必须坚持落实促进我国农林牧副渔各业生产经营建设事项调控管制规则的以下四项方略：

1. 在农业内部种植业调节控制规则的方略。为此，必须坚持始终科学合理地推动农业内部种植业协调发展，调节粮食作物与经济作物的平衡关系，要防止把农业局限于种植业，汲取把种植业局限于粮食、形成单一粮食结构、严重阻碍农业发展的经验教训。

(1) 从"六五"计划时期起，国务院要求，各地区政府在推行农户家庭联产承包、统分结合双层经营责任制的同时，科学合理调整全国粮食作物与经济作物的种植比例，适当扩大经济作物的比重，根据当地需要，多种一点经济作物，饲料和绿肥，以利于发展多种经营和增强地力。将本来不宜于种粮食，而适宜种其他作物的耕地逐步改为合理种植；在适宜的地区，发展国家急需的原料如棉花、糖料等作物。有的山区应减少一点高山开荒，着力退耕还林、还牧，以利于水土保持和生态平衡。为此，一是要把多种经营从副业的地位，逐步转变到商品性生产的重要地位上来。不仅要普遍地抓好多种经营，还要搞好多种经营产品的贮藏、加工、运输等方面的工作，从产供销各环节促进多种经营发展；二是要因地制宜地发挥地区优势，逐渐形成具有地区特点和地区声誉的多种经营产品的集中产区，不搞脱离实际的多种经营布局，不搞无米之炊。这样，多种经营才能持之以恒，稳定地向前发展；三是要在政策允许的范围内，要积极支持集体和农民以各种经营形式，从事多种经营，特别是从事开发荒山、荒地、滩涂等开发性的生产经营建设活动；四是要合理制定价格政策，充分利用价值规律和价格政策，促进多种经营发展。

(2) 从"七五"时期起，国务院强调，尽管全国粮食生产供应已有根本好转，仍然要重视稳定和提高农民种粮的积极性，对粮食问题始终不能掉以轻心，必须把粮食生产供应放在国民经济中的重要地位，必须有相应的粮食基础，要特别注意我国粮食还没有完全过关这一事实，在调整农业生产经营建设结构工作中，既要反对那种片面强调单一抓粮食，忽视多种经营，又决不能挤掉粮食生产供应，防止那不顾"粮食是国民经济发展最主要基础"这个前提，为盲目追求快富，把粮食播种面积改种经济作物，以至出现减少粮食播种面积的问题。特别是我国人多地少，开垦荒地潜力不大，进口粮有一定限度，粮食生产供应始终是一个不可忽视的问题。因此，农业生产经营建设结构调整工作，只能在粮食总产量继续增加的前提下进行。为此，一是要合理布局粮食播种面积，适合种粮食的耕地要尽量种粮食，尽量不要把适合种粮食的耕地改种经济作物；二是要改变过去一些地区发展粮食广种薄收的做法，要实行集约经营，努力提高粮食单位面积产量。在播种面积既定的情况下，要提高每人粮食占有量，其途径就是提高单位面积产量；三是要注意提高粮食质量，改善粮食品种，满足城乡人民对粮食优质化、多样化的需求。

2. 在农林牧副渔各业之间调控管制规则的方略。为此，必须坚持科学合理地推动农林牧副渔各业全面发展，调控农林牧副渔各业的平衡关系。我国农村人口人均不足2亩耕地，紧靠农业粮食作物增长，不可能大幅度增加农民的收入。因此，一定要放眼于全部国土，把近百亿亩可利用的山地、草原、森林和水面逐步开发利用起来，宜林则林，宜牧则牧，宜渔则渔。这是个潜力很大的广阔天地，可以提供大量的物质财富。我国林业、牧业和渔业，是国民经济的薄弱环节，应采取有效措施，尽快使它们恢复和发展起来。

(1) 要科学促进农林牧副渔林各业全面发展，就必须把重点放在开发山区、水域、滩涂、草原和发展家庭养殖业方面，这些方面存在着相当大的潜力。我国的畜牧业，特别是发展牛羊等草食动物，潜力很大。只要实行科学养畜，办好饲料工业，合理利用饲料资源，并不需要很长的时间，肉、蛋、奶等动物性食品就可能成倍增长。发展畜牧业，实行农业与牧业结合，反过来又会促进农业发展。发展畜牧业要农区牧区两手抓。在农区要把一切行之有效的、鼓励畜牧业发展的政策落实到各农户家庭，在牧区要切实调查评定，明确划分草原权属，更好地保护和建设草原。在辽阔的边疆和大片荒山、荒地上，要继续有计划地组织飞机播种、种树、种草。为此，在农牧渔各业适宜发展区域，加强牧渔业养殖产品基地建设，要特别注意扶持养殖专业户、专业村，并在一定区域范围内逐步建立健全牧渔养殖业的良种繁殖、饲料供应、疫病防治、产品加工、贮运销售等配套的商品生产服务体系。

(2) 要合理推动农林牧副渔各业协调发展，必须坚持山水林田路综合治理的方针，按照保持水土、防风固土、防止水土流失、打好农田林网化基础的要求,搞好田间造林,提高农林牧副渔各业综合生产经营建设能力。为此,国务院决定,各地区政府必须推行农田造林、退耕还林政策,告诫全国农民认清风沙侵袭水土流失带来的危害是严重的灾难。治理风沙侵袭、水土流失刻不容缓。而坡耕地是泥沙的根源,治理水土流失,必须坚持开展农田造林形成网化、退耕还林形成生态化环境,为农林牧副渔各业健康持续发展奠定基础。要做到:一是必须促使各级政府及部门都能增强生态环境建设的紧迫感和责任感,树立保护改善生态环境就是保护、大力推进农业和农村经济持续发展的思想。使保护改善生态环境,成为各级政府及部门的自觉行为。严格执行《森林法》《水土保持法》等法律、法规,执法必严,违法必究,强化法制建设,依法退耕还林、造林、护林;二是必须根据国务院《关于保护森林资源制止毁林开荒和乱占林地的通知》精神,凡1994年以后毁林开垦的林地,以及开垦划定的宜林荒地,必须全部退耕还林。要按照谁批准谁负责、谁破坏谁恢复的原则,按期保质保量完成;三是必须根据《水土保持法》的规定,25度以上的坡耕地限期全部退还为生态防护林,以封育为主,形成乔、灌、草相结合的复层林。这部分森林不准任何人为的破坏;四是必须对25度以下的坡耕地,凡位于江河两岸、生态脆弱、水土流失严重的地区,要限期退耕还林。其他地区要实行坡改梯;五是必须对林缘线以上的高山草地,要退耕还草,提高蓄水能力,减少草地沙化。

3. 在农村组织各业分工调控管制规则的方略。为此,必须坚持因地制宜地组织推动农林牧副渔各业全面发展,组织合理进行社会分工,广泛吸取农村广大劳动力为社会创造财富。否则,将富余劳动力缩集在十几亿亩土地的种植业上,必将使劳动利用率下降,阻碍农林牧副渔各业全面发展。为此,坚持落实以下两项政策措施:

(1)坚持推行科学合理组织农村社会分工的政策措施。在组织推动农林牧副渔各业生产经营建设的基础上,必须坚持抓好科学合理组织农村社会分工,深入挖掘农村的人力资源,实行专业承包责任制,发展农林牧副渔专业户,培训农林种植业和牧渔养殖业技术能手及各类能工巧匠,开拓出新的生产经营建设领域,向社会化、专业化、产业化、市场化方向发展。

(2)坚持推行集体与个体结合经营的政策措施。为了促进农林牧副渔各业持续发展,必须执行农村集体组织与农户家庭相结合经营的方针政策。为此,一是对农民专业合作组织进行整顿,改善经营管理和民主管理,发展壮大农民集体经营力量;二是对农户家庭经营进行调整,鼓励发展专业户,充分利用分散的物力、财力和具有技术专长的人才。对于专业户,必须实行积极扶持的政策,在资金、技术、供销等各方面给以帮助和指导;三是对集体与个体组织必要的协作和联合。既要倡导集体单位内个人与个人、个人与集体的协作和联合,也要允许跨乡村、跨地区的协作和联合,适应农林牧副渔各业生产经营建设发展的需要。

4. 在农业与工商服务业综合经营建设事项调控管制规则的方略。这是指要推动农林牧副渔各业产品产加销一条龙产业发展,必须因地制宜地调节控制农业与工业、商业、服务业之间合作经营关系,实行农工商服务业综合经营,大力发展食品加工业、饲料加工业、建材加工业、建筑业、运输业、商业、服务业。全国各地区农业生产经营建设实践证明,农民不搞加工业是富不起来的,不搞商业也是富不起来的。工业、商业的比重愈大,农民的收入也愈高。为此,必须坚持实行农业工商服务业综合经营建设事项调控管制的政策措施,主要有以下三项:

(1)国营农林牧渔业场,是国家重要的农林牧渔业产品基地,应尽可能就地综合利用,调出成品或半成品。全国各地区粮食生产基地,要利用完成调出任务后剩余的粮食,兴办食品工业和饲料工业,发展畜牧业生产基地,也发展加工业,以发挥多种经营的经济效益,减少运销耗费。

(2)国务院于1986年决定,国家以一定的财力物力支持粮棉集中产区发展粮棉产品加工业,调整粮棉产业结构。同时,国家财政拿出一批粮食,按最低收购价销售给农村养殖户、国营养殖场、饲料加工厂、食品加工厂等单位,支持发展林业、木业等产业,困难的地方可以赊销。

(3)国营商业、外贸、轻工、供销等企业应在农林牧渔业产品基地,建立加工企业,本着互利的原则,和当地农民建立多种形式的经济联系或伙联合经营,要支持农民自觉参加合作入股经营,对农林牧渔业产品进行加工和销售，增加农民收入。

（七）我国农业基本建设事项调控管制手段的方略

农业基本建设，是实现农业现代化的基础。坚持持久地、经济有效地开展农业基本建设，不断地改善农业生产经营建设条件，推动农业现代产业化规模经营，加快我国四个现代化建设进程。具体地说，通过农业基本建设，一是有利于扩大耕地面积，提高农林牧副渔各业生产经营建设用地的质量，增强抗御自然灾害的能力，充分利用自然界的有利条件，把不利的自然因素转变为有利的因素；二是有利于按照农业社会化、专业化的要求，加强农田水利建设、农业机械化建设、农业生态环境建设、农业区划和农林牧副渔各业产品基地建设，为加快实现农业现代化的目标，逐步用先进的机械设备、现代化的科学技术武装起来，为发展壮大农村集体经济奠定物质基础；三是有利于发展农村商品经济，使广大农民逐步将贫困落后的农村，建设成为繁荣富强的社会主义新农村，这就要求通过农业基本建设，规划居民点，建设农村小城镇，建设农村房屋，建设农民生活福利设施等。

总之，新中国成立以来的实践证明，只有坚持不懈地组织开展农业基本建设，加强农业基本建设管理，才能科学合理地保护和利用自然资源，改善农业生产经营建设条件，增强不断扩大再生产经营建设的能力，促进农村经济持续迅速发展，为加快实现农业现代化建设的步伐，奠定坚实物质基础。为此，要从全国各地区农村实际情况出发，切实搞好农业基本建设，加强农业基本建设管理，努力完成新时期农业基本建设管理的任务。农业基本建设管理的基本任务：就是通过实行山、水、田、林、路综合治理，一是要改善农林牧副渔各业生产经营建设条件，提高抗御自然灾害的能力。在农业地区主要是加强农田水利建设，做到旱涝保收，高产稳定；在林业地区主要是加强宜林地区植树造林建设，提高森林覆盖率，改善生态环境；在牧业地区主要是加强畜牧业放牧、养畜基地建设，能提供大量的优良畜产品；在渔业地区主要是加强渔业养殖基地建设，搞好资源保护和增值，提供丰富的水产品。二是要逐步改善农村生活福利设施等条件。主要包括农民房屋、农村道路、加工企业、畜舍、仓库、晒场、商店、医院、学校、文化馆等生活福利设施方面的建设。具体说，为了搞好农业基本建设，必须坚持执行农业基本建设调控管制手段的方略，包括以下六项政策措施：

1. 要坚持调查研究、求真务实的政策措施。要深入实际，调查研究，摸清情况，搜集资料，组织可行性研究分析。在搞清现状的基础上，制定出农业基本建设计划。具体包括：农田水利建设计划、农机建设计划、农林牧副渔各业产品生产基地建设计划，以及农村道路、居民住房等生活福利设施计划。农业基本建设计划制定后，就应科学合理地组织安排人力、物力、财力，开展农业基本建设。

2. 要坚持"因地制宜"、区别对待的政策措施。由于我国各地区农村自然资源和条件千差万别，组织开展农林牧副渔各业产品生产基地建设所处的自然地理环境也多种多样。因此，在组织进行农业基本建设时，要因地制宜地确定先搞什么基建项目，后搞什么基建项目，不能盲目上马，不能不顾实际情况，照搬照套。

3. 要坚持加强管理核算、讲求实效的政策措施。在组织开展农业基本建设过程中，要讲求经济效益，这就要求时时处处把好质量关，坚决反对单纯追求进度，忽视质量，特别要注意加强经营管理、经济核算，坚持勤俭节约，提高经济效益。

4. 要坚持参加协作、自愿互利的政策措施。在各地区农村组织开展农业基本建设过程中，需要动员广大农民群众参加互助协作。这就要坚持自愿互利、等价交换的原则，切实做到民主协商，合理负担，先后收益，大体平衡。不要搞一平二调。

5. 要坚持保护与利用相结合的政策措施。在组织开展农业基本建设过程中，要特别注意保护和利用自然资源，在治理山、水、田、林、路时，要统筹兼顾，瞻前顾后，在改善农村生态平衡的前提下，改善农业生产经营建设条件。凡是能采取生物措施的，要大力推广生物措施治理，以达到既改善农业生产经营建设条件，又保护自然资源，增强抵抗自然灾害的能力。

6. 要坚持长远与当前相结合的政策措施。在组织安排农业基本建设项目时，要正确处理好长远建设与当前生产经营建设的关系。首先，要根据扩大再生产经营建设的需要和本身的实际负担能力，来积极安排农业基本建设项目。其次，要处理好农业内部生产经营资金与基本建设资金的供需、积累与消费的比例关系，既要安排好当前的生产、生活，又要切实安排好长远的基本建设。例如，在劳动力的安排上，要首先保证当年农林牧渔各业生产经营建设的需要，其次在余下的劳动力中，要组织搞农业基本建设。

十、我国农业生产经营建设保障保险管制完善的方略

我国农业是一个风险性较大的基础脆弱的产业，既受自然灾害的风险，又受市场产需关系波动的风险。经受不起重大风险的打击。为了缓解农业和农民遭受风险性挫折和损害，增强农业的生命力，保证农业健康发展，建立一个由政府直接控制的风险保障安全体系，以弥补自然灾害、市场风险带来的损失，调节丰欠年的经济收益，缓解市场供求波动。

我国农业是自然灾害频发的国家，据有关资料统计，新中国成立以来仅旱涝灾害，年平均农作物受灾面积约在 3 亿 ~ 6 亿亩左右，约占我国耕地总面积的 15% ~ 30%，因灾年均减产 250 亿 ~ 400 亿公斤，因各种自然灾害造成的经济损失平均约 400 亿 ~ 600 亿元，受灾害影响的人口达 2 亿以上，各种自然灾害给经济造成的损失是极其严重的。自然灾害已经成为农业持续发展的重要因素。为保持我国农业生产经营建设规模逐渐扩大，提高农业基本建设投资投入，农业科技保护和劳动生产率的水平，保障全国城乡人民所需农业产品的有效供给，确保农民收入得到稳定增长，中共中央、国务院决定，从"七五"至"十二五"时期，向全国各地区推行一系列农业生产经营建设保险保障管制的方针策略，主要说明以下五项：

（一）我国坚持依法治农、维护农民合法权益保障的方略

这是在农民经济政治权益方面，逐步减轻、取消农民税费负担、增加农民收入、提高农民的社会政治地位。为此，必须落实五项政策措施：

1. 加强对农民产权保护的政策措施，严禁强行改变农户承包土地权属关系，不得随意提高土地承包费。要保护承包者继承人的合法权益。农民集体兴办的企业，要明晰产权，不能政企不分，不能搞平调。切实保护农民的私人产权。

2. 减轻农民负担的政策措施。从 1986 年至 2005 年，各地区党委、政府坚持认真落实中共中央、国务院关于减轻农民负担的有关规定，真正把农民负担的村提留和乡统筹款严格控制在上年人均纯收入的 5% 以下，任何单位不得自行增加收费项目。严肃处理各种虚报农民收入增长的行为。

3. 加强农民组织建设保障的政策措施。引导农民自觉自愿加入各类合作组织，加强农民自治组织建设，提高各级人大和政协中农民代表的比例。

4. 加快农业立法、执法的政策措施。坚持依法执法，维护农民的合法权益。

5. 取消农民税收、增加各项补贴的政策措施。中共中央、国务院决定，从"十一五"时期初的 2006 年起，在全国范围内取消农业税和农业特产税，终结了延续 2600 多年农民务农纳税的历史。继续增加对农民务农的种粮补贴、良种补贴、农机具购置补贴、农业生产资料综合补贴，继续对重点地区的重点粮食品种实行最低收购价政策。

（二）我国坚持农业产品储备安全供给保障的方略

中共中央、国务院，从"六五"至"十三五"时期，组织制定推行了一系列农业产品生产需求适应和储备安全供应保障的方针政策。

1985年，国务院成立了国家粮食专项储备局，建立了粮食专项储备制度，按保护价收购了大批农民待售的商品粮，对缓解因丰收带来的粮食卖难问题起到了积极的作用。从1986年起，专项储备应逐步从粮食扩展到其他有关国计民生的大宗农产品。同时，中央和地方都建立了农业风险基金保障制度，专项用于我国农业产品风险保障安全体系建设。为此，必须坚持落实以下两项政策：

1. 保障农业产品安全供给的政策。在市场经济条件下我国农业生产经营建设保险保障基本方针政策内容，是要在促进农业产品增加产量、提高质量的同时，必须严格执行保障农业产品满足城乡人民需求的安全供给政策。从"七五"规划时期起的相当长的时期内，必须保障全国农业产品生产经营结构合理、产品供给与需求总量增长均衡状态。这是我国农业产品安全供给政策的最主要内容。在2000年之前，要力促在保障农业产品安全供给方面，就是在现有基础上再增加"四个一千"，即1000亿斤粮食、1000万担棉花、1000万吨肉和1000万吨水产品。从"十五"至"十三五"规划时期的20年期内，要加强粮食、食用植物油、肉类等基本生活必需品产运销衔接；要严格控制工业用粮和粮食出口；要加快健全储备体系；改进储备调节和进出口调节方式；要从严调整控制资源性产品价格波动水平，依法打击串通涨价、囤积居奇、哄抬物价等违法违规行为；要健全农林牧渔各业产品供应和价格变动监测预警服务体系，确保城乡人民生产生活日常需求。

2. 保证国计民生必须多种经营的政策。为了满足国民经济建设和城乡人民对农林牧副渔各业产品多样化、优质化的需求，国务院要求全国各地区、各部门根据本地区自然条件和资源情况，进行全国各地区规划，依照社会发展的需要和加工、运输、储存条件以及城乡市场的变化情况，合理安排农业牧副渔各业和农业内部粮食以及各种经济作物生产经营建设，认真执行以下三项政策：

（1）促进各地区科学依据土地和气候等自然资源条件，执行"决不放松发展粮食、积极开展农林牧副渔各业生产经营建设"的政策。实践证明，农林牧副渔业生产经营建设相互结合、全面发展，是自然规律、生态规律和经济规律的必然趋势，是经济再生产过程和自然再生长过程的相互交织的结果。所谓经济再生产过程，是指通过物资资料和劳动力再生产循环往复更新的过程；自然再生长过程，是指通过土地、光照、雨量、气候等自然环境条件在生长循环往复更新的过程。为此，一是必须依据各地区自然地理条件，组织开展农林牧副渔各业生产经营建设，趋利避害，达到增产增收的效果；二是必须为满足国民经济建设和城乡人民对农林牧渔各业产品的需求，而科学合理开发利用土地等自然资源和劳动力资源，提高土地利用率和劳动效率，获得最佳生态、社会、经济三方面的效益。

（2）促进各地区组织推动农林牧副渔各业协调发展，执行建立良好农村生态系统的政策。各地区在组织推行农林牧副渔各业生产经营建设协调发展的政策上，一是注意处理好农林牧副渔各业之间存在着相互依存、相互制约的内在关系。这是指农林种植业和牧渔养殖业的产品可以相互利用，种植业为养殖业提供饲草饲料，而养殖业又为种植业提供肥料和畜力。所以，全面开展农林牧副渔各业生产经营建设，可以使农林牧副渔各业之间的内在关系协调起来；二是注意在农林牧副渔各业之间相互促进、协调发展，形成良好的生态系统。特别是搞好森林、草原和江河湖泊水面各项建设，具有调节气候、涵养水源、保持土壤、防风固沙的独特作用，是保持大自然生态平衡、美化环境、净化空气和水质、减少污染、降低噪声的最基本措施。在一些科学技术比较发达的国家，都把造林种草当作一项重要生产经营建设来抓，作为衡量一个国家、一个地区农业生产经营建设和物质文化生活水平的重要标志。凡是山清水秀、空气洁净、环境优美的地方，都是林茂草丰的结果。因此，坚持农林牧副渔各业协调发展，是建设一个具有高度文明的现代化的社会主义农村所不可缺少的重要条件。

（3）促进各地区组织推动农林牧副渔各业全面发展，执行促使农民增产增收、脱贫致富的政策。我国每人平均耕地较少，但山多，水面、草原大，自然资源丰富。这就决定了我国必须在保证粮食增产的同时，积极开展多种经营，促进农林牧副渔各业全面发展，扬长避短，发挥地大和自然资源丰富的优势，克服耕地较少的劣势，在这样国土9/10的山区、草原、江河湖泊和滩涂上开展多种经营，充分发挥我国人多劳动力资源丰富的优势，克服技术装备落后的劣势，合理布局农林牧副渔各业生产经营建设，把向生产经营建设广度、深度进军，充分发挥劳动者的各种特长和积极性，提高土地利用率和劳动效率，推动农林牧副渔各业全面发展，增加产量，增加收入，使农民逐步富裕起来。

（三）我国坚持健全农业土地、劳动力、科技、信息等要素市场体系保障的方略

中共中央、国务院要求各地区进一步健全农业土地、劳动力、科技、信息等要素市场体系和农业产品流通体系保障的方略，主要包括以下两项政策措施：

1. 建设完备而规范的农业土地、劳动力、科技、信息等要素市场体系，大力发展各种合作组织的政策措施。必须强化政府对农业产品产量、品质、供给等方面的宏观调控能力，加强我国优良农业产品品种的保护和农业产品基地建设，为国民经济建设和城乡人民生活所需，提供保质保量的农业产品；继续建设以初级农业产品市场为基础，以批发市场为中心，以期货市场为补充的结构完整，功能互补的市场网络；要通过法律法规来约束各市场主体的行为，消除身份歧视，废除所有制限制，消除地区封锁和部门分割，防止市场垄断，维护公平、竞争；改革国有粮食系统，全面推行政策性业务与商业性经营两条线运行机制；供销合作社要按照自愿、互利、民主、平等的原则，真正办成农民的合作经济组织，要大力鼓励和支持农民发展各种类型的农工商和工农一体化组织。

2. 建立有效的农业产品价格保护机制，健全农业产品产加销流通体系保障的政策措施。为此，要在主要农业产品价格上实行补贴制度，逐步提高粮棉等主要产品国家订购的收购价格，保证农业生产者获得平均利润。农业产品提价费用，要逐渐从财政负担转为由消费者负担；要对放开经营的主要农业产品实行保护价制度。根据国家财政状况，逐步使价格保护的范围，从水稻、小麦、玉米和大豆四种粮食作物中的合同订购和专储部分，扩大到全部粮食商品部分和其他主要农业产品。保护价格的制定要参照生产成本、供求关系和比价关系确定，以生产供销者保本微利为原则。

（四）我国坚持调整完善农业生产经营建设保险管理体制的方略

我国农业生产经营建设保险起步晚，基础较差，承保范围窄，险种单一，业务收入规模小，远不适应农业生产经营建设对保险的需求。新中国成立后的1950年，中国人民保险公司开始试办牲畜保险、农民家庭财产保险。1952年，在"以经济作物为主、点多、面小、种类少"的试办原则的指导下，部分省市试办棉花等经济作物保险，但到1959年保险停办，一停就是20余年，直到1982年才开始逐步恢复农业保险业务。在我国农业生产经营建设保险中，有农作物保险、畜禽养殖保险、水产养殖保险、农业机械保险。有与农业生产经营建设间接相关的有房屋财产保险、农村医疗保险和养老保险等。从表面看来开办的险种不算少，但这些险种大多市场开发程度低，农业生产经营建设者入保的范围窄，保险业务经营萎缩，难以发挥应有的保障作用。从农业保险保费收入来看，1985年为4.3亿元，1993年为8.29亿元，1994年为5.04亿元，1995年为5.05亿元，1996年为5.18亿元，1997年为5.45亿元，1998年5.72亿元，2001年6.86亿元，2005年8.23亿元，2008年9.88亿元，2010年11.85亿元，2012年14.22亿元，2014年15.96亿元，2015年16.32亿元。从1985年至2015年30年间，农业保险收入107.2亿元，占全国农业保险收入的比重3.21%。主要原因有：一是农民风险意识差，收入低，投保积极性不高。我国农民自给自足的自然经济传统观念相当浓厚，农民的保险意识淡薄，一些农民即使感觉到客观风险的威胁，也存在着严重的侥幸心理，认为掏钱买保险是额外支出，所以能免则免，发生灾害后过分依赖政府救济和社会捐款，很难将风险的威胁转化为明显的保险需要；二是经营农业保险风险过高，没有大量的农业经营建设者参保，我国农业生产经营建设分散，自然灾害分布不均匀，加之农业保险点多面广，设立分支机构难，理赔工作复杂，保险成本高。其结果使保险公司承保的业务形成很高的赔付率。据统计，从"七五"至"八五"规划十年间，我国农业保险平均赔付率为97.45%，如果加上8.5%的营业税，15%的管理费用等因素，实际亏损率达20.95%，在国家不给予补贴的情况下，经营农业保险业务结果是"小保小赔，大保大赔，不保不赔"。

我国农业保险主体过于单一，中国人民保险集团公司是唯一承办农业保险的机构，集政策性与商业性经营与一身。中国人民保险公司自创办农业保险以来，对农业保险补贴达7.1亿元，赔付率高达

107%，单靠国有保险公司独立承担力不能及，难以完成保障职能任务。为此，国务院决定，一是从1993年至2003年颁发一系列农业生产经营建设保险政策法规；二是从1995年起，建立健全农业生产经营保险组织体系；三是从1998年起组织制定实施农业生产经营建设保险优惠政策；四是组织宣传农业生产经营建设保险的双重作用。

1. 坚持施行农业生产经营建设保险管理法制的政策措施。1993年公布施行的《中华人民共和国农业法》规定：国家鼓励和扶持农业保险事业的发展，对农业保险实行自愿原则，任何组织和个人不得强制农业劳动者和农业生产经营组织参加农业保险。1994年施行的《中华人民共和国营业税暂行条例》将农牧保险规定为免征营业税项目。1995年施行的《中华人民共和国保险法》规定：国家支持发展为农业生产服务的保险事业，农业保险由法律、行政法规另行规定。2002年修订后的《中华人民共和国农业法》规定：国家逐步建立和完善政策性农业保险制度。鼓励和扶持农民和农业生产经营组织，建立为农业生产经营建设活动服务的互助合作保险组织，鼓励商业性保险公司开展农业保险业务。农业保险实行自愿原则。任何组织和个人不得强制农民和农业生产经营组织参加农业保险。农业保险发展实践表明，没有上述这些相关法律、法规政策的支撑，就不会有我国农业保险的不断发展。但上述政策法规中，多是进行原则性的规定，缺乏系统性、操作性的条文，农业保险的立法缺失，成为制约我国农业保险事业健康发展的关键因素之一。2004年，中央一号文件明确指出，加快发展政策性农业保险，扩大试点范围，增加险种。2007年，中共中央要求继续扩大农业保险业务。2010年，进一步增加了农业保险保费补贴险种，扩大区域覆盖范围，提高部分险种的补贴比例，计划安排农业保险费补贴专项资金103.2亿元，比上年增加23.45亿元。从"十五"规划时期起，国务院决定，为加快农业保险法制建设，把农业保险纳入法制化轨道。我国保险法规还很不健全，特别是农业保险立法还未作明确规定，我国要尽快制定和颁布《农业保险法》，对农业保险的目的、性质、经营原则、组织形式、承包范围，保险费率，保险责任及国家对农业保险的监管等作出明确规定，明确农业保险是政策性保险，它不以盈利为目的，并借助于税收杠杆的财政积累来补贴农业保险，并将实现社会稳定作为首要目标。从"十二五"规划时期起，国务院决定，健全政策性保农业保险制度，建立农业再保险和巨灾风险分散机制，增强农业现代产业抗各种风险能力。

2. 坚持健全农业生产经营建设保险组织体系的政策措施。1994年以前，中国人民保险公司组织开展农业保险业务，国家财政对国家指定的政策性亏损业务支出给予补贴。从1994年起，国务院决定，对农业保险政策性亏损业务支出，由中国人民保险公司企业内部平衡。但同现行的将商业性保险与政策性保险合一的经营体制发生了矛盾，导致全国农业保险业务出现大滑坡。一些地区停办了农业保险业务。为此，1955年起，国务院决定，一是组建国家政策性的农业保险公司。农业保险具有很强的政策、社会性，对增进消费者福利和社会稳定有很大作用，但它本身经济效率低下，商业保险公司不愿经营或无力经营。国家财政应该出资建立政策性农业保险机构，开展农业保险业务。要集中现有的专业人才和其他各部门办理农业保险业务，由该机构统一管理。该机构负责贯彻国家农业保护政策，经营国家农业风险基金，监督管理基层农业保险机构农业保险业务，允许政策性农业保险机构发行专门债券或以国家投资为主、各方参股等方式筹集保险基金；二是鼓励和引导内、外资商业性保险公司经营农业保险业务。商业性保险公司的经营是以盈利为目的，而政策性农业保险公司承担经营风险大的业务领域，这在一定程度上会影响商业性保险公司经营农业保险业务。但可以通过调整国家与保险公司间的收入分配政策，在所得税和营业税等方面给予其一定的优惠政策，鼓励其进入农业保险业务领域，以弥补其他类型农业保险主体的展业不足；三是努力构筑农业生产经营建设保险组织体系。在农业生产经营建设保险组织体系建立的过程中，保险合作社基层社和县联社是关键环节，从长远来看，二者的建立与完善与否，直接关系到农业生产经营建设保险组织体系运作的成败。国家农业政策性保险公司主要是通过再保险发挥其"四两拨千斤"的作用，而不是直接接受每个农户的入保。在推进的过程中，不能急于求成，搞"一刀切"，在农业保险合作社还没有建立时，先期组建国家农业政策性保险公司，与原来经营农业保险业务的人民保险公司结成代理关系。要积极创办农村合作保险、商业保险，使政府、保险企业、外商保险企业和农户个人共同参与农业保险，打破目前人民保险公司对农业保险包而不保的格局，才能最终构筑一个运转有效的农业生产经营建设保险组织体系。

3. 坚持推行农业生产经营建设保险服务机制的政策措施。农业生产经营的特点是周期长，受自然条件影响大，对市场的反应能力差，这些都增加了农业生产经营建设者的风险。通过农业保险分散经营风险，促进农业生产经营健康发展，确保国民经济建设和城乡人民生产、生活中的需求，提高农民增收致富能力。为此，从1997年起，从中央到地方坚持推行农业生产经营建设保险服务机制的以下四项扶助政策：

（1）农业生产经营建设保险税收优惠政策。再税赋政策上，对农业保险公司给予免税待遇优惠政策。对农业保险业务、实行保护政策、如免征营业税、所得税等。同时允许农业保险费列入农业生产经营建设成本，通过价格机制，将农民交纳保险费的一部分转化为消费支出，以增强农民对保费的支出能力，鼓励农民为保护农业生产经营建设稳定发展和维护农民利益，积极投入农业保险活动，为国家提供农业战略性产品安全保障创造环境。为此，1997年1月，国务院把保险企业的所得税税率，从1996年前所得税税率高达55%，降至1997年所得税税率33%。1998年，各地区在推进农业生产经营建设保险组织保险体系建立期间，免交所得税，或采用先征后退的政策。同时，允许农业保险企业从当年的保费收入中提取总准备金。要继续执行原来对种植业、养殖业保险免除营业税的政策。

（2）农业巨灾专项风险基金政策。巨灾风险专项基金，是应付特大灾害发生而积累的专项基金，用于发生巨灾时保险赔付。解决农业巨灾保险基金的主要措施：一是国家采取财政补贴或财政拨款方式建立专项基金；二是各级地方政府每年拿出部分支农资金和救灾款，专项专用，充实后备；三是由成立的政策性保险机构发行债券或以国家投资为主，企业、社会团体等参股方式筹集风险专项基金。

（3）农业保险合作社的事业经费补贴政策。农业保险合作社是农村社会化服务体系的重要组成部分，要利用财政支农资金配置结构性调整的契机，加大对农业社会化服务体系建设的投入，特别是要拿出一部分财力，对农业保险合作社的事业经费给予一定补助，通过减轻其经营压力扶持其成长。

（4）农业生产经营建设保险费补贴政策。经国务院批准，从2008年起，由国家财政逐年加大对农业生产经营建设保险的支持力度，2009年，国家财政安排21.5亿元的预算额度开展保费补贴试点，2010年，财政部印发了《财政部关于2010年度中央财政农业保险保费补贴工作有关事项的通知》和《财政部关于拨付部分2010年度中央财政农业保险保费补贴资金的通知》，通知指出，在继续落实现行中央财政农业保险保费补贴政策的基础上，财政部进一步增加了农业保险保费补贴险种，马铃薯、青稞、牦牛、藏系羊、天然橡胶等将纳入补贴范围。同时，进一步扩大了补贴区域覆盖范围，云南、山西、甘肃、广东、青海、宁夏、纳入种植业保险保费补贴范围，浙江、辽宁、云南纳入森林保险保费补贴范围，海南省纳入天然橡胶保险保费补贴范围。为进一步降低林农负担，财政部还提高了部分险种的补贴比例。在地方财政至少提供40%保费补贴的基础上（省级至少25%），将中央财政公益林保险费补贴比例提高至50%。

4. 坚持开展农业生产经营建设保险事业宣传的政策措施。加大宣传力度，强化农民保险意识。农业保险在我国是一项新的事业，广大农民对农业保险的作用不了解，农民保险意识淡薄。发展农业保险，农民是主体，必须加大对农民进行农业保险基础知识的宣传教育工作，提高农民的风险意识和投保积极性，并按照农业保险的政策法规办事，为农业保险的发展创造以下三个条件：

（1）组织宣传农业保险在化解农业生产经营建设项目的自然和市场双重风险中作用。农业是国民经济的基础产业，同时又是自然和经济再生产交织的弱质产业。我国农业生产经营建设者承受着自然和市场的双重风险。农业保险在化解双重风险方面具有八项功能：一是及时充分的保险赔款使农业生产经营建设得以迅速恢复而不致中断或缩小规模；二是减少农民收入波动，安定农民生活，增加农村消费；三是促进、引导农业资源的合理分派和利用；四是保障农业投资安全，促进农业生产经营建设技术的研制和应用；五是减轻政府在灾后筹措救灾的财力负担，保障灾后损失得到稳定的补偿；六是保险人增加防灾防损措施，防范非必然损失，增强农业业防灾抗损的能力；七是有助于市场稳定、增加消费者福利；八是保护农业产业在发展过程中不断调整产业结构，实现产业升级，增强农产品的市场竞争力。

（2）组织开展农业生产经营建设法制宣传教育。我国农业保险立法知识包括：一是立法目的。以农业保险作为农业支持政策和支农性收入再分配手段，推动农业生产经营建设发展，保障和促进农民增产增收；二是立法原则。开展农业保险，应着眼于社会效益最大化。对一些关系到国计民生的农业保险险种实行强制保险。国家对农业保险给予经济上、法律上和行政上必要的支持；三是保费补贴。除了对法定农业保险险种免除一切赋税、自愿险种也免除部分赋税外，由全国政策性农业再保险公司为各地区分支机构或商业性保险公司进行保费补贴和经营管理费用补贴。对法定保险险种必须进行补贴，其余是具体情况而定，补贴比例和数额视险种而定；四是险种安排。农业保险分为基本保险与非基本保险。基本保险主要是对农业主要粮食作物与经济作物的保险，包括小麦、水稻、棉花、大豆等。对这些主要粮食作物与经济作物，应实行法定强制保险。牧渔养殖业作为非基本保险，可实行自愿投保的方式；五是农业保险基金。建立农业保险专项基金，明确专项基金的筹集渠道、筹集方式。农业保险专项基金由中国农业再保险公司统筹使用，由税务、财政部门征缴和管理，避免渗漏。

（3）组织开展农业生产经营建设保险政策、服务宣传教育。我国农业生产经营建设保险组织体系健全政策：一是必须根据农业保险业各发展的现状和国家财力等国情，本着政策性保险与商业性保险相结合、农民自愿投保和与强制性投保相结合、总体规划与分步实施相结合的原则，建立一个以农业互助保险为基石，以区域性保险为依托，以政策性保险为后盾，以商业性保险为补充，多层次、多方位贯穿于农业生产经营建设全过程的农业保险体系；二是必须大力推进农村互助合作保险事业，构筑我国农业保险体系基础。农村互助合作保险是我国农业生产经营建设保险组织体系建立的关键一环，建立农村互助合作社保险经济组织，具有公共性、互助性、非营利性的特点。加入合作社的农户以入股的形式，形成共同保险基金，发生灾害时，可从合作社获保险赔偿。合作社保险的范围，主要侧重种植业和养殖业；三是必须在建立基层社的基础上，建立保险合作社县联社和省（自治区、直辖市）农业保险公司。通过建立县联社和省级农业保险公司，就可以进一步将风险在县域、省域范围内分散。基层社与县联社之间形成保险关系，县联社与省级保险公司之间形成再保险关系。

十一、我国农业生产经营建设劳动管理体系调整健全的方略

我国农业生产经营建设劳动，简称农业劳动。农业劳动是指农业劳动力的使用或消费。它是人类生活和社会发展的最基本条件。农业劳动作为使用价值的创造者，作为有用劳动，是不以一切社会形式为转移的人类生存条件，是人类和自然之间的物资变换、人类生活目标得以实现的必然趋势。农业劳动力资源及其利用和管理是十分重要的。特别是我国有8亿农业人口，3亿多劳动力，如何充分而合理的运用起来，对提高农业劳动成效率，促进农业生产经营建设持续健康发展，具有重要意义。

（一）我国农业生产经营建设劳动的特点

农业生产经营建设劳动，不同于其他国民经济部门的生产经营建设劳动，由于农业生产经营建设活动，比工业和其他行业生产经营建设活动，具有明显的特殊性，因而使农业生产经营建设劳动形成了自己的特点，主要有以下三方面：

1. 农业生产经营建设周期长、劳动时间差别大的特点。这是由于农业生产经营建设周期长，因而形成农业生产经营建设劳动自由时间较长和差别大的特点。在较长的整个农业生产经营建设劳动过程中，是由许多间断而又相互关联的农业劳动阶段和农业劳动项目所组成，因而，造成每一阶段或每一项目的农业劳动的质量和效果，不仅直接影响本阶段、本项目而且直接影响下一阶段、直接影响农业生产经营建设的最终结果。为此，必须从保证每一阶段和每一项目的农业劳动质量出发，并把平时

农业劳动和最终中农业劳动成果妥善结合起来，采取措施，加强管理，实行多种形式的责任制，这是使平时农业劳动质量和农业劳动任务及时完成的有力保证，也是促进农业劳动者关心其农业劳动最终成果的好办法。

2. 农业生产经营建设季节性强、劳动力忙闲不均的特点。这是由于农业生产经营建设具有较强的农时季节性，因而形成农业生产经营建设劳动具有忙闲不均的特点。由于农业生产经营建设劳动忙闲不均，给充分利用农业劳动力带来了不利影响，造成农忙季节农业劳动力不足，农闲季节农业劳动力闲置。为此，一是要不误农时，抓住农忙季节组织农业劳动的突击，以保证及时完成各项农业生产经营建设任务；二是要在农业布局和农业劳动分工上，注意把农业劳动的专业化和多种经营结合起来，以便农忙务农，农闲务"其他"；三是要在种植业内部，改革耕作制度，变农闲为"四季常青"，并逐步改变以手工劳动为主的状况，努力实现农业机械化和电气化，从根本上解决农业生产经营建设季节性，以及由此造成的农业劳动的不平衡性。

3. 农业生产经营建设地域广阔、劳动零星分散的特点。这是由于农业生产经营建设的地域广阔，因而形成农业生产经营建设劳动具有零星分散的特点。这就要从各地实际情况出发，科学合理组织劳动，特别在以手工操作为主的情况下，农业生产经营建设劳动组织和劳动协作规模实事求是，要因时因活制宜，以便适应有些农活需要多数人协同进行，也有些农活只要少数人去做，防止窝工浪费。

（二）我国农业生产经营建设劳动力科学利用的方略

农业劳动力是指能够参加农业生产经营建设劳动力的数量和质量。农业劳动力的数量取决于：一是自然因素。即达到劳动年龄的人参加劳动，以及超过劳动年龄的人退出劳动；二是社会因素。即农业劳动力转入其他行业或其他行业转入农业。农业劳动力的质量，包括体力的强弱、技术水平高低和劳动熟练程度等。合理利用农业劳动力的首要问题，是具有计划地分配农业劳动力；三是是科学地利用农业劳动力；四是不断提高劳动觉悟；五是提高劳动力利用率；六是提高劳动效率。

1. 要有计划地分配农业劳动力。农业生产经营建设管理部门中有计划地分配劳动时间和节约农业劳动时间，这是组织开展农业生产经营建设的首要的经济规律。因为一切的节省，归根到底是农业劳动时间的节省，是农业生产经营建设中最大的节省。有计划地分配农业劳动时间，可以根据农业农村经济发展的需要，加快推动农业现代产业化规模经营建设进程，同时可以因才使用，发挥特长，挖掘潜力，是提高农业劳动力利用率和农业劳动生产率的重要措施。为此，必须有计划地分配农业劳动力，正确处理好以下四个关系：

（1）处理好农业和国民经济其他部门之间的关系。农业是国民经济的基础，必须保证农业生产经营建设有足够的劳动力。在当前我国农业生产经营建设活动中，以农业劳动力手工操作为主的形势下，更需要有足够劳动力，这是组织开展农业生产经营建设的基本条件。随着农业现代化的逐步实现，要从农业生产经营建设手工操作中解脱出来大批劳动力。在保证农业生产经营建设劳动力足够需要的基础上，要合理分配从农业中解脱出来的劳动力，实行离土不离乡，就地转移，就地安排的方法。

（2）处理好农业生产经营建设用工和非农业生产经营建设用工的关系。农业生产经营建设用工是保证农业生产经营建设持续发展的决定因素，但非农业生产经营建设用工也是加强农业生产经营建设管理，提高物质文化生活水平的必需因素，由于它不直接创造物质财富，所以首先保证农业生产经营用工，严格控制非农业生产经营建设用工。

（3）处理好当年农业生产经营和农业基本建设之间的关系。农业基本建设是农业扩大再生产经营的重要物质基础，而农业生产经营又是农业扩大再生产经营的基本建设的前提条件，二者相辅相成的，如果安排不好又会发生矛盾。应当以当年农业生产经营为主，兼顾农业基本建设需要。一般应在农闲季节组织农业基本建设，或在不能影响正常农业生产经营的前提下，建立常年基建专业队。

（4）处理好农、林、牧、副、渔五业之间的关系。五业之间是互为条件、相互促进的关系。农业劳动力的分配，要统筹兼顾、全面安排，既保主业有足够劳动力，又要照顾好其他各业的需要。随农业现代产业化生产经营建设发展，就全国来讲，种植业所占劳动力比例是逐步下降的趋势，而林、副、牧、渔各业所占劳动力比例是逐步上升的趋势。

2. 要科学合理地利用农业劳动力。组织推动农业生产经营建设持续健康发展的关键，是科学利用农业劳动力，它是最基本的决定性因素。为了科学利用农业劳动力，必须在坚持走群众路线的基础上，注意做好以下两点：

（1）要因地制宜地确定农业劳动管理形式。在组织进行农业生产经营建设劳动管理时，必须顺应条件，允许多种多样的管理形式并存，各农业生产经营建设管理部门、单位都应当根据实际情况，制定实行符合自己情况的劳动管理制度。

（2）要科学有效地组织农业劳动力。在农业生产经营建设活动中，要想以较少的人力、物力、财力的消耗，取得最多最佳的经济效益，必须科学、有效地组织农业生产经营建设劳动，实行严格的劳动责任制，搞好劳动定额、劳动计酬，努力提高功效，用较少的劳动时间，取得较大的经济成果。

3. 要坚持不断地提高劳动觉悟。为了调动农业劳动者的积极性，必须正确处理好政治思想工作与物质利益之间的辩证统一关系，注意做好以下两点：

（1）必须加强政治思想工作，使农业劳动者明确劳动的目的，为国家为集体多作贡献；必须严格执行物质利益原则，正确处理好国家、集体、个人三者的利益关系，既要鼓励农业劳动者走农业生产经营建设共同富裕之路。

（2）必须充分考虑和满足农业劳动者的物质利益，调动农业劳动者的积极性，加速农业发展，不仅无损于集体和国家利益，反而会迅速增加社会物质财富的总量，为集体和国家作出更大的贡献；还要认真贯彻按劳分配和奖励制度，根据农业劳动者所提供的劳动数量和质量分配个人消费品，按其超额劳动多少，给予物质奖励。

4. 要尽可能地提高农业劳动力利用率。农业劳动力利用率，是指在农业生产经营建设过程中，用农业劳动者实际完成的劳动日数，同应完成劳动日数的比值来表示。或是指农业生产经营建设单位实际参加农业生产经营建设的劳动力数占可能参加农业生产经营建设的劳动力数的百分比。农业劳动力利用率，一般用来考察农业劳动力的安排使用情况。

（1）农业劳动力利用率的指标。主要包括：一是实际参加农业劳动的人数和能够参加农业劳动人数的比率；二是在一定时期内（如一年），每个农业劳动力实际参加农业劳动的工作日数占应参加劳动工作日数的比率；三是班（组）工作中的纯工作时间占班（组）工作时间的比率。

（2）农业劳动力利用率的作用。提高农业劳动利用率的作用，主要有三点：一是有利于挖掘劳动力潜力，创造更多的使用价值。二是有利于挖掘辅助劳力潜力，养成热爱劳动的习惯。三是有利于节约劳动时间，获得更多的农业产品。

（3）农业劳动力利用率提高的措施。提高农业劳动力利用率的措施是多方面的，必须针对不同的情况，采取切实可行的措施：一是要合理安排和使用劳动力。在安排和使用劳动力时，要加强计划性，使劳动力资源量和需要量大体平衡；要根据各项农活不同要求，从性别、年龄、体力、技术等实行人活挂钩，发挥特长，提高劳动力利用率。二是要改善和加强农业劳动组织。要在农业生产经营建设活动中，挖掘一切劳动潜力，把有劳动能力的人都组织起来。参加力所能及的劳动，合理安排和组织劳动力，提高劳动工效。

5. 要进一步地提高农业劳动效率。农业劳动效率是指衡量农业劳动者从事农业生产经营建设劳动的能力的指标。或是指农业劳动的效率。平均每个农业劳动者在单位时间内获得的农业产品产量或产值来表示。也可用生产经营建设单位农业产品消耗的劳动时间来表示。

（1）农业劳动效率计算依据有两项：一是农业部门或农业生产经营建设单位全年获得的农业产品产量或产值，除以年内农业劳动力的平均人数，求得平均每个农业劳动力一年获得的农业产品产量或产值。二是以农业部门或农业生产经营建设单位全年的农业产品产量或产值，除获得农业产品实际消耗的劳动时间，求得农业部门或农业生产经营建设单位农业产品消耗的劳动时间。

（2）农业劳动效率提高政策。决定农业劳动效率高低有五个因素：一是农业劳动者生产经营建设技术水平、劳动熟练程度、劳动态度和情况；二是农业生产经营建设机械化水平和技术装备状况；三是农业科学研究成果在农业生产经营建设中的应用情况；四是农业劳动组织形式和农业生产经营建设单位的管理水平；五是农业气候状况、土壤的肥沃程度，以及影响农业生产经营建设的其他自然条件。农业劳动效率的提高，意味着劳动时间的节约，即用同样的农业劳动，可以获得出更多更好的农业产品。在既定生产经营建设关系条件下，提高农业劳动效率的政策有四项：一是要集中力量抓好农业技术改造。既要创造新的物质技术条件，又要十分注重充分利用我国丰富的农业劳动力资源、丰富自然资源，搞好农业生产经营建设管理；二是要实行先进合理的定员和劳动定额。在农业生产经营建设活动中，在人力、物力、财力的配备、利用、消耗诸方面，必须切实加强科学先进的农业劳动定额管理，力求提高劳动效率，尽量减少非生产经营建设人员，使直接生产经营建设人员和非生产经营建设人员保持适当的比例，促使定额经常保持先进水平；三是要不断改进劳动组织和生产经营建设组织。继续根据农业生产经营建设任务的需要，及时改进农业劳动组织，实行合理的专业化生产经营建设，在明确分工的基础上，使每个农业劳动者权责分明，各有其权，各负其责，真正做到人人有专责，事事有人管，劳动有定额，工作有检查，好坏有奖惩；四是要坚持按劳分配和办好生活福利。认真贯彻执行"各尽所能、按劳分配"和"精神鼓励和物质鼓励相结合"的政策，各级组织要关心农业劳动者的生活，努力办好生活福利，解脱其后顾之忧，充分发挥和调动农业劳动者的劳动积极性，稳步提高农业劳动成效率。

（三）我国农业生产经营建设劳动定额合理制定的方略

我国农业生产经营建设劳动定额是指一个中等农业劳动力，在一定的农业组织管理和技术水平条件下，按照规定的农业生产经营建设质量要求，科学合理安排使用一系列人力、物理、财力，在单位时间内所能达到的标准劳动量。正确地制定和执行农业生产经营建设劳动定额，对于提高农业劳动效率，推动农业牧副渔各业全面发展，具有多方面的重要作用。同时，为使农业劳动定额发挥推动作用，又对农业生产经营建设劳动定额规定了必须执行的方针政策。

1. 农业生产经营建设劳动定额制定实施方略的意义。我国通过农业生产经营建设劳动定额制定实施方略的实践证明，具有指导准则和操作方式的意义，主要体现以下五点：

（1）农业劳动定额是农业管理的基本环节。通过农业劳动定额，明确规定了农业劳动者在一定时间内应当完成的各项经济指标。通过劳动定额，可以把各项经济指标具体落实到农业单位和个人，使农业劳动者心中有数，责任明确，从而努力挖掘生产经营建设潜力，节约物化劳动和活劳动的消耗，不断地提高农业劳动效率。

（2）农业劳动定额是检查农业劳动计划的依据。在制定农业劳动计划的时候，如果没有先进的农业劳动定额。是不可能编制出正确的农业劳动计划来的。在执行农业劳动计划过程中，只有依据劳动定额调配和使用劳力，才能保证劳动计划顺利完成。

（3）农业劳动定额是衡量劳动消耗编制和考核劳动者生产经营建设成绩的依据。我国农业生产经营建设活动，是由国营农业和集体农业组织农业劳动者亲自参加的。农业劳动定额规定完成农业各项生产经营建设劳动消耗量，只有正确地规定劳动定额标准，才能够合理地为农业生产经营建设配备劳动力，才能保证农业和农村经济健康发展。

（4）农业劳动定额是确定劳动者应得报酬的依据。农业劳动定额是计算农业劳动者劳动量的标准，劳动定额是否准确，会直接影响劳动报酬是否合理。在实行计件工资和实际收益的条件下，劳动定额的高低，直接关系劳动工资、实际收益水平。完成劳动定额的情况，是评定农业劳动者劳动报酬等级和评奖的重要依据。

（5）农业劳动定额是贯彻农业生产经营建设责任制和开展农业劳动竞赛评比、衡量农业劳动者从事农业生产经营建设能力指标的依据。

2. 农业生产经营建设劳动定额制定实施方略的规则。我国各地区政府为了充分发挥农业生产经营建设劳动定额作用，要遵循以下两项规则：

（1）既要鼓励先进、又要切合实际的规则。农业劳动定额的水平，应是一般农业劳动者经过努力所能达到的获得产品数量和质量。只有这样，才能促使一般农业劳动者提高劳动效率。劳动定额过高过低，都会削弱农业劳动者的积极作用。

（2）既要考虑劳动数量、又要注意劳动质量的规则。在制定农业劳动定额时，应先确定农业生产经营建设的质量标准，然后在确定数量要求。要把质量和数量统一起来，质量标准不同，数量要求也应不同。

3. 农业生产经营建设劳动定额制定实施方略的方式。为了科学组织制定实施农业生产经营建设劳动定额的方略，必须根据各地区情况确定以下相应方式：

（1）制定农业手工劳动和畜力劳动作业定额的方式。一般手工劳动和畜力作业的劳动定额，经常采取以下三种方式：

①估工方式。它是根据各地农业生产经营建设的习惯和经验，对各种农活估算出一个中等农业劳力，按正常劳动一天的劳动质量标准和能达到的数量，作为标准劳动定额。

②试工方式。它是指一个中等农业劳动力或一个中等农业生产小组，对某个农业生产经营建设项目进行实际试工来确定标准劳动定额。试工时应选择具有代表性的农业劳动者、劳动条件和劳动工具。

③统计方式。它是指在农业劳动统计资料比较完整的农业生产经营建设单位，采用统计法制定劳动定额，即通过对劳动统计资料的计算、分析，确定标准劳动定额。

（2）制定农业机械作业定额的方式。在农业机械化作业中，普遍采取制定技术定额的方式。制定方式可分为两种：即经验统计方式和技术测定方式。

①经验统计方式。它是依据过去或其他单位对某项农业机械作业的统计资料，在计算平均数值的基础上，再适当加以调整，作为定额标准。用这种方式制定的定额，方法简单，能够及时满足需求。

②技术测定方式。它是通过对农机具体作业进行实际观察，对影响农机作业量的各项因素加以研究分析，找出合理利用农机作业时间的有效方式，然后在此基础上制定出定额标准。其具体步骤：一是选择测定的对象和场所。可选择一个先进农机手、一个或两个普通农机手同时进行作业，对他们的作业方法和成果进行分析比较。对选定的农机手、作业场所、使用的农机具，应有代表性。二是全面观察和写实。对农机作业过程进行全面观察和写实。对农机作业过程进行全面观察和写实，即把每一个作业的实际起讫时间，连续记录在作业日写实表上，同时，对作业机组在田间行驶的实际平均速度、作业场地、利用系数等方面。也进行测定，作为制定技术定额的全部原始资料。三是整理分析原始资料。要对农机作业的写实资料进行整理分析，要计算各项操作的延续时间和整个作业自开始到结束的时间。进一步综合各项操作所消耗的时间，确定作业日的时间构成。

（四）我国农业生产经营建设劳动管理调整内容的方略

我国农业生产经营建设劳动管理方针政策的宗旨，是提高农业劳动生产经营建设效率。提高农业劳动生产经营建设效率是农业劳动管理的目的，又是衡量农业劳动管理好坏的重要标准。农业劳动生产经营建设效率，标志着用于物质资料生产经营建设中劳动消耗的效率，是农业劳动者所获得的产品与其所消耗的劳动时间之比。表示农业劳动生产经营建设效率有两种方法：一种是指单位劳动时间内获得的农业产品数量；另一种是指劳动单位农业产品所耗费的劳动时间。我国常用的农业劳动生产经营建设效率指标有两个：一个是农业劳动力一年获得多少农业产品，另一个是劳动单位农业产品耗费多少人工日。农业劳动生产经营建设效率的提高，意味着用同样的农业劳动可以获得更好的农业产品。具体说明，农业生产经营建设劳动管理内容的方略，主要有以下四项政策措施：

1. 坚持科学掌握利用农业劳动力资源的政策措施。我国农业劳动过程都包括三个要素：劳动力、劳动资料和劳动对象。其中劳动力是最重要的决定性的因素，我国农村人口众多、劳动力富余，把劳动力资源充分而合理地利用起来，促进农业现代农业化规模经营，推动城乡一体化经济社会健康持续发展。

（1）坚持科学合理地利用农业劳动力资源。农业劳动力资源包括农业劳动的劳动力数量和质量两个方面：一是农业劳动力数量的变化，是由自然因素和社会因素两个原因所引起的：自然因素，是指已达到劳动年龄的人参加劳动和超过劳动年龄的人退出劳动的因素。社会因素，是指农业劳动力转入其他部门或其他部门劳动力转入农业部门；二是农业劳动力质量的变化，是由农业劳动者体力强弱、技术水平高低以及劳动熟练程度等因素引起的。在农业手工劳动为主的条件下，劳动者的体力强弱起着重要作用；在以机械操作为主和农业科学技术水平不断提高的条件下，要求劳动者不断增强智力和提高科学文化水平。为此，必须保证农业劳动力数量，提高农业劳动力质量，科学合理地利用农业劳动力资源。

（2）坚持实事求是地应用农业劳动特点。为此，一是要根据农业生产经营建设周期长和劳动时间差别大的特点，采取有效措施，保证平时农业劳动质量，和将平时劳动与最终劳动成果结合起来，实行联系劳动结果责任制，保证平时劳动质量和劳动任务的及时完成，促进农业劳动者关心劳动最终成果，为自己富裕起来而劳动。二是要根据农业生产经营建设季节性较强和劳动力忙闲不均的特点，导致农忙季节劳动力不足、农闲季节劳动力充分的需求极不平衡的情况，变不利为有利，要抓住季节组织农业生产经营建设突击，在进行劳动分工时，坚持专业化和多种经营相结合；在种植业内部合理确定耕作制度、合理搭配品种、合理安排农活，及时完成各项劳动任务，要逐步实现农业机械化和电气化，改变以手工操作为主的状况，彻底解决农业生产经营建设季节性较强、劳动力忙闲不均的问题。三是要根据农业生产经营建设地域广阔、劳动零星分散的特点，在以手工操作为主的情况下，要因地制宜地建立健全农业劳动组织，对农业劳动协作规模不宜过大。在组织劳动时，要因时因活制宜，有些农活需要多数人协同进行，有些农活可以少数人去完成。必须合理组织、安排使用劳动力，使农业劳动力的各要素发挥作用，要正确处理调解劳动中人与人之间的关系，防止造成窝工浪费。

（3）坚持统筹兼顾地使用农业劳动力。科学合理利用农业劳动力资源，是搞好农业生产经营建设，推动城乡一体化经济社会健康发展的要求：一是要在保证农业生产经营建设中有足够劳动力的前提下，统筹兼顾、合理安排从农业生产经营建设中解放出来的劳动力；二是要在处理国家、集体、个人三者利益关系时，既要反对为了个人利益损害集体利益和国家利益，又要反对忽视群众利益的错误做法。对于农业劳动者的物质利益给予充分考虑和满足，把农业劳动者的积极性调动起来；三是要认真贯彻按劳分配原则和物质奖励制度，要根据劳动者提供的劳动数量和质量分配个人消费品，根据劳动者提供的超额劳动多少进行物质奖励；四是要科学地有效地组织农业劳动，实行严格的劳动责任制度，搞好劳动定额，努力提高工效，用较少的劳动时间，取得较大的经济效益；五是要扎扎实实地搞好农业劳动管理工作，要根据农业生产经营建设的需要，有计划地分配劳动力，合理地使用劳动力，要采取一切有效措施，努力节约劳动时间，提高劳动效率。

2. 坚持努力提高农业劳动力利用率和农业劳动效率的政策措施。农业劳动管理主要内容包括：农业劳动力的安排与使用、农业劳动组织形式、农业劳动定额、农业劳动报酬形式、农业劳动管理制度、农业劳动协作和农业劳动竞赛等。加强农业劳动管理，合理组织调配和使用劳动力，对于提高农业劳动利用率和农业劳动效率，促进农业生产经营建设健康发展具有重要意义。科学合理地组织调配和利用农业劳动力资源，一方面要求提高农业劳动力利用率；另一方面要求提高农业劳动效率。前者表明农业劳动力利用的程度，后者表明农业劳动力利用的效果。二者相辅相成，是合理利用农业劳动力资源的两个主要目标、两条基本途径。

（1）坚持努力提高农业劳动力利用率。影响农业劳动力利用率的因素是多方面的，包括农业劳动力的自然状况和觉悟程度、社会经济条件、科学技术条件和自然环境条件等。这就要针对不同情况，因地制宜地采取不同的途径和措施来提高农业劳动力利用率。

①凡是农业劳动效率不高的地区和企业，都必须采取切实可行的措施，提高农业劳动力利用率；一是要合理安排与使用劳动力。要加强计划性，组织好劳动协作与分工，尽量做到使劳动力资源量与需要量大体平衡；要根据各项农活的要求，考虑劳动者的性别、年龄、体力、技术等情况，实行人活挂钩，合理派工，做到各尽所能、人尽其才，充分发挥劳动力的特长，提高劳动工效。二是有效地利用工时，避免窝工浪费，避免无效劳动，提高工时利用率。尽可能地消除非必要的停歇时间，尽量减少必要的停歇时间，以便增加基本作业时间，从而增加纯工作时间，提高劳动力利用率。三是改善农业劳动组织，建立和健全农业劳动纪律、生产经营建设责任制、劳动计酬等一系列劳动管理制度，调动农业劳动者积极性，提高农业劳动力利用率。

②凡是农业劳动力多余的地区和企业，必须开辟如下途径，提高农业劳动力利用率：一是向农业生产经营建设的深度进军，提高精耕细作程度；二是向农业生产经营建设的广度进军，充分利用各地资源，广开生产经营建设门路，发展各种经营；三是多搞"劳动密集型"的生产经营建设；四是积极支持农业劳动者发展家庭经济。

（2）坚持努力提高农业劳动成效率。农业劳动成效率就是指单位时间内所获得的农业产品数量或单位产品中所包含的劳动时间。为此，必须在提高农业劳动力利用率，增加社会劳动时间的基础上，提高农业劳动成效率，节约单位农业产品所耗费的劳动时间。两者相比，提高农业劳动力利用率，增加社会劳动时间是有一定限度的，而不断提高农业劳动成效率，节约单位农业产品所耗费的劳动时间的可能性则是无限的。提高农业劳动成效率是指：必须依靠广大农业劳动者以同样的劳动时间获得更多的产品，或者获得同样的产品耗费较少的劳动时间，或者以较少的劳动时间获得更多的产品。这三种情况，特别是第三种情况，对于改变农业落后面貌，促进国民经济发展将起着重要作用：一是提高农业产品商品率，用来满足农业内部需要的产品相对减少，用来更好地满足国民经济发展和人民生活需要的产品增加；二是节省出大批农业劳动力，从而促进农林牧副渔各业全面发展，为国民经济其他部门的发展提供劳动力；三是降低单位农业产品中的劳动时间消耗，降低生产经营建设成本，增加收入，增加积累，为扩大再生产经营建设、提高人民物质文化生活水平，奠定坚实的物质基础；四是逐步减轻劳动者的劳动强度和缩短劳动时间，腾出较多的时间学习科学文化，学习经济管理，不断提高科学文化水平，把我国农业逐步变为劳动成效率较高的现代化农业。

3. 坚持切实搞好农业劳动协作和分工的政策措施。为了提高农业劳动力利用率和农业劳动成效率，必须搞好农业劳动中的劳动协作和分工。农业劳动协作，是广大农业劳动者在同一生产经营建设过程中，有计划地一起协同劳动，这种劳动形式叫作协作。劳动协作一般分为简单协作和分工基础上的协作两种。前者是指许多劳动者在同一工种生产经营建设过程中的协同劳动；后者是指许多劳动者在同一生产经营建设过程中，分工从事不同的劳动，共同完成任务。

（1）坚持切实搞好农业劳动协作。为此，一是通过农业劳动协助，在农事紧迫期间及时完成各项任务，不违农时，做到增产增收；二是通过农业劳动协作，促使广大农业劳动者结为集体力量，扩大劳动空间范围，提高改造自然、控制自然的能力，集中优势兵力打歼灭战；三是通过农业劳动协作，使每个劳动者活动空间缩小，增加纯劳动时间，提高劳动效率，充分利用劳务资料，节约开支，降低成本；四是通过农业劳动协作，促使广大劳动者共同劳动，互相学习、互相帮助，开展劳动竞赛，提高工效，保证农活质量；五是通过农业劳动协作，要搞好劳动组织，全面规划、明确职责、按劳取酬、赏罚严明、执行政策等一系列科学管理工作，必须建立科学的农业劳动协作组织，充分发挥农业劳动协作的优越性。

（2）坚持切实搞好农业劳动分工。为了合理组织农业劳动协作，还要搞好劳动分工。为此，必须在农业劳动协作上，建立三种分工责任制：一是不同行业生产经营建设分工责任制；二是农业生产经营建设作业分工责任制；三是农业生产经营建设地段分工责任制。通过农业劳动分工责任制，促使农业生产经营建设管理部门、单位必须做到：一是有计划地有秩序地建立各种形式的劳动组织，规定分工责任制；二是因人制宜，人尽其才，提高农业劳动者科学技术水平，提高劳动成效率；三是建立农业劳动组织、农业物质技术装备和农业科学技术责任制，使农业劳动力各种要素紧密结合，因地制宜地组织劳动协作的分工，提高农业劳动效率。

4. 坚持贯彻落实农业生产经营建设责任制的政策措施。我国农业生产经营建设责任制有两种：一是按照责任制承包对象，划分集体责任制和个人责任制。集体责任制是把农业生产经营建设责任落实到集体单位，个人责任制是把农业生产经营建设责任直接落实到个人；二是按照责任制承包内容，可分为作业责任制和产量责任制。作业责任制是对完成的作业数量和质量负责。按照作业完成的情况确定劳动报酬，进行相应的奖惩。产量责任制是对承包作业产量直接负责。按完成产量情况确定劳动报酬，进行相应的奖惩。

（1）坚持贯彻落实联系产量责任制。这就必须通过联系产量责任制，把农业劳动者个人利益与集体利益紧密地结合起来，使集体统一经营和劳动者自主经营两个积极性同时得到发挥。实行联系产量责任制，把农业生产经营建设责任制和劳动报酬结合起来，一是明确规定其应负的责任和应享有的权利，做到人人有专责，事事有人管，任务明确，奖罚分明，责、权、利三者相互联系、相互制约；二是明确规定和实行农业生产经营建设者、领导者的职责，促使其讲求经济效果，注意节省工时消耗，注意节约使用劳务资料，减少浪费，降低成本，以较少的人力、物力、财力消耗，获得较高的产量和较多的收入。三是明确规定和实行按劳分配责任制，劳动的数量多少、质量好坏比较分明，在此基础上计算劳动报酬，做到多劳、劳好多得，少劳、劳差少得，调动劳动者的劳动积极性。

（2）坚持贯彻落实包产包干责任制。我国广大农村普遍地实行包产到户和包干到户责任制。包产到户一般是指集体把农活和产量包到户，采取以地定产，以产定工、交产记工、按工分配的联产计酬办法。包干到户一般是指集体把农田或其他生产项目报给农户经营，采取直接联产的包干分配办法，即通常所说的"保证国家的、留够集体的、剩下都是自己的"。为此，一是必须落实统一经营与分散经营相结合责任制。凡是农民能单独干的就放手包给个人去干；凡是农民不能单独干的就由集体统一经营、统一管理；二是必须落实集体统一定产与包干分配相结合责任制。要根据物化劳动和活劳动投入的条件，确定产量（或产值）定额。产量（或产值）定额确定后，考虑社会必要劳动量的需要情况，算出包干数，即交国家多少、集体提留多少，其余为包干户所有。条件好、产量高收入多的，可适当多提；条件差、产量低、收入少的，可适当少提。这样，承包者所承包的土地和生产项目无论是条件好的，还是条件差的，可以做到，付出同样的劳动得到同样的劳动报酬，体现按劳分配原则。

（五）我国农业生产经营建设劳动组织变革更新的方略

我国农业生产经营建设劳动组织，是在社会主义公有制基础上，建立农业劳动者分工协作的具体形式。按照分工协作的要求，把许多农业劳动者组织在一起劳动，通常称为农业劳动组织。建立农业劳动组织，推行以下变革更新的四项政策措施：

1. 必须坚持分工协作组织的政策措施。我国农业生产经营建设劳动，一般都是以分工协作为基础，实行多种形式责任制的劳动。所谓协作农业生产经营建设管理部门、单位和农业劳动者在同一生产经营建设中，在一起有计划地为一个共同的目的劳动。协作劳动可以产生新的推动力，可以在一定的时间和空间里同时使用大量劳动，集中人力去完成分散劳动难以单独完成的任务。协作劳动，有利于扩大农业生产经营建设规模，采用新设备和新技术，为合理分工和合理使用农业劳动力，创造有利条件。有协作就要有分工。协作和分工总是密切地结合在一起的。分工和协作是对立的统一。所谓劳动分工，就是指农业生产经营建设管理部门、单位和农业劳动者在有计划的协同劳动中，分别承担其中不同的任务。在协作基础上的分工，有助于因才使用农业劳动力，有利于促使农业劳动者掌握劳务技能和提高技术熟练程度。

2. 必须与农业生产经营建设任务相适应组织的政策措施。建立农业劳动组织的宗旨是完成农业生产经营建设任务。为此，必须坚持在统一计划完成农业和农村经济任务、农村集体组织指导和民主商议的基础上，自愿建立固定劳动组织，如果是临时性的，就应建立临时性的劳动组织，因此，必须建立与农业生产经营建设任务相适应的劳动组织。

3. 必须贯彻落实农业生产经营建设责任制组织的政策措施。建立农业劳动组织，必须贯彻落实农业生产经营建设责任制，要根据土地的分布、劳动力的多少、机械化水平的高低，来确定农业劳动组织的具体形式和规模，合理调配技术骨力力量，建立健全农业生产经营建设责任制，以便充分利用和发挥劳动力、土地和各种劳动工具的作用。

4. 必须加强思想教育组织的政策措施。建立农业劳动组织，必须加强思想教育工作，充分发挥农村基层农民自治组织的作用，支持广大农民自觉自愿建立专业互助合作组织。

（六）我国农业生产经营建设劳动组织形式创新的方略

我国农业生产经营建设劳动组织形式，是指农业劳动者自愿分工协作的组织形式。按照分工协作的要求，把许多农业劳动者组织在一起劳动，通常称为农业劳动组织。现阶段全国农业生产经营建设劳动组织形式创新的方略，主要有三项：一是农业劳动组织的协作和分工形式；二是农业劳动组织的各种责任制形式；三是农业劳动组织的现代产业合作经营形式。

1. 农业劳动组织的协作和分工形式的政策措施。农业劳动协作，是广大农业劳动者在农业生产经营建设管理过程中，有计划地一起协同劳动形式。农业劳动协作一般可分为简单协作和分工基础上的协作两种。而农业劳动分工，是指在农业生产经营建设过程中各单位内部的分工，是随着农业生产经营建设形式发展变化而形成的，为了提高农业劳动力利用率和农业劳动成效率，一般都采取以协作和分工为基础的形式。这种形式优势有三点：一是可以在农事紧迫期间不违农时，及时完成各项农业生产经营建设任务，增产增收。二是可以使多数农业劳动者结合为集体力量，集中优势兵力打歼灭战，做到少数人办不到的事项。三是可以使每个农业劳动者活动空间缩小，不必经常变换工种、转移地点，从而增加纯劳动时间，充分利用劳务资料，节约支出，降低成本，提高农业劳动成效率。四是可以使多数农业劳动者在共同劳动中，互相学习，取长补短，提高工效，保证农活质量，开展劳动竞赛。为了把充分发挥农业劳动协作和分工的优越性，必须落实以下两项政策措施：

（1）建立科学的劳动组织的协作和分工形式，就是指农业劳动力以什么样的组织形式结合在一起进行劳动，劳动单位规模多大，与劳务资料如何结合、协作和分工的劳动组织形式。在全国各地区农业生产经营建设物化劳动和活劳动，大多是由各农户分散劳动进行的，为推进农业产品生产基地、农业产品加工企业、农业产品流通市场、农田水利工程等基本建设，是由农村集体经济组织广大农民参加协作进行的。为此，必须坚持在农村合作经济组织内部，坚持遵循分工与协作相结合的原则，在农业生产经营建设管理水平还不高的情况下，对农业劳动协作和分工，要因地制宜，不搞"一刀切"。

（2）坚持落实在农业劳动协作基础上的劳动分工形式。为此，必须遵循个人零星分散劳动和集体集中劳动相结合的原则，必须搞好劳动分工。通过劳动分工，可以有计划地、有秩序地组织农林牧副渔各业产品生产、加工、供销劳动；可以做到因人制宜、人尽其才，提高农业生产经营建设技术水平，提高劳动效率，取得良好的经济效果。

2. 农业劳动组织的各种责任制形式的政策措施。农业生产经营建设劳动组织的各种责任制形式，就是明确规定农业生产经营建设部门、单位和农业劳动者，为组织完成农业生产经营建设任务，承担什么责任、应有什么权利、应受什么奖惩、如何正确处理责、权、利三方面之间的关系的劳动管理制度。农业生产经营建设责任制，是随着农业生产经营建设社会化的发展，分工愈来愈细，协作也愈来愈要加强，这就要求建立与之相适应的责任制形式，促使农林牧副渔各业持续健康发展。全国各地区农业生产经营建设责任制的形式多种多样，归纳起来，主要有以下三种形式：

（1）按农业生产经营建设责任制的承包对象划分为：一是集体责任制：是把农业生产经营建设责任落实到集体单位；二是个人责任制：是把农业生产经营责任制落实到个人。

（2）按农业生产经营建设责任制的承包内容划分为：一是作业责任制。对完成的作业数量和质量负责，按完成情况确定农业劳动报酬和相应的奖惩；二是产量责任制。对承包产量负责，按完成产量情况确定农业劳动报酬和相应的奖惩。这种形式的责任制也有多种多样。

（3）按农业生产经营建设责任制的包产、包干到户划分为：包产到户和包干到户是我国目前农村普遍实行的联系产量的生产经营建设责任制：一是包产到户，是指集体把农活和产量包给各户采取以地定产（或以生产项目定产）以产定工，交产记工，按工分配（保留工分）的联产计酬形式；二是包干到户，是指集体把农田或其他生产项目包给农户经营，采取直接联产的包干分配形式，即"保证国家的，留够集体的，剩下都是自己的"形式。

3. 农业劳动组织的现代产业合作经营形式的政策措施：为了组织推进农业现代产业化规模经营，在继续坚持推行发展现代农业要靠政策、靠科技、靠投入、靠改革和制度保障的基础上，要注重农业组织制度创新，提高农业组织化程度，更好地利用资源，促进要素流动，调动农民积极性。我国正处于从传统农业向现代农业转变的时期。我国农业的组织化、产业化水平依然很低，农业产品的竞争力与国际竞争者相比还有很大差距。随着农业市场化程度的提高，农村劳动力的专业以及现代农业建设的推进，提高农业组织化程度的要求越来越迫切。在中共中央、国务院领导下，全国各地区党委、政府根据种植业、养殖业等不同产业的基本特点和发展内在要求，探索引导农户进入市场和扩大农业经营规模的有效途径，不断提高农业组织化程度和集约化水平，更好地促进农业生产专业化、经营一体化、服务社会化。为此，各地区为组织推进农业劳动组织的农业现代产业合作经营形式，而采取以下四项具体政策措施：

（1）为创新农业组织形式，提高农业组织化程度，一是要在坚持农村基本经营制度、稳定和完善农村土地承包关系的基础上，按照依法、自愿、有偿的原则，建立健全土地承包经营权流转机制，有条件的地方可以发展多种形式的适度规模经营，但必须坚持不刮风、不动基础，坚持自愿，保护农民利益，依法进行；二是要大力发展农民专业合作社。1995年全国农民专业合作经济组织有15万多个，加入的农户成员达到2363万户；带动非成员农户3245万户。农民专业合作经济组织带动成员增收幅度比一般农户普遍高出50%。认真贯彻落实《农民专业合作社法》和《农民专业合作社登记管理条例》，需要加大政策力度，健全各项内部管理制度，引导农民专业合作组织在发展中规范，在规范中发展。

（2）为创新农业组织形式，提高农业产业化程度，一是要继续推进农业产业化经营。做大做强农业产业化龙头企业，加强农业产品基地建设，发展"一村一品"拓展农业产业链，促进农业产品加工增值。龙头企业在服务农户、致富农民、与农民利益紧密结合的基础上，不断发展壮大龙头企业对农户的带动能力。二是要健全和完善农业社会化服务体系。增强集体经济组织的服务功能，发挥农村能人的辐射带动作用，培育和发展行业协会和中介组织，鼓励社会力量参与农业社会化服务，满足农民的服务需求。

（3）为创新农业组织形式，提高农业组织化程度，一是建立公共服务一体化体系。各地区将乡镇农技站、兽医站、农经站、农机站部门撤并成为技术指导服务中心，初步形成了"三农"服务的一体化新格局。二是建立服务组织市场化体系。各地区农业社会化服务，由过去单纯的生产经营建设环节的服务，向农业资金、物资、技术、信息、加工、销售、管理等综合性服务扩展，特别是一批农业龙头企业通过产业化经营联结农业和市场，一批个体营销大户通过购运销联结农村和市场，一批农民经纪人通过传帮带联结农民和市场，较好地发挥"一户带一地、一村带一片、一片带一业"的带动作用。三是建设和完善以政府公共服务为主导、以农民专业合作组织为主体、以农业龙头企业服务为骨干的新型"三农"社会化服务体系。四是坚持按照"民办、民管、民收益"的原则，建立农业技术、农业机械、农业合作经济组织等社会化服务体系，特别要重视加强和引导农村金融、农业保险服务体系建设，通过股份制设立农村银行和筹集风险基金，组织筹建农业合作金融机构，通过经济合作使农户与服务组织之间形成风险公担、利益分享的利益共同体，促进农户增收，逐步形成"围绕服务办实体、办好实体促服务"的良性循环。

（七）我国农业生产经营建设劳动报酬管理改进的方略

我国农业生产经营建设劳动报酬，是关于社会农业总产品中属于个人消耗品的部分在个人之间进行的分配。"各尽所能、按劳分配"是我国农业生产经营建设劳动报酬分配的基本方针政策。在全民、集体和个体分配关系上，全民所有制是反映国营农业劳动者之间的关系，集体所有制是反映集体农业劳动者之间的关系。因而在贯彻按劳分配方针政策上，可采取的形式是有差别的，国营农业的劳动报酬，主要是采取货币工资制形式，而家庭农场又有新的形式；集体农业的劳动报酬，主是采取劳动获得形式，而包干到户又有新的形式。劳动报酬水平直接取决于农业劳动效率水平。农业生产经营建设劳动报酬的形式，基本上有三种：计时制、计件制和包干制。计时制，是根据农业劳动者从事农业生产经营建设的时间而计给的报酬。计件制，是按照农业劳动者所完成的农业产品的数量质量标准计给的报酬。一般说，计件制比计时制能更好地贯彻按劳分配的原则。包干制，是农村经济体制改革后新出现的一种计酬形式，采取直接联产的包干分配办法。不论采取哪种形式，都要根据有利于正常开展农业生产经营建设活动，有利于提高劳动成效率的要求加以确定。由于各地区农业生产经营建设条件差异很大，组织管理水平、农业劳动者的技术和能力也不平衡，因此，必须要求不同所有制农业生产经营建设单位，采取不同的劳动报酬形式，促进广大农业劳动者先后走上富裕的道路。

1. 国营农业人员的劳动报酬管理改进的政策措施。国营农业人员的劳动，在农业生产经营建设活动中起着决定的作用。正确地、合理地组织国营农业人员的劳动，充分地挖掘国营农业内部劳动力的潜力，实行合理定员和劳动定额，做好劳动保护，开展劳动竞赛，采用新技术、新工艺、逐步提高国营农业人员的技术装备程度；加强对劳动报酬的管理与核算，这对于不断提高劳动效率，发展壮大国营农业经济具有重要作用。

（1）国营农业人员基本劳动报酬。基本劳动报酬是指支付给国营农业人员为提高一定质量的产品产量或坚持按劳动的数量和时间直接计酬的工资。它主要包括：计时工资、计件工资、包干工资。一是计时工资。它是在农业劳动者工资等级和工资标准的基础上，按照劳动时间长短来计算工资的一种形式。它根据计算的时间不同，分为月薪制和月薪日计算。月薪制是按月发给标准工资。月薪日计算是按月标准工资，按每月平均应出勤的天数计算日工资标准和实际出勤日数计算应得工资额发给，也就是出一天勤，发一天工资。计时工资的特点，主要是直接按照劳动的时间来计算劳动报酬。计时工资标准是根据农业劳动者在一定的劳动时间内，所提供的劳动数量和质量确定的。为了提高劳动成效率，必须把计时工资和奖励结合起来；二是计件工资。它是按照农业劳动者劳动的数量乘以预先规定的劳动数量的单位工资标准计算的。计件工资是计时工资的转化形式。在一定条件下，计件工资更能直接体现按劳分配的原则，因为农业劳动者所得工资多少，直接取决于农业劳动成果，而劳动成果又体现着实际的劳动数量和质量；三是包干工资。是指个人、家庭、班组或车间向单位承包。实行全奖全罚：即超过包干指标的部分留归承包者，未达到包干指标的部分由承包者赔偿。

（2）国营农业人员劳动报酬性质的奖金。奖金是指在我国对提供超过同级平均水平的劳动量或在农业生产经营建设活动中有特殊贡献的劳动者给予的物质报偿。是劳动者所得报酬的一部分工资的补充形式。由于工资在一定时期内具有相对的稳定性，而各个劳动者在农业生产经营建设活动中的劳动成绩经常会发生变化，因此，对提供超额或具有特殊贡献的劳动者，以奖金的形式给予鼓励，有利于调动劳动者的积极性，改善农业生产经营管理，加强经济核算，促进农业经济的发展。按照奖励形式、内容、时间、对象和目的，可划分为五种类型的奖金：一是按奖励形式，可分为经常性奖金和一次性奖金。经常性奖金是指农业劳动者在生产经营建设过程中，提供超额劳动的数量和质量而给予的奖励；一次性奖金是指农业劳动者在生产经营建设过程中，有重大革新创造，而给予的奖金；二是按奖励的内容，可分为综合奖和单项奖。综合奖是以农业劳动者全面完成各项指标为得奖条件，条件比较全面。单项奖是指农业劳动者完成某一项指标为得奖条件；三是按奖励的时间，可分为年终奖和平时奖。平时奖又分为月份奖、季节奖和阶段奖；四是按奖励的对象，可分为集体奖和个人奖等；五是按奖励的目的，可分为超产奖、质量奖、节约奖、技术革新奖、创造发明奖等。

（3）国营农业人员劳动报酬性质的津贴。津贴是指对在特殊的农业生产经营建设活动和某些工作岗位上的农业劳动者所给予的额外劳动报酬。一般用来补偿农业劳动者在艰苦环境中或有损健康条件的额外劳动消耗，或用于补偿额外的生活费支出。津贴是工资总额的一个组成部分。津贴主要包括直接发给国营农业人员的生活补助，根据国家有关规定支付给国营农业人员的各项津贴。如技术贴补、特殊工种营养补助、夜班津贴。这是指国营农业对从事高温、井下、高空作业、从事有害作业和特种体力劳动的营养补助，对不能回家吃饭的国营农业人员生活补助，对技术高、贡献大的技术补贴，以及属于工资性质的奖金。具体地说，一是按劳动环境，可分为地区津贴、林区津贴、边疆津贴、野外津贴、冬季取暖津贴等；二是按劳动岗位，可分为职务津贴、施工津贴、高空津贴、井下津贴、因公误工津贴、夜班津贴等；三是按劳动保护，可分为抗高温津贴、抗毒害津贴，发给国营农业人员的病、伤、产假规定的报酬。

（4）国营农业人员劳动报酬的分类。国营农业人员劳动报酬的分类，主要是为了研究各类人员劳动报酬的使用情况和分配情况，便于划分费用，正确核算成本，加强对劳动和劳动报酬的管理与核算，必须对劳动报酬进行合理的分类。主要有：一是劳动人员的劳动报酬。如参加国营农业生产经营建设单位劳动的人员包括学徒的工资，应在生产经营建设费用中列支；二是管理人员的劳动报酬。如国营农业管理单位人员的工资，应在生产经营建设费用中列支；三是福利人员劳动报酬。如国营农业饮食、托儿、医务等单位工作人员的工资，应在福利基金中列支；四是专用基金工程人员的劳动报酬。如国营农业的扩建工程、专业基金工程的人员工资，应在更新发展基金中列支；五是劳动报酬总额不应包括因公出差的伙食补贴和福利基金项下开支的生活困难补助。

（5）国营农业人员劳动报酬的确定。国营农业劳动者的劳动报酬，是一个直接关系到农业生产经营建设发展和农业劳动者生活的重要问题，也是正确处理农业劳动者之间和城镇工人之间的关系的问题。因此，在确定农业劳动者劳动报酬时，必须坚持遵守三项规则：一是要随着农业劳动效率的提高，来确定提高劳动报酬水平。但劳动报酬水平提高的速度要低于劳动效率增长的速度，这是实现国营农业扩大再生产经营建设的前提；二是国营农业劳动报酬水平，应当同本身生产经营建设水平相适应。既考虑到国营农业现有经济条件和生产经营建设水平，又考虑与当地集体农业劳动者在同样生产经营建设条件下的收入水平；三是国营农业劳动报酬应有差别，由于国营农业内部各业生产经营建设项目、科学技术水平、劳动繁重程度、生产经营建设成果、贡献大小都不相同，要承认差别，规定不同的劳动报酬，以体现"各尽所能、按劳分配"的原则。

（6）国营农业人员劳动报酬的管理。在国营农业人员劳动报酬管理工作中，要求达到：一是要坚持正确处理国家、集体和个人三者之间关系，防止干多干少、干好干坏一个样的平均主义的分配偏向；实行多劳多得、少劳少得、男女同工同酬。既要有利于调动国营农业人员的劳动积极性，又要有利于稳定农业生产经营建设第一线劳动力；二是要加强农业劳动定员的计划管理，合理安排劳动力，认真执行劳动定额、定员管理制度、节约单位产品工时消耗，不断提高劳动效率；三是要建立和健全农业生产经营建设制度和考勤制度，正确结算劳动报酬，监督是否按期兑现；四是要坚持不断地开展劳动竞赛，定期进行农业劳动成果评定考核，以利于充分调动国营农业人员劳动的积极性；五是要正确及时地结算和支付劳动报酬，按照规定劳动报酬总额的比例，正确计算和提取福利基金。

（7）国营农业人员劳动报酬的核算。国营农业人员劳动报酬的形式多种多样，在结算和成本核算中，既不相同，又有粗有细。为了适应和掌握各种不同情况和问题，及时正确地汇总劳动报酬总额，便于进行对劳动报酬的分配和结算，而设置了"工资"和"应付工资"两个账户。对于发生和分配的劳动报酬，在"工资"账户内核算。对于应付国营农业人员工资，在"应付工资"账户中下设置的明细账户内核算。如果属于生产经营建设规模小、成本核算和工资结算形式简单的国营农业，也可以不设置"工资"账户，即将发生的工资直接记入"生产经营建设费用"账户。为了完整系统、及时正确地核算劳动报酬，必须建立劳动报酬核算的依据，它是劳动报酬核算的基础工作。

2. 集体农业人员劳动报酬管理改进的政策措施。从1979年以来，由于我国农村经济体制改革，使集体农业收益分配，特别是集体农业人员劳动报酬也发生很大变化。简要说明如下：

（1）集体农业人员劳动报酬的形式。主要有：一是实行联产承包责任制，用"标准产量"（承包产量）作为衡量劳动量的标准尺度，取代工分，使劳动者的劳务成果与应得的报酬真正挂起钩来。二是实行家庭联产承包责任制，包干形式，就是"交够国家的、留足集体的、剩下是自己的"。三是实行包产到户责任制，包产（或称定产）以内的产品和收入仍由集体统一分配，还保留着工分，一般做法是实行几包（几定）加奖罚的办法，即包（定）产、包（定）费用、包（定）工，超产节支者奖，欠产超支者罚。

（2）集体农业人员劳动报酬的管理。在对集体农业人员劳动报酬问题上，不论全国各地区农村实行哪种形式的农业生产经营建设责任制，都要兼顾国家、集体和个人三者利益。具体地说，包括三方面：一是必须完成国家的交售义务。这是正确处理集体和国家的分配关系，搞好收益分配的一个重要方面；二是必须兼顾集体与个人的利益。在正常年景下，要在保证农业劳动者收入水平逐年有所增长的基础上，合理提取集体提留。要兼顾集体与个人双方的利益，不能偏顾一头，对于集体提留，应根据国家有关方针政策和规定提取，不能多提，以减轻农业劳动者的负担。承包合同要坚持兑现，承包户应完成的交售任务和包交提留款项，不能拖欠不交；三是必须坚持按劳分配原则。不管实行哪种形式的责任制，在个人消费品的分配上，必须坚持按劳分配的原则。

十二、我国农业生产经营建设物资管理体系建立健全的方略

我国农业生产经营建设物资是组织农业生产经营建设活动所需的资料，只有加强农业物资管理，才能使农业生产经营建设有充分的物资保证。农业物资管理，是指对农业生产经营建设所需要的物资和对农业产品进行采购、供应、保管、使用等所实施一系列的组织管理工作。农业生产经营建设的过程，是不断地消耗物资的过程，要保证农业生产经营建设的正常进行，就应加强对农业生产经营建设过程中所需物资的管理。为此，必须组织完成农业生产经营建设物资管理的三项任务：一是必须科学划定农业生产经营建设物资的分类；二是必须合理确定农业生产经营建设物资管理的范围；三是必须认真落实农业生产经营建设物资管理的方针政策、法规制度。

（一）我国农业生产经营建设物资科学划定分类的方略

我国农业生产经营建设活动中需要的物资种类繁多、属性性能各异、来源渠道、保管方法、使用方式也各具特点，即使同类物资又有多种品种、规格，可供选用、代用等。由于农业物资种类很多，必须对农业物资进行正确分类，这是农业物资实行科学管理的重要条件。为此，必须科学划定农业物资的分类。新中国成立以来的实践证明，必须按以下方法进行分类：

1. 按农业物资管理体制划分为：一是中央统一分配的农业物资，它是指中央有关农业部门统一掌握、分配的农业物资；二是地方统一掌握、分配的农业物资，它是指地方有关农业部门平衡管理的农业物资，也就是各省、自治区、直辖市平衡管理的物资。

2. 按农业物资来源渠道划分为：一是自产物资，它包括农林牧副渔各业生产经营建设的各种产品，如种子、种苗、种役畜、饲料等；二是外购农业物资，它包括工业及其他行业生产的产品：如农机具、化肥、农药、燃料等。

3. 按农业物资用途划分为：基本建设用物资、生产经营用物资、非生产经营用物资。

4. 按农业物资在农业生产经营建设活动的作用和核算要求划分为以下三种类型：

（1）固定资产。主要是指可以多次在农业生产经营建设活动中发挥其作用，并不改变其原有实物形态（直至报废为止）的大件劳动资料，其价值随着使用逐步磨损转移到产品成本中去，是产品成本的组成部分。固定资产主要包括：房屋及建筑物；各种机械动力设备、电器设备；运输工具；排灌设备；役畜、种畜、产畜；果树、林木等等。每一项还可以再划分为若干细目，如机械动力设备，可分为拖拉机、收割机、脱粒机、柴油机、变压器、粉碎机、碾米机等。

（2）原材料和低值易耗品。原材料属于劳动对象，是一次性消耗物资，在一个生产经营建设周期内就把其价值全部转入产品成本中去；低值易耗品是属于易损易耗的劳动资料。原材料和低值易耗品主要包括：原材料如种子、化肥、农业、饲料、饲草等；辅助材料如零部件、润滑油、劳动保护品等；燃料如煤炭、汽油、柴油等；低值易耗品如小农具、绳索、麻袋、量具、容器、照明采暖设备、修理用具、安全和清扫工具等。

（3）库存粮食和其他产品。是指自产或购入的农、林、牧、副、渔业产品。主要包括：粮食如口粮、储备粮及生产经营建设用粮等；其他产品如棉花、麻、烟草、油料、畜牧产品、林产品、渔产品、工副业产品以及水果、蔬菜等。

（二）我国农业生产经营建设物资管理范围合法的方略

从"七五"时期的1988年起，经国务院审查批准，由农业、物资、物价等有关部门，共同合法合理规定农业生产经营建设物资的采购、供应、储存、保管和使用等方面管理范围。概括地说，农业物资管理范围主要包括：一是农业物资采购供应的管理，包括农业物资采购供应量的确定和农业物资采购供应管理的内容和方法；二是农业物资储存保管的管理，包括农业物资验收入库、农业物资保管、废旧物资的收回利用、清查盘点的内容和方法；三是农业物资合理分配使用管理，包括农业物资消耗定额、农业物资节约使用的内容和方法。为此，对农业物资管理范围制定和实行两项政策措施：

1. 坚持制定农业物资需求、采购供应、储备保管协调管理的政策措施。为了调整优化和协调管理农业物资需求、采购供应、储备保管比例结构关系，从1998年起，逐步调整修正农业物资需求、采购供应、储备保管方针政策和方式方法。从2001年起，经国务院批准，农业、物资、物价等有关部门公平合理规定以下农业物资需求量、采购量、储备量的方法：

（1）农业生产经营建设物资需要量的确定方法。确定农业物资需要量，正确编制物资采购供应计划，是搞好物资采购工作的基本依据。采购供应计划不合理，就会给采购工作带来盲目性，给供应工作带来困难。采购供应量是以需要量和储备量为依据的，为了正确确定供应量，首先必须确定需要量，然后要确定储备量，以保证农业生产经营建设的需要，最后再根据计划期初、期末储备量，确定物资供应量。正确确定农业各种物资的需要量，必须根据农业生产经营建设的实际需要和农业物资供应的可能性，实事求是地加以确定。既要留有余地，又要反对宽打窄用。确定农业各种物资需要量的方法主要有两种：直接计算法和间接计算法。

①直接计算法是根据物资消耗定额和计划生产经营建设作业量直接计算的物资需要量，其基本计算公式是：计划期物资需要量＝计划期生产经营建设作业量×物资消耗定额。在计算公式中的生产经营建设作业量时，如计算化肥的需要量，生产经营建设作业量就是指自然亩，物资消耗定额是指自然亩消耗化肥的数量。

②间接计算法，是指按比例或按经验分析来估计物资需要量的方法。如计算拖拉机零件需要量，是按每一标准亩占用零件费用的标准，确定计划期零件需要量；计算原煤需要量，根据历年原煤的消耗量和计划年度的供应情况来确定。

（2）农业生产经营建设物资采购供应量的确定方法。要科学地确定好农业物资采购供应量，必须从各地农业生产经营建设活动的实际出发，随时了解农业生产经营建设过程中所需农业物资的情况，如实掌握库存农业物资和市场供应农业物资的情况，采取如下方法：

①及时编制农业物资采购供应计划。农业物资采购供应计划是农业生产经营建设财务计划的重要组成部分。农业生产经营建设需要什么原材料，需要多少，何时需要，都要通过农业物资采购供应计划来反映，农业物资采购供应计划是实现农业生产经营建设计划的保证，反过来，农业生产经营建设计划又是编制农业物资采购供应计划的依据。

②合理确定农业物资的采购供应量。这就要在农业物资的需要量确定后，减去库存数，自制数、修旧利废的数量，便是农业物资的采购供应量。

③多方开辟农业物资的采购供应渠道。这就要在确定农业物资采购供应量之后，多方开辟采购供应渠道，积极组织货源。一般地说，要采取向上级物资部门申请报告、会议定购、签订合同、市场采购等形式。具体地说，主要有以下两点：一是申请供应农业物资。要根据物资供应量填制农业物资申请书，连同物资需要量明细表，附必要的文字说明，一并报上级主管部门批准后，作为供应农业物资的依据。二是抓好采购农业物资。为了保证供应农业生产经营建设所需要的物资，关键是要搞好农业物资的采购。采购是在国家统一计划下，遵循签订订货合同进行的。农业物资采购是根据季或月的物资计划进行的。在采购中，要注意掌握好四个环节（春、夏、秋、冬）的物资材料平衡和采购，以保证农业生产经营活动正常进行。为了满足农业生产经营建设的需要，凡是不能纳入国家计划的物资，应允许农业生产单位自行采购，并与有关单位进行相互调剂，要严格遵守国家的物资政策和价格政策，力求做到就地就近组织货源，尽可能实行定点采购。

（3）农业生产经营建设物资储备量的确定方法。在农业物资采购供应计划工作中，既要正确确定完成农业生产经营建设任务所必需的各种物资的需要量，又要确定为保证农业生产经营建设活动正常进行所必需的各种物资的合理储备量，也是做好农业物资采购供应工作的一项重要内容。因为，在农业生产经营建设过程中，经常不断地消耗着各种物资，而各种物资的供应，又是间断地、分批地进行的。这就必须有一定的物资储备，其储备的数量，既不能过多，又不能过少，过多，会造成物资积压，增加资金的占用影响资金周转；过少，会影响农业生产经营建设活动的正常进行。因此必须正确地确定农业物资储备定额标准、因素、期限的方法：

①科学规定标准的方法。农业物资储备定额，是指在一定的条件（物资供应的间隔天数、运输条件、消耗数量等）为保证农业生产经营建设活动的顺利进行，必须设置农业物资储备量的标准。它是编制物资供应和采购计划的主要依据，是正确组织农业物资管理，合理控制物资库存量的重要一环，也是确定储备资金的依据。

②合理确定因素的方法。要合理确定农业物资储备定额，首先必须合理确定影响农业物资储备量的因素：一是物资供应周转期，即前后两批农业物资供应的间隔日数。供应周期长，则农业物资储备量多，反之，则储备量可以减少；二是农业物资周转量，通常指一天内平均消耗量，周转量大，储备量就多，反之则少，农业物资周转量受农业生产经营建设规模和农业物资消耗定额等因素的影响。为此，在确定农业物资储备定额时，要充分考虑采购、供应、需要的实际情况。

③分别确定期限的方法。要按农业物资的不同使用期限，分别确定经常储备定额、保险储备定额和季节储备定额三种方法：一是经常储备定额方法。它是指在前后两批农业物资入库间隔期间内，正常农业生产经营建设需要的农业物资储备量。两次物资入库间隔时间可按日计算，也可以按月计算，应以农业再生产经营建设周期的长短和农业物资管理的需要而定。由于农业生产经营建设周期长，农业物资周转速度较慢，一般可以按月计算。各种农业物资的经常储备定额，决定于平均每月周期需要量和农业物资的合理储备月数两个因素。因此，某种农业物资的经常储备定额，可按这样公式计算而定：经常储备定额＝平均每月需要量×合理储备月数；二是保险储备定额方法。它是指为了保证农业生产经营建设需要而设置的预防性农业物资储备量。对于供应正常或易于采购的农业物资可不设保险储备。保险储备量决定于平均月需要量和保险储备月数两个因素。因此，某种农业物资的保险储备定额，可按这样公式计算：保险储备定额＝平均每月需要量×保险储备月数；三是季节性储备定额方法。它是指某些农业物资的供应季节性影响，而必须增加的储备量。它主要是由季节性供应中断时间

决定的,供应不受季节性影响的农业物资,则不需要设置季节储备,某种农业物资的季节储备定额,可按这样公式计算:季节储备定额=平均每月需要量×季节性储备月数。季节性储备月数,即以月为单位的季节性储备时间,一般根据上年统计资料,结合当年具体情况估算确定。将以上三种储备量加起来,就是农业物资的储备量。

2. 坚持实行农业物资采购供应、储存、保管、分配使用管理的政策措施。农业生产经营建设过程,是农业各种物资使用和消费的过程。农业生产经营建设不断进行,也要求不断地补充农业各种物资。农业各种物资供应不正常,就会影响农业生产经营建设正常进行。农业生产经营建设越是发展,农业生产经营建设管理专业化程度越高,物资管理工作也就越是重要。为了满足我国农业生产经营建设对物资的需要,必须切实加强农业物资采购供应、储备保管、分配使用管理。具体说明如下:

(1) 必须认真遵守国家物资管理的有关方针政策,严格执行国家物资计划,防止盲目采购。建立健全合理的物资管理法规制度,保证按品种、按质、按量、按期、成套地供应农业所需要的各种物资。

(2) 必须坚持发扬自力更生、艰苦奋斗,勤俭办农业的精神,坚持面向服务生产经营建设第一线,做好农业物资的采购、供应、储备、保管、使用、节约等各项工作,做到合理采购和供应物资,加速物资周转,节约使用费用,节约流动资金的占用。

(3) 必须始终加强农业物资的储存和保管,严格地组织物资的验收和发放等工作,确保物资的安全;合理地、节约地使用各种物资。

(三) 我国农业生产经营建设物资采购供应管理的方略

我国农业物资采购供应,是实现农业生产经营建设的必要条件。农业物资采购供应,关系到农业物资生产经营建设和农业物资消耗之间的交换关系能否健康发展的问题。因此,农业物资采购供应,必须在国家各级物资管理部门组织指导下,保证按质、按量、按时地采购供应农业物资,千方百计地保证农业生产经营建设的需要。物资管理部门必须树立一心想着基层单位、热心服务农业的思想,提高服务质量,要搞好调查研究,认真掌握农业物质季节性强、供应面广、供应点多、供应线长的特点,经常了解农业物资需要情况,摸清农业物资供应的规律,使农业物资采购供应,既及时满足农业生产经营建设所需要的物资,又为下一阶段物资供应做好准备;在物资分配上,要做到既保证重点,又要照顾一般。要把农业物资送到农业生产经营建设第一线去,以保证农业生产经营建设的需要。为此,必须健全农业物资采购供应管理体制,切实做到以下三点:

1. 要坚持农业对物资的资源、消耗等情况调查研究。农业生产经营建设过程,同时也是农业物资使用和消耗过程。农业生产经营建设活动不断地进行,要求不断地补充农业物资,只有农业物资的正常采购供应,才能保证农业生产经营建设活动的正常进行。农业生产经营建设越发展,农业专业化程度越高,需要农业物资的数量越多、质量越高,如果农业物资采购供应不正常,就会影响农业生产经营建设正常进行,甚至受到严重损失。为此,必须要求做到以下两点:

(1) 要认真执行国家物资的方针政策,摸清上级对农业物资指标确定情况,收集统配农业物资的资源、价格、运费等资料,了解农业物资的资源、产地、价格等资料,了解计划期内所需全部农业物资的需要量、品种、规格。

(2) 要调查研究历年农业物资的消耗情况和消耗定额完成情况;了解报告期农业物资的消耗数量、期末结存情况;掌握报告期农业物资供应计划执行情况、计划年度变化情况及有利或不利因素。

2. 要坚持对农业物资采购供应工作打好基础。随着我国农业生产经营建设力水平的不断提高,特别是农业现代化建设进程的加快,就会需要更多、更高效的农业物资,因而就更有必要加强对农业物资采购供应的管理。为此,要落实打好农业物资采购供应工作基础的八项政策措施:

(1) 要正确地制定农业物资的收购和销售价格。这就要求不断加强经济核算,改善经营管理,降低农业物资的各方面成本,正确制定农业物资的收购和销售价格。

(2) 要科学地搞好土壤普查和农业区划。这就要求合理地调整农林牧副渔各业发展布局，为保质保量和因地制宜地供应农业物资提供科学依据。

(3) 要择优确定供应农业物资的地区。这就要求将农业物资优先供应增产潜力大、提供商品粮多的地区。从我国各地区情况看，一些低产地区投资的经济效益大，但比较贫困，购买力低；高产地区购买力高，经济效益小；中产地区增产潜力大，具有一定的物质技术条件，是农业物资采购供应的重点地区。但具体到一个地区各类农业物资的经济效益的大小也不同，因此，应根据各地区具体条件和农业生产经营建设的具体要求，来做好农业物资的采购供应工作，同时对那些增产、增收、经济效益大的，但又比较困难的地区，应给以必要的支援，以求获得最佳的经济效果。

(4) 要不断改革农业物资采购供应体制。这就要求将过去计划分配农业物资的办法，逐步改为农业生产经营建设单位自由选购的办法。计划分配办法，可以保证重点需要，但也往往产生分配计划脱离实际，分配的农业物资不适用等现象。这就要废除硬性摊派、好坏搭配以及农业生产经营建设单位只能购买本地农用物资的限制。对农业物资采购供应，要尽量做到配套齐全，以满足各时期农林牧副渔各业生产经营建设活动的需要。

(5) 要建立一套农业物资供应销售制度和组织系统。农业物资供应合同，是较好的农业物资供销形式。它可以保证双方都处于商品交换的对等地位。建立各类农业物资专业公司，是较好的供应组织形式。诸如建立农机服务公司统一经营农机、农用化工产品，把农机厂、供应站、农机站、修配站联系起来，既方便农民，又促进农机工业的发展。又如建立种子公司，把制种独立成为一个新的生产经营建设部门，对于选育新品种、推广、繁殖优良品种，发挥积极作用。又如建立饲料公司，可以按照科学的方法，制作混合饲料，可以提高饲料的利用率。

(6) 要做好农业物资的供应和需求预测。根据农业生产经营建设发展的情况，参照农业收入的积累和消费的比例，依据农业气候预报，病、虫情预报，做出农业机械、排灌机械、化肥、农药的供应和需求预测。

(7) 要减少农业物资购、销过程的流通环节。凡是农业产品的供应和消费者可以直接见面的，例如大牲畜、仔猪、中小农具，可以通过市场直接进行交易的，凡需商业部门进行周转的，尽量由县级供销社或基层商店直接和农用工业建立供货合同。

(8) 要适当确定农业生产经营建设单位所需农业物资的库存量。计算库存的大小要考虑以下三个因素：一是不同种类的农业物资要有不同的库存。如柴油买回来之后要经过沉淀过滤才能使用。计算方法式是，用每天的用油量，乘以需要沉淀的天数再加一定的备用量，就等于库存量。二是要看商品供应是否及时和保障程度如何而定。凡是随时可以买到的可以少留库存。供应时续时断的，为了保障生产经营建设的连续性，可以根据农业季节的需要量，留有相应的库存量。但应把库存量压缩到最低限度，以免占用过多资金，造成物资积压。三是根据历史最高、最低消费量的变化规律，找出经验数据，作为确定库存量的参考数据。

（四）我国农业生产经营建设物资储存保管的方略

农业生产经营建设物资储存保管，是农业物资管理工作的一个重要环节，农业物资管理工作的各个环节，都同农业物资储存管理有直接或间接的联系。搞好储存管理，使存放的物资不短少、不损失，是关系到维护农业有关部门、单位财产安全的一件大事。对于保证农业生产经营建设所需的物质，对于合理使用物资和节约物资，加强经济核算，不断降低成本和加速流动资金周转，都具有重大意义。为此，必须坚持组织实行农业物资验收入库、农业物资储存保管的政策措施：

1. 农业生产经营建设物资的验收入库的政策措施。农业生产经营建设物资的验收，是仓库工作的开始，是指对运到本单位的物资进行品种、质量和数量的验收。要检查运到物资的品种、规格、质量是否符合合同的规定，数量是否和供应单位付来的单据相符。没有经过验收的物资，不准入库。由于物资的来源多，生产加工时间、包装情况和运输的条件不同，会使物资品种、规格，数量和质量发生变化，为保证农业生产经营建设的需要，避免因物资短缺而造成损失，必须做好物资验收工作。

（1）坚持职能部门验收入库。为此，一是对物资质量验收，一般由化验部门提出化验单交技术部门和仓库共同验收（机械设备必须经技术部门检查）；二是对物资数量验收，一般由仓库负责。仓库应首先查明供应单位附来的合格证、装箱单、铁路运单等，按品种，型号等标记卸车，分别放置，检点数量签收。凡是整车到货的，车里有散装物资的，应一律过秤或点数。凡是从车站提货的物资，必须按铁路运单查清件数、包装情况等。对于零散货物包装损坏物资，要详细清点，如果发生短缺、损坏时，应提出报告单，经审查和领导批准，方可核销。凡是零星到货的物资，根据运单核对货件、重量和标记，是否与运单相符，有无损坏的包装件及有无启开的痕迹，包皮有无损伤等现象。凡是到库的物资，保管员要及时进行验收，对于专用技术设备和特殊性、技术性较复杂的物资，应同有关技术人员共同验收。

（2）坚持查证核实验收入库。为此，一是物资到库要实行一次检斤、检尺，对包装物资一律打开过数，并要核对规格、名称和质量。入库的物资，必须使名称和实际相符，在验收物资中发生的问题，要在入库前处理清楚。凡是验收无差错的物资，保管员应办理入库验收手续，交给采购人员和材料会计正式入账。对于到货无发票的物资，仓库可先进行实物验收登记，待发票来时，再补办验收手续。对于有发票而未到货的物资，超过3日后，应与发货单位联系，并通知会计部门暂不付款。在验收物资时，如果实物数量多于发货数时，应按发货票数验收，多余数应妥善保管，做好记录，并与发货单位联系处理。验收时，对同一性质而名称、规格不同的物资，经研究可以代用，并在价格上没有大的出入时，可按规格和规定的统一名称登记入库，并在验收单上注明原发货票的名称、规格、型号；二是凡发现没有发货票、装箱单、收货单位不明或其他单位的物资和品名、规格、质量与合同、装箱单不符，不能适应农业生产经营建设需要的物资，以及由于包装不严或简陋，使设备、仪器配件等物资短缺生锈，或全部残损等情况，都不予验收，但要妥善保管。经过验收的物资，必须填写到货登记簿和物资验收单，作为验收入库的依据。

2. 农业生产经营建设物资的储存保管政策措施。农业物资验收合格以后，就要入库保管。保管好物资，这是有利于保证物资完好无损，保证物资数量、质量，及时满足农业生产经营建设需要，保护国家和集体财产安全的一项重要工作。所以，为了保管好农业物资，必须明确组织制定和实行农业物资入库保管的以下四项政策措施：

（1）对于农业物资的入库保管，要按照物资的性能（如易湿性、易燃性、易腐性等）和保管技术要求（如温度、湿度、光照等）的不同，进行妥善保管。不使物资损坏和变质，不使物资品种、规格混淆。

（2）对于金属制品应注意防锈；对于酒精、汽油、炸药等易燃及危险品，应当注意防火、防爆；对于木材等，应注意防腐、防虫；对于重要的机器部件、零件，应当用蜡油、黄干油涂好；对于贵重的产品还要加以包装，放在货架上或箱内；对于化工产品、农药、电工器材、胶合板等，应当保存在温度适当并且干燥的库房内。

（3）对于库存物资，要做到日清月结、经常盘点。保管员要管好物资，管好储备资金定额，不断提高仓库管理工作水平。

（4）对于农业物资存放保管、发放检验、盘点和清仓，仓库里的物资堆放，要注意整齐，留有一定的通道，讲究堆放的方法。

（五）我国农业生产经营建设物资清查盘点的方略

为了管好农业生产经营建设物资，满足农业生产经营建设的需要，必须准确地、及时地掌握仓库物资的变化情况。这就要求设立仓库物资收入、发出、结存的登记账卡，按物资的品名、规格，准确地记载物资的收入、发出和结存情况。为此，一是要加强农业生产经营建设物资清查盘点工作；二是加强农业生产经营建设物资仓库管理监督工作。

1. 要加强农业生产经营建设物资清查盘点的政策措施。为了科学地促使农业生产经营建设物资收、发、存记载符合实际情况,做到账实相符,防止物资的积压和浪费,应定期进行清查盘点工作。

(1) 在组织开展农业生产经营建设物资清查盘点准备工作上,必须有组织、有准备、有秩序、定期地进行。为了节省时间和取得良好的效果,在清查盘点之前,应准备好必要的卡片和表单,准备好各种衡量工具,将散放的同类物资集中起来。对尚未验收的物资,迅速验收入库。对生产经营建设单位用于退还的物资,及时办理退库手续。对废坏物资应做特殊记号加以标记等。

(2) 在组织开展农业生产经营建设物资清查盘点准备工作基础上,进行实地盘点,清查物资的账面数字与实存数字是否相符。清查收发物资有无差错。清查各种物资有无变质、损坏现象。清查各种物资的堆放,是否整洁有序。清查安全设施和库房设备,有无损坏现象等。如果发生物资的盘盈、盘亏和变质损耗等情况时,应查明具体原因,并根据实际情况,报领导处理,不得隐瞒。

(3) 在组织开展农业生产经营建设物资清查盘点程序上,必须首先分发物资盘点卡片和盘点物资单,要分组进行盘点。在盘点过程中,一定要认真负责,严防重量不重质和漏查等现象。然后,核对物资账,如有盈亏,应及时登记备查。如果物资的损耗,超过正常规定的标准范围,就应查清原因和责任,以便处理。

2. 要加强农业生产经营建设物资仓库管理监督的政策措施。农业生产经营建设物资仓库管理,是一项细致复杂而又极其重要的工作。要做好这项管理工作,必须经常对仓库管理人员进行政治思想教育,使他们认识到自己所担负的工作的重要性,树立爱护国家和集体财产的高度责任心。要加强仓库管理工作,就应从物资的验收到发放等各个环节,建立和健全一套科学的规章制度,明确岗位责任制。只有这样,才能调动广大农业劳动者爱护国家和集体财产的积极性,避免物资的浪费和损失,同时,还要加强同有关物资供应部门的联系和协作,以便取得他们的支持和帮助。只有在各方面努力协作的情况下,才能扎扎实实地做好物资仓库管理监督工作。

(六) 我国农业生产经营建设物资发放使用管理体系健全的方略

为了组织推进健全农业生产经营建设物资科学发放使用管理体系,必须坚持推行健全科学合理的发放、节约的使用物资,大搞废旧物资的修复和加工改制工作的方略。做到大材不小用、优材不劣用、成套材不拆用。从大处着眼、小处入手。搞好调剂工作,变死物为活物,变废物为有用。为此,必须制定实行农业生产经营建设物资发放使用管理体系健全的方略,主要落实以下两项政策措施:

1. 农业生产经营建设物资发放管理体系健全的政策措施。各地区有关方面向农业生产经营建设单位发放农业物资,保证农业生产经营建设的需要,是农业物资管理的一项重要工作。要做好农业物资发放管理工作,必须严格实行领取手续和限额方法物资的制度。要从实际情况出发,简化物资发放的烦琐手续,改变你领我发、坐等来领的习惯做法,实行送料上门的新办法,把麻烦揽上来,把方便送下去。

(1) 要从实际情况出发,合理和节约地使用物资,控制物资消耗,避免积压浪费,对经常使用的主要物资,实行限额领料,对不经常用和无定额的一般物资,可按计划或随时供应。

(2) 要坚持因地制宜地组织制定和认真地实行限额发送农业物资制度,是做好农业生产经营建设物资管理工作的重要保证。所谓限额发放物资制度,就是按着物质的消耗定额和计划作业量、准确地计算物资需要量、制定物资发放数额、据以发放物资的制度。通过限额发放物资制度,可以促使物资使用部门,做到精打细算,以便有计划、有准备地组织农业生产经营建设活动。实行限额发放物资的制度,可以配合农业技术部门,有效地做好农业生产经营建设需要的物资准备,以便正确定农业物资采购量和供应量,增强物资供应工作的计划性,避免盲目性。

(3) 要严格地实行限额发放物资制度,必须加强物资消耗定额的管理,要按照物资的不同用途等情况,根据物资消耗定额和计划作业量,正确定使用物资限额,按照限额发放物资。如果由于超额完成生产经营建设任务或其他原因,需要超限额领取物资时,必须经过申请、批准,才能发放超限额部分的物资。

（4）要坚持回收多余农业物资，这是为了冲减成本或工程造价，减少物资积压和加速资金周转，调剂使用物资。所以，搞好物资回收，是有利于加强经济核算，合理地、节约地使用物资的一项重要政策措施。

2. 农业生产经营建设物资使用管理体系健全的政策措施。农业生产经营建设物资使用管理体系健全的政策措施，是指对物资消耗定额的制定、执行和农业物资节约使用管理体系健全的政策措施。具体说明如下：

（1）农业生产经营建设物资消耗定额的制定政策。农业物资消耗定额，是指在农业生产经营建设技术条件下，获得某种单位农业产品或完成某种农业作业数量所需要物质的标准。为此，要求做到：一是要正确进行农业生产经营建设物资消耗定额的分类；二是要充分发挥农业生产经营建设物资消耗定额的作用；三是要坚持遵循农业生产经营建设物资消耗定额的规则；四是用科学采取农业生产经营建设物资消耗定额的方法；五是要建立健全农业生产经营建设物资消耗定额法规制度。

①要正确进行农业物资消耗定额的分类。对农业物资消耗定额，正确划分为单项定额和综合定额两种。单项定额，是指每项农业生产经营建设作业数量所需物资的标准。综合定额，是指单向定额的汇总。一般是指几项农业生产经营建设数量所需物资的标准。单向定额，是用作发放物资和核算物资消耗情况的依据，也是制定或修订综合物资消耗定额的依据。综合定额，是编制物资供应计划和确定农业物资总需要量的依据。农业物资消耗定额，既可用物资的实物数量表示，也可以用物质的货币金额表示。

②要充分发挥农业物资消耗定额的作用。农业物资消耗定额，是正确确定各种物质需要量和编制物资计划的主要依据。因此，定额是否正确合理，直接影响农业计划的质量，也影响农业劳动者的积极性。农业物资消耗定额，是促进合理利用和节约使用物质，提高经济效果的有力措施。有了农业物资消耗定额，才能有效地组织限额发放物资和具体分析物资利用情况，促使和监督物资合理使用，以动员农业劳动者千方百计地节约物资，同一切铺张浪费的现象作斗争。

③要严格遵循农业物资消耗定额制定的规则。在制定农业物资消耗定额时，首先要分析物资消耗的结构，是指在农业生产经营建设过程中消耗物资的品种结构。由于物资的性质和用途不同，把物资消耗分为有效消耗和无效消耗。有效消耗是指与生产经营建设直接有关的物资消耗，如构成产品净重的物资消耗，保证机器正常运转的物资消耗等，这部分物资消耗是生产经营建设所必需的。无效消耗是指对农业生产经营建设没有直接关系的物资消耗。它又可分为不可避免的和可避免的无效消耗。不可避免的无效消耗，是指在组织农业生产经营建设活动中不可避免的消耗，如播种时多耗用的种子、肥料等。但应尽量减少这部分消耗。可避免的无效消耗，是由于科学技术组织管理不善而造成的，如废品生产的物资消耗，运输保管的消耗，物资规格不合农业生产经营建设的要求造成的大材小用、优材劣用的损耗，组织生产经营建设不善所造成机械空运转的损耗，发生事故所造成的物资损失浪费等。这些损耗，只要加强技术组织管理，是完全可以避免的。

④要科学采取农业物资消耗定额制定的方法。农业物资消耗定额的制定方法很多。一般常用的方法包括：经验估算法、统计分析法、技术分析法。一是经验估算法，是按照有经验的农业劳动者及有关人员根据生产经营建设活动所耗用物资的情况而估算物资消耗定额的方法。二是统计分析法，是指对过去实际物资消耗的统计资料，经过研究分析，去掉不合理的消耗部分，再考虑进一步降低物资消耗的可能性，而制定的物资消耗的方法，这种方法是以历史统计资料为依据，并对物资消耗情况作了一定的分析。在一定程度上，可以找出合理利用物资和节约物资的潜力。三是技术分析法，是指根据一定的科学技术条件，结合历史资料和先进技术条件，对农业单位生产经营建设物资消耗实际情况来进行分析、对比，而制定物资消耗定额的方法。这种方法，既有科学依据，又有实践的基础，比较全面合理、先进可靠，可用于制定或修改消耗定额。有条件的单位应尽量采用这种方法。

⑤要认真坚持群众路线，实行领导、技术人员和农业劳动者三结合，把各方面人员的知识和经

验,很好地结合起来。只有这样,才能使物资消耗定额制定得比较合理、比较正确。总之,在农业生产经营建设过程中,凡是需要消耗物资的地方,都应制定相应的物资消耗定额。在制定物资消耗定额时,要抓住重点,分清主次,采用逐项研究、分类排队、先重点、后一般的方法,由粗到细,逐步完善。物资消耗定额制定以后,要经过一定的审批,方可贯彻执行。物资消耗定额制定以后,要加以整理、汇总,建立健全物资消耗定额法规制度,并公布于众,贯彻执行。

(2)农业生产经营建设物资消耗定额的执行政策措施。农业物资消耗定额制定以后,必须认真地组织贯彻执行。在组织执行物资消耗定额的过程中,要建立严格的责任制度,使每一项物资消耗定额,都有专门的机构和专人负责执行。在贯彻执行消耗定额政策措施上,必须发动群众,使每一个人都了解和掌握物资消耗定额。建立和健全限额发放物资和废旧物资回收制度,积极组织开展农业物资消耗定额和节约使用物资的竞赛评比活动。同时,认真组织实施各环节各项节约物资的技术组织措施,加强物资消耗的原始记录和统计分析工作,经常考核和分析物资消耗定额执行情况,及时掌握物资消耗定额执行过程中出现的问题,以便查明原因,采取措施,改进和加强物资消耗定额管理工作。农业物资消耗定额是随着农业生产经营建设条件和科学技术的改变而变化着的。及时地修改物资消耗定额,使其经常地保持先进合理的水平,不断地考核、完善、修改物资消耗定额,是定额管理的一项重要而经常的任务。

(3)农业生产经营建设物资节约使用管理的政策措施。厉行节约,是我国农业生产经营建设的一项基本原则。在农业生产经营建设管理中,对人力、物力的节约使用,是促进农业发展的一项重要措施。合理利用农业物资,节约使用农业物资的途径很多,方法也是多种多样的。具体地说,一是要抓好降低物资储存和运输过程中的损耗;加强机械设备保管、维修和改革,保证机械设备的良好状况;二是要合理选材,充分利用农业物资,切实做到大材不小用、优材不劣用、成套材不拆用,边料、废料充分利用;三是要改进农艺、饲料和工艺项目,努力减少农业经营建设生产作业层次,节约农业物资(如节约施用化肥、农药),合理选用代用品,搞好综合利用,变一用为多用,变小用为大用,做到物尽其用;四是要做好废旧物资的回收利用工作,提高物资利用率,加强经济核算,改善农业生产经营建设管理,促进物资的节约使用,压缩不合理库存。总之,农业物资的节约使用,大有潜力可挖,只要认真抓起来,就会把这些潜力挖出来,使有限的物资发挥更大的作用。

(七)我国农业生产经营建设废旧物资回收利用的方略

我国农业生产经营建设废旧物资的回收利用,是在农业生产经营建设中合理利用和节约物资,降低成本的重要措施,同时,也是增加社会财富,广开货源的一个重要途径。为此,要搞好废旧物资回收利用工作,必须广泛地发动群众,把散放在各方面的废旧物资尽可能地收集起来,加以合理利用。要做好这项工作,就必须实行以下两项政策措施:

1. 要明确规定各种废旧物资回收的范围。国务院及农业、物资、物价等有关部门共同明确规定,凡属农业生产经营建设中的各种废旧物资,能回收的一律回收,或以旧换新。要编制废旧物资回收计划,并向各生产经营建设单位下达废旧物资回收指标。要建立回收废旧物资的奖励制度,以利于调动回收废旧物资工作的积极性。

(1)要有计划地利用和处理回收废旧物资,收而不用,就会失去回收的意义,就会白白浪费人力和资源。对于回收的废旧物资,必须经过挑选和分类,以免把各种用途不同、价格不同的废旧物资混在一起,既造成浪费,也不便处理。

(2)要对回收的包装物和容器,严禁擅自改作他用,要认真做好验收入库手续,并妥善保管,以免丢失和损坏。

2. 要明确规定修旧利废物资的范围。国务院及农业、物资、物价等有关部门共同明确规定,各地区在组织开展农业生产经营建设物资管理工作中,必须严格执行修旧利废物资管理法规制度,遵循修旧利废物资范围规定。

（1）要将大搞修旧利废物资，列入农业生产经营建设管理的议事日程，把修旧利废物资，作为解决农业生产经营建设急需、弥补物资缺口和减少库存的重要措施，减轻农业生产经营建设单位和农户的负担。

（2）要将修旧利废纳入物资计划之中，各个农业生产经营建设管理部门在组织安排农业生产经营建设物资管理工作的任务上，下达修旧利废指标，统筹安排，确定合理修旧范围，逐步成龙配套完善网点。

十三、我国农业生产经营建设资金管理体系充实健全的方略

我国农业生产经营建设资金（简称农业资金），是进行农业生产经营建设的物质基础。它包括：表现为实物形态的生产经营建设资料和产品，以及表现为货币形态的货币资金。及时地供应和合理地使用资金，是提高资金使用效果的前提条件。农业资金，按其在生产经营建设过程中的作用和周转的特点，可以分为固定资金和流动资金两大类。农业固定资金是指农机具、房屋、建筑物、管理用具等财产物资的货币表现。固定资金的实物形态就是固定资产。农业固定资产的特点是，长期参加农业生产经营建设而不改变其原来的实物形态，只是逐渐磨损，直到不能使用才报废，其价值逐步地转移到农业生产的产品中去。农业流动资金是指种子、饲料、肥料、农药、原材料、低值易耗品、农业在产品、产成品、代售产品的货币表现和货币资金。农业流动资金的特点是在参加农业生产经营建设之后，就要改变其原有实物形态，或全部被消耗掉，而将其全部价值转移到新的产品中去。

（一）我国农业生产经营建设资金来源多渠道的方略

为了保证正常进行农业生产经营建设，需要经常占用一定数量的资金，作为农业进行生产经营建设的物质基础。农业资金的来源和使用，是同一资金在两个不同方面的反应，两者之间互相依存、互为条件，是从两个不同的角度对同一事物进行观察的结果。农业生产经营建设单位所使用的各种固定资金和流动资金，都是从一定来源取得的。各种资金按照其来源的不同，又可以分为自有资金来源和借入资金来源。自有资金是属于农业生产经营建设单位所有，或是国家无偿拨给由农业生产经营建设单位支配使用的资金。它是资金的主要来源，也是进行农业生产经营建设的重要物质基础。借入资金，是农业在自有资金不足的情况下，从外部吸收的资金，它不属于农业生产经营建设单位所有，不能长期使用，一般用来解决季节性或临时性的需要，到一定时期必须归还。由于所有制性质不同，其资金来源也有差别。从不同来源取得的资金，应该分别安排，合理使用。

从1955年至2015年的六十年期间，我国农业生产经营建设资金来源渠道是逐步增多的，它主要来源五个渠道：一是农业上级主管部门拨入资金。它是为了保证农业生产经营建设的正常需要，用于构成农业各种劳动资料等固定资产和构成农业材料、在产品、产成品等流动资产的主要资金来源。二是农业生产经营建设单位内部形成资金。它是指在农业生产经营建设发展基金、福利基金和奖励基金。这是具有专门用途的基金。三是国家扶持资金。它是指国家支援农业生产经营建设资金、扶持穷困地区发展农业资金、扶持企业购置固定资产的资金。四是借入资金。它是指在农业生产经营建设中，因临时性或季节性的需要和添置经营建设生产设备等原因，临时向外面借入的资金。它包括向银行借入的生产经营费用贷款和基建设备贷款，以及向财政部门和其他有关部门借入的周转金。五是结算中的债务。它是指在农业生产经营建设过程中，所形成的各种应付账款、应付税金和应付劳动报酬等。

1. 国营农业生产经营建设资金来源渠道的政策措施。我国国营农业生产经营建设资金的来源途径，主要来自以下三个渠道：

（1）国家财政拨款。国营农业的生产经营建设主要是依靠国家资金来进行的。国营农业自有资

金的来源,主要是国家财政部门,根据国营农业生产经营建设的需要,按照计划拨给的资金。国家财政拨款由于用途不同,可以分为以下两部分:

①基本建设投资拨款。这是用于国营农业进行新建或扩建的安装工程、开荒、造林、购置固定资产、组成或扩大基本畜群等方面的资金。这部分资金是根据国家批准的基本建设投资计划,通过建设银行监督拨款。基本建设拨款,必须专款专用,不能用作流动资金和事业费开支。

②专项资金拨款。为了促进国营农业迅速发展,国家财政拨给一定数额的专项资金拨款,实行"定额补贴、结余留用、超支不补"的办法。各种专项资金拨款,应按规定的用途和标准,专款专用,节约使用,不准超支。专项资金拨款包括:小型农田水利支出、政策性社会性支出、归侨补助费、科研费、地方病防治费、防汛抢险费、边境建设费和特大自然灾害救济费等。此外,国家对国营农业合理亏损,还规定有弥补计划亏损的拨款。国家财政拨款是国营农业生产经营建设资金的组成部分,这些资金可按照国家批准的计划和规定的使用范围,自行支配,长期使用。

(2) 国营农业的专用基金。国营农业的专用基金是按国家规定由国营农业内部提存、支配使用的各种专用基金。国营农业专用基金的内容包括:企业基金、更新改造资金、职工福利基金、大修理基金。

(3) 国营农业的借入资金。国营农业的借入资金,是为了解决满足国营企业在储备、生产经营建设过程中最低限度的资金周转需要,以及在生产经营建设中的季节性和临时性周转资金的需要而筹集的。它的主要来源是银行贷款。国营农业的银行贷款,只限于以下两项:一项是计划内所需要的化肥、零件、配件、机具、燃料等物资;另一项是国营农业由于意外的自然灾害,原来准备的防灾物资不够使用,需要购买一部分种子、肥料、农药、兽药等所需要的资金。银行贷款一般都是短期贷款,到期必须如数归还,不能长期占用,更不能挪作基建及其他开支。

总之,国营农业从不同来源取得的各种资金,都是国家的财产。必须根据国家规定的使用范围,分别管理,分别使用,不能挪用。必须坚持有计划地安排资金,发挥资金效用,保证顺利地发展各项农业生产经营建设事业的需要。

2. 集体农业生产经营建设资金来源渠道的政策措施。我国农村集体农业生产经营建设资金来源途径,完全不同于全民所有制的国营农业。集体农业生产经营建设所需要的资金,主要依靠农村合作经济组织、经济联合体和农户自己筹集。

(1) 集体农业自有资金的来源途径。集体农业自有资金,主要来自集体农业的公积金、公益金、折旧基金、生产经营基金、储备粮基金和生活基金。

(2) 集体农业的借入资金来源渠道。集体农业的借入资金,是为补充自有资金的不足而筹集的。它对于农业生产经营建设和安排农业劳动者的生活,具有相当重要的作用。集体农业借入资金的来源主要有以下三个渠道:

①银行贷款。这是国家对集体农业生产经营建设所进行支援的主要形式。银行贷款一般分为长期贷款和短期贷款两种。长期贷款,是国家为了满足农业生产经营建设资金的需要,用于农业固定资产投资方面的贷款,一般期限较长(3年),分年、按年归还。短期贷款,是为了满足农业生产经营建设资金的需要,用来帮助集体农业购买种子、肥料、农药、药械、小农具的贷款,一般期限不超过1年,并且要计算利息。

②信用社贷款。这是为了解决农民发展家庭副业生产经营和生活中临时资金周转的困难,由信用社发放的短期贷款,一般分为农民生活贷款、生产经营费用贷款和设备贷款三种。由于信用社的资金来源是农民的暂时储蓄,必须准备农民随时提取,借款者取得信用社的生产经营费用贷款,不得挪用于基本建设和生活费用,只能做农业生产经营费用,期限不得超过1年,并要保证按期归还。

③结算中的资金。这是指国家按照合同支付的农业产品预购定金,商业部门赊销农业物资的贷款等。这部分资金,对于满足农业生产经营建设需要,具有一定的作用。但是,它只是一种临时性的周转资金,必须及时清理,不能长期占用。

总之，虽然集体农业生产经营建设资金，来源于集体农业自有资金是最基本的，只有依靠自有资金的不断扩大和增长，集体农业发展才有可靠的物资保证。集体农业的借入资金，是必要的补充来源，它对推进农业农村经济持续发展，起到关键作用。

（二）我国农业生产经营建设资金用途规范的方略

我国农业生产经营建设资金，按照在农业生产经营建设过程中周转的不同性质，分为固定资金和流动资金。固定资金是指占用在各种劳动资料上的资金，如房屋、机械设备等固定资产上所占用的资金。固定资产在使用过程中将逐渐发生磨损，其磨损的价值要逐渐地、部分地转移到产品成本中去，通过产品销售，从回收的货币资金中陆续取得补偿，作为重新购建固定资产之用，保证固定资产的不断更新。流动资金是指占用在材料、在产品、产成品等上面的资金。由于这类资金具有在再生产经营活动过程中不断循环运动的特点，因而称为流动资金。固定资金和流动资金都是农业生产经营建设活动所必不可少的资金，缺少任何一部分，农业生产经营建设活动，就无法连续进行。固定资金和流动资金的不同运动，构成了农业生产经营建设过程。还有一部分具有专门用途的资金，称为专用资金。主要用于固定资产更新改造、文教生活福利和奖励等方面。

1. 农业生产经营建设资金循环用途的政策措施。农业生产经营建设资金，在农业生产经营建设中进行循环周转运动，同时也不断地由一种占用形态转变为另一种占用形态。农业生产经营资金循环周转运动，经过储备供应、生产经营、产品销售这三个环节是相互依存、相互制约的，形成农业生产经营建设资金的循环用途。

（1）农业生产经营建设资金储备供应环节。在这个环节中，以货币资金购买各种材料，作为农业生产经营建设中的必要储备，农业的货币资金即转化为储备资金。

（2）农业生产经营建设资金生产经营环节。在这个环节中，农业生产经营建设单位人员借助劳动资料，对劳动对象进行生产加工，制成劳动产品，支付劳动报酬和开支其他费用。在这个环节上，可以将材料转变为在产品，储备资金则转化为生产经营资金。当产品生产完工、验收入库以后，在产品变为产成品，生产经营资金即转化为成品资金。这个环节既体现劳动产品的生产加工制成结果，又反映了物化劳动、活劳动耗费、资金耗费和价值形成的情况。

（3）农业生产经营建设资金产品销售环节。在这个环节中，将完工农业产品销售出去，并从购买者那里收回货款，成品资金又转化为货币资金。由于从购买者那里收回的价款，包括农业生产经营建设单位人员为农业所创造的积累，所以，通过销售所收回的货币，已经不是原来的数额，而是增加后的货币数额。

（4）农业生产经营建设资金，从货币资金开始，经过储备供应、生产经营建设、产品销售三个环节，又重新回复到货币资金的运动过程，称为资金的循环。资金往复循环，周而复始，叫作资金周转。加速资金周转，就可以节约使用资金，以较少的资金，取得较大的经济效果。

2. 农业生产经营建设资金规定用途的政策措施。农业生产经营建设，从不同来源取得的资金，应该根据规定的用途，分别安排、合理使用。

（1）必须在银行的监督下，严格划清各项资金的使用范围和界限，实行专款专用。特别是对于国家财政投资拨款、国家长期无息贷款、国家短期贷款，其他资金的使用范围，更应划分清楚，不得挪用。

（2）必须对农业生产经营建设资金用途，严格划清界限，不能混淆。必须分清基建资金、生产经营资金和生活资金的界限，坚持生产经营、生活资金不得用于基本建设，基建资金用于生产经营、也必须经过批准的原则。对于集体农业公积金和公益金，应该根据"先提后用、专款专用、量入为出、留有余地"的原则，合理安排使用，提高资金使用效益。

（三）我国农业生产经营建设固定资金管理体系健全的方略

我国农业生产经营建设固定资金的实物形态是固定资产。因此，农业生产经营固定资金管理的要求，就是要合理地使用和保管固定资产，提高其利用率和成效率，延长其使用年限，充分发挥固定资产的效能。要正常地组织农业生产经营建设，必须具备一定数量的机械、器具、设备、牲畜等劳动资料。能够长期连续多次地参加农业生产经营建设活动，而不改变实物形态的劳动资料，称作农业固定资产。农业固定资产是农业生产经营建设活动的物质基础，是重要劳动手段。加强对固定资产的管理与核算，对于保障固定资产的安全完整，合理使用固定资产，及时维修固定资产，不断提高固定资产的完好率和利用率，提高产品的质量，增加产品的数量，节约生产经营费用，降低产品成本，提高经济效益，具有重要作用。为此，必须加强对农业生产经营建设固定资产的管理与核算。首先，要认清固定资产的特点、划分的标准、计价的原则、固定资产折旧；其次，要加强对固定资产的日常管理与核算，特别是要加强对固定资产折旧、修理、增加、减少、清查的管理与核算。为此，必须坚持公平正确、科学合理、调整优化的以下八项方针政策、法规制度和细则规定：

1. 公平正确规定农业生产经营建设固定资产标准的政策措施。农业生产经营建设固定资产，简称农业固定资产，它的特点：一是使用时间长。固定资产在农业生产经营建设活动中，尽管长期连续多次地使用，也始终保持其原来的实物形态，处于相对固定的状态中。二是逐渐磨损变旧。固定资产由于长期连续多次地在农业生产经营建设活动中使用，而逐渐磨损变旧，它的价值也逐步地转移到产品成本中去，构成产品成本的一部分，并从销售收入中得到补偿。为了便于加强对农业固定资产的管理与核算，必须正确地规定固定资产的划分标准，在农业生产经营建设管理中，农业占有的劳动资料多种多样，同一种劳动资料的名称、规格、结构、型号、价值也差别很大。这就需要明确规定具体标准。为此，规定以下两方面标准：

（1）一般标准。它必须同时具备两个条件：一是使用期限在一年以上；二是单位价值在规定的限额 500 元以上。不同时具备以上两个条件的列为低值易耗品管理与核算。

（2）特殊标准。按特殊标准列为农业固定资产管理与核算的，主要是指以下三种情况：

①指农业经济业务活动中使用期限一年以上的主要机械、器具、设备，虽然低于规定的限额，也应当列为固定资产管理与核算。

②指农业生产经营建设的产畜、役畜（大牲畜），以及达到规定抚育年限并投产采割的经济林木（果园的果树、橡胶园的橡胶树、木本油料场的油料树等），也应列为固定资产管理与核算。

③指农业经济业务活动中使用的玻璃器皿、专用工卡具和临时性的简易仓棚，由于具有经常流动、零星分散使用、不坚固耐用、易坏损的特点，不论其单位价值大小和使用期限长短，都不应列为农业固定资产管理与核算，而应按低值易耗品处理。

2. 科学合理进行农业生产经营建设固定资产分类和计价的政策措施。为了加强对农业生产经营建设固定资产的管理与核算，真实地掌握农业固定资产增减变化和结存的情况，就必须研究分析农业各种固定资产的结构和比重，对农业各种固定资产科学地进行分类和计价。分别作如下说明：

（1）农业固定资产的分类方式。对农业固定资产的分类有两种方式：一是按期使用情况，可分为生产经营用固定资产、非生产经营用固定资产、未使用和不需用固定资产。二是按其经济用途。又可分成以下六大类：

①房屋及建筑物：指所有的房屋及建筑物。如厂房、仓库、办公室等。

②机器及动力设备：指各种机械及动力设备（动力设备、传导设备、农业用的机械及其配套农具），如各种车床、电动机、水泵、拖拉机及牵引农具等。

③运输设备：指用于载运货、客的各种运输工具，如各种汽车、拖车、船舶等。

④产畜及役畜：产畜是指繁殖、挤奶等生产作业的成龄大牲畜，如种马、奶牛等，役畜是指役用的成龄大牲畜，如耕作和运输用的马、牛、骡等。

⑤经济林木：指已到培育年限、投产采割的果、桑茶、橡胶园等经济林木。

⑥其他固定资产：指不属于上述五项的各种固定资产，如企业行政管理用的办公桌、文件柜、保险箱等。

（2）农业固定资产的计价评定方法。为了如实反映农业固定资产占用资金及其增、减变动的结存情况，正确计算农业固定资产的折旧，应按照农业固定资产形成的不同方式和规定的计价原则，对农业固定资产进行计价。其计价评定方法一般有以下三种：

①原值计价法：它又称原始价值计价法。它是指建造或购置某项农业固定资产所发生的全部支出。它包括买价（工程造价）、运杂费、安装费和试车费等。

②重置计价法：它是指在无法确定农业固定资产原值时，而采用的一种估价方法。例如，发现账外固定资产（盘盈）、接受奖赠固定资产等，应按当时情况下重置该项同样全新固定资产所需的全部支出，进行估价入账，称为重置完全价值，简称重置价。如果该项固定资产并非全新，则应同时估计其已提的折旧金额。

③净值计价法：也称折余价值计价法。它是指农业固定资产原值或重置价减去已提的累计折旧额，反映农业固定资产的现有价值。

（3）农业固定资产的计价核算方法。上述计价方法，对农业固定资产的管理与核算有着不同作用。原值可以反映农业固定资产的原始投资，以及农业生产经营建设规模和能力，并据以计算折旧；净值反映农业固定资产的实有价值。农业固定资产的原值与农业固定资产的净值对比，可以反映农业固定资产的新旧程度，便于农业生产经营建设单位和上级主管部门有计划地安排固定资产的更新和改造。在确定上述方法之下，应按六种情况分别确定计价核算方法：

①购置的农业固定资产。对于不需要安装的农业固定资产，应按购价和运杂费计价；对于需要安装的农业固定资产，应按购价、运杂费和安装费计价；对于改装后才能安装使用的农业固定资产，应按购价、运杂费、改装费和安装费计价。

②自造的农业固定资产。对于农业生产经营建设单位自己制造的农业固定资产，如不需要安装的，应按实际成本计价；如需要安装的，应按实际成本和安装费计价。

③新建、改建、扩建的农业固定资产。对于新建的农业固定资产，应按交付验收的竣工决算价值计价；对于改建、扩建的农业固定资产，应加上它的改建、扩建费用（减去在改建、扩建过程中发生的材料变价收入）计价。

④上级调拨的农业固定资产。对于新的农业固定资产，应按原值和发生的运杂费计价。如需要安装的，加上安装费计价。对于已经使用过的农业固定资产，应按原账面价格和已提折旧计价。如需要安装的，对发生的安装费用，应从专用基金中开支，不再增加农业固定资产的价值。

⑤从其他单位购入的农业固定资产。对于这类农业固定资产，应按双方协商议定的应付价款计价。如需要安装的，应再加上安装费计价。

⑥在清查财产中盘盈的农业固定资产。对于盘盈的农业固定资产，应按照重置完全价值计价。农业固定资产原值，减去累计折旧，等于农业固定资产净值。对已入账的农业固定资产的价值，不得任意变更，只有在补充设备，改良装置或部分拆除的情况下，报经上级批准，才能相应地改变农业固定资产的原值。

3. 要调整优化农业固定资产日常管理与核算法规制度。为了加强对农业固定资产日常管理与核算，必须根据实际情况，充实修正相应的方针政策，调整优化相应的法规制度。对于农业生产经营建设机械化水平较高的单位，必须坚持调整优化农业固定资产的日常管理与核算法规制度，主要有以下六项：

（1）农业固定资产保管使用责任法规制度。为了保障农业固定资产的安全和完整，提高农业固定资产的完好率和利用率，就必须明确农业固定资产保管使用责任，要把农业各职能单位和技术人员的积极性调动起来，切实把保管、使用责任落实到各阶层生产组织以及个人，以利于层层负责任，农业各种固定资产有人管，共同把农业固定资产管好用好。

（2）农业固定资产增减移动审批法规制度。为了及时正确地反映和监督农业固定资产增减变化和结存的情况，必须建立健全农业固定资产增减移动的审批制度，认真做好定期清查盘点工作。要严格维护和遵守财经纪律，任何单位和个人都不能擅自处理农业固定资产。当发生农业固定资产的报废、调拨、转让和盘盈盘亏的事项时，应由主管部门审查批准。确实不能使用而须报废的农业固定资产，要由农业主管技术单位做出技术鉴定。农业生产经营建设单位内部的固定资产调整转移，由所在单位领导自行决定。转让或调拨给其他单位的，应由双方协商议定，按质论价，并经过批准后，按有偿调拨处理。为了检查农业固定资产的保管使用情况，真正做到农业固定资产的账实相符，以保障农业固定资产的安全完整，就必须坚持在定期抽查的前提下，并在年度终了前，进行一次全面清查盘点工作，对发生多余或短缺的农业固定资产，要查清原因，严肃处理，对保管使用中的问题，提出处理意见，以便进一步管好用好农业固定资产。

（3）农业固定资产折旧正确及时计算提取法规制度。为了正确地计算产品成本分摊的折旧费用，切实保证农业固定资产的重置更新和技术改造的资金需要，应根据有关农业财务会计制度的规定，正确计算农业固定资产折旧，及时提取更新发展基金，有计划地安排使用这项基金，切实保证农业固定资产重置更新和技术改造的资金需要。

（4）农业固定资产维修保养法规制度。为了充分发挥农业固定资产的效能，保持农业固定资产的完好状态，就必须在企业维修和使用农业固定资产过程中，贯彻维修保养和计划检修并重的方针，坚持使用同维修相结合、修理同技术改造相结合、专业维修同群众维修相结合的原则。建立健全农业固定资产维修保养制度和计划检修制度，要充分依靠群众，做好农业固定资产维修工作，缩短修理时间，节约修理费用，促使农业生产经营建设顺利开展。

（5）农业固定资产需要量科学合理核定法规制度。为了节约、合理和有效地安排使用农业固定资金，必须坚持科学合理地核定农业固定资产的需要量。对农业固定资产需要量的核定，应从各地区实际情况出发，根据本地区农业生产经营建设规模的大小等情况，来核定农业固定资产的需要量，以利于合理有效地使用农业固定资产。为此，必须达到三项要求：第一要摸清农业机械设备等固定资产的增减变化和结存的情况；第二要根据农业机械设备等固定资产的生产能力，结合农业生产经营建设任务，依靠群众核定需要量；第三要在核定需要量的基础上，实事求是地作好余缺调剂工作。

（6）要建立健全农业固定资产的目录和卡片。为了加强对农业固定资产的管理与核算，必须建立健全农业固定资产的目录和卡片，对建立的目录和卡片，应统一名称，统一编号，统一规格、型号，统一单位，统一使用年限，统一折旧率，以利于严格划分农业固定资产和低值易耗品的界限，也利于对农业固定资产进行综合管理与核算。在农业生产经营建设活动中，应根据统一规定的固定资产目录，对每一项农业固定资产都应设置一式两份的卡片。一份由农业财会单位保管，作为农业固定资产的明细核算；一份由农业使用单位保管，并作为随同农业固定资产一并转移的证明。

4. 要组织实施农业固定资产折旧管理与核算细则规定。农业固定资产在使用过程中逐渐地、部分地损耗，这部分由于使用而损耗的价值，称作农业固定资产折旧，简称"折旧"。这部分由于使用损耗的价值转移到生产成本中去，构成产品成本的一部分，称为折旧费。折旧基金是在产品的销售后，从销售收入中收回的与折旧费额相等的货币资金，它是保证农业固定资产更新重建和技术改造的资金来源，所以，折旧基金形成后，就转作为更新发展基金。农业生产经营建设单位为了科学合理地补偿农业固定资产的损耗，确保农业固定资产的重置更新，以利于农业固定资产正常地参加农业生产经营建设活动，充分发挥农业固定资产的应有作用。同时，为了加强农业生产经营建设管理与经济核算，正确地核算产品成本，节约生产经营建设费用，降低产品成本，增加企业盈利，壮大农业经济，必须坚持正确及时地提取折旧，加强对农业固定资产折旧的管理与核算。

（1）农业固定资产折旧率和折旧方法细则规定。农业固定资产折旧，主要是按照确定的农业固定资产使用年限计提的。要注意防止两种偏向：一是不应少定使用年限，提高折旧率。二是不应多定使用年限，降低折旧率。要根据在农业生产经营建设活动中使用农业固定资产的具体情况，来确定使用年限，如农业固定资产的利用率高、损耗多，就应适当缩短使用年限。对所提折旧，应当保证农业固定资产重置更新的资金需要。

①农业固定资产折旧方法：一是采用年限计提法。年限计提法分为两种：一种按单项折旧率计提法；另一种按综合折旧率计提法；二是采用产量计提法。对产量计提法的应用范围：一要按规定完成标准作业量计提折旧；二要按规定完成标准产量计提技术改造资金，直接计入产品成本，所有农业固定资产，不再另提折旧。

②农业固定资产包括专业承包、服务收费的部门，要实行收取折旧费，以便保本保值，为农业固定资产的重置更新积累资金。已满使用年限的农业固定资产，如提足折旧，仍可继续使用时，可不再提取折旧；提前清理报废的农业固定资产，要补提折旧。未提足折旧，应一次补提。如果补提的数额较大，可先转入"待摊费用"账户，再分期摊入成本。对于遭受自然灾害损坏报废的农业固定资产，不再补提折旧。

（2）农业固定资产折旧基金和变价收入的处理细则规定。农业固定资产折旧基金和变价收入，应留给农业生产经营建设单位自行安排使用，以便使其有计划地用于农业固定资产的重置更新和技术改造方面的开支，以利于正常地组织进行农业生产经营建设活动。如果有些农业固定资产重置更新的资金来源，主要是主管部门提供的话，也可以根据具体情况，适当集中一部分。

（3）农业固定资产折旧的计算细则规定。农业固定资产折旧的计算方法，一般是根据农业固定资产原值和预计使用年限平均计算的。这种计算方法，通常称作"使用年限法"。同时，还需考虑农业固定资产报废时残值的收入和清理费用这两个因素。农业固定资产的残值，应从它的原值中扣除，不应计入生产经营建设成本；清理费用属于农业固定资产追加的耗费，应当同农业固定资产原值一起转移到生产经营建设成本中去。因此，农业固定资产折旧的计算公式：一是年折旧额=（原值－预计残值－预计清理费）÷预计使用年限；二是月折旧率=固定资产年折旧率÷12个月。为了表明每年或每月农业固定资产损耗的程度，还可以用农业固定资产的折旧额占农业固定资产原值的百分比，即折旧率来表示。在实际工作中，每月计提折旧时，可以根据上月的折旧总数额，结合农业固定资产的增减变化，就可求出本月的折旧总数额。其计算公式：本月计提折旧总额=上月计提折旧总额+上月增加的固定资产应计折旧数额－上月减少的固定资产计提的折旧数额。

①单项或个别折旧。按每种固定资产原值和使用年限计算的折旧，称作单项折旧，计算的折旧率称作个别折旧率。农业生产经营建设单位原则上应采用单项折旧，或个别折旧率来计算固定资产折旧。

②综合或分类折旧。有些农业固定资产较多，为了简化核算，也可采用综合折旧率或分类综合折旧率来计提农业固定资产折旧额。所谓综合折旧率或分类综合折旧率，就是农业全部固定资产的平均折旧率或农业各类固定资产的平均折旧率。它的计算公式：一是年综合折旧率=全部（或本类）固定资产年度应提折旧额之和÷全部（或本类）固定资产原值之和×100%；二是月综合折旧率=年综合折旧率÷12个月。综合折旧率或分类综合折旧率，是农业主管部门和财政部门根据农业各种固定资产使用情况和特点规定的，并不需要农业生产经营建设单位自行计算，对上级规定的综合折旧率不得任意提高或降低，如需调整，应报上级批准。采用综合折旧率计算折旧额的公式：月折旧额=月初固定资产原值之和×月综合折旧率。

有些农业生产经营建设单位根据生产经营建设规模的特点，除采用"年限计提法"外，尚可采用其他方法来计算折旧。还可根据农业生产经营建设项目的性质，按照上级规定的标准产量计算，也可分别采用按工作量或按行驶里程计算折旧。

③配套折旧。农业固定资产有许多是成龙配套、互相依存的。如拖拉机与各种拖具、机井、水泵与井房、电杆、线路、工副业设备等，而且这些财产一般都是成套包给一个专业户或一个承包组。这就可以以"套"为单位计算折旧率和计算折旧额。

④盘点折旧。它的特点是不必通过折旧率计算折旧额，只在年终结算前，将农业固定资产作一次清理盘点，根据农业各类固定资产的磨损情况重新估价，计算现有农业固定资产的总值，与上年盘点估价的总值加上本年新置农业固定资产价值，减去本年折价售出农业固定资产价值后的数额作比较，

少于此数的差额,就是年折旧额。计算公式:年折旧额 = 上年固定资产盘点总值 + 本年新置固定资产总值 – 本年折价售出固定资产价值 – 本年末固定资产盘点总值;计提折旧时,把各类固定资产年(月)折旧额相加,就为固定资产年(月)折旧总额。

(4)农业固定资产折旧核算细则规定。为了反映农业固定资产损耗价值并保持其原始价值,在会计核算上专门设置了"折旧"这个调整账户,当农业固定资产损耗价值转入产品成本时,不直接记入"固定资产"账户的减方,而是记入"折旧"账户的增方。农业固定资产的资金来源,应是农业发展基金中的固定基金。固定资产因使用而损耗。其价值不断减少。固定资产的资金来源,即农业发展基金——固定基金,也相应地减少。同时保证固定资产重新购建的更新发展基金也同时增加。

5. 要经常加强农业固定资产修理管理与核算细则规定。为了保持农业固定资产的正常运转和生产经营建设能力,充分发挥其效能,必须加强对农业固定资产的维修和保养,使农业固定资产都能经常处于良好的状态。这就要求切实做到:一是坚持以预防为主,经常维修保养,定期进行维修。二是坚持使用与维修相结合,既要搞好在修理中的技术革新改造,又要注意单项修理与综合修理相结合。三是缩短在修期间,提高修理质量,节约修理费用。发生的修理费用,应分别以下三种情况进行处理:第一种是对于发生的修理费,一般直接计入产品成本。第二种是对于发生数额较大的修理费,可以通过"待摊费用"账户,分期摊入产品成本。第三种是对于大型机械设备较多的农业生产经营建设单位,可以采用提取大修理基金的办法,在"专用基金"账户下增设一个"大修理基金"明细账户。对于大修理基金提取标准,由各地区自行规定。农业固定资产修理是农业固定资产追加耗费,应按修理的实际支出,计入产品成本。对农业固定资产的修理费,一般是一次计入产品成本,如果修理费用数额较大,一次计入成本,影响成本较大时,也可采用分期摊销的办法,但摊销期限不宜过长。种植、养殖业按年计算产品成本,因此一律计入当年产品成本,不必分期摊销。固定资产较多的农业生产经营建设单位,也可实行提取大修理基金的办法,在"专用基金"账户下,增设"大修理基金"明细账户进行核算。

6. 要切实搞好农业固定资产增加管理细则规定。增加的农业固定资产主要是指农业生产经营单位完工交付使用和由其他单位无偿调入、拨入的农业固定资产。农业生产经营建设单位在收到农业固定资产时,必须取得和填制有关原始凭证,认真办理验收交接手续,及时进行账务处理,登记明细账卡。要搞好农业固定资产增加管理与核算工作,就必须充分调动农业生产经营建设单位人员管理农业固定资产的积极性,切实把农业固定资产的管理与使用结合起来,坚持把群众管理与专业管理结合起来,建立健全农业固定资产分口、分级管理责任制。农业各生产经营建设作业单位,是管好用好固定资产的主要环节。因此,必须有专人负责,定期检查农业固定资产的性能,做好维修工作。对农业各类固定资产,应实行定人员、定设备,建立健全使用、维护、保管等岗位责任制,坚持做到:用时有人负责,用后有人保养,损坏有人修理,使设备经常保持整洁、润滑、性能良好,不断提高设备的使用效能。

7. 要从严执行农业固定资产减少管理细则规定。农业固定资产由于长期参加农业生产经营建设活动,不断磨损,以致不能继续使用,需要报废清理,有些农业固定资产由于生产经营建设项目的改变等原因,不再适用而需要转让或变卖;也有些农业固定资产由于非常事故,造成毁损而报废清理等等,都会形成农业固定资产的减少。具体地说,对农业固定资产减少管理的要求如下:

(1)农业固定资产,无论是报废清理,还是调拨与变卖,农业生产经营建设单位都无权擅自处理。必须按规定上报上级主管部门批准。要严格执行农业固定资产调拨、报废清理等审批手续。固定资产的调拨,如属于农业生产经营建设单位内部调拨,应按无偿调拨,内部转账处理;如属于调拨给其他单位,应按质论价有偿调拨处理。

(2)农业固定资产报废清理,应建立由农业生产经营建设单位领导、财会人员、技术人员三结合的共同鉴定小组,经鉴定确实无法修复使用的,则应填制"固定资产报废清理单",说明报废清理的原因,报经上级主管部门审批后,才能进行报废清理处理。

（3）不需用的农业固定资产，其单位如果需用，经上级主管部门批准，可以无偿调给。无偿调出农业固定资产，应由调出单位填制"固定资产调拨单"，经调出、调入单位和上级有关部门签章后，双方办理交接手续。

（4）不能再修复使用的农业固定资产，经批准报废清理。

（5）不适合使用的农业固定资产，经上级批准，可以按质论价调给其他单位，办理农业固定资产减少手续，这项固定资产变价收入，应按上级批示的意见办理。

8. 要坚持开展农业固定资产清查管理细则规定。农业固定资产清查，就是对农业固定资产进行清查和盘点，登记造册，查清家底，做到账物相符，切实维护农业财产的安全和完整，并对多余积压的农业固定资产，积极进行清理，以便充分发挥农业财产的作用。农业生产经营建设单位应建立固定资产定期清查制度。每年至少在年终结算前进行一次，在清查时，要建立有领导干部、财会人员、技术人员参加的三结合清查小组，对农业各类固定资产，应分别进行清理，见物登记，查明农业固定资产的实有数量和质量情况。同时，分清哪些农业固定资产是在用的、备用的，哪些农业固定资产是多余的、不需用的，如果发现农业固定资产毁损和实有数量多于或少于账面数量时，要查明原因，采取措施，改善管理，同时，要编制"固定资产盘盈盘亏报告表"，报经上级主管部门批准后，再进行账务处理。

（四）我国农业生产经营建设流动资金管理体系健全的方略

我国农业生产经营建设流动资金，是农业生产经营建设资金的重要组成部分。流动资金的性质不同于固定资金，它是以各种不同的物质形态和货币形态，经常在农业生产经营建设过程中循环周转的资金。农业生产经营建设流动资金可以划分为三种：一是储备供应过程中的资金，包括种子、饲料、肥料、燃料、修理用配件及材料、低值易耗品等。二是生产经营建设过程中的资金，包括各种在产品、幼畜及育肥畜、待摊费用等。三是销售、分配过程中的资金，包括各种产成品、货币资金、结算资金等。为了保证农业再生产经营建设过程的不断进行，要在农业的储备供应、生产经营建设、产品销售、收益分配等各个环节中，都保持一定数量的资金。但是，占用的资金数量又不能过多，否则就会造成资金的积压，影响资金的周转。所以，加强流动资金管理的主要任务是正确地核定流动资金定额，合理地组织资金供应，节约地使用流动资金，加速流动资金的周转，充分发挥流动资金的效能。

1. 国营农业流动资金管理体系健全的政策措施。国营农业的流动资金，在管理上一般分为定额流动资金和非定额流动资金两部分。定额流动资金，是为了进行正常生产经营建设，需要经常占用的最低限度的资金。这部分资金应按照国家规定，经过核定，由国家财政规定"财务包干"的补贴和上交的结余中解决，不足部分由农业银行贷款解决。非定额流动资金，主要是某些因债权债务关系所引起的结算资金，以及某些暂时可以周转使用的周转资金。

（1）国营农业定额流动资金的核定标准。国营农业主要依靠定额流动资金，从事农业生产经营建设活动，因此，正确地核定流动资金定额是十分重要的。国营农业的流动资金定额，应该根据既能保证农业生产经营建设的正常需要，又能节约使用资金的原则核定。核定流动资金定额的具体办法，应根据流动资金的性质及周转的特点而定。国家对国营农业的定额流动资金规定的核定标准如下：

①储备供应资金。种子种苗部分，按全年计划春、夏种植所需要种子、种苗，加上不超过20%的保险储备额核定；饲料等属于自产部分的，按全年耗用量的一定比例核定，属于外购的不超过全年耗用量的30%核定；肥料、农药、修理用材料和零件、燃料、润滑油及低值易耗品等工业产品部分，按先进消耗定额和合理的储备天数核定，但最多不超过全年耗用量的30%。

②在产品资金。植物在产品、畜禽在产品、附属工副业在产品、待摊费用、产畜和役畜，按年末计划余额核定。

③产成品资金。畜禽产品、附属工副业产品（不包括自产的原料、油料、饲料等加工产品），分别按不超过其全年产品成本总额的15%、20%核定。

（2）国营农业流动资金周转的核定指标。国营农业流动资金，在农业生产经营建设过程中，具有不断循环周转的特点，它从流通领域（用货币购买劳动对象），经过农业生产经营过程（用劳动对象生产农业产品），再重新回到流通领域（出售产品，取得货币），如此周而复始，循环不已。流动资金这样周转一次所需要的时间，一般就称为周转期。流动资金的周转速度越快，周转期越短，流动资金的利用率就越高，在农业生产经营建设过程中，占用的流动资金就越节省。因此，加速流动资金的周转，以较少的流动资金，生产经营建设更多的产品，是合理地、节约地使用流动资金的关键。国营农业流动资金的周转速度，一般可采用三种指标来表示：一是资金周转次数，即流动资金在一定时期内周转多少次；二是资金周转天数，即流动资金周转一次需要多少天，也就是周转期；三是资金占用系数，即每销售一元产品需要占用多少流动资金。在农业生产经营建设中，流动资金的周转速度通常是以一年为期来计算的。农业流动资金的周转速度，是受农业生产经营建设的特点、自然条件、经济条件和经营管理水平等因素制约的。

（3）国营农业流动资金加速周转的措施。加速流动资金的周转，意味着可以用更少的资金，来完成原定的农业生产经营建设任务，或是用原定的资金，来完成更多的农业生产经营建设任务。所以，它对于节省流动资金，提高经营效果具有重大作用。为此，对国营农业流动资金加速周转的措施，主要有以下七项措施：

①要充分利用自然地理资源，开展多种经营，以调节农林牧副渔各业产品生产经营建设的季节性，均衡全年的货币收入，促进资金的迅速周转。

②要不断改进农业科学技术，采用先进的技术措施和优良品种，缩短生产经营建设周期，减少在产品的滞留时间。

③要努力提高农业产品产量，增加收入，节约物资消耗和现金支出，降低产品成本，减少单位产品所占用的流动资金数量。

④要在不影响农业生产经营建设正常进行的条件下，尽量缩减各种物资多余的储备，有计划地进行采购供应工作，避免积压资金。

⑤要改善农业产品的加工、运销工作，使农业产品能及时销售出去，以缩短农业产品销售时间，及时清理债权、债务，严格遵守结算纪律，降低结算资金的占用额。

⑥要建立农业生产经营建设材料和产品的保管、领发和使用的责任制。对于材料和产品的入库、出库、购进、售出、领发、使用都应按规定手续办理。同时，还要加强货币资金的管理，加速货币资金的周转。

⑦要严格划清流动资金和基本建设资金的界限，分别管理，分别使用。流动资金是属于维护再生产经营建设的费用，只能用于生产经营建设所需资金周转，决不能用于基本建设、职工福利和行政事业开支，否则就会影响资金的周转，妨碍农业生产经营建设的持续发展。

2. 集体农业流动资金管理体系健全的政策措施。集体农业流动资金包括：自产的各种粮食、经济作物、林牧副渔各业产品，外购的种子、化肥、农药、燃料、农机具零件、备用件和不属于固定资产的低值易耗品、库存现金、银行信用社存款、应收、暂付款项等。为了加强集体农业流动资金管理，必须积极实行各项费用的定额管理制度，做到使用化肥、农药、水、电、种子、饲草和小农具购置、机电设备维修与管理费开支等都有费用定额。在一些包产到组的地方，还可以实行费用包干的办法，努力收回超支欠款，并采取适当措施减少新的超支，力争及早解决超支、分空问题。要抓紧清理农民拖欠的储备粮、清理各种欠款。收回的超支欠款，除还清分空款外，必须归还所挤占的生产经营建设基金。每年除提留公积金、公益金外，增产增收的经济组织，在增加农民收入的条件下，可以根据实际情况，适当提留一些生产经营建设基金，以补充生产经营建设流动资金。同时，应尽力偿还到期贷款。

（五）我国农业生产经营建设专用基金管理体系健全的方略

我国国营农业和集体农业，除了需要一定的固定资金和流动资金以外，还需要有一些用以满足特殊需要的资金，即专用资金。专用基金是农业按规定提存或上级拨入的具有专门用途的专项资金。

1. 国营农业专用基金管理体系健全的政策措施。按现行制度规定，专用基金包括：企业基金、更新改造基金、职工福利基金、大修理基金。

（1）企业基金。它是国营农业在全面完成国家规定的计划指标（如主要产品产量计划、工资总额计划、产品成本降低计划、流动资金的周转计划、上交利润计划等）的条件下，按照国家规定，从计划利润和超计划利润中提存的专用基金。企业基金由国营农业自行支配，主要用于发给先进农工、先进集体的奖金和劳动竞赛奖金；对农工生活困难补助，以及改善农工的各种集体福利设施。实行财务包干的国营农业，不另提取企业基金，可按照有关规定处理。

（2）更新改造基金。它是由企业固定资产折旧基金和固定资产变价收入等组成的。主要用于固定资产特别是机械设备的重置更新。

（3）职工福利基金。为了改善农工的物质文化生活条件，国家还规定按工资总额的一定比例，提取职工福利基金，用于职工必要的生活福利支出。

（4）大修理基金。它是由国营农业按固定资产大修理提成比例提取的基金，主要用于固定资产大修理。

总之，国营农业的各种专用基金，是国家规定留给农业内部支配使用的资金，也是国营农业经营建设资金的一个重要来源。由于专用基金项目较多，除了要与基本建设资金、流动资金相区别以外，还要实行分项管理。专用基金的提存，必须遵循国家规定的提存条件和提取比例，不得任意提高和压低。要遵循专款专用、先提后用、节余留用的原则。对专用基金，要按规定的开支范围，有计划地使用，要办理严格的收支手续。国营农业中还有一部分定额负债，如应付税金、应付工资、预提费用等，在未支付前，也可以用于临时性的生产经营建设周转。所以，这部分资金也可以视同自有流动资金。

2. 集体农业专用基金管理体系健全的政策措施。集体农业专用基金的内容包括：公积金、公益金、折旧基金、生产经营基金、储备粮基金、生活基金。其内容说明如下：

（1）公积金。公积金是集体农业扩大再生产经营建设的一项专用基金。它的来源是每年从可分配总收入中按规定的比例提留的。此外，国家征用土地的补偿费，固定资产出售、报废残值取得的变价收入，以及上级无偿拨给的生产建设资金，都是公积金的组成部分。公积金主要用于：基本建设投资（包括购置固定资产和农田水利建设等项目工程投资）。

（2）公益金。公益金是用于社会保险和兴办集体文教福利事业的一项专用基金。它的来源是每年从可分配总收入中按规定比例提取的。此外，上级无偿拨给的文教福利事业费，集体房租收入，集体福利事业收入等，都是公益金的主要来源。公益金支出的范围是：对生活有困难的烈士家属、军属和残废军人的补助，供给"五保户"，有条件的基本核算单位实行养老金制度的支出，给予困难户的补助，农民因工负伤或致残的医药费、补助费，支付因工死亡农民的家属抚恤金、集体福利事业开支等。

（3）折旧基金。折旧基金是根据固定资产的损耗，每年按期统一规定的折旧率，从生产经营建设费用中支出储存的一项基金。使用时要严格掌握，量入为出，合理使用。折旧基金主要用于恢复、更新固定资产和报废固定资产的清理费用。

（4）生产经营基金。生产经营基金是用于生产经营周转的一项专用基金。其来源是根据农业扩大再生产经营规模的需要，每年从可分配总收入中按规定比例提取的。生产经营基金随着扩大再生产经营规模的需要，一般只能增加，不能减少。如遇到严重自然灾害和其他特殊情况，生产经营收入大幅度下降，分配不能保证农民基本生活时，可以适当调整生产经营基金的提取比例。

（5）储备粮基金。储备粮基金是为了落实备战、备荒而建立的一项专用基金。它的来源主要是年终分配时，根据当年提留储备粮的价值，从可分配总收入中提取，储备粮基金一股应等于储备粮折价款。有的基本核算单位家底薄，农民分配水平低，留一部分储备粮交国家代储的，也可以不提储备粮基金。如遇灾荒，可以动用储备粮，或使用相应的储备粮基金。

（6）生活基金。生活基金是为了"以丰补歉"，使歉年农民分配收入不致大幅度下降而建立的一项专用基金。它的来源主要是在收入较高或经济作物区的基本核算单位，年终从可分配总收入中提取的。提取的具体数额，可根据本单位的生产经营收入情况合理确定。平时不能动用，也不允许挪作他用。如遇灾荒年景，可根据当年歉收情况，动用此项资金，参加当年收益分配，以保证农民的正常分配收入。

国家用于集体农业的投资。这是国家财政为了帮助一部分有特殊困难的集体经济组织恢复和发展农业生产经营建设，而拨出的无偿投资，要根据"自力更生为主、国家支援为辅"的原则，合理节约地使用这部分资金，把它们切实用到农业生产经营建设中去，绝不能把它用作非生产经营建设开支。集体农业当年的收入，在未进行分配以前，可以作为周转性资金使用，但不能影响年终决算。

（六）我国农业生产经营建设产品成本费用管理体系健全的方略

我国农业生产经营建设产品的过程，是物化劳动和活劳动的消耗过程。农业生产经营建设费用，是指在一定时期内的农业生产经营建设活动中所消耗的物化劳动和活劳动的货币表现。这就是说，农业生产经营建设单位在一定时期内，对农业生产经营建设活动中所消耗的各种原材料、燃料动力，支付劳动报酬，提取固定资产的折旧费，以及支付其他费用，统称为生产经营建设费用。农业产品成本，是指获得一定种类和数量的农业产品中所包含的物化劳动和活劳动的货币表现。也就是获得标准单位农业产品所耗费的料、工、费用支出。它是按照一定种类和数量的产品计算和反映的生产经营建设费用。换句话说，农业产品成本，是指一定种类和数量的农业产品所消耗的生产经营建设费用总和。

1. 农业生产经营建设费用分类的政策措施。为了反映和监督农业生产经营建设费用和产品成本计划的执行情况，正确地核算农业生产经营建设费用和产品成本，就需要对农业生产经营建设费用进行适当的分类。农业生产经营建设费用的分类政策措施，主要有以下四项：

（1）按农业经济性质分类。对农业生产经营建设费用按经济性质分类，就是把性质相同的农业生产经建设营费用归纳在一起，不考虑它的具体用途和支出地点，也不考虑进入成本的方法，在农业生产经营建设费用管理上称为"要素费用"，是用来控制单一项目费用支出的。按照经济性质，农业生产经营建设费用，可以分为种子和种苗、饲料、肥料、农药、燃料和润滑油、修理用材料和零件、工副业用原材料、其他材料、低值易耗品、固定资产折旧费、工资、福利费、其他费用十三个费用项目。农业生产经营建设费用，按照经济性质分类，可以反映农业生产经营建设活动的全部消费情况，为编制和执行农业生产经营建设财务计划提供重要的资料。同时，也便于区分物化劳动和活劳动的耗费，为计算农业净产值和国民收入提供可靠的数据。

（2）按农业经济用途分类。对农业生产经营建设费用按经济用途分类，是指用于农业内部各业产品的成本项目。为了正确说明农业生产经营建设费用开支的去向，就需要按照农业生产经营建设费用的经济用途分类。按照经济用途可分为：农业、林业、牧业、工副业、渔业生产经营费和企业管理费等费用项目。各项生产经营建设费用，还可以按照具体用途划分为若干个明细项目，即成本项目。农业生产经营建设费用按照经济用途分类，可以反映农业各项生产经营建设的耗费情况，便于分析各项生产经营建设费用开支是否妥当，查明各项产品成本的升降原因。

（3）按农业经济所有制分类。对按农业经济所有制分类，可分为国营农业、集体农业和个体农业这三方面的生产经营建设费用。为此，简要说明国营农业和集体农业的生产经营建设费用：第一，国营农业内部各项生产经营建设费用，是指国营农业内部各项产品成本。国营农业内部各项产品成本项目包括：一是种植业成本项目：种子和种苗、肥料、农药、人力作业费、机械作业费、畜力作业费、田间运输费、灌溉费、其他直接费、企业管理费。二是林业成本项目：可按种植业成本项目设置，但应增设"林木折旧费"项目。三是畜牧业成本项目：工资和福利费、饲料、燃料和动力费、畜禽医药费、产畜摊销、固定资产折旧费、固定资产修理费、低值易耗品、其他直接费、共同生产费、企业管理费。四是渔业成本项目：可参照畜牧业成本项目，根据需要进行设置。五是工副业成本项目：材料费、工资和福利费、燃料和动力费、其他直接费、车间经费、企业管理费。第二，集体农业内部各项生产经营建设费用。在集体农业中提倡核算生产经营建设费用，建立农业产品成本核算制度。国家已初步规定了基本核算单位的成本项目，以集体农业内部的种植业成本项目为例，设置了人工费、种子、肥料、农药、机械作业费、排灌作业费、畜力作业费、其他直接费、共同费、管理费和其他费用等项目。

（4）按农业技术过程的关系分类。对农业生产经营建设费用按其与农业技术过程的关系，可分为基本费用和一般费用。按其计入农业产品成本的方法，可分为直接费用和间接费用。按其与产量的关系，可分为变动费用和固定费用等。

2. 农业生产经营建设费用与农业产品成本关系的政策措施。农业生产经营建设的产品是商品，具有价值和使用价值统一的性质。在农业产品生产经营建设过程中所耗费的物化劳动和活劳动，都表现为产品的价值。农业产品的价值，是由三部分组成的：一是耗费物化劳动（劳动对象和劳动资料）转移到产品的价值；二是在耗费的劳动（劳动者）新创造的价值中分配给劳动者消耗的部分；三是消耗活劳动新创造的价值中形成盈利。农业产品价值的前两部分是农业生产经营建设费用。生产经营建设费用归宿到产品上，就是产品成本。生产经营建设费用，是以"期间"为基础归集的生产经营建设耗用的料、工、费的价值，反映农业在一定期间（年、季、月）生产经营建设产品的各项费用，是计算完工产品成本的基础。产品成本，是以产品为对象归集的生产经营建设耗用的料、工、费的价值，反映完工产品应负担的费用。

（1）农业生产经营建设费用与农业产品成本，既有区别，又有联系。农业产品，主要是根据自然地理条件，利用动植物自身生长发育的机能，通过农业劳动者进行饲养、繁殖、种植、栽培等生产经营建设劳动获得的。农、林、牧、副、渔各业产品生产经营建设周期有长有短，大量的产品，当月投产需要几个月、几年以后才能收获产品。也有的产品是当月投产，当月完工，这主要是工副业产品，如加工、编织的产品。由此可以看出，本月、本年发生的生产经营建设费用，不一定等于本月、本年的产品成本，有一部分需要转到下月、下年，成为在产品或待摊费用。而本月、本年完工收获产品负担的成本，也不可能完全是本月、本年发生的生产经营建设费用。所以，生产经营建设费用与产品成本是有区别的。但是，生产经营建设费用与产品成本的经济内容是一致的，两者反映的都是在生产经营建设过程中耗用的料、工、费的价值。产品成本，是根据发生的生产经营建设费用进行计算的，离开生产经营建设费用，产品成本就没有计算基础；离开产品成本，生产经营建设费用就没有归宿。因此，生产经营建设费用与产品成本又有内在的联系。

（2）农业生产经营建设费用和农业产品成本，都是表现为农业生产经营建设资金的消耗。农业生产经营建设费用，是按农业生产经营建设资金耗用的性质来表现的，而农业产品成本，则是按农业生产经营建设资金耗用的对象表现的。农业生产经营建设费用，最终均应计入农业产品成本。但由于农业生产经营建设费用的发生期和农业产品成本计算期不完全一致，所以，一定时期的农业生产经营费用总额，并不等于农业产品成本总额。

（3）农业产品成本是补偿生产经营建设耗费的尺度，它对于保证农业生产经营建设顺利进行，巩固经济核算制，都有着重要作用。农业产品成本是反映和监督劳动消耗的工具，搞好农业产品成本管理，有利于促进人力、物力的合理使用，从而也有利于促进农业生产经营建设耗费不断降低，为农业现代化积累资金。农业产品成本对国家制定价格、农业技术措施和农业生产经营建设合理布局，也是一项重要的参考资料。

3. 农业产品成本管理的政策措施。农业产品成本是反映农业生产经营建设活动的一项综合性的质量指标，农业产品的产量和质量计划是否完成，劳动生产率是否提高，固定资产利用是否完好，原材料消费是否合理，各项费用开支是否节约，经营管理是否完善，经济核算是否科学等，都会在农业产品成本中反映出来。农业产品成本的高低，决定于农业产品产量的高低和农业生产经营建设费用支出的大小。它反映农业增产和节约两个方面的经济效果，是一个十分重要的综合性经济指标。降低农业产品成本，意味着农业以同样的物化劳动和活劳动的消耗，获得出更多的产品。农业产品成本低，就可能增加盈利，提高积累水平，反之，就会减少盈利，甚至增加亏损，更谈不上积累了。加强农业产品成本管理，是指为了多快好省地开展农业生产经营建设活动，以尽可能少的消耗，获得出尽可能多的好的农业产品，不断地提高农业盈利和积累的水平，而对降低农业产品成本所进行的各项管理工作。加强成本管理，对于充分利用人力、物力和财力，降低农业产品成本，扭转亏损，增加盈利，扩大农业经济积累，加快实现农业现代化建设，提高农民群众的物质文化生活水平，具有重要作用。

农业产品成本管理的政策措施，就是在中央有关农业部门方针、政策指导下，依靠广大农村基层干部、农民群众，通过认真编制农业产品成本计划，严格控制农业供、产、销各环节中物化劳动和活劳动的耗费，通过对农业产品成本核算，及时准确地反映和监督农业产品成本计划执行的情况和问题；通过对农业产品成本的分析，找出成本升降的原因，相应地采取降低成本的措施；通过建立和健全农业产品成本管理制度，认真执行农业产品成本管理制度，以利于保证成本计划任务的顺利完成。对于农业产品成本管理的要求，就是要根据农业各项经济业务的特点和经营管理的规模，本着简便易行、讲求实效、逐步提高的原则，加强对农业产品成本管理的政策措施，主要有以下八项：

（1）要严格遵守成本开支范围和费用开支标准。在组织开展农业生产经营建设活动中所发生的各项费用，具有各种不同的性质和用途，在这里，有的费用属于生产经营建设成本，而有的费用属于基本建设支出或专用基金指出，还有的费用应列入营业外支出。严格遵守成本开支范围和费用开支标准，是合理核算农业产品成本的前提，是科学管理农业产品成本的准则，是必须认真遵守的财经纪律。因此，农业生产经营建设单位必须严格掌握成本开支范围和费用开支标准，首先，要划清生产经营成本与基建支出，专用基金支出、营业外支出的界限，划清本期成本与上期成本、在产品成本与产成品成本的界限。其次，要按照各种产品实际消耗的物化劳动和活劳动的费用核算，凡是不属于产品成本范围的费用开支，不准计入产品成本。凡是属于分期分摊成本费用，应按规定通过待摊费用的方式，摊入产品成本。第三，要严格掌握和控制成本费用开支标准，各企业对国家和上级规定的标准，必须结合实际情况认真落实，不准擅自提高成本费用开支标准和乱计滥摊成本。对于严重违犯上述财经纪律的行为，必须及时制止，对于严重违犯者，应分别情节轻重，给予必要的处罚。

（2）要坚持主次、粗细有别地确定成本核算对象和成本项目。由于全国各地区农业生产经营建设的项目繁多复杂，生产经营建设的范围、规模大小不同，农业各种生产经营建设项目的多少不均，经营管理和经济核算的水平也差别很大。因此，必须从各地区实际情况出发，区别对待，既要建立健全简便易行的农业产品成本管理与核算方法，又要坚持主次、粗细有别地确定农业产品成本对象，进行核算，对于产品品种较少的农业生产经营建设单位，可按几种主要产品分别核算成本，其他次要产品，可以合并核算成本；对于目前按产品或主要产品核算成本有困难的农业生产经营建设单位，可实行综合核算；对于种植养殖业，可按年或按生产经营建设季节核算；对于工业、其他行业，可按月或按季核算。同时，要根据上述企业的不同情况，确定成本项目。对于一般农业生产经营建设单位来说，要按材料、劳动报酬（包括福利费）和其他费用三个成本项目进行核算。对于生产经营建设项目多、生产经营建设规模大、管理核算水平高的企业，可按实际需要，变更和增加成本项目进行核算。

（3）要建立健全成本管理的原始记录。农业成本管理的原始记录是直接反映农业生产经营建设活动的资料，是农业产品成本核算与管理的依据。必须建立健全原始记录，它包括：原材料、辅助材料、燃料、工具用具的收发和领用，工时的消耗，费用的开支，废品的发生，在产品、零部件和半成品的内部转移，农业产成品的出库入库等，都要有原始记录。原始记录要简明易行，便于群众掌握使用。

（4）要合理制定农业产品成本管理的定额。农业产品成本管理的定额是指在一定的生产经营建设管理水平和技术设备的条件下，对产量、质量、原材料、燃料、种子、饲料、设备利用、劳动时间等各方面所规定的标准。农业产品管理的定额，是降低原材料、提高农业劳动生产经营建设效率和节约费用开支的有效方法，是农业产品成本管理的基础，有了科学合理的农业产品管理的定额，就能切合实际地编制各项计划，就能为农业产品成本核算提供可靠的依据。农业产品管理的定额内容包括：材料消耗定额、劳动定额、其他费用开支定额等。在制定定额的时候，要充分发动群众讨论研究，要使制定的定额，既能保持先进合理的水平，又能成为大多数人经过努力所达到的目标。在执行农业产品管理的定额的过程中，不断加以完善、补充和修订。只有这样，才能为编制和执行农业产品成本计划，进行农业产品成本的核算和分析创造有利条件。

（5）要建立健全计量验收、收发领退和定期盘点制度。农业的各种材料的收发领退，都要经过计量核实验收，办理一定的手续。仓库、车间都要配制必要的计量设备。基层农业生产经营建设单位对月底已领未用的材料，要进行清查盘点。不需要的，要及时退库，需要继续使用的，应办理转账手续。对库存材料物资和车间的在产品，也要定期盘点，保证账实相符。只有这样，才能为加强农业产品成本管理与核算奠定可靠的基础。

（6）要坚持开展群众性的班组核算。农业生产经营建设单位开展群众性的班组核算，是加强对农业产品成本管理与核算的重要环节，有利于调动群众当家理财、降低成本费用，促进增产节约，壮大农业经济力量。要坚持搞好群众性的班组核算，必须根据农业不同生产经营建设情况，采取多种形式，如分班核算、机组核算、单机核算等等。核算具体指标，要从实际出发，做到干什么，管什么，算什么，重点细算，一般粗算，因地制宜，讲求实效。要求核算产品产量、产品质量、原材料消耗、劳动出勤、费用开支等指标。企业财会人员要深入实际，帮助基层农业生产经营建设单位搞好班组核算。

（7）要定期组织开展农业产品成本对比分析。农业生产经营建设单位要把专业成本核算与群众成本核算紧密结合起来，定期组织开展农业产品成本对比分析活动，以便监督检查农业产品成本计划和各项定额的执行情况，将农业产品的实际成本和实际消耗，同农业产品的计划成本比，同上期实际成本比，同历史成本最好水平比，同先进单位比。通过对比分析，才能看出先进和落后、成绩和缺点，找出成本高低的原因，提出降低成本的措施，不断提高农业产品成本管理与核算的水平。

（8）要正确处理高产、优质、低耗的关系。在组织开展农业生产经建设营活动过程中，要加强对农业产品成本管理，节约农业生产经营建设费用，降低农业产品成本，必须正确处理高产、优质、低消耗的辩证关系。一般说来，这三者是统一的，但又是矛盾的。乡村企业不能只抓产量，不问质量和消耗，或者只片面追求减少消耗，而忽视质量。应当是在完成产量和提高质量的基础上，尽可能地降低一切消耗，从而体现全面的经济效果，达到多快好省地发展农业和农村经济的要求。

4. 农业产品成本降低途径的政策措施。农业产品成本是反映农业生产经营建设活动好坏的重要的一项指标，它是受农业生产经营建设管理多方面因素影响的综合性指标，不断降低农业产品成本，为促进企业加强经济核算，改善经营管理，降低工农业产品的价格，壮大农业和农村经济的力量，提供了有利条件。因此，农业生产经营建设单位必须在组织开展生产经营建设活动过程中，不断挖掘增收节支的潜力，开辟降低农业产品成本的途径。具体地说，降低农业产品成本途径的政策措施，主要有以下四项：

（1）坚持不断地提高农业劳动生产经营建设效率。农业生产经营建设单位，只有坚持不断地提高劳动生产经营建设效率，才能降低单位农业产品的物化劳动和活劳动的消耗，节约农业生产经营建设费用，发挥更大的经济效益。为此，必须提高农业劳动生产经营建设效率，一是要不断提高农业人员的科学技术水平和生产经营建设操作熟练程度，开展传、帮、带，学好技术；二是要建立健全农业劳动组织，合理调配和科学使用农业劳动力，具体落实多种形式的联产承包责任制，深入开展考核评比劳动成果竞赛，充分调动农业人员的积极性和创造性；三是要开展农业科学技术革新和技术革命，改进农业机械设备和工具，提高农业生产经营建设过程中的机械化和自动化程度，采用先进工艺和操作方法。

(2) 坚持不断地降低农业原材料的消耗。农业原材料的消耗占农业产品成本的比重很大。降低农业原材料的消耗，对降低农业产品成本起重要作用。为此，必须降低农业产品成本，一是要制定和执行先进、合理的消耗定额，控制原材料的耗用量；二是要改进农业产品结构，节约农业原材料，提高农业原材料的利用率；三是要坚持综合利用，小材大用，一材多用，修旧利废；四是要加强农业原材料的运输、保管工作，防止浪费损失；五是要实行节约有奖、浪费有罚的制度。

(3) 坚持不断地提高农业机械设备利用率。农业只有坚持不断地提高农业机械设备的利用率，充分发挥农业机械设备的使用效能，才会获得出更多更好的农业产品，降低单位农业产品中的折旧费用。为此，必须提高农业机械设备利用率，一是要加强对农业原材料供应和农业产品生产、销售的计划性、注意防止由于供、产、销各环节而造成机械设备停产；二是要经常检查监督农业机械设备的保管使用情况，坚持定期维修保养农业机械设备，保证在用农业机械设备的安全完好；三是要严格执行操作规程，避免发生损坏和事故，根据农业生产经营建设活动的实际需要和农业机械设备的利用情况，适当增加农业机械设备使用班次等；四是要坚持从实际出发，因地制宜选择使用播种、灌排、植保、收获、脱粒、加工、运输等机械设备，切实提高这些机械设备利用率；五是要坚持农业机械设备与农业技术相结合，促进相互配合适应，在农作物品种、耕种植保、养殖防疫、收获运输方面，提高农业机械设备作业效率；六是要坚持对农业机械设备维修保养，保持良好操作技术状态，保证出勤作业达到高效、优质、低耗、安全的目标。

(4) 坚持不断地节约农业生产经营建设费用开支。农业生产经营建设单位要严格掌握各项费用开支标准，坚持不断地节约农业生产经营建设费用开支，是合理组织农业生产经营建设活动，降低农业产品成本的一个重要途径。因此，必须认真贯彻执行勤俭办企业的方针，发扬艰苦奋斗的精神，在安排使用各项费用时，厉行节约，精打细算，严格控制非生产经营建设费用，不准用公款请客送礼，反对铺张浪费。

(七) 我国农业生产经营建设产品成本费用核算的方略

我国农业生产经营建设产品成本核算，是指农业生产经营建设单位在一定时期内对农业产品所发生的各项费用，进行归类、汇总、分配，并采取相应的计算方法，计算出完工产品（包括加工、修理、劳务等项经济业务）的实际总成本和单位成本。农业生产经营建设费用和农业产品成本计划，是对农业生产经营建设耗费的预先指导和控制；而农业产品成本核算，是对农业生产经营建设耗费的实际监督和反映。没有农业产品成本计划，就等于没有标准和依据，对农业生产经营建设耗费，就不能进行指导和控制；没有农业产品成本核算，就不能检验农业产品计划的执行情况，就不能监督和反映农业生产经营建设耗费的多少。只有加强对农业产品生产经营建设成本的核算，才能有利于不断降低农业产品成本，节约各项费用开支，改善农业生产经营建设管理，加快实现农业现代化生产经营建设的步伐。要加强对农业生产经营建设产品成本费用核算，必须做到：一是要严格划分农业产品成本界限；二是要正确确定农业产品成本核算对象；三是要合理确定农业产品成本项目；四是要科学确定农业生产经营建设费用汇集程序和分配方法。农业产品成本核算的要求，就要做好农业生产经营建设费用的分类、汇集和分配，以及在产品的核算工作。为此，必须落实以下五项政策措施：

1. 农业生产经营建设费用分类核算的政策措施。农业生产经营建设单位要搞好农业产品成本的核算，首先必须正确核算农业生产经营建设费用。农业生产经营建设费用核算，分为农业生产经营建设费用的总分类核算和农业生产经营建设费用的明细分类核算，分别说明如下：

(1) 农业生产经营建设费用的总分类核算。为了总括地反映农业生产经营建设单位在一定时间内，农业生产经营建设费用的发生情况，就需要对农业生产经营建设费用进行分类核算。农业生产经营建设费用总分类核算，是通过设置"农业生产经营建设费用"账户进行的。农业生产经营建设单位在农业生产经营建设活动过程中所发生的各项费用，包括耗用的各种原材料、燃料和动力，支付给农业人员的劳动报酬和按劳动报酬总额提取的福利费、固定资产折旧费，其他各项费用等，都应进入这个账户的增方；完工的产品、自制材料等的实际成本，都应进入这个账户的减方。按照规定程序报经批准的材料、产品的盘盈盘亏，也在"农业生产经营建设费用"账户核算，盘亏数记入这个账户的增方，盘盈数计入这个账户的减方。本账户的月末（或年末）余额，反映月末（年末）在产品的实际成本。

（2）农业生产经营建设费用的明细分类核算。农业生产经营建设单位在对农业生产经营建设费用进行总分类核算的基础上，还要进一步组织农业生产经营建设费用明细分类核算，这是因为农业生产经营建设费用总分类核算，只能反映和核算在一定时期内发生的农业生产经营建设费用总括指标，而要具体反映和核算农业生产经营建设费用的详细内容和农业各项产品的实际成本，必须对农业生产经营建设费用组织进行明细分类核算。农业生产经营建设费用明细分类核算，是通过设置农业生产经营建设费用明细账进行的。农业生产经营建设费用明细账，一般有农业产品成本明细账和综合费用明细账：一是农业产品成本明细账是核算农业产品成本的主要账簿，也称农业产品成本计算单，它是进行农业产品成本核算的主要账簿，用于反映和计算农业各种产品的实际成本，农业产品成本明细账是按农业产品成本核算对象设置的，一般采用多栏式账页，并按农业产品成本项目设专栏进行登记；二是农业产品综合费用明细账是用于归集农业生产经营建设单位在组织开展生产经营建设活动过程中发生的各项费用，以及共同生产经营建设费用的账簿，期终将本期发生的全部综合费，按一定分配标准转入农业各种产品成本明细账的有关费用专栏后，应无余额。综合费用明细账一般采用多栏式的账页，按费用项目设专栏进行登记。

2. 农业产品成本的核算对象和项目的政策措施。为了对农业生产经营建设费用科学正确地进行明细分类核算，必须明确什么是农业产品的成本核算对象和成本项目。

（1）农业产品成本的核算对象。农业产品成本核算对象，就是指为核算农业产品成本，而确定汇集农业生产经营建设费用的各个对象。它是设置农业生产经营建设费用明细账，汇集和分配农业生产经营建设费用，以及核算农业产品成本的前提。农业生产经营建设单位应根据自己生产经营建设活动的情况和农业产品成本管理的要求，本着"分别主次、区别对待、主要从细、一般从简"的原则，确定其成本核算的对象。主要有四种情况：一是对种植业单位，一般应按每一种农作物或每类农作物作为成本核算对象；二是对养殖业单位，一般应按每一畜群或每一类牲畜作为成本核算；三是对工副业单位，由于组织开展生产经营业务类型和成本管理的要求不同，其成本核算对象也有所不同。例如，对于生产一种产品的工副业单位，即以该种产品作为成本核算对象，汇集费用，计算总成本和单位成本；四是对其他单位，应根据其业务的特点，确定其成本核算对象，如建筑安装的成本核算对象是代建、代装工程项目。运输业的成本核算对象是运输、装卸作业等项目。

（2）农业产品成本的项目。农业生产经营建设费用，按照经济用途进行分类，称为农业产品成本项目。农业产品成本明细账，按农业产品成本项目设专记，可以清楚地反映农业产品成本的结构情况，便于分析农业产品成本升降原因，挖掘降低农业产品成本的潜力，加强农业产品成本管理。农业产品成本项目，一般可设置三项：一是材料，指构成农业产品实体的原料和主要原料，有利于农业产品形成的辅助材料和加工、修理劳务中耗用的修理用备件；二是劳动报酬，指直接参加生产经营建设和从事加工、修理劳务人员的劳动报酬，以及按劳动报酬总额提取的福利；三是费用，指不属于以上两项的农业技术和管理人员的劳动报酬和福利费、消耗性材料、动力照明费、办公费、差旅费、固定资产折旧费、低值易耗品、摊销、劳动保护用品、运输费、利息支出以及材料、产品的盘盈盘亏等。

3. 农业生产经营建设费用汇集与分配核算的政策措施。为了核算农业产品成本，就需要将农业生产经营建设活动过程中所发生的各项生产经营建设费用，按照农业产品成本核算对象，进行分类和汇集。农业生产经营建设费用，按其计入农业产品成本的方式，可分为直接费用和间接费用。属于生产经营建设某种、某类和某批的农业产品而直接发生的费用，称为直接费用。直接费用应根据原始凭证，直接计入有关农业产品成本核算对象的明细账。凡为生产经营建设几种、几类和几批的农业产品而发生的费用，称为间接费用。间接费用应按照一定标准，通过分类和编制分配表，才能计入有关农业产品成本明细账。

（1）农业材料费用汇集与分配的核算。材料费用在农业产品成本中占有很大的比重，因此，耗用材料能否正确进入农业产品成本，对农业产品成本核算的正确性影响很大。为了正确地汇集和分配材料费用，在领料单上必须注明材料的用途，根据领料单所注明的用途分类汇总，对于基建、福利事业和让售等方面发出的材料，应单独汇集，转入有关账户，不能进入农业产品成本。期末已领未用材料，要办理退料手续，在材料费用中扣除。农业生产经营建设上耗用的材料，凡是按照各种产品分别领用的，一般属于直接费用，月终可根据"材料发出（或耗用）汇总表"，直接记入农业各种产品成本明细账，如果属于农业几种产品所共同耗用，在领用时不能按产品分开的费用，就需要选择一定的标准，在各种产品成本核算对象之间进行分配。对材料费用的分配，可采用产品重量法、定额比例法和标准产量法：一是产品重量法。这种方法，适用于农业几种产品耗用同种材料、耗用材料的多少，又与农业几种产品的重量成正比例的农业生产经营建设单位。就是用耗用材料总量，除以各种产品重量之和，求得分配率，与农业各种产品重量和材料单价相乘，计算出农业各种产品应分配材料费用；二是定额比例法。这种方法，适用于有材料消耗定额的农业生产经营建设单位。就是用材料实际耗用量对材料定额耗用量的比例，求得农业各种产品实际的材料耗用量，再用材料的实际单价，计算出农业各种产品耗用材料的实际成本；三是标准产量法。也称为系数法。这种方法，适用于正常生产经营农业几种大量产品的农业生产经营单位。就是在农业各种大量产品中确定一种产品为标准产品，其他产品都按消耗定额、实际重量、面积、体积等比例，折合成标准产品的标准产量，通过标准产量，进行计算农业各种产品的应分配实际材料费用。

（2）农业劳动报酬汇集与分配的核算。农业的劳动报酬，可根据工资制、合同制、生产经营建设责任制等不同形式，在期终进行汇集分配。属于基建等工资可转基建等有关账户，属于生产经营建设工资可转生产经营建设费用账户，并按农业各种产品的实际工时或定额工时进行汇集和分配。农业生产经营建设人员的劳动报酬，除只生产经营一种产品的情况下，可直接记入产品成本明细账外，在生产经营建设多种产品的情况下，劳动报酬就需要采用一定的分配方法在农业各种产品成本核算对象之间进行汇集和分配，一般应按实用工时（或工日）的比例进行汇集和分配。也可按定额工时（或工日）比例进行汇集和分配。

（3）农业综合费用汇集与分配的核算。农业综合费用（也称为其他费用），应根据费用的用途来进行汇集和分配。生产经营建设多种产品的企业，对综合费用平时都应登记在"综合费用明细账"中，月终时再按一定标准进行分配，核算农业各种产品成本对象应负担的综合费用，分别记入农业各种产品成本明细账的"费用"栏内，本账户应无余额。对于种植、养殖业，由于按年核算农业产品成本，因此，综合费用一般可在年终进行分配。对综合费用的分配，可采用工时法、劳动报酬比例法和产值比例法。

4. 农业在产品成本核算的政策措施。通过对农业各种生产经营建设费用分配于农业各种产品之后，为了核算农业各种产品的成本，还必须将归属同一种产品的生产经营建设费用，进一步在完工产品和在产品之间进行分配。在没有在产品和不核算在产品的农业生产经营建设单位，本期所发生的农业生产经营建设费用，就是本期完工农业产品成本。如有期末在产品，需要核算成本的，就应将本期发生的生产经营建设费用和期初在产品成本，在本期完工产品和在产品之间进行分配，以确定完工产品和在产品的成本。所谓"在产品"是指在农业生产经营建设过程中，没有最后完工的产品。包括正在加工的在产品和加工已经告一段落的半成品。本期完工产品总成本的计算公式：本级完工产品总成本等于期初在产品成本，加上本期投入生产经营建设费用，减去期末在产品成本。要正确核算完工产品的实际成本，必须要正确核算在产品成本。为了正确核算在产品成本，首先要确定在产品的数量。确定在产品数量的依据，主要是来源于农业在产品动态记录的数量，没有设置在产品动态记录的，一般要通过实际盘点，才能确定其数量。总之，必须在正确的在产品数量基础上，来核算期末在产品成本。对于农业在产品成本的核算，一般来说，凡是期末有在产品的，都应正确核算在产品成本。为此，必须遵循四项核算原则：一是在产品数量很少的，可以不核算在产品成本，即本期生产经营费用总额，就是本期完工产品成本。二是各期的在产品数量变动不大的，可以用年初在产品成本作为各月的在产品成本。但年终时，应根据实际盘点的在产品数量核算调整。三是在产品成本中，如果材料费用所占比重大的，只按材料费用核算，而不分摊劳动报酬和其他费用。四是在产品数量比较多，而且各期的数量又不很稳定的，期终时，应根据实际结存的数量，核算在产品成本。核算在产品成本的方法，应根据其具体情况，可采用定额成本法、材料成本法和约当产量法，具体说明如下：

（1）定额成本法。定额成本法，就是对期末农业在产品按材料消耗定额、劳动报酬定额和费用定额乘以在产品结存数量计算求得的方法。本期农业生产经营建设费用总额（包括期初在产品成本），减去按定额成本核算的期末在产品成本以后，就是本期完工产品的实际总成本。本期实际消耗数与定额数之间的差额，全部由本期完工产品负担。这种方法，只有对农业生产经营建设活动过程比较简单、定额管理比较健全、定额成本比较正确的农业生产经营建设单位，才宜适当采用。

（2）约当产量法。约当产量是指期末农业在产品数量，按它的完工程度，折算为相当于完工农业产成品的产量。约当产量法，就是根据在产品的投料和完工程度，确定在产品折合成完工产品的比例，再算出全部在产品的约当产量，然后将该种产品应负担的生产经营费用，按完工产品产量和在产品约当产量进行分摊的方法。由于在产品耗用的程度不同，所以分别要按成本项目核算在产品的约当产量、原材料，要按其投料程度计算约当产量、劳动报酬和其他费用，要按在产品的完工程度计算约当产量，如果原材料是在生产经营开始时一次投入的，则在产品的原材料成本与完工产品一样，不需要再计算在产品中材料项目的约当产量。

（3）材料成本法。材料成本在全部成本中所占比重很大，为了简化核算，对期末在产品成本，只核算材料成本部分，劳动报酬和其他费用，均由本期完工产品负担。

5. 农业产品成本核算的政策措施。农业产品成本核算方法，应根据农业生产经营建设活动的特点和农业产品成本管理的要求来确定，适用于农业产品的成本核算方法，一般有品种法、分批法和分类法。如果一个农业生产经营建设单位生产经营建设多种产品，而各种产品的特点又不相同，这就应根据其具体情况，结合运用几种成本核算方法，这是指以下五种成本核算方法：

（1）分类法。农业产品成本核算的分类法，是指将农业产品按照其性质、结构、所用的原材料和工艺过程等划分为若干类，先核算农业各类产品的综合总成本，然后按照一定的比例，在各种产品间进行核算分配出每种产品成本的方法。由于分类法在核算各类产品成本时，通常将分配比例折合为系数，所以也称为系数法。这种方法，适用于产品的种类和规格繁多、成本管理与核算的要求细致的农业生产经营建设单位。农业产品成本核算的分类法的核算步骤：一是按照农业产品的性质、结构和所用的原材料和工艺过程，将农业产品划分为若干类别，以各类产品作为成本核算对象，设置农业产品成本明细账；二是按照各类产品和规定的成本项目汇集生产经营费用；三是根据各类产品生产经营建设过程的特点和管理的要求，分别核算各类产品的总成本；四是根据各类产品的总成本，按照一定的比例（如定额成本、消耗定额、产品产值和售价总额等）核算某类内各种产品的总成本和单位成本。

（2）分批法。农业产品成本核算的分批法，也称订单法，是按农业产品的批别和订单作为成本核算对象，汇集生产经营建设费用，核算产品成本的一种方法，主要适用于单件、小批生产经营建设的农业生产经营建设单位。农业产品成本核算的分批法，与农业产品生产经营建设周期是一致的，其核算的步骤：一是以每批农业品或订单为成本核算对象，开设农业产品成本明细账；二是按照农业产品的批别或订单和成本项目，汇集各项生产经营建设费用，能直接记入农业各种产品的生产经营建设费用，必须划分清楚，直接记入；不能直接记入农业各种产品的间接费用，应采用适当的方法进行分配；三是每批（或订单）农业产品完工时，其成本应在农业产品完工的期末进行核算，所汇集的生产经营费用总额，即为完工农业产品总成本，完工农业产品总成本除以实际产量，即为农业产品的单位成本;四是在某批农业产品跨期陆续完工,部分农业产品又先行入库,完工农业产品的成本,可以暂按计划(或定额)成本核算,待全部农业产品完工后,合并核算其实际总成本和单位成本;也可以采用适当的其他核算方法。如约当产量法、定额成本法,计算完工产品成本和在产品成本。

(3)分步法。农业产品成本核算的分步法,是以加工步骤和农业产品品种作为成本核算对象的方法。这种方法适用于多阶段生产经营建设的农业生产经营建设单位。在农业生产经营建设过程中,可以划分为若干相对独立的步骤或阶段,每一步骤或阶段的完工产品,除最终一个步骤或阶段外,都是半成品。这些半成品,一般都有对外销售的价值,因而需要单独核算其成本。分步法,分为逐步结转分步法和平行结转分步法:一是逐步结转分步法,是按照农业产品加工的顺序逐步计算的;二是平行结转分步法,是按照农业各种产品的各个生产经营建设步骤,分别汇集各步骤所发生的生产经营建设费用。农业产品成本核算分步法的核算步骤为三步:第一步,以农业产品的品种和每种产品所经过的生产经营建设步骤为成本核算对象,开设产品成本明细账。第二步,按照农业产品的品种和每种产品所经过的生产经营建设步骤和成本项目,分别汇集各步骤的生产经营建设费用。第三步,将农业各种产品在各个生产经营建设步骤上,当月所发生的全部生产经营建设费用,加各个生产经营步骤的月初在产品成本,根据各步骤在产品数量和半成品数量、完工产品数量,采用适当的计算方法,核算各步骤的在产品成本、半成品成本、完工产品成本和单位成本。

(4)品种法。农业产品成本核算的品种法,又称为单一法或简单法,是按照农业产品品种和成本项目汇集生产经营建设费用,核算农业产品成本的一种方法。这种方法适用于生产经营建设过程不间断、周期短、工艺简单、连续大量产品的农业生产经营建设单位。这类单位一般没有期末在产品或只有少量在产品,或期初期末在产品比较均衡,因而不需要核算在产品成本。由于这类单位不断地重复地大量生产建设某种产品,因而成本核算是定期进行的,这类单位生产经营建设农业产品品种,成本核算对象就是该种产品。因此,可以只设置一个产品成本明细账,生产经营建设过程中所发生的一切费用,都可以直接记入该账户内。其核算程序:一是以生产经营建设农业产品为成本核算对象,设置产品成本明细账;二是按照农业产品品种和成本项目,汇集和分配产品的费用,核算各种产品的总成本;三是将农业各种产品的总成本,分别除以各种产品的实际产量,求得各种产品的单位成本。

(5)综合法。农业产品成本核算的综合法,是按农业产品成本项目综合核算农业各种产品的费用,以农业产品售价的比例作为产品间分配成本标准的方法。用这种方法核算比较简单,适用于同类产品多规格的生产经营单位。有些农业生产经营单位的生产规模较小,但农业产品的品种、规格复杂,期初、期末都有在产品,如果要求分别农业产品或农作物核算成本,目前尚有一定困难。为了适应这类单位具体情况,可以采用综合法核算成本。其核算步骤:一是不分农业产品品种和类别,按成本项目设置生产经营建设费用明细账,汇集全部发生的费用;二是期末通过盘点,并按照一定的方法核算出期末在产品成本和确定全部完工产品的综合总成本;三是按照一定的比例(如产品的售价、计划成本)分摊核算农业各种产品的总成本和单位成本。

总之,对以上农业产品成本核算的五种方法,必须正确认识和科学掌握运用。为此,一要认清农业产品成本的五种核算方法的内在联系。这五种方法都密切依存于农业生产经营建设活动过程中,它们互相之间不是孤立的,而是既有内在联系,又有各自的适用性。就农业产品成本核算的分类法来说,有分批分类法、分步分类法、品种分类法和综合分类法四种情况。就农业产品成本核算的分批法和分步法来说,是属于建立在农业产品品种法基础上的方法。分批法是品种法对各个批次产品成本的分别核算,分步法是对若干次品种法连续运用的方法。因此,必须认清这五种方法的内在联系,认真掌握这五种方法的基本原理和计算公式;二要认清农业产品成本核算中的共性与个性的关系。农业生产经营建设费用的汇集和分配的交替进行,通过单阶段生产经营建设过程的一个基本核算环节分配费用,就能确定产品成本,是属于产品成本核算的共性。通过多阶段生产经营建设过程的几个基本核算环节分配费用,才能确定产品成本,是属于产品成本核算的特性。只有认清农业产品成本核算中的共性和特性,才有利于从五种成本核算方法中,找出它们的普遍规律和特殊规律,以便更好地加强对农业产品成本的管理与核算；三要灵活运用农业产品成本的五种核算方法。由于各地区农业生产经营建设活动的特点和类型不同，因而必须从农业生产经营建设实际情况出发，灵活掌握运用五种成本核算方法；四要综合运用农业产品成本的五种核算方法。五种成本核算方法，虽然都有各自适用性和特性，但并不是每一种方法都能满足农业产品成本核算的需要，在同一农业生产经营建设单位里，由于有多种类型的生产经营建设情况，所以，不能只采用一种方法，而要综合运用五种成本核算方法；五要适当采用农业产品成本核算的综合法。这种方法核算简单，适用于同类产品多规格的农业生产经营建设单位。但不能不顾农业各种产品生产经营建设的具体情况，影响对农业产品成本管理与核算，而只求核算方法的简单。如果有些农业生产经营建设单位，目前按产品核算确有困难，可适当采用这种方法。同时，要抓紧学习和掌握其他核算方法，以利于提高农业产品成本核算水平。

十四、我国农业生产经营建设收益分配管理体系变革健全的方略

我国农业总产品，是指全国各个农业生产经营建设单位在一年内所生产经营建设出物质资料的总和。它的实物形态是指总产量，它的价值形态就是总产值。农业总产值由三部分价值组成：一是农业生产经营建设中已消耗的各种物质资料的价值；二是农业生产经营建设中劳动者的活劳动为自己的消费所新创造的价值，亦即劳动报酬的价值；三是农业生产经营建设中劳动者的活劳动为社会的需要所新创造的价值。在这三部分中，后两部分合在一起称为净收入或净产值，最后一部分称为纯收入。农业产品的价值形态的分配，是通过"可分配总收入"的分配来实现的。

（一）我国农业生产经营建设总产值和总收入的概念和内容

我国农业总产值和总收入的概念和所包含的内容是不同的。

1. 农业生产经营建设总产值，是指一年内消耗的农业物化劳动的价值和农业劳动者新创造的价值的总和。其中包括各种在产品、各种自行建设的固定资产以及各种固定资产的自然增值等。这些实际上当年未能实现，因而是不能分配的价值。因此，不能对其全部总产值进行分配，只能对其中可分配的那部分总产值进行分配。

2. 农业生产经营建设总收入，是指在当年完成的农业生产经营建设产品收入和其他货币收入。可分配的这部分总产值，通常称为农业分配总收入。农业总产品价值形态的分配，实际上就是农业总收入的分配。农业生产经营建设单位的分配，不是从农业总产值开始，而是从农业总收入开始的。只有这样，才能使分配建立在可靠的基础上，使参加分配的是真正可分配的收入。

（二）我国农业生产经营建设总收入分配管理体系健全的方略

我国农业生产经营建设单位的总收入分配，一是坚持推行自力更生、艰苦奋斗、统一经营、统一分配的方针。为此，必须依靠自有资金发展农业，要从内部挖掘资金潜力，合理安排使用资金，广开财源。既要从发展农业着手，大抓收入，扩大积累，又要勤俭节约，精打细算，反对浪费，以便动员各方面的资金，用于农业生产经营建设；二是坚持执行统筹兼顾、全面安排、保证重点、照顾一般的政策，正确确定农业各项投资的比例，合理安排农业生产经营资金、基本建设资金、生活福利基金。因此，首先应该保证把资金重点投放在满足农业生产经营建设的需要上，在安排农业基本建设资金时，必须在有可靠的资金来源条件下，分别轻重缓急，有计划、有步骤、有重点地进行。对生活福利基金，必须在增加农业生产经营建设资金投入积累的基础上加以安排。严格控制和压缩行政管理费等非生产经营建设开支。对收入一定要打实打足，对每项支出都应该有可靠的资金来源，做到量入为出，留有余地。

1. 农业生产经营建设总收入具体分配项目：扣留生产费、扣留折旧费、扣留管理费、缴纳税金、

提留公积金、提留公益金、提留储备基金、生活福利基金分配政策措施。为此，在确定分配项目上，必须遵循四项原则：一是必须在保证集体的统一经营、统一管理的基础上，为集体经济的巩固、发展，保持一定的集体提留，用于公共公益建设事业投资；二是必须及时足额完成向国家缴纳的税金和统购任务；三是必须保持集体提留。但集体提留的必要程度和提留的数额，应根据需要与可能来确定；四是必须正确处理农业总收入积累与消费的关系，这是关系到国家建设和集体经济的发展，关系到农民增加收入、生活改善，关系到工农联盟的进一步巩固。

2. 农业生产经营建设总收入积累与消费关系处理的政策措施。积累与消费的关系，又相一致、又相矛盾，正确处理的目的，就是要解决矛盾，促进一致。正确处理的方针，就是毛泽东同志提出的"在分配问题上，必须兼顾国家利益、集体利益和个人利益。对于国家的税收、集体的积累、农民的个人收入这三方面的关系，必须处理适当，经常注意调节其中的矛盾"。根据毛泽东同志提出的"三兼顾"方针，在处理积累与消费关系时，必须坚持落实三项政策措施：一是要全面考虑需要与可能，合理地确定积累与消费的水平。需要是决定积累与消费水平的出发点，可能是决定积累与消费水平的依据，需要建立在可能的基础上，在可能允许的范围内，尽量满足需要，这是需要与可能之间的辩证关系。具体来说，必须根据农业生产经营建设效率增长速度和农业总收入、纯收入增长水平，来确定积累基金和消费基金的数量及其增长速度。二是要兼顾农业扩大再生产经营建设的需要和改善农民生活的需要，把国家、集体和农民个人三方面利益正确结合起来，把积累与消费正确结合起来。积累的增长不能脱离农业生产经营建设水平和消费水平，积累增长速度必须是适当的可行的。就是说在正常年景下，积累最高，不能高到使农民收入减少，要尽可能使农民增加收入，增产增收后，应使绝大多数人民的收入比上一年有所增加。三是要因地制宜地处理积累与消费关系。我国幅员广阔，各地区、各单位自然条件、经济条件及经营管理水平都有差别，集体经济的家底有厚有薄，增长速度有快有慢，收入水平有高有低。因此，确定积累与消费比例，要根据不同地区、不同单位的增长速度和收入增加情况，考虑需要与可能，因地制宜地处理积累与消费的关系。在某些城市郊区、经济作物集中产区以及机械化程度较高的富裕地区、富裕单位，可以适当提高积累比例；在某些收入较低的地区和单位，可以适当提高消费比例。

（三）我国国营农业生产经营建设收入分配管理核算体系健全的方略

国营农业的生产经营建设资料和产品属国家所有，由国家统一调拨统一支配。国营农业根据国家的方针政策、法规制度和计划安排要求，组织进行农业生产经营建设，并保证完成与超额完成国家下达的农业产品品种、产量、质量任务。同时，在国家统一计划管理下，允许国营农业在生产经营建设上，有一定的独立性和自主权，以便于从实际情况出发，因地制宜地进行生产经营建设活动，独立进行经济核算。

1. 国营农业生产经营建设收入的意义。国营农业收入，是国营农业在一定时期内生产经营的全部物质财富，是实现销售后换回的货币收入，表明它为社会提供的农业产品总额，是一项重要的财务指标。

国营农业收入是补偿农业生产经营建设过程中各种耗费的资金来源，只有及时取得收入，才能满足农业生产经营建设资金的需要，以保证农业生产经营的持续进行。国营农业收入是实现利润，增加农业积累的前提，也是向国家缴纳各种税金和利润的前提，只有及时取得收入，才能完成缴纳税金和利润的任务。国营农业收入的实现过程，也是农业产成品资金转化为货币资金的过程，是整个农业生产经营建设资金周转的重要环节，完成和超额完成国营农业收入计划，可以加速农业生产经营建设资金的周转，提高资金的使用效率。国营农业交售的农业产品，国家都是按照价格政策以质论价的，只要增加交售农业产品数量和提高销售农业产品的质量，优质优价，就能增加国营农业收入。国营农业交售各种农业产品的数量与该种农业产品总产量之比，即为各种农业产品的商品率。商品率的高低，是衡量国营农业生产经营建设水平与劳动生产经营建设效率的重要指标之一，不断提高商品率，就可以向国家提供更多的农业产品。提高国营农业收入水平。

2. 国营农业生产经营建设收入管理核算的政策措施。必须加强国营农业收入管理，真正贯彻国家的价格政策，交售的农业产品，要以质论价，分等定价，优质优价。要切实加强农业收入和农业产品交售、留用计划的管理，安排好商品性产品交售和农业生产经营建设资料、农业企业职工生活资料的留用，在保证完成交售任务的前提下，保证农业生产经营建设、农业企业职工生活的需要。要遵守农业收入分配核算规则，及时正确地计算国营农业收入，认真执行结算纪律，及时办理结算，及时收回货款，以利于加速农业生产经营建设资金的周转，提高资金使用效果。

3. 国营农业产品销售收入管理核算的政策措施。这是指在组织国营农业产品销售收入管理核算体系健全方略中，必须坚持落实以下四项政策措施：

（1）加强国营农业产品销售收入的日常管理，为了完成农业产品销售收入计划任务，保证生产经营建设活动过程中的资金需要，必须加强对农业产品销售收入的日常管理，这就要求做到：一是根据计划、合同和协议，有组织地进行农业产品销售。凡是向国家收购部门交售的农业产品，应保证完成交售任务；凡是由自销的农业产品，应按合同或协议，有计划地组织产品销售，要尽量做好产销平衡工作，保证产销协调，防止产品积压。二是必须加强农业产品的保管，及时组织发运。这就是说，产品完工入库后，应妥善保管；在发运前，要做好农业产品的包装工作。要严格按合同或协议的规定，及时组织发运，确保数量准确、质量良好，符合规格质量标准。

（2）加强国营农业勤俭经营、增收节支管理。为此，一是增加农业产品数量，提高农业产品质量。要增加收入，提高盈利水平，必须改变农业生产经营条件，实行科学种田，不断提高农业现代化水平，使农林种植业各种产品产量、牧渔养殖业各种产品率和总产量不断增加。在增加产品产量的同时，还要不断提高产品质量，做到产量高、质量好；二是在加强农业基础设施建设上，积极发展林牧副渔业。根据农业的自然经济条件和国家的任务要求，合理地确定生产经营建设方针，要在搞好粮食主业的同时，积极发展多种经营。充分利用各种自然资源、劳力和机械设备等，广开生产门路，扩大收入来源，以获得更多的利润；三是加强经济核算，改善经营管理。要根据国营农业生产经营建设情况，认真实行定员、定额，科学组织利用劳动力，提高劳动生产经营建设效率，合理节约使用各种原材料，降低材料消耗。充分合理地利用各种机械设备，降低单位产品再分摊的折旧费用。精简机构，压缩非生产人员，节约非生产经营建设开支，降低产品成本，增加盈利。

（3）加强国营农业产品销售价格管理。国营农业在组织农业产品销售环节中，必须认真执行国家的价格政策，对农业产品应直接纳入国家计划，由国家直接收购和分配的只占小部分，自产自销的占大部分。因此，国营农业产品的销售价格，应分为两种情况：一种属于国家收购农业产品，应按照国家规定的价格计算；二是属于自销的农业产品，应按合同规定的价格或买卖双方协议的价格计算。国营农业产品销售价格政策性强，既受国家计划经济的制约，又受市场经济的影响。因此，必须严肃认真地执行国家物价部门的有关规定，及时深入调查研究和掌握市场经济发展规律，以便合理地组织销售管理与核算。

（4）加强国营农业产品销售收入核算。国营农业产品销售收入，应是已经实现的销售收入，对于已经实现的农业产品销售收入，应坚持按以下原则和要求进行核算：

①必须严格划清农业产品销售收入计算的范围。为此，一是对外销售农业产品、商品取得现金时计算收入，采用托收承付结算方式的，在收到货款时计算收入；二是对外提供服务、劳务进行价格结算时计算收入；三是种植业自产留作种子、饲料和加工原料，视同对外销售时计算输入；四是商品性的产品，用于专用基金工程方面的，也按对外销售时计算收入；五是自繁自养的幼畜成龄转为产畜和役畜时，原则上也计算收入。

②必须认真执行农业产品销售收入结算纪律，及时办理结算，如数收回货款。这就是说，在组织农业产品发运后，要及时办理货款结算，迅速收回货款，以利于加速资金周转。要严格控制和杜绝赊销产品及预收货款的经济业务往来的发生。采用托收承付结算方式的，在产品发出以后，应立即向银

行办理托收手续，同时要计算和登记承付和回收货款的日期，以便对各笔托收货款进行检查，凡过期未能收到货款的，应查明原因，及时采取措施。

③必须对农业产品销售税金、管理费正确计算、及时上缴。这就必须根据销售收入和有关规定，正确计算各种税收和管理费用，按规定期限及时上缴，不得挪用和拖欠。

④必须加强农业产品销售凭证的使用管理。这就要求企业对自己使用的农业产品销售凭证要管好用好，销售凭证主要是"销售发票"和"收款收据"。销售发票和收款收据，必须指定专人负责，妥善保管，连号使用，并经常检查，防止不良倾向的发生。国营农业销售的核算，包括销售收入、销售成本、销售税金、上交管理费、销售利润等。销售的总分类核算，是在"销售"账户进行的，销售收入记入这个账户的增方；销售成本、销售税金、上交管理费记入这个账户的减方。期末"销售"账户如为增方余额，反映销售利润，如果是减方余额，反映销售亏损。结算出的销售利润（或亏损），应在本月终（种植、养殖业应在本年终）转入"利润"账户，结转后的"销售"账户应无余额，销售成果的计算公式：销售利润＝销售收入－（销售成本＋销售税金＋上交管理费）。

为了如实反映农业各项生产经营建设收入分配结果，必须根据农业各项生产经营建设范围，在"销售"账户下应分别设置"产品销售""劳务供应"和"其他销售"三个二级账户，进行明细分类核算。产品销售：指种植、养殖业产品、工业产品和自制半成品的销售。劳务供应：指来料加工和修配作业收入。其他销售：非主要生产业务的收入，包括材料转让销售等。

凡农业基本建设、固定资产更新、集体福利单位，领用本企业生产经营建设的商品性的产品，应视同对外销售处理，按销售价格结算。如属于非商品性产品，可按实际耗用的材料、人工和费用结算。

（四）我国国营农业生产经营建设利润、利润分配管理核算体系健全的方略

我国国营农业产品的价值，是由产品成本、税金、利润构成的。利润是企业生产、经营、建设、服务活动中的财务成果。国营农业收入总额扣除农业产品成本，减去各项税金，其余额即是国营农业的销售利润。国营农业的销售利润加上其他销售利润，减去营业外的收支差额及上年产品差额，就是国营农业的利润总额。

1. 国营农业生产经营建设利润管理核算的政策措施。国营农业利润，是以货币表现农业生产经营建设成果的综合性指标，它可以反映国营农业生产经营建设技术财务计划完成情况，也是评价国营农业生产经营建设管理水平的重要指标之一。国营农业利润，是国营农业从事生产经营建设活动所取得的财务成果，是发展和壮大国营农业经济的重要资金来源。因此，国营农业必须充分利用人力、物力，节约一切可能节约的财力，努力增加农业产品产量，降低农业产品成本，扩大积累，为实现我国农业现代化作出贡献。为此，必须坚持落实健全国营农业生产经营建设利润管理核算体系的以下六项政策措施：

（1）合理确定考核、分析国营农业利润率指标。由于国营农业生产经营建设规模和内容各不相同，只考核、分析利润总额是不够的，还需要考核，分析利润率指标。国营农业利润率指标主要有以下四种：

①国营农业销售收入利润率。它是国营农业产品销售利润对产品销售收入的百分比。因为收入中包含着销售利润，所以，它反应销售利润占销售收入的比重。销售收入利润率可以按全部产品综合计算，也可按主业或主要产品分别计算。其计算公式为：销售收入利润率＝产品销售利润÷产品销售收入×100%。

②国营农业销售成本利润率。它是国营农业产品销售利润对销售成品的百分比。它是反映国营农业生产经营建设耗费的经济效果指标。产品成本越低，利润越多，成本利润越高。正确运用这一指标，可以努力降低成本，增加盈利。国营农业销售成本利润率可以按全部产品综合计算，也可以按主业或主要产品分别计算。计算公式为：国营农业产品销售成本利润率＝产品销售利润÷产品销售

成本×100%。

③国营农业产值利润率。它是国营农业产品销售利润对产品产值的百分比，它是反映生产经营建设成果的经济效果指标。计算公式为：国营农业产值利润率＝产品销售利润÷产品产值×100%。

④国营农业资金利润率。资金利润率是国营农业的利润总额对资金总额的百分比，资金利润率把利润同它所占用的资金直接联系起来，反映了资金的利润效果，考核资金利润率，能够使农业企业节约使用资金。计算公式为：国营农业资金利润率＝利润总额÷（固定资产平均原值＋定额流动资金平均占用额）×100%。

总之，对国营农业利润率进行分析时，可以用本期实际利润率与计划利润率对比，也可以用本期利润率与前期利润率（或历史最好水平）对比，观察利润水平的变动情况，如比较同行业之间的利润水平，则必须是生产经营建设条件大致相同才能对比。在利用利润率考核、分析国营农业经济效果时，必须从实际出发，正确分析主观因素和客观因素所起的作用，使利润率如实反映国营农业本身生产经营建设的状况。

（2）及时编好和认真执行国营农业利润计划。国营农业必须在每年经济业务活动之前编好利润计划，提出计划期完成的利润指标，促使国营农业有明确的奋斗目标，以利于从各方面挖掘潜力，降低成本，增加收入，提高盈利水平，国营农业在制定生产、销售收入、产品成本等计划的基础上认真编制利润计划，在编制年度利润计划后，认真检查执行利润计划，以便及时创造条件，采取措施，保证年度利润计划的实现。

（3）正确、及时地进行国营农业利润结算。对于国营农业的利润，必须算准算实。既不能冒打虚算，又不能压低少算。国营农业的利润总额，应按销售收入减销售成本、税金、上交管理费，加营业外收入，减营业外支出计算。销售收入应是实际收入数，销售成本应是实际成本数，税金和管理费应是按规定上交数，营业外支出应是按规定支付数。利润总额减应交所得税后，即为利润净额。必须正确、及时地计算和反映利润总额，不准许任意扩大成本开支范围和提高开支标准，化大公为小公，变相分配利润。

（4）严格控制国营农业营业外支出，国营农业必须严格控制营业外支出，除按规定经上级批准的项目外，其他项目不得计入营业外支出。

（5）经常分析国营农业利润计划执行情况。为了促进国营农业年度利润计划的完成和超额完成，提高盈利水平，必须切实把国营农业利润计划的指标和措施，落实到基层生产单位和个人，以明确责任；对产成品销售收入的完成情况，进行日常的管理、监督与核算，国营农业在一定时期终了（如月、季），特别是年度终了，应对利润计划的执行情况进行研究分析，以便总结经验，发扬成绩，找出薄弱环节，提出改进措施，促使国营农业提高盈利水平，进一步挖掘扭转亏损、增加利润的潜力。在分析时，一是应从影响利润升降的各种因素进行分析，影响利润升降的主要因素有：销售数量，销售价格，销售成本，销售品种，营业外收支。二是应反映企业的利润水平，可采用销售收入利润率、销售成本利润率、资金利润率、产值利润率。这些利润率是从不同的角度来反映企业盈利水平的，利用这些利润率的计划数和实际数进行对比，也可以利用利润率的本年实际数与上年实际数对比，还可以把本期盈利水平和历史最好水平对比，和同行业先进水平对比，以便找出差距，提出扭转亏损、增加盈利的具体措施办法。

（6）深入开展国营农业利润核算。国营农业的利润包括：销售利润（或亏损）和营业外收支净额两个部分：一是销售利润包括：产品销售利润、劳务供应利润和其他销售利润等，月终（或季、年终）由"销售"账户转入"利润"账户。二是营业外收支，是指于企业经济业务活动无直接关系的收入和支出。营业外收入，如租金收入，确实无法归还的包装押金收入等。营业外支出，如非常损失、呆账损失等，营业外支出的项目和具体内容，应按上级主管部门和财政部门有关规定执行，企业不得擅自增加项目，扩大开支范围。三是营业外收支，直接在"利润"账户中核算。利润的总分类核算是在"利润"账户中进行的，已实现的销售利润和营业外收入，记入这个账户的增方；如发生销售亏损和营业外支出,进入这个账户的减方。"利润"账户的增方余额,表示已实现的利润数;减方余额则表示亏损数。为了划清本年利润数和上年利润数,在"利润"账户下应设"本年利润"和"上年利润"两个二级明细账户。"本年利润"账户的余额,年度终了结转下年度新账时,应转入"上年利润"账户,以反映上年度已实现的利润(或亏损)。

2. 国营农业利润分配管理核算的政策措施。国营农业实现的利润,应根据有关利润分配的规定和财务管理体制要求,将应上缴的利润,及时上缴,应留给国营农业的企业基金或利润包干结余,应主要用于国营农业生产经营建设,进一步发展农业和农村经济。国营农业利润和利润分配管理核算的具体要求包括五项:一是要正确处理国家、集体的关系,克服本位主义思想,树立全局观点,要按照国家规定,认真做好利润的分配工作;二是要正确及时地计算和反应利润总额,不得任意扩大成本开支范围、提高农业生产费用开支标准,化大公为小公,变相利润分配;三是要严格遵守国家税收制度和财务制度规定,及时足额地上缴税金和利润;四是要严格控制营业外开支,除按规定并经上级批准的项目外,其余一律不得记入营业外支出;五是要定期分析利润计划的完成情况,总结经验,不断挖掘增产节约的潜力,促进国营农业完成和超额完成利润计划。在国营农业利润分配管理与核算方面,必须坚持落实以下四项法制规则:

(1) 正确掌握国营农业利润分配使用的规则。国营农业在利润分配使用上,一是要正确处理国家、集体、个人之间的关系,照顾各方面的利益。二是要在集中统一管理与核算的前提下,坚持对各职能单位,特别是基层经营建设生产单位,适当给予分权,以利于加强对利润分配和使用的管理与核算。三是要根据国家财政法规、财务制度的规定,及时做好年终利润分配和结算工作。

(2) 严格控制国营农业利润分配使用范围的规则。国营农业利润的初次分配主要有三部分:一是向国家缴纳所得税;二是上交利润;三是自己留成。国营农业应按照税法规定,按时足额地上缴所得税。为了保证应有的自主权,调动国营农业人员生产经营建设的积极性,上级主管财政等部门对企业规定利润总额、减去各项税后的利润净额,实行利润留成制度。留给国营农业部分,一般可占利润净额30%左右。留成比例的大小,应掌握以下原则:经营水平高的,留的比例大一点;经营水平低的,留的比例小一点。经济基础、技术装备条件较差而又有发展前途的,留的比例大一点;经济、技术条件较好的,留的比例小一点,种植业养殖业留的比例大一点,工业留的比例小一点。超计划利润部分,还可以多提留一些。具体的留成比例,应由各地区主管、财政等部门根据当地实际情况加以规定。国营农业利润留成,应根据生产经营建设任务和利润计划完成的情况,除提取一部分作为奖励基金,用于国营人员的综合奖励外,其绝大部分应用于生产经营建设投资(包括固定资产和流动资金)。国营农业对缴纳各种税利留成后的结余利润,应及时解缴主管部门。主管部门应从中提取一部分,用于扩大再生产经营建设资金,然后全部解缴上级主管部门。具体解交办法,也应由各地区主管、财政等部门规定。主管部门对国营农业上缴的利润(扣除弥补企业亏损后的净利润)的分配,是利润的再分配。首先,分配用于开展多种经营、农田水利建设、农机化建设等生产建设项目;其次,分配用于举办集体福利事业等方面的开支。

(3) 定期检查国营农业利润分配使用情况的规则。国营农业要坚持定期检查利润分配使用情况,在分配使用利润时,是否按照财务制度的规定和上级主管部门的具体要求,是否量入为出,是否使用得当,并根据实际情况,提出改进利润分配和使用的具体意见,促使国营农业经济的发展。

(4) 组织开展国营农业利润分配核算的规则。国营农业实现的利润,应按照国家财政、税收和财务制度的规定,在国家和国营农业之间进行分配。利润分配的核算,是在"利润分配"账户中进行的。凡是预缴所得税和年终计算出应缴未缴的所得税转账、上交利润、留成的利润,在年末转入"专用基金"等账户时,记入"利润分配"账户的增方。对实现的利润,年终后,经上级批复时,由"利润"账户转入"利润分配"账户的数额,记入这个账户的减方;同时记入"利润账户"的减方。如属于亏损,则记入这个账户的增方,同时记入"利润账户"增方。"利润分配"账户下应设"上缴所得税""上交利润""利润留成""上年利润结算"四个明细账户。

3. 国营农业扭亏增盈核算的政策措施。国营农业是否有盈利以及盈利水平的高低，是国营农业生产经营建设好坏和对国家的贡献大小的一个重要标志。一般说国营农业为国家创造的利润，就是为国家社会主义建设添砖加瓦，而亏损了，就是吃社会主义，也就是靠其他单位上交的利润来养活自己。因此，必须树立盈利光荣，亏损可耻的思想，认真做好扭亏增盈工作。扭转亏损，增加盈利，既是"当务之责"，又是"长远之计"。这就要在国家财经方针政策和计划指导下，不断广开产业门路，开辟财源，增加积累。在这个前提下，国营农业为国家创造的积累越多，贡献越大，越光荣。只有增强为国营农业积累资金的自觉性，千方百计地抓扭亏，理直气壮地抓盈利，才能促进国营农业经济的发展，减轻国家财政负担。国营农业盈亏是经营管理成果的综合反应，盈亏多少是由国营农业的收入和成本的高低决定的，国营农业各项生产经营建设，都与盈亏有关。因此，扭亏增盈的根本措施，就是要坚持扭亏增盈核算原则，不断提高国营农业生产经营建设管理水平，深入开展群众性的增产节约运动。坚持调整、改进、落实、执行以下四项政策措施：

（1）要坚持调整农业生产经营建设政策措施。国营农业单位要按照自然规律和经济规律的要求，调整农业生产经营结构和内部的比例关系，充分利用一切可以利用的自然资源，按照因地制宜、合理布局的原则，促使农林牧副渔各业全面持续发展。

（2）要坚持改进农业资金分配使用政策措施。要切实管好用好农业资金，提高农业资金使用效果，必须认真搞好农业生产经营建设规划，正确计算和分析经济效果，在农业资金安排上，要统筹兼顾，突出重点，集中力量打歼灭战。必须根据一业为主、多种经营的方针，做到因地制宜，搞好主业，做到高产稳产、增产增收。与此同时，要严格控制各项事业费、管理费和基本建设投资。

（3）要坚持落实农业经济核算政策措施。这就要求一手抓增产，一手抓节约，合理使用人力、物力和财力，实行定员定额，严格实行岗位责任制，制定各种农业生产经营建设费用标准、消耗定额，建立健全原始记录、质量检验和统计报表等制度，以生产队、作业组为基础，搞好班组核算、单车（机）核算、牲畜分群合算，从而不断降低农业物料消耗，降低农业生产经营建设成本，以最少的消耗，取得最大的经济效果。

（4）要坚持执行农业财务包干政策措施。要实行国营农业层层包干，必须落实财务包干指标，充分调动农业基层单位劳动者的积极性。国营农业基层单位可实行三定一奖的办法。各级农业部门要从国家分配的亏损补贴标准中，从盈利的国营农业包干上交利润中，适当的留出一部分作为调剂周转资金，主要用于：补贴遭受计划外严重灾害亏损和恢复生产经营建设；支持自然条件差的国营农业生产单位，发展花钱少、见效快、收益大的工副业生产经营建设。要正确使用包干结余，处理好国家、集体和个人三者关系。包干结余主要用于农业生产经营建设，一部分留作储备金，一部分用于集体福利和奖励。

（五）我国集体农业生产经营建设收入分配管理核算体系健全的方略

集体农业生产经营建设收入，是指当年收获、销售或分配给农户的农产品的收入和其他收入。凡是可以用来补偿当年生产经营建设耗费和进行当年分配的收入，才能算作当年的收入。农业、林业、牧业、副业、渔业等各种产品，哪些按收获计算收入，哪些按销售计算收入，应按有关制度规定处理。一般来说，对外销售的产品，应在销售时计算收入。自产留用的产品，在留用或分配给农户时计算收入。集体农业经济组织当年生产经营建设的全部成果，为农业产值，一般按一定时期的不变价格计算。

1. 集体农业收入与农业产值的政策措施。集体农业收入与集体农业产值，既有区别，又有联系。

（1）集体农业收入与集体农业产值的区别，主要有两点：一是包括范围不同。农业产值只包括生产经营建设的产品价值；而农业收入除包括产品价值外，还包括运输、劳务收入和可以参加分配的其他收入；二是计算口径不同。农业产值包括全部生产经营建设成果，即使产品尚未实现增长量、增重量的价值也包括在内；而农业收入只包括已收获的农业产品和已实现的其他收入；三是计算价格不同。农业产值是全部产品,不管销售的还是自用的,都按统一价格计算;而农业收入的产品价格,对出售部分,按实际销售价格计算,对自用部分,按国家收购价格或者市场价格计算。

(2) 集体农业收入和农业集体产值的联系,主要有两点:一是计算的依据基本一致。农业收入和农业产值的计算依据,主要都是已经获得的产品,具体说,农业产值的计算依据,除了农业产品的增长量、增重量外,主要是产出的产品,农业收入的主要构成是产出或销售的产品收入,其计算依据主要也是产品;二是计算的成果一致。二者的计算都与农业生产经营建设成果有直接的联系,因而都能反映农业发展的水平和速度。

2. 集体农业收入组织管理的政策措施。核实农业收支是分配前的一项必不可少的重要准备工作,目的是使参加分配的收入数字真实、符合实际,消除一切虚假现象,防止分配落空、不能兑现,所以核实农业收支是在分配中合理处理三者关系,并保证分配兑现的前提条件。

(1) 核实农业收支,主要是核实农业收支的范围:一是核实收入。凡应计入而尚未计入的要补计,凡不属于农业收入范围的应予剔除。尚未收获和尚未销售的产品,都不应计入,例如畜禽的增长量、未砍伐的林木、未出售的蔬菜水果等,都不能计入当年收入。但有的产品与国家签订了合同,必须跨年陆续上市的,如窖存的菜、水果,虽然年底前不能全部售出,也可以记作当年收入;二是核实支出费用,本着凡是本年的生产经营建设消耗,都要在本年的分配中得到补偿的原则,一切生产经营建设管理上已经支出的费用,一般都在当年列支。

(2) 核实农业收支,还必须注意三点:一是承包收支。它是原为集体统一组织开展的生产经营建设项目,包给承包单位生产经营建设后,承包单位应给集体的产量或收入和集体应当承担的费用;二是自营收支。它是指农户根据自己的生产经营建设条件和技能,自己选择生产经营建设项目所发生的收支;三是自理收支。它是指两方面自理收支,一方面是承包项目中超产或超收的部分,归农主自己,还承担额外追加费用。另一方面是承包项目的收支部分,由农户自己办理收付结算。它是与承包项目的产品收入,由集体代收代结算或费用、由集体代垫代付的情况相区别的。

3. 集体农业收益分配管理核算的政策措施。对集体农业收益分配问题,中共中央、国务院历来有明确的政策,集体农业收益分配的政策,就是要兼顾国家利益、集体利益和个人利益。在正常年景下,要使绝大多数农民增加收入。

(1) 集体农业收益分配管理核算的政策措施。在组织推行集体农业收益分配管理核算的政策措施上,必须坚持实施以下三项规则:

①要完成对国家的纳税义务的规则。根据国家财政税收政策,每个乡村在进行分配计算的时候,首先要确定自己对国家的供应任务,处理好集体与国家之间在分配上的关系。

②要兼顾集体与个人的利益的规则。正常年景下,在保证农民收入水平逐年有所增长的基础上,合理提取集体提留。所谓兼顾集体与个人双方的利益,就是要考虑两个方面的利益不能偏顾一头。对于集体提留,应根据党和国家的农业与财经方针政策和规定,该提留的项目,按照上级批准的合理比例提取;不该提留的项目,应予整顿,限期取消,以减轻农民的负担。对承包合同要坚持兑现,乡村对农民应坚守信用,农民应完成的交售任务和包交提留款,也不能拖欠不交。

③要坚持按劳分配的规则。乡村不管实行哪种形式的生产责任制,在分配上都应坚持按劳分配的规则。凡是偏离这个规则的,都应当进行调整或纠正。

(2) 集体农业包干、包产到户收益分配管理核算的政策措施。各地区政府推动农村实行农户家庭联产承包、统分结合双层经营责任制后,收益分配发生了重大变化,主要是实行了包干、包产到户收益分配责任制的以下七项规则:

①包干到户责任制的收益分配规则。包干到户责任制的收益分配,主要是指在联产计酬承包责任制中,采取"包干到户""包干到组""包干到劳"等形式的分配,是直接联产的类型。全国各地区农村推行"交够国家的、留足集体的、剩下是自己的"包干到户收益分配的三项政策措施:一是年初通过测算和协商、规定,对承包产量(收入)应交国家的义务、集体应提留的积累、统一支付或

垫付的生产经营建设管理费用，都订入合同；二是收获后按照合同规定，把国家的和集体的都交够留足，剩下的包括承包产量以外的超产超收部分全部归己；三是直接通过承包产量决定承包者的收入，取消工分，不再依据工分分配，采取包干、包产到户分配形式，简便易行，直截了当，符合我国绝大部分地区农村的情况，也最符合农户家庭联产承包责任制的要求，受到广大农民欢迎。因此，实行这种形式的农村越来越多，在全国已经占绝大比重。

②包产到户责任制的收益分配规则。包产到户责任制的收益分配，是指包产（定产）以内的产品和收入仍由集体统一进行的分配。一般是实行几包（几定）和奖罚的办法，即包（定）产、包（定）费用、包（定）工，超产节支者奖，欠产超支者罚。主要有两种做法：第一种是承包者实现的产量和收入全部交集体单位组织，年终分配，将总收入减去总支出，扣除国家税金和集体提留，余下的部分分配给农民，分配给农民这一部分，要再扣除各承包者或个人应得超产和节约奖励金额（或加上赔产单位应赔金额），然后按全单位进行分配。第二种是实行超产全奖、短产全赔的奖赔制度，承包者只上交承包产量或收入，年终分配，将承包收入减去承包费用，扣除国家税金和集体提留，余下的部分按包产工分进行分配。

③联产承包责任制的收益分配核算规则。农户家庭联产承包责任制实行以前，劳动（10个工分为1个劳动日）是当作衡量农民劳动量和按劳分配的尺度。实行联产承包责任制以后，联产计酬责任制广泛推行，"标准产量"（或承包产量、合同产量）起到分配尺度的作用。目前全国各地区农村基本实行"包干到户""包产到户"分配形式。在实行农户家庭联产承包责任制上，都以"以产定工"，记工依据是承包标准产量或收入，承包者应得多少和完成的产量或收入是一致的，用承包标准产量、合同产量统一计算。农户家庭联产承包责任制的核心是个"包"字，它集中体现在联产承包后的收益分配上。这是指承包的单位或农户，要包交提留款项。从全国绝大多数地区农村来说，包交提留款项是由"交够国家的、留足集体的"两部分组成。交够国家的部分，主要是指农业税、农业特产税（国家从2006年起取消）、工商业所得税等。留足集体的部分，主要是指集体提留的公积金、公益金、管理费、干部补贴等。包交提留款项，在年初就要订入承包合同，双方共同遵守信用。

④包交提留款项目的确定和调整规则。这是指在全国各地区农村制定农户家庭联产承包责任制中，确定的包交提留款项目不完全一致，有的只确定一个包交提留总额，根本不分包交提留款项目；有的分别确定包交国家各项税收的项目和集体提留收入的项目；有的确定各种专业承包纯收入的项目。尽管各地区农村确定包交提留的项目不尽相同，但都必须做到：一是在每年初，由集体单位与承包者严肃签订承包合同，在合同里明确规定交够国家、留足集体的款项；二是在执行承包合同过程中，一旦发生特大自然灾害等特殊情况，须经双方同意，并报上级批准，可以调整包交提留的项目；三是承包者及时足额地完成包交提留的任务。

⑤包交提留款额的确定和计算规则。包交提留款额，是指在各地区农村实行农户家庭联产承包责任制的基础上，在兼顾国家、集体和个人三者利益原则下，在年初合理确定"交够国家、留足集体"的分配数额，包交提留的要求和方法，与过去制定收益分配方案差不多。由于各地区农村实行农户家庭联产承包责任制的具体形式多种多样、情况复杂，以及各地区农村经济基础、经营管理发展水平、生产经营建设结构、收入高低等都不同，因此，要合理确定和计算包交提留额，必须坚持做到三点：一是坚持认真贯彻执行党和国家的农业与财经方针政策。搜集和研究有关农业产品产量、成本费用等基本资料，汇总分析当年扩大再生产和生活福利等方面的数据资料；二是坚持合理确定包交提留中的国家部分，即按国家规定"合理负担、稳定负担"的政策，既有利于保证上交国家各项税收，又不增加农民的经济负担；三是坚持合理确定包交提留中的集体部分，全国各地区农村自然经济情况复杂，因此，必须根据各地实际情况，妥善安排积累与消费的比例关系，确定包交提留的方案。一般来说，采取两种方法，一种是根据本地区农村历史上的资金余缺情况，结合农业扩大再生产经营建设和农民群众生活福利的需要，确定一个比较合理的提留比例，这种方法比较简单，适用于自然经济条件好、收入比较多的富裕农村。另一种是按集体提留的项目，一项一项地算细账，需要多少就定多少。

这种方法，适用自然经营条件较差、收入水平比较低的贫困农村，将应包交提留数，按总额或分项计算分配到农户。固定资产折旧费，应按合同规定直接计算分配到农户；上交国家各项税金，应按承包土地亩数或标准产量（收入）分摊到农户。

⑥包交提留款额的结算和上交规则。当农业产品收获和分配时，就要与各承包单位的包交提留款进行结算。为此，必须坚持做到两点：一是要严格进行集体提留部分的结算。各户上交的提留有的交款，有的上交实物。因而在最后考核包交提留的完成情况时，既要考核实物数量，又要考核包括实物折价在内的总金额。必须在结算实物时，将实交数与应交数核对，不足的要补交；多余的实物可以退回，也可以征得交纳人的同意，折合货币金额结算；必须在结算金额时，把已交的现金加上已交实物折款与包交提留的总金额相核对，其差额多退少补；二是要组织实行国家提留部分的结算：一要村交村结，承包户统一交村，由村统一上交国家。采取这种办法的，只是村与户的结算，不存在承包户与国家的结算，村与国家的结算和以前一样。二要户交村结，承包户上交国家的各项税款，由户直接送交村，再由村汇集已交税款，统一向乡政府主管部门结算。三要户交户结。上交国家各项税收任务分配到户，由户自己直接交给国家基层财税部门。总之，不论采取哪种方式结算，都必须及时足额地完成国家税收任务。

⑦联产承包户收益的计算和分配规则。联产承包户一般都肩负联产承包和家庭自营两项任务，因此，在计算家庭经济收益时，要处理好承包与自营、积累与消费的关系。尽管承包经营项目与自营项目是连在一起的，但由于这两种经济的性质不同，这就应当分别管理与核算，从每年年初开始，分别登记承包项目和自营项目的财务收支情况，分别计算收益和收益分配。计算的公式：一是承包纯收入＝承包收入（包括由集体单位代为结算的收入和自理收入）－承包支出（包括由生产单位经办和代垫支出以及自理支出）－包交提留。二是家庭自营纯收入＝自营收入－自营支出（包括自有固定资产折旧费＋自营生产应摊部分）－自营生产应交纳的国家税款。各地区农村多数农户家庭的资金都是生产、生活不分，一般也没有会计账目，但有些以商品生产为主的专业户，正在建立比较健全的会计核算，也在积极处理家庭经济的积累与消费的关系。为了搞好这一经济收益，有些地区农村又实行两项规则：一要对承包经济和自营经济分别计算收益，在安排家庭的积累与消费关系时，把两部分纯收益合并起来考虑。即先确定一个家庭的积累额和消费额，然后再按承包纯收入和自营纯收入的比重，确定承包的和自营的积累额与消费额；二要在一些自然经济条件较差的地区农村，有些收入水平低，还没有从根本上改变贫困面貌的承包户，家庭经济纯收益主要用于消费，少部分用于扩大生产积累，只能适当估算求得。有些善于经营与核算的农户，对生产的发展、生活的改善是都有安排的，如果深入到户，是可以取得积累与消费的数据的。

4. 新经济联合组织收益分配管理核算的政策措施。新经济联合组织收益分配，取决于联合的形式。当前，新经济联合组织形式多种多样，收益分配办法大多是根据自愿互利的原则，在兼顾国家、集体、个人三者利益的方针指导下，商定收入分配的，主要采取以下两种办法：

（1）换工、变工互助，最终产品仍归个人。这样的联合组织，在分配中本着自愿互利的原则，或是换工，或是付给工资，目前付给工资的占多数。

（2）逐步实行农民与企业联营的收益分配方法，在分配中除应交国家、集体的部分外，个人部分实行按劳分配为主、股金分红为辅的办法。股金分红，是新经济联合组织收益分配上的最突出的特点。

十五、我国农业生产经营建设经济核算与分析相融合的方略

农业生产经营建设经济核算，简称农业经济核算。农业经济核算分析的宗旨，是搞好农业生产经营建设管理，加快实现农业现代产业化规模经营。它的目标，就是对农业日常生产经营建设活动，进

行登记、计算，对农业生产经营建设活动中的劳动消耗和经营成果，进行比较、分析、考核，以尽可能节省的农业成本，获取尽可能更多更好的农业产品，不断满足国民经济建设和人民生活的需要。也就是以最少的活劳动和物化劳动的消耗，获得出更多更好的农业产品，取得更多的盈利，为农业现代产业化规模生产经营建设积累资金。农业生产经营建设核算分析，即农业经济核算分析，是农业实行计划管理和经济核算的一个重要的组成部分。农业经济核算分析方略的核心，是在农业生产经营建设活动过程中，按照党和国家的方针政策和法规制度的规定，围绕农业的计划指标，对土地、劳动力、生产经营建设资料利用情况和计划执行情况，进行核算分析。通过核算分析，发现农业生产经营建设管理和经济核算中存在的问题，并及时提出解决办法，从而不断提高农业生产经营建设经济核算水平。

（一）我国农业生产经营建设经济核算分析要素的方略

我国农业生产经营建设经济核算分析，即农业经济核算分析。农业经济核算分析要素的方略，主要包括：农业经济核算分析的范围、对象、种类、步骤和作用等政策措施：

1. 农业经济核算分析范围的政策措施。这是指对国营农业和集体农业的经济核算分析。

（1）国营农业是根据国家批准的生产经营建设技术财务计划，独立地运用国家拨给的固定资金和流动资金，进行生产经营建设，独立地计算收支和盈亏。国家要求国营农业必须以自己出售产品的收入，补偿生产经营建设中的支出，并取得一定的盈利。国营农业的经济核算分析，是以国家对国营农业的统一领导和国营农业的独立自主经营建设相结合为基础的，它反映了国家与国营农业之间的一种经济关系。国营农业内部的各个生产经营建设单位，也必须按照经济核算分析的方针政策，进行内部核算分析。农业生产经营建设单位，应该有自己的计划，在主管部门统一领导下，进行农业生产经营建设中的经济核算分析。国营农业生产经营建设单位的经济核算分析，一般只核算本单位的劳动成果和所发生的工资支出、原材料消耗、固定资产折旧、共同生产经营建设费用等，不独立地计算盈亏。所以，考核它们最终经济成果的指标，主要是生产成本和产品的不完全成本。

（2）集体农业实行经济核算分析，同集体农业所有制相适应，采取多种多样的经济核算分析方式。一般来说，是以生产经营建设合作组织、联营组织和农户为核算单位，分别独立核算，自负盈亏。各种经济组织间的经济往来，严格遵守自愿互利、等价交换的原则。集体农业的生产经营建设资金包括：基本建设费用和生产费用。除大型农田基本建设，由国家统筹规划或民办公助外，都靠自己筹集。集体农业，既有自给性生产经营建设，又有商品性生产经营建设，必须分门别类核算，都要以货币为尺度，统一记账、算账。集体农业不上交利润。其可分配总收入扣除国家税、公积金、公益金后，由农民直接参与分配。目前集体农业的经济核算分析，在一定的程度上还受管理人员和农业劳动者文化科技与管理水平的限制，必须由粗到细、由简到繁地逐步完整起来。集体农业单位的经济核算分析包括生产收支、劳动消耗和收益分配的核算分析等方面，有条件的集体农业单位还应进行产品成本的核算分析。

2. 农业经济核算分析对象的政策措施。农业经济核算分析，不是一般的研究农业生产经营建设活动，而是通过数量核算分析，来反映农业生产经营建设活动的实际情况。经济核算分析是以经济指标为核算分析对象的，如核算分析计划的执行情况、核算分析计划中的各项经济指标与实际执行结果的数量之间的差距，以及同一经济指标在不同期间或不同单位之间的差距。核算分析产生差距的原因，评价经济活动的经济效果。农业生产经营建设项目很复杂，经济指标也很多，究竟核算分析哪些指标，应当按照核算分析的目的和具体要求来确定。一般应以生产经营建设计划中的经济指标为中心，首先核算分析生产经营建设计划的完成情况；然后围绕生产经营建设计划，分析核算各生产经营建设要素、土地与劳动力等的利用情况、生产经营建设技术改造情况、财务计划执行情况，以及它对完成生产经营建设计划的影响；最后核算分析农业生产经营建设效果，全面评价农业生产经营建设情况和经济效果。

3. 农业经济核算分析种类的政策措施。农业经济核算分析的种类主要有以下三种类型：

（1）农业经济核算分析，按范围分为全面核算分析和专题核算分析。全面核算分析，是对生产经营建设活动中物资、劳动、技术、成本、财务等各方面进行的核算分析。专题核算分析，是对生产经营建设活动中有较大影响的问题进行的核算分析。

（2）农业经济核算分析，按时间分为定期核算分析和不定期核算分析。定期核算分析，是按旬、月、季、年进行核算分析或按农业生产经营建设活动的小段、阶段和年终进行核算分析；不定期核算分析，是在需要时，临时进行的核算分析。

（3）农业经济核算分析，按参加人员分为专题核算分析和群众核算分析。专题核算分析，主要是指计划、统计、财会等专业人员进行的核算分析；群众性分析，是指农业生产经营建设单位群众进行的业务技术核算分析。

4. 农业经济核算分析步骤的政策措施。农业经济核算分析的步骤主要有以下四步：

（1）确定分析对象。根据不同要求，明确核算分析的目的和范围，正确选择经济指标，作为具体核算分析的对象。确定核算分析对象时应注意：符合分析的目的和任务；符合计划的要求，影响经济活动的因素。

（2）搜集和占有资料。搜集和占有资料是核算分析工作的基础，充分而可靠的资料是经济活动核算分析的依据。核算分析的质量如何，在相当大的程度上取决于资料的全面和可靠的程度。因此，必须按照核算分析的目的搜集资料，包括计划、汇集、统计的核算资料和生产总结等。同时，党和国家有关方针、政策与计划指标，以及有关的专题调查、访问和会议记录等也是必须重视的资料。

（3）整理和分析资料。按照核算分析的目的和要求，对搜集的资料进行审核、归类分组和换算等整理工作，再将经过整理的资料，编成核算分析表。经过对比核算分析，揭露矛盾，进一步深入核算分析各项因素对经济活动的影响。

（4）提出改进措施办法。根据核算分析的结果，对农业生产经济建设活动作出评价，对存在的问题提出改进措施。这些措施，要经群众讨论，组织各方面的力量贯彻执行，这是进行经济核算分析的目的。

5. 农业经济核算分析作用的政策措施。农业经济核算分析，对于提高农业生产经营建设管理水平，保证农业计划任务完成等，有着重要作用。为此，一是通过经济核算分析，能够全面深入地检查农业生产经营建设活动中的情况，可以及时发现和解决农业生产经营建设活动中存在的问题，保证和督促农业生产经营建设任务的顺利完成；二是通过经济核算分析，可以为今后编制农业计划提供资料，使农业计划的制定更加符合客观实际，充分发挥农业计划的指导作用；三是通过经济核算分析，还能够深入地挖掘农业生产经营建设的潜力，促进人力、物力、财力的合理使用；四是通过经济核算分析，可以教育群众，更好地贯彻自力更生、勤俭建国的方针，推动经济核算，不断提高农业生产经营管理水平。在经济活动过程中，发动广大农业劳动者参加分析、研究，不仅可以使农业生产经营建设核算分析工作更加全面、深入，而且还可以使农业劳动者更加关心农业生产经营建设管理工作，从而调动农业劳动者参与农业生产经营建设管理的积极性和主动性，促进群众核算分析工作更广泛地开展；五是通过充分运用经济核算分析的方法，查明农业生产经营建设先进和后进的差别，核算分析产生差别的原因，总结先进经验，推动增产节约运动的深入开展；六是通过经济核算分析，进行深入调查研究，可以促使农业有关领导部门的同志深入调查研究，了解实际情况，以利于他们进一步认识和掌握客观规律，增强预见性，提高组织和指挥的能力，从而更好地按照客观实际发展情况，搞好农业生产经营建设活动。

总之，农业经济核算分析是科学地推进农业生产经营建设管理的一个重要手段，也是农业经济工作越做越细的一个具体表现。农业经济核算分析的基本任务：一是核算分析对党和国家规定农业生产经营建设方针政策的贯彻执行情况；二是核算分析农业计划的执行情况，揭露矛盾分析原因，总结经验教训，提出改进措施；三是核算分析农业生产经营建设的潜力，加强农业财务管理与会计核算，巩固和提高经济核算水平。

（二）我国农业生产经营建设经济核算分析范围的方略

我国农业生产经营建设经济核算的内容包括：农业生产经营建设中的经济核算分析、农业生产经营建设计划完成情况核算分析、农业生产经营建设要素利用情况核算分析、农业生产收入及其分配核算分析、农业生产经营建设费用和产品成本核算分析、农业生产经营建设资金的利用和财务状况核算分析、农业生产经营建设技术指标的经济效果核算分析等方面政策措施：

1. 农业生产经营建设中的经济核算分析的政策措施。农业生产经营建设中的经济核算分析，主要是指农业资金、农业产品成本、农业生产经营建设成果和利润分配等方面。主要采取以下四项核算分析政策措施：

（1）农业资金核算分析。农业资金核算分析，是指对固定资金和流动资金核算分析。固定资金核算分析，是指固定资产的增减变化、折旧提取和设备利用情况的核算分析。流动资金核算分析，是指流动资金周转率的核算分析。通过资金核算分析，可以考核农业生产经营建设过程中固定资金和流动资金的运用周转情况，促使农业节约使用资金，加速农业资金周转，降低农业生产经营建设费用水平。

（2）农业产品成本核算分析。农业产品成本核算分析，是指对农业生产经营建设费用的核算分析，即对各种农业产品总成本和单位成本的核算分析，以及对机械作业和辅助生产成本核算等分析。农业产品成本是农业生产经营建设质量的一个综合性经济指标，通过农业产品成本核算分析，可以反映农业生产经营建设过程中活劳动和物化劳动的消耗，揭示农业产品成本升降的原因，是寻求不断降低农业产品成本的措施办法。

（3）农业生产经营建设成果核算分析。农业生产经营建设成果核算分析，是指对农业产品产量和产值的核算分析。产量指标是表明农业生产经营建设成果的直接指标，但由于农业产品多种多样，不易互相比较、全面衡量，因而只有产值指标才能综合表现农业生产经营建设成果。产值指标可以用总产值表现，也可以用净产值表现。通过农业生产经营建设成果核算分析，可以反映出在一定时期内增加了多少产品，为国家创造了多少物质财富。

（4）农业利润核算分析。农业利润核算分析是指对农业利润额和利润率的核算分析。我国农业按照国家规定的价格出售农业产品的收入，扣除成本、税金之后，就是利润。农业利润是我国农业积累的主要源泉。农业利润的多少是衡量农业生产经营建设成果的重要指标，农业利润率有按成本计算的成本利润率（利润对成本的比率）和按资金计算的资金利润率（利润对资金的比率）两种。前者反映农业成本的升降情况；后者反映农业生产经营建设占用资金的多少和资金周转的情况。通过农业利润的核算分析，可以考核农业生产经营建设成果，促使农业不断降低成本，减少资金的占用，加速资金的周转，增加利润。

总之，上述四项核算分析中，农业产品成本核算分析是农业经济核算分析的核心，因为农业产品成本的降低，意味着活劳动和物化劳动的节约，一方面，表明增加盈利，另一方面，又表明提高资金利用率和加速资金周转的直接结果。

2. 农业土地利用情况核算分析的政策措施。农业土地是农业生产经营建设中最重要的和不可代替的物质资料。国营农业、集体农业为了保证完成和超额完成农业生产经营建设任务，就要合理地安排土地，不断提高土地的利用率和土地的生产经营建设能力，才能从单位面积土地上获得更多的产品，保证完成和超额完成生产经营建设计划。因此，必须对土地利用情况进行核算分析。现在从土地利用情况、土地利用率和土地生产经营建设能力等情况加以说明：

（1）土地利用情况核算分析。土地利用情况核算分析，主要是分析各种土地的合理比例和节约用地情况，以便充分利用土地资源。在核算分析农业土地资源的构成和农用地构成情况上，一是必须坚持核算分析土地总面积的农用地、荒山、荒地、居民点等各类土地所占的比重；二是必须坚持核算分析农用地面积中的耕地、果园、林地、放牧地、养殖水面等各类农用地所占的比重。通过以上的核算分析，了解土地利用的情况和问题。同时，可以与条件相同的先进农业单位相比较，进而提出改进措施和为下年度以及今后合理安排各种用地提供依据。

（2）土地利用率核算分析。核算分析土地利用率的目的，是为了研究在全国范围内有限的土地上，如何充分利用土地，推进农业生产经营建设活动。核算分析时常用垦殖指数、复种指数、间作指数。在农牧结合的单位应核算分析畜禽饲养量，通常用载畜量指数来反映，借以衡量土地的利用情况。其计算公式：一是垦殖指数（％）＝耕地面积÷土地面积×100％；二是复种指数（％）＝播种面积÷耕地面积×100％；三是间作指数（％）＝实行间种、耕种的播种面积÷播种面积×100％；四是百亩载畜量（头）＝全年平均饲养牲畜头数÷土地面积×100％。

垦殖指数，表明耕地面积在农业土地面积中所占的比重，耕地是农林种植业生产经营建设的重要物质资料，是发展农林种植业，增加产品产量的物质基础。因此，垦殖指数是反映土地利用率的重要指标。通过核算分析，研究如何合理调整各种用地，在可能条件下扩大耕地面积，提高垦殖率。复种指数是表明耕地的有效利用程度。间作指数，是指在播种面积上的多少面积实行间作、套种，表明其在耕作中所占的比重，促进农业重视间作、套种，充分利用现有耕地，提高土地利用率。合理地复种、间种和套种，可以从单位面积土地上获得更高的产量。但评价土地利用率的高低，不能单纯只看复种指数、间作指数的高低，还应结合耕作制度，深入核算分析采用复种、间作和套种的效果，是否增加产量，是否经济。同时应核算分析当年情况，进一步结合核算分析几年来采取复种的间作、套种的农林种植业各种产品总产量和平均产量，最后才能评价其是否合理，是否真正提高，以便采取提高土地利用率的有效措施。

（3）土地生产能力核算分析。核算分析土地利用情况的目的，不仅在于分析各种用地合理性和提高土地利用率，更重要的是不断提高土地获得能力，从有限的土地面积上获得更多的农业产品。提高土地获得能力的措施，除因地制宜、合理种植、用养结合和合理利用外，主要是加强精耕细作和进行农田水利、土地改良等基础建设，以便提高土地的综合获得能力，运用比较法进行核算分析比较，核算分析土地获得能力时，着重核算分析各类耕地面积的比重、土地改良程度、高产稳产田比重。其计算公式：一是各类耕地面积比重＝某类耕地面积÷耕地面积×100％；二是土地改良程度＝完成土地改良的耕地面积÷需要进行土地改良的耕地面积×100％；三是高产稳产田的比重＝高产稳产田面积÷耕地面积×100％。各类耕地面积占耕地面积的比重是综合反映土地利用率和获得能力的一项重要指标。分析各类耕地面积比重，可以了解农田水利化、机械化建设的情况，以及在正常年景下保种保收的程度，并进一步核算分析如何使各类耕地水利化、机械化、土地改良等配套情况，从土地分类上，逐步成为高一类地，不断提高土地综合抵抗自然风险能力。

（4）农业土地利用的经济效果。它是衡量土地利用情况和土地获得能力的一项综合指标。如前所述，利用土地的最终目的在于增加产量，因此，衡量土地利用经济效果的指标，一般采用单位面积（亩）或一定面积（百亩、万亩）的农业产品的产量来表示，其计算公式：一是单位面积产量（斤／亩）＝农业产品总产量÷播种总面积；二是单位面积产值（元／亩）＝农业产品总产值÷播种总面积。

3. 农业劳动力使用情况核算分析的政策措施。农业劳动力使用情况核算分析，主要是按年、按季、按作业阶段核算分析劳动力在各部门各业间的分配情况、利用情况和工作效率等。

（1）农业劳动力分配情况核算分析。合理分配农业劳动力，是保证完成农业生产经营建设任务，提高农业劳动成效率的重要条件。分析时主要是检查农林牧渔各业占用劳动力的比例是否适当，农业第一线是否有足够的劳动力，同时是否适应安排林牧渔各业的需要。诸如，在农业常用平均一个劳动力负担的耕地面积的标准，在牧业常用平均每一个劳动力饲养管理的牲畜头数指标等。不仅与本年比，还可以与历年比，而且也可以本单位与邻近的先进单位比，从而寻找差距，挖掘潜力。农村普遍实行农户家庭联产承包责任制后，通过劳动力利用情况核算的分析，可以看出农业劳动力今后分配的趋向。

（2）农业劳动力利用率核算分析。劳动力的利用率是指一定时期内一定数量的劳动力实际所做的工作日数，与应做的工作日数比率。计算时常以"人日"为单位，即一个劳动力劳动一天为一个"人日"。分析时一般运用比较法，可就全年或某一阶段进行分析，也可以就各业劳动力利用情况进行分析。

（3）农业劳动成效率核算分析。对农业劳动力的合理利用，不仅要看劳动力利用率，更重要的还要看劳动成效率。劳动成效率是指一个劳动力（或班组）在一个工作日（或单位时间）内所完成的工作量。影响劳动成效率的因素有多种，如技术水平、熟练程度、劳动组织等。为了提高劳动成效率，应对影响劳动效率的有关因素作进一步核算分析。特别是对落实国家在农村的有关政策，应作多方面的核算分析，以调动农民的积极性。

（4）农业劳动获得率核算分析。农业劳动获得率是一个综合性的经济指标，是指在农业中每个农业劳动力，在一年内获得的农业产品产量（产值）。利用这一指标能够综合反映农业企业或集体单位、承包户的生产经营建设成果和劳动力的利用情况。促使农业企业和集体单位，既要合理利用劳动力，提高劳动效率，又要努力提高单位，增加总产量。为了便于相互比较，还可以用每个农业劳动力在一年内获得的农业产品产量（产值）计算劳动成效率。

4. 农业机具畜力利用情况核算分析的政策措施。农业劳动成效率的提高，取决于社会经济因素和物质技术因素。因此，核算分析农业机具畜力的利用情况，具有重大意义。核算分析农业机具畜力利用情况的目的，是研究如何合理利用农业机具畜力，充分发挥机、马、牛的作用，以保证农业生产经营建设的需要，加速农业的技术改革，不断提高农业劳动获得率。分析时，既要分析现代化的大型农机具，又要核算分析改良的半机械的小农具和畜力。通过核算分析，研究和总结农业劳动所使用农业机具畜力的先进经验，以便及时推广。

（1）农业畜力使用情况核算分析。核算分析农业畜力使用情况，着重核算分析耕畜头数的变动和使役情况，寻求增加耕畜头数和提高耕畜利用率的途径。如各种耕畜全年的增减数，其中包括自己繁殖头数和购入头数；耕畜总头数中能供使役的头数；平均每头耕畜负担耕地面积（亩）；平均每头耕畜全年使用天数。

（2）农业机具利用情况分析。分析时常用三个指标：一是拖拉机完好率：反映拖拉机的拥有量中可能投入农业生产经营建设作业的数量，它与提高拖拉机出勤率有密切联系；二是拖拉机出勤率：反映拖拉机实际使用程度；三是平均每马力拖拉机年工作量：反映拖拉机的利用率，有的用年标准台平均一个工作班次完成工作量（标准亩）来表示，简称"班次效率"。提高上述三个指标的数值是合理利用农业机具的基本要求。

5. 农业资金利用情况核算分析的政策措施。合理安排与使用农业资金是改善农业生产经营建设管理的一项重要内容。主要是为了贯彻勤俭经营的方针，更好地组织农业资金来源，合理地安排和利用农业资金，达到"少花钱、多办事"的目的。核算分析的内容包括：农业生产经营建设资金占用及其来源情况、固定资金利用情况、流动资金利用情况的核算分析。

（1）农业生产经营资金的占用及其来源情况核算分析。由于农业资金占用量反映了农业占用物质财富的数量，降低资金占用量，就能在农业资金总额有限的情况下，扩大农业再生产经营建设规模，可以降低资金占用量、减少资金的消耗量，同样都是节约农业生产经营建设资金，加速农业生产经营建设的重要措施。同时，农业生产经营建设资金利用效果的大小，直接影响到农业产品成本、盈利和劳动成效率的高低。所以，对资金占用情况进行分析，具有重要的意义。核算分析时，运用资金平衡表，核算分析内容包括：每亩占用资金额和每万元产值占用资金额、经营资金组成、资金来源分析。

（2）农业固定资金利用情况核算分析。核算分析时，除分析固定资金的配置和非生产经营建设用固定资金比重外，应着重分析固定资产占用情况和固定资金的利用率。通过按播种面积、每亩占用额和每百元产值占用固定资金的比率进行核算分析。还必须按固定资产实物量来核算分析，以便进一步核算分析各类固定资产对农业生产经营建设的保证程度。

（3）农业流动资金利用情况的核算分析。核算分析时，主要分析流动资金的占用情况和利用率。还要着重核算分析流动资金的周转率，一般采用比较法，除了实际数和计划数对比，还可以和历年比，和先进单位对比。

6. 农业生产经营建设成果核算分析的政策措施。农业生产经营建设的目的，要求每一农业单位取得的收入，不仅能抵偿支出，而且还要有盈利，从而不断扩大再生产经营建设。因此，必须加强对农业生产经营建设成果核算分析。包括：农业产品成本核算分析、盈利和投资效果核算分析。

（1）农业产品成本核算分析。产品成本是反映农业生产经营建设单位整个工作质量的一个综合性指标，是衡量农业生产经营建设成果的重要依据。农业产品成本的高低，受生产经营建设费用和产品产量两项主要因素的影响。因此，除核算分析各个农业生产经营建设单位的产品总成本外，还要着重核算分析各种农业产品单位成本和成本升降的原因以及成本的构成，以便进一步研究如何降低成本，增加盈利。

（2）农业盈利和投资效果的核算分析。农业的盈亏是农业生产经营建设单位以货币形式，集中反映在一定时期内农业生产经营建设的最终成果。核算分析内容包括：生产收益、当年实现利润、每亩生产收益、利润率的分析。在核算分析时，用比较核算分析法，以实际数和计划数对比，和历年相应的实际数、其他农业生产经营建设单位相应实际数对比，从而评价农业生产经营建设成果的大小，并进一步研究分析如何改善农业生产经营建设管理，合理使用人力、财力、物力，加快发展农业生产经营建设，获得更大的经济效果。

（三）我国农业生产经营建设经济核算分析方法的方略

农业生产经营建设经济核算分析常用的方法，主要有会计、统计、业务、比较、因素、结构等项核算分析法的政策措施：

1. 会计核算分析法的政策措施。会计核算分析法，是以货币形式全面、系统、完整、综合地反映和监督农业生产经营建设过程中的费用、成本和成果的一种科学方法，是经济核算的重要工具。通过会计核算分析法，可以正确、全面、及时地记录和反映各项财产和资金增减变化情况、成本和费用的开支情况、利润形成的分配情况，从而为检查和分析农业财务计划和成本计划的执行情况，考核农业生产经营建设成果提供资料。

2. 统计核算分析法的政策措施。统计核算分析法，是应用各种综合性指标，研究和分析大量与个别的农业生产经营建设过程的一种核算方法。通过统计核算分析法，可以提供大量的统计资料，用以说明农业生产经营建设计划执行情况和人力、物力、财力利用情况及其改善的措施，从而可以从数量上分析研究农业生产经营建设活动的规律性，用以指导农业生产经营建设活动。

3. 业务核算分析法的政策措施。业务核算分析法是运用各种业务资料，观察和反映农业生产经营建设活动情况的一种核算分析方法。它是由农业有关业务部门，根据个别经营业务的实际需要而进行的。核算内容、分析方法，所用的计量单位等都比较灵活多样。通过业务核算分析，可以迅速、及时地反映个别业务的具体情况（如农业技术措施的落实情况、定额的执行情况、农业生产经营建设任务的完成情况等），以便加强领导和监督。

上述会计核算分析法、统计核算分析法和业务核算分析法是密切联系、相互补充的。只有同时利用这三种核算分析方法，把三者全面地结合起来，才能完成经济核算的任务。

总之，农业经济核算分析法，必须把专业核算分析法和群众核算分析法正确地结合起来。专业核算分析法，是指农业的会计、统计和其他有关职能机构的专业人员组织进行经常的、系统的核算分析法。农业群众核算分析法，是指农业劳动者参加农业生产经营建设管理所进行的核算分析法。农业专业核算是全面的、综合的整体核算分析法，它所提供的资料是综合的，可以用来说明农业计划完成的一般情况和考核农业的生产经营建设成果。所以，经济核算分析法，必须以专业核算分析法为主体，充分发挥专业人员的作用。群众核算分析法，是农业劳动者参加农业生产经营建设管理的一个主要内容，由于农业劳动者是直接生产经营建设者，他们比专业核算人员更了解生产经营建设实际情况，他们参与核算，就能紧密联系生产经营建设实际情况，更加具体、直接、及时地提供核算分析法资料，不断发现和解决生产经营建设中存在的问题，提高农业生产经营建设管理水平。所以，专业核算分析法与群众核算分析法必须正确地结合起来，专业核算人员要加强对群众核算分析法的辅导和帮助，注意深入实际，向群众学习；群众核算人员要及时正确地为专业核算人员提供基础资料，并切实解决核算分析中所发现的问题。只有这样，才能搞好农业经济核算分析工作。

4. 比较核算分析法的政策措施。它是核算分析农业生产经营建设活动常用的一种方法，也是最基本的核算分析方法。它的主要内容是把相同性质的两种经济指标，或两种以上的经济指标进行对比，找出两者之间的差距，分析产生差距的原因，查明各个因素间的相互关系，以便进一步研究改进措施。根据核算分析的不同要求，可就同一时期、不同时期或不同单位间进行核算分析比较。例如：为了分析计划的完成情况，应采取报告期的实际数字与计划指标相对比，找出差距并分析产生的原因；为了研究农业生产经营建设发展情况，研究农业生产经营建设发展的规律性，应以报告期的实际数字与上一期的实际数字相对比，并和以往某一时期或逐年的实际数字进行对比分析；为了学习先进经验，促进农业生产经营建设发展，应与本单位的情况和条件相同的先进单位进行对比分析；为了选择正确有效的增产技术措施，应对不同的增产技术措施所生产的增产效果进行核算对比分析；为了评价经济效果，对获得的农业产品的价值与获得该产品所消耗的活劳动和物化劳动进行核算对比分析，进一步研究所取得的经济效果。这种方法在经济活动分析中运用比较广泛。但是，由于比较核算分析法只能用于相同指标间的对比分析，因此，在对比之前，必须注意指标之间的可比性。常用的相对指标有：

（1）计划完成情况的对比核算分析。以实际完成数和计划数对比，借以考核计划完成情况。其计算公式：计划完成率＝实际完成数÷计划数×100%。

（2）动态对比核算分析。以某一事物报告期的实际数字同上一期或历年的实际数进行对比，借以考核发展速度和增产速度，认识事物发展变化过程及其规律性。计算公式：一是发展速度＝报告期水平÷基期水平×100%；二是增长速度＝发展速度（%）－100%；三是平均发展速度＝最末指标数值÷最初指标数值；四是平均增长速度（递增速度）＝平均发展速度（%）＝100%。

（3）同类对比核算分析。同一时期内的同类事物在不同地区或单位之间的对比核算分析。比如把落后单位与先进单位的有关经济指标进行比较，可以及时总结先进经验找出差距。其公式：比较相对指标＝甲地区（或单位）某一现象的数值÷乙地区（或单位）某一现象的数值。

（4）现象发展强度对比核算分析。通常把两个性质不同但又具有密切联系的指标进行对比核算分析，用来反映现象发展的强度、密度、普遍程度或利用程度等。其计算公式：强度相对指标＝某一现象的数值÷有联系的另一现象的数值。例如：人口与耕地面积相比较，借以衡量人均占用耕地面积；耕地面积与拖拉机台数相比，借以反映机械负担情况；收入与人口相比，可以反映人均收入情况等。

5. 因素核算分析法的政策措施。因素核算分析法，是用来分析影响经济指标变动因素的一种方法。运用因素核算分析法，可以分析产生差距的原因和不同因素的影响程度，便于发现问题，提出改进措施。这种方法的主要内容包括：当分析多种因素的影响时，将各个因素按顺序，逐个地进行核算分析，并在分析某一个因素时，是在假定其他因素不变的情况下进行的，通过核算分析，可以发现每个因素对经济指标变动的影响程度。例如：小麦的总产量主要是受播种面积和单位面积产量的共同作用而形成的，但两者所起的作用各不相同，在核算分析这两种因素对总产量的影响时，采用因素核算分析法进行分析，就看得很清楚了。

（1）因素核算分析法的特点：一是假定性。当其测定某一因素变动对分析对象的影响时，是假定其他因素不变的前提下进行的。但客观经济现象并非如此，而是各个因素间互相联系、制约、变化的。因此，分析的结果，就会带有一定的假定性。二是局限性。在核算分析时，如果各个因素排列的顺序（计算时代替的顺序）改变了，各个因素影响程度的总和虽然是一致的，各个因素影响程度的正、反方向也仍然不变，但是各个因素影响程度的绝对值，将随排列顺序的改变而变动。因此，因素核算分析法在运用过程中，就带有一定的局限性。

（2）由于上述特点，在运用因素核算分析法进行经济活动分析时，要注意以下两点：一是要正确判断影响差额的各个因素，哪些是主要的，哪些是次要的，分析时，按其主次的先后排列，顺序代替，进行分析、计算。二是运用因素核算分析法，虽然能够核算分析出各个因素的正、反作用及其影响程度，但由于具有假定性的特点，所以各个因素的影响程度，只是一个大概的情况，而不是绝对的情况。同时，计算出来的结果，也并不是核算分析的最终目的。因此，还不能单独根据核算所得的数字作出最后的结论，还必须从多方面联系起来观察、研究、分析原因，然后作出正确的结论并提出改进的意见。

6. 结构核算分析法的政策措施。就是核算事物各个组成部分，在总体中所占比重的一种分析法。任何事物都是可分的，是由若干不同的部分所组成的。因此，分析事物内部构成情况，可以深入认识事物的性质、特点及其发展趋势。诸如，核算分析农作物播种面积结构，就可以深入认识农业产业专业化程度；核算分析畜群结构，可以深入认识畜群再发展的能力；核算分析农机工作日结构，就可以深入认识工时利用率；核算分析总收入中各个分配项目所占比重，就可以深入认识积累与消费的比例关系等。根据不同的目的，对同一事物，可以从不同的角度去分析研究它的构成。例如，对劳动力总体核算分析，可以核算分析性别构成、年龄构成、文化教育程度构成和技术熟练程度不同的构成等。结构分析法，就是以相对量去反映事物质的方面的差别。它是事物发展由量变到质变规律的具体运用。

总之，以上是在农业经济核算分析中，比较广泛应用的几种方法。此外，还有一些经济核算分析方法，这里就不再赘述。在具体运用经济核算分析方法时，应根据分析的目的和掌握资料的情况，来决定运用哪种方法，要采用简便易行、通俗易懂的核算分析方法，防止脱离实际、脱离群众的烦琐方法，使经济核算分析更好地为农业生产经营建设管理服务。农业经济核算分析，虽然是加强经济核算、改善生产经营建设管理的一种重要方法，但不能孤立地进行，必须和其他方面的工作配合起来，才能发挥其应有作用。

十六、我国农业生产经营建设财务管理与会计核算相结合的方略

农业生产经营建设财务是农业各主管部门、农业企业、事业单位和农村合作组织及各种联产承包户，在开展农业生产经营建设活动过程中，带来的同国家、其他企业、事业单位和农户之间等各方面筹集、分配、使用资金的相互关系。在我国社会主义时期，农业生产经营建设财务是国家财政的基础。农业生产经营建设财务是农业生产经营建设过程的货币体现。简称农业财务。

农业生产经营建设会计是应用于农业生产经营建设单位的一种专业会计，是农业生产经营建设管理的重要组成部分。它以货币为主要计量单位，反映和监督农业生产经营建设单位在生产经营过程的资金运动，并根据核算资料进行连续、系统、全面、综合地检查、监督和分析，简称农业会计。农业会计的主要内容包括：固定资产、物资材料、劳动报酬、产品成本、利润、收益分配和基金的核算、会计报表的编制、财务和成本的分析，以及对会计记录正确性和经济业务合法性的检查监督等。农业会计是由国营农业企业会计、国营生产服务性事业会计、农村集体企事业会计和经济联合组织以及各种联产承包户会计构成的。

（一）我国农业生产经营建设财务管理与会计核算的对象

农业生产经营建设财务管理与会计核算的对象，就是农业生产经营建设财务管理与会计核算所要

反映和监督的内容，也就是反映和监督我国农业生产经营建设的资金运动及其成果。

1. 农业生产经营建设财务管理的对象。农业财务管理的对象，是人们利用货币的形式，对农业的各种资金的筹集、使用和分配进行计划、核算、监督、分析等一系列管理工作的总称。为了保证农业生产经营建设财务管理工作的顺利进行，财政部门、农业主管部门、农业企业和农业事业等单位，要根据党和国家的农业与财经方针、政策，按照农业生产经营建设管理的特点，制定相应的财务规章制度。其目的在于通过财务管理工作，来完成农业企业、事业单位组织开展生产、经营、建设、服务活动的任务。

2. 农业生产经营建设会计核算的对象。农业会计核算的对象，主要是指所要反映、监督、分析、预测的内容而言。农业会计核算的对象，是农业在生产经营建设过程中的资金运动、价值形成，以及所产生的各种经济关系。主要包括以下四点：

（1）农业各项资金的占用和来源及其增减变化。

（2）农业生产经营建设过程中物化劳动和活劳动的费用，以及农产品成本的形成。

（3）农业收入的实现、利润的形成和分配。包括由国家或有关部门拨入的定额补贴和亏损补贴。

（4）农业各方面的经济关系，是指在农业生产经营建设部门、单位与国家、有关单位承包户、其他个人之间发生的经济关系。

（二）我国农业生产经营建设财务管理与会计核算的特点

农业生产经营建设财务管理与会计核算，同工业财务管理与会计核算相比，具有明显的特点。这是由农业生产经营建设活动及其组织管理的特点决定的。农业财务管理与会计核算的特点，主要有以下四方面：

1. 农业生产经营建设的动植物产品，具有自然生长与社会生产经营建设相结合的特点，因而带来生产经营建设资金占用时间长和周转速度慢的特点。农业生产经营建设的动植物产品，必须具备三个条件：一是有适宜动植物产品生长成熟的自然地理条件，如土地、阳光、气温、雨水、地域等；二是掌握动植物生长的规律；三是提供必要的社会生产经营建设劳动，创造适宜动植物生长的条件。这三个条件是自然生长与社会生产经营建设相结合的体现。农业生产经营建设的任何一种动植物产品，都是动植物在适宜它生长的自然地理条件下，通过广大农民群众的生产建设劳动和经营管理，而产生出来的。比如，在我国亚热带的广东地区适宜种植水稻、橡胶、剑麻、甘蔗；在我国寒带的黑龙江地区适宜种植小麦、大豆、玉米；在我国西北草原地区适宜放牧牛、马、羊；在我国华东沿海和湖泊里适宜发展渔业产品。由此可见，农业生产经营建设这些动植物产品的过程，除了农民群众一定时期的生产建设劳动和经营管理外，就是动植物在自然地理条件下，自身生长成熟的过程。所以，只有把自然生长与社会生产经营建设这两者紧密结合起来，才能生产经营建设出又多又好的动植物产品来。

这个自然生长与社会生产经营建设相结合的特点，带来生产经营建设资金占用时间长、周转速度慢的特点，由于动植物产品自身生长周期长，就需要经常地占用生产经营资金；由于动植物产品的养殖种植和收获时间短而集中，就需要大量投放生产经营建设资金和集中回收销售资金。同时，自然地理条件的好坏，也会对生产经营建设资金的投放和收回产生很大影响。只有掌握住这个特点，才能研究解决加快生产经营建设资金的周转速度，减少不合理占用资金的问题。

2. 农业生产经营建设的种植物产品，具有自给性的特点，因而带来一部分产品资金直接转为生产经营建设资金或储备资金的特点。在农业生产经营建设动植物产品的过程中，往往是这一生长周期的动植物产品留作下一生长周期所需要的物质资料。例如，种植业的粮食和经济作物的种子、林业的树种、牧业的产畜和役畜、渔业的夏花和冬片等都属于这种情况。农业生产经营建设活动的这个特点，决定了生产经营建设资金在循环周转过程中，有一部分产品资金不需要经过产品销售转为货币形态的过程，而直接由产品资金形态转为储备资金形态或生产经营建设资金形态。就实物形态来说，就是由产品直接转为物资资料。只有掌握住这个特点，才能正确地核算生产经营建设成果和生产耗费，合理地组织生产经营建设资金的平衡和调度。

3. 农业生产经营建设的动植物产品，具有劳动对象转为劳动手段的特点，因而带来一部分生产经营建设资金直接转为固定资金的特点。在农业生产经营建设动植物产品的过程中，有相当一部分动植物产品，由劳动对象形成劳动手段，转化为固定资产，形成固定资金。例如，林业的橡胶、果、桑、茶等经济林木，都是由林业职工经过播种、育苗、定植、抚育成林的。只有掌握住这个特点，才能按照党和国家的农业与财经方针政策，根据劳动手段的具体情况，实事求是地划分生产经营资金和基本建设资金的界限，并采取相应的财务管理与会计核算的方法。

4. 农业生产经营建设的动植物产品，具有多样性的特点，因而带来生产经营建设资金内容复杂的特点。农业在"一业为主、多种经营"、农林牧副渔各业全面发展的方针指引下，正沿着农、工、商联合经营的方向发展。这样一来，它生产经营建设的产品必然是多种多样，既有动植物产品，又有工业产品；既要生产加工，又要储备销售，实行产、供、销一条龙的办法。这就决定了农业生产经营建设资金运动内容的复杂性，也必然带来各业之间生产经营建设资金的互相占用和影响。只有掌握住这个特点，才能全面考虑各业生产经营建设活动中的问题，认真研究分析生产经营建设资金运动的规律，切实加强财务管理与会计核算，争取用最少的资金和物质消耗，取得最好的经济效果。

总之，从上述可以看出，只有从农业的生产经营建设活动及其管理过程中，认真研究分析农业生产经营建设财务与会计的特点，掌握农业生产经营建设财务与会计对象的运动变化规律，才能明确农业生产经营建设财务与会计的对象和范围，才能进一步提出农业生产经营建设财务与会计的任务。

（三）我国农业生产经营建设财务管理与会计核算的地位

农业生产经营建设服务管理与会计核算，是农业生产经营建设管理的重要组成部分，是农业生产经营建设管理中不可少的工具。农业的基本任务，就是按照党和国家关于农业与财经方针政策，有计划地组织开展农业生产经营建设活动，为发展壮大农业和农村经济、加快实现农业现代化服务。为了完成这个基本任务，就需要有相当数量的物资材料，如房屋、机械设备、原料、燃料等。这些物资材料，是农业进行生产、经营、建设、服务活动的前提。在商品流通和货币交换存在的条件下，农业需要的物资材料，是以价值形式表现的。物资价值量的货币表现则称为资金。农业财务，就是在农业生产、经营、建设、服务活动过程中的资金运动。农业的资金运动，不仅表现为各种资金的增减变化，也体现着农业与各方面的经济关系。如农业投资和农业解缴利润所形成的资金交换关系；农业与国家之间，由于财政扶持和农业对国家贡献所形成的财政缴拨关系；农业与其他行业之间，由于采购材料、销售产品所形成的货款结算关系，以及农业与人员之间，由于开支劳动报酬所形成的支付关系等等。这些经济关系是以货币形式表现的，称为财务关系。农业必须按照资金运动的客观规律，根据党和国家关于农业与财经方针政策，合理组织资金运动，正确处理各种财务关系。

农业生产经营建设会计也是管理经济的一个重要工具。它以货币计量作为统一的价值尺度，系统地、连续地对农业生产经营建设业务进行反映和监督。会计核算有一套整理资料的科学方法，它包括填制凭证、设置账户、复式记账、成本计算、财产清查和会计报表等。

1. 农业生产经营建设财务管理与会计核算是两个不同的经济范畴，各自都有一套独立的方法体系。但是，在实际工作中，它们又都是以农业的生产、经营、建设、服务的业务项目为对象，利用价值形式，对农业生产经营建设资金、成本、利润等经济指标进行考核和监督，并通过资金的集中和分配等财务收支活动，正确处理农业与各方面的经济关系，从而以最少的资金耗费，取得最大的经济效果，保证多快好省地发展农业和农村经济任务。农业财务管理与会计核算的任务，是由农业的基本任务决定的。

2. 我国农业生产经营建设财务管理与会计核算，是为农业生产经营建设活动服务的。它是按照党和国家的农业与财经方针政策，遵循农业生产经营建设的自然规律和经济规律，通过农业财务管理与会计核算的职能和手段，正确处理农业企业事业单位和国家、有关单位以及各个成员之间关系，从而促进农业生产经营建设活动的发展。这对于推动我国社会主义农业和农村集体经济持续发展有着重要的作用。

3. 我国农业生产经营建设财务管理与会计核算体制，是根据"统一组织领导、分级管理核算"的原则，按照农业和农村所有制经济的性质、农业生产经营建设管理水平和农业和农村经济管理体制确定的。

（四）我国农业生产经营建设财务管理与会计核算相结合目标的方略

农业生产经营建设财务管理与会计核算相结合目标的方略，概括地说，要贯彻执行国家关于农业与财经的方针政策，加快农业和农村集体经济持续发展，不断提高农民群众生活水平，为逐步实现农业现代产业化规模经营目标而服务。具体地说，主要有以下六项目标：

1. 要认真贯彻执行党和国家关于农业与财经的方针政策，为促进农业和农村经济持续发展，加快农业现代化建设服务。为此，在组织进行农业财务理与会计核算中，一是要坚持以农业为基础的指导思想，在决不放松粮食生产的同时，积极开展多种经营的方针，不断改善发展农林牧副渔各业生产经营建设条件，推广农业生产经营建设管理技术，发展商品经济；二是要坚持自力更生、艰苦奋斗，坚持勤俭经营，反对铺张浪费，要充分利用本地资源，根据需要与可能，推进农林牧渔各业全面发展；三是要对农业财产物资的增减、生产经营建设费用的耗费、经营成果的好坏，以及收益分配等财务收支方面，严格地进行管理与核算，提出增收节支、扭亏增盈的措施。

2. 要积极筹集和合理供应资金，及时适应农业生产经营建设资金需求。为此，必须做到：一是开辟财源，筹集资金；二是有计划地分配资金，合理使用资金。农业资金的分配和使用，必须坚持全面规划、因地制宜、适当集中的原则，要把资金集中用于效果大、见效快的项目。同时，必须兼顾当前利益和长远利益，对比分析农业资金使用的经济效果，提高农业资金使用效益。

3. 要正确及时记录和反映农业生产经营建设发展变化情况，考核农业生产经营建设计划任务完成和经济效益。为此，在农业财务管理与会计核算中，一是根据国家有关部门下达农业与财经的任务和政策，制定切实可行的农业财务计划，作为组织农业生产经营建设活动的依据。我国农业经济是社会主义国民经济整体的有机组成部分，又是执行国民经济计划的基本环节。农业和农村经济尽管所有制不同，但全部生产、经营、建设、服务活动，绝大部分都直接或间接地纳入了各级国民经济计划。因此，全面完成农业和农村经济发展计划任务，对保证整个国民经济计划的完成，有着重要的意义。二是正确及时地记录和反映农业和农村经济发展变化情况，经常检查和分析农业和农村经济发展计划的执行情况和结果，促使农村完成和超额完成各项经济计划任务，以利于农业和农村经济持续发展和国民经济繁荣富强。

4. 要不断改善财务管理，切实加强会计核算，建立健全经济责任制，节约生产费用，降低产品成本，取得更大的经济效果。在农业财务管理与会计核算中，一是合理安排使用劳动力，提高劳动成效率；二是充分发挥固定资产的利用效能，节约材料消耗，大搞综合利用，减少废品损失，不断挖掘潜力；三是合理利用资金，提高资金的使用效率。以便能以较少的资金耗费，取得较多的经济效果，为巩固和发展农业和农村经济，支援国家经济建设作出更大的贡献。

5. 要维护财经纪律，加强财会监督，保护农业和农村财产的安全完整。在农业财务管理与会计核算中，一是管好用好农业和农村的各项财产物资，保证农业生产、经营、建设、服务活动的正常进行，维护和壮大农业和农村经济。二是保护农业和农村财产的安全完整，如实反映和严格监督各项财产物资的保管和使用情况。对农村企业事业单位一切货币资金的收支、物资的进出和移动，都要及时反映，按照规定办法填制凭证，认真进行审核，根据合法凭证登记账簿，按时进行清查，借以明确财产保管和使用的经济责任，揭露财产物资保管不善和积压浪费等现象。对于不爱护公共财产、违反财经纪律、违法乱纪的行为，进行坚决的斗争，以保证农业生产、经营、建设、服务活动的顺利进行。

6. 要按照党和国家的分配政策，正确处理国家、集体和个人三方面的经济利益关系。要促使农村企业事业单位，严格按照党和国家的分配政策，及时足额地缴纳税款和利润，认真执行"各尽所能、按劳分配"的原则，正确处理国家、集体和个人三方面的经济利益关系，调动农民群众的生产积极性，要在发展经济的基础上，逐步提高农民群观众的收入水平。

（五）我国农业生产经营建设财务管理与会计核算相结合规则的方略

要正确组织贯彻落实农业生产经营建设财务管理与会计核算相结合规范的方略，就必须依据党和国家关于农业与财经的方针政策，通过计划、核算、监督、检查、分析等方法，全面地、系统地、准确地反映和组织农业生产经营建设过程的资金运动，及时地、合理地处理各方面的财务关系，促进农业和农村经济持续发展，必须坚持遵循以下五项规则：

1. 坚持制定和执行财务计划和财务管理与会计核算的规则。财务计划和财务管理与会计核算，是农业生产经营建设管理与经济核算的组成部分，正确及时地制定和执行财务计划和财务管理与会计核算的规则，对于农业改善经营管理，加强经济核算，促进农业和农村经济持续发展，具有重要作用。

（1）农业财务计划和财务管理与会计核算的规则，是以条文规定的形式，组织农业财务收支活动的依据和处理财务关系的准则，以保证和监督农业正常进行生产、经营、建设、服务活动。在农业生产、经营、服务、建设活动过程中，需要处理多方面的财务收支关系。因此，要根据党和国家关于农业与财经的方针政策和法规制度规定，结合农业财务收支的内容和特点，建立健全相应的财会法规制度，是非常重要的。它对于不断地促进农业生产经营建设单位严格遵循自然规律和经济规律，正常地组织和指导农业财务收支活动，科学合理地确定权责分明的财务关系，调动各方面生产经营建设管理的积极性，促进农业和农村经济持续发展，具有重要意义。农业财务计划和财务管理与会计核算规则的范围，主要包括：财务计划、基本建设、固定资产、流动资金、劳动报酬、成本及费用、收入、利润、专用基金、民主理财和财会人员等管理与核算方面的规则内容。

（2）农业财务计划和财务管理与会计核算规则的纲要，主要有四点：一是要以我国农业生产经营建设经验教训为思想理论基础，以党和国家有关农业与财经方针政策为依据；二是要有严格的统一要求，力求简便易行；三是要保持相对的稳定，定期研究充实修改。建立健全法规制度后，要保持相对的稳定，充分发挥它严肃性和约束性的作用，不要朝令夕改，要瞻前顾后，照顾全局。这是因为任何法规制度建立以后，总要有个熟悉、掌握和执行的过程，这个法规制度究竟是好是坏，也要有个检验和证实的过程。同时，随着我国各地区农业生产经营建设管理水平的提高，就需要相应建立健全财会法规制度，并在执行财会法规制度过程中定期充实修改，使之适应农业生产经营建设管理的新要求。对于妨碍农业正常进行生产经营建设活动，影响农民群众的积极性，不利于有计划地发展农业商品经济，不能促进推动农业和农村经济发展的财会法规制度，要抓紧调查研究，充实修改；四是要有一定的灵活性，充分讲求实效。在统一贯彻执行国家颁发的财会法规制度的前提下，应注意掌握一定的灵活性，以利于更好地贯彻执行统一的财会法规制度，充分发挥实际效用。这是因为我国各地区农业的具体情况非常复杂，任何一项统一的财会法规制度都是不能包罗万象的，应当允许结合各地区农业的具体情况，补充制定实施办法；五是要严格遵守、认真执行、坚持落实农业财会法规制度，一旦建立健全之后，关键在于农业生产经营单位领导和财会人员，必须首先严格遵守和认真贯彻执行。因此，在实际工作中，农业生产经营建设单位组织领导要带头坚持执行财会法规制度，农业生产经营建设单位财会人员要以身作则，履行职责，严格地按照财会法规制度办事，农业生产经营建设单位组织领导和财会人员要宣传教育群众，组织动员他们自觉地执行财会法规制度，维护财经纪律，同一切破坏财会制度，违法乱纪的行为作斗争。

2. 坚持实行统一领导下的各级财会负责制的规则。为了完成农业生产经营建设的任务，实现各项指标，必须在农业主管部门领导下，把有关任务和经济、财务指标，进行分解，层层落实到基层单位和个人，以明确各自的责任和奋斗目标。如：农业供应单位负责采购、储备资金的定额和指标；生产单位负责生产资金和生产费用、成本的定额和指标；销售单位负责产成品资金定额、产品和其他销售收入的指标；劳动单位负责劳动报酬、福利奖励基金的定额和指标；行政后勤单位负责各项管理费的指标；财会单位负责管理监督各项综合财务指标。这种统一领导下的各级管理责任制，实质是民主集中制的管理监督办法。这种办法，体现着专业管理与群众管理相结合的原则，贯彻执行事归谁办、钱归谁管、各有其权、各负其责的规则，是切实可行、行之有效的办法。

3. 坚持实行考核经济效果的经济核算制的规则。为了加速农业的资金周转，降低生产经营建设费用和产品成本，提高产品质量，不断增加农业盈利，扩大积累，壮大农业和农村经济，必须坚持实行考核经济效果的经济核算制，统一由农业财会单位筹集、安排使用资金，切实搞好资金的平衡调度工作，并会同有关单位积极组织收入，合理安排和节约使用支出，在日常供产销各个环节中，要努力节约物化劳动和活劳动的消耗，合理采购、储存、保管材料提高设备利用率和劳动成效率，不断降低生产经营建设费用和产品成本，搞活产成品的出入库验收、保管、包装和发运工作，及时结算往来货物，以利于组织销售收入。

4. 坚持经常检查监督农业财务收支情况和问题的规则。为了加强经济核算，改善经营管理，发展农业和农村经济，必须经常监督检查农业财务收支情况和问题，及时处理违犯财经纪律的问题，认真执行财务计划和财会制度，合理使用各项资金，挖掘内部潜力，控制非生产经营建设支出，反对铺张浪费，保护集体财产的安全。在组织农业的日常监督管理过程中，要坚持抓住重点问题，主要有五项：一是通过执行农业财务计划，监督农业各项经济指标的完成好坏的情况和问题；二是通过执行农业财会制度，监督农业是否按财会制度的规定，努力节约支出，积极增加收入，是否维护和遵守财经纪律；三是通过执行农业财务定额和开支标准，监督农业是否根据财务定额、开支标准，合理安排和节约使用资金，提高资金利用率，加速资金周转；四是通过农业产品成本的指标，监督农业是否在生产经营建设过程中，以最少的消耗，取得最多的经济效果；五是通过农业利润的指标，监督农业是否及时完成盈利任务和上缴利润等情况和问题。

5. 坚持在日常财会监督管理的规则。在日常财会监督管理工作中，必须坚持遵守四项规则：一是要正确处理服务和监督的关系，划清原则性和灵活性的界限。从农业财会单位来说，既要做好服务工作，积极支持资金上的合理需要，又要做好监督工作，认真执行财务计划和财会制度，严格守住计划，把住口子，控制开支。既要坚持原则、维护财经纪律，又要从实际出发，解决实际问题。二是要坚持分工协作，共同搞好日常财会监督管理。农业内部各个职能单位之间关系是紧密相连的，应当相互支持，搞好分工协作，以利于共同搞好日常财会监督管理工作。三是要求农业生产经营建设单位组织领导积极支持和重视财务管理与会计核算工作，切实发挥财会人员的监督管理作用。四是要求农业财会人员提高政治思想觉悟，精通财会业务技术，提高日常财会监督管理的水平。

（六）我国农业生产经营建设财务管理与会计核算相结合方法的方略

农业生产经营建设财会管理与会计核算相结合方法的方略，是为组织完成农业生产经营建设财务管理与会计核算的任务，所必须采取的政策措施。因此，必须掌握和运用农业财务管理与会计核算相结合方法的方略。对于农业财务管理与会计核算相结合方法的方略，在方法上各有侧重，前者重于管理，后者重于核算，但两者是密切相连的，管理的基础是核算，核算的前提是管理。两者相互制约，互为条件。只有将财务管理的方法与会计核算的方法密切结合，才能发挥应有的作用。分别说明如下：

1. 农业生产经营建设财务管理的方法。农业生产经营建设财务管理方法主要有：编制和执行农业财务计划、建立和健全农业财务制度、组织进行日常农业财务监督管理、开展农业财务检查与分析。

（1）编制和执行农业财务计划。农业财务计划是农业生产经营建设财务计划的组成部分，它是为农业明确财务收支奋斗目标，积极组织收入，合理安排支出，有计划地筹集积累各项资金，有步骤地分配使用各项经费的一个重要措施和方法。正确及时地编制和执行农业财务计划,有利于改善农业生产经营建设管理,加强农业经济核算,促进农业和农村经济持续健康发展,逐步实现农业现代化。

(2) 建立和健全农业财务制度。农业财务制度是以条文规定的形式,作为组织进行农业财务收支活动的依据和处理农业财务关系的准则,以保障和监督农业生产经营建设活动正常进行的一个重要措施和方法。科学地建立和健全农业财务制度,有利于正确贯彻执行党和国家的财经方针政策,正常地组织和指导农业财务收支活动,合理地确定和处理权、责、利等方面的财务关系,调动各方面生产经营建设管理的积极性。

(3) 组织进行日常农业财务监督管理。日常农业财务监督管理,是为了保证农业正常进行财务收支活动,而采用日常督促、检查的措施和方法。搞好日常农业财务监督管理,有利于顺利实现农业财务计划,正确执行农业财务制度,妥善处理各方面的经济关系。

(4) 开展农业财务检查与分析。农业财务检查与分析,是以党和国家的农业与财经方针政策为准则,以农业财务的计划、制度和日常监督管理提供的资料为依据,通过深入实际调查研究,而采用查证核实、清理账目、对比分析的措施和方法。搞好农业财务检查与分析,有利于肯定成绩,总结经验,发现问题,找出差距,提出改进措施办法,端正农业和农村经济发展方向。

2. 农业生产经营建设会计核算的方法。农业生产经营建设会计,具有一套完整的核算方法。它是对农业生产经营建设活动,进行连续、系统、全面和综合的反映和监督的方法。它包括以下四种方法:

(1) 农业会计核算的方法,包括会计科目、记账方法、会计凭证、会计账簿、成本计算、记账程序、会计报表等。为此,一是设置农业会计科目,是对农业财务收支活动过程中发生各项经济业务进行科学分类的一种方法。通常把会计科目称作会计账户;二是采用农业记账法,是指对农业发生各种各样的会计事项,按照一定的逻辑关系和表现方式,记到账户中的方法。它包括:记账符号、记账原理、记账所依据的平衡公式、科目分类、记账规则等;记账方法有:借贷记账法、收付记账法、增减记账法;三是审核农业会计凭证,是在农业财务收支活动过程中,用来办理农业各项经济业务手续,明确经济责任,并作为记账根据的书面证明;四是登记农业会计账簿,是以会计凭证为依据,用来全面地、连续地、系统地记录和反映农业各项经济业务的一种专门格式簿籍,它是反映农业资金增减变化情况的工具;五是编制农业财务与会计报表,是以账簿记录为依据,综合反映农业生产经营建设单位,在一定时期内经济业务情况的书面报告文件,是会计核算工作的总结资料,也是会计核算方法的一个重要组成部分。这几个方面之间是相互有机联系的,因而构成了统一的核算体系。

(2) 农业会计决策方法,如成本、利润等决策方法。

(3) 农业会计检查方法,如凭证检查、账簿检查、报表检查、财产清查等方法。

(4) 农业会计分析方法,如平衡分析方法、比较分析法、因素分析法、预测分析法等。

上述各种方法在农业会计核算工作中,具有各自特殊的功能和作用。它们之间紧密联系,构成统一的农业会计核算方法体系。

(七) 我国农业生产经营建设财务管理与会计核算相结合基础的方略

我国中西部一些农村财务管理与会计核算工作质量比较差,这项工作所面临的任务艰巨,财会队伍薄弱,不能适应农业生产经营建设管理的要求。同时,由于我国农业和农村经济体制、产业结构、生产经营建设管理环节比较复杂,农业专业化、商品化和现代化建设,同制定实行农业财务管理与会计核算相结合基础的方略密切相关。因此,必须在农业财务管理与会计核算相结合基础上,落实以下四项方略:

1. 在农业财务管理与会计核算的会计技术基础工作上,一是必须建立健全农业生产经营建设各个方面的原始记录,规定各种原始记录的内容、格式以及填写、传递、报送、存档有关制度,审核和填制各种原始凭证、记账凭证;二是必须坚持科学制定定额标准,主要包括劳动定额,原材料、辅助材料、燃料、劳力、工具等消耗定额，管理费用定额，主要物资储备定额和流动资金定额等，运用会计科目，设置总分类账户和明细账户，登记日记账，明细账和总账，核对各项账目；三是必须切实做好计量工作，配置各种必要的计量器具、统一计量数据，计算各种成本和各项开支，计算和提取各种专项资金，清查盘点各项财产物资；四是必须经常搜集各项基本数字，掌握上年财务计划完成情况，预计计划年度产品产量、物资供应、劳动报酬、产品销售等有关指标的完成进度，整理本单位以前年度的财务决算资料，为编制财务计划提供依据。编制各种会计报表，整理和保管会计档案。

2. 在农业财务管理与会计核算的政策法规基础工作上，一是坚定地树立以农业为基础的思想，充分认识农业财务管理与会计核算工作重要性，提高群众当家理财的自觉性，坚持从农业生产经营建设实际情况出发，因地制宜地分配使用资金，充分利用自然资源，发挥各地区生产经营建设优势，使有限的资金用在投资少、见效快的项目上，以发挥最佳的经济效益；二是坚持不断地完善农业财务管理与会计核算体制，建立健全各项制度、标准、定额，严格进行财务监督与检查，以促进农业和农村经济持续健康发展；三是坚持经常开展农业财务评比分析工作，农业财务管理与会计核算工作范围广泛、内容复杂、政策性强。因此，必须加强调查研究，掌握第一手资料，开展评比分析，解决问题，力争取得最好的经济效果；四是坚持依靠党政领导，密切部门协作。由于财务管理与会计核算工作，与各部门都有着紧密的联系，所以要正确处理服务与监督的关系，对发现的情况和问题，既要争取党政领导的支持，又要取得各部门的协作，以利于切实搞好农业财务管理与会计核算工作。

3. 在农业财务管理与会计核算的基本原则基础工作上，必须认清农业财务管理与会计核算，是农业生产经营建设管理与经济核算的重要组成部分，是组织开展农业生产经营建设活动的有力工具。因此，要加强农业财务管理与会计核算，就必须认真执行党和国家关于农业与财经方针政策，必须遵循三项原则：一是坚持勤俭办农业的原则。勤俭办农业是农业生产经营管理的基本原则，也是组织农业生产经营活动的重要方针。在农业财务管理与会计核算中，要坚持勤俭办农业的原则，就必须积极筹集各种资金和物资，保证农业生产发展的需要，广开财源，增加收入，扩大积累。就必须严格实行经济核算，合理安排和节约使用资金，压缩非生产性开支，堵塞铺张浪费的漏洞，提高资金使用效果；二是坚持为农业生产经营建设服务的原则。要加强农业财务管理与会计核算，必须面向农业生产经营建设，支持农业生产经营建设，为农业生产经营建设服务，促进农业农村经济持续健康发展。对于发展农业生产经营建设所需的物资和资金，要积极筹集，凡是妨碍农业生产经营建设发展的财务管理与会计核算问题，应该积极采取措施给予解决。切实做到既推动农业生产经营建设发展，又精打细算、厉行节约、节省开支；三是坚持为农民群众服务的规则，要加强农业财务管理与会计核算，必须坚持群众路线，相信群众，依靠群众，为群众服务。要实行民主理财，加强群众监督，开展群众性的经济核算，使农业劳动者都能了解财务状况，关心和重视经济效益，提高农业生产经营建设管理水平。

4. 在农业财务管理与会计核算的所有制基础工作上，坚持分别组织落实国家所有制、集体所有制的农业财务管理与会计核算相结合的政策措施：

（1）国营农业财务管理与会计核算体制的政策措施。国营农业是全民所有制的农业经济，国营农业的财务收支计划，要纳入国家预算管理。目前，国家对国营农业实行独立核算、自负盈亏、盈利留用、亏损不补、有利润自己发展生产经营建设、资金不足可以贷款的财务包干办法。国营农业内部的财务管理，实行"集中统一管理、分级核算、统一计算盈亏"的制度。国营农业场部负责统一组织领导，组织财务管理与会计核算工作，统一计算盈亏，统一对国家进行缴款与接受拨款，统一办理采购、销售等对外结算业务与银行的存款、贷款业务。分场、队、班（组）、辅助单位，一般都在场部统一领导下实行内部经济核算，负责计算和考核本单位发生的生产经营建设费用，负责材料消耗的核算与资金的保管，购置和处理零星生产资料与零星产品，一般不对外发生财务关系，不在银行开存款户。

（2）集体农业财务管理与会计核算体制的政策措施。集体农业是集体所有制经济，现阶段农村合作经济组织已实行联产承包责任制。一般以乡村企业、专业户和承包户为核算单位，一是在财务管理上实行"统一领导、分级管理、分级核算、各计盈亏"的方针政策；二是在农村集体经济内部组织落实各自的财务和物资、资金往来，实行自愿互利、等价交换的方针政策。乡村企业还承担着国家基层财政的任务，因此，要严格划清属于国家财务收支和属于农村集体经济收支之间的界限。凡是农村合作组织向国家交纳的税收，应分别计算，如数上交，由国家财政负担的支出，应列国家预算。

（八）我国农业生产经营建设财务管理与会计核算法制的方略

组织实施农业生产经营建设财务管理与会计核算法制方略，是指加强农业财务管理与会计核算、保证合理的使用资金、促进农业生产经营建设发展的方针策略。农业财务管理与会计核算制度，是组织农业财务收支活动的经验总结，也是根据农业自己运动规律所决定的农业财务管理与会计核算的规范。建立和健全科学的农业财务管理与会计核算法规制度，可以保护农业和农村财产的安全与完整，进一步贯彻自力更生、勤俭建国的方针，更好地促进农业和农村经济持续健康发展。

我国农业财务管理与会计核算法制的方略，是根据党和国家的农业与财经方针政策，在总结财务管理与会计核算经验的基础上，按照有利于发展农业农村经济的需要和有利于群众参加管理的要求，制定切实可行、行之有效的法规制度。目前，我国农业已经建立的农业财务管理与会计核算法规制度主要内容有：农业财务计划和决算、农业会计、农业现金管理、农业实物管理和民主理财的五种法规制度：

1. 农业财务计划和决算法规制度。在编制农业生产经营建设计划的同时，必须编制财务计划，以便有计划地安排和合理使用资金，保证农业生产经营建设计划的顺利实现。对计划的执行结果，进行监督、检查、分析、总结。实行农业财务计划和决算的法规制度，是有计划地组织农业财务管理与会计核算的主要法规制度。

2. 农业会计法规制度。农业会计核算制度，是以货币形式全面、系统、完整、综合地反映和监督农业生产经营建设活动过程和经营成果的一种科学手段，是总结过去成果，开展未来农业生产经营建设活动必不可少的基本规则，也是搞好农业财务管理与会计核算，管好用好资金、财产，进行经济核算的重要规章。要加强农业经营管理，就必须加强农业会计核算，建立农业会计法规制度。农业会计法规制度，主要包括以下五项内容：

（1）农业会计凭证法规制度。农业会计凭证是完成农业经济业务的书面证明，是记账的根据。办理农业现金收、付、结算，财产物资收发等经济业务，都必须取得或者填制会计凭证。严格做到会计员凭凭证记账，出纳员凭凭证付款，采购员凭凭证报销，保管员凭凭证收发物资。会计凭证的内容，必须完备，数字必须真实，填制必须及时。一切凭证，都必须有经办人和负责人签章，以明确责任，便于查考。一切不合要求或未经审查的会计凭证，都不能作为记账的根据。

（2）农业记账、对账、查账法规制度。农业生产经营建设单位必须根据国家规定，结合实际情况，设置各种必要的账簿，并按照规定把每项经济业务都完整、及时、准确地登记下来。对于各种账簿的数字，必须经常核对，切实做到账款相符、账务相符、账证相符、账账相符。还必须建立查账法规制度，指派专人定期查账。上级管理机关、财政部门、银行的账目，也应该进行定期的或不定期的核对，以便及时发现问题，严肃处理。

（3）农业统一会计科目法规制度。农业生产经营建设单位必须严格按照统一规定的会计科目进行会计核算。会计科目不能任意改变其名称、编号和核算内容。在填制凭证、设置账户、登记账簿时，对每一项农业经济业务应该使用的科目，每一个科目反映的经济内容，都必须依照统一的规定，严格执行，必须切实保证会计核算资料的正确性和统一性。

（4）农业会计报表法规制度。农业会计报表是日常会计核算资料的系统汇总，为了集中反映农业一定时期内的生产经营建设活动和财务收支状况，检查计划的执行情况，必须按月、按季、按年编制会计报表。编制会计报表，必须做到准确、完整、及时。准确，就是要求报表的内容，一定要如实反映情况，要以核对无误的账簿记录作为编制的根据；报表中的指标，应该符合规定的内容和要求；报表之间的有关数字，必须互相衔接；做到账表相符。完整，就是要求报表的指标必须齐全，内容和文字说明必须全面。及时，就是要求按规定的期限及时编报。农业会计报表必须经单位领导和财务部门负责人审查、签章后，才能上报和向群众公布。同时，还要对会计报表进行经常的分析、检查财务、成本计划的执行情况。以便查明完成计划的原因，总结经验，发现问题，提出措施，改进工作。

（5）农业会计档案的保管法规制度，也包括农业财会工作的交接法规制度。

3. 农业现金管理法规制度。农业现金管理法规制度，是加强我国农业生产经营建设管理的一项重要法规制度。坚持现金管理制度，对于加强财务管理与会计核算，安全保管现金，集中闲散资金，加速农业资金周转，节约货币资金，确保农业和农村经济持续健康发展有着重要意义。

农业生产经营建设单位的一切货币资金，都应该根据国家有关现金管理的规定，由国家银行统一管理。农业生产经营建设单位的现金收入，必须存入银行或信用社，但为了保证日常零星支付的需要，可以与当地的银行或信用社商定库存限额，并严格执行。农业生产经营建设单位必须严格实行钱账分管的原则，配备出纳人员，出纳员不得由经办结算业务的会计人员兼任，以便做到会计、出纳员账钱分管。农业生产经营建设单位的采购人员到外地采购物资，除携带少量现金作为差旅费和零星运杂费外，一般不得携带大量现金。货款的支付，必须通过银行结算。农业生产经营建设单位内部之间的经济往来，一般也采用非现金结算的办法。

4. 农业实物管理法规制度。农业的各种固定资产、材料、产品和低值易耗品等实物，都是农业生产经营建设活动的物质基础。为了妥善管好这些财产物资，确保其安全完整，避免损失浪费，必须建立和健全实物管理制度。实物管理法规制度，主要是指材料物资的验收、保管、出入库、定期清查盘点等法规制度。

5. 农业民主理财法规制度。农业民主理财，是在国营农业和集体农业财务管理中，坚持走群众路线，实行群众理财的重要措施。实行民主理财，就是要求农业劳动者关心财务、关心经营成果，把财务工作置于群众监督之下，群策群力，加强经济核算，提高农业生产经营建设管理水平。

（1）国营农业民主理财法规制度。国营农业实行民主理财，是贯彻群众路线，搞好财务管理的一种重要形式。实行民主理财，可以调动农工当家理财的积极性，发挥他们在农业生产经营建设管理中的监督作用。因此，国营农业必须由职工代表大会或由领导、农工、财会人员组成的"三结合"管理组织，监督检查对党和国家农业与财经方针政策贯彻执行情况，并且集体负责讨论研究农业生产经营建设方针，审议农业生产经营建设、采购销售、财务计划和工资福利等项工作。同时，还应当开展班组经济核算，经常进行群众性的经济活动分析，及时公布各项经济指标的完成情况，发挥群众找差距，提措施，从而推动财务管理与会计核算工作，更好地为农业生产经营建设服务。

（2）集体农业民主理财法规制度。集体农业经济组织的财权，应该属于参加农业生产经营建设的农民群众所有。财务计划的编制和修订，分配方案的确定，粮食和其他重要物资的分配，基本建设的投资和固定资产的购置，举办企业、事业的资金筹集和使用等，都应由本组织农民群众讨论研究决定。集体农业经济组织干部和财会人员，应按照集体农业组织农民群众的要求和意愿办事。为此，一是必须坚持对集体农业经济组织应该建立和健全检查机构。检查机构及其成员应该定期检查本级和下级组织的一切现金与实物的收支账目，检查财务收支是否正当，是否违反农业财务管理与会计核算制度，检查干部和农民群众有无贪污、盗窃和破坏公共财产的行为。还应该经常听取农民群众代表对财务工作的意见，受理其控告和检举，并定期组织农民群众代表查账，督促财会人员解答问题。二是必须坚持对集体农业经济组织各项财务应该日清月结，定期向农民群众公布财务收支计划的执行情况、资金来源与运用情况、公积金与公益金使用情况、农民群众收益账和经济往来账以及粮食与物资的收支情况等。公布的方式应该多种多样，一般可以采取口头公布与书面张贴相结合。农业生产经营建设单位还应当普遍建立农民劳动手册制度，记载每个农民劳动收益、投资、借支等，并定期进行核对，使农民群众对自己付出多少劳动，应得多少钱，心中有数，有利于调动他们的积极性。

（3）农业民主的财务管理与会计核算法规制度，是正确组织农业财务收支活动，搞好农业财务管理与会计核算的重要保证。在贯彻执行时，既要强调制度的严肃性，要求人人遵守法规制度，事事遵守制度，一切按制度办事，又要有一定的灵活性，要从农业生产经营建设发展的实际需要出发，防止因机械执行而影响农业生产经营建设发展。

总之，任何制度都不是一成不变的。由于农业生产经营建设活动的发展变化，规章制度必须不断改革。在执行农业财务管理与会计核算法规制度过程中，应该根据实际需要和实践经验，不断地进行修改和补充，以便更好地为促进农业和农村持续健康发展服务。

（九）我国农业生产经营建设财务管理与会计核算检查的方略

农业生产经营建设财务管理与会计核算检查的方略，就是要检查会计凭证、账簿、报表所记录和反映的农业和农村经济业务是否及时、准确和完整，是否有误记、错记、漏记，是否有弄虚作假的现象。特别是要深入实际，调查研究是否按照党和国家关于农业与财经方针政策、法规制度和规划计划，组织农业生产经营建设活动，对查出的铺张浪费、非法侵占农业资金和财产物资等违反政策、纪律、制度的现象，对完不成计划和财务管理与会计核算混乱等问题，要查明原因，追究违法乱纪人员的责任，提出改进措施。对财务管理与会计核算方面的先进经验，要总结推广。通过检查，一是可以发现和纠正日常财务管理与会计核算的漏洞，使会计凭证、账簿和报表的记录及时、准确、完整；二是可以使其反映的经济业务真实、合理、合法。这对于进一步落实党和国家关于农业与财经方针政策，维护财经纪律，改善经营管理，加强经济核算，保护农业财产物资的安全，厉行增产节约，组织增收节支，具有重要意义。

1. 检查的种类。财务检查，按检查的时间，可分定期检查和不定期检查；按检查的范围，可分全面检查和重点检查；按检查的方式，可分自查、互查和专查。

（1）定期检查和不定期检查。定期检查是按照检查工作计划来进行的，是在一年之内定期（如在夏收、秋收和年终，或在月末、季末和年终）进行的检查。这种检查基本上是检查核实会计核算资料，为收益分配和年终决算打好基础；同时，也全面检查这一时期的农业生产经营建设活动和财务收支过程的情况和问题。不定期检查是根据财务管理与会计核算的要求，为了特定的目的，对某些需要查清的经济问题而进行的临时检查。这种检查基本上是有目标、有重点、有专题的检查。

（2）全面检查和重点检查。全面检查是对会计凭证、账簿、报表与实有钱、物、往来结算等进行全面检查。这种检查，一般在春种、夏收、秋收前，特别是在年末决算前进行。重点检查是以农业生产经营建设管理中出现的某些比较突出的问题为重点进行的检查。这种检查，是根据不同时期的不同情况，进行有针对性的检查。

（3）自查、互查和专查。自查是指农业财会人自己对本单位财务收支情况进行的检查，目的是保证核算资料的完整准确，提高核算质量。互查是在上级的领导下，组织兄弟业务单位互相进行的检查，这种检查有利于交流财会工作经验，取长补短，共同提高。专查是组织专门人力，专门对经济问题不清的单位或个人进行的检查，目的在于查清问题，明确经济责任。

2. 检查前的准备。在检查之前，要进行下列准备工作：

（1）要进行一些必要的调查研究，了解和熟悉情况。要掌握检查对象的历史和现状，特别是经营管理中的薄弱环节和容易产生问题的所在。

（2）要掌握必要的会计凭证、账簿和报表以及其他有关资料，并注意某些资料的连续性和完整性。例如在过去和目前的实际工作中，由于农业生产经营建设单位没有建立财务人员交接制度和档案管理制度，在财会人员变动时，并未办理交接手续，各期的会计核算资料都分散在原任财会人员手中，新任财会人员就不得不另搞一套。

（3）要依靠党政领导的支持。检查人员要及时请示汇报，按照党政和清查组织领导的指示和决定进行工作。

（4）要发动群众提供线索，反映情况、揭露矛盾，借以得到会计核算资料所不能反映的问题。

做好以上各项准备工作，就可以开始检查。

3. 检查的方法。检查的方法有顺查法、逆查法和抽查法三种。可根据具体情况和要求，灵活运用。

（1）顺查法：是按照会计核算的处理程序，从原始凭证开始，顺序到记账凭证、账簿、报表的检查方法。

（2）逆查法：与顺查法相反，是从会计报表开始，到账簿、记账凭证、原始凭证的检查方法。

（3）抽查法：是缩小检查范围，集中抽查某一时期或某些个别核算资料，查明重点问题的检查方法。

4. 检查的内容。检查的内容主要包括：会计核算资料、现金和粮食物资等。

（1）会计核算资料的检查。会计核算资料的检查包括：会计凭证、账簿和报表的检查。

①会计凭证的检查：一是检查原始凭证，二是检查记账凭证，但主要是检查原始凭证。在定期或不定期检查中，对原始凭证的检查，必须特别注意各种原始凭证的名称和作用、金额和用途，防止重复报销，防止已经用自制凭证报销的支出、过后又用外来合法凭证再报，或已付出实物、又作价支付现金等虚报冒领等现象的发生。还要注意外来退款的红字原始凭证是否也按支出处理。对记账凭证的检查，要注意与原始凭证进行核对，检查有无多记支出、少记收入，甚至把收入当作支出处理等情况。在记账凭证附有多张原始凭证的情况下，更应注意检查其中是否夹带有非法部分。对于没有原始凭证作附件的记账凭证，要查明处理的根据。

②会计账簿的检查：一是要注意年度之间的衔接。在会计制度不变、账户不需调整的情况下，新账有关账户的"上年结转"数，应与旧账的"结转下年"数完全一致。如果由于制度的改变，账目的调整，致使上下年度的账户名称、核算内容和数字不能一致时，应编制账户调整表进行调整，调整后数字必须一致。二是要注意各账户的记录是否与有关账、据的记录相符。要检查和核对清楚各账户的合计累计、余额的数字是否正确；总分类账户的余额数字与其所属各明细分类账户的余额合计数字是否相符；各账户的记录是否与有关凭证相符等。三是要注意在某些特殊情况下的账面数字必须相符。农业生产经营建设单位的规模一般不要变动。必须调整时，须经群众大会讨论通过，上级领导机关批准。在这种情况下，要查明调整前后货币资金和各种物资的账面数字是否相符；财会人员如有变动，应查明其移交清册上的数字是否与当时的账面数字相符。

③会计报表的检查：一是要注意编制会计报表的规定和要求。检查会计报表的种类、名称、填列项目、编报时间等是否符合会计制度的规定。二是要注意报表数字的准确性。检查会计报表的数字，是否与核实后的有关账面数字相符；有关各栏收入、支出、分配的数字，是否相符和平衡。如有附表，要检查核对报表与附表的有关数字是否相符。至于本期报表同上期报表数字上的变化、趋势和原因，则必须结合财务分析来考核查明。

（2）现金和粮食物资的检查。除上述对会计凭证、账簿、报告的检查外，还要对现金和粮食物资等进行检查。通过账款、账物结合检查，互相对照，就能相得益彰，使财务检查收到更好的效果。对粮食物资的检查，要求：

①要检查粮食物资实际的产品数量、销售数量，然后与账面登记数量对照，如有差异，结合财务分析，查明原因、妥善处理。在实际工作中，检查粮食物资工作量比较繁重。因为农业生产经营建设单位的粮食物资种类较多，数量较大，除特殊情况需要临时全面检查外，一般是在年末决算前进行。

②要检查各种粮食物资的出入库手续是否健全，来源是否正当，耗用是否必需，结存是否正确，储备是否合理，保管是否妥善。特别要注意检查粮食的出库手续、用途、定额和政策的遵守情况。要注意检查有无巧立名目，乱用乱吃乱补；要注意检查以粮易物，套取国家分配物资；要注意检查不顾政策，一平二调，请客送礼，兑换粮票，亏空的粮食统由牲畜饲料核销；要注意检查根本没有出库手续，随用随拿，谁用谁拿，年终估计库存，以存计销；要注意检查未经批准，大量处理盘亏；要注意

检查有账无粮，有粮无账等严重混乱现象。也要检查不同用途的粮食是否分别保管，专粮专用。

③要检查粮食的质量，特别要注意检查种子粮和储备粮质量，有无虫蛀鼠咬，霉烂变质等情况，以便揭露管理中的问题，总结经验教训，不断提高农业财务管理与会计核算水平。

5. 检查的要求。在检查过程中，检查人员要大公无私，坚持原则，认真负责，要实事求是，切忌主观片面。对检查的问题，要做详细的记录，说明问题产生的时间、地点、手段、事实经过、实物数量和货币金额，并注明各种问题的有关凭证、账目；必要时得按原件制成复制件。对于贪污舞弊违法行为，还应引证党和国家有关方针、政策、法令、制度，作为以后处理的依据。检查结束后，要根据查明的事实，作出书面报告。报告中应对被查单位的工作进行正确的评价，指出农业生产经营建设管理中的先进经验和有待改进的地方。对于查出的问题，要严格区分两类不同性质的矛盾，根据国家关于农业与财经方针政策和法规制度，提出初步处理意见，并针对被查单位财务管理与会计核算的具体情况，提出改进的意见。

（十）我国农业生产经营建设财务管理与会计核算分析的方略

农业生产经营建设财务管理与会计核算分析的方略，是在农业财务管理与会计核算的检查基础上，对农业生产经营建设过程中财务收支活动的情况和问题，进行研究分析，揭露矛盾，解决矛盾的政策措施，它是农业财务管理与会计核算的重要组成部分。农业生产经营建设单位财务收支活动情况，基本上能在会计凭证、账簿和报表中分类地、系统地、集中地反映出来。通过检查，仅能发现会计凭证、账簿所未能反映和反映得不正确的问题，而不能了解问题产生的原因、性质及其对集体经济的影响，也不能了解农业生产经营建设单位财务管理与会计核算的经验教训。要达到这一点，就必须运用分析的方法。通过分析，可以了解农业生产经营建设单位，对财产物资和资金的安排和使用是否合理妥当，是节约还是浪费及其产生的原因；对财务收支相抵是节余还是不足及其产生的原因；还可以搞清财务收支、收益分配计划的完成或未完成的主客观原因。通过对这些问题和原因的研究分析，就可以有的放矢地促进农业主管部门和农业生产经营建设单位组织发动群众，加强经营管理，坚持勤俭经营，开展增产节约，严格经济核算，减轻劳动群众的不合理经济负担，在提高农业生产经营建设水平的基础上，提高劳动群众的生活水平，调动群众的积极性，为逐步实现农业现代化创造条件。

由此可见，农业生产经营建设财务管理与会计核算分析的方略，对于揭露矛盾、分析原因、解决问题，以及总结经验教训，提高财务管理与会计核算水平，进一步发展农业和农村集体经济具有重要意义。

1. 分析的种类。农业生产经营建设财务管理与会计核算分析的方略，按照分析的时间，分为定期分析和日常分析；按照分析的范围和对象，分为全面分析和专题分析。

（1）定期分析，是在一年之内定期（如在夏收、秋收和年终，或在月末、季末和年终）进行的分析。对一定时期农业财务收支活动进行全面的分析，以便研究解决这一时期的问题。

（2）日常分析，是根据平时财务管理与会计核算的情况和资料进行分析。这种分析，可以随时发现和研究解决问题。

（3）全面分析，是对农业财务收支活动进行全面系统深入的分析。一般是在一定时期，特别是在年终进行的。这种分析，可以认识和掌握农业财务收支活动的规律，总结经验教训，进一步提高农业生产经营建设管理水平。

（4）专题分析，是对农业财务收支活动中出现的某一问题，或对其一方面进行深入的分析。这种分析，可以抓住关键性的问题，集中力量加以解决。根据各地区农业生产经营建设活动的特点，针对农业财务管理与会计核算的不同要求，可灵活采取多样的形式和方法进行分析。

2. 分析的方法。分析的方法很多，一般采取比较分析法、平衡分析法和因素分析法。通过对比分析，找出差距，揭露矛盾，分析矛盾产生的原因，提出解决矛盾的办法，从而改进财务管理与会计核算，推动农业生产经营建设的发展。现将分析方法中的比较分析法、平衡分析法和因素分析法分别说明如下：

（1）比较分析法。比较分析法，是把已经实现的农业财务收支数，同计划收支数、不同历史时期收支数、其他生产经营单位已经实现的收支数进行对比分析的方法。通过对比，可以发现差距，找出原因，为改进农业财务管理工作指明方向。比较分析法的具体做法：一是将本年实际与本年计划对比；二是将本年实际与上年实际对比；三是将本期实际与上期实际对比；四是将本期实际与历史最高水平对比；五是将本单位与先进单位对比；六是将各个项目与其整体对比。比较分析法是进行财会分析时最常用的一种基本方法。通过这种分析法，就能发现本期的实际数与计划指标数、前期实际数、其他生产经营建设单位已经达到的先进指标数之间的差距，找出这种差距是进行研究分析时的基础和前提。

（2）平衡分析法。平衡分析法，是以农业资金运动的客观规律、资金占用等于资金来源的平衡原理，对农业财务情况进行分析的一种方法。这种方法，通常是在对农业资金使用的一般情况下，进行考核时使用的。通过这种分析法，就能发现农业的资金使用是否合理合法，从各种来源取得的资金是否真正用于规定的用途，从而保证执行国家财经制度，严格遵守财经纪律。

（3）因素分析法。因素分析法，是在比较分析法的基础上，进一步查明造成差距的具体原因的一种方法，在利用比较分析法，初步了解农业财务收支实际数与计划指标数、前期实际数与其他生产经营单位的先进指标数的差距以后，要想查明造成这种差距的具体原因，就必须运用因素分析法，去逐个分析各个因素对它影响的程度。

3. 分析的内容。在实际工作中，财务管理与会计核算分析是通过编制分析表的形式进行的，现对农业生产经营建设单位财务收支分析的内容简要说明如下：

（1）农业收入的分析。农业收入的分析目的，是了解农林牧副渔各业收入的增减情况，分析增减的原因，总结"决不放松粮食生产、积极开展多种经营"方针贯彻执行情况，以便从实际出发，进一步合理安排农林牧副渔各业生产经营建设的比重，不断扩大再生产经营建设能力，增加收入。农业收入的分析，主要是收入增减的分析和收入结构的分析，农业收入增减的分析：是通过本年实际收入与本年计划收入、与上年实际收入的比较，观察总收入和各业收入的增减情况和幅度，考核各业生产经营建设计划的完成情况，分析增减的原因。农业收入结构的分析：是分析各业收入占总收入的比重及影响，考核农林牧副渔各业生产经营建设的安排是否合理；并与本年计划、与上年实际进行比较，从收入结构的变动上，观察农业生产经营建设发展的趋势，以便进一步因地制宜地安排各业，因势利导地促进农业生产经营建设的发展。

（2）农业支出的分析。农业支出的分析目的，是了解农业生产经营建设费用水平的高低、增减趋势，分析增减的原因，考核勤俭经营方针的贯彻执行情况，以便进一步增产节约，降低费用水平，达到增产增收。农业支出的分析，是对农业费用水平的分析、费用结构的分析和费用效果的分析。农业生产经营建设费用水平的分析，是分析农业生产经营建设费用占农业总收入的比重，并对本年计划与上年实际相比较，观察费用水平的高低及其变化，来考察农业生产经营建设管理水平。考察农业生产经营建设单位管理水平，应该从投资效果来衡量。因为费用水平受收入、支出两个因素的影响。当然，支出不变，收入增加，或收入不变，支出减少，都会相对降低费用水平。但是合理增加支出，也会更多的增产，取得更多的收入，费用水平也会相对降低。所以，对于费用水平的分析，不能单从支出增减的绝对数来看，而是要同收入的情况结合起来进行分析，才能得出正确的结论。费用结构的分析，是分析各业费用占总费用的比重，并与本年计划、与上年实际相比较，观察各业费用的升降情况和对费用的影响，分析其原因。特别应着重分析对总费用影响较大的费用。同时还要进一步分析各业的费用项目占各业费用的比重，如农业生产经营费用中的种子、肥料、农药、机耕、用水等项目，分别占农业生产经营费用的比重，以便寻求降低费用的途径。

4. 分析的要求。必须要求做到以下三点：

（1）要搞好各种分析，必须详细占有和积累各种必要的资料，包括计划资料、会计资料、统计资料和其他有关资料。各种分析应用的有关资料，必须准确完整，否则就不能得出正确的分析结论。因此，在进行分析之前，对有关资料要加以检查、整理核实。

（2）要搞好各种分析，必须依靠党政组织领导。及时如实地向党政组织领导请示遇到的问题、汇报分析的结果，以便得到党政组织领导的重视和支持。

（3）要搞好各种分析，必须依靠群众。只有发动群众参加分析，才能分析得更加中肯，更加深刻，得出正确的结论。

总之，全国各地区的实践证明，农业财务管理与会计核算分析的方略，是以国家关于农业与财经的方针政策、法规制度为准则，以农业的财务计划、财务制度、日常监督管理提供会计和统计等资料为依据，通过深入实际调查研究、查证核实、清理财务、对比分析的方针政策和方式方法。农业财务管理与会计核算检查的方略出发点，是查证核实、查明问题。农业财务管理与会计核算分析的方略的落脚点，是分析比较、分析问题的原因。在实际工作中两者是互相结合，相辅相成的。通过财务检查与分析，可以肯定成绩，总结经验，发现问题，找出差距，提出改进措施，正确地贯彻执行党和国家位于农业与财经的方针政策、法规制度，维护和遵守财经纪律，端正农业生产经营建设方向；可以总结农业财务管理与会计核算的经验教训，加强经济核算，改善经营管理，挖掘内部潜力，更好地利用人力、物力、财力，节约使用资金，降低产品成本，提高盈利水平，扩大积累、多快好省地从事农林牧副渔各业生产经营建设。

（十一）我国农业生产经营建设依靠群众管理与核算的方略

依靠群众管理与核算，是农业劳动者参与农业生产经营建设管理和监督的一种组织形式。依靠群众参加管理与核算的方略，是农业生产经营建设单位实行经济民主、勤俭经营的重要管理方针，是农业财务管理与会计核算的政策措施，是依靠群众路线在财务管理与会计核算结合的有效途径。

1. 依靠群众管理与核算的意义。农业生产经营建设单位依靠群众管理与核算，是由我国农村公有制经济性质所决定的。农业劳动者是我国农村公有制经济的主人，农业生产经营建设单位的一切经济成果，都是农业劳动者创造的。因此，农业劳动者有权利也有责任参加管理与核算。同时，农业财务收支活动，综合反映的生产、分配、积累、消费等方面的情况和问题，也直接关系到国家、集体、个人三者之间的利益问题。所以，农业生产经营建设单位依靠群众理财与核算，对于不断调整正确处理国家、集体、个人三者之间经济关系，开展群众性的增产节约运动，加强经济核算，提高经营建设管理水平，广开生产经营建设门路，堵塞损失浪费漏洞，节约各项生产经营建设费用，控制非生产经营建设性开支，降低产品成本，增加收入和积累，逐步实现农业现代化，多快好省地发展壮大社会主义农业生产经营建设实力，不断提高农民群众物质文化生活水平，具有重要意义。具体地说，有以下三点：

（1）有利于维护农民群众的经济利益。依靠群众理财与核算是我国社会主义生产关系的决定的，它适应社会主义农业农村经济社会发展规律的要求，体现了社会主义制度的优越性。这是由于我国社会主义农业和农村经济能否发展壮大，直接关系到全国国民经济繁荣富强，关系到农民群众物质文化生活水平提高的问题。要想保证农业和农村经济持续健康发展，就必须依靠群众亲自参加农业生产经营建设，参与管理与核算，充分调动农民群众的积极性和创造性，群策群力地进行农业生产经营建设活动。坚持依靠群众理财与核算，是进一步落实多种形式的生产经营建设责任制，采取维护农民群众经济利益的手段，是扩大社会主义农业生产经营建设实力的必由之路，是不断完善国家与农业和农村经济社会关系的一个重要方面。

（2）有利于开展群众性的增产节约运动。依靠群众理财与核算，有利于开展群众性的农业增产节约运动，提高农业固定资产的利用率。我国农业全面发展的一项基本经验，就是依靠农民群众。他们是我国物质财富创造者，他们在生产经营建设活动中，对生产经营建设情况最熟悉，最珍惜自己的劳动成果，最懂得精打细算，厉行节约。群众路线是农业生产经营建设管理的根本路线，依靠群众参加理财与核算，是发展社会主义经济的重要方法，加强农业财务管理与会计核算，既是专业人员的职责，也是群众自己的要求。群众的事情必须由群众自己去办，激发他们主人翁的责任感，充分调动他们的积极性和创造性，增加产量，降低成本，切实把增产节约运动，持久地、深入地开展下去，促进农业生产经营建设多快好省的发展。

（3）有利于发展壮大农业生产经营建设能力。依靠群众理财与核算，可以使专业管理与群众管理更紧密地结合起来，以利于更好调整农业生产经营建设单位内部经济关系，坚持实行经济核算，不断改善经营管理，提高管理水平。农业生产经营建设管理的好坏，群众最有发言权，产量计划完成与否，质量是否达到规定的要求，劳动利用率的高低，成本和费用的节约与浪费，都要依靠群众智慧和力量去解决。搞好群众管理是搞好专业管理的基础，同时依靠群众参加管理，密切管理人员与劳动者的联系，既促使管理人员熟悉生产经营建设情况，又增强了广大群众的管理知识和能力，以利于正常进行农业生产经营建设活动，发展壮大农业生产经营建设能力，加快实现农业现代产业化规模经营建设光明前景。

2. 依靠群众管理与核算目标的方略。在农业生产经营建设过程中，为了充分发挥群众参加管理与核算的作用，使群众性的管理与核算活动做到经常化、制度化，必须通过各种形式，进行群众性的管理与核算活动，例如，定期召开群众大会报告计划和决算情况，开展班组核算，定期组织财产物资清查组开展活动，发动群众提出合理化建议，召开各种群众性的管理与核算工作会议等形式，都能反映一些农业劳动者对加强财务管理与核算的意见和建议。但这些形式，都没有规定具体时间和固定的组织形式，因而有一定的局限性。因此，农业部、财政部根据近几年来一些地区群众理财与核算的经验，确定了民主理财（经济监督小组）组织形式，指出有领导、专业人员、群众代表参加。小组的成员，民主选举产生。小组的成员必须是政治觉悟高、劳动上积极肯干、业务上肯于钻研、能坚持原则，密切联系群众，有一定的管理知识和生产经营建设实践经验的人员。在专业指导下，促进小组成员增强主人翁的责任感，不断提高业务管理水平，更好地发挥他们的作用。

依靠群众管理与核算目标的方略，主要有以下三项：

（1）要协助贯彻执行党和国家关于农业与财经方针政策。首先要认真学习有关方针政策，面向群众进行广泛的宣传，提高群众执行方针政策的自觉性。在执行过程中，要敢于向一切违反财经方针政策的行为作斗争，促进农业和农村经济健康发展。

（2）要加强检查监督和提出询问或改进意见。主要是检查监督农业生产经营建设财务计划的完成情况，督促财会单位定期公布账目，审查财务收支情况，是否有违反财经纪律等方面的问题，对不了解的问题，可以提出询问或改进意见，向违法乱纪等行为作斗争。

（3）要参加研究讨论生产经营建设财务会议，协助开展增产节约运动。农业生产经营建设单位的生产经营建设技术革新、经济责任制确定、财务收支计划的安排、利润分配等重大问题，都应参加研究讨论，然后贯彻执行，要定期组织开展群众性的财务收支活动，协助开展增产节约运动。

3. 依靠群众管理与核算五种渠道的方略。为了达到上述目标，必须坚持建立群众理财与核算组织，坚持拓宽依靠群众理财与核算相结合的以下五种渠道：

（1）组织建立健全农业各项规章制度。对农业各项规章制度，必须依靠群众，从实际出发，由下而上地制定。合理的规章制度，不仅可以促进农业和农村持续发展，而且要符合农民群众的利益，更好地调动群众的积极性。农业生产经营建设单位一般有岗位责任制度、质量检验制度、技术操作规程制度、劳动考勤制度、物资保管制度、财务管理制度等。

（2）组织讨论农业财务收支计划和农业资金平衡收支问题。农业年（季、月）度财务收支计划编制后，要交民主理财小组认真讨论，提出合理化建议和改进意见，进一步修订财务收支计划，如果召开组织资金平衡会议，也要吸收民主理财小组参加，认真研究农业产品产加销各环节是否协调，揭矛盾、摆问题、提措施，调整有关项目，促进资金收支的平衡，提高资金使用效益。

（3）组织开展农业生产经营建设财务管理与核算。农民专业合作户组经济核算是民主理财的重要形式。合作户组是农业生产经营建设的基层环节，各项计划指标的实现，都要通过户组群众的辛勤劳动才能完成。合作户组经济核算是把农业生产经营建设单位的经济核算的内容和要求，具体贯彻到最基层的生产经营建设合作户组中去，以户组为核算单位，以户组的生产经营建设活动为核算对象，在通过简单的核算方法，在每天或几天内公布各个不同户组所获得的不同经济效果。借以进行互相比较，发现先进、找出差距，挖掘潜力，促进农业生产经营建设计划和财务计划的完成。

（4）组织开展群众性的经济活动分析。所谓分析就是运用农业生产经营建设科学发展观点和一分为二的方法，去研究农业生产经营建设过程中的矛盾。在农业生产经营建设活动过程中，经常存在矛盾，这些矛盾的存在，就会影响生产经营建设正常发展。开展群众性的经济活动分析，就是要依靠群众，抓住主要矛盾，采用对比方法，找出不同差距，查明完成计划与否的原因，采取有效措施，加强经济核算，充分利用人力、物力、财力，增加生产、厉行节约，促进农业和农村经济持续健康发展。

（5）组织开展群众性的财务大检查。农业财务收支情况，要定期地向群众公布，使他们及时了解农业生产经营建设任务和财务收支的执行情况，以利于接受群众的监督，进一步调动群众的积极性。在公布财务收支情况的基础上，可以组织群众性的财务大检查，检查的主要内容是：各项财经方针政策和规章制度的贯彻执行、各项计划的完成与否、各项资金的节约与浪费，以及有无违反财经纪律和贪污盗窃等非法活动的情况和问题。

十七、我国农业生产经营建设计划市场管理体系逐步健全的方略

我国农业生产经营建设计划，是指对未来时期农业生产经营建设健康持续发展所作的安排，是国民经济计划的重要组成部分。它是根据国民经济发展需要和自然资源以及经济技术条件，在认真调查、总结经验的基础上，正确地规定农业生产经营建设的发展速度和比例关系，确保农业生产经营建设的发展，同整个国民经济的发展相协调，以便为国民经济建设和城乡人民生活提供多样化、优质化的农林牧副渔各业产品。从1989年起，全国农业有计划地走上市场经济的轨道，通过国家计划的指导和管理，使农村社会劳动按照客观需要的规律，分配到农林牧副渔各业生产经营建设部门，使整个农业农村经济适合国民经济发展的需要。组织推动我国农业生产经营建设和供应的产品，适用于全国城乡市场上需求和价格的变化而变化，通过市场流通价值规律，调节农业生产经营建设和供应产品的发展趋势。

（一）我国农业生产经营建设计划市场管理意义的方略

农业生产经营建设计划市场管理的概念，是指农业生产经营建设计划指导与市场流通结合管理。它的宗旨，是根据我国社会主义基本经济规律和发展社会主义商品经济的要求，对农业生产经营建设管理各部门、各地区、各农业企业单位，以及社会再生产经营建设的各方面进行统筹安排，使农业提供的产品不断地满足国计民生需要，经常地、自觉地保持平衡。

1. 农业生产经营建设计划市场管理体系健全含义的方略。它是农业和农村经济社会健康发展的指导方针，是促进农业生产经营建设活动适应自然规律和经济规律的策略，是组织开展农业生产经营建设活动的纲领，是推进农业走向农业现代产业化规模经营、市场化流通轨道的措施。

2. 农业生产经营建设计划市场管理体系健全意义的方略。通过制定实行农业生产经营建设计划市场管理体系的方略，对于合理组织、分配农业内部的劳动力和物质资料，全面安排农业生产经营建设项目，有效地使用人力、物力、财力，更好地推动农业现代化产业化规模生产经营建设发展，发挥指导航向作用。各级政府只有始终坚持认真实行农业生产经营计划市场管理体系的方略，才能推动各部门、各地区、各农业企业与事业单位更好地贯彻执行我国农业生产经营建设管理的方针政策，促使

农业生产经营建设劳动者和经营管理者有一个共同的奋斗目标，以利于有组织、有秩序地进行农业生产经营建设活动。在现阶段，我国农业主要是由农户家庭、集体农业单位组织生产经营建设活动的，有了统一的农业生产经营建设计划管理的方略，可以由各地区政府及农业主管部门在全局范围内，指导调节农业生产经营建设，以利于全面完成国民经济发展计划，推进农业和农村经济社会健康发展。

（二）我国农业生产经营建设计划市场管理目标的方略

"六五"时期，我国在组织发展农业生产经营建设上，开始实行"有计划地发展商品经济"的方针。这是因为只依靠市场商品经济，会带有一定的盲目性，市场上的供需和价格的变化，只能为短期商品生产经营建设起调节作用，不能为整个农业生产经营建设发展起指导作用。有些地区农业各行其是，排斥和否定计划经济，不接受国家计划的指导，盲目地种植和养殖，完全由市场商品经济规律支配，生产经营建设的一些产品销售不掉，产品价格猛跌，农民群众受到重大损失。从"七五"至"十二五"时期的实践证明，在农业生产经营建设过程中，在国家计划指导下，坚持科学计划、因地制宜地发展供应农林牧渔各业商品，避免生产经营建设的盲目性，预防大宗农业产品产供销的脱节，既适应城乡一体化经济社会健康发展，又确保维护全国农民群众的经济利益。为此，必须科学合理、因地制宜地确定健全农业生产经营建设计划市场管理体系的方略。农业生产经营建设计划市场管理体系健全的方略，是指在国家对农业和农村经济计划市场管理方针政策指引下，推行农业生产经营建设计划市场管理体制的方针政策，把农村各种人力、物力、财力，科学计划科学地组织起来，使农林牧副渔各业生产经营建设项目全面协调地发展起来，推进农业现代产业化规模经营建设，确保城乡一体化经济社会健康发展，具体地说，农业生产经营建设计划市场管理目标的方略，主要有以下四方面：

1. 要始终坚持国家计划指导我国农业生产经营建设活动。要做到以下四方面：

（1）为了保证国计民生的必需，在国家计划中，必须对主要农林牧副渔各业产品的生产经营建设作出安排，并要求全国各地区、各部门保证按照统一的计划实现，顺利进行农业现代产业化规模经营建设。

（2）为了合理安排农林牧副渔各业生产经营建设活动，必须由国家根据全国各地自然条件和资源情况，进行全国和地区的规划，根据社会发展的需要和可能，并且考虑到加工、运输、储存条件和城乡市场的变化情况，有计划地作出安排，以便推动全国各地区合理组织开展农林牧副渔各业生产经营建设活动。

（3）为了促使有关部门和单位配合支援农业生产经营建设单位和农户，组织推动农业生产经营建设健康发展，切实采取行之有效的物资供应和科学技术措施办法，都必须在国家计划组织进行安排农业生产经营建设所需的农机、化肥、农药等物资，以及农田水利建设所需的钢材、水泥等建筑材料，由国家计划组织工交、供销、水电、建材等部门进行供应；农业科研技术和良种推广，由国家计划组织农业科研技术和文教宣传等部门指导交流。

（4）为了扭转有些地方存在不顾国家计划、自由从事农林牧副渔各业产品生产经营倾向，国务院要求各地区政府必须组织落实农户家庭联产承包、统分结合双层生产经营责任制，尊重农民专业合作组织和农民自主权，在国家计划指导下，科学推进农林种植业、牧渔养殖业产品产供销计划，维护全国农民群众的根本利益，坚持有计划地发展农业和农村经济。

2. 要完善符合农业生产经营建设计划市场管理体制。要根据有计划地发展社会主义商品经济的要求，正确地划分农业生产经营建设的指令性计划、指导性计划、市场调节各自的范围和相互之间的界限，建立和完善符合我国农业生产经营建设计划市场管理体制。农业生产经营建设计划管理体制，是国民经济计划市场管理体制的有机组成部分。其实质是通过在组织开展农业生产经营建设计划市场管理工作中，必须建立健全农业生产经营建设计划市场管理体制。为此，要坚持达到以下两个目标：

（1）要坚持执行统一领导、统一计划、分级管理的政策，正确规定中央、地方的管理权限，既保持国家农业生产经营建设计划的严肃性和统一性，又调动地方的积极性。

（2）要坚持公平合理调解国家和农村与农民之间、农业企业单位和农业劳动者之间的责、权、利关系，以调动各方面的积极性，更好地执行计划指导与市场调节结合的政策，保证农业生产经营建设健康持续发展。

3. 要调整优化农业生产经营建设计划市场管理机制。要根据农业的自然经济规律要求，调整改革我国过去在农业生产经营建设计划权力过分集中、统得过多、限制过死、单纯依靠行政手段的管理机制，实行计划手段和市场手段相结合的农业生产经营建设计划市场管理机制，促使行政管理机构的层次和手续大量减少，提高工作效率，防止官僚主义瞎指挥，做到管而不死，活而不乱，有效地使用人力、物力、财力，促使农业企业单位和农业劳动者有一个共同的奋斗目标，以利于促使农业生产经营建设有计划按需要向前发展。农业生产经营建设计划管理机制主要内容，是实行行政手段和经济手段相结合、统一领导和分级管理相结合的农业生产经营建设计划管理机制，既能保证国家必要的统一领导，又能调动各级地方政府和农业企业单位的积极性、主动性，更好地总结经验，因地、因时制宜，扬长避短，发挥优势，按社会需要组织开展农业生产经营建设，提供更多更好的产品，促进农民增收致富。为此，要坚持达到以下两个目标：

（1）要经常调查研究农业生产经营建设的产品数量、品种、品质和市场供销变化情况，自觉利用价值规律，运用价格、税收、信贷等经济杠杆，引导全民、集体、各种联合体和个体农业企业单位，共同实现国民经济建设和农村社会发展计划的任务和奋斗目标。

（2）要采取综合平衡的方法，层层协调，既要集中必要的人力、物力和财力，保证农业生产经营建设计划市场的需求，又要保证农林牧副渔各业生产经营建设全面开展。

4. 要科学采取农业生产经营建设计划市场管理方式。要根据国民经济计划和农村社会发展计划的要求，科学地编制农业生产经营建设计划，使农林牧副渔各业的生产、劳动、物资、财务等项计划安排到农业生产经营管理建设各部门、各地区、各农业企业单位，做到逐级落实，环环紧扣，以保证农业生产经营建设持续健康发展。为此，在组织推行农业生产经营建设计划市场管理体制方针政策上，必须科学采取统筹兼顾、全面安排管理方式：

（1）要统筹兼顾。这就要根据我国农业生产经营建设各种不同所有制形式，采取不同的计划管理方式，对全民所有制农业企业，主要实行指令性计划。对集体所有制农业企业，主要实行指导性计划。对多种形式的联合体、个体单位，主要利用价值规律，运用税收、信贷等经济杠杆，发挥市场调节的辅助作用。这就是说，各农业生产经营建设管理部门在编制农业生产经营建设计划时，必须按照统筹兼顾方式，把各方面的需要兼顾起来，把长远利益和眼前利益结合起来。由于农业生产经营建设具有地区性和受自然影响较大的特点，在编制农业生产经营建设计划时，必须按照统筹兼顾方式，把国家计划指导同因地制宜地安排农业生产经营建设项目结合起来，充分调动各方面的积极性，更好地组织农业生产经营建设活动，以保证全面完成和超额完成农业生产经营建设任务。

（2）要全面安排。这就要根据我国政府规定的计划期国民经济、社会发展的战略目标，正确地安排农林牧副渔各业生产经营建设产品中的主要需求关系，使农林牧副渔各业提供的产品与社会需要相适应，防止农林牧副渔各业产品供不应求或积压，以利于农林牧副渔各业生产经营建设协调发展。这就是说，在安排农业生产经营建设计划时，不是不分主次，平均使用力量，要正确处理主要、次要和辅助生产经营建设的关系。在一定时期内，农业能够提供的劳动力和资金是有一定限度的。在全面安排各业生产经营建设项目，分配人力、物力、财力的时候，必须在保证主要生产经营建设需要的前提下，兼顾次要和辅助生产经营建设的需要，使其相互配合，真正做到一业为主，多种经营，全面发展。

（三）我国农业生产经营建设计划市场管理范围的方略

我国农业生产经营建设计划市场管理范围的方略包括：农林牧副渔各业协调关系、农业生产经营建设计划指导与市场调节相结合、农业生产经营建设统筹兼顾与综合平衡、农业生产经营建设管理体制调整政策措施。

1. 农林牧副渔各业协调关系的政策措施。农业内部协调关系，主要包括：一是种植业内部各种作物之间协调关系；二是林牧渔各业内部各项生产经营建设项目协调关系；三是农林牧副渔各业生产经营建设之间协调关系。为此，必须坚持正确处理好以下三方面关系：

（1）农业种植业内部的协调关系，主要是粮食作物与经济作物之间协调关系。处理它们之间的协调关系，应遵循统筹兼顾、全面安排的原则，在强调迅速发展粮食的同时，全面安排粮、棉、油、麻、丝、茶、糖、菜、烟、果、药、杂等各类农作物的发展。发展粮食作物，有着极其重要的经济意义和政治意义，但发展经济作物，也具有重要的意义：一是发展经济作物及其加工品，是人民吃、穿、用的许多方面不可缺少的必需品；二是发展经济作物，对于轻工业的发展关系极大。棉、麻、丝、糖、烟等经济作物，是轻纺工业的重要原料。我国轻纺工业所需原料的70%来源于农业；三是发展经济作物，对于促进粮食以至整个农业生产经营建设发展，都有着重要作用。发展经济作物，可以充分合理地利用劳动力和生产资料。能够充分合理地利用自然资源，我国幅员辽阔，各地区自然条件差异性大，其作用更大。许多经济作物的副产品是优质的肥料和饲料，可以促进种植业和养殖业的发展。经济作物商品率高、收入多，能够积累大量资金，增加农民收入；四是发展经济作物，对于发展对外贸易，增加外汇收入，加强国际交往，扩展城乡经济联系，都有着重要作用。为了推进经济作物的发展，首先，要按照因地制宜原则，搞好经济作物的布局。要尽可能地把各种经济作物安排在自然条件最适宜的地区，而且采取适当集中布局的方法。特别是棉花作物发展布局。要逐步进行适当调整、适当集中。糖料作物发展布局，对于地域、气候条件要求严格，更应特别重视因地制宜、合理布局的问题。其次，要搞好商品流通环节。经济作物商品率高，只要城乡一体化商品流通领域中诸环节比较协调，就能有力地促进经济作物的发展。第三，要切实遵循"等价交换"的原则，合理地确定各种经济作物产品的价格，这对促进经济作物的发展至关重要。还必须进一步搞好贮藏、加工、运输、信贷和物质资料供应等方面的工作。

（2）林牧渔各业内部的协调关系。林业内部的协调关系，主要是采伐与更新、营造的调节关系。要认真贯彻以营林为基础的方针，把造林、育林、护林、扩大森林资源放在首位；牧业内部的协调关系，主要是牧业区放养牲畜和农业区、城郊区养殖畜禽的协调关系，为城乡人民提供保质保量的肉、乳、蛋、皮、毛等产品；渔业内部的协调关系，主要是解决好渔业资源的利用与保护、渔业的捕捞与养殖、渔业生产与加工冷藏等方面的问题。

（3）农林牧副渔各业之间的协调关系，特别是农林牧渔四业之间的协调关系是农业内部最基本的调节关系。它们之间存在着相互依存、相互制约的内在联系。它们之间的关系处理得当、互相协调，就会相互促进，从而使整个农林牧副渔各业迅速发展。确定它们之间的和谐关系，主要是依据"绝不放松粮食生产，积极开展多种经营"的农林牧副渔各业全增长发展方针。这个方针要求各地区既要抓紧粮食和各种经济作物发展，又要全面发展农林牧副渔各业。具体到各地区，应该按照自己的自然条件和经济条件，应有不同的侧重。绝不能要求每个地区、每个生产单位都以粮为主。各地区自然条件和经济条件差异很大。因而农林牧副渔各业发展的经济效果也大不相同。就全国来说，无论是国民经济建设还是城乡人民生活的需要，都要求农林牧副渔各业提供多种多样的产品。因此，各地区、各部门、单位决不能用一个模式，确定农林牧副渔各业发展的比例关系。对于一般粮食产区，应当以粮食作物发展为主、多种经营相结合。对于一些特别适宜于发展林牧渔各业和各种经济作物的地区农村企业单位，应当把林牧渔各业和各种经济作物放在重要地位，坚持农林牧副渔各业和多种经营相结合发展。只有这样，才能做到趋利避害，发挥地区优势，才能保证农林牧副渔各业协调平衡发展，既有利于农民，也有利于国家。

2. 农业生产经营建设计划指导与市场调节相结合的政策措施。农业生产经营建设计划，就是国家根据社会主义基本经济规律、国民经济计划和农业农村经济社会发展计划纲要的规律、价值规律等一系列的要求，结合各个时期的具体情况，通过编制统一计划，来安排全国各个地区、各个部门的农业生产经营建设活动，自觉地对农业生产、交换、分配总过程进行控制和调节，使各个地区、各个部门相互协调，有计划地向前发展。农业生产经营建设市场调节，就是在价值规律的作用下，通过市场的供求关系和价格波动状况，对生产、交换、消费等进行调节。新中国成立以来几十年实践证明，要保证全国农业和整个国民经济的顺利发展，必须坚持实行农业生产经营建设计划与市场调节相结合的政策措施。之所以要实行农业生产经营建设计划与市场调节相结合的政策措施的原因，主要三点：一是我国的农业生产资料公有化程度还比较低，还不能占有一切生产资料。我国农业主要是农民集体所有制的合作经济，而且是多种经济形式和多种经营形式同时并存。国家对农业产品交换，只能在一些关系国计民生非常重大的项目上加以计划规定，农业其余产品生产、交换等方面的安排，应由各农户、单位根据自己的条件、需要、经济利益和市场供求情况、价格情况来自行决定；二是我国农业生产经营建设受自然地理条件影响较大，特别需要强调坚持因地制宜和因时制宜的原则。国家完全用计划调节农业生产经营建设，是很难适应千差万别自然环境条件的。而把计划管理和市场调节有机地结合起来，充分调动各地区和各个单位认真发挥地区优势的积极性和主动性，取得最佳综合效益；三是我国农业生产经营建设计划与市场调节是相互补充、有机统一的两个方面。从根本目的方面讲，都是为了更好地按照客观要求的比例关系，进行生产经营建设和市场流通活动，促进农业和农村经济持续发展和整个国民经济迅速发展。为此，必须坚持推行农业生产经营建设计划指导与市场调节相结合的政策措施，主要包括以下三项：

（1）农业生产经营建设指令性计划的政策措施。这是指国家自上而下地逐级下达的计划指标，作为指令性的计划指标，只宜下达到县（市）。对于乡（镇）、村的指令性计划指标，只限于关系国计民生的粮棉油等农林牧渔各业产品征购任务指标。

（2）农业生产经营建设指导性计划的政策措施。这是指国家自上而下地逐级下达指导性指标，确定规则，由各地区根据市场供需变化、价格变化等情况，组织安排农业生产经营建设事项。

（3）农业生产经营建设市场调节的政策措施。这是指通过价格、税收、信贷、供销等经济手段，组织调整农业生产经营建设结构事项。

3. 农业生产经营建设统筹兼顾与综合平衡的政策措施。这是指在组织开展农业生产经营建设计划市场管理工作上，要认真执行统筹兼顾、综合平衡的政策措施，全面而迅速地解决农业生产经营建设中的各种矛盾，经常注意保持各方面的综合平衡调节关系，其中包括农林牧副渔各业产品的供需之间的平衡调节关系、劳动力、生产资料、资金等供需之间的平衡调节关系，农林牧副渔各业用地之间、农业各种农作物播种面积之间的平衡。只有把农业生产经营建设计划建立在综合平衡的基础之上，农业才有可能得到迅速发展。不保持一定的平衡比例关系，农业不仅不能得到迅速发展，还必然出现平衡失调，造成巨大的损失。为此，必须进一步落实以下两项政策：

（1）要认真贯彻全面安排与保证重点的政策。从全国来说，农林牧副渔各业和它们内部的各项生产经营建设，都要求迅速发展。但是由于我国地域辽阔，各地区的经济条件和自然条件千差万别，不同地区、不同单位的投资经济效果也各不相同。同时，在一定时期内，存在着迅速发展农林牧副渔各业，与人力、物力、财力有限之间的矛盾。在这种情况下，如果在安排国家计划时，平均使用力量，就不能有效地发展农业和农村经济。因此，不论是从全国来说，还是就一个地区而言，都必须在兼顾局部利益与全局利益、目前利益与长远利益、考虑需要与可能的情况下，保证投资经济效果大的地区先走一步，而且在一个地区内，还要确定好主导产品、支柱产业。在保证重点的同时，还要兼顾一般，要把全面安排与重点恰当地结合起来。

（2）要贯彻积极可靠、留有余地的政策。积极可靠，就是根据客观条件和主观努力，可能办到的事情，应该积极去做；根据客观条件和主观努力，实在不能办到的事情，就不应该勉强去做。各项计划指标，既不能定得过低，也不能脱离实际，盲目地追求高指标、高速度。留有余地，就是制定各项计划指标时，不能满打满算，在人力、物力、财力使用上，都要留有一定的机动和后备。这对受自然环境影响较大，因而组织发展具有不稳定性的农村产业就更加重要。

4. 农业生产经营建设计划市场管理体制调整完善的政治措施。农业生产经营建设计划市场管理体制，是国民经济计划市场管理体制的有机组成部分。它的宗旨，是在组织开展农业生产经营计划市场管理工作中，正确处理好中央与地方之间、国家与农业企业、农业劳动者之间的责、权、利关系，调动各方面的积极性，更好地执行农业生产经营建设计划与市场调节相结合的方针政策，保证农业生产经营建设持续健康发展。我国农业生产经营建设计划市场管理体制的一个根本性的问题，就是在于正确处理中央与地方之间，国家与农业企业、农业劳动者之间的责、权、利关系问题，特别是扩大和尊重农业企业自主权问题。处理这个问题的正确政策，就是把统一领导和分级管理有机地结合起来。

（1）坚持调整修正统一领导和分级管理相结合的政策。既能保证国家必要的统一领导，又能调动各地方和部门、单位的积极性、主动性，更好地做到因地制宜和因时制宜，有助于挖掘地区潜力，发挥资源优势，有助于农业生产经营建设计划建立在积极稳妥地基础上，从而使农林牧副渔各业协调持续向前发展。为此，一是对于满足整个社会日益增长的物质生活需要，实现城乡一体化经济社会发展的要求，起到关键作用的农林牧副渔各业生产经营建设项目，必须在全国或者几个省范围内，经常保持协调、相互促进的调节，保持一定的平衡关系，应由中央有关部门实行集中统一领导；二是对于局部的能在各地方管理的范围内，就可以保持一定的平衡关系，应分别交由各地方管理；三是对于能在农业部门、单位内部，就可保持一定的平衡关系，应在接受国家计划指导的前提下，独立自主地进行各项经济活动，有权决定自己的生产经营建设内容和管理方法，有权根据当地的具体情况制定产业计划、安排经营项目、确定产量指标、采取技术措施，有权分配使用人力、物力、财力，有权决定产品销售和分配自己的产品和现金，有权抵制任何领导机关和领导人的瞎指挥。

（2）坚持深化改革农业生产经营建设计划市场管理体制的政策。为了彻底纠正农业生产经营建设管理权力过分集中、统得过多、限制过死的体制问题，中共中央、国务院决定，从1986年起，要继续认真总结历史和现时的经验，认真研究解决各地区农业生产经营建设计划市场管理问题，积极而稳妥地改革农业生产经营建设计划市场管理体制。为此，一是必须吸取单纯依靠计划手段、不注意运用市场手段、违背我国农业生产经营建设规律的计划管理教训，中央有关部门必须根据客观经济规律要求，对农业生产经营建设计划市场管理领导，组织改善计划手段和市场手段相结合的管理体制，主要通过市场手段管理计划，调整经济利益关系，利用价格、税收、信贷、奖售、物资供应等经济杠杆，把经济责任、经济效果和经济利益紧密地结合起来，引导农业单位积极主动地来完成国家计划任务；二是必须从各地区天时、地利和各种作物生长发育的自然条件和社会经济条件出发，组织落实多种经济结构、多种经营层次、多种经营形式同时并存、商品性产品和自给性产品相结合、国家需要与农村需要相结合的政策措施，正确处理国家、集体、个人三者之间的利益关系；三是必须在国民经济计划中，为了保证国计民生的必需，对农林牧副渔各业产品的供需作出安排，推进全国各地区根据自然地理资源条件和社会发展需要，对农林牧副渔各业生产、加工、运输、储存条件，以及城乡市场的变化情况，进行全国和地区的规划；四是必须促使农业部门和单位组织开展农业生产经营建设，财政等有关部门要科学合理地安排使用好各项资金、采取行之有效的物资供应和科学技术措施办法，必须在国家计划中组织安排农田水利建设所需的钢材、水泥等建筑材料，由国家有计划地组织工交、供销、水电、建材等部门，供应农业生产经营建设所需的农机、化肥、农药等物资。

（四）我国农业生产经营建设计划市场管理规范的方略

我国农业生产经营建设计划，是我国制定国民经济、社会发展计划的基础，要科学地确定农业生产经营建设发展的速度、农业基本建设的规模、农林牧副渔各业产品产量、品种、质量的指标，全面推行农业生产经营建设计划市场管理规范的方略。这个方略包括以下四项规则：

1. 坚守照顾一般、保证重点的规则。我国农业生产经营建设管理各部门、各地区、各农业企业单位、各生产经营建设项目之间以及消费与积累等各个环节之间，有着相互联系，相互制约的关系，只有使它们之间保持合理的平衡关系，才能使农林牧副渔各业得到全面发展。因此，就要通过农业生产经营建设计划市场管理规范的方略,妥善处理各种平衡关系,使农林牧副渔各业结成一个有机的整体,相互协调地发展。为此,要照顾一般,保证重点,随着我国社会主义经济的发展,从客观上要求农林牧副渔各业全面发展,使农林牧副渔各业提供的产品与社会需要相适应。但是,我国地域辽阔,各地区农业生产经营管理部门、企业单位的自然条件和经济条件,又千差万别,各生产经营建设项目投资效果也各不相同,在一定时期存在着迅速发展农业生产经营建设,对于人力、物力、财力需求和供应之间有限性的矛盾,如果在安排计划时平均使用力量,就不能保证有重点地发展农林牧副渔业,在保证重点的同时,还要照顾一般,要把照顾一般与保证重点恰当地结合起来,以利于促进农林牧副渔各业全面发展。

2. 坚守积极可靠、留有余地的规则。我国农业生产经营建设计划市场管理规范方略的第二项规则,必须是有科学根据、积极可靠、经过努力可以完成的计划规则。在编制农业生产经营建设计划时,既要考虑到农业劳动者的积极性,又要适当留有余地。农业生产经营建设活动受自然影响较大,在编制计划时,不可能完全预计到全部生产经营过程中的细节和某些自然条件的变化。因此,既要注意有利的一面,充分挖掘潜力,力争上游,又要看到不利的一面,除了预先采取措施改变不利条件外,还应当留有余地,保证全面完成农业生产经营建设计划市场体制。

3. 坚守依靠群众、认真讨论的规则。我国农业生产经营建设计划市场管理规范方略的第三项规则,必须是坚持达到领导、技术人员和农业劳动者三者结合、相信和依靠群众、认真讨论研究、形成统一意见的规则。任何农业生产经营建设计划,都要依靠农业劳动者的辛勤劳动来完成。同时,农业劳动者在长期农业生产经营建设活动中,积累了丰富的经验。因此,在制定实施农业生产经营建设计划、组织开展农业生产经营建设活动时,要广泛发动群众参加讨论,听取他们的意见,坚持领导、技术人员和农业劳动者相结合,集思广益,群策群力,使计划更切合实际,真正起到指导农业生产经营建设的作用。

4. 坚守深入实际、因地制宜的规则。我国农业生产经营建设计划市场管理规范方略的第四项规则,必须是以最少的消耗、取得最大的经济效果的规则。在制定实施农业生产经营建设计划时,要充分注意人力、物力、财力的合理利用。同时,在农业生产经营建设中,可以利用的自然力很多,如土地、阳光、雨水、气温等,对它们利用得当,就可以减少人力、物力、财力的消耗,获得出更多更好的农业产品。为此,要坚守深入实际、因地制宜的规则,在确定农业生产经营建设指标时,要从各地区农业组织单位的实际情况出发,决不能不分地区自然经济条件,搞"一刀切",要注意把计划的统一性和灵活性恰当地结合起来,要积极主动地、因地制宜地执行农业生产经营建设计划市场管理规范方略的规则。

(五)我国农业生产经营建设计划市场管理结构的方略

要全面完成农业生产经营建设计划管理的任务,切实达到农业生产经营建设计划管理的要求,必须认真编制好农业生产经营建设计划,科学合理确定农业生产经营建设计划市场管理结构的方略。农业生产经营建设计划市场管理结构是复杂的,一般来说,可以归纳为以下五种类型结构的方略:

1. 按农业生产经营建设的组织机构,划分为农业部门、企业单位、计划市场管理结构的方略。

2. 按农业生产经营建设所有制形式,划分为国营农业企业、集体农业企业、各种联合体业、专业户业的计划市场管理结构的方略。

3. 按农业生产经营建设性质,划分为农田水利化建设、农业机械化建设、农业科技化建设、农业生产经营建设资金、农业产品成本、农业物资供应、农业产品销售、农业劳动工资、农业财产、乡镇企业财务等计划市场管理结构的方略。

农业财务计划市场管理结构的方略,是指在农业生产经营建设结构活动中,合理安排使用资金和组织财务活动的重要依据,是农业生产经营建设结构计划的综合平衡标尺,是保证农业生产经营建设结构计划顺利实现的重要手段。它具体规定了农业生产经营建设资金的各项指标,确定了各方面的财务关系，规定了农业生产经营建设预计的财务成果和各项产品及收入的分配方案。所以，农业财务计划市场管理结构的方略，是在农业生产经营建设活动中，合理安排使用资金，组织财务活动的重要依据。正确地编制农业财务计划市场管理结构的方略，对于保证促进农业生产经营建设健康发展，组织农业收入和合理进行分配，具有十分重要的意义。有了农业财务计划市场管理结构的方略，可以有计划地筹集和使用资金，保证农业各项生产经营建设的顺利进行；可以通过货币指标，全面地反映农业生产经营建设成果，为组织农业收入和进行合理分配打下基础。我国农业由于所有制性质和生产经营建设管理水平的不同，对农业财务计划的内容也不一样，是分别对国营农业财务计划和集体农业财务计划编制的。

（1）国营农业财务计划市场管理结构的方略。国营农业财务计划市场管理结构的方略，是反映国营农业财务收支活动，进一步表示国营农业财务与国家预算之间的关系。国营农业财务计划，是根据国家规定的计划任务，结合国营农业生产经营建设的实际情况，在生产经营建设劳动、物资供应等计划的基础上经过农工充分的讨论之后形成的。国营农业财务计划市场管理结构的方略，主要包括以下六项政策措施：

①缴拨款计划和财务收支计划市场管理结构政策措施。缴拨款计划和财务收支计划是用收支平衡表，表明国营农业计划年度内全部资金的来源和运用情况，以及确定其财务与国家预算相互关系。

②经营利润（亏损）计划市场管理结构政策措施。经营利润（亏损）计划，表明国营农业财务成果，确定全年经营利润（亏损）。国营农业的利润（或亏损），是按销售利润（亏损）加营业外收入、减营业外支出计算的。

③商品销售利润计划市场管理结构政策措施。商品销售利润（亏损）计划，表明国营农业按产品种类计算的商品销售利润（亏损）明细情况。它是利润（亏损）计划的重要依据。国营农业的销售利润（亏损）是按销售收入减销售成本（包括产品成本和销售费用）和销售税金计算的。

④固定资产折旧计划市场管理结构政策措施。固定资产折旧计划，表明在计划年度内应提基本折旧资金数额。折旧资金一般都是根据应计提折旧的固定资产平均总值，乘折旧率计算的，因此，国家资产折旧计划市场管理结构政策措施的内容主要包括：计划期内应计提折旧的固定资产平均总值增减变化情况、折旧率和基本折旧基金的提存总额等指标。

⑤流动资金定额计划市场管理结构政策措施。流动资金定额，是表明国营农业计划年度内流动资金计划定额及其多余或不足。计划市场管理结构政策措施的主要内容包括：计划年度内各项流动资金按上级规定，分别计算的计划定额、上年流动资金计划定额和上年末预计自有流动资金实有数，进一步计算计划年度与上年末比较流动资金的多余或不足额等指标。

⑥国营农业的财务计划市场管理结构政策措施。既是国营农业组织财务活动的基本文件，又是国家预算的组织部分。因此，必须经过农工代表大会讨论通过，报经上级主管部门与财政部门审查批准。

（2）集体农业财务计划市场管理结构的方略。集体农业财务计划市场管理结构的方略，必须在严格划清各级收支范围的基础上，根据农业生产经营建设实际需要确定的。由于集体农业的基本核算单位，是直接组织生产经营建设和收益分配的单位，所以，正确编制集体农业单位的财务计划，合理安排各项收支，计划收益分配是非常重要的。集体农业财务计划市场管理结构的方略，主要包括以下三项政策措施：

①农业财务收支和分配计划市场管理结构政策措施。它是集体农业财务计划市场管理结构方略的主要组织部分。它主要由四部分组成：一是年度实物收入分配计划。年度实物收入分配是指全年实物收入分配；二是年度财务收入分配计划。年度财务收入分配是指全年生产经营成果及其合理分配。它包括：全年可分配的计划总收入、计划支出的生产经营费用和管理费用，应上缴国家的税款，计划提取的生产经营建设基金、公积金、公益金、储备粮基金，分配给农民个人消费部分的数额；三是公积金收支计划。公积金收入部分包括：年终提留、全年折旧基金、计划报废财产的残值和变卖无用财产

的收入。公积金支出部分,则根据需要与可能,分别轻重缓急,把准备搞的建设项目、财产购置所需资金,逐项列入计划;四是公益金收支计划。公益金收入部分包括:年终的分配提留,上级的公益金拨款和承包单位的公益金交款等。公益金支出部分包括:文化、福利、教育和社会保险等。

②固定资产购置及基本建设投资计划市场管理结构政策措施。固定资产购置及基本建设投资计划,表明农业生产经营建设单位全年各项固定资产购置及基本建设投资运用情况,具体项目有生产经营建设基本建设支出(如购置耕畜、农具等固定资产、兴建农田水利建设等),非生产经营建设基本建设支出等。

③季度现金收支计划市场管理结构政策措施。季度现金收支计划,表明季度货币资金的筹集与使用情况,它主要内容包括两部分:一部分是现金收入,包括上年结转的现金、出售上年库存物资的收入、出售本年农业产品的收入、劳务运输收入、国家贷款、预购订金等;另一部分是现金支出,包括各项生产经营费用的现金支出、管理费用的现金支出、基本建设投资的现金支出、归还贷款和农民投资、农民预支现金等。

4. 按农林牧副渔行业,划分为农业、林业、牧业、工副业、渔业生产经营建设计划市场管理结构政策措施。现将农业、牧业生产经营建设计划市场管理结构政策措施说明如下:

(1) 农业生产经营建设计划市场管理结构政策措施。为了正确组织农业生产经营建设管理,必须制定推行农业土地利用、农作物生产经营建设、农业技术这三部分组成计划市场管理结构政策措施:

①农业土地利用计划市场管理结构政策措施。主要内容包括:农业土地利用结构、农田水利建设和土地增减情况。编制农业土地利用计划,必须根据农业生产经营建设方针,合理地分配和利用土地资源,充分挖掘土地生产潜力,利用荒地空地,扩大耕地面积,提高土地利用率。

②农作物生产经营建设计划市场管理结构政策措施。这项政策措施包括:农作物种类、播种面积、单位面积产量和总产量。在编制农作物计划时,应周密研究各方面的需要,深入分析实际的可能性,从而合理地安排各种农作物播种面积,对农作物单位面积产量的反复核算平衡之后,制定出切合实际的计划市场管理结构政策措施。

③农业技术措施计划市场管理结构政策措施。这项政策措施包括:种子需要量及积肥和施肥、病虫害防治和灌溉等。要根据不同农作物和具体条件确定不同的措施,农业技术措施计划,又是计算种子、肥料、农药、农机具等物资技术供应的一个依据。

(2) 牧业生产经营建设计划市场管理结构政策措施。这项政策措施包括:畜群周转、畜产品生产经营建设计划市场管理结构政策措施。

①畜群周转计划市场管理结构政策措施。畜群周转计划,实际上就是在一定时期内各个畜群以及牲畜的收支计划。由于各种牲畜的周转特点不同(如乳牛的周转计划以年为时间单位,猪则需要分月制定周转计划),所以,要分别制定畜群周转计划市场管理结构政策措施,以便有利于分别执行计划和检查、考核经济效果。

②畜产品生产经营建设计划市场管理结构政策措施。牧业提供的产品很多,如肉、奶、毛、皮等。为了保证完成产品产量和增加收入的任务,必须相应制定计划市场管理体制方针政策,科学地促进完成牧业生产经营建设任务,不断提高生产经营建设能力和饲养管理水平等。畜产品生产经营建设计划市场管理结构政策措施包括:定期提供畜产品的总产量、畜产品种类、牲畜种类和生产经营建设方向等。

5. 按农业计划期限,划分为长期计划、中期计划和短期计划市场管理结构政策措施。分别说明如下:

(1) 长期计划。长期计划,即长远规划或远景规划,它是根据国家长期规划的要求,结合农业的自然条件、经济条件和实际需要制定的。一般以10年为宜,在可能条件下,还可制定20年远景计划。长期农业计划主要内容包括:国家对规划期内的农业生产经营建设总要求和总奋斗目标,农业生产经营建设主客观条件；农业生产经营建设方向，农林牧副渔各业结构和发展速度，为实现上述规划应采取的基本措施。

（2）中期计划。中期计划，即5年计划或近景计划，它是根据国家近期规划的要求，结合近期内农林牧副渔各业生产经营建设的奋斗目标制定的。中期计划一般以5年为宜，在可能的条件下，还可适当延长二、三年。中期计划的主要内容包括：国家对规划期内的农业发展的规模、速度，规定农业产品产量指标、单位面积产量指标、劳动生产率指标、每人平均收入指标等。

（3）短期计划。短期计划，是指年度计划和阶段计划。短期计划是根据中、长期计划提出的奋斗目标和战略措施，结合每年和每阶段的具体情况，所制定的一年内、一个阶段内国家和农业单位农业生产经营建设的具体行动纲领。它是中、长期计划的具体行动准则。具体说明如下：

①年度农业计划。年度农业计划，是以一个日历年度为期限编制的农业计划。在农业计划体系中，年度农业计划是最主要的部分，它规定了全年农业的具体任务。年度农业计划的任务是，正确规定计划年度内农业生产经营建设活动的各项具体指标，提出为完成这些计划指标所采取的措施，如对土地、劳力、资金、物资等方面采取的具体措施和办法。

②阶段作业计划。阶段作业计划主要内容包括：确定计划期内完成的作业项目、作业数量和质量、作业方法、完成期限作业定额以及劳动力、耕畜和农机具等物质资料的分配。在阶段作业计划中，又可分小段作业计划。小段作业计划，是在阶段作业计划的基础上，根据当时的客观条件和实际情况，对各项作业做具体的组织安排。

（六）我国农业生产经营建设计划市场管理程序的方略

我国农业生产经营建设计划市场管理程序工作，可分为准备工作、平衡试算、编制计划三个阶段，在每一个阶段都有具体工作程序，分别说明如下：

1. 准备工作阶段程序。农业生产经营建设计划市场管理程序方略制定的准备工作阶段；主要是调查了解情况，搜集整理资料，总结分析问题，以掌握农业生产经营建设计划市场管理程序方略的三项程序：

（1）调查研究。首先，要调查了解农业生产经营建设活动的基本情况，搞清自然、经济条件等情况。其次，要预计上年计划完成情况，研究产生问题的原因，找出能否完成计划的有利因素和不利因素。最后，要了解计划年度的生产经营建设、物资供应、产品销售等有关计划指标，掌握产品价格和消耗定额的变化等资料，研究分析这些资料对财务计划的影响。

（2）搜集整理。首先，要搜集同类型历年农业企业单位的劳动力、物力和财力安排使用情况和问题。其次，要整理本单位以前年度农业生产经营建设计划市场管理程序的方略总结资料，对比本单位历史最好水平和同行业先进水平的数据。最后，整理古今中外组织制定执行农业生产经营建设计划市场管理程序的方略经验教训，提出借鉴的数据和依据。

（3）总结分析。在总结分析报告期农业生产经营建设计划市场管理程序的方略执行情况和问题，找出产生问题原因和解决问题措施办法的基础上，提出新的计划年度数据资料，为组织制定农业生产经营建设计划市场管理程序的方略创造有利条件。

2. 平衡试算阶段程序。平衡试算阶段，是在组织制定农业生产经营建设计划市场管理程序的方略过程中，根据需要和可能进行各方面初步平衡试算，在综合平衡的基础上，编制计划草案。要组织农业劳动者讨论国家下达的控制指标和落实计划指标的建议，研究如何安排人力、物力、财力，使计划指标能够具体落实并加以实现。

3. 组织编制阶段程序。为了正确组织制定农业生产经营计划市场管理程序的方略，在组织制定阶段时，必须采用综合平衡方法，坚持依据各地区农业自然地理资源与客观经济规律的要求，确定农业生产经营建设计划市场管理程序的方略，进一步地确定国营农业企业和集体企业计划市场管理程序的政策措施：

(1) 国营农业企业计划市场管理的程序。它是根据国家下达的任务指标，采取上下结合的方法编制的。首先，在每年第三季度末，着手搜集资料，对当年任务完成情况进行分析研究，在广泛征求农业劳动者、技术人员和管理人员意见的基础上，提出下年度任务的建议指标，报送上级管理部门。其次，国营农业企业在接到上级下达的各项任务指标之后，组织有关人员认真讨论，并将各项任务指标逐级分配到基层单位。第三，由国营农业企业组织综合平衡，确定任务方案，报上级管理部门批准后，就成为具有指令性的文件，各基层单位要认真执行。

(2) 集体农业企业计划市场管理的程序。集体农业企业是指农民专业合作组织或联营组织、承包农户，是集体农业基层单位。国家对集体农业基层单位不直接规定具体指标，只由乡村根据各基层单位的具体情况，兼顾国家和集体利益，向各基层单位提出关于生产经营建设任务的建议，由基层单位根据本身实际情况、当地的生产经营建设习惯和轮作制度，按照农业生产经营建设任务和农民生产、生活的要求，制定生产经营建设任务。经有关基层单位生产经营建设者讨论决定。

（七）我国农业生产经营建设计划市场管理形式的方略

我国农业生产经营建设计划市场管理形式的方略确定以后，农业生产经营单位就要据以农业阶段作业任务，并及时向作业组布置，把任务具体落实下来。为此，必须在农业生产经营建设计划市场管理形式的方略上，因地制宜采取以下五种形式：

1. 必须建立健全农业生产经营建设责任制度和作业验收考核制度，及时检查和考核各作业组及个人实际完成的作业数量、质量、劳动效率、物资消耗等。

2. 必须坚持在落实农业生产经营建设计划中，切实执行好农业财务计划，编制农业财务计划，仅仅是财务计划管理工作的开始，要使计划真正指导财务活动，必须从各方面采取措施，认真执行财务计划，保证财务计划的实现。

3. 必须根据具体情况，合理安排各个季度和月份的收入和支出，以保证不同阶段的资金需要。农业产品产供销各个环节必须互相衔接，密切协作，努力完成各项财务指标。

4. 必须坚持按农业财务收支的计划定额，实行专款专用。

5. 必须建立严格的组织财务收支审批制度，建立经济责任制。按照开支用途、金额大小，分别规定各级组织领导干部的审批权限，严格执行。

（八）我国农业生产经营建设计划市场管理检查的方略

我国农业生产经营建设计划市场管理检查方略的方法，是全方位、多种多样的，例如：经常组织专人深入实际，进行抽样调查或典型调查，了解和检查计划执行的情况；组织各种检查评比；广泛听取农业劳动者的意见，健全作业进度、报告制度和阶段、月份工作总结报告制度。为此，必须抓好农业生产经营建设计划市场管理检查方略的五种方法：

1. 对农业财务计划市场管理检查方略的执行情况，定期进行检查，分析财务任务完成和未完成的原因，揭露财务政策执行中的问题，总结经验教训，并向违反财经纪律的现象作斗争，以保证财务任务顺利完成。

2. 对农业基层单位，必须如实报告自己开展的生产经营建设情况，及时提供统计资料，定期向农业劳动者公布有关统计数字，便于农业劳动者对方针政策落实经常监督。

3. 对农业主管部门，必须对农业基层单位提供的统计数字，定期进行经济活动分析，总结组织开展农业生产经营建设的经验，找出存在的问题，采取有效措施，以保证全面完成和超额完成农业生产经营建设计划的任务。

4. 对农业年度财务指标执行终结以后，应该根据会计核算提供的资料，编制年度财务决算，以便总结财务指标执行情况，计算财务成果，检查财务工作，并为确定下期财务任务提供资料。

5. 对编制农业财务决算，必须进行必要的准备工作，如检查核对核算资料，汇总整理各项费用，清理往来账款，进行财产清查等。然后具体计算各项收入盈亏和资金增减，填制各种决算表。最后应对财务决算资料进行分析，总结经验教训，写出财务决算说明，一面向群众公布，一面报上级审查核准。

（九）我国农业生产经营建设计划市场管理调整的方略

我国农业生产经营建设计划市场管理调整的方略，不适应客观农业生产经营建设情况的情形是会经常出现的。因此，必须及时应对农业生产经营建设计划市场管理的方略调整修正，必须经过群众充分讨论，上报审查批准，不能任意改动，以免影响农业劳动者的积极性。为此，农业生产经营计划市场管理调整方略的因素主要有以下三方面：

1. 要妥善处理农业生产经营建设中的各种平衡关系。由于我国农业内部生产经营建设管理各个部门、单位、项目之间，以及供应、需求、消费、积累等各个环节之间，有着相互联系、相互制约的关系，为此，只有使各方之间保持合理的平衡关系，才能使农业生产经营建设持续健康发展。因此，就必须及时调整农业生产经营建设计划市场管理方略，妥善处理各种比例关系，使农业的全部生产经营建设活动，结成一个有机整体，以便互相配合，互相协调地进行。

2. 要科学合理利用农业的人力、物力、财力。我国组织开展农业生产经营建设活动的中心要求，必须是以最少的消耗，获得最多的经济效果。要充分注意人力、物力、财力的合理利用。同时，在农业生产经营建设中可以利用的自然力很多，如土地、阳光、雨水、气温等，对它们利用得当，就可以减少人力、物力、财力的消耗，获得出更多的农业产品，不断提高经济效果。

3. 要坚持在农业财务计划市场管理调整的方略执行过程中，必须按照农业生产经营建设情况的变化和实际需要，对原有农业财务任务指标，进行适当的调整，作出修改报告，并按规定上报审批后执行。

总之，从1979年至2019年期间，从中央到地方各级党委、政府及有关部门在组织拓展全国农业生产经营建设管理方针策略的路程上，一是创建了农业生产经营建设管理方针策略体系；二是拓宽了农业现代化生产经营建设的途径。

关于农村土地综合开发治理利用、征购储备、供应占用和财政筹融资监管体系完善途径的探讨

农村土地综合开发治理投资课题组*

1958 年至 2019 年以来,国家各级政府及有关部门在组织推动各地区逐步深化改革完善农村土地及相关系统经营管理体制,在拓展综合开发治理利用农村土地、保护节约集约农村耕地、依法征购储备供应占用农村土地、调整完善农村土地财政管理调控体制征途上,进一步拓宽十二条途径:一是农村土地所有制、使用权和整理占用法治途径;二是农村土地承包经营长久和使用权流转畅通保障途径;三是农村耕地永久保护和节约集约利用及占补平衡途径;四是农村土地全面整理和深入整治途径;五是农村土地综合开发和科学复垦途径;六是农村土地依法征购、储供、利用途径;七是农村土地定级估价和建设占用审批调控途径;八是农村村民住宅基地建设维护和治理途径;九是农村土地利用规划制定和实施途径;十是农村土地及相关系统经营管理督查途径;十一是农村村民失地后社会保障途径;十二是农村土地财政筹融资监管体系逐步完善途径。

首先,全面深入调查研究分析我国农村土地资源实际变化情况。我国农村土地资源是国家土地资源的重要组成部分。国家土地资源是指国家管辖的陆域、空域、水域及其平地、丘陵、沙漠、山脉、江河、湖泊、海洋、草原、森林、矿物、植物、地貌、岩石、水文、气候、能源等自然地理资源。我国领土辽阔,地跨寒温带到赤道带,加以地貌、土壤等自然条件千差万别,形成了各地区复杂多样的土地类型。我国是世界上土地资源丰富的国家之一,有各种类型的土地,其中高原占全部土地的26%,山地占 33%,丘陵占 10%,盆地占 19%,平原占 12%。我国有耕地 18.9 亿亩,林地有 18.3 亿亩,草原有 43 亿亩,淡水面积有 2.5 亿亩,沙漠戈壁有 19 亿亩,石山有 6.5 亿亩,冰川有 1 亿亩,沼泽有 1.6 亿亩,其他有 27.2 亿万亩。我国有长达 1.8 万公里的大陆海岸线,有 150 万平方公里的浅海大陆架。我国土地资源,为因地制宜地全面发展农林牧副渔各业,提供了有力的物质基础。我国土地资源的绝对数量大,而按人口平均的相对数量小,在全部国土中有 74% 的土地,可用于农林牧渔各业生产经营。总之,我国农村土地资源,是由土壤、地貌、岩石、植被、水文、气候等组成的自然综合资源。它具备陆地和水域以及与之相联系的一切自然条件。它是农业生产经营活动、城乡人民生活不可缺少的重要物质条件,是城乡一体化经济社会持续发展必须的条件。我国农村土地资源是农业生产经营的劳动对象,它既是农林牧副渔各业生产经营资源的一个重要组成部分,又是农业部门无可取代的、需要量巨大的、最基本的生产资料。在现代科学还没有发达到在很小的空间内大批量生产农业产品的条件下,土地的数量、质量,对于农业生产都是性命攸关的。从而,保持农村土地的数量、质量,便成为社会的神圣职责。

---

* 课题组组长:韩连贵
　课题组成员:王　恒　刘仁芙　李振宇　韩铁峰　董　齐　侯江华　万志刚　潘贵祥　陈友订　李克君　朱国平　陈贵锋

其次，进一步认清农村土地资源性质。我国土地资源，按我国人口平均占有耕地、林地、草地面积，都明显低于世界平均水平。我国农村土地资源的地区分布很不平衡，90%以上的耕地、林地和水域，分布在东南部湿润、半湿润地区，而草地集中分布在西北部干旱、半干旱地区。由于我国山地多于平地，干旱、半干旱地区约占国土的一半，因而耕地占国土总面积的比例很小，这使农业生产经营发展很受限制。为了保护和珍惜农村土地资源，因地制宜地合理利用农村土地资源，科学开垦宜农的荒地资源，充分发挥农村土地的作用，需要进一步了解和掌握土地资源的性质。我国农村土地资源的性质，主要有三点：一是农村土地是自然历史过程的产物。农村土地不是劳动产物，它的面积是有限的，劳动只能改良已有的土地，而不能创造出新的土地。人们要组织农业生产经营活动，就必须认清这一特点，充分合理地利用土地资源，使有限的土地生产出更多的农业产品，以满足城乡一体化经济社会发展的需要。同时，要随着农业科学技术的发展和生产力水平的提高，积极创造条件，采取有效措施，将劣等地变成优等地，将荒地变成耕地，将不能利用的土地逐步利用起来；二是农村土地是永久性的生产资料。农村土地是属于农业最基本生产资料，在安排利用土地资源过程中，如果注意科学合理地利用，就能达到增产增收和增强土壤肥力的作用。因此，必须认清这一特点，既要通过耕作、施肥、灌溉、改良土壤等措施，不断提高土壤肥力，又要根据各地区各类土地的情况，因地制宜地安排农业生产经营活动。为持续增产增收创造优良的土壤条件；三是农村土地的位置不能移动。农村土地的位置是指各地区土地的分布。这种土地的分布是人们无法移动的，而各地区不能移动的土地所处的自然条件和经济条件又是千差万别的。因此，必须认清这一特点，尽可能注意适应各种自然条件和经济条件，因地制宜地利用土地，趋利避害，获得增产增收的经济效果，同时，要采取各种有效措施，来改变各种不利的自然条件和经济条件，以利于促进农业生产经营发展。总之，只有认清农村土地资源性质，才能科学合理地利用土地，做到趋利避害，地尽其力；才能提高土地生产率，以弥补我国土地的不足；才能充分发挥我国一切土地资源的作用，创造更多的物质财富；才能使用地与养地密切结合，建立良好的农业生态系统。

再次，了解掌握农村土地资源的特点。我国各地区农村土地资源是全国城乡人民生产和生活的源泉，是农业农村经济持续健康发展的重要条件，是城乡一体农业现代化、工业化、信息化、城镇化建设的根本保障，是我国城乡一体化经济社会实力壮大的基础，它具有明显的自然地理特征和特殊地位特点，主要有以下五个特点：

第一，农村土地资源绝对数量多、人均占有土地相对数量少。据2003年测算分析，我国960万平方公里的土地总面积，约占世界土地总面积的1/15，居世界第三位；耕地面积为世界耕地总面积的7%，居世界第四位；林地面积居世界第八位，草地面积居世界第三位。但按全国城乡每人占有土地面积计算，人均占有土地面积14亩，不到世界人均50亩的1/3；人均占有耕地1.5亩，为世界人均占有耕地6亩的1/4；人均占有林地1.8亩，为世界人均占有林地16亩的1/9；人均占有草地5亩，为世界人均占有草地11亩的1/2。总之，我国农村土地资源绝对数量虽然多，但全国城乡人均占用土地少，特别是全国2016年按全国城乡人口13.7亿计算，人均占有耕地1.38亩，可见农村耕地资源确实贫乏。

第二，农村土地资源分布不均衡，土地生产力地区差别悬殊。这是由于：一是我国农村土地资源地区分布不均衡，我国内陆水域的土地资源数量的90%以上，分布在我国东南部湿润、半湿润地区农村，降水量一般为400至2000毫米；50%以上的耕地、林地集中在东北部和西南部地区农村；86%以上的草地分布在西北部干旱半干旱地区，这部分地区农村土地面积占国土总面积的一半，这部分地区农村的耕地、林地很少，人口稀少，土地生产能力水平很低。农业人口和农业产值的95%也分布在我国东南部地区农村，土地生产率高；二是我国农村水土保持资源不平衡，全国水资源总量为28000多亿立方米（包括地下水天然资源8000多万立方米），居世界第六位。人均只相当于世界人均的1/4，列第88位。长江、珠江、浙江、闽、台及西南诸河流域的水量占全国总水量的82.3%，这些地区农村占全国水资源总量的17%，而耕地却占全国的63.7%。我国农村处于季雨地区耕地面积仅占全国耕地面积的36%；黄河、淮河以及其他北方诸河流域农村用水量约占全国总水量的17.7%，我国处于干旱地区农村耕地面积，却占全国耕地面积的 64%。由于水资源的时空分布不均衡，使季节性和地区性缺水更趋尖锐。这一特点，决定了我国农业农村经济的发展，也将受到以水土资源不平衡的因素制约。

第三，农村土地资源类型复杂，山地、高原、丘陵面积多于平地，我国大部分农村土地处于温带、暖温带、亚热带，有着优越的热量条件，同时，我国又处于湿润、半湿润和干旱、半干旱的两大地理区域，因而形成了多种多样的土地资源类型。特别是热量条件好的湿润、半湿润地区，有利于农林牧副渔各业生产经营发展。对干旱、半干旱地区，只要搞好植树种草，加强水土保持建设，逐步恢复农业生态平衡，也必然促进农林牧业生产经营发展。我国山地、高原、丘陵面积约占全国土地总面积的 69%，平原和盆地面积仅占全国土地总面积的 31%。由此可见，平地面积小，山地高原丘陵面积大，特别是山地坡度陡，土层薄，土地适宜性单一，不宜耕种。但生物资源较多，适宜于发展林木和土特产品生产经营发展。目前我国人均耕地 1.38 亩，为世界人均耕地亩数的 1/5，若按人均耕地数量为序排列，我国为第 67 位。在全世界 26 个人口在 5000 万以上的国家中，我国人均耕地数量居第 24 位。我国以占世界 6.8% 的耕地，养育着占世界 21.8% 的人口。随着我国人口的继续增长，我国粮食生产供求的发展形势严峻。

第四，农村难以利用的土地面积大、土地后备资源潜力小，我国农村难以利用的土地面积约占全国土地总面积的 30%。在我国现有的土地后备资源中，宜垦地约为 5 亿亩，其中质量较好的宜农土地只有 2 亿亩，近期只能开垦出 1 亿亩耕地，改变不了我国人均耕地矛盾突出的状况。这一特点，决定了我国粮食生产的根本出路，主要的不是扩大耕地面积，而只能是改造中、低产田，提高复种指数，努力挖掘生产潜力，提高单位面积产量。

第五，农村土地资源总量相对稳定，人均占有土地资源持续减少。这是由于：一是我国城乡工农商服务业及交通业等各项建设用地，从 1958 年至 1988 年的 30 年间，我国耕地面积净减 2.4 亿亩，平均每年净减少耕地 800 万亩，特别是 1985 年耕地净减少为 1500 多万亩，1986 年耕地净减少 960 万亩。尽管 1987 年在全国开始了非农业建设用地清查，大力宣扬贯彻《土地管理法》，当年耕地净减少 700 多万亩。这样高速度地减少耕地，已经成为我国农业农村经济持续稳定发展的隐患。从 1989 年至 2016 年的 27 年间，由于各地区调整优化农林牧副渔各业结构，推进乡镇企业建设与农民建房占用大量耕地，特别是推动城乡一体化的工业、矿业用地面积扩大，违法占地现象比较严重；二是我国城乡人口持续增加，人均占用土地资源逐渐减少。长期以来，既大力开发复垦农村土地后备资源，又加强计划生育，控制增加人口，截止到 2016 年我国人口 13.7 亿，比 1949 年增加 9 亿，人均耕地从 1949 年的 2.7 亩，减少到 2016 年的 1.38 亩。全国有 1/3 的省、直辖市人均耕地已不足一亩。由于全国农村土地资源总量相对稳定，城乡人口持续增加，导致城乡人均土地资源占有量的持续减少，这就势必影响农业农村经济持续发展。

一、农村土地所有制、使用权益和征购、占用法治途径

我国农村土地所有制、使用权和征购、占用法治途径包括：一是农村土地所有制、使用权经管法制规则；二是农村土地所有权、使用权证明、变更、收回登记发证法制规则；三是农村土地所有权确认及其所属经管法制规则；四是农村土地使用权维护、补偿经管法制规则；五是农村土地使用权招标、拍卖经管法制规则；六是农村土地征收占用和购买使用实施法制规则；七是农村土地征收、收回、购买依据法制规则；八是农村土地利用法制规则。

（一）农村土地所有权、使用权经管法制规则

我国农村土地所有权归集体所有，《民法通则》和《土地管理法》都将农村集体规定为农业生产

合作社等农业集体经济组织，或者村民委员会及乡镇农民集体，就是说，土地所有权主体，既可以是村农业集体经济组织，也可以是村民委员会，还可以是乡镇农民集体，并可能分别属于村内的几个集体经济组织，这些法律性规定，考虑到了历史的继承性和现实性。《土地管理法》规定，对土地所有权、使用权及土地它项权利，依法实行登记发证制度。依法登记的土地所有权、使用权和土地它项权利受法律保护，任何单位和个人不得侵犯。土地它项权利是指在已经确定的所有权和使用权的土地上，设定的其他利用土地的权利，包括抵押权、租赁权、空中权、地下权等。

（二）农村土地所有、使用权利证明、变更、收回登记发证法制规则

我国农村土地所有权、使用权证明、变更、收回登记发证法制规定如下：

1. 证明登记发证规定。农村集体所有土地的所有者、使用者，应当向市、县土地行政主管部门提出登记申请，经审核同意，由市、县人民政府进行登记，核发《集体土地所有证》《集体土地使用证》；国有土地使用者，应当向市、县土地行政主管部门提出登记申请，经审核同意，由市、县人民政府进行登记，核发《国有土地使用证》；铁路、公路中的国道和省道及其他大型项目工程使用的国有土地，可以由省人民政府进行登记发证；凡是确认农民集体所有的农用地承包经营权、林地和草原的所有权或者使用权、水面和滩涂的养殖使用权的，依照《中华人民共和国森林法》《中华人民共和国草原法》《中华人民共和国渔业法》等法律、法规办理；凡是需要设定土地它项权利的，当事人应当向原登记机关的土地行政主管部门提出登记申请，经审核同意，由原登记机关进行登记，核发土地它项权利证书。

2. 变更登记发证规定。农村集体所有土地的所有者、使用者，依法改变土地所有权、使用权、它项权利和土地用途的，应当在规定期限内，向原登记机关的土地行政主管部门提出变更登记申请，经审核同意，由原登记机关办理变更登记手续。

3. 收回登记发证规定。这是指：一是依法收回农村集体土地使用权或者终止土地它项权利的，当事人应当持有关文件，向原登记机关的土地行政主管部门提出注销登记申请，经审核同意，由原登记机关注销土地使用权或者它项权利登记；二是依法收回国有土地使用权的，由原登记机关根据有关批准文件，注销土地使用权登记；依照合同的约定收回国有土地使用权的，由原登记机关根据合同，注销土地使用登记。

（三）农村土地所有权确认及其所属经管法制规则

我国农村土地所有权确认及其所属经营法制规定如下：

1. 所有权确认规定。农村集体所有的土地，由县级人民政府登记造册，核发证书，确认所有权。农村集体所有的土地，依法用于非农业建设的，由县级人民政府登记造册，核发证书确认建设用地使用权。单位和个人依法使用国有土地，由县级以上人民政府登记造册，核发证书，确认使用权，其中，省直机关使用的国有土地的登记发证，由省人民政府土地行政主管部门负责，具体登记发证办法由省人民政府制定。设区的市人民政府可以对市辖区内的国有土地和农村集体所有的土地实行统一登记。

2. 所有权经管规定。农村集体所有土地依法属于村农民集体所有的，由村民委会或者村集体经济组织经营、管理；已经分别属于村内两个以上农村集体经济组织的农民集体所有的，由村内各该农村集体经济组织或者村民小组经营、管理；已经属于乡（镇）农民集体所有的，由乡（镇）农村集体经济组织经营管理。乡（镇）农村集体经济组织不健全的，可由乡（镇）人民政府管理。

3. 所有权调整规定。农村土地所有权，有以下情形之一，确需调整土地所有权的，必须经省人民政府批准，由县级以上人民政府组织实施：一是因修建大型水利工程、保护生态环境和改善自然环境恶劣地区农民生活条件等原因，国家组织农民集体迁移的；二是因交通、水利等工程项目改变位置的；三是因实施土地利用总体规划必须调整土地的；四是其他原因确需调整土地的。

4. 所有权争议规定。农村土地所有权，发生土地权属争议，由当事人协商解决。协商不成的，应当依法报请人民政府处理。发生权属争议的土地跨行政区域的，由其共同的上级人民政府处理。人民政府处理土地权属争议，应当下达处理决定书。

5. 所有权内容规定。这是指对农村土地集体所有权内容的规定。农村土地集体所有权的产生及其法律依据是1956年6月30日中央人民政府公布的《高级农业生产合作社示范章程》。因此，农村土地集体所有权主体权利的范围，是以这个章程及以后贯彻执行的有关农村经济政策的各项规定为依据的，它包括：保证粮棉的种植，接受国家计划的指导，改善生产经营管理，改良土壤，进行水利建设，兼顾国家、集体、个人三者利益等法制内容。随着我国经济社会发展，农村土地集体所有历史上的权利内容也随之变更。依我国法律规定，对农村土地集体所有权法制，明确规定以下基本内容：

（1）农村土地所有权法制的基本内容。其基本内容有以下八项：

①农村土地集体所有权行使，必须是集体成员共同意志的体现，是代表成员全体共同利益。因此，人民公社六十条的第三十八条"规定生产队内重大事项由社员大会讨论决定，不能由干部决定"；

②农村土地集体所有权行使，必须符合国家和社会共同利益以及集体成员的共同利益；

③农村土地在农村集体生产经营中，坚持成员间自愿、平等、互利、正义，严格生产责任制，提高耕作质量；

④农村集体财产及其资金为集体全体成员共同公有，不能分割，应用于提高农业产量，建设高标准农田，增进集体成员共同福利，达到取之于土，用之于土的目的。集体成员及其家庭离开集体，不具有要求分割权利；

⑤农村土地自古以来用于农业，集体土地产权主体行使占用、使用、收益、处分权限于农业。未经国家许可和全体成员讨论决定，任何组织和个人，不得将农村土地进行非农业的经营活动；

⑥在珍惜农村土地、保护耕地、培养地力、保持水土、增加水利建设基础上，通过联产承包、规模经营、企业化等组织形式，促进农业和农村经济发展；

⑦《土地管理法》第三十六条关于将土地使用权作为联营条件的规定，有四个前提条件：一是联营一方必须是全民企业、城市集体企业；二是必须持国务院主管部门或县以上地方人民政府建设任务书；三是必须按国家建设征用土地规定而实行征用土地；四是必须经该集体全体成员讨论决定。不按此规定的联营法律应不予保护；

⑧权利和义务是对等的。农村土地集体所有权主体，在行使上述权利时，有必须服从社会利益、遵守国家法律的义务。

（2）农村土地所有权法制的具体规则。我国农村土地集体所有权法制自1956年形成以来，国家法律法规和政策规定，已被广大农村干部和农民群众所接受；农村土地集体所有制的"团体本位"是维系农民群众热爱家乡、安定社会的重要因素；农户家庭联产承包责任制仍然在今后一个相当时期内实行。在这种全国农业、农村经济社会形势下，中共中央、国务院决定，必须按照国家对农村土地所有权现行法律、法规和政策规定，进一步提出以下四项法制规则：

①农村土地集体所有权主体，仍依法定为村（或组）农民集体所有。具体按下列原则确认：凡是撤队并村过程中原各生产队所有的土地未打乱平分，村内各组土地互不平衡的，农村土地所有权，应确定归为村民小组，已打乱平分或已基本平均归村掌握的确定为村委会。无论确认为何种形式，应事先经村民大会讨论并签协议，不宜由行政直接规定。

②农村土地集体所有权代表，由各产权主体成员依法定程序推选，村民组长或村民委员会主任不能作为当然代表，应参加选举。通过选举，以契约形式授权，规定任期，报乡土管所登记。变更时办理变更登记。

③农村土地集体所有权主体实行登记生效制，乡土管所核实各村队农村土地集体所有权主体后，报县土管局登记，核发集体土地所有证。农村土地集体所有权主体变更，应申述理由，申请办理变更

登记。变更原因包括：征地撤队、移民、自然条件变化因素。可依据1962年2月13日《关于改变农村人民公社基本核算单位规定》制定办理规程。

④农村土地集体所有权主体代表人行使代表权范围：一是管理属其主体所有的土地；二是保护耕地；三是依法管理非农用地；四是制定治土、治山、治水规划；五是制定改良土壤、培养地力、保持水土、增加水利建设方案，通过讨论实施；六是作为发包方与承包户签订承包转包合同；七是代表被征用方与国家签订征地合同；八是管理征地、提留等应收款；九是本着取之于土、用之于土原则，安排补偿费、安置费、高产农田建设费和其他公共福利用途；十是根据土地利用总体规划，安排土地利用；十一是协调组或村内人力、物力，办理统一经营事务；十二是统一分配农用物资，承担一家一户无力承担的任务；十三是监督、管理土地使用方的土地使用行为；十四是切实保护基本农田；十五是制止一切非法的用地行为。农村土地集体所有权主体，是一个单纯法律上的所有权者，其本身不具有占用、使用、处分行为，亦不能直接产生收益。

（四）农村土地使用权维护、补偿经管法制规则

从1996年以来，全国各地区农业土地使用权维护情况和问题日益增多，小城镇建设用地规模逐年扩大，农村村民住房基地迁移矛盾日益加剧，农村四荒土地资源使用权缺乏经管法制规则，因而导致过度使用荒地资源，造成农业生态环境恶化。为此，从中央到地方各级人民政府都注重了加强农村土地使用权必要性和可行性的发展形势，逐步制定实行了农村土地使用权维护、确定、补偿等项法制规则：

1. 农村土地使用权维护法制规则的必要性。各地区农村土地使用权维护法制规则的必要因素有五点：

（1）农村土地使用权在广大农村按农业人口和劳动力平均分配承包，造成农业地块零星分散、生产经营规模缩小，不能集中连片地形成农业生产经营规模，不利于扩大农业产业化规模，不利于从自给自足的小农经济向现代农业企业化、商品化、市场化、城乡一体化转变。为此，必须坚持遵照执行农村土地使用权维护法制规则。

（2）乡镇非农业建设用地和农民宅基地无偿无限期使用，加上非农业化过程的利益驱动，刺激了对非农业用地的需求和供给，导致农业土地非农化和耕地减少。

（3）小城镇建设用地产权关系混乱，土地市场运行和农业土地收益分配不规范，影响了"统一规划、合理布局、综合开发、配套建设"方针的实施。

（4）通过农村土地开发治理与复垦的途径，扩大农业土地面积难度加大；通过小城镇建设，推动二、三产业发展，解决农村剩余劳动力问题很多；通过推动农村产加销一条龙企业发展矛盾不少。为此，只有加强农村土地使用权法制建设，才能解决上述矛盾和问题。

（5）农村四荒土地资源使用没有严格界定，新中国成立以来，过度开荒、浪费农业土地资源，造成农村生态环境恶化现象严重。为此，只有加强农村土地使用权维护法制建设，才能科学开发利用荒地资源，为国家增加农业土地面积，为社会提供更多农林牧渔各业产品。

2. 农村土地使用权维护法制规则的可行性。从中央到地方政府针对上述问题，组织制定实行了一系列切实可行、行之有效的法规制度和方针政策规则，主要有以下五项规则：

（1）农村土地使用权维护法制的可行性规则。为了适应农业现代化和农村经济非农化的要求，在农村形成劳动力与土地资源市场优化配置的有效机制，促进农村经济发展，必须坚持四项原则：①系统性原则。农村土地使用权维护，在范围上超越耕地和农地范围，考虑农村集体土地及其利用结构和利用方式的动态调整；在步骤上体现历史连续性要求，保留现行制度的优点，挖掘其中的潜能。②有效性原则。农村土地使用权维护法制的设计和实施，必须能够有效地解决农村土地使用权流转与集中、"四荒"土地合理开发利用、控制农村土地非农化、促进小城镇建设和乡镇企业现代化等迫切需要解决的问题，不能离开这个根本目标，去搞抽象的概念"创新"。③可操作性原则。农村土地使用

权维护法制，必须以农村基本经济制度为基础，从农业生产力发展的现实要求出发；必须考虑我国农民的传统习惯、生产生活方式和土地观念；必须在农村土地使用权维护法制实行中，重视对农村已有实践经验的总结、提炼和升华。④差别性原则。我国农村生产力发展的区域差异很大，应该允许有差别、有特色。同样，对于不同使用类型的土地，在产权安排方面区别对待，以利于有效利用农业土地资源。

（2）农村土地使用权维护法制行使规则。根据农村土地使用与管理的历史、现状和未来发展，将农村集体土地所有制，按土地利用类型分为乡镇集体所有和村（组）集体所有两个层次，分别交给乡镇政府和村民委员会（或村民小组）行使所有权。为此，必须坚持以下两项准则：

①乡镇政府所在地的小城镇建设用地归乡镇全体人民（包括居民和农民）集体所有，由乡镇政府代表所有者行使土地所有权。这一制度安排符合现行法律的原则规定，有利于在小城镇建设中贯彻"统一规划、合理布局、综合开发、配套建设"的方针，节约和集约使用农村非农建设用地。同时，在体制上可以解决目前城乡土地制度的衔接问题，改变小城镇土地管理和土地市场混乱的状况。

②乡镇政府所在地以外的其他农村集体土地，包括农地、宅基地和"四荒"地，归行政村或村民小组全体人民集体所有，由村民委员会或村民小组代表所有者行使土地所有权。具体归哪一级所有，应根据当地自然、社会、经济状况和土地利用习惯而定。这种制度安排符合现行法规和多数地区农村土地管理现状，容易被农民接受，不应随意改变。

无论乡镇土地所有权，还是行政村或村民小组土地所有权，都具有独立完整的法人产权性质，可以由其产权代表在法律规定的范围内占用、使用、收益或处置。国家建设需要占用农村集体土地或者乡镇建设需要占用行政村或村民小组集体土地，都要依法办理征用手续。

（3）农村土地使用权维护法制落实规则。为了促进落实履行农村土地使用权维护法制责任，必须坚持以下四项准则：

①坚持严格承包合同管理，强化所有权约束，消除农户土地产权幻觉。有些农村出现的浪费耕地、粗放经营等现象，主要是因为缺乏所有权对承包者的有效约束，农户按照承包合同耕种责任田，特别是完成产量任务的意识不强，而且还形成了一种产权幻觉，似乎承包土地会演化为私有土地，因而即使没有兴趣和条件继续从事农业生产，也不肯放弃，所以，必须对承包合同，进一步明确承包者的责任，规定产量指标不能完成承包合同的，要依法终止承包合同，收回农村土地使用权。不愿继续承包经营的单位和农户，也可随时将农村土地退还所有者。这样，就可在承包环节形成农村土地使用权流转和集中的机制。

②坚持鼓励承包者对土地长期投资，允许承包者出租农村土地使用权。造成目前农业后劲不足的一个重要原因，是农业生产者缺乏对农村土地收益的长期预期，不愿对农田基本建设进行长期投资。为此，应当在适当延长和稳定承包关系的基础上，允许承包者出租农村土地使用权，以便获得农村土地投资的报酬。这样，就可以在使用环节形成农地使用权流转和集中的机制。实践证明，发展农村土地使用权租赁市场，会加大农业生产成本负担，这种担心是没有必要的。农业生产者之间的农村土地使用权租赁行为是经济行为，促使增加的租金成本，应该能够被扩大经营规模所增加的效益所弥补。

③坚持逐步改变农户家庭联产承包责任制，推行农村土地联产承包责任制。联产承包责任制的实质是农业土地承包者负有提供一定数量农业产品的责任，包括按承包合同上缴国家征购和集体提留并完成农业产品合同定购任务等。这一基本功能体现了国家对农业土地产权的限制，也是集体所有权的实现形式，必须保留。农村土地联产承包责任制，是在今后重新发包土地时，不再根据农户家庭人口和劳动力平均划分土地，而是根据农业土地单元进行整体发包。对农业土地发包单元，尽量集中连片，便于耕种。承包单位根据所使用的农业土地面积和质量，负担相应的农业产品产量责任。在实施"两田制"的地方，对责任田的发包必须体现这一原则。

④坚持改变农村内部分配承包制，推行社会化竞争承包制。农户家庭联产责任制的一项重要功能，是保障农户就业和基本生活资料来源，因此，必须以按人口和劳动力平均分配的方式，把农业土

地承包到户。农村土地联产承包责任制的着眼点，则转向农业土地的合理开发利用，农业土地作为就业和生活保障的功能应逐步弱化。因此，应该在全社会范围内引入竞争机制，根据承包者的经营能力和规模利用要求，采取招标方式选择承包者，尽量使土地集中连片，促进适度经营规模。要允许农民跨地区承包，鼓励工商企业投资和经营。这是促进农业企业化、产业化、现代化的重要手段。

（4）农村土地使用权维护法制偿付规则。为了组织推行各地区农村非农建设用地和"四荒"土地有偿使用规则，努力培育农村集体土地使用权市场，合理开发"四荒"土地，大力推动农民参与农业现代产业化规模经营，不断提高农业产品生产和非农业建设用地供给水平，缓解农业土地非农化的压力，因此，必须以农村土地有偿使用权维护法制为核心，为农村集体土地的有效配置创造条件，必须坚持以下三项规则：

①坚持实行乡镇集体土地有偿使用权维护法制，从1997年起，准许全国农村集体土地使用权不能进入市场，国家对乡镇非农业建设用地，实行统一规划、统一征用、统一储备、统一开发、统一整理、统一复垦、统一出让、统一管理的政策。凡是经批准设立的市辖区、工业园、科技园、开发区等各类园区的土地，必须纳入所在城市用地统一管理、统一供应。

②坚持实行农民宅基地实行长期有偿使用权维护法制，每年按占地面积收取宅基地使用费。农民建房占地是导致耕地减少的一个重要原因。推行农民宅基地长期有偿使用权法制，可以体现农村土地集体所有权，形成一定的经济约束机制，与现有行政控制机制相互配合，更有利于控制农村居住用地膨胀。对农民宅基地使用费收取后，专款专用于村庄改造和基础设施建设，为农村居民点现在化积累资金。

③坚持实行农村"四荒"土地有偿使用权维护法制，农户、联户或其他单位均可依法取得"四荒"土地使用权，在使用期限内可以继承和转让，使用期满后可续期使用。"四荒"土地有偿使用的方式，可根据"四荒"土地用途、面积、位置等因素灵活掌握，除了拍卖，还可采取招标、协议等出让方式。入股联营、合作开发等形式对于引进技术、资金和管理也很有价值。开发"四荒"的主要效益是生态效益和社会效益，有偿的标准不宜太高，所得收益，作为农村道路、通讯、教育等基础设施建设资金，用于改善农村公共服务基础设施建设，提高农村公共福利水平。

（5）农村土地有偿使用权法制收入、征收规则。为了进一步促进农村土地使用权制度改革和房地产市场的发展，根据《中华人民共和国城镇国有土地使用权出让和转让暂行条例》以及国务院国发〔1989〕38号文件，经与有关部门研究，财政部于1992年9月21日颁布了《关于国有土地使用权有偿使用收入征收管理的暂行办法》以及《关于国有土地使用权有偿使用收入若干财政问题的暂行规定》。

①在《关于国有土地使用权有偿使用收入征收管理的暂行办法》中明确规定，为了加强国有土地使用权有偿使用收入的征收管理，进一步完善农村土地使用权维护法制，一是国有土地使用权有偿使用收入来源渠道有两条，一条为土地出让金。这是指各级政府土地管理部门将土地使用权出让给土地使用者，按规定向受让人收取土地出让的全部价款，即土地出让的交易额，土地使用期满，土地使用者需要续期而向土地管理部门缴纳续期的土地出让价款。原通过行政划拨获得土地使用权的土地使用者，将土地使用权有偿转让、出租、抵押、作价入股和投资，按规定补交的土地出让价款。另一条为土地收益金（或土地增值费）。这是指土地使用者将其所使用的土地使用权，转让（含连同地面建筑物一同转让）给第三者时，就其转让土地交易额按规定比例向财政部门缴纳的价款。土地使用者将其所使用的土地使用权出租（含连同地面建筑物一同出租）给其他使用者时，就其所获得的租金收入按规定比例向财政部门缴纳的价款；二是国有土地使用权有偿使用收入，归中央政府和地方政府所有，由财政部门统一负责征收管理；三是土地出让金由土地管理部门代收代缴。土地收益金（或土地增值费）由房地产管理部门代收代缴；四是各级土地管理部门和房地产管理部门，应在次月五日前将收到的土地出让金和土地收益金（或土地增值费）上缴财政部门，其中：土地出让金总额的5%应上缴中央财政，土地转让交易额和土地出租收入的5%，应作为上缴中央财政的土地收益金或

土地增值费。对连同地面建筑物一同转让的土地使用权，应根据房产评估价格，经财政部门核定，在交易总额中扣除合理的住房价款，其余额的5%作为土地收益金或土地增值费上缴中央财政。地方财政收取的土地出让金和土地收益金（或土地增值费）比例，由各省、自治区、直辖市和各计划单列市财政部门，在核定合理的土地开发成本和住房价款的基础上，自行确定。

②在《关于国有土地使用权有偿使用收入若干财政问题的暂行规定》中明确指出，为了加强国有土地（以下简称土地）使用权有偿使用收入的财务管理，根据《中华人民共和国城镇国有土地使用权出让和转让暂行条例》和《关于国有土地使用权有偿使用收入征收管理的暂行办法》明确规定，一是经财政部门核定，土地管理部门可以从其代收的土地出让金中提取土地出让业务费，提取比例不得超过土地出让金的2%；二是经财政部门核定，房地产管理部门可以从其代收的土地收益金或土地增值费提取土地收益业务费，提取比例不得超过土地收益金或土地增值费的2%；三是土地管理部门按规定提取的土地出让业务费，应按如下范围使用：为开展土地有偿使用工作所支付的调查研究费、办公用品费；对有偿使用的土地地域内的勘探设计费；对土地价格进行评估所需费用；为开展土地有偿使用工作所支付的广告宣传费、咨询费；对土地出让、转让给外商过程中的外方中介人佣金；对土地在进行出让、转让（拍卖、招标等）时所付出的场地租金；对进行土地有偿使用工作的土地业务人员培训费；对查处为补办出让手续而擅自转让、出租、抵押原属行政划拨土地使用权的单位和个人所发生的开支。在上述土地出让业务费使用范围中，除第二项和第三项外，其他各项均适用于房地产管理部门按规定提取的土地收益业务费使用范围；四是土地管理部门提取的土地出让业务费和房地产管理部门提取的土地收益业务费，执行行政事业单位预算外资金管理办法；五是土地使用者将土地使用权作价入股或投资时补交的土地出让金，由土地使用者用自有资金支付；六是上缴地方财政的国有土地使用权有偿使用收入，作为地方的预算固定收入；七是上缴中央财政的国有土地使用权有偿使用收入，作为中央财政固定收入；八是专项用于城市建设和土地开发。

3. 农村土地承包使用权维护规则。农村集体所有的土地，实行农户家庭承包经营为基础、统分结合的双层经营制度。为此，一是农民承包经营本集体所有的农用地，承包经营期限为长久时期；二是本集体经济组织以外的单位或者个人承包农民集体所有的农用地，承包期限由合同约定；三是土地承包使用权可以依法转让，在承包期内，承包人可以将土地使用权依法转包、互换、入股、联营；四是土地承包使用权流转，应当遵循平等协商、自愿有偿、经发包方同意和不改变承包合同规定土地用途、不改变土地所有权等原则。

4. 农村土地使用权补偿规则。城市市区未经征用的农村集体土地依法转为国有后，原土地使用权人拥有该土地的划拨国有土地使用权。为公共利益或者实施城市规划需要收回该土地使用权时，应当为原土地使用权人提供新的用地或者按照征用土地的补偿标准，给予适当补偿。

（五）农村土地使用权招标、拍卖经管法制规则

我国农村土地使用权招标、拍卖法制，是指在全国各地区范围内，以招标、拍卖方式，出让国家和农村集体所有农业土地使用权法制。国有土地使用权出让，由县（市）级以上人民政府负责，县（市）级人民政府土地行政主管部门依法具体组织实施。招标人、拍卖人，是指县（市）级以上人民政府土地行政主管部门。投标人，是指参加公开招标和邀请招标的单位和个人。中标人，是指按法律规定的程序和条件，取得土地使用权的单位和个人。竞买人，是指参加竞买国有土地使用权的单位和个人。竞得人，是指以最高应价取得国有土地使用权的单位和个人。

1. 农村土地使用招标、拍卖法制规则。为此，必须坚持以下四项规则：

（1）县（市）级以上人民政府成立农业土地使用权招标、拍卖领导组，负责审查批准农业土地使用权招标、拍卖方案，决定有关招标、拍卖的重大问题和事项。

（2）农村土地使用权招标、拍卖，应当遵循合法、公开、公平、公正和诚实信用的原则。

（3）农村土地使用权招标、拍卖的出让标底或保留价应当保密，招标、拍卖领导组的成员和参

加招标、拍卖的工作人员不得泄露标底或保留价。

（4）农村土地使用权中标人、竞得人，应当在《国有土地使用权出让合同》约定的期限内，交清土地出让金和其他费用。

2. 农村土地使用权招标法制规则。为此，必须坚持以下十项规则：

（1）农村土地使用权出让招标形式。规定两种：一是除获取较高出让金外，还具有其他综合目标或特定社会公益建设条件的形式；二是土地用途受严格限制，仅少数单位或个人可能有受让意向的形式。

（2）农村土地使用权出让招标方法。明确规定，可采用公开招标或邀请招标两种方法：一是公开招标，是指招标人通过报刊、广播、电视等新闻媒体发布招标公告而进行的招标。二是邀请招标，是指招标人向符合土地利用条件的单位和个人发出招标邀请书而进行的招标。

（3）农村土地使用权出让招标日期。明确规定，一是对采用公开招标的，招标公告的发布日期至投标截止日不得少于三十日；二是采用邀请招标的，向被邀请投标人发出邀请招标书的日期至投标截止日不得少于六十日。

（4）农村土地使用权出让招标更改、撤回。明确规定，一是公开招标公告，可以更改或撤回。更改或撤回招标公告，应当在招标公告发布之日起十日内作出，并在原发布招标公告的媒体上发布相应公告；二是邀请招标书，可以更改或撤回。更改或撤回招标书，应当在邀请招标书发出之日起十日内书面告知被邀请人。

（5）农村土地使用权出让招标的意向人。明确规定，对农村土地使用权投标意向人，应当在招标公告或邀请招标书发出之日起十五日内，向招标人提出书面申请，并提交下列资料：营业执照副本、法定代表人证明、法定代表人的身份证影印件（个人投标的为身份证影印件）、资信证明，以及招标人认为应当提交的其他证明文件。

（6）农村土地使用权出让招标的招标人。明确六项规定：一是招标人收到投标申请书后，应当对投标人进行资格审查，并于收到投标申请书之日起三日内，向合格者发出招标通知书及有关文件资料。对不符合招标资格的投标人，应当将申请资料退回投标意向人；二是招标人应在发出中标通知书和招标文件之日起七日内，组织投标人集中勘察拟出让的地块，并进行疑点解答和技术咨询；三是投标人应当按照招标文件的要求编制标书。投标人为单位的，由法定代表人书面签字并加盖公章，投标人为个人的，由投标人签名。投标人应当在投标截止日前，将标书密封后投入招标人指定的标箱；四是按公告规定可以邮寄标书的，投标人应当挂号邮寄，并且以投标截止日前，招标人收到为有效（以当地邮局邮戳为准）；五是投标人将标书投入标箱后不得撤回，并对标书和有关书面承诺承担责任。投标人完成投标后，应按约定交纳投标保证金；六是招标人应当按照招标文件规定的时间、地点开标。开标时应当召集投标人举行开标会议，公布评标、定标原则、方法以及标底。

（7）农村土地使用权出让招标的程序。明确规定，开标按六项程序进行：一是开启标箱，点算标书；二是拆读标书；三是对标书和标书附件进行审查，对不符合规定的标书宣布无效；四是评标和定标，确定出价最高者或综合评分最高者为中标人；五是对中标人发出《中标确认书》；六是中标人接到《中标确认书》后，即时与招标人签订《土地使用权出让合同》。但由于工作程序的原因，不能及时签订的，可延至下一个工作日。中标人持《土地使用权出让合同》，到市（县）级土地行政主管部门办理土地登记手续。

（8）农村土地使用权出让招标的评标。评标由招标人依法组建的评标委员会负责。评标委员会由有关部门的领导和专家组成，成员人数应为单数。为此，明确四项规定：一是评标委员会应当按照招标文件确定的评标标准和方法，对标书进行评审和比较；完成评标后，应当向招标人提出书面评标报告，并推荐合格的中标候选人；二是招标人根据评标委员会提出的书面评标报告和推荐的中标候选人确定中标人。招标人也可以授权评标委员会直接确定中标人；三是中标人确定后，招标人应向中标人发出《中标确认书》；四是招标人退还其他投标人预交的投标保证金。

(9) 农村土地使用权出让招标的无效标书。明确规定，六种情形之一的为无效标书：①超过投标时间所投的标书或招标截止日后收到的邮寄标书；②标书或标书附件不齐全或者不符合招标文件规定的；③标书或标书附件字迹不清，无法辨认的；④委托他人代理，委托文件不齐全或不符合规定的；⑤重复投标的；⑥投标人未参加开标会议的。对被确认为无效标书的，招标人无须对投标人进行解释。

(10) 农村土地使用权出让招标的再招标。明确规定，农村土地使用权出让《中标确认书》发出后，中标人因吊销执照、取消资质等原因失去履行约能力和条件的，招标人可以取消中标人的中标资格，宣布《中标确认书》无效，重新确定中标人或另行组织招标。当全部投标价均低于出让底价时，招标人应宣布本次投标无效，并确定再次招标的时间。

3. 农村土地使用权拍卖法制规则。为此，必须坚持以下九项规则：

(1) 农村土地使用权拍卖方式。明确规定三种：①以获取最高出让金为主要目标，以出价最高为条件确定受让人的方式；②对土地使用者的资格没有特殊限制，一般单位和个人均可能有受让意向的方式；③对土地用途无特殊限制和要求的方式。

(2) 农村土地使用权拍卖公告发布、更改和撤回。明确规定：①发布拍卖公告。拍卖公告发布日期至拍卖截止日期不得少于三十日；②拍卖公司公告可以更改或撤回，更改或撤回拍卖公告，应当在拍卖公告发出之日起十日内作出，并在原发布拍卖公告的媒体上发布相应公告；③竞买人可以在拍卖申请截止日以前变更、修改或者撤销竞买申请。

(3) 农村土地使用权拍卖的竞买人。明确规定，农村土地使用权拍卖公告发出十日内，竞买人应向拍卖人提出书面竞买申请，交纳竞买保证金，并提交下列资料：营业执照副本、法定代表人证明、法定代表人的身份证影印件（个人竞买的为身份证影印件）、资信证明，以及招标人认为应当提交的其他证明文件。委托竞买的，还应当提供法人授权委托书。按公告规定可以邮寄竞买申请文件的，竞买人应当挂号邮寄，并且以竞买申请截止日前拍卖人收到为有效（以当地邮局邮戳为准）。

(4) 农村土地使用权的拍卖人。明确规定，一是农村土地使用权拍卖人收到竞买申请后，应当对竞买意向人进行资格审查，并于收到竞买申请书后三日内，向合格者发出竞买通知书。对不符合竞买资格的，拍卖人应当将申请资料退回竞买意向人；二是农村土地使用权竞买人，可以向拍卖人索购有关拍卖文件及图件资料；三是农村土地使用权拍卖通知书一经发出，拍卖人应当对要约内容承担责任，竞买人应当对竞买承诺承担责任；四是农村土地使用权拍卖人，在发出拍卖通知书和拍卖文件之日起七日内，组织竞买人集中勘察拟拍卖的地块，并进行疑点解答和技术咨询。

(5) 农村土地使用权拍卖的无效申请。明确规定，有下列情形之一的，为无效申请：①申请文件在竞买申请截止日后收到的；②申请文件不齐全或不符合规定的；③申请文件字迹不清、无法辨认的；④申请人不具备资格的；⑤委托他人代理，委托文件不齐全或不符合规定的。对被确认为无效申请的，拍卖人无须对该竞买人进行解释。

(6) 农村土地使用权拍卖的双方要求。明确规定，必须做到：①拍卖人对符合资格的竞买人发给统一格式、统一编号的竞买标志牌；②在拍卖现场竞买标志牌，代表竞买人的资格；③竞买人一经举牌应价即产生法律效益，不得撤回；④其他竞买人有更高应价的，原应价即失去效力；⑤拍卖人应当在拍卖通知规定的时间、地点召集竞买人举行拍卖会，公布拍卖规则、程序和方法。拍卖主持人由拍卖人依法确定。

(7) 农村土地使用权拍卖的程序。明确规定，拍卖会按八项程序进行：①竞买人出示标示牌，拍卖人点算竞买人。竞买人少于三人的，拍卖人应当宣布本次拍卖无效，可以重新组织拍卖或者改变出让方式；②拍卖人简介土地的位置、面积、用途、使用年限、规划及建设要求等事项；③拍卖主持人宣布拍卖活动开始，并说明宗地起价价位，应价递增的幅度和拍卖规则等事项；④主持人报出起价；⑤竞买人应价；⑥主持人连续两次宣布最后应价而没有再应价的，主持人落槌；⑦主持人宣布最后应价者为竞得人；⑧拍卖人与竞得人签署《拍卖成交确认书》。

(8) 农村土地使用权《拍卖成交确认书》。明确规定六项内容：①拍卖人、竞得人的名称（姓名）、地址；②拍卖标的；③拍卖成交时间、地点；④竞得人对银行支票、汇票即时支付的承诺；⑤违约责任及争议解决的方式；⑥其他需要约定的事项。

(9) 农村土地使用权拍卖的其他事项。明确规定注意事项：①拍卖成交后，竞得人应即时与拍卖人签订《土地使用权出让合同》。但是由于工作程序的原因，不能及时签订的，可延至下一个工作日。竞得人持《土地使用权出让合同》到市（县）级土地行政主管部门办理土地登记手续。拍卖人退还其他竞买人预交的竞买保证金；②拍卖人可以对拍卖的地块设定保留价，设定保留价的，主持人应当在拍卖前予以声明。竞买人的最高应价未达到保留价的，该应价无效，主持人应当终止拍卖。

4. 农村土地使用权招标、拍卖法律责任法制规则。为此，必须坚持以下六项原则规定：

(1) 中标人、竞得人拒绝与土地行政主管部门签订《出让合同》的，应当赔偿组织招标、拍卖活动支出的全部费用。

(2) 中标人、竞得人未按《出让合同》约定期限付清出让金及其他价款的，土地主管部门有权解除合同，保证金不予退还。已交付的土地出让金给予退还，但土地管理部门应按《出让合同》的约定予以处罚，地上建筑物、附着物由违约者在规定期限内自行拆除，逾期不拆除的无偿收归政府所有。

(3) 中标人、竞得人已按《出让合同》约定期限付清出让金及其他价款，土地主管部门未按《出让合同》约定提供土地使用权的，中标人或竞得人有权解除《出让合同》，由土地主管部门双倍返还保证金，并退回已交付的土地出让金。中标人或竞得人可以按《出让合同》约定请求违约赔偿。

(4) 招标和拍卖领导组成员、参加招标和拍卖的工作人员在土地招标、拍卖活动中，接受贿赂、泄露秘密、玩忽职守、徇私舞弊的，由其所在单位或上级机关给予行政处分。构成犯罪的，由司法机关依法追究刑事责任。给竞买人、投标人造成经济损失的，还应当依法承担赔偿责任。

(5) 投标人、竞买人弄虚作假、用欺骗手段非法取得土地使用权的，由土地管理部门吊销其土地使用证，责令退回非法占用的土地，限期拆除或者没收在非法占用土地上新建的建筑物和其他设施，并依法予以处罚。

(6) 竞买人之间、投标人之间恶意串通，压低或哄抬报价，破坏出让秩序或给他人造成损害的，拍卖或招标无效，由土地主管部门对恶意串通的竞买人、投标人依法进行处罚。构成犯罪的，依法追究刑事责任；给他人造成损失的，依法承担赔偿责任。

（六）农村土地征收、收回、购买依据法制规则

我国农村土地征收、收回、购买依据，是通过组织征收、收回、购买农村土地的形式，将农业土地转化为非农业建设占用土地，必须按照国家土地管理方针政策、法律法规、细则规定，组织制定农村土地征收、收回、购买总体规划，科学确定农业现代化、工业化、信息化、城镇化四化一体基础设施建设占用土地面积的依据：一是在组织推进农业现代产业规模化基础设施建设占用土地上，对征收、购买农村集体所有土地的，由市（县）级土地主管部门拟订土地征收、购买土地方案，经同级政府审核同意后，逐级报有批准权的省级政府审批；二是在组织进行能源、交通、水利、矿山和军事设施等项目工程建设占用土地上，必须按照国家土地法律法规、细则规定，上报国务院及有关部门审查批准；三是在组织开展城乡一体工商服务产业化经营基础设施建设占用土地上，由市（县）级土地主管部门根据国家征收、购买农村土地和非农业生产经营基础设施建设占用土地规划，组织制定年度城乡一体工商服务产业化经营基础设施建设用地计划、农业土地分批次转用方案，其中占用耕地的应当同时制定补充耕地方案，经同级政府审核同意，逐级报有批准权的政府审批；四是在组织推动城镇化公共基础设施建设和公益社会保障事业基础设施的建设占用土地上，必须严格按照城镇规划安排用地，并同改造旧城区结合起来，减少新征收、购买土地的面积。总之，从中央到地方各级政府在组织农村土地征收、收回、购买依据法律法规上，是从以下两个时期逐步建立修正充实、改革调整完善的：

1. 1958 年至 1990 年期间，国家逐步建立修正充实农村土地相关方针政策、法律法制规则：一是大力保护土地资源，制止和纠正滥占乱用耕地；二是国家依照法律规定，为公共利益的需要，对土地征收并给予补偿；三是国家分别土地不同等级、用途征收土地相关税费；四是任何组织和个人不准侵占、买卖和非法转让土地；五是国有和集体所有的土地使用权可依法转让，国家依法实行土地有偿转让制度；六是国家征收土地，应对失地农户给予补偿和安置费用。以上土地相关方针政策、法律法制规则，是由中共中央、国务院、全国人大制定推行的，举例说明如下：

1958 年 1 月 16 日，国务院发布的《国家建设征用土地办法》规定，为给被征收土地农村集体组织及农户合理补偿，妥善安置失地农民生产、生活，而对农村土地征收占用给予适当补偿。为此，特规定，征收占用一般耕地的补偿费，以其近二年至四年平均产量总值为标准，对征地后农户生产生活的安置，由被征地单位以土地补偿费解决。

1981 年 12 月，中共中央批转《全国农村工作会议纪要》指出，我国人多地少，保护耕地是重大国策。要严格控制机关企业、团体、部队、学校、社区占用耕地，特别是城镇附近的菜地更不应占用。对非法占用和不合理占用的必须加以纠正和处理。今后，应制定各级政府利用土地计划和严格的土地管理法令。

1982 年 12 月 4 日，全国人大第五届五次会议通过的《中华人民共和国宪法》规定，农村和城市郊区的土地，除由法律规定属于国家所有的以外，属于集体所有，宅基地、自留地、自留山，也属于集体所有；国家为了公共利益的需要，可依照法律规定对土地实行征收或者征用并给予补偿；任何组织或者个人不得侵占、买卖或者以其他形式非法转让土地。土地使用权可依照法律规定转让；一切使用土地的组织和个人必须合理利用土地。

1982 年 12 月 30 日，国务院发布的《国家建设征用土地暂行规定》明确提出，坚持 1958 年《国家建设征用土地办法》，在总结经验教训的基础上，针对八十年代存在的问题，在内容上作了必要修正和补充。为此，特规定，一是为了保证合理使用土地资源，一切建设工程都要十分注意节约用地，尽量少占农林种植业和牧渔养殖业生产经营土地；在城镇进行建设上，必须严格按照城镇规划安排用地，并同改造旧城区结合起来，减少新占土地；必须严格征地程序和审批权限，禁止任何行政、事业、企业单位直接向农村社队购地、租地或变相租地；必须控制临时用地，对征而不用的土地，当地主管机关有权收回土地，另行安排使用；二是对征地的补偿适当提高土地补偿标准。按照 1958 年《国家建设征用土地办法》，征用一般耕地的补偿费，以其最近二年至四年的产量总值为标准，各地区普遍反映这个标准偏低，难以执行。为此，特规定，提高到按征地前三年平均年产值的 3~6 倍计算；三是对失地农民群众安置增列安置补助费。1958 年《国家建设征用土地办法》没有单列安置补助费，征地后农民群众生产生活的安置，由被征地单位以土地补偿费解决。为此，特规定，用地单位除给被征地单位支付土地补偿费外，还需要支付安置补助费，以妥善安排农民群众的生产、生活。安置补助费的标准是：按征地前农业人口和耕地面积的比例以及征地数量，计算出征地后应当安置的农业人口数；每人的安置补助费为被征土地平均每亩年产值的 2~3 倍。例如，每人平均占有二亩耕地，每亩耕地平均应当安置半个人，每亩耕地的安置补助费为年产值的 1~1.5 倍；每人平均占有半亩耕地，每亩耕地平均应安置二人，每亩耕地的安置补助费为年产值的 4~6 倍；农业人口数和耕地亩数之比为 3.3，则每亩耕地的安置补助费为年产值的 6.6~9.9 倍。

1986 年 3 月 21 日，中共中央、国务院发布的《关于加强土地管理，制止乱占耕地的通知》中指出，运用经济手段控制非农业用地。国家要区别土地的不同用途和不同等级，征收不同数量的土地税和土地使用费。

1988 年 4 月 21 日，全国人大第七届一次会议通过的《中华人民共和国宪法》修正案，第十条第四款修改为"任何组织或者个人不得侵占、买卖或者以其他形式非法转让土地。土地的使用权可以依照法律的规定转让；"同年 12 月 29 日，全国人大第七届常务委员会五次会议通过的《土地管理法》第二条修改为"国有土地和集体所有的土地的使用权可以依法转让。""国家依法实行国有土地有偿使用制度。"

1989年11月9日，中共十三届五中全会通过的《关于进一步治理整顿和深化改革的决定》提出，大力保护土地资源，有计划地开垦荒地，坚决制止和纠正滥占耕地现象。

1990年1月3日，《国务院批转国家土地管理局关于加强农村宅基地管理工作请示的通知》，为实行农村宅基地有偿使用提供了完整的政策依据，也为集体土地非农业用地使用制度改革奠定了基础；同年5月9日，国务院发布第55号《城镇国有土地使用权出让和转让暂行条例》；同年11月3日，国务院发布第56号令《外商投资开发经营成片土地暂行管理办法》。

2. 1991年至2019年期间，国家逐步改革调整完善农村土地相关方针政策、法律法规依据：一是稳定土地承包关系，延长土地承包期限，保证农户承包经营各项承包权益；二是坚持严格保护耕地资源，实行最严格保护耕地制度；三是促进土地使用权合理流转，完善土地使用权流转制度；四是改革土地征收、收回、购买土地制度和程序，严格控制征收、购买土地占用面积；五是严格界定公共公益性建设用地与经营收益性建设用地，公平合理及时给予失地农户补偿、安置和社会保障；六是实行严格的节约用地制度，从严控制城乡建设用地总规模。以上土地相关方针政策、法律法规依据，是由中共中央、国务院、全国人大制定推行的，举例说明如下：

1991年4月9日，全国人大第七届四次会议通过的《中华人民共和国国民经济和社会发展十年规划和第八个五年计划纲要》提出，积极稳妥地推进土地使用制度改革。在坚持社会主义土地公有制的原则下，进一步理顺土地经济关系，初步建立土地资源有偿使用、合理分配的机制；同年11月29日，中共十三届八中全会通过的《关于进一步加强农业和农村工作的决定》提出，稳定和完善农户家庭承包土地经营，认真完善土地承包合同管理，明确双方的权利、责任和义务。

1992年2月6日，国务院批转国家体改委《一九九二年经济体制改革要点》（国发〔1992〕12号）提出，要积极稳妥地推进土地使用制度改革，在继续抓好国有土地使用权有偿出让的同时，重点清理整理土地市场，将大量存在的划拨土地使用权自发交易行为，纳入依法运行的轨道。

1993年11月14日，中共十四届三中全会通过的《关于建立社会主义市场经济体制若干问题的决定》提出，切实保护耕地，严格控制农业用地转为非农业建设用地，国家垄断城镇土地一级市场。实行土地使用权有偿有期出让制度，对商业性用地使用权的出让，要改变协议批租方式，实行招标、拍卖。同时，加强土地二级市场管理，建立正常的土地使用权价格市场管理体制。

1995年9月28日，中共十四届五中全会通过的《关于制定国民经济和社会发展"九五"计划和2010年远景目标的建议》提出，要依法保护耕地，开垦宜农荒地，提高复种指数，保持粮食播种面积长期稳定，要在完善以农户家庭联产承包为主的责任制和双层经营体制的基础上，鼓励土地使用权合理流动，有条件的地方逐步推进土地适度规模经营。

1998年10月14日，中共十五届三中全会通过的《关于农业和农村工作若干重大问题的决定》提出，要严格保护耕地，防治水土流失、土地荒漠化和环境污染，保护生态环境；要切实保障农户的土地承包权，土地是农业最基本的生产要素，又是农民最基本的生活保障，要引导农民珍惜土地，增加投入，培肥地力，逐步提高产出率；要坚定不移地贯彻土地承包期在延长30年的政策；要抓紧指定确保农民土地承包关系长期稳定的法律法规，赋予农民长期而又保障的土地使用权；必须对违背政策缩短土地承包期、收回承包土地、多留机动地、提高承包费等错误做法，坚决纠正；必须对土地使用权合理流转，坚持自愿、有偿的原则依法进行，不得以任何理由强制农户转让。

2001年3月15日，全国人大第九届四次会议通过的《"十五"计划纲要》提出，在长期稳定土地承包关系的基础上，鼓励有条件的地区积极探索土地经营权流转制度的改革；积极开展群众性农田水利建设，搞好水土保持和流域治理，加强国家商品粮和优质农林牧渔业产品基地建设，加强农业土地综合开发治理。

2003年1月16日，中共中央、国务院发布的《关于做好农业和农村工作的意见》提出，要切实做好《农村土地承包法》的宣传和贯彻实施工作；要加强土地利用总体规划和城镇建设规划的管制，禁止滥占耕地；要区分公益性用地和经营性用地，合理确定补偿标准，妥善安置失地农民；要进一步完善农村土地征用办法，建立符合市场经济要求、有利于经济社会协调发展、有利于保护耕地、保护农民利益的土地征用制度。

2004年12月31日，中共中央、国务院发布的《关于进一步加强农村工作，提高农业综合生产能力若干政策的意见》提出，控制非农业建设占用耕地，确保基本农田总量不减少、质量不降、用途不改变，并落实到地块和农户；要搞好乡镇土地，利用总体规划和村庄、集镇规划，引导农户和农村集约用地；要加强集体建设用地和农民宅基地管理，鼓励农村开展土地整理和村庄政治，推动新办乡村工业向城镇区集中，提高农村各类用地的利用率，加快推进农村土地征收、购买管理制度改革完善。

2005年10月8日，中共十六届五中全会通过的《"十一五"规划建议》提出，坚持最严格的耕地保护制度，加快征地制度改革，健全被征地农民的合理补偿机制；同年12月31日，中共中央、国务院发布的《关于推进社会主义新农村建设的若干意见》提出，要制定将土地出让收入一部分用于农业土地综合开发治理的管理监督办法，依法严格收缴土地出让收入和新增建设用地有偿使用费，主要用于农田水利设施建设，建设标准农田；要推进征地、户籍等制度改革，增强城乡经济社会协调健康发展活力。

2006年12月31日，中共中央、国务院发布的《关于积极发展现代农业，扎实推进社会主义新农村建设的若干意见》提出，要强化和落实耕地保护责任制，切实控制农业用地转为非农业建设用地规模；要引导农村节约集约用地，切实防止破坏耕作层的行为；要加大土地复垦、整理、整治力度，按照土地平整、土壤肥沃、路渠配套的要求，加快建设旱涝保收、高产稳产的高标准农田。

2007年10月15日，中共十七届代表大会通过的报告提出，严格保护耕地，稳定和完善土地承包关系，按照依法自愿有偿原则，健全土地承包经营权流转市场，有条件的地方可以发展多种形式规模经营。

2010年10月18日，中共十七届五中全会通过的《"十二五"规划建设》提出，要严格保护耕地，加快农村土地整理复垦，大规模建设旱涝保收高标准农田；要在依法自愿有偿和加强服务基础上，完善土地承包经营权流转市场；要促进土地增值收益主要用于农业农村，按照节约用地、保障农民权益的要求，推进征收土地制度改革，积极稳妥推进农村土地整治，完善农村集体经营性建设用地流转和宅基地管理机制。

2015年10月29日，中共十八届五中全会通过的《"十三五"规划建设》提出，坚持最严格的耕地保护制度，坚持耕地红线；全面划定永久基本农田，大规模推进农田水利、土地整治、中低产田改造和高标准农田建设，加强粮食等大宗产品主产区建设。

（七）农村土地征收占用和购买使用实施法制规则

农村土地征收占用和购买使用实施法制规则，是指为了公共利益的需要，由国家县（市）级以上政府根据土地利用总体规划、城乡一体建设规划、土地利用年度计划和市场需求，在城乡一体建设规划控制区范围内，对农村集体土地依照法定程序实行统一征收占用、购买使用、合理补偿征收占地、购买用地的法律法制规则。从1958年以来，中共中央、国务院、全国人大逐步建立修正充实、改革调整完善农村土地征收占用和购买使用实施规则，明确规定农村土地相关管理工作由各级政府负责，各级政府土地主管部门具体组织实施。为此，相应规定农村土地征收占用和够买使用的宗旨、职责、程序、标准、整理、筹资等法制规则：

1. 农村土地征收占用和购买使用宗旨法制规则。它包括：一是坚持在农村土地征收和购买法制基础上，对公益性建设用地由国家征用，并提高征地补偿标准；对商业性建设用地由国家和农村集体经济组织共同供给，并合理分配增值收益，平等保护国家财产和集体财产，保护土地所有者的利益；二是坚持在公平合理划定公共利益界限，明确农村土地征收占用和购买使用范围法制界限下，允许农村集体建设用地使用权流转。在确定商业性用地由国家和农村集体经济组织共同供给后，与国有建设用地一样，农村集体建设用地所有权不允许买卖，但集体建设用地使用权可以流转，即出让、出租和转让。

2. 农村土地征收占用和购买使用职责法制规则。它包括：一是必须按照国家宪法及有关法律法规赋予各级政府的行政权力，促进农村集体经济组织对国家土地管理应承担的义务；二是必须督促行政、企业、事业单位和个人不得以任何借口，干扰、阻挠政府依法对农村土地实行统一管理职能，必须在各级政府统一领导下，根据城乡一体经济社会发展规划要求和市场用地需求，面向社会供应国家所有制和农村集体所有制土地使用权；三是任何单位和个人进行建设，需要使用土地的，必须依法申请使用国家所有制和农村集体所有制土地，并通过各级政府提供的渠道，取得国家所有制和农村集体所有制土地使用权。

3. 农村土地征收占用和购买使用程序法制规则。农村土地征收占用和购买使用程序法制规则，必须按照下列六步程序进行：

（1）县（市）级以上政府土地主管部门，根据城乡一体公共基础设施建设土地利用总体规划、城市发展规划、经济社会发展计划、农村土地利用年度计划以及市场建设计划用地需求，依法编制农村土地征收占用和购买使用方案、农村生产土地转用方案、耕地补充方案等，经本级政府同意后，逐级上报有批准权的上级政府批准。

（2）农村土地征收占用和购买使用方案经依法批准后，由土地主管部门代表政府组织实施，并在收到批准文件之日起十个工作日内，将批准征地的机关、批准文号、征用土地用途、范围、面积以及征地补偿标准和办理征地补偿期限等，在被征用土地所在地的村、组予以公告。被征用土地的所有权、使用权人，应当在公告规定的期限内，持土地权属证书，到县（市）级以上土地主管部门办理征地补偿登记手续。对于有关农村集体经济组织、村民或其他权利人，未如期办理征地补偿登记手续的，其补偿内容以县（市）级土地主管部门调查核定的结果为准。

（3）县（市）级土地主管部门根据经批准的征用土地方案，会同有关部门拟订征地补偿和安置补助方案，并在征地公告之日起六十日内，在被征用土地所在地的村、组予以公告，听取被征用土地的农村集体经济组织和村民的意见。有关农村集体经济组织、村民或其他权利人对征地补偿、安置补助方案有不同意见的，应当在征地补偿、安置补助方案公告之日起七个工作日内，向县（市）级土地行政主管部门提出。

（4）县（市）级土地主管部门应当研究有关农村集体经济组织、村民或其他权利人的意见，依照有关法律、法规规定，修改征地补偿、安置补助方案，并将收集的群众意见一并上报县（市）级政府。

（5）农村土地征用占用和购买使用补偿、安置补助方案报县（市）级政府批准后，由县（市）级政府土地主管部门组织实施，对补偿标准有争议的，由县（市）级以上政府协调；协调不成的，由批准征用土地的政府裁决。

（6）县（市）级土地主管部门应自征地补偿、安置方案批准之日起三个月内，全额支付征用土地的各项费用。

4. 农村土地征收占用和购买使用补偿标准法制规则。农村土地征收占用和购买使用补偿，是指国家各级政府组织开展城乡一体公共基础设施建设占用土地的补偿。按照被征收土地的原用途给予补偿。补偿范围包括：农村土地补偿费、安置补助费以及地上附着物和青苗补偿费。农村土地补偿费、安置补助费，应由农村集体经济组织统一安排使用，可以用来兴办企业，安置农村剩余劳动力，也可以分配到户，由农民自谋发展。地上附着物及青苗补偿费归地上附着物及青苗的所有者所有。

（1）农村土地征收占用和购买使用补偿费标准。主要有以下七种补偿费标准法制规则：一是征用城市规划控制区内的基本农田的，按该耕地被征用前三年平均年产值的 8~10 倍补偿；二是征用基本农田以外的耕地的，按该耕地被征用前三年平均年产值的 6~9 倍补偿；三是征用牧场、草地的，按照该土地被征用前三年平均年产值的 7 倍补偿；四是征用林地的，按照《林业法》有关规定补偿；五是征用宅基地或其他建设用地的，按照邻近耕地的补偿标准补偿；六是征用空闲地、废弃地、荒地、荒山、荒滩的，按照该土地被征用前三年全村耕地平均年产值的 3~6 倍补偿；七是征用集体打谷场、晒场等生产用地的，按照原土地类别的补偿标准补偿。

（2）农村土地征收占用和购买使用后农户安置补助费标准。主要有以下五种类型的土地安置补助费标准法制规则：一是征用城市规划控制区内的基本农田的，按该耕地被征用前三年平均年产值的 5~6 倍补助；二是征用基本农田以外的耕地的，按该耕地被征用前三年平均年产值的 4~5 倍补助；三是征用牧场、草地的，按该土地被征用前三年平均年产值的 5 倍补助；四是征用林地的，按照《林业法》有关规定补助；五是征用宅基地、打谷场及其他建设用地、空闲地、废弃地、荒地、荒滩的，不给安置补助费。

（3）农村土地补偿费和安置补助费，尚不能使需要安置的农民保持原有生活水平的，经省级政府批准，可以适当增加安置补助费。但是，农村土地补偿费和安置补助费的总和，不得超过该耕地被征用前三年平均年产值的 30 倍。农村土地被征用前三年的平均年产值，应当根据农业、统计、物价等部门提供的各类土地平均年产值合理确定。

（4）农村土地被征用后耕地的青苗补偿费标准为当季作物的产值，无苗的不予补偿。被征用土地上的树木、建筑物、确需迁移的农田水利设施等附着物，予以折价补偿或迁建。但征用土地方案公告后抢种的树木、农作物和抢建的设施不予补偿，并责令当事人限期清除。非法占用土地或擅自将农用地转为建设用地的，其地上的建筑物和其他设施，不予补偿。

5. 农村土地征用后开发整理法制规则。各级政府对征收占用的土地，必须按照城乡一体公共基础设施建设规划要求进行开发整理。

（1）前期整理。统征土地划拨、出让、租赁前，应完成征用土地上的建筑物、构筑物及其他附着物的拆迁和场地平整工作，使之适合于建筑施工。

（2）深度开发。根据城市建设规划，进行城市道路建设、供排水建设、供（输）电线路建设、通讯线路建设、煤气管道建设等，一次性解决地下管道开挖、敷设、预埋以及地面硬化、绿化等问题，实行净地出让或划拨使用。

6. 农村土地征用资金筹资法制规则。国家对农村土地征用资金筹集，可通过用地单位或个人预交、财政垫支、银行贷款或其他融资渠道筹集。对征用农村土地经营性资金，在指定的商业银行开设基本账户，专款专用。

（八）农村土地利用法制规则调整修正落实

国家对农村土地利用法制规则明确规定：一是农村土地利用法制的范围和内容；二是农村土地利用法制的特征和规则；三是农村土地利用法制规则全面落实。

1. 农村土地利用法制的范围。农村土地利用法制，是国家经济社会的根本法制，它的范围包括：农村土地的所有制和使用制两方面。农村土地所有制法制是国家土地管理法制核心内容。农村土地集体所有制和农户对土地承包使用制及相关的征用、保护、违法等事项，都包括在农村土地利用法制范围，并作出相应规定。

2. 农村土地利用法制的内容。它的内容是多方面的，主要是指农村土地的所有法制、使用法制、征用法制、保护法制、违犯法制。分别说明如下：

（1）农村土地所有法制。它是指对农村土地，坚持土地的社会主义公有制性质，维护农村土地集体所有制，切实保护耕地，提高农村土地集约利用率、产出率，促进农业和农村经济发展，而对国家所有制土地利用和农村集体土地利用管理法律、法规、政策规定。

（2）农村土地使用法制。它是指为加强农村土地资产管理，培育规范农村土地使用市场，对农村土地、非农业建设用地，除国家法规规定可以实行划拨的以外，其他都要实行有偿有限期使用法制。继续加大划拨土地使用权自发交易清理力度，凡划拨的土地使用权进行转让、出租、抵押或改变用途的，要依法评估，补办出让手续；有的可采取租赁制形式，收缴年地租。为适应国有企业改制、改组的需要。依法规范土地资产处置。为了规范农村土地使用权招标、拍卖出让行为，建立公开、公平、公正的土地市场秩序，推行土地有偿使用制度，发挥市场配置土地资源的基础性作用，促进城镇建设和经济社会发展，根据《中华人民共和国城市房地产管理法》《中华人民共和国城镇国有土地使用权出让和转让暂行条例》等法规，各地区政府都结合本地区农村土地利用实际情况，相应制定农村土地有偿使用法规。

（3）农村土地利用保护法制。农村土地利用保护法制有各种各样法制规则，既有行政、经济的法规制度，又有技术、生物的法规制度，还有激励、处罚的法规制度。特别是对农村土地犯罪分子制裁的法规制度，对违反土地管理法、耕地承包与保护法规制度的单位和个人，依法给予处罚。

（4）农村土地征收利用法制。它是指为加强全国各地区人民政府对国家新增项目工程建设征收利用农村土地的宏观调控和统一供应管理，搞好总量控制，优化配置农村土地资源，促进城乡一体农业现代化、工业化、信息化、城镇化建设和经济社会发展，遵照执行《中华人民共和国土地管理法》《中华人民共和国土地管理法实施条例》《国务院关于加强国有土地资产管理的通知》，各地区人民政府结合区实际情况，相应制定本辖区农村土地征收利用法制规则。

（5）农村土地利用违犯法治。它是指对农村土地利用违法乱纪行为处罚的法制规则。全国各地区违犯农村土地利用法规形式多种多样，可谓五花八门。主要有以下九种违犯法制案例：

①越权批地。有些区县或部门，从地区和部门利益出发，擅自超越法定批准权限审批建设项目用地，造成大量耕地被占用。

②化整为零。有些区县为避开上级土地主管部门的审批，将一个建设项目分次审批用地。

③未批先占。有些部门和单位未办理用地手续，就擅自占用土地进行开发建设。此类违法用地，通常表现为用地单位与农村集体经济组织私下协议，买卖土地。

④少批多占。有些用地单位，特别是房地产开发单位，擅自扩大用地范围进行开发建设。

⑤非法出租。有些将土地使用权直接出租给开发经营单位，或者以出租地上建筑物的形式变相出租土地使用权。

⑥非法转让。有些将土地使用权直接转让给单位或个人进行开发使用，转让地上建筑物进而非法转让土地使用权。

⑦"旧村改造"。有些部门和单位，借建设新农村之名，行房地产开发之实，除建少量农民楼外，其余大部分兴建公寓和别墅，进行销售。

⑧合作开发。有些发生在城乡接合部和交通沿线，一般由乡（镇）、村出地，开发建设单位出资，合作开发，建设办公楼、写字楼或住宅，建成后按比例分成，然后出租出售。

⑨作价入股。有些以国有或集体土地使用权作价入股，开发单位出资进行建设，建成后按股份分红利。

3. 农村土地利用法制的特征。国家的构成要素为领土、人民和主权。土地的构成要素为土地、劳力和资本。据此，土地既是国家要素，又是生产要素。为此，农村土地利用法制，体现出以下五个特性：

（1）农村土地所有权主体双重性。这是指国家在农村土地管理法制上，规定农村土地所有权主体，既有国家的，又有农村集体的双重性。我国《宪法》规定："国家建设征用土地，被征单位应当服从国家需要，不得阻挠。"这说明，农村土地既有国家的，又有农村集体的，具有所有权主体的双重性。

（2）农村土地集体所有的团体本位性。我国农村土地集体所有的"团体本位"制是显而易见的。我国《宪法》明确规定土地等"生产资料的社会主义公有制，即全民所有制和劳动群众集体所有制"。"团体本位"的权利属于团体全体成员，不属于任何组织和个人。所以《宪法》规定："任何组织或者个人不得侵占、买卖、出租或以其他形式非法转让土地"。

（3）农村土地集体所有权主体的广泛性和不统一性。1956年6月第一届全国人民代表大会第三次会议通过的《高级农业生产合作社示范章程》规定，"入社的农民必须把私有土地……等生产资料转为合作社集体所有"，1960年11月，中共中央《关于农村人民公社当前政策问题的紧急指示规定》规定，"三级所有，队为基础是现阶段人民的根本制度"，"加强生产队的基本所有制，它是基本核算单位。它范围小，与农民利害关系直接，独立核算，自负盈亏，有利于经营管理"。据上述规定，全国农村集体土地所有制的基本核算单位共有500多万个。由于我国幅员辽阔，东南沿海与西北黄土高原，东北高寒地带，产品的分配，主体的权利义务，如无统一规范，任意行使，势必造成混乱。为了加强对农村土地资源的保护与利用，促进全国城乡社会经济的发展，必须将集体土地所有制的基本权利和义务，以法律形式加以统一规定，需要因地制宜的，则运用政策加以调整。这样，既有原则问题上的全国统一规定，又有地区差异上个别调整，而达到共同繁荣的目的。

（4）农村土地的非完全商品性。农村土地不是劳动的产品，而是自然的一部分。虽然因其有使用价值，可以按照资本运转法则，进行流转，以适应经济发展的需要。但这种流转是在特定条件下，特定主体间进行的，与一般商品自由流转的性质是不同的。对国有土地的有偿使用、入市交易，必须依法加以限制。对集体土地使用，是以耕作为本业，应保证用于农业，非经转为国有，不得作为房地产开发。任何提出集体土地可以入市或者需要入市的主张，都是不可取的。集体土地使用权流转，是在不改变其农业生产的功能下的流转，是其可行的途径之一。

（5）农村土地产权行使的有限制性。农村土地从作为集体或个人财产后，为防止滥用，即有法律予以限制的规定。按照我国的法律性质的限制，有公法上的限制和私法上的限制：一是在公法上的限制可分：一要对社会公共利益的限制；二要对保护自然资源和生态环境的限制；三要对科学合理利用土地要求的限制；四要对处分权行使上的限制；五要对政策措施采取的限制；六要对土地种类、属性、客观条件的限制等；二是在私法上的限制：包括相邻关系、契约、约定、时效、防免事故、空间范围等的限制。这些限制，在法律法规上，有所规定。因此，对集体土地产权依法加以限定，是土地属性的客观反映，是社会公共利益的需要，是理所当然的。

4. 农村土地利用法制规则。农村土地利用法制建设，是一项复杂的系统工程，既要考虑到农村历史的延续性和现实性，又要具有一定的超前性，同时更要考虑到农村经济、社会、政治、文化背景，因此，我国农村土地利用法制须坚持遵循以下五项规则：

（1）坚持遵循农村土地社会主义公有性质，维护农村土地集体所有制的规则。建立健全适合国情的、与耕地保护总目标相一致的、科学合理的产权法律、法规。任何否定农村土地集体所有制（如国有化、私有化等）的法制设想，都是不符合国情、不现实的。农村土地所有权法制建设的重点和核心，是如何确定农村土地使用权（搞活使用权），如何限制集体所有权，而不是动摇集体所有权制度。

（2）坚持遵循农村土地所有权必须是有效所有权，即主体界定清楚、边界清晰的具体明确的规则。同时，在农村土地使用权流转中。交易成本最小、效益最大。对农村土地所有权的界定、规定及运行费用的规定是正确、合理的。

（3）坚持遵循农村土地所有权主体双重性管理监督的规则。农村土地是以公有制为基础，以国家全民所有、农村集体所有双重性为标志，以合法登记公示为依据，由国家法律规范、确认和保护，并受到一定的约束和限制，这种约束和限制，通过政府的政策和行政管理手段（权）来实现。

（4）坚持遵循农村土地所有权主体，必须具备稳定性、权威性、代表性三个基本要素的规则。为此，农村土地集体所有权的主体界定为村民委员会，其他经济组织由于其追求利益最大化及组织的不稳定等特点，不宜作为农村土地集体所有权的主体，但可作为集体土地使用权的主体。乡镇范围太大，管理成本较高，也不宜作为集体土地所有权的主体。

（5）坚持遵循农村土地所有权依法登记公示的规则。凡是未通过依法登记公示的农村土地所有权等事项的，不受国家法律保护。

5. 农村土地利用法制全面落实。从 1989 年以来，中共中央、国务院反复强调，各级政府及有关部门必须坚持集中落实法制规则、从严落实法制规则、深入落实法制规则。

（1）集中落实法制规则。1989 年，中共中央、国务院明确指出，土地必须由国家管理。实践证明，土地管理权力过于分散的弊端太多，必须改变。必须适当集中土地管理权力，加强中央级和省级政府对土地管理权力，特别是对保护耕地控制权力。为此，针对全国地域辽阔、各地区差距悬殊的情况，将土地管理主要权力放到省级，实行中央和省两级管理法制。国家土地管理部门加强对全国土地宏观调控和综合管理法制，加强指导和执法、督查，建立国家级的土地信息系统。国家土地管理部门对省级政府土地管理部门主要负责人的任免要有一定的发言权。古今中外，土地管理都是国家的重要职能，土地法规制度是国家最基本的财产制度，土地供应调控是经济、社会调控的重要手段。土地规划和用途管制，必须由中央级机构组织制定、实施和督查。因此，必须加强国家管理土地机构集中调控法制的职能。

（2）从严落实法制规则。从 1995 年起，国务院决定，必须坚持执行以土地用途管理法规制度代替分级限额审批制度；必须坚持按照土地集约利用、实现耕地总量动态平衡法制要求，落实全国定期耕地保有数量，按土地用途落实到县（市）、乡镇两级土地利用地块法制；必须坚持组织制定、实施城乡一体经济社会建设用地规划，在总体布局上，从严控制城镇化建设用地规模，从法制上消除城镇发展的盲目性问题。

（3）深入落实法制规则。从 2013 年起，中共中央、国务院反复强调，从中央到地方各级政府及有关部门，必须坚持实施全国城乡一体化农业现代化、工业化、信息化、城镇化四化同步建设占用土地总体规划战略法制，各行各业用地都必须严格管制农业用地和非农业用地，凡是农业土地转为非农业土地，必须报经中央、省两级政府及土地主管部门批准。为此，必须坚持逐步深入调控法制：一是对中央政府批准的建设项目，必须由中央直接下达占地指标；二是对地方建设项目用地，必须由地方政府以补充相应的耕地为前提，实行占用耕地与开发复垦挂钩法制；三是对小城镇和乡镇企业用地，必须由县（市）、乡镇政府实行与农村居民点缩并和复垦成耕地挂钩的管理规章制度；四是对村庄农林牧渔各业生产经营建设用地，必须经过村委会组织公开民主评议，由农民专业合作组织成员集体研究决定，实行计划与市场相结合管理制度；五是对国家控制发展的项目，如高尔夫球场、仿古城、游乐宫、高档别墅等项目原则上不供地。

6. 农村土地利用法制规则充实修正。从 1989 年以来，各级政府及有关部门逐步调整、充实、修正农村土地利用法制规则，经国务院批准，国家土地管理局、国家计划委员会、财政部、农业部于 1989 年 4 月 14 日，在联合颁发的《关于落实土地开发利用计划的通知》中明确指出，综合开发和科学利用土地，在调整修正往年农村土地利用规划法制的基础上，从 1989 年起，将综合开发和科学利用荒地、滩涂及废弃地和被破坏的土地，纳入国民经济和社会发展计划法制轨道，使这些土地变成工农业生产建设用地。从 1996 年起，国务院要求各级政府对城市发展规划、农业区域规划等，必须服从土地利用总体规划。对违反土地利用总体规划，造成土地资源浪费的问题，要依法严肃查处。必须根据国民经济与社会发展规划、国家产业政策和土地利用总体规划的要求，制定包括耕地保护、各类建设用地征用、土地使用权出让、土地开发复垦等项指标在内的年度土地利用计划，加强土地利用的总量控制。从 2001 年以来，从中央到地方各级政府组织开展充实修正农村土地利用和收益分配法制规则。

（1）充实修正农村土地利用法制规则。各级政府在组织修正农村土地管理法规制度和规章细则的基础上，确立国家和省两级管理并以省为主的土地管理体制，把分散的权力集中到省。在中央对省实行双重领导的前提下，县（市）级土地管理部门，作为省级土地管理部门的派出机构，赋予国家土地管理部门对土地违法行为直接查处的权力。同时，从法律上确定对农业用地和非农业用地，实行严格的用途管制的制度，区分农业土地使用权和建筑土地使用权，在不改变使用权种类的前提下，鼓励依法流动，逐步实现农业用地的规模经营和建设用地高效利用。严格界定农村集体土地的权利，调动农民保护耕地的积极性。

（2）充实修正农村土地收益分配法制规则。从组织实行农村土地有偿使用制度以来，中央和地方在土地出让金分配上，实行分成办法，截止到 1994 年财税体制改革前，中央实际收缴土地出让金，只占应缴土地出让金的 9%。同时，原先的分成办法是中央与地方共享土地收益的办法，即使中央按规定的分成比例，将应得部分全部收上来，也难以起到控制占用耕地的作用。因此，从 2006 年起，将原有建设用地的土地收益，全部留给地方；将农业用地转为建设用地的这部分土地收益，全部上缴中央，由中央统一分配，用于耕地开发。这样做，可以遏制在经济利益驱动下多占土地、多出让土地的倾向，有利于促使县（市）政府开拓内部挖潜、集约利用土地的途径，控制城镇用地的扩张，控制住建设用地供应总量。

二、农村土地承包经营长久和使用权流转畅通保障途径

从 1985 年至 2019 年期间，从中央到地方各级党委、政府及有关部门在开拓农村土地承包使用权流转途径中，出现以下两方面问题：

第一方面，农村土地承包过程中三个问题：一是关于农民土地承包经营权问题。农民土地承包经营权，是我国土地法律赋予农民的基本权利，也是推进农业农村经济发展的基本法律保障。在这方面问题上，首先是稳定和完善农户家庭承包为基础、统分结合的双层经营体制。其中最重要的是在坚持农户家庭承包经营长期稳定不变这个问题上深入研究。其次是推进农业生产规模经营，不能动摇农民土地承包经营权。大力加强"统一经营"，到统分结合。主要通过城乡一体农业现代化、社会化服务形式实现。再次是不能违法改变承包地的用途，将农业用地转为非农用地；二是关于农村土地承包合同纠纷问题。首先是承包方起诉的请求，主要是要求继续履行合同、承包土地。发包方起诉的请求，主要是解除合同、返还土地。双方的诉辩意见完全对立，传统的追索承包费类案件屡次发生。其次是因一方违约（主要集中于非法建设）和违反民主议定原则，而引发的另一方要求解除合同的纠纷占主要部分，因承包土地被征收引发的补偿纠纷也逐年增多，农户在土地被征收占用后，因对补偿标准、集体扣留等问题认识不一引发纠纷。再次是争议土地涉及的范围较广，既涉及耕地，也涉及林地，还涉及农用地转为非农用地，以及农村建设用地等；三是关于农村土地承包民事纠纷问题。首先是原承包户与承包大户、外来户之间的问题，原来一些将土地抛荒或者未参加二轮土地延包的农户，又要求承包土地，而这些土地大多已被另行发包给承包大户和外来户，又没有机动地可供调整，承包大户和外来户则不愿出让承包地。其次是承包大户、外来户与村集体之间关系紧张问题，在一些无土地户强烈要求承包土地的情况下，村集体往往从维护多数人需求、保护当地农民利益的角度出发考虑问题，不善于平衡、协调各方之间的利益，并因此与承包大户、外来户之间形成矛盾。再次是土地承包纠纷与民主管理、民主决策相交织问题，土地承包合同发包方案和土地确权实施方案，均需要履行民主议定程序。而有的村民认为村民大会或村民代表会议存在贿选、统计不实、程序违法等原因，对决议的合法性提出质疑。村民在诉讼中表达出对现任村委会干部的不满，从而形成了盘根错节的矛盾。

第二方面，农村土地承包使用权流转过程中四个问题：一是农村土地承包使用权流转不规范问题。首先是土地流转管理机制不健全问题，乡镇机构改革取消乡镇农经站后，没有了专职农经管理人员，部分乡镇土地承包经营权证的变更、补发、换发及合同档案管理等一系列工作难以开展。其次是土地流转不规范问题，部分农户土地流转，只有口头约定，无书面合同，或者书面合同内容不完整，不具有法律效力。合同条款、标的不明确，甚至于现行法规冲突，有的租用土地的时间超过二轮承包期规定的时间。有的合同未经县乡合同管理机构审查、签证或公证，农村土地流转资料档案缺乏。再

次是农村土地规模经营人才短缺问题。农村土地经营较好的大多数是从外地引进的企业业主。而从农村本地发展起来的农业企业、家庭型农场，普遍存在驾驭市场经济能力不强的问题；二是农村土地承包使用权流转的金融保障不足问题。首先是由于缺乏有效抵押物，土地规模经营面临"贷款难"。商业银行为规范发放企业贷款，必须以可以拍卖变现的不动产作抵押，但农业企业拥有的主要是蔬菜、花木、果园、茶业、牲畜等动产，不能用于抵押贷款。而作为不动产的土地多为农民的承包地，也不能用于抵押贷款。其次是农村土地规模经营抗御风险能力受限，承受着自然与市场"双重风险"，受农业组织化程度的制约，一旦市场供求关系变化，便无力应对。同时，农业企业还面临干旱、洪涝等自然灾害和口蹄疫、禽流感等疫情的威胁，一旦受灾及面临大幅度减产减收，甚至会导致破产。保险公司都没有经营种植业、养殖业保险业务；三是农村土地承包使用权流转组织领导、市场中介服务弱化问题。首先是我国《土地承包法》规定：国家保护承包方依法、自愿、有偿地进行土地承包经营权流转。但是，农村土地承包经营权流转一直进展缓慢，其中一个重要原因就是地方政府及有关部门组织指导管理工作不到位；其次是农村土地承包使用权流转还没有形成完善的市场体系和中介服务体制，使土地供求双方信息受阻，延缓土地流转进程；四是农村土地承包使用权流转收益与农民"心理价位"出现差距问题。首先是国家对农村土地承包使用权流转合同，采取的是10年或20年不变政策，没有规定土地收益的增长机制，农民获取的土地流转收益不能得到相应的增长，农民明确表示补偿太低，要求提高流转收益，否则就要收回所流转的土地。其次是以农民承包地经营权入股的公司或合作社，基本上都对农户做过承诺，除每年支付保底租金外，还要对农民按股额进行分红，并对流转土地的农户优先安排就业。由于规模经营的质量和效益问题，部分业主所做的承诺是否能够长期兑现，农民对此感到担心。一旦农民的长期效益不能兑现，势必引发纠纷。

中共中央、国务院与地方各级党委、政府及有关部门在开拓农村土地承包使用权流转途径中，针对上述问题形成的主要原因，明确指出，一是在组织领导上，一些基层党政组织和有关机构，在出现矛盾后不能及时化解，在错综复杂的纠纷面前显得软弱无力。有的村村委会主任、党支部书记，没有更多的时间和精力开展工作，导致人心涣散，集体的权威性和凝聚力软弱；二是在宣传教育上，乡镇党委政府思想教育工作不到位，对村干部缺乏必要的行政规范指导，对农民不进行引导示范，因而产生农村土地承包使用权流转合同的订立和履行中不必要的失误；三是在民主协议上，一些基层干部办事缺乏民主，大事小事缺乏民主参与、民主决策的意识，习惯自己独断专行；四是在法律意识上，部分农村干部不具备专业知识、素质和能力，对法律政策了解甚少，习惯以行政手段处理农村土地承包使用权流转事务；五是在合同签订上，农村土地承包使用权流转合同的内容及签订、变更、解除程序极不规范；六是在纠纷处理上，一些村委会干部缺乏做群众工作的能力，发生纠纷时不能以积极、理智的态度应对，导致农村土地承包使用权流转工作难度加大。

中共中央、国务院与地方党委、政府及有关部门，在开拓农村土地承包使用权流转途径中，针对出现的问题和形成的原因，相应地制定推行一系列方针政策、法规制度、体制机制、标准规则、形式方法。

（一）农村土地承包经营长久保障途径

农村土地是指农村所有用于农林牧副渔各业生产经营的耕地、果园、林地、草地、农田水利用地、养殖水面以及荒山、荒沟、荒丘、荒滩等。为稳定农村以农户家庭承包经营为基础、统分结合的双层经营体制，赋予农民长期稳定的土地使用权，维护农村土地发包和承包双方的合法权益，促进农林牧副渔各业全面发展，推动农村经济繁荣社会稳定。全国各地区政府及有关部门根据《中华人民共和国农业法》《中华人民共和国土地管理法》《中华人民共和国土地承包法》《中华人民共和国合同法》等法律、法规的规定，结合本地区实际情况和特点，进一步制定实施农村土地承包管理条例、农村土地承包合同规则，具体规定落实农村土地承包的宗旨、依据、领导、权利和义务、审批和程序、承包期限、承包合同、法律责任、组织领导、管理机制、经营收益等事项。

1. 农村土地承包的宗旨。国家为了建立健全农村以农户家庭联产承包经营为基础、统分结合的双层经营体制，维护农村土地发包方和承包方的合法权益，规范农村集体土地承包权和使用权流转，促进农村经济发展和农村社会稳定，根据国家相关法规政策，结合各省、自治区、直辖市实际，首先，确定农村土地承包的宗旨，是农村集体经济组织成员，对本集体所有的土地，享有平等的承包权；土地承包以农户家庭承包为主，同时，允许个人承包、联合承包、专业承包。这说明，全国农村集体土地承包经营权，包括土地承包权和土地使用权，可以依法自愿、有偿流转；广大农户家庭对承包农村集体的土地，在承包期内征得农村集体（发包方）同意后，按照有关规定的原则和程序，通过一定形式转移给他人经营使用；农户家庭是农村土地承包和土地使用权流转的主体，对农村集体土地承包和土地使用权，依法拥有流转的权利。土地承包权和土地使用权的流转对象，可以是本农村集体经济组织内部成员，也可以是本村集体经济组织以外的单位或个人。

2. 农村土地承包的依据。遵守国家法律、法规，执行国家政策，兼顾国家、集体和个人三者利益，坚持公开、公正、民主、平等的原则，符合土地利用总体规划，合理开发、利用土地资源。

3. 农村土地承包的领导。县（市）级以上人民政府农业、农经行政主管部门负责本行政区域内农村土地承包监督管理工作，林业、水利、畜牧、水产等部门等有关部门负责与本行业有关的农村土地承包监督管理工作（以下简称土地承包监督管理部门）。其主要责任是：宣传贯彻土地承包管理的法律法规和方针政策；指导土地承包合同的订立；监督土地承包合同的履行；依法查处违反土地承包管理法律、法规的行为；培训土地承包管理人员；法律、法规赋予的其他职责。乡（镇）级人民政府负责本行政区域内农村土地承包管理工作，除履行前款所规定的职责外，还负责发放土地承包经营权证书，并负责土地承包合同的鉴证、档案管理和纠纷调解。

4. 农村土地发包与承包双方的权利和义务。农民集体经济组织所有的土地，依法属于农村农民集体所有的，由村集体经济组织或村民委员会发包；已经分别属于村内两个以上农民集体经济组织所有的，各农民集体经济组织成员享有优先承包权，并由村集体经济组织或村民委员会发包；已经属于乡（镇）农民集体所有的，由乡（镇）集体经济组织发包。为此，分别对农村土地发包与承包双方规定以下权利和义务：

（1）农村土地发包方的权利和义务：一是实施土地利用总体规划；二是监督承包方按照合同的约定合理开发和使用土地，制止损毁土地资源、擅自改变土地用途和闲置、荒芜土地的行为；三是依照土地承包合同的约定，向承包方收取村提留乡统筹费或者承包金，组织承包方依法纳税、完成农业产品定购任务；四是依法维护承包方的土地承包权，不得随意变更、解除土地承包合同；五是保障承包方的生产自主权和经营收益权，不得随意干预承包方正常的生产经营活动；六是依照合同约定为承包方提供生产经营条件和服务；七是遵循法律、法规规定和合同约定的其他权利、义务。

（2）农村土地承包方的权利和义务：一是对所承包的土地依法享有使用权、生产自主权和经营收益权；二是服从国家建设需要，保证所承包的土地被依法征用或者批准占用，并有权依法获得补偿；三是承包人在承包期内死亡，其第一顺序继承人可以继续承包该土地；四是土地承包期满后，在同等条件下，对原承包的土地享有优先承包权；五是根据合同约定，在承包期内对土地进行重大改造，使生产能力显著提高，承包期满后不再继续承包的，可以依法获得补偿；六是遵守基本农田保护的法律、法规，不得损毁、破坏承包的土地及地上的附着物，不得进行掠夺性经营或者闲置、荒芜承包的土地，不得擅自改变土地用途，不得破坏自然生态环境；七是依法缴纳税金、村提留乡统筹费或者承包金，完成国家农产品定购任务；八是遵循法律、法规规定和合同约定的其他权利、义务。

5. 农村土地承包的审批和程序。农民集体经济组织所有的土地由本集体经济组织成员承包经营。本集体经济组织以外的单位或者个人承包经营的，必须经村民会议2/3以上成员或者村民代表会议2/3以上代表同意，并报乡级人民政府批准。农土地承包应当按照下列程序进行：一是农村集体经济组织或者村民委员会拟定土地承包方案；二是土地承包方案须经村民会议2/3以上成员讨论通过，报乡级人民政府和县土地承包监督管理部门批准；三是发包方根据批准的土地承包方案实施土地发包；

四是依法签订土地承包合同。

6. 农村土地承包经营期限等事项。主要包括六项：一是农村土地承包经营期限为长久时期。营造林地和进行荒山、荒沟、荒丘、荒滩治理等开发性生产的，承包期可以适当延长，实行专业承包和招标承包的，其承包经营期限，由承包合同约定。二是在土地承包期内，对个别承包经营者承包的土地进行适当调整的，必须经村民会议 2/3 以上的成员或者村民代表会议 2/3 以上的代表同意，并报乡（镇）级人民政府和县（市）级土地承包监督管理部门批准。三是由于国家重点建设项目征用土地且面积较大的，该村集体经济组织或者村民委员会依照前款规定的程序报经批准后，可适当调整土地。四是村提留乡统筹费的缴纳标准，必须依照有关法律、法规的规定确定。实行专业承包和联合承包的，土地承包金的缴纳标准采取招标的方式确定。五是实施土地发包时，一般不留机动地。在本条例实施前已经留有机动地的，必须控制在耕地总面积的 5% 内。六是实施土地发包或者进行土地调整时，由于婚姻等原因迁移户口的，在户籍所在地享有土地承包权。

7. 农村土地承包合同等事项。实施土地发包时，发包方、承包方应当依法签订书面合同。合同一经订立，即具有法律效力。当事人应当全面履行合同约定的义务，任何一方不得擅自变更或者解除合同。为此，分别对农村土地承包合同事项规定以下八项：

（1）农村土地承包合同内容，具体包括：一是发包方和承包方名称或者姓名和住所；二是承包土地的面积、位置、界址；三是承包土地的用途；四是承包期限、起止日期；五是发包方和承包方的权利、义务；六是合同变更或者解除的条件；七是违约责任；八是解决纠纷的方法；九是发包方、承包方签名、盖章；十是当事人双方认为必须约定的其他事项。

（2）农村土地发包方与承包方依法签订土地承包合同后，可以到乡级人民政府申请鉴证或者到公证机关申请公证。

（3）农村土地承包合同一式三份，由发包方、承包方、乡（镇）级人民政府各执一份。

（4）农村土地承包合同，有下列情形之一的，可以变更：一是发包方、承包方协商同意，并且不损害国家、集体和第三人利益的；二是承包的土地部分被依法征用或者批准占用的；三是土地利用总体规划发生重大调整，使承包土地面积、位置发生变化的；四是由于自然灾害等不可抗力的原因，造成部分承包土地严重破坏且不能恢复的；五是依照本条例规定进行土地调整的。

（5）农村土地承包合同，有下列情形之一的，可以解除：一是发包方、承包方协商同意，并且不损害国家、集体和第三人利益的；二是合同约定的解除条件成就时；三是承包方成员全部转为非农业户口或者迁徙并落户外地的；四是承包方丧失劳动能力，自愿放弃土地承包权的；五是承包的土地全部被依法征用或者批准占用的；六是由于自然灾害等不可抗力的原因，使承包合同全部无法履行的；七是承包的耕地闲置、荒芜两年以上的；承包人死亡且无第一顺序继承人的。土地承包合同被解除后，由发包方收回该土地，并另行发包。

（6）农村土地承包合同变更或者解除，必须由当事人双方应当签订书面协议。经过鉴证或者公证的合同，其变更或者解除协议，应当报合同的鉴证机关或者公证机关备案。

（7）农村土地承包合同发生纠纷时，当事人双方应当协商解决。协商不成的，可以向发包方所在地的乡（镇）级人民政府申请调解；也可以依照有关法律、法规的规定和土地承包合同的约定，向县（市）农业承包合同仲裁机构申请仲裁，或者向人民法院提起诉讼。

（8）农村土地承包合同的当事人双方协商达成协议的，应当签订协议书：一是经乡（镇）级人民政府调解达成协议的，由乡（镇）级人民政府出具调解书；二是经农业承包合同仲裁机构作出裁决的，仲裁机构应当制作裁决书。

8. 农村土地承包法律责任。这是指对农村土地发包与承包双方和地方各级政府及有关部门在组织开展管理监督农村土地发包与承包中，各自应承担的法律责任。

（1）政府工作的法律责任：一是对各级人民政府负责土地承包监督管理的工作人员滥用职权、徇私舞弊、玩忽职守，非法干预正常的土地承包活动，尚未构成犯罪的，由其所在单位或上级主管部门给予批评教育或者行政处分；构成犯罪的，依法追究刑事责任。二是对违反农村土地承包有关规定的，由乡级人民政府或者土地承包监督管理部门对主要责任人员进行批评教育，并责令其限期改正；对逾期不改正或者情节严重的，可依法罢免主要责任人的职务。三是对当事人一方违反农村土地承包有关规定，擅自变更或者解除合同的，应当承担违约责任，并依法向对方支付违约金；给对方造成损失的，应当依法予以赔偿；对方要求继续履行合同的，由乡级人民政府或者土地承包监督管理部门监督履行。四是对发包方胁迫承包方进行土地使用权流转，或者承包方非法进行土地使用权流转的，由乡级人民政府责令其停止违法行为，情节严重的，由县级以上土地承包监督管理部门没收违法所得。

（2）发包方的法律责任：一是对发包方不按土地承包合同约定，为承包方提供生产经营条件和服务，或者随意干预承包方正常生产经营活动的，应当承担违约责任；二是给承包方造成损失的，应当依法予以赔偿。

（3）承包方的法律责任：一是对承包方违反土地承包有关规定，损毁所承包土地，破坏种植条件的，或者因开发土地造成土地荒漠化、盐渍化的，依照土地管理法律、法规的规定，予以处罚。二是对承包方违反土地承包有关规定，擅自拆除、破坏所承包土地上的附着物的，由乡（镇）级人民政府或者土地承包监督管理部门责令其停止违法行为，恢复原状；造成损失的，应当依法予以赔偿。三是对承包方违反土地承包有关规定和合同约定，闲置、荒芜承包土地的，应当承担违约责任；发包方应当对其进行批评教育，并责令其限期改正；连续二年闲置、荒芜的，发包方应当依法终止承包合同，收回发包的土地。四是对承包方不按土地承包合同的约定，缴纳村提留乡统筹费或者承包金、完成农业产品定购任务的，应当承担违约责任，并向发包方支付违约金，给发包方造成损失的，应当依法予以赔偿。五是对承包方擅自改变土地用途，或者对土地进行掠夺性经营的，由乡（镇）级人民政府或者土地承包监督管理部门责令其停止违法行为，恢复原状；造成损失的，应当依法予以赔偿；有关部门可以依照有关法律、法规进行处罚。

9. 农村土地承包组织领导。各级政府及有关部门对农村土地承包组织领导的宗旨，是将农村土地承包事务，纳入法制化管理范畴，增强农村干部的法律意识。对涉及农民利益的土地承包和种养殖等副业项目承包，凡是能够用合同管理的，都要依法纳入合同管理。签订农村土地承包合同，必须坚持合法、平等、自愿的原则，对其中的重大项目，可以聘请专业评估机构确定标底，通过招标方式进行，最大限度地维护农民对土地承包的权益。为此，必须对以下三方面加强组织领导：

（1）加强农村基层民主，使农村土地承包各项工作逐步走上民主化的轨道。对土地资源底数、承包办法等公开通告，充分有效地发挥村民的民主监督作用，杜绝发包中的不当行为。要着眼于建立农村矛盾防范机制，制定农村集体财务分配、农村财务管理、农村干部管理等制度，使农村管理工作有章可循，减少矛盾和争议。要坚持推行农村党支部领导下的两委会联席会议制度，使农村土地承包等事务的管理更加公开、透明。

（2）加强组织建设，提高管理能力，做好农村土地承包纠纷的防范和化解工作。农村基层干部要学会在新的历史条件下，做好农民和农村工作的方法，提高对农村土地承包管理工作的驾驭能力。有关部门对农村基层组织建设要给予支持，保证农村基层班子增强组织带动能力。

（3）加强沟通协调，及时解决农村土地发包与承包双方纠纷问题，组织推动各部门之间加强沟通协调，形成农林牧副渔各业部门与公检法部门、农村基层组织之间的信息网络，一旦发生纠纷，多方出面，及时化解纠纷，努力达到解决一起案件，平息一片纷争的效果。

10. 农村土地承包经营管理机制。各级政府及有关部门在组织推行农村土地承包经营管理机制上，主要有以下四项：

（1）农村土地承包经营管理机制。为了完善土地承包经营权管理体制，各级政府及有关部门通过鼓励土地股份合作、以龙头企业带动、以发展产业带动等多种机制、推行土地承包规模经营。进一步完善农村土地承包经营管理服务体系。县（市）、乡（镇）都要建立健全农村土地承包服务中心，切实加强对农村土地承包经营的指导和监管，积极引导和规范土地承包规模经营，充分尊重农民意愿，维护农民土地承包权益。

（2）农村土地承包风险保障机制。我国农村土地承包风险保障机制包括完全市场型、政府全包型、政府补助经营的三种风险保障机制。多数地区政府对农村土地承包规模产业化项目风险保障，给予一定补助，推动农业现代产业化经营。有些地区政府组织推行农村土地承包互助合作经营风险保障机制，财政给予一定补助，支持互助合作风险保障组织，按照自愿原则，实行"会员缴费、财政补助、自我管理、合作共享、专户监管、滚动发展"的机制。

（3）农村土地承包规模经营融资机制。各地区政府及有关部门为拓宽农村土地承包规模经营融资渠道，规定政府每年从农业发展基金中划拨一部分作为种植业、养殖业规模企业担保专项扶持资金，注入县（市）中小企业信用担保机构，责成县（市）中小企业信用担保机构组织实施种植业、养殖业项目担保机制，组建农业信用担保公司，降低贷款门槛，有效缓解农业产业化龙头企业、专业合作社和专业农户"贷款难"的问题。

（4）农村土地承包规模经营管理人才机制。各地区政府及有关部门着力培育农村土地承包规模经营管理人才，加强村干部队伍素质建设。在加强对现有村干部培训的同时，选派县（市）机关优秀干部到村挂职，既直接指导和推进土地承包规模经营和新型集体经济的发展，又锻炼挂职干部，带动村干部。制定实施促进农业企业家脱颖而出的激励政策，鼓励农业院校大中专毕业生，特别是经贸管理专业大中专毕业生从事农业企业经营管理工作，鼓励他们为推进农村土地承包规模经营建功立业。

11. 农村土地承包规模经营收益途径。各地区政府及有关部门为拓展农村土地承包规模经营收益途径，一是坚持维护和稳定农村土地集体所有制，在此前提下保持农民拥有长期不变承包经营权，充分保障农民的土地使用权益，允许农民以土地承包经营权入股，推动农村土地承包农民自觉自愿走上农业现代产业规模经营道路，确保农民增长土地承包规模经营收益；二是坚持推动农民以土地承包经营权入股流转土地后，已进城的农民工就不用再定期返乡耕作土地，就可以更加安心地在城镇工作，兼得在城镇工作的工资与土地使用权入股的分红；三是坚持促进农村基层组织督查调解农村土地发包和承包双方之间纠纷问题，确保农民在土地承包规模经营中长效增收，特别是要切实维护农民土地承包经营的利益。同时，各地区政府及有关部门进一步推行以下两项政策：

（1）促使更多的农民将承包土地转向集中规模经营后进入城镇务业、创业，从而进一步推动城乡一体农业现代化、工业化、信息化、城镇化建设进程。对于部分进城农民工因为种种原因选择回乡，回乡后，在土地承包权出让期限内，可以通过享受分红获得必要的生活来源，如果申请土地承包，可以在转让期满后收回土地承包权，通过自己生产经营获得基本的生活保障。

（2）引导农民看到自己承包土地的非集约化经营，难以提高农业生产效率，如果在有限的土地上附着过多的农业人口，大多数农民脱贫致富注定较难实现。所以，要富裕农民，就必须减少农民，即一方面提高土地使用效能，使相对为少的农民，能够获得相对为多的经济利益。另一方面鼓励、推动农村富余劳动力向高附加值的工商行业、农业产品加工行业转移就业，从根本上改变农民的命运。给予农民土地承包经营权，仅仅是给农民底线生活保障，离实现富裕农民的目标还很远。要加快富裕农民目标的实现，就必须树立现代农业意识，确立城乡一体经济社会化发展战略，早日实现农民命运的根本性转变。

（二）农村土地承包使用权流转畅通保障途径

农村土地承包使用权流转是指农村土地使用权承包方在与发包方共同确定的承包期内，将土地承包使用权依法采取自种、代耕、委托、互换、租赁、转包、转让、入股、反租、倒包、抵押、拍卖等形式，原承包合同约定的土地用途不变的流动。从1985年至2019年，全国各地区农村土地承包使用权流转，经过34年历程，各级党委、政府及有关部门组织引导农村基层干部和农民，在农村土地承包使用权流转历程中，顺应流转趋势，迎合流转需求，把握流转特征，化解流转问题，坚定流转目标，确立流转方针，实行流转政策，坚守流转规则，遵循流转程序，采取流转形式，推行流转做法，加强流转领导，深化流转管制，取得流转成果。

1. 农村土地承包使用权流转的背景。农村土地承包使用权流转，是从山东、江苏、安徽等省于1984年开始的，全国各地区农村土地承包使用权流转，是从1985年起步的，1992年以来，各地区党委、政府及有关部门组织贯彻落实国家赋予农民30年不变的土地承包使用权政策，促进优化配置和合理利用土地资源，调整农林牧副渔各业结构，推动农业现代产业化适度规模经营，调动农民生产经营积极性。2002年以来，引导农民科学保护和集约利用土地资源，合理流转土地承包使用权，确保农业农村经济持续健康发展，推进农村城镇化建设，逐步消除城乡二元体制，实现农民增产增收，致富奔小康目标，加快了农村土地承包使用权流转进程。从2013年以后，全国各地区党委、政府及有关部门组织农村基层干部和农民加快农业"两个根本性转变"，优化配置土地资源，调整优化农林牧副渔各业结构，推进农业现代产业化规模经营，建立农业产品产供销一体化流通体系，增强农业综合生产能力和参与国际竞争实力，促进城乡一体化经济社会持续健康发展，进一步开拓以下农村土地承包使用权流转七个渠道：

（1）调整优化农林牧副渔各业结构的流转渠道。各地区于1996年至2019年期间，组织开拓调整优化农业牧副渔各业结构，合理配置农村土地资源和其他要素的渠道。农村土地是农林牧副渔各业生产经营的基本要素，在国家规定农村土地承包期再延长30年不变的期间，会出现许多新变化和新情况，特别是在组织推动农林牧副渔各业产业化规模经营中，一是由于各地区从计划供求渠道转向市场流通渠道，而调整优化农林牧副渔各业结构，所引起农村土地承包使用权流转；二是由于各地区连续发生洪涝、干旱、病虫害等原因，而调整改变农林种植业、牧渔养殖业生产经营模式，推动农村土地承包使用权，流转到农林牧副渔各业现代产业化规模经营领域；三是由于各地区在推动调整优化农林牧副渔各业结构过程中，对要求扩大农村土地承包使用权，流转面积、开展农林牧副渔各业现代产业化经营的农户，给予提供集中连片、形成规模的承包土地；四是由于各地区有些农户在承包期内，进城务业而减少务农劳动力，出现有田无人生产经营问题，为避免造成土地抛荒现象，而相应地采取农村土地承包使用权流转机制，加快了农村土地承包使用权合理流转进程，相应地建立了农村土地承包使用权有偿出让、转让制度，促使用地单位和个人，在满足自身调整优化农林牧副渔各业结构，推动农业现代产业化规模经营，采取集约节约用地的自我约束机制，更好地发挥农村土地承包使用权流转效益。

（2）科学转移农村富余劳动力的流转渠道。各地区在组织引导农村富余劳动力，从人多地少的农村，走向城镇从事二、三产业，是解决人地矛盾，加快农业土地承包使用权流转的一条重要渠道。全国农村土地承包期再延长30年，会不可避免地出现人地矛盾，必然会有部分新增人口或新增劳动力无土地承包。为此，必须加快农村小城镇建设步伐，推动农村富余劳动力向非农产业转移。从1996年以来，各地区农村大批青壮年劳动力走向城镇，寻求新的二、三产业发展天地。据统计，2019年全国农村富余劳动力走向城镇务工经商的约1.93亿人，分别占全国农村人口的32.5%、全国农村劳动力的59.8%。在这种情况下，为了解决有土地无人生产经营或有人无地生产经营的矛盾，特别是导致农业土地抛荒问题，各县、乡、村面对现实，积极探索农业土地承包使用权流转的多种形式，推进农林牧副渔各业现代产业化规模经营，推动城乡一体农业现代化、工业化、信息化、城镇化建设，这是组织开辟转移农村富余劳动力就业创业的有效途径。

（3）合理组合农业现代产业化规模经营要素的流转渠道。各地区在加快推动农村土地承包使用权流转，促进农业现代化产业化规模经营，必须提供人才、科技、物资、资金、交通、市场、信息、企业、事业、团体等要素。从1999年以来，各级党委、政府为推进城乡一体化经济社会发展，组织引导城镇公交商贸易服务等各行企业、事业、团体等单位和人员，主动到农村租农田鱼塘种植、养殖，租荒山草地植树种草，建设农业产品生产基地、兴办农业产加销一条龙企业，农村集体经济组织也建立了农业产业化龙头企业，导致农民对农业土地承包使用权不断流转，一部分农民变成了农业产业化龙头企业的职工。在"九五"至"十五"时期，农业产品价格一直处于偏低状态，农业比较效益低。据统计，单纯依靠农田种植的农户，20%盈利，30%保本，50%亏本。因此，对保本、亏本农户来说，种田的积极性受到挫伤，导致农民与土地的亲和力、依附力下降，逼迫一些农民离开土地，寻找新的出路，这就出现了农民自由选择农村土地承包使用权流转渠道。

（4）依法推进农村土地承包使用权流转农业用地的渠道。这条渠道来源四方面：一是从退出承包土地的对象来说，主要是农业比较效益低的农户，年龄大的无劳动力的农户，从事农业二、三产业的农户，外出务工经商收入稳定的农户要求退土地；二是从接受承包土地的对象来说，主要是有一定农业科学技术特长、从事种植业、养殖业的农户，有一定农业生产经营资金实力的农户，有一定农业产品加工销售门路的城镇工商企业和下岗职工等；三是从原平分承包土地之后出现的情况来说，主要是一部分从事非农业的农户粗放经营土地，而另一部分从事农业的农户要扩大生产经营规模却缺少土地，无论是从事非农业的农户，还是从事农业的农户，其收入的增长都受到了制约；四是从农户分散零星生产经营土地之后出现的情况来说，主要是制约了农业结构调整优化，影响了农业现代产业化经营，束缚了农业增产增效、农民增收致富。多年来，随着农业和农村经济发展，特别是城镇与乡村一体化经济发展，不可避免地产生了农村土地使用权流转的客观需求，出现了提高土地利用率和土地产出率的趋势。

（5）严格控制农村土地承包使用权流转非农业用地的渠道。这条渠道来源八方面：一是以"农迁农"名义买卖宅基地；二是农户用承包土地入股联合建立农业产加销一条龙企业；三是乡镇、村屯采取用农村集体土地作价入股，与合作方联营建立农工贸一体化企业集体公司；四是乡镇企业使用农村集体土地进行公司制民营化改制，将厂房、设备连同土地作价卖给个人；五是因实现债权，一次性拍卖使用农村集体土地的乡镇企业及个人的房屋和设备引起的土地使用权转移；六是变相商品房开发，少数乡镇企业以建农民公寓或集资职工宿舍楼为名，在本企业使用的农村集体土地上，开发商品房，造成土地使用权转移；七是农村集体土地出租，有单位出租也有个人出租；八是乡镇企业进行非农承包使用权抵押。

（6）正确引导农村土地承包使用权流转市场的渠道。主要是由于我国农村土地承包使用权流转，正是在社会主义市场经济条件下进行的。土地既是资源，又是资产；既是自然物体，又具有商品属性。作为重要的生产要素，不论国有还是集体所有，其资源配置市场化趋势是互生共有的，它不可能因属性不同而游离于市场之外；我国实行土地的社会主义公有制，即国家所有和农村集体所有两种公有制，土地作为关键生产要素进入市场，就必然包括农村集体土地市场；我国土地使用制度改革的不断深入发展，城镇国有土地从"无偿、无期、无流动性"的用地制度，改革为"有偿、有期、有流动性"的新型用地制度，这种制度的巨大拉力，必然辐射和拉动农村集体建设土地；我国新《土地管理法》强化农村集体土地保护的政策措施之后，农业现代产业化规模经营持续发展，城乡一体化经济建设速度加快，必然占用损败破产的乡（镇）关停企业闲置土地，农村集体建设用地使用权，正在走向这样特定背景下格外频繁流转市场的渠道。

（7）公开公正实施农村土地承包使用权有偿流转机制的渠道。公平公正地实施农村土地承包使用权有偿流转机制，是加快推进城乡一体农业现代化、工业化、信息化、城镇化建设的基本条件。中共中央、国务院提出，对农村土地第二轮承包"明确所有权、稳定承包权、搞活使用权、有偿转让使用权"。各地区政府及有关部门采取了农村土地承包使用权有偿流转机制，使农村土地承包使用权有偿流转在规范有序中进行。从2013年以来，各地区农村城镇二、三产业发展，吸引大批青壮年农民从"离土不离乡"到"离土离乡"，自愿留在农村城镇务工经商、建房、租房居住。"十二五"时期，全国农村城镇人口数量比"八五"时期增长3.4倍。在这个进程中，农民群众的一部人由农村居民向城镇居民转变，从农村第一产业向城镇二、三产业转移。这说明，为推进城乡一体化经济社会健康发展，创造了有利条件。

2. 农村土地承包使用权流转的趋势。从2006年起，全国农村土地承包期"再延长30年不变"

以来，各地区农村家庭联产承包经营为主的责任制和统分结合的双层经营体制不断发展，随着农村人地关系的变化、农林牧副渔各业结构的调整优化、农村二、三产业的发展，农村土地承包使用权流转势在必行，促使稀缺的土地资源，适应农业农村经济持续发展需求，2008年，中共十七届三中全会发布的《中共中央关于推进农村改革发展若干重大问题的决定》明确指出，农村土地改革中允许农民以多种形式流转土地承包经营权，发展适度规模经营，加强相应的服务体系建设。此后，全国各地区农村土地承包使用权流转已成为发展趋向，农村土地承包使用权流转形成必然发展的趋势，主要表现在三方面：

（1）从流转形式看，以户间流转的形式较多。据调查，绝大部分地区农村土地使用权流转的形式，以农户之间自发转让使用权为主，主要包括转让、转包、互换、委托、反租、倒包等形式。而土地抵押、折价入股等形式是稀少的。据抽查，239个县（市）478个村，承包29万亩土地，其中11万亩土地发生了流转，占38%，主要是以农户之间自发转包、转让等流转形式。

（2）从流出户情况看，以外出打工户较多。随着改革的不断深化，农村剩余劳动力向二、三产业转移的速度加快，往沿海开放地区务业的人数增多。据在沿海一些县农村的调查，一般村组织外出务业的劳动力占总劳动力的36%。其中52%的外出打工劳动力离土又离乡。从调查的情况看，绝大部分外出打工户都把承包的农田转包出去了，转入土地的大部分是在家务农的老人、小孩和年龄偏大的妇女，他们大约耕种着农村60%的土地。

（3）从流转收益看，以收入倒挂的较多。农村土地承包使用权出现买方市场以后，相当一部分农村土地承包使用权流转收益出现了倒挂现象，转出土地承包使用权的农户，不仅不能取得流转收益，相反大都还要倒找钱。据在这些县农村的调查，转出户需要倒找钱的占整个转出户数的70%，其中56%的转出户要求转入户每亩提供200斤小麦，折合人民币140元，其余负担由转出户自己承担，转出户则只要求承包户不荒田就行了，土地的所有承载负担全部由自己承担。现今，各地区农村土地承包使用权流转大势所趋，已进行示范、引导。有些人忧虑农村土地承包使用权流转，与国家规定农村土地承包30年不变的政策相抵触。事实上，这两方面并不相矛盾，是相辅相成的。这说明，农村土地承包30年不变，不意味着土地30年之内由原承包人一包到底，而是指土地承包期不变，在承包期内农村集体和农民可以依照法律，根据实际情况转移土地承包使用权，以实现地尽其力，人尽其才。只有农民增收致富了，农村经济繁荣了，国家规定农村土地承包30年不变的政策，才能得到真正落实。相反，那种企图将农民束缚在土地上，怕因土地使用权流转引起矛盾的想法是行不通的。如果土地承包使用权不放活，想种植养殖的没有地，有地的不想种植养殖，实现农业现代产业化规模经营，必然成为一句空话，也与国家规定的农村土地承包30年不变的政策目的背道而驰。

3. 农村土地承包使用权流转的需求。农村土地承包使用权流转的需求是客观的、必要的。首先，它是我国农业和农村经济持续健康发展的需要。从1985年以来，全国各地区农村加强了农业基础设施建设，推进了农田灌溉排涝水利化、农田耕种收获机械化、农田涵水防风固沙林网化、农田道路化建设；进一步加强了农业结构调整优化，促进了农业名特优产品基地、农业产品优良品种基地、农业科技推广示范基地、农业主导产品基地、粮棉油糖等大宗农业产品集中连片基地建设，推动了农业现代产业规模经营，形成了农业产加销一条龙产业链，结成了农工贸一体化产业体系。所有这些方面建设，都需要在农业和农村经济进入转型阶段，将各家各户零星、分散、抛荒、收入不稳的承包土地，转变为连片集中、高产、高效、增收的大规模农业生产经营土地。其次，它是我国城乡一体化公益事业发展的需要。为了加强农村小康社会建设，逐年拓宽了农村公路，调整了农民住房建设基地，扩建了小学、中学校舍，修建了卫生院所、养老福利院所、文化娱乐网站；逐年建立了农业产品加工企业、农业产品销售市场。特别是近几年来，为了加强城乡一体化经济建设，促使农村富余劳动力从事非农业产业，都需要农村在"保障所有权、稳定承包权、放活使用权"的原则下，从农村土地承包使用权流转中，迫切需要调剂出一部分农业用地。具体说，主要有以下四方面：

（1）农业结构调整优化的需求。随着国内市场对农业优质化、多样化、多变化的需求，必然导致农业产品品种、品质的调整优化,这种调整优化的任务和要求是多方面的,既要对农林牧副渔各业比例关系进行调整优化,又要对种植业、养殖业的各种产品品种、品质进行调整优化。为此,促使一些有科技、经济实力的农户和企业等单位,要求重新承包经营集中连片土地,将各家农户零星分散土地集中起来,形成农业生产经营土地规模。同时,要在农户家庭承包经营土地的基础上,统一规划承包土地,调整优化农业结构,建立高产、优质、高效的农业产品生产基地,而将农民零星分散的承包土地,流转成为集中连片的规模化、区域化的承包土地,以利于提高土地的产出率。据调查统计,西北地区通过农业结构调整优化,农村土地承包使用权流转所得到的收益,比农户自己直接经营承包地的收入要高,而且省时省力,没有风险,吸引了不少农户主动地把土地转出,土地承包使用权流转户数,占土地承包户数的28%,比农业结构调整优化前,农户流转自找、形式自挑、期限自定、租价自议的土地承包使用权流转户数,占土地承包户数的4%,增加24个百分点。

(2) 农业现代产业化规模经营的需求。近几年来,全国绝大多数地区推进了农业现代产业化规模经营,形成了农业产加销一条龙产业链,结成了农工贸一体化产业集团企业公司,特别是工商企业、"三资"企业介入农业产业化经营,要求有相应的原料生产基地与之配套,同时,要求有集中连片的土地面积。据调查统计,2014年,东北地区农村建立农业产品的生产、加工、销售一条龙产业链的龙头企业488个,成立农工贸一体化产业集团公司216个,带动了建设大豆、小麦、玉米、水稻、香菇、瓜果、蔬菜、林木、畜禽、水产等产品生产基地546万亩,这些基地集中连片,形成规模,提高了单位面积产量20%以上,平均每亩增加收入400元以上,平均农民人均收入增加500元以上,形成了农民与公司"风险共担、利益共享"的机制,促进了农业和农村经济发展。

(3) 城乡一体化经济发展的需求。随着城镇二、三产业带动郊区农村经济发展,导致农村富余劳动力向城乡一体化经济区域转移,推动了非农产业的发展,加快了农村富余劳动力的转移,目前我国大中城市郊区农村务业劳动力人数中,非农业劳务人数已占到48%,特别是一些边远山区农业生产效益低,使农村富余劳动力成群结队外出务业,基本上"能走的都走了",因而为农村土地承包使用权连片集中高效流转提供了条件,也为提高农业经济效益,进行适度规模经营提出了内在要求,为农业增产增效、农民增收创造了条件。可见,坚持土地集中连片、规模经营是一条低成本、快见效、易操作的可行之路。同时,通过农村小城镇建设和乡镇行政区划调整、村合并,涉及农村土地承包使用权流转,农户要在规划区内建房,但在规划区内没有承包地,必须通过农村土地承包使用权流转的方式,才能取得建房占地使用权。

(4) 农村富余劳动力从事非农业的需求。近几年来,全国各地区农村富余劳动力从事非农产业逐年增多,一些承包期内农民需要通过农村土地承包使用权流转,来解决不愿种、种不了、不够种等问题。据调查统计,华北地区村富余劳动力,到城镇务工经商的土地流转户数,占土地承包户数的21%。同时,还有一些老年人到城镇子女家养老,老年人土地流转户数,占土地承包户数4.6%。这说明,通过农村土地承包使用权流转,及时解决了农村富余劳动力从事城镇二、三产业及外出务工经商放弃承包土地问题,排除了年老病弱、劳力减少等原因无力继续承包土地问题,从而提高了重新承包土地利用率和产出率。

4. 农村土地承包使用权流转的特点。全国各地区为稳定农户家庭联产承包责任制和农村统分结合体制,调整优化农林牧副渔各业结构,大力推进农业现代产业化规模经营,促进农村富余劳动力转移到一体工业化、信息化、城镇化建设,着力在农村土地承包使用权流转上,拓宽"依法、有序、规模"的途径。目前,全国各地区农村土地承包使用权流转的空间和潜力很大,流转主体多元化、流转领域广泛化、流转范围扩大化、流转形式多样化、流转趋向合理化、流转行业区域化、流转供求市场化。从目前来看,流转特征明显,运行态势正常。具体说,在农村土地承包使用权流转中,具有以下七个特点:

(1) 农村土地承包使用权流转主体多元化。农村土地承包使用权流转主体,主要是以农户为主,农村集体为辅,也有农业有关的企业与事业单位、农业科研院所、农业产业化龙头企业、外埠农户、城镇下岗职工。近几年来,农业种养加连锁大户、农业产加销一条龙企业、农业科教联营科技示范园、农业股份制合作农场日渐活跃,在农村土地承包使用权流转中发挥了重要的拉动作用。目前,农村土地承包使用权流转对象,已由本县(市、区)、乡镇、村屯成员向外县(区)、乡镇、村屯,甚至更大范围的外埠承包经营发展。跨区域农村土地承包使用权流转,大部分是农村低产地、低效地、低洼地,或是干旱的沙地、坡地、山地,新来承包户大都有土地治理、种植养殖、生产加工等方面科技专长,有投资能力,有市场销售渠道,对新承包经营的土地投入了大量的财力、人力、物力。

(2) 农村土地承包使用权流转领域广泛化。主要是指:一是全国各地区农村土地承包使用权流转土地资源类型广泛,包括山地、丘陵地、平坝地、低洼地、湖泊地、海滩地、草原地、荒漠地。同时还包括农业种植的旱地与水田、林业种植的林地、牧业养殖的草场、渔业养殖的水塘、副业的工地;二是全国各地区农村土地承包使用权流转到乡(镇)、县(市)农林牧渔各业产品生产、加工、包装、贮藏、运输、供销各环节企业,以及工业、商业、服务业等企业。同时,在这个领域内流转呈现长期性和稳定性特征。

(3) 农村土地承包使用权流转范围扩大化。这是指:一是流转渠道拓宽,逐年有农家小户转向专业大户,由农户集中到农民专业合作组织,由各家承包田零星分散生产经营,流转到农民集体承包农田连片生产经营;二是流转规模扩大,农村土地承包使用权流转农田逐年增加,农业现代产业化经营规模不断扩大,农村富余劳动力转移城镇务业队伍壮大;三是流转费用增长,农村土地转包费、转让费、出租费都增长,每年每亩耕地转包费用最高的达 300 斤水稻、350 斤小麦或玉米,每年每亩耕地最高的租金达到 400 元。近年来土地出租逐步成为农村土地承包使用权流转的重要渠道。

(4) 农村土地承包使用权流转形式多样化。如上所述,全国各地区农村土地承包使用权流转形式,主要有转包、转让、租赁、互换、入股、代耕、转租、反包、自种、拍卖、抵押十一种,其中转包、转让、租赁成为农村土地承包使用权流转的主要形式,据调查统计,通过转包、转让、租赁形式的流转土地面积,占农村土地承包使用权流转总面积的 75%,涉及流转农户占农村流转农户总数的 82%。在农村土地承包使用权流转实践中,各种形式的针对性、适用性各不相同,一般来说,有非农就业路子、本身不想种田又不愿意放弃土地承包权的农户,一般采取转包、代耕形式;非农就业门路广和收入较稳定的农户,一般采取转让、租赁等形式;农村建房用宅基地,一般采用土地互换形式;调整优化农业结构,推进农业现代产业化规模经营,形成农业产加销一条龙产业链的农户与企业,一般采取转租、反包、自种等形式。

(5) 农村土地承包使用权流转趋向合理化。绝大多数地区农村土地承包使用权流转目的,是调整优化农业结构,推进农业现代产业化经营,提高农村土地利用率和产出率,促使农户的土地承包经营权益得到落实。据调查统计,农村土地承包使用权流转目标依次顺序,是扩大种植业生产经营规模、发展水产养殖业生产经营、形成农业产加销一条龙产业链、结成农工贸一体化产业集团公司,解决农村富余劳动力再就业的矛盾,取得了显著的经济效益和社会效益。

(6) 农村土地承包使用权流转实现区域化。有些经济发达地区由于农业结构调整优化力度大、农村二、三产业经营发展快,城乡一体工业化、信息化、城镇化、农业现代化建设同步前进,促使土地承包农户大批在非产业务农就业,非农产业收入比重较高且稳定(2/3 的劳动力从事非农产业,农户收入中有 3/4 来自非农产业),为农村土地承包使用权流转提供了较好的供给条件,一些经济欠发达地区,近几年由于农业结构调整优化力度较大,农村土地承包使用权流转面积也较大,主要是建设大棚蔬菜、花卉、瓜果生产基地和水产养殖基地。

(7) 农村土地承包使用权流转供需市场化。一些地区农村土地承包使用权流转,出现了供需市场,促进了农村集体土地承包经营权的流转,搞活了农村集体土地存量资产,开辟了农民对土地承包权益的新途径,对增加农民收入、保持农村稳定发挥了重要作用。有的地区农村为了促进农村土地承包使用权流转,运用了农村土地使用权交易市场机制,引导土地承包农户将土地承包使用权依法有偿流转,每年定期举办《农村土地承包使用权流转供需市场交易会》,由土地承包农户和农村集体经济组织共同参与交易，顺利实现了农村土地承包使用权流转，取得了较好的效果。

5. 农村土地承包使用权流转的问题。全国各地区农村土地承包使用权流转，在促进调整优化农林牧副渔各业结构，促进农户家庭经营向农业现代产业化规模经营过渡，推动农村富余劳动力参加城乡一体农业现代化、工业化、信息化、城镇化建设进程中出现一些问题，有些地区农村土地承包使用权流转中出现"有人无地种"和"有地无人种"等问题。据调查统计，全国各地区农村土地承包使用权流转中出现一些问题，主要有以下十五个：

（1）农村土地承包使用权流转认识问题。主要有以下两方面：

①一些地方党政领导干部对农村土地承包使用权流转认识分歧。这是指：一是对农村土地承包使用权流转快慢认识不一致。一部分人认为，目前农村土地承包使用权流转速度太慢，不适应农业结构调整优化，不利于推进农业现代产业化规模经营的需要，认为中央30年不变的土地承包政策，固化了人地关系，造成农村土地承包使用权流转不畅；另一部分人认为，农村土地承包使用权流转要讲究条件，不能违背客观经济规律，拔苗助长，认为大部分地区农村尚不具备加快土地承包使用权流转的条件。二是对农村土地承包使用权流转的着力点认识不一致。一种意见着力点，应是加快农村土地承包使用权流转步伐，另一种意见着力点，应放在规范农村土地承包使用权流转行为上，以减少农村土地承包使用权流转纠纷和社会震荡。三是对农村土地承包使用权流转中的"转租""反包"形式看法不一致。有的人肯定这是一种效率比较高的好形式，也有的人认定这种形式，有强迫流转的成分，并有从中牟利的动机。

②一些农村基层干部和农民思想观念比较保守。特别是一些农村基层干部认为党中央、国务院已明确规定农村土地承包30年不变的政策，因而把稳定承包关系和搞活土地经营使用权对立起来，误认为搞活土地经营使用权，就会动摇承包30年的基础，就会出现土地私有化。特别是二、三产业不发达地区农民，把自己承包土地不仅当作生产资料，更重要的是当作赖以生存的命根子，对搞活土地经营使用权这一新生事物，抱着怀疑的态度：是否会以此名义收回承包权，是否自身的权益因不规范而受侵害，从而失去土地。特别是几千年来根深蒂固的传统小农意识，使农民无法割舍对土地的感情和依恋。造成农村基层干部和农民思想观念比较保守的原因，从深层次看，一定程度上源于目前农民在非农产业就业和生活方面缺乏保障，城市和乡镇工业吸纳农村富余劳动力的能力有限。而且，随着先进科技进步和市场竞争日趋激烈，使企业经常性地调整优化人员，就业岗位不固定，兼业农民非农产业收入多少不稳定，使农民难以彻底离开土地，农民依然视土地为"避风港"。由于大多数地区农村农民的生老病死等社会保障体系建设滞后，使广大农民把土地作为安身立命的生产资料，有些农民宁可种"粗放田""应付田"，也不愿放弃土地。

（2）农村土地承包使用权流转中的零星分散问题。主要是在农村土地承包使用权流转中，农户间自发流转一般规模比较小，流转期限比较短，多以转包、转让、互换、代耕为主，主要用于解决抛荒和人地矛盾，虽然流转双方直接见面，能够体现各自的意愿，农户的利益不易受侵犯。但是流转的土地在地域上零星分散，不利于集中连片地进行农田水利建设，不利于调整优化农业结构，推进农业现代产业化规模经营。同时，农户间自发流转一般对象少、范围小，不利于提高土地的利用率、产出率。

（3）农村土地承包使用权流转渠道不通畅问题。主要是在农村土地承包使用权流转中，仍有些农户要转出承包土地，却找不到接包对象，而有些农户、企业等单位要承包经营土地，却找不到转包对象。如沿海地区一个县（市）2417个村民组中有653个组农户放弃农田矛盾突出，要求转出承包土地6548亩，但无接包对象。这个县（市）一个村民组8户家庭户口已迁出，丢下23亩承包地，找不到接包对象。同时，这个县（市）有732个村民组农户要求增加承包经营土地，特别是人多地少的城郊村组农民竞争承包经营土地矛盾非常突出。华北地区一个省属经济发达的地级市郊区农村，几乎家家户户都做羊绒生意，这里的农民有经营头脑，愿意把承包土地转包给种田能手和种田大户。而新承包方主要种植小麦、玉米和经济作物，近年来农业生产资料价格增长快，由于生产成本费用较高，缺乏生产建设资金和科学技术的扶持，从农业与工商业整体比较而言，农业存在比较利益偏低，很难获得社会平均利益，如果再找不到适销对路、高效优质的品种项目，对土地承包经营的需求，就必然缺乏利益的驱使动力，因而影响农村土地承包使用权的合理流动。

（4）农村土地承包使用权流转机制不健全问题。农村土地承包使用权流转形式多种多样，特别是转包、出租费用一旦写入合同便不能变更，可土地承包经营收入，难以随时间的变化、市场的变化进行预算，如果测定不科学，又容易引发农户之间矛盾、承包方与转包方之间的矛盾，造成不稳定因素，签订合同对承包方与转包方来说，是必须做但又是非常矛盾的事情。为此，双方至今仍未签订合同，这是一个带有普遍性的问题，从深层次来看，土地承包权的价值性、商品性不明确，土地产权价格无标准来衡量，既缺乏历史价格，又缺乏土地承包使用权更加长期化的基础，使土地使用权流转价格只能在小范围内、人为地短时地找平衡。由于价格体系的不健全、内部价格的不理顺，而使土地使用权有序地流转收到制约。

（5）农村土地承包使用权流转程序不规范问题。主要是在农村土地承包使用权流转中，一是农户之间自发进行转包、转让、代耕等形式，没有经过农村基层组织、司法、公证单位履行必要的手续，通常采用"口头协议"方式约定的多，登记备案、书面协议方式约定的少，发生纠纷后，难以协调处理；二是原承包与新承包双方之间尽管有租赁、转租、反包等书面协议，但协议不完整、不规范，特别是对外地农户缺少制约措施，逃费现象时有发生。如中南地区一个省属县（市）农村的外埠农民承包12亩地经营，欠下2600元租金和在合作基金会的5000元借款不辞而别；三是农村基层组织领导干部随意改变土地用途，不尊重农民意愿强制流转，土地承包使用权流转补偿过低或者没有补偿，农民有意见；四是一些地区农村土地承包使用权流转双方没有通过流转合同，规范双方的权利义务关系，有的即使签订了流转合同，由于疏于管理，缺乏严肃处理措施，埋下了土地承包使用权流转纠纷的隐患。

（6）农村土地承包使用权流转措施不得力问题。主要是在农村土地承包使用权流转中，一是由于农村集体经济组织不能自觉遵守国家有关法规，擅自将农民承包的种植粮食土地租赁给城镇工业企业建厂房，改变了农业生产耕地的用途；二是由于农村集体经济组织不能采取有效措施，致使一些流转双方在土地生产经营效益好时，双方竞争承包土地，在土地生产经营效益差时，双方都想放弃承包土地，都不想交承包费。

（7）农村土地承包使用权流转主体不清问题。从目前各地区农村土地承包使用权流转情况看，有乡（镇）政府和村（屯）、组行政组织的行为，也有使用集体土地的单位和个人；有农村集体土地所有者，也有农户、企业使用者。根据《土地管理法》规定，农村集体土地相应属于乡（镇）和村（屯）、组农民集体所有。而从各地区实际情况来看，乡（镇）、村管理机构都是作为基层政权组织，村民小组也往往是行政组织的延伸，并非实质上的农村集体经济组织，没有法律地位和经济核算形式，往往造成农村土地流转的产权主体不清问题。

（8）农村土地承包使用权流转产权价值不明确问题。城镇国有土地使用权出让、转让，有一套法定的分等定级、年期价格体系，而农村集体土地承包使用权流转，涉及所有者和使用者权益，至今尚无法律规定和与之相配套的地价体系，致使无序流转的集体非农土地产权，难以充分显示价值和价格，也无法确定使用期限。

（9）农村土地承包使用权流转利益分配不规范问题。我国农村土地所有产权，长期以来，沿袭"三级所有、个人为基础"，但集体非农土地产权由于历史的原因，很难真正体现国家、集体和农民个人三者利益，往往是乡（镇）政府组织卖的，大头甚至全部被乡镇政府占有；村、组干部卖的，土地收益被村、组获得；隐形和私下交易的，大头甚至被使用者和少数个人所侵占。集体非农土地的交易，往往是谁卖谁得益。而作为农村集体土地所有者权益，却难以充分实现。

（10）农村土地承包使用权流转管理不严格问题。我国各地区农村土地承包使用权流转中发生的问题是错综复杂的，但在管理上是粗放的。我国各地区农村集体建设用地流转是大量的，是客观存在的事实，但现行法律法规限制比较严，农村集体土地不得出让、转让或出租。就是新颁布的《土地管理法》也只开了一个"符合土地利用总体规划并依法取得建设用地的企业，因破产、兼并等情形致使土地使用权依法发生转移的除外"的空间。在查处农村土地承包使用权流转行为时，往往执行"一刀切"的政策，采取征用国有后再出让的方式来处置，这样不但违背市场经济规律，而且违背土地所有者的意志，同时，也在不同程度上制约了农业和农村集体经济持续健康发展。

（11）农村土地承包使用权流转服务组织不完善问题。目前，全国大多数地区农村都没有专门的土地使用权流转服务机构，对农户间、村组间、乡镇间土地余缺情况不了解，因而难以解决农村土地承包使用权流转不畅通、无秩序、逆向流等问题。

（12）农村土地承包使用权流转保障制度不健全问题。农村富余劳动力转移不稳定，因而相当一部分已从事非农产业的农民收入不稳定，在农村社会保障制度不健全的情况下，农民视土地为最后的退路和保障。这部分农民既没有精力种好承包土地，又不愿意放弃承包土地，因而影响了农村土地承包使用权流转进程。

（13）农村土地承包使用权流转中介无组织问题。主要是在农村土地承包使用权流转中，缺乏市场中介组织，农村土地承包使用权流转的对象少、范围小、没有选择余地，在流转对象方面，大多在邻里、亲戚、朋友之间，在流转范围方面，大多在本乡镇、村屯土地领域。至今，有相当一部分尚未建立农村土地承包使用权的有偿流转制度，没有形成农村土地补偿制度。

（14）农村土地承包使用权流转反其道行问题。主要是在农村土地承包使用权流转中，不是合理流向有承包能力的农户和企业等单位，而是反其道而行之，产生逆向流动现象。主要表现在：一是有劳动力农户向无劳动力农户、劳动力强农户向劳动力弱农户流转，子女农户向父母农户流转。现在年轻男女在家乡承包土地的不多，将承包土地一般都交给父母耕种。西北地区一个省属县（市）级市农村一个28岁的农民承包的4亩地，转由70多岁的父亲一人耕种；二是农业增产、增效的农户向农业低产、低效的农户流转，这是前者在二、三产业有较多稳定收入，而放弃耕种土地；后者没有二、三产业的就业岗位，只能通过增加承包经营土地，从事粗放生产经营，取得广种薄收效益。

（15）农村土地承包使用权流转承包遗留问题。主要是在农村土地承包使用权流转中，在第二轮土地承包中又产生了一些遗留问题，主要有：一是一些地区农村基层干部和农民反映农村土地承包使用权二轮承包期满30年不变难以做到。据调查发现，虽然每个村都对承包农户发了《农村集体土地承包经营权证书》，有些村还签订了合同，但这些村无一例外地私下约定了5~6年进行一次小调整，即只对农户人口发生变化的家庭所持有的土地进行调整，不打乱重分，俗称"进出人口排队法"。广大农民也有这样的要求，在统计调查中，有87%的农户认为，在二轮承包期内土地肯定会有调整；二是一些地区农村土地使用权二轮承包中的简单延包的做法，在一定程度上加剧了人地矛盾和调地隐患。通过土地承包使用权二轮承包，可在适当解决人地矛盾（即小调整）的基础上开展，一些地区农村简单地执行政策，结果暂时搁置了人地矛盾，但是，也有地区农村在土地承包使用权二轮承包结束后不久就发现不打乱重分，已无法解决这些矛盾；三是一些地区农村自留地，在土地使用权二轮承包中由于没有明确政策，长期没有予以调整，不承担税费，福利性较强，加上各农户人口变化差别逐年加大，导致农户之间矛盾突出。

6. 农村土地承包使用权流转的目标。必须坚持以改革完善农村土地管理体制为动力，以发展壮大农村经济实力为准绳，以调整优化农林牧副渔各业结构，着力推进农业现代产业化规模经营，加快推动城乡一体农业现代化、工业化、信息化、城镇化同步建设为中心，以拓宽农村土地承包使用权流转渠道为途径，以科学引导农村土地承包使用权公开公正合理流转为手段，组织发动广大农民科学开发综合治理承包土地，集约节约有效利用土地资源，不断提高土地的利用率、产出率，增强农林牧副渔各业综合产供销能力，促进农业和农村经济、城乡一体化经济社会持续稳定发展，达到农民增产增收、城乡居民致富奔小康目标。为此，必须实现以下两项目标：

（1）通过农村土地承包使用权流转，全面贯彻执行《土地管理法》《土地承包法》和《物权法》,坚定维护农村土地的所有权、承包权,正确协调处理农村土地发包与承包双方关系,建立以农村土地承包使用权流转市场化为核心的法制,依法规范农村土地承包使用权流转行为,在农村土地承包期内,承包方可以将土地承包使用权,依法自种、代营、互换、转包、转让、租赁、入股、转租、反包、抵押、拍卖等流转形式,保护改善土地、整理整治土地、开发复垦土地、严控占用土地、集约利用土地、提高土地的利用率和产出率,提高农林牧副渔各业综合生产经营供应能力。

(2) 通过农村土地承包使用权流转,坚决贯彻落实中共中央、国务院关于农村土地承包期 30 年不变政策,按照"明确所有权、稳定承包权、放活使用权、确保收益权"的规定,一是促进农民对从事农林牧渔各业生产经营土地的投资,开展农村土地集中连片生产建设,促进改善农村土地水利基础设施、农村道路配套设施,保护农业生态环境;二是推动传统农业种植模式,向现代农业种植模式的转变进程,挖掘土地生产潜力,正确协调农村生产力与生产关系,推进农业现代化生产经营方式,保障农业和农村经济持续发展;三是促使农村土地承包经营权相对集中,调整优化农林牧副渔各业结构,推进农业现代产业化规模经营,形成农林牧副渔各业产加销一条龙产业链,结成农工贸一体集团公司,建立健全公司与农民风险共担、利益共享的经营体制,保护农民利益,增加农民收入,壮大农村经济实力,推动农村社会繁荣稳定;四是促进农村富余劳动力向农村二、三产业合理流动,从根本上解决农户想多种田没地、想搞非农业生产经营却被承包地束缚的问题。大力支持农村富余劳动力,参加城乡一体农业现代化、工业化、信息化、城镇化同步建设,确保城乡一体化经济社会健康持续发展,促使城乡居民实现增收致富奔小康的目标。

7. 农村土地承包使用权流转的方针。为了推动农村土地承包使用权流转进程,必须在贯彻推行《土地管理法》《土地承包法》《物权法》及国家对农村土地相关法规的基础上,开拓因势利导、规范管理、有偿流转的途径,保护农民依法取得的土地承包经营权利,妥善解决当前农村土地承包使用权流转中出现的一系列新问题,促进农村土地资源的优化配置和合理利用,规范农村土地承包使用权流转行为,而调整完善农村土地承包使用权流转的指导方针,主要指以下两方面:

(1) 更新思想观念、深入流转实践的方针。要想深入贯彻执行农村土地承包使用权流转的方针,必须更新思想观念,深入流转实践。为此,坚持统一认识、深入认识:

①要统一认识。要统一建立完善农村土地市场管理体制的认识。我国实行土地的社会主义公有制,即全民所有制和农民群众集体所有制,土地要素市场,必然是两种所有制下的一个大市场。国有土地市场与农村土地市场必将相互支撑、相互依存、相互渗透和相互拓展。农村土地承包使用权流转有利有弊,但从客观事实看,只要积极引导,规范调控,就能利大于弊。农村土地承包使用权有序流转,有利于充分利用闲置土地,保护和节约耕地;有利于促进农业结构调整优化,推进农业现代产业化规模经营,加快城乡一体化经济发展,增加农民收入。由此可见,必须统一认识,建立完善农村土地市场管理体制,规范农村土地承包使用权流转程序。

②要深入认识。要深化对稳定土地承包关系政策全面正确的认识。首先,必须坚持稳定农户家庭联产承包经营责任制,继续落实好土地延包 30 年不变的政策,是搞好农村土地承包使用权流转的基础。没有稳定的土地承包关系,就不可能搞好土地承包使用权流转。要进一步明确农村土地承包使用权流转机制,坚定落实业已被广大农民所接受的农户家庭联产承包经营责任制。要深入认识到农村土地承包使用权流转和农户家庭联产承包经营之间是相辅相成、互相促进的关系。农户家庭联产承包经营责任制可容纳不同水平的生产力,具有广泛的适用性,深受亿万农民的欢迎,只有在稳定农村土地经营管理制度基础上,才能促使农村土地承包使用权流转,在农村土地承包制度上的延续和发展,才能促进农业结构调整优化,推进农业现代产业化规模经营,提高土地利用率和产出效益,为农村土地承包制度注入新的生命。其次,要破除小农经济意识的束缚,增强科学发展观意识、市场需求变化意识,用成功的典型,给农民以引导,用严格的政策、法律界限,给农民以客观全面的认识,使农民不断更新思想,切实摒弃旧观念,用科学发展的观点,审视土地这一重要生产要素。

③要深入实践。如果有些地区农村通过 3~5 年就来次小调整的做法,既违背了农村土地承包政

策，又不利于农村土地承包使用权流转。为此，对农村土地承包使用权流转，必须在实践中做到：一是要在稳定土地承包关系的前提下进行，坚持农户家庭联产承包经营责任制这个总政策不变；二是要把建立一个正常、规范、有序的农村土地承包使用权流转机制，与农业结构调整优化、农业产业化规模经营结合起来，使它成为农民增收的一个重要途径；三是要明确搞活农村土地承包使用权流转的政策举措，就是以发展农村生产力为目标，全面贯彻稳定与完善农村土地承包制度的政策精神，从明确所有权、稳定承包权、搞活使用权入手，建立和规范农村土地承包使用权流转机制，合理开发利用农村土地资源，进一步优化农村土地资源配置，最大程度地调动集体统一经营和农户自主经营的积极性，提高土地利用率和产出率，促进农业和农村经济持续、稳定、健康发展。

（2）要健全法规制度、正确规范流转的方针。为了适应农村土地承包使用权流转市场管理体制的需要，必须进一步建立健全农村土地承包使用权流转法规制度，多年来，各地区农村土地承包使用权流转实践，往往是先有社会实践，后又法规制度。为此，要促使农村土地承包使用权正确规范流转，就必须建立健全有关法规制度。这就必须相应确定以下十项方针内容：

①明确土地产权主体。要在农村土地法规制度中，确定农村集体土地产权主体。全面开展农村集体土地和地上物的权属调查和产权登记，本着尊重历史、面对现实的原则，按照国家有关法规制度的规定，实事求是地确定农村土地所有权的产权代表；要建立健全农村集体经济组织，确定农村集体经济组织是农村土地所有权的权能主体，它具有相关职责、权利和义务，它具有农村集体土地所有权，拥有土地占有权、处置权和收益权；凡是农村集体土地承包使用权户主要求流转土地承包经营权，必须明确经过农村集体经济组织批准同意。同时，必须明确分清农村集体经济组织与乡（镇）政府、村委会的不同职能，确定乡（镇）、村（屯）、组三级组织的集体经济关系。

②明确土地市场范围。要在农村土地政策、法规中，确定农村土地承包使用权流转市场交易范围。凡是涉及农村土地承包使用权流转，都应明确列入城乡一体化经济建设规划区范围内，对于从事农业结构调整优化项目、农业现代产业化规模经营项目、农村公共公益基础设施项目、农民住宅基地项目等项目建设占用土地，都必须按照国家有关规定，办理农用土地转用和非农建设用地划拨手续，其余项目用地，都必须通过农村土地市场交易方式，取得建设用地使用权。对于农民住宅基地，原则上不予流转，确需流转的，要加以相应的限制条件，如户口农转非、行业转换等原因，占用农村土地从事非农业生产建设，必须严格禁止。对于农村土地承包使用权的转让，转让人必须拿出投资总额一定比例的投入建设，且已形成建设用地后，方可入市交易，防止炒卖地皮等。

③明确土地流转机制。要在农村土地政策、法规中，确定农村土地承包使用权流转，纳入市场化、法制法、规范化轨道，以农村土地使用权流转的有关政策、法规为依据，来规范约束农村土地承包经营行为，建立健全农村土地承包使用权流转科学合理的价格体系，科学确立最低保护价制度，以利于政府对农村土地市场的宏观调控和微观管理；要正确运用价值规律和市场法则，推进农村土地承包使用权的规范流转；要在农村土地承包使用权流转中，必须比照国有土地市场，尊重价值竞争规律，采取招标、拍卖和协议方式，公开、公平、公正交易。特别是临街商业繁华地块，都要推行招标拍卖、竞价择位，实行流转非农建设用地资产最大量化目标的机制。

④明确土地流转计划。要在农村土地政策、法规中，确定农村土地承包使用权的计划供应和规划管理要求，土地也具有一般商品的属性，受供求矛盾的制约，农村土地承包使用权流转，与城镇国有土地出让、转让一样，供应量大小，直接影响到农村土地市场的效益。因此，只有通过地区政府计划，调控农村土承包使用权流转，才能保证农村土地市场健康进行交易，实现农村土地资源的节约、合理有效利用。同时，还要通过地区政府土地流转计划管理，促进农村土地资源的合理配置。

⑤明确土地流转审批。要在农村土地政策、法规中，确定农村土地所有权属于农村集体经济组织，土地使用权属于土地使用者，其属性，既是资源的开发，又是资产的利用。对于土地流转使用，必须依法报经县（市）级以上政府国土管理部门申请批准。

⑥明确土地登记制度。对农村土地承包用权流转的工程、面积、用途、价格、效益等情况，必须

依法办理登记，交易一宗，登记一宗，流转一次，登记一次，保证农村土地承包使用权流转合法、规范，维护农村土地所有和使用双方的合法权益，保持农村土地承包使用权流转正常有序进行。

⑦明确土地流转趋势。要引导农民认清农村土地承包使用权流转必然趋势。要促进农民认清农村土地承包使用权流转的需求是客观的、必要的，是农业结构调整优化的需求，是农业现代产业化规模经营的需求，是我国农业和农村经济持续健康发展的需求。同时，是农村富余劳动力从事非农业产业、进城镇务业的需求，是城乡一体化经济社会发展的需求，是我国城乡一体化文教科学卫生社保公益事业发展的需求。这些需求，都必须通过农村土地承包使用权流转的途径来实现。

⑧明确土地流转问题。要推动农民协调化解农村土地承包使用权流转渠道不畅通问题。主要从四方面协调化解：一是协调化解农民想转出承包土地、却找不到接包对象，而有些农户、企业等单位要承包经营土地，却找不到转包对象的问题；二是协调化解农民在土地承包使用权流转中出现价格及收益不合理、不平衡的问题；三是协调化解农民在土地承包使用权流转中出现程序不规范、不遵循问题；四是协调化解农民在土地承包使用权流转中无服务机构和中介组织的问题。只有尽快解除上述问题，才能解决农村土地流转不畅问题。

⑨明确土地流转农田。要动员农民切实保护农村基本农田。长期以来，中共中央、国务院领导多次强调保护农村基本农田，它是全国人民生存和经济社会发展的根基，是安邦立国、国计民生的依托。我国以不到世界 7% 的耕地，养育世界 22% 的人口。2014 年，我国还有 18.27 亿亩耕地，按 13.5 亿人口计算，人均仅有 1.35 亩，不到世界人均水平的 40% 耕地资源。2014 年全国粮食总产量为 6.07 亿吨，而全国粮食总消耗量为 5.67 亿吨，但是全国每年增加 0.1 亿人，农村每年转入城镇务业的增加 0.1 亿人，按每人每年需求粮食量 420 公斤计算，预计全国 13.7 亿人口对粮食需求总量到 2016 年为 5.75 亿吨。为此，要确保全国所需粮食安全和社会和谐稳定，必须严加保护耕地这条红线。中共中央、国务院提醒，一定要守住 18 亿亩耕地红线，18 亿亩是底线，不容突破。必须对用地计划要"一分一厘算，而不是一分一亩"。这是没有任何退路的坚守红线。为此，必须全面开展永久基本农田划定工作，实施耕地质保护与提升行动，推进农村土地综合开发治理整治、科学复垦，加强农田水利建设，改造中低产田，提高基本农田抗拒自然灾害能力。

⑩明确土地流转权益。要指导农民维护农村土地使用权流转的自主权。这就必须维护农民在农村土地承包使用权流转中转包、转让、租赁、互换、入股、代耕、转租、反包、拍卖、抵押等多种形式的自主权，保障农民有选择的权利，消除后顾之忧的阻碍。

8. 农村土地承包使用权流转的政策。从 2006 年至 2019 年近 14 年来，从中央到地方各级党委、政府及有关部门组织制定实行农村土地承包使用权流转的政策包括：一是农民承包的土地所有权，属农村集体经济组织所有，承包方不得买卖；二是农村土地承包使用权，属承包方（单位或个人）所有，其使用权受法律保护；三是农村土地承包使用权，承包方可以在征得农村集体经济组织（发包方）同意后合理流转；四是调整优化农业结构，组织开展农业现代产业化规模经营，需要统一布局、集中连片生产经营的土地，农村集体经济组织有权协调承包方对土地承包使用权的合理流转。承包方必须顾全大局，服从调整农村土地承包使用权，不得无礼阻碍；五是农村土地承包使用权流转，必须有计划、有步骤稳妥进行，坚持平等协商、有偿使用，不得搞一平二调；五是农业生产经营者，在土地承包使用权流转中，不得随意改变其农业用途，其流转期限，不得超过原承包合同约定的承包期限；六是农村土地承包使用权流转，在同等条件下，本村、本组农民群众享有优先权；七是农村土地承包使用权流转，必须按有关程序严格操作；八是乡镇农业经管站负责对本乡镇土地承包使用权流转的业务指导、协调和管理工作。为此，必须坚持执行农村土地承包使用权流转的以下十四项政策：

（1）坚持执行稳定农村土地承包关系的政策。在坚持稳定和完善农村土地承包关系条件下，使用权流转有两方面含义，一方面，承包方必须在取得农村土地合法承包权后，才能实行农村土地承包使用权流转。另一方面，必须防止农村集体经济组织（发包方）借农村土地承包使用权流转之机，强行收回承包方农民承包的土地，进行重分或重新发包等错误做法。

（2）坚持执行农村土地集体所有权不变的政策。我国农村土地依照法律，属于农村集体经济组织所有，也就是农村村组农民集体所有，由农村集体经济组织或村民委员会代行经营管理权。除国家建设征用土地，按照国家法律、法规及有关手续，办理土地所有权变更外，任何组织或个人不得侵占、买卖或以其他形式非法改变农村集体所有土地的权属关系。在农村土地承包使用权流转过程中，不论是谁生产经营，生产经营多长时间，不因流转而改变土地的集体所有权性质。

（3）坚持执行农村土地承包使用权自愿互利的政策。在农村土地承包使用权流转中，无论采取哪种形式流转，都必须坚持执行自愿互利的政策，都要充分尊重农民群众的意愿，由农民自己提出农村土地承包申请、互相协商农村土地承包使用权流转事宜，在双方愿意接受的条件下进行流转。首先是在农村土地承包工作上，农村集体经济组织（发包方）在取得农民群众（承包方）的自觉自愿的前提下，达到发包方与承包方双方平等互利。其次是在农村土地承包使用权流转工作上，不得违背承包转让方与受让方的双方意愿，尤其是在调整优化农业结构、推动农业现代产业化规模经营过程中，更要因势利导，循序渐进，不能用行政手段强制推行，搞"一刀切"。任何单位、任何人不得以任何理由，强迫农民群众对农村土地承包使用权流转或不准流转。

（4）坚持执行农村土地承包使用权流转程序合法的政策。在农村土地承包使用权流转中，取得农村土地承包权的农民，如将农村土地承包使用权转出时，必须严格履行三道程序：第一道是农民自愿提出申请，并且愿签订流转合同；第二道是农村集体经济组织或者村委会审查同意；第三道是乡镇农业经管站审查批准并依法鉴证。乡村两级还应对转入方的资格进行审查鉴定。

（5）坚持执行农村土地承包使用权流转"三个确保"的政策。在农村土地承包使用权流转中，首先是确保农村土地资源优化配置，综合开发治理农村土地，科学合理地使用农村土地，提高农村土地资源的利用率和产出率，切实的保护农村土地资源。在农村土地发包、承包、转包使用权流转各个环节上，都不得擅自将耕地转为非耕地、林地转为非林的、牧草场转为非牧草场、鱼塘转为非鱼塘；其次是确保在农村土地上从事农、林、牧、渔业生产，调整优化农业结构，推动农林牧渔各业产加销一条龙、农工贸一体化、产业化、规模化、现代化经营，增强农业产品市场竞争能力；再次是确保广大农民遵循农村土地承包合同规定，提高农业综合生产能力，为国家提供更多农业产品，逐年增产增收、改善生活。逐年推进农村小城镇化建设，为农村富余劳动力提供务工经商就业创业的机会，为增收致富、奔小康开辟有效途径。

（6）坚持执行农村土地发包与承包双方平等协商的政策。农村集体经济组织发包方与农民承包方，必须在建立公正、公平、公开的基础上，切实保持平等协商利益关系，维护农民的土地承包权益，严禁用行政手段，去强制和无偿收回农民的承包地。

（7）坚持执行农村土地发包与承包双方同意的政策。农村集体经济组织与农民在协商农村土地承包经营使用权流转时，必须经发包与承包双方同意，农民不得私下进行土地承包经营使用权流转。凡是农村土地承包经营使用权流转合同，符合国家法律政策规定，没有改变原发包方的权利和义务，发包方应给予支持并提供方便，不得违法阻碍土地承包经营使用权流转。

（8）坚持执行农村土地承包经营有偿使用权流转的政策。在农村土地承包经营使用权具体流转时，必须由流转双方协商议定农村土地承包经营有尝使用权流转的互利双赢价格。

（9）坚持执行农村土地承包使用权流转期限、不得逾越土地承包期限的政策。必须按国家法律法规和地方政府政策规定，对农村土地承包使用权流转期限，不得超过原承包合同约定的承包有效期限。并规定农村土地承包使用权流转合同最长不得超过第二轮土地承包截至2028年期限。经发包方同意，允许承包方在土地承包合同规定期限内，将所承包农村土地的全部或部分转移给第三者承包或使用。

（10）坚持执行农村土地承包经营使用权流转后不得改变土地农业用途的政策。农业土地是指直接用于农业生产的土地，包括耕地、林地、草地、农田水利用地、养殖水面等。农业用途，包括种植业、养殖业和相关的农业设施等。为此，在农业土地承包经营使用权流转过程中，无论采取何种形式,都不得用于非农业建设,不能随意改变土地农业用途。确需农业开发项目用地上建设生产管理用房的,应按照《土地管理法》的规定办理审批手续。

(11) 坚持执行因地制宜、多种形式的政策。坚持从实际出发、因地制宜采取行之有效的土地承包使用权多样化流转形式的政策。在土地承包使用权流转多种多样形式上,一是农户可以保留承包权,并将其承包土地的使用权全部或部分流转给第三者经营,其流转期限不得超过土地续包合同规定的承包期限。二是在土地承包使用权流转范围上,可以在集体经济组织内实行流转,也可以经多数村(组)民同意后,在集体经济组织外流转。三是在土地承包使用权流转对象上,可以流转给社会法人,也可以流转给自然人;可以流转给本地农民,也可以流转给外来业主;可以在农户之间流转,也可以把流转集中后的土地用于发展规模经营。但在同等条件下,本村(组)的种养能手和急需土地的农户享有优先权。

(12) 坚持执行规范有序、严格管理的政策。农村土地承包使用权流转是一项政策性、思想性强、业务量较大的工作,必须进一步加强指导。要根据国家有关法律、法规、政策,认真办理土地承包使用权流转手续,规范土地承包使用权流转操作程序,严格土地承包使用权流转协议(合同)的签订、鉴证、结算等规范化管理。

(13) 坚持执行发展规模经济、加快小城镇建设的政策。坚持在建立和规范农村集体土地承包权和使用权流转制度,加强农村土地使用权流转管理的基础上,必须执行两项政策:一是对土地承包权和使用权流转的范围包括承包到户后的责任田及农村集体机动地等土地,必须坚持用于农林种植业生产、推动农业现代产业化、专业化规模经营;二是对乡镇规划区的土地流转,必须从加快小城镇建设、保护生态环境、发展城镇一体化经济的宗旨出发,严格遵循城镇规划区的有关天然河道的淹没面积、堤防及大中型水利工程、铁路、公路等保护范围内的土地所有权为国有的规定,禁止随意侵占或流转。

(14) 坚持执行合理收益分配、合法维护流转的政策。农村集体经济组织及其成员的土地承包或流转的收益受法律保护,任何单位、个人不得侵占、平调、截留或挪用。农村集体经济组织要加强对承包单位、个人上交的承包金、国家建设征用土地的补偿费用等集体资金的专项管理。农村集体经济组织未发包土地的流转收益,应作为农村集体经济组织统一经营收入,纳入农村集体资产范围、严格管理。

农村土地承包使用权流转收益是与农村土地所有权、价格因素构成紧密相连的。农村土地所有权是农村土地的各种权利的核心,农村土地承包使用权流转收益分配,应大部分归农村土地所有者所得。同时,要考虑农村土地使用者获取使用权时的开支成本、开发利用的资金投入和增值比例的分成因素。还要考虑到各地区政府通过行使国家扶持政策和对该地区经济投入等因素。要通过收取土地承包使用权流转增值税(费)手段,调控和管理服务农村土地市场,因此,农村土地承包使用权流转收益分配,必须兼顾农村土地所有者、使用者和国家三者利益的原则:一是在农村土地承包使用权的首次流转时,必须由农村土地所有者、使用者和国家三者按照6:3:1比例分配土地收益金。国土资源管理部门则收取农村土地承包使用权流转总额2%的转让业务费;二是农村土地承包使用权的再次流转时,参照国有土地二、三级市场的做法,由流转接受方缴纳农村土地承包使用权流转增值税(费),并按相应比例与农村土地所有者分成。农村土地承包使用权流转收益,主要用于农田水利基础设施建设、土地治理、发展农村集体经济和安置无地少地农民的生产生活等开支。

9. 农村土地承包使用权流转的准则。保障农村土地使用权健康流转,就必须遵循有关各项准则。这是因为农村土地承包使用权流转政策法规性强、涉及面广、常年不断。所以,必须不断探索,谨慎从事。为此,要在农村土地承包使用权流转中,要以国家有关法律、法规、政策为依据,具体遵循以下十二项准则:

(1) 维护权属关系准则。在农村土地承包使用权流转中,必须维护农村集体所有土地的权属关系,维护农民承包土地的权益。要根据《土地管理法》的规定,农村集体土地的原有属性不变,分别属于乡（镇）、村（屯）或村以下的集体经济组织（即原生产队，现村民小组）所有，绝大部分集体土地的所有权属原生产队，在不平调的前提下，由村集体经济组织管理。

（2）保护农用土地准则。在农村土地承包使用权流转中，必须保护农村土地，用于农业生产建设，不得擅自改变农村土地的农业用途。农村集体所有的土地，依法确定由本村集体经济组织的成员或本村集体经济组织以外的单位、个人承包经营后，必须从事种植业、林业、畜牧业、渔业生产。在农村土地承包使用权流转过程中，不得擅自将耕地转为非耕地、林地转为非林地。承包经营土地的单位、个人要严格保护农村集体土地资源，切实按照土地承包经营权流转合同规定的用途，科学、合理地使用土地。

（3）确保农民收益准则。要依法办事，严格按照有关政策，规范土地承包使用权流转的操作过程和合同手续，避免因手续不完备引起的法律纠纷。正确处理好集体与农户的收益分配关系，以稳定农业和农村经济发展，为农民在第一产业增加收益创造条件。要努力提高农村劳动力素质，加大进城务业培训、技术培训、拓宽业务渠道，要大力发展乡镇工业和民营经济，发挥乡镇工业园区吸纳农村富余劳动力的主渠道作用，以产业集聚带动人口集聚，为农民在第二、三产业增收益开辟途径。

（4）尊重农民意愿准则。农村土地是农民安身立命的基本生产资料，是农民收入的重要来源，因而农民对土地怀有很强的依恋性，土地承包使用权流转关系到农民的切身利益，关系到农村社会的稳定，农民的土地承包使用权受法律保护，无论采取哪种形式，实现土地承包使用权的流转，都必须充分尊重农民的意愿，维护农民的合法权益。

（5）坚持因势利导的准则。农民在农村土地承包使用权流转中占主体地位，要不要对土地承包使用权流转，应由农民自己来决定，在我国农村社会保障体系不完备的情况下，土地仍是农民最可靠的社会保障，一些农民暂时离开土地，并不意味着他们不要土地。各地区农村不得以推进农业产业化规模经营、加快实现农业现代化、建设农村小康社会的名义，否定农民的土地承包合同，强迫农民违背自己意愿、搞土地承包使用权的流转，这不仅会侵犯农民的合法权益，也必然会留下不稳定的后患。为此，各地区党委、政府及有关部门必须因势利导，因地制宜，循序渐进，严禁在农村土地承包使用权流转中，不顾党和国家的有关方针政策，违背农民意愿，借用行政手段强迫命令，搞"一刀切"。对于农民自发创造的农村土地承包使用权流转形式，要积极地加以引导和规范。

（6）坚持规范有序准则。在农村土地承包使用权流转中，必须树立科学发展观，认真贯彻国家有关法律、法规和政策，严格履行法律手续，坚持规范有序原则，注意从实际出发，逐步有秩序地进行农村土地承包使用权流转。

（7）遵循市场调节准则。在农村土地使用权流转中，必须遵循市场调节原则，促进农民合理流转土地承包使用权，促使农村集体经济组织合理集中土地承包使用权，土地承包使用权作为一种经济权利，在流转中就要获得补偿，补偿多少由市场供求关系来决定，各地区政府与基层组织不能以行政手段强行干预，只能加强宏观调控，充分实现土地资源有效配置，决不准许非法占有土地承包使用权。

（8）履行承包期限准则。在农村土地承包使用权流转中，必须履行承包期限原则，这就要求农村土地承包使用权流转期限，不得超过承包合同约定的承包期限，经发包方同意，允许承包方在土地承包合同规定的期限内，将承包的土地使用权，全部或部分转移给第三者承包或使用。严格禁止擅自超出承包合同规定的期限，进行农村土地承包使用权流转。

（9）实施公平效益准则。在农村土地承包使用权流转中，必须实施公平效益原则，所谓公平原则，就是保证农村土地承包使用权流转市场竞争的公平；所谓效益原则，就是力求最合理、最有效地利用土地，使有效的土地资源发挥最好的效益。

（10）讲求有利条件准则。在农村土地承包使用权流转中，必须讲求有利条件，所谓有利条件，是指一个地区农村二、三产业发达，农村富余劳动力大量转移，非农业收入较为可靠；农村土地承包使用权流转的供与求，要有相应的人才、资金、技术、市场条件，要有相应的政策环境和行政服务环境，对条件不具备的决不能拔苗助长，更不能下达农村土地承包使用权流转指标。

（11）转变政府职能准则。各级政府要切实转变职能，在农村土地承包使用权流转中，承担起组织、协调、服务的职能，针对当前农村土地承包使用权流转中农民还处于被动地位的现状，为保护农民土地承包使用权，必须坚守两项职能准则：一是根据《土地承包法》和《物权法》的相关规定，对农民举家迁入小城镇的，应当保留其土地承包使用权，同时允许对承包地进行流转土地使用权，而不是收回农民的承包地；二是按照推进城乡一体农业现代化、工业化、信息化、城镇化同步建设的部署，对农户举家迁入城镇就业创业，并且享受与城镇居民同等待遇的情况下，可收回这些农户的承包土地。

（12）拓宽流转途径准则。从2010年以来，各地区在拓宽农村土地承包使用权途径中，必须坚定四项准则：一是推动农村建立土地承包使用权流转合作社，鼓励农民以土地承包使用权作价入股，实行股份经营，作价方式由农户协商确定；二是允许农民土地承包使用权入股，设立有限责任公司和独资、合伙等企业；三是允许农民以权证换取社保，农民可退出承包地和宅基地，政府应使农民进城后的生活无忧；四是采取其他入股、分红、就地就业创业的有效途径。

10. 农村土地承包使用权流转的程序。农村土地承包使用权流转，既可由农户单户自主进行，又可由农户委托村（组）集体进行，也可由若干农户联合进行，还可由村（组）集体组织协调进行。特别是由村（组）组织协调进行较大规模的连片土地承包使用权流转，必须征得所有相关承包农户同意，不得以"少数服从多数"的程序，强迫不同意流转的承包农户流转土地使用权。对形成一致意见的流转合同，必须报乡镇政府批准。为促使农村土地承包使用权流转走向规范化轨道，必须按照国家《土地管理法》《土地承包法》和有关政策、法规的规定，科学制定、认真履行农村土地承包使用权流转程序和有关手续，顺利促进流转。为此，科学规定和实施农村土地承包使用权流转的以下五种事项程序：

（1）关于已发生的农村地承包使用权流转的程序。各地区农村集体经济组织在调查核实的基础上，分类处置。凡是不涉及土地承包权变更的，原未签协议的须补签协议，承包方将土地交由他人耕种不超过一年的，可以不签订书面土地承包使用权流转合同。原已有协议的须完善条款，明确权责。凡涉及土地承包权变更的，应在《农村集体土地承包经营权证书》上予以记录，并在土地清册上相应变更登记。

（2）关于新发生的农村土地承包使用权流转的程序。应按照五步程序进行：一是农村土地承包方需要以转包、转让、租赁、互换、入股等形式流转的，必须事前向农村集体经济组织提出口头或书面申请；二是农村集体经济组织接到申请后，应在15日内给予明确答复；三是经同意后，土地承包使用权的转出与转入双方，应在平等互利的基础上，认真协商，达成一致协议，并签订相应的书面土地承包使用权流转合同；四是将书面土地承包使用权流转合同报经农村集体经济组织批准后，上报乡（镇）农村集体经济经营管理机构备案；五是土地承包使用权流转合同内容应当包括：双方当事人的姓名、住址、土地的名称、座落、面积、质量、流转形式，流转期限和起止日期，土地的用途；双方当事人的权利和义务；流转价款及支付方式，违约责任，解决争议的方式，双方当事人约定的其他事项。

（3）关于农村集体经济组织以外的单位、个人承包经营土地的程序。应按照五步程序进行：一是事先报经农村集体经济组织成员大会或成员代表会议2/3以上成员同意。二是必须对承包方的资信情况和经营能力进行审查后，再签订承包合同。三是必须对流转一方有公证要求的，到公证机关进行公证。四是必须在土地流转后，双方当事人可以办理土地承包经营权变更登记，既要在《农村集体土地承包经营权证书》上进行土地流转记录，又要经过村（屯）、乡（镇）两级在土地流转台账上进行登记。五是村（屯）、乡（镇）两级都必须建立土地流转台账，并作为人事变动时的移交内容。

（4）关于农村土地承包使用权流转的某一方有鉴证要求的程序。应按照四步程序进行：一是必须到乡（镇）农村经济经营管理机构办理鉴证手续。二是依法需要公证的，应到公证机关依法办理公证手续。三是如果农村土地使用权流转，未按规定办理有关手续或未经农村集体经济组织同意的，其农村集体经济组织应责令其限期纠正，乡（镇）农村经济经营管理机构应予支持和监督，已给流转一方或第三方造成损失的，过失方要负责赔偿。四是对于流转出的土地连续撂荒两年，未按照流转合同要求开发使用集体林地、草地、园地、"四荒"地等非耕地的，农村集体经济组织有权收回该宗土地的承包使用权。

（5）关于农村土地承包使用权流转各种形式统一规范的程序。无论实行哪种农村土地承包使用权流转形式，都必须坚持按下列六道程序，依次坚持遵循实行：

①坚持双方承诺。在组织推行农村土地承包使用权的自己、委托、互换、转包、转让、租赁、入股、转租、反包、抵押、拍卖、退包十二种流转形式上，涉及农村土地发包方、承包方（或出让方）、使用方（或受让方），首先，由出让方与受让方一起协商农村土地承包使用权流转的面积、产量、收益、价格等事项；其次，由出让方与受让方双方互相提出严格要求、互惠条件和承诺兑现等协议。

②坚持申请审查。首先，农村土地承包使用权出让方与受让方，向发包方提出土地承包使用权流转申请；其次，发包方审查流转申请，发包方必须在获知出让人和受让人提出流转申请之日起15日内，作出准予批复的决定。这就是指农村土地承包方对土地承包使用权，不论是何种流转形式，都必须事前向发包方提出申请，经发包方研究同意后，才可进行土地承包使用权流转；再次，由村统一规划整理利用土地资源，而需要农户让出土地承包使用权的，其规划需经村民代表大会讨论通过，农户必须服从村统一规划。

③坚持平等协商。农村土地承包使用权出让方流转申请批准后，发包方同承包方之间、承包方（或出让方）与使用方（或受让方）之间，都应在平等互利的基础上，协商确定土地承包使用权流转的有关事项。

④坚持签订协议。农村土地承包使用权出让方与受让方在双方协议流转中，必须按照国家各级政府有关法律法规和政策规则，协商一致后，及时签订土地承包使用权流转合同书，村（组）在合同书上签署意见，双方签名盖章。农村土地承包使用权流转合同书内容包括：流转双方姓名、住址，流转土地名称、位置、种类、面积、质量，流转土地的农林牧副渔各业现代产业化、专业化规模经营项目，流转的形式、价格、费用、期限和起止日期，流转的违约责任争议、解决的方式，流转费及付款方式，流转双方的权利、义务，流转双方约定其他事项。

⑤坚持审核鉴证。农村土地承包使用权流转合同书签订后，属农户之间的流转合同书，必须交村集体经济组织审核并鉴证；属村集体经济组织同农户之间的土地流转、土地退包、土地转让的合同书，以及村集体经济组织同农林牧副渔各业生产经营规模大的集体单位和农户，签订《农村土地承包使用权流转证书》，必须上报乡（镇）政府及农经站审核鉴证，并在《农村土地承包使用权流转证书》上进行登记。凡是在10亩以上的土地承包使用权流转合同书，必须报请县（市、区）农经站审核鉴证。农经站审核鉴证的流转合同书附件资料包括：流转合同书上承包方签字盖章及意见、发包方签字盖章及意见、《农村土地承包使用权流转证书》、上级主管部门所需的其他资料。凡需要公证的，应到公证机关依法办理公证手续。

⑥坚持严格履行。经过审核鉴证双方签订的农村土地承包使用权流转合同生效后，双方当事人按合同约定履行各自权利、义务、任务，任何一方不得擅自变更或解除合同。如一方违约撕毁合同，另一方可按《合同法》和农村土地承包使用权流转合同的有关规定，申请仲裁机构裁定或向人民法院起诉。农村土地承包使用权流转合同书文本，必须上报县（市、区）、乡（镇）农经站备案。

11. 农村土地承包使用权流转形式。全国各地区农村基层组织和农民按照中共十五届三中全会《中共中央关于农业和农村工作若干重大问题的决定》提出的"明确所有权、稳定承包权、搞活使用权"的要求，在农村土地所有权归集体、土地承包使用权归农户"两权"分离的基础上，逐步实施"三权"分离，农村所有权归集体，农户对土地承包使用权分离为承包权和经营权，既可以流转经营权,又可以流转使用权。农村土地承包使用权流转,既可以向本地区农村集体经济组织、农户、工商贸服务企事业、社会团体等单位和个人流转,也可以向外地区农村集体经济组织、农户或工商贸服务企事业、社会全体等单位和个人流转。多年来,全国各地区探索出农村土地承包使用权多种多样行之有效的经营形式。概括起来,主要有自己经营、委托经营、互换经营、转包经营、转让经营、租赁经营、股份经营、转租经营、反包经营、抵押经营、拍卖经营、退回承包的十二种流转形式。

（1）自己经营流转形式。指农村土地承包方在自己承包土地上从事自负盈亏生产经营流转的形式。在城乡一体农业现代化、工业化、信息化、城镇化同步建设地区农村,一些土地承包户直接与农业产业化龙头企业集团公司签订合作协议或合同,公司负责供应种苗、肥药、技术指导,由农户提供承包土地,并按照公司规定的品种、技术和操作规程,在农户的承包地耕种,农户将收获的农业产品交公司加工、销售,农业产品价格由双方根据国内外市场行情民主评定,利润由公司与农户根据各自提供原料数量比例分成。这是属于以农户家庭经营为基础,保持农户承包土地规模不变,变单纯的租地关系为合作关系,变公司单纯收取服务费,为公司与农户结成经济利益共同体的做法,所以农户容易接受。但因为它是原户原地自种,缺乏流转和合作意识,彼此没有很强的约束力,遇到矛盾容易脱钩散伙。

（2）委托经营流转形式。指农村土地承包方将自己承包经营土地,临时委托亲朋好友等人或农村集体经济组织代为生产经营的形式。农村土地承包人因从事非农产业、外出务工、经商或无力承包土地,但保留原土地承包关系,将其承包土地委托亲朋好友等人或农村集体经济组织代为生产经营,对于经营利益的分配,由双方协商解决,由代为生产经营人向承包人提供协商议定的收益。

（3）互换经营流转形式。指农村土地承包方之间,为双方互相提供集中连片土地、方便调整优化农林牧副渔各业结构,促进农业现代产业化、专业化规模经营,推动农林牧副渔各业产品生产、加工、销售一体化经营管理,经过农村集体经济组织同意后,可以将双方各自承包的土地等质或等量串换,对不等价部分采用货币或其他方法补偿的流转形式。农村土地互换,主要是指三种形式：一是由农村集体经济组织之间土地互换经营流转形式。为此,对本村集体经济组织成员之间的土地互换,必须征得发包方同意。对不同本村集体经济组织之间的土地互换,必须经各自本村集体经济组织成员（代表）大会2/3以上成员（代表）同意。互换双方可以约定对不等值部分进行适当补偿。通过农村集体出面组织土地互换经营流转形式,统筹规划集中连片土地、开展宜农则农、宜林则林、宜牧则牧、宜渔则渔产业化规模经营,促进农户则按自身实际选择种植、养殖对象;二是农村土地承包户之间或者其他人之间土地互换经营流转形式。这种互换形式,主要适用于改变地块零散、实现农户（承包）土地归并,尤其是农业结构调整项目规划区内,不愿从事统一种植、养殖业项目的农户,与规划区外愿意从事统一种植、养殖业项目的农户的"插花田"的置换。通过这种互换形式,可将部分农户因劳力不足、无法经营的土地集中连片,满足种植养殖大户大规模经营的需要;三是农村集体经济组织与农户之间土地互换经营流转形式。农村集体经济组织为推进农业现代化、专业化规模经营,对在农业现代产业化、专业化项目规划区内,农户承包的"插花田",与农户进行协调串换流转,可以用机动田进行串换,也可以从其他承包地块互换,或者用货币形式解决。这种土地互换形式,主要适用于实现农户土地零碎归并、调整优化农业结构、组织推进农业现代产业化、专业化项目规划区内"插花田"的流转,以便在农村集体经济组织范围内,将串换成集中连片土地,着重用于农林种植业与牧渔养殖业规模生产经营、农田水利灌溉排涝、农业机械化耕作运输等项目所需土地,相互调换不同方位、不同等级、不同类型地块的使用权,在农民群众组织审查监督下,随之交换原承包合同规定的义务和权益。

（4）转包经营流转形式。指农村土地承包方在原承包关系不变的前提下,在承包期限内,将部分或全部土地承包使用权有偿转包给第三方即接包方,自己仍保留承包权,原承包方与发包方的权利义务关系维持不变的使用权流转形式。在采取这种农村土地承包使用权转包经营流转形式上,必须做到四点:一是土地转包,是指原承包方将自己从发包方所承包的土地,以一定条件再发包给第三方,原土地承包方仍拥有承包权,第三方只拥有使用权,这两者之间形成新关系,而原承包合同中所规定的权利与义务不变;二是原土地承包方与第三方签订转包合同,须经发包方同意,双方签订契约,明确各自履行相应的义务,分年度支付约定数额的转包费。转包期满、原承包合同规定的权利和义务,仍由原承包方享有和承担。原承包方与发包方确立的承包关系不变;三是原土地承包方,由于种种原因无力或不愿耕种土地时,就可以这种二次承包方式,将土地转包经营流转出去,从而避免发生土地的半荒半种、广种薄收甚至"休田"问题;四是土地接包方,应当是本村集体经济组织的成员或者是集体经济组织本身,这种农村土地转包流转形式的主体,是从事二、三产业且收入不高无力耕种的农户,以及原承包地势比较低洼、不适宜长粮食作物的农户,将其土地主要转包给亲朋和近邻,以便于随时收回自己的土地承包权。

(5)转让经营流转形式。指农村土地承包方在承包期限内,将部分或全部土地的承包经营权让给第三方即受让方,由受让方同发包方重新确立并履行有关承包的权利和义务,原承包方与发包方在该土地上的承包关系,即行终止的转让流转经营形式。在采取这种农村土地使用权转让经营流转形式上,必须做到三点:一是承包方在难以找到受让方的情况下,经本村集体经济组织同意,可以将自己的土地承包经营权退还给本村集体经济组织。原承包方与发包方确立的权利义务关系即行终止。出让方如在承包期限内需要重新获得土地承包经营权,应当通过流转的方式取得;二是受让方向国家、发包方缴纳税费,向原承包方支付约定的转让金,承担直接责任,原承包方与发包方依法签订的土地承包合同即行终止。对未按承包合同规定的期限和条件开发利用的土地,其经营权不得转让。转让土地上的公共附着物随之转让后,由受让方负责保护并保证公用。原转让方所有的建筑物或地面附着物随之转让后,应按有关规定办理过户手续。土地承包使用权转让后,需要改变土地承包合同规定土地用途的,需经发包方同意,上报县(市、区)土地管理部门审核、人民政府批准。转让土地时收取的转让费,实行最高限额。原承包方从受让方收取的年转让费,最高不能超过土地单位面积年纯收益加上按当年银行定期储蓄利率计算的年纯收益预期存款利息;三是原承包方与第三方签订合同,将自己与发包方业已形成的权利与义务关系,由第三方向发包方履行。这种农村地承包使用权转让经营流转形式,主要集中在经济较为发达的农村、近城郊区或厂矿工业区附近农村采用。当地农民不必再依赖土地,而有相对稳定的收入来维持生活。农民将土地使用权转让后,可以安心地从事非农产业。

(6)租赁经营流转形式。指农村土地承包方在取得发包方同意后,将土地承包使用权租赁给承租方经营,收取租金,土地承包关系不变的租赁经营流转形式。在采取这种农村土地承包使用权租赁经营流转形式上,必须做到三点:一是承包方(承包户)在取得发包方(农村集体经济组织)同意之后,可以作为出租方将土地承包经营权,出租给本人集体经济组织的成员或本村集体经济组织以外的单位和个人。出租方和承租方签订土地租赁合同,承租方按照租赁土地用途、产出成果等证据,向出租方按期支付租金,出租方仍履行原承包合同规定的义务。出租土地上的附着物,必须按规定登记,属公用附着物,必须保证公用;二是农村基层党政组织引导农户在土地承包使用权流转形式上,自愿选择土地租赁经营流转形式。推动农村集体经济组织引导进城务业农民自觉采取租赁土地承包使用权,扩大农村土地综合开发治理区域,集中连片土地形成农业现代产业化经营模式;三是各级政府及部门鼓励城镇工商业龙头企业租赁农村土地使用权,形成生产、加工、运输、销售一体化经营。进一步超越城乡行业、行政区域的租赁界限,在更大范围合理配置土地资源,优化组合城乡一体工农商服务业生产经营要素,推进城乡一体化经济健康持续发展。

(7)入股经营流转形式。指农村土地承包方将自己拥有的土地承包使用权,折价入股于股份制或股份合作制企业、从事农业现代产业规模经营的入股参与分红流转形式。在采取农村土地承包使用权入股经营流转形式上,必须做到六点:一是股份制或股份合作制企业,可由农村集体经济组织牵头组建,也可以由若干农户自愿自由联合经营,按照股份制企业的模式进行管理;二是农村土地承包使用权入股价格评估,可由农村集体经济组织牵头,农村经济管理部门、土地管理部门共同参加,组成评估小组,对农村土地承包使用权入股价格进行公平合理估价。也可以委托中介机构进行评估;三是股份制、股份合作制企业必须向入股单位和个人及时颁发股权证明凭证，作为取得股息或分红依据。在农村土地承包使用权折价入股期间，农村土地原承包方必须履行原承包合同规定的全部义务；四是农村集体经济组织或土地承包户将自己拥有的土地承包经营权，折价入股于股份制或者股份合作制企业，是从事农业现代产业化规模经营的基本条件。农村集体经济组织只能将未发包或合法流转取得的土地承包经营权入股，土地承包经营权入股，必须经农村集体经济组织成员（代表）大会同意，股份分红所得应当作为集体经济收入，加强管理；五是农村土地承包户将自己拥有的土地承包经营权入股，其股权分红收入归土地承包户所有，原土地承包方与发包方关系不变；六是农村土地股份合作制，是指把农户的承包地，以村、组为单位集中起来，并按其数量和质量折股量化到户，承包权化为股权。通过土地股份合作制，可以进一步调动农户的积极性，获得较为充分的自然地理资源，调整优化农业结构，促进农业主导产品生产和农业支柱产业发展。

（8）转租经营流转形式。指农村土地承包方与承租方相互协商确定土地承包使用权，有偿转租给承租方经营流转形式。在采取农村土地承包使用权转租经营流转形式上，必须做到两点：一是在土地承包户与承租户相互协商确定承包土地转租给承租户时，必须对农村土地承包使用权转租经营流转土地的面积、期限、产量、收益等方面，完全按市场规则转租经营，属于农户之间协商的流转形式，行政不必干预；二是在各地区党委、政府及部门总结研究转租经营流转形式时，既要肯定这种形式，能充分体现自愿互利原则，机动灵活、简便易行、流转成本低、群众容易接受。又要高度重视这种形式，会出现转租期限短、经营流转规模小、对承包土地不能进行整治等问题，特别是在我国西北、西南地区农村土地承包使用权流转一半左右属于转租形式。为此，坚持扬长避短、充实修正这种形式。

（9）反包经营流转形式，指土地反租倒包经营流转形式，它是农村集体经济组织为推进农业现代产业化、专业化规模经营，壮大农村集体经济实力，坚持在保留农村土地承包使用权的前提下，反租倒包农户拥有土地承包使用权，为承包方农户提供每年每亩租金、口粮的经营流转形式。在采取农村土地承包使用权反包经营流转形式上，必须做到三点：一是农村集体经济组织为提高土地利用率、产出率，调整优化农业产业结构，促进农业现代产业化规模经营，必须在做好农村集体经济持续发展规划、土地承包农户思想工作前提下，在促进土地承包农户自愿、有偿、协商一致的基础上，将农户承包地的经营权反包过来，再倒包给种植、养殖业大户、农业产业化龙头企业和农工商一体化集团公司经营；二是农村集体经济组织为开展集中连片土地种植、养殖业高科技、高质量、高效能示范园区建设，针对一些土地承包农户不愿或无能力调整优化种植、养殖业结构情况，在征得这些土地承包农户同意之后，向这些农户反包土地承包使用权，主要解决示范园区内"插花田"的土地承包使用权流转问题，向这些农户反租倒包土地承包使用权的租金，应根据各地区农业土地质量及常规农业产品生产效益情况商定；三是农村集体经济组织是土地所有权的主体，既要对内做好原承包户工作，善于化解各种矛盾，规划区内少数农户不愿意转让的，可通过换地解决；对外可以代表承包户利益，同承租者谈判，出现矛盾，可以由农村集体经济组织研究解决。确保转接双方都比较放心、信得过。要注意租金收支及时到位和合理分配，防止层层截留，侵犯出租（让）者的权益。

（10）抵押经营流转形式。指农村土地承包方将具有土地承包使用权，抵押给农工商业银行、农村信用社等金融机构，作为贷款担保抵押经营流转形式。在采取农村土地承包使用权抵押经营流转形式上，必须做到四点：一是农村土地承包户依照国家法律、法规规定，将允许抵押的土地承包经营权抵押给农工商业银行、农村信用社等金融机构，作为贷款担保的证明；二是农村土地承包户要求抵押的土地，必须在农村集体经济组织出具同意抵押的书面证明情况下，经农村集体经济组织，并会同乡（镇）农村经济经营管理机构，对土地承包经营权进行地价评估并依法确认后，抵押双方才能签订抵押合同；三是农村土地承包使用权抵押时，其地上附着的公共设施不得抵押。抵押地上其他附着物时，使用范围内的土地使用权随之抵押。对通过公开拍卖获得"四荒"土地的经营权，可以将自己的"四荒"土地经营权依法进行评估地价，待确认后，可用于向银行或其他金融机构申请农用贷款作抵押。在实施抵押时，必须征得农村集体经济组织同意，否则，抵押合同无效；四是农村土地承包使用权在抵押期内，农村土地承包合同规定的权利、义务仍属于抵押人，抵押人不得以土地抵顶债务。抵押人到期末能清偿债务或在抵押期内死亡，抵押权人有权依照法律、法规和抵押合同的规定，处分抵押财产，并按规定办理过户手续。抵押权因债务清偿或其他原因而消失，应办理注销抵押登记凭证。

（11）拍卖经营流转形式。指农村集体经济组织可以将集体的荒地、荒滩、荒水、荒山"四荒"等土地资源，在农村集体所有权不变的情况下，可以一次性将使用权向社会公开拍卖有关单位和个人，从事农林牧副渔各业生产经营权拍卖流转形式。在采取农村土地承包使用权拍卖经营流转形式上，必须做到两点：一是农村集体经济组织将集体所有的"四荒"土地等资源使用权，通过公开竞价形式一次性拍卖有关单位和个人，从事符合法律、法规及有关政策规定的农林牧副渔各业生产经营活动。通过拍卖取得的"四荒"土地等资源使用权的期限，是根据具体农林牧副渔各业生产经营项目的特点和投资开发收益时间确定的，最长不得超过50年；二是农村"四荒"土地等资源使用权拍卖成交价款应当一次性付清。数额较大的，经本村集体经济组织成员（代表）大会2/3以上成员（代表）同意，可以约定在不超过5年的期限内分期付清，但首期付款不得少于总价款的50%，且当场支付。通过拍卖方式取得的"四荒"土地使用权，一般不得再行拍卖，但依法可以继承、抵押、参股、联营。

（12）退包经营流转形式。指农村土地承包方，因全家户口迁出或丧失劳动能力等原因，不能继续耕种土地的，可向发包方提出全部或部分放弃承包土地的退包申请，经发包方审定同意后，签订土地退保合同，终止承包关系。农户承包地全部退包的，应收回该农户的《土地承包使用权证书》，部分退包的，应在证书上变更调整相关内容。

12. 农村土地承包使用权流转的措施。全国各地区要在开拓创新农村土地承包使用权流转的途径中，严格遵守国家有关土地法律、法规，认真执行农村土地承包使用权流转规章制度的基础上，进一步组织采取公正、公平、公开、平等协商、双方互利等以下八项措施：

（1）要公正地改善农村土地承包使用权流转的条件。为了保护农户家庭联产承包经营的自主权，提高农村土地利用率和产出率，各地区政府要公正地改善农村土地承包使用权流转条件。这就必须做到：一是要大力促进实施农业结构调整优化、加快推进农业现代产业化规模经营，提高农业综合生产经营能力和比较效益。要引导围绕国内外市场对农业产品多样化、多变化、优质化的需求，改变传统的种植、养殖模式和粗放的生产经营方式，培育农业主导产品和特色支柱产业，促使分散土地承包经营效益低的农户，将土地重新承包给生产经营效益高的大户和企业。要在充分尊重农民意愿的基础上，扩大农业现代产业化规模经营，实现土地产出规模效益，增加农民收入；二是要妥善处理好农村人口、劳力、土地等变化形成的人地矛盾，将农村多余土地调转到有较高生产经营水平的农户。凡是人地矛盾十分尖锐的地区农村，政府要通过农民之间平等协商，取得一致意见之后，由农村集体经济组织将这部分土地重新发包；三是要提倡自然条件差的抛荒地，由农村集体经济组织收回，实行退耕还林、退耕还草。或将分散的抛荒地，在与农民平等协商的基础上，采取调换与转包的形式，尽可能集中连片，由农村集体经济组织统一整理后进行招标承包；四是要增加对农村土地基础设施建设的财政资金投入，改善农业基本生产经营条件，提高农业综合生产能力，创造良好的农业生态环境，提高农业抗御自然灾害能力，提高土地的利用率和产出率。

（2）要公平地保障农村土地承包使用权流转的期限。为了保障农民对承包经营土地的长期使用权，各地区政府要公平地宣传保障农村土地承包使用权流转的期限。这就必须做到三点：一是要在坚持农户家庭联产承包经营为基础、统分结合的双层经营体制这一农村基本经营制度，稳定和完善土地承包政策，延长土地承包期30年不变的前提下，全面考虑到农业人口变动、农村劳动力增减、农业结构调整、城乡一体化经济发展、农村生产要素流动和重新结合，对农村土地承包使用权流转需求等情况，公平地协调解决农村土地承包使用权流转需求问题，努力实现农村土地使用权流转，达到公平与效率的协调统一的目标，真正实现农村基本经营制度稳定；二是要重新认识农村土地承包使用权流转,在我国农村和农村经济发展新形势下,客观需要解决人地矛盾,调整农村劳动力就业结构,优化农村生产因素,促进城乡一体化经济发展,加快农业现代产业化规模经营,实现农村小康建设目标,公平地保障农村土地承包使用权流转期限的重要作用;三是要认真执行《农业法》《物权法》《土地管理法》,健全农村土地承包使用权流转的规章制度,以严格的农村土地承包使用权,取代农村土地承包经营权,以法定形式赋予农户长期而有保障的农村土地承包使用权,明确农户对承包经营土地的使用权,享有独占性、收益性和转让性等产权,实现农村土地的占有、使用、收益和处分四权统一,特别要实现租赁、入股及抵押等处分权,保证农户在承包合同期内,有偿或无偿对土地进行转让,允许农户通过土地承包使用权入股或作为抵押品,取得非农产业的经营权利。

(3) 要公开地培育农村土用承包使用权流转的市场。为了促进农村土地承包使用权流转进入土地一级市场,各地区政府要公开地引导培育农村土地承包使用权流转市场。这就必须做到六点:一是要公开地引导农村集体经济组织将土地承包使用权流转交由市场进行,通过市场的价格、供求、竞争信号,自发调节土地使用权,从效率低的农户向效率高的农户流动,实现农村土地承包使用权流转的公开性和竞争性;二是要大力发展农村土地承包使用权流转中介服务组织,培育农村土地经纪人、经纪公司,县(市)级可以建立农村土地承包使用权流转托管中心、服务中心、乡(镇)级建设农村土地承包使用权流转服务站。还应建立相应的农村土地承包使用权流转市场信息、咨询、预测、评估等服务系统;三是要采取各项行之有效措施,建立健全农村土地承包使用权流转市场机制,主要是指建立健全农村土地地价评估与预测制度,充分发挥农民在农村土地承包使用权流转市场中的主体作用。建立农村土地信用制度,为农村土地承包使用权流转市场建设提供资金,为农户土地承包经营权提供抵押信用贷款;四是要进一步突破村界、乡界、县界,在更大的范围进行农村土地承包使用权流转,加强农村土地承包使用权流转市场基础设施建设,建立农村土地承包使用权流转有形市场;五是要充分运用现代传媒,在报刊、电台、电视和农业网站等媒体上,发表农村土地承包使用权流转供求信息,引导农村土地承包使用权流转市场健康发展,促使农村土地所有权和农户土地承包经营权的处置权也能够得到体现、水到渠成;六是要尽快解决农村集体土地不能直接进入一级市场,对农民利益最大侵害的问题,减少农村集体经济组织在面临人地矛盾中承受巨大的压力,特别要注意解决农村土地被无偿或低偿征用后,农村集体经济组织被迫对土地进行调整,以解决无地或少地的农民后顾之忧,而地方政府却在工业用地或房地产开发批租土地中获取高额土地收益的矛盾。为此,国家应当允许农村土地承包使用权,以入股、租赁等多种形式,直接进入土地一级市场,让农民得到更多实惠,以体现对农民权益的尊重和维护。也只有这样,才能促使农村集体建设用地,纳入农村土地承包使用权流转市场的范畴。

(4) 要正确地组织农村土地承包使用权流转的协调。为了尊重农民承包经营土地的意愿,避免农村土地承包使用权流转市场风险,各地区政府要在坚持通过农村土地承包使用权流转市场化运作的同时,充分发挥地区政府、农村集体经济组织的协调作用。对于农户之间承包经营土地的自由转让,政府予以认可,可以使农村土地承包使用权流转公开化、合法化;同时,农户之间承包经营土地的转让,必须报经农村集体经济组织批准,并在办理手续后方可进行。这样农村土地所有权就得到了体现。从全国各地区农村土地承包使用权流转目前供求状况看,供给方是面广量大的分散农户提供的零星分布小地块,需求方是部分承包大户希望得到成片集中的大地块,单靠市场交易往往无法解决。为此,有必要通过政府采取一定的组织调节和行政干预的手段,解决承包经营土地的余缺调剂问题。这就要做到两点:一是要加强对农村土地承包使用权流转的宏观调控,认真贯彻国家有关政策、法规,科学运用经济杠杆,正确引导农村土地承包使用权流转;二是要注意在遵循市场规律的同时,加强对农村土地承包经营管理,实施有效的行政干预,保证农村土地承包使用权流转有序进行。

(5) 要积极地推进农民首创土地承包使用权流转的形式。为了促进农民正确采取农村土地承包承包使用权流转的各种形式,各地区政府要积极地推进农民首创土地使用权流转的多种形式。这就必须做到三点:一是要以市场为导向,以农户为主体,大胆探索,勇于创新,支持和鼓励农民自觉开创农村土地承包使用权流转的多种形式。由于各地区位条件不一、资源状况不同、经济发展水平差异，因而农民在农村土地承包使用权流转中创造了一些各具特色、长短互补的形式，有着不同的适用性。其中反租倒包实质是一种复合型形式，先是农户转包或转让给农村集体经济组织，再由农村集体经济组织租赁或招标给专业大户；再如在劳动力转移较多，二、三产业较发达地区农村，可以实行按人分口粮田，按劳动力分责任田。同时，要在尊重农户意愿基础上，将农村土地承包使用权折股量化，由实物形态改为价值形态，便于更好流转；二是要善于探索、推广和完善农村土地承包使用权流转形式，鼓励农民采取土地承包经营流转的多种形式，不要急于强调规范和限定某种形式，更注意防止"一刀切""一阵风"的简单做法；三是要坚持因地制宜、分类指导、典型引路的做法，总结推广农村土地承包使用权流转的先进典型经验，特别是要总结推广市场调节与政府协调相结合、农民自愿互利与等价有偿相结合、效率优先与兼顾公平相结合的典型经验，总结推广农村富余劳动力向二、三产业转移，加快土地承包使用权流转的典型经验；总结推广农业现代产业化规模经营效益，而推动土地承包使用权流转发展的典型经验。

（6）要坚定地维护农民土地承包使用权流转的利益。为了保障农户之间在农村土地承包使用权流转中的双方，都能得到合法合理收益，各地区政府必须做到以下两点：

①要坚持土地承包使用权流转的双方自愿互利。这是因为农村土地承包关系保持长期稳定，是我国农村经济的一项基本制度，是我国农村一项长期的基本政策。农村土地对于农民而言，是生产、生活的基础，是具有经济收入来源和生活福利保障功能。在农村土地承包使用权流转过程中，必然要伴随一大批农民顺利转向非农产业。实现这一个过渡，有两个对农民的非农产业造成影响的不确定因素：一是非农产业的不稳定因素。这是指由于随时受国内外市场的优质化、多样化、多变化需求影响，受国家宏观调控方针政策制约，受城乡一体化经济发展变化束缚，而导致城市和非农产业消纳吸收农村富余劳动力，处于不稳定的变化状态；二是农民自身素质的不适应因素。这是指在农民群众中，由于自身文化科技素质与务工经商等非农产业不相适应，因而农民的农外务业只能选择苦、脏、累的岗位，在城镇二、三产业中充当技术简易的体力劳动者，难以保证能取得社会的平均工资和平均利润。一旦受排挤、非正常竞争，仍然有许多农民愿意回到农村。目前，多数农村农民外出务业仍保留承包地，有一户四口之家有3人在外务工，但自家承包的1.2亩地仍然留着自己种植。这家户主说："这地种两季水稻，年产至少2000斤，无非花上20几个工日，用工余时间就够了。但万一外出无法务业，我全家口粮就不用愁了。"因此，必须面对当前农村的实际情况，既要看到目前加快农村土地承包使用权流转，有利于农民从事非农产业而增加收入的情景，又要看到土地是大多数农民生存保障的基础，关系到农民生产和生活安全、农村社会安定。为此，在农村土地承包使用权流转中，必须坚持自愿互利的原则，充分尊重和维护农民在农村土地承包使用权流转中的主体地位和意愿。

②要坚持土地承包使用权流转的农民始终受益。农村土地承包使用权流转是农民承包土地关系的完善和补充。农村土地承包使用权流转能否顺利，在于能否体现效率优先，农民能否得到更多的实惠。农村土地承包农户能否分享让出承包权或使用权后，比自己生产经营所得到更多的收入。为此，在农村土地承包使用权流转中，必须坚持农民始终得到较多的收入，必须认定农村土地承包使用权流转的主体是农户。国家对农户实行土地承包政策的宗旨，是赋予农户30年承包经营土地的权利，农户在履行约定的义务，保证农业用地前提下，农户拥有完全的承包权和使用权。从使用权这个角度而言，土地使用权流转主体不是农村集体经济组织，而是土地承包农户。农村集体经济组织只是土地所有权人的代表，它的义务是为土地使用权流转，起到牵头、签证、监督的职能作用，而不应该强制农户流转土地使用权，更不能向农户凭着管理者身份索要租金。只有明确了这一点，才能做到在农村土地承包使用权流转程中，维护承包农户利益，杜绝随意侵害农户权益行为的发生。

（7）要严格地履行农村土地承包使用权流转的合同。为了维护农民在土地承包使用权流转中的正当权益，各地区政府要建立健全土地承包使用权流转规章操作程序，加强对土地承包经营权证书和承包合同管理；要促使农村基层干部和农民认识到证书和合同两者缺一不可，都是农村土地承包使用权流转的法律依据，是稳定土地承包使用权流转关系的坚实基础。为此，必须规范证书和合同文本的条款、格式。现将农村土地承包使用权流转的合同的概念、内容、形式、依据、责任、管理六方面说明如下：

①农村土地承包使用权流转合同的概念。它是指农村土地承包使用权流转双方，依照法定程序签订的约定双方权利和义务的书面协议。也就是属于农村土地承包使用权流转双方签订的耕地、果园、林地、草地、农田水利用地、养殖水面以及荒山、荒沟、荒丘、荒滩等农村土地承包使用权流转合同。农村土地承包使用权流转是农户家庭联产承包经营责任制的延续和发展，应纳入农村土地承包合同管理的范围，不论采取哪种土地承包使用权流转形式，都应由当事人双方依法签订相应的流转合同，明确各自的权利、义务，特别应明确原承包合同的权利、义务及处理办法，坚决维护农村土地承包使用权流转合同的严肃性。

②农村土地承包使用权流转合同的内容。主要包括两项内容：一是农村土地承包使用权流转的双方，应当享有和承担的权利、义务；二是农村土地承包使用权流转的期限、终止日期、违约责任等。

③农村土地承包使用权流转合同的形式。主要是指农村土地承包使用权流转双方，应当签订县（市）级农村合作经济管理部门统一印制的农村土地承包使用权流转合同书。这是由农村土地承包使用权流转双方，依法对流转合同的条款协商一致，在文本上签字或者盖章，并报发包方备案后，流转合同即告成立。当事人可以到乡（镇）级土地承包管理机关申请鉴证。农村土地承包使用权流转合同一式四份，当事人双方、原发包方、鉴证机关各执一份。

④农村土地承包使用权流转合同的依据。农村土地承包使用权流转合同依法成立，具有法律约束力，当事人必须全面履行合同约定的权利和义务，任何一方不得擅自变更或者解除。

⑤农村土地使用权流转合同的责任。主要包括四方面责任：一是由于当事人一方过错，造成合同不能履行或者不能完全履行的，应当由有过错的一方承担责任，当事人双方都有过错的，根据实际情况，各自承担相应的违约责任；二是由于当事人一方不可抗力的原因不能履行合同时，应当及时通知对方，在取得土地承包管理机关的证明后，可根据情况部分或者全部免于承担违约责任；三是合同发生纠纷时，双方应当协商解决，协商不成的，可以向发包方所在地的乡镇政府申请调解。经调解达成协议的，由乡（镇）政府制作调解书，当事人双方应当履行；四是经协商或者调解不能解决合同纠纷的，双方当事人可依据合同中的仲裁条款或者事后达成的书面仲裁协议，向县（市）级农业承包合同仲裁委员会申请仲裁。事后又没有达成书面仲裁协议的，可以向人民法院起诉。

⑥农村土地承包使用权流转合同的管理。主要包括七项管理内容：一是县（市）级农村经济经营管理部门负责农村土地承包使用权流转合同的管理。乡（镇）级政府负责本行政区农村土地承包使用权流转合同的管理，乡（镇）级农村经济经营部门负责农村土地承包使用权流转合同的日常管理；二是县（市）级农村经济经营管理部门负责贯彻实施农村土地承包使用权流转合同的法律、法规和国家政策，指导农村土地承包使用权流转合同的订立，监督农村土地承包使用权流转合同的履行，培训农村土地承包使用权流转合同管理人员。乡（镇）级政府负责农村土地承包使用权流转合同的鉴证、档案资料管理，组织农村土地使用权流转合同纠纷的调解；三是农村土地承包使用权流转，应当优先本乡（镇）、村（屯）集体经济组织内部进行，如跨乡（镇）、村（屯）集体经济组织流转，须经原发包方同意；四是要指导和督促村、组及时做好农村土地承包使用权流转手续变更，特别是转让形式手续变更；五是要建立健全农村土地承包使用权流转签证仲裁体系；六是要健全农村土地承包使用权流转档案，及时将农村土地承包到户签册进档案馆，并及时补充更新；七是要按照农村土地承包使用权流转规范操作程序，在村务公开栏上公布。

（8）要逐步地提供农村土地承包使用权流转的保障。从全国各地区农村土地而言，寸土寸金，来不得半点浪费和废弃。在农村土地承包使用权流转中，必须提供四方面保障：一是必须保障优先选择农业结构调整优化、农业产业现代化规模经营、农业综合生产能力增强、农业比较效益提高、农民收入增加的土地承包使用权流转项目；二是必须保障优先引进农业高新科学技术、农业优质高产高效产品品种、农业无公害和无污染优质产品、农业综合开发土地承包使用权流转项目；三是必须保障农村土地承包使用权的合理、有序流转，对不同流转对象分别给予优惠政策：一要对在流转的土地上从事种植、养殖业的单位和个人，需搭建临时性生产、生活用房，从简办理审批手续，免收有关费用；二要对在签订农村土地承包使用权流转合同的双方，免收鉴证费，减收公证费；三要对利用承包流转土地兴办农业企业、为农业服务的企业，在注册登记、办理有关证照过程中，工商、税务等部门只收工本费，并免收政府代收的各项前置性收费；四要对承包使用权流转土地的大户在生产经营中所需资金，可采取联户担保的办法，向农村信用合作社申请贷款，信用社应予支持；五要鼓励农业生产经营规模大户，在稳定粮食生产的基础上，积极调整种养结构，发展套种、套养的农业项目；四是必须建立健全农村社会保障体系，从总体上看，全国绝大多数地区农村土地仍是多数农民谋生的基本手段，是解决农户温饱的基本保障。农村土地承包使用权流转后，特别是完全放弃土地承包权的农户需求社会保障问题尤为迫切。为此，要建立农村基本养老和医疗保险制度，建立最低生活保障线，积极发展社会福利、慈善事业，不断完善社保制度。一些发达地区在小城镇建设和户籍制度改革中，对一部分农户进城后转让了承包地，就应在小城镇享受城市最低生活保障线待遇。目前也有一些农户已在城镇劳动、生活，希望退田，但因无人接包，农村集体经济组织也怕担风险，不愿接包。在这种情况下，农村集体经济组织有义务代为协调帮助农户对土地承包使用权流转，如果是在流转不出去，就应通过加强农村保障体系建设，逐步替代农户依靠土地保障功能，以利于在促进农村土地承包权流转中，取得最佳的综合效益。

13. 农村土地承包使用权流转的领导。农村土地承包使用权流转工作是一项情况复杂、政策性强、涉及面广、牵到各方面利益的系统工程，关系到建立健全全国农村承包使用权流转法规制度，关系到维护保障全国农民拥有土地承包使用权益，关系到发展壮大农业和农村经济实力。为此，势必各级党委、政府、部门必须加强对农村土地承包使用权流转的组织领导，一是确定组织领导的要务；二是坚守组织领导的职责；三是实施组织领导的机制。

（1）确定组织领导的要务。各级党委、政府、部门在组织领导农村土地承包使用权流转上，确定以下五项要务：

①加强宣传教育。通过各种宣传媒体，广泛宣传农村土地承包使用权合理流转、农业结构调整优化、农业现代产业化规模经营的形势与任务，统一全国广大农村基层干部和农民群众思想，形成共识，提高对农村土地承包使用权流转重要性和紧迫性的认识，增强保护农村土地资源，提高农村土地利用率、产出率的自觉性。

②加强配合协作。组织协调国土、司法、农业、水利、工商、财税等有关部门积极参与，搞好配合协作，加强对农村土地承包使用权流转工作的指导、协调、监督、管理和服务，形成齐抓共管的局面。

③加强各种服务。通过各县（市、区）、乡（镇）国土、司法、农业、水利、工商、财税等有关单位积极配合农村集体经济组织，为农村土地承包使用权流转提供各种服务，切实抓好农村土地承包使用权流转者资格及来历的调查摸底工作，认真做好流转合同的审批鉴证工作，对实力不够或信誉不高的，应提醒农户或直接予以否定。始终坚持做好农村土地承包使用权流转合同有关资料的保存和管理工作，注意新的承包者是否按流转合同要求安排土地用途，一经发现改变土地用途现象，应立即制止。对农村土地承包使用权流转工作中出现的矛盾和纠纷，应及早采取相应对策，做好协调工作，及时化解矛盾，消除农村社会不安定因素，确保农民群众利益不受损失。

④加强组织领导。各县（市、区）党委、政府具体负责指导农村土地承包使用权流转工作，经常深入基层，调查研究，掌握农村土地承包使用权流转动态，组织推动有关部门和农村集体经济组织总结经验，吸取教训，解决问题，推动农村土地承包使用权流转工作顺利开展，保护农村土地资源，调整优化农业结构，推动农业现代产业化规模经营，为农民增产增收致富，确保农业和农村经济持续发展开辟道路。

⑤加强督促落实。各级党委、政府坚持贯彻执行中共中央、国务院关于促进农村土地承包使用权流转的方针政策，大胆尝试，勇于创新，简化办事程序，及时研究解决农村土地承包使用权流转过程中的一些矛盾和问题，既要防止谨小慎微、不敢流转的倾向，又要防止草率从事、盲目流转的倾向。坚持因地制宜选择适合本地的流转形式，确保稳定农村土地承包使用权流转的数量和质量，提高农村土地的利用率和产出率。特别是乡（镇）党委、政府既要督促乡镇各有关单位各司其职、密切配合、通力协作，共同依法维护农村土地承包使用流转双方的权益，又要推动农村集体经济组织围绕农民增收和农村稳定目标，探索研究解决好各类建设用地与土地承包长期稳定之间的矛盾、部分农民离土进城镇从事二、三产业与保护农村土地承包使用权、确保正常进行农业生产经营之间的矛盾，切实达到土地所有权明确、土地承包权稳定、土地使用权搞活的统一，加强农村土地承包使用权流转的规范化管理，进一步维护农业生产经营管理秩序和农民的经济利益，促进农业和农村经济持续、稳定、健康发展。

（2）坚守组织领导的职责。各级党委、政府及有关部门，在组织推进农村土地承包使用权流转中，都承担严格执行国家法律法规、方针政策、组织引导、加强领导、深入指导、精心实施、抓出成效的职责。各县（市、区）、乡（镇）党委、政府组织领导农村集体经济组织、农业生产经营管理机构、农村土地承包使用权流转管理部门坚持遵守四项职责：一是开展宣传教育，提倡鼓励流转；二是建立组织机构，引导推进流转；三是加强管控督查，严格进行流转；四是完善服务体系，开拓创新流转。

①要开展宣传教育，提倡鼓励流转。要组织开展农村土地承包使用权流转宣传教育，是贯彻落实农村土地承包使用权流转政策，建立科学有效的农村土地承包使用权流转机制，促进农业和农村经济持续发展，稳定农村社会稳定大局的前提条件。为此，要提倡鼓励农村土地承包使用权流转，必须通过组织开展宣传教育，引导农民充分认识农村土地承包使用权流转，是农村市场经济发展的必然趋势，是解决人地矛盾的有效途径；引导农民关注农村土地承包，进行探索性示范试点，让农民看到土地使用权流转的好处。这就要在组织开展宣传教育上，一是要引导农民认识到土地是农民赖以生存的生产生活资料，农户家庭联产承包经营责任制是农村土地使用权流转的基础，农村土地承包管理制度的每项改革措施，都是为了尽快将农村土地承包使用权流转纳入规范化、法制化的管理轨道；二是要引导各地区农村基层干部从农村实际情况出发，科学制定规划，因地制宜地采取灵活多样的形式，提倡鼓励农村土地承包使用权流转。要提醒各地区农村基层干部注意，对本村土地承包使用权流转条件不具备、农民不愿意搞活土地承包使用权流转，决不能强迫进行，切实做到因势利导；三是要促使农村基层干部和农民充分认识土地承包使用权流转，是农业产业化规模经营发展的必然趋势，是解决人地矛盾，提高农村土地利用率和产出率，提高农业综合生产能力，促使农民增加收入的有效途径；四是要教育农民充分利用和合理保护土地资源，鼓励种植、养殖业大户经营已抛荒的土地，并在费用上给予适当照顾；五是要加强对农村基层干部进行政策业务培训，提高综合素质，切实组织落实好农村土地承包使用权流转政策、法规；六是要推动各地区政府及有关部门从实际出发，对农村土地承包使用权流转，给予各方面的扶持，保护土地投资者的合法权益。

②要建立组织机构，引导推进流转。一些地区农村土地承包使用权流转中存在的流转不畅、无序、倒置等问题，关键就是没有一个专门引导推进流转的组织机构，因而信息收集汇总发布、流转业务指导服务就没有着落，虽然农村土地承包使用权流转的现实需求很迫切，但就是形不成有效流转，各地区乡（镇）要调整优化农业结构，推动农业现代产业化规模经营，适应农村土地承包使用权流转的需要，加强对土地承包使用权流转合同的鉴证、登记、档案管理，维护农民的土地承包权益，做好土地承包使用权流转合同纠纷的协调化解工作，就必须建立乡镇农村经济经营管理机构，切实负起农村土地承包使用权流转管理的职责，严格依法对本级农村土地承包使用权流转进行指导、协调、监督和管理。主要职责包括六项：一是因土地承包使用权流转，而引起承包合同的变更、解除、重订等事项办理；二是为农村土地承包使用权流转办理鉴证、土地承包使用权的变更登记、土地流转合同的

档案、资料管理；三是对未发包的农村土地承包使用权流转进行审批，主持或监督由此而举行的各类活动；四是因农村集体经济组织内部土地承包使用权流转而引起的纠纷处理，参与调查处理一方为非本农村集体经济组织成员的土地承包使用权流转纠纷；五是国家法律、法规和政策赋予的其他职责；六是组织开展农村土地承包使用权流转管理人员的业务培训，以不断提高管理人员的政策理论水平和操作管理水平。

③要加强管控监督检查，严格进行流转。县（市、区）、乡（镇）党委、政府在组织领导农村集体经济组织、农业生产经营管理机构、农村土地承包使用权流转管理部门，必须坚持遵守加强管理、调节控制、监督检查的规则，严格进行农村土地承包使用权流转管控督察工作。为此，必须组织贯彻执行中共中央、国务院关于农村土地承包使用权流转的方针政策、法规制度，组织实施地方党委、政府关于农村土地承包使用权流转的规范技术、调控措施，管理监督农村土地承包使用权流转活动，在调解处理农村土地承包使用权流转纠纷的工作上，一是要加强农村集体经济组织在开展土地承包使用权流转过程中的组织协调工作，处理流转过程中的各种纠纷、审查农村土地承包人提交的流转申请并签署意见；二是要加强农村土地承包使用权流转合同管理及督查，对连续抛荒两年以上时间或未按流转合同要求开发使用土地的，农村集体经济组织有权收回土地承包使用权，并另行发包或招标承包；三是要加强农村集体经济组织搞好土地承包使用权流转服务，定期发布土地承包使用权流转信息，协助农林种植业、牧渔养殖业产品、加工、运输、销售龙头企业、大户选好土地、产量或收益项目，提供必要的资金和技术支持，及时办理流转手续，落实各项优惠政策。四是要对完全脱离土地从事非农产业但仍属农村户口的，可免交由承包土地所引起的各种税费，为农民离土离乡、务工经商提供方便；五是要加强农村土地承包使用权流转管理部门，在推进土地承包使用权流转过程中的管理监督工作，组织进行农村土地承包使用权流转合同签订指导，认真及时办理农村土地承包使用权流转登记备案手续，全面深入地对农村土地承包使用权流转合同进行审核鉴证，依法监督检查农村土地承包使用权流转合同的执行情况，调解和仲裁流转合同执行中的纠纷，纠正违纪违规行为，健全农村土地承包使用权流转合同管理制度，对流转合同归档管理。

④要完善服务体系，开拓创新流转。要在各地区乡（镇）农村经济经营管理机构的基础上，一是各地区乡（镇）、村（屯）要建立健全农村土地承包使用权流转市场中介服务组织，承担乡（镇）、村（屯）两级农村土地承包使用权流转中介服务，为农民提供农村土地承包使用权流转市场交易信息，建立农村土地承包使用权流转信息网络，促进农村土地市场交易，真正实现农村生产要素和土地资源的优化组合；二是农业、国土、水利、司法等有关部门要深入实际、调查研究，及早掌握并及时处理农村土地承包使用权流转中出现的各种倾向性、苗头性问题，全面总结土地承包使用权流转中的经验教训，有关部门要密切配合、主动参与，加强对农村土地承包使用权流转指导、协调、服务；三是财政、金融、信用等部门要增强服务意识，为农民和企业等单位从事农业产业化规模经营活动提供及时、充足的资金；四是各地区要逐步建立农村养老保险、优抚安置、医疗保险、社会救济、社会福利、社会互助等社会保障制度，使不掌握土地的农民有可靠生活来源，为组织实施农村土地承包使用权流转机制，创造良好的经济条件和社会环境。

（3）实施组织领导的机制。各级党委、政府、部门在组织领导农村土地承包使用权的流转上，实施四项机制：一是减免费用和投融资机制；二是推进向非农产业转移劳动力机制；三是鼓励机关事业单位人员到农村治理土地机制；四是促进农村土地承包使用权有序流转机制。

①减免费用和投融资机制。为了鼓励农户在承包土地上从事农林牧副渔各业生产经营项目，一是对需搭建临时性生产、生活用房，从简办理审批手续，取消各种临时设施搭建收费及其他有关费用；二是对农村土地承包使用权流转合同免收鉴证费，减收公证费；三是对在农村承包土地上只办农林牧渔各业种植、养殖、加工企业，或为农林牧渔各业生产经营全过程服务的单位，在注册登记、办理有关证照中，工商、税务等部门只收工本费，并免收政府代收的各项前置性收费；四是对农村土地承包大户在农业生产经营中所需资金，农业银行、农村信用合作社支持贷款，财政给予补贴。

②推进向非农产业转移劳动力机制。为了鼓励农村富余劳动力向非农产业转移，促进农村土地承包使用权流转创造条件，一是对于放弃全部或部分农村土地承包使用权、向非农产业转移、安家落户于小城镇的农村劳动力，各级各部门应在依法履行相关职责基础上，可适当减免工商营业登记、建（购）房等相关费用，简化入住手续；二是对从事二、三产业的农村富余劳动力，农村集体经济组织要协助其办理经营项目的审批手续；三是对放弃全部农村土地承包使用权，从事非农产业生产但仍属农业户口的农村富余劳动力，可以免交由农村土地承包使用权流转而引起的各种税费。

③鼓励机关事业人员到农村治理土地机制。为了鼓励县（市、区）、乡（镇）机关事业单位干部职工到农村综合开发治理土地，推进农业现代产业化规模经营，实施两项机制：一是停薪留职、与原单位脱钩，也可定期限留职留薪或兼职，进行创办项目、承包经营、资金入股、技术参股、担任技术顾问、从事中介服务等活动；二是原单位不得以任何理由，要求其脱钩或调离，也不得以任何借口克扣其工资福利等待遇。

④促进农村土地承包使用权有序流转机制。为了鼓励乡（镇）政府及有关部门因地制宜制定实施农村土地承包使用权流转规划，促进农村土地承包使用权有序流转，科学合理调整优化农业结构，大力推进农业现代产业化规模经营，实施两项机制：一是扶持农林牧渔各主导产业和特色产品生产项目，为农林种植业、牧渔养殖业及其加工、销售企业、大户提供市场供求和技术信息，采用典型示范带动等机制；二是推动农民开发荒滩、荒水、荒地资源，调整优化农林牧渔业结构、从事农林牧渔业特产品生产、保护改善农村生态环境、加强农田水利设施建设，认真落实综合开发治理财政补贴、各项税收免征优惠政策机制。

14. 农村土地承包使用权流转的管制。为了稳定和完善农户家庭联产承包责任制，健全农村土地承包使用权流转法制，综合开发复垦土地、合理节约集约利用土地、科学经营管理农村土地，提高农村土地利用率、产出率，推进农业现代产业化规模经营，支援农业和农村经济持续健康发展，促进农村富余劳动力参加城乡一体农业现代化、工业化、信息化、城镇化同步建设，确保居住农村和进城务业的农民群众增收致富，壮大城乡一体化经济社会持续健康发展实力，而组织开展农村土地承包使用权流转的九项管制：一是农村土地所有权与承包权的管制；二是农村土地发包与承包双方的管制；三是农村土地承包使用权转让的管制；四是农村土地承包使用权租赁的管制；五是农村土地承包使用权入股的管制；六是农村土地承包使用权抵押的管制；七是农村土地承包使用权拍卖的管制；八是农村土地承包使用权事项的管制；九是农村土地承包使用权法规的管制。

（1）农村土地所有权与承包权的管制。农村土地包括：耕地、宅基地、空闲地、荒地、水面、山林等资源，除法律规定属于国家所有以外，属于农村集体所有。土地所有权不清或有争议的，由土地管理部门按规定予以认定。农村集体经济组织按照所有权与承包权、使用权分离的原则，实行使用权发包。凡取得土地使用权的承包者，在坚持土地集体所有和不改变土地用途的前提下，其使用权在使用年限内，可以采取多种多样行之有效的形式，用于农业生产经营活动，其合法权益受国家法律保护。为此，采取四种管制措施：一是凡国家征用过的土地属国家所有，国家暂时未建设使用而仍由集体或农户使用的，可暂时承包给承包者进行农业生产经营活动，但不得进行非农业生产经营活动，也不得将使用权转让、出租、入股或抵押，一旦国家建设需要，应由国家无偿收回使用权；二是农村土地集体所有者必须遵守国家法律、法规、政策规定，保护整理土地，履行应尽的义务，服从国家建设征占用土地的需要，不得在农业生产经营土地从事非农业生产经营活动；三是农村土地承包者改变农业生产经营承包土地，转为非农业生产经营土地，必须征得农村集体所有者同意后，经土地管理部门审核，按规定报省级以上政府审批；四是乡（镇）政府及农村土地管理机构，在依法对农村集体所有土地明确所有权、稳定承包权、搞活使用权、土地发包与承包情况，进行监督检查的基础上，进一步对农村土地承包使用权的自营、委托、交换、转包、转让、租赁、入股、反租、倒包、抵押、拍卖、退包、终止等流转活动，经常进行监督检查和严肃处理。

（2）农村土地发包与承包双方的管制。为了公平合理地确定协调农村土地发包与承包双方关系，而规定六项管制政策：一是规定由农村集体经济组织以土地所有者的身份，将农村土地承包使用权，在一定期限内发包给农户，双方约定相应的权利与义务关系。农村土地使用权的发包方为村（组）集体经济组织，承包方为农户或其他经济组织；二是规定农村土地承包期限，从1982年算起，在原定15年不变的基础上，再延长30年不变，即延长到2027年。在农村土地承包期内实行"增人不增地、减人不减地"的政策，防止农村土地承包频繁变动，禁止农业生产区域不断划分。由县（市）级人民政府组织向农户颁发《农村土地承包使用权证书》，明确农村土地承包使用的数量、座落位置、地力等级、承包期限和有关政策规定等，维护土地承包关系的长期稳定；三是规定农村集体原有山地、水面、空闲地等专业资源，实行专业承包或招标承包，一般不搞分户平均承包。承包双方应认真签订书面协议，明确权利义务关系。发包与承包期限可延长到50年；四是规定农村土地承包者在承包的期限内，要服从国家规划和农村集体经济发展需要，严格保护农业土地资源和农村公共设施，依法调整优化农业结构，推进农业产业化规模经营活动，履行应尽的义务。对破坏承包土地、抛荒弃耕、违法经营、拒不履行应尽义务者，农村集体经济组织有权收回农村土地承包使用权，酌情违纪处罚；五是规定农村土地承包方在农村土地承包使用权流转合同书签订后40天内，到乡（镇）主管机构办理有关登记手续，办理登记时，应提交原承包合同书、土地承包使用权流转合同书、发包方批准的土地承包使用权流转申请书和乡（镇）主管机构认为有必要提交的其他证明材料；六是规定农村土地发包与承包双方相关约束的以下两项管制政策措施：

①农村土地发包方，即农村集体经济组织对农村土地承包方，即承包农户，无论土地承包使用权流转与否，不得随意提高土地承包费。对上交的乡（镇）统筹、村（屯）提留费，必须控制在上年农民人均纯收入的5%以内。在农村土地承包使用权流转期内，因社会公益事业用地等特殊原因，需按程序提前收回土地承包使用权的，必须根据土地承包者已使用年限和开发利用的实际情况，给予合理的经济补偿。

②农村土地承包方，即承包农户，对土地承包使用权转让后土地改变用途的，或连续二年弃耕抛荒的，除按有关规定处理外，其使用权由承包方无偿收回，重新流转。承包方对土地承包使用权的再次流转，必须征得发包方即农村集体经济组织的同意。在农村土地承包使用流转合同书执行过程中出现的纠纷，当事人双方协商解决不成的，应先向乡镇主管机构申请调解，调解不成的，可自接到调解书之日起，15日内向县（市）主管机构申请调解仲裁。当事人也可直接向人民法院提起诉讼。

（3）农村土地承包使用权转让的管制。在国家规定的农村土地承包期内，允许承包方将其土地承包使用权依法有偿转让他人。农村土地承包使用权的转让，是指农村土地承包使用权利、义务关系的转移，即原承包方在保留其土地承包权的前提下，将承包土地的使用权利，义务关系转让给他人或其他经济组织。原拥有土地承包使用权的一方称为转让人，接受土地承包使用权的一方称为受让人。转让人和受让人本着"自愿互利、等价有偿"的原则，转让土地承包使用权，转让人可以收取少量的有偿转让费，具体条件由双方商定。受让人可以由转让人自主选择，也可以由农村集体经济组织出面牵头组织。农村土地承包使用权转让，一般在本村范围内进行，也可以跨村组、跨地区转让，但在同等条件下，本村的种田技术能手和急需土地的农户享有优先受让权。为此，采取四项管制措施：一是农村土地承包使用权转让的期限可长可短，但最长不得超过规定承包期的终止年限；二是农村土地承包使用权转让，必须遵守国家法律、法规、政策和农村集体经济组织章程规定，转让人应事先征得农村集体经济组织同意，由转让与受让双方订立书面协议书，由农村土地发包方办理转让登记手续，报乡（镇）主管机构办理鉴证；三是农村土地承包使用权转让人的建筑物或地面附着物随之转移后，应依照有关规定办理过户登记。转让土地上的公共附着物随之转让后，由受让人负责保护并保证公用；四是农村土地承包使用权的转让后，受让人应履行原承包合同规定的权利、义务，并不得改变土地用途，不得从事非法经营。

（4）农村土地承包使用权租赁的管制。农村土地承包方将土地承包使用权单独或者随同地上附着物一同租赁给他人使用，由他人向其支付租金的行为。原拥有土地承包使用权的一方称出租人，承租土地使用权的一方称为承租人。为此,采取四项管制措施:一是未按承包合同规定的期限和条件开发、利用土地的,土地使用权不得出租;二是农村土地承包使用权的出租,必须由出租人与承租人签订租赁合同。租赁合同不得违背国家法律、法规和有关政策规定;三是农村土地承包使用权租赁,应征得发包方同意,并依照规定办理有关登记手续;四是农村土地承包使用权租赁后,原承包方必须履行原承包合同的义务。

(5)农村土地承包使用权入股的管制。农村土地承包方,经发包方同意,可以将其土地承包使用权作价入股,组建农业股份制、股份合作制企业,优化配置农村土地资源、调整优化农业结构,推进农业现代产业化规模经营。农村土地承包方依据其土地使用权作价入股份额,依法享受收益分红。为此,采取三项管制措施:一是农村土地承包使用权作价使用权入股时,如需将农业生产经营土地改为非农业经营建设用途,必须经发包方允许,由发包方逐级上报省级以上政府及土地管理部门审查批准后,才能办理;二是农村土地承包使用权作价入股,应在征得发包方同意,不变更农村生产经营土地性质前提下,可依照规定办理有关登记手续;三是农村土地承包使用权作价入股后,原承包方必须继续履行原土地承包合同的义务。

(6)农村土地承包使用权抵押的管制。农村土地承包使用权,国家《土地承包法》规定,可以抵押。农村土地承包使用权抵押,是指承包方提供可供抵押的农业土地承包使用权,作为按期清偿债务的担保行为。原拥有土地承包使用权的一方称抵押人,抵押债权人称抵押权人。为此,采取三项管制措施:一是农村土地承包使用权抵押时,抵押人与抵押权人应当签订抵押合同。在抵押期内,原承包合同标明的权利、义务仍属抵押人;二是农村土地承包使用权抵押后,抵押双方应保证土地的合理有效利用,不得造成荒芜;三是农村土地承包使用权抵押,应告知发包方,并依照规定办理抵押登记手续。

(7)农村土地承包使用权拍卖的管制。农村集体经济组织将其所属的荒山、荒地、荒滩、荒水等资源使用权,拍卖给农林牧渔各业企事业单位、农户,从事农林牧渔各业综合开发性生产经营。凡是不属于农村集体所有上述"四荒"土地的使用权,不允许拍卖。为此,采取三项管制措施:一是农业土地承包使用权拍卖,由农村集体所有的"四荒"土地发包方,组织进行拍卖。土地承包经营者,无权拍卖农村集体所有的"四荒"土地使用权;二是农村集体所有的"四荒"土地使用权拍卖,必须采取公开招标的办法进行,拍卖的期限可以在50年以上,拍卖底价及有关具体条件,由农村集体经济组织会同乡(镇)主管机构提出初步方案,逐级上报乡(镇)、县(市、区)政府批准后组织实施;三是农村集体所有的"四荒"土地使用权拍卖,由双方签订书面协议,其拍卖收入归集体经济组织范围内全体农民所有,遵照"村有乡管、乡管村用"的原则,由乡镇主管机构统一管理,入账核算,保值增值,主要用于本村农田水利基本建设、农林牧副渔各业资源开发,壮大农村集体经济发展实力,乡镇任何单位不得平调、侵占、挪用,不得平分给个人;四是农村集体所有的"四荒"土地使用权拍卖后,连续两年未开发利用,仍然荒芜的,集体经济组织有权收回、另行拍卖。

(8)农村土地承包使用权流转事项的管制。在组织开展农村土地承包使用权流转过程中有关事项,主要包括:申请裁定凭证、办理登记手续、评估检查处理这三种事项:

①农村土地承包使用权流转申请裁定凭证的管制。组织推进农村土地承包使用权的自经、委托、互换、转包、转让、租赁、入股、反租、倒包、抵押、拍卖、退包等各种各样流转形式,必须持有拥有的合法证件,向农村集体经济组织(发包方)提出书面申请,农村集体经济组织应在15日内给予答复。农村土地承包方的出让人和受让人经发包方同意,即可形成农村土地承包使用权流转合作关系。如果承包方向发包方提出流转申请未批准,承包方认为不合理时,有权向所在乡(镇)主管机构申请裁定。发包方应按照国家有关法规政策规定,认真审查流转申请。发包方不同意流转申请时,及时向流转申请人说明理由。农村土地承包方应在农村土地承包使用权流转合同签订后60天内,到乡(镇)主管机构办理有关鉴证手续。

②农村土地承包使用权流转办理登记手续的管制。农村土地承包使用权流转的各种各样形式,都

必须以出让方与受让方共同签订农村土地承包使用权流转书面协议（合同书），逐级上报乡（镇）、县（市、区）主管机构审批备案，加以确认农村土地承包使用权流转的各种各样形式。农村土地承包使用权流转的当事人不办理登记手续的，其行为无效，不受法律保护。未经农村集体经济组织同意，擅自进行农民土地承包使用权流转的，或未经土地管理部门审核和人民政府批准，将农业生产经营土地转为非农业经营建设用地的，如发包方发现制止无效，即可依法收回承包土地。农村土地承包使用权流转的各种各样形式，受国家法律法规和地方政府政策规则保护，任何单位和个人不得侵犯或阻止。农村土地承包使用权流转后，在流转期内受让方应享有继承权。

③农村土地承包使用权流转评估检查处理的管制。农村集体经济组织应建立土地质量评估小组，根据农村土地的水、土、肥、产量、产值、交通等连续五年以上类似动态条件，分上、中、下三类，评估土地使用价格，作为折价入股或计收土地转让费的依据。农村土地承包使用权流转，纳入农业生产经营承包合同管理范围。农村集体经济组织应根据本集体内土地资源量和受让方的开发利用能力，确定其土地承包使用权流转量。凡受让的农业生产经营土地面积或非农业经营建设用地面积，必须通过村民代表大会确定。农村土地承包使用权流转合同发生纠纷时，由乡（镇）主管机构负责调解和仲裁。凡是在农村土地承包使用权流转中，违犯国家法律法规和地方政府政策规则的，必须限期改正、没收非法所得、收回土地使用权。

（9）农村土地承包使用权流转法规的管制。在加强对农村土地"依法、有序、规范"承包使用权流转法规的管制上，必须坚持贯彻执行《中华人民共和国土地管理法》《中华人民共和国农村土地承包法》和《中共中央关于做好农户承包地使用权流转的通知》，从法律和政策层面上，进一步制定设施农村土地承包使用权流转的标准、规模、中介、督查、考核等法规制度，引导和推动农村基层干部和农民从依据法规上，增强对土地承包使用权流转的自觉性，从根本上解除土地承包使用权流转中各方面纠纷和矛盾。为此，必须制定实施以下五项法规的管制：

①农村土地承包使用权流转标准法规的管制。它主要包括五方面：一是自愿。土地是否流转，以哪种形式流转，由农民自主决定，不允许用行政手段强行流转。二是有偿。土地流转的转包费、租金等，全部归农户所有，任何组织和个人都不准截留。三是规范。凡发生土地流转，都必须按照省农业、土地等部门监制的统一合同样式，组织流转双方签订合同，明确填写合同所规定的内容。四是建档。按照新的规定，凡签订的每份合同，必须一式四份，当事人双方各执一份，村委会一份，乡（镇）主管机构一份。五是建制。即建立农村土地承包使用权流转管理法规制度，主要包括：岗位责任制度，明确规定乡（镇）、县（市、区）土地流转主管单位，具有监督、指导、管理、调节等职责；目标考核制度，对土地流转工作实行年终目标考核；档案管理制度等，从制度上、管理上确保土地流转依法、有序、规范进行。

②农村土地承包使用权流转规模法规的管制。它主要包括五方面：一是龙头企业带动型。以龙头企业为依托，以经济效益为纽带，以特色农业为主导，发展规模经营；二是主导产业带动型。以主导产业为龙头，结合区域优势，建设标准化、专业化、规模化农业产品生产基地，带动和辐射周边，形成规模效益；三是合作组织带动型。通过建立农民专业合作协会、组织，采取股份制经营、统一培训、统一产供销等方式，变分散经营为组织化、集约化经营；四是集体经济带动型。依托集体经济组织，采取经济合作社、股份合作社、土地经营权入股等形式，推动规模经营；五是种养能手带动型。种田能手或养殖大户，凭借自己的技术，实现规模或集约经营。

③农村土地承包使用权流转中介法规的管制。它主要是在培育农村土地承包使用权流转中介组织和建立土地承包使用权流转市场上，选择在农业结构调整大、农村劳动力转移多、发生土地流转比较活跃的地方或者城镇郊区，以乡镇农经站或农业服务中心为平台，扶持建立土地承包使用权流转托管中心，通过开展农村土地承包使用权流转信息发布、土地评估、政策咨询等业务，发挥服务、引导作用。

④农村土地承包使用权流转督察法规的管制。它主要是为确保农村土地承包使用权流转工作机制

全面落实到位，有关部门坚持每年在年初或年末，对各地区土地承包使用权流转情况，进行一次全面督查，把它列入农村政策落实工作的一项重要督察内容。通过督察，促使各地区坚持因地制宜选择流转方式，使过去的以自营、委托、互换为主，向转包、转让、出租、入股等多种多样行之有效形式转变。

⑤农村土地承包使用权流转考核法规的管制。农村土地承包使用权流转工作，政策性强、敏感度大、涉及面广，事关农民群众的切身利益。为此，必须建立农村土地承包使用权流转长效法制，把农村土地承包使用权流转工作，列入乡（镇）和有关部门目标管理考核内容，加大农村土地承包使用权流转工作力度，建立健全农村土地承包使用权流转长效机制，各县（区）都把农村土地承包使用权流转工作，列入乡（镇）年度目标管理考评内容。

15. 农村土地承包使用权流转实际的成果。从1986年以来，全国各地区普遍开展了农村土地承包使用权流转工作，产生了显著的成果，主要有四个方面：一是排除了农村承包使用权流转障碍的因素；二是形成了农村土地承包使用权流转发展的动力；三是取得了农村土地承包使用权流转实际的成果；四是推广的农村土地承包使用权流转成功的经验。

（1）排除了农村土地承包使用权流转障碍的因素。据全国各地区在组织推进农村土地承包使用权流转实践证明，农村土地承包使用权流转已成为发展趋势，但阻碍土地承包使用权流转的因素依然不少，各地区正在逐步排除这些障碍的因素，主要有以下四点：

①农民恋土情结太重，不愿流转的因素。当前农村土地承包使用权流转中惹人注目的两种现象：一是土地承包使用权出现了卖方市场；二是大部分农民都迫切要求承包土地，真正自愿放弃承包权的农民几乎没有。为什么会出现这种情况呢？根本原因还在于土地具有社会保障和务业功能，农民把它作为命根子来看待，认为有了土地，就有了生活保障，即使到时候外出进城务业不增加收入还可以回来种田，心里踏实；也有少数农民对土地私有化抱有幻想，认为承包期延长30年以后，土地基本上是自己的，如果现在不争取承包地，将来可能后悔莫及。这些思想，必然促使相当一部分农民都把土地承包看得很重，宁让土地荒芜也不愿流转，特别是不愿放弃土地承包权。

②土地使用权商品属性不清，不便流转的因素。农村土地权属主要是两个方面：一是土地所有权；二是土地使用权，这是指国家有关文件规定的承包经营权。农村土地实行承包责任制以后，相对于一个完整的产权而言，承包者只拥有土地的部分产权，即承包经营权，但这部分产权是否可以构成农民的财产权，目前尚无法律依据。因而承包者不能将土地作为财产，农村土地不能像普通商品一样在市场流通。要看到，我国农村土地长期以来，都是实行实物管理，土地使用权流转的价格，不像普通商品价格一样容易确定，缺乏可参考的依据。而国外农村土地由于权属关系比较明晰，农村土地承包使用权的流转价格相对容易确定。

③农业比较效益差、不敢流转的因素。近几年来，农村土地的承载负担较重，农业的比较效益差，农民增产、增收的成效不佳。多数城镇郊区农民不愿意种地。仍在种田的农户中，一是因为暂时找不到好的门路；二是农户家里老年人实在离不开；三是不种地，吃饭没保障；四是农民认为还是种地靠得住。

④流转中介组织少、不易流转的因素。当前，农村土地承包使用权流转中介组织相当匮乏，具有一定规模的种植养殖业大户为数甚少，土地承包使用权流转的经营公司尚未建立，农村合作经济组织的服务功能也发挥不够，因而，不易促进农村土地承包使用权流转发展，不利于土地资源的优化配置。从流转机制来看，一些地区农村目前尚未建立农用地有偿流转制度和土地投资补偿制度，流转程序也很不规范。农村土地承包使用权流转的自发性、随意性、盲目性比较大。

（2）形成了农村土地承包使用权流转发展的动力。目前，促进全国各地区农村土地承包使用权流转发展的动力是多方面的，主要有以下三种动力：

①土地规模经营的动力。多数地区农村农民在种植、养殖业生产过程中，特别是种植粮食作物，生产成本费用大，收入抵不上支出。而通过土地适度规模生产经营后，生产成本费用降低，收入大于

支出。为此,要提高土地的产出效益,一些农民和企业选择了土地规模经营之路。目前,一些地区农村新型农民不断涌现,农林种植业、牧渔养殖业生产经营的大户层出不穷,这些农民对传统的土地经营方式提出挑战,强烈要求土地合理流转。

②城乡一体经济发展的动力。在有些地区农村,组织开展城乡一体化经济建设,主要是建立农业产加销一条龙、农工贸一体化的产业化经营体系,因而急于需求农村的土地和劳动力。为此,促使农村富余劳动力投入到城镇建设中去,不把土地作为唯一可依赖的对象,也没有精力常年经营管理土地,促使让出土地,杜绝对承包土地不建设投入,甚至弃耕撂荒的倾向。因而客观上迫使农村土地使用权流转。

③农村农民向外迁移的动力。从20世纪末开始,国家出于根治黄河、长江水患、人畜饮水、南水北调、造福子孙万代的考虑,实施了小浪底库区、三峡库区百万移民工程、南水北调工程建设这些工程建设,必然会打破库区上游农村农民迁居目的地土地分配格局,因而农村土地的使用权也必须作适应性调整。

(3) 取得了农村土地承包使用权流转实际的成果。主要是提高了农村土地利用率和产出率,促进了农业结构调整优化,推进了农业现代产业化规模经营,加快了农村富余劳动力向城乡二、三产业转移,推动了城乡一体农业现代化、工业化、信息化、城镇化同步建设,为城乡一体经济社会健康发展,确保全国城乡居民共同增收致富、全面建成小康社会开拓了有效途径。主要取得了以下五方面成果:

①提高了农村土地的利用率和产出率。全国各地区通过逐年推进农村土地承包使用权流转,充分利用土地资源,科学改善农业生产经营条件,保护农村生态环境,已成为提高农业土地的利用率和产出率,确保农业和农村经济持续健康发展的必然途径。为此,一是帮助了农村一些无力耕种土地、避免使土地弃耕荒芜的农户,把自己的部分或全部土地承包使用权,采取了转包、转让、租赁、入股、抵押等自愿互利的流转形式;二是推动了农村集体经济组织统一转包、转让、租赁、入股集体土地,招商引资办农林牧渔各业产品产加销一条龙企业,与外来投资者联合进行农村土地资源综合开发治理,加强农田水利工程建设,促使农林种植业大户、企业,增加土地承包使用权流转面积,推动进城务业农民减轻土地承包使用权压力,提高了农业土地的利用率和产出率。

②促进了农业结构调整优化和农业现代产业化规模经营。全国各地区通过农村土地承包使用权流转,促使承包土地农户转包、转让、租赁土地,并由农村集体经济组织反租倒包这些土地,将原农户分散的承包土地,形成集中连片土地,由不涉及农户之间利益的废弃地、机动地及破产、闲置企业用地,流转成农业综合开发治理、科学利用农林牧渔各业土地资源区域,进一步将得到综合开发治理好的集中连片土地,变成调整优化农林牧副渔各业结构,推进建成农林现代产业化规模经营基地,解决了一些农民的"种田难"、"无田种"、不愿承包和无力承包土地的难题,避免了土地的撂荒或粗放经营土地资源的浪费。同时,使一部分有能力承包土地的农户,有了"用武之地",进一步推动了调整优化农业产业结构、提高土地使用效益的大户扩大承包土地面积、参加农业现代产业化规模化经营,取得了经营效益、社会效益。

③鼓励了农村富余劳动力向城乡二、三产业转移的积极性。全国各地区通过农村土地承包使用权流转,促使一些有手艺、有技术、从事非农产业的农民摆脱安身立命的土地,到城镇从事二、三产业。据调查情况看,全国各地区农村富余劳动力进入城镇后,都各尽其能地从事各种各样的行业,主要包括:一是农林牧渔各业产品加工、运输、批发、营销业;二是城乡一体化矿物、制造、加工、建筑业;三是城镇商品供销、饮食服务业;四是城镇绿化、环保、家政、保安等行业,以及农村富余劳动力面向市场重新选择职业。

④加速了农工商一体化、市场化、现代化进程。全国各地区通过农村土地承包使用权流转,吸引了城镇大中型工商企业参与农林牧渔各业土地资源综合开发治理投资,建立了农林牧渔业产加销一条龙企业,在农村集体组织和农户承包的土地上,开展了农林牧渔各业产品生产、加工、贮藏、运输、

营销一条龙产业化基地建设，把农村千家万户作为龙头企业的"第一车间"，纳入农工商一体化生产经营体系之中，统一规划、统一种植、统一养殖、统一加工、统一技术指导、统一收购、统一销售、利润分成，加快了农工商业生产经营一体化、供销市场化、服务社会化进程，提高了农业现代产业化、专业化、规模化水平。

⑤推动了城乡一体农业现代化、工业化、信息化、城镇化同步建设。全国各地区通过农业生产要素的合理流动，增强了农民的市场意识、竞争意识和开放意识，破除了封闭保守、自给自足的小农经济思想，树立了农业现代产业化规模经营理念；通过农村土地承包使用权流转，促进了农民对农业科技信息的渴求，愈来愈强烈，提高科技素质，已成为新一代农民的追求。为满足这个要求，各地区党委、政府及有关部门正在建设县农业信息中心站，构建互联网、广播电视网、电信网"三网"相连的县信息平台，使农民能像看电视节目一样，方便地得到所需的信息，学到所需的农业技术。正在促使农林牧渔各业科研单位、企业及大户，有机结合土地、资金、劳动力和科学技术等生产要素，在进行农业现代化建设，提高农业生产经营规模的经济效益基础上，有力地促进了城乡一体工业化、信息化、城镇化建设，许多出让土地承包使用权的农村劳动力，把主要精力投入到城乡一体化非农产业。据调查统计，我国经济发达地区已经有43.6%的农户不依赖于土地，而把主要精力投入城镇工业、商业、服务等非农产业，为农村富余劳动力创造了进入城镇就业创业、靠非农产业增加收入，定居生活的机会。同时，随着城乡一体化经济进一步发展，农村土地承包使用权流转的面积将越来越大，涉及农户也将越来越多，农村集体经济组织和农户，也会从农业现代产业化规模经营管理中，得到更高的收益。特别是我国西北、中南地区，通过农村集体经济组织和广大农民，综合开发利用农林牧渔业所需土地资源，采取反租倒包、股份合作、抵押拍卖、招商引资等多种形式，集中起来统一科学治理"四荒"土地，开展农林牧渔特色产业生产基地建设，调动了承包土地农户联合进行产业化规模生产经营积极性，增加了农民收入，减轻农民负担，化解农村居民债务，壮大了农村集体经济实力。

（4）推广了农村土地承包使用权流转成功的经验。全国各地区组织推广农村土地承包使用权流转成功的经验是多方面的，最核心的经验是指：农村土地承包使用权流转能否搞活，关键是能否明确农村土地所有权，稳定农村土地承包权，搞活农村土地使用权。农村土地使用权能否搞活，关键取决于两个方面：一是农村土地承包权是不是真正稳定了。如果一天到晚都在调整农村土地承包权，农民是没办法搞活土地使用权的。因为没等去搞活土地使用权，又去调整土地承包权了，怎么搞活土地使用权？二是农村土地承包使用权流转条件具不具备。如果大多数农村富余劳动力转移了，其主要收入来自非农产业了，就可以搞活了。要促进农村土地承包使用权流转发展，必须排除农村土地承包使用权流转中各种障碍因素，调动各种积极因素。全国各地区实践证明，必须推广、提升和应用以下九方面经验：

①要充分尊重农民自觉自愿意见的经验。要搞好农村土地承包使用权流转，必须严格遵循农民自觉自愿的原则。农村集体经济组织和村民委员会不能以农村土地承包使用权流转为理由，强制收回农户承包土地；不得用行政手段指定农村土地承包使用权流转的对象、数量、期限和租金；无正当理由不能强制终止转包合同，不得附加收取"转包费"或者"转包手续费"等。对于国家所进行的工业项目或公益项目工程建设，相信农民也会牺牲个人利益而顾全大局。农村土地承包使用权流转是一项关系国计民生的系统工程，这是因为流转的是农村土地，是农业和农村经济的基础，是农民生产、生活的命根子，农民担心失去自己承包土地。因此，在农村土地使用权流转中谨慎考虑农民的承受能力和自觉意愿。

②要注意更新农民传统观念的经验。农民长期生活在农村，祖祖辈辈都是依靠土地为生，因而从事非农产业的思路不开阔，怕担风险，这是能够理解的。但这种因循守旧的思想是与市场经济相矛盾的。农民的这种意识形成日久，不可能在一夜之间就能消除。为此，必须保持足够的耐心，循循善诱。典型示范最具有说服力，让农民看得见摸得着，增强可信度。这就要对农民加强思想教育、更新传统观念，促进农业产业化规模经营，加快实现农业现代化、工业化、信息化、城镇化、城乡一体化

的经济社会健康发展目标。

③要明确规定农村土地承包使用权法律地位的经验。长期以来，对于农村土地承包使用权（承包经营权）的权属关系问题，国家虽然作了一些规定，但对农村土地承包经营权的法律地位仍不明确。例如，《担保法》只强调，农民耕种的土地承包使用权不得抵押。《土地管理法》仅提到农民的土地承包经营受法律保护。究竟如何保护，无具体规定。为此，从2013年以来，中共中央、国务院及有关部门正式以法律条文规定农村土地的权属关系，主要包括三方面：一是明确规定农村集体土地承包使用权流转的原则、范围、条件、形式和审批程序、土地用途、流转期限、土地级别等内容，以及宏观调控措施和具体操作程序；二是明确规定，在合同有效期内，农民拥有对土地承包的占有、使用、收益和部分处置的权利，农村土地承包经营权，可以在规定范围内实行转让、入股、抵押、对随意侵犯农民土地承包经营权的行为，要追究其侵权责任，适当提高其违法成本，真正以法律的形式，维护农村土地承包经营权的神圣不可侵犯，以使农村集体和个人有法可依，有章可循；三是明确规定，农村集体土地的发包、出租，必须由村级集体组织统一进行，农户不得私下进行；农村集体经济组织必须按照公开、公平、公正的原则，不搞"暗箱"操作。

④要建立健全农村土地承包使用权流转市场体系的经验。这就要求在建立健全农村土地承包使用权流转市场体系上做到三点：一是建立农村土地承包使用权流转市场化的土地管理体系。要切实加强对农村土地承包使用权流转监督管理，建立健全农村土地承包使用权流转向规模经营发展的引导机制，严格控制农村土地"农转非"，有效防止土地零散，稳定土地数量，提高土地质量，实现农村土地的可持续利用；二是建立健全农村土地承包使用权流转的中介服务组织体系。要进一步建立健全农村土地承包流转市场信息、咨询、预测等社会化服务体系，有条件的地方，要尽快建立农村土地承包使用权流转的经营公司。同时，进一步强化农村集体经济组织的服务功能，支持和关心农村土地承包经营大户的成长，为农村土地承包使用权流转创造一个良好的环境；三是鼓励推行农村土地承包使用权证券化，加速农村土地承包使用权流转的进程。

⑤要严格履行农村土地承包使用权流转准则的经验。今后，在农村土地承包使用权流转过程中，必须遵循四项准则：一是要注意保障农村土地承包使用权流转中土地的所有权不能变、承包权不能变、使用方向不能变。只有维护农民的土地承包权，才能调动农民种地的积极性。只有保持农村土地承包使用方向，才能保障农业和农村经济持续发展；二是要注意维护农村土地承包使用权流转中农民的合法权益。这就要求在农村土地承包使用权流转之后，对所产生的经济效益、社会效益、生态效益，必须达到有机统一，农民得到的利益必须公平合理。要注意防止乡（镇）行政事业组织和企业介入后侵犯农民的利益；三是要充分估计农村土地承包使用权流转后可能带来的市场风险。要认清农村产品市场是千变万化的，今天流通的市场，明天就可能发生滞销。农业产品卖不出去后，对企业来说，就无法经营；对农户来说，也没有生产、生活保障。因此，要在农村土地承包使用权流转之前，要合理确定各自应承担的风险责任；四是要衡量农村土地承包使用权流转成功的标准。这就必须在农村土地承包使用权流转后，要看农户是否保有原来的承包权；要看各个相关责任者之间的利益分配是否公平合理；要看农业能否增产、增效，农民增收致富的结果是否得到。

⑥要科学采取农村土地承包使用权流转多种形式的经验。多年来，全国各地区农村集体经济组织和农户，在如何选择农村土地承包使用权转包、转让、租赁、入股、反租、倒包、抵押、拍卖等多种多样流转形式上，都坚持因地制宜，根据实际情况，采取行之有效形式，探索创造更好的形式。都注意做到，无论采取哪种土地承包使用权流转形式，都必须签订书面合同，且流转期限不超过剩余承包期。在流转合同上，明确规定土地承包使用权流转形式、经济补偿、流转双方权利、义务。都必须将这个书面合同报送发包方和农业承包合同管理机关备案，纳入农业承包合同管理。实践证明，以连片集中为目的农村土地承包使用权流转，已经成为现阶段土地、法规制度创新的主要内容，有效地推动了农业结构调整优化，推进了农业现代产业化规模经营，形成了农业主导产品生产、加工、销售一条龙产业链，结成了农工贸一体化产业体系，促进了农民增收、农村集体经济实力增强，逐年形成了农

村土地承包使用权流转连片、集中、高效的新态势。

据调查统计，2017年，全国各地区农村土地承包使用权流转面积占农村土地总承包面积的28.4%，流转农户占总农户数的26%，流出户占总农户数的11%，流入户占总农户数的5%。目前，农村土地承包使用权流转有效形式，主要有：一是全国各地区农村土地承包户委托生产经营承包土地面积占农村土地使用权流转面积的3.7%；二是全国各地区农村土地承包户之间相互交换土地承包经营权面积，占农村土地承包使用权流转面积的13%，主要分布在：农村种植业、养殖业大户为使农户承包土地集中连片，通过互换方式，实现规模化经营，在规划区内的土地上建房；三是全国各地区农村土地承包使用权转包面积，占农村土地承包使用权流转面积的54%，农户采用转包形式，主要是无力经营或不想经营，但又不想放弃土地承包权；四是全国各地区农村土地承包使用权转让面积，占农村土地承包使用权流转面积的13%，农户采用转让形式，主要是长期在外埠从事固定的二、三产业及非农业收入较高且较为稳定、不愿再继续种田。同时，一些人少地多的农村集体经济组织、农户，由于无力耕种，一般也采取转让方式。沿海地区农村有24%的农户，只承包口粮田，而放弃责任田的承包经营权；五是中南地区农村土地承包使用权租赁面积，占农村土地承包使用权流转面积的17%，农户采用租赁形式，主要是从事二、三产业有一定收入的农户，将自己不愿种植、养殖的土地承包权，租赁给种植业、养殖业的大户和扩大农业生产经营规模的企业、事业单位；六是西南地区农村土地承包经营权入股面积，占农村土地承包使用权流转面积的11.3%。农户采取入股形式，主要适用于经济效益好、集中连片的农业主导产品基地、农业产业化龙头企业基地，从入股的对象来看，出现跨行业、跨地区发展的趋势，尤其是工业企业、涉及农业领域成为一个新的亮点，为农业产加销一条龙产业链、贸工农一体化产业经营体系的形成奠定坚实基础；七是反租倒包是农村土地承包使用权流转的一种必要形式。为了调整优化农业结构，扩大农业生产经营规模，推进农业和农村集体经济发展，由乡或村集体将农民承包的土地"反租"回来，在承包给单位或个人，由接包方向乡或村集体缴纳承包费，同时给转出土地使用权者年度性经济补偿。反租倒包已成为当前各地区农村普遍采用的流转形式；八是荒地、荒滩等拍卖是农村土地承包使用权流转的一种特殊形式。有些地区农村根据谁投资、谁收益的原则，将荒山、荒水、荒地、荒滩、废耕地拍卖给农户。有些地域已变成连片果林、茂密草地、中药和杂粮基地，有些水域、草场已变水产品养殖、畜禽养殖基地，既保护和改善了农业生态环境，又为农村集体和农户增加了收入。有些地区农村还出现了信托、抵押、成立集体农场等形式，也都是土地承包使用权流转的重要形式。

⑦要积极发展农业现代产业化规模经营的经验。要注意，农业现代产业化规模经营，虽然能有效促进农村土地承包使用权流转，但不能为了促进农村土地承包使用权流转，而发展农业现代产业化规模经营，形成本末倒置的问题。发展农业现代产业化规模经营不是为了贪大求全，而是必须从农业生产经营实际情况出发，根据农村土地承包使用权流转具体条件，发展农业现代产业化规模经营，而不能形成"一窝蜂"，不搞"一刀切"。还要力求扬长避短，充分利用我国农村富余劳动力资源，提倡用手工操作的绿色食品生产。

⑧要切实保护农业和农村经济持续健康发展的经验。农业是一个弱质产业，多年来，我国对农业和农村经济实行了保护政策，促进了农业和农村经济发展，土地经营效益也逐年提高。农民种地的积极性逐渐高涨，农村土地承包使用权流转自然也有所通畅。目前，各地区政府及有关部门都能从全局的角度、发展的角度，切实保护农业和农村经济持续健康发展。为此，要特别注意保护粮食生产发展，要稳定粮食生产面积；要特别珍惜、合理地利用农村土地，切实保护和节约集约、利用农村土地，这是发展我国国民经济的一项基本国策。我国人多地少，人均耕地只有1.3亩，还不到世界人均的一半。实践证明，无农不稳，首先表现为无粮不稳，绝不能因为农业生产比较效益低，而放松粮食生产，更不能在农村土地承包使用权流转中巧立名目，乱占、滥用土地。

⑨要努力加强城乡一体化城镇建设的经验。要加强城乡一体农业现代化、工业化、信息化、城镇化"四化"同步建设，必须严格保护农村土地。不能认为农村土地就必然减少，相反农民入住小镇，

既可提高居住水平，又能将原来因定居农村所占用的土地节约并流转出来，对农村土地规模经营有利；同时，农民参加城乡一体四化同步建设的就业、创业，促使农民务业途径更宽了，不再依赖承包土地了。

三、农村耕地永久保护和节约集约利用及占补平衡途径

严格保护和节约集约农村耕地是我国城乡一体农业现代化、工业化、信息化、城镇化"四化"同步建设进程中一个基础性、全局性、战略性问题。一直以来，我国都把严格保护和节约集约农村耕地作为国家战略，从未动摇或放松，在组织全面深化改革、加快推进的新型城乡一体"四化"同步建设战略的新形势下，耕地保护的极端重要性和现实紧迫性进一步凸显，耕地保护严防死守势在必行。中央对耕地保护的重视前所未有，中共十五大、十六大、十七大、十八大及十八届二至六中全会和中央经济工作会议、城镇化工作会议、农村工作会议，都对严守18亿亩耕地红线、确保实有耕地面积基本稳定、实行耕地数量和质量保护并重，提出了更高要求。全党全国人民都认清人多地少、可开发利用土地少是我国的基本国情，统筹安排生态文明建设和经济社会发展用地的难度不断加大，土地的粗放利用又加剧了这一矛盾。我国土地资源利用方式，由粗放向集约转变成为全社会的共识。全国各地区党委、政府及有关部门正在完善农村土地资源市场配置管理体制机制，不断健全农村耕地保护和节约集约法规制度和政策措施，珍惜和节约集约利用每一寸土地，严守耕地红线，划定基本农田、严控建设占用耕地，不能再走粗放扩张、浪费资源的老路，促进科学合理开发利用土地资源，与大力推进城乡一体四化经济社会发展的协调并进。为此，一是要开辟农村耕地全方位保护途径；二是拓宽农村耕地科学节约集约利用途径。

（一）农村耕地要坚定组织开拓全方位永久保护途径

从1995年至2019年的25年来，从中央到地方各级党委、政府及有关部门在组织开拓我国农村耕地全方位永久保护途径上，一是回顾农村耕地保护的由来与趋势；二是清查农村耕地保护问题与因素；三是证明农村耕地保护意义与作用；四是确定农村耕地保护目标与任务；五是遵循农村耕地保护原则与要求；六是完善农村耕地保护方针政策；七是健全农村耕地保护与法规制度；八是加强农村耕地保护组织领导；九是采取农村耕地保护措施机制。

1. 回顾农村耕地保护由来与趋势。我国的基本国情是人口多、人均耕地少、后备资源不足，这是制约我国社会经济发展的重要因素。

（1）回顾1997年至2002年农村耕地保护由来与趋势。1997年1月8日上午，中共中央财经领导小组第26次会议听取研究了国家土地管理局《关于保护耕地专题调研情况汇报》之后，认定了我国各地区农村耕地保护工作面临的是全国耕地面积只占国土面积的14%、可开垦耕地有限、现有耕地面积由1995年20.01亿亩，到1997年19.51亿亩，逐年减少的严峻形势。为此，决定了修改《国家土地管理法》。1997年2月18日下午，中共中央政治局常委会议审议通过了《中共中央国务院关于进一步加强土地管理、切实保护耕地的通知》，要求各地区党委、政府领导认真学习、传达，对干部群众加强教育，提出贯彻落实的措施办法，坚持督促检查，表彰好的，处理坏的，奖罚分明，引起重视，落到实处，报告中央。同年4月15日，中共中央、国务院针对耕地保护面临的严峻形势，以11号文件下发了《关于进一步加强土地管理、切实保护耕地的通知》，确立了我国土地管理和耕地保护的一系列大政方针和治本之策。这是一个有中国特色社会主义土地管理事业的纲领性文件。1998年6月6日，国土资源部发布的《珍惜土地、造福未来》报告提出，必须认真贯彻落实加强我国土地管理"十分珍惜和合理利用每寸土地、切实保护耕地"的基本国策，必须采取治本之策，扭转在全国人口继续增加情况下，耕地大量减少的失衡趋势。从上述《通知》发布以来，各级党委、政府及有

关部门共同努力,做了大量艰苦细致的工作,逐步形成了加强土地管理和耕地保护的态势。各地区农村基层干部和农民增强了珍惜土地、保护耕地的自觉性,遏制乱占滥用土地、浪费耕地的势头。

(2)回顾2003年至2012年农村耕地保护由来与趋势。在这十年期间,中共中央、国务院进一步推行科学合理调整优化国土资源和宏观调节控制农业生产经营土地及非农业生产经营建设土地的政策,据2007年《国土资源公报》显示,2007年全国耕地面积18.26亿亩,净减少61.01万亩,同比下降0.22%,建设占用耕地282.43万亩,同比下降27.2%,土地开发复垦补充耕地293.75万亩,超过建设占用耕地11.32万亩,增长4%。据2008年国土利用变更调查结果显示,2008年全国耕地面积为18.2574亿亩,净减少29.0万亩,比上年度净减少数量下降50%;全国立案查处土地违法案件数量和面积分别同比下降37%、48%。表明我国耕地保护呈现向好势头,耕地减少势头得到初步遏制。在2008年至2012年期间,一是国土资源系统积极调控新增建设用地总量和结构,严格土地规划、计划和建设用地审批管理。对用地指标适度向中西部和东北地区倾斜。严格执行限制和禁止供地目录,全面推行工业用地招拍挂出让和工业用地最低价标准。积极参与房地产市场调控;二是国土资源系统按照《国务院办公厅关于建立国家土地督察制度有关问题的通知》要求,稳步推进机构组建和各项工作。围绕严格耕地保护,重点督察省(区、市)和计划单列市人民政府落实耕地保护目标责任制情况。开展"以租代征"、擅自调整规划、违法占用基本农田、未批先用等土地违法违规突出问题的专项督察。围绕耕地保护、开发区建设、土地市场治理整顿等重大问题,开展实地调查研究。在全国土地执法百日行动中,开展全方位、全过程督察;三是全国土地执法百日行动查出违规违法案件3.1万多件,涉及土地330多万亩,其中"以租代征"30多万亩,违规扩区约100万亩,未批先用先占约200万亩。全面整顿和规范矿产资源开发秩序,推进矿产资源开发整合。查处无证勘察392起、无证开采2.49万起(人次)、越界开采2233起。违规违法高发态势得到遏制。从预防、查处、监管和部门联动等方面形成了一批制度性成果。

(3)回顾2013年至2019年农村耕地保护由来与趋势。在这期间,中共中央、国务院高度重视耕地保护工作,中共十八大和十八届七中全会、中央经济工作会议、中央城镇化工作会议、中央农村工作会议,都站在改革、发展全局的战略高度,客观分析了粮食安全和耕地保护面临的严峻形势,深刻揭示了土地管理的薄弱环节和突出问题,突出强调要毫不动摇地坚守耕地保护红线,明确提出了新形势下进一步严格耕地保护的战略目标和总体要求。这充分体现了对坚守耕地保护红线和粮食安全底线的战略定力,体现了深化改革创新和对子孙后代高度负责的鲜明态度。为贯彻落实中共中央、国务院关于严格耕地保护的战略部署,国土资源部在深入研究、总结实践经验基础上,于2014年,在主持召开的全国国土资源工作会议上,确定"把耕地保护放在更加突出的位置",将"严防死守保护耕地"列为2014年首要重点工作,经国务院批准,制定下发了《关于强化管控落实最严格耕地保护制度的通知》(国土资发〔2014〕18号,以下简称《通知》),提出了新形势下进一步严格耕地保护的新目标、新要求和新举措,这是指导未来一个时期耕地保护工作的纲领性文件,进一步加大了我国耕地保护力度,丝毫不放松。2015年10月29日,中共十八届五中全会通过的《中共中央关于制定国民经济和社会发展的第十三个五年规划的建议》指出,坚持最严格的耕地保护制度,坚守耕地红线,实施藏粮于地、藏粮于技战略,提高粮食产能,确保谷物基本自给、口粮绝对安全,开发农业多种功能,提高农业综合效益。

2. 查清农村耕地保护问题与因素。多年来,我国各级党委、政府及有关部门在组织领导推进农村耕地保护工作上,查清必须解决农村耕地保护相关问题,也相应找出强化管控农村土地、最严格保护耕地的直接因素。

(1)农村耕地保护问题。主要包括八方面:一是缺乏保护耕地的危机、紧迫意识;二是失去科学合理建设用地总体控制;三是都留地方土地收益分配政策隐患;四是下放县级土地限额审批制度失控;五是隶属同级政府土管机构执法不力;六是地方政府对土地违法问题纠正较差;七是限制非农业建设占地执法软弱;八是农业结构调整和农村建设占用耕地过多。

①缺乏保护耕地的危机、紧迫意识问题。我国有句俗话，"土地是农民的命根子"。20世纪末，"保护耕地就是保护全国人民的生命线"成了人们的共识。对于一个人口和农业大国来说，耕地在中国不但具有生产功能，更有着生命保障的功能。然而耕地流失，已经不断地碰触着这个命根子、生命线。粮食问题不是一种普通商品的供给问题，保护耕地问题更不简单是一个"保证吃饭"的问题，保护耕地其实是对经济安全的保护，是对盲目建设、粗放用地的约束。可是一些地方党委、政府及有关部门领导同志，对耕地逐年减少，给我国农林牧渔各业持续生产和经济社会健康发展的威胁缺乏危机、紧迫意识，对保护耕地、任重道远的这项工作，没排上重要议事日程，没有认清从1995年20亿亩耕地减到2015年18亿亩耕地，必须坚决守住18亿亩耕地底线。18亿亩只是耕地数量问题，耕地保护关键是保护耕地质量，即限制高质量耕地的流失，增加高质量耕地的数量。总体战略是必须控制上等耕地的流失速度，加大对中低产田的改造力度。尽管面对这严峻形势、艰巨的任务，也没有把保护耕地，作为考核各级党委、政府主要领导干部的重要标准。在保护耕地和"以地生财"发生矛盾时，多数地方党委、政府以牺牲耕地、牺牲农业、牺牲农民利益为代价，去追求工商业发展。沿海地区有些党委、政府领导干部认为，只要有钱，就能买到粮食，保护耕地是内地的事情，而内地一些党委、政府领导干部认为，沿海地区经验是多卖地，保护耕地，就是保护落后。为此，各地区在划定基本农田保护区中，普遍存在"划远不划近、划劣不划优"的问题，把城镇近郊和交通沿线的优质、高产、稳产粮田，划作城镇建设预留地。

②失去科学合理建设用地总体控制问题。一些地方党委、政府及有关部门对建设用地缺乏总体控制。城镇经济快速发展和工业化、城镇化的进程，需要占用一些耕地。问题是在建设用地上缺乏总体控制。首先是土地利用规划和城镇体系规划滞后，缺乏综合协调和控制能力。其次是国家虽已作出了严格控制城镇建设用地规模的规定，但一些地方党委、政府在城镇建设规模上互相攀比，在规划中把人口基数做大，盲目追求大城市、大都市，人均占地面积大幅度增加，城镇建设规模急剧扩张。有些城市按规划建设用地规模和人口数量属大城市，应报国务院审批，但所在省就擅自批准城镇建设规划。

③都留地方土地收益分配政策隐患问题。国家现行土地收益分配政策而引起地方多占耕地。国家明确规定，占用耕地和利用原有建设用地的土地收益都留在地方，并主要留给了市、县和乡镇。市、县和乡镇政府可以通过征用耕地然后，出让获取巨大收益。一些市、县每年的土地出让金收入，相当于财政收入的30%，有的在一段时间内甚至超过财政预算内收入。据不完全统计，实行土地有偿使用以来，地方收取土地出让金2400多亿元，大部分作为当地预算外资金。谁"卖地"谁得益的政策，刺激了市、县政府将耕地转化为建设资金的欲望。市、县和乡镇政府卖地，不仅造成耕地被大量占用，同时还大量引发农民和政府的矛盾，影响社会稳定。有的地方土地管理部门主要依靠出让土地的管理费收入维持开支。一些用地单位因为城区和国家批准开发区内的土地成本高，千方百计到城乡接合部大量占用耕地。在占地、圈地、炒地过程中，滋生不少腐败现象，一些人严重地违法犯罪。

④下放县级土地审批职责失控问题。国家现行用地"分级限额审批"制度，而失去全面控制土地供应总量。国家现行土地管理绝大部分权利集中在县级政府，有些下放到乡级政府，国家和省级政府的权利基本上是没有的。由于县级政府所处的位置，只考虑局部、短期利用土地的需要，难以衡量全国、全省合理利用土地、保护耕地的全局、长远利益。这是造成中央政府无法控制土地供应总量的根本原因。尽管国家法律规定了地方政府只有一定限额的征用耕地审批权，但普遍采取"化整为零"或"下放土地审批权"等办法，批地、用地。从1991年至1995年，各地方政府应报国务院审批的建设用地项目为1080件，实际上报202件，仅占18.7%。中共中央、国务院三令五申，严格控制修建高级别墅、高档消费娱乐设施，严禁乱设经济开发区，但一些地方照样违法占用耕地。1996年，国家土地管理局在组织非农业建设用地清理中，发现违法用地32万件，占用耕地75万亩。由于体制原因，在同一区域内，相邻市、县互相攀比，大量占用耕地低价拍卖出让，形成恶性竞争，造成大量闲置撂荒土地。

⑤隶属同级政府土地管理机构执法不力问题。地方土地管理机构完全隶属于同级政府，难以依法管理。土地管理特别是保护耕地，事关全局和长远的利益。在现行土地管理体制下，地方各级土地管理部门完全隶属于同级政府，在土地管理上，只能服从当地的局部和短期利益，甚至连土地数据，都不能如实上报。国家土地管理部门汇总地方土地管理部门每年上报的占用耕地的数字，要比统计部门抽样调查得出的统计数少得多。从2001年至2005年的5年中，有的省共圈地51万亩，但只上报了16.3万亩，仅占32%。其中省级批准出让的15万亩，市、县自己违法审批的有12万亩，乡镇违法圈占的24万亩。一些地方土地管理部门的负责同志因依法行政而被调换。

⑥地方政府对土地违法事件查处较差问题。地方政府的土地违法行为难以查处、纠正。有些地区土地违法的主体主要是地方政府，并且涉及的土地面积大，危害严重。但是，按现行法律规定，对地方政府的土地违法行为，难以查处。现行法律只规定了地方土地管理部门负责对土地违法行为的查处，而没有赋予国家土地管理部门查处权。在我国刑法中，对森林、野生动物和水产资源都纳入了刑法保护范围，但对耕地却没有规定刑法保护。相反，一些人因圈地多，短期内"出了政绩"而得到升迁。

⑦限制非农业生产经营建设占地执法问题。国家法律规定对农业土地转为建设用地的限制不严。国家现行法律对土地使用权的规定过于笼统，对农业土地转为建设用地只是在计划和审批限额上有限制，不足以限制对农业土地的随便占用。特别是许多非政府投资的项目，仍以国家建设名义征用土地。在政策上允许农村集体可以用自有的土地，办企业或与人合作经营，但是没有明确规划上的限制、兴办企业种类的限制，致使乡镇企业浪费土地，甚至以办乡镇企业为名，占用耕地搞房地产开发，在城乡接合部情况十分严重。对于乡镇企业违法用地、农村居民非法占地建房，在法律上只规定了拆除或没收，这在农村很难执法。在经济手段上又取消了对超占宅基地的处罚，致使农户多宅建房超占土地问题大量发生。

⑧农业结构调整和农村建设占用耕地过多问题。我国历年耕地减少数中，农业结构调整和农村建设占用耕地占相当大的比重。特别是农业结构调整占用的耕地，一般要占耕地减少数的50%~60%。这里，主要是有关政策不配套，缺乏有力的政策诱导和调控手段。尤其是以下三方面问题比较严重：

其一，有些地区受比较利益的影响，农民种粮积极性下降，不少地方大量退耕养鱼、养虾、种果、植桑。对此，国家有关方面缺乏统一明确的规定；一些地方领导为"富一方百姓"，无条件地鼓励支持农民这样做；财政补贴政策对于农林渔牧各业的调节作用不明显；对促进耕地流转，扩大农业生产经营规模的政策扶持不够；加之摊派名目繁多，农民尤其是种粮的农民不堪重负等等。这些，都导致农民不愿意用耕地生产粮食，大量将耕地改做它用，甚至弃荒。解决这个问题，必须在税收、价格、补贴、费用、规划、计划、管理等方面通盘考虑，制定相配套的政策法规，既有禁绝又有疏导。

其二，有些城镇郊区农村建房占用耕地风气兴起。在推进城乡一体工业化、信息化、城镇化、农业现代化同步建设上，推行籍地管理、宅基地有偿使用制度，基本控制了占用耕地。但通过清理农民负担，将宅基地使用费作为"负担"减免了，同时对宅基地超占费不缴纳了。当时，尽管土地管理部门有不同意见，但为了大局，还是坚决执行了。各地区政府及土地管理部门因缺少了制约手段，一些农村超占、滥占宅基地现象十分普通。中南地区五省（区）农村宅基地占用耕地的上报数为13.4万亩，但据有关部门分析，实际占用的比上报数多37万亩，大多数农村宅基地超过规定面积。面对许多地方出现的"有权有势批着占，有钱无权买着占，无权无钱抢着占"的歪风，基层土地管理部门由于缺少"尚方宝剑"而束手无策。

其三，多数地区未经批准的乡镇企业，就擅自占用土地的现象也相当普遍，特别是西北地区的乡镇企业用地，未经土地管理部门批准。因此，乡镇企业的实际占地数远远高于报批数。许多在报表上或图纸上还是耕地的，其实早已成了厂房。这里固然有企业逃避耕地占用税和其他应交基金方面的原因，但根本上还是由于有关部门在审批企业时，缺乏与土地管理部门的工作协调和政策衔接。另外，有关部门对农业用地转变为经营性非农业用地从不同的角度出发，往往作出不同的政策规定或解释，下面在执行中就各取所需，钻政策的空子。

（2）农村耕地保护因素。农村耕地保护因素是多方面的，最严格保护耕地的直接因素，主要包括以下四方面：

①坚守耕地保护红线是保障国家粮食安全的战略要求。国以民为本，民以食为天。我国13亿多人口的吃饭问题，始终是我国的头等大事。我国粮食安全并非高枕无忧，尽管粮食总产量实现新中国历史上二十几年增产，但粮食等农林牧渔各业产品的进口数量也在持续攀升，产需缺口不断加大，2012年贸易依存度已上升到21%，2012年上升到21.8%，2014年上升到22.3%，2015年上升到23.2%。今后随着人口增加和城镇化发展，粮食需求还将刚性增长，粮食供求紧平衡很可能是一个长期态势。保障国家粮食安全，最根本的是保护耕地。要确保谷物基本自给、口粮绝对安全，把饭碗牢牢端在自己手上，耕地保护就丝毫放松不得。

②坚守耕地保护红线是加快城乡一体经济社会健康发展方式转变的根本需求。加快城乡一体经济社会健康发展方式转变刻不容缓。经过30多年以大量消耗资源环境为代价的高速发展，许多城乡资源环境承载能力已明显减弱，水土资源和能源不足、环境污染等问题凸显，财政和金融风险不断加大。我国已经走到必须在发展中加快提质增效升级的关键时期，粗放扩张、人地失衡、举债度日、破坏环境的老路不能再走，严守耕地红线，走内涵挖潜新路，比以往任何时候都更为重要和紧迫。

③坚守耕地保护红线是保障改革发展战略部署顺利推进的必由之路。中共十八届三至六中全会和中央经济工作会议、城镇化工作会议、农村工作会议对土地制度改革、新型城镇化发展、农业农村发展改革进行了整体部署。目前各地区推进城乡一体土地管理体制改革和城乡一体化经济社会发展的热情高涨，但因认识不足或理解偏差，一些地方也出现了乱占滥用土地的苗头，冲击耕地红线。为此，要保障改革发展战略部署顺利推进，必须毫不动摇地坚守耕地保护红线，这既是国家粮食安全底线，也是推进改革的底线，更是确保发展的必由之路。

④坚守严格土地用途管制，加强耕地保护管理，取得了积极成效，但耕地保护形势与任务依然严峻与艰巨。尽管第二次全国土地调查显示耕地面积增加了2亿亩，但适宜稳定利用的耕地也就18亿亩多一点，粮食生产的实有耕地面积并未增加，耕地占补平衡难度加大，绝不能仅凭耕地数量增加就盲目乐观，耕地保护这根弦必须始终绷紧。同时，还要看到，经过改革开放30多年来持续快速发展，我国城乡土地开发强度总体偏高，建设用地存量大、利用率低，划定永久基本农田、严控建设占用耕地不仅十分必要，也已具备条件。为此，国务院决定，从2015年开始，必须全面开展永久基本农田划定工作，实施耕地质量保护与提升行动，推进土地整治，增加深松土地2亿亩，加强农田水利基本建设。

3. 证实农村耕地保护意义与作用。多年来，全国农村耕地保护的实际意义，是力争粮食面积稳定在15.8亿亩以上，深化农业结构调整，建立健全现代农业产业化规模经营、社会科技化服务体系，坚持立足国内保障粮食基本自给的方针，推进优质粮食产业工程建设，构建良种覆盖广、耕地质量好、品种质量优、产业链完整的优质粮食产业。农村耕地保护的核心作用，是以秸秆覆盖地表、免少耕播种、深松及病虫草害综合控制为主要内容的现代耕作技术体系，具有防治农田扬尘和水土流失、蓄水保墒、培肥地力、节本增效、减少秸秆焚烧和温室气体排放等作用。

（1）农村耕地保护意义。主要体现四方面：一是能切实坚持和完善最严格的耕地保护制度，把划定永久基本农田作为确保国家粮食安全的基础，强化耕地保护责任制度，健全耕地保护补偿机制，从严控制各类建设占用耕地，完善耕地占补平衡制度，加强农村土地整理复垦，大规模建设旱涝保收高标准农田；二是能切实实行最严格的节约用地制度，强化土地利用总体规划的整体管控作用，合理确定新增建设用地规模、结构、时序，降低经济增长对土地资源的过度消耗，走集约式城镇化道路，尽力保障性安居工程用地供应，严格执行土地用途管制制度，完善土地使用标准；三是能切实维护农村集体经济组织和农户土地合法权益，严格界定公益性和经营性用地，完善征地补偿机制，规范征地拆迁管理，加大土地督察和执法力度，维护被征地农民合法权益；四是能切实推进土地管理制度改革,健全严格规范的农村土地管理制度,加快征地制度改革,深化国有土地有偿使用制度改革,加强土地行政管理能力建设。

(2) 农村耕地保护作用。主要起到五项作用:一是治理农田扬尘、防治农田风蚀水蚀。通过秸秆留茬覆盖,起到挡风固土的作用,大面积留茬覆盖,可有效地减少农田扬尘,防治沙尘暴。通过秸秆覆盖和深松技术,可减少土壤水分蒸发,增强土壤蓄水能力,减少大雨和暴雨造成的水土流失;二是培肥地力、促进农业可持续发展。通过秸秆还田增加土壤有机质,蓄水保墒,提高土壤肥力,改善团粒结构,减少土壤板结和退化,促进耕地的可持续利用;三是降低农业生产成本、提高生产效益。通过采用机械化免耕、少耕和复式作业,简化工序,降低成本。长期实施这种作业方式,可有效减少农田用水量,增加产量,提高农业生产效率,促进农业节本增效;四是防治秸秆焚烧、减少温室气体排放。通过大面积实施秸秆还田、使碳元素以固态的形式,存在于土壤中,从而减少空气中二氧化碳气体的总量,减少温室气体排放。这种保护性耕作,为秸秆利用找到了出路,有效防止了农民抢农时赶季节焚烧秸秆;五是发展保护性耕作,转变农民的传统耕作观念,实现科学种田。通过保护性耕作技术的综合应用,实现了农业生态、经济和社会效益有机统一,在发展生产的同时,改善了生态环境,实现了人与自然和谐相处、和谐发展是构建社会主义和谐社会的重要体现。

4. 确定农村耕地保护的目标与任务。确定农村耕地保护的根本目标,是控制农村土地数量、保障耕地面积稳定、提高农村土地利用率和产出率。确定农村耕地保护的中心任务,是确保农村土地占用和补充数量和质量平衡。

(1) 农村耕地保护目标。严守耕地红线,确保实有耕地面积基本稳定、耕地质量提升。基于全国第二次调查成果和耕地保护面临的形势与任务,综合考虑国家粮食安全、经济社会可持续发展和生态文明建设需要,提出坚守保护18亿亩耕地的总目标。确定保护耕地总目标的依据有两方面:一是全国城乡人口平均耕地少、耕地质量总体不高、耕地后备资源不足的基本国情没有改变;二是全国城乡需要进一步加强生态文明建设,对全国第二次调查查明的陡坡耕地、中重度污染耕地等,还要根据国家退耕还林、还草、还湿和耕地休养生息、整治修复的总体安排逐步调整,保持实有耕地面积基本稳定、耕地质量逐步提高极为必要。

(2) 农村耕地保护任务。坚决贯彻落实中共中央、国务院关于将耕地保护放到前所未有重要位置的决策部署,依照中共十八届三中至六中全会等一系列重要会议精神,把保护耕地作为土地管理工作的首要任务。为此,一是要在土地利用过程中,牢固树立耕地保护的目标优先理念。要严控建设占用耕地,划定城镇开发边界、永久基本农田和生态保护红线,逼迫城镇建设必须跳出去,搞组团式、卫星城式、串联式发展,避让优质耕地;二是要充分发挥用途管制和规划管控的宏观管理作用。要通过调整完善土地利用总体规划,加强土地利用计划调控,严格建设占用耕地审批等手段,为坚守耕地红线保驾护航;三是要加强农村土地数量和质量占用与补充平衡。要为确保耕地使用面积基本稳定,严格执行以补定占、先补后占规定,坚决纠正占优补劣问题;四是要以划定和保护永久基本农田为切入口,落实最严格的耕地保护制度。从500万人口以上城市周边开始,由小到大、由近及远划定基本农田。基本农田一经划定,永久保护;五是要死守耕地"红线",大力完善耕地保护机制,多管齐下,打好"组合拳";六是要加强耕地保护执法检查和督察,严格责任追究制度,加快建立耕地保护共同责任机制、激励机制和社会监督机制,真正将最严格的耕地保护制度落到实处;七是要切实提高对保护耕地重要性和紧迫性的认识,进一步采取有力措施,守住"红线"、保住"底线",全面落实耕地数量和质量保护战略任务,为保障国家粮食安全作出应有贡献。

5. 提出农村耕地保护原则与要求。农村土地制度改革,耕地保护工作,涉及全国农村千家万户,关系稳定大局,既要积极,又要稳妥,其中最重要的是要守住耕地保护红线和粮食安全底线。这是确保改革顺利推进的前提,也是当前耕地保护工作的重中之重。为此,必须提出以下农村耕地保护的原则与要求。

(1) 农村耕地保护的原则。这是指必须坚持遵循六项原则:一是坚持耕地保护优先、数量质量并重的原则。这是新形势下农村土地管理至城乡经济建设发展理念的重大转变，是对农村耕地保护工作，必须长期遵循的基本原则。多年来，中共中央、国务院强调，统筹保障发展和保护耕地，但一些地方实际走的是一条重发展轻保护、粗犷扩张之路，尤其是新城新区、各类开发园区急功近利、摊大饼式扩展，占用大量良田好地，耕地占补平衡重数量轻质量问题比较突出，过去十年，建设占用耕地近1/2是水田和菜地，而同期补充的耕地中水田和菜地远未达到这个比例。这种建设发展模式和占补平衡做法必须改变。为此，必须坚持遵循耕地保护优先、数量质量并重的原则；二是坚持因地制宜、分类指导的原则。必须结合不同的自然、经济条件和作物种类，采取适宜的技术模式，选择确定适用的保护性耕作机具；三是坚持突出重点、分步实施的原则。必须选好重点区域，集中资源扶持发展。根据不同的发展阶段，抓住主要环节，把握主体技术。遵循技术推广规律，以点带面，稳步推进；四是坚持政府扶持、农民自愿的原则。必须加大对保护性耕作试验示范、科研攻关和技术培训的支持，争取投入。尊重农民意愿，通过典型示范、政策引导，提高农民采用技术的主动性和自觉性；五是坚持多方合作、共同促进的原则。必须坚持农机与农艺结合、工程技术与生物技术相结合，发挥农机、栽培、土肥和植保等领域专家和机构的积极性，形成合力，共同促进保护性耕作发展；六是坚持不断创新、建立机制的原则。必须加强技术创新和机制创新，不断完善技术模式和运行机制，推进保护性耕作社会化服务，提高农民和广大农机手的经济效益，调动农民采用保护性耕作的积极性。

（2）农村耕地保护的要求。这是指必须坚持达到十项要求：一是要在坚持和完善最严格的耕地保护制度前提下，赋予农民对承包地占有、使用、收益、流转及承包地抵押、担保权能，允许农民以承包经营权，入股发展农业产业化经营；二是要"在符合规划和用途管制前提下，允许农村集体经营性建设用地出让、租赁、入股，实行与国有土地同等入市、同权同价"。这些规定具有很强的针对性。一些地方农用土地流转中"非粮化""非农化"倾向明显。有的地方以集体建设用地制度改革之名行圈地之实，必须坚决查处；三是要对农村土地管理制度改革，必须按照守住底线、试点先行的原则稳步推进，严格依据经中央批准的改革方案、在批准的试点范围内进行，坚持以符合规划和用途管制为前提，严防擅自扩大建设用地规模，乱占滥用耕地；四是要对农村土地承包经营权流转和抵押、担保等，必须在坚持和完善最严格的耕地保护制度前提下进行，坚持农地农用，不得借农地流转之名，违规搞非农业建设，严禁在流转农用土地上建设旅游度假村、高尔夫球场、别墅、农家乐、私人会所等；五是要引导农业结构调整不改变耕地用途，严禁占用基本农田挖塘造湖、种植林果、建绿色通道及其毁坏基本农田种植条件的行为等。各地区要准确把握要求，不折不扣抓好落实；六是要全面强化规划统筹、用途管制、用地节约和执法监管。这是将最严格地耕地保护制度，贯穿于土地管理全过程，对各环节提出的综合性、系统性举措，从加大土地利用规划计划管控力度、进一步严格建设占用耕地审批、引导和促进各类建设节约集约用地、强化耕地保护执法督察等多方面，提出从严管理的要求和有针对性的措施，努力形成监管合力，切实提高保护成效；七是要加快建立共同责任、经济激励和社会监督机制。这是总结多年实践经验，本着标本兼治和着力构建管理新格局的要求，提出的耕地保护新机制新办法，加快构建耕地保护共同责任机制，积极推动地方政府将耕地保护目标，纳入经济社会发展和领导干部政绩考核评价指标体系，推动落实领导干部耕地保护离任审计；八是要完善耕地保护约束激励机制，支持地方提高非农业建设占用耕地特别是基本农田的成本，加大对耕地特别是基本农田保护的补贴力度，探索建立耕地保护经济补偿机制；九是要推进耕地保护调查监测和信息化监管；十是要加强耕地保护法制化规范性建设。

6. 贯彻农村耕地保护方针政策。农村耕地保护方针政策的核心，是必须坚持以保护耕地、改善生态环境、节本增效、促进农业和农村经济可持续发展为目标，以秸秆覆盖地表、免少耕播种、深松耕地、复垦耕地及病虫草害综合控制为主要途径，坚持政府推动与市场拉动相结合，遵循自然经济规律与技术创新、机制创新相结合，建立农村生态保障体系，改革传统工作制度，加快保护性耕作技术推广应用，为发展现代农业产业化规模经营、构建社会主义新农村和谐社会作出贡献。

（1）农村耕地保护方针。农村耕地保护方针的核心内容包括：一是坚持完善符合我国国情的最严格的耕地管理制度，坚持各类建设少占土地、不占或少占耕地，以较少的土地资源消耗，支撑更大规模的经济增长；二是坚持经济效益、社会效益、生态效益协调统一，推进整治复垦耕地，全面开展永久基本农田水利建设，不断提高土地利用效率；三是坚持统一规划、合理布局，促进区域、城乡、产业用地结构优化，加快转变农业、城乡一体化经济发展方式；四是坚持当前与长远相结合，组织实施耕地质量保护与提升行动，提高耕地对经济社会发展的保障能力，努力建设资源节约型、农业更强型、农民更富型、农村更美型、环境友好型社会。

（2）农村耕地保护政策。农村耕地保护政策的内容，主要包括以下四项：

①坚持坚持珍惜和科学利用土地、切实保护耕地的基本国策。农村耕地是全国城乡人民的衣食之源、生存之本。无论什么时候、什么原因，耕地都不能出问题。否则，全国城乡人民当代要吃苦头，子孙后代都要跟着吃苦头。回顾人类从猿到人的进化，从狩猎到农耕、再到农业现代化、工业化、信息化、城镇化同步建设过程中，都离不开农村土地，我国经济社会变革前进历程已利用的所有土地，也都是先祖们经过艰苦卓绝的努力，一代一代传承下来的，尤其是耕地，更是祖先一代代垦殖的热土。未来的我国城乡一体化经济社会所有发展目标，也都仍然需要土地来支撑。因而当代全国城乡人民，必须坚持更加珍惜和科学利用土地，坚定扎实保护耕地的基本国策，必须坚持坚定不移地在祖国这块土地上，留出尽可能大的生存和发展空间，一代代地传给子孙后代，使土地得到永续利用。保护耕地，人人有责。要贯彻落实"十分珍惜和合理利用每寸土地、切实保护耕地"的基本国策，必须从人们每一个人做起，从每一寸土地做起，给民族的未来世纪留下一个美好的家园。但是，一些地方乱占耕地、违法批地、浪费土地问题，没有从根本上解决，有些地方领导对土地管理和耕地保护工作重视不够，致使乱占滥用土地的不法行为屡禁不止；有些地方非法转让、出租土地、土地资产流失严重。这种乱占滥用土地状况，不仅严重影响了农业和农村经济的持续发展，也影响到国民经济的健康发展和社会稳定。全国人多地少，尤其是耕地资源不足，全国人均耕地仅有1.38亩，全国有2/3的县（市、区）人均耕地不足1亩，已处于土地人口承载力的极限。同时，每年人口继续增加，非农业建设仍需占用部分耕地，土地资源日趋减少，土地形势十分严峻。为此，各级党委、政府及有关部门必须从全国经济社会发展和子孙后代生存的高度，进一步提高对土地管理和保护耕地重要意义的认识，正确处理当前建设与长远发展和可持续发展的关系，采取多种形式宣传贯彻新《土地管理法》，实行最严格的土地管理制度。各级党委、政府及有关部门，带领全社会都要积极行动起来，共同关注土地，珍惜土地，合理用地，切实保护耕地，不断增强土地忧患意识和保护耕地的紧迫感、责任感，下大力气，加大措施，切实抓紧抓好保护耕地，抓出成效。

②坚持从严保护耕地、保障建设用地的政策。这就是既要严格保护耕地，又必须从严节约保障建设用地的政策。必须坚持节约非农业建设用地，可以利用荒地的，不得占用耕地；可以利用劣地的，不得占用好地。必须在审批用地时，要重点把好规划关、转用关、占补关和补偿关。凡不符合土地利用总体规划和年度计划、占补平衡不落实、土地补偿不合法的用地，一律不得以任何理由占用，一律不准转报审批。为此，一是要对城镇规划区内用地特别是城乡接合部新增用地，各级党委、政府要从土地利用现状、规划、计划和耕地占补平衡等方面严格把关，各级土地管理部门要严格审查新增用地的规模和布局。二是要根据国家的有关规定，允许镇、村之间进行土地置换，通过同步缩减村庄用地规模，满足小城镇建设用地需求，各县（市）的置换方案，必须经省级土地管理局审核批准。三是要对小城镇建设用地，必须立足存量，内涵挖潜，充分利用闲置土地和低效利用土地，做到集约用地。用地指标，主要通过农村居民点向中心村和中心集镇集中，乡镇企业向工业小区集中，招商引资新上项目和个体私营经济用地，都要向县（市）、乡（镇）有规模的园区集中。合理控制小城镇建设用地供应总量，实行土地有偿使用，开辟小城镇建设资金渠道。四是要在农业生产结构调整中，建造温室大棚和临时性畜牧场、饲养场及管理看护用房，确需占用耕地的，对构筑物，要严格控制建筑面积，可按临时用地办理手续，签订复耕协议书，缴纳复垦耕地保证金，由县（市）土地管理部门进行登记备案，届时按要求恢复成耕地，并经县（市）土地管理部门检查验收。五是要在农村居民的

住宅建设上，必须符合村镇建设规划。农村居民每户只能拥有一处不超过标准的宅基地，多出的宅基地，根据土地管理有关法律法规，由村集体依法收回。各地区政府要进一步规范农民宅基地管理办法，完善审批程序和审批行为。坚决制止非法出租集体土地和非法买卖宅基地行为。

③坚持执行依据国法规定全国基本农田、任何单位和个人不准占用基本农田的政策。为此，一是县级和乡级人民政府必须依法划定基本农田保护区；二是除国家重点建设项目确需占用基本农田外，任何单位和个人不得占用基本农田进行建设；三是对占用基本农田以外的耕地及未利用地从事养殖业，不建设永久性建筑物的，应当按照临时用地办理审批手续。对建设永久性建筑物的，应当按照建设用地办理审批手续；四是对为实施土地利用总体规划和保护生态环境的需要，进行退耕还林、还草的，由省级人民政府下达指标，县（市）人民政府组织实施；五是对因退耕还林、还草减少的耕地，由省土地行政主管部门组织异地开垦与其面积和质量相当的耕地，并且按照规定拨付耕地开垦费；六是对因自然灾害损毁的耕地，由土地的所有者、使用者或者承包经营者负责恢复，人民政府可以给予适当补助；无法恢复的，由省土地行政主管部门委托县（市）土地行政主管部门，组织开垦与其面积和质量相当的耕地，并且按照规定拨付耕地开垦费；七是禁止占用耕地建窑、建坟或者擅自在耕地上建房、挖砂、采石、采矿、取土等；八是对非农业建设占用耕地，没有条件开垦或者开垦的耕地，经最终验收不合格的，占用耕地的单位，应当按照每平方米10元至15元的标准，向县（市）以上土地行政主管部门缴纳耕地开垦费，由土地行政主管部门用于组织开垦与占用耕地的面积和质量相当的耕地；九是对经依法批准占用土地进行建设的，应当在批准的动工建设之日起，一年内动工建设，不得造成土地闲置；十是因闲置依法收回的国有土地所有权性质不变，可以安排其他建设项目使用，也可以安排原集体组织耕种。

④坚持始终保障国家耕地总量平衡、农业土地质量只能增加、不能减少为宗旨的政策。"九五"时期，中共中央、国务院提出"实现耕地总量动态平衡"的战略目标，即保持现有耕地总量不再减少，并努力做到随着经济发展和人口增长，耕地总量也有所增加，从中央到地方各级政府努力实现这个目标。各省、自治区、直辖市土地管理部门都表示，耕地总量动态平衡这样的战略目标，是必要可行的，是必须努力的。只要采取严格的措施，可以实现这个目标。实现这个目标的关键，是转变农业土地利用的方式，从粗放利用转变到集约利用，走内部挖潜的路子，努力提高土地的利用效率。

7. 形成农村耕地保护法规制度。历届中共中央、国务院、全国人大高度重视、三令五申保护耕地，形成法规制度。现将农村耕地保护法规制度形成的原因、内容、任务、要求说明如下：

（1）农村耕地保护法规制度形成原因。对农村耕地保护法规制度形成的因由，主要有四点：一是由我国人多地少，耕地资源后备不足的基本国情决定的。我国随着人口的不断增加、经济快速增长，人地矛盾将日益突出。要消除或缓解人地矛盾，单靠行政措施、经济措施是远远不够的，还必须要求法律措施，特别是包括土地刑罚在内的刑法规章制度；二是由我国保护耕地形势严峻、任重道远、坚守耕地红线的基本国策决定的。我国的基本国策中，最核心的是耕地。我国的粮食问题很大程度上是耕地问题，根据政策法律化的原理，要使坚守耕地基本国策这个对全局有重大影响的政策，得以长期坚持和坚决贯彻落实，就必须采取法律措施，使其上升为民事、行政、经济法律，纳入法制轨道，以保障基本国策作用的顺利实现；三是由耕地乱占滥用的违法现状决定的。中共中央、国务院一直都十分重视耕地保护工作，曾三令五申严禁乱占滥用耕地。但由于种种原因，耕地乱占滥用的违法行为屡禁不止，个别地方甚至愈演愈烈，业已发展到令人无法容忍的地步。究其原因，就是现行的行政法律措施、民事法律措施与经济法律措施不够严厉，缺乏严格的制裁手段。要根治现行耕地违法的顽症，就需要耕地刑罚这一最严厉的法律措施；四是由严格完善的土地法律法规体系决定的。要求保护耕地，必须采取最严格的法律法规制度。我国耕地行政、经济、科技等项管理，对耕地保护的缺陷及其不足，特别是耕地刑法的"空白"，是导致耕地保护任务与目标总是难以完成与兑现的主要原因。所以，要完成和实现耕地保护的任务与目标，就不能排斥这一最严格的法规制度，因此，势必形成农村耕地保护法规制度。

（2）农村耕地保护法规制度形成内容。对农村耕地保护法规制度形成内容包括：一是农村耕地保护；二是农村耕地刑罚。

①农村耕地保护法规制度形成内容。这是指非农业建设经批准占用耕地的，必须按国家法规制度规定，开垦、整理与所占耕地数量和质量相当的耕地：一是在土地利用总体规划确定的城镇建设用地规模范围内，为实时城镇规划占用耕地的，由县（市）人民政府负责开垦；二是在土地利用总体规划确定的村庄和集镇建设用地规模范围内，为实施村庄、集镇规划占用耕地的，由乡（镇）人民政府组织用地的村民委员会或者农村集体经济组织、建设单位负责开垦、整理；三是在土地利用总体规划确定的城市和村庄、集镇建设用地规模范围以外，能源、交通、水利、矿山、军事设施等建设项目占用耕地的，由建设单位负责开垦；四是开垦的耕地，由省人民政府组织验收；整理的耕地，由省人民政府土地行政主管部门会同农业等有关行政主管部门组织验收。

②农村耕地刑罚法规制度形成内容。农村土地刑罚法规制度，是指由国家《刑法》创制的对土地犯罪分子规定的一种特殊制裁方法。它是对土地犯罪分子某种权益的强制剥夺，这是表明国家对土地犯罪分子及其行为的否定处罚。与农村土地刑罚密切相关的是土地犯罪。土地犯罪是指公司、企业、事业单位、机关、团体和公民，在土地管理及其利用活动中，违反土地管理法规与耕地保护法规，情节严重，依法应受土地行政处罚的行为。根据新《刑法》的规定，土地犯罪主要有四方面：一是非法转让、倒卖土地使用权罪，是指以暴力为目的，违反土地管理法规，非法转让、倒卖土地使用权，情节严重或情节特别严重的行为；二是破坏耕地罪，是指违反土地管理法规，非法占用耕地改作他用，数量较大，造成耕地大量毁坏的行为；三是非法批地罪，是指国家机关工作人员，徇私舞弊，违反土地管理法规，滥用职权、非法批准征用、占用土地，情节严重或者致使国家、集体利益遭受特别大损失的行为；四是非法低价出让国有土地使用权罪，是指国家工作人员徇私舞弊，滥用职权，违反土地管理法规，非法低价出让国有土地使用权，情节严重或者致使国家、集体利益遭受特别重大损失的行为。以上这四种犯罪，均适用于有关耕地的犯罪，其中破坏耕地罪，是最直接和最突出的土地犯罪。

（3）农村耕地保护法规制度形成任务。对农村耕地保护法规制度形成任务，主要有以下两方面：

①农村耕地保护法规制度形成任务。主要包括：一是县（市）、乡（镇）人民政府按照土地利用总体规划，组织村民委员会或者农村集体经济组织制定土地整理方案，并组织实施。对土地整理方案，应当报省人民政府土地行政主管部门备案。对土地整理新增耕地面积的60%，可以用作折抵建设占用耕地的补偿指标。对土地整理新增耕地，依法享受国家有关优惠政策。根据土地整理方案，进行旧村搬迁改造等需要占用农用地的，经县级以上人民政府批准，可以用新整理的农用地置换；二是各级人民政府应当加大对土地开发、整理、复垦的投入，耕地开垦费、土地复垦费、土地闲置费、新增建设用地土地有偿使用费等，必须纳入财政预算管理，专项用于土地开发、整理和复垦，不得挪作他用。对新菜地开发建设基金、原国有建设用地土地有偿使用、耕地占用税，应当有一定比例用于开垦新的耕地；三是禁止占用基本农田发展林果业和挖塘养鱼。因进行农业内部结构调整，需要占用基本农田以外的耕地，发展林果业、挖塘养鱼的，必须向县级人民政府土地行政主管部门提出申请，报同级人民政府批准，并逐级上报省人民政府土地行政主管部门备案；四是禁止任何单位和个人闲置、荒芜耕地。已经办理审批手续的非农业建设占用耕地，一年内不用而又可以耕种并收获的，应当由原耕种该耕地的集体或个人恢复耕种，也可由用地单位组织耕种；一年以上未动工建设的，由县（市）人民政府土地行政主管部门，按照该耕地前三年平均产值的三倍收取土地闲置费。连续两年未使用的，经原批准机关批准，由县（市）人民政府无偿收回用地单位的土地使用权；该幅土地原为农民集体所有的，由市、县人民政府土地行政主管部门与村民委员会或者农村集体经济组织签订土地使用合同，无偿交由村民委员会或者原农村集体经济组织恢复耕种，建设项目需要使用时，由县（市）人民政府收回，并按照当季作物产值给予适当补偿。

②农村耕地犯罪处罚法规制度形成任务。农村耕地犯罪予以处罚是农村耕地刑罚的首要任务。通

过剥夺犯罪分子的某种权益和改造犯罪分子的思想意识以及对犯罪分子的感化，达到预防农村耕地犯罪的目的，进而也就达到严格保护耕地的目的。为此，对农村耕地犯罪的具体处罚为：一是破坏耕地罪的处罚。对公民个人犯罪的处罚，应根据新《刑法》第342条规定，个人犯破坏耕地罪的，处五年以下有期徒刑或者拘役，并处或者单处罚金。对单位犯罪的处罚，应根据新《刑法》第30条和第346条规定，单位犯破坏耕地罪的，除对单位判处罚金外，还要同时对单位直接负责的主管人员和直接责任人员，处五年以下有期徒刑或者拘役，并处或者单处罚金；二是非法批地罪与非法低价出让国有土地使用权罪的处罚。根据新《刑法》第410条的规定，犯非法批地罪或非法低价出让国有土地使用权罪，情节严重的，处三年以下有期徒刑或者拘役。根据新《刑法》第410条的规定，犯非法批地或非法低价出让国有土地使用权罪，致使国家、集体利益遭受特别大的损失的，处三年以上七年以下有期徒刑；三是非法转让倒卖土地使用权罪的处罚。对公民个人犯罪的处罚，应根据新《刑法》第228条的规定，公民个人犯本罪的，情节严重的，处三年以下有期徒刑或者拘役，并处或者单处非法转让、倒卖土地使用权价额5%以上20%以下的罚金。对情节特别严重的，处三年以上七年以下有期徒刑，并处非法转让、倒卖土地使用权价额5%以上20%以下的罚金。对单位犯罪的处罚，应根据新《刑法》第30条、第231条的规定，单位犯本罪的，除对单位判处5%以上20%以下的罚金外，还要同时对其直接负责的主管人员，和其他直接责任人员予以与一般公民个人同样的处罚。

（4）农村耕地保护法规制度形成要求。农村耕地保护法规制度形成要求，主要包括保护、刑罚两项：

①农村耕地保护法规制度形成要求。为此，一是没有条件开垦或者开垦的耕地不符合要求的，应当按本办法的规定缴纳耕地开垦费，由省人民政府土地行政主管部门组织开垦。耕地开垦费由批准农用地转为建设用地的人民政府土地行政主管部门收取。其中，依法应当报经国务院批准的，由省土地行政主管部门收取。收取的耕地开垦费按规定缴省财政，专项用于开发整理新的耕地；二是耕地开垦费按下列标准缴纳：经批准占用基本农田的，按被占用耕地前三年平均年产值的十至十二倍缴纳；经批准占用基本农田以外的耕地的，按被占用耕地前三年平均年产值的八至十倍缴纳。耕地开垦费不得减免，建设单位应当将其作为建设用地成本，列入建设项目总投资；三是各级人民政府应当建立基本农田保护制度，根据上级下达的基本农田保护指标，划定本行政区域内的基本农田保护区，落实保护措施，确保土地利用总体规划确定的本行政区域内，基本农田的数量不减少；四是土地开发必须在土地利用总体规划确定的土地开垦区内，按照批准的开发方案和期限进行。禁止单位和个人在土地利用总体规划确定的禁止开垦区内从事土地开发活动；五是开发未确定使用权的荒山、荒地、荒滩等从事种植业、林业、牧业、渔业生产的，必须按下列权限办理审批手续：对一次性开发未确定使用权的荒山、荒地、荒滩五十公顷以下的，由县级人民政府批准；对一次性开发五十公顷以上一百公顷以下的，由设区的市人民政府、地区行政公署批准；对一次性开发一百公顷以上六百公顷以下的，由省人民政府批准；对一次性开发六百公顷以上的，报国务院批准。对开发成农用地的，依法享受国家规定的有关优惠政策。

②农村耕地刑罚法规制度形成要求。为此，一是加强农村耕地刑罚的宣传教育，以做到家喻户晓。新《刑法》规定土地刑罚是一个新的刑法制度，大多数人对其并不十分了解，所以，有必要进行广泛、深入的宣传教育。只有在人们了解以后，才谈得上遵守问题，这是土地管理宣传部门的一项重要工作；二是加强农村耕地刑罚的超前调查研究，以给有关立法部门提供立法、司法和新的前期研究成果，加快土地附属刑罚的立法，以完善土地刑罚体系。新《刑法》纵然相当完备，但它仍然没有将现实中所有的土地犯罪，都包罗无遗地全部规定在其中。要将新《刑法》遗漏的或将来可能发生的土地犯罪，及时恰当地附属地规定在有关土地法规制度中，健全保护耕地的严格法制体系。

8. 加强农村耕地保护组织领导。从中共十六大以来，中共中央、国务院一直强调，各级党委、政府要把土地管理工作纳入重要议事日程，建立健全党委领导、政府负责、部门协同、公众参与、上下联动的工作格局，建立健全耕地保护责任考核体系，严格土地管理责任追究制。国土资源管理部门要积极主动服务，不断提高土地管理工作水平，各有关部门要密切配合，加强统筹协调，形成工作合力。要严格遵守土地管理法律法规和法定程序，依法管地用地。要深入进行土地资源国情和土地法律法规宣传教育，普及保护耕地和节约用地基本知识，使全社会都深刻认识我国国情和保护耕地的重大意义，使保护耕地、节约用地观念深入人心，广泛形成保护耕地、节约用地的良好社会氛围。为此，必须切实加强对农村耕地保护以下四项组织领导：

（1）摆上重要位置。要把农村耕地保护工作作为重点工作来抓，精心组织，周密部署，明确责任，狠抓落实。要与有关部门加强协调，形成合力，推动工作开展。要积极争取政府支持，把农村耕地保护工作列入政府主要议事日程，纳入社会和经济发展规划，营造良好的工作氛围。

（2）制定发展规划。结合实际，制定农村耕地保护工作发展规划，明确本地发展保护性耕作的目标任务、建设重点、主要措施、保障机制。通过规划争取各方支持，通过规划合理布局、科学引导。制定规划，要广泛调查研究，总结本地的实践，借鉴其他地方的经验，因地制宜，不断创新，提高规划的科学性和可行性。

（3）规范项目管理。按照《保护性耕作技术实施要点》《保护性耕作项目实施规范》及《保护性耕作项目检查考评办法》等要求加强管理。认真总结保护性耕作技术推广的经验，完善保护性耕作项目管理办法。要加大对保护性耕作项目的监管力度，完善鼓励政策和激励机制，对项目实施过程中涌现出来的先进单位和个人予以表彰，对违反规定的要追究责任。

（4）加强交流合作。组织开展形式多样的活动，加强保护性耕作技术交流、信息交流和学术交流，实现经验和技术共享。加快国际先进技术的引进、消化、吸收，学习借鉴国内外保护性耕作先进技术和管理经验，解决当地发展保护性耕作存在的突出问题，促进保护性耕作持续健康发展。

9. 采取农村耕地保护措施机制。从中央到地方各级党委、政府及有关部门采取一系列措施机制，主要包括：一是严格控制城镇建设用地规模，确需扩大的，采取串联式、组团式、卫星城式布局，避让优质耕地；二是严格划定城市开发边界和永久基本农田，将城镇周边和交通沿线的优质耕地、土地整治建成的高标准农田等优先划入基本农田，实行严格管理、永久保护；三是严格执行先补后占地规则，进一步采取以补定占机制，对耕地后备资源不足的地区相应减少建设占用耕地计划指标，在建设用地预审和农用地转用审查中从严把关；四是全面实施耕作层剥离再利用机制。为此，必须相应对农村耕地保护采取以下五种切实可行、行之有效机制：

（1）要采取防治并重、治管结合、全面规划、综合治理、除害兴利的水土保持机制。主要采取以下三项机制：

①水土流失的预防机制。为此，一是要彻底纠正不顾土地资源、盲目开发和利用的倾向，切实做到使土地资源具有必要的土壤肥力、土壤结构、土壤物理化性质，使农业生态系统不断得到更新和发展。二是要坚决纠正和制止滥垦、滥伐，严禁毁林开荒。要大力抓好植树种草，从根本上解决水土流失问题。

②水土流失的治理机制。为此，要根据各地区的不同自然地理条件，采取生态保护与工程建设相结合的机制，对人少地多的地区，应在平地、缓坡地建设基本农田，将坡耕地退耕植树种草，对人多地少的地区，应按照坡度的大小，规定期限，修建梯田或采取其他水土保持机制，防止水土流失。

③沙漠地区治理机制。我国沙漠面积很大，目前沙漠面积还在扩大，严重地影响了沙漠边缘地区的农林牧副渔各业生产经营和城乡人民生活。因此，必须采取严禁沙地开垦、保护现在天然植被机制，要把沙地还草还林，逐步建立一个良好的沙地生态系统。

（2）要采取改革和更新耕种栽培方式、适当扩大复种面积、提高土地利用率的生产经营机制。主要包括：旱地改水田、水旱轮作、改种高产作物、实行间套作、一熟改多熟、扩大复种面积等生产经营机制。为此，采取以下三项机制：

①坚持连续生产经营机制。要坚持统观全局，为此，一是既要考虑到当年能否增产，又要展望连续几年能否增产；二是既要调研一种或主要农作物能否增产，又要考察各种作物能否全面增产；三是

既要看到增收，又要想到减支。从这三方面采取有效机制。

②坚持按客观条件生产经营机制。为此，要在组织开展农业生产经营过程中，按当时当地水、肥、劳力和技术等条件，改革耕种、栽培、操作机制，坚持深入实际调查研究，不断总结实践经验，力求使改革方案切实可行、行之有效。

③坚持用地与养地相结合机制。为此，要采取在用地中养地、养地中用地机制，以用地促养地、养地保用地，只有二者密切结合，才能不断提高土地的肥力和生产率。

（3）要采取组织进行农业基础设施建设、建设稳产高产农田的耕地保障机制。耕地是粮棉油糖等农业生产经营最根本的不可代替资源，而土壤结构、土壤肥力和土壤理化性质等状况如何，直接决定农业产品产量的高低、品质的好坏。为此，采取以下两项机制：

①坚持开展农田水利基本建设机制。为此，一是要坚持扩大农业用地的面积，提高农业用地的质量，增强抗御自然灾害的能力，充分利用自然地理的有利条件，把不利的自然因素转变为有利因素。二是要坚持开展农田水利基本建设的基本措施，就是要通过实行山、水、田、林、路综合治理，建设旱涝保收、高产稳产农田。抓好林业、牧业和渔业生产经营的基础设施建设。

②坚持推动保护和培养土地资源机制。为此，一是要坚持改良土壤，治理山坡，搞好农林牧副渔各业生产经营布局，大力推广生物技术，科学搭配种植养地与用地相结合的农技术，推进林牧副渔各业生产经营，种植绿肥，增施有机肥料，以利于改良土壤，提高土壤肥力。二是要坚持加强水土保持、小流域治理、植树种草和水利工程设施等项建设，把大气水、地表水和地下水，都行之有效地利用起来，逐步使贫瘠、旱涝的低产田，变为旱涝保收、高产稳产田。

（4）要实施保护性耕作的保障机制。主要实施以下四种机制：

①实施增加推广保护性耕作投入机制。为此，一是要争取各级政府的重视和支持，加大实施保护性耕作投入力度。二是要充分利用国家对农机具购置补贴政策以及相关项目资金，引导扶持农民购置先进适用的保护性耕作的机具。三是要发挥中央、地方、企业、农民等方面的积极性，建立多渠道、多层次、多元化的投入机制。

②实施完善保护性耕作技术机制。在总结实践经验的基础上，完善适用于本区域的保护性耕作技术机制。二是要组织农机推广机构、科研院所、生产企业进行联合公关，发挥耕种栽培、植保、土肥等专家和机构作用，解决好应用推广过程中遇到的技术问题。二是要评价科研成果，制定技术标准，加大对成熟技术推广力度，推进区域内保护性耕作技术应用规范化、标准化发展。

③实施开展保护性耕作社会化服务机制。为此，一是要培育、扶持、发展一批保护性耕作农机大户、农机经纪人及专业合作组织，推行保护性耕作市场化运行机制，提高农机利用率和经济效益。二是要逐步建立起以农机专业组织和农机大户为主体、农机经营户为基础、基层农机推广、培训、维修、信息服务和投诉监督等服务组织为支撑、政府支持为保障的社会化服务体系。

④实施加强对保护性耕作效果监测机制。为此，一是要巩固优化监测点布局，完善监测规程，明确监测内容，确定责任单位和人员，提高监测的时效性和准确性。要结合示范推广工作，持续跟踪，长期监测。二是要注重对土壤水、肥及其他物理、化学和生物性状变化情况的调研，坚持对生产成本、作物产量变化、病虫草害变化以及对环境影响等情况的监测，强化对监测结果的汇总、分析和考核，科学评价实施效果。要注重监测数据的交流和共享，提高监测数据的利用率，为深入开展保护性耕作技术应用推广，提供科学依据。

（5）要实施加大保护性耕作示范推广力度机制。主要实施以下两种机制：

①加强示范区建设机制。为此，一是要高度重视示范区建设，科学规划，合理布局，集中已有的财力、物力、人力，把示范区，建设成示范推广宣传的窗口。二是要对有条件的地区，要集中连片，整体推进，为大面积的推广保护性积累经验。

②扩大实施规模机制。为此，一是要在适宜地区加大试验和推广的力度，增加实施规模区域，在农机技术成熟、农民接受和基础较好的地区，扩大实施规模。二是要选择积极性高的农机大户、种粮

专业户、乡村干部,作为保护性耕作技术推广的带头人,政策上给予扶持、技术上给予帮助,通过他们成功实践示范,带动周边农户,扩大保护性耕作示范应用面积。

(二) 农村耕地要全力组织拓宽科学节约集约利用途径

我国农村节约集约用地是扩大农业用地,提高土地利用率的一个重要渠道,我国人多地少,节约和集约用地是一个事关重大的问题,新中国成立以来,我国累计开荒有5亿多亩,而实际减少的耕地将近5亿亩,减少的大多是好地,增加的大多是次地。这样下去,必将严重地影响农业农村经济和国民经济持续健康发展。因此,从中央到地方各级党委、政府及有关部门在组织开通我国农村土地节约集约利用途径上,一是回顾农村节约集约用地的由来;二是检查农村耕地逐渐减少的原因;三是把握农村耕地节约集约的形势;四是确定农村耕地节约集约的任务;五是推行农村耕地节约集约的政策;六是落实农村耕地节约集约的措施。

1. 回顾农村节约集约用地的由来。从1986年开始,中共中央、国务院向全国各地区党委、政府及有关部门明确发出,必须节约集约用地的号召,特别是从中共十六大以来,进一步明确提出对土地资源利用方式,由粗放向集约的转变战略部署。2005年,中共中央、国务院提出建设节约型社会,节约集约用地首次成为国家要求。2008年,中共十七届三中全会提出,要实行最严格的节约集约用地制度,从严控制城乡建设用地总规模。这个决定与坚持最严格的珍惜保护耕地制度并称为"两个最严格"土地管理法规制度准则。

(1) 全国推进农村节约集约用地的内涵也不断丰富、目标越来越明确。2004年到2008年,国务院相继发布了3个重要文件:一是《国务院关于深化改革严格土地管理的决定》提出,要实行强化节约和集约用地政策、推进土地资源的市场化配置、制定和实施新的土地使用标准等;二是《国务院关于加强土地调控有关问题的通知》提出,要建立工业用地出让最低价标准统一公布制度,强化对土地管理行为监督检查;三是《国务院关于促进节约集约用地的通知》提出,从审查调整规划和用地标准、提高建设用地利用效率等五个方面的要求,特别是对节约集约用地提出全面系统的要求。

(2) 全国"十二五"规划纲要提出要"落实节约优先战略",要求全面实行资源利用总量控制、供需双向调节、差别化管理、大幅度提高能源资源利用效率,提升各类资源保障程度;促进单位国内生产总值建设用地下降30%。2014年3月,国土资源部发布《关于大力推进节约集约用地制度建设的意见》,明确提出构建节约优先战略的制度体系举措,至此,节约集约用地已经从土地管理的现实手段,变成了国家战略。

(3) 中共十八届五中全会通过的《中共中央关于制定国民经济和社会发展第十三个五年规划的建议》提出,全面划定永久基本农田,大规模推进农田水利、土地整治、中低产田改造和高标准农田建设。

2. 检查农村耕地逐渐减少的原因。从1949年至2015年这66年来,我国农村耕地面积是在逐步增加与减少相抵消后逐步减少的,但从三个时期检查分析,是有差异的,一是从1949年至1978年,农村耕地面积增加与减少相抵消后净增加6.94亿亩;二是从1979年至1998年,农村耕地面积增加与减少相抵消后净减少2.08亿亩;三是从1999年至2015年,农村土地面积增加与减少相抵消后净减少1.22亿亩。分别对这三个时期农村耕地面积由增加到逐步减少的原因说明如下:

(1) 1949年至1978年全国耕地面积净增加6.94亿亩的原因。据统计数字,1949年全国耕地面积为14.68亿亩。新中国成立初期,全国开荒造田面积超过基本建设占地面积,耕地面积逐渐增加,1957年全国耕地面积扩展到16.77亿亩,比1949年增加2.09亿亩,增长14.2%。1967年全国耕地面积扩展到18.76亿亩,比1957年增加1.99亿亩,增长11%。1978年全国耕地面积扩展到21.62亿亩,比1967年增加2.86亿亩,增长15.2%。在这个时期全国耕地面积逐渐增加的主要原因:一是中共中央、国务院决定在我国新疆、黑龙江、内蒙古、海南、青海、宁夏、甘肃、云南、广西等地区边疆建立大型兵团、农垦局组织屯垦戍边、开垦宜农荒地、扩展耕地面积;二是各省、自治区、直辖市党委、政府决定在国营农林牧渔企业改造低洼易涝、干旱盐碱地，增加耕地面积；三是从中央到地方各级党委、政府组织领导农民参加农业互助组、合作社、人民公社，开展农田水利工程建设，增加耕地面积，提高土地质量。四是中共中央、国务院从1969年至1978年组织开展"扭转南粮北调""农业学大寨""农业机械化""农田基本建设""农田小水电工程建设"，通过山水田村综合开发、流域治理、水土保持工程建设，加强中低产田改造、增加旱涝保收、稳产高产耕地面积。

（2）1979年至1998年全国耕地面积净减2.08亿亩的原因。1979年全国耕地面积为21.59亿亩，1985年全国耕地面积为21.43亿亩，比1979年净减0.16亿亩，降低0.74%。1986年以来，中共中央、国务院采取一系列重大政策措施，对制止乱占耕地取得了一定的成效，1986年全国耕地面积为21.33亿亩，比上年净减770万亩，降低0.45%，1987年进一步加强土地管理，对非农业用地实行计划指标控制，全国耕地面积为21.26亿亩，比上年净减700万亩，降低0.33%。1990年全国耕地面积为21.13亿亩，1995年全国耕地面积为20.09亿亩，1998年全国耕地面积为19.48亿亩，比1990年净减1650万亩，降低7.8%，比1995年净减6100万亩，降低3%。在这个时期全国耕地面积逐渐减少的原因很多，主要有四方面：一是自然灾害损毁面积较大。由于一些地区盲目开垦荒地、滥垦山林、草原、洼地等，没有开展流域治理和水土保持工程建设，导致生态环境失去平衡，毁坏大量耕地，全国水土流失面积130万平方公里，占全国土地总面积的13.5%。每年因洪水、风沙等灾害损毁耕地约200万亩；二是农村土地长期无偿、无限期使用。这是导致农村土地失去有偿调节控制经济手段的基本因素，失掉从严调控农村土地节约集约土地有效机制，因而出现多征少用、征而不用、铺张浪费的问题；三是非农业建设占用耕地增多。国家建设占用耕地，平均每年130多万亩。有些建设项目在用地上宽打宽用，少用多征，征而不用，以及乱占滥用的现象比较严重。根据对非农业建设用地的清查，全国有40%非农业建设项目违法用地，有些地方高达50%以上。乡村集体建设占用耕地，从1979年至1998年，平均每年为108万亩。占同期非农业建设占用耕地总数的28.4%。有些地方毁田建砖瓦窑的情况相当严重，有的乡镇企业占地圈大院，建筑密度很低；四是农林牧渔各业内部结构调整占用耕地失控。一些地区不适当调整农林牧渔各业内部结构，大量耕地改种果树、养鱼或退耕还林、还牧等，是造成耕地面积减少过快过猛的主要因素。有些地方片面强调致富，忽视粮食生产，甚至出现"果下川，粮上山"和撂荒弃耕等现象，而且至今有些地方仍没有得到控制。

（3）1999年至2015年全国耕地面积净减1.22亿亩的原因。全国耕地面积，1999年减少到19.49亿亩，2000年减少到19.36亿亩，2005年减少到18.74亿亩，2007年减少到18.26亿亩，2008年减少到18.2574亿亩，比上年净减少29.0万亩，下降50%。从2009年至2014年每年平均净减少27.0万亩，2015年减少到18.1936亿亩，比2008年净减少了638万亩，下降0.35%。由此可见，这个时期全国耕地面积呈现快速净减少趋势，各地区对耕地占用违法势头得到有效遏制的原因，主要有客观变化和主观能动两方面因素：

①从1995年到2015年客观变化因素分析：一是在全国土地总面积142.85亿亩中，耕地面积由20.09亿亩减少到18.19亿亩，由占全国土地总面积的14.1%下降到12.7%；园地面积由1.29亿亩增加到1.42亿亩，由占全国土地总面积的0.9%上升到0.99%；林地面积由33.77亿亩增加到36.43亿亩，由占全国土地总面积的23.7%上升到25.5%；牧草地面积由38.38亿亩减少到36.74亿亩，由占全国土地总面积的26.86%下降到25.71%；居民点及工矿用地面积由3.33亿亩增加到3.61亿亩，由占全国土地总面积的2.3%上升到2.52%；交通用地面积由0.76亿亩增加到1.27亿亩，由占全国土地总面积的0.5%上升到0.89%；水域面积由6.1亿亩增加到6.41亿亩，由占全国土地总面积的4.3%上升到4.49%；未利用土地38.76亿亩，占全国土地总面积的27.2%。二是在全国耕地面积18.19亿亩中有水源保证和灌溉设施的仅占2/5，15度以上的坡耕地约占1/3，其中25度以上应退耕还林还草的约为1.2亿亩。三是耕地后备资源不足，未利用土地中，能够开垦为耕地的仅为5亿亩，且多分布在边远地带，开垦难度大。四是耕地质量仍呈下降趋势，各项建设占用的耕地大部分是好地，各类开发区占用的几乎全部是上好耕地，而每年新开发的耕地，多为15度以上的坡地。五是

全国耕地面积也有保不住的危险。既有遭受洪水风沙严重自然灾害损毁危险，又有我国将来城乡一体化经济社会建设用地的需求趋势，必须在"十三五"规划中严守18亿亩耕地红线，预防耕地面积锐减、人口猛增、人地矛盾加剧的倾向。

②从这20年期间主观能动因素分析：一是中共中央、国务院组织推动各级党委、政府及有关部门"落实最严格的耕地保护制度，强化耕地保护目标责任制，加大基本农田建设和土地整理复垦开发力度，坚守18亿亩耕地红线"，"大力推进节约集约用地，严格执行有关农村集体建设用地法律和政策"。二是中共中央、国务院针对我国2001年至2007年建设用地、灾毁耕地、结构调整、退耕还林用地相加12277.3万亩（其中用于退耕还林七年共计8612.4万亩）情况，而推行农村土地综合开发复垦增加耕地政策。2007年8月，国务院发布《关于完善退耕还林政策的通知》（国发25号文），暂停了"十一五"期间的退耕还林规划。通过土地整理增加耕地的远景潜力1亿亩，通过土地复垦增加耕地的远景潜力1400万亩，通过土地开发增加耕地的远景潜力1.02亿亩，三项共计2.16亿亩。三是从中央到地方各级党委、政府正在整顿一些领导干部思想作风和违犯法纪行为：一些领导干部没有认识到耕地、人口反向发展，导致耕地危机的巨大惯性，缺乏危机感和紧迫性的思想觉悟；一些领导干部在制定建设用地规划或建设项目立项过程中，宽打宽用或宽打窄用；一些领导干部注重经济效益，忽视社会效益，盲目兴建城镇一条街和"加工区""工业小区"；一些领导干部有法不依，以权代法，越权批地，甚至出现执法者反被违法者所制。有些政法、土地管理部门对此无能为力。

3. 认清农村耕地节约集约的形势。我国农村耕地节约集约势在必行，从今以后必须把握全国人均耕地少、粮食供求风险大、逐渐增多城乡建设占用耕地、逐渐减少农村耕地、耕地质量总体水平降低的严峻形势，主要认清以上五方面的形势问题：

（1）全国人均耕地少。我国人均耕地由1995年2亩，减少到2016年1.3亩，有六个省份的人均耕地已经低于联合国粮农组织确定的0.8亩警戒线；全国有668个县（市、区）人均耕地低于联合国粮农组织确定的0.8亩警戒线，其中有463个县（市、区）低于0.5亩；1995年的人均耕地大于2亩，有481个县，减少到2016年134个县。

（2）全国粮食供求风险大。常言说："无农不稳、无粮则乱。"对我国这样一个拥有13多亿人口的农业大国来说，粮食安全头等重要，而耕地是"生命线"。随着工业化、信息化、城镇化、农业现代化步伐的加快，我国城乡一体化水平不断提高，全国城镇人口已达到全国总人口的50%，与之相对应的是，城镇规模扩张，一些地方不能正确理解城镇化的科学内涵，将城镇化等同于盲目扩大城镇规模。在新一轮城镇规划修编中，一些城市不顾当地经济、资源、人口现状，不切实际的把规划做大，有的城市圈出了10年甚至更长时间都用不完的土地。建设用地的扩张，不断吞噬着城镇周围的优质良品，粮食生产能力受到挤压。

（3）城乡建设持续占用耕地。在城乡一体化经济社会快速发展的同时，我国城乡建设对资源利用粗放问题突出，尤其是土地浪费严重。全国城镇规划范围内闲置、空闲和批而未供的土地较多，城镇土地利用结构和布局不合理，产出效率低。抽样调查我国17个城市工业用地产出率不到发达国家20世纪80年代的2%。我国农村空闲住宅多、土地闲置，农村撂荒土地逐年增加。我国农村人口减少了9380万，而农村居民点用地反而增加了150万亩，人均用地从1996年193平方米增加到2015年230平方米，农村建设用地总量与人口总量逆向发展。走节约集约用地的路子，农村集体建设用地大有潜力可挖。

（4）全国耕地逐年减少。1995年至2015年，全国耕地逐渐减少，主要有四种情况：一是农林牧渔各业结构调整优化、农业现代产业化规模生产经营基础设施建设，占用耕地7199多万亩；二是风沙、洪涝、地震等灾害损毁耕地6198万亩，同期开发复垦增加的耕地数，基本能够抵上述灾害损毁的耕地；三是工业化、信息化、城镇化建设占用耕地5960万亩。全国31个大城市城区实际占地规模扩大了50.2%，城镇建成区人均用地从76.9平方米，增加到158.1平方米；四是城乡一体化经济技术开发区2847个，组织开展农工商服务业一体化联营，推进交通、电讯等公共设施建设占用耕地

1749万亩。据检查测算，中南、华东区域28个县（市）原有和新征用的城乡建设用地就达6834平方公里，加上经济技术开发区征用土地，共计8752平方公里，相当于1990年的4倍。按1平方公里容纳1万人计算，这些用地可容纳7000万人，相当于当地现有人口2100万人的3.5倍。全国已征而未用闲置、撂荒的土地近200万亩，其中占用耕地107万亩，已被严重破坏，很难恢复成耕地。

（5）全国耕地质量总体水平低。全国耕地分布在山地、丘陵、高原地区占66%，分布在平原、盆地的仅占34%。长江流域及其以南地区，水资源量占全国80%以上，但耕地仅占全国38%，淮河流域及其以北的地区，水资源量不足全国的20%，而耕地却占全国62%。现有耕地中有9100万亩坡度在25度以上，长期耕种，不利于水土保持。由于耕地自然分布差别很大，全国有水源保证和灌溉设施的耕地只占39%。一些地区受荒漠化影响，耕地退化严重。我国干旱、半干旱地区耕地的40%不同程度退化。全国有30%左右的耕地不同程度受水土流失危害。全国优质耕地少，现有耕地中，中低产田与高产田的比例是7：3，且耕地退化严重，9000万亩耕地被工业"三废"污染，地力下降；我国耕地后备资源少，60%以上分布在水源不足和水土流失、沙化、盐碱化严重地区，进一步提高耕地资源利用程度的空间十分有限，要能保障13亿多人口饮食安全，只有走节约集约用地的路子。

4. 提出农村耕地节约集约利用的任务。我国农村耕地节约集约利用的任务。概括说，为确保国家粮食安全，造福子孙后代、实践中华民族伟大复兴和永续发展，必须以对国家和人民高度负责、对子孙后代尽心尽力的精神，紧紧围绕以科学发展为主题、以加快转变经济发展方式为主线，加强耕地资源节约和管理工作，十分珍惜和合理利用每一寸耕地，建立和完善最严格的耕地管理制度，坚持节约集约利用耕地，促进经济社会发展。具体说，中共中央、国务院明确提出，节约集约耕用利地，确保国家粮食安全，是各级党委、政府的共同责任，必须在大力推进节约集约耕地利用上，组织完成以下五方面任务：

（1）必须统筹城乡发展，确保国家粮食安全所需耕地。要科学编制城镇土地利用规划，进一步优化布局，立足于盘活存量，提高城镇土地资源的利用效率，据估算，我国城镇土地至少有40%的利用潜力，必须充分利用好这部分土地，每年非农业建设，必须减少占用耕地的数量。

（2）必须严控非农业建设用地总量，确保农村耕地数量质量。要严格执行中央有关宏观调控的各项政策，严把土地供应"闸门"，严控新增非受精建设用地总量，逐步提高非农业建设项目用地门槛和准入条件，让单位面积的土地发挥更大的经济效益。同时，要加大农村闲置土地的整治力度，积极开展农村土地整理，为确保国家粮食安全，保存和扩大耕地面积，提高耕地质量和利用率，增加粮食产量。

（3）必须完善节约集约用地奖惩制度，严格进行土地执法督察。要强化土地投资强度和用地进度的双约束，完善节约集约用地奖惩制度及其差别化管理政策，建立节约集约用地的激励引导机制、监督考核机制、土地供给与需求的双向调节机制。组织推进大城市"三旧"改造，促进产业结构转型、用地方式转变、体制机制转换，从严调控城镇建设、产业用地的旺盛需求，纠正土地低效利用倾向。要严格土地执法和土地督察，坚决遏制包括"以租代征"、"违规扩区"、未批先占用在内的各种土地违法违规行为。坚持立案查处土地违法案件。

（4）必须推进土地权能制度与收益制度的同步改革，杜绝农村土地废弃与耕地浪费现象。要创新农村土地流转机制、配合协同机制，引导人口集中、产业集聚、土地集约，推进空心村综合整治，挖掘土地潜力，进一步解决农村土地非农化与农村空心化问题、城乡人口1：1、城乡建设用地却为1：4问题。

（5）必须强化农村土地管理与节约集约用地主体，健全农村土地充分结合与专业合作新机制。引导土地合理流转与规模经营，组织推进城乡土地配置与内涵发展的长效机制，全面提升土地价值及其资产性收益水平，让城乡居民依法享有土地权益，彻底解除农村劳动力老弱化与一些农村出现的"有地无人耕"现象。

5. 落实农村耕地节约集约利用的政策。概括说，我国耕地人口承载力的潜在危机，是困扰我国现代化经济社会建设最大障碍的因素。必须坚持全面深化改革、长远规划、统筹安排、综合管理、科学整顿、控制人口、节省资源、适度消费的指导方针，认真贯彻十分珍惜和合理利用每寸土地、切实保护和节约集约耕地的基本国策。中共十六大以来，围绕破除城乡二元结构，解除保护耕地与保障发展压力，进一步落实节约集约用地的政策。中共十七大报告中强调，要加大支农惠农政策力度，严格保护耕地，增加农业投入，促进农业科技进步，增强农业综合生产能力，确保国家粮食安全。中共十七届三中全会提出，实行最严格的节约集约用地的政策。中共十八届五中全会通过的"十三五"规划的建议提出，全面划定永久基本农田、大规模推进农田水利、水土整治、中低产田改造和高标准农田建设的政策。具体说，必须强调贯彻执行以下四项政策：

（1）坚持遵循中国特色城乡一体化农业现代化、工业化、信息化、城镇"四化"建设方针，认定耕地是我国城乡人民生活发展的重要物质基础，立足一个人多地少、耕地资源稀缺的发展中大国，切实按照统筹城乡、布局合理、节约土地、功能完善、以大带小、促进大中小城市和小城镇协调发展的政策，大力推进节约集约用地，把我国最严格的耕地保护政策，真正落到实处，为确保国家粮食安全作出新的更大的贡献。

（2）坚持国土资源管理改革与发展的节约集约利用方向、严格规范城乡建设用地增减挂钩方针，切实做好农村土地整治工作，从严控制国内非农业建设用地面积，切实按照强化"控增逼存"、"开源节流"、促进土地要素组织与空间利用效率提升、推进土地利用模式与管理方式转变的政策，发挥土地供应政策，参与经济调控、土地市场机制、引导城乡转型与产业升级、节约集约用地，成为资源节约优先战略的重要作用。

（3）坚持深入开展农村土地的整治、搭建城乡统筹与新农村建设新平台方针，大力推进高标准基本农田建设和土地整治重大工程建设，切实按照"政府主导、国土搭台、部门联动、群众参与"的政策，为增加耕地面积、提升土地产能、提高用地效率、保护生态环境、保障粮食安全、增加农民收入，做出积极的贡献。

（4）坚持建立起符合国情、适应社会主义市场经济体制要求的土地管理制度基本方针，既要考虑满足当代人的需要，更要为子孙后代留下生存发展空间，切实按照创建中国特色的节约集约用地战略体系、制度体系与政策体系的政策，进一步破解驱动土地证用、追求土地财政、造成土地浪费的体制与机制矛盾。

6. 采取农村耕地节约集约利用的措施。中共中央、国务院组织推动各地区党委、政府及有关部门，在2001年至2019年这四个五年规划期间，概括说，对农村耕地节约集约利用，主要落实管住总量、严控增量、挖掘存量、按照节约集约用地原则，控制建设用地布局和结构，依据土地利用总体规划，采取统筹各区域、各业发展用地的措施。具体说，主要落实以下六项措施：

（1）健全千方百计保住现有耕地面积的法规制度体系。这就要在建立健全保住和节约集约利用耕地法规制度体系中，必须千方百计为保住和节约集约利用耕地，建造法律法规环境，明确规定全国城乡人均耕地的绝对保护数，科学制定全国各区域城乡土地利用总体规划，因地制宜划定永久农田保护区，非农业建设不准侵占耕地。为此，一是要严格制定非农业建设用地标准，按城镇人口数量控制城镇建设规模，促进城镇科学合理、节约集约用地，保住耕地；二是要严格控制水电、交通工程建设用地标准，调整修正水电库容，公路、铁路周边预留地和绿化地的规定。要尽量采用工程措施来保证库存、路基安全，原则上不再占用耕地；三是要严格推动全国394万多个村占地近2亿亩村庄建设，进行合理规划设计，科学挖掘原村居民住宅用地总量1.67亿亩潜力，促进村居民人均用地153平方米降到100平方米，可再造耕地0.48亿亩；四是严格调整农林牧渔各业生产经营土地面积，确保18亿亩粮食种植土地面积；五是要严格加强农林牧渔各业结构调整占用耕地监督检查工作，整顿管理秩序，对违法案件要依法查处，做到依法管地用地。

（2）健全宜农则农、宜林则林、宜牧则牧、宜渔则渔、宜建则建的生产经营建设用地体系。这就要组织推动各地区农村集体经济组织、企业等单位和农户，有计划有领导地进行耕地复垦开发，增加耕地面积，提高耕地质量。为此，一是要有计划地开发有限的耕地后备资源。据初步调查，全国有荒地 5 亿亩，近期能够开发为耕地的约 1.2 亿亩；零星闲散荒地约 1 亿亩，能开发为耕地的约 0.5 亿亩。对未利用的荒地进行综合开发复垦，合理利用，用开发复垦的耕地，补上建设占用的耕地，保持现有的耕地数量；二是要逐步推进农田明渠、田埂进行综合治理整顿改造，将全国占用宜耕地约 1 亿亩农田排灌明渠改造为暗渠，可增加耕地 0.6 亿亩，把全国占用宜耕地 0.87 亿亩坡大的田埂，改造为水泥的立埂，可增加耕地 0.43 亿亩；三是要努力提高废弃地的复垦率。逐年将全国因风沙、洪水、非农业建设遭到破坏的耕地平均每年达 300 万亩，由目前我国复垦率 20%，提高到 50% 的复垦率，则可复垦 150 万亩。有的可复垦为农业用地，有的可复垦为建设用地。

（3）健全农村耕地合理使用制度和节约集约耕地利用激励约束机制体系。要真正做到珍惜、节约集约、科学合理利用耕地，必须实施改变耕地无偿无期使用为有偿有期使用激励约束机制，鼓励向农民专业合作组织，农业产业化龙头企业集中使用耕地，推进农业现代产业化规模生产经营，提高耕地利用率和产出率。为此，一是要推行土地复种制度。改善农业生产经营土地条件，充分利用我国的光热资源优势，创造各种条件，利用间作、套种等多熟制，可使复种指数，从现在的 151.2% 增加到 160%，复种面积，由现在 1.8 亿亩增加到 2.4 亿亩；二是要进一步深化土地资源市场制度改革。继续坚持市场在土地资源配置中的基础性作用，完善国有土地出让、租赁、作价入股等配置方式；加快实行经营性基础设施用地有偿使用，逐步缩小划拨供地范围；坚持和完善国有土地招标拍卖挂牌出让制度等；三是要不断完善节约集约用地的激励机制。实行开发区节约集约用地鼓励机制，完善开发区用地节约集约利用评价等激励机制；实行工业用地节约集约利用鼓励机制；实行优先发展产业的地价机制；实行城市改造中低效利用土地"二次开发"鼓励机制；四是要加快健全土地使用标准。鼓励各地按照节约集约用地制度，在严格执行国家颁布的土地使用标准、满足功能和安全要求的前提下，结合本地土地资源条件、经济社会发展水平、产业发展规划等，抓紧制定或修订完善土地使用标准。

（4）健全非农业建设用地节约集约利用调控与考评体系。要清醒地认识到，当前我国土地资源特别是耕地资源紧缺的形势仍然十分严峻，一方面土地供求紧张与经济社会发展的矛盾将长期存在，另一方面土地粗放利用和闲置浪费的现象依然严重，耕地节约集约利用的任务依然十分艰巨。为此，必须对非农业建设用地，一是认真执行国家制定的《限制用地项目目录》和《禁止用地项目目录》。凡纳入禁止用地项目目录，不得予以供地；二是全面落实招标、拍卖、挂牌制度，扩大有偿使用范围，完善土地出让制度，促进用地者将节约集约用地，变成自身的要求和约束；三是积极开展建设用地集约利用潜力评价，组织实行新增建设用地消耗评价考核；四是进一步明确闲置土地的认定标准，完善闲置土地的处置程序，强化责任，加强对闲置土地的预防和监管。

（5）健全永久基本农田节约集约利用保护示范区建设体系。目前，全国已有近 200 个县（市、区）被正式确定为国家基本农田节约集约利用保护示范区，示范区基本农田总面积为 2 亿多亩，高科技节约集约的特色基本农田 0.34 亿亩。各地区对永久基本农田节约集约利用保护，从 2006 年起大张旗鼓地开展示范区建设，提高示范区的社会影响力，真正发挥示范区宣传、样板和创新的作用。为了推进全国各地示范区进一步发挥导向作用，国务院有关部门实施三项举措：一是对示范区建设必须做到"四个结合"：一要结合基本农田整理，建设高标准、有特色基本农田，进而使其能够适应各地现代农业规模生产经营、农业结构调整优化的需要；二要结合基础性工作，完善基本农田调查登记、图件数据、标志资料等管理；三要结合完善责任制，健全并严格执行基本农田建设规章制度；四要结合信息化建设，建立基本农田信息管理系统，开展动态监管。要做到"四个结合"目的，是逐步实现基本农田标准化、基础工作规范化、保护责任社会化和监督管理信息化。二是对示范区建设方案确定的基本农田整理、基础工作建设、制度和机制建设、信息化建设四项任务，必须全面完成，不能"重硬轻软""顾此失彼"，不能简单地向上伸手要钱，而要在创新基本农田保护机制上有所作为、有所建树。三是对示范区建设资金，财政部、国土资源部、中国人民银行联合印发的《关于调整新增建设用地土地有偿使用费政策问题的通知》规定，从 2007 年 1 月 1 日起，对标准提高一倍的新增建设用地土地有偿使用费,将参照基本农田面积和土地开发整理重点任务分配给地方,并专项用于基本农田建设和保护、土地整理、耕地开发复垦。为了将有限的资金提高使用效益,国家和省(区、市)将新增建设用地土地有偿使用费和有关资金,要重点向示范区倾斜。示范区所在的县(市、区),也要多渠道筹集资金,建立集中投入机制。

(6) 健全农村耕地节约集约利用生产经营体系。这是指组织建立健全节约集约利用耕地、扩大农业生产经营规模、提高农村耕地利用率、产出率的体制机制所形成的体系。为此,首先要确定健全农村耕地节约集约利用生产经营体系的目标,是为弥补我国耕地较少的缺陷,以较少的耕地生产出较多的农业产品;是可以解决农林牧渔各业生产经营用地的矛盾,逐步建立起合理的农林牧渔各业生产经营结构;是可以有力地抗御自然灾害,做到稳产高产,提高农林牧渔各业综合生产经营能力。其次要落实农村耕地节约集约利用生产经营的五项措施:一是合理调整农林牧渔各产业结构和农作物构成;二是增加复种,提高复种指数,节约集约利用土地资源;三是兴修农田水利建设设施,增加农业生产资料和劳动力投放;四是采取现代物质技术装备和现代科学技术,发展农业生产经营;五是坚持用现代的农业机械,代替传统简陋的小农具,用机电动力逐步代替人畜力,用现代科学技术逐步代替传统的落后操劳技术,逐步提高土地利用率和劳动生产率。

(三) 农村耕地保护占补平衡的途径

中共中央、国务院于2017年1月9日发布的《关于加强耕地保护和改进占补平衡的意见》明确提出,一要保护耕地坚定不移、刻不容缓;二要保护耕地千方百计、拓展途径。分别说明如下:

1. 保护耕地坚定不移、刻不容缓。主要表现在以下两方面:

(1) 在客观趋势上说明:其一,我国有13.7亿人口,人多地少、人增地减,基本国情不会改变,耕地保护面临多方面客观需求的矛盾;其二,国家粮食安全、生态安全和社会稳定,始终是国计民生的头等大事,事关耕地保护,粮食安全在国家经济社会发展大局中的特殊战略地位,任何时候都不能动摇。耕地是国家粮食安全的根本保证;其三,农业发展和农业现代化的根基和命脉是耕地,它是农村改革发展稳定的基石,直接关系到广大农民切身利益,关系农民土地财产权益的实现,关系"三农"工作与国家长治久安;其四,我国城乡一体新型工业化、城镇化建设深入推进,还要占用一定数量耕地,生态文明建设也要退耕还林、还湿、还草等。

(2) 在主观需求上说明:其一,我国粮食连年增产,粮食储存较多,一些忽视粮食安全、轻视耕地保护的苗头有所抬头。在这个时候,要头脑清醒,要绷紧耕地保护这根弦,不能有丝毫放松,不容许出现闪失,不允许犯难以挽回的颠覆性错误;其二,我国持续推进农业供给侧结构性改革的必然要求。根据中央经济工作会议、中央农村工作会议部署,今年是供给侧结构性改革的深化之年,农业是供给侧改革的重要一环。按农业供给侧结构性改革主线要求,国家将对耕地保护实施退耕还林还草还湿,开展污染耕地治理,要调减一部分不稳定耕地,因此在注重保护耕地"量"之外,必须加强耕地质量和生态保护这个"质"的方面;其三,我国耕地质量总体不高、局部退化,不能满足粮食和农林牧渔各业产品生产需求,因而对耕地数量、质量、生态等方面提出需求;其四,按《意见》要求,要积极开展退化耕地、污染耕地综合治理和修复,统筹推进耕地休养生息、减肥减药、高效种植;要大规模推进高标准农田建设,通过推进建设占用耕地耕作层剥离再利用、中低田提质改造、新增耕地后期培肥改良等措施,大力提升耕地质量;其五,我国最为宝贵的资源是耕地,耕地关系十几亿人吃饭大事,必须保护好,绝不能有闪失。要牢牢立足于基本国情,把握供给侧结构性改革主线,把握好政府管控与市场激励机制的关系,做好新常态下的耕地保护工作。

2. 保护耕地千方百计,拓展途径。为进一步加强耕地保护和改进占补平衡工作,各地区各有关部门按照党中央、国务院决策部署,积极采取措施,强化主体责任,严格落实占补平衡制度,严守耕地红线,拓展耕地保护十条渠道的途径:

(1) 组织领导保护耕地途径。在组织领导保护耕地途径上,一是树立指导思想;二是坚持统筹协调；三是加强组织领导。

① 树立指导思想。这是指要坚持全面贯彻落实中共十八届三至六中全会及习近平总书记系列重要讲话精神和治国理政新理念新思想新战略，牢固树立新发展理念，按照国务院决策部署，坚守土地公有制性质不改变、耕地红线不突破、农民利益不受损三条底线，坚持最严格的耕地保护制度和最严格的节约用地制度，着力加强耕地数量、质量、生态"三位一体"保护，着力加强耕地管控、建设、激励多措并举保护，采取更加有力措施，依法加强耕地占补平衡规范管理，落实藏粮于地、藏粮于技战略，提高粮食综合生产能力，保障国家粮食安全，为实现"两个一百年"奋斗目标、实现中华民族伟大复兴中国梦构筑坚实的资源基础。

② 坚持统筹协调。这是指要充分发挥市场配置资源的决定性作用和更好发挥政府作用，强化耕地保护主体责任，健全利益调节机制，激励约束并举，完善监管考核制度，实现耕地保护与经济社会发展、生态文明建设相统筹，耕地保护责权利相统一。

③ 加强组织领导。各地区各有关部门要按照本意见精神，抓紧研究制定贯彻落实具体方案，强化耕地保护工作责任和保障措施。为此，一是要建立党委领导、政府负责、部门协同、公众参与、上下联动的共同责任机制，地方各级党委和政府要树立保护耕地的强烈意识，切实担负起主体责任，采取积极有效措施，严格源头控制，强化过程监督，确保本行政区域内耕地保护责任目标全面落实；二是要地方各级政府主要负责人要承担起耕地保护第一责任人的责任，组织相关部门按照职责分工履职尽责，充分调动农村集体经济组织、农民和新型农业经营主体保护耕地的积极性，形成保护耕地合力。

（2）管理控制保护耕地途径。在管理控制保护耕地途径上，一是确定总体目标；二是坚持改革创新；三是加强规划管控；四是坚持严保严管。

① 确定总体目标。这是指要牢牢守住耕地红线，确保实有耕地数量基本稳定、质量有提升。为此，一是到2020年，全国耕地保有量不少于18.65亿亩，永久基本农田保护面积不少于15.46亿亩，确保建成8亿亩，力争建成10亿亩高标准农田，稳步提高粮食综合生产能力，为确保谷物基本自给、口粮绝对安全提供资源保护。二是不断完善耕地保护制度和占补平衡政策体系，促进形成保护更加有力、执行更加顺畅、管理更加高效的耕地保护新格局。

② 坚持改革创新。这是指适应经济发展新常态和供给侧结构性改革要求，突出问题导向，完善永久基本农田管控体系，改进耕地占补平衡管理方式，实行占补平衡差别化管理政策，拓宽补充耕地途径和资金渠道，不断完善耕地保护和占补平衡制度，把握好经济发展与耕地保护的关系。

③ 加强土地规划管控和用途管制。为此，一是要充分发挥土地利用总体规划的整体管控作用，从严核定新增建设用地规模，优化建设用地布局，从严控制建设占用耕地特别是优质耕地。二是要实行新增建设用地计划安排与土地节约集约利用水平、补充耕地能力挂钩，对建设用地存量规模较大、利用粗放、补充耕地能力不足的区域，适当调减新增建设用地计划。三是要探索建立土地用途转用许可制，强化非农建设占用耕地的转用管控。

④ 坚持严保严管。为此，一是要强化耕地保护意识，强化土地用途管制，强化耕地质量保护与提升，坚决防止耕地占补平衡中补充耕地数量不到位、补充耕地质量不到位的问题，坚决防止占多补少、占优补劣、占水田补旱地的现象。二是要对已经确定的耕地红线绝不能突破，已经划定的城市周边永久基本农田绝不能随便占用。

（3）占补平衡保护耕地途径。在补偿补充保护耕地途径上，一是严格落实占补平衡责任；二是规范省域内补充耕地调剂制度；三是实行跨地区补充耕地利益调节法制；四是国家试行补充耕地统筹机制。

① 严格落实耕地占补平衡责任。为此，一是要完善耕地占补平衡责任落实机制。对非农建设占用耕地的，建设单位必须依法履行补充耕地义务，无法自行补充数量、质量相当耕地的，应当按规定足额缴纳耕地开垦费；二是要地方各级政府负责组织实施土地整治，通过土地整理、复垦、开发等推

进高标准农田建设,增加耕地数量、提升耕地质量,以县域自行平衡为主、省域内调剂为辅、国家适度统筹为补充,落实补充耕地任务;三是各省(自治区、直辖市)政府要依据土地整治新增耕地平均成本和占用耕地质量状况等,制定差别化的耕地开垦费标准。对经依法批准占用永久基本农田的,缴费标准按照当地耕地开垦费最高标准的两倍执行。

② 规范省域内补充耕地指标调剂制度。为此,一是县(市、区)政府无法在本行政辖区内实现耕地占补平衡的,可在市域内相邻的县(市、区)调剂补充,仍无法实现耕地占补平衡的,可在省域内资源条件相似的地区调剂补充。各省(自治区、直辖市)要规范补充耕地指标调剂制度,完善价格形成机制,综合考虑补充耕地成本、资源保护补偿和管护费用等因素,制定调剂指导价格。

③ 实行跨地区补充耕地的利益调节法制。为此,一是要在生态条件允许的前提下,支持耕地后备资源丰富的国家重点扶贫地区有序推进土地整治增加耕地,补充耕地指标可对口向省域内经济发达地区调剂,补充耕地指标调剂收益由县级政府通过预算安排用于耕地保护、农业生产和农村经济社会发展。二是要各省(自治区、直辖市)政府统筹耕地保护和区域协调发展,支持占用耕地地区在支付补充耕地指标调剂费用基础上,通过实施产业转移、支持基础设施建设等多种方式,对口扶持补充耕地地区,调动补充耕地地区保护耕地的积极性。

④ 国家试行补充耕地统筹机制。这是指探索补充耕地国家统筹途径。为此,一是要根据各地资源环境承载状况、耕地后备资源条件、土地整治新增耕地潜力等,分类实施补充耕地国家统筹。二是要对耕地后备资源严重匮乏的直辖市,新增建设占用耕地后,新开垦耕地数量不足以补充所占耕地数量的,可向国务院申请国家统筹;三是要对资源环境条件严重约束、补充耕地能力严重不足的省份,由于实施国家重大建设项目造成的补充耕地缺口,可向国务院申请国家统筹;四是要经国务院批准后,有关省份按规定标准向中央财政缴纳跨省补充耕地资金,中央财政统筹安排落实国家统筹补充耕地任务所需经费,在耕地后备资源丰富省份落实补充耕地任务;五是要对跨省补充耕地资金收取标准,综合考虑补充耕地成本、资源保护补偿、管护费用及区域差异等因素确定,具体办法由财政部会同国土资源部另行制定。

(4) 整治复垦保护耕地途径。在整治复垦保护耕地途径上,一是实施土地整治复垦;二是科学划定可耕地资源。

① 大力实施土地整治,落实补充耕地任务。各省(自治区、直辖市)政府负责统筹落实本地区年度补充耕地任务,确保省域内建设占用耕地及时保质保量补充到位。为此,必须拓展补充耕地途径,统筹实施土地整治、高标准农田建设、城乡建设用地增减挂钩、历史遗留工矿废弃地复垦等,新增耕地经核定后可用于落实补充耕地任务。

② 在严格保护生态前提下,科学划定宜耕土地后备资源范围,禁止开垦严重沙化土地,禁止在25度以上陡坡开垦耕地,禁止违规毁林开垦耕地。鼓励地方统筹使用相关资金实施土地整治和高标准农田建设。为此,必须充分发挥财政资金作用,鼓励采取政府和社会资本合作(PPP)模式、以奖代补等方式,引导农村集体经济组织、农民和新型农业经营主体等,根据土地整治规划投资或参与土地整治项目,多渠道落实补充耕地任务。

(5) 划定农田保护耕地途径。在划定农田保护耕地途径上,一是划定永久基本农田;二是划定粮食生产功能区;三是严禁占用永久基本农田。

① 严格永久基本农田划定和保护。全面完成永久基本农田划定任务,将永久基本农田划定作为土地利用总体规划的规定内容,在规划批准前先行核定并上图入库,落地到户,并与农村土地承包经营权确权登记相结合,将永久基本农田记载到农村土地承包经营权证书上。为此,必须将粮食生产功能区和重要农产品生产保护区范围内的耕地要优先划入永久基本农田,实行重点保护。

② 永久基本农田一经划定,任何单位和个人不得擅自占用或改变用途。为此,必须强化永久基本农田对各类建设布局的约束,各地区各有关部门在编制城乡建设、基础设施、生态建设等相关规划,推进多规合一过程中,应当与永久基本农田布局充分衔接,原则上不得突破永久基本农田边界。

③一般建设项目不得占用永久基本农田，重大建设项目选址确实难以避让永久基本农田的，在可行性研究阶段，必须对占用的必要性、合理性和补划方案的可行性进行严格论证，通过国土资源部用地预审。为此，一是必须对农用地转用和土地征收依法依规报国务院批准。二是严禁通过擅自调整县乡土地利用总体规划，规避占用永久基本农田的审批。

（6）节用集约保护耕地途径。在节约集约保护耕地途径上，一是坚持节约集约用地优先原则；二是推广节约集约用地技术模式。

①坚持节约集约用地优先原则。这是指坚持节约优先。统筹利用存量和新增建设用地，严控增量、盘活存量、优化结构、提高效率，实行建设用地总量和强度双控，提高土地节约集约利用水平，以更少的土地投入支撑经济社会可持续发展。

②推广节约集约用地技术模式。这是指以节约集约用地缓解建设占用耕地压力的技术模式。为此，一是坚持实施建设用地总量和强度双控行动，逐级落实"十三五"时期建设用地总量和单位国内生产总值占用建设用地面积下降的目标任务。二是坚持盘活利用存量建设用地，推进建设用地二级市场改革试点，促进城镇低效用地再开发，引导产能过剩行业和"僵尸企业"用地退出、转产和兼并重组。三是坚持完善土地使用标准体系，规范建设项目节地评价，推广应用节约集约用地技术模式，强化节约集约用地目标考核和约束，推动有条件的地区实现建设用地减量化或零增长，促进新增建设不占或尽量少占耕地。

（7）提升质量保护耕地途径。在推进提升耕地质量保护耕地途径上，一是建设高标准农田；二是落实提升耕地质量保护措施。

①坚持建设高标准农田。这是指从 2017 年起，要大规模建设高标准农田。各省（自治区、直辖市）要根据全国高标准农田建设总体规划和全国土地整治规划的安排，逐级分解高标准农田建设任务，统一建设标准、统一上图入库、统一监管考核。为此，一是建立政府主导、社会参与的工作机制，以财政资金引导社会资本参与高标准农田建设，充分调动各方积极性。二是加强高标准农田后期管护，按照谁使用、谁管护和谁受益、谁负责的原则，落实高标准农田基础设施管护责任。三是对高标准农田建设情况要统一纳入国土资源遥感监测"一张图"和综合监管平台，实行在线监管，统一评估考核。

②坚持落实提升耕地质量保护措施。这是指坚持推动各地区实施耕地质理保护与提升行动。全面推进建设占用耕地耕作层剥离再利用，市县政府要切实督促建设单位落实责任，将相关费用列入建设项目投资预算，提高补充耕地质量。为此，一是要将中低质量的耕地纳入高标准农田建设范围，实施提质改造，在确保补充耕地数量的同时，提高耕地质量，严格落实占补平衡、占优补优。二是要加强新增耕地后期培肥改良，综合采取工程、生物、农艺等措施，开展退化耕地综合治理、污染耕地阻控修复等，加速土壤熟化提质，实施测土配方施肥，强化土壤肥力保护，有效提高耕地产能。

（8）休养生息保护耕地途径。在组织拓展休养生息保护耕地途径上，一是确定休养生息耕地标准；二是推进耕地轮作休耕科学化。

①确定休养生息耕地标准。这是指全国统筹推进耕地休养生息标准，对 25 度以上坡耕地、严重沙化耕地、重要水源地 15～25 度坡耕地、严重污染耕地等有序开展退耕还林还草，不得将确需退耕还林还草的耕地划为永久基本农田，不得将已退耕还林还草的土地纳入土地整治项目，不得擅自将永久基本农田、土地整治新增耕地和坡改梯耕地纳入退耕范围。

②积极稳妥推进耕地轮作休耕试点，加强轮作休耕耕地管理，不得减少或碳环耕地，不得改变耕地地类，不得削弱农业综合生产能力。为此，一是要加大轮作休耕地保护和改造力度，优先纳入高标准农田建设范围。二是要因地制宜实行免耕少耕、深松浅翻、深施肥料、粮豆轮作套作的保护性耕作制度，提高土壤有机质含量，平衡土壤养分，实现用地与养地结合，多种举措保护提升耕地产能。

（9）调查检查保护耕地途径。在组织开展调查检查保护耕地途径上，一是调查评价耕地质量产能；二是监督检查耕地保护情况；三是检查验收耕地补充结果。

① 严格调查评价耕地质量产能。这是指加强耕地质量调查评价与监测。为此，一是严格建立健全耕地质量和耕地产能评价制度，完善评价指标体系和评价方法，定期对全国耕地质量和耕地产能水平进行全面评价并发布评价结果；二是严格完善土地调查监测体系和耕地质量监测网络，开展耕地质量年度监测成果更新。

② 严格监督检查耕地保护情况。为此，一是要完善国土资源遥感监测"一张图"和综合监管平台，扩大全天候遥感监测范围，对永久基本农田实行动态监测，加强对土地整治过程中的生态环境保护，强化耕地保护全流程监督检查；二是要加强耕地保护信息化建设，建立耕地保护数据与信息部门共享机制；三是要健全土地执法联动协作机制，严肃查处土地违法违规行为；四是国家土地督察机构要加强对省级政府实施土地利用总体规划、履行耕地保护目标责任、健全耕地保护制度等情况的监督检查。

③ 严格检查验收耕地补充结果。为此，一是各县（市）政府要加强对土地整治和高标准农田建设项目的全程管理，规范项目规划设计，强化项目日常监管和施工监理。二是各县（市）有关部门要做好项目竣工验收，严格新增耕地数量认定，依据相关技术规程评定新增耕地质量。三是要将验收合格的新增耕地，应当及时在年度土地利用变更调查中进行地类变更。四是省级政府要做好对市县补充耕地的检查复核，确保耕地数量质量到位。

（10）责任考核保护耕地途径。在组织推进责任考核耕地途径上，一是加强对耕地保护责任主体补偿奖励；二是完善耕地保护责任目标考核制度。

① 加强对耕地保护责任主体的补偿激励。为此，一是要坚持积极推进中央和地方各级涉农资金整合，综合考虑耕地保护面积、耕地质量状况、粮食播种面积、粮食产量和粮食商品率，以及耕地保护任务量等因素，统筹安排资金，按照谁保护、谁受益的原则，加大耕地保护补偿力度。二是要坚持鼓励地方统筹安排财政资金，对承担耕地保护任务的农村集体经济组织和农户给予奖补。三是要坚持奖补资金发放，与耕地保护责任落实情况挂钩，主要用于农田基础设施后期管护与修缮、地方培育、耕地保护管理等。

② 完善耕地保护责任目标考核制度。为此，一是要完善省级政府耕地保护责任目标考核办法，全面检查和考核耕地与永久基本农田保护情况、高标准农田建设任务完成情况、补充耕地任务完成情况、耕地占补平衡落实情况等。二是要经国务院批准，国土资源部会同农业部、国家统计局等有关部门下达省级政府耕地保护责任目标，作为考核依据。三是各省级政府要层层分解耕地保护任务，落实耕地保护责任目标，完善考核制度和奖惩机制。四是要将耕地保护责任目标考核结果作为领导干部实绩考核、生态文明建设目标评价考核的重要内容。五是要探索编制土地资源资产负债表，完善耕地保护责任考核体系。实行耕地保护党政同责，对履职不力、监管不严、失职渎职的，依纪依规追究党政领导责任。

四、农村土地全面整理和深入整治途径

我国农村土地整理和整治，是指将全国各地区农村零碎分散、高低不平和不规整的土地或被破坏的土地，加以整理和整治。据东北三省对原有耕地大面积整理和整治的经验，耕地面积增长10%，粮食产量增长20%，农业生产经营成本降低20%。据华北山西、内蒙古两省、区测算，对矿业和交通建设损毁的土地，只要进行整理和整治，增加财力、物力、人力的投入，可以恢复为耕地，有的还可以造出新的耕地。我国通过农村土地整理和整治，可以增加耕地面积约2亿亩，可以用作充抵建设和农业结构调整占用耕地的补偿指标，可以改善农业生产经营条件和环境，增加农民收入，也是农村新的经济增长点。为此，从中央到地方各级党委、政府及有关部门在组织开展农村土地整理和整治上，必须坚持做到：一是指明意义和特点；二是坚守理念和规则；三是确定任务和要求；四是采取方

式和做法。

（一）农村土地全面整理和深入整治的意义和特点

我国农村土地整理和整治，是我国农村在土地利用中，不断建设土地和重新配置土地的过程。农村土地整理和整治，是土地管理的重要内容，也是实施土地利用规划的重要手段。土地整理和整治的内涵和外延都十分丰富，不同的国家、不同的历史时期，都有不同的涵义。我国农村土地整理和整治，是按照中共中央、国务院有关文件的规定，按照国家土地利用总体规划设计，通过对田、水、路、林、村进行综合整治，搞好土地建设，提高耕地质量，增加有效耕地面积，改善农业生产条件和农村生态环境。这是农村土地整理和整治的最基本的内容。有条件的地方，也可以按照国家土地利用总体规划设计，进行其他种类土地的整理和整治。

1. 农村土地整理和整治的意义。通过坚持开展农村土地整理和整治，对提高农村土地利用率和产出率，提高农业综合生产经营能力，推进城乡一体经济社会健康发展，具有十分重要的意义。主要体现在以下四方面：

（1）有利于增加耕地面积、提高耕地质量、实现耕地总量动态平衡。通过推动农村零星闲散土地、农村居民宅基地、砖瓦窑场用地、矿业开采用地，综合治理、整理、整治，有利于增加耕地面积、提高耕地质量、提高耕地利用率和产出率、增强农业生产经营能力。

（2）有利于推行土地利用规划，加强城乡土地一体全程化管理。通过推动农村土地整理和整治，既能有利于从严维护、节约集约利用和开发复垦耕地，公正合理协调农林牧渔各业用地和城乡一体工业、矿业、水电、交通、环保用地之间关系，又能有利于从严调节和控制城乡土地、依法审查批准征用土地、加强非农业建设用地督查管理，为保护永久基本农田、加强城乡一体全程化管制，打下坚实基础。

（3）有利于推动农林牧渔各业增产增收、促进农村经济社会健康发展。通过推动农村土地整理和整治，既能有利于改善适宜农林牧渔各业生产经营所需土地条件、推进农林牧渔各业现代产业化规模生产经营，又能有利于推动农林牧渔各业生产经营建设机械化、水电化、科技化建设进程，提高农林牧渔各业增产增收、综合效益水平，促进农村经济社会健康发展。

（4）有利于促进农村生态和精神文明建设、推进城乡一体经济社会健康发展。通过推动农村土地整理和整治，加快了社会主义新农村生态和精神建设步伐。有些地区党委、政府及有关部门在统一规划、统一设计新集镇、新村庄、农户住宅基地建设上，进一步加强农村公共公益设施用地整理和整治，改变了历史留下来的农村建房零星分散的格局，改善了农民生活环境，促进了农村生态和精神文明建设，提高了农民物质文化生活水平，推进了城乡一体经济社会健康发展。

2. 农村土地整理和整治的特点。农村土地整理和整治，在包含以往进行的土地平整复垦、农田水利基本建设、低产田改造的基础上，又具有内涵更加丰富、层次更高的土地整理和整治的特点，主要有以下四点：

（1）它不是简单地对某一地块采取单项的物理措施，而是按照城乡一体经济社会发展所需土地利用总体规划设计，组织开展水土保持、流域治理、山河整治、建设生态文明的新农村，确保农林牧渔各业全面发展。

（2）它不是单纯地对农村集体经济组织开展土地整理和整治，而是按照保护农村基本农田、改造农村恶化生态环境、尽快摆脱贫困农村居民生产和生活条件，而动员农户、乡镇企业、城镇工商业、社会团体参加土地整理和整治、推进城乡一体化经济社会健康发展。

（3）它不是单纯地通过农村土地整理和整治，增加可利用土地的面积，而是要提高土地的质量，提高土地利用率和产出率。同时，在增加土地面积上，增加农林牧渔各业产品产量，在提高土地质量的基础上，提高农林牧渔各业产品品质，提高综合效益。

（4）它不是简单地增加对土地的投入，而是要讲求投入产出，形成良性运行机制。农村土地整理和整治，是社会经济发展到一定阶段，对土地利用在深度、广度和空间配置方式上，提出的新的要求，是建立在社会主义市场经济基础上、与经济体制和经济增长方式转变相应的义务。农村土地整理和整治，是落实土地基本国策，实现土地资源永续利用的必然选择，也是顺应经济社会发展需要和自然规律，尊重农民意愿和市场规律的一项有生命力的职责。

（二）农村土地全面整理和深入整治的理念和标准

长期以来，从中央到地方各级党委、政府及有关部门在组织领导开展农村土地整理和整治上，一是端正整理和整治的理念；二是遵守整理和整治的标准。

1. 农村土地全面整理和深入整治的理念。在组织领导开展农村土地整理和整治上，必须端正以下四项理念：

（1）坚持思想落实为先导。农村土地整理和整治，不仅是一项农村土地平整治理工程，而且是同旧传统观念决裂的"换脑"工程，必须充分利用各种宣传教育形式，进行广泛深入的宣传教育，采取算账对比的办法，使农村干部群众充分认识农村土地面临的严峻形势，树立新的居住观念和节地挖潜意识，从思想上和行动上，提高珍惜和合理利用土地的自觉性。

（2）坚持规划落实为基础。农村土地整理和整治，既是个经济社会问题，又是个复杂的生态问题，必须有计划、有步骤地组织实施，做到土地整理和整治规划，与土地利用总体规划相一致，把土地整理和整治任务，列入国民经济计划，本着"宜农则农、宜林则林、宜牧则牧、宜建则建"的原则，分解任务，落实地块，签定合同，按期组织实施，定期检查验收，而推进土地整理和整治工程走上制度化、规范化、科学化的轨道。

（3）坚持政策落实是关键。过去由于缺乏明确的政策规定，一些地方党政领导干部思想顾虑重重，不敢或不愿对农村土地整理和整治。为此，中共中央、国务院指出，各级党委、政府必须改变这些思想观念，相应地发布鼓励社会各方力量，积极投入土地整理和整治的优惠政策，严格执行以地养地、整理整治的良性循环政策。同时，采取"先治理、后发包"与"先发包、后治理"相结合的政策，实行公平竞争，促进各地区形成一个多层次、全方位整理和整治农村土地的政策体系。

（4）坚持资金落实是保证。旧村改造、废弃土地整理和整治，量大面广，投资需求多，工作难度大，必须坚持国家、集体、联户、个人一起筹措的办法，通过合资、引资、个人投劳等形式、多渠道投入，保证农村土地整理和整治工程建设资金的需求。

2. 农村土地全面整理和深入整治的标准。农村土地整理和整治，是农村土地利用中不断建设过程，是实施土地利用规划，对一定区域内土地权属和土地利用的用途、布局结构等的调整，是对地形、地貌、地利、水土状况、生态环境采取的一项综合治理措施。农村土地整理和整治分为：农业土地和非农业建设用地，这两方面整理和整治。农村土地整理和整治内容包括六个方面：一是农村调整结构，归并零散土地；二是农村平整土地，改良土壤，复垦废弃地；三是农村道路、沟渠和水利设施的修补与建设；四是农村居民点及宅基地调整建设；五是农村土地边界调整修正、确定权益；六是农村改善居住环境条件，维护生态平衡。为此，必须坚持执行农村土地整理和整治的以下六项标准：

（1）坚持依据国家关于土地法规制度执行农村土地整理和整治管理的标准。对农村土地整理和整治，必须依据国家方针政策和法律法规固定下来，使之制度化、规模化、长期化。

（2）坚持按照农村土地利用总体规划，执行农村土地整理和整治调控的标准。农村土地利用总体规划是对农村土地整理和整治规划的宏观调控，必须在调控全国耕地总量动态平衡的基础上，保持耕地面积，优化耕地质量，提高耕地利用率和产出率。

（3）坚持组织完成永久农田水利基本建设的任务，执行农村土地整理和整治要求的标准。对农村土地整理和整治，必须遵照建立旱涝保收、稳产高产的永久农田的目标，组织推进水土保持整理和流域整治，建立永久农田保护区。

（4）坚持引导动员广大农民自觉自愿参加农村土地综合治理行动，执行监督农村土地整理和整治的标准。农村土地整理和整治,涉及千家万户农民的利益,组织开展宣传教育,深入进行细致思想动员工作,激励发动广大农民自觉自愿参与农村土地整理和整治,为农村土地综合治理,经常监督土地整理和整治的标准。

(5) 坚持遵循国家资助、共同负担农村土地综合治理规则,执行农村土地整理和整治的标准。在组织推进农村土地整理和整治资金筹措中,坚持以国家资助为主,由中央、地方、集体和个人共同负担的规则。同时,坚持建立、健全投入与收益分配机制,不搞非法集资和乱摊派,防止加重农民负担。

(6) 坚持对农村土地整理和整治全面规划,执行农村土地整理和整治分步实施的标准。农村土地整理和整治是一项长期的、复杂的系统工程。为此,在组织推进农村土地整理和整治上,一是必须坚持深入调查研究、全面规划设计的规则,要科学合理考察论证、公开评定规划设计;二是必须坚持分步实施、循序渐进的规则,要因地制宜、切合实际,不搞"一刀切"。注意防止只重数量、不重质量的错误做法。必须依据条件,量力而行,循序渐进。

(三) 农村土地全面整理和深入整治的任务和要求

农村土地整理和整治是一项长期的社会系统工程,涉及农村经济社会工作的各方面,只有在各级党委、政府的统一组织领导下,各有关部门互相配合、通力合作,才能够完成。为此,在组织领导开展农村土地整理和整治上,一是确定整理和整治的任务;二是提出整理和整治的要求。

1. 农村土地全面整理和深入整治的任务。中共中央、国务院于1997年向全国发布《关于进一步加强土地管理切实保护耕地的通知》提出,将农村土地整理和整治作为加强土地管理一项重要任务。要求各级党委、政府及有关部门,必须高度认识农村土地整理和整治的必要性和紧迫性,端正农村土地是涉及中华民族生存兴旺、国家安全和平、社会和谐稳定、经济发展壮大中第一地位的指导思想,明确规定各级政府和土地管理部门应承担的任务:

(1) 各级政府必须承担四项任务:一是必须为推荐农村耕地可持续利用,切实达到耕地总量动态平衡、保障城乡一体经济社会健康发展目标,而坚持在对农村土地利用,从浪费转向节约、粗放转向集约、控制城乡非农业建设用地、国家建设项目用地,充分挖掘土地潜力,整理在用的耕地,整治农村居民宅基地,严控乡镇企业用地;二是必须为推进农村土地资源科学治理、耕地节约集约利用、土地整理和整治放在首位,而坚持有计划有步骤地在做好土地整理和整治的基础上,一要保有一定的土地储备,不要搞粗放式治理,为子孙后代提供必需的耕地,二要采取积极的整理兼顾保护措施,划定永久基本农田区,提高土地的利用率和产出率;三是必须推动土地、水利、农业、林业等部门,根据社会经济发展的规划和计划,以土地利用总体规划为先导,以土地整理专项规划及设计为基本前提,通过采取行政、经济、法律和技术的手段,共同配合协作,实施对土地综合治理,最终达到调整土地关系,依据农村土地利用总体规划,并对耕地严格进行农业生产经营管制;四是必须坚持在各级政府和农村投入为主体的前提下,积极组织农民投工投劳,集中力量,进行会战,保持在乡镇行政区域内,进行土地整理和整治,正规有序地进行土地整理和整治,充分发挥土地整理和整治功能作用,严格推行农村土地治理和利用总体规划,努力实现耕地总量动态平衡。

(2) 各级土地管理部门必须承担六项任务:一是组织编制土地利用总体规划和土地整理和整治专项规划;二是负责土地整理和整治前权属的确认、整理和整治后权属的划分、变更,进行土地的属性数据和图形数据的管理;三是负责土地整理和整治工程竣工后的验收和配合有关部门做好工程质量的验收;四是负责农村土地整理和整治的规划、指导、示范、推动和保证方面工作;五是制定和执行有关的土地整治和整理管理方面的政策法规制度,全面掌握土地整理和管理过程中的情况和问题;六是保护农村土地整理和整治工作的成果,总结交流农村土地整理和整治经验教训。

2. 农村土地全面整理和深入整治的要求。中共中央、国务院要求各地区党委、政府及有关部门,必须正确领导和精心指导广大农村干部和农民,坚持贯彻"十分珍惜和合理利用每寸土地、节约集约利用和保护耕地、整理和整治土地"、"开源"与"节流"并举地的基本国策，因地制宜地进行整理和整治土地，为保持区域耕地总量动态平衡打下坚实的基础，实现全国土地整理和整治投入与产出的良性循环、促进城乡一体经济、社会、生态三大效益同步增长的目标，而要求达到以下四点：

(1) 深入宣传教育，强化国策意识。为了不断增强全民土地基本国策意识，提高广大农村干部和农民珍惜和合理利用土地的自觉性，唤起全社会和干部群众参与、支持土地整理和整治事业，始终坚持把宣传教育贯穿于整个土地整理和整治工作的始终。为此，一是坚持对各级干部的宣传教育。结合各地区农村土地整理和整治实际情况，采取以会代训、举办培训等形式，组织各级干部学习领会国家《土地管理法》和有关土地整理和整治政策法规文件，统一思想理念，形成珍惜、整理和整治土地、保护和节约集约利用耕地的共识；二是坚持开展全民宣传教育，抓住"六·二五"土地日，利用多种宣传媒介，采取举办专题节目、上街咨询等形式，宣传全国土地资源现状和耕地总量动态平衡的重大意义，宣传土地整理和整治的巨大潜力，帮助农村广大干部和农民进行土地整理和整治的成本、效益核算分析，从而增强全民土地忧患意识、土地整理和整治的紧迫感和自觉性；三是坚持抓典型示范宣传推广，大张旗鼓地宣传土地整理和整治的先进典型经验，推广节约集约耕地求发展的先进典型事例，引导广大农村干部和农民自觉投入到土地整理和整治中去，坚持把土地整理和整治作为一项经常性工作，形成人人关心参与土地整理和整治的必然局面。

(2) 精心组织实施，严格工程质量。全国各地区农村废弃老村庄基础和"地坑院"占地多、土地浪费严重，土地整理和整治前景光明、任务艰巨。为促使农村土地整理和整治工程取得明显成效，各地区政府及有关部门在组织实施工作中，抽调专业人员，深入各乡村农户调查研究，对土地整理和整治潜力逐村组、逐地块核实面积，分类排队，造册登记，制定土地整理和整治规划实施方案，必须达到九项要求：一是坚持"谁破坏土地、谁治理"；二是坚持"谁复垦整理土地、谁受益"；三是坚持土地整理"先易后难、综合治理"；四是坚持先补充土地、后减少土地；五是坚持"因地制宜、合理利用"土地；六是坚持复垦整理后的土地，做到耕地总量动态平衡、农业生产经营用途目标明确；七是坚持动员各方力量，集中连片土地整理和整治，走群众路线，调动城乡一体农工商联营企业、社会团体力量，大打土地整理和整治人民战争；八是坚持加强监督管理，确保工程质量。确定工程技术人员在工地，全面负责工程的现场指导和质量监督，把工程质量放在首要位置；九是坚持实行县乡村三级验收制度，级级检查，层层把关，逐工序验收，促进农村土地整理和整治走上规范化轨道。

(3) 落实优惠政策，促进土地整理。各级政府及有关部门要坚持在相继制定一系列鼓励农村土地整理和整治的优惠政策和法规的基础上，必须继续推行"谁投资、谁整理、谁受益"的政策：一是对已整理和整治的土地，及时确定使用权，颁发土地使用证；二是对按期完成土地整理和整治任务的村民，优先划拨新宅基地并免缴耕地使用费；三是对联合或个人投资、投劳土地整理和整治整理者，可优先承包，其所复垦整理的土地用于农林牧渔各业生产的，免交 10 年承包费，承包期内土地使用权，可以依法继承、转让；四是对土地复垦整理有困难的单位和个人优先发放贷款；五是对农村土地整理和整治力度大的农村集体经济组织和农户，县（市）财政给予重点扶持，进行重点奖励，激励广大农村干部和人民参加整理和整治土地的积极性。

(4) 强化组织领导，落实工作责任。各级政府及有关部门要坚持在每年年初确定农村土地整理和整治的目标，要督促县（市）政府同乡（镇）政府签订土地整理和整治目标责任书，逐级下达分解土地整理和整治责任，建立各级领导干部目标考核责任制，年终考核，兑现奖罚。为此，一是县（市）乡（镇）两级分别成立由主要领导挂帅的农村土地整理和整治领导小组，具体负责抓好土地整理和整治工作。二是县（市）党委、政府要专题研究土地整理和整治工作，主要领导经常深入土地整理和整治工程建设第一线，现场办公，解决问题。三是县（市）人大、政协坚持每年检查视察土地整理和整治工作。四是县（市）土地管理部门实行领导分片包干责任制和重点工程负责制。五是县（市）农业、水利、财政等部门结合各自职能，充分发挥服务指导协调作用，积极支持和服务于土地复垦整理工作，确保整理和整治工作任务的超额完成。

(四) 农村土地全面整理和深入整治的方式和做法

新中国成立以来,我国农村土地整理和整治的方式和做法是逐步改进的。特别是从近20年来,由于全国城乡一体农业现代化、工业化、信息化、城镇化"四化"同步建设占用农村土地逐渐增多,尤其是直接影响农村耕地逐渐减少。为此,必须相应地改进农村土地整理和整治的方式和做法。

1. 农村土地全面整理和深入整治的方式。全国各地区农村土地整理和整治面积,已超越单纯复垦增加土地面积,更加注重提高土地利用率和产出率。我国现阶段的土地治理和整治主要目标,是增加耕地面积,以实现耕地总量动态平衡。由于各地区农业生产经营发展和农村集体经济实力壮大的不平衡,而必须采取相应的方式,主要有以下三种方式:

(1) 迁村并点方式。这是指对自然条件较差、耕地数量较少、过去占地较多的村庄,通过迁村并点整理和整治土地的方式,扩大土地面积,提高土地质量。实践证明,大多数地区村庄退宅土地整理和整治后,耕地增加,耕地利用率、生产率较高。

(2) 田块归并方式。这是指对耕地数量较多、耕地面积所占土地面积的比率较高、而可开发利用的耕地后备资源相对较少的地区农村,对耕地内部挖潜利用的农业用地,已经以各种形式进入非农业建设市场流转的土地,通过各种不同地域农田归并方式,保存质量好的耕地、扩大耕地面积。实行农业现代产业化规模集约经营,提高耕地利用率、生产率。

(3) 综合整理方式。这是指对耕地相对短缺、人均耕地少、耕地利用率高、后备耕地资源缺乏的地区农村,通过农村土地整理和整治成耕地,实行农业集约生产经营,提高耕地利用率和产出率的方式,开拓"田成方、树成行、渠相连、路相通、旱能灌、涝能排、旱涝保收、稳产高产、增产增收的农田",实现农田现代化生产经营的目标。

2. 农村土地全面整理和深入整治的做法。全国各地区对推进农村土地整理和整治的做法多种多样,特别是对农村土地整理和整治成利用效率高、抗灾能力强、综合效益好的农田,保证完成种植业生产经营任务,必须对土壤、肥料、水分、种子、种植、植保、管理,采取切实可行、行之有效的以下六种做法:

(1) 改良土壤做法。土壤是种植业生产最根本的生产资料。种植业生产所需要的水分和养分,大部分直接取决于土壤,种植业生产所需要的热和空气也有一部分是通过土壤供给的,肥沃的土壤是种植业获得高效益的基本条件。为此,要坚持改良土壤,做到用地与养地相结合,使土质越来越好。具体地说,主要有两种做法:一是耕地轮作法。耕地轮作又叫倒茬或换茬,也就是在某一地块上,对不同种植业植物进行周期合理的换茬,以提高种植业植物的单位面积产量,增加轮作周期内的总产量。合理耕地轮作,可以把用地与养地结合起来,在其他一些行之有效的措施配合下,使种植业植产量不断增加,土地肥力不断提高。不同种植业植物对氮、磷、钾的要求是不同的,对不同种植业植物合理耕地轮作,就可以充分利用土壤的各种肥料要素。合理地轮作换茬,应该根据各种种植业植物耕作上的不同要求,对土壤进行有计划地、周期性地轮耕,改善和保持土壤的良好性能。病菌和害虫对种植业植物的危害,一般都有选择性,合理地轮作换茬,在一定程度上可以防治病虫害,消灭伴生种植业植物的杂草。二是土壤耕作法。土壤耕作包括播前整地和播后管理等一系列作业。目的是为种植业植物生长发育创造疏松耕作层,不断改良土壤,增施有机肥,调节土壤"水、肥、气、热"之间的矛盾和协调"固、液、气"三项比例关系,使土壤能渗水、能保水、能供肥、能保肥、能通气、能容气,并且使土壤保持优良性质。土壤耕作是否合理,对于用地养地和作物生长发育关系极大。要合理的土壤耕作,必须做到:一要改善土壤的物理性能,为种植业植物生长创造疏松耕作层,耕作层要有虚有实、虚实并存,以利于保持水分;二要改革农机具适应土壤耕作机具的需要,建立一个统一的科学土壤耕作体系与先进机具体系;三要减少一个轮作轮耕周期的作业量。要减少作业遍数,减少机车进地次数,以便在满足种植业技术要求的前提下,减少作业对土壤的破坏,不断降低耕作成本;四要尽量缓冲土壤耕作季节性。要建立合理的土壤耕作体系,尽量缓冲耕作的季节性,延长宜耕期,充分利用有效农时,从而克服由于迫于农时,而进行抢翻抢整湿翻湿整的现象,以利于不断提高作业质量;五要提高土壤耕作经济效果,达到"一机多用、一具多能"的要求,增加优质、高效、低成本作业项目的比重。

(2) 科学施肥做法。肥料是农业生产的"粮食"。合理施肥,可以为农业生产提供充足的养料,是增产的关键措施。要不断增加土壤肥力,必须狠抓增施有机肥料,来增加土壤有机质。肥料是土壤肥力的基本要素。土壤肥力,就是指土壤协调地、均衡地供给种植业植物在生长发育过程中所需要的水分、养分、空气的能力,而土壤有机质是土壤肥力的物质基础。因为它可以增强土壤的保水能力,给种植业植物提供丰富的养料。增施有机肥料,对于改良土壤,提高产量,培养地力,有重大作用。要增施有机肥,就必须大力发展畜牧业,种植绿肥,积攒一切粪肥,大搞秸秆还田。在增施有机肥料的基础上,又要施用化学肥料,充分利用化学肥料肥分高、肥效快的特点,提高当年种植业植物的产量。施肥必须合理,必须因地、因时、因种植业植物制宜,要坚持基肥、种肥和追肥相结合的原则,基肥应以有机肥料为主、化肥为辅,要坚持分层施肥深施复盖,种、肥隔离,严防因种、肥接触而产生"烧种"的现象。合理施肥,要根据土壤肥沃程度以及前茬种植业植物品种、密度、苗情,所施肥料的种类及其比例,选定适宜种植的后茬种植业植物。还要注意增施细菌肥料,不断扩大其施用面积。

(3) 合理用水做法。水是农业生产命脉。合理灌溉,抗旱排涝,根治水害,是农业增产的重要环节。要根据各地区农田水利资源情况,因地制宜地修建各类水利设施,防止水旱灾害,合理利用水利资源,在一定的标准下,做到遇旱能灌,遇涝能排,遇洪能防,逐步达到旱涝保收,扭转靠天吃饭局面。

(4) 繁育良种做法。种子是农业生产产量形成的内因。不断选育和更新优良品种,因地制宜地搞好良种选配,是增收的重要措施。为了繁育优良品种,必须做到:一是要多引、多育、多选。只有多引、多育、多选,才能选出适合本地区条件的优良品种;二是要严格鉴定优选。对于各种优良品种要进行鉴定,对良种的要求是:早熟、高产、抗病、质佳、适应性强良种;三是要加速培育繁殖。凡经鉴定,认为是优良品种,应采取单植、高肥、细管的方法,进行培育繁殖,以便加速繁殖和推广;四是要留足后备种。后备种包括留足备灾用的早熟品种和生产正常需要的品种。对于需种量比较大的种子还可以多留;五是要坚持良种标准化。对种子田的耕作、施肥、管理和收获,要优先安排,坚持单收、单脱、单藏的制度,以防止混杂。要在选育新品种的同时,积极进行对原有优良品种的提纯复壮工作,并且一定要搞好种子检疫工作;六是要采取先进种植方法。有了良种,还必须有与其相适应的先进种植方法,充分发挥其应有增产作用;七是要合理使用良种。要根据本地区的具体情况,选定适宜当地生长的优良传统品种,并且要随着新的优良品种的出现,不断更新原有的优良传统品种。要根据本地区生育期长短和良种特性,以及组织生产的需要,进行早、中、晚品种搭配,要提高种子的发芽率和整齐度。保留株数要适当,用种量要合理。

(5) 植物密植做法。种植不可太稀,也不可太密,充分利用土、肥、水和太阳光能,是提高种植业单位面积产量的重要措施。

(6) 植物保护做法。抓好种植业植物保护,坚持"预防为主、综合防治",是增产增收的重要保证。种植业植物保护,是指防治种植业植物病虫害和消灭杂草的工作。种植业植物保护是农业生产综合技术措施中的一个重要环节。种植业植物保护工作,应该在充分掌握病虫发生、扩散、传播等规律的基础上,综合采用农业技术防治、药械防治、生物防治等措施,以利于安全、高效、长期地控制种植业植物病虫害。为了加强种植业植物病虫害的防治、防疫工作,必须采取相应做法:一是要根据不同地区、不同时期病虫害的发生情况,采取不同做法,对危害比较严重的病虫害,要进行重点防治。既要注意防治绝产的病虫危害,又要注意防治减产和降低产品质量的病虫害。农业技术防治,主要包括选抗灾品种、合理轮作、合理施肥、做好田间管理、选用无病种子等。药械防治,主要包括种子处理、土壤处理、耕种施药和喷雾喷粉等。生物防治,主要对利用生物或微生物产生的抗菌素进行防治。如以虫治虫、以菌治虫、以菌治病等。上述几种防治法,要因地制宜,综合采用;二是要做好种植业植物检疫工作。它是防治病虫害的一项重要做法。种植业植物检疫是对种植业植物及其产品,特别是种子和苗木进行防疫控制,以防止危险性病虫、杂草的传播和蔓延。种植业植物检疫的主要做法有:一要禁止危害性病、虫、杂草从国外输入;二要封锁局部地区,防止危险性病虫和杂草的传播;三要对传入危险性病虫和杂草的新区,采取有效措施,加以消灭等等;三是要消灭农业生产的大敌杂草,坚持"以预防为主、防治结合",采取综合性灭草保留做法。

五、农村土地综合开发和科学复垦途径

农村土地开发和复垦,是指对尚未开垦和对各种人为和自然灾害因素造成废弃的土地,组织进行开发和复垦成适宜农林牧渔各业生产经营的土地治理工程。它是以改善农业基本生产条件,增强农业综合生产能力,促进农民群众增产、增效、增收,增加社会农业产品有效供给,全面提高经济效益、社会效益、生态效益为目的,对农业资源和制约农业和农村经济发展的各种因素,综合规划、综合投入、综合治理、综合利用,保障农业和农村经济持续健康发展的系统工程。它是以高新科技为依托,以国内外市场为导向,以综合效益为中心,以综合治理为手段,科学改造山、水、林、田、路等自然生态环境,合理开发农用土地资源,组织开展农业基础设施和农业生态环境建设,提高农业抗御自然灾害的能力,增强粮棉油肉糖等农业产品综合生产能力,保障国家需求粮食等农业产品的安全,推进农业产业化规模经营,加快实现农业现代化,发挥农业综合效益,实现农村小康社会目标的必由之路。从1987年以来,从中央到地方各级党委、政府及有关部门,在组织推进农村土地综合开发和科学复垦工程建设上,开拓一条行之有效的途径。在这条征途中逐步构成七个环节:一是范围与内容;二是性质与特点;三是方针与政策;四是法规与细则;五是任务与要求;六是方式与做法;七是由来与发展的历程。

(一)农村土地综合开发和科学复垦的范围

农村土地综合开发和科学复垦的范围,可按以下五种类型划分:

1. 按综合利用国土资源划分。这是指对已利用和未利用两部分国土资源的开发和复垦。为此,一是对已利用国土资源的开发和复垦,是指对目前已被农林牧副渔各业生产所利用,但利用尚不充分的国土资源的开发和复垦。这是指对已被粮棉油糖等农业产品生产占用的中低产田改造和已被农林牧副渔业生产占用的土地治理,已达到提高土地利用率和产出率的目的;二是对未利用国土资源的开发和复垦,是指至今尚未综合治理和利用的国土资源的开发和复垦。这是指尚待综合开发和科学复垦的宜农荒地、沙荒地、荒山荒坡、草原草地、内陆水域、浅海水域等资源。通过综合开发和科学复垦,可增强农林牧副渔各业综合生产能力。

2. 按农林牧副渔各业产品生产领域划分。这是指农业的粮棉油糖等产品、林业的林木干鲜果等产品、牧业的畜禽蛋奶等产品、渔业的鱼虾蟹等产品的生产建设的开发和复垦,以及农林牧副渔各业产品加工、服务等生产建设的开发和复垦。

3. 按农林牧副渔各业扩大再生产力度划分。这是指农林牧副渔各业生产建设的广度开发和复垦、深度开发复垦、高度开发和复垦、密度开发和复垦。

(1)广度开发和复垦,是指外延开发和复垦,即外部领域的综合开发和科学复垦。这是对尚未利用的宜农荒地、荒山荒坡、草原草地、内陆水域、浅海水域、滩涂、荒漠、废弃地等国土资源的开发和复垦,主要是采取工程、机械、生物和科技等措施,对山水林田路等国土资源综合治理开发和复垦。

(2)深度开发和复垦,是指内涵开发和复垦,即内部领域的综合开发和科学复垦。这是对改造

不够的中低产田的开发和复垦,对开发和复垦利用不够的宜农荒坡、荒山荒地、草原草地、内陆水域、浅海水域、滩涂、荒漠和废弃地等国土资源的开发和复垦。主要是进一步采取工程、机械硬件措施和生物、科技软件措施,对制约农林牧副渔各业生产发展的不利因素进行综合治理开发和科学复垦。

(3) 高度开发和复垦,是指科技开发和复垦,即加大科技力度,提高科技含量的综合开发和复垦。这是按照农业"八字"宪法的要求,在采取行之有效的综合治理措施的基础上,实行高新科学技术开发和复垦,即进一步组装配套高新科学技术,提高农业综合开发的科技含量,提高农林牧副渔各业产品的产量、质量及其附加值。

(4) 密度开发和复垦,是指集约开发和复垦,即集约型、循环型、产业型三方面紧密结合的开发和复垦。为此,一是集约型开发和复垦,是指以太阳光为能源,利用地域上高与矮的差异和种植业植物喜光与耐阴的特性,采取混种、间种、套种、密植、繁育、防治相结合的生产措施,提高光合作用效率,从而增产、增收的开发和复垦;二是循环型开发和复垦,是指在提高农林牧副渔各业初级产品产量、质量及其附加值基础上,采用农林牧副渔各业良性循环的生产措施,提高农林牧副渔各业产量、质量及其附加值的开发和复垦,如在农业综合开发项目区种植粮食作物时,就要采取平整土地、改良土壤、养地种植、加工秸秆、过腹还田、配方施肥、培育地力等一系列措施,从而达到良性循环地增产、增收、增效益和增贡献的开发和复垦;三是产业型开发和复垦,是指在对农林牧副渔各业初级产品的生产、加工、销售形成系列化的条件下,组织开展产供销一条龙、贸工农一体化的开发和复垦,也就是采取公司加农户形式的开发和复垦,即农业产业化龙头企业与种植、养殖专业户和企业,结成利益共享、风险共担的合同机制,提高农业产品的产量、质量及附加值,发挥综合效益。

4. 按综合治理的项目划分。这是指农业综合开发土地治理项目和农业产业化经营项目。为此,一是土地治理项目,主要是指水利工程建设、农业工程建设、林业工程建设、草原草地工程建设、农业机械工程建设和科技推广工程建设等项目。二是农业产业化经营项目,主要是指农业的蔬菜工程建设、林业的林果茶桑等工程建设、牧业的畜禽养殖工程建设、渔业的水产品养殖工程建设、农林牧渔各业产品加工及服务工程建设等项目。

5. 按人为和自然灾害因素造成废弃土地项目划分。凡是各种人为因素和自然灾害因素造成破坏废弃的土地,都属于土地复垦的范围,其中主要包括五种:一是各类工矿企业在生产建设过程中挖损、塌陷、压占等造成破坏废弃的土地;二是因道路改线、建筑物搬迁、废弃宅基和垃圾压占等而遗弃的土地;三是因农村砖瓦窑、水利建设取土而造成的坑、塘、洼地及其他零星闲散废弃地;四是工业污染而造成废弃的土地;五是自然灾害损毁造成荒废的土地,是指洪水冲毁土地、风沙掩盖土地,泥石流、地震等自然灾害损坏土地。

(二) 农村土地综合开发和科学复垦的内容

国务院于1988年开始强调,农村土地综合开发和科学复垦的内容,是指开垦宜荒地、改造农田等土地治理项目。2002年以来又强调提出,增加农业产品产加销一条龙产业化经营项目。2012年明确指出,一是土地治理项目的内容;二是农业产业化经营项目的内容。

1. 土地治理项目的内容包括:一是水利工程建设中的小型水库、排灌渠系、排灌站、变电站、机电井、农电线路、地下排灌管道等工程建设;二是农业工程建设中的平整土地、改良土壤、农田道路、良种推广、晒场仓库等工程建设;三是林业工程建设中的营造农田水土保持林、防风固沙的防护林、苗圃等工程建设;四是草原草地工程建设中的围栏草场、改良草场、井灌草场、青贮池窑等工程建设;五是农业机械工程建设中的挖掘机械、平整机械、翻耕机械、播种机械、植保机械、收获机械、运输机械,农产品加工机械等设备;六是科技推广工程建设中的农林牧副渔各业生产建设所需的先进适用科学技术推广,当前重点抓好科学节约用水、改良土壤、精施肥料、选育良种等先进适用科学技术的推广。

2. 农业产业化经营项目的内容包括：一是农业的蔬菜、瓜果、花卉等工程建设中的温室、大棚、冷库、保鲜、加工基础设施、排灌水利设施、良种繁育推广等；二是林业的林果茶桑等工程建设中的土地平整、园区改造、排灌水利设施、苗木种植栽培等；三是牧业的畜禽养殖工程建设中的畜禽房舍、饲料加工、畜禽良种繁育推广等；四是渔业的各种水产品养殖工程建设中的养殖基地、温室、繁育水产种苗等；五是农林牧副渔业产品加工及服务工程建设中的加工厂房、机械设备、仓库、冷库、棚房、货架、交易用房等。

（三）农村土地综合开发和科学复垦的性质

2010年国务院对农村土地开发和复垦的性质明确规定，必须综合开发、科学复垦，综合开发的核心是综合性，科学复垦的先导是权威性。

1. 综合性。具体表现在：一是综合规划、合理布局。按照国家关于发展农业和农村经济的方针政策，综合确定农村土地开发和复垦的任务和投资计划，合理布局农村土地开发和复垦的区域和规模；二是综合利用资源。综合利用适宜发展的农林牧副渔各业生产所需的自然资源，特别是充分利用潜在的自然资源优势，重点提高土地的产出率和收益率，提高农林牧副渔各业产品的商品转化率和增值率；三是综合治理国土。根据综合规划，合理布局，按流域进行山水田林路综合治理，保障农林牧副渔各业生产全面发展；四是综合采取措施。在山水林田路的综合治理上，对制约农林牧副渔各业生产发展的各种不利因素，综合配套地采取工程、生物、科技、农业、林业、水利等措施；五是综合安排投入。统筹安排人力、财力、物力、科技、政策等投入，使其有机结合，合理配套、集中连片、重点使用；六是综合组织协调。综合运用科学组织、先进管理、严格检查、有效监督的手段，进行组织协调；七是综合各方面力量。农村土地开发和复垦，涉及各行业、各部门，必须综合社会各方面力量，才能建设好这一项复杂的系统工程；八是讲求综合效益。通过农村土地开发和复垦，既要取得经济效益，又要取得生态效益和社会效益，以达到农民增收致富、富民强国的综合效益。

2. 权威性。具体表现在：一是农村土地开发和复垦这项事业，是经中共中央、国务院决定，由国务院有关部门领导成员组成的国家农业综合开发联席会议组织指导，由国家农业综合开发办公室组织开展的国计民生事业；二是农村土地开发和复垦这项事业，是由各省、自治区、直辖市党委、政府、人大、政协等领导班子列入重要的议事日程，坚持经常进行指导、检查、研究、落实的德政工程事业；三是农村土地开发和复垦这项事业，从中央到地方各级政府都制定了比较完善的方针政策、规章制度，从而逐步走上制度化、规范化的轨道；四是农村土地开发和复垦这项事业，已由各级政府通过财政、银行部门每年必须安排专项资金和专项贷款，并严格要求专款专用，不准部门分割和"人吃马喂"这项资金；五是农村土地开发和复垦这项事业，从项目确定前的考察评估、项目确定后的组织实施，到项目建成后的检查和验收，都由各方有权威、有经验的专家和工作人员进行评定；六是农村土地开发和复垦这项事业，是改善我国农业基本生产条件、加强农业基础建设设施和农村生态环境建设、提高农业综合生产能力、达到富民强国目标的战略性事业，是非办不可的关系到国计民生的永久性事业。

（四）农业土地综合开发和科学复垦的特点

农村土地开发和复垦与传统常规农田治理相比，具有以下六个明显的特点：

1. 有明确的综合开发和科学复垦主攻目标。以改造中低产田为主，以提高粮棉油肉糖等大宗产品的综合生产能力为主要目标，坚持政府行为，兼顾市场导向，既考虑短期内增加农业产量，增加农民收入，又想到为增强农业发展后劲，保障农业和农村经济持续发展打下牢固基础。

2. 有得力的综合开发和科学复垦资金投入机制。有一个具有中国特色的资金积累投入机制，这就是"国家引导、配套投入、民办公助、滚动开发"的机制，也可将其概括为中央带动地方、政府引导农民，这种以国家财政投入为导向、农村集体和农民群众投入为主体、专项贷款为辅助的机制，从上到下，运行较好。资金投入有保证，凡经批准的农村土地综合开发和科学复垦项目，中央财政都安排相应的资金，并且要求地方财政资金、专项贷款、自筹资金作相应的配套安排。由于资金不受部门分割制约及"人吃马喂"的影响，完全用于农村土地开发和复垦项目工程上，从而有效地保证了农村土地开发和复垦目标的实现。这种投入机制是建立在社会主义市场经济体制上的一个创举，具有很强的生命力。

3. 有严格的综合开发和科学复垦项目管理手段。农村土地开发和复垦，是按项目管理的要求，采取从申报建议、考察评估、项目选择、项目审批、项目实施、项目验收到项目管护的严格程序，进行综合治理，科学组合各种生产要素，合理开发利用资源，增强农林牧副渔各业综合生产能力，从而形成一套严格的项目管理规章制度，基本做到综合治理规范化、各项管理制度化。

4. 有强大的综合开发和科学复垦组织凝聚力。农村土地开发和复垦，之所以能广泛深入地开展下去，一是来自各级党委、政府、人大、政协各方面组织领导同心同德的合力；二是来自农业、林业、水利、农机、土地、环保、财政、银行、审计等有关部门各尽其责、配合协作的合力；三是来自基层干部和农民群众齐心协力、艰苦奋斗的合力。总之，将各方面的人力、物力、财力集中起来，就能形成农村土地综合开发和科学复垦强大的组织凝聚力。

5. 有系列的开发和复垦产业结构。各地农村土地开发和复垦项目区，在各级党委、政府的正确领导下，都能以资源为依托，以市场为导向，以效益为中心，以科技为动力，在发展粮棉油肉糖等产品生产的基础上，大力发展种植、养殖、加工等多种经营项目及其产加销一条龙、贸工农一体化的龙头项目，并以龙头项目带动农产品系列开发。龙头项目一头连接市场，一头连接农户，可以带动农林牧渔各业发展商品生产，使农林牧渔各业产品增产与农民增收的目标能够紧密结合。

6. 有明显的开发和复垦规模效益。从全国来看，凡属国家组织建设的农村土地综合开发和科学复垦项目区，都是比较集中连片的，形成了较大的规模。特别是对土地治理项目，要坚持治理与开发相结合、建设与管护并重的原则，统一规划设计和组织实施。要求各地区从实际出发，针对制约农业发展的障碍因素，采取不同的治理模式，解决关键性问题。采取先进的科学技术，实现机械化作业，提高商品率，形成综合生产能力，从而取得明显的规模开发效益。

正是由于农村土地综合开发和科学复垦具有这些特点，因而能够取得超出传统常规农业建设的显著成效。总之，农村土地综合开发和科学复垦是在社会主义市场经济体制条件下，国家保护、支持农业发展，对农业实施宏观调控的一个重要手段，既解决了一家一户想搞而无力搞的矛盾，又消除了农民群众搞农田基本建设无积极性的弊端。农民群众已由"要我开发和复垦"转为"我要开发和复垦"，由"被动开发和复垦"转为"主动综合开发和科学复垦"。这对如何建立符合市场经济规律和我国国情的农业宏观调控和保护机制，是一种成功的尝试。

（五）农村土地综合开发和科学复垦的方针

在我国农业和农村经济发展的新阶段，农村土地综合开发和科学复垦的方针核心，是艰苦奋斗、自力更生、全面规划、统筹设计、求真务实、因地制宜、科学调度、集中投资、团结合作、成片综合治理山水林田路村，复垦水冲地、沙盖地、损坏地、塌陷地、废弃地、恢复生态环境，新增耕地资源，提高土地利用和产出效率，增强农林牧副渔各业发展后劲，为国家增加更多农林牧渔各业产品，促进广大农民增加收入，改善城乡人民生活，实现经济、社会、生态三大效益有机统一主攻目标，保障城乡一体经济健康持续发展。

1. 在综合开发和科学复垦战略目标上，以"三个代表"重要思想和中共十六大至十八大六中全会精神为指导，遵照中共中央、国务院提出对农民"多予、少取、放活"的方针，围绕全面建设小康社会，最终为实现农业现代化的目标，以农业主产区特别是粮食主产区为重点，着力加强农业基础设施和生态环境建设，提高农业综合生产能力，保证国家需求粮棉油肉糖等农林牧渔各业产品安全，着力推进农业和农村经济结构战略性调整，积极发展农业产业化规模经营，提高农业综合效益，壮大农业和农村经济实力，保障增加农民收入。同时，遵循国内外市场经济规律、公共财政管理体制和农村改革要求，适应农业和农村经济社会管理体制经济发展的新形势，而深化农村土地管理体制改革，创新农村土地综合治理运行机制，完善投资政策，加强科学管理，不断提高农村土地开发和复垦水平，保障农业和农村经济持续健康发展。

2. 在综合开发和科学复垦范围内容上，坚持进行山水田路综合治理，科学开发利用农林牧渔各业资源，把广度开发与深度开发、高度复垦与密度复垦有机结合起来，排除制约农业和农村经济发展的各种障碍因素。为此，一是在土地治理项目建设上，进行中低产田改造、生态综合治理、中型灌区节水配套改造，改善农业基本生产条件和生态环境，增强农业抗御自然灾害能力；二是在农业产业化经营建设项目上，扶持农业产化龙头企业、农民专业合作经济组织和农业产品专业协会，组织举办农业产品加工、产地批发市场及贮藏保鲜、经济林及设施农业种植基地、畜牧水产养殖基地项目，增强农业产业化龙头企业、农民专业合作经济组织实力，增强龙头企业和农民组织抗御市场及社会风险能力。

3. 在综合开发和科学复垦层次结构上，为了促进农林牧副渔各业的协调发展，加快城乡一体化经济建设，一是调整优化农林牧副渔各业的产品、品种、品质结构；二是调整优化农林牧副渔各业的区域生产、市场批发、运输营销布局结构；三是调整优化农林牧副渔各业产品的生产、加工、包装、贮藏、运输、营销一条龙服务行业结构，科学合理地形成城乡一体第一产业（种植业、养殖业）、第二产业（种植业、养殖业的加工业）、第三产业（为种植业、养殖业、加工业服务的行业）结构，进一步形成城乡一体农业、工商业、服务业有机结合的产业经营体系。

4. 在综合开发和复垦的标准定额上，要坚持农村土地开发和复垦要求的起点高、质量高、标准高。为此，一是在人员素质上，不断促进各级农业综合开发和科学复垦组织领导者、工作人员遵循宗旨、更新思想观念、深化改革、创新机制、科学管理，尽快建设一支文化科技素质高、政策业务能力强的农业综合开发建设队伍；二是在土地治理项目工程建设上，对于土地治理项目工程建设，必须以中低产田改造为重点，改造后应达到农田平整成方、土壤肥沃、排灌配套、生态良好，形成旱涝保收、高产稳产、优质高效、增产增收的标准化农田；生态综合治理应侧重于水土保持、小流域治理、土地沙化与盐碱化治理，以及为保护生态环境，植树造林、草原（场）退化治理，从本地实际出发，明确治理重点；三是在产业化项目工程建设上，对于产业化项目工程建设，扶持产业化龙头和多种经营两类项目的重点，是国家级、省级产业化龙头企业、农民专业合作经济组织、农业产品专业协会、农户联合体、种植养殖大户及龙头企业，同时还必须具备六条标准：一具有独立的法人资格；二具有经营期2年以上，有一定的经营规模和经济实力，有较强的自筹资金能力，资产负债率小于70%，银行信用等级A级以上；三具有农业产品市场开发潜力大，竞争优势明显；四具有示范辐射和引导带动能力强，与农民建立了合理、紧密的利益分配机制；五具有企业建立了符合市场经济要求的经营管理机制；六具有项目申报必须附有社会中介机构出具的财务审计报告；四是在开发和复垦的投资定额上，国家规定，每个农业综合开发项目县（市）每年原则上只安排1至2个土地治理项目，每年安排用于土地治理项目财政资金在5000万元（含）以上的项目县（市）可安排1至2个土地治理项目，在5000万元以下的项目县只能安排1个土地治理项目；为了加大对农业产业化龙头企业扶持力度，充分发挥其辐射带动作用，每年将产业化经营项目财政资金的50%用于产业化龙头项目，其余部分用于多种经营项目。产业化龙头企业申报多种经营项目要符合条件，即与农民利益紧密联结，能带动农民增加收入，主要加工原材料的60%来自农民，能增强农业和农村经济实力。

5. 在综合开发和科学复垦依托主体上，农民群众是农村土地综合开发和科学复垦项目建设的依托主体。为此，必须坚持以农民群众自力更生为主、国家支持为辅的方针，提倡民办、民管、民受益，国家起引导、调控、支援、辅助作用。为此，一是要引导农民自觉自愿投资投劳，促使农民认清农村土地开发和复垦是农民自己增产增收的项目工程，这项事业的承办主体应是农民自己，必须做到因地制宜、量力而行、尽力而为。二是国家对于农民承办的农村土地综合开发和科学复垦项目，必须加强宏观调控，引导农民发挥当地的农业资源优势，综合开发利用农业资源，促进农林牧副渔各业有机结合、一种二养三加工相互衔接、产加销一条龙、农工贸一体化的产业发展，从而推动农林牧副渔各业产品的系列开发。三是国家要支援和辅助一家一户农民办不成、办不好的农村土地综合开发和科学复垦项目，切实达到办实、办成、办好的效果，让农民看得见、摸得着、得到实惠、增加收入。四是从 2014 年起，凡是由农民主办的农村土地综合开发和科学复垦项目申报，必须以农民自觉办、自愿办、办实办好为前提条件，决不准许各级、各地政府及有关部门代替包办项目。在制定农村土地综合开发和科学复垦项目时，必须尊重农民的意愿，广泛发扬民主，多与农民商量。农村土地综合开发和科学复垦项目建成后，及时区分各种资产所属权限，合理确定资产受益农户、农村集体组织。

6. 在综合开发和科学复垦规模效益上，要在组织开展农业综合开发土地治理和科学复垦、产业化经营两类项目建设规模上，必须充分发挥农业主导产品和支柱产业的名特优势，根据国内外市场需求优质化、多样化、多变化的趋势，统筹规划、合理布局、分别区域、集中投入、形成规模，一是必须严格按照流域、灌区或相对集中连片区域安排土地治理项目，对于中低产田改造的面积，在平原地区不应低于 1 万亩，在丘陵山区不应低于 0.5 万亩，切实做到突出重点，集中连片，开发一片，见效一片，巩固一片，真正体现规模治理。二是必须严格审查选择农业产业化经营项目，必须根据国家规定的农业产业化经营规模的要求，对单个产业化龙头项目年度中央财政资金投入不得低于 300 万元，对单个多种经营项目年度财政资金投入不得低于 100 万元。三是必须确保提高农业综合开发综合效益，必须实现经济效益、社会效益、生态效益的有机协调统一。为此，一要通过农业综合开发土地治理和科学复垦项目建成之后，能够排除制约农林牧渔各业发展的自然障碍因素，增强农业综合生产能力，保障国家需求粮食等农业产品的安全；二要通过产业化经营项目建成后，能够排除制约农村经济开发的社会风险障碍因素，增强农村经济实力，增加农民群众收入。

（六）农村土地综合开发和科学复垦的政策

从 1988 年以来，中共中央、国务院及有关部门强调，农村土地综合开发和科学复垦，是国家组织开展的一项政策性很强的工作。为此，要有理、有利、有节地贯彻执行六项政策：一是民办公助、开垦收益；二是扶持农民合作、龙头企业兴办；三是纳入国家农业投资计划、加大农业生产区投资；四是财政资金引导、配套、无偿与有偿结合；五是贴息专项贷款、物资供应优惠价格；六是税收减免、效绩奖惩。

1. 民办公助、开垦收益的政策。在这项政策上包括：一是国家引导、配套投入、民办公助、滚动开发的政策。为适应我国市场经济规律变化和公共财政管理体制改革要求，引入流通机制、利用市场手段，充分调动广大农民和社会各界参与农村土地开发和复垦的积极性，真正建立以农民为主体、国家辅助和引导、各方参与投资入股、完善自我积累，不断滚动开发和复垦的运行机制。同时，要将农村土地开放和复垦资金与投向农业和农村经济发展的各种资金密切配合，统筹安排、集中分配，形成强有力的投资机制；二是各地区在组织推进农村土地综合开发和复垦范围内，实行谁开发、谁利用、谁受益的政策。在一定时期内使用权不变，可以继承，可以依法有偿转让。

2. 扶持农民合作、龙头企业兴办的政策。在这项政策上包括：一是扶持农民专业合作经济组织和农业产品营销服务协会的政策。为此，一要对于具有明显优势的产业、规范经营管理、法人资格、会员意见利益联结机制条件，以农业产品或产业为纽带，组织起来的农业专业合作的经济组织能本着民办、民管、民收益的规则，在申报农村土地综合开发和科学复垦项目上，要一视同仁、优先予以扶持；二要对于组织开展农业科技推广、培训和农业品种营销服务等业务的农业产品营销服务协会，承担某个农村土地综合开发和科学复垦项目的推广、培训任务，允许用该项目的推广、培训费给予相应补贴。二是扶持农业产品化龙头企业的政策。为此，一要对于能自觉参加农村土地综合开发和科学复垦、从事农业产业化规模经营、有利于增强农村经济实力、增加农民直接受益的产业化龙头企业，采取贴息、补贴、投资参股、借给有偿资金等灵活多样的扶持方式；二要防止龙头企业多头申报项目，严防资不抵债、经营业绩不良和不能有效带动农民增收的龙头企业骗取国家财政资金。

3. 国家纳入农业投资计划、加大农业主产区投资的政策。在这项政策上包括：一是纳入国家扶持农村集体固定资产投资计划的政策。在农村土地综合开发和科学复垦项目投资上，凡是国家立项的农村土地综合开放和科学复垦项目投资，应相应增加国家扶持农村集体固定资产投资规模；二是加大对农业主产区资金投入的政策。从2004年起，国家每年将中央财政新增农村土地综合开发和复垦的资金的80%以上，集中用于农业主产区特别是粮食主产区。但对列入农业主产区的省份，要根据管理情况和财力状况区别对待。同时，中央农业部门对农村土地综合开发和科学复垦项目资金，也适当向农业主产区倾向。各省（区、市）在财政资金安排上，要向农业主产县（市）倾向。

4. 财政资金引导、配套、无偿与有偿结合投入的政策。在这项政策上包括：一是财政资金引导各方投入的政策。为了充分发挥财政资金"四两拨千斤"的作用，形成全方位、多渠道、多途径投入农业土地综合开发和科学复垦项目的局面，通过财政资金引导机制，采取贴息、补贴、投资入股等多种方式，吸引信贷资金、民间资金、工商业资金、国外资金投入农村土地农合开发和科学复垦项目。从2004年起，中央财政在农村土地综合开发和科学复垦资金中单独设立贴息资金，对产业化企业，利用银行贷款给以贴息，凭利息单报账。二是地方财政资金配套的政策。为此，一要针对不同地区的经济实力，科学合理确定各地区财政资金配套比例，进一步降低农业主产区和西部地区财政资金配套比例，并根据各省（区、市）的财力状况区别对待；二要在总体调低地方财政资金配套比例的前提下，突出解决县（市）、乡（镇）两级财政困难，减轻其配套压力，取消国家扶贫重点县的配套任务。三是财政资金无偿与有偿投入的政策。为此，一要对于土地治理项目，具有较强的社会效益、生态效益，是属于提供公益的项目，因而采取财政有偿资金投入的方式；二要对于产业化经营项目，具有较好的经济效益，因而采取财政无偿资金投入的方式。但对不同类型的产业化经营项目，也要分类确定财政资的有偿与无偿比例，适当降低种植业、养殖业项目有偿资金比例；三要逐步化解财政有偿资金债务风险，必须完善财政有偿资金呆坏账核销制度，每年根据实际发生额核销一部分呆坏账。今后不再实行延期还款，以防债务风险的积累加剧；四要摸清地方各级财政用垫付、抵顶等方式，偿还有偿资金的实际情况，通过部分核销方式，挤出已回收有偿资金中的水分，真正做到上清下也清。

5. 贴息专项贷款、物资供应优惠价格的政策。在这项政策上包括：一是在农村土地综合开发和科学复垦所需贷款上，凡是属于土地治理项目的贷款，可根据受援者的经济情况，酌情给予一定的贴息。二是在农村土地综合开发和科学复垦的物质供应上，优先供应农业综合开发土地治理和科学复垦项目工程建设所需物资和生产资料，给予优惠价格的政策。

6. 税收减免、效绩奖惩的政策。在这项政策上包括：一是在农村土地综合开发和科学复垦的税收减免上，对新开垦的宜农荒地，实行三年内免征农业税、农林特产税的政策（注：从2006年起取消这两种税收）；二是农村土地综合开发和科学复垦工作效绩奖惩的政策。为了增强农村土地综合开放和复垦人员队伍政策业务素质，不断完善农村土地综合开发和科学复垦项目与资金管理、监督检查责任制，建立相应的奖惩、激励机制，实行奖优罚劣的政策，坚持对各级农业综合开发办事机构工作效绩的考核，表彰先进人物事迹，奖励先进单位和个人，鼓励科技人员参加农村土地综合开发和科学复垦项目建设，对贡献突出的科技人员给予奖励。要向农村土地综合开发和科学复垦成效最佳的项目区，奖励项目投资，投资不搞"基数"法。严格查处农村土地综合开发和科学复垦项目和资金安排使用中的违纪违规问题，坚决做到令行禁止，取信于民，并认真分析原因，采取针对性，可操作性的政策措施。

（七）农村土地综合开发和科学复垦的制度

1988年至2019年期间，从中央到地方各级政府及有关部门为加强国家投资土地开发和复垦项目的管理，切实做好农村土地综合开发和科学复垦工作，根据《中华人民共和国土地管理法》《中华人民共和国土地管理实施条例》和国土资源部门、财政部关于《新增建设用地土地有偿使用费收缴使用管理办法》等有关法律法规和规定，制定和实行《国家投资农村土地开发整理和复垦项目管理办法》，明确规定农村土地开发和复垦项目管理的总则、申报、计划、实施、权属、验收、管护、督查、附则等方面制度。分别说明如下：

1. 农村土地综合开发和科学复垦制度内容包括：一是国家财政扶持农村土地综合开发和科学复垦项目（以下简称"项目"），是指国家财政将新增建设用地土地有偿使用费上缴中央部分，安排用于土地开发和复垦项目，包括重点项目、示范项目和补助项目。重点项目是指国家以增加耕地面积、提高耕地质量、改善农业生产条件为主要目的，集中资金投入耕地开发和复垦的项目，示范项目是指国家为完成农村土地综合开发和科学复垦管理与技术等方面的改革、创新任务，而进行具有示范作用的耕地开发整理项目。补助项目是指国家对特定地区耕地开发和复垦，给予适当资金补助的耕地开发整理项目；二是国家政府对农村土地综合开发和科学复垦项目的审查确定和组织实施七项规则：一要保护和改善农村生态环境，促进土地资源可持续利用；二要增加有效耕地面积，促进实现耕地总量动态平衡与农业可持续发展；三要依据国家土地开发整理规划，符合国家土地利用年度计划；四要以土地整理和土地复垦为主，适度开发未利用土地；五要采用先进科学技术，达到经济、社会和生态效益的统一；六要因地制宜，宜农则农、宜渔则渔、宜牧则牧、宜林则林；七要先易后难，突出重点，调动社会各方面的积极性。三是国土资源部负责制定农村土地综合开发科学复垦项目管理规章制度和政策、制定发布年度项目指南、审查项目初步设计和概算、编制项目计划与预算、开展项目监督检查等工作；地方国土资源管理部门负责落实农村土地综合开发科学复垦项目管理规章制度和政策、组织项目申报、审查项目可行性研究报告、审核项目初步设计和概算、审查项目施工设计、指导项目实施、开展项目监督检查和竣工验收等工作。四是国家实行农村土地综合开发科学复垦项目专家评估论证制度。国土资源部、省（区、市）国土资源管理部门应委托咨询中介机构或专家，对项目可行性研究、初步设计和概算、施工设计和施工图进行技术经济评估、论证或评议；对项目竣工验收和监督检查提供技术支持。

2. 农村土地综合开发和科学复垦项目申报制度内容包括：一是申报条件；二是申报要求；三是申报指南；四是申报单位；五是申报报告；六是申报材料；七是申报评估；八是申报核定。

（1）申报条件：明确规定下列重点项目、示范项目、补助项目的申报条件：

①重点项目申报条件。必须具有四个申报条件：一是基础设施：项目所在区位具有土地开发和复垦所必需的道路、水利、电力等配套基础设施；或已经拟定相关的道路、水利、电力工程、村庄改造等建设方案，有关设施与资金已经落实，拟同步规划、同步实施；或上述几项建设正在实施。二是土地开发：丘陵山区1500～9000亩，项目相对集中连片，单片面积不少于300亩，片块不超过10片；平原地区6000～30000亩，项目相对集中连片，单片面积不少于750亩，片块不超过10片；土地复垦：丘陵山区900～6000亩，项目相对集中连片，单片面积不少于300亩，片块面积不超过10片；平原地区3000～15000亩，项目相对集中连片，单片面积不少于900亩，片块不超过10片。三是项目净增耕地面积比例，主要包括：农村土地开发净增耕地面积，不低于项目初步设计面积的60%；农村土地复垦净增耕地面积，不低于项目初步设计面积的40%。四是资金安排：重点项目资金实行全部工程建设成本核算。

②示范项目申报条件。必须具有四个申报条件：一是基础设施：项目所在区位具有土地开发和复垦所需的道路、水利、电力等配套基础设施；或已拟定相关的道路、水利、电力工程、村庄改造等方案，有关措施与资金已经落实，拟同步规划、同步实施；或上述几项建设正在实施。项目具有代表性。二是管理工作：项目所在地国土资源管理部门在土地开发和复垦有关政策配套、管理机制与手段、应用先进科学技术能力等方面比较突出。三是建设规模：不高于同等类型重点项目建设规模。四是资金安排：示范项目资金实行全部工程建设成本核算。

③补助项目申报条件。必须具有三个申报条件：一是项目所在地区：贫困地区、少数民族地区、革命老区、受灾地区。通过项目建设，能增加耕地面积，改善农业生产条件，发展当地经济；二是建

设规模：不超过 3000 亩，项目相对集中连片；三是资金安排：补助项目资金，采用以地方资金为主、中央资金为辅的政策。

（2）申报要求。项目申报，必须明确提出项目建设制度、申报项目原则、项目规划建设期限、项目资金使用范围、项目投资额度、土地开发和复垦违法否定、项目申报组织的七项要求：①国家对项目建设实行一年一定的制度。新建项目实行年度申报与审定，续建项目实行年度核定；②申报项目原则上以重点项目为主，示范项目与补助项目为辅。申报示范项目，应另外说明管理与技术等方面的创新内容、成果及所需资金等情况；③规划建设期：重点项目、示范项目规划建设期不超过 3 年，补助项目规划建设期一般为 1 年；④资金使用范围：符合国土资源部《土地开发和复垦项目资金管理暂行办法》及有关规定；⑤投资额度：依据当地土地开发整理复垦建设实际情况进行投资测算，但项目投资标准不得超过规定的预算标准；⑥对于土地违法严重、造成耕地大量减少的地区，不应申报项目；⑦各省（区、市）国土资源管理部门根据具体地区土地后备资源状况，土地利用总体规划（土地开发和复垦专项规划）、土地利用年度计划、新增建设用地土地有偿使用费收入预算，负责组织项目申报。

（3）申报指南：国土资源部根据国家宏观调控政策，制定发布项目指南。项目指南包括：项目安排的指导思想、基本原则、投资方向、投资重点、指导性任务等。

（4）申报单位：各省（区、市）国土资源管理部门根据国家项目指南要求，负责统一组织本省（区、市）辖区内的项目申报工作。项目申报单位为县（市、区）国土资源管理部门。在申报项目前，县（市、区）国土资源管理部门，应委托专业化的法人单位作为项目承担单位，有条件的地方，可采取招投标方式，确定项目承担单位。项目承担单位负责组织编制项目可行性研究报告、项目初步审计概算、施工设计和施工图等项目前期准备工作。

（5）申报报告。它包括：①可行性研究报告、初步设计和概算、施工设计和施工图，应由符合资质要求的机构编制，有条件的地方，可引入竞争机制，并制定合理的竞争规则，采取招投标方式，确定编制单位；②县（市、区）国土资源管理部门申报的项目，须经地（市）级国土资源管理部门签署意见，报省（区、市）国土资源管理部门。

（6）申报材料。它包括：①项目申请报告；②项目可行性研究报告；③设计土地开发整理复垦的有关批复文件；④项目现状图、项目规划图；⑤其他有关资料（如有关影像资料等）。

（7）申报评估。它包括：①省（区、市）国土资源管理部门组织咨询中介机构或专家，对项目可行性研究报告进行技术经济评估、论证或评议，符合国家有关规定的，纳入备选库；②纳入备选库项目原则上每年一次，于 1 月底前集中报国土资源部备案。项目备案材料（备案材料一套）包括：一是省（区、市）国土资源管理部门的项目备案报告、入库项目排序表、下发地（市）国土资源管理部门的项目入库通知；二是可行性研究报告及摘要书（含电子文档）；三是项目现状图、项目规划图。

（8）申报核定：省（区、市）国土资源管理部门负责组织核定项目申报单位上报的续建项目所需的材料，每年 7 月报国土资源部，续建项目所需上报材料包括：①年度项目计划与预算实施情况；②续建年度计划任务。

3. 农村土地综合开发和科学复垦项目计划制度内容包括：编制和执行项目工程计划与预算，主要有以下五项：

（1）省（区、市）国土资源管理部门负责组织编制已备案项目的初步设计与概算，于每年 5 月底前，将项目初步设计与概算报国土资源部。

（2）国土资源部组织咨询中介机构或专家，对项目初步设计和概算进行技术经济评估、论证或评议，经审查符合国家有关规定的，纳入初审库。

（3）县（市、区）国土资源管理部门根据部初审库情况，及时通知项目承担单位，做好项目施工设计和施工图、年度实施方案等编制准备工作。

（4）国土资源部根据国家宏观经济政策、土地利用年度计划、新增建设用地有偿使用费收入、项目初审库项目、项目计划任务完成情况等规定，组织编制年度项目计划与预算。

（5）国土资源部将年度项目计划与预算报送财政部，经同意后，由财政部和国土资源部共同下达年度项目计划与预算，下达执行的国家年度项目计划与预算中的项目，纳入国土资源部预算库，并予以公告。

4. 农村土地综合开发和科学复垦项目管理制度内容包括：一是组织开展项目工程管理；二是组织加强项目计划与预算管理；三是组织实施项目合同管理；四是组织推进监管审计管理。

（1）组织开展项目工程管理。县（市）级国土资源管理部门根据国家土地相关管理方针政策、法规制度和土地利用总体规划，一是组织项目承担单位编制施工设计和施工图、年度实施方案；二是组织咨询中介机构或专家，对项目施工设计和施工图、年度实施方案等内容，进行技术经济评估、论证或评议；三是组织县（市）级人大、政协和政策等领导人员审查批准项目后，对符合要求的项目，必须按照《国家投资土地开发整理项目实施管理办法》有关规定，在当地人民政府统一领导下，组织实施项目工程建设。

（2）组织加强项目计划与预算管理，各级政府及有关部门必须加强项目计划与预算的三个环节管理：一是必须执行国家批准下达的年度项目计划与预算，凡是国家批准下达的年度项目计划与预算和申报的国家年度项目计划与预算不一致的，项目承担单位应按批准的国家年度项目计划与预算执行；二是必须正确制定实施年度计划，主要内容包括：项目建设任务、组织管理机构、管理制度、质量管理、进度计划、资金管理、权属管理、档案管理等方面的实施计划；三是必须执行上级政府批准预算，特别是国家对农村土地综合开发和科学复垦年度预算，一经批准，各地区、部门不准调整。如有特殊情况确需调整的，必须按规定程序，上报上级政府及国土资源、财政部门审批。

（3）组织实施项目合同管理。国家各级政府及有关部门对农村土地综合开发和科学复垦项目实施，应采取合同管理方式。由县（市）级国土资源管理部门与项目承担单位签订实施合同，并按照合同规定严格管理，项目承担单位应严格按照施工设计和施工图、年度实施方案，进行项目工程建设。

（4）组织推进项目监管审计管理。国家各级政府及有关部门和单位，必须依据批准的农村土地综合开发和科学复垦项目，严格实行公告、工程招投标、工程监理、财政监管、接受审计等管理制度。

5. 农村土地综合开发和科学复垦项目权属管理制度内容包括：在各级政府领导下，一是明确土地权属关系；二是调整土地分配权益；三是公告土地权属调整方案；四是查实公告土地权属调整情况。分别说明如下：

（1）明确土地权属关系。在对农村土地综合开发和科学复垦项目申报前，应明确土地权属关系，准确摸清土地综合开发和科学复垦项目区内土地权属和土地利用现状。国土资源管理部门要以土地登记、土地利用现状调查以及土地变更调查、耕地后备资源专项调查等资料为依据，切实查清项目区的确切界线和项目区内每宗地的权属、地类、面积等现状，标绘到大比例尺的土地利用现状图上，并形成土地权属和利用现状报告，土籍资料无法满足工作要求的，要及时进行补充调查和登记。存在土地权属争议的，应及时调处；一时无法解决的，暂不将争议土地纳入土地综合开发和科学复垦的范围。

（2）调整土地分配权益。在农村土地综合开发和科学复垦项目可行性研究阶段，要认真制定土地所有权、使用权权属调整方案，主要内容包括：项目区内土地权属状况，权属调整的范围，开发整理人与土地权利人签订的协议，在分配土地权益时，应保证项目区范围内原有土地权利人权利不减少。土地权属调整方案，应征得2/3以上土地权利人的同意。

（3）公告土地权属调整方案。对农村综合开发和科学复垦土地权属调整方案，应该在有关乡（镇）、村进行公告，公告期为15天。对权属调整方案有异议的土地所有权人、使用权人，应予公告期内书面提出，经协商不能解决的，争议由当地人民政府调处，村集体经济组织内的农民、对土地承包经营权调整有异议的,应在公告期内,向村集体经济组织或乡(镇)人民政府提出,争议由村集体经济组织或乡(镇)人民政府调处。

(4)查实公告土地权属调整情况。为此,必须冻结土地权利变更登记,停止变更土地利用现状,土地综合开发和科学复垦管理部门,应在土地综合开发和科学复垦项目批准后至土地权属调整完成前,停止办理土地权利转移、抵押等登记手续,禁止任何改变土地利用现状的行为,并在综合开发和科学复垦过程中,认真检查核实公告土地权属调整执行情况。

6. 农村土地综合开发和科学复垦项目工程验收及成果管理制度内容包括:一是组织项目竣工验收内容;二是项目验收采取自下而上的方式;三是组织项目验收成果抽查评判处决。

(1)组织项目部竣工验收内容。在农村土地综合开发和科学复垦项目竣工后,省(区、市)国土资源管理部门,应根据批准下达的国家年度项目计划和预算,按照国土资源部《国家投资土地土地开发整理项目竣工验收办法》等有关规定,及时组织项目的竣工验收。项目承担单位应按规定做好项目的结算或决算工作,结余经费应按原拨款渠道缴回中央财政。项目验收内容主要包括:项目计划任务完成情况,国家年度项目计划与预算执行情况,项目工程建设质量、资金使用与管理情况,土地权属管理、档案资料管理情况以及工程管护内容。

(2)项目验收采取自下而上的方式。在农村土地开发和复垦项目验收上采取自下而上方式进行:一是初步验收。项目计划任务完成后,县(市、区)国土资源管理部门组织开展初步检查验收,初步验收完成后,向省(区、市)国土资源管理部门提出竣工验收申请,并将初验情况和有关材料一并上报;二是竣工验收。省(区、市)国土资源管理部门根据初步验收情况,组织专家或中介咨询机构,对项目进行竣工验收,并及时将竣工验收结果报国土资源部备案。

(3)组织项目验收成果抽查评判处决。国土资源部以省为单位组织专家或中介咨询机构,对竣工验收项目进行抽查,确认项目初步设计任务全部完成后,由省(区、市)国土资源管理部门颁发项目合格证书;对抽查不合格的项目,责令限期整改,规定期限内不纠正的,取消下一年度项目计划、追回项目资金、限制以后申报项目;对管理不力的省(区、市)国土资源管理部门要进行通报批评。

7. 农村土地综合开发和科学复垦项目工程管护制度内容包括:对项目工程建成后规定,一是要保护和利用新增耕地;二是要管护项目后期工程。

(1)要保护和利用新增耕地。在规划期内,项目区土地不得转为非农建设用地。项目竣工验收合格后新增耕地,要严格加以保护,并不断提高质量。新增耕地与其他农用地,应及时加以利用,未确定土地使用权的,可通过承包、租赁、拍卖等方式,确定土地使用权。在土地分配过程中,应严格遵守有关法律规定,真正保护农民土地财产权,不能与民争利。

(2)要管护项目后期工程。县(市)级国土资源管理部门应切实做好工程后期管护,签订工程管护协议,明确管护主体和责任人,落实管护资金来源和工程管护标准。

8. 农村土地综合开发和科学复垦项目工程督查制度内容包括:对上述项目工程监督检查规定:一是实行监督检查制度;二是组织监督检查;三是追究刑事责任;四是严肃督查处理。

(1)实行监督检查制度。国土资源部对项目库建设和备案项目,实行不定期抽查制度。对项目库管理不善的,限期整改。抽查不合格的项目,取消入库资格。

(2)组织监督检查。各级国土资源管理部门按事前审核、事中监控、事后检查的要求,建立监督检查制度,组织中介咨询机构或专家,定期或不定期对项目施工进度、工程质量、资金使用、廉政建设等情况,进行监督检查,研究解决项目实施中出现的重大问题。

(3)追究刑事责任。各级国土资源管理部门按照有关法规,对项目实施中的不正当行为,予以纠正;对违法违纪的责任人,进行查处;情节严重、构成犯罪,移交司法机关,依照有关法律追究刑事责任。

(4)严肃监督处理。任何单位和个人,对项目建设工程的质量事故、质量缺陷,有权检举、控告、投诉。对于项目承担单位，要自觉接受财政、审计、检查等部门的监督检查。对截留、挪用、坐支项目资金的，一经发现，要立即停止项目实施，按有关规定严肃查处。对于竣工验收有关人员，应严格遵守本办法和廉政要求，客观公正地开展竣工验收工作。在竣工验收中，出现弄虚作假、徇私舞弊行为，按有关规定严肃查处；构成犯罪的，依法追究刑事责任。

9. 农村土地综合开发和科学复垦项目附则制度内容包括：各省（区、市）国土资源管理部门可结合本地区实际情况，依照国家有关条法规定，统筹新增建设用地土地有偿使用费地方分配部分、耕地开垦费、农业土地开发的土地出让金部分，安排用于土地综合开发整理和科学复垦项目，相应制定管理办法，并报国土资源部备案。

（八）农村土地综合开发和科学复垦的规则

为了切实加强农村土地综合开发和科学复垦项目工程建设，以增加耕地资源、建立优化生态环境，兼顾经济、社会、生态三大效益，确保农业和农村经济持续健康发展，推动城乡一体农业现代化、工业化、信息化、城镇化"四化同步"建设进程，从中央到地方各级政府及有关部门，进一步实施农村土地综合开发和科学复垦项目工程建设的规则，主要包括：一是全面规划设计、综合开发复垦规则；二是统筹兼顾安排、实事求是落实规则；三是科学开展项目管理、逐级落实责任规则；四是分期分批、逐步深入推进实施规则。

1. 全面规定设计、综合开发和科学复垦规则。必须坚持依据国家法律法规、全面规划设计、综合开发复垦规则，组织实施以下三项规则：

（1）坚持对开垦土地必须经过科学论证，不得在土地利用总体规划确定的禁止开垦区内从事开发活动，不得造成环境破坏和土地荒漠化、盐渍化。对开垦未确定使用权的国有荒山、荒地、荒滩从事种植业、林业、牧业和渔业生产，应当向县（市）土地国土资源管理部门提出申请，经审查同意，按照下列审批权限，逐级报有批准权的人民政府批准：一次性开垦土地不足35公顷的，由县（市）人民政府批准；一次性开垦土地35公顷以上不足70公顷的，以及在设区的市区内一次性开发土地不足35公顷的，由设区的市人民政府批准；一次性开垦土地70公顷以上不足600公顷的，由省人民政府批准；一次性开垦土地600公顷以上的，报国务院批准。

（2）坚持对因挖损、塌陷、压占等造成土地破坏的，必须进行科学复垦；没有条件复垦或者复垦的土地经最终验收不合格的，造成土地破坏的单位或个人，应当根据破坏土地的面积和破坏程度，按照每平方米5元至20元的标准，向市、县土地国土资源管理部门缴纳土地复垦费，由收取复垦费的国土资源管理部门统一组织复垦。

（3）坚持对县（市）以上人民政府应当建立耕地开垦专项资金，用于土地开垦、整理和复垦；对耕地开垦专项资金，由新增建设用地的土地有偿使用费、耕地开垦费、土地复垦费、土地闲置费、新菜地开发建设基金、新型墙体材料开发费分成，以及人民政府拨付的其他资金组成。具体管理使用办法，由省人民政府规定。

2. 统筹兼顾安排、实事求是落实规则。必须在组织推动农村土地开发和复垦项目工程建设上，坚持统筹兼顾安排、实事求是落实。宜粮则粮、宜林则林、宜牧则牧、宜渔则渔，分类进行开发复垦利用土地的规则，组织实施以下四项规则：

（1）大力扶持农村广大干部和农民进行挖高垫低、划方整平、恢复整修水利设施、疏理排灌体系建设，发展粮食生产。

（2）着力推动农村广大干部和农民对于季节性积水的低洼地，通过综合开发和复垦工程措施，使农田基本建设配套，重点发展粮鱼兼用或建成速生丰产林，逐步实现农民粮食自给有余。

（3）尽力帮助生态恶化草原区牧民保护草场、挖掘水源、恢复生态环境，鼓励农村集体单位和个人在常年积水区，筑堤建鱼塘，建立生态园区，重点发展渔业生产。

（4）始终坚持集中连片、区域治理、开发一片、见效一片，确保农民增加收入、农村增强实力，为国家作贡献。

3. 科学开展项目管理、逐级落实责任规则。必须在组织开展农村土地综合开发和科学复垦项目工程建设上，坚持流域综合治理、项目管理、分级管理，组织实施以下两项规则：

（1）严格实行农村土地综合开发和科学复垦流域综合承包治理、项目管理、分级管理的机制，引入竞争机制，明确项目承办单位和项目负责人，按项目逐级签订合同，明确承包者的责、权、利，做到定人、定项目、定投入、定效益。各级国土资源管理部门会同有关部门，要经常深入到项目区和项目工程检查督促，保证工程质量和进度，充分发挥投资效益。

（2）严格实行农村土地综合开发和科学复垦项目资金管理规则。各级国土资源管理部门和财政等部门，定期或不定期对资金使用情况进行检查，切实加强资金筹措，分配管理，保证专款专用，如发现挪用或其他隐瞒行为，停拨和追回挪用款，并追究领导和当事人的责任。

4. 分期分批、逐步深入推进实施规则。农村土地综合开发和科学复垦是一项长期性的战略项目工程建设，为此，要分期分批、逐步深入推进十项规则：一是择优选项；二是因地制宜；三是综合治理；四是承前启后；五是先易后难；六是有退有进；七是规模经营；八是有偿使用；九是民办公助；十是综合效益。分别说明如下：

（1）择优选项的规则。对于组织推选农村土地综合开发和科学复垦项目，必须择优选择：一是在土地治理项目选择上，应以农业主产区特别是粮食主产区为重点。农业主产区是农业在全国占有重要地位，能够提供较多粮、棉、油、肉、糖等关系国计民生的大宗农业产品的集中产区，有利于提高全国农业综合生产能力，保证大宗农业产品的集中产区，有利于提高全国农业综合生产能力，保证大宗农业产品的有效供给，保障国家需求粮食的安全，增加农业主产区农民收入。在农业主产区特别是粮食主产区的选择条件上，应具备：一有水土资源条件好，中低产田改造潜力大，集中连片形成规模；二有各级党政领导重视、支持，保障财政配套资金，农民群众自觉自愿投资投劳；三有综合开发土地资金投入少、产量多、见效快、贡献大。二是在产业化经营项目选择上，应以市场为导向，发挥农业区域比较优势，培育和壮大优势特色产业，有较强辐射带动作用的产业化龙头企业与农民专业合作经济组织建立起紧密的利益联结机制。在产业化龙头企业和农民专业合作经济组织的选择条件上，应具备：一有独立的法人资格，经营期2年以上，有一定的经营规模和经济实力，有较强的自筹资金能力；二有资产负债率小于70%，银行信用等级A级以上；三有较大的开发农业产品市场潜力，具有明显的市场竞争优势；四有与农民建立合理、紧密的利益分配机制，建立起符合市场经济规律的经营管理制度，能起较强的辐射带动作用。各地区实践证明，在组织实行农村土地开发和复垦优先选择项目上，必须优先选定五种条件的项目：一要水土资源丰富、相对集中连片、开发潜力大的项目；二要土地开发和复垦条件好、有配套资金的项目；三要投资少、见效快、效益好的项目；四要能较快形成农业综合生产能力、产品商品率高的项目；五要各级政府领导重视和支持，广大农村干部和农民参加土地开发和复垦自觉性高的项目。对上述几项条件同时具备的地区和项目，优先进行开发和复垦。

（2）因地制宜的规则。要根据本地实际情况，研究确定本地的优势农业主导产品和支柱产业，紧紧围绕优势农业主导产品和支柱产业带建设，统筹计划安排农村土地综合开发和科学复垦项目，重点扶持优势区域内农业基础设施建设，为发展优势农业主导产品和支柱产业提供有利条件。为此，一是在土地治理项目建设中，在改善农业基本生产条件上，充分利用现有农田水利基础设施，对不配套和老化失修的农田水利基础设施，要优先进行配套、修复和完善，缺什么，补什么。二是在产业化经营项目建设中，从实际情况出发，调整优化农业产品品种、品质结构，因地制宜地发展粮棉油肉糖等农业产品生产，扶持带动农民增加收入的产业化龙头企业、农民专业合作经济组织。三是因地制宜制定农村土地综合开发和科学复垦项目建设标准，充分体现南北方差异，严格划分平原、丘陵、山区的差异，科学确定各种产业发展的差异。逐步提高单位面积投资标准，将项目区建成适应主导产品和支柱产业发展需要、较高标准的优势农业产品生产基地，允许在已建项目区的基础上重新立项，进一步重点加强适应优势农业产品生产要求的基础设施建设。各地区实践证明，在组织实行农村土地开发和复垦因地制宜的规则上，必须落实两项细则：一要在农业资源利用上，从各地实际情况出发，因地制宜发展粮棉油肉糖等农业产品的生产；二要在改善农业基本生产条件上，充分利用现有农田水利基础设施，对不配套和老化失修的农田水利基础设施，要优先进行配套、修复和完善，缺什么，补什么。

(3) 综合治理的规则。必须遵循两点：一是把广度开发与深度开发结合起来，从各地区实际情况出发，在广度上，要充分利用农业资源，扩大农用耕地面积，加强农业基础建设和农业生态环境建设，增强抵御自然灾害的能力；在深度上，要改造中低产田为旱涝保收、高产稳产的标准化农田；二是把高度与密度开发结合起来，在高度上，要提高土地综合开发科技含量，推广应用高新农业科学技术，增强农民群众科技务农素质；在密度上，要有充分利用和发挥当地农业资源优势，推进农业产业化规模经营，带动农业产品的系列生产加工、包装、贮藏、运输、营销系列开发。

(4) 承前启后的规则。必须遵循三点：一是在土地综合开发和科学复垦项目申请确立中，统一思想认识、加强组织领导、深入考察评估、科学规划设计、公平、公正、公开；二是在土地综合开发和科学复垦项目审批实施中，合理布局、统筹安排、先行试点、由点到面、分布进行、逐年落实，三是在土地综合开发和科学复垦项目完成后，严格控制检查验收、验收总结、验收管护；验收合格、管护良好后，再申请确立新项目。各地区实践证明，在组织实行农村土地综合开发和科学复垦承前启后的规则上，必须落实三项规则：一要对申请确立的项目，必须科学考察评估；二要对批准确定的项目，必须认真组织实施；三要对已到期的项目，必须严格验收，验收合格后，再确立新项目。

(5) 先易后难的规则。各地区土地综合开发和科学复垦任务繁重，必须本着先易后难的规则，加强领导，科学规划，合理布局，全面安排，先行试点，由点到面，分布组织，逐年落实。

(6) 有进有退的规则。今后，土地综合开发和科学复垦项目县（市），将根据"总量控制、有进有退、违规淘汰、末位暂停"的方针，进行监督管理。对于新增、取消或退出项目县（市），必须继续报国家农业综合开发办公室审批，其中申报新增项目县（市），必须先相应取消或退出项目县（市）。原有项目县（市）的暂停或恢复，由省级财政部门或农业综合开发办事机构审定，报国家农业综合开发办公室备案。

(7) 规模经营的规则。对新开垦的宜农荒地和新建果园、林场、牧场等，一开始就要集中连片，形成规模，进行规模经营，提高机械化作业水平，提高产业化经营水平。

(8) 有偿使用的规则。凡投入土地综合开发和科学复垦经营性项目的财政资金，必须实行有偿使用的原则，回收的资金继续投入土地综合开发和科学复垦项目。到期收回的银行专项贷款，也要继续用于土地综合开发和科学复垦项目。

(9) 民办公助的规则。土地综合开发和科学复垦所需资金，采取多渠道、多层次、多方位筹集。按照现行政策，土地综合开发和科学复垦资金由财政资金、银行专项贷款、集体（企业）自筹资金和农民自筹资金及其他资金组成。

(10) 综合效益的规则。在组织开展土地综合开发和科学复垦项目建设中，必须遵循自然规律与经济规律，实现经济效益、社会效益和生态效益的有机协调统一。这就是要在经济效益上，通过土地综合开发和科学复垦项目建设，着力推进农业和农村经济结构的战略性调整，积极推进农业产业化经营，增加农民收入，实现经济效益；在社会效益上，通过土地综合开发和科学复垦项目建设，围绕全面建设小康社会的目标，以农业生产区特别是粮食主产区为重点，着力加强农业基础建设，提高农业综合生产能力，保障国家需求粮食的安全，实现社会效益；在生态效益上，通过土地综合开发和科学复垦项目建设，着力加强农业生态环境建设，对山水林田路等自然地理环境综合治理，增强农业抵御自然灾害能力，保障农业和农村经济持续健康发展，实现生态效益。各地区实践证明，在组织实行农村土地开发和科学复垦综合效益的规则上，必须在土地综合开发和科学复垦项目建设中，落实遵循价值规律、以市场为导向、以取得综合效益为目标的细则，以取得经济效益、社会效益和生态效益三者兼顾为目标，大力开展区域化、专业化、现代化农业生产经营建设。

(九) 农村土地综合开发和科学复垦的任务

我国农村土地综合开发和科学复垦的任务,概括说,必须依据农村土地在农林牧副渔各业生产经营中的重要地位和土地特点,坚持遵循自然规律、经济规律,本着因地制宜、求真务实、利用有利条件、改变不利因素的指导思想,把我国全部土地资源最充分、最经济、最合理地利用起来,提高土地的利用率和生产率,增强农林牧副渔各业抵御自然灾害和综合生产经营能力,综合开发治理和科学复垦整理土地。具体说,主要有七项任务:一是坚定农村土地综合开发和科学复垦理念;二是坚持农村土地综合治理整治;三是严格农村土地科学复垦组织管理;四是推进农村土地综合开发和科学复垦项目管理;五是拓宽农村土地综合开发和科学复垦资金渠道;六是发挥农村土地综合开发和科学复垦主体力量;七是加强农村土地综合开发和科学复垦通力合作。

1. 坚定农村土地综合开发和科学复垦理念。在组织开展农村土地综合开发和科学复垦项目工程建设上,必须坚定综合开发和科学复垦理念,即坚定综合开发和科学复垦的战略、目标、内容、结构、措施、标准、规模、主体、效益等理念。

(1) 在综合开发和科学复垦战略上,农村土地综合开发和科学复垦是在新的历史条件下,国家对农业发展实行宏观调控,最终为实现农业现代化而采取的一项战略措施,是国家保护农业、支持农业、发展农业的政府行为。

(2) 在综合开发和科学复垦目标上,要着重提高粮棉油肉糖等农产品的综合生产能力,增强农业发展后劲;同时,发展多种经营及龙头项目,以尽快增加农民群众收入,把保障社会性农产品有效供给,促进农民群众致富奔小康的目标统一起来。

(3) 在综合开发和科学复垦内容上,要将广度开发和复垦与深度复垦开发结合起来,从各地实际情况出发,通过对水土资源的开发治理,改善农业基本生产条件,增强抵御自然灾害的能力,同时,在开发项目区,充分利用和发挥当地的农业资源优势,从而带动农产品的系列开发。

(4) 在综合开发和科学复垦结构上,要着眼于综合利用资源,优化农业产品结构,促进农林牧副渔各业有机结合,一种二养三加工相互衔接。

(5) 在综合开发和科学复垦措施上,要重点解决农业生产发展的障碍因素,做到山水田林路综合治理,沟渠桥涵闸成龙配套。

(6) 在综合开发和科学复垦标准上,要坚持高起点、高质量、高标准,做到田成方、树成行、渠相通、路相连,农业基础设施配套,一步到位。

(7) 在综合开发和科学复垦规模上,要求突出重点,以改造中低产田为主,适量开垦宜农荒地,坚持形成规模,集中连片,开发一片,见效一片,巩固一片。

(8) 在综合开发和科学复垦主体上,要坚持农民群众自力更生为主,国家支持为辅,投入的主体应是项目区的农民群众。国家起导向和扶持作用。充分发挥农民群众自觉自愿投资投劳,量力而行,尽力而为。

(9) 在综合开发和科学复垦效益上,要讲求经济效益,取得社会效益和生态效益。这是指促使农民群众增收致富,增加社会性农产品供给,增强国家和农村集体经济实力,保障农业生产经营顺利开展,促进农村经济持续发展。

2. 坚持农村土地综合开发治理。农村土地综合开发治理的核心是"综合",在综合上下功夫。这是指制定综合规划,综合利用资源,采取综合措施,进行综合开发治理,实行综合投入,取得综合效益。

(1) 在制定综合规划上,按照国家发展农业的政策要求,结合地区特点,集中连片,制定统一规划,确定综合开发治理规模和投资指标。

(2) 在综合利用资源上,在农业综合开发项目区内,充分利用潜在的农业资源优势,重点提高土地产出率和收益率;同时创造条件,提高农业产品的转化率和增值率。

(3) 在综合开发治理上，按照流域规划，进行区域开发，对山水田林路综合开发治理，不采取单项开发治理措施，对制约本地农业和农村经济发展的因素，相应地采取工程、生物、农艺、机械、科技等综合配套措施。

(4) 在实行综合投入上，统筹安排资金、物资、科技、劳力等生产要素，全面提高综合投入水平。

(5) 在取得综合效益上，在山水田林路村综合开发治理后，取得农村生态环境好、经济实力强、农民收入增加、生活改善、社会和谐稳定的成果。

3. 严格农村土地科学复垦组织管理。国土资源部是全国土地复垦的主管部门，监督指导各类企业的主管部门，科学组织复垦农村土地项目工程建设，代表政府对农村土地科学进行复垦组织管理，摸索不同类型塌陷地、废弃土地复垦途径，调动破坏土地的行业主管部门和企业科学复垦土地的积极性，加强整个土地复垦科学组织管理。

(1) 加强领导、搞好协调。全国各级政府、有关部门和企业，严格按照国家农村土地综合开发和科学复垦立项管理与计划任务书要求，把塌陷地综合开发和科学复垦建设，列入目标责任制切实抓好。主要领导亲自抓，并建立塌陷地综合开发和科学复垦领导小组，加强对破坏的土地科学复垦项目建设的领导和管理。

(2) 深入实际、调查研究。全国各级政府、有关部门和企业，要坚持统一规划、区域治理、综合开发治理、根据先易后难、量力而行，分期综合开发和科学复垦的部署，复垦治理一片，见效一片。

(3) 精心部署、突破重点。全国各地区政府、有关部门和企业，必须针对塌陷区地面起伏、低洼积水的特点，组织开展路通、水通、电通"三通"项目工程建设，对于农田水利项目骨干工程，必须按百年一遇的防洪标准进行规划，按明水排得出、水位降得下、天旱能引水的任务和要求，开河筑渠，沟渠配套。积极开展土地科学复垦整治，整地造田，把建设高产稳产农田作为示范区建设的重点，建好一批多种经营项目致富工程，高起点，上规模，上效益，千方百计增产增收。

(4) 依靠科技力量、提高土地科学复垦水平。在组织土地科学复垦示范区建设规划和施工过程中，组织有关科研部门成立全国土地科学复垦研究培训中心，研究确定示范区塌陷地的科学复垦方式、生物综合措施、优质高产高效生态农业土地复垦模式，提高土地复垦的科技含量，发挥示范区土地复垦科技示范与辐射作用。

4. 推进农村土地综合开发和科学复垦项目管理。对农村土地综合开发和科学复垦项目工程建设，必须按项目管理，择优立项，按项目定投入；项目确立前，要经过深入的考察评估，项目是否科学可行，要经过有关专家评估论证；项目实施中，要加强监督检查；项目竣工后，要按标准严格进行验收；竣工后的项目，要严格管护，确保长期发挥效益。

(1) 在项目选择上，要选择那些投入少、产出多、见效快、贡献大的项目先行开发。项目自下而上申请，自上而下择优确定。不准搞"人情"照顾项目，更不准搞脱离农业综合开发指导思想和方针政策的"要钱"项目。

(2) 在项目确定上，要划定明确的项目区域，并绘图定位。项目区域划定后，按治理措施，计算投资额，资金跟着项目走，不准按部门分配资金，也不准将资金用于非项目区。

(3) 在项目规模上，要在安排项目区域上，必须突出重点，坚持集中连片，实行项目区域开发，发挥规模效益，防止分散化，避免战线拉得过长，做到搞一片成一片。

(4) 在项目实施上，要在项目工程建设上，坚持高起点、高标准、高质量。在施工过程中，健全管理制度，及时监督检查，一旦发现质量问题，要及时补救，限期返工。为了保证项目工程质量，要求层层签订责任合同书，实行目标管理责任制，采取有奖有罚的办法。

(5) 在项目验收上，要在项目工程竣工后，严格进行验收。凡是验收通过的项目，发给合格证书，不合格的项目，要进行"补课"，缺什么补什么，什么时候达到标准，什么时候发给验收合格证书。

(6) 在项目管护上,要在项目工程竣工后,及时办理产权移交手续,严格执行管护制度,指定专职管护人员,明确管护责任,建立健全管护档案。

5. 开拓农村土地综合开发和科学复垦资金投入渠道。在农村土地综合开发和科学复垦上,必须多方运筹资金,加大资金投入,促进资金及时到位,全面加强资金管理和监督。为了确保及时足额安排落实农村土地综合开发和科学复垦资金,必须从中央到地方拓宽资金投入渠道。

(1) 中央财政逐年加大投资额,地方财政相应加大配套投资额。

(2) 地方按中央财政投资额配套投入,各省(自治区、直辖市)配套比例一般为1∶1,计划单列市为1∶2。

(3) 地方各级支配的农村土地综合开发和科学复垦财政资金,必须保证安排用于国家确定的农村土地综合开发和科学复垦项目投资,不足部分由地方财政弥补。

(4) 国家农业银行逐年增加专项贷款,必须做到有指标有资金。

(5) 农村集体和农村群众自觉自愿筹集的资金,必须及时足额落实。

(6) 各地区政府为拓宽资金渠道,采用合法形式,引进资金,增加资金投入力度。

6. 发挥农村土地综合开发和科学复垦主体力量。农村土地综合开发和复垦实质是农民群众的事业,农民群众是农村土地综合开发和科学复垦的主力军,因而应动员农民群众直接参与管理,自觉自愿地成为投资主体。

(1) 各地区政府及有关部门在组织推进农村土地综合开发和科学复垦项目工程建设中,必须实行"民办公助"的政策,把国家扶持的资金当作"引子",哪里资源潜力大,农民群众积极性高,自力更生精神强,积极投资投劳,搞农村土地综合开发和科学复垦项目工程建设,政府及有关部门就扶持。

(2) 各地区政府及有关部门在推动农民群众参加农村土地综合开发和科学复垦项目工程建设上,必须深入细致地向农民群众宣传农村土地综合开发和科学复垦的意义、宗旨和政策,推行典型示范,制定和落实鼓励农民群众自愿参加土地综合开发和科学复垦的优惠政策,实行招标承包竞争机制,激发农民群众投资投劳的积极性,充分发挥农民群众主体的作用。

7. 加强农村土地综合开发和科学复垦通力合作,各级政府统一领导、统一规划的前提下,农口有关部门积极参与,要同心同德,共同形成合力,共同参加农村土地综合开发和科学复垦项目工程建设。

(1) 农业部门负责搞好土壤改良、配肥地力,良种繁育、科学种养、农机化服务。

(2) 水利部门负责搞好项目区水利规划,把农田水利建设同骨干工程建设紧密结合起来,灌排设施配套完善,发挥整体效益。

(3) 林业部门负责搞好农田防护林、水土保持林和水源涵养林建设。

(4) 土地部门负责搞好国土整治、土地复垦工作。

(5) 财政、银行部门负责筹措和管理监督资金分配使用工作。

(十) 农村土地综合开发和科学复垦的要求

为进一步贯彻落实国家《土地管理法》及《土地复垦规定》和中共中央、国务院的有关文件中提出"加快推进土地复垦,切实加强生产建设项目土地复垦管理工作"的方针政策,彻底解决生产建设中因挖损、塌陷、压占等破坏的土地得不到及时恢复和利用、造成土地浪费、环境恶化现象严重、管理不到位等问题,而必须达到八项要求:一是增强搞好土地综合开发和科学复垦责任感;二是确保土地综合开发和科学复垦任务落到实处;三是严格把好土地开发和复垦审核关;四是加强土地综合开发和科学复垦后利用管理;五是推进土地开发和复垦监督管理;六是履行综合开发和科学复垦后耕地保护责任;七是健全农村土地综合开发和科学复垦建设基金管理体制;八是采取农村土地综合开发和科学复垦方式。

1. 认清形势，提高认识，切实增强搞好土地综合开发和科学复垦的责任感。各地区要认清土地综合开发和科学复垦在经济建设中所处的地位和作用、当前面临的严峻形势和任务，进一步增强紧迫感和责任感，切实把土地综合开发和科学复垦工作纳入重要议事日程，加强组织领导，明确专门机构，指定专人负责，强化监管力度，抓紧抓好土地综合开发和科学复垦工作，努力做到土地综合开发和科学复垦与破坏数量平衡，实现"不欠新账、快还旧账"的目标。

2. 明确责任、强化措施，确保土地综合开发和科学复垦任务落到实处。"谁破坏、谁复垦"是土地综合开发和科学复垦工作的基本制度，凡从事开采矿产资源、烧制砖瓦、燃煤发电、修建公路铁路和兴修水利设施等生产建设活动，造成土地破坏的单位或个人是土地综合开发和科学复垦法定义务人（以下简称复垦义务人），必须对被破坏的土地承担综合开发和科学复垦责任和义务。

（1）所有复垦义务人在生产建设活动中，要按照"统一规划、源头控制、防复结合"的要求，尽量控制或减少对土地资源不必要的破坏，做到土地综合开发和科学复垦与生产建设统一规划，把土地综合开发和科学复垦指标纳入生产建设计划。综合开发和科学复垦的生产建设项目设计任务书应包括土地综合开发和科学复垦的要求，并据此编制土地综合开发和科学复垦方案，落实土地综合开发和科学复垦费用。露天开采的生产项目以及交通、水利等建设项目，要尽量做到土地综合开发和科学复垦与生产建设同步设计、同步施工，努力实现"边生产、边建设、边复垦"；进行地下采掘或施工的，应尽量采取充填等综合开发和科学复垦措施，尽可能降低和减少土地塌陷程度和范围。

（2）所有复垦义务人必须根据破坏土地面积和类型、采出原矿量、综合开发和科学复垦标准等，依法缴纳土地综合开发和科学复垦费，确保土地综合开发和科学复垦责任的落实。土地综合开发和科学复垦费要列入生产成本或建设项目总投资并足额预算。土地综合开发和科学复垦费纳入财政预算管理，专项用于缴费单位和个人破坏土地的综合开发和科学复垦工作。对1999年1月1日新修订的《土地管理法》实施以后尚未履行综合开发和科学复垦义务的，复垦义务人必须依法补缴土地综合开发和科学复垦费。土地综合开发和科学复垦费的具体征收、使用，要严格按照国家有关规定执行。

3. 履行职责、加强监督，严格把好土地综合开发和科学复垦审核关。国土资源管理部门要切实履行土地综合开发和科学复垦行政管理、监督检查的职责。在建设用地预审或采矿权审批时，有审察、审批权的国土资源管理部门，应当对生产建设项目土地综合开发和科学复垦方案进行审核，对没有方案或方案不符合要求的，要责成复垦义务人补充、修改或完善。改扩建生产建设项目在申请新的用地或办理采矿权延续、变更手续时，要对土地综合开发和科学复垦任务的完成情况进行审查，未按规定完成任务的，将不予办理新的审批手续。

（1）各地区在建设用地批复、采矿许可证发放或矿产资源开发利用年度检查（以下简称年检）时，国土资源管理部门对未按规定缴纳土地综合开发和科学复垦费的复垦义务人，将不批复建设用地、不发放采矿许可证或不予通过年检。

（2）各地区要建立健全日常监管制度，切实加强土地综合开发和科学复垦的监督检查工作。国土资源管理部门要会同有关部门定期、不定期地对复垦义务人落实土地综合开发和科学复垦方案情况进行检查、指导和督促。要对综合开发和科学复垦后的土地及时组织竣工验收，验收不合格的，提出整改意见，限期改正。对未完成综合开发和科学复垦任务或验收不合格的不予通过年检。

4. 因地制宜、综合利用，加强综合开发和科学复垦土地利用管理。县级以上国土资源管理部门要对被破坏的土地进行调查和适宜性评价，按照"因地制宜、综合利用"的原则，依据土地利用总体规划，合理确定综合开发和科学复垦土地用途，宜农则农、宜建则建。被破坏的土地，要优先综合开发和科学复垦为农用地，用于种植、林果、畜牧、渔业等农业生产；确实不适宜农业生产的，可以依法综合开发和科学复垦为非农建设用地。

（1）各地区对生产建设过程中被破坏的农民集体土地，综合开发和科学复垦后能用于农业生产的，交还当地农民使用，不实行国家征收；确不能用与农业生产的，经当地农民集体同意以后，可由国家征收。对生产建设过程中被破坏的国有土地，综合开发和科学复垦后能用于农业生产的，可由当地农民使用；土地综合开发和科学复垦后连续两年以上未使用的，由当地人民政府统筹安排使用。要加强土地综合开发和科学复垦中的土地权属管理工作，做到综合开发和科学复垦前土地权属现状清晰，综合开发和科学复垦后土地权属或者用途发生改变的，依法及时办理土地变更登记手续。

（2）各地区要结合国土资源大调查和土地利用年度变更调查工作，摸清本地区被破坏土地的状况，做好土地综合开发和科学复垦专项规划和计划。对于历史遗留被破坏的国有土地，要按国家有关规定，加大投资力度，通过综合开发和科学复垦，逐步恢复利用，同时，要采取多形式、多渠道投资方式，鼓励社会资金参与土地综合开发和科学复垦。综合开发和科学复垦后的土地，按照"谁复垦、谁受益"的原则和依据规划批准的用途，可以依法确定的单位或个人土地使用权，并可依法流转，获得相应收益。

5. 加强协作，齐抓共管，积极推进土地综合开发和科学复垦工作。土地综合开发和科学复垦工作任务繁重、情况复杂、政策性强，是一项涉及方方面面的系统工程。国土资源、发展改革、财政、铁道、交通、水利、环保等有关部门，要加强协作，齐抓共管，各负其责，共同搞好土地综合开发和科学复垦工作。

（1）发展改革部门要在批准、核准投资项目时，对涉及土地综合开发和科学复垦的项目进行严格审查。对应列入投资估（概）算而未列入的或者投资估（概）算不足的，不予批准、核准立项。财政部门要加强对土地综合开发和科学复垦费征收、使用的监督管理。各有关行业主管部门应当加强本行业土地综合开发和科学复垦工作监督管理，指导、督促设计单位或建设单位制定土地综合开发和科学复垦方案，将土地综合开发和科学复垦费纳入投资概（预）算。环境保护部门应将因生产建设项目破坏土地引发的污染和生态环境变化的情况，作为一项重要的监测内容，及时与有关部门配合进行监督和检查。

（2）各地区要加强对土地综合开发和科学复垦组织领导，土地综合开发和科学复垦任务较重的地区，应成立由政府主管领导负责、有关部门组成的土地复垦协调机构，共同研究并制定政策措施，积极开展联合督察、联合通报、联合奖惩工作。有关部门要结合本部门实际，抓紧制定具体实施意见和工作方案，建立部门联席会议制度，认真做好有关工作落实。国务院有关部门将联合对重点地区、重点行业、重点项目土地综合开发和科学复垦工作和落实文件有关情况进行督查并进行通报。

6. 履行综合开发和科学复垦后耕地保护责任。这是指履行土地综合开发和科学复垦后，形成耕地保护的重要职责。我国农村土地综合开发和科学复垦的根本目的，是要增加粮食产量，解决全国人民吃饭问题。而耕地是生产粮食的前提条件。没有土地，粮食生产就成无源之水，无本之木。因此，我国农村土地综合开发和科学复垦的宗旨，是增加和保护耕地，确保粮食生产有稳固的基础。农村土地综合开发和科学复垦面临的主要难题有两个：一个是随着我国经济社会发展和人民生活水平提高，占用耕地搞建设的现象仍难以避免；另一个是我国每年都将增加人口，人均耕地减少的趋势也难以控制。人口与耕地之间的矛盾越来越突出。因此，必须承担着农村土地综合开发和科学复垦后保护耕地、增加粮食生产的重要职责，必须坚持综合开发土地变耕地、科学复垦成高质量耕地的神圣职责。

（1）综合开发扩大耕地面积，走内涵扩大和外延扩大并举道路。所谓内涵扩大，就是不断提高土壤的丰度，保持耕地的长久生产能力；所谓外延扩大就是不断开发新的工地，逐步增加耕地面积。土壤的丰度，取决于土壤的厚度、土壤的结构及所含的无机盐分。土壤的过度垦植，会引起土壤结构的变化和所含盐分的减少。土壤的表层，会因雨水冲刷或狂风刮裹而降低厚度。这两种现象统称为水土流失。土壤侵蚀或土壤中无机盐分的减少，都会降低土壤的丰度，制约耕地的生产能力。因此，一是通过土地综合开发，采取先进科学复垦方法，不断提高耕地土壤的丰度，增强耕地的生产能力，一方面要大搞农田水利基本建设，大力改造中低产田；另一方面要鼓励开发区农民不断从作物残留的叶茎及人工施肥中，给土地补充新的腐殖质和养分，在人工施肥中，要特别注重鼓励农民施有机肥，改良土壤，增加耕地肥力，提高耕地土壤的力度；二是通过土地综合开发和科学复垦，逐年治理全国水土流失面积已达到180万平方公里、土地沙漠化面积增加到20万平方公里。我国每年治理水土流失、土地沙漠化、土壤肥力下降的农业生态环境,就会增加粮食生产能力达 400 亿公斤;三是通过土地综合开发和科学复垦,逐年开垦宜农荒地、滩涂、沙漠地,我国尚有宜农荒地 5 亿亩,其中适宜开垦为耕地的 2 亿亩、滩涂和沙漠地 1 亿亩,还有一部分尚待综合开发和科学复垦,这些资源是我国扩大耕地、发展农林牧渔各业的重要潜力之一。因此,必须有计划、有步骤地进行综合开发治理和科学复垦,逐步扩大我国耕地面积,变荒滩为良田,生产更多的农林牧渔各业产品,不断满足我国城乡人民生产生活的需求。

(2) 加大土地综合开发和科学复垦力度,力争实现耕地面积基本稳定。我国待综合开发和科学复垦耕地资源在 2 亿亩以上,相当于我国现有耕地总量的 1/9,数量是相当可观的。从 1996 年起,我国每年综合开发和科学复垦耕地 6000 万亩左右,从 2001 年起,每年综合开发和科学复垦耕地 950 万亩,以加大开发复垦耕地力度。为此,一是实行耕地开发复垦补偿制度。在全国各地农业综合开发项目区内,各类生产和建设用地一律实行"占用多少、补偿多少"的制度,用地单位要有开发复垦计划,自行开发复垦的,要交纳开发复垦保证金;不能自行开发复垦的,要交纳相当数量的土地开发复垦费,专款专用;二是建立耕地开发复垦专项基金。我国农业综合开发项目区每年用于土地开发复垦的资金为 5000 万元。但由于我国需要开发复垦的耕地数量较多,所需资金差额较大。为了加大耕地开发复垦力度,应按照取之于土、用之于土的原则,多渠道、多途径地筹集资金,专项用于耕地开发复垦;三是实施科学的耕地开发复垦运行机制。按照"谁开发复垦、谁使用受益"的原则,对综合开发和科学复垦成耕地的单位和农户,实施扶持和给予适当奖励机制,鼓励单位和个人投资投劳,加快耕地综合开发和科学复垦进度。

7. 开辟国家土地综合开发和科学复垦建设基金管理途径。1988 年,国务院在向全国各部门、各地区发布的(88)国土基字第 3 号《国家土地开发建设基金管理试行办法》规定,这项基金来源于中央财政征收的耕地占用税,用于国家土地综合开发和科学复垦建设。该《办法》具体规定这项基金的用途、开支范围、扶持方式、财政预算、配套分配使用、承包责任制、先征收后支出、项目管理经济责任制、监督检查纠正等事项。

(1) 农村土地综合开发和科学复垦建设基金用途:根据国家农业发展战略和总体规划,对我国农村土地资源,有计划、有步骤、有重点地进行综合开发治理和科学合理利用,建立稳定的具有规模经济效益的粮食、棉花、油料、糖料、牧业、林业、渔业产品生产基地,为满足全国城乡人民生产生活需求,推动国家经济社会持续健康发展创造条件。

(2) 农村综合土地开发和科学复垦建设基金开支范围:为开垦荒地、围垦滩涂、改造中低产田和草场及其有关的水利建设,必须购置的机械设备、工具、材料支出;为营造农田防护林、水源涵养防护林、水土保持林、用材林、经济林,必须购置的机械设备、工具、种子、苗木支出;为发展畜牧业和海淡水产养殖业的基础设施支出;为发展农林牧渔各业生产科研、技术推广支出;为繁育、推广优良品种的基础设施支出;为建立健全产前、产中、产后服务体系的补助支出;为综合开发土地资源,利用银行贷款的贴息支出、经领导小组批准的其他支出。

(3) 农村综合开发和科学复垦建设基金开支准则:必须按照"取之于土、用之于土"原则,专款专用,各地区、各部门不得以任何理由、任何方式挤占挪用,即:不得安排用于正常的基建投资、事业费和其他经费开支;不得抵顶中央和地方原安排的农口基建投资、支援农村生产支出和农林水气等部门的事业费,也不得因此减少这些方面应正常增加的投入;不得用于兴办支农工业;不得用于机构、人员经费开支;不得用于兴建楼堂馆所;不得用于平衡财政预算。

(4) 农村土地综合开发和科学复垦建设基金扶持方式:根据不同情况分别实行无偿补助或者有偿扶持的方式。对基本上仅有社会效益、生态效益的非经营性项目的支出,如科研经费,技术推广的中间实验和技术培训费用,修建排涝设施费用,营造农田防护林、水源涵养林、水土保持林费用,以及贷款贴息等非经营性支出,原则上实行无偿补助办法;对能获得直接经济效益的生产经营性项目的支出,原则上都要采取低息或贴息贷款等方式,实行有偿扶持办法。总的方向是要逐步扩大有偿扶持的范围和项目。中央对各省、自治区、直辖市重点补助和扶持的基金，实行包干回收办法，除另有规定者外，只按总额的50%作为有偿扶持，定期回收。各省、自治区、直辖市多收的留用，少收的负责补足。归还期限和办法另行规定。回收的有偿扶持资金一律返还土地综合开发和科学复垦建设基金，继续周转使用。

（5）农村土地综合开发和科学复垦建设基金预算专项管理：中央财政当年收入的耕地占用税全部纳入国家财政预算，作为农村土地综合开发和科学复垦建设基金专项管理，列收列支，先收后支，并按财政部的规定编报年度预算和决算，在国家预算"农业发展专项资金支出"的"款"级科目中单独反映。年终结余结转下年继续使用。对农村土地综合开发和科学复垦建设基金的分配使用，要同中央和地方财政预算内安排的发展粮食生产专项资金、计委安排的商品粮基地建设投资、中央财政安排的支援不发达地区发展资金、地方安排的扶持农村生产建设支出、各部门预算外支农资金及银行贷款、世界银行和国际开发组织贷款等，进行统筹安排、配套使用，发挥资金的综合使用效益。各种资金渠道不变，效益归口负责不变。

（6）农村土地综合开发和科学复垦建设基金的投放，不论无偿补助或有偿扶持，均实行承包责任制。发包单位为各级政府领导小组，总承包单位，在地方为省、自治区、直辖市人民政府有关主管部门，在中央为国务院有关主管部门。对分承包单位的有偿扶持和无偿补助，由总承包单位负责办理。各省、自治区、直辖市总承包单位要在上年十月底前，提出下年度开发治理项目及实施计划、申请有偿扶持和无偿补助计划，报国务院领导小组办公室，为领导小组和财政部编报基金年度预算提供依据。

（7）农村土地综合开发和科学复垦建设基金先征收后支出：对经领导小组批准列入国家重点扶持和补助的地区，必须切实抓好本地区耕地占用税收入，原则上要在达到全国平均收入进度，并将应交中央财政的部分及时上交中央后，才能开始办理当年的有偿扶持资金贷款和无偿补助资金的拨款。

（8）农村土地综合开发和科学复垦建设基金的投放实行项目管理经济责任制。领导小组对各总承包单位、各总承包单位对分包单位的综合开发和科学复垦建设项目要择优扶持或者补助；项目确定后领导小组和总承包单位、总承包单位和分承包单位，都要签订经济合同，明确项目负责人及以投入产出效益挂钩为主要内容的经济责任和奖罚条款。有条件的要实行司法公证，保证资金使用达到预期效益。

（9）国务院有关农业、水利、林业等主管部门和领导小组办公室要会同地方政府有关部门，对农村土地综合开发治理和科学复垦项目的完成进度和资金使用情况进行监督检查，发现问题及时纠正。项目完工后，发包单位要及时组织验收，对验收发现的问题，要责成有关单位尽快采取措施加以解决。对于违反财经纪律、资金使用效益差、情节严重的，要追究责任，严肃处理。

8. 采取土地综合开发和科学复垦方式。针对我国有些地区对土地资源利用不合理、自然生态平衡遭到破坏、草原大面积退化、土地沙漠化有所扩大、黄土高原和南方水土流失日趋严重、黄淮海等地区旱涝盐碱威胁依然存在、在宜农荒地和海涂资源也没有科学的组织开发利用的问题，从"七五"规划开始，我国从中央到地方各级政府及有关部门，组织进行系统的、深入的调查研究，作出全面规划，明确科学治理和合理利用土地资源的方向，大力推进综合开发和科学复垦的方式，主要有六种方式：一是宜农荒地开发复垦方式；二是宜牧草地开发复垦方式；三是宜林山地开发复垦方式；四是宜渔海涂开发复垦方式；五是高原综合开发复垦方式；六是平原综合开发复垦方式。

（1）宜农荒地开发复垦方式。宜农荒地是指适宜于开发复垦种植农作物或牧草的天然草地、疏林地和其他荒地。开发复垦宜农荒地是扩大耕地面积，增加农业用地，提高土地利用率的一项重要方式。采取这一项方式，主要考虑到：一是能够迅速增加农产品产量。我国目前按人口平均的耕地面积较少，要增加农产品产量，在提高现有耕地的单产的同时，积极开发复垦荒地，扩大耕地面积，迅速增加农产品产量，以不断满足国家对农产品的需要。二是能够科学有效地利用土地资源。通过开垦荒地，扩大耕地面积，促进农村产业结构的调整，促进农业各种农作物生产发展，推动农林牧各业全面发展。三是能够改变农村人口和耕地分布均匀的现象。新中国成立以来，全国开发复垦荒地有 5 亿多亩，这对发展农业生产，改善农业的地区布局，加强边疆和国防建设，都起了一定的作用。

①我国宜农荒地资源主要分布在东北、西北边远地区，在现有的宜农荒地中，即可开发复垦用于农业，又可发展牧业、林业，因而，必须综合调查，统筹规划，因地制宜地开发利用，以免引起农林牧渔业征地的矛盾。在宜农荒地资源的开发利用方向上，可划分为六个片：一是东北湿润、半湿润片，主要是指黑龙江、吉林、辽宁三省，以及内蒙古呼盟、东尔盟的东部地区湿润、半湿润片；二是内蒙古半干旱草原片，主要是指除呼盟东部以外的内蒙古其他地区半干旱草原片；三是西北干旱片，主要是指新疆、甘肃、宁夏三省、自治区干旱片；四是青藏高寒片，主要是指青海、西藏以及四川西部地区高寒片；五是南方山丘片，主要是指云、贵、川、湘、鄂、粤、桂、闽、浙、灨、皖、苏等十二省、自治区山丘片；六是沿海滩涂片，主要是指沿海七省二市的滩涂。

②我国绝大部分人口集中在沿海、沿江、沿河一带，大中城市及其郊区人口密度更大。而边疆地区地多人少，积极开发这些地区，就可以逐步改变农村人口和耕地分布不均的现象，有利于边疆和少数民族地区的经济发展。在开发复垦荒地的过程中，一是要注意保护农村生态平衡，不准破坏森林、草原、水利资源，不准妨碍蓄洪泄洪。开荒后，要根据不同地区的自然、经济条件，尽量做到专业化与多种经营相结合，继续搞好植树种草，加强水土保持建设，建立新的生态平衡系统，使开垦的荒地变成良田。二是要处理好开垦荒地与原有耕地的关系，既要种好原有耕地，又要开垦好荒地。三是要处理好投入与产出的比例关系，力求用较少的开垦荒地投资，取得最大的经济效果。

（2）宜牧草地开发复垦方式。宜牧草地是指生长草类可供放牧或刈割饲养牲畜的土地，我国北部西部 10 个牧业省、自治区的大面积连片草地为草原，我国南部、中部各省、自治区的山丘零星草地为草山草坡草地也称草场，草场按利用方式分为放牧草场、割草场和人工草场。我国草地主要分布在北部、西部，年平均降水量少于 400 毫米的边远省、自治区，部分分布在南部和中部省、自治区，我国草地类型多样，北部、西部牧区草地：以原生植被为主，南部、中部草地大多是森林被破坏后形成的次生草灌植被。从自然生态状况来看，全国草地大体划分为五个类型，一是北部草地，从东到西为草甸草地、干旱草地、荒漠草地、草原化荒漠、荒漠。二是西部草地，从下而上为山区荒漠、山区草地、山区草甸。三是青藏高寒地区草地，分为高寒荒漠、高寒草地、高寒草甸。四是各地区局部低湿地及林间草地，分为沼泽草丛、低湿地草甸、高寒沼泽、灌丛草地、疏林草地。五是中南和南部的暖温带、亚热带和热带地区的草地，分为灌木草丛和山地草丛。在开发和复垦全国宜牧草地时，要根据我国各地区草地的不同情况，组织采取切实可行、行之有效的方式，具体地说，主要有以下两种方式：

①要合理利用和建设北部、西部草场的方式。由于这些地区多为干旱、半干旱气候，降水少，水源不足，土层浅薄，土壤沙性大，绝大部分地方不宜种植饲草、饲料，宜建设为人工草场。因此，一是要对这种草场建立科学的放牧管理制度，固定草场使用权，实行分区轮牧和轮流打草，使草场都有一定的恢复期；二是要因地制宜地围建草库伦，封滩育草，修筑棚圈、牧道和饮水点；三是要加强防治虫害、鼠害，尽可能补种优良草籽和施肥，在有地下水条件的缺水草场发展打井灌溉；四是要尽快推行早期肥育屠宰的措施，以减轻冬春草场的压力，避免"冬瘦、春死亡"，提高牲畜商品率；五是要充分和合理利用割草场，发展人工饲草、饲料生产，以解决牧区冬春饲草、饲料不足的问题；六是要开展牧区与相邻的半农半牧区和农区间的经济协作，这样，既可充分地利用牧区的夏季草场，又可增加牧区的冬春饲草饲料，也对周围半农半牧区或农区实行草田轮作，提高土壤肥力，增加收入。

②要稳妥地开发利用南部、中部草山草坡的方式。我国南部、中部的草山草坡，多处温暖湿润地带，牧草生长期长，产量高，发展畜牧业生产的潜力很大。对这种草场，要开展系统的调查研究，查明各类草场的数量、质量和利用情况，以及发展畜牧业的社会经济条件，在开发利用中，要正确处理好农、林、牧的关系，放牧，应限于利用已形成的固定草场和暂不植树种草的地方。对植树种草的地方，必须禁止放牧，以保护幼林，待林木生长到一定高度后，可利用林间草地放牧。要规定适当载畜

量，实行割晒青贮，采取小群为主的定期轮牧与割青全饲相结合的经营方式。

（3）宜林山地开发复垦方式。我国各地区都有宜林山地，特别是我国东南部地区具有较多的宜林山地，东南部山地主要是指中亚热带和南亚热带的高原、山地、丘陵和山间盆地，约占全国土地面积的1/6。南部山地自然条件复杂，地区间差异大，资源和生产部门多种多样。在开发利用南部山地时，要根据各山地的实际条件，坚持因地制宜发展林业生产，提高林业特产的生产比重，建设和发展以针叶与阔叶混交的用材林基地、毛竹基地、木本油料基地、茶叶基地、水果基地，注重建设和发展林业特产基地。同时，还可以利用草山、草坡，发展以养牛羊为主的畜牧业。南部山地水土流失普遍严重，因此，要制止陡坡开垦和毁林开荒，不能修梯田的山坡，要退耕还兽林、牧源，对水源、山脊、山丘顶部和峡谷坡脚的森林，应严格控制采伐强度，对造林要尽量不采取全垦造林的方式，以免破坏植被。对水土流失严重的山区，要通过植树种草和必要的工程方式，加速恢复植被。要充分利用丰富的水利资源和多样的山区矿物资源，积极发展小水电以及各种中小型农林特产品的加工业和采掘业，并发展交通运输事业，以繁荣山区经济和增加农民群众收入。

（4）宜渔海涂开发复垦方式。海涂是地球水圈、大气圈、岩石圈和生物圈相互作用的自然综合体，是海洋和陆地交界的地方，因此，具有海洋和陆地的某些特征。海涂地区资源很丰富。部分海涂可用于发展鱼、虾、贝、藻等水产养殖，部分海涂可供围垦，种植粮棉等作物。在海涂资源开发和复垦上，要采取以下两种方式：

①要科学的围海造田、合理围垦。我国沿海地区一般人多地少，围垦滩涂，以扩大耕地面积，是海涂资源利用的重要方面。围垦时，要有充足的淡水资源保证，要保护现有港口、航道、潮汐能、矿产的开发及风景游览。要对周围的自然条件和生物资源及其生态环境等方面，做全面调查研究分析，做到因地制宜，实行合理围垦。

②要保护海涂水产资源、发展海水人工养殖。对海涂天然水产资源，必须制止滥捕。对于珍贵的水产资源，更应加强保护和管理。要选择营养价值和经济价值较高的品种进行人工养殖，这是开发利用海涂资源的主要方向。要提高人工育苗的技术水平，解决养殖苗种。要深入开展海涂资源区划，全面开发利用。

为了全面开发和科学复垦我国海涂资源，必须在海涂资源调查研究分析的基础上，进行合理区划。目前，我国以根据海涂分布的情况，划分为四个自然海涂区：一是渤海海涂区，包括辽宁、河北、天津、山东等省市沿海区。二是黄海海涂区，包括辽宁、山东和苏北等沿海地区。三是东海海涂区，包括上海、江苏、福建、沿海地区。四是南海海涂区，包括广东、广西沿海地区。

（5）高原综合开发复垦方式。我国西南部有青藏高原、西北部有黄土高原，黄土高原位于山西太行山以西、青海日月山以东、秦岭以北、内蒙古阴山以南，地跨青、甘、宁、蒙、陕、晋、豫、冀8个省、自治区，根据黄土高原的自然地理条件，划分为5个区，一是河谷冲积平原，主要包括晋中、晋南、关中的汾渭平原。地形平坦开阔，基本上无水土流失。二是黄土高原沟壑区和黄土阶地区，主要包括陇东、渭北、洛川和汾河、渭河两岸阶地区。三是黄土丘陵沟壑区，主要包括陕北、晋西北黄土丘陵区、陇中、宁南黄土丘陵区、甘青黄土丘陵区、豫西、晋东南黄土丘陵区。四是鄂尔多斯风沙区，包括长城沿线风沙区、内陆风沙区和苦水河流域。五是林区及土石山区，主要分布在黄土高原的中部及边缘。新中国成立以来，我国对黄土高原开展了大量的流域治理、水土保持、综合开发、科学复垦工作，目前，正从合理利用土地着手，因地制宜地确定农林牧三产业综合经营的方向，以水土保持为中心，大力植树种草，实行山、水、田、林、路综合治理，为恢复和保持农林牧渔各业生产发展和农村生态平衡创造条件。

（6）平原综合开发复垦方式。从2006年起，国务院及有关部门推动各地区科学划定平原综合开发和科学复垦区域，对重点产粮食区耕地采取特殊保护方式，在全国明确划定综合开发和复垦东北平原、黄淮海平原、长江中下游平原、珠江三角洲、云贵川三角地带和新疆以及一些其他区域为重点综合开发和科学复垦区。通过国家各级政府的扶持，这些地区成为我国最主要的粮食、棉花、油料、糖料等基地。对国家确定的综合开垦平原区域，必须严格按照有关法律法规，切实采取六种方式：一是要明确各级政府在开发区基本农田保护中的责任，切实履行保护职责。要层层签订保护责任书，明确保护目标和奖惩方式；二是要坚持执行农村土地综合开发和科学复垦区农田地力保养和环保制度，提高地力，防止农田污染；三是要建立农村土地综合开发和科学复垦项目区农田保护基金，把开发复垦农田与保护农田有机结合起来；四是要建立农村土地综合开发和科学复垦项目区农田监督检查制度。农业综合开发部门要定期组织有关部门对项目区农田保护情况进行监督检查，对不合理乱占滥用农田的，要依法查处，对保护中存在的问题，要及时采取措施加以解决；五是要严格限制占用农村土地综合开发和科学复垦项目区农田。除国家重点项目建设及国防建设非占用农田不可外，其他建设项目及各类活动均不得占用开发区耕地；六是要实行农村土地综合开发和科学复垦项目区农田损失补偿制度，保证农村土地综合开发和科学复垦项目区耕地总量不减少。应建设确需占用农村土地综合开发和科学复垦项目区农田的，用地单位或个人应开发复垦相当数量和质量的耕地加以补偿；对无条件开发复垦的，必须按规定向农业综合开发部门缴纳耕地占用费，并专款用于开发复垦新的耕地。从1994年起，从中央到地方各级政府都在推进平原综合开发和科学复垦中，坚持采取以下两种方式：

①必须坚持在确保粮食稳定增产的前提下，因地制宜发展多种经营的方式。凡是多种经营项目立项，特别是林、牧、渔业项目，坚决不能占用开垦耕地。凡占用耕地发展多种经营的项目，一律不予立项。对于农业内部结构调整占用耕地，要着眼于提高复种指数，增加播种面积。目前，全国的平均复种指数为156%。如果全国在这个基础上提高十个百分点，就相当于多出1亿亩耕地。因此，对农业结构调整应向内涵化方向发展，提高复种指数，增加播种面积保护和扩大耕地面积。

②必须坚持在综合开发、科学复垦和充分利用荒山、荒地、荒水、荒滩等非耕地资源上，发展林牧副渔业的方式对林果要"上山、下滩、进庭院"，要重视利用粮食及其农副产品来发展养殖业、加工业、运销业及服务业形成产业链，实现多次增值增利，提高农业的比较效益。对粮食主产区要充分利用粮食等农产品搞加工，对发展乡镇企业，要增值增利，要走专业化、农工商贸一体化，进入国内国际大市场的路子。必须坚持正确处理好综合开发和科学复垦耕地、粮田与发展多种经营的关系，牢固树立综合开发和科学复垦耕地的指导思想，确保耕地面积的稳定和粮食产量的不断增长。

（十一）农村土地综合开发和科学复垦的方法

我国农村土地开发和科学复垦的实践证明，通过农村土地综合开发和科学复垦，为我国农业和农村经济健康发展，推动城乡一体农业现代化、工业化、信息化、城镇化四化同步建设，注入新的生机和活力，采取切实可行、行之有效的方法。主要有六种方法：一是农村土地综合开发治理的方法；二是农村土地科学复垦管理的方法；三是农村土地综合开发和科学复垦项目管理的方法；四是农村土地综合开发和科学复垦资金管理的方法；五是农村土地综合开发和科学复垦关系处理的方法；六是国家土地开发基金滚动使用管理的方法。

1. 农村土地综合开发治理的方法。农村土地综合开发治理的核心是"综合"，在综合上下功夫。这是指制定综合规划，综合利用资源，采取综合措施，进行综合治理，实行综合投入，取得综合效益。

（1）在制定农村土地综合开发治理规划上，按照国家发展农业和农村经济的政策要求，结合地区特点，集中连片，制定统一规划，确定开发规模和投资指标。

（2）在农村土地综合利用资源上，在农村土地综合开发和科学复垦项目区内，充分利用潜在的农业资源优势，重点提高土地产出率和收益率；同时创造条件，提高农业产品的转化率和增值率，提高农业现代产业化规模经营的转化增值率。

（3）在农村土地进行综合治理上，按照流域规划，进行区域开发，对山水田林路综合治理，不采取单项治理措施；在治理模式上，要因地制宜，不强求统一。对于制约本地农业和农村经济发展的各种因素，相应地采取工程、机械、农艺、生物、科技等综合配套方法。

(4) 在农村土地实行综合开发治理投入上，统筹安排资金、物资、科技、劳力等生产要素，全面提高综合投入水平。

(5) 在农村土地取得综合开发治理效益上，在取得综合开发治理经济效益的基础上，还要取得社会效益和生态效益。

2. 农村土地科学复垦管理的方法。农村土地科学复垦管理的方法，是指必须切实掌握运用以下五个步骤方法：

(1) 加强法规宣传教育，提高开展土地科学复垦觉悟。科学开展土地复垦是扩大和补充耕地面积、提高土地利用率和产出率，缓解人地矛盾、改善生态环境、保障耕地总量动态平衡，确保农业和农村经济持续健康发展的必然途径，是有利推动农民增产增收、保障城乡一体农业现代化、工业化、信息化、城镇化四化同步建设用地需求，促进农村社会事业健康发展的坚实基础。为此，各级政府及有关部门充分利用各种媒体，多层次、多形式、全方位地开展《土地管理法》《土地复垦规定》《实施土地复垦规定办法》的宣传教育，进一步调动农村干部和农民群众及社会各方面参加土地科学复垦的积极性。

(2) 开展深入调查研究，编制土地科学复垦规划。为了科学复垦工矿企业废弃土地、闲置土地的资源，深入基层调查研究，全面摸清废弃土地、闲置土地的类型、权属、面积、分布等情况，评估分析有关问题，科学确定复垦的目标和重点，按照土地利用总体规划，制定出切实可行的土地科学复垦年度实施计划，并与环保规划相协调，推动土地科学复垦计划，任务分解下达到村到组到户，努力完成扩大和补充耕地面积、改善农村生态环境，推进农业现代产业化规模经营，增强农村集体经济实力，增加农民收益。

(3) 拓宽资金渠道，加大土地复垦投入。坚持投资主体多元化、农村土地复垦与农业生产经营项目相适应，促进农村剩余劳动力与从事二、三产业相结合，逐步将以农民为主自筹土地科学复垦的投资拓宽到社会各方面，为形成各类主体投资做好相关服务。为此，一是坚持筹资渠道多样化。要在给予连片科学复垦工程一定奖补的同时，进一步拓宽土地科学复垦投资渠道；二是坚持鼓励各种经济组织参与对废弃地科学复垦，并着力搞好荒地承包工作，以便把更多的社会闲散资金吸引和聚集到土地科学复垦上来。坚持土地科学复垦形式灵活化。农村集体经济组织的科学复垦，所需资金按平衡负担从农户中筹集，土地科学复垦后可在一定年限内划分承包；农村集体筹集资金科学复垦的土地可竞价承包，用土地承包费偿还。农村大户或联户集资或者从信用社贷款投资科学复垦的土地，承包期满后收归集体。信用社可酌情给予支持。

(4) 加强土地科学复垦管理，确保科学复垦土地的质量。遵照"因地制宜、适地开发""宜农则农、宜林则林"和按项目规划和实施方案施工等项规则，组织开展农村土地科学复垦项目工程建设，在工作步骤上要采取先易后难的方法，把投资少、工期短、见效快的项目作为主攻方向。为此，一是坚持高标准、高起点的施工，相应采取切实可行科学复垦工作方法，确保复垦耕地达到一定生产能力、达到苗木成活成林；三是坚持加强对农村土地复垦工作的指导，按照"统一规划、统一标准、统一搬迁"的规则，搞好整体搬迁，并及时科学复垦旧宅基地；对"空心村"的改造，要走深挖内涵、内部消化、充分利用的路子；对砖瓦厂要坚持边用边垦的原则，及时敦促其科学复垦耕地；四是坚持土地科学复垦定期检查制度和年度计划完成情况通报制度，确保高质量地完成土地科学复垦工作任务。

(5) 严格坚守审核批准关，拓宽土地科学复垦渠道。各级政府及有关部门严格按照《土地复垦规划》和土地科学复垦年度计划，将土地科学复垦任务层层分解到各村各组，甚至到具体地块。同时要严明土地科学复垦责任，并把土地科学复垦工作完成情况列入领导干部年度工作考核之中。为此，一是坚持严把审批关。按照《土地复垦规定》中的"谁破坏、谁复垦"和"占多少、垦多少"的规则，向用地单位和个人讲明土地科学复垦义务。占用耕地的单位在提交用地申请时，必须提交耕地补充方案，无耕地补充方案或耕地补充方案不合理的用地项目，不予审批。不具补充耕地条件的用地单位和个人，必须按规定交纳耕地开垦费；在补充耕地开垦前，应按规定交纳补充耕地保证金；二是坚持落实优惠政策，调动各方面土地科学复垦工作积极性。依据"谁投资、谁使用、谁开发、谁受益"规则，确定土地复垦者对开发复垦地块的使用权和受益权，并按有关规定给予一定的税费减免政策；三是坚持严格执行验收标准和监督检查制度，切实搞好科学复垦土地年度的验收工作，对搞得好的乡镇和土管所予以表彰奖励。

3. 农村土地综合开发和科学复垦项目管理的方法。在组织开展农村土地综合开发和科学复垦项目管理上，必须严格进行调查研究、评估论证、审查批准、组织实施、检查验收、管护维修等环节管理。这就是在确定项目前，要经过深入调查研究之后，形成项目可行性报告，在这个基础上，组织有关专家评估论证、确立科学可行的项目，评定后的项目要逐级上报审批；审批后的项目要组织实施；项目实施中要加强监督检查；项目竣工后要组织验收，验收合格后的项目要严格管护维修，确保长期发挥项目效益。

（1）在项目选择上，选择那些投入少、产出多、见效快、贡献大的项目先行综合开发和科学复垦。项目自下而上申请，自上而下择优确定。不准搞人情照顾项目，更不准搞脱离农村土地综合开发和科学复垦方针政策的"要钱"项目。

（2）在项目审定上，划定明确的项目区域，并绘图定位。项目区域划定后，要按治理措施计算投资额，资金跟着项目走，不准按部门分配资金，也不准将资金用于非项目区。

（3）在项目规模上，在安排项目区域上，要突破重点，坚持集中连片，形成规模，实行项目区域开发，发挥规模效益，防止零星分散化，避免占线拉得过长，做到建成一片、成功一片、巩固一片。

（4）在项目实施上，在项目工程建设上，要坚持高起点、高标准、高质量，在施工过程中，要及时督促检查，一旦发现质量问题，要及时补救，限期返工。为了保证项目工程质量，要求层层签订责任合同书，实行目标管理责任制，采取奖优劣罚的方法。

（5）在项目验收上，项目工程竣工后，要严格进行验收。凡是验收通过的项目，发给合格证书，不合格的项目要进行补课，缺什么补什么，什么时候达到标准，什么时候发给验收合格证书，什么时候准许批准确立新项目。

4. 农村土地综合开发和科学复垦资金管理的方法。对农村土地综合开发和科学复垦资金管理，必须按组织筹集、合理分配、科学使用、会计核算、监督检查等管理方法，达到增加投入资金、多方运筹资金、及时足额到位资金、科学合理分配资金、集中安排使用资金、平时核算监理资金、经常监督检查资金、充分发挥资金使用效益。

（1）在资金筹集上，要全方位、多层次、多渠道筹集资金。为此，一是各级政府财政逐年增加投资额度，地方各级政府财政按规定的配套投资比例，及时足额筹措落实；二是各级政府财政通过补贴、贴息等方式，利用国内银行信贷资金、世界银行贷款，吸引民间资本、工商资本、外国资本等项资金；三是农民群众、农民专业合作经济组织自觉自愿筹集的资金。逐步形成全方位，多渠道、多途径投入农村土地综合开发和科学复垦项目建设的局面。

（2）在资金分配上，要合理、公正、区别分配资金。为此，一是按照不同地区承担的农村土地综合开发和科学复垦项目建设任务和具体经济实力情况，科学合理地确定各地区财政资金配套比例；二是侧重解决农业主产特别是粮食主产的县（市）、乡（镇）两级财政困难，减轻其财政资金配套压力；三是对于农村土地综合开发和科学复垦工作绩效好的地区，多分配财政资金。反之，减少或停止分配财政资金。

（3）在资金使用上，要统筹集中使用、重点使用、专款专用资金。为此，一是中央财政每年新增加资金的80%以上，统筹集中用于农业主产区特别是粮食主产区，以中低产田改造为重点；二是中央财政有偿资金集中用于农业现代产业化规模经营项目，大力扶持辐射带动作用强的农业产业化龙头企业，以及与农民建立起紧密的利益联结的专业合作经济组织；三是农村土地综合开发和科学复垦财政资金投入有限，发挥作用有限，必须专款专用。

（4）在资金督查上，要督促检查农村土地综合开发和科学复垦财政资金的筹集、分配、使用和效益问题。为此，一是由各级农业综合开发办事机构自行督促检查筹集资金是否合法、配套分配资金是否合理、安排使用资金是否统筹集中、是否保证重点、是否保障资金充分发挥使用效益；二是上级领导部门定期组织开展督导、检查各地农村土地综合开发和科学复垦项目区资金安排使用效益情况，侧重检查各项资金有无被侵占、挪用、浪费等违纪违法问题；三是严肃检查处理农村土地综合开发和科学复垦资金违纪违法问题，对于资金管理不严、检查不利而出现违纪违法问题，取消或暂停项目县资格，对于违纪违法的个人，必须依据法规严格惩处。

（5）在资金管理上，要实行规范化、制度化、机制化管理。为此，一是健全和执行农村土地综合开发和科学复垦资金的筹集、分配、使用、督查、奖惩等方面规章制度；健全农村土地综合开发和科学复垦财会人员岗位责任制度，实行专人管账、专账核算、专项报表；严格执行规范的县级报账制度，认真执行审计和民主监督制度，完善农村土地综合开发和科学复垦资金违纪违规制度；二是健全农村土地综合开发和科学复垦资金积累滚动机制、财政资金贴息引导机制、各项资金相互配合安排机制、财政资金奖惩机制；三是健全和执行农村土地综合开发和科学复垦财务会计培训制度，既要增强农村土地综合开发和科学复垦工作人员的财务管理与会计核算素质，又要促使基层干部和农民当家理财的自觉性，充分发挥农村土地综合开发和科学复垦项目区的综合效益。

5. 农村土地综合开发和科学复垦事项处理的方法。对于组织推进农村土地综合开发和科学复垦项目工程建设中有关矛盾，需要采取相应的方法，正确处理好以下十方面关系：

（1）要处理好土地治理项目与产业化经营项目的关系。从1988年以来，国家在组织开展的农业综合开发土地治理项目建设，进一步对山水林田路综合治理的基础上，以改造中低产田为主，适量开垦宜农荒地，改善农业基本生产条件，增强农业综合生产能力，增产粮棉油肉糖等农产品，增加社会有效供给，促进农民群众增产增收为主攻目标。从1994年1月起，国家在政府组织开展土地治理项目的基础上，增加了产业化经营（原名为多种经营及龙头）项目建设，充分利用农业资源，推进种养加相结合、产加销一条龙、贸工农一体化基地建设，发展以农林牧副渔各业产品加工为主的龙头企业，要做到：一是以市场为导向，发挥各地自然资源优势，选准主导产品和支柱产业，有目的地建设粮棉油肉糖等农产品生产基地；二是按照种养加、产供销、贸工农一体化的组织模式，建立市场牵龙头、龙头带基地、基地连农户的产业化经营体系，促进农业现代产业化规模经营，提高农业综合效益，以保证农民群众达到增产增收、致富奔小康的目的；三是产业化经营项目与土地治理项目的共同点都是为了增强农业综合开发项目区的综合生产能力，提高农业综合效益，促进农民群众增产增收、致富奔小康的目的。同时，两者也有不同点：土地治理项目建设的任务是搞好山水林田路综合治理，排除制约农业生产发展的自然因素，增强农业抗御自然灾害的能力；产业化经营项目建设的任务，是充分开发利用农业资源优势，通过科学合理地调整优化农业产品、品种、品质结构，以市场为导向，以经济效益为中心，开展农林牧副渔各业高产、优质、高效产品（包括农业的烟草、蔬菜，林业的林木果桑茶，牧业的畜禽，水产业的鱼虾蟹）生产基地建设，扶持以农林牧副渔各业产品为纽带组织起来的产业化龙头企业、农民专业合作经济组织和农业产品营销协会，促进农林牧副渔各业产品进一步加工增值，搞活市场流通，增加农民群众收入，壮大农村经济实力，为地方政府开辟财源。由此可见，这两者是农业综合开发的组成部分，是互相联系、互相促进、互为因果关系的。为此，必须正确处理好这两者关系。

（2）要处理好短期综合治理与长期综合治理的关系。在农村土地综合开发和科学复垦项目工程建设中，不论是短期综合治理，还是长期综合治理，都必须坚持一个共同的原则，就是以保护和改善农业生态环境为前提条件，既要为当代造福，又为子孙后代生存奠定基础。因地制宜开发，宜农则农、宜林则林、宜牧则牧、宜渔则渔。在农村土地综合开发和科学复垦项目工程建设中，既要有长远规划，科学合理布局，又要有短期规划，逐年组织实施，每综合治理一片，就要成功一片，巩固一片，取得长久综合效益。可见，长期综合治理与短期综合治理的目标是一致的。

（3）要处理好硬件工程建设和软件工程建设的关系。在农村土地综合开发和科学复垦项目工程建设中，既要抓好硬件工程建设，又要抓好软件工程建设。首先，在硬件工程建设中要抓四项措施：一是农田排灌渠系、涵闸、井泵房、机电管道等配套设施建设；二是平整土地、改良土壤、增肥地力等配套工程建设；三是保持水土、防护风沙的植树造林，建成绿化带等配套工程建设；四是人畜走、农机行的道路、桥等配套工程建设。其次，在软件工程建设中要抓好四项措施：一是要通过宣传教育，引导各级、各方面的领导更新思想观念，促使各地区、各部门、广大基层干部和农民群众都能统一思想认识，统一行动；二是要通过科学技术培训，促使广大基层干部和农民群众提高科学务农水平；三是要通过区域化种植，促进农业综合开发项目区农民群众合理调整农林牧副渔各业产品品种、品质结构，科学从事农林牧副渔各业生产；四是要通过规模化经营，在农业产品生产上集中连片，形成基地；在农业产业化经营上形成种养加结合、产加销一条龙、贸工农一体化的经营实体；五是要开展社会化服务，对农业综合开发项目区内的产前、产中、产后各个环节要形成配套的社会化服务体系。总之，只有同时抓好硬件工程与软件工程建设，做到两者并重，促使两者互相促进和鞭策，才能真正搞好农村土地综合开发和科学复垦项目工程建设。

（4）要处理好工程建设和工程管护的关系。总的要求，既要抓好项目工程建设，又要抓好项目工程管护，做到工程建设与工程特定护并重，不能偏重其中一方面，特别注意防止重项目工程建设，轻项目工程管护的倾向。为此，一是在项目工程建设上，要统一规划，科学设计，深入勘察，精心施工，保质、保量、保时间地完成项目工程建设任务；二是在项目工程管护上，要严格组织检查验收，建立健全项目工程管护规章制度，建立项目工程管护机构，配备专职管护人员，落实项目工程管护岗位责任制，保障项目工程发挥长期效益。

（5）要处理好项目区建设与非项目区建设的关系。就全国来说，农业综合开发项目区占全国传统常规农业区的比重不大，在这种情况下，一定要提高农村土地综合开发和科学复垦项目工程的标准、质量，使它能真正发挥典型引路、以点带面，起辐射带动作用，带动周边非农业综合开发项目区比照农业综合开发项目区工程建设的标准，进行农村土地基础设施建设，改善农业基本生产条件，以利于不断扩大农村土地综合开发和科学复垦的规模和范围。

（6）要处理好项目区农民群众与非项目区农民群众的关系。一般来说，农业综合开发项目区农民群众科学务农素质较好、生产经营管理水平较高，有较强的经济实力。为此，要提倡和鼓励项目区农民群众主动帮助非项目区农民群众，通过传授科学种田技术和先进生产经营管理经验，为非项目区农民群众增产增收创造条件。

（7）要处理好综合开发和科学复垦与社会化服务的关系。农村土地综合开发和科学复垦能否健康地开展下去，关键在于搞好农村土地综合开发和科学复垦社会化服务体系建设。因此，一是要切实抓好农田水利配套工程服务、良种良法配套服务、生产资料供应服务，以及以农林牧副渔各业产品加工、包装、贮藏、运输、销售为主体的市场服务；二是要进一步加快农业生产经营建设社会化服务体系建设，以各地区农村现有社会化服务体系为主体，积极引导扶持以农民专业合作经济组织、农业产品营销协会服务为主的民间团体组织，进一步增强农村基础设施建设和生态环境保护社会化服务体系的服务功能，健全社会化服务网络，不断提高服务水平。

（8）要处理好综合开发和科学复垦与科技兴农的关系。在农村土地综合开发和科学复垦中，要加大科技投入力度，提高科技含量。从选择项目到竣工项目的全过程，都要推广先进适用的科学技术成果，以利用农村综合开发和科学复垦项目上规模、上水平、上档次、上效益。特别是项目工程建成后，更要提高引进、示范、应用农业科技的水平，要尽可能地增加科技投入，支持和鼓励科技人员到农业综合开发项目区基地，推广高新技术，发挥示范带动作用，大力加强农民群众科技培训教育，提高农民科技文化素质。为此，必须做到：一是增强科技意识。科学技术是第一生产力，农村土地综合开发和科学复垦就是为了解放和发展农业生产力，要不断提高农村土地综合开发和科学复垦的科技含量;二是加大科技力度。今后,要组织更多的科技人员投入到农村土地综合开发和科学复垦项目工程建设,既要着眼于改良土壤、节约用水、培肥地力,又要着眼于提高单位面积产量、产品质量,切实抓好品种改良、技术更新;三是扩大示范规模。今后要吸引更多的新技术、新成果,不断试验、示范、应用到农业综合开发项目区,使高新科学技术起辐射带动作用,将农业综合开发项目区建设成农业先进适用技术普及区和农业高新技术示范区。

(9) 要处理好经济效益与社会效益、生态效益的关系。农村土地综合开发和科学复垦是一项造福子孙的"德政工程",就是因为它体现了这三个效益的有机结合。因此,各地在实施农村土地综合开发和科学复垦以前,必须进行评估论证、科学规划、合理布局、精心设计,综合治理山、水、林、田、路,综合开发农林牧副渔各业资源,使农村土地综合开发和科学复垦项目,真正成为现代化农业的雏形、产业化农业的楷模、商品生产的基础、科学示范的样板、致富奔小康的途径、保护生态的屏障。只有这样,才能使农村土地综合开发和科学复垦项目取得经济效益、社会效益和生态效益。

(10) 要处理好综合开发和科学复垦与富民强国的关系。通过农村土地综合开发和科学复垦,促使农民群众增产增收、致富奔小康,为国家多增产粮棉油肉糖等农产品,保障社会有效供给,达到富裕农民群众、增强国民经济实力的目的。为此,必须做到:一是在选择项目上,必须增强项目效益意识,坚持投入少、产出多、见效快、贡献大的原则,择优选择项目;二是在实施项目上,必须增强项目实施的自觉性,要精心施工,及时组织督促检查落实,努力提高综合效益。

6. 国家土地开发基金滚动使用管理的方法。经国务院批准,国家土地开发建设基金管理领导小组于1988年,向各省、自治区、直辖市发布的《国家土地开发建设基金回收管理试行办法》明确规定,根据国务院关于"耕地占用税全部用于扶持农业生产""取之于土、用之于土"和实行专款专用的原则,建立了国家土地开发建设基金,采取由省级政府向国家承担财政保证,由一定开发组织实行承包经营的方法,改变过去国家投资不回收的方法。为了有计划地回收国家土地开发建设基金,有效地滚动周转使用,特制定国家土地开发建设基金回收管理试行办法。主要包括以下六项:

(1) 回收范围。国家土地开发建设基金,应按照国家土地开发建设基金管理领导小组(简称国家开发基金领导小组,下同)制定的《国家土地开发建设基金使用管理试行办法》安排使用。为此,一是国家土地开发建设项目,以国家开发基金领导小组与各省级政府及主管部门签订的开发建设协议书为准,主要用于改造中低产田和开垦宜农荒地,建设以生产粮食为主的农业综合商品生产基地。二是国家土地开发建设基金,根据不同情况实行无偿和有偿使用的办法。基金使用分为两大类:一类是以社会效益、生态效益为主的非经营性项目的支出,如兴修水利、营造防护林、科技推广、人才培训、贷款贴息等,原则上实行无偿拨款;另一类是能获得直接经济效益的生产性项目的支出,实行有偿使用。三是国家回收的是指中央财政安排的土地开发建设基金部分,不能把国家土地开发建设基金主要作为非经营性的支出项目,国家回收的基金,仍称国家土地开发建设基金,一律作为补充基金,滚动周转使用。

(2) 回收比例。国家土地开发建设基金,一是中央对省(自治区、直辖市)按拨款金额50%的比例,实行包干回收的办法。二是各省级地区可对不同项目制定不同的回收比例,回收比例和具体方法由各省级地区根据实际情况自行确定。三是多回收的留在省里,仍作土地开发基金,继续周转使用。四是少收的由省级地区财政部门负责补足,按包干回收比例,上交国家开发基金领导小组。

(3) 回收期限。为此,一是根据本省级地区开发建设项目大小、建设期长短、效益情况,确定项目承包单位的还款期。二是还款顺序,应是先国家,后留作省级地区用。三是国家拨款回收期,从拨款年起计算满十年后,第十一年由省级地区向国家开发基金领导小组一次还清。四是领导小组根据各省级地区建设情况继续安排国土开发建设,确有特殊原因到期不能归还的部分,经国家开发基金领导小组批准后,从满十年开始,按余欠金额,以当时银行利率计算核收利息,但最多可延长三年还本付息。

(4) 回收办法。为此,一是国家拨款由财政部下达到省级地区财政厅后,应及时拨给省土地开发领导小组或开发总公司，在农业银行开立专户，省级地区财政部门和农业银行对资金的使用进行监督。二是各级项目执行单位应编制财务计划。三是省级地区要作出国家拨款的具体回收计划，并及时组织回收。

（5）回收管理。为了加强回收管理监督，一是必须搞好资金的审计工作，各级都应建立财务报表制度。二是省级地区土地开发办每年要向国家开发基金领导小组提交资金使用、任务完成情况报告和编报年度基金报表。三是各级要加强检查工作，每年年终对总账各科目应逐级审查。四是各省级地区开发建设项目完成后，省级地区政府负责报国家开发基金领导小组办公室备案。五是国家土地开发建设基金，各省级地区应按协议书规定的建设项目使用，严禁挪作他用，发现挪用情节严重的，国家开发基金领导小组有权停止拨款。

（6）回收职责。各级政府负责回收基金，国家土地开发建设基金，一是由省级地区政府负责，并责成省财政部门负责监督上交国家拨款包干回收比例的部分，保证按期如数上交国家开发基金领导小组。二是对省里留用部分，要将下一步使用安排方案报国家开发基金领导小组备案。

（十二）农村土地综合开发和科学复垦由来与发展的历程

为了解决1978年以来全国部分地区农业基本生产条件恶化、耕地面积减少、农业产品产量徘徊、农业产品供应不足、农业生产发展后劲不足等问题，国务院决定，建立专门机构，设立专项基金，从1988年开始，有计划、有步骤地组织开展农村土地综合开发和科学复垦项目工程建设。为此，在我国农村土地综合开发和科学复垦的由来与发展历程中，进一步说明，一是农村土地综合开发和科学复垦的实施背景；二是农村土地综合开发和科学复垦的发展阶段；三是农村土地综合开发和科学复垦资金投入机制的产生和发展；四是农村土地开发和复垦的显著成效。

1. 农村土地综合开发和科学复垦的实施背景，中共十一届三中全会以来，全国各地区农村实行了家庭联产承包责任制，调动了农民群众生产积极性，解放和发展了农业生产力，全国粮食总产量由1978年3亿多吨增加到1988年4亿多吨，农林牧副渔各业生产登上了一个新的台阶，基本解决了城乡人民的生产生活问题。初步满足了全国城乡一体化经济社会发展的需求。但是，从1978年至1988年期间，全国农业生产建设中出现了突出的矛盾，面临了严峻的挑战。主要有以下四个方面：

（1）全国人口逐年增加，耕地面积逐年减少。当时全国每年自然增长约1300万~1400万人口，而每年耕地面积净减少20万~33万多公顷。因而科学开发农业资源，提高耕地利用率，确保耕地面积总量能稳中有增势在必行。

（2）农业基本生产条件较差，农业综合生产能力较低。当时全国现有耕地面积中有6660多万公顷中低产田，基本属于旱不能灌、涝不能排的贫瘠农田，农业生产基础设施短缺、老化、失修，起不到抗御旱涝等自然灾害的作用。

（3）农业生产建设投入缺乏，农业生产发展后劲不足。尽管国家财政、银行每年都对农业生产建设投入资金，农村集体和农民群众也逐年投资、投劳，但与农业生产建设所需资金相比，远远不足。因而农业生产建设到了非增加资金投入不可的时候了。

（4）社会农产品需求总量逐年增长，农村提供农产品的总量连年徘徊。随着国家经济体制的改革，推动了国民经济的发展，人民生活水平也不断提高，对粮棉油肉糖等农产品的需求大量增加。当时全国粮食消费每年以0.10亿~0.15亿吨的速度增加，而全国粮食总产量却连续四年在4亿多吨左右徘徊。

国务院针对农业面临的严峻形势，为彻底扭转粮棉油肉糖等农产品生产徘徊不前的局面，借鉴了世界银行贷款项目管理的做法，总结了国家商品粮基地建设的经验，确定了农村土地综合开发和科学复垦的战略。农村土地综合开发和科学复垦模式与传统农业生产方式相比，具有显著特征。农村土地综合开发和科学复垦为农业生产发展注入了新的生机和活力，打破了传统农业生产方式，采取了一整套行之有效的措施和办法。

2. 农村土地综合开发和科学复垦的发展过程。我国农村综合开发和科学复垦项目工程建设，从 1988 年至 2017 年，已有 29 年的发展历程，这个发展可分为三个阶段。

（1）第一阶段，是从 1988 年至 1998 年。这一阶段在重点区域进行农村土地综合开发和科学复垦，综合开发和科学复垦的区域范围主要集中在松辽平原、黄淮海平原、长江中下游平原的 15 个省、自治区、直辖市，有 19 个县（旗、市）、236 个国营农牧场。

1989 年，国务院颁发《土地复垦规定》以后，全国各地区农村土地综合开发和科学复垦都逐年开展起来。到 1993 年，综合开发和科学复垦利用各类废弃土地 2436 万亩，其中国营工矿企业废弃地开发复垦 420 万亩。复垦率为 14%，其中，黄金企业复垦率达到 50%，冶金有色行业达到 20%。

1994 年，国家农业综合开发办公室和国家土地管理总局共同批准河北、山东、江苏、安徽、河南五省平原煤矿塌陷耕地 438 万亩列入土地综合开发和科学复垦项目区。这些塌陷耕地项目区，是全国重点粮、棉、油等农作物高产区之一，这些平原煤矿塌陷高产农田，塌陷后终年积水，无法进行农业生产，致使农田绝产或减产，部分农民无地可种，人地矛盾加剧，生态环境恶化，影响农业和农村经济持续发展。这些平原煤矿塌陷地的形成，是多年开采而未加强开发复垦的结果，90% 以上的土地是 1987 年以前形成的。有的塌陷地已有几十年的历史，加上煤炭生产利润低，包袱重，各矿务局难以承担塌陷地复垦的任务。

1995 年至 1996 年，在各级政府及有关部门支持和领导下，煤矿主管单位密切合作，认真贯彻《土地复垦规定》，积极进行塌陷地开发复垦农田试点，用于发展粮、棉、油等农作物生产，已取得初步成效。实践证明，在对煤矿塌陷地综合开发和科学复垦的基础上，科学地组织管理，由于塌陷前耕种条件良好，生产潜力很大，完全能做到既新增加耕地、造福子孙，又能建成周期短、见效快的高产优质高效农业区。

1997 年至 1998 年，国家农业综合开发办公室和国家土地管理局共同批准了山西、内蒙古、黑龙江、陕西四省、自治区建设煤矿塌陷地复垦示范区，项目建设期为 1997 年至 1999 年，每年总投资规模 2800 万元，中央财政 900 万元，每个示范区每年投资 200 万元。为了推进工矿企业对其破坏土地的复垦和未利用土地资源的开发，按照开发复垦重点地区高标准、高质量、高效益的要求，建立煤矿塌陷地土地复垦示范区，新增复垦耕地面积，增强农业综合生产能力，改善矿区塌陷地生态环境，促进了矿区社会安定。

（2）第二阶段，是从 1999 年至 2009 年。这一阶段在全国各地区进行农村土地综合开发和科学复垦，开发的区域范围覆盖全国 31 个省、自治区、直辖市，有 1370 个县（旗、市），260 个国营农牧场。农村土地综合开发和科学复垦的重点是在继续以改造中低产田为主，适当开垦宜农荒地的基础上，确定了多种经营及龙头项目，国家规定农村土地综合开发和科学复垦的财政资金的 30% 和专项贷款的 70%，用于发展经济作物的种植业，畜牧、水产品的养殖业和农副产品的加工业等项目，把农业增产与农民群众增收结合起来，以利于解决农民群众增收致富、多方面增加农林牧副渔各业产品的社会有效供给，增强国家经济实力。

1999 年统计，全国受自然灾害损毁耕地 1.2 亿亩，各种人为因素造成废弃地约 2 亿多亩，其中工矿企业因从事采矿、烧砖、燃煤发电等生产活动，而造成的废弃土地约 5000 多万亩，70%~80% 为良田沃土；全国兴修水利、修筑铁路、公路、建筑取土等建设，造成废弃土地约 1.5 亿亩，耕地占 70% 左右。按每年平均预计，我国工矿企业损毁土地 100 万亩，自然灾害损毁耕地 200 万亩。

2000 年至 2005 年，按照"十五"规划纲要要求，我国每年开发复垦 550 万亩耕地，按每亩地生产粮食 400 公斤计算，每一年可增产粮食 22 亿公斤，到 2005 年新增耕地 2700 万亩，增产粮食 108 亿公斤生产能力。不仅增加粮食产量，也增加农民收入，促进社会安定和改善生态环境。

2006 年至 2009 年，已对农村废弃地综合开发和科学复垦 3180 万亩，对各种人为因素造成废弃地综合治理 4930 万亩，彻底清除了黑泥污水、毛草丛生、一片荒凉、生产无着落、生活不安等现象。通过对受自然灾害损坏耕地综合开发治理，使其 2/3 损毁耕地改造为农田成方、树成行、渠相连、路相通、旱能灌、涝能排、旱涝保收、稳产高产、农民增收、农村经济实力增强的农林牧副渔业生产基地；通过对工矿企业生产造成废弃地科学复垦整治，使其1/3废弃地建成农林种植业、牧渔养殖业和农林牧渔业产品加工业基地，这些基地所在工矿区道路通畅，到处生机蓬勃，农民安居乐业，人心思富，展现出一派社会主义新农村的景象。

（3）第三阶段，从2010年开始进入第三阶段。这一阶段在全国各地区开展农村土地综合开发和科学复垦项目工程建设，以改造中低产田为主，适当开垦宜农荒地，转到以改造中低产田为主，尽量少开垦甚至不开垦宜农荒地，把农业综合开发项目工程建设与保护和改善农业生态环境有机结合起来，从增加粮棉油肉糖等农业产品产量，转到积极调整农业产品品种结构，努力发展高产、优质、高效的农业产品上来。以利于保障农民群众增收致富，保质保量地满足社会需要的各种优质的农业产品，增强国家经济实力，达到富民强国的目标。

2010年至2012年，全国各地区政府及有关部门在组织推动农村土地综合开发和科学复垦项目工程建设中，一是加强农村山水林田路生态综合开发治理项目工程建设，以改造中低产田、建设高标准农田为重点，加强农业基础和生态环境建设，切实保护和改善农业生态环境；二是加强长江、黄河、淮河上游水土保持和流域为主的综合治理，推进粮食、棉花、油料产品生产核心区建设，以产粮大县为重点，充分发挥农业机械在整地、耕种、收获、运输、加工等方面作用；三是加强农村土地综合开发和科学复垦社会化服务项目工程建设，完善项目工程建设管理法规制度体系，科学规定各种立项条件和标准，简化申报程序。

2013年至2019年，从中央到地方各级政府及有关部门，在推进农村土地综合开发和科学复垦项目工程建设上，为贯彻实施藏粮于地、提高粮食产能、确保粮食基本自给、口粮绝对安全的中央战略部署，一是大力推动平田整地、改良土壤、整修机耕路、修建灌排渠道、建设标准化农田、发展节水灌溉和旱作农业、推广全膜双垄沟播、垄作垄膜沟灌及膜下滴灌等农田高效节水技术，示范推广测土配方施肥、保护性耕作、无公害农产品生产技能；二是大力推动高标准农田项目工程建设，以高标准农田项目工程建设为依托，主要引导农产进行承包土地流转，为开展农业现代产业化规模经营奠定基础；三是大力推动金融和社会资本投入高标准农田项目工程建设，加快城乡一体农业现代化、工业化、信息化、城镇化四化同步建设进程。

3. 农村土地综合开发和科学复垦资金投入机制的产生和发展。在我国加入世贸组织后，全国农村土地综合开发和科学复垦又进入一个新世纪，既迎来严峻挑战，又面临新机遇。在这个新的形势下，国家又进一步完善了农村土地综合开发和科学复垦资金投入机制。

（1）农村土地综合开发和科学复垦资金投入机制的产生。农村土地综合开发和科学复垦资金投入机制的产生是有历史背景的。中共十一届三中全会以后，全国各地区全面推行了家庭联产承包责任制，解放了农村生产力，激发了广大农民群众的生产积极性，全国农业连年丰收，特别是从1982年到1984年三年增产粮食823亿公斤，改变了全国长期缺粮的状况，各地区农村经济发展出现了前所未有的好势头。从1985年起，国家放开了部分农产品的购销，非粮农产品产量增加，农业内部比较效益格局发生了重大变化，特别是多种经营及龙头企业迅速发展，使农业与非农业比较利益的关系发生了巨大变化，农民群众生产粮食积极性受到影响，加之工农业业产品比价失调，国家投资农业的比重下降，农村集体经济"以工补农"机制尚未建立，以致农民群众对农业生产特别是对农业基础设施建设和农业生态环境建设的资金投入减弱，因而全国农业生产面临新的问题，全国粮食总产量从前六年连续增长又迅速回落，到1985年全国粮食总产量比1984年减少了294亿公斤，下降7%，棉花总产量减少21亿公斤，下降34%。全国农产品出口创汇比例下降，国家外汇需求量加大。据统计，当时我国外汇的50%是依靠农产品及其加工品出口得来的。农业生产发展速度缓慢，国内对农产品的需求量增加，国家不得不限制农产品出口，农产品出口创汇比例下降，国家外汇储备满足不了我国国民经济建设需要。在这种情况下，要打破农产品生产徘徊局面，必须科学开发土地资源，加强农业基础设施建设和农业生态环境建设，结合我国国情，借鉴世界发达国家发展农业的成功经验，从

1988年起，国家设立专门资金、成立专门机构，有计划地组织开展农村土地综合开发和科学复垦项目工程建设。这是国务院为加快我国农业和农村经济发展所采取的重大战略决策。在这项决策实施过程中，到1998年逐步形成了"国家引导、配套投入、民办公助、滚动开发"的农村土地综合开发和科学复垦资金投入机制。

（2）农村土地综合开发和科学复垦资金投入机制的发展。农村土地综合开发和科学复垦资金投入机制，是随着全国农业综合开发事业发展而不断完善的。主要体现在四个方面：

①在资金来源上，从财政税收转变到财政预算支出。从1988年至1994年，国家确定从征收的耕地占用税收入等七项基金提取农村综合开发和科学复垦资金，到1994年分税制改革后，保障不了农村土地综合开发和科学复垦资金来源。为了确保农村土地综合开发和科学复垦资金来源，国家决定，从2004年开始，把农村土地综合开发和科学复垦资金列入财政支出预算。2014年以来，随着农业综合开发事业发展所需资金额逐年增加，国家在保障安排每年财政预算专项资金和上年已回收的财政有偿资金，以及各级财政保障每年从预算外增加资金的同时，从2017年起，还必须加大各级财政配套资金、农村集体经济组织资金、农民群众自筹资金和社会引资的力度，从而确保农村土地综合开发和科学复垦资金投入总额逐年都有增长。

②在资金投向上，从提高农业综合生产能力延伸到保障农业可持续健康发展。具体说，农村土地综合开发和科学复垦分为三个阶段：第一阶段，即从1988年至1998年，国家农村土地综合开发和科学复垦资金投向，用于改造中低产田，适当开垦宜农荒地，以增加粮棉油肉糖等主要农产品总量为目标，重点安排在黄淮海平原、三江平原和松辽平原。第二阶段，即从1999年至2009年，随着粮棉油肉糖等主要农产品总量增加，供求矛盾缓和，国家农村土地综合开发和科学复垦资金投向，在坚持主要用于改造中低产田、适当开垦宜农荒地的基础上，把30%的农村土地综合开发和科学复垦财政资金和70%的农村土地综合开发和科学复垦专项贷款用于发展多种经营及龙头项目，把增加农产品产量与增加农民群众收入有机结合起来，并将农村土地综合开发和科学复垦项目区扩大到全国各省、自治区、直辖市。第三阶段，即从2010年至2019年，农村土地综合开发和科学复垦进入了新的发展时期，我国粮棉油肉糖等主要农产品由"短缺"转变为相对"剩余"。农村土地综合开发和科学复垦资金投向，坚持以改造中低产田为重点，注意做到尽量少开垦荒地，甚至不开垦荒地，加强农业生态环境建设，科学调整农业结构，大力发展优质、高产、高效农业，扶持农业现代产业化规模经营项目。

③在资金运用上，从起初三个方面资金投入，发展到多元化资金投入。从1988年至1994年，对农村土地综合开发和科学复垦资金投入，采取了三方面资金投入机制，即国家农村土地综合开发和科学复垦基金投入、国家农业发展银行配套专项贷款投入、地方财政配套资金投入。1994年，国家根据实际情况，对中央与地方、地方各级财政的配套比例重新进行了调整：一是根据不同省、自治区财政实际情况，区别对待，合理确定中央财政与各地方财政配套资金投入比例：如西藏自治区为1：0.5；云南省为1：0.8；河南省为1：0.9；江苏省为1：1；青岛市为1：2。二是省级财政要承担地方财政配套资金总额的70%以上。三是针对不同省、自治区农业和农村经济发展情况，确定中央财政资金无偿投入与有偿投入的比例：如西藏自治区全部无偿投入；内蒙古自治区60%无偿投入，40%有偿投入；山东省各50%无偿投入与有偿投入。从1995年至1998年，实行了四方面资金配套投入机制，即中央财政资金投入、地方财政资金配套投入（其中省级财政占70%）、农业发展银行配套专项贷款投入、农村集体经济组织资金投入和农民群众自筹资金投入的投入机制。从1999年至2012年，实行多元化资金投入机制，从2013年至2019年，除上述几个方面资金投入机制外，可从国内外社会各界采取多方面筹措资金机制。

④在资金管理上，从1988年一般化管理，提高到2017年规范化管理。从组织开展农村土地综合开发和科学复垦项目工程建设以来，突破了我国农业资金投入零星分散的传统管理方式，实行了规范化管理，建立了项目资金投入申报审批制度、资金使用分期拨付制度和跟踪问效制度；健全了竣工项目资金使用验收制度和资金预决算制度；推行了县级项目资金报账制度。

4. 农村土地综合开发和科学复垦的显著成效。我国农村土地综合开发和科学复垦在1988年至2019年的历程中，是逐步向开发的广度、深度前进的。从全国来说，农村土地综合开发和科学复垦的项目区域越来越宽、项目种类越来越多、项目金额越来越大、项目工程质量越来越高、项目与资金管理越来越严、综合效益越来越好。具体说，主要有以下六方面：

（1）各地农业综合开发项目区加强了农业基础设施建设。各地农业综合开发项目区在灌溉排涝、改良土壤、培肥地力、配备机械、繁育良种、植树种草、水土保持、防风固沙等基本建设方面，开通了灌溉排涝渠道，建立了排灌站，扩建了蓄水库，开垦了宜农荒地；改良了土壤，平整了土地，培肥了地力；架起了农田电网，修筑了农田机耕路，繁育推广了良种，实行了机械化作业，健全了生产服务网络，因而加强了农业基础设施建设，改善了农业基本生产条件，保护了农业生态环境，为提高农业综合生产能力，实现农业持续发展奠定了基础。

（2）各地农业综合开发项目区推广了各种先进适用科学技术。各地农业综合开发项目区在治水、改土、造林、灌溉、排涝、抗旱、防风、固沙、防灾、水保等项生产建设中，推广和应用了各种先进适用科学技术，农民群众提高了科技务农素质，学会和掌握了耕种、养殖、植保、收获、运输和加工等环节作业技术，改进了传统农业生产方式，提高了农业生产经营管理水平，为尽快实现农业现代化奠定了基础。

（3）各地农业综合开发项目区增强了农业综合生产能力。据在各地农业综合开发项目区调查统计，1988年至2019年，大体上，改造一公顷中低产田，平均增加粮食生产能力1.87吨；开垦一公顷宜农荒地，平均增加粮食生产能力3.75吨。同时，29年来，粮棉油肉糖等主要农产品生产能力都有显著提高：累计增产粮食47720万吨、棉花1110万吨、油料2350万吨、肉类4560万吨、糖料20550万吨。通过农村土地综合开发和科学复垦，增加的粮食产量占全国同期增加粮食总产量的40%，这对缓解这一时期的粮食供需矛盾，突破全国粮食产量徘徊不前的难关，发挥了重要作用。就粮食供给而言，通过农村土地综合开发和科学复垦，实现了两个转变：一是一些粮食调出地区进一步挖掘了增产潜力，为国家增加了粮棉油肉糖等农业产品的有效供给量。据调查统计，农业综合开发项目区粮食产量占全国粮食总产量的比重：山东、江苏、河北、河南等省为40%，安徽省为60%。二是一些粮食调入地区提高了粮食自给能力。辽宁、浙江、青海、内蒙古等省（区）减少粮食调入量，基本上解决了粮食自给问题。辽宁省在每年增加人口50万人、耕地减少2万公顷的情况下，粮食产量已连续多年超过1500万吨，其中2016年达到1810万吨，从过去调进150万吨，变成粮食等主要农副产品自给有余。内蒙古自治区通过农村土地综合开发和科学复垦，摆脱了40年靠国家调粮的历史，2016年粮食总产量第一次突破160万吨大关，完全实现了粮食自给有余。全国各地农业综合开发项目区普遍提高农业综合生产能力，发展壮大了农村整体经济实力，为农村经济步入一个新的发展阶段起到了有力的支撑作用，为国民经济发展基本结束短缺状况、进入"买方市场"的新阶段，作出了重要贡献。

（4）各地农业综合开发项目区提高了农民群众收入水平。各地农业综合开发项目区农民群众都增加了收入，在绝大多数已建成的农业综合开发项目区内，农民群众人均收入增加520元以上，高的多达1000元以上，许多贫困农户转为致富小康户。据黑龙江省各县（市）农业综合开发项目区统计，2017年农业总产值83.22亿元，比开发前年平均增长189.8%；农民群众人均收入26814元，增长208.2%。同时，各地农业综合开发项目区围绕增加农民群众收入、奔小康的目标，发展多种经营以及龙头项目，带动农林牧渔各业产品系列开发，投入这方面的资金为1198亿元，占资金投入总额的17%。主要是在农业综合开发项目区内，充分发挥农业资源优势，以市场需求为导向，以工贸企业为依托，发展高产、优质、高效的农林牧副渔产品生产。据29省（区）农业综合开发项目区统计，共建设经济林面积988万公顷，水产养殖面积508万公顷，养殖畜禽194818万头（只），兴办农林牧渔产品加工企业67878个。近几年来，浙江、山东、江苏、福建、河北、辽宁、湖南、河南等省多种经营及龙头项目的成果是比较显著的。如河南省各县（市）在多种经营及龙头项目中，投资近

5.4亿元，兴办了2457个养殖、加工等"龙头"项目，2017年产值近491亿元，利润58.92亿元，带动了613个村近21万农村人口脱贫致富，其中：有154个村人均收入达到21400元，有103个村人均收入达到25000元，有36个村人均收入达到35000元。湖南省近5年来投入多种经营及龙头项目开发资金4.2亿元。累计获得纯收入8.3亿元，上缴国家利税2.2亿元。全国各地农业综合开发项目区农民群众收入水平都逐年有所提高，为使农民群众增强农村市场需求能力、启动内需、拉动国民经济增长创造了重要条件。

（5）各地农业综合开发项目区保障了农村经济持续发展。农村土地综合开发和科学复垦的实践证明，国家实施农村土地综合开发和科学复垦是保护农业生产持续发展的一条成功之路，是落实农村家庭承包经营基本制度，实现大市场、大流通对接的有效措施。在市场经济条件下，通过农村土地综合开发和科学复垦，对于农业主体的农民群众和农村集体经济组织没有能力为农业生产发展提供农业基础设施建设投资的问题，如农业发展中需要的水源工程和灌溉排涝工程、农业科技成果推广和农业生态环境建设工程等，这些农业生产发展的公共需求问题，完全通过市场机制解决的难度较大。各地农业综合开发项目区充分说明，弥补了家庭承包分散经营、规模狭小、生产比较盲目的弱点；解决了农民群众和农村集体自身无力解决、而农业生产发展又必需的基础设施条件；实现了市场经济条件下农民群众利益与农村集体利益和国家利益合理调节的目标，达到了农业生产的经济效益与社会效益和生态效益有机统一的目的。

（6）各地农业综合开发项目区发挥了示范导向作用。通过农业综合开发项目区的示范作用，推动了周边地区各级党政领导和农民群众解放了思想，更新了观念，坚定了走农业综合开发之路的自觉性，为农村日益增多的剩余劳动力提供了广阔的就业领域，为农民群众脱贫致富奔小康，促进农业持续、稳定、健康发展，开辟了成功之路，激发了农民群众的集体主义意识；体现了国家大力发展农业和维护农民群众集体主义意识；体现了国家大力发展农业和维护农民群众利益的政策，使农民群众得到了实惠，加深了党群、干群之间的理解，进一步密切了党群关系和干群关系。有些项目区农民群众说："党和国家为我们办了很多好事，使我们感受最深的有三件：一是土地改革，二是联产承包，三是农业综合开发。农村土地综合开发和科学复垦，是发展农业和农村经济的有效途径。"

六、农村土地依法拓展征购、储供、利用途径

我国农村土地征购，是指国家各级政府通过依法拓展征收、收回、购买途径取得所属的土地；农村土地储供，是指国家各级政府通过依法拓展征收、收回、购买、置换途径，取得储备、供应的土地；农村土地利用，是指国家有关部门依照国家土地利用总体规划和城乡一体经济社会发展规划，遵循城乡一体农业现代化、工业化、信息化、城镇化同步建设战略部署，通过依法拓展征购、储供途径，得到征收占用和购买使用的土地。为此，我国各级政府对农村土地依法拓展征购、储供、利用途径，都相应地制定和实施一系列方针政策、法规制度，拓展一条切实可行、行之畅通的途径：一是农村土地依法开拓征收、收回、购买的征购途径；二是农村土地依法疏通收购、储备、供应的储供途径；三是农村土地依法拓展征收占用和购买使用的利用途径。

（一）农村土地依法开拓征收、收回、购买途径

我国农村土地征收、收回、购买，是指国家因推进城乡一体农业现代化、工业化、信息化、城镇化同步建设的需要，经国家各级政府通过依法无偿征收、收回和有偿购买等形式，将农村的农林牧渔生产经营用地，转变为城乡一体二、三产业化经营用地、城乡公共基础设施建设用地、城乡公益社会事业基础设施建设用地。各级政府在组织开展农业土地征收、收回、购买工作上，明确规定，一是宗旨；二是用途；三是要求。分别说明如下：

1. 农村土地征收、收回、购买的宗旨。为了加强对农村土地征收、收回、购买管理工作、科学维护、依法征收与收回、合理购买土地，严格控制非农业生产经营建设用地，制止滥占乱用浪费土地，科学合理和节约集约用地，保障农村集体和农户土地合法权益，依据《中华人民共和国土地管理法》及《实施条例》和国土资源部《建地审查报批管理办法》，真正做到在保护农村土地，保持农业和农村经济持续健康发展的基础上，严格做好农业土地向非农业建设用地转化管理工作，真正发挥推进农业现代产业规模经营，促进城乡一体经济社会和谐发展的作用。

2. 农村土地征收、收回、购买的用途。主要包括四方面：一是长久时期征收、收回、购买的土地；二是临时项目工程设施、堆场、通道等占地；三是遇到洪涝、地震等自然灾害抢险占地；四是国计民生需求采矿、挖沙、取土占地。

（1）长久时期征收、收回、购买的土地范围包括五方面：一是农林牧渔各业基础设施建设用地；二是城乡工交商服务业基础设施建设用地；三是国防海陆空军事基础设施建设用地；四是文教科技卫生等社会事业基础设施建设用地；五是城乡市政设区住宅等公共公益设施建设用地。

（2）临时项目工程建设设施、堆场、通道等占地。这是指国家各级项目工程建设需求的大中型临时基础设施、原材料堆积场、运送通道等占地。在这临时占地上，必须做到：一是在征收、收回、购买土地范围内，尽力在已安排占用土地的基础上，确实需求增加临时用地，必须经当地县级政府批准，并由施工单位按使用年限和土地年均收益情况给予补偿；二是临时占地时间，不得超过项目工程建设年限；三是临时占地上面不准建造长久性建筑设施；四是项目工程竣工时，必须负责恢复农田基本生产经营条件，归还农村土地所有制单位，并支付占地租赁费；五是临时占地不能恢复原有条件的，必须报县级以上政府及主管部门审查批准，根据实际情况和国家的有关法律规定，实事求是、严肃认真、公平公正查处。从2000年起，国务院明确规定，临时使用土地的，应当向市、县土地行政主管部门提出申请，按照法定程序和下列审批权限报经批准：一要对临时用地不足二公顷的，由县（市）土地行政主管部门批准；二要对临时用地二公顷以上不足四公顷，以及在设区的市市区内临时用地不足二公顷的，由设区的市土地行政主管部门批准；三要对临时用地四公顷以上的，由省土地行政主管部门批准；四要对临时使用土地的期限超过二年的，应当重新办理临时用地手续。

（3）遇到洪涝、地震等自然灾害抢险等特殊情况，紧急占用土地时，一是属于临时占地的可先占用，并立即报告所在县（市）政府审查批准。二是属于永久占用土地时，上报县（市）级以上政府审查批准后，可先占用，并向农民群众宣传解释。同时，按规定审批权限，办理征收、收回、购买土地手续。

（4）国计民生需求采矿、挖沙、取土占地，在取土时，必须坚持做到：一是安排使用非耕地，确需使用耕地的，应当限定取土深度，保留耕作层的土壤，并依法进行复垦。在非耕地取土的，应当向县（市）土地行政主管部门提出申请，报县（市）人民政府批准。二是确需使用耕地取土的，取土者应当向县（市）土地行政主管部门提出申请，逐级报省人民政府批准。三是取土者应当根据土地权属，与县（市）人民政府土地行政主管部门或者农村集体经济组织、村民委员会签订取土补偿合同。

3. 农村土地征收、收回、购买的要求。主要有以下四项：

（1）国家一切占用土地项目工程，都必须在城乡一体经济社会和谐健康持续发展、从严控制农林牧渔各业土地的原则下，征收、收回、购买土地面积。凡是有劣地、荒地征收、收回、购买利用的，不准征收、收回、征购粮田、菜地等农作物种植耕地，以及果园、茶场、鱼塘等经济收入水平高的土地。

（2）国家各级政府及有关部门在规划设计征收、收回、购买土地、用于项目工程建设时，必须坚持深入开展经济核算、节约土地、提高土地利用率的原则，精打细算、珍惜土地、杜绝铺张浪费土地，提高土地利用价值水平。

（3）国家各级政府及有关部门在征收、收回、购买农村土地工作上，必须坚持国家土地有关方针政策、法律法规、严守国法党纪政纪的原则，切实加强农村土地管理、水土保持、流域治理、综合开发、科学复垦、整理整治。

（4）国家各级政府及有关部门在征收、收回、购买农村土地之后，必须坚持长期规划、统筹兼顾、瞻前顾后、保持生态平衡的原则，要严格防止土地沙化、水土流失、水源枯竭、泥石流、盐碱化、洪涝灾害和环境污染。如果造成灾害，用地单位必须进行整治或支付整治费用，并对受害者给予相应的补偿。整治的要求和整治费、补偿费的标准，由用地单位和被征地单位在当地县级主管机关主持下协商决定；达不成协议的，由县（市）级土地行政主管部门报省级土地行政主管部门决定。不能恢复耕种的土地，按征收、购买土地处理。

（二）农村土地依法疏通收购、储备、供应途径

为了加强非农业建设占用土地统一计划、科学有序管理，盘活国有存量建设用地，建立适应市场土地资本运营机制，调整控制土地供应总量，依法规范土地交易行为，盘活存量土地，优化配置和合理利用土地资源，保证国有土地资产的保值增值，防止国有土地资产流失，最大限度为城乡一体农业现代化、工业化、信息化、城镇化建设积累资金，促进城乡一体经济社会和谐健康发展，根据中华人民共和国《土地管理法》《土地管理法实施条例》《农村土地承包法》《城市规划法》《城市房地产管理法》和国务院关于加强《土地复垦》《国有土地资产管理》《土地储备收购供应管理》的规定，国务院有关部门对农村土地依法疏通精准收购、储备、供应途径，制定实行相应的政策和规则：

1. 农村土地收购、储备、供应的含义：一是农村土地收购。它是指从中央到地方各级政府及部门通过授权的专门经营机构，依照国家土地相关方针政策、法律法规的规定，在城镇和乡村规划区范围内，对国家所有土地和农村集体所有土地使用权，依法实施征收、收回、购买、置换的行为；二是农村土地储备。它是指国家各级政府及部门通过依法收购、征购、收回、置换形式取得的土地，予以储存留用的行为；三是农村土地供应。它是指国家各级政府及部门统一依法以出让或划拨方式，向项目工程建设用地单位提供土地的行为。

2. 农村土地收购、储备、供应三者关系。这三者关系是互相联系、互相制约、互为因果关系。国家各级政府及部门通过授权的专门经营机构，按照国家土地利用总体规划和城市发展规划，一是通过征收、回收、购买、置换等收购渠道取得土地的中转是储备；二是储备的宗旨是供应；三是供应包括出让、转让、租赁、入股、抵押、拍卖等渠道。这三者的职能是共同调控各类建设用地需求，盘活存量土地资产，有效配置土地资源，有计划进行前期开发治理，有秩序搞好储备供应，提高土地资源资本转化率。2006年以来，国家各级政府及部门成立起农村土地收购、储备、供应领导组织机构，负责审查批准土地收购、储备、供应工作方案，决定有关土地收购、储备、供应的重大问题和事项。乡镇级政府成立起农村土地收购、储备、供应专门机构，作为政府授权的具有独立法人地位的事业单位，具体负责有关土地收购、储备、供应工作。这个机构由上级土地行政主管部门监督管理。财政、城建、计划、金融等部门应按各自职责，做好土地收购、储备、供应的相关工作。

3. 农村土地收购的形式。农村土地使用权收购的形式，主要采取无偿征收、收回形式和有偿购买、置换形式。

（1）农村土地无偿征收、收回形式。国家各级政府及土地行政主管部门报经原批准用地的政府或者有批准权的政府批准，可以依法无偿征收的是国家规划公共利益需要范围内的建设占用土地，同时依法无偿收回国有土地使用权包括十项：①因单位搬迁、撤销、解散等原因停止使用原划拨的土地；②依法收回土地出让等有偿使用合同约定的使用期限已满的土地；③对土地使用者未申请续期或申请续期未获批准的土地；④对城市（镇）规划区内的国有土地无具体使用权人的无主地；⑤已经办理审批手续的非农业建设用地连续两年未使用，或者违反土地出让合同的约定满两年未动工开发，或者因其他原因致使土地荒芜、闲置两年以上的土地；⑥依法收回的荒芜、闲置国有土地；⑦对土地使用者违反出让合同的规定，被依法解除出让合同的土地；⑧划拨土地使用者擅自改变土地用途，责

令限期改正，逾期拒不改正的土地；⑨对公路、铁路、机场、矿场等经批准报废的土地；⑩对其他需要收回的国有土地、依法没收的土地。

（2）农村土地有偿购买、置换形式。国家各级政府及土地行政主管部门报经原批准用地的人民政府或者有批准权的人民政府批准，可以依法有偿购买、置换各种土地使用权包括六项：一是农村集体所有存量建设用地；二是为实施城市规划和旧城区改造需要调整使用的土地；三是土地使用权人申请收购的土地；四是土地使用权转让申报价格明显低于市场价格的土地；五是未按照出让合同约定提供出让的土地，致使国有土地使用权出让合同无法履行，受让人提出解除合同的土地；六是破产企业的土地，以及其他应依法收回的土地。

4. 农村土地收购的程序。国家各级政府及土地行政主管部门对农村土地收购的程序，是指依照国家土地相关方针政策、法律法规规定，对农村土地收购条件制定实行的申请收购、权属核查、征询意见、费用测算、报批方案、发布公告、签订合同、收购补偿、权属变更、交付土地程序。

（1）申请收购。土地使用权人申请收购所在地人民政府指令收购的土地，土地使用权人应持有关资料，向政府土地收购储备机构进行申请。

（2）权属核查。对申请人申报的土地的位置、面积、界址、土地用途、利用状况，及地上物权属、土地面积、四至范围、土地用途等情况，进行实地调查和审查。

（3）征询意见。根据申请人提出的申请和实际调查的情况，按照规划部门编制的详细规划，向规划、城建等有关部门征询意见，确定该收购地块的规划用途。

（4）费用测算。根据调查和征询意见结果，会同有关部门进行土地收购补偿费用的测算评估；实行土地置换的，要进行相应的土地费用测算。

（5）报批方案。根据土地权属调查、收购费用测算的结果，制定土地收购的具体方案，经土地主管、财政部门审核同意，报人民政府土地储备、收购、供应领导小组批准。

（6）发布公告。土地行政主管部门将土地收购、储备、供应方案，予以公告。

（7）签订合同。公告期满无权属争议的，由土地收购储备机构与原土地使用权人签订《国有土地使用权收购合同》。

（8）收购补偿。按照《国有土地使用权收购合同》约定的金额、期限和方式，向原土地使用权人支付土地收购补偿费用；实行土地置换的，进行土地置换的差价结算；无偿收回的，向原土地使用者发出《国有土地使用权收回通知书》。

（9）权属变更。根据《国有土地使用权收购合同》约定支付定金后，原土地使用权人与土地收购、储备、供应机构共同向土地行政主管部门申请办理土地权属变更登记手续。涉及房产权属变更的，应到房产主管部门办理变更手续。

（10）交付土地。原土地使用权人按照收购合同约定的期限与方式，向土地收购、储备、供应机构，交付被收购的土地及其地上建筑物、附着物。被收购的土地使用权一经交付，即纳入政府土地储备库。

5. 农村土地收购补偿的标准。国家各级政府及部门对农村土地收购补偿费的标准，主要按以下五种方式确定：

（1）收购划拨的土地。根据该宗地原征收时支付的补偿费、土地使用者对土地开发实际投入等因素确定，给予补偿。对收购原存量划拨土地使用权的土地使用者，按该地块标定地价的60%给予补偿，对地上附着物，经评估后给予适当补偿；对收购新增划拨土地使用权的土地使用者，按取得划拨土地使用权扣除已使用年限的成本补偿。

（2）收购出让的土地。根据收回土地使用权时的剩余年限，经具有资质的评估机构评估确认后，确定补偿标准。对收购原存量出让使用权的土地，按标定地价减去土地使用者已使用年限的价值，给予补偿；对收购新增出让使用权的土地，根据开发成本减去已使用年限的价值，按剩余年限价值补偿。

（3）收购置换的土地。按照有关政策规定，分别确定置换土地收购补偿，由土地收购、储备、供应机构与原土地使用权者双方协商结算差价。

（4）收购集体的土地。对收购集体存量建设用地，按收购时新增建设用地统征补偿标准补偿。

（5）收购其他土地。对收购其他土地补偿标准包括四项：一是按土地管理部门确定的评估地价核定标准；二是按住宅用地和工业用地基准地价中开发成本部分的中间价确定标准；三是按收购合同约定的土地拍卖、招标所得比例确定标准；四是收购储备地上建筑物、附着物的补偿标准，按城市房屋拆迁管理的有关法律、法规执行。

6. 农村土地收购、储备、供应管理的要求。国家各级政府及土地行政主管部门，根据城镇发展规划、城乡二、三产业结构调整、土地开发利用状况、土地市场流转调节预测，制定土地收购、储备、供应和开发利用计划，报上级政府及土地行政主管部门批准后实施。在组织加强农村土地收购、储备、供应和开发利用管理上，一是凡纳入政府土地储备的国有土地，由农村土地收购、储备、供应专门机构造籍建档，同级土地行政主管部门依法办理土地登记，加强对土地收购、储备、供应监督管理，并定期向上级政府土地收购、储备、供应领导组织机构报告土地收购、储备、供应和开发利用及其资本运营情况；二是对业已纳入农村土地收购、储备、供应的土地，必须进一步加强对农村土地开发利用管理，着力从以下五方面管理：

（1）农村土地前期开发管理。必须根据城镇建设规划和市场流转调节需求，对收购、储备、供应土地的地上建筑物及附着物，进行拆迁清除、场地平整等前期开发整理工作。

（2）农村土地临时利用管理。必须在储备、供应土地划拨、出让、租赁之前，经国家各级政府及土地行政主管部门批准，可依法将储备、供应、土地使用权，单独或连同地上建筑物短期出租、抵押，或临时改变用途。

（3）农村土地临时土地费用管理。对储备土地临时使用者，未按规定支付土地出让金、租金等土地费用或未按合同约定开发使用土地，土地收购储备机构有权解除合同，必须依法收回土地使用权，并可要求经济赔偿。

（4）农村土地前期开发利用管理。在这个环节上，一是必须坚持及时编制储备、供应土地利用方案，经土地行政主管部门同意，报政府土地收购、储备、供应领导组织机构批准后，组织进行划拨、出让、租赁、置换、储备、供应土地工作；二是必须对前期开发利用中涉及土地使用权单独或连同地上建筑物出租、抵押、临时改变用途及地上建筑物、附着物拆迁的，土地收购、储备、供应机构，应持有关用地批准文件及《国有土地使用权收购合同》《国有土地使用权收回通知书》，依法到有关部门办理审批或登记手续；三是必须对收购、储备、供应土地出让利用，主要通过招标、拍卖形式确定开发使用单位；四是必须在储备、供应土地开发利用后，新的土地使用权人和土地收购、储备、供应机构共同向土地行政主管部门申请办理土地权属变更登记手续。

（5）农村土地收购、储备、供应人员管理。一是必须加强这些人员培训教育，提高政策业务素质，切实搞好农村土地收购、储备、供应服务工作。二是必须对农村土地收购、储备、供应工作人员玩忽职守、滥用职权，给国家、集体造成重大损失的，或利用职务之便，索取或非法收受他人财物的，不构成犯罪的，给予相应的行政处分。三是必须对构成犯罪的，依法追究刑事责任。

7. 农村土地收购、储备、供应资金管理的要求。农村土地收购、储备、供应资金来源，是由各级政府土地主管、财政部门向土地收购、储备、供应机构借助一定数量的启动资金。农村土地收购、储备、供应机构根据需要情况，向商业银行申请贷款或采取其他形式融资，并在指定的商业银行设立基本账户。为此，对农村土地收购、储备、供应资金的管理，具体要求做到以下三点：

（1）农村土地收益使用管理。对收购储备土地出让后获得的土地出让金、土地租金及土地股权收益等土地收益，在扣除土地收购储备经营成本后，全部上交各级财政，主要用于城市建设和土地开发治理工程建设。

（2）农村土地收购储备费用管理。必须对土地收购储备及开发利用过程中实际发生的费用，其中包括人员工资、福利费、公务费、业务招待费及其他费用等工作经费，应在土地收购储备成本中列支。

（3）农村土地储备发展基金管理。一是必须经国家各级政府土地收购、储备、供应领导小组批准，可将年度土地收益按5%～10%的比例，注入土地储备发展基金，主要用于土地收购补偿、土地前期开发治理项目工程建设。二是必须对土地收购储备资金，必须坚持依法接受银行、财政、审计和土地行政主管部门的监督管理。

8. 农村土地收购、储备、供应法律的责任。国家各级政府对城镇规划区内的项目工程建设用地，必须通过农村土地收购、储备、供应管理机构提供，禁止私下交易。农村土地使用权符合收购条件，原土地使用者未申请办理土地储备、供应手续，而擅自转让土地使用权及其地上附着物的，计划管理部门不得立项，规划不予定点，土地管理部门不予办理用地手续，并依法查处。为此，在组织开展农村土地收购、储备、供应管理工作上，必须严格履行以下三项法律责任：

（1）对农村土地有关收购、储备和供应、前期开发利用、出让、转让、租赁、置换中的纠纷，必须由争议双方根据合同（或协议）中的约定，向仲裁机构申请或者依法向人民法院提起诉讼。

（2）对农村土地使用权符合储备条件，但土地使用权人未申请储备、供应土地用途，而擅自转让土地使用权及其地上建筑物、附着物的，有关部门不得办理审批登记手续，必须严格按有关法律规定予以处罚。

（3）对《国有土地使用权收购合同》《国有土地使用权收回通知书》签署生效后，一是原土地使用权人未按规定交付土地及地上建筑物，必须由土地收购、储备、供应管理机构有权要求其依法履行合同，并可要求经济赔偿；二是农村土地收购、储备、供应管理机构未按规定支付收购补偿费，必须由原土地使用权人要求解除收购合同，并可要求经济赔偿。

（三）农村土地依法拓展征收占用和购买使用途径

农村土地依法征收占用和购买使用的拓展途径包括：一是提供必需条件；二是明确审批权限；三是遵循审批程序；四是报送审批资料；五是严审批关口；六是严控建设规模；七是落实补偿政策。分别说明如下：

1. 农村土地征收占用和购买使用的条件。主要有三项：一是农村土地征收占用和购买使用申请选择地址；二是农村土地征收占用和购买使用数量、补偿、安置计划方案；三是农村土地征收占用和购买使用审批核定面积。

（1）农村土地征收占用和购买使用申请选址。必须由用地单位应持经过批准的项目工程建设计划任务书、上级土地行政主管部门有关证明文件，一是向所在县（市）级土地行政主管部门申请在城镇规划范围内选址；二是还应同时向城镇规划管理部门申请，经县（市）级人民政府审查同意后，进行选址工作。

（2）农村土地征收占用和购买使用数量和补偿、安置方案。必须在建设地址选定后，由所在县（市）级土地行政主管部门组织用地单位、被征收、购买用地单位，及有关单位商定预计需要土地征收占用和购买使用数量和补偿、安置方案，编制相应的补偿、安置费用预算，双方签订初步协议。

（3）农村土地征收占用和购买使用需要面积。一是必须通过项目工程建设设计方案，经上级政府审批后，由申请用地单位凭持有关批准文件和总平面布置图（或用地图），向所在县（市）级人民政府土地行政主管部门正式申报建设用地面积；二是必须按规定权限，经所在县（市）级以上人民政府土地行政主管部门审批后，在主管机关主持下，由用地单位与被征收占用和购买使用地单位签订正式协议或合同。

2. 农村土地征收占用和购买使用审批权限。针对各地区农村土地征用和购买使用三种情况，分别划定以下三种审批权限：

（1）农业土地转用非农业建设土地的审批权限：一是依法报国务院批准的大型水利、交通、能源等基础设施项目工程建设用地事项;二是依法报省级政府批准的非农业项目工程建设用地事项,在省级土地利用总体规划确定的城乡一体经济社会发展规划内批准建设用地事项。

(2) 农业土地征用非农业建设土地的审批权限:一是依法报国务院批准的基本农田、基本农田以外的超过35公顷耕地,其他超过70公顷的土地;二是依法报省级政府批准上述以外的省级以下政府有关部门征收占用和购买使用土地。

(3) 农村土地征收占用和购买使用的审批权限:一是需上报国务院批准的,由省级政府向国务院申报;二是需上报省级政府批准的,由县(市)级政府向省级政府申报;三是农村土地征收占用审批权限属国务院的,而农村土地购买使用审批权限属省级政府的,由省级政府上报国务院审批农村土地征用之后,在由省级政府批准农村土地购买使用事项。

3. 农村土地征收占用和购买使用审批程序。各地区政府在全国土地利用总体规划确定的城乡一体建设用地规模范围内,而组织实施城乡一体建设用地规划,处理涉及农村土地征收占用和购买使用问题。为此,必须划清界限,严格遵循以下审批程序:

(1) 县(市)级政府及土地行政主管部门,按照土地利用总体规划和年度计划,制定农村土地征收占用和购买使用方案,编制建设项目用地呈报说明书,经同级人民政府审核同意后,逐级上报省级国土资源厅(局)审查;

(2) 省级国土资源厅(局)对农村土地征收占用和购买使用方案、补充耕地方案、建设项目用地呈报说明书及有关资料进行审查,并组织进行现场勘察,提出审查意见,报省级政府同意后,上报国务院批准。

4. 农村土地征收占用和购买使用审批资料。县(市)级政府分批次向上级政府分批次申报农村土地征收占用和购买使用时,应当报送下列接受审批资料:

(1) 县(市)级土地行政主管部门建立用地审查卡片;建设用地项目呈报说明书;农村土地征收占用和购买使用方案;补充耕地方案;建设拟征(占)地土地权属情况汇总表;

(2) 省级土地主管部门对补充耕地的验收文件;新增建设用地有偿使用费准备情况说明书;建设用地勘测定界技术报告书和勘测定界图;城镇建设用地规模控制图;乡(镇)级土地利用规划图等资料。

5. 农村土地征收占用、购买使用审批把关。中共中央、国务院强调,各级政府从1998年起,必须严格控制农村土地征收占用和购买使用审批关口,必须坚持执行冻结非农业建设项目占用耕地1年的规定。冻结期间,对解困住房、安居工程、国家和省级批准的重点建设项目用地,以及企业改制、改组和其他使用城镇存量土地或非耕地进行建设的项目用地,仍按原定程序和权限办理,对列入1997年度国家和省级固定资产投资计划且急需建设的项目、非农业建设项目确需占用耕地的项目,必须重新申请占用耕地计划,由省级人民政府组织审查,报国务院审批。原下达的非农业建设占用耕地计划指标停止使用。从此以后严禁占用耕地、林地和宜农荒地搞高尔夫球场、仿古城、游乐宫、高级别墅等高档房地产开发建设,以及兴建各种祠堂、寺庙、教堂。在非农业建设项目评审阶段,土地管理部门要参与项目用地的预审;在申请立项时,须有当地政府土地管理部门同意用地文件,否则计划部门不予立项。凡未列入年度投资计划、不符合土地利用总体规划、城市内的建设项目不符合城市总体规划、未纳入年度土地利用计划,以及其他不符合土地管理法规的建设项目,不得用地,不得开工建设。各级政府要严格按照法律及有关规定管理土地,杜绝各种违法占地、批地行为。

6. 城乡一体化公共基础设施建设占地规模审批严控。各级政府必须严格控制审批城乡一体化公共基础设施建设占用土地规模。对城镇的建设和发展,必须严格按照批准的城镇总体规划,从实际出发,量力而行,分步实施。城镇建设用地和人口规模,要控制在经批准的总体规划的近期规划范围内,不得再扩大。城镇规划规模过大的,必须压缩到标准控制规模以内。乡镇的建设用地和人口规模实行规定标准管理,其人均占地标准须报经省级建设主管部门商计划、土地管理等有关部门核定。城镇建设用地规模不得突破土地利用总体规划确定的范围。城市内的土地利用必须符合城镇规划的要求，实行双向制约。编修的城镇总体规划，要严格按照国务院有关要求报批。土地管理部门要在城镇人口现状、增长因素、人均用地、城镇土地利用潜力和土地产出率等指标分析基础上，审核城镇建设用地规模。城镇建设，应坚持综合开发、配套建设的原则，充分利用存量土地，拓宽旧城改造的途径，加快再开发的步伐。加强对小城镇建设的规划管理，严格控制各类市场建设和外环路建设。经国务院和省级政府批准的各类开发区，必须严格控制在依法批准的规划范围内。各级政府要加强对土地的集中统一管理，已下放给开发区的规划管理权和用地审批权必须立即收回。同时，必须严格对国家建设征用土地，一律按照规定的程序和审批权限办理，严禁用地单位直接向农村集体和农民购地、租地或变相租地。农村集体和农民均不得以土地入股的形式，参与任何企、事业的经营。

7. 农村土地征收占用和购买使用的补偿政策。国家各级政府及土地行政主管部门在组织进行农村土地征收占用和购买使用上，必须从严落实以下十项补偿政策：

（1）要对占用耕地的单位，必须在报批前开垦不少于所占耕地面积并符合质量标准的耕地；没有条件开垦的，依照有关规定向省缴纳耕地开垦费。征用耕地的开垦费补偿标准，为该耕地被征用前三年平均年产值的6～10倍。征用耕地以外的其他农业用地和建设用地的土地补偿费，为该土地所在乡（镇）耕地前三年平均年产值的5～8倍。征用未利用地的土地补偿费，为该土地所在乡（镇）耕地前三年平均年产值的3～5倍。

（2）要实行占用耕地补偿制度，合理使用耕地开垦费，增加耕地面积，实现占补平衡和耕地总量动态平衡，使建设占用补充耕地的开发整理项目管理科学化、制度化、规范化，必须将耕地开垦费主要用于农业土地开发、整理、复垦项目工程建设，切实保障农业土地恢复数量和质量。

（3）要在被征购农户取得耕地补偿费和安置补助费后，尚不能使需要安置的农民保持原有生活水平的，经省级人民政府批准，可以再增加安置补助费。但是，耕地开垦费补偿费和安置补助费的总和不得超过下列限额：一是征用耕地的，不得超过该耕地被征用前三年平均年产值的30倍；二是征用耕地以外的其他农用地和建设用地的，不得超过该土地所在乡（镇）耕地前三年平均年产值的25倍。

（4）要对征用果园、茶园、鱼塘、藕塘等土地，安置补助费的标准，由各省级政府参照一般耕地的安置补助费标准制定；对苇塘、宅基、林地、场、草原等土地，一般不付给安置补助费。

（5）要坚持对用地单位支付的耕地开垦费补偿费、安置补助费和其他各项补偿费，除产权确属个人者，补偿费应给本人外，其余的均应由被征地农村集体经济组织用于农业生产建设、安排因土地被征用而出现的多余劳动力的就业，不得移作他用。各级领导机关和单位不得借口平调。

（6）要支持安置被征地农村集体经济组织，依靠农民发扬自力更生和艰苦奋斗的精神，合理安排耕地补偿、安置补助费，一是着力改造中低产田、改良土壤、兴修水利、开垦宜农荒地、扩大耕地面积，改善耕作条件，提高单位面积产量，开展多种经营，确保农业生产持续发展；二是根据当地具体条件，兴办对国计民生有利的工副业和服务性企业，安排因征地造成的农村剩余劳动力就业。

（7）要认真组织落实农村土地征收占用和购买使用中的青苗补偿费按当季作物产值计算补偿政策，对农业土地上附着物补偿费标准，由设区的县（市）级政府制定，报省级政府批准后执行。

（8）要对非农业建设使用国有农牧场农用地、乡（镇）村公共设施和公益事业建设使用农村集体所有土地的，应当为原土地使用者提供新的用地或者予以安置，也可以按照征用土地安置补助费的标准给予补偿；对乡镇企业和乡（镇）村公共设施、公益事业建设需要使用农村集体所有土地，在村庄和集镇建设用地区内的，其他方案由县（市）人民政府批准；在村庄和集镇建设用地区外的，由省人民政府批准；对农村村民建住宅，必须严格执行村镇规划，村内有空闲宅基地的，不得占用耕地建住宅。鼓励建设多层住宅。需要使用本村集体所有土地的，由村民提出用地申请，村民会议或者村民代表会议讨论同意，经乡（镇）级人民政府审核，报县（市）政府批准。

（9）要对已征用土地如有青苗，在不影响工作正常进行的情况下，应等待农民收获，不得铲毁；凡在当地一个耕种收获期内，尚不需使用的土地，应与农村集体经济组织签订协议，允许农民耕种；

凡二年以上征而不用的土地，经项目工程设计计划任务书批准机关同意，当地主管机关有权收回，另行安排使用；对征用的土地，所有权属于国家，用地单位只有使用权。用地单位因计划变更或其他原因不使用或不全部使用的多余土地，由当地县（市）级政府收回，并报原批准机关备案。原用地单位不得擅自处理，其他单位和个人不得侵占；对农村土地征用补偿费、安置补助费、地上附着物补偿费和青苗补偿费，必须按照《中华人民共和国土地管理法实施条例》规定办理。

（10）要认清土地是农业的基本生产资料，是农民赖以生存的根本保障。不能再靠牺牲农民土地财产权利，降低工业化城镇化成本，有必要、也有条件大幅度提高农民在土地增值收益中的分配比例，保障农民的土地财产权，分配好土地非农化和城镇化产生的增值收益。农民土地承包经营权、宅基地使用权，集体收益分配权，是法律赋予农民的合法财产权利，无论他们是否还需要以此来做基本保障，也无论他们是留在农村还是进入城镇，任何人都无权剥夺。

七、农村土地定级估价和建设占用审批调控途径

我国农村土地建设占用调节和控制的目标是确保全国农村土地资源总需求与总供给的基本平衡。这是一个关系到我国"四化"建设成败和子孙后代生存的大问题。农村土地建设占用调节和调控是一个十分复杂的系统工程的关键环节。为此，从2012年起，国务院强调，地方政府对这个环节，必须高度重视，全民动员，各部门密切配合，土地管理部门尽责，尽心尽力开拓农村土地建设占用调节和控制的行之有效途径：一是农村土地建设占用调控的目标和任务；二是农村土地定级估价的原则和标准；三是农村土地建设使用权转移的两种方式；四是农村两种所有制土地建设占用的审批程序；五是农村土地临时使用补偿标准。

（一）农村土地建设占用调控的目标和任务

我国农村土地建设占用调节控制的目标，概括说，科学开发利用农村土地资源，提高农村土地利用率和产出率，保持全国耕地总量动态平衡。为实现这样的目标，必须相应确定农村土地建设占用调节控制的任务。具体说明如下：

1. 农村土地建设占用调控的目标。这是指通过充分利用现代科学技术，加强农业土地监察，依法管地用地，强化全国土地和城乡土地统一管理，科学开发利用农村土地，提高农业土地利用率和产出率，保持耕地总量动态平衡的目标。就是说，各项建设占用耕地与开垦、复垦、整理土地增加耕地相抵，耕地总量不能减少，还要争取有所增加。

2. 农村土地建设占用调控的任务。概括说，为实现上述目标，必须在大力开垦、复垦、整理土地、以增加耕地的基础上，对各项建设占用耕地严加控制。具体说，主要组织完成以下五方面任务：

（1）必须对我国耕地减少的具体情况进行分析，从1985年至2015年这30年，我国因各种自然灾害损毁减少耕地约2000万亩，因农林牧渔各业内部结构调整减少种植粮食耕地9000万亩，因非农业建设占用而减少耕地12600万亩，对于各种自然灾害损毁，必须从流域治理、水土保持、防止风沙、预防洪涝、抗震治理保护恢复耕地；对于农林牧渔各业内部结构调整减少耕地，固然会影响粮食生产，应当加以控制；对于非农业建设占用耕地，对耕地造成长久性的破坏，很难甚至永远不能恢复为耕地。为此，必须严格控制非农业建设占用耕地。非农业建设，包括国家重点项目建设、城市建设、各级各类开发区建设、村镇建设、乡镇企业建设，等等。

（2）必须严格控制国家重点项目包括省级项目建设占用耕地，及时杜绝一些地方随时发生滥占乱用土地，特别是耕地的问题。据不完全统计，2014年底全国有各级各类开发区2800多个，起步区占地1100多万亩，其中绝大部分占用的是耕地。这些开发区中经国务院和省级政府审批的只有757个，其余的均为非法建设占用耕地。

（3）必须对城市建设占用耕地严格控制。据对全国31个特大城市卫星遥感资料的判读和量算，主城区实际占地规模扩大到50.2%。据对17个城市高分辨率卫星监测数据分析，这些城市建成区扩展均在60%以上，有的甚至成倍增长。上述扩展绝大部分占用的是菜地。

（4）必须对村镇建设占用耕地严格控制。2000年《全国土地利用总体规划纲要》确定，农村居民点用地规模为2.05亿亩。实际上1998年底就已达到2.42亿亩。其主要原因，一是农村宅基地普遍超标；二是乡镇企业盲目圈地。全国农村居民点人均用地高达190平方米，比规定的最高标准150平方米超出27%，多占用5100多万亩土地，其中多占4200万亩耕地。

（5）必须对农村土地建设占用项目在可行性研究论证时，应当按照规定的权限，向县（市）级以上人民政府土地行政主管部门提出建设项目用地预审申请。县级以上人民政府土地主管部门在收到建设项目用地预审申请后，应当根据土地利用总体规划、土地利用年度计划、用地定额标准，对建设项目用地有关事项进行审查，按规定期限提出建设项目用地预审报告。可行性研究报告报批时，必须附具有关人民政府土地行政主管部门依法出具的建设项目用地预审报告；未取得建设项目用地预审报告的，有关部门不得批准立项和办理建设用地报批手续。

（二）农村土地定级估价的原则和标准

我国组织开展农村土地定级估价，是为了贯彻落实《中共中央、国务院关于进一步加强土地管理、切实保护耕地的通知》。在这个《通知》文件中规定："农地转为非农建设用地的土地收益全部上缴中央，原则用于耕地开发。"这种调整土地收益分配办法，是建立耕地保护经济制约机制的有效手段之一，可以遏制多占农地、多出让土地的势头。组织开展农村土地定级估价是一项不可缺少的基础工作。为此，必须认清组织开展农村土地定级估价的意义，必须相应制定科学定级估价的原则，必须提出定级估价的标准：

1. 组织开展农村土地定级估价的意义。概括说，通过对农村土地科学定级正确估价，有利于合理、高效、持续的利用农村土地，也有利于农村土地产权在经济上得以体现。农村土地定级估价总结，能够反映出农村土地的现实生产力水平和级差收益水平，是土地质量的综合表现。具体说，通过组织开展农村土地定级估价，可以起到一下两方面作用：

（1）可以促进农村土地依法、科学、合理、统一的管理，开始步入有章可循、有据可依的规范轨道，提供耕地质量的可比性，充实地籍管理信息系统。

（2）可以利用定级估价成果开展土地整理，调整农业结构，提高土地利用集约化水平，实现耕地总量动态平衡，为深化农村集体土地使用制度改革，提供不可缺少的依据。

2. 组织开展农村土地定级估价的基本原则。在组织开展农村土地定级估价工作上，必须坚持遵行以下五项原则：

（1）坚持农村土地区域分异原则。农村土地是一个综合自然体，构成农村土地质量包括：一是土地面貌、土壤、水文条件；二是土地生产能力的变化因素。而这些因素具有地域性特点，在进行农村土地定级估价时，必须坚持区域分异原则。

（2）坚持主导因素与综合分析相结合原则。影响农村土地质量及农作物生长的因素很多，但影响程度不尽相同，有些因素影响不大，有些因素影响虽大，但在某一区域内其因素指标值的变化不大，而有些因素对土地生产力起着决定性的作用。因此，必须根据实际情况，综合分析，选取主导因素，抓住事物的主要矛盾，进行研究解决，从而提高工作精度，减少工作量。

（3）坚持宏观和微观可比性原则。在农村土地定级估价上，必须坚持宏观和微观可比性原则，建立一套数量化土地因素产量指标体系，统一耕作制度、农业产品品种结构及相互换算的指标体系。

（4）坚持定量分析和定性分析相结合原则。为使定级估价质量方便，调查各种因素的指标值，必须尽可能用定量指标去衡量。

（5）坚持科学性和可操作性原则。农村土地定级估价的方法，必须科学可靠，便于操作，力求简便易行。

3. 组织开展农村土地定级估价的标准。这是指为了划定农村土地在社会经济最优化条件下的自然生产潜力，以充分发挥最大预期效益，在农村土地定级估价中，采取土地分等定级估价的技术标准。为此，必须相应采取先评估后定级估价的两项技术标准：一是坚持以土地权属为基础，以土地利用现状、土壤类型、地形地貌、生产力状况为条件，选择农村土地定级估价的社会、自然、经济的因素，作为农村土地定级估价的成本因素和确定指标值；二是坚持利用农村土地定级结果、农村土地租赁、农村土地收益等资料，评估各级别农村土地的基准地价。

（三）农村土地建设使用权转移的两种方式

全国各地区农村土地建设使用权转移，主要有两种方式，一是国家各级政府将依法征收、收回的土地，通过无偿转让划拨的方式；二是国家各级政府将依法有价收购、置换的土地，通过有偿使用方式。

1. 通过无偿转让划拨方式。国家各级政府在依法从严征收、收回土地之后，以划拨方式取得的土地使用权转让时，应当向县（市）级以上人民政府土地行政主管部门提出申请，按规定的权限报经批准。为此，一是准予转让的，应由受让方办理出让手续，缴纳土地使用权出让金。二是经批准保留划拨土地性质进行转让的，可不办理出让手续，但转让方应当按照有关规定缴纳土地收益。为此，采取以下无偿转让划拨方式：

（1）以划拨方式取得的土地使用权需要抵押的，应当先进行地价评估，由县（市）级以上人民政府土地行政主管部门核定土地使用权出让金，抵押所担保的债务，不得超过扣除出让金后的土地价值，在实现抵押权时，应当从土地使用权拍卖或者转让所得的价款中，缴纳相当于土地使用权出让金款额后，抵押权人方可依法受偿。

（2）以划拨方式取得的土地使用权，需要改变土地用途进行经营性活动的，应当向县（市）级以上人民政府土地行政主管部门提出申请，报有批准权的人民政府批准，准予改变土地用途的，应当依法办理土地使用权有偿使用手续，缴纳土地使用权有偿使用费。

（3）以划拨方式取得的国有土地租赁使用权，按照规定的权限经批准后，由县（市）级人民政府土地行政主管部门与土地使用者，签订租赁合同后实行。

（4）以划拨方式取得的国有土地使用权，作价入股或者作价出资，土地使用者必须按规定报经批准，并与县（市）级人民政府土地行政主管部门签订土地使用权出让合同，办理出让手续。

2. 通过有偿使用方式。国家各级政府及有关部门在依法从严有价购买、置换土地之后，以有偿使用方式，向城乡企业、事业等单位转移建设用地。为此，采取以下有偿使用方式：

（1）国有土地使用权有偿使用方式包括：①国有土地使用权出让；②国有土地租赁；③国有土地使用权作价出资或者入股。

（2）以有偿使用方式取得国有土地使用权的建设单位，按照国务院规定的标准和办法，缴纳土地有偿使用费和其他有关费用后，方可使用土地。

（3）县（市）级人民政府收取的新增建设用地土地有偿使用费，10%缴设区的市级人民政府，20%缴省级人民政府，30%缴中央财政，40%留做当地县（市）级人民政府，专项用于耕地开发。设区的市级人民政府在城市规划区内收取的新增建设用地土地有偿使用费，20%缴省级人民政府，30%缴中央财政，50%留市本级人民政府。原国有建设用地土地有偿使用费全额留给有关县（市）级县人民政府。

（四）农村两种所有制土地建设占用审批程序

农村两种所有制土地建设占用审批程序，是指国家所有制土地和农村集体所有制土地的建设占用审查批准程序。分别说明如下：

1. 国家所有制土地建设占用项目审批程序。国家各级政府必须在国家土地利用总体规划确定的建设用地规模范围内，对国家基础公共基础设施建设项目占用国家所有制土地，严格按照下列权限履行审查批准程序：

（1）占用土地2公顷以下的，由县（市）级政府批准，逐级报省级政府备案；

（2）占用土地2公顷以上8公顷以下的，由设区的市（自治州、盟）级政府批准，报省级政府备案；

（3）占用土地8公顷以上的，由省级政府批准；

（4）国家重点建设项目、军事设施和跨省的建设项目以及国务院规定的其他项目用地，需要占用土地利用总体规划确定的国有未利用土地的，报国务院批准。

（5）在土地利用总体规划确定的城市和村庄、集镇建设用地规模范围外单独选址的建设项目用地，应当报国务院或者省级人民政府批准。

2. 农村集体所有制土地建设占用项目审批程序。国家各级政府及有关部门必须在农村集体所有制土地建设占用上，严格执行以下各项审查批准程序：

（1）乡镇企业的建设用地，必须严格控制，其用地标准应当按照国家建设占用标准的低限执行。

（2）乡（镇）公共设施、公益事业建设使用村农民集体所有的土地，应当给予被占地单位适当补偿。使用耕地的，土地补偿费标准为该耕地被占用前三年平均年产值的5~8倍，每一个需要安置的农业人口安置补助费标准，为该地被占用前三年平均年产值的4~6倍；使用其他土地，土地补偿费标准为该地邻近一般耕地前三年平均年产值的4~6倍，安置补助费标准为该土地相邻一般耕地前三年平均产值的3~5倍。

（3）乡镇企业和乡（镇）、村公共设施、公益事业建设使用农民集体所有土地，村民委员会或者农村集体经济组织与其他单位、个人以土地使用权入股、联营形式，共同举办企业的用地审批权限，按规定执行，其中涉及占用农用地的，依照土地管理法规定，办理农用地转用审批手续。

（4）农民集体所有制土地的使用权不得出让、转让或者出租用于非农业建设。但是，符合土地利用总体规划并依法取得建设用地的企业，因破产、兼并等情形致使土地使用权发生转移的，应当按照规定的权限报经批准后，方可转移。

（五）农村土地临时使用补助标准

在农村土地建设项目施工和地质勘查需要临时使用国家或者农村集体所有土地的，应当按照土地管理法的规定，办理临时用地使用审批手续，支付临时使用土地补偿费。临时使用土地期限一般不超过二年，确需超过二年的，应当重新办理临时用地使用审批手续。凡是临时使用土地按以下标准进行补偿：

1. 临时使用城市规划区内建设用地，应当按照相应年期的土地使用权价格确定补偿费；临时使用城市规划区以外的建设用地，应当参照当地占用一般耕地的补偿标准确定补偿费，造成地面附着物破坏的，应当视具体情况给予适当补偿；

2. 临时使用农用地的，应当按照该土地前三年平均年产值确定补偿；造成地面附着物破坏的，应当视具体情况给予适当补偿；

3. 临时使用未利用地的，应当参照当地占用一般耕地补偿标准的30%确定补偿费；

4. 临时使用农用地的建设单位，应当自临时用地期满之日起一年内恢复原貌。

八、农村村民住宅基地建设维护和治理途径

我国农村村民住宅基地建设维护和治理途径包括：一是严格核定新建宅基地面积限额；二是科学

确定村民宅基地建设审批项目；三是加强村民宅基地维护治理；四是空心村治理基本途径。分别说明如下：

（一）农村村民新建宅基地面积限额

从 2006 年以来，全国大多数地区人民政府明确规定，农村村民一户只能拥有一处宅基地。农村村民建住宅，必须符合乡（镇）土地利用总体规划，结合旧村改造，充分利用原有的宅基地、村内空闲地和山坡荒地，严格控制占用农用地。对农村村民新建宅基地面积限额，各地区人民政府都作出明确规定，主要说明如下：

1. 城市郊区及乡（镇）所在地的村庄，每户面积不得超过 166 平方米；
2. 平原地区的村庄，每户面积不得超过 200 平方米；村庄建在盐碱地、荒滩地上的，可适当放宽，但最高不得超过 264 平方米。
3. 山地丘陵区的村庄，村址在平原地上的，每户面积 132 平方米；在山坡薄地上，每户面积可以适当放宽，但最多不得超过 264 平方米。
4. 全国各地区的村庄，人均占有耕地 666 平方米以下的，每户宅基地面积可低于前款规定限额。
5. 各县（市）级人民政府可以根据本地具体情况，在规定的限额内，制定本行政区域内的宅基地面积标准。

（二）农村村民宅基地使用建设申请审批项目

我国农村村民宅基地使用建设申请审批项目包括：一是农村村民宅基地使用申请条件；二是农村村民住宅建设申请、审批手续；三是农村村民一户两处以下宅基地依法处理；四是农村农林牧渔生产用地永久性建筑物审批手续。主要说明如下：

1. 农村村民符合下列条件的可以申请使用宅基地：（1）因结婚等原因，确需建新房分户的；（2）原住宅影响村镇规划需要搬迁的；（3）经县（市）级以上政府批准回原籍落户，农村确无住房的；（4）县（市）级以上政府规定的其他条件。
2. 农村村民建住宅，由本人提出用地申请，经村民会议或者农村集体经济组织全体成员讨论同意，乡（镇）级政府审查，报县（市）级政府土地行政主管部门审核，由同级政府批准。其中：占用农用地的，依照土地管理法的规定，办理农用地转用审批手续。
3. 农村村民一户有两处以上宅基地的，可以由村民委员会或者农村集体经济组织将多余的宅基地依法收回，统一安排使用，有地面附着物的，应当给予适当补偿，补偿标准由村民会议确定；也可以实行有偿使用，但房屋损坏不能利用的，必须退出多余的宅基地。对收回和退出的宅基地，应当依法办理集体土地使用权注销登记手续。
4. 农村农林牧渔业生产用地范围内，改变用地性质，占用土地建设永久性建筑物、构筑物的，应当依照土地管理法的规定，办理建设用地审批手续。

（三）农村居民宅基地维护和治理途径

我国农村村民宅基地问题日益突出。新农村建设的重要内容是加强农村基础设施建设，改善农村人居环境。这势必涉及对原有村庄的整治问题，很多地方需要对村庄的原有布局进行规划和调整。现在多数地方农民住宅凌乱分散、占地较多，许多地方农民纷纷在村外建新房，导致村庄形成了"空心村"。这些村庄不仅基础设施建设严重滞后，而且浪费了大量宝贵的土地资源，需要通过村庄整治，鉴于目前农民居住过于分散凌乱的状况，今后住房布局调整的总体方向是趋于集中。当然，集中居住是趋势性的、引导性的和逐步推进的，而不是采用强制性手段，在短时间内就要做到的，这一点应该明确。必须对农民住房集中布局进行引导，进一步进行科学规划，在长远规划中，对作为农民居住点的村庄，加强基础设施建设，加强社会事业发展，搞好生产生活服务，以此吸引分散的农户到这里建房或者购房，逐步实现集中布局的目标。绝不能违背农民意愿搞大拆大建农民宅基地，引发矛盾和冲突。为此，一是维护农村村民宅基地的切身利益；二是防止农村用集体土地建房出售的违法行为；三是治理农村空心问题的基本途径。

1. 维护农村村民宅基地的切身利益。农村村民宅基地是农民从农村集体经济组织分配取得的一项重要财产，它关系着农民一生的切身利益。近年来，随着我国城市住房制度的改革和完善，无论是商品房还是房改房，其所有者都可以将住宅连同相应的土地使用权一起上市转让，进行自由交易。但是，受现有法律法规的约束，我国农村宅基地使用权交易市场尚未形成，农民宅基地尚无法进行合法流转。随着农村劳动力向城镇转移步伐加快，举家进城居住、务工或经商的农民日益增多，农村集体土地上农民卖宅基地或住宅的情况也越来越多。由于这些宅基地或住宅没有经过确权，买卖时无法办理过户手续，造成这些农村宅基地交易存在风险，无序交易就无法保障农民的权益。国土资源部拟出台的《确定土地所有权和使用权规定》将明确宅基地使用权流转的问题，把农村宅基地使用权、耕地使用权的流转和农民工进城务工取得户籍或者市民待遇这两方面联系起来。

2. 防止农村用集体土地建房出售的违法行为。近年来，一些农村集体经济组织在本村所有的土地上为本村村民建造住宅，而部分农民为了获得土地价值和更多的利益，在自己居住需要得到满足的情况下，将多余的房屋对外销售，卖给非本集体组织的居民长期使用。这种行为得不到法律的认可。根据我国目前的法律规定，出售房屋必然导致宅基地所有权或者使用权的转让，以保证房屋的所有权人在房屋使用过程中，不会因为房屋土地归属于他人而引起纷争，但是农村土地使用权是该集体组织成员的专有权利，与特定身份相联系，不能被出让、转让或出租用于非农业建设。这就提醒大家，目前利用集体土地建造房屋出售给城镇居民的行为是违法的，它违背了我国严格限制宅基地流转的政策，所以此类房屋的买卖合同也是无效的，购买者即使付出了相应的价格，但因其对所购买的房屋并不享有产权，一旦发生纠纷，将因缺少相应法律的保护而遭受经济损失。

3. 治理农村空心问题的基本途径。随着农民收入的提高，农村出现了一次又一次的建房热，但在许多地区由于建房中存在极大的盲目性和无序性，新住宅不断向乡村外发展，村庄内部出现了大面积的空闲房宅，形成了所谓的"空心村"问题。"空心村"导致大量农宅闲置，造成土地资源极大浪费。这些资产长期闲置，得不到利用，而新建农宅又要耗掉多年的积蓄，农民基本没有什么财力去扩大再生产，影响经济发展。"空心村"的产生是一个复杂的社会经济过程，需要循序渐进逐步解决。从短期来看，当务之急是坚决框死村界，严格控制村庄建设外延态势，从长远来看，要通过促进农宅商品关系的发展，逐步消化农宅的空置问题，实现宅基地动态供求平衡，提高土地的集约化程度和利用效益。为此，组织开拓治理农村空心问题的基本途径，相应采取以下三项措施：

（1）统筹规划城乡居民住宅建设，整治农村村民宅基地使用建设环境。各地区政府及有关部门必须认清农村中，无序乱占乱建堵占街道，影响四邻排水和村容村貌、引发矛盾纠纷问题十分严重，严重影响农宅的流转和"空心村"的整治。必须坚定地制定和实施城乡一体建设规划，统筹乡村建设，鼓励已到城镇投资和就业的农民到城镇定居，推动教育、医疗和文化等公共事业建设向中心村和小城镇集中、乡镇企业向工业园区集中；政府财政支持资金要向新农村建设基础设施特别是道路建设倾斜。

（2）健全农村村民宅基地产权流转法规制度，开拓宅基地产权流转途径。各级政府及有关部门，一是必须健全以永续使用权为核心的农村宅基地制度，明晰宅基地的产权，在法律上对其实际上存在的"永续使用权"给予明确规定和保护，统一住宅产权同宅基地使用权；二是必须进行调控和管理。建立政府管理下的宅基地市场，规范宅基地的流转；三是必须鼓励和督促迁出户、一户多宅户、超占户卖出空置的住宅；四是必须对购买住宅的农户，则严格按照"一户一宅"的原则加以限制。

（3）控制在"空心村"比较严重的地区，冻结新宅基地审批计划。通过冻结新宅基划批，促进农宅基地供给减少、农宅及宅基地的价格上升、能促使住宅闲置户卖出多余住宅，冻结新宅基地批准权限，实际上是关闸蓄水，使农民有足够的实力盖一所永久性的住宅。

九、农村土地利用规划制定和实施途径

我国农村土地利用规划是国家土地利用规划的组成部分，是农村土地利用宏观指导性的总体长期规划。从中央到地方各级政府在组织开拓制定和实施农村土地利用规划征途上，一是确定农村土地利用规划的目标；二是划清农村土地利用规划的范围；三是提出农村土地利用规划的要求；四是严控农村土地利用规划审批程序；五是坚守农村土地利用规划实施准则；六是推行农村土地利用规划落实机制；七是加强农村土地利用规划监督管理。分别说明如下：

（一）农村土地利用规划的目标

我国农村土地利用规划的目标。它的总体目标是农村土地总量动态平衡，这个目标核心是全国耕地总量动态平衡。在实现全国耕地数量、质量平衡的基础上，追求全国城乡一体农业现代化、工业化、信息化、城镇化四化同步建设发展战略的目标，坚持奔向农业和农村经济增长从粗放向集约转变的目标，不能眼睛里只有增量土地，不能无代价无压力地占用土地，却创造不出效益，想方设法去利用一切可以利用的土地，用较少、价值较小的土地，去办较多的事、创造较高的产出效益。这样做，能保护耕地、节约土地，促使一切用地者提高土地利用水平，进而提高进经济的运行质量。它的具体目标如下：

1. 实现全国耕地数量上的平衡。即：保持耕地总量的相对稳定。包括：在一定阶段时间内，局部地区自身耕地数量的增减所达到的自我平衡；在一定区域范围内，各局部地区之间耕地的增减所达到的互补平衡。对全国各个地区来说，所追求的应是"自我平衡"与"互补平衡"相结合，以"互补平衡"为主的"总体平衡"。

2. 实现全国耕地质量上的平衡。即：使耕地质量保持在一定的投入低于产出水平之上。通过对风沙盐碱化的治理、新开垦地力的培肥、耕地环境污染的防治等一系列措施，不断提高耕地质量，保持提高土地产出率。

3. 实现全国耕地总量动态平衡。为此，一是必须坚持"节流、开源、优化"并举的方针，科学合理制定和实施农村土地利用总体规划，深入实际划分农村土地利用区域，因地制宜确定农林牧渔业用地，严格控制非农业用地规模；二是必须坚持综合开发治理农村山水林田路自然地理生态环境，科学利用农村土地后备资源，实现农村土地利用功能动态互补平衡；三是必须坚持永久地开展农村土地复垦、整理、整治，增加耕地面积，治理风沙、盐碱地，改造中低产田，提高耕地质量，从而实现全国耕地总量的动态平衡。

4. 实现全国耕地总量动态平衡的重大意义。我国是一个农业大国，人口多、耕地少、后备资源不足是我国的基本国情。在人口增加、耕地相对减少的形势下，为了经济社会的可持续发展，努力保持一定数量和质量的耕地，实现耕地总量的动态平衡，具有特别重大的意义。主要体现在以下三方面：

（1）保持耕地总量动态平衡是中华民族生存的根本。我国作为世界上最大的发展中国家，既是世界第一人口大国，也是世界粮食第一消费大国。今后几十年，我国人口增长对粮食的需求量将与日俱增。粮以土为本，耕地是粮食生产的载体。我国粮食生产要想保持长期稳定增长，首要的是要保持耕地总量的长期稳定。保持全国耕地总量动态平衡是中华民族生存的根本界限。

（2）保持耕地总量动态平衡是中华人民共和国独立自主的保证。我国历届中共中央、国务院领导强调，只有保持全国耕地总量动态平衡，才能保证全国粮食基本自给，才能保护和加强我国在国际竞争和政治较量中独立自主的地位。为此，中国粮食不仅现在要靠自给，将来也要立足自给。切实保护耕地，确保农林牧渔各业产品生产供应量的稳定增长，确保全国城乡人民的吃饭问题，这始终是一

个战略问题,是全国发展中第一位的问题,永远忽视和放松不得。中国粮食一旦出现问题,世界上无论哪个国家都无力解决,难以保持独立自主的国际地位。

(3) 保持耕地总量动态平衡是实现可持续发展战略的关键。所谓可持续发展战略,就是既满足当代人需求,又不对后代人满足需求的能力构成危害的发展。实现可持续发展战略,其核心是谋求经济发展与人口、资源、环境的综合协调,以实现经济社会的长期稳定持续发展。我国人口、资源、环境的关系尚未协调好,在今后国情所迫、生存发展大计严峻的形势下,要使有限的耕地资源兼顾各方面用地需求,实现经济社会的长期稳定持续发展,必须通过"节流、开源"等各项措施,坚决做到耕地总量只能增加、不再减少,努力保护生态环境,提高耕地质量,全面实现耕地总量的动态平衡,这是实现我国经济社会可持续发展战略的关键。

(二) 农村土地利用规划的范围

我国农村土地利用规划的范围包括农村土地利用规划的内容和层次:

1. 农村土地利用规划的内容。农村土地利用规划内容包括:根据全国各地区自然地理资源特点、经济社会发展条件,依照城乡一体农业现代化、工业化、信息化、城镇化四化同步建设占地需求长期预测,科学确定农村土地利用的目标和任务,统筹安排农村土地利用区域布局、产业结构,对国民经济、社会发展部门各项建设占地事项,确定指导性、控制性指标,划分农村土地建设利用区域,编制和审批农村土地利用规划报告、实施方案,提出切实可行的方式方法。具有上述内容的农村土地利用规则,是编制和实施地区和专项土地利用规划、审批土地利用规划报告的凭据。

2. 农村土地利用规划的层次。农村土地利用规划的层次,是按全国行政区划分为三个基本层次:

(1) 全国农村土地利用规则。它是根据全国国民经济、社会发展长期规划和国家土地利用总体规划,确定全国农村土地利用目标、范围、要求、程序、准则、机制、管制等事项,提出各省(自治区、直辖市)级土地利用方向和土地利用结构的指导性规划指标,并组织实施规划的政策、措施和步骤。

(2) 各省(自治区、直辖市)级规划的内容与全国规划相似,它是全国规划在省级范围内的具体化,又是县(市、区、旗)级规划的依据。

(3) 各县(市、区、旗)级规划是省级规划的具体化,它是根据省级规划的要求和当地的土地资源特点、社会条件、生产力布局、城镇体系规划,确定本县(市、区、旗)级土地利用目标、方向和土地利用结构,以及骨干基础设施工程的用地范围。

总之,为了搞好农村土地利用规划,还要划分各种土地利用区域,如城镇区域、农业区域、林业区域、特种用途区域等,并规定各种区域的土地利用原则和限制条件,作为审批土地的依据。在全国与省(自治区、直辖市)级规划之间,省(自治区、直辖市)级与县(市、区、旗)级规划之间,还可以根据需要,编制跨省或跨县(市、区、旗)级区域土地利用总体规划。

(三) 农村土地利用规划确定任务

我国各地区农村土地利用总体规划是一项综合性工作,涉及部门较多,国务院强调做到:一是国务院有关部门密切配合,及时提供规划所需的有关资料,以及部门用地计划等,并参与资料的分析和规划方案的研究;二是地方各级政府加强组织领导,做好农村土地利用规划制定和实施工作。为此,必须在组织制定农村土地利用规划上,确定以下五项任务:

1. 组织确定农村土地开发利用规划的战略任务。为了科学合理开发利用农村土地资源,中共中央、国务院针对我国耕地少、人口多、人均占用耕地面积逐年减少,已经成为制约国民经济发展的重要因素,决定从1989年起,必须在保护、利用好现有耕地的同时,有组织、有计划地开发新耕地,不断补充耕地资源。因此,凡建设占用农业土地的地区,原则上均应承担开发新农业土地的义务。各级政府要把稳定耕地面积作为一项长期的战略任务,抓紧抓好。明确规定,对非农业建设用地,必须尽可能地利用荒地、滩涂及废弃地等未利用的和被破坏的土地资源，采取工程或其他措施，使其变为可利用的农业土地。减少挤占耕地。

2. 组织落实县（市）级以上的农村土地利用总体规划，由同级人民政府组织土地行政主管部门和有关部门共同编制，依照《中华人民共和国土地管理法》规定的审批权限，报有批准权的人民政府批准。县（市）级、乡（镇）级土地利用总体规划，由县（市）、乡（镇）级人民政府组织编制，逐级报由省级人民政府委托的地（市）级人民政府批准，报省级土地行政主管部门备案。农村土地利用总体规划，应当符合上一级农村土地利用总体规划和本级国民经济和社会发展规划、国土规划，所依据的土地调查资料、土地统计资料和其他有关资料必须真实可靠。

3. 组织编制农村土地利用总体规划，应当对农业生产经营用现状和农村土地资源潜力进行综合分析研究，明确规划期内的土地利用目标和基本方针，确定各类用地的控制指标，调整土地利用的结构和布局，提出实施规划的政策和措施。编制农村土地利用总体规划，应当结合当地农村土地资源实际状况拟订方案，与有关部门和上、下级人民政府充分协调，组织有关专家和部门科学论证，广泛征求社会公众的意见。

4. 组织编制省级农村土地利用总体规划，应当确保全省耕地总量不减少，确定的基本农田面积应当占全省耕地总面积的85%以上。地（市）级农村土地利用总体规划应当划定城市市区的建设用地范围。县（市）级、乡（镇）级农村土地利用总体规划应当根据实际情况，划分基本农田保护区、自然保护区、一般农田区、林业用地区、牧业用地区、渔业用地区、城市建设用地区、村庄和集镇建设用地区、独立工业矿业用地区、土地开垦区、禁止开垦区等。

5. 组织编制农村土地利用年度计划，由县（市）级以上人民政府土地行政主管部门会同有关部门提出，经同级人民政府审核同意，报上一级人民政府土地行政主管部门汇总平衡。县（市）级以上人民政府土地行政主管部门，应当将上级下达的农村土地转用计划指标、耕地保有量计划指标和土地开发整理计划指标逐级分解，拟订实施方案，经同级人民政府批准后下达。对没有农村土地转用计划指标的，不得批准农村土地转用。未实现耕地保有量计划指标和土地开发整理计划指标的，核减下一年度的农村土地转用计划指标。节约的农村土地转用计划指标，逐级报经省级土地行政主管部门核准后，可以结转下一年度使用。县（市）级以上人民政府应当将土地利用年度计划的执行情况，列入国民经济和社会发展计划执行情况的内容，向同级人民代表大会报告。县（市）级土地行政主管部门应当根据土地等级、土地收益和土地市场交易价格，评定城市基准地价和标定地价，评定结果经同级人民政府审核同意，报上一级人民政府土地行政主管部门批准后，向社会公布。县（市）级以上人民政府土地行政主管部门负责建立本行政区域内的土地管理信息系统，对土地利用状况进行动态监测。

（四）农村土地利用规划审批程序

我国农村土地利用总体规划，必须按下列规定程序审批：

1. 省级土地利用总体规划，报国务院批准。
2. 省级人民政府所在地的市、人口在100万以上的城市以及国务院指定的城市的土地利用总体规划，经省级人民政府审查同意后，报国务院批准。
3. 县（市）级人民政府所在地的乡（镇）和省级人民政府指定的乡（镇）以外的其他乡（镇）的土地利用总体规划，经县（市）级人民政府审查，由省级人民政府授权设区的市级人民政府批准，报省级人民政府备案。

（五）农村土地利用规划实施准则

我国农村土地利用规划实施准则，是指在组织制定和实施农村土地利用规划总则上，必须与国家土地利用总体规划相衔接，村庄和集镇规划中建设用地规模，不得超过土地利用总体规划确定的村庄、集镇建设用地规模。已经批准的村庄和集镇规划，超过土地利用总体规划确定的建设用地规模的，应当进行修订；村庄和集镇规划修订前，其建设用地规划，应当按照土地利用总体规划确定的用地规模执行。在遵循这个总则下，必须坚守以下三项准则：

1. 各级人民政府应当加强土地利用计划管理，实行建设用地总量控制。为此，一是土地利用年度计划一经批准下达，必须严格执行。没有农用地转用计划指标或者超过农用地转用计划指标的，不得批准新增建设用地；二是节约的农用地转用计划指标，经核准后，可结转下一年度继续使用；未严格执行建设占用耕地补偿制度或者没有完成土地开发整理计划指标的，核减下一年度的农用地转用计划指标。

2. 各级人民政府应当将土地利用年度计划纳入国民经济和社会发展计划，并将执行情况列为国民经济和社会发展计划执行情况的内容，向同级人民代表大会或者其常务委员会报告。

3. 县级以上人民政府土地行政主管部门应当会同有关部门进行土地调查，对土地等级进行评定。土地调查结果和土地等级评定结果，应当作为划定基本农田保护区和征收土地税费等的依据。

（六）农村土地利用规划落实要求

我国农村土地利用规划落实机制宗旨，是确保耕地总量动态平衡，中共中央、国务院强调要求各级党委、政府正确处理保护耕地与发展经济的关系，确立在保护耕地的前提下，进行各项建设、发展各项事业的指导思想，把土地存量优化和增量开发有机结合起来，按照耕地总量动态平衡的要求，通过政策的导向作用，实现对土地的合理利用。做到本地总量只能增加，不能减少，并努力提高耕地质量。为了确保实现全国耕地总量动态平衡的目标，国务院进一步要求各级政府和土地管理部门在组织制定和实施农村土地利用规划中，必须在统一思想理念的基础上，组织落实以下七项要求：

1. 必须统一农村土地利用规划的思想理念。各级政府及土地行政主管部门在全国城乡一体化二、三产业化建设用地呈逐年增加趋势中，必须统一综合开发复垦土地、实现耕地占用与补充平衡的思想理念。为此，一是认真落实国土资源部《关于切实做好耕地占补平衡工作的通知》精神，牢固树立起占用耕地就必须补充耕地的理念，正确处理好城市工业发展占用土地与农业和农村经济发展保护土地的关系，处理好基本农田不减少与农业产业化经营不停步的关系，拓宽综合开发治理、科学整理复垦土地、实现耕地占用与补充平衡的重要途径；二是组织推动县（市）、乡镇政府狠抓落实补充耕地的责任、任务和资金，加大土地利用政策、法规的宣传贯彻力度，增强全民节约用地意识和保护耕地的理念，真正做好用地讲求合理，保护土地立足发展，补充土地确保平衡，切实达到耕地总量平衡和占补平衡。

2. 组织落实以规划、计划为中心的宏观调控农村土地利用要求。通过编制和修订农村土地利用总体规划，确立科学的指标控制系统，实施对用地规模的控制和合理布局。综合协调土地供求关系和各类用地矛盾，实现土地供应总量的有效控制，保持耕地的动态平衡。各级人民政府要根据国家产业政策、土地利用规划，制定包括耕地保护、各类建设用地、土地使用权出让、土地开发复垦等项指标在内的土地利用计划。土地利用计划一定要体现供给对需求的制约和引导，各项建设用地必须符合土地利用总体规划。在严格执行土地利用总体规划上，必须以规划确定的用途利用土地，督促乡镇政府、村委会按照土地利用总体规划的控制范围和指标，制定实施乡镇、村建设规划，进一步优化配置用地。要充分利用空闲、旧宅基地等存量土地、挖潜改造，提高土地利用率。同时，建新必须拆旧，严禁一户多宅；严格指标控制，严防多占土地。

3. 组织落实建设用地"保压有别、突出重点"的宏观调控要求。这是指在加强对建设用地项目管理中，坚持执行单项用地指标与总体用地计划紧密结合的方针，组织实施年度土地供应计划"保压有别、突出重点"的微观调控机制，优先供应重点项目工程和社会公益急需项目工程的建设用地。对可以缓、减、免的建设用地项目，必须认真审核、严格把关，切实按照《建设用地指标预申请制度》规定，对建设用地单位必须先向当地土地管理部门申请用地指标，接到《建设用地指标通知书》

后,才可以进行项目工程涉及,办理建设用地审批手续。否则,不准供应土地,以利于防止发生不合理建设用地的问题。

4. 组织落实项目工程建设用地的目标转向挖掘存量土地内在潜力的制约要求。据调查统计,1997年,全国城镇和农村居民住房用地已超过2.8亿亩,其中,旧城、旧村、旧厂址、空闲地、废弃地等土地没有开发治理、整理、复垦,约有40%的潜力可挖掘利用。因此。在发挥内部挖掘潜力基础上,主要落实以下三项要求:

(1)控制城镇外延规模,挖掘存量土地内在潜力的要求。对全国城镇发展规模必须重新核定,从严控制和限制。为此,一是转变城镇发展思想,调整土地供给方式,充分利用城镇已有土地,严格控制占用农村土地,调整城镇工业化建设规模;二是城镇规划面积超过国家规定标准的,必须缩小规划区范围,对城镇建成区已达到或超过国家规定标准的,必须严格限制占用新土地。必须对城镇建设用地,由过去外延扩展为主,转向内部挖掘为主的发展轨道上来,实现土地利用由粗放型向集约型转变。

(2)坚持严禁占用耕地、立足旧城镇、旧乡村改造的要求。多年来,全国绝大多数乡镇、乡村居民住房建设用地不断外延扩展,形成了一些空心房、空心社区、空心乡村,内部挖掘改造、节约土地的潜力很大。为此,一是对山区乡村,推广搬村上坡、腾地造田的经验,鼓励农民利用山坡地建房,将平地乡村所在地改造成耕地;二是对平原乡村区域,推广划定乡村界线,扎边乡村封口的经验,在划定的乡村村界内折旧建新,充分利用旧宅基地和空闲地;三是对大型工矿区乡村,推广合并乡村、集中搬迁、安家落户的经验,统一规划,统一建设,提倡"高层发展、空中要地"的做法,促使农民住房楼层化,居住环境城镇化。

(3)坚持盘活工矿企业土地资产、落实优化土地利用结构要求。在工矿企业闲置的土地上,组织开辟老工矿企业嫁接改造、联营联建、土地转让等多种途径,在明确划定土地产权关系的基础上,采取厂中办厂的办法,提高土地利用率;对乡镇企业造成的闲置土地,能还耕地的尽力还回耕地,无法还回耕地的,除安排新项目工程建设外,应结合小城镇建设、乡村改造,充分加以合理利用。

5. 组织落实基本农田保护的制约和奖惩要求。这是指划定基本农田保护区,落实耕地转用许可、耕地损失补偿、耕地保护奖惩等以下四项要求:

(1)组织落实基本农田规划保护要求。对基本农田的划定,必须坚持"一要吃饭、二要建设"的指导方针,坚决把一级"保命田"控制牢、控制死,永久保护的耕地量,必须占耕地总量的80%以上。为此,必须全面深入考察、评估、分析全国人口增长、经济发展等必须占用耕地的诸多因素,进行科学论证,根据本地实际,合理确定耕地的近期、中期、长期保护目标,力求划定基本农田保护区。对划定的一级基本农田,应作为"保命田",必须采取强硬措施加以特殊保护。除涉及国防等特别重大的建设项目经国务院批准可有限度地占用外,其他建设项目一律不得占用。占用一级农田的审批权,必须由国家直接控制。占用二、三级基本农田的审批权也上收,以加强控制。

(2)组织严格控制耕地转用许可要求。为切实做到基本农田保护区的耕地不被任意占用,必须依法律、法规,遵循规定的集中占用耕地的决定权和审批权。不论耕地转用于何种非耕地用途,也不论耕地产权是否发生变化,必须依法取得耕地转用许可。

(3)组织落实健全耕地损失补偿制度的要求。这是指对因非农业建设和农业结构调整等情况确需占用耕地的,用地者应负责开发相当数量质量的耕地作为补偿,以保证耕地总量不减少,质量不下降的要求。在国务院《基本农田保护条例》规定:占用基本农田的建设单位和个人,按照"占多少、垦多少"的原则,负责开垦与所占耕地同等数量和质量的耕地;没有条件开垦的,必须按规定缴纳基本农田造地费。从2012年起,经国务院批准,为充实改进耕地损失补偿办法,建立健全耕地损失与补偿统收统支管理制度,实行统一收取"造地费",统一组织开垦耕地的办法。对基本农田造地费不开任何免收的口子,由省级土地管理部门统一收取。根据年度(或半年)耕地占用情况,指令县级地方政府统一组织开垦土地,经验收合格后拨付所收取的"造地费"。这样做的结果是,既能保证

"造地费"的全额收取,又能调动地方政府开垦土地的积极性,从而达到控制占用、补充耕地、促进平衡的根本目的。

(4) 组织落实完善农田保护奖惩、司法与粮食调配挂钩机制的要求。为了加强各级政府对基本农田保护工作的领导和监督,组织推动各县(市)、乡(镇)、村层层签订基本农田保护目标负责书,把基本农田保护工作纳入各级政府任期目标考核的内容。对基本农田保护区,实行分片包干、责任到人,明确各保护片区的四至面积、保护期限和责任人,以及所承担的保护责任,把具体保护措施落到实处。严格执行基本农田许可证审批手续,未取得基本农田许可证的,不予办理建设用地审批手续。坚持执行耕地占补平衡、占用耕地与开发复垦挂钩的政策。对非农业建设确需占用耕地的,必须开发复垦不少于所占面积且符合质量标准耕地;坚持推行耕地保护与粮食调配挂钩政策。粮食调入省,要控制建设占用耕地的数量,建设单位需占用耕地必须先开发后占用。口粮不能自给的省,要逐年减少或暂停下达建设占用耕地的指标;坚持加强巡查监督,严格执法,实施耕地保护奖惩与司法机制。对耕地非合理减少负有主要责任的,应给予处分。对保护耕地成绩突出的要给予奖励。对未经批准或骗取批准、越权批地、非法批地、化整为零等土地违法行为,造成滥占耕地、破坏耕地、擅自占用或挖沙取土、闲置荒芜等破坏浪费基本农田的,依法严肃处理,追究刑事责任。

6. 组织落实农村土地综合开发治理、土地整理复垦、土地集约利用的要求。这是指综合开发治理土地后备资源,拓宽土地整理复垦途径,多角度、全方位地集约利用土地,转变过去片面追求开发耕地的做法,对后备土地资源,坚持因地制宜组织实行宜农则农、宜林则林、宜牧则牧、宜渔则渔的开发治理。同时,要本着"谁开发复垦、谁受益"的原则。鼓励个人投资开发治理。为此,必须组织落实以下三项要求:

(1) 强化对土地开发复垦的统一管理。土地的开发复垦应该在土地利用整体规划指导下,编制土地后备资源的开发复垦规划和年度实施计划,在主管部门的统一协调、指导和监督下,有组织、有计划地筹建耕地保护和土地开发复垦基金,有计划地进行土地开发和废弃地复垦。在组织筹建耕地保护和土地开发复垦专项基金来源上,是从土地出让金、耕地占用税、造地费、复垦费和农业综合开发资金等项税费中筹集起来的。对土地开发复垦基金,必须专户储存,专款专用。可确定无偿拨款、无息贷款、低息贷款等几种投资方式,由土地开发复垦的主管部门管理使用。

(2) 强化对异地土地开发复垦的专项规划、计划管理。对有条件的异地开发、复垦的专项规划、计划,必须列入国民经济和社会发展计划体系;对跨省、自治区的开发复垦项目工程,必须经国家土地管理部门批准,在国家统一规划和组织下,允许土地后备资源不足、实在无法实现耕地动态平衡的地区与丰富地区联合开展开垦荒地、农业综合开发等方面合作。只有这样实现土地开发复垦和集约利用功能的动态资源,才能切实保护好基本农田,实现耕地总量的动态平衡。

(3) 完善土地综合开发、土地整理复垦的优惠政策。在坚持"谁开发、谁使用、谁受益"的原则基础上,进一步放宽政策,充分调动广大投资者参加土地综合开发、土地整理复垦的积极性,在中央和地方政府财政原有扶持、补助资金的基础上,多方位、多渠道筹集资金,争取金融机构对土地后备资源开发给予一定的低息贷款,贯彻落实"取之于土、用之于土"的政策,促进土地综合开发、土地整理复垦形成良性循环的态势,为土地总量平衡奠定基础。

7. 组织落实加强农村土地利用规划管制的要求。农村土地利用规划是农村土地用途管制的基本依据。农村土地用途管制是一项系统配套的土地管理体系。农村土地用途管制含义是科学限定农村土地用途,采用激励约束手段,要求农村土地所有者和土地使用者按规定用途使用土地。农村土地用途管理形成一整套相互协调管制的措施体系。这一措施体系,必须以农村土地利用规划为中心,配套计划管理、法制建设和体制改革等保证措施。土地利用规划是农村土地用途管制目标的具体体现。因此,农村土地利用规划是农村土地用途管制目标能不能实现的关键措施。为适应农村土地用途管制的土地管理方式,必须落实加强农村土地利用规划管制的以下三项要求:

(1) 在农村土地利用规划机制的内容上,必须包括农村土地使用(利用)分区划分和分区控制性规划的机制,既要有明确的农村土地用途分区界线,又要有分区农村土地用途(用地结构)、建筑密度、容积及其他控制手段。

(2) 在编制农村土地利用规划的程序上,必须自上而下逐级控制,自下而上协调修正;必须上下结合,上一级规划对下一级规划实行控制,下一级规划与上一级规划及平级规划相互协调,修正上一级规划。

(3) 在实施农村土地利用规划的管制上,必须坚持较高层次规划对较低层次规划的土地用途管制,主要体现在各种用途土地的数量和结构上的限制,较低层次规划对土地所有者和使用者的土地用途管制,则体现在具体地块的用途和使用要求的限制,以便保护农村土地利用规划具有法律效力,促使农村土地的所有者和使用者及管理者严格遵循。

十、农村土地及相关系统经营管理监督检查途径

从1996年以来,我国农村土地管理体制,随着国家经济建设的发展和经济体制的改革,发生了历史性的变革,从实际情况看,农村土地管理体制基本适应国情和经济发展的需要,体现出中央政府统一管理全国土地的职能和国有土地产权主体地位和权力,显示出中央政府的集中和有效管理,能在维护土地资源的国家所有权益,落实"十分珍惜和合理利用每寸土地、切实保护耕地"的基本国策等方面发挥应有的作用。目前,在我国农村土地管理和督查中,还不同程度存在着多头管理、地方保护、部门分割的现象。对此,从我国的基本国情出发,从所负担的重大历史任务考虑,中共中央、国务院及国土资源等部门于1996年至2019年初,向全国各地区党委、政府及国土资源等部门颁发关于加强农村土地管理和督查方针政策、法规制度47件,各省、自治区、直辖市政府及国土资源等部门也制定实施相应的规章细则52件,全面系统、因地制宜地拓展两条途径:一是农村土地及相关系统经营管理途径;二是农村土地全方位监督检查途径。分别说明如下:

(一) 农村土地及相关系统经营管理途径

多年来,中共中央、国务院向全国各地区、各部门、城乡企事业单位和人民反复强调,加强农村土地各环节管理、珍惜保护耕地,加强城乡一体"四化"同步建设用地管理、从严审批非农业建设用地项目管理,加强农村土地规划、集体土地使用、国有土地资产和土地利用管理。为此,具体说明:一是农村土地管理的形势任务;二是农村土地管理的方针政策;三是农村土地管理的原则要求;四是农村土地管理的环节;五是农村土地管理的内容;六是农村土地管理的机制。

1. 农村土地及相关系统经营管理形势任务。首先,我国正处于工业化、信息化、城镇化和农业现代化同步快速推进的重要历史时期,国土资源保护、合理利用和生态文明建设面临严峻挑战的形势:一是土地资源供需矛盾不断加剧。目前,全国每年建设用地需求在1000万亩以上,用地缺口大,个别耕地后备资源匮乏省份占补平衡难度大;二是土地资源利用较为粗放。部分城镇规模过度扩张,土地城镇化快于人口城镇化,城镇人均建设用地和农村人均建设用地均超过国家标准;三是地质环境和灾害问题较多。全国水土流失面积和荒漠化面积逐渐增加,地质灾害呈易发多发之势。同时,农村土地资源开发和生态文明建设存在有利条件和良好机遇:一是节约集约用地有潜力。随着农村人口流向城镇,新农村建设步伐加快,农村土地盘活节约的潜力很大,节约集约利用土地提效的能力增强;二是农村土地开源有空间。部分低丘缓坡、荒滩荒山荒沟可以开发为建设用地,也可以因地制宜地建设为生态用地,改善人民生产生活条件;三是改革有动力。随着国土资源重点领域和关键环节的改革持续推进,改革创新成为解决农村土地资源环境问题的必然选择和根本出路。其次,我国是一个人多地少、耕地资源稀缺的发展中大国,面临着建设用地供需矛盾突出、耕地保护难度增大、用地粗放浪费等问题,必须科学确定和组织完成以下三方面任务:

（1）要统筹保障发展，保护土地资源，促进生态建设。要全面落实节约集约利用土地优先战略，以总量控制逼迫节约集约、以严格标准促进节约集约、以政策法规保障节约集约、以试点示范带动节约集约，提高土地资源综合利用效率。要继续坚持最严格的耕地保护制度，坚决守住18亿亩耕地红线，维护国家粮食安全。要大力推进国土综合开发整治，优化国土开发空间布局。

（2）要持续推进改革，加快建立农村土地资源有偿使用制度。要全面推进农村土地管理制度改革，保障好被征地农民的合法权益。要深化国土资源管理体制改革，推行国土资源出让收益全民共享机制，推动农村土地资源开发收益更多地向资源产地倾斜。

（3）要保障发展更加有力，促进提高节约和挖潜用地能力。要科学节约集约利用土地资源，更加优化配置土地资源，要在农村土地综合开发治理中，更加惠民，民生用地应保尽保，被征地农民生活水平有提高和长远生计保障，要促进城乡人民生产、生活、生态用地更科学合理。

2. 农村土地及相关系统经营管理方针政策。1990年1月8日，国务院发布的《国家土地管理工作汇报会议纪要》指出，我国人多土地资源紧张，已是摆在全国面前的严重问题。因此，要大力加强土地的国情、国策的宣传，使各级党委、政府充分认识到这个问题的严重性，作为重要问题来抓，一方面要加强土地管理，制止乱占耕地、节约集约使用耕地，防止耕地大幅度减少，另一方面要大力综合开发利用土地，逐步做到每年减少的耕地与新开发的耕地大体平衡。《纪要》要求，各级政府及土地管理部门责无旁贷，要认真贯彻执行《中华人民共和国土地管理法》和"十分珍惜、合理利用每寸土地、切实保护耕地"和"节流开源"，稳定现有耕地面积，保持耕地总量动态平衡的方针，以现有的耕地面积，确保粮棉油等农林牧渔各业生产供应，以有限的土地资源，保证我国城乡一体经济社会建设用地的需要。同时，为加强农村土地管理，认真落实严格土地管理和调控的以下四项政策：

（1）坚持严格落实土地管理和耕地保护责任的政策。中共中央强调，18亿亩耕地这条红线，无论如何不能越过。国务院明确规定，地方各级人民政府主要负责人应对本行政区域内耕地保有量和基本农田保护面积、土地利用总体规划和年度计划执行情况负总责。各地区要按照国务院批准下达的耕地保有量指标，来落实耕地保护责任。

（2）坚持不断改进土地规划计划调控的政策。要加强规划计划对农业用地转用规模、速度、结构的控制和引导，将建设占用未利用地纳入计划管理。要适当压缩工业用地，增加民生用地，保证确实必不可少的基础设施用地。对各地区土地利用计划考核，不只看台账数，更要看实际用地数，实际用地超计划的，按规定扣减下一年度计划指标。

（3）坚持大力推进节约集约用地的政策。要从严控制新增建设用地总量，促进各地盘活存量、节约挖潜。要抓紧完善和严格执行节约集约用地政策和标准，出台并实施《关于促进各项建设节约集约用地的若干意见》，要严格监管和考核，在总结试点和典型经验基础上，建立节约集约用地的评价体系和考核制度。

（4）坚持始终切实维护被征地农民权益的政策。要妥善处理农村土地征收信访突出问题及群体性事件，继续严格落实国务院征地制度改革各项政策措施。进一步控制征地规模，严格执行占用耕地特别是基本农田的听证论证制度，严格审查补偿安置、社会保障等措施落实情况，全面实行统一年产值标准和区片综合地价，加快推行征地补偿安置争议协调裁决制度。采取从源头上及时妥善解决土地信访问题措施，推行化解土地纠纷调处仲裁政策，着力从根本上减少因征地问题引发的群众信访。

3. 农村土地及相关系统经营管理原则要求。首先，在农村土地及相关系统经营管理总体原则要求上，一是根据《中华人民共和国土地管理法》《中华人民共和国土地管理法实施条例》，制定实行国有土地有偿使用制度、农民集体所有制土地使用权流转制度和土地用途管制制度，加强土地管理，合理利用土地，切实保护耕地，禁止侵占、买卖或者以其他形式非法转让土地，促进社会经济可持续发展；二是各级政府必须全面规划，依法行政，贯彻十分珍惜、合理利用土地和切实保护耕地的基本国策，加强土地资源与资产管理；三是县级以上政府土地主管部门统一负责本行政区域内的土地管理和监督工作。辖区政府对城市土地利用总体规划确定的建设用地范围外的土地管理工作，与县政府享有同等权力;四是国务院于2014年批准国土资源部下发《关于强化管控落实最严格耕地保护制度的通知》,要求各地将保护耕地作为土地管理的首要任务,全面强化规划统筹、用途管制、用地节约和执法监管,加快建立共同责任,经济激励和社会监督机制,严守18亿亩耕地红线,确保耕地实有面积基本稳定、质量不下降。其次,在农村土地及相关系统经营管理具体原则要求上,分别说明如下:

(1) 农村土地及相关系统经营管理的具体原则主要有五项:一是坚持在制定和实施农村土地利用规划上,必须具有法律效力,任何单位和个人必须按国家各级政府发布的土地利用规划,申请使用土地。因此,各级政府制定和实施的农村土地利用规划,应由当地人大常委会通过,经上一级政府批准,赋予法律效力,成为必须遵守的法律规定;二是坚持在农村土地转变各种用途上,必须依照国家关于农村土地及相关方针政策、法律制度规则,必须经过审核、批准,发给许可证,避免土地利用规划缺陷,确保预防搞各种变相转变土地用途;三是坚持在农村土地利用违规问题上,必须严格、具体、明确落实处置办法,既要使违法者"后悔不迭",而吸取教训,又要竭力挽回造成的损失;四是坚持在农村土地安排利用上,必须对违法行为一开始就进行遏制,避免加大处置的难度,杜绝难以挽回的损失;五是坚持在实行农村土地用途管制适应国家集中统一土地管理体制的基础上,进一步坚持具有权威性、独立性和统一性的原则。

(2) 农村土地及相关系统经营管理的具体要求主要有三方面:一是必须加大土地规划计划管控力度。严格按照土地利用总体规划批地用地,严禁突破土地利用总体规划,设立新城新区和各类开发区(园区)。建立土地利用总体规划评估修改制度,禁止随意修改规划。合理调整土地利用总体规划,严格划定城市开发边界、永久基本农田和生态保护红线。严格控制城市建设用地规模,确需扩大的,要采取串联式、组团式、卫星城式布局,避让优质耕地。逐步减少新增建设用地计划指标,对耕地后备资源不足的地区,相应减少占用耕地指标。除生活用地及公共基础设施用地外,原则上不再安排城市人口500万以上特大城市中心城区新增建设用地;二是必须强化耕地数量和质量占补平衡。严格执行以补定占、先补后占规定,引导建设不占或少占耕地。省级国土资源部门要会同有关部门,对建设占用耕地占补平衡进行严格审查把关,坚决纠正占优补劣问题。全面实施耕作层剥离再利用制度,建设占用耕地特别是基本农田的耕作层应当予以剥离,用于补充耕地的质量建设,超过合理运距、不宜直接用于补充耕地的,应用于现有耕地整治;三是必须严格划定和永久保护基本农田。各地区应以依法批准的土地利用总体规划为依据,从城市人口500万以上城市中心城区周边开始,由大到小、由近及远加快全国基本农田划定工作,切实做到落地有户、上图入库。基本农田一经划定,实行严格管理、永久保护,任何单位和个人不得擅自占用或改变用途。建立和完善基本农田保护负面清单。严防集体土地流转"非农化",坚持以符合规划和用途管制为前提,严防擅自扩大建设用地规模、乱占滥用耕地。坚持农地农用,不得借农地流转之名违规搞非农业建设,严禁在流转农地上建设旅游度假村、高尔夫球场、别墅、农家乐、私人会所等。严禁占用基本农田挖塘造湖、种植林果、建绿色通道及其他毁坏基本农田种植条件的行为。基本农田和土地整治形成的耕地不得纳入退耕范围。

4. 农村土地及相关系统经营管理的环节。在农村土地及相关系统经营管理途径中,必须切实抓好农村土地的资源配置、所属权益、农业用途、非农业用途、购销资金、规划实施、用地审批、收益分配、组织领导管理环节。概要说明以下四个管理环节:

(1) 农村土地资源配置和所属权益的管理环节:一是在农村土地资源配置管理环节上,必须对适宜农林牧渔各业生产经营所需土地资源科学合理配置,对适宜城乡一体二、三产业和城乡居民生活所需非农业建设用地节约集约配置管理;二是在农村土地所属权益管理环节上,一要对农村集体所有制土地不准随意出让、转让、租赁用于非农业建设,从严控制新增加农业用地转变非农业建设用地。对国家所有制土地使用权,从严依法有偿出让、租赁拍卖,取得收益。

(2) 农村土地的农业用途和非农业用途管理环节:一是在农村土地的农业用途管理环节上,必须保护基本农田,改造中低产田,扩大耕地面积,提高耕地质量,确保粮棉油等农林牧渔各业生产经营所用土地;二是在农村土地非农业建设用途管理环节上,必须为维护国家城乡人民的利益,从严控制非农业建设占用土地面积，保护全国城乡生态环境，促进城乡工业、商业、服务业等非农业对土地资源综合开发利用，科学节约集约占用土地，推动城乡一体经济社会健康发展。

（3）农村土地购销资金管理环节：国家各级政府通过财政、银行、投融资，征收、购买、置换农村土地，公平合理地支付地价费用，同时向非农业建设单位收取转让、租赁、拍卖地价费用，由各级政府土地、财政、银行部门管理监督。

（4）农村土地利用规划、用地审批、收益分配、组织等管理环节：一是各级政府要坚持依照国家土地利用总体规划设计和法定规则，从严控制各项非农业建设占地、推进土地综合开发利用、节约集约建设用地；二是各级政府要科学安排城乡一体化公共基础设施建设用地，从严控制审批非农业建设占用农业用地、禁止审批占用耕地，充分利用现有建设用地；三是各级政府要依法保障农村集体所有制土地权益，公正公平处理各方面土地收益分配关系。

5. 农村土地及相关系统经营管理的内容。它包括：一是农村土地资源配置的管理；二是农村土地集体所有制的管理；三是农村土地国家所有制的管理；四是农村土地农业用途的管理；五是农村土地非农业建设用途的管理；六是农村土地征用基金的管理；七是农村土地规划计划实施的管理；八是农村土地非农业建设占用审批的管理；九是农村土地产权、产籍的管理；十是农村土地收益分配的管理；十一是农村土地组织领导的管理。

（1）农村土地资源配置的管理。通过对农村土地资源配置的管理，控制农村土地利用结构，从而达到调整优化农林牧渔各业生产经营结构，促进城乡一体经济社会协调发展的目的。国家对农村土地资源配置最主要的方法，是制定和执行农村土地利用总体规划。这个规划要兼顾城乡一体经济社会协调发展对土地的需求，因地制宜选择农林牧渔各业生产用地资源，科学合理确定城乡一体交通、公共公益基础设施和工矿企业等各类非农用地的范围，落实到每宗地块，实行严格的用途管制。为此，在组织开展农村土地资源配置管理上，一是必须坚持对农村土地资源调查研究，科学考察评估土地资源潜力；二是必须全面掌握国家经济社会的中长期发展规划和年度计划、国家产业政策和社会发展政策；三是必须按照国家土地利用总体规划对农村土地资源的要求，因地制宜地开发治理土地资源，及时满足各行各业对土地资源的需要。

（2）农村土地集体所有制的管理。在组织开展农村集体所有制土地管理中，必须加强对基本农田保护区建设；严格控制农村居民的住宅基地建设；严禁耕地撂荒；不准占用耕地土葬；控制乡镇企业占用耕地；对农村集体土地使用权不准出让、转让、出租用于非农业建设；严格控制非农业建设占农业用地，推动节约集约用地，提高土地利用率。为此，坚持做到：一是必须加强基本农田保护区建设。要结合划定基本农田保护区，制定好村镇建设计划。对村镇建设，要集中紧凑、合理布局，尽可能利用荒坡地、废弃地，不占好地。在有条件的地方，要通过村镇改造，将适宜耕种的土地调整出来复垦、还耕；二是必须严格控制农村居民住宅基地建设。农村居民住宅建设要符合村镇建设规划。有条件的地方，提倡相对集中建设公寓式楼房。对农村居民建住宅，要严格按照所在省、自治区、直辖市规定的标准，依法取得宅基地。农村居民每户只能有一处不超过标准的宅基地，多出的宅基地，要依法收归集体所有；三是必须严禁耕地撂荒。对于不再从事农业生产、不履行土地承包合同而弃耕的土地，要按规定收回承包权。鼓励采取多种形式进行集约化经营；四是必须积极推行殡葬改革，移风易俗，提倡火葬。土葬不得占用耕地。山区农村可集中划定公共墓地。平原地区的农村，提倡建骨灰堂，集中存放骨灰。要在做好深入细致的思想工作、取得当事人支持与配合的前提下，对占用耕地、林地形成的坟地，采取迁移、深葬等办法妥善处理，以不影响耕种或复垦还耕、还林；五是必须促使乡镇企业用地，要按照经批准的村镇建设规划要求，合理布局，适当集中，依法办理用地审批手续。要大力推广新型墙体材料，限制黏土砖生产，严禁占用耕地建砖瓦窑。已经占用耕地建砖瓦窑的，要限期调整、复垦；六是必须对农村土地，除国家征用外，集体土地使用权不得出让，不得用于经营性房地产开发，也不得转让、出租用于非农业建设。用于非农业建设的集体土地，因与本集体外的单位和个人以土地入股等形式兴办企业，或向本集体以外的单位和个人转让、出租、抵押附着物，而发生土地使用权交易的，应依法严格审批，要注意保护农民利益；七是必须对农村集体所有的各种荒地，不得以拍卖、租赁使用权等方式进行非农业建设。

（3）农村土地国家所有制的管理。在组织开展国家所有制土地管理中，必须对国有土地使用权有偿出让，主要采取公开招标拍卖的方式，鼓励公平竞争。建立土地基准地价和标定地价评估公布制度。国有土地使用权拍卖底价须在科学估价的基础上，依照国家产业政策确定。为此，一是必须对涉及国防安全、军事禁区、国家重点保护区域等国有土地使用权出让和外商投资进行成片土地开发的项目，一律报国务院审批。禁止对外出让整个岛屿的土地使用权；二是必须对国家原以划拨方式，取得国有土地使用权用于非农业生产经营的，除国家法律规定可以继续实行划拨外，逐步实行有偿限期使用办法。对国有企业改制为有限责任公司或股份有限公司涉及的原划拨土地使用权，必须经过地价评估，依法实行有偿使用办法；三是必须对规范土地使用权转让市场，严禁炒买炒卖地皮等非法交易。对出让方式取得的国有土地使用权，未按国家法律规定的期限和条件开发利用的，应依法处罚，没收其非法所得，直至终止其土地使用权。对国有土地使用权转让，必须依法进行土地权属变更登记，未经登记的，属于非法转让，必须依法查处；四是必须对农业土地转为非农业建设用地的土地收入，全部上缴中央，原则用于耕地开发，由国务院规定具体办法。对国有土地使用权出让等有关土地收益，全部纳入财政预算管理，各级人民政府及其财政、审计部门要加强对土地收益的监督管理，防止流失土地资产；五是必须经常提醒县（市）、乡（镇）、村（屯）各级党政干部严格控制征用耕地出让土地使用权。禁止征用耕地、林地和宜农荒地出让土地使用权，用于高尔夫球场、仿古城、游乐宫、高级别墅区等高档房地产开发建设以及兴建各种祠堂、寺庙、教堂。

（4）农村土地农业用途的管理。这项管理的实质是：为了维护国家经济社会公共利益而对农村土地所有权的限制。这样做，才可以保证农村土地的合理利用，防止农村土地占用者不顾社会整体或局部邻里的利益，而任意利用土地。所以，农村土地农业用途管理是对农村土地所有权的限制的手段，是维护国家全体人民的利益，对于不符合国家人民利益的土地使用必须给予限制途径。加强农业土地用途管理的目标，保护优良耕地，耕地总量不减少；制止盲目开垦草原、山坡地、河湖滩地和海涂；保护区域城乡生态环境；促进资源优化配置、区域经济均衡发展。加强农村土地农业用途管理的核心是保护耕地的同时，重视合理利用其他土地，促进城乡一体化经济社会的可持续发展。为此，必须坚持进一步加强农村土地用于农业生产经营建设用途管理，建立两项管理制度：一是建立有计划按比例统一配置农村土地资源的供地制度。必须通过法律和经济的手段，将其纳入宏观调控计划指标之内，统一配置使用。建设用地的供应，要坚持"节约、高效"的标准，对建设周期长的用地项目，应改变一次性供地的做法，按工程进度分散（半年一次）供地；对占而未用造成闲置的土地，也应改变过去"满一年收取荒芜费，满两年收回使用权"的被动做法，采取对增量土地强令还耕，对存量土地及时收回的措施，防止闲置浪费。同时，要全面实行土地的有偿、有限期、可流动的使用制度，通过经济杠杆制约建设用地规模，促进土地使用权的合理流动，提高土地利用效率；二是建立农村土地使资源最佳组合、高效利用制度。要确保农村土地用于农业生产经营，必须建立农村土地资源的最佳组合、有序流转、高效利用的激励机制，促进农业用途土地向种田能手适度集中，改变传统的以自给为主的小生产经营方式，向农业现代产业化规模生产经营方向发展。

（5）农村土地非农业建设用途的管理。这项管理的中心是从严调控农村小城镇、大中小城市建设用地规模，加强对大中小城市规划、建设和管理，必须严格执行《中华人民共和国城市规划法》和《国务院关于加强城市规划工作通知》（国发〔1996〕18号）等有关法律、法规，严格控制大城市的用地规模，特别要严格控制中等城市和小城市用地。对城市建设规划规模过大的，要坚决压缩到标准控制规模以内。为此，一是必须对城市建设用地应充分挖掘现有潜力，尽可能利用非耕地，提高土地利用率。对城市建设和发展，要严格按照经批准的城市总体规划，从实际出发，量力而行，分步实施。城市建设总体规划要与土地利用总体规划相衔接，用地规模不得突破土地利用总体规划；二是必须对城市总体规划进行局部调整或作重大变动，必须在得到审批机关认可后进行，并按照《国务院关于加强城市规划工作的通知》要求备案或报批。对各类城市的建设用地，要在城市规划中实行规定标准管理，从我国国情出发，统筹安排，确定人均占地标准，具体落实到每个城镇，不得突破。大城市的建设用地和人口规模应控制在经批准总体规划的近期规划范围内，不得再扩大。要加强对用地的集中统一管理，不得下放规划管理权和用地审批权。

（6）农村土地征用基金的管理。农村土地征用本质上属于国家行为，即国家因其自身需要而向农村集体经济组织征用土地，把集体土地转为国有。但在市场经济条件下，农村土地征用大量的需求，不来源于国家，而主要是来自国内外企业。这样就使农业生产经营用地转化为非农业建设用地过程分成两个环节，严格区分开，第一个环节由国家支付征地费用，把农村集体土地征为国有，第二个环节由国家按划拨或出让价格，再把土地交给用地单位。由国家出资征用土地，就需要建立农村土地征用基金。该基金作为政府基金，由财政部门主管，建设用地管理部门经办，基金来源于财政拨款、新征土地划拨所得及部门出让所得收益金。农村土地征用基金用途，主要是支付国家征地费用，平衡地区间、地块间、不同用途间的征地价格，从而使国家掌握主动权，一方面向被征地单位支付公平、合理的征地价，另一方面向征用地单位收取公平合理的划拨价或者出让价。这样做的好处有：①明晰了征用地过程中的法律关系，国家先取得土地所有权，再把土地使用权划拨或出让给用地单位；②国家掌握了征地主动权，便于各项宏观调控措施的落实；③避免国家、征用地单位、被征地单位（农户）之间的不公平行为，土地征用价格、划拨价格及出让价格由国家核定，以保证农民切身利益，合理、有效地使用土地。

（7）农村土地规划计划实施的管理。这项管理要求各省、自治区、直辖市必须严格按照耕地总量动态平衡的要求，做到本地耕地总量只能增加，不能减少，并努力提高耕地质量。各级政府要按照提高土地利用率、占用耕地与开发复垦挂钩的原则，以保护耕地为重点，严格控制占用耕地，统筹安排各业用地要求，认真做好农村土地利用总体规划的编制、修订和实施工作。不符合上述原则和要求的农村土地利用总体规划，都要重新修订。农村土地利用总体规划的编制和修订，要经过科学论证、严密测算，切实可行；农村土地利用总体规划一经批准，就具有法定效力并纳入国民经济和社会发展五年计划和年度计划，严格执行。在修订的农业土地利用总体规划批准前，原则上不得批准新占耕地。为此，一是各级政府坚持按照国民经济和社会发展规划、国家产业政策和农村土地利用总体规划的要求，按照国民经济和社会发展计划的编报程序，制定包括耕地保护、各类建设用地征用农村土地使用权出让、耕地开发复垦等项指标在内的年度农村土地利用计划，加强农村土地利用总量控制；二是各级政府对制定城乡建设用地计划，必须符合农村土地利用总体规划和城市总体规划，并纳入年度农村土地利用计划。对年度农村土地利用计划，实行指令性计划管理，一经下达，必须严格执行，不得突破。

（8）农村土地非农业建设占用审批管理。各级政府及有关部门都必须坚持对农村土地非农业建设地实行严格的用途管制，从"十二五"规划起控制非农业建设项目占用基本农田，确实需要占用耕地的，报国务院审批。对解决城镇中低收入家庭住房困难户住房和安居工程，以及经国家批准的重点建设项目用地，仍按原规定报批。各项建设用地都必须严格按照法定权限和程序报批。在建设项目可行性研究报告评审阶段，土地管理部门就要对项目用地进行预审。凡不符合农村土地利用总体规划、城市内的建设项目不符合城市总体规划的、未纳入年度农村土地利用计划的、不符合农村土地管理法规和建设用地有关规定的建设项目，都不得批准用地，对项目工程不得开工建设。

（9）农村土地产权、产籍的管理。各地区政府及有关部门通过对农村土地产权、产籍的管理，将农村土地利用和土地权属的历史、现状调查清楚，并对土地的适用性和土地价格进行评估，在此基础上，对每宗土地进行登记，建立档案，将上述调查和评估结果记录在册，并对有关土地权利人发放相应的土地产权证书。地籍管理是整个土地管理工作的基础。无论是制定土地利用规划，还是规范土地市场，都必须以地籍资料为主要或重要依据。如果说土地资源配置和土地收益分配是土地管理的两个"拳头"，那么这"拳头"是否有力，能不能对整个国民经济和社会发展起应有的调控作用，在很大程度上取决于地籍管理的基础工作是否扎实。

（10）农村土地收益分配的管理。各地区政府及有关部门必须加强农村土地收益分配进行管理，在市场经济条件下，获取相应的土地收益。土地收益分配体现的是地租关系，即各项土地权利（所有权、使用权等）在经济上的实现，有助于理顺各方面经济关系，是国家对国民经济和社会发展进行宏观调控的又一重要手段，一方面使土地开发、基础设施建设和其他公益事业有稳定的资金来源，土地所有者和开发者通过出让或转让开发后的土地，可以得到一部分因投资而引起的土地级差收益，这有助于调动各方面向土地投资的积极性，也有助于促使土地按照规划用途流动，使土地充分利用，避免或减少闲置、浪费；经过上述收益分配调节之后，各类生产经营者的获利大体相当于社会平均水平，还有利于社会投资的合理分布，更有利于市场经济的平等竞争。土地收益分配主要是通过土地市场实现的。因此，必须在培育规范的土地市场上下功夫。土地市场的种类很多，例如，国有土地使用权的出让、出租、入股和有偿转让，农业用地在集体经济组织成员之间的有偿流转，以及农村集体非农业用地联营、入股等，都是土地市场。对各类土地市场都应制定明确的规则，使各种土地交易行为有章可循。国家征用农村集体所有制土地涉及国家、集体和城市企业之间的关系，也必须制定符合实际的法规或政策，妥善处理好有关方面的土地收益分配关系。

（11）农村土地组织领导的管理。农村土地管理和保护耕地工作法律性、政策性强，涉及面广、难度大。各级政府一定要切实加强组织领导，列入重要议事日程，制定落实措施。要经常听取土地管理部门的工作汇报，及时研究解决土地管理工作中出现的新情况、新问题，进一步加强土地管理部门集中统一管理土地的职能，搞好土地管理机构队伍建设，支持土地管理部门依法行政，依法管地。为此，首先，要组织加强各级土地管理机构职能。1981年中共中央决定，在国家综合经济部门中成立国家土地管理局，把我国国土整治好好管起来。1989年，国务院又发出关于开展国土整治工作的通知，指出要搞好我国国土整治工作，主要包括考察、开发、利用、治理、保护工作。1997年国务院新成立国土资源部，把土地、海洋（即蓝色国土）、地下的矿藏三种最基本的资源统一划归国土资源部管理起来，并明确规定，政府职能是加强宏观调控、法规治理，国土资源管理的职能是组织、协调、规划、立法、监督。具体地说，一是保护土地职能，主要指保护耕地、防止污染、防止水毁、塌陷、避免沙化等职能；二是开发复垦与整理土地职能，主要指综合开发治理复垦土地、开垦宜农荒地、改造中低产田、扩大耕地面积、提高耕地质量等职能；三是科学合理利用土地职能，要促使国民经济各部门根据轻重缓急，始终将土地资源能够保证农业优先，在这么一个人口大国，要保证以中国土地养活中国人。要坚持优地优用、劣地劣用等，要按照一个梯度，根据不同情况，合理使用土地，集约和节约利用土地。要使全国土地满足全局和长远的需要及供求平衡，这是国家土地管理的职责。各级土地管理部门要全面履行法律赋予对辖区内土地实行统一管理和监督的职责，切实转变工作作风，改善工作态度，提高服务质量，不断树立土地管理系统的新形象。加强思想政治工作和业务培训工作，努力提高土地管理干部的依法行政水平，建设一支"政治可靠、品德高尚、业务精通、执法公正、作风过硬、纪律严明"的土地管理队伍，以适应我国经济社会发展对土地管理工作的需要。其次，要组织推动各级计划、建设、财政、公安、检察等有关部门，要通力协作、密切配合，在各自的职责范围内，积极支持土地管理部门的工作，形成一个齐抓共管农村土地农业用地与非农业用地的良好格局。

6. 农村土地及相关系统管理的机制。在我国农村土地已进入市场经济时期，土地要实现效益最大化，客观上要求农村土地资源通过市场机制进行最佳配置，把严格保护耕地与满足城乡一体农业现代化、工业化、信息化和城市化四化同步建设用地需要结合起来，把提高土地利用效益与维护农民利益结合起来，要求各级政府坚持对农村土地承包关系，从长期不变到长久不变、政府征地限于公益性，不能向农村农户征用经营性土地。为此，必须坚持实施：一是农村土地利用效益与维护农民利益结合机制；二是农村土地承包关系从长期不变到长久不变机制；三是农村土地的公益性征用与经营性征用区分机制；四是农村土地非农业建设占用征收费税机制。

（1）农村土地利用效益要与维护农民利益结合机制。传统农业时代，土地是农民最基本的生存保障，是与农民利益最直接、最紧密、关系最大的民生问题。土地是一种不能再生的、稀缺的、可以永续利用的自然资源、经济资源，也是保障人类生存和发展的特殊资源。在我国有13亿多人口要吃饭，保障粮食安全必须严格保护耕地。同时，我国在推进城乡一体"四化"同步建设中，必然需要占用一定的土地。为此，在我国农村土地已进入市场经济时期，土地要实现效益最大化，客观上要求土地资源在市场机制进行最佳配置的严峻形势下，必须坚持实施严格保护耕地与满足城乡一体"四化"同步建设用地需要结合起来、把提高土地利用效益与维护农民利益结合起来的机制。这是由于在新中国成立以后，从土地改革到合作化、人民公社，再到农户家庭承包，与现代市场经济环境仍然不相适应。2006年以来，各地区为了快速工业化、城镇化，大量征占土地，其速度之快、规模之大、影响之广，在中国历史上少有。为了加快形成农业生产经营的规模化、市场化，土地流转出现多种形式，既促进了城乡一体化经济社会发展，也产生了严重的问题，主要表现为：一些地方政府以"经营城市""经营土地"为名征地，然后通过市场转为经营性用地，获得大量土地差价，把大量土地资源变为土地资本，变为地方"第二财政"。更重要的是在征地过程中，农民得到的征地补偿远不足以解决失地后的长远生计。同时，各地区农村组织发展农业适度规模经营要求土地流转，向种田能手和现代农业经营者集中，但农村土地流转市场不健全、不规范，一些基层干部操纵土地流转，剥夺农民的"知情权"和"处置权"，严重侵犯农民土地权益。解决这些突出的问题，必须坚持实施农村土地利用效益与维护农民利益结合机制。

（2）农村土地承包关系从"长期不变"到"长久不变"机制。这是指从完善农村土地基本经营制度出发，组织实施农村土地承包关系保持稳定、长久不变的机制。为此，必须坚持实施三种机制：一是坚持实施农村土地承包长久机制。必须坚持以农户家庭联产承包经营为基础，统分结合的双层经营体制，这是适应社会主义市场经济体制、符合农业生产特点的农村基本经营制度，必须毫不动摇地坚持。对农村土地承包关系，要保持稳定并长久不变，是农村基本经营制度的完善，也是促进现代农业、农村经济发展、保护人民权益的重大举措。为此，必须明确规定土地承包关系"长久不变"，给农民长久的土地使用权，保护农民利益、调动农民积极性，实现农业可持续发展；必须推动培育土地市场，促进城乡一体化经济社会健康有序发展，必须坚决遏制城乡上下的圈地风，维护农村社会稳定。过去规定土地承包关系"长期不变"，是有期限的。现在规定的长久不变，则是无期限的。一字之差，含义大不同，突出表明农民的土地承包经营更加充分而且有保障。这既体现时代的要求，又反映农民的意愿；二是坚持实施农村土地规范管理机制。必须坚持按照农村土地规模产权明晰、用途管制、节约集约、严格管理的原则要求，进一步完善农村土地管理机制。最突出的是强调坚持最严格的耕地保护、节约用地机制。划定永久基本农田，建立保护补偿机制，确保基本农田总量不减少，用途不改变，质量有提高；实行先补后占耕地机制，不得跨省区市进行占补平衡；从严控制城乡建设用地规模；三是坚持实施农村土地承包经营权流转机制。必须坚持加强农村土地承包经营流转管理和服务，建立健全土地承包经营全流转市场机制。要按照依法自愿有偿原则要求，允许农民以转包、出租、互换、转让、股份合作等形式，流转土地承包经营权，发展多种形式的适度规模经营；一方面特别重申土地承包经营全流转，不得改变农村土地农民集体所有性质，不得损害农民土地承包权益。要确实保障农民对承包土地的占有、使用、收益的权利。不得改变土地用途，要坚守18亿亩耕地这条红线，保障国家粮食安全。

（3）农村土地的公益性征用与经营性征用区分机制。必须坚持政府征地限于公益性，不能向农民征用经营性用地。为此，进一步实施两种机制：一是进一步实施农村土地征收规范机制。必须完善土地相关法律法规和配套政策，健全规范征地机制，严格界定公益性和经营性建设用地，缩小征地范围，调整征地补偿机制。为此，一要明确界定政府征地权，主要限于公益性征地。所谓公益性用地，是指国家财政出资、完全用于公共事业、非营利性的建设用地。政府为了公共利益的需要，应该有征地的行政权力，但是不能向农民征用经营性用地；二要明确规定逐步缩小征地范围，落实征地补偿机制，按照同地同价原则，及时足额给农村集体组织和农民合理补偿，解决好重点农民就业、住房、社会保障等问题。也就是在减少征地、保护耕地的同时，提高补偿标准，妥善安置失地农民；三要逐步建立城乡统一土地市场，对依法取得农村集体经营性建设用地，必须通过统一有形土地市场，以公开规范的方式，转让土地使用权，在符合规划的前提下，应与国有土地享有平等权益，同时，允许农民依法通过多种方式参与市场经营。无论经营性征地，还是土地使用权流转，都必须进入市场，通过市场机制，公平地实现土地的价值；必须按照严格的程序进行征用和流转土地，进而制止黑色隐性市场和权力寻租活动。这些具有突破性意义的改革机制，有助于保护耕地、保护农民利益；二是进一步实施农村居民宅基地机制。中共中央、国务院强调指出，必须严格宅基地管理，依法保障农户宅基地权益。应尽力将农村宅基地和村庄整治所节约的土地，要复垦为耕地。如要调剂为建设用地，必须符合土地利用规划、纳入年度建设用地计划，优先满足集体建设用地。要坚定不移地组织拓宽农民就业门路，改革劳动就业制度，健全农村社会保障制度，给农民迁徙自由的权利、平等就业的权利、公平享受社会福利和保障的权利，推动农村居民宅基地所有权及商品化的改革，处理好农村居民生存宅基地保障问题。

（4）农村土地非农业建设占用征收费税机制。这是指农村土地非农业建设占用项目，必须坚持实行有偿使用价格机制，调整新增建设用地有偿使用费、提高城镇土地使用税，以及将土地出让收入，纳入地方财政预算的各项规定，落实新增建设用地土地有偿使用费税机制。为此，必须坚持始终按照非农业建设占用土地实际面积征收费税，对实际用地超出审批面积的新增建设用地有偿使用费，由财政部门抵扣。对基本农田建设新增面积，由国土资源部在调查基础上，通过组织核查确认后提供给财政部，作为中央返还地方新增建设用地有偿使用费的依据。新增建设用地土地使用费，主要用于土地整理、增加耕地和基本农田建设，进一步加强监管。对于欠缴的，国土资源部门不得批准用地。

（二）农村土地全方位监督检查途径

我国农村土地监督检查，是指从中央到地方各级政府及主管部门，要对以公益性征用土地和经营性占用土地的落实情况及结果进行监督检查。农村土地监督检查的宗旨，是督察城乡各类开发区、城镇郊区、房地产开发区、乡镇企业、村镇建设、村民住宅等项建设用地以及土地使用权的自发交易情况，彻底纠正一些有法不依、违法不究、越权批地等违法占地现象，解决历史上遗留下来的权属纠纷，促进安定团结，促使非农业建设用地管理监督检查步入规范化、科学化、法制化轨道，综合开发治理土地，科学合理利用每一寸土地，确保实现耕地总量动态平衡。为此，进一步说明农村土地监督检查的形势、任务、要求、内容、程序、处罚等事项：

1. 农村土地监督检查的形势。总体来看，各级政府依法管地用地和节约集约用地的意识、农民土地维权的意识都有所提高，各级国土资源部门土地监管力度也在不断加大，违规违法用地的问题有所好转，全国土地违规违法立案数和土地面积同比，都有所下降。同时，违规违法用地的形势依然严峻，一些中小城镇违规违法用地的宗地数和面积占同期新增建设用地宗地数和面积的比例都不小。当前违规违法用地突出表现为三种形式、四个特点、五个因素、五个危害，必须遏制。

（1）三种形式：①"以租代征"形式。这是指违反土地利用总体规划和年度计划，规避农用地转用和土地征收审批，通过出租、承租和承包等方式，非法占用农地搞非农建设。有些地区乡（镇）政府和村级组织擅自占用农地，有的搞"标准厂房"和配套设施向社会出租；有的村级组织与外来投资者以"合作经营"的方式，擅自占用农地搞非农建设；有的乡镇政府和村级组织利用"旧村改造"多盖住宅，向社会出售或出租；有的村级组织擅自占用农地，兴建住宅向社会出售，"以租代售"。有的乡镇"以租代征"已经成为违法转用农地、撬动土地调控闸门的一股"暗流"；②擅自扩区设区方式。这是指违反土地利用总体规划和年度计划，突破开发区四至范围，擅自扩大开发区面积，有的甚至以各种名义新设各类开发区、工业集中区等；③未批先占先用方式。这是指没有依法取得建设用地的审批手续，就擅自先行征地、供地、施工建设的方式。单独选址建设项目涉及占用基本农田或农用地转用应报国务院批准,有些地区未报先占先用,有些地区边报边占。

(2) 四个特点:①一些县(市)级政府直接违规违法批地用地;②一些县(市)级政府有关负责人默许、纵容、操纵或者迫使违规违法用地,手段很隐蔽;③违规违法用地正在向乡(镇)政府和村级组织蔓延,在上级默许、纵容、操纵或者迫使下,村级组织违规违法用地的趋势正在上升;④东部地区违规违法用地仍未有效遏制,中西部地区明显上升。

(3) 五个因素。当前违规违法用地的成因是多方面的,也是复杂的,主要有五个因素:①科学的土地资源观还没有真正树立起来,虽然都认识到应当科学发展、保护耕地,但一碰到实际问题,就自行其是;②"经营城镇、以地生财"的影响不但没有消除,还在蔓延;③有令不行、有禁不止、有法不依、违法不究、姑息迁就,产生很大的负面影响,有些领导人以为违法"为公"、无畏处分,有些经办人以为"法不责众"、我行我素;④客观上规划用地规模已经突破,建设用地计划指标又受到严格控制,有的地方就选择了违规违法用地;⑤与国土资源行政部门改革跟不上、工作跟不上、监管跟不上也有关系。

(4) 五个危害。违规违法用地的危害极其严重,主要有五个危害:①危害危及耕地保护目标。目前,我国仅有耕地18.27亿亩,经济社会发展势必还要占用部分耕地,加之耕地的后备资源有限,补充耕地的难度越来越大,坚守耕地红线的任务本来就十分艰巨。而违规违法征占地大多数是优质耕地,并规避了占补平衡,只占不补。如果不坚决遏制违规违法用地,坚守18亿亩耕地红线的目标将会落空;②危害危及国家宏观调控政策的实施效果。无论"以租代征",擅自扩区设区,还是未批先占先用,都造成了土地供应总量、结构和时序的失衡,扰乱了正常的土地供应秩序,加剧了固定资产投资规模过快增长,宏观调控政策的实施效果大打折扣;③危害危及社会和谐稳定。首先是危害农民利益。违规违法用地规避补偿安置,农民面临的风险非常大。农民一旦拿不到土地租金,得不到应有的补偿,被占用的农田又无法复耕,就可能陷入"种田无地、就业无岗、社保无份"的困境,影响社会和谐稳定。其次是违法占地进行非农建设的业主也是有风险的。所谓的"小产权"房,一旦出现产权纠纷、经济纠纷或者面临清理,"小产权"房主的利益也无法保证。再次是各种非农建设特别是工商企业建设,包括一些国外企业,非法占用农田,没有合法手续,也会引发很多产权和经济纠纷。所有这些,都会成为影响社会和谐稳定的隐患;④危害危及国家法律的尊严和权威。有令不行、有禁不止、有法不依、执法不严,违法不究、姑息迁就,就可能逐步形成法不责众、法律虚置的局面,对依法行政造成恶劣的影响,严重危及国家法律的严肃性和权威性;⑤危害危及政府的执行力和公信力。保护耕地、保障发展本来就是国土资源系统和地方各级政府的共同职责,理应依法行政、依法办事,守住耕地红线。但有些地方没有严格执法,也没有依法行政,政府缺位,有的甚至成为违规违法用地的主体,严重影响政府的执行力和公信力。作为领导干部或公务员,不遵守法律,不依法行政,甚至带头违法,侵害最广大农民群众的根本利益,同样是一种腐败。为局部利益的所谓"因公"违法,也是违法的。

(5) 必须遏制。2016年以来,从中央到地方各级政府组织开展全国土地执法行动,分自查清理、查处纠正、督察整改三个阶段,对"以租代征"、违反土地利用总体规划扩大工业用地规模、"未批先用"等行为,进行重点清理和整治,坚决遏制违规违法用地的势头。为此,必须坚持做到四点:①要提高认识、统一思想,充分认识到坚守18亿亩耕地红线关系到粮食安全,关系到社会稳定,关系到长远发展。坚守耕地红线是地方各级政府及国土资源部门的应尽责任,一定要应对形势、承担义务,真正从思想上、组织上、行动上与中央保持高度一致;②要迅速行动,打好这场硬仗。要明确重点任务:一是全面清理,摸清底数。要将"以租代征"、擅自扩区设区、未批先用等三方面违规违法用地的底数摸清。只有底数清、情况明,才好下决心,才能分类进行纠正处理。二是严肃查处纠正,依法严办案件。在全面清查过程中,一旦发现问题,就要抓住不放,一查到底。既要处理事,也要处罚人,绝不手软,绝不姑息。三是切实抓好整改,努力创新制度,针对存在的问题,从深层次上加以研究,着力改革创新,理顺关系,改进工作;③要确保不走过场,从严清理,从严纠正,从严督查,从严处理。对重大典型案件，必须公开调查、公开处罚、公开追究、公开曝光。对那些瞒案不报、压案不查的，一经发现，要追究责任，严肃处理，确保执法行动顺利开展，不走过场。执法要硬，要以国家和人民利益为重，不怕得罪人。④要切实担负起历史赋予的责任，毫不动摇地坚守耕地红线。要综合运用法律、经济、行政和科技手段，做到"天上看、地上查、网上管"。对敢于触犯红线的人，要坚决查处，绝不手软，绝不姑息。一定要打好这场只能胜不容败的耕地保护战！

2. 农村土地监督检查的任务。中共十八届二中至五中全会和近期中央召开的多次重大会议，作出了一系列部署，其中涉及国土资源工作。在组织开展农村土地监督检查工作中，必须组织完成以下四方面任务：

（1）要严守耕地红线、督导节约集约、维护合法权益、提高监督检查效能。严格履行国家土地督察职责，以监督检查地方政府土地利用管理情况为着力点，以耕地保护为核心，以发现问题、整改职能为导向，尽职尽责保护国土资源，节约集约利用国土资源，要把严守耕地红线、保障粮食安全，作为土地监督检查工作的首要职责、"天职"，尽心尽力维护农民群众权益。

（2）要突出对地方政府土地利用总体规划、土地利用年度计划执行情况、划定永久基本农田、耕地占补平衡和补划基本农田情况的监督检查，将城市郊区、耕地集中连片区，作为耕地保护情况督察的重点区域，加强对地方政府耕地保护履责情况的监督检查。

（3）要将东部三大城市群、中西部地区重点城市群的各类工业园区、城市新区，作为节约集约用地监督检查的重点区域，突出对地方政府土地供应、土地出让收支管理、土地利用、土地抵押融资等监督检查；加强对地方政府执行中央宏观调控政策情况的督察，重点检查产能严重过剩行业项目用地情况。

（4）要继续深化维护被征地农民合法权益专项监督检查，推动维护农民群众土地合法权益工作常态化，及时对地方政府违法违规征占土地、征地补偿安置落实不到位、侵害农民群众合法权益的问题，开展实地核查，督促地方政府切实解决好涉及农民合法权益的矛盾，协调处理好各方面权益关系，推进城乡一体化经济社会健康发展。

3. 农村土地监督检查的要求。概括说，农村土地监督检查的总要求是必须达到五个目标：一是严格执行土地用途管制；二是严格规范使用农村集体所有土地进行建设；三是严格控制农村集体建设用地规模；四是严格禁止和严肃查处"以租代征"转用农用地的违法违规行为；五是严格土地执法监管。这正是为贯彻执行国务院发布的《关于严格执行有关农村集体建设用地法律和政策的通知》，对正在蔓延的农用地非法转为建设用地的歪风必须刹住，严格履行农村土地监督检查职责，以监督检查地方政府土地利用和管理情况为着力点，以耕地保护为核心，严守耕地红线、督导节约集约、维护合法权益、提高监督检查效能的总要求。在这总要求基础上，具体要求做到以下三点：

（1）要将耕地保护作为土地监督检查的首要职责，突出对地方政府土地利用总体规划、土地利用年度计划执行情况、划定永久基本农田等情况的监督检查，突出粮食主产区，将城市郊区、耕地集中连片区、土地违法违规行为高发区等作为重点区域。要督导地方政府节约集约利用好土地，将东部三大城市群、中西部地区重点城市群的各类工业园区、城市新区作为监督检查重点区域，突出土地供应、出让收支管理、利用和抵押融资、产能过剩行业项目用地等情况的监督检查。

（2）要加强土地执法监督检查，严肃查处乱占滥用耕地行为，严格耕地保护责任追究制度。构建耕地保护共同责任制度。为此，必须要求做到：一是加强对农村土地公益性征用、经营性使用单位资格监督检查，完善城乡一体公路、铁路、水电等公益性征用土地许可制度，进一步建立城乡一体工商服务企业、房地产开发等经营性用地许可制度，为了加强对农村土地公益性征用、经营性使用单位资格审查，在发放许可证的同时配发用地手册，手册上详细记载每次公益性征用、经营性使用土地情况。定期和不定期的检查记录，可以作为是否保留该单位征用、使用土地许可证、是否核准该单位下次征用、使用土地要求的依据。

（3）要将农村集体建设用地非法入市暗流涌动问题作为监督检查的着力点，近几年来，一些地区农村集体建设用地数量剧增,已成为撬动土地调控"闸门"、违法提供建设用地的一股暗流。当前农村集体建设用地管理存在的问题,主要是指违法批地等土地违法违规行为的主体已由县(市)级政府向乡(镇)政府甚至基层村组织迅速蔓延。其中一个最主要的形式是"以租代征",即规避土地规划计划的控制,规避法定的农用地转用和土地征收审批程序,规避土地使用有关税费,将农用地直接进行非农业建设。为此,必须从严监督检查农村集体建设用地数量剧增问题,着力监督检查农村集体建设用地项目的用途、投资规模、建设周期、土地综合效益和各方面权益等问题,要严格规范农村集体用地管理。

4. 农村土地监督检查的内容。概括说,农村土地监督检查的内容包括:一是对农村土地管理方针政策的监督检查;二是对农村土地管理职能责任的监督检查;三是对农村土地管理配合协作的监督检查;四是对农村土地管理内容的监督检查;五是对农村土地用途管制的监督检查;六是对农村集体建设用地规模的监督检查。

(1) 农村土地管理方针政策执行情况的监督检查。这是指各级政府及土地管理部门要对农村土地管理方针政策执行情况,作为监督检查农村土地管理的重点工作来抓。为此,一是监督检查各地区是否坚持"预防为主、事前防范和事后查处相结合"的土地管理的监督检查方针,坚决遏制土地违法案件上升的势头;二是监督检查各地区是否落实农村土地管理机构人员力量政策,切实解决土地管理执法人员少、素质偏低、装备差等问题,建立各级土地管理执法监督检查垂直领导体制,从体制上解决土地管理执法难的问题。以便对出现的各类土地违法案件严肃处理,对构成犯罪的依法惩处,维护土地管理法律法规的严肃性和权威性;三是监督检查各地区是否严格执行农村土地管理有关方针政策、法律法规、凡是对检查出来违法批地、违法用地、违章建筑等案件,必须严肃处理,决不能心慈手软、姑息迁就、马虎了事。凡是擅自占用耕地进行非农业建设的,必须实施经济处罚,加大处罚力度;凡是已经占用基本农田的,必须坚决限期退回,对不能退回,造成恶果的,必须追究违法刑事责任。

(2) 农村土地管理职能责任履行情况的监督检查。这是指各级政府及土地管理部门要对农村土地考核评估、审查批准管理的职能责任履行情况监督检查。凡是对农村土地用于农业结构调整建设和非农业建设,都应纳入考评、审批管理轨道,实行用途管制。未经许可,不得改变用途。一是对农业结构调整,要立足于后备资源的开发,严禁以减少耕地的方式搞农业结构调整。二是对非农业建设占用耕地,要坚持"占一补一"的原则,根据占用耕地质量,造出同等质量的耕地;占用基本农田的,必须严格按国家标准,足额收取耕地开垦费,确保耕地总量平衡。

(3) 农村土地管理配合协作情况的监督检查。这是指农村土地管理部门在查处违反土地管理法律、法规的案件,需要有关部门协助时,同级或者上级政府的行政监察、公安、审计等部门,应当按照各自的职责予以协助。为此,一是各级政府在必需时,责成土地管理、公安、监察有关部门组成联合执法检查组,对农村土地公益性征收、经营性使用情况进行抽查,对违法用地情况通报批评,依法处理。对情节严重的土地违法案件,从严查处,公开曝光,坚决制止有法不依、乱占滥用土地的问题。二是各级政府在严格农村土地执法监管上,国土资源部要会同发展改革、监察、农业、建设等部门,依据土地管理的法律法规和有关规定,严格土地执法监管,坚决制止乱占农用地,进行非农业建设的违法违规行为。

(4) 农村土地管理内容的监督检查。这是指农村土地管理内容监督检查包括两方面:一是对农村土地公益性征用、经营性使用单位资格审查、土地建设周期、环境适应性考评、审查的具体内容与意义等有关事项的监督检查;二是对农村集体所有土地用于兴办乡镇企业、乡(镇)村公共设施和公益事业建设等事项的监督检查。对农村村民住宅,可以使用农民集体所有土地,要依法履行审批手续。农村住宅用地只能分配给本村村民,城镇居民不得到农村购买宅基地、农民住宅或"小产权房"。

(5) 农村土地用途管制制度的监督检查。这是对一些地方违法违规、将农用地转非农业建设用地、非法批准建设用地的监督检查，促进这些地方政府及有关部门严格执行《土地管理法》确定的土地用途管制制度，严格执行土地用途管制制度，这是最严格土地管理制度的核心。使用土地的单位和个人，必须严格按照土地利用总体规划确定的用途使用土地。土地利用规划和管理是国家权力，违反规划和不经批准改变土地用途都是违法行为。任何涉及土地管理制度的试验和探索，都不能违反国家的土地用途管制制度。

（6）农村集体建设用地规模的监督检查。这是指对严禁以各种名义擅自扩大集体建设用地规模、并重点对集体建设用地使用权流转、土地整理、折抵和城乡建设用地增减挂钩试点，做出明确限制的监督检查。严格禁止和严肃查处"以租代征"转用农用地的违法违规行为。"以租代征"是农村集体建设用地违规违法问题的主要表现形式。为了遏制这一违法势头，必须严肃查处"以租代征"行为，明确规定，对国家机关工作人员批准"以租代征"占地建设的，要追究其非法批地的法律责任；对单位和个人擅自通过"以租代征"占地建设的，要追究其非法占地的法律责任。

5. 农村土地监督检查的程序。农村土地监督检查的程序，是坚持目标、明确依据、建立组织、培训骨干、宣传教育、组织发动、测量登记、公开发布、审查处理、检验证明。分别说明如下：

（1）坚定目标、明确依据。坚定保护节约土地目标，明确土地监督检查法规依据是《中华人民共和国土地管理法》《中华人民共和国土地管理法实施条例》《国务院关于深化改革 严格土地管理的决定》《国务院关于加强土地调控有关问题的通知》，以及中央和地方各级政府制定实行土地行政执法责任制度、土地巡回检查制度、土地重大违法案件备案制度，坚持依法、及时、准确的准则，对农村土地监督检查。

（2）建立组织、培训骨干。农村土地监督检查工作涉及千家万户，工作量大，政策性强，各县（市）、乡（镇）政府要高度重视，主要领导挂帅，主管领导主抓，主管干部包村，分工负责，实行岗位责任制的办法；各县（市）、乡（镇）要成立由纪检、宣传、土地、公安、司法、民调等部门组成的领导小组，具体安排部署此项工作，按照国家方针政策、法律法规、细则规定，解决处理好农村土地工作中出现的问题。同时，各村也要成立以村干部为主，吸收有文化、工作认真公道、有农村工作经验人员参加的监督检查小组。各乡（镇）集中各村土地监督检查小组成员组织培训，重点学习领会国家土地管理法律法规、规章细则，掌握运用好政策界限、测量登记方法，增强处理好各方面权益矛盾的能力。

（3）宣传教育、组织发动。农村土地监督检查工作能否顺利开展的前提，是组织加强有关于土地管理方针政策、法律法规、细则规定教育，组织召开农村基层干部和农民代表会，采用有线广播、电视网络、报纸杂志、通讯工具、张贴布告等形式，广泛进行宣传发动，做到家喻户晓，人人明白，促进广大城乡干部党员在农村土地监督检查工作中发挥带头作用，推动广大城乡居民群众积极支持配合这项工作，自觉地执行农村土地督察方针政策、法规制度，推动城乡一体化经济社会健康发展。

（4）测量登记、公开发布。农村土地监督检查检查工作的一个关键程序，是测量登记、公开发布。为此，一是必须正确认识测量登记是对农村土地面积、所有权、使用权、公益性征用面积、经营性使用面积等情况，审查处理、审核发证的凭证；二是必须在开展测量登记时，由农村土地集体所有制发包单位、土地承包农户出示以前发放的《农业土地承包使用权凭证》《宅基地证》和《集体土地建设使用证》，由公益性征用土地单位和经营性使用土地单位出示非农业建设用地文书、契约、合同等凭证；三是必须由测量登记人员查清非农业建设用地批准权属来源证明、四邻在场、指界签字，同时，检查绘平面图、标明面积、填写登记，做到测量无差错、登记不漏户、张榜公布、公开发布。

（5）审查处理、检验证明。农村土地督察工作的结尾程序，是审查批准、严格处理、验收验证、检验证明。在农村土地监督检查中发现的问题，根据实际情况，对照有关方针政策、法律法规、细则规定，由县（市）乡（镇）土地管理部门严格把关，严肃认真地按法律程序处理，做到该收回土地使用权的收回土地使用权，该罚款的罚款，该拆除的拆除，并将处理结果张榜公布。通过审查处理结果张榜公布后，征求广大群众无意见，经土地管理部门组织督察检验后发布证明书。

6. 农村土地监督检查的处罚。这是指国家明确规定组织进行农村土地督察处罚的职责、内容、对象等事项。

（1）农村土地监督检查处罚的职责。为此，各级政府及土地行政主管部门必须坚持推行土地监督检查实行预防为主、预防与查处相结合的方针，遵循依法、及时、准确的原则，实行土地行政执法责任制度、土地巡回检查制度、土地重大违法案件备案制度。各级政府及土地行政主管部门在组织进行农村土地监督检查处罚的职责上必须做到：①上级政府及土地行政主管部门对下级政府及土地主管部门的土地审批、发证、行政处罚、土地招标、拍卖等具体行政行为，应当进行监督，对违法或者不当的行为，依法责令期限纠正、予以撤销；②县（市）级以上政府及土地行政主管部门履行监督检查职责时，发现非法占用土地进行建设的，必须责令其停止施工；对拒不停止、继续施工的，可以采取查封、扣押施工设备、建筑材料等措施予以制止；③上级政府及土地行政主管部门，对违反土地管理法律法规的行为，如违法批地、用地、建筑等行为，可以对下级政府及土地行政主管部门下达查处令，也可以直接查处。可以对依法受到责令限期拆除在非法占用土地上新建的建筑物和其他设施的处罚拒不执行并继续施工的，土地行政主管部门可以查封、扣押其实施违法行为的设备和建筑材料。

（2）农村土地监督检查处罚的内容。各级政府及土地行政主管部门对违犯农村土地管理方针政策、法律法规、细则规定的单位和个人，根据情节轻重，对有关责任者给予处罚。处罚的内容包括经济制裁和行政处分。经济制裁由主管部门执行，行政处分由土地行政主管提出意见，由责任者的上级主管部门执行。处罚的具体内容主要有五方面：①买卖、典押、租赁或变相租赁和违法转让的土地，收归国有，没收其交易的财务。对双方当事人、指使人给予处罚；②侵占国有和集体的土地，责令退还，对当事人、指使人给予处罚；③用地单位和被征地单位，任何一方不执行征地协议（合同），使对方遭受经济损失，责任一方应给对方赔偿损失，情节严重的，对当事人、指使人给予处罚；④超越审批权限批准征用的土地，一律无效，对当事人给予行政处分；⑤对上述处理不服的，可以在土地行政主管部门作出决定后十五日内，向上一级土地行政主管部门申诉，上一级土地行政主管部门的决定为最终决定；也可以向人民法院起诉，由人民法院处理。

（3）农村土地监督检查处罚的对象。各级政府及有关部门对违犯国家对农村土地管理方针政策、法律法规、细则规定，擅自批准征用、乱战滥用、截留挪用农村土地等行为的单位和个人，给予相应处罚、追究法律责任，即称为农村土地监督检查处罚的对象，具体列举十二种对象。分别说明如下：

①凡是在农村土地征用中，对侵占国家、集体财产者，勒令退赔，给予处罚；对贪污受贿、敲诈勒索者，没收赃款赃物，给予处罚；对侵占招工、转户指标者，招工、转户无效，对责任者给予行政处分。

②凡是依据国家法律法规，批准占用耕地进行建设，自批准的动工建设之日起，满一年未动工建设的，由县（市）级以上政府土地行政主管部门，按照每平方米 5~10 元的标准，向用地单位征收土地闲置费；连续两年未使用的，经原批准部门批准，由县（市）级以上政府土地行政主管部门无偿收回土地使用权。

③凡是土地行政主管部门及其工作人员以化整为零、谎报地类等手段，弄虚作假报批土地，不按照《中华人民共和国土地管理法》规定，发放土地证书，对收取的有关土地费用违法使用或者使用不当，不及时查处土地违法行为，对依法应予处罚的违法行为不予处罚的，玩忽职守、滥用职权、徇私舞弊，或利用职务之便，索取、收受他人财物的，对主要负责人员或者直接责任人员，依法给予行政纪律处分；给国家和集体造成重大损失的，构成犯罪的，由司法机关依法追究刑事责任。

④凡是违犯国家关于土地管理方针政策、法律法规、细则规定，擅自与农村集体经济组织或农民签订协议占地建设的，按违法用地予以查处，依法追究有关领导及直接责任人员的法律责任。

⑤凡是违犯国家关于方针政策、法律法规、细则规定，拒不履行土地复垦义务的，由县（市）级以上政府及土地行政主管部门责令限期改正。逾期不改正的，责令缴纳土地复垦费，处以土地复垦费 1 倍以上 2 倍以下的罚款。

⑥凡是农村集体经济组织，必须严格按《中华人民共和国土地管理法》及有关政策的规定，使用与管理征地费用，任何单位和个人不得侵占、截留、挪用征地费用。有关职能部门应加强对征地费的监督检查，发现侵占、截留、挪用等情形的，应当依法查处；情节严重的，由司法机关依法追究法律责任。

⑦凡是农村村民未经批准或者骗取批准，非法占用土地建住宅或者超过县（市）政府依法批准的面积，多占土地建住宅的，由县（市）级以上政府及土地行政主管部门，责令退还非法占用的土地，限期拆除在非法占用的土地上新建的建筑物。

⑧凡是在农村土地征用过程中，对坚持无理要求、煽动群众闹事、阻挠国家建设、妨碍土地管理人员执行公务的，由公安机关依照《治安管理处罚条例》处理；构成犯罪的，由司法机关依法追究法律责任。

⑨凡是违犯国家关于土地方针政策、法律法规、细则规定，非法挪用耕地开垦费、土地复垦费、新增建设用地土地有偿使用费的，由县（市）级以上人民政府土地、财政、审计等部门责令其限期改正；情节严重的，对主要责任人员依法给予行政处分；构成犯罪的，依法追究刑事责任。

⑩凡是违犯国家关于土地管理方针政策、法律法规、细则规定的有关罚款事项，必须坚持落实三项罚款规定：一是依照《中华人民共和国土地管理法》第七十三条的规定处以罚款的，罚款额为非法所得的5%以上50%以下；二是依照《中华人民共和国土地管理法》第七十四条的规定处以罚款的，罚款额为耕地开垦费的1倍以上2倍以下；三是依照《中华人民共和国土地管理法》第七十六条的规定处以罚款的，罚款额为非法占用土地每平方米10元以上30元以下。

⑪凡是对违犯国家关于土地管理方针政策、法律法规、细则规定的单位和个人，由司法机关追究刑事责任的有三种行为：一是在规定期限内拒不执行主管部门决定或司法机关判决；二是在征地过程中制造纠纷、煽动群众闹事、破坏生产建设、造成重大经济损失或人身伤亡的；三是在征地过程中，敲诈勒索、行贿受贿情节严重的。

⑫凡是当事人对行政处罚决定不服的，可以依法申请复议或者提起诉讼。逾期不申请复议或者不起诉又不履行的，由作出处罚决定的部门申请人民法院强制执行。

十一、农村村民失地后社会保障途径

1987年以来，全国各地区农村土地占用逐渐增加，由此引发征用土地、违法占用土地、失地农民生活的纠纷问题增多，逐年扩大成2亿失地农民群体。20世纪90年代至今全国各地建立开发区，最高峰时开发区达8000多个，全国每年流失的耕地数量达1000万亩以上，人为征占500万亩，从1991年至2017年，全国非农业建设占用耕地13394.6万亩，按人均1.2亩耕地计算，26年间全国失地农民数量约11162万人。2012年以来，中共中央、国务院反复强调，必须千方百计维护失地农民的利益，建立健全失地农民社会保障体系。为此，进一步要求各级党委、政府及有关部门必须做到：一是客观预测全国农村村民失地趋势；二是正确估量农村村民失地利益；三是科学分析农村村民失地利益损害原因；四是组织拓宽农村村民失地后就业创业、生存生活途径；五是统筹构建农村村民失地后社会保障体系。

（一）农村村民失地变化趋势

从1991年至2019年这28年来，在全国非农业建设占用耕地总面积上，其中70%以上是国家各级政府及有关部门占用的耕地面积，这就意味着至少有7813.4万亩耕地，由原来农村村民集体所有变成国家各级政府及有关部门所有。从全国各地区农村村民失地变化趋势来观察，主要有以下三种现象：

1. 全国大中小城镇郊区农村村民失去耕地面积大、人数集中，在沿海一些经济发达地区农村村民失去耕地人数较多。这28年以来，上海、北京、天津、广州、深圳、大连、青岛、汕头、宁波等大中城市非农业建设占用耕地2586.6万亩，失去耕地的农村村民为2236万人，占农村人口的28.2%。

2. 全国各地区普遍采取征地时一次性地支付补偿金，让被征用耕地村民自谋职业。自谋出路的失去耕地村民，在创业就业方面，明显处于劣势地位，很容易陷入失地又失业的困境。从全国来看，各地区政府及有关部门在审批农村村民承包耕地征收建设用地项目中，采用货币补偿办法的占90%以上，大多数失去耕地村民仅有村民小学、初中文化程度，缺乏非农就业技能，自谋职业困难，一部分处于失业状态。

3. 全国各地区农村村民失去耕地后生活水平下降现象普遍。据对全国52个大中小城镇郊区农村村民5830户调查统计分析，2017年，耕地被征用前五年平均年人均纯收入为9468元，耕地被征用后五年平均年人均纯收入为9127元，下降3.6%，其中：增加的有1949户，占33%；持平的有1516户，占26%；下降的有2365户，占41%。耕地被征用后纯收入减少的，大部分是传统农业区的纯农业户，基本上不参加二、三产业经营活动。

（二）农村村民失地利益受限

全国各地区农村村民失去耕地利益受到限制的不良影响，主要有以下六方面：

1. 农村土地征用补偿标准偏低，损害农村失去耕地农户利益。依照国家土地管理法规定，占用耕地补偿费归农村集体所有制单位，农户只得到地上附着物、青苗的补偿费，扣除政府及农村集体所有制单位在征收耕地中各种费用和留取部分，余下的收入很少分给失去耕地农户。

2. 农村土地征用价格与土地出售价格收益相差悬殊。据2015年测算，农村土地征用收入全年平均每亩为13.64万元，转让收入全年平均每亩为24.38万元，招标拍卖收入全年平均每亩36.23万元。由此可见，转让收入为征用收入的1.8倍，拍卖收入又为征用收入的2.7倍，农村土地征用价格很低。

3. 农村土地征用程序不规范，土地收益分配不合理。1991年至2016年，全国非农业建设占用耕地总面积的70%是国家各级政府及有关部门征收占用的。各地区政府及有关部门在农村土地征用中存在以下两个问题：

（1）农村土地征用不规范。一是大多数农村失去耕地村民，没有见过任何国家各级政府及有关部门征用耕地公告、通知、合同书等文件；二是一些地区农村村民没有参加过村民大会，不知道征用耕地费标准、数额。

（2）农村土地收益分配不合理。一是农村土地收益分配比例为：政府占有70%，农村集体所有制单位占有25%，农户占有5%，政府和农村集体所有制单位的收益占有95%，而农户得不到足够补偿；二是农村土地收益的绝大部分，没有用到综合开发治理和科学复垦土地建设上，其中一部分为基层单位挪用和干部贪污提供便利，使农户收益难以增加。

4. 农村村民失去耕地后，多数人文化水平低，务业求职能力弱。目前，国家还不能在农村建立现代社会保障制度，失去耕地村民多数是依靠有限的征用耕地补偿费来维持基本生活，如遇到疾病，就难以维持生计。

5. 农村村民失去耕地，就等于失去一项重要的财产。土地既是一种重要的资源、"财富之母"，满足人类不同需求，又是一项重要的财产，隐藏着巨大的价值。农户承包的土地，尽管是从农村集体那里取得的一项"承包经营权"，为农户的土地权利和利益提供法律上的肯定，随着土地资源短缺、价值效用渐增、含金量提高，农村所有土地的财产属性和财产权利属性将日益增强，而失地村民因为失去耕地，就将失去这一切权益。

6. 农村村民失去耕地及其相关的一系列权益。土地是农村村民集体赖以存在的物质载体，村民的诸多权利都是直接或间接地与所拥有土地相关的。各级政府对农村村民的生产经营建设技术资金等方面的支持,都是以土地为基础的,失去土地,也就失去获得这种支持的机会。土地又是农村村民行使其他公民权利的基础,失去土地,村民那些与土地密切相关的文化、教育等方面权利的实现,也就会受到极大的限制。

(三) 农村村民失地利益受限原因

全国各地区农村村民失去耕地利益受到限制的原因,主要有以下五点:

1. 各种经济技术开发区、工业园区盲目建设占用耕地过多。一些地区为大力推进城乡一体化经济发展,盲目建设各种经济技术开发区、工业园区,乱占滥用土地,其中80%是耕地,一些根本不具备招商引资条件的开发区,征而不用的现象普遍,造成大量耕地荒芜的撂荒现象。有些开发区规划用地的面积少于实际征用面积,大量征用高产稳产粮田并未用于建设,而是在抛荒,全国在建和已建的各类开发区中有约43%的土地处于闲置状态。

2. 一些地区农村土地现行征用补偿标准过低,将失地村民排除在土地增值收益分配之外,不能解决农民失地后的长远生计问题。同时,一些地方政府将低价补偿征用土地,向招商引资企业实行优惠减租和减免地价、零地价出售的政策,在农村失地农民利益受损的基础上,导致开发房地产企业有恃无恐地压低被征用土地价格。

3. 一些地区农村村民失地后生活无保障,一些地区农村村民失地后生活问题没有彻底解决:一是1980年至1990年,各地区政府对失地村民的保障重点,将其安排进入乡镇或集体企业中作为用工,但缺乏基本的养老、最低生活保障等社会保障项目,随着乡镇企业发展陷入瓶颈后,部分已进企业工作的失地村民,又回到失业之中;二是1991年至2000年,一些地区对农村土地征用的标准过低,被征用土地的农村集体所有制单位,未获得与之相符的经济补偿,导致村级机构缺乏对本村失地村民的养老、抚恤等基本保障的资金投入;三是2001年至2010年,一些地区政府及有关部门对农村土地征用采取一次性货币补偿安置失地村民方式。这种过低的一次性货币补偿安置方式,对失地村民的出路缺乏长远的安置考虑,使得有限的安置经费难以从根本上解决失地村民生活和出路。加上不少村民在获取安置补偿金后,往往用于购置消费品而未进行就业创业投资。最终,失地村民在安置补偿金耗尽之后,无法凭借自身能力获取稳定的收入来源,形成新的困难;四是2011年至2016年,一些地区非农业部门其本身就缺乏安置失地进城村民的就业岗位,造成了失地村民的实际失业比例扩大,而即使当初安置部分失地村民的企业也存在难以营销为生问题。

4. 一些地区农村土地"外征内用""以用代征""未批先用"违规操作,严重损害了失地村民的利益。不少地方特别是乡镇一级,为降低项目的前期开发成本和减少开发中的劳动力安置费用,不按规定征地标准实施补偿,未能及时对部分失地村民实施"农转非"。村民在土地所有权丧失的情况下,仅按获得失去土地使用权的补偿维持生计,损害村民实际利益,并且部分地方土地征用通常是在手续不全、已经报批或未办理土地正式报批的情况下立项的,因而不能按照国家法规细则规定,给予应有补偿,使多数失地村民缺乏基本社会保障保护。

5. 一些地区农村村民失地后的货币与招工安置不妥当。首先,在通过对失地村民货币安置上,由地方政府或用地单位向失地村民支付征用耕地货币,让村民自己解决务业和生活问题,由于货币安置失地村民务业和生活费用标准低,给失地村民重新"农转非"就业创业带来一系列困难;其次,在通过对失地村民招工安置上,由地方政府或用地单位依据征地数量安排"农转非"的失地村民务业。采取谁用地、谁安置的方式,在实践中会产生一些矛盾,带来不少后遗症,侵害村民利益。

(四) 农村村民失地后就业创业、生存生活途径

2013年以来,从中央到地方各级党委、政府及有关部门一直在为我国农村村民失地后,制定和推行文教科技培训、就业创业方针政策、法律法规、细则规定,组织交流推广失地村民安置先进经

验，拓宽失地村民增强就业创业技能、改善生存生活条件的途径。为此，一是拓宽农村土地承包使用权流转渠道；二是拓宽农村土地征用评议公正价渠道；三是拓宽村民失去耕地换取社保渠道；四是拓宽失地村民文教科技培训渠道；五是拓宽失地村民就业创业技能渠道；六是拓宽农村土地产权、土地征用补偿、利益分享和经营收益分配渠道。

1. 农村土地承包使用权流转渠道。我国总体上已进入以工促农、以城带乡的发展阶段，走向加快改造传统农业、步入中国特色农业现代化道路，正在着力破除城乡二元结构、形成城乡经济社会发展一体化新格局的关键时期。拓宽农村土地承包使用权流转渠道，就是要保障国家粮食安全，有效地增加农民收入，促使失地村民从土地上走出来，参加非农业产业。为此，一是推进农村土地在村民之间转让、转包、出租使用；二是推进农村集体所有建设用地流转，扩大农村土地流转范围，以利于盘活农村土地存量，有效利用耕地，提高农村土地利用率；三是推进农村土地使用权流转改革，促使一些自愿、无力生产、不愿种地的农户放弃自己承包土地，限制盲目乱占耕地的现象，使乱占耕地的情况得到遏制，减少失地村民。

2. 农村土地征用评议公正价渠道。在组织开展农村土地征用上，必须坚持在保护土地资源、保护农村村民土地被流转的切身利益基础上，一是建立健全农村土地公正征用法规制度，在流转的交易环节上不能搞强制，一定要尊重村民自身的意愿，政府有义务给村民提供相关信息，让村民根据更多的证据、更充分的信息，对自己的土地有一个确切的评价，不要让他们上当受骗；二是建立健全农村村民房地产使用权流转法规制度，允许城镇居民到农村租赁、购买村民的宅基地、住房，宅基地成为村民借款的抵押物。把宅基地交易放活，有利于提高村民的收入，也有利于提高农村土地资源使用效率；三是建立健全农村村民非农业建设占地使用管理法规制度，全国农村村庄非农业建设占地面积为16.8万平方公里，如果按照城镇容积人口标准，可以住30亿人，而农村常住人口是7亿多。通过流转解决两个问题：一是村民到城里去居住，要让村民的这些非农用地复垦转为耕地；二是适当鼓励城市居民租买农村宅基地，增加村民收入。

3. 农村村民失去耕地换取社保渠道。在组织推进农村土地转为国有化城镇建设用地上，必须坚持以农村村民失去耕地换取社会保障的原则，以达到失地村民取得生存生活权益。为此，一是各地方政府把农业用地转化的非农用地逐步收归国有，使失地村民逐步变为城镇居民，享受相同的国民待遇，就业靠市场，社会保障靠政府。在进城初期政府优先向他们提供廉租房；二是各地方政府只对放弃土地使用权、改变社会身份的村民提供社会保障，不放弃土地使用权，就视同有社会保障。农村村民只要没有转化为城镇居民，就不能和土地脱离关系。这样就从根本上杜绝社会保障两头落空的可能性；三是各地方小城镇建设用地和农村非农企业用地，都应该按土地换社保处理。凭借土地换社保，是降低农村人口城镇化的门槛、创造农业劳动力商品化的历史条件，是解决工农两种生产方式的矛盾、城乡两种社会结构的矛盾，拓宽行之有效途径。

4. 农村失地村民文教科技培训渠道。全国各地区农村村民文教科技素质低，85%以上的人口是初中以下文化，其中43%以上的人口只有小学文化，大多是简单劳动者，产业转移困难。为此，一是各级政府应该加大农村文教科技培训投入，提高失地村民综合素质，为进城镇从事二、三产业创造条件；二是各级政府把一切能够集中的财力、物力、人力，都用在农村村民文教科技培训投入上，把失地村民培育成从事城镇二、三产业的居民；三是各级政府要从根本上消除就地消化村民的传统观念，下定决心在城乡一体工业化、信息化、城镇化道路上，分化、减少农村村民，转化为城镇居民。

5. 农村失地村民就业创业技能渠道。组织推动农村失地村民拓宽参加城乡一体二、三产业就业创业渠道：一是要引导和教育失地村民转变观念，破除"等、靠、要"思想，提高自谋职业、竞争就业的自觉性和能力，积极主动地参与市场化就业创业，鼓励、扶持失地村民自谋职业。对自谋职业的失地村民，应享受城镇下岗人员自谋职业的有关税费优惠政策，对开展自主创业的失地村民，农村信用社应继续发放小额贷款给予支持；二是鼓励征用地单位和工商服务企业尽量消化失地村民，对吸收失地村民的企业，应享受安排下岗人员的有关优惠政策；三是建立以县（市）级劳动力市场为中心，以乡（镇）管理服务站为网点的就业创业服务网络，为失地村民免费提供求职登记、择业指导、职业介绍、推荐安置等一系列服务。

6. 农村土地产权和土地征用补偿、利益分享和经营收益分配渠道：一是确定农村村民为农村土地所有权的主体；二是规范农村土地市场流通渠道；三是开拓农村土地征用补偿和利益分享渠道；四是挖掘农村集体经营收益分配渠道。分别说明如下：

（1）明确规定农村土地所有产权的主体是村民。从我国农村土地改革、村民合作化、人民公社化、农户家庭承包土地的历史和现实来看，农村土地所有权的主体，应该明确为村民。只有明确村民是农村土地所有产权的主体，才会合理分享农村土地征用补偿和利益，消除过去政府拿大头，村级行政组织拿中头，村民拿小头的现象，才会增强失地农村村民的经济实力，化解失地农民与村级行政组织、各级政府之间的矛盾。

（2）科学规范农村土地市场流通渠道。通过科学规范农村土地市场流通渠道，推动地方政府在对农村土地征用过程中引入市场化因素，减少或控制非市场化给农民利益造成的损害和流失。这是促进农村集体建设用地使用权，直接进入市场流通渠道，为失地村民增加收入，稳定农村社会开拓途径。

（3）组织开拓农村土地公平征用补偿和利益分享渠道。为此，一是逐步提高土地征用补偿费标准。要充分考虑农村经济发展趋势，按国家法规政策规定，给予应有补偿，使失地村民得到就业创业资本，基本社会保障保护；二是在统一征地中逐步推行土地"分区综合价"。坚持将土地按地段、地形划分为若干类别，每一片类别确定一个相对合理的基准地价，在统一征地时，实行统一补偿标准。

（4）全面挖掘农村集体经营收益分配渠道。在全面挖掘农村集体经济组织的经营管理和收益分配渠道过程中，必须加强集体资产管理，对农村集体资产特别是历年土地征用的补偿费，要单独建账、专款专用，优先用于办理村民养老保险等社会保障。对于土地已基本征完或全部征完的"城中村"，在撤村建居时，可按村集体资产的多少进行分类改革，加快产权和股份制改革：一是对资产总量大、集体企业多、收入较稳定的村，应进行股份制改革，量化到人；二是对资产总量不大、无工商服务企业、收入不稳定的村，可进行资产托管，入股投资，量化到人；三是对资产较小的村，应优先为村民办理养老保险。改制后的集体资产用于投资风险小、收入相对稳定的第三产业，其收入也应主要用于社会公益和股民福利事业建设。

（五）农村村民失地后拓宽构建社会保障途径

全国各地区政府及有关部门在组织开展拓宽构建农村村民失地后社会保障途径上，主要包括五方面：一是农村土地征用补偿保障；二是农村土地征用安置保障；三是农村土地征用全程保险；四是农村土地征用社会保障；五是农村失地村民社会保障基金运营管理。

1. 农村土地征用补偿保障。在组织开展农村土地征用补偿保障体系建设上，一是确定公平合理的农村土地征用补偿标准；二是制定切实可行的农村土地征用补偿规则；三是加强统一征用的农村土地补偿管理。分别说明如下：

（1）确定公平合理的农村土地征用补偿标准。这是指在国家关于土地法律法规的基础上，必须严格区分公共公益性征用土地与经营盈亏性使用土地的目的，分别确定农村土地的公共公益性征用与经营盈亏性使用补偿标准。为此，一是在公共公益性征用土地补偿标准上，各级政府及有关部门必须依照国家法规，根据被征用土地最佳利用率评价，接近真实的土地价值；二是在经营盈亏性使用土地补偿标准上，必须依照市场交易谈判方式，确保取得公平合理补偿标准。

（2）制定切实可行的农村土地征用补偿规则。这是指在制定农村土地征用补偿规则的基本准则上，一是严格行使土地征用权，规范征地范围；二是坚持遵循市场经济规律，合理制定征地补偿费用标准；三是始终坚持政府统一征地，从严保护和节约集约耕地；四是建立健全征用土地仲裁制度，保证土地征用补偿公平合理；五是坚持实行征地与供地分离，简化征地批准后实施程序；六是必须坚持以失去耕地村民社会保障为核心，拓宽失地村民生存生活安置途径。

（3）加强统一征用的农村土地补偿管理。这是指在农村土地征用上，统一组织调查研究、确定补偿标准、拟定实施方案、审查报批、批准后实施、跟踪督查等各环节管理。为此，各级土地管理部门要坚持实行审查、督导的职责：一是对征用土地补偿标准不符合国家法制规定，不落实安置措施的，不准报批征用地；二是对已依法批准征用土地，没有对失地村民妥善安排生存、生活的，停止申报非农业建设用地；三是对征用土地补偿费用加强管理，规范分配使用，严禁拖欠、截留、挪用补偿费用。

2. 农村土地征用安置保障。在组织开展农村土地征用安置保障体系建设上，一是确立以人生存、生活为本的准则，推行失地村民社会保障政策；二是明确地方政府安置失地村民的职责，建立安置失地村民责任追究制度；三是明确政府各部门配合协作，共同担起失地村民安置保障义务；四是推行优待失地村民财税政策，维护失地村民生存、生活权益。

（1）确立以人生存、生活为本的准则，实行积极社会保障的政策，帮助失地村民解决最低生活困难、医疗、养老等社会安置问题。

（2）明确地方政府安置失地村民的职责，主要承担失地村民基本生活、培训就业、医疗保险等社会安置的职责，建立对安置工作不落实的责任追究制度，追究谁出资征用地，为失地村民建立社会保障的责任。

（3）明确政府各部门配合协作，共同担起失地村民安置保障义务，明确由劳动和社会保障部、国土资源部牵头，吸收财政部、民政部、国家税务总局、中国人民银行等部门人员，组成失地村民社会保障制度建设协调小组，制定全国性被征地村民社会保障制度建设实施方案，明确被征地村民养老社会保障的发展目标、指导思想、原则、责任。明确被征地村民就业创业培训、养老和医疗社会保险，由劳动保障部门统筹负责，被征地村民最低生活保障与其他社会服务业，由民政部门负责，国土资源部门负责落实被征地村民优先享受社会保障待遇。

3. 农村土地征用全程保险。在组织开展农村土地征用全程保险体系建设上，必须坚持对失地农民给予事前、事中、事后全程保障。这是指：一要在征地前，依据农民自愿原则，鼓励他们参加失地保险；二要在征地发生时，给农户设立个人账户；三要在得到补偿后，为失地村民设计多种安置途径，具体安置方案由失地村民自主选择。为此，一是在事前保障上设立村民失地保险；二是在事中保障上设立补偿金账户；三是在事后保障上开拓三种途径。

（1）在事前保障上设立农民失地保险。这是指在事前保障环节上，一是设立失地保险机构。对失地村民保险，由专门保险机构，以村为单位收取及发放，并在乡村设办事员进行保险工作；二是确定失地保险基金来源。由国家，农村集体经济组织和农户三方共同投资建立保险基金；三是加强失地保险管理。对失地村民保险基金，建立管理监督制度，任何单位和个人不准侵占挪用。

（2）在事中保障上设立补偿金账户。这是指在事中保障环节上，为确保失地村民能得到土地征用补偿费、安置补助费，必须由土地征用部门在县（市）劳动和社会保障部门，为失地村民设立补偿金账户，将补给失民的资金，在规定期限内，直接存入该账户，及时通知失地村民查账核实。

（3）在事后保障上开拓三种途径。这是指在事后保障环节上，一是就业创业途径。地方政府及有关部门组织失地村民参加二、三产业就业创业培训，增强非农业业务技能，走上务业岗位取得收入；二是转化城镇居民途径。将失去全部土地村民转变为城镇居民，享受城镇居民最低生活保障、事业保险、医疗保险、养老保险等待遇；三是保留公益地途径。必须在国家规划区内，由政府在征用公益性建设用地中，留给村委会一定数量土地开发经营，缓解后顾之忧问题。

4. 农村土地征用社会保障。在组织开展农村土地征用社会保障体系建设上，必须建立健全失去村民社会保障制度，主要包括：一是农村土地征用公平合理补偿制度；二是农村失地村民社会保险制度；三是农村社会保障体系制度。

（1）农村土地征用公平合理补偿制度。这是指建立农村土地征用公平合理补偿制度，增强失地农民生存、生活能力制度。为此,必须提高土地征用补偿标准,提高农村失地村民在征地补偿费中的分配比例,完善土地征用补偿制度。在补偿标准方面,要参考土地市场价格,保证村民所获的实际补偿金额,大于给村民补偿安置保障的实际成本金额。

(2) 农村失地村民社会保险制度。这是指在制定实行农村失地村民保险制度上,必须在推行征用土地的时候,优先在土地出让金和农民的安置补偿费中,提取10%作为失地农民的社会保障基金。为了保证失地村民社会保险顺利运行,必须按照"以支定收、收支平衡、略有结余"的原则,筹集保险基金,使得失地村民社会保险基金的收入与支出在年度内平衡,以利于主管部门根据失地农民数量的波动情况,调整保险的费率,避免货币贬值的风险,增加保险基金积累。

(3) 农村社会保障体系制度。这是指在调整修正农村社会保障制度上,一是必须调整修正各级政府财政支农结构、财政扶贫资金使用结构,采取保证增量财政收入投入比例等方式,筹集失地村民至整个农村社会保障的基金;二是必须坚持逐步将各级政府财政新增支农资金,优先保证农村基本医疗卫生、征地补偿安置工作中被征地村民的基本生活、就业创业救助等社会保障基金支出,理顺政府、用地单位、农村集体和村民之间的土地收益分配关系,维护被征地村民社会保障利益。

5. 农村失地村民社会保障基金运营管理。这是指在组织开展农村失地村民社会保障基金运营管理上,必须坚持做到:一是拓宽农村失地村民社会保障基金运营渠道;二是加强农村失地村民社会保障基金管理。

(1) 农村失地村民社会保障基金运营渠道。为此,组织建立政府性质的社会保障资金管理机构,将其资金委托商业银行管理,专门负责社会保障资金的保值增值,推动资本市场的发展;政府性质的社会保障资金管理机构是基金管理法人,商业银行是基金保管人,政府性质的社会保障资金管理机构对社会保障资金实施统一的强制性管理,统一管理个人账户的各种信息。同时,委托商业银行共同办理有关业务,由商业银行负责资金保管。

(2) 农村失地村民社会保障基金管理。为此,一是建立失地村民社会保障统筹基金和个人账户基金结合分账管理的方式。统筹部分直接进入省级社会统筹基金,统筹基金设立财政专户,实行收支两条线管理;个人账户基金进入县(市)级基金法人管理机构账户,个人账户基金统一由县(市)级基金法人管理机构管理,新增基金抗风险能力,确保基金安全;二是拓宽失地农民社会保障基金运营渠道。在中央财政加大农村社会保障基金的基础上,人民银行设立农村社会保障基金储蓄补贴利率,地方政府特许基金投资一些风险小、收益高的基础设施建设项目,以确保保值增值;三是推动各级政府及社会公益组织共同组成失地村民社会保障基金监管机构,加大对失地村民社会保障基金监管力度;四是督促各有关经办机构之间相互监督、相互制约、全面监督失地农民社会保障基金筹集分配使用情况;五是完善审计、监察、财政等有关部门联合组成的外部监督制度,以保证失地农民社会保障基金安全。

十二、农村土地财政筹融资监管体系逐步完善途径

我国农村土地财政筹融资监管体系逐步完善途径,经过1995年至2019年24年历程。从中央到地方各级政府财政在对农村土地征用收益管控督查中,引起城乡居民和社会各界关心重视,主要包括:一是农村土地财政的含义和范围;二是农村土地财政产生的原因和作用;三是农村土地财政管理的成效和失误;四是我国农村土地财政的管控和督察;五是农村土地财政筹融资监管体系逐步调整完善。

(一) 农村土地财政的含义和范围

我国农村土地财政,是在组织推动农业现代化、工业化、信息化、城镇化四化同步建设形势下,

促使各级政府对农村土地征用由无偿转化有偿中产生的。农村土地财政,是地方政府为推动城乡一体四化同步建设,促进城乡一体经济快速增长和社会事业健康发展,而运用土地相关的土地出让租赁收入、土地各种税政收入、土地各项费用收入等财力资源形成的。为此,进一步说明:一是农村土地财政的含义;二是农村土地财政的范围。

1. 农村土地财政的含义。农村土地财政是地方政府财政的组成部分,在地方政府财政收入的政府性基金收入中,有土地出让租赁收入。在地方政府财政收入的公共财政收入包括:土地财政收入的土地税收收入、土地非税收收入。这说明:农村土地财政的含义,是地方政府财政收支,主要来自农村土地相关财政收支渠道,是以县(市)、乡(镇)各级政府为主体,围绕农村土地所开辟的财政收支安排、收益分配途径。农村土地财政的性质,是地方政府通过科学征用、合理利用农村土地资源,壮大政府财政投入实力,增强政府财政调控能力,促进城乡一体经济社会持续健康发展。农村土地财政的宗旨,是地方政府土地财政通过筹集土地出让租赁收入、土地各种税政收入、土地各项费用收入,统筹安排用于城乡一体农业现代化、工业化、信息化、城镇化四化同步建设,着重投入城乡一体化公共基础设施建设和公益社会事业,壮大城乡一体化经济社会持续健康发展实力,增强城乡居民脱贫致富能力。

2. 农村土地财政的范围。它是指农村土地财政收支范围。农村土地财政收入范围包括:土地出让租赁收入、土地各种税政收入和土地各项费用收入。农村土地财政支出包括:农村土地综合治理支出、农村耕地开发复垦支出、城乡一体化公共基础设施建设支出、城乡一体化公益社会事业支出。

(1) 农村土地财政收入的范围:一是农村土地出让租赁收入,市政府代理行使土地所有者权力过程中形成的权益性收入,它是地方政府土地财政收入的主要部分;二是农村土地各种税政收入,是政府作为社会管理者依法强制征收各种税政收入,它是地方政府土地财政为城乡一体化公共基础设施建设和公益社会事业服务提供财力支持的收入;三是农村土地各项费用收入,是地方政府对农村土地资源相关收益管理的有关部门,明确规定取得土地资源有偿使用费收入,它是地方政府土地、财政等部门对农村土地相关项目收取的费用收入。

①农村土地出让租赁收入。它是指按照国家法律法规准则,地方政府向一级市场投放的非农业建设用地,采取有偿出让、租赁方式的收入,主要包括:一是土地有偿出让收入,出让土地使用者向政府支付土地使用权出让收入;二是土地有偿划拨收入,划拨土地使用者向政府缴纳补偿、安置收入;三是土地有偿租赁收入,租赁国有土地使用者向政府上交租赁收入;四是国有土地使用权作价出资入股后的分红或股利收入。

②农村土地各种税政收入。它是指在我国与农村土地相关的土地直接税收入和土地间接税收入:一是土地直接税收入包括:房产税、城镇土地使用税、土地增值税、耕地占用税和契税五个税种;二是土地间接税收入包括:建筑业、房地产业两个行业的营业税和地方分享的所得税收入,与土地相关的个人所得税、印花税、城市维护建设税三个税种收入。

③农村土地各项费用收入。它是指在我国与农村土地相关的各项费用收入,主要包括三项:一是财政部门收取的土地使用费、土地租用费;二是土地管理部门收取的农村土地业务管理费、耕地开发复垦费、建设用地新增有偿使用费、房屋拆迁费;三是农林牧渔、水电交通邮政、人防文物、房地产等管理部门依据国家法律法规和地方政府规章制度,对农村土地资源的所有权转让、使用权流转中收取的费用,主要包括:土地资源补偿费、生态环境维护费、规划测量费、企业场地占用费、附着物和青苗补偿费、土地征用拆迁管理费、代理征收和服务费。

(2) 农村土地财政支出的范围:一是农村土地综合治理支出,用于治理水土流失、改善农村生态环境投资;二是农村耕地开发复垦支出,用于开垦宜农荒地、改造中低产田、增加耕地面积、提高耕地质量投资;三是城乡一体化公共基础设施建设支出,用于城乡一体工业化、信息化、城镇化公共基础设施建设投资;四是城乡一体化公益社会事业支出,用于城乡一体文教卫生支出、就业创业、社会保障投资。

（二）农村土地财政产生的原因和成果

我国农村土地财政产生的原因，主要有四点：一是我国农村土地属于国家和集体的所有制，各级政府统一计划管制土地的转让所有权和流转使用权，而产生一些地方政府强制交易土地的所有权转让、使用权流转所得的收入，这就是产生农村土地财政的根基；二是我国农村土地的所有权、使用权登记、征用、利用、补偿、出让、租赁、抵押、拍卖、收入、支出等事项，都统一由地方政府负责管理，这就是产生农村土地财政的职能；三是我国农村集体所有制土地征用补偿价格低，而征用后土地出让、租赁、拍卖价格高，因而形成差额收益，由地方政府财政机构组织收入、安排支出，由此产生农村土地财政收支的职责；四是我国地方县（市）、乡镇政府财政供给能力弱，通过组织农村土地财政收入，满足城乡一体化公共基础设施建设投资需求，扶持城乡一体化公益社会事业健康发展，这就是产生农村财政的任务。

我国农村土地财政的目标，是地方政府通过对农村土地综合开发、科学复垦、有偿使用、合理利用土地的途径，增加政府可支配的财政能力，充分发挥农村土地财政的积极作用。概括说，一是推动农村土地综合开发、科学复垦、合理利用农村土地资源；二是推动农业和农村经济持续快速增长；三是推动城乡一体四化同步建设进程；四是推动城乡一体化社会保障事业健康发展。分别说明如下：

1. 农村土地财政产生的原因。农村土地财政，是在我国城乡一体农业现代化、工业化、信息化、城镇化四化同步建设中的产物，它是在我国推进农业现代产业化规模经营中，在它所需农业用地、城乡一体工商服务产业化规模经营所需非农业建设用地的基础上，为承担地方政府财政机构管控督查农村土地的征用、利用等事项的职能、职责、任务而产生的。具体说明如下：

（1）产生农村财政是有坚固根基的。这是指地方政府为加强对农村土地资源综合开发、科学复垦、合理利用所需资金筹集供应、分配使用管理，进一步对农村土地所有权转让、使用权流转统一规划管制和督察，而通过政府财政机构制定实施农村财政管理方针政策、法规制度、方式方法，确保农业和农村经济、城乡一体化经济社会健康发展。

（2）产生农村财政是有全面职能的。这是指地方政府依据我国《宪法》《土地管理法》，对农村土地所有权益地方化作出的规定。按照国务院关于《国家所有土地权益》由国务院掌控，而各地区农村土地所有权属登记、征用、利用、补偿、出让、租赁、抵押、拍卖、收入、支出等事项，都统一由地方政府负责管理的要求，通过地方政府财政机构全面担起农村财政管理监督国家所有土地权益等有关事项的职能。国务院明确规定，从1994年起，将土地出让租赁收入划为地方财政收入以来，县（市）、乡（镇）政府财政机构全面承担着农村土地财政收入与支出职能。

（3）产生农村土地财政是有严格职责的。这是指地方政府在推行农村土地征用补偿和出让租赁法规制度中，将土地征用补偿低价和土地出让租赁高价差额收入，由政府财政机构征收，承担组织进行农村土地财政收入和统筹安排、分配使用农村财政支出的职责。

（4）产生农村土地财政是有艰巨任务的。地方政府财政机构承担农村土地财政收入与支出管理的艰巨任务，主要包括：一是农村土地财政管理土地出让租赁收入、土地各种税政收入、土地各项费用收入；二是农村土地财政管理农村土地综合开发和科学复垦投资、城乡一体公共基础设施建设投资、城乡一体公益事业投资。地方政府为保持城乡一体经济社会健康发展，而由政府财政机构从2006年起全面承担农村土地财政收支管理艰巨任务。从目前来看，地方政府农村土地财政收支平衡的压力很大，难以承担以收抵支的任务。

2. 农村土地财政的成果。农村土地财政的成果，一是体现在地方政府逐年增加农村土地财政收入的前提下，大力扶持农村土地综合开发、科学复垦、合理利用、集约使用农村土地资源，推动农业和农村经济持续快速增长；二是体现在扶持城乡一体农业现代化、工业化、信息化、城镇化四化同步建设，推动城乡一体文教卫生、就业创业、社会保障事业健康发展。为此，各地方政府财政机构在组织开展农村土地财政收入与支出工作中，取得以下两方面成果：

(1) 农村土地财政收入实力壮大。这是指地方政府财政机构在组织开展农村土地财政收入管理监督工作中，一是全国农村土地出让租赁收入逐步增长，从 2007 年的 1.2 万亿元增加到 2011 年的 3.35 万亿元，年均增长 29.3%，而同期 GDP 年均增长速度为 15.5%。2017 年全国农村土地出让租赁收入 3.88 万亿元；二是全国农村土地各种税政收入逐年增长，从 1999 年的 378.4 亿元增加到 2012 年的 1.01 万亿元，年均增长 28.8%。2017 年全国农村土地各种税政收入 1.31 万亿元；三是全国农村土地各项费用收入逐渐增长，从 2008 年的 3340 亿元增加到 2017 年的 5331 亿元，年均增长 6.2%；四是全国农村土地抵押融资收入日益增长，2008 年以来，土地抵押的总体规模在不断扩大，到 2017 年底，全国 124 个大中城市处于抵押状态的土地面积为 5439 万亩，抵押贷款总额 4.91 万亿元，年均增长 23.2%。从以上四方面看，切实起到壮大农村财政收入实力作用。

(2) 农村土地财政支出能力增强。这是指地方政府财政机构在组织开展农村土地财政支出管理监督工作中，着重保持综合开发治理利用农村土地资源；着力推进城乡一体四化同步科学合理建设用地。分别说明如下：

①对扶持综合开发治理利用农村土地资源的战略目标、范围内容、任务要求成果：一是在战略目标上，为推进传统农业向现代农业转变，确保农业和农村经济持续健康发展，提高农林牧渔各业综合生产能力，保障城乡人民生产生活需求、社会供给，促进农村居民增收致富奔小康。二是在范围内容上，在组织推进农村土地综合开发范围内，实行谁开发、谁利用、谁收益的政策。在一定时期内使用权不变，可以继承，可以依法有偿转让。在内容上，将广度开发与深度开发结合起来，从各地实际情况出发，对水土资源开发进行治理，改善农业基本生产条件，增强抵御自然灾害的能力，同时，充分利用和发挥当地农业土地资源优势，坚持山水林田路综合治理，带动农林牧渔各业产品系列开发，增强综合生产能力。三是在任务要求上，明确规定农村土地资源综合开发治理利用任务的核心是"综合"，在综合上做到：制定综合规划，采取综合措施，进行综合治理，抓好综合利用，实行综合投入，取得综合效益。在要求上，按照国家关于农村土地管理和支配方针政策、法规制度和综合规划的要求，结合地区特点，及时组织制定农村土地资源综合开发治理利用、集中连片规模计划，确定分期分批投资指标，有计划、有步骤地采取相应的方式方法。

②对扶持综合开发治理利用农村土地资源的结构标准、经营规模、管理主体成果：一是在结构标准上，着眼于综合开发利用农村土地资源，优化农林牧副渔各业产品结构，促进农林牧渔各业生产经营有机结合、一种二养三加工相互衔接，推动农林牧渔各业形成产加销一条龙产业化经营体系。在标准上，坚持高起点、高质量、高标准，做到田成方、树成行、渠相通、路相连，农业基础设施配套，一步到位。二是在经营规模上，要求突出重点，以改造中低产田为主，适量开垦宜农荒地，坚持形成规模，集中连片，开发一片，见效一片，巩固一片。三是在管理主体上，坚持农民群众自力更生为主，国家支持为辅，投入的主体应是农民群众。国家起导向和扶持作用。充分发挥农民群众自觉自愿投资投劳的积极性，促使农民群众量力而行，尽力而为。

③对扶持综合开发治理利用农村土地资源的治理方式、利用措施的成果：一是在综合开发治理上，按照流域规划，进行区域土地资源综合开发治理，对山水田林路综合治理，不采取单项治理方式，对制约本地区农林牧渔各业扩大再生产的诸多不利因素，相应地采取工程、生物、农艺、机械、科技等综合配套方式方法。二是在综合利用土地资源上，充分利用潜在的农村土地资源优势，重点开垦宜农荒地，增加土地面积，坚持改造中低产田，提高耕地质量，建设稳产高产田的措施，提高土地利用率、产出率和收益率；同时创造条件，提高农林牧渔各业产品的转化率和增值率。

④对扶持综合开发治理利用农村土地资源的资金、物资、科技、劳力等要素，统筹安排，实行综合投入、全面提高综合投入水平的成果：一是在财政资金投入上，建立激励竞争机制，实行奖优罚劣、投资配套、有借有还、滚动投入的政策。二是在银行贷款上，对农业综合开发专项贷款，凡是属于土地治理项目的贷款，可根据受援者的经济情况，酌情给予一定的贴息。三是在物质供应上，优先供应农业综合开发土地治理项目工程建设所需物资和生产资料。四是在科技投入上，鼓励科技人员参

加农业综合开发土地治理项目工程建设,对贡献突出的科技人员给予奖励。逐年加大科技所需资金力度,在"十二五"计划时期达到总投资额10%的基础上,到"十三五"规划时期达到总投资额15%。五是在劳力投入上,凡是国家立项的农业综合开发土地治理项目工程建设劳务投入,纳入国家扶持农村土地资源综合开发治理利用劳务投资计划,相应增加国家扶持农村土地资源综合开发治理利用项目工程建设投资。

⑤对扶持综合开发治理利用农村土地资源的综合效益成果:全面体现在取得综合效益上,既讲求经济效益,又取得社会效益和生态效益。实践证明,在地方政府财政机构扶持综合开发治理利用农村土地资源上,进一步促使农业与农村经济持续发展,保障农民群众增收致富,在取得经济效益的基础上,大力增加社会性农林牧渔各业产品供给,增强国家和农村集体经济社会健康和谐持续发展实力,取得社会效益和生态效益。

⑥对推进城乡一体四化同步科学合理建设用地的成果是多方面的,这是指地方政府财政机构在组织推进城乡一体四化同步科学合理建设上,一是推进城乡一体农业现代化生产经营节约集约使用耕地,提高耕地利用率、产出率。组织推动农民专业合作等集体单位在集中连片的耕地上,开展农业现代产业化、机械化规模经营,提高粮棉油等农业产品综合生产供应能力;二是推进城乡一体工业化、信息化、城镇化科学合理建设用地,从严控制建设用地规模,严禁占用农业用地;三是推行城乡一体文化教育、就业创业、保障安居等项目工程建设用地考察评估、公众建议、逐级审批、管理督查法规制度。

(三) 农村土地财政管理的作用

我国农村土地财政管理的作用发挥在四方面:一是扩大农村土地财政收支规模;二是完善农村土地财政管理制度;三是推动农业和农村二、三产业发展;四是扶持城乡一体化社会事业发展。

1. 扩大农村土地财政收支规模。全国各地区农村土地财政收入,1995年为483亿元,占地方财政收入的7.5%;2000年为1074亿元,占地方财政收入的16.8%,比1995年增长1.22倍;2005年为8049亿元,占地方财政收入的49.5%,比2000年增长6.49倍;2010年为34034亿元,占地方财政收入的83.8%,比2005年增长3.23倍;2017年为39990亿元,占地方财政收入的64.9%,比2010年增长14%。同时,在农村财政收入中土地出让租赁收入、土地各种税政收入、土地各项费用收入都逐渐增加。具体说明如下:

(1) 农村土地出让租赁收入。1995年为321.9亿元,占地方财政收入的2.6%;2000年为624.9亿元,占地方财政收入的9.8%;2005年为5941.7亿元,占地方财政收入的39.3%;2010年为27512.8亿元,占地方财政收入的67.7%;2017年为35528.8亿元,占地方财政收入的63%,比1995年增长109倍,比2000年增长55.8倍,比2005年增长4.9倍,比2010年增长25.2%。

(2) 农村土地各种税政收入。1995年为194亿元,占地方财政收入的3.2%;2000年为449.1亿元,占地方财政收入的7%;2005年为1591亿元,占地方财政收入的11.2%;2010年为6530亿元,占地方财政收入的16.1%,2017年为10247亿元,占地方财政收入的17.1%,比1995年增长51.8倍,比2000年增长21.7倍,比2005年增长3.2倍,比2010年增长53.9%。

(3) 农村土地各项费用收入。1995年为2.3亿元;2000年为4.8亿元,占地方财政收入的0.41%;2005年为48.3亿元,占地方财政收入的0.36%;2010年为50亿元,占地方财政收入的0.21%;2017年为59亿元,占0.22%,比1995年增长25倍,比2000年增长12倍,比2005年增长19%,比2010年增长15%。

2. 完善农村土地财政管理制度。国务院明确规定,从1994年起实行"事权下移、财政上移"分税制后,地方政府逐步将农村土地出让租赁收入、土地各项费用收入纳入地方政府财政体制,完善农村土地财政管理制度。具体说明如下:

(1) 完善农村土地出让租赁收入、农村土地各项费用收入制度。在这两方面制度里明确规定,一是对这两种收入全部由地方政府统筹安排使用；二是对有关项目支出，必须纳入预算管理，从严掌握支出用途、支出程序。

（2）完善农村土地财政扶持农村公共基础设施建设支出、城乡一体公益文化教育、就业创业等社会保障事业支出制度，坚持财权与事权配套、收入与支出结合，切实加快农村公共基础设施建设进程，大力推进城乡一体公益文化教育、就业创业等社会保障事业健康发展。

3. 推动农业和农村二、三产业融合发展。1995 年以来，从中央到地方各级政府综合开发治理利用农村土地资源，增强农村财政管理监督能力，推动农业和农村二、三产业融合发展。2015 年 12 月 23 日，国务院常务会议提出，推进农业和农村二、三产业融合发展的部署之后，各地方政府及财政机构进一步采取以下四项政策措施：

（1）扶持因地因业制宜地发展农田委托经管、农业产品加工、仓储物流等市场服务。促进农业与旅游、健康养老等服务业融合发展，培育农村电商等互联网服务业。

（2）引导大中专毕业生、返乡人员等领办合作社和家庭农场，支持农业产业化龙头企业，通过直接投资、参股经营、签订长期合同等方式，带动农民发展农林牧副渔各业产加销规模经营，推动农村商业、运输服务业走向城乡工商服务业一体化运营轨道。

（3）推行社会资本投资建设高标准农田，发展大宗农业产品生产加工销售连锁产业的优惠政策，对农业产品加工用电享受农用电优惠价政策，对参加高标准农田生产经营农户，分享加工销售环节收益。

（4）扶持城乡一体化社会保障事业发展。从 1995 年至 2019 年这 24 年，全国各地方政府通过合理布局农村土地资源，统筹扶持城乡一体化公共基础设施建设，推动城乡一体化社会保障事业发展。具体说明如下：

①加快城乡一体农业现代化、工业化、信息化、城镇化同步基础设施建设进程。各地方政府通过农村土地财政收入和农村土地收益权抵押等方式收取资金，用于城乡一体四化同步基础设施建设，增强了城乡一体公共交通、水电、邮政、通讯等服务功能。

②加快城乡一体文化教育、卫生医疗、就业创业、生活低保、养老保险等社会保障体系建设进程。各地方政府通过农村土地财政集中大量财力，用于文化教育、卫生医疗、就业创业、生活低保、养老保险、安居住房建设等民生领域，推动建立覆盖城乡一体化社会保障体系。据统计，1995 年至 2019 年全国农村土地财政收入中用于文化教育、卫生医疗、就业创业事业支出，由 54 亿元增加到 405 亿元，增长 6.5 倍。用于生活低保、养老保险、安居住房建设等民生保障性事业支出，由 139 亿元增加到 786 亿元，增长 4.6 倍。

（四）农村土地财政管理的失误

我国农村土地财政管理，在促进城乡一体化经济社会健康发展方面发挥重要作用中，出现五方面失误：一是引起农村土地房产价上涨；二是影响农村土地财政收支平衡；三是增加农村房地产金融风险；四是侵蚀农村村民的土地收益；五是制约城乡一体化经济社会发展。分别说明如下：

1. 引起农村土地房产价上涨。有些地方政府在组织开展农村土地财政收支管理工作上，对农村土地房地产业财源过度依赖，从而激励地方政府通过提高土地出让租赁价、各项费用价、商品房地价来增加地方财政收入。由此，导致城乡一体房地价加快增长，加大了城乡居民买房的难度，从而导致中央政府调控房地产市场的成效并不显著。

2. 影响农村土地财政收支平衡。目前，有些地方政府不能以持续开发土地收入作为土地财政的稳定可持续来源途径。由于土地资源不能无限扩张，国有土地极为有限，土地出让收入不具有可持续增加的条件。大多数地区农村土地财政本质上是一种依靠透支社会的未来收益，处于收入少于支出、收支不平衡的状态。有些地方政府财政对农村土地财政收入的过度依赖，必将会形成支出大于收入的差额，在农村土地财政收入较快下降时，会发生较大的收支缺口。

3. 增加农村房地产金融风险。在农村土地财政收支管理工作上，既反映出政府财政现行征地管理制度和相关财税体制的弊端，又引发房地产金融风险，在有些地方房地产市场上，形成政府、房地产企业、居民个人互相捆绑，加速系统性金融风险的积累。有些地方政府进行城乡一体化公共基础设施建设资金，主要通过土地储备中心、政府性公司和开发区等载体，向银行进行土地抵押融资获得。企业投资房地产的资金，主要是银行贷款、各种理财公司基金公司提供的。而大部分居民也是通过向银行按揭贷款购房或投资。因而开拓一条居民个人向房地产企业购房、房地产企业向政府购地、政府向银行还贷款的途径，这一资金供应链的各个环节潜藏风险。如果房地产市场行情逆转，就会引起房地产金融风险。

4. 侵蚀农村村民的土地收益。有些地方政府在组织开展农村土地财政收入过程中，推行低价征地的不平等制度，侵蚀了农村村民的土地收益，也制约了农村经济社会持续发展。在土地收益分配中，农村村民所得比例低。大量失地村民，种地无田、就业无岗、低保无份，而所获征地补偿又不足以支持失地村民长期生存、生活。这些失地村民基本没有土地资产的融资和收益权。这意味着失地村民基本没有什么可以抵押和担保的资产，导致金融机构不愿向农村失地村民提供贷款，加剧了农村失地村民寻找就业创业需求融资困难。

5. 制约城乡一体化经济社会发展。由于一些地方政府对土地一级市场的垄断，引发一系列社会矛盾和问题，为一些不法分子提供了投机寻利的空间；也因在土地财政收入与支出管理中的失误，形成了国民收入不合理分配格局，将社会财富更多地从一般居民转向少数富人、从农村转向城镇，从农村村民和城镇居民转向房地产商和政府，使资金从产业投资转向房地产行业，抑制民间投资和消费，影响产业结构调整，不利于我国城乡一体化经济社会发展。一些地方政府依赖的土地财政，违背了经济社会发展的客观规律，形成引发社会矛盾的根源，成为经济社会持续健康发展的潜在威胁因素。

（五）农村土地财政调控管制

从 1995 年以来，各地方政府财政机构为了综合开发、科学利用农村土地资源，大力推动城乡一体农业现代化、工业化、信息化、城镇化同步建设进程，必须进一步拓宽农村土地财政管理调节控制途径，主要包括：一是健全农村土地财政收支管理制度；二是划分农村土地相关税费缴纳渠道；三是规范农村土地有关专项资金提取方式；四是完善农村土地出让租赁收支管控办法；五是保持农村土地财政收支平衡常态。分别说明如下：

1. 健全农村土地财政收支管理制度。在健全农村土地财政管理法制上，一是健全农村土地征用、支付补偿、开发整理、转让销售、缴纳税费各环节管理法规制度；二是健全农村失地村民生产、生活、生存、养老、安置等社会保障法规制度；三是健全农村土地公平公正征收收入和耕地开发复垦、建设用地支出管理法规制度。

2. 划分农村土地相关税费缴纳渠道。从 2006 年以来，国务院及有关部门发布了一系列农村土地相关税费缴纳法规制度，各项计提标准、口径不一。需要对土地财政收支管理、相关税费缴纳进行全面汇总梳理，统一规范相关计提标准、口径。为此，一是对合同签订前收取的出让收入收缴和管理、政府在征地和出让环节需要缴纳的税费，都必须明细规定标准、统一划分渠道；二是对滞纳金的征收、发生合同违约的资金退付、多缴误缴中央资金退库等问题，急需统一梳理，进行规范。

3. 规范农村土地有关专项资金提取方式。2010 年以来，国务院及有关部门进一步规范农村土地有关专项资金提取依据和准则，各地方政府相应修正专项资金提取依据和实施细则，促使农村土地有关专项资金进入城乡一体化公共服务保障领域。为此，各地方政府财政机构根据国务院有关文件规定，一是按农村土地出让租赁收入总额的 20% 计提土地开发基金，按土地出让总成交价款的 5% 计提国有土地收益基金；二是按土地出让租赁收入总额的 10% 计提廉租住房保障资金、农田水利建设资金；三是按国家政策规定计提教育资金；按国家政策规定计提新增建设用地土地使用费和失地农民社会保障资金。

4. 完善农村土地出让租赁收支管控办法。各地方政府在统筹安排农村土地出让租赁收入经扣除60%的成本性支出、计提上述各种专项资金保障后，进一步完善农村土地出让租赁收入计提农村教育、农田水利、住房保障等方面法规制度。同时，各地方政府针对本地区农村土地出让租赁收入的实际情况，统筹安排各项支出，确实做到先收后支、以收抵支、收大于支、收支相抵有余。

5. 保持农村土地财政收支平衡常态。从2013年起，中共中央、国务院要求各地方政府在加强调节控制农村土地财政收支平衡的前提下，一是大力将收入用于扶持综合开发治理农村土地资源、保护和改善农村生态环境，科学复垦和改造耕地，提高耕地质量和产出率，推动农业现代产业化、机械化、规模化、节约集约用耕地进程；二是尽力将收入用于扶持城乡一体工业化、信息化、城镇化公共道路、水电、通讯等基础设施建设，从严控制、科学合理占用土地，严禁占用耕地，推动城乡一体农业、工业、商业和服务业共同健康发展；三是着力将收入用于城乡一体文化教育、卫生医疗、就业创业、生活低保、养老保险、安居住房等社会保障事业基础设施建设和相关配套设施建设，保持农村财政收支平衡常态，确保城乡一体化经济社会健康发展。

（六）农村土地财政监督检查

从2005年以来，中共中央、国务院反复强调，各地方政府通过农村土地财政监督检查农村土地有关政策法规执行落实事项，主要包括六项：一是农村土地集体所有权权益维护；二是农村土地征用、出让；三是农村土地利用规划实施；四是农村土地征用考核评价；五是农村土地财政预算调节；六是农村土地收益储备基金提取使用；七是农村土地融资规模控制。分别说明如下：

1. 农村土地集体所有权益维护的监督检查。为了充分尊重和维护农村土地所有权益，中共十八届三中全会《关于全面深化改革若干重大问题的决定》（以下简称《决定》）要求：一要完善产权保护制度，尊重不同所有制的合法权益，其中包括尊重农村土地所有制的合法权益；二要建设城乡统一的建设用地市场，允许农村集体经营性建设用地出让、租赁、入股，实行与国有土地同等入市、同权同价，实现农村集体土地价值最大化；三要缩小征地范围，规范征地程序。为此，必须按照《决定》的要求，监督检查落实三项：一是农村集体经营性土地同等入市，使集体土地所有者有自主抉择权利，土地价值收益自然归属其所有者，促使地方政府脱离"卖地敛财"、凭借土地产权抵押融资的地位，消除地方政府负债融资的依靠，减控地方政府性债务。二是要缩小土地征用范围，杜绝地方政府以公益的名义强征强拆的现象，严格按照国家法规征用土地，遵循市场化原则补偿被征地农村村民，健全被征地农村村民社会保障制度，多渠道安置被征地农村村民，使得被征地农村村民长远生计等方面有可靠保障；三是要制定农村土地管理相关法规制度，划定农村集体经营性建设用地交易符合规划和用途管制范围。在规划方面，明确农村集体经营性建设用地入市管理程序，加强农村集体经营性建设用地收益分配使用管理。

2. 农村土地征用、出让的监督检查。为了逐步完善国有土地征用、出让法规制度，将我国改革开放后的建设用地使用权实行批租制，从2013年起，变革实行年租制。过去30年引入这种土地批租制模式，为地方发展经济和基础设施建设提供了大量资金。但是，扭曲了土地市场价格形成机制，抬高了房地产价格，加剧了地方政府的短期化行为。通过实行年租，可以促进地方政府集约利用土地，扭转地方政府寅吃卯粮式的土地财政趋势，克服每一届政府的短期化行为和土地出让收入减少，带来支出安排上的风险，还有可能引发债务风险。为此，在实行年租制时，一是对于已经出让但还没有完全收回的土地总价款的土地收入，执行"影子年租制"，即将陆续收回的土地收入，据实扣除开发成本后，按照年租价格收入分摊在土地出让期限内的未来各个年度使用，采取专户存储的方式留存，纳入政府资产负债表管理，那些超出本届政府任职年度的土地出让收入，一般不能轻易动用。一旦在极端需要的情况下，经规范、透明的论证和申请程序后，本届政府可以通过债务借入方式使用，在离任时将其作为一个重要的离任考核指标评价其得与失；二是对于还未出让土地的土地出让收入，直接实行"年租制"，可以减轻土地投资者的即时负担，减轻地价上升压力，可以达成均衡地方政府土地收益，克服短期化土地出让收入的土地财政依赖。

3. **农村土地利用规划实施的监督检查。**为了逐步完善农村土地公开透明、科学合理利用规划法规制度，地方政府财政机构相应监督检查农村土地出让、土地利用规划制定、实施的成果经验和失误教训：一是要加快城乡一体农业现代化、工业化、信息化、城镇化四化同步基础设施建设进程，广泛征求城乡民意，建立健全农村土地公开透明、科学合理利用规划法规制度，从而增强规划执行的严肃性；二是要推进农村土地集约节约利用，实现农村集体土地价值最大化，建立健全严格供地额度审批法规制度，在缩小现有地方建设用地规模的基础上，设置地方政府年度用地定额，以此满足其城镇化用地正常需求量；三是要通过定额与机动相结合的分配用地指标的方式，切实解决粗放用地、闲置浪费土地、过度开发土地等问题，不断提高土地利用效率；四是要将农村土地利用规划公开化、透明化，接受社会监督，防止"朝令夕改"，变相扩张土地；五是要实行农村土地规划管理和土地征收、土地出让、土地利用、建设用地分工制衡法规制度，确保严格执行农村土地利用规划。

4. **农村土地征用考核评价的监督检查。**为了纠正地方政府及有关部门盲目征用和经营土地的倾向，尽快解决地方政府职能转轨不到位、行政考核评价不科学、农村土地财政收支失衡的问题，中共十八届三中全会《决定》提出，要纠正过去单纯以经济增长速度评定政绩的偏向，在未来的政绩评价和考核中，要增加资源消耗、环境损害、生态效益、科技创新、安全生产、新增债务等指标，以利于政绩的考核更为科学、更为系统，也有助于发现农村土地财政收不抵支的失衡现象。为此，通过农村土地征用考核评价的监督检查，一是可以发现地方政府为追求增长 GDP，盲目征收土地、滥用土地、破坏环境、债务高企，靠高价卖地的土地财政为地方政府偿还债务；二是可以采取多元化考核评价方式，加重对城乡一体化经济发展和社会保障事业进步具有负面影响的指标评价，使一些地方政府的政绩"得势不得分"，有助于弱化土地财政收支平衡压力，减控地方政府性债务，保护农村土地资源和环境。

5. **农村土地财政预算调节的监督检查。**为了增强地方政府农村土地财政预算调节能力，将农村土地有关收入与支出纳入农村土地财政收支预算管理，并进行监督检查，增强财政预算统筹能力和审核力度。因此，一是要调整修正农村土地各种税政收入规则。着眼于未来，在积极扩大房产税改革试点城市范围的基础上，调整房产税的征收范围和征收方式，逐步将其打造成地方政府的主体税种；二是要调整修正农村土地资源税费法规制度、加快推进农村土地资源税改革向金属、非金属矿的"扩围"，增强地方政府财政能力，助推其城乡一体四化同步基础设施建设进程；三是要依据"财力与事权相匹配""支出责任与事权相适应"的原则，调整修正农村土地财政支出预算管理体制、机制；四是要将农村土地规划管理、司法等领域的支出责任，上收到中央政府，减轻地方政府财政支出的压力；五是要通过转移支付、清理归并专项转移支付方式，增强地方政府对农村文化教育、医疗卫生、生活低保等社会保障转移支付能力，以减轻地方政府依赖农村土地财政对城乡一体基本公共领域基础设施建设和公益社会保障预算的支出的负担。

6. **农村土地收益储备基金提取使用的监督检查。**为了调整修正原有农村土地收益分割方式，建立农村土地出让净收益储备基金体制，必须改革现行农村土地出让收入主要归县（市）政府所有、土地净收益使用失去调控的体制，彻底纠正农村土地收益储备基金用于低效、重复建设等问题。为此，一是地方政府在组织开展城乡一体四化同步基础建设进程中，正确认清土地资源升值为地方政府带来超额地租收益，是全体公民的共有财富，必须深入实际、调查研究、加强管理，提高土地收益储备基金使用效益。必须在我国正处于经济体制构建完善的转轨时期，对未来中长期可预见的改革成本，需要财政公共支出及时跟进，防止出现"零打碎敲"使用、"吃光分净"使用农村土地收益储备基金的倾向；二是地方政府在整合归并已有专项性质的计提项目上，必须统一按照固定比例，滚动留存净收益，设立农村土地收益储备基金。初期可设置为 50% 留存基金，随着发展时期，逐步提高净收益留存比例。为农村土地储备基金使用，设置严格、公开的审批程序，形成全社会监督检查体系。

7. **农村土地融资规模控制的监督检查。**为了有计划地调节农村土地融资规模，有效控制政府债务风险，必须利用农村土地杠杆融资手段，在加快城乡一体化经济社会发展过程中，防止土地融资风险，引发政府财政信用危机。为此，一是要建立农村土地收益权质押财政备案制度。凡是利用农村土地收益权进行质押贷款的，必须到地方政府财政机构登记备案，以切实掌握利用土地抵押进行融资的整体规模，及时对土地融资风险进行有效的评估和监控。二是要完善政府债务预警制度。对于政府债务负担超过一定程度的县（市），向有关银行、国土部门发出预警，对没有偿还原有贷款、改善负债状况的地方政府，停止办理国有土地收益权质押贷款。

（七）农村土地财政管理体制调整完善途径

我国农村土地财政管理体制是在农村土地相关经营管理体制改革和健全的基础上，逐步调整和完善的。概括说，一是农村土地相关经营管理体制的改革和健全。这是指对农村土地的所有承包、开发复垦、保护节约、整理利用、征收占用、市场流通各环节经营管理体制的改革和健全；二是农村土地财政管理体制的调整和完善。这是对农村土地财政的收支规模、收入组织、支出安排、财力来源、调节控制各环节管理体制的调整和完善。

1. 农村土地相关经营管理体制的改革和健全。在改革和健全农村土地相关经营管理体制上包括：一是农村土地所有制和承包权；二是农村土地综合开发和科学复垦；三是农村耕地保护和集约节约利用；四是农村土地整理和科学利用；五是农村土地权属利用管理体制；六是农村土地有偿使用管理法制；七是城乡土地征购和三级市场流通体系。

（1）农村土地所有制和承包制。它是指农村土地归属占有、支配、分配和流转关系的法制。我国农村土地所有制是国家法律法制规定国家所有土地，由国务院及各级政府行使管理职权，集体所有土地由乡（镇）、村或村民小组行使管理职权的所有权益法制。乡（镇）、村民集体经济组织依据法律法制拥有农村土地所有权益，受国家《土地承包法》调节控制，农户拥有农村土地承包权，可以在农业生产经营建设用途范围内，转让土地承包权，因而准许农村土地承包使用权流转。国务院及各级政府管理的国家所有土地权益，受国家《土地管理法》调节控制，通过划拨、出让等方式，形成土地流通市场。

（2）农村土地综合开发和科学复垦范围包括：一是开垦宜农荒地，扩大耕地面积，改造中低产田、改良土壤、整治低洼易涝盐碱地、提高耕地质量；二是加强农田水利基本建设，推动农业机械化、电气化进程，引导农民自觉参加合作生产经营组织、农工商一体产业化规模经营体系；三是推广农业先进科学技术，改善农业基本生产经营条件，优化农业产品结构，提高农业产品的总产量、单位面积产量、产品质量；四是拓展农村土地综合开发和科学复垦项目工程建设，通过农业综合投入、综合开发、综合治理、科学合理布局、采取综合配套措施，提高综合效益，主要包括五项：一要提高农业耕种面积的利用率和产出率的能力；二要提高农业产品的高产优质高效的能力；三要提高农民的增产增收、脱贫致富的能力；四要提高促使农林牧副渔各业全面持续健康发展、增加农林牧渔各业产品的社会供给的能力；五要提高加快农业现代化、产业化、规模化经营、增强城乡一体化经济社会发展实力，从而获取经济效益、社会效益和生态效益有机统一综合效益的能力。

（3）农村耕地保护和集约节约利用范围包括：一是保障耕地主体权益。为此，中共十八届三中全会提出，在坚持和完善最严格的耕地保护制度前提下，一要赋予农民对承包地占有、使用、收益、流转及承包经营权抵押、担保权能，允许农民以承包经营权入股发展农业产业化经营。二要从法律上完善农民耕地权益及其实现方式，防止权利"空置"。三要引领农村土地"三权分置"改革新形势，建立保障耕地实际经营主体权益的制度；二是保证耕地数量质量。为此，一要强化管控性保护，严格执行耕地占补平衡制度。二要推进开展以农田整理为重点的农村土地整治，大力开展高标准基本农田建设，划定永久基本农田，严守18亿亩耕地红线，依法采取更严格措施，稳住耕地数量。三要科学合理使用化肥、农药、农膜，稳定和提升耕地土质和肥力；三是确保节约集约利用耕地。为此，要严格标准规范，探索节约集约利用耕地模式，稳步推进国家级开发区耕地集约利用评价工作，保持耕地总量动态平衡;四是保障农业产品供给。为此,一要确保粮食供给,要认清粮食安全是国家安全战略的重要组成部分。习近平总书记强调,中国人的饭碗,要始终牢牢端在自己手上,而且饭碗里应该主要装中国粮。二要保障国家粮食安全,是农业结构性改革的基本底线,要保稻谷、小麦等口粮,保耕地、保产能,保主产区特别是核心产区的粮食生产,确保谷物基本自给、口粮绝对安全。

农村耕地保护和集约利用节约的中心任务,是各级人民政府必须贯彻十分珍惜、合理科学、集约节约利用耕地和切实保护耕地的基本国策,对耕地实行用途管制制度,严格限制农用地转为建设用地,控制建设用地总量。随着我国经济和社会制度不断调整、改革发展深入,耕地保护和集约节约利用中出现的一些新情况、新问题,必须进一步提出耕地保护和集约节约利用五项任务:一是要按照《基本农田保护条例》规定,划定基本农田保护区,建立严格的基本农田保护制度,坚持落实到地块,明确责任,严格管理,要建立基本农田保护区耕地力保养和环境保护制度,有效地保护好基本农田;二是要坚持按照中共十八届五中全会提出的"加快转变农业发展方式,走产出高效、产品安全、资源节约、环境友好的农业现代化道路",要着力引导农村土地经营权有序流转,发展农业适度规模经营,创新与土地规模经营相适应的耕地保护机制,要禁止流转耕地"非农化",遏制流转耕地"非粮化",要推动引导扩大农用土地经营规模、土地承包经营权流转对象主要为专业大户、家庭农场和农民专业合作社,尤其鼓励土地集约经营向种田能手和职业农民集中;三是要为扩大耕地面积和提高耕地质量,大力扶持农民专业合作社、新型经营主体,对流转土地进行基础设施建设、中低产田改造、小田改大田、扩大耕地面积,要对经营主体的投入、增加的耕地面积,在流转期满后如何处分提前约定,防止出现权益纠纷;四是要采取确定合理的流转期限,实行耕地质量合同管理方式,谨防经营者追求短期利益最大的粗放式和掠夺式生产倾向,要引导规模经营主体自觉执行耕地地力保养和环境保护制度,做到用地与养地相结合,实行科学种田,改造中低产田,改善农田生态环境,培养肥力,提高生产率;五是要严格实行耕地保护责任制,继续加强遥感监测和动态巡查,将违法行为的发现率、制止率,列为重要考核指标,要对土地违法违规行为不制止、不组织查处的,对土地违法违规问题隐瞒不报、压案不查的,都要追究有关地方人民政府负责人的领导责任,各级国土资源部门,要依法履行职责,对不符合条件的项目坚决不批,对重大情况及时向上级报告。

(4) 农村土地整理和科学利用范围包括:一是坚持严格控制农村各类建设占地,特别要控制占用耕地、林地,少占好地,充分利用现有建设用地和废弃地。具体包括:其一,对农业内部结构调整,要充分开发利用非耕地,除改善生态环境需要外,不得占用耕地发展林果业和挖塘养鱼。其二,对非农业建设确需占用耕地的,必须开发、复垦不少于所占面积,符合质量标准的耕地。其三,对占用耕地进行非农业建设,必须由建设单位按照当地政府的要求,将所占耕地地表的耕作层用于重新造地。其四,在国家统一规划指导下,按照"谁开发耕地、谁受益"的原则,以保护和改善生态环境为前提,鼓励耕地后备资源不足的地区与耕地后备资源较丰富的地区进行开垦荒地、农业综合开发等方面的合作,各地区要大力总结和推广科学节约用地、挖掘土地潜力的经验;二是坚持始终从统筹城乡一体化经济、社会和生态文明建设协调发展的大局出发,立足提高保障发展和保护资源、服务与建设能力,在农村土地整理科学节约利用上,坚持全面规划设计,统筹供需平衡,提高农村土地科学合理和集约节约利用保障能力;三是坚持通过扩增量、挤存量、放流量,千方百计增加土地供应,保障科学发展用地,做到重点项目用地和民生用地应保尽保。要按照鼓励、允许、限制、禁止产业类别,明确土地利用和保障重点,促进产业结构调整和优化升级。要将农村土地整治与城乡建设用地增减挂钩有机结合,搭建统筹城乡平台,优化城乡土地利用布局结构,促进城乡一体化经济社会健康和谐发展;四是坚持认真组织开展土地开发整理,总结和推广土地整理的经验,按照土地利用总体规划的要求,通过对田、水、路、林、村进行综合整治,搞好土地建设,提高耕地质量,增加有效耕地面积,改善农业生产条件和农村生态环境。

农村土地整理和科学利用三项任务:一是必须划定城乡一体四化建设边界,严控工业化、城镇化公共基础设施建设用地规模,从城市人口500万以上城市中心城区周边开始,严格划定和永久保护基本农田，坚持强化耕地数量和质量占补平衡，以补定占，全面实施耕作层剥离再利用制度；二是必须加强农村山水林田路综合整理，进一步加大江河流域、绿洲风沙、草原荒漠、高原水土保持、沿海滩涂等方面治理、科学利用、推动生态环境建设；三是必须加强农林牧渔各业生产经营所需土地整理，对农林种植业生产经营所需土地，平整治理、改良土壤、培肥地力、灌溉排涝、植树造林、形成良好生态环境；对牧渔业生产经营所需养殖基地，扶持牧草、饲料、水源、通电、机械、加工、储运、供销基础设施建设。

（5）农村土地权属利用管理体制逐步健全。农村土地权属利用管理体制，是国家维护土地所有制，调整土地关系，合法保障土地权益，贯彻执行国家在综合开发治理土地、开垦复垦土地、整理整治土地、合理利用土地、培养保护耕地、集约节约利用土地、征收占用土地、租赁抵押土地、出让转让土地、市场流通土地、持续提高土地产出率、利用率和价值率，增强我国土地综合生产经营建设效益能力，组织落实行政、经济、工程、技术、法律的综合性管理体制、方针政策、法规制度、措施办法和手段机制。农村土地权属利用管理体制具体内容包括：土地查证评定管理、土地权属管理、土地综合开发管理、土地开垦复垦管理、土地整理整治管理、土地利用管理、耕地培养保护管理、土地集约节约利用管理、土地征收占用管理、土地租赁抵押管理、土地出让转让管理、城乡建设用地管理、土地市场管理、土地信息管理、土地监测和监督检查、总结经验教训等事项。主要说明以下四项管理内容：

①农村土地查证评定管理范围包括：土地调查、土地登记、土地统计、土地定级等方面的管理。分别说明：一是土地调查，是以查清土地的数量、质量、分布、使用和权属状况和土地要素动态变化，所进行的调查，根据土地调查内容的侧重点不同，可分为土地利用现状调查、地籍调查和土地条件调查；二是土地登记，是国家按照法律规定的程序，将土地权属、土地用途、土地面积、土地使用条件、土地评定等级、土地出让价格等情况，记录于专门簿册的一种法律行为。按照法律规定，我国土地登记主要内容包括：开展国有土地使用权、集体所有土地使用权和土地它项权利的登记；三是土地统计，是国家对土地的数量、质量、分布、利用和权属状况，组织进行系统、全面、连续调查、分类和分析，提供土地统计资料的制度，土地统计基本任务，是对土地权属、土地利用类别、土地质量和土地面积，进行统计分析，为国家提供统计资料，实行统计监督；四是土地分等定级，是在土地利用分类和土地条件调查的基础上，根据土地的自然条件、经济条件、地价理论，确定各类土地登记和基准地价的标志。

②农村土地利用管理范围包括：土地用途管制、土地利用规划、土地利用规划管理。分别说明：一是土地用途管制，指将全国土地分为农业用地、非农业用地、未利用地，控制非农业用地总量，对农业用地特加培养保护、提高农业用地的质量和效益，严格限制农业用地转向非农业用地；二是土地利用规划，指国家通过计划手段，编制实行一定时期内可以利用的土地资源，提高土地资源利用率，保存后备土地资源数量和质量；三是土地利用规划管理，指组织编制好全国土地利用总体规划，在全国范围内预测规划期内非农业占用农业用地总量，从中央到地方逐级分配土地利用指标。从县（市）到乡（镇）、村组，从严安排分配年度土地利用指标，组织开展监督检查，发现问题及时纠正。

③城乡建设用地管理范围包括：城乡建设年度用地计划、定期规划制定实施，城乡建设用地管理方针政策、法规制度贯彻落实。分别说明：一是必须按照国民经济和社会发展需要，对定期、年度内城乡各项建设用地数量，作出具体安排部署，提出计划指令性指标；二是必须根据国家房地产管理法的规定，对以出让方式取得土地使用权进行房地产开发项目，按照土地使用权合同约定的土地用途，动工开发期开发土地；对超过合同约定的动工开发日期满一年未动工房地产开发项目，可征收相当于土地使用权出让金20%以下的土地闲置费；对满两年未动工房地产开发项目，可以无偿收回土地使用权。

④农村耕地培养保护管理范围包括：扩大耕地面积、提高耕地质量、保护基本农田。分别说明：一是综合开发治理土地、科学开垦宜农荒地；二是改造中低产田、根治低洼易涝盐碱田、改良土壤、

培肥地力；三是划定基本农田保护区和管理监督单位，加强耕地总量调控、耕地占补平衡管理，坚守全国 18 亿亩耕地红线。

（6）农村土地有偿使用管理法制逐步完善。1978 年以前，全国农村土地资源基本无偿无限期使用。1979 年改革开放后，为适应由计划经济向市场经济转轨的需要，对农村土地使用由无偿转向有偿有期限，经历了一个逐步发展变化过程。我国农村土地有偿使用管理法规逐步形成，历经四个阶段：

①1979 年至 1989 年，农村土地有偿使用制度探索实行阶段。根据这个阶段全国经济社会发展的需要，结合一些地区先期探索经验，由国务院批转下发 1980 年召开的全国城市规划工作会议正式提出，综合开发城市建设用地、试行征收城镇土地使用费的《会议纪要》，大多数地区政府结合当地实际制定了《城镇土地有偿使用和城镇土地使用费征收办法》；1983 年中共中央、国务院对北京城市建设总体规模规划方案批复指出，对用地单位征收土地使用费；1986 年中共中央、国务院在《关于加强土地管理，制止乱占耕地的通知》中指出，要加强用经济手段管理土地，按照土地用途、等级征收不同数量土地税和土地使用费，正式提出，建立土地有偿使用制度；1987 年开始在部分省市试行土地有偿使用制度；1988 年我国《宪法》作出修改，规定土地使用权可以在一定年限内出让、转让；1989 年国务院发布的《城镇国有土地使用权出让转让条例》规定，将土地使用制度改革纳入依法管理轨道，全面改革完善土地使用制度。

②1990 年至 2000 年，农村土地有偿使用制度全国推行阶段。1990 年国务院在《关于加强国有土地使用权有偿出让收入管理的通知》规定，凡进行国有土地使用权有偿出让的地区，其出让收入必须上交国家财政；1992 年财政部在发布第 172 号文件规定，自 1992 年起土地出让转让收入总额 95% 留地方使用；1993 年国务院决定，土地出让转让收入全部留地方使用；1996 年至 1997 年国务院有关部门调研制定国有土地收益管理法规制度；1998 年全国人大九届二次会议通过《中华人民共和国土地管理法》、全国人大九届四次会议通过《土地管理法实施条例》都明确规定，对土地使用权可以依法转让，国家依法实行国有土地有偿转让制度。同时，国家《刑法》对单位、个人非法转让、倒卖土地使用权和非法低价出让国有土地使用权等行为，作出了打击和惩治的具体规定。国家在土地管理体制方面，也进行了一系列重大改进，如规定凡基本农田的征用，必须依法分别由国务院或授权的地方政府批准，新增建设用地的土地有偿使用费，30% 上缴中央财政，70% 留给有关地方政府，均用于耕地开发复垦；1999 年至 2000 年各地方政府对土地出让收入分解为若干收入项目，使用范围逐步扩展，资金管理跨越预算内外两种方式。随着土地征收面积的不断增加，地方政府在征地过程中挤占耕地的现象也日益严重。为此，中共中央、国务院督促地方政府，必须加强新增建设土地有偿使用费征收使用权利，保证这部分资金专项用于耕地开发复垦。财政部在发布的《新增建设土地有偿使用费征收使用管理办法》规定，按中央和地方 30∶70 分成，专项用于耕地开发复垦。同时，国务院有关部门根据《土地管理法》规定，先后发布《基本农田保护条例》《国有企业土地使用权处理办法》《土地建设使用审查报批管理办法》《土地利用年度计划管理办法》。

③2001 年至 2008 年，农村土地有偿使用管理体制调整完善阶段。2001 年国务院发布《关于加强国有土地资产管理的通知》要求，对商品性房地产开发用地，必须以招标、拍卖方式供应；2002 年至 2003 年国务院有关部门着眼于经济社会的协调发展，努力完善土地资源管理、农村土地财政预算管理的有关制度和机制，而先后发布《关于规范国有土地租赁若干意见》《新增建设用地土地有偿使用费财务管理暂行办法》和《土地开发整理若干意见》；2004 年国务院在发布的《关于将部分土地出让金用于农业土地开发有关问题的通知》规定，从本年起将部分土地出让收入纳入地方财政基金预算管理，主要安排用于耕地开发复垦。同年底，国务院发出通知强令"三个暂停"：暂停农用地转用审批、暂停土地利用总体规划修改审批、暂停涉及基本农田保护区调整的各类规划修改；2005 年，国务院为了加强和改进土地管理，巩固宏观调控成果，发布《关于深化改革严格土地管理的决定》，并配套发布《关于完善征地补偿安置制度的指导意见》，以保证《决定》的贯彻落实。同年，国务

院、中组部先后下发通知，对省级以下国土资源管理部门实行垂直管理，以疏通土地调控的传导机制，增强中央土地调控政策的执行力度。为了进一步深化土地管理，国土资源部、监察部联合下发通知，要求各地区必须对所有经营性土地使用权出让，全部实行公开招标、拍卖、挂牌等市场化方式；2006年，国土、规划、财政、监察等有关部门联合通知，要加强对房地产开发用地监管，必须对超出合同约定动工开发日期满1年未动工开发的，依法从高征收土地闲置费，责令限期开工、竣工，对满2年未动工开发的，无偿收回土地使用权；2007年，国务院发布《关于加强土地调控有关问题的通知》，对耕地保护、建设用地增量控制与使用计划审批、农地转用、被征地农民生活保障等问题，作出更具体详细的规定，并强调实行土地问责制，对土地出让收支管理、建设用地税费政策等改革提出明确要求；2008年，国务院发布《关于促进节约集约用地的通知》，推动各地区政府加强节约集约使用土地资源管理。

④2009年至2019年，中共中央、国务院及有关部门发布一系列部署、政策规定。主要包括七项：一是规范外资企业经营用地，纳入城镇土地使用税政收范围；二是按照实际新增建设用地面积征缴税费；三是规范土地出让转让收入全额纳入基金预算管理；四是规范土地使用权出让收支，全额纳入地方财政管理；五是规定在土地出让转让收入中，计提建设土地有偿使用、农业土地综合开发复垦、国有土地收益、租赁住房保障、农田水利建设、教育科技培训六项基金渠道；六是规范农村土地财政服务城乡基础设施建设和居民生活、生存等社会保障事业职责；七是组织调整完善农村土地有偿使用管理法制。

（7）城乡土地征购和三级市场流通体系逐步形成。从1979年至2019年40年期间，我国城乡土地征购和三级市场流通体系，是由我国城市土地市场、农村集体所有土地转向城市国有土地市场、农村土地市场的三个土地市场结构逐步调整形成的：一是城市土地市场，主要指城市内部的存量土地市场，还包括对国有土地通过收购和收回等方式，重新进入城市市场；二是农村集体所有土地转向城市国有土地市场，指对农村集体所有土地通过征购形式转化为城市国有土地市场；三是农村土地市场，主要指农业土地转向非农业生产经营建设用地的农地非农化市场；四是城乡土地征购市场，指各级政府及有关部门征购国有土地、集体所有土地，获得两类土地使用权的土地市场；五是我国一级土地市场，指国有土地使用权在一级市场中，以划拨、出让、租赁、作价入股、授权经营等方式，将土地使用权进一步转移的土地市场；六是全国二、三级市场，指将这两类征购国有土地、集体所有土地使用权，以转让、出租、抵押、置换等方式，在土地二、三级市场进行权利的全部或部分转移的土地市场。分别对城乡土地征购市场和三级市场体系形成情况说明如下：

①全国城乡土地征购市场体系结构形成。在全国各地区国家所有土地和农村集体所有土地所有权发生转移的土地征购市场中，分为两类情况：一是农村集体经济组织是农村土地集体所有者，国家各级政府及有关部门是农村集体所有土地的唯一合法购买者，对农村集体所有土地有偿征购，同时，将征购的土地依法采取划拨、出让、租赁、作价、入股、抵押、置换等方式。这种市场结构是一种典型的买方垄断市场，农村土地集体所有者处于相对较弱势的地位；二是国家各级政府收回或收购国有土地所有权后，按国家规定，重新将国有土地使用权，采取有偿划拨、出让、转让等方式，构建城乡土地征购市场体系。

②全国一级土地市场体系逐步形成。国家土地一级市场是可以通过买方征购和卖方供应的垄断方式，达到宏观调控目的的关键市场，是通过土地出让、租赁、作价入股、授权经营、划拨转移的方式，对全国各地区二、三级市场起到开源节流、推动督促作用的土地市场。从国家一级土地市场结构的形成来看，一是从无偿征收划拨用地方式，过渡到有偿购买出让市场；二是从土地所有权中分离出的土地使用权，转移到国家一级土地市场。在一级土地市场转移土地所有权和使用权；三是从国家成为市场的唯一合法征购与供应土地市场主体地位，逐步形成买方和卖方垄断的市场格局，具有主动权。

③全国各地区土地二、三级市场流通体系逐步形成。全国各地区土地二、三级市场是国有土地使

用权再次划拨、出让、租赁、作价、入股、抵押、置换的市场。从各地区土地二、三级市场流通体系形成来看，在市场机制和竞争机制的双重作用下，一是国有土地所有权和农村集体土地所有权的完全转移；二是土地使用权的转移，主要有抵押权、租赁权、典当权等方式；三是土地使用权的转移，随着地上建筑物权利的变动，而改变有偿使用方式；四是各地区土地二、三级市场中供需主体最为多样化，市场的交易行为在受国家和地方政府各项政策限制的同时，主要受到市场机制和竞争机制的调节；五是各地区土地二、三级市场中介是不可替代的市场主体，它构建起买卖双方的桥梁，中介力量的强弱、素质的高低及其公正程度，对二、三级土地市场流通体系，逐步形成发挥作用。

2. 农村土地财政管理体制的调整和完善。在调整和完善农村土地财政管理体制上包括：一是农村土地财政收支规模逐渐扩展；二是农村土地财政收入组织管理逐步规范；三是农村土地财政支出统筹安排分配日益加强；四是农村土地财力来源结构不断调整优化；五是农村土地财政管理体制改革完善。

（1）农村土地财政收支规模逐渐扩展。1990 年至 2019 年，全国各地区农村土地财政收支，经历了从无到有、规模效应从小到大、越来越大的发展过程：

①1990 年至 2017 年期间，全国各地区农村土地财政收入规模由从小到大。逐步扩大相关税费收入和土地使用权融资规模：一是通过取得土地使用权进行房地产开发用地，出让给城乡非农业单位，直接征缴出让收入和各项费用收入；二是通过城镇征收农业用地转为工业用地，转让给外资企业，征缴各种税政收入；三是通过政府向工商服务企业出让建设用地，再以此向银行融资，弥补财政收入效应；四是农村土地财政收入的土地出让租赁收入、相关税收入逐步增加。

②1999 年至 2017 年期间，全国各地区农村土地财政收入逐步增加。主要包括：一是农村土地出让租赁收入逐步增加，从 1999 年的 0.67 万亿元，上升到 2005 年的 0.96 万亿元，上升到 2010 年的 3.12 万亿元，上升到 2013 年的 3.42 万亿元，上升到 2016 年的 3.64 万亿元，本年比 1999 年增长 4.3 倍，比 2010 年增长 16.6%；二是农村土地相关税收收入逐步增加，从 1999 年的 378.4 亿元，增加到 2005 年的 2439 亿元，增加到 2010 年的 8943 亿元，增加到 2013 年的 11218 亿元，增加到 2017 年的 13784 亿元，本年比 1999 年增长 34.7 倍，比 2010 年增长 50.2%。

③1990 年至 2017 年期间，全国各地区农村土地财政支出项目越来越多。1990 年国务院规定，农村土地财政收入的 60% 留给地方政府用于农村土地综合开发治理；1992 年国务院规定，农村土地财政收入的 95% 留给地方政府用于农村耕地基础设施建设；1994 年国务院规定，将农村土地财政的土地出让租赁收入作为地方财政收入，大部分留给县（市）政府，主要用于征购土地补偿安置、土地综合开发治理；1999 年国务院规定，征收新增建设占地有偿使用费，用于土地整理复垦；2004 年国务院规定，县（市）按照土地出让租赁收入的 15%，比例建立农业土地综合开发治理基金规章制度；2010 年国务院规定，县（市）按照土地出让租赁收入 10% 比例，分别建立农村文化教育基金、农田水利建设基金规章制度；2012 年国务院决定，将农田水利建设基金的 20% 投入粮食主产区农田水利建设；2013 年国务院决定，从本年起，从农村土地财政收入中提取一定比例，用于城乡一体公共基础设施建设和公益社会保障事业。2015 年至 2017 年，国务院决定，通过农村土地财政支出，安排用于农村危房改造、改善贫困地区农村义务教育学校办学条件、提高农村最低生活保障、优抚和养老补助标准。

（2）农村土地财政税费收入组织管理逐步规范。1990 年至 2017 年，从中央到地方各级政府在农村土地财政税费收入组织管理上，逐步规范收入项目、收入分成、收入管理等以下事项：

①逐步规范农村土地财政收入的来源，首先，1990 年至 2017 年期间，逐步规范土地出让租赁收入、土地各种税政收入、土地各项费用收入：一是土地出让租赁收入，是指地方政府通过出让、租赁国有土地使用权等方面的土地收入总和，包括土地出让收入、土地租赁收入、土地抵押等收入；二是土地各种税政收入，是指耕地占用税、土地增值税、城镇土地使用税、房地产税、契税、建筑和房地产业相关的营业税、企业所得税和个人所得税；三是土地各项费用收入，是指从 1990 年起逐步从土

地、财政、农林、水利、交通、邮电、文物、人防、房产等部门的各项费用收入项目逐步减少；其次，1999年至2017年期间，逐步规范行政事业性、服务性、资源性等费用收入为：一是行政事业性收费：土地管理费、征地管理费（拆迁管理费）、新菜地开发建设基金、农业重点开发建设资金、耕地开垦费、土地复垦费和土地闲置费；二是服务性收费：土地测量和规划等相关收费等；三是资源性收费：外商投资企业场地使用费（或土地使用费）；四是其他代征代收费：公告费、土地补偿费、安置补助费、地上附着物和青苗补偿费等。

②逐步规范农村土地财政收入分成的比例，从中央到地方各级政府逐步从1989年至2017年期间，对农村土地财政收入的土地出让租赁收入调整规范中央财政与地方财政的分成比例：一是从1989年至1991年收入40%上缴中央财政、60%留归地方财政。1989年国务院颁布《城镇国有土地使用权出让转让暂行条例》《关于加强国有土地使用权有偿出让收入管理的通知》规定，凡进行国有土地使用权有偿出让的地区，其出让租赁收入必须上交财政。对土地使用权有偿出租赁收入，40%上缴中央财政、60%留归地方财政。1990年财政部发布《关于国有土地使用权有偿出让收入上交中央部分有关问题的通知》规定，中央分成的40%收入，由财政部按照85%～99%的比例，在年终结算时分批返还给地方财政；二是从1992年至1993年收入5%上缴中央财政、95%留归地方财政。1992年财政部发布《关于国有土地使用权有偿使用收入征收管理的暂行办法》规定，自1992年起土地出让租赁收入总额5%上缴中央财政，95%留归地方财政；三是从1994年至2017年收入全部留给地方。1993年国务院颁布《关于分税制财政管理体制的决定》明确指出，在推进分税制财政体制改革过程中，决定中央财政不再对土地出让收入分成，全部留在地方使用，中央财政不参与分成。自此开始的一段时间里，中央除对土地出让租赁收入的部分用途有统一规定外，在土地出让租赁收入用于支出管理监督上，由各地方政府制定实行相应政策制度。

③逐步规范农村土地财政收入管理监督检查法制。国务院根据前一阶段一些地方土地出让租赁收入规模不大、中央分成政策执行不到位、征管技术条件不成熟、政府处于粗放管理状态等情况，在分税制改革取得初步成效之后，通过国家财政部等部门及时提出研究制定加强国有土地收益管理法规制度，从1996年至2009年期间，规范中国土地财政收入主要为租、税、费三部分：一是"租"，即土地出让收入，指县（市）人民政府依法出让国有土地使用权取得的全部收入，主要由土地出让收入构成，包括土地划拨收入、土地出让收入、土地租赁收入、土地协议收入、土地抵押等收入；二是"税"，即与土地和房地产业相关税收入，主要包括耕地占用税、土地增值税、城镇土地使用税、房产税、契税、建筑和房地产业相关的营业税、所得税等税种收入；三是"费"，指与土地和房地产业相关的收费收入，主要包括行政事业性收费、服务型收费、资源性收费、其他代征代收费等。上述三种收入全额，都纳入基金预算管理。

（3）农村土地财政支出统筹安排分配日益加强。从中央到地方各级政府在农村财政费用、基金支出组织管理上，逐步加强各部门费用支出、专项基金使用等以下两方面管理监督检查工作：

①加强农村土地财政对各部门费用支出安排分配管理监督检查工作。从1990年至1998年，各级政府针对附在土地征购、占用、流通和管理中的各项收费支出项目繁多，横跨土地、财政、农业、林业、水利、交通、邮电、文物、房产、人防、教育、卫生等部门专项收费支出复杂等问题，逐步清理整顿，进一步立法规范农村土地财政对各部门费用支出范围、用途与安排分配等事项。为此，根据自1999年1月1日起实行《中华人民共和国土地管理法》与《土地管理法实施条例》明确"土地使用权可以依法转让"、"国家依法实行国有土地有偿转让"的规定，日益取消和规范各部门费用政策，逐步减少与土地有关的收费依据。从2000年起，将农村土地财政对各部门费用，规范四项土地相关费用包括：一是行政事业费：主要安排分配土地管理费、征地管理费、拆迁管理费、新菜地开发建设基金、农业重点开发建设资金、耕地开垦费、土地复垦费和土地闲置费；二是服务管理费：主要安排分配土地勘察测量费、规划设计费、培训教育费、通讯公告费；三是资源保护费：主要安排分配国内外商投资企业场地使用费、用地建设费；四是土地征收费：主要安排分配土地补偿费、安置补助费、

地上附着物和青苗补偿费等。

②加强农村土地财政对土地相关基金提取使用管理监督检查工作。1994年国务院在划分中央与地方财政管理体制时，规定土地财政收入的土地出让租赁收入，都列为地方政府财政收入，将土地出让租赁收入的大部分仍然归属县（市）政府，主要用于征购土地补偿安置、土地综合开发治理、耕地开垦保护、农田水利建设、土地调整利用、保障性安居工程、城乡基础设施建设、城乡义务教育等开支。1998年至2017年期间，国务院决定：一是设立土地建设有偿使用基金。1999年国务院和省级政府研究决定，通过征收新增建设用地土地有偿使用费（其中，中央分成30%，省级分成70%），调节县（市）土地收益；二是设立农业土地综合开发基金。2004年明确县（市）按照不低于土地纯收益15%比例，建立农业土地开发资金，其中省级集中30%用于省内区域平衡；三是设立农田水利建设基金、农村文化教育基金。2011年要求县（市）按照土地出让收益10%分别设立农田水利建设基金、农村文化教育基金，允许省级集中一定比例用于省内调剂。2012年中央集中20%农田水利建设基金，重点向粮食主产区倾斜；四是设立农村土地征购补偿基金。国务院发布的《关于深化改革严格土地管理决定》和国土资源部出台的《关于完善征地补偿安置制度的指导意见》提出，如果原有最高赔偿标准（约为耕地平均年产值的30倍）仍然不能保证被征地农民原有生活水平，可以从国有土地有偿使用收益中，划出一定比例给予补贴，也可按被征地片区综合地价进行补偿。

（4）农村土地财力来源结构不断调整优化。1999年至2019年期间，国务院推动地方政府调整优化农村土地财政财力来源结构，分别调整优化农村土地各税税政收入、土地出让租赁收入、土地各项费用收入、土地抵押融资财力的来源结构：

①土地各税税政收入财力来源。为了推进农村土地资源综合开发治理、科学复垦、集约节约利用、公平合理使用、从严控制占用，促进城乡一体经济社会和谐发展，调整优化耕地占用税、土地增值税、土地使用税、房产税、契税和资源税结构，以利于科学调节城乡一体经济健康运行，社会财富公平分配。1998年以来，土地增值税收入占地方税收收入的比重稳步提高。2017年土地增值税占到地方税收收入的16.1%。土地相关的耕地占用税、土地增值税、土地使用税、房产税和契税五种税收占地方税税收收入的93.2%的比例，在年终结算时分批返还给地方。

②土地出让租赁收入财力来源。为了维护我国土地公有制，推进城乡一体农业现代化、工业化、信息化、城镇化发展，必须按照国家现行法律法规制度规定，各级政府采取有偿方式，健全三级市场用地流通体系、调整优化土地出让租赁收入财力来源结构：一是坚持在土地出让时，土地使用者向国家支付土地使用权出让收入（金）；二是坚持在土地行政划拨时，划拨用地的使用者向地方政府缴纳失地农户补偿、安置等费用；三是坚持在土地租赁时，土地租用者向地方政府缴纳土地的租赁收入；四是坚持在国有土地使用权作价出资入股后的分红或股利收入上，实行中央与地方分成和政府与有关单位科学合理分配收入政策。

③土地各项费用收入财力来源。为了合理合法建立健全土地有偿使用法规制度，综合开发治理土地、科学复垦耕地、从严控制非农业用地，提高农业用地产出率、非农业建设用地利用率，必须组织推进有关部门严格按照国家法律法规制度对与土地相关收费的规定，一是国土资源部门为综合开发治理土地、科学复垦耕地、有偿使用新增建设土地、房屋拆迁土地取得有偿收费收入、业务管理收费收入。二是财政部门组织征缴城乡非农业占用土地有偿使用、房地产租赁的收费收入；三是农业、林业、水利、国土、环保等部门，依据中共中央、国务院发布的政策法规制度对土地、水利等资源维护改善的规定，取得土地、矿产、水利、环保、排污等保护改善资源的相关收费收入。

④土地抵押融资财力来源。为了加快城乡一体化农业现代化、工业化、信息化、城镇化进程，经国务院批准，各地方政府借土地抵押来贷款，弥补城乡一体公共基础设施建设和公益社会事业建设用地投资缺口，1998年至2017年期间，在农村土地财政收入财力来源中，通过土地使用权抵押银行等金融机构融资比例逐步上升，东南地区土地抵押融资占30%上升到60%；中西部地区土地抵押融资占20%上升到70%；2017年全国84个重点城市抵押融资土地面积为609万亩，抵押贷款总额3.77

万亿元。

(5) 农村土地财政管理体制改革完善。2006 年以来，在中共中央、国务院领导下，各级党委、政府逐步深化改革完善农村土地财政收入与支出范围、结构、规则等项管理体制。分别说明如下：

①改革完善农村土地财政收支范围。全国各地区农村土地财政，首先是收入范围逐步扩大，随后是相应扩大收支范围。

1999 年至 2006 年期间，在农村土地财政收入范围中，由土地相关税收入、扩大到土地出让租赁收入、土地各项费用收入。地方政府将上述三方面收入纳入公共财政预算，安排分配用于农村土地综合开发治理、耕地复垦改造、城乡公共基础设施建设、公益社会事业等建设；也通过土地相关税收减免、优惠地低价投放城乡一体工商服务产业用地政策，推动调整农村经济结构和加速二、三产业发展。在这期间，一是改革完善地方政府对土地财政收入范围扩大的职责。政府通过征地拆迁获得新增建设用地的使用权后，直接进行土地批租，向一级市场增加工业、建筑业、房地产业和商业住宅用地的出让、投放，以促进城乡一体工商服务产业发展。政府通过土地收益权质押等融资，获取银行信贷资金进行基础设施建设，引导带动社会投资，拉动投资和消费需求，加快城乡公共基础设施建设和社会事业发展进程；二是改革完善地方政府对农村土地财政收入预算范围的规则，政府对农村土地财政收入预算范围包括：土地各种税政收入、土地出让租赁收入、土地各项费用收入，纳入土地财政预算管理。对通过在土地出让租赁收入提取的农业土地综合开发治理基金、农田水利建设基金、农村文化教育基金，纳入土地财政基金预算管理；三是改革完善地方政府对农村土地财政支出预算范围的规则。政府对农村土地财政支出预算范围包括：农村土地规划测量费、土地征购拆迁费、土地补偿费、失地农户安置补助费、地上附着物和青苗补偿费、土地资源保护费、城乡公共基础设施建设用地费、城乡公益社会事业建设用地费、耕地开垦复垦费、土地整理费、农业土地综合开发建设费、通讯公告费。

2007 年至 2019 年期间，各地方政府深化改革完善农村土地财政收支范围：一是规范农村土地出让收入和支出范围。2006 年国务院办公厅在发布《关于规范国有土地使用权出让收支管理的通知》规定，从 2007 年 1 月 1 日起，农村土地出让收支全额纳入地方财政基金预算管理，收入全部缴入地方国库，支出一律通过地方财政基金预算安排，不得用于平衡公共财政预算，实行彻底的收支两条线管理。农村土地出让支出范围包括：土地补偿费、拆迁补偿费、被征地农户的安置生活和社会保障补助费、城镇廉租住房保障补偿费等项目；二是规范要求各地方政府建立健全农村土地出让收支预决算管理制度，按照规定程序依法向同级人大报告。并要求各地方自 2007 年 2 月 1 日起，将土地增值税由原来的预征制改为清算制，据实缴纳增值税，统一内外资企业土地使用成本，一同征缴土地税费和房产税。根据新通过的《物权法》和《企业所得税法》，外资企业要与国内企业一同征收城镇土地使用税、所得税、房产税，取消原来给予外资企业的超国民待遇。2008 年国务院在发布《关于促进节约集约用地的通知》规定，除军事、社会保障住房和特殊用地继续划拨供应外，工商服务产业经营性用地，都必须实行有偿使用制度。进一步激励地方政府财力中土地出让收入和土地财政收入所占比重逐步提升，推动经济社发展；三是规范农村土地财政基金收入和支出范围。2009 年以来，国务院对农村土地财政收入的土地出让收入中计提六种专项基金（农业土地综合开发治理基金、农田水利建设基金、农田高标准建设基金、建设用地有偿使用基金、国有土地收益基金、廉租住房保障建设基金），从土地出让收入中提取和专用，提出明确要求和规则；四是规范农村土地抵押融资收入和支出范围。2016 年以来，地方政府以通过土地收益权抵押融资方式，提前运用土地出让收入，为城乡一体公共基础设施建设、公益社会事业建设融资，向银行等金融部门取得土地收益权质押融资贷款，以加速推动城乡一体经济社会发展。

②改革完善农村土地财政收支结构。全国各地区农村土地财政收支结构是逐步调整优化的。1999 年至 2019 年期间，一是在农村土地财政收入的土地出让租赁收入结构中，土地出让收入是主要构成部分，是地方政府依据《土地管理法》、《城市房地产管理法》等国家法律法规和地方政府政策规定，

以土地所有者身份出让农村土地使用权所取得的收入逐年增加,土地出让收入已经成为地方政府可支配公共收入的重要组成部分,土地出让收入占地方一般预算收入比例,已从2007年50.9%,上升到2009年56.8%,上升到2011年63.9%,上升到2015年70%,上升到2017年85%;二是在农村土地财政收入的土地相关税收收入结构中,耕地占用税、土地增值税、城镇土地使用税、土地资源税、房产税等直接来自土地的税收收入,从1999年的378.4亿元上升到2012年的10128.0亿元,增长25.7倍,年均增长率高达28.8%,占当年地方财政收入的比重,从1999年的6.8%,提高到2012年的16.6%,提高到2015年的20.6%,提高到2017年的24%;三是在农村土地财政支出的土地各项事业费结构中,土地出让支出是主要构成部分,它主要用于农业土地综合开发支出、农村基础设施建设支出、农田水利建设支出、耕地开垦复垦支出、土地征购和拆迁补偿支出、农户失地补偿安置支出、土地资源集约节约利用支出、城乡一体公共基础建设用地支出、城乡一体文化教育事业用地建设支出、城乡破产改制企业职工生活保障支出、棚户区改造支出、土地出让业务支出、廉租房住房支出等项支出。全国按照土地出让支出占农村土地财政支出的土地各项事业费总额的比例是逐步上升的,由1999年2854亿元的51%,上升到2009年66151.9亿元的76.8%,上升到2012年的74862.5亿元的82.7%,上升到2017年78355.9亿元的86.9%。

③改革完善农村土地财政管理体制。全国各地区农村土地财政收支管理制度日趋健全,组织管理体制逐步规范完善。

1994年至2019年期间,坚持全面拓宽农村土地财政收入增长途径。这是指在农村土地财政收入增长途径上,一是深入挖掘在土地出让收入基础上加上地方政府获得的土地相关税收收入增长渠道。农村土地出让收入主要指地方政府通过出让、租赁土地使用权等方式获取的土地收入总和,包括土地出让租赁收入和其他供地方式获得的收入。土地相关税收收入包括耕地占用税、土地增值税、土地使用税、房产税和契税的直接税收收入和房地产业、建筑业的间接税收。这些税种在1994年分税制改革后均为地方收入,是地方政府通过土地征购、出让租赁和相关税收;二是逐步提高土地财政收入占地方财政收入的比重。1999年以来,各地方政府在组织进行地方财政收入工作上,进一步加强土地财政征收管理,公平合理征缴土地出让收入,按照国家法规制度征收管理土地相关的税种。在地方政府财政收入中,农村土地财政收入的金额逐步增加,全国农村土地财政总收入,从2000年的1666.0亿元,增加到2011年的48659.5亿元,增长28.2倍,年均增长率35.9%。2017年增到65447亿元,年均增长率6.2%。

2012年至2019年期间,从中央到地方各级政府组织改革完善国家和集体土地公有制、征购制、补偿制、分级制、考核制等项土地财政管理体制:一是改革完善国家土地公有体制。必须坚持依据我国《宪法》《土地管理法》,对我国土地实行国家所有制和农村集体所有制的公有制规定,城市土地国家所有,农村和城郊土地属于集体所有。国家所有土地的所有权,由国务院代表国家行使,组织领导地方政府土地权属登记、征收、补偿、出让、占有、使用、收益和处置权方面管理工作;二是改革完善国家土地征购体制。必须坚持对农村集体所有制土地征购价格,与国家所有制土地征购价格统一口径,达到公平、公开、合理、合法。必须建立健全土地征购利用制度,充分尊重集体土地所有者权益;三是改革完善国家土地征购补偿体制。必须坚持改革政府是征地补偿方案的政策制定者、征地补偿的实施者、土地利益权衡者、市场供地者、土地储备者、土地需求者、土地依法裁判者"六者"合一体制,摆脱裁判员和运动员兼顾的角色,消除政府程度不同地出现低价征地、强迁强拆、补偿不公的现象,科学规划征用土地、公正合理核定土地征用价格和征地补偿标准;四是改革完善国家土地财政分级管理体制。必须坚持改革完善各级政府对土地财政分级管理体制,规范地方政府对土地资源管理与土地财政管理的职责,规范地方政府土地权益、土地征收、土地出让收入管理的模式,规范地方政府土地收购补偿和土地收益的方式,规范市县政府土地征收利用范围、土地出让收入分配机制,科学合理进行土地财政收支计划管理,保障地方政府通过土地财政推动城乡一体经济社会发展;五是改革完善国家土地财政管理目标责任考核机制。我国地方政府实施土地财政管理目标责任制考核机制，是通过土地财政最广泛的绩效管理方式，促进城乡经济社会发展的机制。在我国地方政府土地财政管理的目标责任考核体系中，一些地方政府都将追求 GDP 和财政收入作为关键性考核标准，将社会各界投资、国外招商引资、财政银行投融资，着力用于城乡一体农业现代化、工业化、信息化、城镇化基础设施建设，作为彰显政绩的重要手段。地方政府更加积极地利用土地相关税收费用政策，逐步壮大地方政府财政能力，逐步完善保障城乡一体化基本公共公益服务设施建设和社会保障事业发展的财政管理体制。

关于组织开展农业结构和农村结构调整优化实践评估的建议

农村财政经济问题调研组*

农业是指广义农业,即农林牧副渔各业,农业结构是在农林牧副渔各业的产品之间、产品品种之间、产品品种品质之间比例关系组合,也就是农林种植业、牧渔养殖业及其加工业之间比例关系构成。农业、林业属于种植业,牧业、渔业属于养殖业,农林牧副渔各业产品及副产品加工属于加工业。种植业结构是指农业的粮食作物、经济作物等产品和林业的林木、林果等产品种植品种、品质、规格比例关系构成;养殖业结构是指牧业的牲畜、家禽产品和水产业鱼、虾等产品养殖品种、品质、规格比例构成。

一、科学界定结构调整优化的范围和内容

农业结构调整优化,是指在我国农业和农村经济发展到新的阶段,为满足国内外市场变化的需求,科学利用自然地理条件,充分发挥区域农业资源优势,全面优化配置农业生产经营要素。农村经济结构调整优化,是指对农村第一、二、三产业生产经营要素,及其相互关系的调整优化配置。为此,分别说明科学界定农业结构和农村经济结构的范围和内容、调整优化的范围和内容。

(一)农业结构和农村经济结构的范围

农业结构和农村经济结构的范围,是指农林牧副渔各业的生产经营、制造加工、贮藏运输、市场供销、社会服务结构的范围。农业结构和农村经济结构的内容包含:一是农林牧副渔各业的产品生产结构、产品品种结构、品种品质结构;二是农林牧副渔各业的生产、加工、包装、贮藏、销售等服务行业结构,也就是第一产业(种植业、养殖业)、第二产业(种植业、养殖业产品的加工业)和第三产业(为种植业、养殖业、加工业服务的服务业)结构。

(二)农业结构和农村经济结构调整优化的内容

农业结构和农村经济结构调整优化的内容包括:一是调整优化农林牧副渔各业的产品结构,注重发展农林业中的绿色优质粮食、油料、蔬菜、花卉、林果产品生产,优先发展牧渔业中的名特优质畜禽、水产品生产,增强国内外市场竞争能力,推动高产、高质、高效农林牧渔各业发展;二是调整优

---

* 调研组组长:韩连贵
  调研组成员:李振宇 张景祥 徐和平 韩铁峰 王 岩 陈友订 林钢强 朱国平 李贤锋 赵建生 董 齐 王贵良 陈贵锋

化种植业、养殖业、加工业和服务业，稳定发展第一产业，即种植业、养殖业，突出发展第二产业，即加工业，加快发展第三产业，即服务业，合理调整三大产业比例，推进城乡一体化经济发展。

二、综合分析结构调整优化的原因

从 1979 年改革开放以来，全国各地区农业结构和农村经济结构逐年调整，农林牧渔各业健康发展，农村第一、二产业加快发展，初步形成了农业结构和农村经济结构格局。但从结构现状来看，还存在急待调整优化问题。农业结构和农村经济结构调整优化的原因，主要有客观和主观两方面因素：

（一）客观原因

从客观原因来说，主要有以下六个因素：

1. 农业结构和农村经济结构要素，与农业土地利用和农村劳动力就业结构要素不相适应。主要是农林种植业利用土地资源明显减少，牧渔养殖业利用土地资源没有充分治理，浪费了土地资源；农村劳动力投入第一产业的比重过大，存在为数不少的闲余劳力，浪费了劳动力资源；全国各地区农村劳力投入第一产业的比例，平均为 40%，华东、中南、沿海地区农村低于全国平均水平，华北、东北地区农村都高于全国平均水平，西北、西南地区农村达到 60% 以上，因农村富余劳动力过多，影响农村增收的问题，尤其是干旱、洪涝、风沙等自然灾害特别严重，并成为农业结构和农村经济结构急待调整的重要原因。

2. 农业结构和农村经济结构，各地区农村基本相同，地方特色不足，既不能充分有效地利用当地自然地理资源，又不能保护和改善农村生态环境。这表现在种植业上，主要是不问市场动向，竞相发展高附加值品种，造成价格上的大起大落，发生不应有的损失；在养殖业上，主要是草食牲畜发展不足，形成草场、草坡、草山等资源的某些浪费。农村第二产业，即制造加工业结构与城镇国有工业结构雷同，也存在制造加工技术落后、规模狭小、水平偏低、掠夺式经营、破坏资源、制造污染，给农村生态环境造成严重危害之类的问题。

3. 农业产品及其加工产品科技含量较低、品种单一，品质标准不高、质量结构较差，不能适应国内外市场的需求，削弱了国内外市场竞争能力，不利于农民增收致富，阻碍了农业和农村经济持续发展。主要原因是农业科技成果推广应用率低，由此导致农业产品及其加工产品品质不佳，因而带来大宗农业产品积压、滞销，而科技含量高的优质农业产品及其加工产品畅销、紧缺的后果。

4. 农业产业化水平较低，龙头企业的规模小，缺乏对农业和农村经济增长的拉动力；农业产品加工业发展不足，农业产品增值偏小，农业产品加工转化率较低，附加值少，全国农业产品产值与农业产品加工后产值的比例差距较小。

5. 农业区域比较优势没有得到充分发挥，对国际农业产品市场的变化反应不够敏锐，缺乏在国际市场有竞争力的主导产品和驰名品牌；没有形成有竞争能力的大型营销组织和有协调能力的中介组织，市场体系不健全、流通渠道不畅通。

6. 农村第三产业发展滞后，并存在重生活服务，轻生产服务的现象，削弱了农业科技推广应用的力度，造成农业产品的生产前、生产中、生产后服务的不足，并形成了农业产品市场信息交流的滞阻，不利于农户同市场的联系，因而降低了应变农业产品市场能力，不适应农业和农村经济持续发展的要求。

上述问题，不仅造成大宗农业产品卖难、价格持续下降，直接影响农民增收致富、农村达小康奔富裕目标的实现，又必然阻碍农业和农村经济持续健康发展。乃至城乡一体化经济社会持续健康发展。所有这些，都势必拓宽调整优化农业结构和农村经济结构途径。

(二) 主观原因

从主观原因来说，主要有以下六个因素：

1. 有些地方政府领导在农业结构和农村经济结构调整优化上存在主观武断、脱离实际思想作风。由于受这些地方政府指导方针失误、农业生产经营信息不灵、粮食等农业产品经济效益低等因素影响，致使广大农民看不清调整优化的方向，不知怎么调整优化，因而出现一些农业产品积压、卖难问题。特别是有些地方政府领导组织调整优化工作不深入、不扎实，急于求成，采取行政命令下达调整优化指标的办法，结构导致大宗农业产品销售不出去，挫伤了农民群众的生产积极性。

2. 有些地方政府领导片面强调少发展粮食生产，多种植经济作物，不重视粮食生产，主张压缩粮食生产面积，扩大经济作物种植面积。为此，在粮食经济效益低的情况下，农民群众减少了粮食生产面积，特别是在一些粮食主产区农民无奈种粮、无心高产、生产粗放、投资减少。

3. 有些地方政府领导组织推进农业产业化经营水平低，主要表现在，农业产品加工龙头企业发展迟缓、实力不强，抗御市场风险的能力较弱。同时，农业产品加工龙头企业与农民群众的利益联结不挂钩，这两者之间未形成利益共享体制，仍然是一种简单产品生产供应与加工收购脱节关系。

4. 有些地方政府及有关部门为农民群众提供农业科技服务、农业产品市场信息等农村社会化服务体系不完善。由于农民最需要的农村市场信息体系建设严重滞后，面向农村、农民的信息服务工作比较薄弱，农民在农业结构和农村经济结构调整中往往感到无所适从。同时，一些基层农技推广机构由于队伍不稳、知识结构老化和机制不够灵活等原因，不能满足农民对技术的需求，不适应农业结构和农村经济结构调整优化的要求。

5. 有些地方政府财政、银行安排用于农业结构和农村经济结构调整优化的资金严重不足。农业结构和农村经济结构调整优化是传统农业向现代农业转变的过程，引进良种、发展名特优农产品生产和加工业等，都需要大量的资金投入。但因连续几年农产品价格低迷，农民增收缓慢，到银行也很难贷到款，广大农村基层干部普遍反映结构调整优化没有资金来源，对一些市场行情看好的项目，因缺乏资金而不能发展。

6. 有些地方政府及有关部门在推动调整优化农业结构和农村经济结构工作上，不能充分发挥本地区自然地理优势，总结交流自身典型经验，盲目向外地、外国追风掠夺，缺乏本地区特色；有的调整优化起点低，缺少科技含量，起不到提高农业生产经营水平，增强农业和农村经济发展后劲的作用；有的调整优化进展缓慢，持之以恒、一抓到底的自觉性较差。

(三) 必须原因

从必须原因来说，中共中央、国务院强调，必须站在国家战略高度上，理解农业机构和农村经济结构调整优化是战略调整优化的需求。为此，一是必须认识到，粮棉油等大宗农业产品相对过剩，农业产品市场流通不畅，急需对农业结构调整优化。这是由于我国农业和农村经济发展进入新阶段之后，粮棉油等大宗农业产品出现阶段性供过于求、品质较差、品种较少、产销不对路、增产不能相应增收的问题。为此，必须站得高、看得远、想得深，组织农业品种、品质结构调整优化，不断增加高产、优质、高效品种，提高农业产品质量效益，增加农民收入，增强农村经济实力；二是必须认清世界经济日益向全球化发展的趋势，我国农业和农村经济发展面临着新的机遇和挑战。为了抓住机遇，迎接挑战，必须进一步稳定农业的基础地位，着力对农业结构和农村经济结构调整优化，充分发挥各地区自然地理优势，放活农业土地承包使用权，建立健全农业土地承包使用权流转制度，开辟农业产品市场，建立健全农业产品流通体制，推进农业产业化经营，加强农业基础设施建设和农业生态环境建设，大力发展农村第二、三产业，全面实施科教兴农战略，加强农村信息网络建设，进一步发展外向型农业和农村经济，组织落实城镇带动农村的方针，加快农村小城镇化进程，扩展农民的就业创业增收领域，发展农村社会公益事业，稳固基层政权，稳定农村社会；三是必须坚信只有农民收入增加，才能增加农民购买力，才能实现国民经济持续、快速、健康发展。同时，因地制宜地进行农业区域调整，发挥不同农业区域比较优势；不仅对农业结构调整优化，还要组织林牧渔各业结构调整优化，更要组织农村第一、二、三产业结构调整优化，实际上涉及整个农村经济结构调整优化，为了组织好农业结构和农村经济结构调整优化，又必须相应地组织农业经营方式、农村劳动力结构、金融资本使用结构调整优化，不仅要对农业和农村经济持续发展途径进行调整优化，还要对农业生产经营和农村经济组织管理工作方式加以改进；不仅面向国内市场调整优化，还应面向国际市场调整优化。为此，中共中央、国务院要求各级党委、政府必须站在战略的高度，以深化改革的精神，进一步推动调整优化农业结构和农村经济结构，从农业和农村的产业、产品、品种、质量、时间、空间、方式、方法等多方面，进行全方位调整优化，全面提高农业和农村整体素质和效益，使农业和农村真正走上优质、高产、高效的轨道，形成合理的区域分工和布局，确保农林牧渔各业各具特色的专业化生产发展，为农业增产、增效，实现农村收入的稳定增长，开辟广阔天地。农业结构和农村经济结构调整优化又是一个动态过程，随着国内外农业产品市场的变化，农业科技的不断进步，农业产业化、现代化的进程加快，必然推进农业结构和农村经济结构进行不断的调整优化。综上所述，农业结构和农村经济结构调整优化的原因，主要有以下五方面：

1. 农业结构调整优化是农业发展向深度和广度进军的需要，是确保农业和农村经济持续健康发展的有效途径。

2. 农业结构调整优化是实施科技兴农的需要，是确保农业生产高产、优质、高效，增强农业综合生产能力的有效途径。

3. 农业结构调整优化是实现农业由粗放经营向集约经营转变的需要，是确保由传统落后农业小生产向现代农业产业规模生产经营的有效途径。

4. 农村经济结构调整优化是建立适应社会主义市场经济新体制的需要，是推进农业产加销一条龙、农工贸一体化的有效途径。

5. 农村经济结构调整优化是提高农村干部和农民群众综合素质的需要，是推动广大农村干部和农民群众增强科技务自觉性的有效途径。

总之，农业结构和农村经济结构调整优化，绝不是多种植、养殖一些什么，少种植、养殖一些什么的问题，而是一个带有战略性的大问题。通过农业结构和农村经济结构调整优化，势必会带动农业和农村经济持续健康发展，势必会促进农业综合生产能力不断增强。因此，一是必须站在全局的、战略的高度，组织农业结构和农村经济结构调整优化。全国各地区对农业结构和农村经济结构不调整优化不行，调整优化慢了不行，调整优化不好也不行。早调整优化早主动；晚调整优化就被动，不调整优化无出路。二是必须增加紧迫感和责任心，切实把握新形势，适应新变化，科学组织农业结构和农村经济结构战略性调整优化，推动农业生产从计划转向市场，从粗放经营方式转向集约经营方式，从单纯追求数量转向重视质量和效益，从增产不增收转向确保农民增收，维护农民利益，调动农民的积极性，已成为必然趋势。

（四）紧迫原因

从紧迫原因来说，我国农业结构和农村经济结构调整优化过程中存在的问题和面临的矛盾，迫在眉睫，必须增强紧迫感和责任心，及早组织促进解决农业结构和农村经济结构调整优化过程中存在的以下七个问题：

1. 在全国科学推行各种类型农业结构和农村经济结构调整优化模式问题。提倡各地区根据自身比较优势，科学合理地配置资源要素，发展有国际竞争力的农林牧渔各业产品生产。我国东部沿海地区和大城市郊区可发展高技术含量和高附加价值的优质高效创汇农林牧渔各业产品生产，同时利用资金、技术和市场优势，发展农林牧渔各业产品深加工和精加工产业化经营；我国中部地区要以优质化和专用化为核心调整农业结构和农村经济结构。充分发挥该地区粮棉油菜等大宗农林牧渔业各业产品生产的比较优势，跳出一味追求产量最大化的圈子，引进良种，不断提高农产品的质量和效益。与此同时，要搞好农林种植业产品、牧渔养殖业产品加工转化。中部地区在调整农业结构和农村经济结构过程中，应该借助本地资源优势，培育或吸引东部沿海地区的龙头企业在中部投资办厂、建立农林牧渔各业产品专用原料生产基地。西部地区要抓住西部大开发机遇，调动一切有利因素，搞好特色农业、生态农业、旅游农业的发展，同时，也要积极参与国家在西部的各项大型工程建设，增加农村劳动力的就业机会。

2. 在全国科学确定农林牧渔各业分品种和品质的区域布局问题。各地区党委、政府组织推进农林牧渔各业分品种和品质的区域布局的方针政策，加强宏观指导和市场调节引导发挥农业区域比较优势，科学转变农林种植业、牧渔养殖业生产经营方式，突出发展主导产品和支柱产业，着力降低生产经营成本，注重增加优质品种，提高产品质量，增强市场竞争力。

3. 在全国继续推进农业产业化经营问题。农业产业化龙头企业加农户的经营模式，是推进农业结构和农村经济结构调整优化的一项主要措施。多年来，广大农村基层干部和农民群众都认同农业产业化经营的作用。为此，各地区党委、政府必须抓住农业产业化经营的有利时机，进一步加强组织领导，采取切实措施，严格建成一批按现代企业制度运行、带动农户能力较强的龙头企业，稳步推进农业产业化经营的健康发展。

4. 在全国为农民组织提供农业科技、信息服务问题。在组织开展农业结构调整优化工作中，为提高农业产品的质量和效益，而为农民组织提供农业生产经营科技、信息服务，推动农民坚持开展农业高新科技推广应用，重点抓好农业产品新品种开发、示范、推广工作，加强农业科技示范园区建设。

5. 在全国农村完善基层科技推广体制、健全经营机制、提高服务质量问题。组织推动科技院校实行科技创新激励机制，促进农业科技成果的开发、推广和应用。同时，各级政府部门组织制定为农民提供科技推广信息服务的切实可行办法，规范运作程序，发挥龙头企业、中介组织、科研单位等社会力量的作用，为农民提供及时、准确的科技推广信息服务。

6. 在全国切实增加对农业结构和农村经济结构调整优化的资金投入问题。各级政府财政加大对农业基础设施和优良品种繁育、病虫害防治的资金投入。同时，深化农村金融体制改革，建立新的运行机制，组织制定方便农户贷款的办法。金融部门把扶持农业产业化经营作为信贷支农的重点，在资金安排上给予倾斜。对科技含量较高、经济效益较好、带动农户能力较强和信誉较好的龙头企业，适当扩大授信额度。

7. 在全国农业结构和农村经济结构调整优化中高度重视粮食安全问题。粮食安全是农业结构和农村经济结构调整优化顺利进行的前提。中西部省份特别是西部各省区，在推进农业结构和农村经济结构调整优化，开展退耕还林还草等生态环境建设的同时，加大对粮食安全政策执行情况的监督检查力度，真正做到按保护价敞开收购农民余粮，优质优价。继续完善粮食流通体制，推进国有粮食购销企业改革步伐。改进扶持粮食生产的产业政策，实施划定基本粮田保护区等办法，稳定粮食生产。加强对粮食主产区的政策扶持，通过加强粮食生产基地建设、调整粮食品种结构、扶持建立粮食加工龙头企业等方式，稳定粮食主产区的生产积极性。各地区党委、政府继续加强国家商品粮基地建设，选择一批粮食生产潜力大、能够稳定提供商品粮的基地，进行集中连片建设，国家给予重点扶持，建立相对稳定的商品粮生产基地。

三、全面规划结构调整优化的目标

在我国农业和农村经济发展的新阶段中，为了摆脱粮棉油等大宗农业产品出现相对剩余、买方市场、受资源和市场双方约束的局面，尽快实现由传统落后数量型农业和农村经济，向现代科技质量效益型农业和农村经济转变，科学把握粮棉油等大宗农业产品供应比较充裕的有利时机，继续加强农业基础设施建设，全面保护农业生态环境，充分发挥自然地理优势，科学利用区域农业资源条件，不断提高农业综合生产能力，全面优化农业产品品种结构，提高农业产品质量，发展高产、高质、高效农业产品生产，发展农业产品加工、包装、贮藏、运输、销售等服务业，提高农业和农村经济的整体素质和综合效益，不断满足我国城乡人民生活变化的需求，适应国内外市场对农业产品优质化、多样化、标准化的需求发展趋势，不断增强农村经济实力，增加农民群众收入，保障农业和农村经济持续健康发展，促进城乡一体化经济的持续协调发展。为此，多年来，中共中央、国务院组织推动全国各地区党委、政府及各部门，一是清醒地认识形势，以积极主动的姿态，对农业和农村经济结构进行战略性调整优化，认真解决好进入农业发展新阶段出现的新矛盾和新问题。二是督促各地区农业结构和农村经济结构调整优化，必须紧紧围绕农业增效、农民增收这个中心任务，以培育支柱产业为基础，以发挥有竞争优势和带动能力的农业合作经济组织为重点，以提高农业产品生产经营的市场化和组织化程度为依托，以科技创新和先进适用技术推广为动力，以建立与国际市场相适应的农业产品质量标准和检测检验体系为保障，全面提高农业结构和农村经济结构调整优化水平。为此，组织开展农业结构和农村经济结构调整优化的目标包括以下六项：

（一）要提高农业产品基地建设水平

各地农业综合开发项目区要适应国内外市场需求的变化，大力发展有市场、有效益的种植业、养殖业项目。为此，一是要因地制宜地建好一批优质高效的粮油、畜禽、鱼虾、蔬菜、林果、花卉等生产基地，建设一批绿色农业产品基地、优质专用农业产品基地和出口创汇农业产品基地，为培育主导产品、支柱产业创造良好的基础条件，以适应国内外市场的需要。二是要加强农业资源开发建设，把农业资源开发与农业结构调整结合起来，搞好农业资源开发项目的论证、编制、筛选、包装和申报工作，提高农业资源开发项目的规模和档次，以项目吸引中外客商投资农业产品基地建设，以项目争取有关部门的资金扶持，促进农业结构调整向优化方向发展。

（二）要提高农业产品生产经营组织水平

要提高农业生产经营组织化水平，必须做到：一是要健全多样化的利益联结机构。适时引导向紧密型发展，逐步延长产业链。无论哪种利益联结方式，都要坚持农民和企业自愿互利原则，不能强加干预；二是要完善社会化服务体系，在农民家庭联产承包的基础上，集中连片、形成规模、批量生产、集中销售、共享利益、共担风险；三是要发展农业合作经济组织，坚持"民办、民营、民受益"的原则，加强对农民提供产前、产中、产后的各项服务。不断增强农业合作经济组织的凝聚力和经济实力。要抓紧制定农业合作经济组织的示范章程和规章条例，明确农业合作经济组织的法人地位，使农业合作经济组织发挥桥梁、纽带作用；四是要发挥各种行业协会的作用，在自愿互助的基础上建立各行业协会、商会等中介组织。各种行业协会要在市场准入、信息咨询、规范经营行为、价格协调、调解利益纠纷、行业损害调查等方面发挥应有作用，切实维护和保障各种行业协会会员的合法权益。

（三）要提高农业科学技术推广水平

农业科技创新是推动农业结构调整的动力。为此，一是要在农业结构调整中进一步普及先进适用技术，要坚持农业生产经营实践与农业科研相结合的原则，构建农业科技创新主体；二是要继续深化农业科研机构面向农业生产实践的主战场，明确科技攻关重点，为推进农业结构调整提供有力的技术支撑；三是要鼓励各级农业技术推广机构科技人员积极参与和投身到农业第一线，通过技术服务、技术承包、技术转让、技术入股等形式，与农民开展多种形式的联合与合作，深入推广农业产品优质高效技术，广泛应用农业产品深加工及综合利用技术，改进创新农业产品贮藏、保鲜、包装技术，不断改进农业产品生产降耗增效技术，大力推进农业生态建设技术；四是要多方引进国外先进农业生产经营技术，要继续深化农业技术改革，逐步建立起具有世界先进水平的农业科技创新体系，经常开展农业科技培训，不断提高农民科学文化素质，以实现高效转化农业科研成果；五是要坚持不断提高现代农业科技化生产经营管理水平，不断增强农业综合生产能力、抗风险能力、市场竞争力和农村经济实力，拓展中国特色农业现代化道路。

（四）要提高农业产品质量安全管理水平

加强农业产品质量安全管理，是调整农业结构的切入点和得力手段。为此，要抓紧制定和完善农业产品生产、加工、包装、储运等质量标准，严格实施农药、兽药、鱼药残留等有毒有害物质的卫生安全标准；要建立健全农业产品质量监督、检测、检验体系，继续充实和完善农业生产环境质量检测中心，加强农业产品质量检测中心设施建设，配齐专用设备，配足人员，抓好培训，严格检验制度，加强抽验力度；要尽快推行标明农业产品产地、质量、等级的标识制度；各地农业综合开发项目区在组织进行种植业、养殖业生产经营过程中，要全面禁用高毒高残留农药，从源头上确保农业产品质量安全；要切实加强农业产品标准化示范基地建设，要严格执行农业产品质量标准规定，健全农业产品质量监督、检测、检验体系，不断提高农业产品质量安全管理水平，为农业结构调整优化奠定基础。

（五）要提高农民参与农业产品市场竞争水平

农业结构调整优化的有效途径，是加强农业产品市场建设。要教育农民增强市场意识，主动参与市场，自觉建设市场，积极发展市场，严格遵守国家关于市场经济的法规、法律；要向农民及时发布本地区和国内外农业产品市场信息，经常沟通农业产品市场的供求、流向和价格等情况；要广泛深入调查、科学研究分析国内外农业产品市场经济规律，主动引导农民在从事农业产品生产经营活动中，防止主观随意性，减少盲目性，自觉生产市场需求的农业产品，不断改善农业产品的品种、质量，确保农业产品消费安全，增强农业产品进入市场竞争能力。

（六）要提高农业结构和农村经济结构调整优化水平

农业结构和农村经济结构的战略性调整是一项集政策性、群众性、经济性、社会性于一体的系统工程，内容多，涉及面广。为此，在组织推进农业农村经济发展中，必须引导农民群众找准主攻方向，注意抓住重点，切实促进农村农民群众努力达到以下结构调优八项目标：

1. 要调优品质。农业发展进入新阶段，最主要的标志之一就是农业产品供求中的数量矛盾缓解，品种、质量的矛盾开始突出。因此，对农业产品的品质结构进行战略性调整，是农业结构调整的核心。要依靠科技调优品质，通过品种改良、新品种的开发与引进、先进适用技术的推广普及和高新技术的应用，增强科技创新能力，提高农业生产经营技术装备水平，不断向生产经营广度和深度进军。要面向市场调优品质，加快建立农业产品市场信息、食品安全和质量标准体系，引导农牧民按市场需求生产优质农业产品。要组织推进农业产品标准化。把优质特色农业产品、无公害农业产品、出口创汇农业产品基地和农业科技示范园区作为农业标准化建设的重点，结合农业科技推广项目和实施农业产品品牌战略，建立农业产品品种、技术规范和产品质量标准体系，建立健全农林种植业产品、牧渔养殖业产品的检验检测体系。在农林牧渔各业产品批发市场建立检测工作站，确保农林牧渔各业产品多样化、优质化的供应。

2. 要调优布局。这是指依照各地区自然地理条件，充分发挥各自的比较优势，科学利用各自的农业资源，确定各自的调整布局，避免调整的盲目性，克服布局的趋同性。在调优布局基础上，一是积极引导农民在平原地区面向市场，依靠科技，发展高效农业产品和优势农业产品生产；二是在山地区，大力推动农民发展生态农业产品、抗旱农业产品、绿色农业产品生产；三是在草原地区，扶持引导牧民走生态畜牧业和效益畜牧业的路子；四是在城镇近郊和国营农牧企业，发展城镇居民生活急需的农林种植业产品、牧渔养殖业产品生产。

3. 要调优产业。这是指在农业生产经营环节上，充分发挥农业产业化龙头企业带动作用，让龙头企业充当开拓国内外市场的先锋。为此，一是组织加强龙头企业建设，把发展农业产业化龙头企业作为重点。加快培育生产规模大、科技含量高、带动能力强的农业产业化龙头企业。引导和鼓励建立各类农业产品加工、包装、保鲜、贮运、批发、销售一条龙产业化经营体系。组织引导企业以现代企业制度为方向，加快实行公司制改造，建立健全法人治理结构，真正按照国际惯例，提高生产经营管理水平；二是组织推进龙头企业始终加强与生产基地、专业大户和广大农民的联系与合作，走产加销一体化经营之路。组织加强农业产业化基地和市场体系建设，不断扩大农林牧渔各业商品生产基地，鼓励龙头企业与农户建立"风险共担、利益均沾"的利益共同体。要通过农业产业化龙头企业的培育和发展，推动规模化、集约化经营，发展壮大新型市场体系。

4. 要调优流通。这是指在农业产品流通环节上，进一步加强农业产品市场体系建设，结合各自的绿色资源优势，有计划地兴建或扩建有地方特色的优势的农业产品专业批发市场，逐步建立农业科技推广应用市场，完善农村劳动力就业等要素市场，鼓励和支持农民建设名优特品种和市场竞争能力强的农业产品生产基地，促进农民参加多种形式的农业产品运销活动，开辟农业产品运销渠道，真正使农民能产出、能销出、能收入。为了调整优化农业产品流通环节服务工作，各地区要积极促进建立农业产品营销中介组织、扩大经纪人队伍、运销实体和经营大户，引导农民自觉进入农业产品市场，充分发挥农牧民经济人队伍和各种中介组织的作用，及时促使农民更多地了解市场信息，掌握市场行情，更便捷地组织和出售农业产品，从中得到实惠，增加收入。

5. 要调优人员。这是指调活人员流动，加快农村富余劳动力向农村第二、三产业转移。在实施农业结构和农村经济结构战略性调整优化中，切实加大农村富余劳动力向非农转移的力度，积极引导农村富余劳动力有序流动。在组织调活农村人员流动中，主要从三个方面去引导：一是大力发展个体私营经济，引导乡镇企业推进结构调整、技术进步和体制创新，实现"二次创业"的新突破，为农村富余劳动力的转移创造机会；二是加快发展农村小城镇，充分利用农村小城镇建设的用地、户籍管理、基础设施和公用事业建设、社会福利等一系列优惠政策，吸引农村富余劳动力；三是依托地区中心城市的优势，制定具体措施，鼓励、支持和组织农村富余劳动力来市内务工经商，或采取多种形式，通过多种渠道，把农村富余劳动力组织起来，到大城市和沿海开放城市及发达地区开展劳务输出，加快农村富余劳动力向非农产业转移步伐。

6. 要调优高效。这是指突出优质高效，加快农业增效、农民增收步伐。按照农业结构多元化、农业产品品种多样化、农业产品品质优质化、农业产品价值高效化、农民收益小康化的目标，组织交流、引进和推广农业高新科技生产经营管理经验做法，大力发展"三高两好"农业产品，即市场知名度高的名牌产品、附加值高的特色产品、科技含量高的新兴产品、营养性能好的优质产品、安全性能好的绿色产品；着力培植农业主导产品，壮大区域农业支柱产业，以农业支柱产业带动区域经济发展，积极发展特色农业产品专业户、创建名牌农业产品专业村，形成区域性优势产业、支柱产业乡（镇）、支柱产业县（市）。在保护粮食生产能力的前提下，一是扩大高品质棉种植面积，努力提高蔬菜、园艺业生产水平，蔬菜瓜果品种要多样化，适应不同季节、不同消费群体的需要。二是注重提高禽畜产品质量，对生猪生产要提高商品瘦肉型猪的出栏率；对家禽生产要重点开发利用地方良种家禽，提高市场知名度；对牛羊生产要加快提纯复壮和杂交改良的进度。大力发展种草养畜禽，提高草食畜禽的比重。三是支持开发利用江、河、湖、海水资源养鱼、虾、蟹等水产品，发展绿色食品、保健食品、休闲食品生产，加大农业产品的出口比重，满足国内国际市场多层次的消费需求。鼓励外贸企业与农业产业化龙头企业开展多种形式的联合，培育成农业产品出口龙头企业，开展国际农业经贸合作，加大农业利用外资的力度，拓宽外经合作的领域，为农业增效、农民增收开辟途径。

7. 要调优投资。这是指从农业结构和农村经济结构调整总体要求出发，统一组织协调安排用于农业生产经营和农村经济建设投资，各级政府确保财政支农资金的逐年增长，发挥财政支农资金的导向和联合作用，启动农业信贷资金和农村社会资金的投入，运用世行贷款和引进外资及台、港、澳和外国资金投入农业生产经营和农村经济建设。为此，一是调优各级政府财政逐步转向农业基础设施、农村社会公共公益基础设施、农业生态环境等项建设投资。对确保农业生产和农村经济发展的"公共设施"，特别对具有直接经济效益低、生态效益和社会效益高等特点的公益设施，按照公共财政的职能，财政给以关注和支持，把因职能转变可以减少的财政支出用于增加支农支出，成为挖掘的内在潜力；二是调优各级政府积极的财政政策，增加各级政府财政资金投入，主要是与农业结构和农村经济结构调整紧密配合的农业基础设施建设、农业产业化、科技化工程建设资金投入，依靠科技进步，深化农业产品品种的更新换代，加快发展农业产品品种优质的步伐，以适应加工增值、外销出口、国际市场的需要；三是坚定不移地推进农业结构和农村经济结构战略性调整，增加农民收入，加快培育新的经济增长点，整体搞活县域经济，增加财政收入。

8. 要调优收益。这是指组织农业结构和农村经济结构战略性调整优化的目标，是提高农业生产经营综合效益和农村经济持续发展实力。具体说，一是以农林种植业、牧渔养殖业为基础，以增强粮食综合生产能力为出发点，以培育区域特色主导产品、支柱产业为突破口，发挥比较优势，促进农业资源优化配置，调整优化农林种植业区域布局。加快发展牧渔养殖业，调整优化大牧渔养殖业结构；二是加快农业产品优质化和专用化步伐，全面提高农产品质量和安全水平，调整优化农业产品质量结构。加快发展农业产品加工业，大幅度提高农业产品附加值，调整优化农村第二、三产业结构；三是调整优化农村就业结构，加快转移农村富余劳动力，拓宽农民增收渠道，对农民、农业和农村调整优化采取"多予、少取、放活"的政策。"多予"，就是为扶持农业生产和农村经济发展，多增加对农业和农村的资金投入，加快农业基础设施建设和农村公共公益基础设施建设，扩大退耕还林还草规模，加强农业生态环境建设。"少取"，就是为直接增加农民收入，切实减轻农民负担，让农民休养生息，推行农业税收免除、费用补贴政策。"放活"，就是要认真落实中共中央、国务院关于扶持农业和农村经济发展、增加农民收入的各项政策，把农民群众的主动性、积极性、创造性充分发挥出来，进一步活跃农村经济，拓宽农民增收渠道，搞活县域经济，增加财政收入。

四、统一筹谋结构调整优化的方略

中共十五大、十六大、十七大、十八大全会及中央农村工作会议，多次强调指出，以组织开展农业结构和农村经济结构调整优化为中心，以加强农业基础地位为根本，以增加农民收入为重点，以引导、保护和发挥好农民的积极性为前提，以加强农村基层组织建设为动力，切实抓好农业基础设施建设和农业生态环境建设，继续实施科教兴农、综合开发、城镇带动、可持续发展战略，大力发展农业高产优质高效产品生产，推动农村第二、三产业发展，加快实现农业生产经营科技化、产业化、市场化、农村小城镇化、城乡经济一体化。为此，一是必须坚持认定农业和农村经济发展的新阶段，是对农业结构和农村经济结构进行战略性调整的阶段，是要全面调整优化农业产品高产优质高效，调整优化农村第二、三产业结构和谐，调整优化农业和农村经济发展区域布局，实现农业和农村经济可持续发展，实现城乡一体化经济协调发展，保持农村社会稳定。为此，对农业结构和农村经济结构调整优化，既要解决全国粮棉油等大宗农业产品卖难和农民增收难的问题，又要立足于农业和农村经济持续长久发展，放眼于国民经济健康发展；二是必须坚持面向市场，做到市场需要什么就生产什么，不能盲目调整。坚持因地制宜，结合实际发展优势产业和拳头产品，防止一哄而起和结构趋同。坚持充分尊重农民的自主权，决不搞强迫命令，更不能瞎指挥；三是必须坚持全面提高农业产品品种质量，提高农业产业化经营水平、提高牧渔养殖业发展水平、提高农业区域化布局水平、提高农村劳动就业结构水平；四是必须坚持农业基础设施建设、农业生态环境建设、农村科技推广体系建设、农业产业化经营体系建设、农村市场体系建设、农村小城镇建设；五是必须坚持提高农业产品的优质率与商品率、提高农业产品的科技含量率、提高农业土地的利用率与产出率、提高农业劳动力的生产率、提高农村劳动力的就业率、提高农业产业化、现代水平化水平；六是必须坚持农业结构和农村经济结构调整优化最根本的方针，就是保护农民利益，对农民多给予、少索取，减轻农民负担，让农民休养生息；七是必须坚持长期稳定完善以农户家庭承包经营为基础的统分结合的双层经营体制，妥善解决延长土地承包期工作中的遗留问题，稳定土地承包关系，同时积极实施土地合理流转的新机制。加强农村经营管理队伍建设，提高农村经营管理工作水平；八是必须坚持做好减轻农民负担工作，认真落实农民合理负担"一定多年不变"的政策，严格执行农民负担监督卡、预决算、专项审计三项制度，加强对执行农民负担政策情况的监督检查，严肃查处违法违纪行为。同时，抓好农村集体资产的清理工作，逐步化解乡村两级不良债务；九是必须坚持落实粮食购销政策，按保护价敞开收购农民的余粮，调动农民的生产积极性，促进农民增收；十是必须坚持始终加大扶贫攻坚力度，坚持开发式扶贫方针，加强对局委包村扶贫工作的监督检查，确保基本解决贫困地区群众的温饱问题；十一是必须坚持以农民增收、农村稳定为目标，坚持市场导向、因地制宜、突出效益、规模发展原则，调整优化农业结构；十二是必须加速农村市场体系建设，全面搞活农产品流通；大力推进农业产业化经营，搞好乡镇企业二次创业，提高农业和农村经济发展质量；十三是必须加强农业和农村基础设施建设，改善农业生产条件和农业生态环境，稳步提高农业的综合生产能力；十四是必须坚持加强农村精神文明建设、民主法制建设、基层组织建设和干部队伍建设，搞好农村社会治安综合治理，保持农村社会稳定。总之，农业结构和农村经济结构调整优化的方针是多方面的，主要说明以下八个方略：

（一）组织加强农村基本建设结构调整优化的方略

这是指加强农业基础设施建设、改善农业生态环境的方针。这是顺利推进农业结构和农村经济结构调整优化的基本保证，是稳定提高农业综合生产能力，增强农村经济实力的根本途径。为此，一是以加强农业基础建设的主攻目标，是加强以农田水利为重点的农业基础设施建设，即节水灌溉、抗旱防涝、恢复水毁工程、整治病险工程、加强大中型水利工程项目建设，全面组织开展农村山水林田路综合治理，为提高农业综合生产能力开辟途径；二是以加强退耕还林还草、植树种草为重点的农业生态环境建设，为增强农业和农村抵御自然灾害能力奠定基础；三是以加强农村文化教育、卫生医疗、社会保障体系建设，开展农村精神文明、维护农村社会稳定为重点的农村公共公益基础设施建设。

（二）组织推行现代农业产业化经营结构调整优化的方略

这是指推进农业产业化经营，组织推行农业生产加工、包装、保鲜、贮藏、运输、销售一条龙产业化体系的方针。通过农业产业化经营，可以鼓励城市工商资本、社会闲散资本向农村流动，引导扶持具有市场开拓能力和辐射带动能力的农业产品的加工企业、批发市场、流通中介组织等"龙头"的发展，打开农业产品的加工、流通两个环节，实现农产品增效增值、农民增收致富。组织推进现代农业产业化经营结构调整优化的方针内容有六点：一是坚持"扶优扶强"和"立足高标准，培育大龙头"，积极扶持有基础、有优势、有特色、有前景的龙头企业，并在基地建设、原料采购、设备引进和产品出口等方面给予帮助和扶持；二是坚持以"公司＋农户"农业产业化经营为主要形式，使龙头企业与农户形成利益关系紧密的经济共同体。在龙头企业、中介组织与农户之间，提倡推行合同制、股份合作制、租赁制，提倡用契约关系、最低保护价、建立发展基金、部分利润返还等形式，保障农民利益，确保农民在农业产业化经营中直接参与、直接得利；三是坚持建立健全农业产业化经营服务体系，不断完善农业生产经营科技、信息、信用、资金、运输、销售等社会化服务体系，支持供销、粮食、科技、外贸、工商等部门组建跨行业、跨区域的农业产业化经营服务实体，支持发展专业协会、合作社等各种合作经济组织，切实为农业和农村经济及农民搞好服务，在服务中发展壮大，在发展壮大中加强服务，真正建成连接农民与市场的桥梁；四是坚持农业产品基地建设同龙头企业紧密结合起来，以优势名牌产品、特色产品为重点，形成一批各具特色的产业开发带，努力做到有特色鲜明的支柱产业，有市场竞争力强的名牌产品，有效益好、辐射面广、带动力强的大龙头企业，有多种形式、规模不等的企业和市场群体；五是坚持提倡龙头企业充分利用现有的农业产品加工、销售企业，打破所有制形式、行业、地域和行政的界限；六是坚持引导龙头企业与农民建立合理的利益关系，采用股份合作、利润返还、租赁经营等多种形式，与农民结成利益共享、风险共担、互惠互利的产业化体系，形成相互促进的产业化运行机制。

（三）组织推动农业科技推广结构调整优化的方略

这是指推动农业科技推广应用、提高农业产品科技含量的方针。组织推动农业科技推广结构调整优化的方针内容有五点：一是坚持重点开发和推广农业产品优质高产高效技术、加工保鲜储运技术、农业生产经营成本降耗增效技术、传统农业向现代农业转化新技术；二是坚持改革农业科技体制，健全农业科技推广激励制度，推广农业科技承包、入股投入等服务形式；三是坚持建立县（市）、乡（镇）两级农业技术推广体系，充实农业科技推广的基本力量，增加推广经费，改善工作条件，提高人员素质，壮大科技队伍；四是坚持从中央到地方各级政府财政拨出专项经费作为启动资金，支持以县（市）、乡（镇）两级农业科技推广体系机构为指导中心，有计划、有重点地创办农业科技示范园区、农业高新科技试验区、农林牧渔各业优良品种和种苗繁育基地、农业实用科技推广培训基地；五是坚持采取走出去与请进来相结合的办法，与大专院所进行科技"联姻"，引进农业先进科技设备，培育名特优农业产品品种，提高农民科技文化素质，提高农业科技含量率、贡献率。

（四）组织促进农业产品特优品质结构调整优化的方略

这是指全面增加农业产品品种，全面优化农业产品品质，突出农业产品名牌、特色，强化农业产品转化增值的方针内容、主要有以下五点：

1. 全面增加农业产品品种的方略。这是指调整优化农林种植业产品品种、牧渔养殖业产品品种。特别注重粮食、棉花、油料优良品种、抓好蔬菜、瓜果品种改良，大力发展特色、反季节菜。加强畜禽良种繁育、饲料生产、防疫检疫、市场建设、技术服务和组织保障等服务体系建设、科学推广应用海淡水养殖名特优新水产品品种。

2. 全面优化农业产品品质的方略。这是指全面优化农林种植业产品品质、牧渔养殖业产品品质，增强国内外农林牧渔各业产品市场竞争力，提高农业综合效益的方针。为此，一是坚持全面优化粮食主产区各种粮食品种结构，提高品质、质量，抓好优质食用菌、蔬菜、瓜果生产；二是坚持全面优化畜禽主产区各种畜禽品种结构，加强名特优畜禽繁育体系建设，突出抓好引进和繁殖名特优水产新品种基地建设。

3. 突出优化农业产品特色的方略。这是指坚持因地制宜、发挥区域农业产品特色、突出人无我有和人有我优及人优我特、有所为有所不为的方针，坚持资源开发与科技开发相结合，防止全面兼顾满把抓，人有我有赶潮流的现象，切实做到结合本地实际，选准特色，抓住品牌，重点开发，形成规模，上升档次，提高效益。

4. 强化农业产品转化增值的方略。这是指坚持从各地区农林种植业生产、牧渔养殖业生产实际情况出发，抓好高度、精度、深度转化，变包袱为财富的方针。为此，一是坚持以发展适度规模经营和专业化生产为中心，调整优化农林种植业生产区域结构，抓好名特优品质转化增值；二是坚持以科学开发利用草地、秸秆资源、江河湖海资源，适度发展畜牧、水产养殖产品生产，抓好生物转化增值。牧渔养殖业是前拉后带的产业，可以促进农林种植业，带动加工业，促进农林牧渔各业结构合理化和产业间的良性循环，保障农林种植业产品转化增值。为此，继续发展以生猪为重点的畜牧业，注重突破性发展牧业的草食牲畜和奶牛业。大力加强畜禽良种繁育体系和疫病防治体系建设，把牧业建成一个大产业。渔业产业是属于前景好的优势产业，进一步发展名特优水产品，拓展深加工。改造精养塘、科技夺高产，开发大水面，建成大产业；三是坚持推进粮棉产业转化增值，粮食是全国城乡居民生活的基本来源，继续稳定粮食生产，把粮食产业变为优势产业，创造社会效益，体现经济效益。

为此,一要坚持通过工农联合加工转化,将农民的粮食转化为出售加工制品,提高粮食附加值;二要通过牧渔养殖业过腹转化,在积极发展千家万户养殖的基础上,重点扶持一批专业户、专业村、专业场的发展,壮大养殖规模,增加肥料,转化粮食产品;三要通过调整粮食市场转化,推动粮食市场的变化和粮食转化的不断发展,不断调整粮食内部结构,由单一的口粮结构变为口粮、饲料粮、工业专用粮、种子用粮的多元结构,大力发展优质粮和工业专用粮,适应市场需求和工业加工转化的需要,增加市场销售量。棉花是比较效益较高的经济作物,如果不能调整比棉花效益更高的作物,棉花面积就要相对稳定,特别要稳定高产、连片的棉花面积。各地区在发展棉花副产品转化增值的潜力很大;四要坚持以发展农林牧渔各业产品生产为基础,加快发展农村第二、三产业,抓好加工转化增值。总之,将农村第一、二、三产业一起抓,转移农村富余劳力,扩大农民增收领域。

5. 组织调优种植、养殖业产品结构的方略。这是指在农林种植业和牧渔养殖业结构调整优化上,一是坚持以提高粮食等农产品质量和效益为重点,调减品质差、效益低的粮食等农业产品生产规模,扩大高产、优质、高效的水稻、专用小麦的生产规模,大力发展高油、高蛋白大豆和高效特种玉米生产,实行区域化种植、规模化生产、产业化经营;优化经济作物结构,积极发展蔬菜、食用菌、花卉、药材等高效经济作物;以提高果品质量和效益为主攻方向,改良林果的品种;增加适销对路的粮食作物、经济作物和饲料作物,大力推广粮食、经济、饲料三种作物三元结构高效间作套种模式,以达到增加产量、优化品质、满足需求的目的。二是坚持以发展牧渔养殖业为重点,优化畜牧、水产养殖品种结构,进一步调整优化畜牧、水产养殖产品质量结构,大力发展生猪和禽蛋生产,加快发展牛、羊肉和优质禽肉生产,积极发展奶业生产;在科学治理江河、湖泊、海洋的基础上,合理开发利用水面,大力发展鱼、虾、蟹等水产养殖业产品生产,为农民增加收入开辟有效途径。

(五)组织加强农村财产、财务管理结构调整优化的方略

这是指加强农村土地财产、财务管理结构调整优化的方针,主要包括农村土地、农村财务监督管理结构调整优化政策制度:

1. 坚持认真执行土地长久不变承包期的方略。坚定不移地贯彻土地承包期长久不变的政策,对违背政策缩短承包期、收回承包地、多留机动地和提高承包费,甚至预收、多收承包款等错误做法,必须坚决纠正,切实解决好撂荒问题,加大农业执法力度,继续整顿规范农资市场,保护农民合法权益。

2. 坚持执行农村财务公开监督管理方略。通过农村财务管理领导小组,一是坚持执行农村财务管理与会计核算政策制度,严格实行乡(镇)政府经管干部定岗包村管账责任制。二是坚持监督落实乡(镇)政府联村帮管、农村财务季度、年度考核管理制度,促进实行村级财务预决算制度。三是坚持对经管干部包村和部门联村实行一定三年不变,规定工作任务,严格奖惩结账,对农村财务管理收效明显的单位和个人予以通报表彰和奖励,对管理不好的村要通报批评,挂黄牌警告。四是坚持对部门所联村被挂黄牌,取消单位和工作人员当年评先资格,对乡(镇)领导驻点村被挂黄牌,驻点干部当年不得评先和提拔,对经管干部所包村两个季度被挂黄牌,实行"下岗"处理。

(六)组织加强减轻农民负担的监督管理结构调整的方略

这是指为切实减轻农民负担,必须坚持管住管好农民负担,彻底解决农民增收难度大问题的方针。各地区政府及有关部门必须不折不扣地落实中央减轻农民负担的方针,严格执行农林牧渔各业生产经营税收免征和财政补贴政策。为此,一是督促乡(镇)政府继续实行"定项限额到村、总额包干到户、一户一本卡、一卡管全年"的办法,严格控制农村公益事业投资,严格实行村务、财务双公开制度,严格实施农民负担资金专项审计;二是严格禁止农村乱集资、乱摊派、乱收费、乱罚款,杜绝农民负担"二合同""两本账";三是认真清理乡镇自聘人员,裁减超编人员、编外人员,坚决清人减事减费,切实减少村级享受补贴的干部人数;四是坚持经常扎实地开展农民负担执法检查,严

肃查处加重农民负担的违法违纪行为；五是坚持组织开展农村公共、公益事业必须量力而行，坚决制止农民得不到收益的形式主义，坚持落实粮棉收购政策；六是坚持对农民余粮切实做到按保护价敞开收购，坚持实行优质优价的价格政策，引导农民提高粮食品质，决不允许借口优质优价、实际压级压价，甚至限收拒收。

（七）组织搞活农业产品市场流通结构调整优化的方略

这是指搞活农业产品流通、建立农村市场体系的方针。为此，一是必须加强农业产品产地批发市场建设，合理规划重点扶持。进一步增强蔬菜、水果、果用瓜、水产品等季节性产地批发市场功能，提高知名度和吞吐量，对已具备一定基础和优势的农业产品批发市场，逐步由产地输出型市场向集散大市场转变。同时，加大招商引资力度，引进资金投入市场建设；二是必须加强农业产品市场信息网络建设，建立农业产品市场信息网站，运用国际互联网搜集整理各大中城市、大中市场的农业产品供求、价格等方面的信息，通过各种媒体，及时准确地为农民生产经营提供价格、生产、库存信息和气象气候信息等情况，帮助农民按市场需求，安排农业产品生产经营，使农业产品市场信息网络成为政府引导农民调整优化农业结构的重要手段；三是必须加强各类运销组织和运销队伍建设。鼓励农民进入流通领域，逐步引导农民相互联合，组建中介服务公司，扶持发展一批农民经纪人。鼓励乡镇机构、有关经销部门分流人员创办农业产品销售实体，建立农村民间流通协会；四是必须加强农业产品市场流通服务的环境建设。建立农业产品流通的"绿色通道"，上下形成硬件建设与软件建设相结合，进一步结成集体组织、民间组织、民间大户三位一体，共同开拓农业产品市场，活跃流通。

（八）组织加强农村基层组织建设、精神文明建设和民主法制建设的方略

这是指从中央到地方各级党委、政府在组织开展农业结构和农村经济结构的同时，加强农村基础组织建设、民主法制建设和社会主义精神文明建设的方针。通过贯彻这个方针，确保全国农业和农村经济持续健康发展、全面推进农村文化、教育、科技、医疗、低保等农村社会保障事业全面发展的方针。为此，相应执行以下三个方针：

1. 加强农村基层组织建设的方略。中共农村基层组织是农业生产和农村集体经济工作战斗力的基础，是农村各种组织和各项社会经济工作的领导核心。充分发挥农村基层党组织的领导核心作用，是农业生产和农村集体经济持续发展、农民收入增加、农村社会稳定的根本保证。为此，在加强农村基层组织建设工作上，以提高农村基层干部队伍的整体素质为重点，大力培训好农村基层干部，增强带领农民发展经济，依法办事，善于做农业、农村和农民群众工作的本领，着力推动农村基层组织能与农村封建迷信、宗教势力和恶势力展开斗争。农村基层组织建设能达到"基础牢、地不动、山不摇"。随着全国各地区农业生产和农村集体经济的发展，不断出现新情况、新问题、新矛盾。要把握农业和农村新形势、解决新问题，促进农业生产和农村集体经济持续发展，必须做到：一是始终加强中共农村基层组织建设。深入开展"五好"村支部创建活动，抓好后进村整顿，全面提高素质，造就能带领农民致富的"领头雁"；二是继续推行村民代表会议制度，抓好村务、财务双公开，充分发挥村务公开监督小组和民主理财小组的作用，推动村民自治工作向制度化、经常化方向发展；三是始终抓住热点、难点、焦点、矛盾，切实从农民群众最关心的问题入手，多研究解决暖人心、得人心、稳人心的矛盾；四是坚持抓住农业生产和农村集体经济持续发展中的实事，抓紧抓实农业生产经营、农业产品市场流通、农业结构和农村经济结构调整的事情，切实抓好与农村社会稳定和农民生产生活密切相关的事情。

2. 加强农村精神文明建设的方略。坚持做到：一是进一步开展好农村文明户、文明村镇创建活动，积极推进城乡共建、工农共建、村企共建、军民共建等多种形式的共建活动，继续组织好科技、文化、卫生"三下乡"活动，加强农村文化设施建设；二是针对农村新阶段的新情况，要着重开展党的基本路线和农村政策教育，对广大农民进行爱国主义、集体主义、社会主义教育，进行社会公

德、家庭美德、移风易俗、民主法制、科学文化教育。要搞好创建文明户、文明村镇活动，提倡科学，破除封建迷信，提倡文明，克服愚昧落后。要提倡节俭，反对铺张浪费。要全面提高农民的思想道德素质和科技文化素质，为农业和农村经济社会发展提供强大的精神动力、智力支持和思想保证。

3. 加强民主法制建设的方略。这是指要加强农村社会治安综合治理、保持农村安定的方针。在加强农村社会治安综合治理中，一是继续抓好"严打"整治专项斗争，重点打击地痞、村霸等流氓恶势力。要坚决打击和取缔"法轮功"等邪教组织，依法加强村民组织的管理。要深入开展"扫黄打非"斗争，加大扫除"黄、赌、毒"等丑恶现象的力度；二是积极开展基层安全创建活动，建立健全法律咨询服务体系和信息报送体系。要做好民事调解工作，及时化解矛盾，防止群体性事件发生，维护农村社会稳定；三是坚持督促农村基层党政组织领导，从思想方法到工作方法上，有一个大的转变，把领导和指导工作的着重点放到落实为农民提供服务上来，牢固树立实践观点和群众观点，不断学习新知识，研究新情况，总结新经验，改进思想方法，端正工作作风，心系农民，坚持力求在农民实践创造中，去寻找解决问题的新办法，努力提高领导工作水平，在农业、农村和农民工作中，始终坚持从当地实际情况出发，尊重农民群众意愿，遵循经济规律和自然规律，坚决保障农民的物质利益和民主权利，全面考查农民群众的承受能力，及时解决农业生产和农村集体经济发展中的难点问题。

五、因地制宜落实结构调整优化的任务

在我国农业和农村经济进入新的发展阶段中，农业结构和农村经济结构调整优化的任务，与1978年以前，中共十一届三中全会提出农业结构调整优化的任务，是有划时代区别的。从1979年起，调整优化农业结构的任务，是在实行农户家庭联产承包责任制基础上，提出决不放松粮食生产、积极发展多种经营、促进农林牧副渔各业全面发展的任务。这是向农林牧副渔各业广度生产发展进军的任务。从"九五"规划时期起，组织开展农业结构和农村结构调整优化的任务，是在推进农林牧渔各业全面发展的基础上，向深度、广度进军。为此，中共中央指出，农业结构和农村经济结构调整优化，一是实现从传统农业向现代农业转变的过程，是向农业广度和深度进军的过程，广度就是不放松粮食生产，积极发展多种经营，发展乡镇企业，发展农村第三产业，实行发展小城镇的大战略。深度就是发展优质、高产、高效农业，提高农业的质量和综合效益；二是实现从人畜务农进入科教兴农的过程，调整优化农业结构的动力是农业科学技术和农民科技素质，依靠科技和教育来提高农业综合生产能力；三是实现从粗放型农业经营向集约型农业经营转变的过程；四是实现从有计划的农村经济体制转变适应市场经济的农村经济新体制的过程；五是实现从农业互助合作化走向农业现代化的过程。为了实现我国农业和农村经济新形势发展的宏伟目标，必须组织完成农业结构和农村经济结构调整优化的下列十方面任务：

（一）必须加强农业基础设施建设和农业生态环境建设的任务

主要有以下四项任务：

1. 要切实加强山水林田路村综合治理工程建设的任务。为此，一是要坚持统一规划、分步实施、综合整治、治理、建设、保护相结合，以库区、丘陵、山区为重点，对水土流失进行综合治理，加强以植树种草为重点的生态环境建设；二是要结合扶贫开发，组织进行小流域治理封山绿化、以粮代赈、个体承包，有计划有步骤地退耕还林还草，认真落实好国家统一标准向退耕户无偿提供粮食和现金补贴及种苗补助等优惠政策，调动农民退耕植树种草的积极性，坚决禁止新的毁林毁草开荒。

2. 要切实加强农田水利基本建设、加快建成大中型骨干水利工程的任务。为此，一是要大规模开展群众性的中小型和微型水利、水库建设，加速机电提灌设施改造，建设高标准农田，提高农业抵

御自然灾害的能力。二是要鼓励以多种形式建设农村小型水利工程，对农村现有小型水利设施、机电提灌站和小型农业机械，可以实行承包、租赁、拍卖、股份等多种形式的开发经营。三是要继续大力加强农村交通、通信、电网等方面的建设，努力改善农村生产、生活条件。四是要加强灾害性天气监测预警工程建设，尽快健全气象、水文、防汛等服务体系。

3. 要切实加强农业综合开发项目工程建设的任务。为此，一是要切实把农业综合开发项目工程建设重点转向改造中低产田，不再搞开荒造田，着力推进调整优化农林种植业结构，促进优质高产高效农林种植业产品生产发展。要重点扶持优质粮油和饲料粮基地建设，实施"坡改梯"工程建设；二是要大力发展节水、抗旱、保持水土、防治风沙的农田建设，改变农林牧渔各业产品生产条件，不断提高农林牧渔各业抵抗自然灾害能力，增强综合生产能力。

4. 要切实加强农村公益公共设施建设的任务。为此，一是要加大农村的道路、电网、饮水、通信、广播电视建设的投入力度，同时，鼓励国内外社会各界民众团体各方面的力量参与投资，切实加强农村公益公共设施建设；二是要切实加强农村文化教育、卫生医疗、科学技术事业设施建设，改善农业生产和农村经济社会全面发展条件，提高农民物质生活和精神生活水平。

（二）必须加强农业土地使用权流转机制建设的任务

主要有以下三项任务：

1. 要认真执行农业土地承包使用权流转的任务。为此，一是必须在明确规定土地所有权为农村集体所有，稳定完善土地承包权关系的前提下，进一步放活土地承包使用权；二是必须允许并鼓励农民按自愿互利的原则，以转让、出租、入股、联营等方式，对土地承包使用权进行流转，保障调整农业结构和农村经济结构，推动土地适度规模经营。

2. 要认真执行切实保护好基本农田，稳定提高粮食综合生产能力的任务。为此，一是必须在确保粮食生产能力不断增强的基础上，根据市场需求，在基本农田上发展适应市场需求的高产、高效优质粮食等农产品生产，提倡粮食、经济、饲料三种作物的种植模式；二是必须控制修建临时棚圈和管理用房所需用地，发展牧渔养殖业产品生产。

3. 要认真执行"谁开发'四荒'资源、谁经营、谁受益"的任务。为此，一是必须在围绕农业结构和农村经济结构调整，发展保护生态农林种植业、牧渔养殖业生产的前提下，有计划地治理开发"四荒资源"；二是必须准许农村集体经济组织对"四荒"资源使用权进行租赁经营或公开招标拍卖后，有关部门应给开发经营者颁发林权、土地等经营证。经营期可放宽到50年，并允许依法转让、继承、入股、抵押等方式。

（三）必须加强农业科技推广体系建设的任务

必须始终坚持农业科技先行，健全农业科技推广体系，多渠道搭建农业技术交流平台，切实加大农业科技创新力度，从根本上提高农业综合生产能力，促进农业产品生产，由增加产品数量向提高产品质量、增强市场竞争力、提高综合效益转变，农业科技单项推广向综合推广拓展，由产中科技推广向产前和产后科技推广服务延伸。强化农业科技创新，要结合农业和农村新兴科技产业发展要求，注重农业科技人员的科技知识更新，加快农业先进适用科技推广、普及高新技术应用进程，组织完成以下两项任务：

1. 要切实加强农业高新科技工程建设的任务。主攻农业产品品种改良和新品种引进开发，加快品种的更新换代，一是抓好生物工程，信息技术等高新技术在农业和农村经济发展中的广泛应用，重点开发和推广农业产品优质高产高效技术、农业产品加工保鲜贮运技术、农业生产经营降耗增效技术、农业产品品质质量检测技术；二是抓好种植业"种子工程"和养殖业良种工程建设，开发和推广种植业、养殖业优良品种，大力推广能够提高农林牧渔各业产品优质高效的先进实用生产技术。同时，加强农业产品贮藏、运输、加工、销售等一些重点或关键环节技术的研究和推广应用工作，鼓励和支持创办农业科技园区，发展高科技农业企业，在企业内，组织制定和实施农业产品的质量标准、配套生产基础标准和市场准入标准的规章制度，严格按照农业产品生产经营标准化要求，建设基地、选用品种、栽培管理和加工包装，实现高新技术与传统技术、现代农业与传统农业的有效结合，促进农业生产经营的科技化、产业化。

2. 要切实加强组织调动农业科技队伍力量的任务。发展壮大农村基层科技推广队伍，推进农科教、产学研相结合，鼓励大专院校、科研院所和企事业单位的科技人员到农村第一线积极开展技术转让、技术服务、技术承包、技术入股。对农业科研院所科技成果出让给农村集体组织和农户的，给予减免有关税收照顾，对农业结构和农村经济结构调整优化作出积极贡献的科技人员和有关人员，各级政府及有关部门要给予奖励；对到乡镇农业科技推广机构工作的大中专毕业生，免除试用期；对连续累计从事农业科技推广服务工作30年并在该单位退休的，增加10%的退休生活补贴；对乡镇农业技术推广机构建设业务用房，可减免配套费。在各级行政事业机构改革中，必须稳定农业科技推广队伍。为加速培养农村科技人才，加强职业技术教育和实用技术培训，实施"绿色证书"工程，提高广大农民的科技文化素质。

（四）必须加强农业产业化经营龙头企业体系建设的任务

必须注重培育农业产业化经营龙头企业承担开拓市场、科技创新、带动农户和促进区域经济发展的责任，自觉成为上接千变万化市场、下连千家万户农户的有效载体；充分发挥农业产业化经营龙头企业在带动农民、深化加工、开拓市场等方面的巨大作用，引导农民走农业产业化规模经营的路子，共同创建农业产品基地开发、产品加工、市场流通三合一的农业产业化经营。组织开展健全农业现代产业化经营龙头体系建设的任务，主要有以下三项任务：

1. 要组织推进龙头企业、专业合作社、专业大户在农业结构和农村经济结构调整优化中的带动作用的任务。为此，一是要建立各具特色的农林牧渔各业产品生产基地，形成市场牵龙头、龙头带基地、基地连农户的农业产业化经营新格局，形成农业产品生产、加工、销售一体化经营和利益共享、风险共担的新体系；二是要建立农业主导产品及支柱产业、特色产品及带动力强、覆盖面广、科技含量高的龙头企业，尤其是农业产品精深加工企业、销售企业、批发市场和流通中介组织，促进龙头企业不断升级增效；三是要鼓励发展跨地区、跨行业、跨所有制、多层次、多形式的龙头企业和专业大户、农民经纪人，每年要对取得显著成效的龙头企业和重点专业大户进行表彰和奖励。

2. 要组织发展农村第二、三产业的任务。为此，一是要坚持发展与提高并重，着力推进乡镇企业的"二次创业"，推动农村个体私营经济实体单位拓宽发展领域，提高素质和水平；二是要突出发展农林牧渔各产品加工工业、建筑建材业和为农业生产服务、为城乡人民生产服务的第三产业。

3. 要组织就地、就近转移和异地劳务输出的任务。为此，一是要组织搞好劳务输出，拓宽农村富余劳动力就业渠道。要鼓励和引导农村富余劳动力向适度规模经营、农业产业化经营等方面转移，向乡镇企业、小城镇建设和第三产业转移，向县外、市外输出；二是要根据国外、海外不同地区的劳务需求，大力组织劳动力向境外输出。要切实加强农村劳务输出的管理和服务，培育健全农村劳动力市场，建立有利于劳动力合理有序流动的新机制；三是要对举家外迁定居的农户，要积极给予支持，并按国家规定及时办理户籍迁移手续，相应核减原承担的有关税费。

（五）必须加强农村产品市场流通体制建设的任务

为了鼓励农民进入农村产品市场流通领域，立足国内、国际两个市场，提高农民增强参与市场竞争能力，而组织加强农业产品市场流通体制建设的任务，主要有以下六项任务：

1. 要继续深化农业产品市场流通体制改革，建立健全粮食流通体制的任务。为此，一是要管住粮食收购市场，管好粮食批发市场，放开粮食零售市场，实行多渠道销售，以满足市场的多元化需求，坚决做到按保护价敞开收购农民余粮。经有关部门批准，允许符合国家规定的农业产业化经营龙头企业、大型粮食加工企业、饲料加工企业收购自用粮食；二是要坚决放开油菜籽、豆类、杂粮的收购、加工和经营，任何地区和部门不得以任何理由进行干预。

2. 要合理规划、重点建设辐射带动力强的农业产品专业市场、综合市场的任务。为此，一是要加强乡镇农业产品储运、分级分类等市场配套设施建设。要坚持执行"谁投资、谁建设、谁经营、谁受益"的政策；二是要鼓励国营企业、乡镇企业和个体私营企业投资用于农业产品市场建设。

3. 要组织形成农业产品市场流通体系，活跃农村商品流通的任务。为此，一是要充分发挥供销、粮食、外贸等企业流通渠道的作用，大力发展民间流通组织和农村市场中介组织。鼓励发展农村专业运销大户、运销联合体等，建立农民自我保护、自我服务的流通组织；二是要支持发展各种产销协会、经纪人、代理批发商等中介服务组织，提高农民的组织化程度，促进农业产品生产与农村产品市场的连接。

4. 要切实加强农业标准体系建设和质量监督管理的任务。为此，一是要按照适应国内外市场需求多样化、优质化、专用化的要求，加快制定和修订农业产品质量标准，实行农业产品优质优价政策；二是要建设农业标准化示范区，开发优质高效产品，创建特色名牌产品。要加强对农业产品、农业生产资料的质量监测，加大执法力度，严厉打击制售假冒伪劣种子、种苗、种畜和其他农业生产资料的行为。

5. 要严格规范和整顿农业产品市场流通秩序、开辟农业产品市场流通的"绿色通道"的任务。为此，一是要打破地区垄断和封锁，拆除流通壁垒，对已经放开的农业产品严禁封锁限制，让农业产品在各区域间自由流通，各级公安、交通、工商、税务、农业、林业、农机、卫生等部门和单位，要改善对农业产品运输管理，减少关卡，对装载鲜活农业产品的车辆，要坚持优先放行不得随意拦路检查；二是要对国家规定的检疫项目，原则上以源头检疫为主，坚持一次性检疫，坚决防止层层检疫和乱收费。要进一步加强农业产品市场管理，维护正常的市场秩序，严厉打击强买强卖、欺行霸市的行为。

6. 要坚持实施农业创名牌战略、增强农业产品市场竞争力的任务。为此，一是必须坚持以创名牌为立足点，要把农业品牌战略作为农业结构和农村经济结构调整中一项极其紧迫的任务，创造一个有利于农业品牌产品发展的良好环境；二是要建立实施农业名牌战略的指导机构，由政府专门成立农业名优产品评审委员会，组织商标注册、质量认证和名牌申报工作；三是要强化农业产品质量意识和制定名牌农业产品管理办法，健全农业产品质量的检测体系和质量保证体系；四是要加强农业名牌产品的保护和监督管理，促使名特优农业产品生产加工企业切实保障质量，维护商标和品牌，不断发扬国内外市场的知名度，提高竞争能力。

（六）必须加强农村社会化服务体系建设的任务

以为农业、农村、农民提供高效优质服务为中心，主动适应农业结构和农村经济结构调整、国内外市场经济发展的新要求，组织加强农村社会化服务体系建设的任务，主要有以下四项任务：

1. 要建立健全以农村"六站"为重点的农业生产经营服务体系、切实保证基层农业科技推广体系的相对稳定的任务。为此，一是要加强农业生产经营信息体系建设，加快农村电子信息网络工程建设，形成省、市、县、乡信息联网，建立县信息终端站，把触角伸向乡、村和专业生产大户和龙头企业，对农业产品生产和农业产品流通等实行网上指导，重点是开展农业产品生产经营方面的服务；二是要大力开展技术承包、技术入股、反租倒包、订单合同等多种途径的新型农业科技服务。

2. 要建立健全农业专业协会、研究会、专业经济合作组织的任务。为此，一是要发展以农民经纪人为依托的各类中介组织，组织农民进入流通领域，培育批发商和代理商；二是要发展以基层供销社为依托的专业生产合作社，为农业产品生产、加工、包装、贮藏、运输、销售各环节提供服务。

3. 要建立健全农业各种类型的产加销、贸工农一体化公司为载体的市场流通体系的任务。为此，一是要组织举办展销会、展示会，开展网上交易，引导农民全面参与农业产品流通；二是要促进农民按照市场需求生产农业产品，以达到农民增收的目的。

4. 要建立健全农村信息网络体系的任务。为此，一是必须加大农村信息网络硬件设施建设力度，建立健全农村经济信息网络，形成从中央到地方各级之间灵敏、高效、畅通的网络体系；二是要重点扶持农村综合信息服务体系建设，与国内外计算机网络相联结，加入国际互联网（因特网），扩大和完善农业产品市场信息网络系统，沟通产地和销地信息联系；三是要切实加强农村信息网络建设，各地区涉农部门要有专业人员，专门进行信息的收集、预测、分析、处理，并依托农村供销社、农村信用社、报社、电台、电视台等单位共同开展为农村信息服务；四是要鼓励和支持农民合作经济组织和个人开展信息有偿服务，采取多种形式向农民及时传播信息。

（七）必须加强农村城镇化建设的任务

为此，一是各地区要把农村小城镇建设纳入本地经济社会发展规划，制定科学规划，合理布局，全面推进新一轮农村小城镇建设，完善政策措施，加快发展农村小城镇经济；二是各地区要组织实施城镇带动农村发展战略，加强农村小城镇建设，必须坚持功能合理定位，高起点规划，基础设施适度超前，合理用地，建管并重，带动城乡一体化经济社会发展。

（八）必须加强农业多元化投资途径建设的任务

为确保农业架构和农村经济结构调整投资需求，必须建立多渠道、多元化的投入机制。在确保财政支农资金适度增加的同时，实行农业投资社会化，逐步建立起政府、社会、内资、外资、集体、个体等多元化的农业投资新机制。充分发挥财政资金"四两拨千斤"的作用。为此，必须组织完成以下四项任务：

1. 要组织开辟多渠道、多元化投资来源的任务，包括四方面：一是必须增加财政资金对农业结构和农村结构调整的投入力度，财政支农资金的新增部分主要用于农业结构和农村经济结构调整，重点用于农业基础设施建设、农业生态环境建设、农业优良品种繁育与农业生产经营科技推广体系建设、农业产业化经营龙头企业体系建设、农业生产经营信息化建设，各级政府都要保证本级财政配套资金的及时足额到位；二是必须增加金融信贷对农业结构和农村经济结构调整的投入力度，对农林种植业、牧渔养殖业生产经营项目，在符合贷款的条件下优先给予贷款扶持，并执行基准利率；三是必须广泛吸取社会资金投入（包括城市工商资本、社会闲散资本），多渠道引进外资；四是必须切实加强农业结构和农村经济结构调整项目资金的管理，建立健全审计和监督制度，提高资金使用效益。

2. 要组织调整优化财政支农投资结构的任务，主要有以下六项任务：

（1）要加大粮食综合生产能力建设的支持力度：一是要大力支持粮食生产基础设施建设，特别是全国各地区的产粮大县，对耕地改造、农田水利、农村道路、仓储设施等建设予以支持，进一步提高粮食生产能力；二是要以财政资金为导向，吸引民间资金，大力推进粮食产业化经营，对企业开展粮食产业化经营进行补贴和奖励；三是要继续加大对粮农的直补力度。既要提高目前实行对农民粮食直补、良种直补的标准，又要扩大农民购置农机的直补范围，还要开展对农民生产有机食品、绿色食品和无公害农产品进行补贴试点，让种粮农民获得更多的实惠，进一步调动农民发展粮食生产的积极性。

（2）要加大新农村建设的资金投入力度：一是财政部门要安排新农村建设专项资金，纳入年初财政预算，配合有关部门搞好城市基础设施，向农村延伸和配套，推动城乡生态环境保护，防止城镇环境污染向农村的转移和扩散；二是劳动部门要搞好农村劳动力转移培训，促进农业劳动力转移就业，由第一产业向第二、三产业，由农村向城镇，由本地向外地的转移就业。三是银行部门要充分发挥信用社在农村金融中主力军作用，促使商业银行的分支机构和经营网点向农村延伸，尽力减少农村金融资金的外流，增强农村金融机构的放贷能力，尽快增加农村贷款的份额，改变城市贷款10倍于农村贷款的局面。

（3）要加大对农业产业化的支持力度，财政部门要加大对农业产业化的投入，起到"输血"作用：一是要支持农业支柱产业，采取"以奖代补"的财政支农方式，引导农民投入，整合群众的自筹资金，因地制宜地投入，扶持农业产业化基地建设，大力推进农业产业化进程；二是要以发展龙头企业和专业合作经济组织为着力点，大力发展农业现代产业化规模化经营、企业化经营和品牌经营，不断增强对农业和农村经济发展的带动能力；三是要扩大农业和农村领域的招商引资，借助外部资金、技术等资源，大力开展农村基础设施建设、扶持农村种植养殖业，加快农村第二、三产业快速发展；四是要培育壮大农村市场主体，以财政资金为导向，尽力支持农业龙头企业、民营企业、农民专业合作经济组织等新型市场主体，使这些农村市场主体能够适应市场竞争的需要，不断发展壮大。

（4）要加大对农业和农村公益事业发展的支持力度：一是要逐步扩大财政对农业和农村的投入比例。目前大部分县（市）财政收入的增长还远不能满足农业和农村建设支出的需要，今后应随着财政状况的好转，逐步增加对农业和农村公共事业发展的财政投入，主要包括三个方面：其一，农村道路、水利、电力、通讯等农村基础设施建设；其二，农村科技、信息、市场、检验检测等农业服务体系建设；其三，农村文化、教育、卫生、劳动技能培训等农村社会事业建设。二是要科学确定财政支农的投入方式，加大对农村基础设施公益性建设的投入，发挥财政投入导向作用，可采取政府资金奖励、补贴等方式，引导更多的社会资金投入农村公益事业建设。

（5）要加大对农村社会保障事业发展的支持力度：一是要着力解决农村社会保障的资金来源问题，设立农村社会保障基金，接受政府财政专项拨款和社会捐助；二是要完善农村"五保户"集中供养制度，建立惠及更多农村低收入户的农村最低生活保证制度，逐步与城市最低生活保障制度接轨；三是要推进农村新型合作医疗、养老保险制度建设。

（6）要加大村容村貌改善的支持力度：要坚持整合农业开发、财政扶贫等支农专项资金，统一筹划、集中使用，以自然村、中心村为基本单元，以建设村乡公路、发展农村沼气、开展农村饮水工程为根本措施，按照净化、绿化、美化的要求，对农村居民的房屋、厨房、厕所、养殖圈及饮用水、道路、晒场、绿化等进行统一规划和布局，分乡镇整体推进社会主义新农村建设，彻底改变农村居民的生产生活条件。

3. 要组织调整财政支农投资机制的任务，主要有以下三项任务：

（1）要建立财政支持的长效机制。各级政府财政按照存量调整、增量倾斜的原则，积极调整财政支出结构，不断增加支持新农村建设预算数额，加大财政对农业农村的投入，每年各级政府财政引领各方面资金投入增长幅度不低于10%。

（2）要健全财政激励引导机制。新农村建设单靠财政投入显然不够，必须不断创新财政支持资金的使用方式，发挥财政资金"四两拨千斤"的示范带动作用，逐步建立以财政资金为引导、以农民投资投劳为主体、社会资本广泛参与的多元投资体系，采取财政补助、贴息、以物代资、奖补结合等激励方式，鼓励农民和企业充分利用市场机制，进行融资，改变对财政依赖或财政包揽的局面。

（3）要建立财政支农的监督机制。要强化对财政支农项目的可行性论证，对支撑能力强、带动作用大的项目，实行优先安排或投入倾斜；要加大对财政支农资金监督管理，将有限的财政投入真正都用在支持农业和农村发展上。

4. 要组织调整优化财政支农投资效率的任务，包括三方面：一是要承担国家财政直接补贴或补助的任务，其一，必须在农业生产经营过程中所需农林牧渔各业良种、农机、农药、化肥、地膜、技术、培训等方面给予补贴或补助；其二，必须在农业基础设施和农业生态环境建设中所需农田水利、水土保持、植树种草、抗旱防汛、道路通讯、接水通电等方面给予投资；其三，必须在农村社会事业发展中所需文化、教育（义务）、合作医疗、最低生活保障养老保险等方面给予投资。因而激发农民发挥主体作用。二是要承担国家财政贴息支农信贷资金的任务。必须确保增强银行、信用等金融机构的信贷意愿性，利用较少的财政补贴利息资金，推动数倍增加农业信贷资金投入，形成放大效应。三是要承担落实国家财政的优惠政策的任务。必须实事求是地向广大农民表示政府支持的意愿，拓宽融资渠道，推动更多的投资进入农业结构和农村经济结构调整领域，推进农业和农村经济持续发展。

（九）必须加强农业结构和农村经济结构优化调整的领导的任务

农业结构和农村经济结构调整优化，是一项既关系短期又关系长远的全局性大事，是一项十分重要而复杂的系统工程。各级党委、政府及有关部门，必须充分认识农业结构和农村经济结构战略性调整优化的必要性、紧迫性、长期性和艰巨性，切实加强领导，积极转变职能，把工作重心转移到大力调整优化农业结构和农村经济结构上来，使结构调整优化真正落到实处、收到实效。为此，必须组织落实以下四项任务：

1. 要端正农业结构和农村经济结构调整优化的领导思想的任务：一是要坚持以有利于农业和农村经济持续发展、农民增收致富、城乡一体化经济健康发展的"三个有利于"为标准，鼓励和支持各地区大胆闯、大胆试，积极探索多种形式的农业结构和农村经济结构调整优化新路子；二是要明确农民是农业结构和农村经济结构调整优化的主体，充分发挥农民的积极性、主动性和创造性。各级领导对农业结构和农村经济结构战略性调整，要树立长短结合的指导思想，立足当前，狠抓长远；三是要坚持将传统农业转变为现代农业、将农业和农村经济转化为城乡一体化经济，树立面向市场、突出特色、争创名牌的领导思想，确保农业和农村经济持续发展。

2. 要制定农业结构和农村经济结构调整优化的规划方案、实行农业结构和农村经济结构调整优化目标管理责任制的任务：一是各级党委、政府要从领导精力、计划安排、资金投入、工作部署和检查督促上，突出结构调整这个中心，真正形成党政一把手亲自抓、负总责，分管领导及相关部门全力抓的工作局面；二是各级各有关部门都要建立责任明确、定期考核、奖惩目标责任制，对有关责任人实行既有年度目标又有任期目标的专项目标的考核，并将考核结果与政绩和奖惩挂钩。

3. 要改进农业结构和农村经济结构调整优化领导作风的任务。各级党委、政府，一是要着眼于现实农业和农村经济环境及农业产品市场经济发展的大趋势，着力于从根本上解决农业和农村经济深层次的矛盾。二是要在农业结构和农村经济结构调整优化中，要善于运用价格、财税、信贷等经济杠杆，狠抓政策引导。

4. 要坚持投入导向、开展信息服务、普及实用技术、疏通流通渠道、典型示范带路的任务。一是各有关部门要切实履行职能，相互配合，协调一致地搞好农业结构和农村经济结构调整优化工作。二是农林、水利、水产、农机、乡企、供销社等行业主管部门，要贴近农村，贴近农民，要按照各自的职能，落实责任，加强对本行业发展的指导。三是财政、计划、科技、粮食、工商、技术监督、物价、地税、土地、银行、农电、新闻等有关部门和单位，要大力支持农业结构和农村经济结构调整优化工作。

（十）必须加强扩大全国农村内需工程建设的任务

从"九五"规划时期起，着力加强扩大农村内需工程建设，开拓农民群众需求供应途径，拓展农村商品市场流通领域，在农民群众增加收入的基础上，提高物质文化生活水平，尽早摆脱占全国人口80%的农村人口，只占全国人口生活消费水平的34%、农村人口购买力量只占全国人口购买力量的16%的困境。为此，从中央到地方各级党委、政府及有关部门必须坚定不移地推行扶持"三农"方针政策，坚持不断加大财政、银行对"三农"投融资力度，加快农业和农村基础设施建设、农村生态环境保护、农林牧渔产业化结构调整优化进程，推进农村文化教育卫生医疗事业发展，完善农村最低生活保障制度，建立农村合作医疗、社会养老保险制度。为此，从"十五"规划时期起，着力完成以下五项任务：

1. 中央及地方党委、政府要坚持对财政资金用于"三农"投入逐步加大力度。为此，一是要对其中粮食直补、良种补贴、农机具补贴、农业生产资料综合补贴资金投入额要不断增加；二是要较大幅度提高粮食最低收购价，实施农业主要产品临时收储政策，扶持生猪、油料、奶业发展政策，搞活农林牧副渔各业产品市场流通政策,在保护和调动农民积极性,提高农业综合生产能力,保障农业产品供给,增加农民收入,促进农村经济社会发展发挥有力支撑作用。

2. 中央及地方各级党委、政府要坚定不移地加强耕地保护和农田水利建设,推进农林牧副渔各业结构全面调整优化、农村区域经济协调发展。为此,要组织加强农田水电路气基础设施建设,着力新建和改造农村公路、饮水安全工程、沼气工程、电网路、牧区游牧民定居、农户危房等项目工程,继续改善农村居民生产生活条件,尽快使广大农村面貌有比较明显变化。

3. 各地区党委、政府要坚持不懈地推动农业和农村生态环境保护和建设。为此,一是要巩固退耕还草成果,开展天然林、水土保持、流域治理等生态工程建设;二是要组织进行重点流域、区域植树造林、防沙治沙、水污染防治等重点生态环境工程建设。

4. 各级党委、政府及部门要实施更加积极的农民进城劳务的政策。为此,一是要组织引导农村富余劳动力转向非农业,推行农民工、被征地农民社会保障机制,对农民进城务业、劳动供给、社会保障等方面必须依法规范管理,维护农民工合法权益;二是必须确保农民工享有城乡居民最低生活保障、基本养老保险、公共文化服务等待遇。

5. 中央及地方各级党委、政府要坚定不移地组织推行改善农村民生战略。为此,一是要全面实现农村免费义务教育,实施积极的职业农民培训和就业创业服务政策,建立农村新型合作医疗制度,加强农村基层卫生医疗服务体系建设,建立健全农村社会最低生活保障、基本养老保险制度;二是要全面推进城乡一体社会保障事业发展,缩小农村村民与城镇居民物质文化生活差距,确保全国城乡社会和谐稳定。

六、实事求是坚守结构调整优化的原则

农业结构和农村经济结构调整优化的原则,是从解放思想、转变观念入手,围绕对农业结构和农村经济结构"为什么调整、调整什么、怎么调整"的思路确定的,是中共中央、国务院促使全国广大农村干部和农民群众充分认识到农业结构和农村经济结构调整优化的重要性和紧迫性,增强农业结构和农村经济结构调整优化的自觉性和主动性,自觉形成"农业和农村经济要持续发展、农民群众要增收致富,农业结构和农村经济结构调整优化是关键出路"的共识,呈现出人人思调整、户户谋发展的指导思想实施的。

农业结构和农村经济结构调整优化的指导思想,是指坚持以农业资源为依托,以国内外农业产品市场为导向,以提高农业综合生产能力、增强农业抵御自然灾害能力,确保农民群众增收致富,促使农业和农村经济持续发展为目标,以继续加强农业基础设施建设和农业生态环境建设,改善农业基本生产建设条件,增强农业抵御自然灾害能力的基础,适应农业和农村经济发展新形势,按照国内外市场的需求,发挥区域农业资源优势,依靠农业高新科学技术,因地制宜、调整优化农林牧渔各产业结构、品种品质结构、区域产业化布局组织发展高产、高质、高效农业主导产品和支柱产业,着力优化农业产品的品种和质量,不断促进农业生产、加工、销售一条龙产业化经营,不断增强农业生产经营的贸工农一体化的市场竞争能力,不断提高农业和农村经济综合效益,作为基本战略方针。

农业结构和农村经济结构是由自然资源、地理位置、劳动力、资本、技术、市场需求等多种社会经济因素综合作用的结果。为此,相应制定和实施农业结构和农村经济结构调整优化的基本原则,从全国来说,中共中央、国务院明确规定各级政府及有关部门,必须坚持组织实施十一项原则。同时,督促各地区政府及有关部门引导农民群众必须遵循的九项原则。分别说明如下:

(一) 各级政府及有关部门必须组织实施农业结构和农村经济结构调整优化的原则

这是指必须组织实施以下十一项原则:

1. 坚持遵循自然、经济规律的原则。农业结构和农村经济结构调整优化，首先，必须坚持遵循自然规律，保护和综合利用农业自然资源，改善农业生态环境，发挥农业自然资源的效能，提高抵御自然灾害能力，增强农业发展后劲，实现农业和农村经济可持续发展；其次，必须坚持遵循经济规律，强化农业产品市场机制，及时沟通农业产品购销信息，引导农民改善农业产品的品种和质量，生产适销对路的农业产品和农业加工品，努力实现价值和附加值，有效地增加农民收入，增强农业和农村经济实力。

2. 坚持本地实际、预期变化的原则。首先，本地实际是农业结构和农村经济结构调整优化的依据，因而必须符合本地实际。有的地区因为生产市场上需要的某种农业产品而发展了，但是如果不具备生产这种农业产品的客观条件，就不能满足市场需求，就不能发展。可以说，本地实际是农业结构和农村经济结构调整优化的"起跑线"，只有在这个"线"上起步，才能前进，如果踩在别的线上起步，哪怕跑得再远、再快，也是不成功的。其次，预期变化是在农业结构和农村经济结构调整优化中，必须高度重视的原则。从农业产品市场变化预期的发展来看农业结构和农村经济结构调整，有些像弓弹打鸟。这是指弓弹打鸟的时候，必须把目标定在飞鸟前方的一个点上，而不是飞鸟本身。这样，当弓弹到达这个点时，才能打中飞过来的鸟。这是说，在确定农业结构和农村经济结构调整优化的方向时，必须计算这个"射程"，不能死盯住现实的市场。农民有句话说，"宁种荒茬，不种丰茬"，就是这个原则。今年农业丰收了，不等于明年农业还能丰收。那个地区农业结构和农村经济结构调整优化成功了，这个地区照搬，正好就错过了"飞鸟，会是一场空"。所以，对农业结构和农村经济结构调整优化，必须坚持本地实际、预期变化的原则。

3. 坚持以市场为导向的原则。这是指面向市场，根据市场需求调整农业结构和农村经济结构的原则。为此，必须立足本地区市场，面向全国，考虑国际，适应内外贸易发展的需求。既要适应近期农业产品市场的现实需求，又要研究和预测潜在的未来的农业产品市场需求趋势，满足全社会对农业产品的数量与质量需求，特别是对农业产品的多样化、多层次、优质化和动态发展的需求。既抓好产地市场的建设，又要注重抓销地市场的开拓，培育驰名品牌，壮大营销组织，以市场为导向，推动农业产品流通，调整国内外供求状况，防止造成新的农业产品积压和卖难。

4. 坚持发挥区域比较优势的原则。这是指因地制宜，充分发挥地区资源和区域优势，组织进行具有区域特色的农业结构和农村经济结构调整优化的原则，在全面规划各地区域农业产品布局的基础上，最大限度地发挥自然地理环境、劳动力、气温、资源、科技、产品、交通、能源、市场等方面优势，突出名优特色，建设主导产品基地，结成支柱产业链；要抓住潜在的劳动力、科技集约优势，发展本地区名特优质农业产品生产，扩大名特优质农业产品单品种区域生产规模，形成具有区域特色的农业主导产品和支柱产业，增强农业产品进入市场的能力，真正形成具有国内市场优势的支柱产业，舍弃不具区域优势和无市场占有率的支柱产业。

5. 坚持依靠科技推广应用的原则。我国农业产品大多是科技含量低、质量差，不能满足国内外市场的需求。为此，必须坚持依靠科技推广应用的原则，坚持依靠科技进步，通过农业产品品种改良和新品种开发、农业先进实用技术推广普及和高新技术应用，提高农林牧渔传统优势产业、产品的科技含量和附加值，提高粮棉油等大宗农业产品的档次、规格、标准、质量，增加农业产品新品种，改善农业产品品质，突出农业产品特色，提高农业产品科技含量，加快农业产品生产、加工、包装、贮藏、运输、供应科技化进程，确保农业产品科技化生产、产业化经营、市场化供应，不断地满足国内外市场对农业产品多样化、优质化、多变化和标准化的需求。

6. 坚持推进产业化经营的原则。这是指通过农业产品生产、加工、销售一体化链条经营方式，引导有经济实力的龙头企业，带动农民建立农业产品生产基地，收购、加工农业产品，直接销到国外市场，切实解决农业产品生产、销售与市场脱节问题。

7. 坚持采取优惠政策引导的原则。这是指通过农业综合开发财政、信贷资金扶持的政策，在尊重农民的生产经营自主权的前提下，加强农业基础设施建设和农业生态环境建设，改善农业基本生产条件，提高抵御自然灾害的能力。同时，通过充分发挥政府政策引导和市场机制的作用，采取奖惩严明的经济手段，推动农民群众调整优化农业结构和农村经济结构。

8. 坚持提高农业综合生产能力的原则。这是指必须坚持继续大力开展农田水利等农业基础设施建设、农业生态环境建设和小城镇建设，严格保护耕地、林地、草地和水资源，防治水土流失。对不适宜耕作的耕地实行退耕还林，不断改善农业生产基本条件，提高农业综合生产能力。确保农业和农村经济可持续发展。

9. 坚持充分尊重农民自主权的原则。农民是农业结构和农村经济结构调整优化的主体，必须充分尊重并切实保障农民的土地承包权和生产经营自主权，通过国家有关法规政策和市场信息，引导农民自主地调整优化农业结构和农村经济结构，决不能瞎指挥、强迫命令。

10. 坚持提高农业综合效益的原则。这是指通过农业结构和农村经济结构调整，一是促进农业增长方式的根本转变，变粗放经营为集约化经营，变数量型为质量效益型，追求农业结构和农村经济结构发展的经济效益；二是促进传统农业分散小生产向现代农业产业化大规模生产经营转化，取得农业结构和农村经济结构发展的社会效益；三是促进农业和农村开辟生态环境好、水土保持好、旱涝保收的途径，实现农业和农村发展的生态效益。总之，必须坚持在农业结构和农村经济结构调整优化中，促使各种资源、各种要素配制处于科学、合理状态，最大限度地提高土地产出率、资源利用率和投入产出率，达到经济效益与社会效益、生态效益最佳结合和统一的综合效益。

11. 坚持整体协调的原则。要把农业和农村经济作为一个有机整体。为此，必须把农业结构和农村经济结构调整优化，与全国城乡人口逐年增长、农业生态环境保护、农业资源开发利用相互协调，与加强农业和农村的基础设施建设、城乡一体化经济社会建设、农村小城镇建设相互协调，系统全面地从整体上组织农业结构和农村经济结构调整优化工作。同时，组织农林牧渔各业之间、各种植业之间、各种养殖业之间、各种产品之间、各上中下游产品之间的相互衔接、协调发展。农业生产经营同社会化服务体系要配套，跟上相关服务，以便充分发挥农业结构和农村经济结构调整优化功能作用，科学合理配置资源，不断增强农业综合生产能力，确保农业和农村经济持续健康发展。

（二）各地区政府及部门要引导农民群众遵循结构调整优化的九项原则

各地区政府及部门引导农民群众，首先，要认清农业结构和农村经济结构调整优化的宗旨，是提高农业综合生产能力，促进农业增产增效，适应国内外市场需求，保障农民增收致富，推动国家社会经济发展，承担形势所迫的战略任务，要保障农业结构和农村经济结构调整优化，必须有政府的支持和农民的拥护。政府与农民，前者是组织者、引导者，后者是参与者、实践者。政府引导得法，农民参与，农业结构和农村经济结构调整优化就能顺利进行。其次，要看到各地区农村传统的单一式小生产方式没有完全打破，农民的小农意识根深蒂固，农民仍然没有摆脱小富即安的思想束缚，缺乏市场经济观念，没有市场竞争意识，不了解市场经济信息；也有些农村农民响应政府号召，实行农业结构和农村经济结构调整之后，一旦出现与政府宣传的农民先前想象的相反结果，就又采用原来传统小生产方式；还有些农村农民不掌握市场经济信息，既不知道自己生产的粮棉油肉糖等农业产品到哪里销售，也不了解种植、养殖、加工什么农业产品能增加收入。所有这些方面，都是农业结构和农村经济结构调整优化的障碍。要消除这些障碍，必须采取各项有利措施。其中，各地区政府及部门正确引导农民调整优化农业结构和农村经济结构，是一项关键政策措施。为此，各地区政府及部门必须引导农民群众遵循以下九项准则：

1. 坚持农业发展引导的原则。各地区政府及部门在农民调整优化农业结构和农村经济结构时，要坚持一切从实际出发、发展农业的原则，确定符合本地实际的发展思路、发展政策、发展措施去引导农民，用正确的配套政策去激励农民，如按国家保护价收购粮食、财政支农补贴、扶持个体私营经济、取消农业税收、改善户籍管制、安排农村富余劳动力就业、取消行政收费等项政策，以利于扶持和鼓励农民调整优化农业结构和农村经济结构。全国各地区政府在农村地使用权流转中，因地制宜地推行农业产业经营承包、农民自愿参与的政策，采取承包、租赁、拍卖、入股、置换、委托等形式，实行"业主+农户""公司+农户""大户+农户""工人+农户""院所+农户""干部+农户"等经营模式，推动了农业结构和农村经济结构调整优化的进程。

2. 坚持农业优势引导的原则。各地区政府及部门在引导农民调整优化农业结构和农村经济结构时，要充分认清当地农业和农村比较优势，正确认识市场农业和农村经济是竞争农业和农村经济，竞争农业和农村经济是优势农业和农村经济。要提高农业和农村经济优势的认识，就必须坚持科学发展观，用发展的眼光、辩证的观点、创新的思想，来分析判断农业和农村经济发展趋势，21世纪，既要注意展望未来，又要认真总结过去，寻求农业资源优势、农村土地资源优势、农村人力资源优势、农村经商传统优势、农村特色产业优势、农村历史文化优势、农村人员素质优势、农村交通邮电优势、农业开发扶贫优势、农业科技推广优势、农业基础设施优势、农村社会治安优势、农业生态环境优势、农村社会化服务体系优势、农村边境边疆沿海等方面优势。这些优势，有的过去看是劣势，今后看却是优势；有的在计划经济条件下是劣势，在市场经济条件下却是优势；有的片面认为是劣势，辩证分析却是优势；有的保守地看是劣势，开放地看却是优势。既要善于发挥优势，又要善于变劣势为优势。总之，各地区政府及部门要通过上述优势引导，广开思路，以利于增强调整优化农业结构和农村经济结构的信心和勇气。

3. 坚持农村特色引导的原则。各地区政府及部门在引导农民调整优化农业结构和农村经济结构时，要正确引导农民走区域特色的农村产业之路。坚持发展特色农村产业。要注意不能小而全、大而全，必须着眼于特色。特色不仅是方向，而且是生命，没有特色就会失去市场竞争力。农村特色产业的实质是指规模和市场。要体现在农业产品生产经营规模，体现在农业产品市场的优质化、多样化、多变化的需求。农村特色产业不在于是独一无二的，而在于：一是具备较大的产业经营规模；二是具有营销良好的市场，具备广阔的市场前景，是属于二者缺一不可的特色。例如，山东诸城市农林牧副渔各业产品几十种，但该市政府没有泛泛来抓，而是从过去的基础优势出发，以市场为导向，大力培育肉鸡、淀粉、肉肠特色支柱产业。如：得利斯公司居全省之首，为全省农业产业化龙头企业，诸城市外贸公司主导产品肉鸡由日本一个市场扩大到新加坡、沙特等8个国家和地区。在全国各地区建立了192个自销点，内销7万吨。由此可见，这是农业特色引导的证明。

4. 坚持农业高效引导的原则。各地区政府及部门在引导农民调整优化农业结构和农村经济结构时，要深刻理解农业结构和农村经济结构调整优化的核心是质量和效益。农业产品优质高效是农业结构和农村经济结构调整优化的中心环节、核心问题。农业产品优质、高效的有效途径，是指农业先进科学技术和农业产品市场。山东寿光市政府在加大科技投入和市场管理力度的基础上，根据国内市场行情和专家关于中国加入WTO后对中国农业产品影响的预测，狠抓农业产品的品种品质结构调整优化工程建设，加强农业产品深加工、精加工产业化建设，推进了农业产业化经营，形成了农业产加销一条龙、农工贸一体化产业体系，增强了农业产品市场的竞争力，促进了全市农业和农村经济向高产、优质、高效的方向发展。事实证明，抓住科技和市场这两个要素，农业结构和农村经济结构调整优化就不会迷失方向。

5. 坚持农业升级引导的原则。各地区政府及部门引导农民调整优化农业结构和农村经济结构的过程，就是促使农业结构和农村经济结构调整优化升级的过程。农业结构和农村经济结构调整优化升级，一般来说，要从四个层次进行：一是农业品种结构调整优化，要尽快减少农业普通品种生产经营规模，大力发展农业优质、专用品种生产经营规模；二是种植业内部结构调整优化，要由粮食、经济作物二元结构，向粮食、经济作物、饲料等三元、多元结构调整优化升级；三是种植业、养殖业结构调整优化，要由种植业向养殖业调整优化升级；四是一、二、三产业结构调整优化升级，要向依次递增的方向调整优化升级，就农业大县来说，要大力发展农业产品加工业及其服务业。在这四个层次的调整优化升级过程中，不能机械地按比例分配力量，必须突出重点，抓特色，在抓特色农业产业中实现调整优化升级。

6. 坚持农业示范引导的原则。各地区政府及部门在引导农民调整优化农业结构和农村经济结构时，要特别注意，在农民文化科技素质不高、农村市场经济不发达的情况下，切忌靠政府领导的行政命令，促使农民进行农业结构和农村经济结构调整优化。而必须通过农业示范引导，发挥带动作用。农业示范引导的方式有三种：一是科技示范。有些乡（镇）政府创办了农业高科技示范园区集引种、繁育、示范、推广于一体，发挥了示范带动作用；二是典型示范。有些县（市、区）政府树立了一批接受市场信息快、带头进行调整、搞新品种种养、新产品加工的典型；三是干部示范。有些省（市、区）级政府有关部门干部深入农业结构调整第一线，率先垂范，影响带动农民群众。目前青岛市平度县建立了万亩科技示范区，各乡（镇）建立了千亩科技示范园，各村建立了百亩科技示范点。全县、乡（镇）各级领导干部都能直接到乡村参加种植业、养殖业生产劳动，总结经验，指导生产，都能以实际行动，引导带动农民调整优化农业结构和农村经济结构。

7. 坚持农业跃进引导的原则。各地区政府及部门在引导农民调整优化农业结构和农村经济结构时，不能安于现状，要勇于实践，敢于跃进，善于跃进。农业结构和农村经济结构战略性调整优化，基础是农业品种品质结构调整优化，重点是农业产业结构调整优化。为此，必须做到：一是遵照农业和农村经济持续发展规律，尽快由低层次的农业产业结构向高层次的农业产业结构转变，实现优化、升级，关键是农业产品加工业，由粗浅加工向精深加工延伸；二是遵循城乡一体化市场经济规律，推动市场上营销持续良好的加工业，迅速扩大产业规模，切实达到加工产品的高起点，开发高新科技的终极产品，注重国内外市场需求前景好的产品；三是坚持科学发展规律，立足于科技含量高产品的起点，采取当前国内外一流的生产管理技术，坚持科学考察、评估论证，看准发展方向，以创驰名品牌为核心，紧紧抓住科技、管理和资本三大要素，加快建立现代企业制度，最大限度地缩短原始积累阶段，与国际市场接轨，按国际惯例生产经营，开创农业结构和农村经济结构调整优化的新局面。

8. 坚持农业信息引导的原则。各地区政府及部门在引导农民调整优化农业结构和农村经济结构时，要帮助农民在增产、增效、增收上提供信息，进行引导。有些乡（镇）、村（屯）至今电话不通，交通不便，长期没有一个农业产品销售集散地，农业产品流通的市场设施、农业信息收集和传递服务体系建设等严重滞后，种养农户和个体贩运户信息掌握有限。为此，各地区政府及部门要尽力扶持健全农业信息系统，建立宽带网，为农民提供优良品种、技术指导、市场需求、农业产品和农业生产资料价格行情、气象预测、劳务需求等信息；要加快农村电网的改造和公路等基础设施的建设，达到乡村通公路、农户有电话，实现农户不出门可知市场事，走出生产与销售困难的窘境，实现农业产品生产、加工、销售一条龙良性循环发展。

9. 农业科技引导的原则，各地区政府及部门在引导农民调整优化农业结构和农村经济结构时，要坚定不移地实施科技兴农、科技兴产业的战略，引导农民学习和运用先进科学技术。在具体实践中，有这样一种现象，农业产品尽管有市场，但农民收入减少，如畜禽、蔬菜、水果、花卉、烤烟、桑蚕等农业产品，主要是这些农业产品的科技含量低。为了解决这一问题，各地区政府要加强对农村乡镇长尤其是村长支书进行农业实用技术的培训，促使他们了解和掌握先进农业科学技术之后，能够起到直接传帮带的作用；要充分发挥农业科技人员的作用，改善农业科技人员的工作和生活条件，适当提高福利待遇，鼓励他们不断更新科技知识，提高农业科学技术水平；要严格按国内外市场需求，优化农业产品品种、品质，大力推广良种良法使品质与市场对接，注重发展"绿色"蔬菜水果，使其品质外观美、果型适中、肉汁适宜、耐转运、宜贮存。切实达到多品种的优质农业产品占领国内外市场；要尽快加强同大专院校、科研院所的交流，充分依靠科研院所的信息导向和智力支持，促进农业和农村经济持续健康发展。

总之，对于农业结构和农村经济结构调整优化，各地区政府及部门引导农民，必须坚持一切从实际出发，组织落实上述准则，而不能脱离实际，提出一些与本地实际不相符合的准则和方案；必须倾听农民的呼声，尊重农民的意见，不能违背农民的意愿，更不准武断地搞"一刀切"，必须从农民长远利益出发，为农民把好事办好，而不能"追风""赶潮"。只有各地区政府引导正确，才能引起农民拥护和参与,才能保障农业结构和农村经济结构调整优化的顺利进行。

七、严格达到结构调整优化的要求

农业结构和农村经济结构调整优化的要求,是指对农业结构和农村经济结构调整优化的方向、体质、重心、目标、标准、力度、基地、粮食、产业、增收十方面的具体要求,分别说明如下:

(一)坚持把握农业结构和农村经济结构调整优化的方向要求

农业结构和农村经济结构调整优化,调整优化什么,如何进行调整优化?由于各地区农业和农村经济情况不同,不能统一确定一个方向,采用一种方式、方法。否则就会发生用到南方地区成功,而用到北方地区就失败的情况。由此可见,如果全国各地区统一确定一个方向、采用一种方式、方法,来组织进行农业结构和农村经济结构调整优化,只能是削足适履,不能见效。反之,因为这样的实际情况,就对农业结构和农村经济结构调整优化,各吹各的号,各唱各的调,没个要求,那也是不符合实际、迷失方向的。为此,对农业结构和农村经济结构调整优化,如何进行调整优化,必须认真对待、深入调查、反复研究、综合分析、慎重决定。这就要求:一是必须抓住全国大宗农业产品地区面临的主要问题,是过去具有优势的粮棉油肉糖等农业产品,在全国市场上面临阶段性、结构性过剩问题。二是必须针对这个问题,确定农业结构和农村经济结构调整的方向。要在确定方向时,必须把握国内城乡及国外市场变化,以市场变化作为农业结构和农村经济结构调整优化方向的依据,推动全国农业和农村经济发展进入新的阶段。三是必须引导农业产品的供求关系,已经由过去的数量制约为主转变为质量和品种制约。四是必须推进农业和农村经济发展,由过去主要受自然资源制约,转变为主要受市场需求制约。五是必须掌控全国市场需求趋势,是追求农业产品品种、质量,提高农业综合效益,增加农民群众收入,是农业结构和农村经济结构调整优化的方向。从国际国内市场状况分析,在确定农业结构和农村经济结构调整优化的方向时,必须要求做到以下五点:

1. 要充分发挥各地域各个领域比较优势。要特别注重做到,凡是在土地资源稀缺的大宗农业产品地区,都应进行较大调整,在这些地区实行以粮棉油肉糖为主的产业结构,只能求得自给自足的温饱生活,不能为市场提供更多的大宗农业产品,因而导致农民无法在市场化进程中从温饱转向小康。

2. 要科学确定发展劳动密集型的农业产品生产:一是要认清劳动密集型的畜禽产品生产是我国在国际市场上具有竞争力的产品。二是必须解决好畜禽产品品种、质量、检疫防疫、进出口体制等方面的问题。同属劳动密集型的瓜果、蔬菜、花卉、盆景等园艺类产品,同样在国际市场上也具有一定的竞争优势。

3. 要切实安排好各个地域三个层次的生产经营建设布局:一是要在粮棉油肉糖等大宗农业产品主产区,尽快进行品种改良及加工转化;二是要在生态脆弱地区,逐步促使劣等耕地退出大宗农业产品生产,实行退耕还林还草,加强农业生态环境建设,提高社会效益和生态效益;三是中小城镇郊区,进行劳动密集型的畜禽、瓜果、蔬菜、花卉等园艺类产品生产,以利于适应市场需求,实现农业和农村经济可持续发展的目标。

4. 要大力扶持城乡一体化经济建设。一般来说,大宗农业产品地区是垦植历史长、人口密集的地区,农业人口多,耕地少。为此,必须促进产加销一条龙、农工贸一体化龙头企业发展,组织开展城乡一体化经济的小城镇建设,为安排农村富余劳动力就业开辟途径。

5. 要大力促使农业科学技术进步。这是农业结构和农村经济结构调整优化的依托。为此,必须认真制定实施一系列保障和激励机制,加快实施科教兴农战略,大力推广应用农业科学技术,注重应用农业高新技术,改造传统的农业生产技术,切实在农业产品生产、加工、包装、贮藏、运输、销售各环节提高科学技术水平。

(二) 坚持完善农业结构和农村经济结构调整优化的体制要求

农业结构和农村经济结构优化调整的目标，是要加快发展壮大农业和农村经济，加大农村经济体制和规章制度的改革力度，为促进农民增收致富，调整规章制度，更新激励机制，改革农村计划经济时期的规章制度，改造传统的农业和农村经济发展方式，清除制约农业结构和农村经济结构调整优化的障碍。因而在实施农业结构和农村经济结构调整优化中，必须调整规章制度、更新激励机制。为此，必须达到以下四项要求：

1. 调整土地规章制度。大宗农业产品地区的耕地资源，同资本资源一样，都是相对稀缺的生产要素。通过科学手段、水利设施及生态措施，提高现有耕地利用效率，是农业结构调整优化的一项重要内容。但是，在现行土地制度中，约束耕地资源利用率提高的因素。主要是指耕地使用权的不可交易、租赁、抵押等因素，而阻碍耕地承包经营者提高土地利用效率。为此，必须通过调整土地规章制度、更新激励机制，在确保农民土地承包基本权益不受侵害的基础上，通过农民直接参与土地使用权交易的谈判、合约议定等途径，促进耕地资源的合理流转，以利于推动农业和农村经济持续稳定健康发展，促进农民增产、增效、增收。

2. 建立协会规章制度。大宗农业产品地区必须遵循市场经济规律，满足农民自觉增强市场竞争力的要求，突破农村落后的商业营销观念，在组织创立、信息服务、政策优惠、人员培训等方面，大力扶持农民自己组织推广应用农业科学技术，提倡建立农业产品生产、销售、储藏、运输、加工等合作组织或专业协会，调整和改变农民在市场中的地位。

3. 健全产权规章制度。要注重改革乡镇企业产权规章制度，一是对大宗型农业产品地区，要为转移农村富余劳动力重新开创就业门路，拓展农村人口迁移小城镇发展的一个有效途径，这是农业和农村经济发展的一个重大战略。二是无论对集体企业还是个体私营企业，都必须通过各种方式，健全清晰而有效的产权规章制度，这是促进农业和农村经济快速发展的重要基础。

4. 改革融资规章制度。长期以来，政府包揽农业和农村经济的投资活动，在资金筹集上主要是依靠上级政府财政资金和银行信贷资金。近年来，随着财政、金融等宏观管理体制改革，使得继续沿袭原有的融资模式，无法适应农业结构和农村经济结构调整优化的需求。为此，一是必须改变过去的融资模式，拓宽筹资渠道，扩大筹资规模，必须采取各种方式筹集资金，充分利用现代金融工具，在国际国内的资本市场进行资金融通；二是必须通过各种政策手段和激励措施，鼓励农民进行农业投资。

(三) 坚持落实农业结构和农村经济结构调整优化的重心要求

尽管我国各地区农业结构和农村经济结构调整优化之后发生了一些重大变化，主要是解决了大宗农业产品供需矛盾，农业产品的品种丰富、产量增多、品质提高，尤其是各种农业名特优新产品应有尽有。但是，在我国农业产品的品种、产量处于平衡的基础上，还存在供大于求或求大于供的问题。为此，要进一步分析问题发生的根源，将今后农业结构和农村经济结构调整优化的重心，放在增强农民市场观念上，放在政府组织指导农民切实加强农业产品市场营销中介组织建设上。为此，必须达到以下三项要求：

1. 必须增强农业产品市场营销中介组织必需完善的自觉性。首先，各地区政府和农民群众对农业结构和农村经济结构调整优化，已经做出艰苦努力，付出巨大的代价，取得显著成绩。其次，各地区农业产品价格连续走低，粮棉油等大宗农业产品积压、仓压库存较重，特别是在种植业、养殖业产品生产经营中，几乎年年出现大热大冷现象。其结果是一二年内效益很好，但之后因供给过剩，难以出售，严重浪费，给农民群众带来重大损失。为此，各地区政府在推进农业结构和农村经济结构调整中，需要从各方面努力，一是必须从提高农业产品品质，更新农业产品品种，增强农民市场观念，加强政府组织引导等方面解决问题。二是必须从农业产品供需适应、产销畅通、增效增收等问题着力，彻底解决农业产品供给过剩和大幅波动的问题，最关键的是解决我国农业产品市场营销中介组织不健全的问题，要促使 2.5 亿农户掌握运用市场信息。地方政府及时了解掌握农业产品市场信息变化情况，经常和广大农民沟通信息。

2. 必须健全农业产品产加销一条龙市场营销中介组织。我国农民大多从事小规模的农业生产经营活动，因而容易导致众多农民在市场信息引力下，形成生产同类型的农业产品倾向。由于为市场提供农业产品的农民人数多，竞争密度过大，进入市场过快而退出市场又过慢，供给量超出市场需求量。加之农业产品市场主要面向城镇，城镇居民对农业产品需求是空前复杂的。为此，一是必须推动健全农业产品市场经销中介组织体系。实践证明，我国各地区农村出现公司加农户联合体、农业产品专业协会、产供销一条龙社会服务组织，能有效地分解农民生产经营风险，降低农业产品生产经营成本，减少市场营销交易成本，为农民生产与销售开辟有效途径，缓解农民难以进入大市场、供求波动难以收敛的矛盾。二是必须引导农民自愿加入农业产品产加销一条龙市场营销中介组织，进一步形成农业产品产供销利益共享、风险共担经营体制。

3. 必须改善农工商一体化的市场流通环节，健全市场营销中介组织，必须由各地区政府从自身做起，引导农民群众做到：一是要扶持各种农业产品逐步形成相对较为集中的主产区，形成各地农业产品的品牌信誉和特色，避免产品之间的过度竞争。二是要鼓励主产区农民成立自己的协会或合作社，以利于农业产品批量进入市场，降低农业产品的交易成本；三是要降低农业产品营销交易费用。凡是具备条件的各种商业企业组织进入农业产品营销领域，在进入初期给予政策、程序及税收方面的优先、优惠待遇，引导他们与农民建立稳定的产销关系；四是要将供销服务费，从生产环节征收改为从流通环节征收，要将农业产品集市贸易中有关税种，留予地税部门征收，以涵养乡镇一级财源；五是要推动农业产品主产区与主销区的各大批发市场之间，建立信息联网系统，无偿提供多变的市场信息；六是要提高农业产品市场营销中介组织的信誉程度，政府及商业部门应引导这类组织专门从事农业产品流通中介业务。金融部门应对这类组织的信用做出评估后，给予信贷支持。

（四）坚持达到农业结构和农村经济结构调整优化的目标要求

为此，一是必须达到农业综合生产能力明显提高，农业产业化格局基本实现，农村经济市场化进程明显加快，农业科技化、机械化、水利化、田园化、生态化等支撑条件得到明显改善，农业产业项目成为农村经济、地方财政新增长点，成为农民增收致富的就业岗位。二是必须在保障增强粮食生产能力的前提下，充分利用区位优势，以市场为导向、科技为先导，以综合效益为中心，以农业产业化为途径，以农业现代化为目标，围绕农民增收一个核心，以配套政策措施为手段，抓住以农田水利为重点的农业基础设施建设、以防治水土流失植树造林为重点的生态环境建设、以推进城乡一体化经济发展为重点的农村小城镇建设，搞好粮、棉、油、肉、糖、蛋、奶、菜、瓜、果等农林牧渔各业产品基地，农林牧渔各业产品加工基地，城镇郊区蔬菜瓜果基地，农林牧渔各业产品批发基地建设。

（五）坚持执行农业结构和农村经济结构调整优化的标准要求

为此，一是要围绕农业增产增收、农民增收致富、农业和农村经济持续发展的"两增一发展"的标准。具体标准是：大宗农业产品品种齐全、特色农业产品品质名特优、设施农业产品优质高效、区域农业布局集中连片、产业化农业产加销一条龙、市场化农工贸形成体系。二是要围绕市场抓特色，抓住特色上规模，形成规模深加工，抢占市场制高点，强化服务促流通，千方百计促收入，全心全意保发展。

（六）坚持加大农业结构和农村经济结构调整优化的力度要求

全国要求各地区对农业和农村经济战略性结构调整优化，是在供求总量平衡、并略有供过于求的情况下进行的，既要扩大农业和农村经济的广度，又要延伸农业和农村经济的深度，着重实现经济效益、生态效益和社会效益，彻底解决农业结构和农村经济结构不适应市场需求的问题：一是不断地推动农林牧副渔各业向广度和深度发展。从广度上，要大力发展农林牧副渔各业产品加工的第二产业，着力扶持农林牧副渔各业生产经营服务的第三产业。从深度上，要发展高产、高质、高效的农林牧副渔各业产品生产，注重对农林牧副渔各业产品深加工、精加工转化增值；二是不断地推动农林牧副渔各业提高科学技术含量，增强农民科教兴农的自觉性，提高农民科学文化素质，在农林牧副渔各业生产经营过程中，采用现代科学技术装备，推广应用先进适用的科学技术成果；三是不断地推动农林牧副渔各业从粗放生产经营向集约化生产经营转化，增加农业的人力、财力、物力的投入，提高农业生产经营集约化程度，提高农业资源利用率和农业资金投入产出率，加速传统农业向现代化农业的转变；四是不断地推动农村新经济体制完善，在坚持稳定农户家庭联产承包责任制的基础上，完善农业生产经营社会化服务体系、农业生产建设支持和保护体系、农业科学技术推广应用体系和农业产品市场经营体系。因而必须始终加大农业结构和农村经济结构调整优化的广度和深度。为此，必须达到以下五项要求：

1. 要执行土地使用权流转制度。为此，一是必须在坚持农户家庭联产承包经营制度的前提下，促使土地使用权流转，确保土地所有制不变，确保承包权不变。土地使用权流转后，农民收入来源，主要是承包地租金和农民参与流转后的土地耕作的收入。二是必须在推行土地使用权流转的同时，必须把村屯提留、乡镇统筹、国家征税等纳入土地租金，由村民委员会集体负责收缴。为此，要引导农民执行土地使用权流转制度，切实保障农民纯收入来源。

2. 要开拓农业和农村经济发展空间。为此，一是必须提高农业综合生产能力，增强农业和农村经济实力，必须在基本稳定粮食总产量，提高和稳定粮食生产能力的基础上，大力发展种植业养殖业的多种经营，推进农林牧副渔各业形成产加销一条龙产业链，结成农工贸一体化产业经营体系。二是必须严格控制占用基本农田，加强农田基础设施建设，保护农业生态环境，改善农业基本生产条件，不断提高农业抵御自然灾害的能力。

3. 要调整优化农业区域布局结构。为此，一是必须坚持立足各地区比较优势，建立不同类型的农林牧副渔各业生产区域，形成具有区域特色的农林牧副渔各业主导产品和支柱产业生产带。二是必须在我国东部沿海地区和大中城市郊区，要大力发展城郊型、外向型的现代化农业生产，侧重发展优质高效农业产品生产，如有条件，可发展特色农业产品生产，形成名特优产品生产基地；三是必须在中部地区，具有生产粮食、棉花、油料、糖料等大宗农业产品的比较优势，要继续发挥这个优势，在加强农业基础设施建设，改善农业基本生产条件的基础上，提高农业产品质量，促进农业产品加工转化，提高农业综合效益；四是必须在西部地区和生态脆弱地区，要加快发展旱作节水农业，重点发展畜牧业、林果业和特色农业产品生产，把过度开荒的土地尽快地退耕还林、还草、还湖，改善农业生态环境。总之，要在调整优化农业和农村经济结构基础上，增强大宗农业产品综合生产能力。

4. 要遵循国内外市场需求规律。在农户家庭联产承包经营责任制下，农业结构调整的直接受益者是农民，承担风险的也是农民。为此，要在农业结构和农村经济结构调整优化中，必须正确引导农民发展区域化、规模化的高效种植业、养殖业，把生产经营管理的决策权真正交给农民，不能强迫命令，要引导农民坚持市场导向，遵循国内外市场需求规律，充分发挥地区农业比较优势，发展市场所需优质化、多样化、多变化的农业产品生产，开辟以销定产、按需定单农业产品生产之路。

5. 要加快城乡一体化经济建设。这是依托城乡一体化城镇的发展，把农村富余劳动力从农业转向非农业的有效途径。为此，一是必须以现有乡镇为重点，引导农业产业化龙头企业向城镇与农村一体化区域发展；二是必须提倡和鼓励吸引社会各方面资金，用于城乡一体化经济建设，在县（市）、乡（镇）政府引导下，不断健全市场机制，加快城乡一体化经济发展，尽快实现农业现代化、工业化、信息化、城镇化协调发展的目标。

（七）坚持抓好农业结构和农民和村经济结构调整优化的基地要求

为适应我国农业和农村经济发展的新形势，各地区在农业结构和农村经济结构调整优化中，一是必须坚持充分发挥区域化的优势，建设方向性强、后劲足、前景好的标准化有机农业生产基地，开拓以有机化带动市场化、以市场化带动产业化的途径。二是必须从基地建设入手，大力实施有机化战略，坚定不移地发展粮、棉、油、糖、肉、蛋、奶、菜、瓜、果等大宗农业产品生产，打破行业界限和区域限制，将原有农林牧渔各业基地延伸扩展，促进农林牧渔各业产品生产、加工、包装、保鲜、贮藏、运输、销售各环节，向有机化、标准化、规模化、产业化、市场化发展，形成中国区域特色农林牧渔各业有机化产品生产基地，使其真正成为满足全国城乡市场优质化、多样化、多变化需求的现代农业生产基地。

（八）坚持保证农业结构和农村经济结构调整优化的粮食要求

在农业结构和农村经济结构调整优化工作上，各级政府要高度认识粮食的特殊作用，积极转变政府职能，切实保护粮食生产能力，根据全国城乡市场需要稳定发展粮食生产，并逐渐形成粮食生产、加工、销售于一体的产业化经营格局。为此，必须坚持严格达到以下六项要求：

1. 各级政府必须摆正粮食在国民经济发展与社会稳定中的战略地位，决不能放松粮食生产的方略，一是要充分认识粮食对社会发展的战略作用。全国城乡人民的吃饭问题，不仅是一个重大的经济问题，也是关系到社会发展与稳定的政治问题。粮食问题不是一个简单的多与少问题，粮多与粮少也不是一个层次的问题，粮食多了容易解决，但粮食少了则会危及社会稳定。粮食的这种战略作用不可替代。我国人多地少的国情，决定了必须自己养活自己。二是要认识到粮食生产对农民收入的影响。全国各地农村粮食仍是最主要的农作物，售粮收入也是农民收入的主要构成部分。就粮食主产区而言，粮食在农作物中占得份额，其他作物代替不了，粮食收入占农民收入的份额其他作物也代替不了。

2. 各级政府必须在农业结构和农村经济结构调整优化中，一是要切实保护粮食生产能力，正确处理农业结构和农村经济结构调整与保护耕地的关系。二是要加强农田水利工程建设，保持水土、防治风沙、抗旱防汛、改造中低产农田，提高土地肥力，不准毁坏和改用基本农田保护区的用途。三是要促进农民可以在承包的土地上调整种植结构，但不得破坏耕作层，不得修建永久性建筑，更不得变相搞房地产开发。

3. 各级政府必须为推进粮食产业化经营创造条件，一是要在发展粮食生产的同时，要大力发展粮食加工业，尽快使其上规模、上档次，延伸粮食生产的链条，实现产业化经营，实现粮食的深度开发和多次转化增值，逐步形成粮食生产的良性循环机制。二是要逐步建立起粮食加工龙头企业与粮农利益共同体，在一体化经营体系内部进行利益互补，使粮农不仅可以得到种植粮食的收入，还可以分享粮食加工业和服务业的部分利润，增加其从事粮食生产的整体收入份额。

4. 各级政府必须按照市场经济发展变化规律，一是要建立与之相适应的宏观管理体制，及时转变职能，引导农民正确理解中央关于农业结构和农村经济结构调整的精神，保证粮食生产发展，提高粮食综合生产能力。二是必须搞好粮食生产服务，积极帮助农民群众为粮食生产稳定增长，解决良种、良法、市场、信息等方面的问题，要根据市场需求，合理调整粮食结构。应该看到，市场对粮食的需求是多层次的，市场对常规粮（如早稻）也有一定的需求，就大米而言，有些体力劳动者消费和用以加工的多是像早稻米这些常规品种。三是既要增加优质粮比重，又要保持常规品种的稳定增长，满足不同消费阶层和不同用途的需要。

5. 各级政府必须依靠科学技术推动粮食生产持续发展的动力，一是必须针对我国粮食生产面临质量低、成本高、收入少的问题，为应对国内外市场对粮食优质化、多变化的需求，在推动粮食生产产业化经营的同时，要强调农业新技术成果在粮食生产中的推广应用，注重推广新品种、新农艺措施，更新科学技术推动粮食增产观念。二是必须把制定农业技术规范、按技术规范组织粮食标准化生产放到重要位置，努力坚持不断降低粮食生产成本，生产出高质量的粮食，有效地增加农民收入，促进粮食生产持续健康发展。

6. 各级政府必须随着财力增长，不断地、有计划地增加财政预算内资金对粮食生产的投入，一是必须保证不断加强农业基础设施建设，有力地扶持农业生产资料、农业机械装备、农业科技推广、农民文化培训科技等项工程建设，提高粮食生产综合能力。二是必须充分发挥财政资金的导向作用，增加粮食生产的间接投资，包括：积极拓宽筹资渠道，运用舍本让利、财政贴息、配套投资、税收优惠等手段，建立农业保险制度、金融信贷等相关的投融资政策。

（九）坚持推进农业结构和农村经济结构调整优化的产业要求

农业产业化经营，是推动农业"产加销"一条龙、"农工贸"一体化企业引领农户进入市场，形成利益共享、风险共担的经营组织形式，是推进农业走向农业现代化的重要途径。为此，在农业结构和农村经济结构调整优化中，围绕增加农民收入这条主线，大力提高农业产业化经营水平，为农业现代化奠定坚实基础。为此，一是要扶持壮大农业产业化经营龙头企业，提高其带动能力，真正发展壮大起来，发挥出龙头作用；二是要充分发挥农民参加农业产业化经营的能动性和创造性，真正形成利益共享、风险共担的农业产业化经营机制；三是要围绕农业主导产品、高标产业化经营龙头企业，采取扩能改造、联合兼并、改组改制等形式，集中培植，发展壮大龙头企业产加销一条龙实力；四是要加强农业产业标准化工程建设，为保障无公害、绿色、有机农业产品的质量，组织推动各地区乡镇建立农业产业标准监测室，对有机农业产品生产基地环境及其产品进行定位、定期、定时监测，全过程质量控制；五是要坚持对农业产品生产基地农户，实行质量合同管理和联户监督制度，形成比较完善的质量监管体系，确保有机农业产品的质量和信誉。

（十）坚持抓好农业结构和农村经济结构调整优化的增收要求

坚持在农业结构和农业经济结构调整优化中，以增加农民收入为核心，保障农民持续增收，而必须达到以下六项抓紧、抓实、抓好要求：

1. 抓粮食增产高效，夯实农民增收的基础。中共中央、国务院对粮食生产高度重视，多次强调要把抓粮食高产增效，保障国家粮食安全，促进农民增收，是农业结构和农村经济结构调整优化、社会主义新农村建设的首先要求。为此，一是必须大力推进粮食优质量产业工程建设，深入开展小麦高产攻关和水稻产业提升行动，加快现有技术的集成推广和转化，进一步扩大玉米、大豆种植面积；二是必须抓好以重大病虫害防控为重点的植保服务和自然灾害防范，努力改善品质和提高单产，挖掘产量潜力，实现增产增收，为农民增收夯实基础。

2. 抓特色农业产品优质高效，创新农民增收的途径。为此，一是要充分发挥比较优势，因地制宜，突出特色，进一步调整优化农业结构，重点抓好无公害蔬菜、优质瓜果、棉麻、茶叶等高效经济作物和食用菌、山林特产、花卉苗木等名特有产品开发，培育特色农业示范村，大力发展"一乡一业"、"一村一品"，建设一批特色新、规模大、档次高的生产基地，努力形成特色产业集群，着力提高特色农产品质量安全水平。二是要大力发展观光农业，扶持农民独资或合伙兴办休闲农庄、农家乐旅游等新兴产业，为农民增收开创途径。

3. 抓畜牧水产养殖业，突出农民增收的重点。加快发展畜牧水产养殖业，也是农民增收的有效途径。为此，一是要把发展畜牧水产养殖业作为促进农民增收的重点产业来抓，大力推进畜牧水产养殖业富民工程建设，在稳定提高生猪、家禽生产的同时，大力发展草食型畜禽生产和名特优水产品养殖，调整优化养殖模式，积极推广规模养殖和健康养殖方式；二是要高度重视动物防疫工作，坚持预防为主，进一步采取综合防控措施，确保不发生高致病性禽流感、口蹄疫等重大动物疫情，确保人民生命财产安全。

4. 抓农业产业化经营，提高农民增收的幅度。为此，一是要在现有优势产业开发、龙头企业建设基础上，采取更加有力的扶持措施，大力推进农业产业化提升工程，着力培育一批竞争力强的农业产业化龙头企业和企业集群，形成支撑作用显著的战略型支柱产业、带动能力明显的区域优势产业。二是要着力发展品质优、数量多的地方特色产品，不断延长产业链条，增强辐射带动功能，让农民在产业化经营中得到更多实惠。三是要高度重视农民专业合作组织发展坚持"引导不领导、扶持不干预"，为农业合作经济组织发展创造良好的外部制度和政策环境，集中扶持农民专业合作经济组织，提高农民组织化程度，不断完善利益联结机制，提升农民应对市场竞争能力。

5. 抓农民充分就业，拓展农民增收的空间。为此，一是要认清农村劳动力资源是我国绝大多数农村发展的最大优势，促进农民充分就业是助农增收的最有效途径，劳务产业已成为我国广大农民增收的重要支柱。二是要大力推进农村劳动力资源开发工程，高度重视劳动力素质的提高，充分整合现有各类教育资源，形成覆盖城乡劳务输出职业技能培训体系。

6. 抓农村居民创业，加快农民增收的步伐。为此，一是要推进农村全民创业，是进一步增强农村社会活力，促进农村劳动力充分就业，提高农村居民收入水平，构建和谐社会的迫切需要。二是要进一步优化民营经济发展的政策环境和社会环境，针对农村居民创业中存在的突出问题，制定相应扶持政策措施，放宽经营领域，加强政策扶持，着力解决农民在自主创业中面临的融资难、项目审批难等实际问题，努力营造宽松方便的政策环境、创业的社会氛围，让民间资本创业有条件、投资有回报、扩张有冲动。三是要鼓励农村能人脱颖而出，自主创业，充分发挥农村致富带头人的辐射带动作用。大力实施"凤还巢"的政策，鼓励外出务工经商人员回乡村创业，带动农民增收。

八、掌握运用结构调整优化的方式

全国农业结构和农村经济结构调整优化的着重点，是改造提高第一产业，壮大优化第二产业，加快发展第三产业，全面提高这三大产业的产业素质、产品质量、经营能力和综合效益。全国农业结构和农村经济结构调整优化的着力点，一是在第一产业上，农林种植业与牧渔养殖业的产品高产优质高效化；二是在第二产业上，农林牧渔各业产加销一条龙经营产业化、城乡需求与供应市场流通化；三是在第三产业上，为第一、二产业服务的农工贸一体化。为此，必须掌控运用农业结构和农村经济结构调整优化的七种方式：

（一）组织调整优化第一产业结构的方式

农村第一产业结构调整的着力点，是必须在切实保护和稳步提高粮食综合生产能力，全面提高农林种植业、牧渔养殖业产品质量的基础上，加速传统的粮猪型结构，向效益较高、协调发展的粮食作物、经济作物、牧业畜禽、渔业鱼虾复合型结构转变，逐步建立起优质、高效、低耗的第一产业结构。在第一产业结构调整优化中，必须科学合理确定农林牧渔各业在农业结构和农村经济结构中的比重，在确保提高粮食综合生产能力的基础上，积极发展优质经济作物和经济林木，大力开发高附加值的农林种植业特色产品，提高农林种植业中优质产品的比重；着力发展牧渔养殖业优质、高效、低耗的产品生产，提高畜禽、鱼虾优质产品产量在牧渔养殖业产品产量中的比重。为此，应用调整优化以下两种方式：

1. 调整优化农林种植业结构的方式。在全国城乡农林牧渔各业产品市场上，农业种植业大宗产品相对剩余主要原因，是品种单一、品质较差。为此，一是必须调整优化农林种植业结构区域化布局，建立农林种植业产品优质品生产区域，合理形成粮食作物、经济作物、饲料作物、林果产品生产布局，保障农林种植业提高生态效益、社会效益、经济效益。二是必须根据各地区域优势，调整优化农林种植业结构，在粮食作物生产区域，对粮食作物，着力优化粮食品种结构，提供粮食质量。在经济作物生产区域，对经济作物，着力调整区域布局，充分发挥经济作物区域优势，着力提高经济作物品质和价值，在沿海经济发达的地区和大中城市郊区，着力发展国内外市场需要的高价值农林种植业特色产品生产。总之，不论在哪种农林种植业产品生产区域，都必须形成专业化、规模化、集约化的产业带、产业区。都必须对粮食作物、经济作物、林木和林果品种、品质结构，分别应用调整优化的方式：

（1）调整优化粮食作物品种、品质结构的方式。首先，在粮食作物中，压缩与市场需求不相适应和品质差的粮食品种，调减南方早籼稻种植面积，压缩普通饲用玉米种植面积，适当调减南方冬小麦种植面积。其次，引导和鼓励农民增加市场适销的优质粮食产量。依据国内外市场的需求，以发展优质专用小麦、水稻、玉米、饲料为重点，优化品种、品质结构，提高国内外市场竞争力。在全面优化粮食品种、品质结构的基础上，一是大力发展优质强劲小麦，以市场需求为依据，确定重点推广种植的优质小麦品种，稳定发展北方冬小麦生产，大力发展加工专用小麦，改良东北地区春小麦品质；二是着力繁育推广优质水稻品种，提高稻米品质，在水稻产区建立无公害优质水稻基地，稳定水稻种植面积，重点发展绿色稻米；三是优先发展高蛋白饲料玉米，重点发展加工需要高淀粉、高含油等优质玉米品种的生产，适度扩大南方地区玉米面积；四是大力发展小米、绿豆、红豆、高粱优良品种面积，稳定薯类面积，积极发展名特优杂粮生产。

（2）调整优化经济作物品种、品质结构的方式。首先，在经济作物中，调减棉花种植面积和总产量，改变棉花严重供大于求的状况。控制新疆棉区的发展，进一步减少长江流域棉区面积，大力压缩黄河流域棉区面积，调减产棉田，淘汰混杂退化、多病虫的棉花老品种；其次，在全面优化经济作物品种、品质结构的基础上，一是优化区域内棉田结构，稳定集中连片高产优质棉田，开发高效棉田，提高棉花质量，组织开展适应市场需求的彩色棉、长绒棉基地建设；二是优先发展高产、高脂肪、高蛋白大豆、花生生产，扩大种植面积，提高单产和品质，向适宜种植区域集中；三是按照城乡市场优质化、多样化需求，引导和鼓励农民发展甘蔗、甜菜等糖料作物优质品种，拓宽特种经济作物种植区域；四是充分利用各地区区域、自然条件和科技优势，把蔬菜、瓜果、草药生产调整为农业支柱产业，重点发展反季节精品蔬菜、草药，突出名特优新品种、品质，要做到一县一色，一乡一品，集中连片，形成规模基地，保障满足国内城镇和国际市场所需各种蔬菜、草药的供应；五是扩大市场所需名特优质花卉、西瓜、香瓜、食用菌等种植面积，提高其产量和质量。

（3）调整优化林木、林果产品品种、品质结构的方式。要在全面调整优化林果业产品品种、品质结构的基础上，一是大力发展优良速生丰产林、桑蚕、白果、银杏等林木产品生产，建立林果业优良品种繁育、种植、加工、营销的连锁开发基地；二是重点发展名特优新林果业干果品生产，按照国内外市场需求，结合各地区自然地理条件，重点发展热带、温带、寒带地区优质珍惜干鲜果品生产，面向我国沿海城镇和国际市场，建立一批各种类优质水果保鲜储藏、包装、运输、加工基地。

2. 调整优化牧渔养殖业结构的方式。牧渔养殖业是实现农林种植业产品转化增值的支柱产业。特别是在粮食主产区，只有通过发展牧渔养殖业生产，才能提高粮食综合生产能力。为此，必须调整优化牧渔养殖业结构，科学应用畜牧养殖业、水产养殖业这两业结构调整优化的方式：

（1）调整优化畜禽产品品种、品质结构的方式。全国各地区畜牧养殖业是有较大发展潜力的传统产业，也是具有国际竞争力的优势产业。大力发展畜禽产品生产、优化畜禽产品品种、品质结构，推进畜牧业产业化经营，是确保农林种植业可持续发展的动力，是扩大农牧民增收致富的有效途径。为此，一是坚持把畜牧养殖业，摆到到更加重要的位置，稳定发展生猪和禽蛋，加快发展肉牛、肉羊和肉禽，支持小毛皮兽养殖，突出发展奶业，优化畜禽及其产品生产结构，推动畜牧养殖业向高产、优质、高效的途径发展；二是坚持依靠科技进步，促进畜牧养殖业发展。要利用遗传学理论，完善杂交繁育体系，优化品种结构，提高畜禽良种化程度。要利用营养科学技术，对畜禽群体进行科技饲养，在保证不降低营养水平的前提下，充分利用水生饲料和青贮、微贮、氨化饲料，努力降低成本。要利用生态学原理，改善畜禽饲养场的生态环境，逐步发展有机畜牧养殖业。要努力提高动物疫病综合防治能力，积极推进兽医工作与世界同类工作接轨，逐步消灭和净化国际规定的动物疫病，着力促使兽约残留等卫生指标和畜产品质量指标达到国际标准，推动畜禽产品出品创汇；三是坚持在全面优化畜牧养殖业品种、品质结构基础上，要大力扶持名特优新畜禽产品生产，加强优质奶牛、优质肉牛羊猪、优质肉鸡鸭鹅等畜禽养殖、加工基地建设，发展优禽蛋、优刷瘦肉型品种，提高肉质质量。要不断调整优化畜禽产品的品种、品质，以国内外市场为导向，促进畜禽产品的加工、保鲜、储运技术和设备的引进开发，以加工企业为龙头，一头接市场一头接农户，形成产加销一条龙的生产线；四是坚持在沿海地区、大中城市郊区，大力发展畜牧养殖业规模产业化生产，满足城乡居民对畜禽产品的需求；五是坚持在全国中西部地区努力降低畜牧养殖业生产成本，提高经济效益；六是坚持在全国草原畜牧区加强草场改良，建设优质饲草、饲料基地，在保护草原生态环境的基础上，提高单位面积载畜量；七是坚持在全国各地区畜牧养殖生产中，大力发展畜禽良种，建立健全畜牧兽医服务体系，不断提高畜禽养殖和疾病防治水平；八是坚持大力发展饲料工业，优先饲料添加剂，提高配合饲料入户率；九是坚持按照国际市场要求，提高动物卫生质量标准，大力调整优化适应国际市场需求的畜牧业品种结构，推进畜牧业品种改良，优化猪群结构，改良肉牛、肉羊、肉鸡品种，支持城市郊区奶牛业发展，大力发展优质细羊毛生产。要稳定绒山羊数量，改进羊绒品质。加快畜禽产品品种、品质结构调整优化的进程。

（2）调整优化渔业产品品种品质结构的方式。水产养殖业是在农林牧渔各业产业化经营中的支柱产业，是我国农业结构和农村经济结构调整优化中重点产业。为此，一是必须科学利用江湖海洋资源，发展适销对路的名特优鱼、虾、蟹等水产品养殖业，科学合理地开发利用各类水产资源，大力发展名特优新养殖品种，积极实施渔业良种工程、示范工程、推广工程、体系工程、水资源保护工程、渔业执法保护工程，逐步形成基地化、规模化、产业化的渔业发展格局。要科学开发利用江河湖海水体资源，适度发展库区大水面养殖业和捕捞业。要面向国内外市场，积极发展旅游渔业，开拓创汇渔业和渔产品加工业；二是必须保护和合理开发滩涂、水面等宜渔资源，加速品种更新换代，发展名特优新品种养殖。调整养殖模式，重点发展高效生态型水产养殖业，积极发展高科技工厂化养殖，因地制宜地发展水库和稻田养殖。稳定近海捕捞，加强保护近海渔业资源，完善休渔制度，严格控制捕捞强度，减少捕捞量。要大力发展远洋渔业，不断扩大国外作业海域，加强国际渔业合作。要大力发展水产品的精加工、深加工和综合利用，重点抓好大宗水产品的保质和低值水产品的深加工，提高水产品质量和附加值；三是必须坚持全方位调整优化水产养殖业结构，包括：海洋捕捞、水产养殖、水产加工、渔业整体结构调整优化，一要坚持海洋捕捞结构调整优化的重点，是压缩近海捕捞，开发远海渔业；二要坚持水产养殖结构调整优化的重点，是扩大河蟹、贝类、海淡水鱼养殖面积，开发名特优新品种，实现健康养殖；三要坚持水产加工结构调整优化的重点，是由粗加工向精深加工转变，提高水产品加工转化率和附加值；四要坚持渔业整体结构调整优化的重点，是加强服务体系建设，加快发展渔业第三产业。

（二）组织调整优化第二产业结构的方式

农村第二产业结构调整优化的着力点，是必须组织开展好调整优化农林种植业产品、牧渔养殖业产品加工业、农业机械制造加工业、农村建材建筑业、农村矿产能源业的结构工作。为此，必须相应采用以下三种调整优化产业的方式：

1. 坚持调整优化"四个结合"产业的方式。这是指与推进农林牧渔各业产业化经营相结合、与城镇工商服务产业发展相结合、与国际工商服务产业发展相结合、与农村小城镇建设相结合的产业。

2. 坚持调整优化"五大产业"的方式。这是指培育农林种植业产品加工业、牧渔养殖业产品加工业、农林机械制造加工业、农村建材建筑业、农村矿产能源业。

3. 坚持调整优化"五种类型"产业基地的方式。这是指农林牧渔各业特色产品生产基地、农林牧渔各业产品产加销一条龙产业与农工贸一体化产业集团体系基地、农林牧渔各业高新科技推广基地、农村山水林田路综合开发治理生态环境建设基地、农林牧渔各业主导产品与支柱产业基地。

（三）组织调整优化第三产业的方式

农村第三产业结构调整优化的着力点，是积极发展农村交通运输、邮电通信、信息咨询、金融保险等第三产业。提高第三产业占农村产业、农村非农业的比重。为此，一是要大力发展农村旅游产业，因地制宜发展度假村，农家乐及观光农业，把旅游业培育成为农村的一大经济特色和新兴支柱产业；二是要以"发展贸易、建设市场、形成流通"为目标，科学规划、重点建设一批贯通城乡、辐射全国各地区农林牧渔业产品批发市场、专业市场和生产要素市场流通体系；三是要进一步发展为城乡居民生活服务的饮食服务业；四是要积极发展连锁经营及配送中心等现代经营方式，培植一批农工商、产供销，内外贸相结合的大型商贸集团产业体系；五是要支持发展连接千家万户小生产与千变万化大市场的中介服务组织和多种形式的农民产销合作组织体系；六是要坚持为"三农"全面服务方向，办好农村供销合作社，建立快速便捷的综合运输服务体系，加强良种繁育、信息咨询、仓储运销、金融保险等服务体系的建设。

（四）组织调整优化农业生产经营的方式

为了促进农业和农村经济持续健康发展，避免农民在农业生产经营环节上的盲目性，增强农民把农业结构和农村经济结构调整优化与国内外市场需求有机结合的自觉性，减少和预防各种风险，各地区党委、政府及部门在组织调整优化农业生产经营方式上，大力推进农业生产经营产品区域特色化、优质高效化、科学技术化、批发市场化、产业标准化、经营产业化、商标注册化、订单合同化的八种方式。具体说明如下：

1. 农业生产经营产品区域特色化的方式。这是指在全国农业生产经营产品处于买方市场消费的新形势下，无论农业产品市场竞争多激烈，有特色的农业产品是畅销的，具有较强竞争力。各地区党委、政府及部门要根据国内外市场需求，有计划地培育和发展农林牧渔各业有规模、成气候的特色种植基地、特色养殖基地、特色农业科技产业基地、特色农业产品出口基地，以特色增强农业产品竞争力，扩大国内外市场供销份额。

2. 农业生产经营产品优质高效化的方式。这是指各地区党委、政府及部门推动农村广大农民引进、选育和推广优良农业产品品种，大力开发高附加值的农业产品质量，增强参与国际农业产品市场竞争能力，适应国内外农业产品市场优质化、多样化的需求，大力形成农业主导产品和支柱产业，带动区域农业和农村经济持续发展。这是解决农业产品卖难、缺乏竞争力、农业增产不增收、农民收入增长缓慢等问题的有效方式。

3. 农业生产经营科学技术化的方式。这是指各地区党委、政府及部门在组织开展农业生产经营科学技术的方式上，一是要组织加强农业科技创新体系建设，要改革农业科技体系，充分调动农业科技人员的积极性，建立科研与生产紧密结合的新机制。要结合区域资源特点，在组织研究开发新产品的同时，加大引进国内外先进农业技术成果的工作力度，着力采用优质高产高效技术、加工保鲜储藏技术和农业生产经营成本降耗增效技术；二是要组织加强农业技术推广体系建设。要加大资金投入，健全农业科技推广机构，稳定农村科技推广队伍，建立一个把技术推广和生产经营结合起来的好机制，把农业科技和优良品种送到千家万户和田间地头。要用政策保护农业科技人员的合法权益，要增加农业科技人员劳动报酬，为他们搞推广、搞经营创造有利条件；三是要组织加强农业教育培训体系建设。充分利用农函大、农广校等形式，有计划地对农民进行农业技术培训，提高农民对新技术的接受能力。

4. 农业生产经营产品批发市场化的方式。这是指各地区党委、政府及部门在组织开展农业生产经营产品批发市场化的方式上，要求做到：一是要加强农业产品生产基地批发市场建设，把批发市场作为农业基础设施建设的重要内容，合理规划，增加投入，重点扶持，加速发展，使其能够带动当地农林牧渔各业产品生产发展;二是要加强农业产品质量标准体系建设,建立健全农业产品科学的质量分类分级标准、注册商标制度,对农业产品严格进行分检、加工和包装,适应国内外市场需求多样化、用途专门化的要求,真正实现农业产品的优质优价;三是要加强农业产品市场信息网络建设,建立权威性的农业产品市场信息网络,及时正确地向农民提供价格信息、生产信息、库存信息及气象气候信息,提供中长期的市场预测分析,帮助农民根据区域资源特点,按照国内外市场对农业产品优质化、多样化的需求,组织农业产品生产经营,使农业产品市场信息网络成为政府引导农民调整农业生产经营方式的重要手段。

5. 农业生产经营产业标准化的方式。这是指各地区党委、政府及部门引导农村基层干部在农业生产经营中,坚持组织推行农业产业标准化的方式。农业生产经营产业标准化,是指根据科学合理、统一规范、简便易行、择优标准的原则,组织制定和实施的标准,将农业生产经营产业的产前、产中、产后的各环节,纳入标准化管理的轨道,在全国各地区为调整优化农业结构和农村经济结构,推进农业现代产业化经营,而组织开展农业产业标准化建设的方式。

(1) 科学建立农业产业标准的方式。农业产业的标准、监测和产品评价三者之间,是密不可分的有机整体关系。必须科学、完整建立三个体系:一是要建立农业产业标准体系。把农业生产经营产业的产前、产中、产后各环节纳入标准化管理轨道,逐步形成与国际、国家和行业相配套的标准体系;二是要建立农业产业监测体系。形成较为完善的农业生产资料、农业产品和农业生态环境等方面的监测网络;三是要建立农业产品评价体系。通过制定和完善农业产业质量认证标准和农业产品评价标准,实施农业品牌战略,扶持和培育优质农业产品,创评出一批品质好、规模大、效益高的名牌农业产品,提高农业产品的市场知名度和市场占有率。

(2) 开拓不断创新农业产业标准的方式。坚持不断地遵照国内外市场对农业产品优质化、多样化的需求,相应对农业产业标准,必须做到五方面创新:一是要农业产品品种、质量标准创新。今后,国际农业产品质量的竞争,核心是优质品种的竞争,谁拥有优良和高新技术,谁就能掌握市场竞争的主动权。因此,农业产品品种、质量,既是农业生产经营的"源头",又是农业生产经营产业标准化的第一关卡。要通过农业产品品种、质量标准创新,改变过去农业产品良种和非良种界限不明、真品种与假冒品种混淆不清的状况,制定实施农业产品品种、质量标准,保障在农业产品品种、精选、加工、包装等诸环节规范操作,科学地推进种子、种苗工程建设;二是要农业产品生产操作规程创新。在农业现代产业化经营中,全国各地区农业产品的安全、卫生、健康问题越来越凸显出来,这将成为严重制约国内外农业产品市场流通的瓶颈。因此,在组织制定农业产品生产操作规程标准中,既要注重操作规程的技术含量,又要注重操作规程的操作环境和安全控制;三是要农业产品品种、品质标准创新。全国大多数地区农业产品还没有农业产品品种、品质标准,致使难以实行农业产品优质优价和农业产品品牌战略。要认识到,创造性地推行农业产品质量等级标准,是实施农业品牌战略,实现农业产品优质优价的重要基础;四是要农业产品的加工和包装创新。农业产品加工和包装是实现农业产品多次增值的有效途径,是提高农业生产效益的重要手段。只有农业产品加工和包装标准,才能合理评判农业产品质量价格。实践证明,包装既是农业产品进入市场的需求,又是激发国内外市场需求欲望的有效做法。全国有一定知名度的农业产品很少有精美的包装,这种类型的农业产品难以进入超市。由此可见,这是对农业产品的加工和包装,必须创新的一个重要原因;五是要农业产业标准的制定和实施要创新。1995年以前,农业产业标准的制定和实施严重脱节,是我国农业产业标准化进展的重要障碍。因此,在开拓创新农业产业标准的方式制定和实施上,一要同现代农业示范园区建设相结合,把农业高新技术广泛应用到农业示范园建设中,真正起到示范辐射作用;二要同农业科技推广应用计划相结合,从而使农民真正学习标准、掌握标准、实施标准;三要同实施农业品牌战略相结合,使广大农民在实施农业品牌战略中增效增收,尝到甜头,从而使农业产业化标准,成为广大农民生产经营中的自觉行动。

6. 农业生产经营产业化的方式。这是指各地区党委、政府及部门引导农村基层干部,在组织开展农业产业化经营中，把农业生产科技、经营理念、市场信息、销售中介等方面，更直接、更有效地带给农民，由农业产业化企业与农民形成稳定的农业产品购销关系，带动农民参加有规模、有品牌、有效益、有竞争的农业产业化经营活动，主要采取以下四种方式：

（1）农业产业结构是由农林种植业、牧渔养殖业及其加工业，以及为其服务业结构。分别为三种产业：一是指种植业、养殖业，即第一产业；二是指为种植业、养殖业加工的加工业，即第二产业；三是指种植业、养殖业及其加工业而组织贮藏、运输、销售等服务的服务业，即第三产业。简称，农业产业是指农林牧渔各业的一、二、三产业。

（2）农业产业化是指农业产业，根据区域农业资源条件，按照国内外市场的需求，遵循市场经济规律和价值规律，将农林牧渔各业的一、二、三产业生产经营各环节联结起来，形成种养加、产供销、农工商一条龙产业链，结成贸工农、内外贸、农科教一体化产业体系，以达到产业布局区域化、组织集团化、经营一体化、管理企业化、服务社会化。简称，农业产业化是指农林牧渔各业产业生产经营各个环节结成一条龙产业的一体化。

（3）农业产业化的内容：包括以国内外市场为导向，以综合开发和科学利用农业资源为途径，以农民家庭联产承包责任制为基础，以提高生态效益、社会效益和经济效益为宗旨，对农林牧渔各业的一、二、三产业（种植业、养殖业、加工业），实行多层次、多元化、多形式的优化组合，形成种养加、产供销、农工商一条龙产业链，结成农工贸、内外贸、农科教一体化产业体系，带动农民将分散零星的小生产转化为规模化、专业化、社会化大生产，实行农民和企业之间利益共享、风险共担的企业化生产经营机制，切实达到科学开发利用农业资源，优化组合农业生产要素，提高农业综合生产能力，促进农民增收致富，保障农业和农村经济持续发展。

（4）农业产业化的实质是综合开发、科学利用农业资源，调整优化农业产业结构，合理组合农业生产要素，运用现代农业生产经营管理方式，推广农业高新适用科学技术，为不断满足国内外市场需求，围绕农业主导产品、支柱产业，实现农民与企业、市场联合，结成利益共享、风险共担的经济实体，达到生产专业化、经营规模化、服务社会化、销售市场化。

7. 农业生产经营产品商标注册化的方式。随着农业商品经济的发展，农业产品商标的作用是多方面的，主要表现在：一是可以为消费者与生产者之间搭起连接的桥梁，既能增强消费者对生产者的信誉，又能促使生产者生产符合国内外市场优质化、多样化、多变化需要的农业产品；二是可以增强农业综合生产能力，推进城乡一体化经济社会发展，应对经济全球化浪潮的机遇与挑战，增强农业产品国际市场竞争的能力。

（1）农业产品商标的种类，主要有两种：一是农业产品证明商标。由于受所处地理环境和气候条件的影响，而形成独特品质的农业产品，可以选择注册证明商标。证明商标是指对某种农业产品或服务具有检测和监督能力的组织所控制，而由其以外的人使用这种农业产品，用以证明这种农业产品或服务的生产地点、原料来源、制作方式、品种名称、产量品质、单位标准、待定价值等方面的产品商标或服务商标。证明商标主要有两种：一种是原产地证明商标，即重点证明农业产品或服务来源于某地，其质量或特征主要取决于该地理环境，包括自然因素和人为因素，如"京欣西瓜""哈密圆枣"。另一种是特定品质的证明商标，即主要证明农业产品或服务具有某种特定品质，如"绿色食品""纯羊毛标志"。通过借助特定品质证明商标，可以保护特定品质农业产品，在市场上会有明显的市场优势，也容易提高特定品质农业产品知名度；二是农业产品集体商标。由于受分散经营农户或规模较小的企业条件限制，而生产没有独特品质的农业产品，这些分散经营的农户或规模较小的企业，可以选择注册集体商标，前提是需要成立一个具有法人资格的集体组织，以该组织名义申请注册。集体商标是指由农业产业团体、农业产业协会或农业合作组织的成员所使用的农业产品商标或服务商标，用以表明农业产品的经营者或服务的提供者属于同一组织。集体商标使用人多，农业产品生产经营规模大，容易产生市场优势和广告优势，也比较容易提高知名度。为此，必须特别注意，使用上述农业产品的两种商标有一定的风险，由于某一商标使用人出现问题，其他使用人的农业产品不可避免地会受到牵连。因此，现实中大量存在的还是生产者自创、自有的农业产品商标，而且，应注意在使用证明商标和集体商标的同时，还可以使用自己的商标。

（2）农业产品商标注册方式有两种：一种是农业产品普通商品商标的注册。农业产品普通商品商标的注册审查，必须符合《商标法》及《商标法实施细则》的有关规定。另一种是农业产品原产地证明商标的注册，农业产品原产地证明商标的注册程序，主要包括审查、管理、保护等注册程序。审查是否具备证明商标的特征、注册人资格和该商标的使用管理规则。就"沾化冬枣"的审查来说，"沾化"为县以上行政区划名称，属我国《商标法》第八条二款禁用之列，作为普通商标，是不能给予注册的，审查证明这种"冬枣"确实是"沾化"特有，是指定使用农业产品的原产地名称，真实地证明了这种农业产品的特定品质，这个名称应不受《商标法》上述的约束。"沾化冬枣"的注册人必须符合三个条件：一是必须是依法成立具有检测和监督能力的组织；二是具有法人资格；三是具有对"沾化冬枣"特定品质。同时，在注册时，注册人不能在自己经营的农业产品上使用"沾化冬枣"这个商标，而是许可符合条件的其他人使用，并对被许可人使用商标情况进行监督。被许可人履行手续后，发给《证明商标准用证》，接受监督管理，交纳管理费。为此，必须特别注意的是农业产品的通用名称，不能注册为商标，如上述说的"冬枣"不能注册为商标；直接表示指定农业产品的品种特征、特性的商标不能注册，如"早、优、杂、抗"的品种特征、特性的商标不能注册。近期各地区政府及部门坚持以农业产品的质量为基础，以农业生产资金投入为保证，以农业产业经营为龙头，凸现各地区文化内涵和个性，创立了以各地区为龙头的粮油业、蔬菜业、果品业、鸡蛋业、猪肉业，树立了地区农业产品良好形象，提高了农业生产、加工、包装、储藏、运输、批发等环节系列服务化水平，促进了地区农业和农村经济快速、持续、健康发展。

8. 农业生产经营产品订单合同化的方式。多年来，在全国农业产品买方市场形势下，各地区农村推行了农业产品产销订单合同。订单合同的范围逐年扩大，订单合同的形式也多种多样。主要有以下五种形式：一是农户与加工企业或者农业产业化龙头企业签订的订单合同；二是农户与农业产品经销公司、工商户、经纪人签订的订单合同；三是农业产品主产区与农业产品购销区签订的订单合同；四是农户与农业产品批发市场营销公司签订的订单合同；五是农户与农业科研、试验、推广等单位签订的订单合同。全国各地区农村推行农业产品产销订单合同的实践证明，既有利于维护农民生产经营合法权益，增加农民收入，有利于保护企业生产经营自主权，增强企业经济实力。为此，各地区党委、政府及部门引导农民在从事订单合同农业产品生产中，坚持采取以下三种思想领悟方式：

（1）通过引导农民深刻认识到的方式，一是要促使农民认识到从事订单合同农业产品生产的必要性，要主动参与农业产品市场竞争；二是要教育农民认清名特优农业产品的品种和质量是订单农业的生命，科技是优化农业产品品种和提高农业产品质量的根本；三是要帮助农民为提高农业产品的品质和效益，不断强化农民头脑的质量意识、商品意识和市场意识，以良好的信誉维护精品形象，维护订单农业信誉；四是要推动农民加强种子工程建设，引进和推广名特优农业产品的新品种，从农业生产经营个环节中，采用先进适用技术，不断优化农业产品的品种和品质，以满足国内外市场多样化、优质化、多变化的需求。

（2）通过引导农民必须注意到的方式，一是要促使农村基层干部和农民，注意到从事订单合同农业产品生产的可行性和履行方式，要坚持精心培育农业产品名牌，生产优质农业产品，是签订农业产品产销订单合同的前提；二是要提醒农村基层干部和农民，优质农业产品只有成为名牌农业产品，才能开拓市场，占领市场，被市场接受，被各方面的消费者认可，才能形成更多的订单合同。

（3）通过引导农民经常想到的方式，这是要促使农村基层干部和农民，经常想到从事订单合同农业产品生产的法律性：一是农业产品产销订单合同签约双方，必须依法维护农业产品产销订单合同的严肃性，农业产品产销订单合同的有效履行，是农业产品产销订单合同的关键环节，也是制约订单合同农业产品生产发展的重要因素；二是农业产品产销订单合同签约双方，必须维护双方权益，共同履行合同，严格遵守订单合同规定，防止一方对另一方利益的侵害；三是农业产品产销订单合同签约双方是平等的法律主体，必须建立责、权、利相配套的制约机制，切实保障订单合同农业产品生产发展。

（五）组织调整优化农民的就业结构的方式

各地区党委、政府及部门正组织采取这种方式：一是要在农业内部向深度进军，挖掘就业潜力，将大部分在产中环节就业的农民，引向产前、产后环节转移，这是现代农业发展的趋势；二是要扩展农业外就业增收空间，积极发展非农产业，以发展体现合作制原则的龙头企业为重点，推进农业产业化经营，使农民分享农业产品加工、流通环节的利润，增加农民收入。

（六）组织调整优化农村教育结构的方式

有些地区党委、政府及部门已发现农村教育结构不适应农业和农村经济发展的需要，初中和高中普通教育是为升学服务的，毕业生回乡后参加搞农业生产经营，既不懂传统技术，也不懂现代技术。由此可见，农村教育结构调整势在必行。为此，一是要在继续搞好普通教育的同时，积极发展农村职业教育，根据当地农村经济发展的需要设置专业和课程，使今后毕业回农村乡的青年成为有用人才；二是要对已经回农村的高初中毕业生，利用现有的各种农业技术学校、函授学校分期分批地进行专业技术培训，使他们掌握多种专业技能，增加科技务农本领。

（七）组织调整优化农村小城镇建设的方式

农村小城镇发展的过程，实际上是农村各种资源合理配置、调整和聚集的过程。只要抓好农村小城镇发展，就能引导和促进农业和农村经济持续发展。为此，必须进一步加快小城镇建设步伐，促进农村小城镇一体化经济发展，为农村小城镇积极强化第一产业，优化调整第二产业，大力发展第三产业，创造有利条件。

九、坚持履行结构调整优化的程序

全国农林牧渔各业大宗产品地区是农业结构和农村经济结构调整优化的重点地区，是属于国家对农业结构和农村经济结构战略性调整优化的地区，这类地区农业结构和农村经济结构调整优化工作，需要根据各地区农业资源优势，组织进行农村生产力布局的调整优化；同时，需要对农业和农村经济方针政策和规章制度结构的调整优化，并相应进行必要的改革和创新。一般来说，全国农林牧渔各业大宗产品地区调整优化的宗旨，是提高粮棉油肉糖等农林牧渔各业产品生产能力，增加农民收入，确保农业和农村经济持续发展。随着我国农业和农村经济进入新的发展阶段，国内外市场经济发生了根本变化，迫使农林牧渔各业大宗产品地区，必须调整优化现有的农业结构和农村经济结构体系、农业生产经营保障体系、农业土地承包使用权流转制度、农业生产科技创新推广体系、农业产品市场流通体制。只有组织进行相应的调整优化，才能保障农业和农村经济持续健康发展。为了促使农林牧副渔各业大宗产品地区，在组织进行农业结构和农村经济结构调整优化时，着重加强农业大中型基础设施建设，特别是农田整治水利设施建设、相关的农村山水林田路综合治理、科学利用和全力保护生态环境建设，保障稳定增强农业综合生产能力、确立农业主导产品和农业支柱产业，特别是农业产业化龙头企业，确保增强国内外农业产品市场竞争能力奠定坚实基础。为此，必须坚持履行以下九方面结构调整优化的程序：

（一）坚持履行建立健全农业和农村经济体制的程序

主要包括以下六项：

1. 坚持履行健全农业土地承包使用权全流转机制，推进土地规模经营程序。必须在坚持农村土地集体所有和不变土地用途的前提下，在稳定和完善农业土地承包关系、农户家庭联产承包责任制的基础上，认真地贯彻落实中共中央、国务院《关于做好农户承包地使用权流转工作的通知》精神，按照"依法、自愿、有偿"的政策，调整优化农业资源配置，积极稳妥地推进农业土地承包使用权流转，规范农业土地承包使用权依法有偿转让，推行土地转让、互换、转包、租赁、入股等形式，兴办农业产业化经营企业，真正使农民收入能够增加，农村社会保持稳定。

2. 坚持在维护农村"四荒"集体所有前提下，履行放宽"四荒"使用权拍卖政策的程序，发展家庭农场、林场、园艺场、养殖场，培植经济增长点。

3. 坚持认真遵照执行"民办、民营、民受益"法规制度、政策规定，履行支持农民发展各种类型的专业合作经济组织的程序，提高农民的组织化程度。为此，一是积极培育农民经纪人和农民经销队伍，发展各种贮运销服务组织，促进农业产品销售。二是促进和支持以农业产业化经营龙头企业为主体，在自愿、互利、互助的基础上建立各种行业协会、商会等中介组织，并在农业产品市场准入、信息咨询、规范经营行为、调解利益纠纷、进行价格调整等方面发挥作用，切实维护和保障行业内农户和企业的合法权益。

4. 坚持稳定农村集体经济基础，履行发展股份制企业和民营企业的程序，增强企业活力，挖掘内在生产潜力，扩大股份制改革领域和范围，逐步建立起以集体为主、多层次、多元化的农村股份制经济组织体系。

5. 坚持履行建立新的农村财政、银行、信用综合投资与融资机制程序，特别要建立以政府财政投资为导向、银行贷款为补充、社会各界融资为补助、农民群众等法人投资为主体的投资、融资机制程序。同时，进一步建立健全农村信用合作社的小额贷款机制程序，扩大农业和农村对内、对外开放与合作，加大招商引资力度，发展外向型农业产业化经营龙头企业，充实壮大农业和农村经济发展实力。

6. 坚持在国内外市场经济条件下，履行建立按劳分配与按资本、技术、信息等多种分配方式并存的利益分配制度程序，引导和督促龙头企业按照市场运作方式，与农业产品基地、农户签订具有法律效力的产销合同，发展订单产供销服务业，并为提高订单产供销服务业的兑现率提供全程服务，建立全新的利益分配机制，以保护企业、基地和农民的利益。

（二）坚持履行加强农业基础设施和生态环境建设的程序

这是指坚持遵循因地制宜、合理开发、综合治理、加强保护、强化管理的指导方针，全面建成完整的抗旱防涝、防风固沙、保持水土、灌排配套、旱涝保收的农业抗灾防护工程体系的程序，包括以下三项：

1. 坚持履行农田水利基本建设的程序，重点抓好水库蓄水工程、河库灌区灌排打井配套工程、山区水土保护及蓄水工程、水库灌区除险加固工程、滞洪区疏浚沟渠工程、防洪排涝工程、高原河灌区饮水补源工程、平原区地下管道输水工程、沙区和丘陵区喷灌示范工程、设施农业滴灌工程建设。继续加强以节水为重点的农田水利基本建设，切实搞好节水和集贮藏雨水工程、人畜饮水工程、南水北调配套工程建设，增强旱能灌、涝能排、旱涝保收能力。

2. 坚持履行农业机械化工程建设的程序，充分发挥农林种植业和牧渔养殖生产经营各环节机械的作用，积极发展农林牧渔各业生产机新机具，大力推广小型拖拉机深耕播种配套机械，推广应用小麦、水稻、大豆、玉米收获脱粒机械、秸秆还田机械和果蔬加工、保鲜机械，加快农业机械合作服务组织发展，加强农业机械管理和培训，全面提高农业机械化作业水平。

3. 坚持履行农业生态环境工程建设的程序，切实抓好山水林田路村综合治理，坚持退耕还林还草，扶持开展植树造林种草工程建设，组织发动农田防风固沙与水土保持工程建设，鼓励支援农村生态环境保护工程建设，引导农民加强村庄、河渠、公路、庭院等地绿化工程建设，为改善农业生产条件、农民生活环境、增强抵抗自然灾害能力奠定基础。

(三) 坚持履行农业产业化经营的程序

主要包括以下五项：

1. 坚持履行发展特色农林牧渔各业主导产品、支柱产业，建设主导产品生产基地的程序。根据国内外市场优质化、多样化、多变化需求，结合各地区域资源优势，切实加强专用粮、高产油、精品菜、名贵花、珍稀菌、优新种、优良畜禽、新鲜鱼虾、特新瓜果等主导产品、支柱产业基地建设，促进各地区农村开展按照"千户带动、千亩起步、万亩巩固、规模经营、标准严格、品种优质、综合效益好"的农业主导产品、支柱产业基地建设，推进农业现代化规模经营发展。

2. 坚持履行培育特色农业主导产品、支柱产业化龙头企业，支持和推进特色农业主导产品、支柱产业"产供销一条龙""贸工农一体化"经营的程序，进一步推行龙头企业形成集团公司的程序，本着"谁有能力谁牵头、谁是龙头扶持谁"的原则，发挥农林牧渔各业产品加工企业、流通企业、运销服务组织、经济人队伍的作用，开拓市场，联结农户，建立稳固的生产、加工、运输、销售产销关系一条龙连锁关系。

3. 坚持履行促进农民专业合作经济组织、农林牧渔各业协会发展社会化服务龙头企业的程序，广泛深入开展信息服务、技术服务、流通服务，形成市场牵龙头、龙头带基地、基地联农民的社会化服务体系，确保农业和农村经济持续高效发展。

4. 坚持履行推动以市场为导向、农工商一体化联营的程序，推进农业产品精深加工龙头企业，采取高新科技、先进工艺、提高加工能力、产品档次、附加值的程序，鼓励农业产业化经营龙头企业，建立农业产品加工、贮藏、保鲜、运输、销售一条龙基地，与农民群众签订合同，进一步结成联合经营、风险共担、利益共享的共同体系，加大农业产品生产、加工增值转化力度，实行农工商一体化经营，增强国内外市场流通竞争力。

5. 坚持履行引导外向型农业产业化经营龙头企业发展的程序，加大农业综合开放力度，促使我国农业和农村经济与国际、国内市场接轨，形成外向带动型的农业现代产业化规模经营格局，实现农业由有封闭型向外开放型转变。通过多种方式、多种渠道，扩大中商引资范围，引进良种、技术、人才、资金，促进发展开放型合资、合作、合营的外向型农业产业化经营龙头企业，确保国民经济持续健康发展。

(四) 坚持履行实施农业整体科技战略的程序

主要包括以下五项：

1. 组织健全农业各种形式科技服务体系的程序：一是建立健全县（市、区）、乡（镇）、村（屯）、农户四级农业科技服务网络；二是发展壮大农业科技队伍，鼓励支持科技人员下乡创办、领办农业科技示范区和农业科技服务组织，进行技术开发和技术承包，推广应用科技成果，研究解决农业高产、优质、高效的科技问题，探索发展农业高新技术途径，大力推广农业抗病新品种、模式化栽培、无公害栽培、设施栽培、立体栽培等先进技术，提高农业产品科技含量；三是继续依法加强农业科技推广服务组织建设，充分发挥农业院校和科研院所的作用，大力开展农业科技人员培训，增强农业科技人员综合素质，发展壮大农业科技队伍；四是建立健全农林种植业、牧渔养殖业生产经营中病虫害、疫病测报防治、产品质量观测检验机构，充实科技人员及其设备。

2. 组织开展农民科技务农培训教育的程序。组织建立健全农民多渠道、多形式、多层次的培训教育体系，组织发展农民职业技术教育，造就有文化、懂科技、会经营的农民队伍，推动农民以科技务农为本职，以全面提高农业产品质量为中心，突出抓好"种子工程"和"绿色证书"工程建设，开发培育和推广应用农林种植业、牧渔养殖业产品的高产、优质、高效品种，提高农林牧渔各业产品加工、贮藏、包装、运输等各环节科技含量，降低生产经营成本，增加农民科技务农效益。

3. 组织推动农业产业化经营龙头企业与农民群众联合构建农业科技创新主体的程序，建立农业专业技术协会、专业技术合作社，形成国家、集体、企业、农民广泛参与的新型农业科技推广网络体系。同时，加强农业科技示范园区、农业产业化园区、农业科技服务组织建设，采取聘请专家指教、培训、试验等多种形式，培养农业科技推广应用、农业科技企业经营管理等人才，发展农业科技示范农民，壮大农业科技人员、农业科技示范有机结合的队伍。

4. 组织调动农业科技力量的程序，跟踪国内外农业先进科技发展趋势，加强对国内外农林牧渔各业产品优良品种技术的引进、繁育和推广应用，总结吸取农业生产经营管理科技经验，在农林种植业生产经营管理中，重点抓好品种品质改良、无公害、设施种植、节水旱作、收获贮藏等先进技术推广应用；在牧鱼养殖业生产经营管理中，侧重抓好饲料配方、舍池养殖、生物防治、防疫治病、精细加工等先进技术推广应用。

5. 组织健全农业信息体系、充分利用现代信息手段段、拓宽信息采集面和服务范围的程序，加快农业信息体系建设步伐。建立延伸到乡（镇）、村（屯）龙头企业、种养大户、中介组织、批发市场、经纪人队伍等社会信息网络，形成计算机网络与传统媒体优势互补的网络体系，促进农业信息进村入户，全面实现全国各地农村农业计算机信息网络化，提高农业信息利用率，开展直接面向农村、农户的服务，预测分析农业生产经营信息、农业科技创新信息、农业产品市场流通信息，规范农业信息发布工作程序，提高准确性和权威性。通过信息发布，为农业、农村、农民、企业提供及时、准确、系统的农业信息。

（五）坚持履行加强农业产品质量安全管理的程序

主要包括以下三项：

1. 坚持履行加强农业无公害产品生产基地和无规定疫病区建设的程序。首先，要加强粮、棉、油、糖、肉、蛋、奶、菜、瓜果标准化无公害生产基地建设，必须通过生态环境考察评估论证之后扩大生产基地面积。必须根据国际和国家有关标准，划定农业无公害产品生产区域，制定具体的技术操作规程，推行标准化生产，集中连片建立农业无公害产品生产基地，大力推广农业无公害生产技术，特别是要大力度地宣传教育农民严格按照标准和要求组织生产。其次，要加强农业产品生产基地环境的监测和治理，对农林种植业产品生产基地，严格控制违禁农药、化肥的使用，防止农业产品生产基地的自身污染和外部污染；要对牧渔养殖业产品生产基地，严格禁止添加剂和兽药残留超标以及滥用激素类药物残留，特别要对牧渔业产业化经营龙头企业周围区域，直接建立牧渔养殖业无污染产品及饲料、饲草生产基地，从源头上确保牧渔产品质量安全。

2. 坚持履行健全农业产品质量检测检验体系的程序：一是必须建立健全农林种植业、牧渔养殖业产品质量检测机构，完善检测制度，配备专用设施，培训检验人员，从生产环节做起，严格执行检验制度，加大抽验力度，经常检测农林牧渔各业产品质量安全；二是必须建立健全国家行业、地方农业产品质量监测体系，完善监测手段，加强对农业生产环境的监测、农业产品和农业生产资料质量的检测。加强农业产品质量检测、检验、测报、预防技术队伍建设，建立和完善法规体系，开展农业产品、农业生产资料质量的监测、许可、认证工作；三是必须加大农业产品和农业生产资料质量、计量的执法力度，严厉打击制售假冒伪劣农业产品和农业生产资料（种子、种苗、种畜）的行为。

3. 坚持履行落实农业产品质量标准、监督制度的程序。为此，一是必须严格执行国家关于农业产品质量标准政策规定，组织农业产品标准基地建设，确定农业产品优质、高产、高效标准，公布农业产品品种名牌标志。二是必须建立健全各级农业产品质量标准检查制度，严格履行农业产品商标注册，严格执行农业产品无公害、绿色、有机标准，切实达到农业产品生产高产量、高质量、高效益的目标。

(六) 坚持履行加强农业产品市场体系建设的程序

为了搞活农业产品流通，解决好农业生产、加工的产品与市场脱节、销售不畅的问题，一是必须深化农业产品市场流通体系改革，统一规划，合理布局，完善配套设施，加强农业产品批发市场建设，进一步完善农业产品销地批发市场体系。二是必须加强农业产品分级分类、加工、包装、贮藏、运输、销售、信息服务等市场配套设施建设，提高农业产品市场体系建设和管理水平。为此，必须切实履行以下四项农业产品市场体系建设程序：

1. 坚持组织规范农业产品批发市场的程序，积极培育代理商、批发商等中介组织，改进交易方式，逐步向公开竞价拍卖、样品交易等方式过渡。为此，一是必须鼓励和支持农民建设农业产品生产基地，参加农业产品加工、包装、保鲜、贮运、销售连锁经营、配送中心等结合的新型流通龙头企业，拓宽农民进入农业产品市场流通渠道。二是必须进一步推广农业产品"绿色通道"，清除各种关卡和乱收费、乱罚款现象，保证农业产品特别是农业鲜活产品的运销畅通。

2. 坚持组织开拓国际农业产品市场的程序，进一步完善农业产品出口政策，鼓励具有国际比较优势的蔬菜、茶叶、蚕丝、食用菌等农业产品出口。为此，一是必须大力加强对棉花、食用油、食糖、羊毛、天然橡胶等产品的进口管理，严厉打击走私，保护国内农业产品生产。继续执行对现行的饲料产品免征增值税和进口环节增值税的政策。二是必须继续执行对远洋渔业企业在公海或按照有关协议规定在国外海域捕获并运回国内销售的自捕水产品及其加工制品，不征收关税和进口环节增值税的政策。认真执行开发利用宜渔资源等发展渔业的有关政策。

3. 坚持组织完善粮食等农业产品主要由市场形成价格的机制的程序，实行优质优价政策，进一步拉开品种、质量差价，实行合理的等级、季节、地区差价。为此，一是必须促进农民群众按照城乡人民生活需要，加快农业结构和农村经济结构调整优化的步伐，完善相应的质量检测手段，改变混收混储混销的做法，加强粮食等主要农业产品的分级分类管理。二是必须对南方早籼稻、东北春小麦和南方冬小麦中的一些品质差、不适应市场需求的品种，调低保护价的价格，棉花收购价格、销售价格主要由市场形成，国家不再做统一规定。

4. 坚持组织推进依据法律、法规的程序，促进农业产品市场经济健康有序发展。为此，一是必须自觉增强法制观念，提高依法决策、依法行政、依法办事的意识和能力，自觉运用法律、法规，正确处理农业结构和农村经济结构调整问题，提高粮食等主要农业产品的质量和效益；二是必须自觉依据法律、法规，保护农业生产环境、农业土地资源和水利资源，加大农业生态环境的综合治理力度，落实长效管理措施，切实控制来自于工农业生产、居民生活的污染，为促进农业和农村经济健康有序发展，提供环境保障；三是必须切实加大农业行政执法力度，建立健全农业行政执法体系，把综合执法与专业执法结合起来，尤其在农业生产资料、种子种苗、农药化肥的供应方面，严厉打击制假售假、坑农害农等各类违法行为，规范经济秩序，维护农民合法权益。

(七) 坚持履行优化重组农业和农村经济发展投资社会化机制的程序

开辟国家、农村集体、农民、社会各界、民众团体多元化、多层次投资渠道，采用市场经济运作方式，建立健全农业和农村经济发展的投资主体、经营主体和利益主体，营造吸引社会投资、促进发展农业企业的良好环境。为此，必须严格履行以下三项投资程序：

1. 坚持履行各级政府财政要增加对农业和农村经济发展的投资程序，用于农业和农村经济发展的投资，要随着各级政府财政收入增长幅度，相应增加分配使用好农业和农村经济发展投资，组织制定和实施考察评估制度、定期通报制度、有偿使用制度和跟踪检查制度的程序，从根本上杜绝分散使用、重复建设等现象的发生，提高投资效益。

2. 坚持履行引导农民增加对农业和农村经济发展投资的程序，引导农民采用股份制、股份合作制等形式，扩大投资规模，实现紧密联合，促进农业企业升级转型。

3. 坚持履行发挥政府和农村集体资金投入引导的程序作用，调动社会各方面的参与投资积极性，鼓励国营、集体、个体、私营企业、社会各界、民众团体的资金投向农业主导产业、优势产品、龙头企业。

（八）坚持履行加强各级党委、政府及部门组织领导的程序

这就要求各级党委、政府及部门，必须适应农业结构和农村经济结构调整的形势，更新概念，转变职能，以新的规则、思路和方法，按照确保农业和农村经济持续健康发展、推进城乡一体化经济发展的要求，加速职能转变，改进工作方法。为此，必须切实把各级党委、政府及部门组织职能转到规划、引导、执法、服务上来，实现由过去微观管理向宏观指导转变，由过去的行政指挥向引导服务转变。在组织开展农业结构和农村经济结构调整优化工作上，必须坚持履行以下四方面组织领导的程序：

1. 坚持履行各级党委、政府及部门组织领导认清形势、统一思想、加强引导的程序：一是必须清醒认识全国农业和农村经济持续发展、农民增收面临严峻的形势，切实增强农业结构和农村经济结构调整优化的紧迫感、压力感和责任感，绝不能无动于衷、消极等待；二是必须自觉适应农业和农村经济发展新阶段的要求，抓住机遇，把农业结构和农村经济结构调整优化作为一件大事，列入议事日程，加强领导，转变职能，改变老办法，把工作重心切实转移到指导和服务上来。坚持从实际出发，制定调整规划，提出调整方案和实施意见，采取具体有效政策措施，进一步组织落实规划指导、政策引导、信息服务、科技示范、龙头带领、多予扶持等办法，切实加强指导、引导农民群众调整优化农业结构和农村经济结构，确保农业和农村经济持续发展。

2. 坚持履行各级党委、政府及部门组织加强规划指导、政府引导的程序。必须明确调整优化的方向和目标，确定调整优化的任务和要求，安排调整优化的区域布局和重点，组织落实政策措施，为农民群众找到途径、桥梁和办法。为此，一是必须坚持培养典型，搞好示范，通过产业政策和市场机制，加以引导，不能层层下指标，搞行政命令。二是必须组织领导各有关部门要各司其职，加强配合，协调行动。农业、牧业、渔业、农垦和供销合作社等行业主管部门，要按照各自职能分工，明确责任，加强对行业结构调整优化的指导。计划、财政、税务、工商、海关、银行、新闻和电力等有关部门，要积极支持农业结构和农村经济结构调整优化工作，保证农业和农村经济持续健康发展。

3. 坚持履行各级党委、政府及部门科学推进农业和农村经济的深入发展，不断改进指导工作方法的程序。为此，必须履行以下程序：

（1）坚持履行总结借鉴历史经验的程序，深刻记取教训，不断深化对农业结构和农村经济结构调整优化规律性的认识，明确前进的方向，提高指导调整优化的工作水平。为此，一是必须以市场为导向，重点抓市场需求量大，多数人能参与的大产业、大产品，不能盲目追新求特；二是必须充分尊重农民的市场主体地位，把生产经营的决策权真正交给农民；三是必须坚持在指导结构调整优化上要尽责到位，但不能越位。既不能硬性干预、管得过死，又不能撒手不管、放任自流，要注意适度参与，重点搞好引导；四是必须确保农业和农村经济发展、农民增收的要求，组织指导农业结构和农村经济结构调整优化，不能违背规律，急于求成，超越阶段；五是必须组织农业和农村社会服务体系建设，做好信息服务、用地服务、水电服务、科技服务、销售服务工作，为农业结构和农村经济结构调整优化，创造良好的条件和环境；六是必须坚持不断的宣传教育引导农民增强市场意识、风险意识和依法保护个人权益的意识，增强农业结构和农村经济结构调整优化的积极性，自觉地参加农业生产经营活动。

（2）坚持履行正确对待农业和农村经济发展中遇到困难的程序，在农业结构和农村经济结构调整优化工作中，特别是随着培育农业特色主导产品生产、农业支柱产业化经营的过程中，难免会遇到一些困难。为此，一是必须有一个正确的态度。只要不是遇到市场发生逆转等不可抗拒因素，或者农业主导产品生产、农业支柱产业不适应当地区域发展等情况，就不能轻易改变思路，否则，就会把产

业换丢，把人心换散，也会影响地区党委、政府的威信。二是必须坚持做到，遇到困难不退缩，能够冷静分析原因，积极寻找对策，有战胜困难的勇气、坚韧不拔的毅力、严谨科学的态度、扎实有效的措施。三是必须坚持做到，换班子不换思路，几大班子一齐上，一个蓝图画到底，一任接着一任干，持之以恒、坚持不懈，直至抓出大的成效。

（3）坚持履行科学进行量化研究分析的程序，组织开展针对性指导农业结构和农村经济结构调整优化工作，特别是对农业生产经营成果指标、农业产业化经营效率、农林牧渔各业之间比重、农业主导产品产量占农业大宗产品产量比重、农业支柱产业发展程度、粮食作物产量与经济作物产量之间的比例、农业产品加工率、农业无公害产品、绿色产品、有机产品规模等，都必须科学进行量化研究分析。这些指标，既是农业和农村经济整体素质和质量的体现，又是指导农业结构和农村经济结构调整优化工作的依据。为此，各级党委、政府及各部门必须加强对这些指标的研究分析，从中发现问题，找出差距，以农业和农村经济持续发展中的关系密切的若干指标为主，确定一套较为科学的指标体系，以便更实事求是地指导和督查农业结构和农村经济结构调整优化工作。

4. 坚持履行各级党委、政府及部门发挥引导、支持、协作、服务职能的程序作用。为此，在组织农民群众开展农业结构和农村经济结构调整中，一是必须坚持充分尊重农民群众的意愿，依法维护农民是农业生产经营的主体，保护农民自主生产经营、自负盈亏的生产经营主体地位，不包办代替和强迫命令，彻底转变职能，充分发挥引导、支持、协调和服务作用；二是必须组织引导农业科技推广体系建设，按照"条块结合、双重领导、以县为主"的要求，建立健全县（市）、乡（镇）、村（屯）农业科技推广体系，拓展服务领域，提高服务质量，鼓励和支持农业技术人员到农业生产第一线，直接为人民群众服务；三是必须组织加强农业信息体系建设，建立健全纵联从中央到地方各级党委、政府及涉农部门、乡（镇）、村（屯）、农户，横联全国各地区涉农部门和批发市场，外联国内外的农业电子信息网络。为各级党委、政府领导宏观决策，宏观调控提供及时、准确、全面的信息服务，为农民群众提供生产、市场、科技、政策等综合信息；四是必须组织支持农业产品产加销一条路体系建设，积极发展农民协会、各类农业社会化服务组织、中介组织，农村经纪人队伍等；五是必须组织协调农业产品质量标准、检验检测与管理体系建设，进一步加强各级农业产品质量监督检验测试中心建设，积极引用和采用国际标准，制（修）定国家农业产品产地环境、生产技术规范和产品质量标准，逐步完善配套，与国际市场接轨；六是必须组织促进农业咨询服务体系建设，加强对农业结构调整、保护地开发、科技咨询、生资供应、市场销售、政策法规等咨询服务中心建设；七是必须组织健全农业执法监督体系，建立健全农业产品无公害、绿色、有机三个等级标准规章制度，成立相应的执法监督组织，以此推动农业和农村经济健康发展。

（九）坚持履行加强农村社会主义精神文明建设的程序

我国农村人口占全国人口80%，农村社会对精神面貌能否改变，农民文化科技素质能否提高，直接影响全国城乡一体能否实现工业化、信息化、城镇化、农业现代化、走向小康社会的进程。因此，加强农村精神文明建设是一项带有全局性的战略任务，是农业结构和农村经济结构调整优化的根本保证。这就必须坚持履行以下八项精神文明建设程序：

1. 必须坚持履行以发展经济为中心的程序。农村经济是农村各项工作的中心，也是精神文明建设的中心。农村精神文明建设，要围绕发展农村经济、实现农业现代化来进行。从中共十五大以来，中央明确提出，农业和农村工作面临两大战略任务，即增加农民收入，保持农村稳定。农村精神文明建设就要以发展农业和农村经济为中心，促进和保障两大战略任务的完成。

2. 必须坚持履行国家对农业和农村的各项政策的程序。国家对农业和农村的各项政策，既是农村物质文明建设的强大动力，又是农村精神文明建设的强大动力。加强农村精神文明建设，必须坚定不移地贯彻执行国家对农业和农村的各项政策，深入进行强有力的思想政治工作，卓有成效地向农民进行宣传教育，把农民的主动性、积极性、创造性最大限度地发挥出来，使农民用自己的双手创造社会主义新农村的美好未来。

3. 必须坚持履行引导和教育农民的程序。农民是我国社会义现代化建设和改革的依靠力量。在广大农民身上，保存着中华民族的优良美德和传统。但是，农民还是有缺点和弱点的。毛主席说："农民是一个有缺点的革命阶级"，这就要求全党不仅要团结和依靠农民，还必须引导和教育农民。引导和教育是为了更好地团结和依靠。重视对农民的引导和教育，是共产党的传统。从革命战争到社会主义建设，中共中央、国务院一直重视对农民的引导和教育。实现农业现代化，关键在于提高农民素质。因此，采取各种政策措施，大力加强农村的精神文明建设，提高农民的思想道德素质和科学文化素质，培养有理想、有道德、有文化、有纪律的社会主义新型农民，使农民不仅靠勤劳致富，更会靠科学技术致富；不仅生活得到改善，自身素质也得到提高。这样，全国才能实现建设社会主义新农村小康社会的宏伟目标。

4. 必须坚持履行实事求是、求真务实的程序。我国地域辽阔，民族众多，经济文化发展很不平衡。对农村精神文明建设，必须充分考虑农村的实际和农民的特点，从不同地区农村的经济社会发展状况、农民的文化层次和觉悟程度出发，区别情况，有针对性地开展科学文化建设、思想道德建设工作，必须坚持从实际出发，坚持实事求是、求真务实、务求实效。

5. 必须坚持履行爱国主义、集体主义和社会主义的思想教育的程序。要联系农村改革和建设的实际，经常不断地对农民进行爱国主义、集体主义和社会主义的思想教育，激发农民的爱国主义和集体主义精神，坚定走有中国特色社会主义道路的决心和信心。

6. 必须坚持履行民主法制教育程序。要针对农村的实际情况进行普法宣传，增强农民的民主法制观念，使农民知道一个公民应有的义务和权利，懂得和自己的生产、生活有直接关系的法律法规。在农村创造依法行事、有法必依、执法必严的社会环境，提高农民维护社会稳定的自觉性。要加强农村社会治安的综合治理，对农民进行民主法制和维护稳定的教育，要坚持依法取缔邪教，严厉打击各种刑事犯罪活动，保持农村社会稳定。

7. 必须坚持履行对农民进行自力更生、艰苦奋斗的优良传统教育的程序。要使广大农民认识到，我国国民经济和社会事业虽然有了很大的发展，但是要根本改变农村贫穷落后面貌，实现农村小康社会目标，还需要长期的艰苦奋斗。对自力更生、艰苦奋斗的教育，要坚持不懈地抓下去。农村经济越发展，越要发扬自力更生、提倡艰苦创业的精神。

8. 必须坚持履行农村基层干部始终密切联系群众、廉洁奉公教育的程序。全国各地区农村基层干部的工作有不少困难，农村基层广大干部工作是辛苦的，有些干部确实脱离群众，群众不满意，有意见。为此，一是必须促进农村基层干部爱护农民，保护农民的利益，尊重农民的首创精神。必须引导农民奉公守法，承担自己应尽的义务；二是必须鼓励农村基层干部为农民服务，继承和发扬中华民族优良传统，坚持遵守中国共产党廉洁自律准则，全心全意维护国家、集体和农民群众的利益。要求他们始终联系群众；三是必须教导农村基层干部做群众的贴心人，做群众的带头人。要求他们自觉地接受群众的监督，廉洁自律，不断地改进自己的工作，提高水平。

十、实践验证结构调整优化的成效

1994年以来，全国各地区党委、政府及部门坚持去认真贯彻落实中共中央、国务院一系列方针政策、法律法规，遵循国内外市场经济发展规律，大力推进农业结构和农村经济结构调整优化，取得了显著成效。从全国情况看，为了不断满足我国城乡人民对农业产品多样化、优质化的需求，逐年调整优化了农业结构和农村经济结构，促进了农业结构和农村经济结构，由适应性调整优化向战略性调整优化转变，提高了农业和农村经济总量和经济效益。据调查统计，全国各地区2017年农林牧副渔各业总收入96160亿元，其中：农林种植业收入36540亿元，占38%；牧渔养殖业收入32690亿元，占34%；加工服务业收入26930亿元，占28%。农民人均收入为11910元，其中62%的收入来自牧渔养殖业和加工服务业。这两种行业的收入合计总额比1994年这两种行业的收入合计总额增长56%。由此可见，这是调整优化农业结构和农村经济结构的结果。全国各地区为了适应国内外市场经济的发展变化，保障大市场、大流通农林牧渔各业产品多样化、优质化、多变化选择的需要，提高农林牧渔各业综合生产能力，发展壮大农业和农村经济实力，增加农民群众收入，促使农村建成小康社会，而加大人力、物力、财力投入力度，调整优化农业结构和农村经济结构，取得了显著的阶段性成果，主要体现在以下七个方面：

（一）加强了农业基础设施建设

随着国内外市场经济的发展，我国农业已进入一个新的历史发展阶段，面对农业发展的新形势，我国各级党委、政府及部门在组织推动农民群众，在调整优化农业结构和农村经济结构中，为大力发展农林种植业、牧渔养殖业及加工副业高产、优质、高效产品生产，而组织开展了农业基础设施建设，建设旱涝保收田、节水灌溉田、改良土壤、平整土地，提高了农业机械化装备及作业水平，提高了土地利用率、产出率，明显改善了农业生态环境，组织开展了治理水土流失、退耕还林、退牧还草、封山育林、改造林网，加强了山区人畜饮水工程建设。

（二）调整优化了农林种植业内部结构

从1998年起，各地区逐步调整优化农林种植业内部结构，相应调整优化了粮食、棉花、油料、糖粮、蔬菜种植面积。从粮食品种品质构成看，优质粮食生产发展势头较好，优质专用小麦面积占小麦总面积的40%，优质早稻面积占早稻总面积的60%，优质油菜面积占油菜总面积的50%。在区域结构方面，粮、棉、油、糖等主要农作物生产进一步向优势产区集中。在农林种植业内部结构调整优化中呈现以下三方面名特优发展趋势：

1. 粮食作物结构调整力度较大，品种质量不断改善，粮食作物结构调整优化，成为农业结构和农村经济结构调整的重点。各地区农村都主动调减了市场竞争力差和保护价收购范围的粮食作物种植面积，扩大了优质、专用粮食作物种植面积，粮食品种结构有所改善，粮食质量有所提高，经济收入显著增加。

2. 农林种植业发展重点突出、区域特色明显。大多数地区农村科学利用自然地理条件，充分发挥区域资源优势，确定了农林种植业产品区域生产重点，形成了一乡一业、一村一品的格局，农林种植业产品生产经营规模优势逐步显现出来，农林种植业产品适应市场和开拓市场的能力不断增强了。

3. 农林种植业内部结构逐年调整优化，逐步提高了优质的粮食、棉花、油料、花卉、林果、蔬菜等产品种植比重。在农林种植业结构调整中，对粮食作物与经济作物的种植比重，由1998年的68：32调整到2017年的48：52；各地区在注重保护粮食综合生产能力的同时，积极发展高效经济作物和饲料饲草作物。从2016年起，已向粮食作物、经济作物、饲料饲草作物的三元结构转变，尤其是蔬菜、水果、苗木、花卉等发展迅速，成为农民收入新的增长点。

（三）逐年调整优化了牧渔养殖业内部结构

从1998年起，各地区按照国内市场的需求，调整优化了牧渔养殖业内部结构，畜牧养殖业发展步伐加快，瘦肉型猪、肉牛、肉羊、肉兔、肉鸡、蛋鸡、奶牛产量增长较快，水产养殖业发展势头较好，提高了优质虾、蟹等水产品养殖比重，全国牧渔养殖业产品生产有较大发展。2017年与1998年相比，全国牧渔养殖业产值占农林牧渔各业总产值的比重，由30%提高到48%，增长18%，瘦肉型猪增长30%，肉羊、肉牛增长15%，肉鸡、蛋鸡存栏增长25%，牛奶总产量增长126%，鱼虾蟹总产量增长21%。由于牧渔养殖业的较快发展，为保证国内外市场供应、增加农民群众收入发挥了重要作用。

（四）调整优化了农林牧渔各业产品加工业内部结构

从1998年起，各地区调整优化了农林牧渔各业产品加工业内部结构，在农林种植业、牧渔养殖业与加工等服务业的比重上，由1998年的49∶31∶20，到2017年的36∶40∶24。通过这样调整，促使农林种植业、牧渔养殖业的产品生产经营向优质、高产高效的方向发展，基本上适应国内外市场优质化、多样化的需求，提高了经济效益。同时，农村第一、二、三产业结构产值比例明显升级，由1998年的41∶34∶25，到2017年的26∶43∶31。已呈现出农村第一、二、三产业并举和农林牧渔业全面发展的良好态势。

（五）逐年提高了农林牧渔各业科技含量

各地区都建立健全了农林牧渔各业良种引繁中心，大力引进、繁育、推广了农林牧渔各业产品优新品种，全国各地农业综合开发项目区的种植业产品生产基地实现良种化，有些粮食、油料、花卉、林果、桑蚕、蔬菜品种、品质优良，具有名牌特色，在国内外市场上具有较强的竞争能力。特别是在牧渔养殖业上引进、繁育了名特优的畜禽、鱼虾等优良品种，在国际市场上处于竞争优势。1988年以来，全国各地农业综合开发项目区推广了轻型高产、优质、高效、种植、养殖技术、杂交繁育技术、特种水产混养技术、名特茶制作技术、速生丰产林栽培技术等先进技术。按照优质高效、卫生安全的要求，大力推广了无公害种养技术、广泛应用设施种养技术，逐步形成组织化、标准化生产局面。在全国各地区农业综合开发项目区示范带动下，各地区农村加快了科技兴农的步伐，大力组织实施了农林种植业"种子工程"、牧渔养殖业"良种工程"，引进和推广应用了名特优良品种，组织培训了农村基层干部和农民群众，建立了农业科技示范园区，引导农民群众调整优化农林牧渔业科技产业结构，支持科研院所带动农民、专业大户、龙头企业发展农林牧渔各业科技产业。

（六）组织推动了农业产业化经营

全国各地区围绕调整优化农业结构和农村经济结构，全面组织开展粮食、棉花、油料、糖料、蔬菜、林果、畜禽、虾蟹等主导产品基地建设，推动农林牧渔各业产品加工、包装、保险、贮藏、运输、销售一条龙产业化经营，促进农业产业化经营成为农业结构和农村经济结构调整优化，向深度和广度发展的重要途径。各地区在促进发展壮大农业产业化经营龙头企业的同时，推动龙头企业建立与农户的利益联结机制，出现了一批与农户风险共担、利益共享的龙头企业。同时，各地区党委、政府及部门在推动农业结构和农村经济结构调整优化工作中，突出本地农业和农村经济发展的优势，着力培育了县域农林牧渔特色主导产品和支出产业，显现了农林牧渔业特色主导产品的集中生产区域布局、专业化分工的趋势。

1. 建立了农业产品生产基地。各地农业综合开发项目区建立了优质的粮食、油料、花卉、林果、蔬菜、畜禽、鱼虾等生产基地，充分发挥区位资源优势，培育了主导产品和支柱产业，形成了一批地域特色的基地，如，优质的小麦、水稻、玉米、大豆、花生基地，优质的瓜菜、林果、花卉等经济作物基地，优势的肉牛、奶牛、肉羊、肉鸡、肉鸭等生产基地，这些基地集中连片，形成了较好的产业优势。

2. 保证了农业产品质量、标准。各地农业综合开发项目区为了提高农业产品质量、标准，逐年加大了农业产品科技含量，转换了农业生产经营方式，自觉地在农业生产经各个环节，认真地按照国内外市场需求，严格执行质量标准，坚持推广无公害生产技术，强化检疫、检测和检验措施，保证了农业产品的质量安全，提高了农业产品的知名度，增加了市场销售农业产品份额。

3. 培育了农业支柱产业。各地农业综合开发项目区为了培育优质化、规模化和特色化的支柱产业，坚持以现代化农业示范区、粮油高产示范区、农业科技示范园为重点，因地制宜开展种植业、养殖业布局结构的调整优化，建成一批有规模、有市场、有效益的农业产品生产、加工、销售一条龙的企业，形成了以优质的粮食、油料、花卉、林果、蔬菜和特种的畜禽、鱼虾为重点的主导产品和支柱产业群，为推进农业产业化经营奠定了良好的基础。

4. 建立了利益联结机制。各地农业综合开发项目区从实际出发，鼓励采取多样化的利益联结方式，因势利导，引导企业和农户之间的利益联结机制向紧密型方向发展。同时，建立了农业生产经营机制，成立了农业合作经济组织，对加入农业合作经济组织的农民生产的农业产品，由这个组织以合同价格包购包销，全部销售后实行二次分配。

5. 开拓了农业产品市场。各地农业综合开发项目区通过发展农业产品生产、加工、包装、储藏、运输、销售一条龙企业、创建农业合作经济组织等，开拓了一批各种类型农业产品市场。同时，各地农业综合开发项目区在组织农业产品的生产、加工、包装、贮藏、运输、销售的过程中，把握了新的消费趋势，完善了市场营销体制。为了创品牌、建网络、发展连锁经营、完善售后服务，提高市场竞争能力，加强了农业产品市场的体系建设和环境建设。

（七）组织加强了政府服务功能

全国各地区党委、政府领导组织开展农业结构和农村经济结构调整优化的良好局面形成了，各级干部和广大农民想调整优化、议调整优化的自觉性增强了，为农业和农村经济持续发展奠定了坚实的基础。

1. 在全国农业结构和农村经济结构调整优化实践中，各级党委、政府及部门对农业和农村经济运行机制、职能服务思想观念和方式，都发生了积极变化。通过农业结构和农村经济结构调整优化工作手段，推动了农业经营体制的创新，加快了农业产加销一体化经营发展进程，扎实推进了农业产业化经营龙头企业与农民，成为带动农业结构和农村经济结构调整的重要力量。各级党委、政府及部门改进了管理、调控、引导、服务工作；广大农民增强了市场意识、竞争意识、质量意识，提高了适应市场的能力，起到了农业和农村经济持续增长、农民增收水平明显提高的作用。

2. 在全国各地农业综合开发项目区，各级党委、政府及部门通过制定扶持政策，加大财政金融等支持力度，建立信息网络，提供信息服务；帮助农民解决具体困难，改善投资环境；建立农业产品销售渠道，为推进农业结构和农村经济结构调整优化，积极主动做引导和服务工作。

十一、总结交流结构调整优化的经验

从总体上来看，从中央到地方各级党委、政府及部门，广大农村干部和农民群众，在组织开展农业结构和农村经济结构调整优化，特别是在农林牧副渔各业生产、加工、销售环节，在信息服务、技术服务、流通服务等方面，不断满足农业、农村、农民的需要。在实践中不断探索、开拓创新，及时解决产生的问题，不断总结、及时交流、汲取经验教训。主要有以下五方面：

（一）统一思想确定目标的经验

把农业和农村经济持续健康发展的重心落实在调整优化农业结构和农村经济结构上来。随着国内外市场经济的发展，全国农业已进入一个新的历史发展阶段，特别是出现的粮食价格下降、农民收入增幅趋缓等新情况、新问题，致使全国农业、农村、农民面临的新形势、迎接新要求。为此，中共中央、国务院强调，必须及时把农业和农村经济持续发展的重心落实在调整优化农业结构和农村经济结构上来，统一思想，确定把农业结构和农村经济结构调整优化，当作农业和农村经济持续发展的中心任务，切实做到，大力组织加强宣传发动、提高思想觉悟。通过召开座谈会、报告会、现场会、电视、报纸、广播等新闻媒体，并充分利用宣传车、刷写固定标语等多种形式，广泛宣传教育，加强政策引导，创造良好环境，增强各级党委、政府及部门、广大农村干部和农民群众调整优化农业结构和农村经济结构的紧迫感和责任感，认真学习贯彻关于调整优化农业结构和农村经济结构的方针政策。

（二）加强组织领导、精心实施运作的经验

各级党委、政府及部门把调整优化农业结构和农村经济结构当作头等大事，确实摆上重要议事日程，要求做到领导认识到位、目标规划到位、政策措施到位、责任落实到位。成立由党政一把手牵头的调整优化农业结构和农村经济结构领导小组及办公室，专门研究、督查、协调、指导工作，建立健全相应的规章制度，制定实施一系列政策措施，鼓励引导农民、科技人员、工商企业、下岗职工增强调整优化农业结构和农村经济结构的积极性和主动性，促使广大农村干部和农民群众自觉自愿地调整优化农业结构和农村经济结构，大力发展优质、高效农林牧渔各业产业化生产经营，确保农业和农村经济持续发展。组织制定和实施结合实际情况的农业结构和农村经济结构调整优化规划，提高农业结构和农村经济结构调整优化的科学性和操作性；组织实行农业结构和农村经济结构调整优化目标管理责任制，严格进行目标管理，实行年终考评，落实奖惩责任；组织建立农业结构和农村经济结构调整优化督查制，各级党委、政府领导亲自带领有关成员，深入乡（镇）、村（屯）、农户，进行实地督查，现场指导，解决问题，排除困难；组织召开农业结构和农村经济结构调整优化研讨会、现场办公会和协调会，部署和督查农业结构和农村经济结构调整优化任务，研究解决在农业结构和农村经济结构调整优化中出现的各种问题和矛盾；组织转变职能，加强指导和服务，由过去的被动地去适应市场变为主动地去研究市场，充分发挥政府的宏观调控服务指导功能，促进农业结构和农村经济结构调整优化步伐。

（三）依靠科技进步、加强社会服务的经验

坚持依靠农业科技进步，加强农村社会化服务，是推进农业结构和农村经济结构调整优化的动力。为此，一是围绕农业结构和农村经济结构调整优化，大力开展科技引进、试验、示范、推广，全国各地区党委、政府及部门制定和实行科技人员下乡、开展科技承包的政策，鼓励科技人员创办、领办农业优质、高产、高效示范园区，参加农业产业化经营技术承包；组织开展农村基层干部和农民群众参加农业科技培训活动，支持和鼓励科研单位开展多种形式的农业科技下乡活动，邀请专家，举办技术培训班和讲座，为农民解决在农业结构和农村经济结构调整优化中遇到的各类技术难题；组织引进、繁育、推广农林牧渔各业产品优良品种，提高农林牧渔各业名、优、特、新、稀、优产品品种品质，切实达到了增效增收的目标；二是为推动调整优化农业结构和农村经济结构，大力加强农村社会化服务，特别是坚持始终加农业产品市场流通服务，建立农村公共信息服务系统，县（市）、乡（镇）农村公共信息服务中心都为农民设立了热线电话，为农民开展信息服务，并与农业部信息服务中心以及国内的大型农林牧渔各业产品批发市场联网，使农户能够及时了解市场行情。通过各种媒体宣传，依托农业产品市场，培育农业名特优产品基地市场，提高知名度，吸引外地客商到农业产品主产区调运农业产品。通过大力发展运销队伍，在大中城市设置窗口和发展经纪人队伍、运销专业户等多种形式，促进城乡商品流通。

（四）推进基地建设、发展产业化经营的经验

坚持推进农业高产、优质、高效产品基地建设，培育农业区域主导产品、支柱产业，是调整优化农业结构和农村经济结构调整优化，加快农业产业化发展的基础。一是按照"千户带动，千亩起步，万亩巩固，亿元收入"的要求，在农业高产、优质、高效产品基地建设中，全国各地区初步形成了名特优农林牧渔各业产品生产布局，在东北地区建立起优质水稻、玉米、大豆基地；在华北地区建立起优质肉猪、肉羊、肉牛、蛋、肉鸡、牛奶基地；在华东地区建立起优质小麦、优质鱼虾、温室棚菜基地；在西北地区建立起优质棉花、瓜果、杂粮基地；在西南地区建立起优质名贵花、特新果、珍稀菌基地；在中南地区建立优质水稻、油料、糖料、林果、瓜菜和良种繁育基地；二是按照"谁有能

力谁牵头、谁是龙头支持谁"的要求，支持农民发展农业产业化经营龙头企业，形成了农业产供销、贸工农一体化龙形经济。

1. 坚持战略性调整与适应性调整有机结合、培育壮大特色主导产品和支柱产业的经验。一是指按照国内外农业产品市场供求形势变化，注重适应性和战略性两方面的调整优化，立足于竞争，立足于自身的比较优势，大力调整优化农业产品品质结构，发展特色主导产品和支柱产业。只有着眼于国际、国内市场，发挥自身优势，发展农业主导产品生产，真正成为区域经济的支柱产业上，才能增强农业产品的市场竞争力，才能确保农民收入的快速增长，才能实现农业结构和农村经济结构适应性调整优化和战略性调整优化的最佳结合。二是指在培育壮大特色主导产品和支柱产业，必须注意依托自身优势，按照社会化、专业化分工要求，培育特色主要产品和支柱产业，为乡村民营企业转向农业产业化经营和企业创造发展环境。

2. 坚持实施土地使用流转机制、推进农业产业化经营的经验。一是指为解决农户家庭联产承包责任制实施后地块偏小、分散零散问题，实现农业产业化区域布局，组织发展农业特色主导产品生产及支柱产业，支持和鼓励专业大户、龙头企业，通过入股、控股等方式，采取租赁、反租倒包、大户承包、小户联包等办法，集中连片建设农业特色主导产品基地。二是指为促进农业生产经营要素的合理流动，发展农业主导产品生产及支柱产业，支持兴办农民专业合作经济组织，促使分散的农户有组织地进入农业产业化轨道，规避市场风险，推动农业产品销售，消除农民小生产与大市场的矛盾，推动农业和农村经济持续快速发展。

（五）尊重农民自主权、调动农民积极性的经验

农民是农业结构和农村经济结构调整优化的主体，在各地区农业结构和农村经济结构调整优化中的主要问题，是农民不敢调，怕担市场风险。由于没有准确的市场信息，不知怎么调，缺少技术不会调，缺乏资金难以调。针对上述问题，各级党委、政府及部门在尊重农民自主权的前提下，一是加大行政推动与引导的力度，帮助农民利用现代化的信息手段，为农民提供广泛准确的市场信息，充分利用电视台、电台、报纸等宣传媒体，反复向农民宣传市场供求信息，使农民心中有数；二是促使农业科技部门始终把为农民提供技术指导服务，加强农业科技队伍建设，提高农业科技人员素质，彻底解决"农民需要的不会，农技人员会的农民不需要"的技术问题；三是广泛开展农民观摩训练活动，提高农民技术素质，使他们有能力承担起调整优化的重任；四是加强农民经销队伍建设，扶持运销户和经纪人，发挥"桥梁"作用；五是促使各级财政、金融、信用等部门加大筹措资金力度，缓解农业生产经营资金需求困难，推进农业结构和农村经济结构调整优化，确保农业和农村经济健康持续发展。

关于农业现代产业化经营有关问题的探讨

农业现代产业化经营课题组[*]

一、农业现代产业化经营的概念和标志

从 1958 年起，我国提出农业现代化就是要实现"四化"，即机械化、水利化、化学化、电气化。1988 年，又提出新的"四化"，即科学化、专业化、集约化、市场化。1998 年，中共十五届三中全会《中共中央关于农业和农村工作若干重大问题的决定》提出，我国农业的根本出路在科技、教育，要由传统农业向现代农业转变，由粗放经营向集约经营转变，我国农业现代化在一个全新时代，还必须有农业的信息化、国际化、高效化和产业化等。同时，为了衡量农业现代化的实现程度，还建立农业现代化评价指标体系。

（一）农业现代化错误理念

一些地方党委、政府及部门领导和基层干部对农业现代化的理解差别很大，其中不乏片面和错误的理解。因此，有必要对实践中存在的认识误区进行剖析，在实践层面上，对农业现代化的误区大体表现为以下三种观念：

第一种观念是把农业现代化等同于农业规模化，进而把土地集中经营视为规模农业的前提，认为要搞现代农业就必须搞土地集中。因此，基层话语中常有"农业规模化率"的说法，指的就是土地集中的程度。事实上，土地集中、规模农业和现代农业是不同的概念。首先，农户生产经营可以实现规模农业和现代农业，如在农户生产经营基础上形成的"一村一品"乃至发展为"一县一品"，就可以成为典型的现代规模农业。其次，土地集中未必能形成规模农业，人民公社时期把土地集中起来统一生产经营，与规模农业不相干。现代农业意义上的规模农业，是农业系统要素向特定农业资源的地理区域集中，从而形成地域特征明显的现代农业产业集聚区。它包含了分散农户形成区域规模化生产经营建设。

第二种观念是把农业现代化等同于高投入高产出的农业生产经营模式。围绕提高农业机械化、水利化、化学化、电气化、信息化、良种化、设施化等现代农业体系建设，提高土地产出率、资源利用率和农业劳动生产率，把高投入、高产出作为现代农业理念，仍是通过大量高能耗（机械、化肥、农药、燃油、电力等）投入来维持系统的产出，往往不惜牺牲生态环境或变相改变土地用途。现代农业离不开现代科技，但是单纯利用现代科技高投入的农业，不一定就是农业现代化服务体系建设的农业。

---

[*] 课题组组长：韩连贵
课题组成员：李振宇　易继平　韩铁峰　陈少华　田晓东　董　齐　张中仁　孙　健　余长河　柳红录　张振江　杨　微　陈贵锋

第三种观念是把农业现代化等同于农业产业化经营，进而认为农业产业化龙头企业是农业现代化建设的核心。农业产业化龙头企业把农户生产经营与市场连接起来，实现种养加、产供销一体化经营，是现代农业产业化经营的形式之一，但不是现代农业的唯一模式。首先，农业产业化龙头企业只是农业现代化系统中一个环节。农业所具有的保证社会基本供给，维护生态环境、文化传承等多种功能，靠龙头企业是难以带动的。其次，农业产业化龙头企业、农业生产经营者和政府之间的关系十分复杂，三者所追求的目标不同，难以形成紧密的利益联结。其三，农业产业化经营涉及生产、加工、销售之间，生产者与经营者之间以及城乡之间、条块之间的利益关系。按照市场经济法则，完善产业化组织的经营体制和运行机制，正确处理各方面的利益关系，是产业化顺利发展的重要保证。

（二）农业现代化科学概念

概括地说，农业现代化就是对传统农业，通过不断应用现代物质技术装备和先进科学技术，提高农业生产经营过程的物质技术装备水平，不断调整优化农业结构，实施农业产业化经营、农业专业化和社会化分工，对农业生产经营活动进行科学组织管理，将传统落后农业转变为现代先进农业，建成农业稳产、高产、优质、低耗总要素持续发展和农业生态良性循环系统，不断提高农业劳动生产率、土地生产率和农业产品商品率，满足国家社会经济建设和城乡人民日益增长的生活需求。

具体地说，农业现代化就是用现代物质技术要素包括人力资本，替代传统要素投入，使传统农业变成现代农业。具体内涵：一是在农业生产经营方式上，现代化是要用工业化的生产经营方式取代农业以人力、畜力为主的传统粗放生产经营方式；二是在农业产品转化增值中，农业变成现代产业，实现现代化，核心是要实现市场化和商业化区域规模经营，从自给自足或半自给自足转向为社会、为市场商品交换规模经营；三是在农业产业化经营关联角度下，农业由传统部门转化为现代部门，将不再是封闭或半封闭的产业部门，而是一个完全开放的产业规模经营，形成群体，从产前、产中和产后等方面，与工业以及服务业的关联越来越紧密；四是在农业现代产业化经营发展上，进一步建立健全农业科技服务体系，改造和完善农业各类科技推广服务组织，提高农业科技推广"服务全程化、功能专业化、运行实体化、管理规范化"的"四化"标准，不断用新的物质技术要素替代过时的要素，其中，由灌溉农业替代旱作农业，由节水农业替代传统的灌溉农业，由用尿素替代人畜粪便到用复合肥替代尿素，由化学农药防治病虫害到用生物技术防治病虫害，这些都是农业现代化。即使欧美国家早已实现农业现代化，仍然在不断地用现代新的物质技术要素替代过去的要素。就是说，随着农业科学技术革命不断推进和时代演进，机械化、水利化、化学化和电气化是现代化，生物化、信息化也是现代化。简而言之，农业现代化建设的过程，就是改造传统农业、转变农业增长方式、促进农业又好又快发展，提高农业产业化经营能力的过程。农业现代化的核心是社会化、科技化，特征是产业化、专业化，途径是规模化、市场化，目标是工农合作化、城乡一体化。

（三）农业现代产业化经营的概念

我国农业现代产业化经营，是指我国农业产业化经营手段现代化、农业产业化经营科学技术和经营管理科学化，以及劳动社会化、专业化。也就是用现代科学技术和现代工业产业化经营手段来武装农业产业化经营，用现代管理经济的科学方法来管理农业产业化经营，提高农业产业化经营者文化和科学技术水平，大幅度地提高农业劳动生产率、土地利用率、土地生产率，把传统农业生产经营转变成现代化农业产业化经营。

中共中央于1999年中央一号文件明确指出，农业现代产业化经营，是指要用现代物质条件装备农业产业，用现代科学技术改造农业产业，用现代产业体系提升农业产业，用现代经营形式推进农业产业，用现代发展理念引领农业产业，用培养新型农民发展农业产业，提高农业产业水利化、机械化和信息化水平，提高农业产业土地产出率、资源利用率和农业产业劳动生产率，提高农业产业化经营素质、效益和竞争力。这就为农业现代产业经营指明了方向。农业现代产业化经营的过程，就是改造传统农业生产经营、促进农业现代产业化经营又快又好的发展。并推动各地区党委、政府及有关部门根据中央的部署和要求，紧密结合当地实际，扎扎实实地做好贯彻落实工作。坚决防止脱离实际、急于求成，确保农业现代产业化经营稳步健康推进。

（四）农业现代产业化经营的标志

农业现代产业化经营的过程，是农业现代产业化经营水平由低级向高级、由量变到质变的发展过程，由传统农业向现代农业前进的过程。农业现代产业化经营的标志，概括地说，是农业现代产业化经营持续健康发展，农业现代产业化经营的产品产量大幅增加、质量不断优化，农业现代产业经营劳动率不断提高，农业现代产业化经营收入和积累不断增加，农民群众收入、生活水平不断提高，促进农业和农村经济持续健康发展。具体地说，主要有以下五个标志：

1. 农业现代产业化经营劳动率不断提高。每个农业现代产业化经营劳动力所收获产品数量不断增加、质量不断优化，产品成本费用不断减少，显著改变农业现代产业化经营劳动率低的状况。

2. 农业现代产业化经营土地利用、产出率不断提高。在组织开展农业现代产业化经营土地建设中，坚持应用现代农业生物科学和工程技术，提高土地单位面积的利用率和产品产量。

3. 农业现代产业化经营产品的商品率不断提高。在组织开展农业现代产业化经营过程中，农业产品产加销一条龙、农工贸联合经营体系不断完善，农业产品商品率不断提高。

4. 农业现代产业化经营收入、积累不断增加，农民群众收入、生活水平不断提高，使广大农民逐步脱贫致富，尽快实现小康目标。

5. 农业现代产业化经营的生态系统良性循环，确保各地区建成农业现代产业化经营的产品基地，为我国城乡人民提供良好的生产、生活自然地理环境。

二、农业现代产业化经营的范围和内容

农业现代产业化经营范围，概括地说，通过现代物质技术装备、现代科学技术武装农林种植产业、牧渔养殖产业、农林牧副渔各业产品加工产业、农业产品市场流通产业、农业科技创新推广产业、农业综合开发产业、农业资源利用产业、农业生态治理保护产业、农业外贸出口产业、农业文化旅游产业、农业生物能源产业、农业特产品种优质产业、农工商联合经营产业，调整优化农业现代产业经营结构，加强农业基础设施和社会化服务体系建设，完善区域化、专业化、系列化、规模化、基地化、集约化经营体系，建立完善的社会主义市场经济体系。在国家对农业实施有效保护政策和协调工农业顺利发展的条件下，充分发挥农民的主体作用，因地制宜把传统农业产业转化成为适应整个国民经济协调发展的农业现代基础产业，推进农业与科技文教结合，促使农业现代产业化经营增加科技文教含量，提高农业综合生产经营能力，实现工农一体化和城乡一体化。

农业现代产业化经营内容是多方面的，概括地说，主要包括五个方面：一是农业产业化经营手段现代化。它是指农业产业化经营所需物质装备和生产经营条件的现代化，即机械化、水利化、电气化、化学化，打破传统农业零星分散小生产经营的自然局面；二是农业产业化经营科技现代化。它是指农业产业化经营所需工艺技术或生物技术现代化，即在农业产业化经营过程中，推广应用现代科学技术，提高农业生物繁育、生长、保护、收获等方面科技含量；三是农业产业化经营管理现代化。它是指农业产业化经营管理与经济核算现代化，即采用现代化经济管理与经济核算的科学方法，指导农业产业化经营管理与经济核算，提高农业产品的产量和质量，达到高产、稳产、优质、低耗、高效、增收、致富；四是农业产业化经营区划、布局现代化。它是指科学组织农业区划和农业自然资源调查，合理地利用和管理土地资源，严格地建立农业产业化经营社会化、产品商品化布局；五是农业产业化经营组织领导现代化。它是指各地区党委、政府及有关部门组织推动农业产业化经营单位在掌控

自然规律的基础上，合理地利用自然资源，不断挖掘土地和气候资源的增产潜力，提高土地生产率、劳动生产率和产品商品率，不断提高农业综合生产能力；六是农民生产经营进入科技化轨道。鼓励广大农民自觉掌握现代科学技术知识，提高实施农业产业化经营劳动技能，增强实行农业专业化经营创造力，提高抵御自然灾害的能力，充分发挥农民从事农业产业化经营的主观能动性和积极性。

现将农业现代产业化经营的范围和内容具体说明如下：

（一）农业现代产业化经营的范围

农业现代产业化经营的范围逐渐扩大，1988年以前，农业现代产业化经营范围主要是农林种植产业、牧渔养殖产业、农林牧副渔各业产品加工产业、农业产品市场流通产业、农业科技创新推广产业、农业综合开发产业。1989年以来，农业现代产业化经营的范围扩大到农业资源科学利用产业、农业外贸出口产业、农业文化旅游产业、农业生态能源产业、农业特色有机产品经营产业、农业各种联合经营产业。分别说明如下：

1. 农林种植产业规模经营现代化。这是指在农林种植业产业化经营中，坚持立足国内，实现粮食基本自给、口粮绝对安全、全面提高食物质量、优化品种结构，稳步增强食物供给能力的方针，稳定发展粮棉油等产业，构建供给稳定、运转高效、监控有力的食物数量保障体系和标准健全、监管到位的食物质保障体系，保障全国城乡食品工业平衡。为此，一是坚持执行农田保护制度；保护农民土地承包经营权，组织落实粮棉油产业带，开展粮棉油科技产业化项目工程建设，稳定粮棉油种植面积，提高粮棉油产量、品质和效益；二是坚持执行粮棉油等农业产品产加销一条龙产业化经营组织制度，组织健全粮棉油等农业产品生产、加工、包装、仓储、运输、供销一条龙产业化经营组织体系；三是坚持实行森林资源有偿使用、森林生态效益补偿制度，加强山权、林权制度建设，完善林业产业化经营组织体系和责任制。充分发挥国营林业的骨干、示范作用，积极发展乡村和股份合作林场，鼓励农民群众采取多种承包合作形式，进行山地林业产业化经营建设；四是坚持深入开展全国重点水土流失区域水土保持项目工程建设，在已有的"三北"防护林、长江中上游防护林、治沙工程等林业生态工程建设的基础上，积极着手进行淮河防护林、太湖防护林、珠江防护林、黄河综合性防护林等工程建设。

2. 牧渔养殖产业规模经营现代化。这是指各地区政府在组织开展牧渔养殖产业化经营过程中，发挥各地域资源优势，大力发展农区、草原牧区畜牧业和海淡水域渔业，调整优化牧渔产业结构，加强牧渔养殖业产品基地建设，增加牧渔业优质产品产量，因地制宜地促进牧渔产业化经营持续、健康、协调发展，以适应全国城乡人民日益多样化、优质化需求。为此，一是坚持发挥牧业区域资源优势，优化牧业产业化经营布局，在经济发达地区、大城市郊区，要大力推进牧业现代产业化规模生产经营，根据市场需求，加快发展奶类、肉、蛋，增加牛羊肉、优质肉鸡等禽肉；在北方牧区，要搞好草地综合治理、改良草地，全面提高草地人工种草能力，要注重发展毛、皮、绒、奶等优势产品，从粗放饲养向集约化发展，加快出栏、多出商品；在中西部农区和草原牧区，要推广现代先进科技饲养品种和养殖方式，在发挥传统养殖优势、稳定发展粮食转化的同时，广辟多种非粮食饲料资源，逐步形成畜产品主产区；在南方荒山荒地丘陵地区，自然条件得天独厚，牧草资源充足，开发潜力极大，加快开发力度，使之成为我国饲用资源利用和畜牧业产业化经营的增长点。二是坚持调整优化海洋渔业结构，要大力发展远洋渔业和水产养殖业，严格控制海洋捕捞产业的盲目发展，压缩海洋捕捞规模，坚持科学养护和合理利用渔业资源，以实现海洋渔业的可持续发展。为了实现这一目标，我国从1999年开始实施海洋捕捞"零增长"方案，把控制海洋捕捞产量增长作为实施海洋渔业作业结构调整的切入点。调整改善海洋养殖结构和养殖方式，提高技术水平，大力开展工厂化养殖，建立病害防治示范区，从改善生态环境和养殖基础条件入手，运用工程、技术和管理的综合措施，保持水域大环境稳定和小环境优良，达到稳定高产的目的。

3. 农林牧副渔各业产品加工产业规模经营现代化。这是指对农林牧副渔各业产品进行加工服务产业规模经营现代化。为了促进农林牧渔各业结成"种养加、产供销"一条龙现代产业化规模经营体系，真正形成农林牧渔各业产品种植、养殖、加工、储备、运输、供销、服务一条龙现代产业化规模经营服务组织系统，促使农村劳动力合理流动，壮大农村集体经济实力，对内陆地区的农林牧渔各业产品加工服务业，要鼓励多种形式地引进沿海地区的资金、人才和技术，进一步发展乡镇农林牧渔各业产品加工服务业，促进农民群众自愿自觉创办加工服务实体企业，不断提高经营管理水平。对沿海地区的农林牧渔各业产品加工服务业，要不断加强技术改造，提高技术档次和产品质量水平，增强生产经营自主权，强化所有者对企业的约束权。切实加强企业劳动保护工作，维护劳动者的合法权益。为此，一是坚持科学确定农林牧渔各业产品加工产业化经营种类：其一为农林牧渔各业产品建立收割、采集、编织、加工、精选、烘干、保鲜、包装等企业；其二为农林牧渔各业提供机具、肥料、饲料、药剂、地膜等企业；其三为农林牧渔各业提供煤炭、钢铁、冶金、化工、五金、冶炼、制造等企业；其四为农林牧渔各业提供砖瓦、石灰、沙石、水泥、沼气、煤气、水利、电气等企业；其五为农林牧渔各业提供建筑、运输、装卸、缝纫、修理、储备等服务企业。二是坚持加强农林牧渔各业产品加工现代产业经营计划、劳动、技术、产品、物资、资金成本、利润管理与核算，坚持自力更生、艰苦奋斗、勤俭节约，因地制宜地利用自然地理资源条件，大力促进农林牧渔各业现代产业持续发展。

4. 农业产品市场各环节流通服务产业规模经营现代化。这是指建立农业产品市场的资源、采购、供销、信息等环节流通服务产业规模经营现代化的途径。为此，一是充分发挥我国农业产品市场资源优势。在全球经济市场化条件下，市场资源是最宝贵最重要的战略性资源。我国是拥有13亿人口的大市场，这是一个处在工业化城市化进程中的大市场，是消费能力越来越强的大市场。政府鼓励农业产品生产经营单位和个人，在大中城市社区直销，实现产销精准对接；二是全面放开粮食购销市场，建立和完善农业产品和生产要素市场，建立健全以农业产品价格保护为基础、直接补贴为主体的农业支持政策体系，基本形成农业投入稳定增长机制，保护和提高农民种粮务农的积极性，提高农业综合生产能力、抗风险能力和市场竞争能力；三是促进延长农业产品集中连片、品种优质名牌、加工附加值高、区域优势强、规模经济效益好的产业链，进一步完善农业产品采购、供销市场体系；四是坚持推行国家粮食等农业产品安全贸易战略，形成以劳动密集型产品为基础的优势农业产品出口体系，适度进口资源性农业产品，建立统筹利用国际国内两个市场、两种资源的战略机制，着力提升农业产品进出口管理能力与市场调控水平；五是完善农业产品市场信息监测预警机制。加强农业产品产销衔接和信息服务，及时将农业产品市场信息送到农民手中，方便农民根据市场动态和需求及时调整农业产品品种和上市时间，增强农民生产经营主动权。推进农业产品标准化、品牌化经营，大力发展农业产品深加工产业链，提高产品附加值；六是加强农业产品现代流通体系建设，推进农业产品批发市场升级改造，促进农业产品质量等级化、包装规格化。鼓励商贸企业、邮政系统和其他各类投资主体，通过新建、兼并、联合、加盟等方式，进一步发展农业产品、农业生产资料和消费品连锁经营，建立以集中采购、统一配送为核心的新型营销体系。

5. 农业科技创新推广产业规模经营现代化。这是指深化农业科研体制改革，加强农业高技术研究，继续实施现代农业高技术产业化项目，加快农作物和畜禽良种繁育、动植物疫病防控、节约资源和防治污染技术的研发、推广。加快农业技术推广体系改革和建设，完善农业科技推广社会化服务机制，大力提高农业科技创新和转化能力。为此，一是加大对基层农业科技推广体系的支持保障力度，明确乡镇或区域性农业科技推广体系建设标准。在人员配备方面，每1万至1.5万亩耕地配备1名农业科技推广员，严格准入机制，明确农业中专以上专业学历要求。在仪器设备方面，乡镇农业科技推广站应配备土壤养分（水分）速测仪器、农残速测仪器等便捷设备及交通工具。加大基层农业科技人员培训力度，提高基层农业科技人员整体素质，吸引农科院校毕业生加入农业科技推广队伍。二是创新服务方式，利用"网上课堂"、远程视频诊断等现代信息技术，提高农民对农业科技推广的参与度；支持农民专业合作社、涉农企业等开展农业科技推广服务。深入实施农业科技入户工程，扩大重大农业科技推广项目专项补贴规模。三是推动农业科技创新与运用，提高农业产业化经营科技含量。

国家重点支持农业优良品种的研究和繁育，逐步提高农业科技推广投入的比重，设立农业科技推广专项基金，鼓励各类农业科教机构和社会力量参与多元化的县乡两级农业科技推广服务。

6. 农业综合开发产业规模经营现代化。农业综合开发是加强农业基础设施建设，加快中低产田改造步伐，为提高农业综合生产能力，推动农业和农村经济的发展，促进农民增加收入，早日实现小康的途径。1988年，国务院明确要求，增加农业综合开发10亿元资金投入，开垦荒地、改造中低产田，组织完成全国粮食增产量一半的任务。这充分说明，农业综合开发在全国经济建设全局中具有举足轻重的地位和作用。实践表明，在我国农村人多地少、人口不断增加、耕地逐年减少的情况下，通过农业综合开发，提高农业资源综合利用率，提高土地产出率，据测算，改造1亩中低产田，平均可以增加粮食生产能力近300斤，而且投资小，见效快。每年改造中低产田2000万亩左右，增产粮食60亿斤。通过农业综合开发，围绕实行农业产业两个根本性转变，建立新的投入机制和开发经营机制，把农业资源综合开发起来，走可持续发展的路子，取得最佳的经济、社会和生态效益，为实现农业综合开发产业化经营各项奋斗目标作出积极贡献。为此，一是坚持实行以国家为导向、农民和集体为主体的多元化投入机制。要加大对农业综合开发的投入，实行谁投资、谁开发、谁受益的原则，调动各个方面的积极性，在以国家投入为导向，农民和集体投入为主体的前提下，鼓励各地各个方面实行农业综合开发投资主体多元化政策，组织股份合作公司或经济实体招股、参股开发，完善农业大户承包经营、利用外资或与外商合资、合作开发等多种合同制，鼓励更多的投资者打破区域、行业和所有制界限，积极投资农业综合开发项目，切实保障所有者和出资者的权益；二是坚持实行农业综合开发产业化经营机制。这是指要坚持在保障所有者权益的基础上，进一步明确经营主体，实行开发经营主体的法人化、企业化，真正做到自负盈亏、自我积累、自我发展。鼓励农民按照股份合作制进行开发经营，大力发展贸工农一体化经营；三是坚持实行农业综合开发投资机制。这是指对于国家和地方财政投入的资金，要在保证专款专用，提高资金使用效益的前提下，采取招标承包、投股参股合作开发，与银行合作发放贴息贷款、抵押贷款等多种投资机制；四是坚持完善农业综合开发效益机制。这是指以建设现代农业为方向，努力把农业综合开发项目区率先建设成为现代农业示范区，切实达到五个目标：其一农业综合开发项目计划高起点，因地制宜、分步实施；其二农业综合开发项目科技高水平，率先实现种植、养殖良种化，产业化经营科技专业化；其三农业资源综合开发利用高效率，提高山水田林路村综合治理率、利用率；其四农业综合开发社会化服务高层次，提高农业综合开发各环节服务质量；其五农业综合开发持续发展高能力，提高农业抵御自然风险、社会风险能力。

7. 农业资源科学利用产业规模经营现代化。这是指组织科学合理开发利用、勤俭节约分配使用农业资源和保护环境的农业现代产业化规模经营科学技术，加快发展循环农业产业规模经营现代化。为此，一是坚持重点推广废弃物综合利用技术、相关产业链接技术和可再生能源开发利用技术。制定相应的财税鼓励政策，组织实施生物质工程，推广秸秆气化、固化成型、发电、养畜等技术，开发生物质能源和生物基材料，培育生物质产业。积极发展节地、节水、节肥、节约、节种的节约型产业，鼓励生产和使用节电、节油农业机械和农业产品加工设备，努力提高农业投入品的利用率；二是坚持执行以动物、植物和微生物三者并重的"三维农业结构"产业化经营方针，组织推进以蛋白质工程、细胞工程、酶工程为基础，应用现代基因工程技术，科学合理开发利用微生物资源的农业现代白色产业，又称微生物产业。这是指通过建设高科技生物工程，利用微生物惊人的繁殖能力，可生产人类及动植物所需的营养品、保健品、饲料和肥料等。这种产业化生产过程，不仅不受自然条件的限制和影响，而且节水、节土、节能，可常年大规模生产，因此它还是一种低耗、高效的农业产业化生产经营形式；三是坚持执行发展我国有机农业、恢复生态平衡、生产绿色食品所需有机性肥料的方针，组织推进我国传统农业与生物工程高新技术相结合，以活化素和保肥增效剂为核心、多功能有机物为基质并吸收无机元素和多种微量元素、经特殊工艺加工而成的高效有机肥料产业化经营，调整农作物的营养代谢，改善农作物缺乏营养元素症状，提高农作物的促生抗病能力，改善农作物品质。

8. 农业外贸出口产业规模经营现代化。这是指我国加入世界贸易组织后，为享受世界贸易组织现有成员已经享受的权利和好处，改善我国农业产品出口环境，为我国利用国际农业市场与资源创造有利条件和世界贸易组织成员资格，参与多边谈判和制定世界农业产品贸易新规则，加速我国农业结构的战略性调整，有利于我国进口资源密集型、比较利益低的农业产品，腾出资源生产具有国际市场竞争力的劳动密集型农业产品，拓宽农业国际交流与合作渠道，引进外资、先进的农业技术和管理经验，提高我国农业现代产业化生产经营管理水平，深化我国农业产品外贸体制和国内流通体制改革，实现我国农业外贸出口产业规模经营现代化。为此，一是必须清醒地认识到，权利与义务、机遇与挑战是并存的。加入世界贸易组织在给我国农业带来发展机遇的同时，也对农业带来严峻挑战；其一，国外质量较好、价格较低的农业产品要挤入中国市场，对我国同类农业产品市场占有份额形成挑战；其二，国外农业开放的、先进的经营方式，对我国封闭的、落后的经营方式形成挑战；其三，世界贸易组织的市场化运作规则，对我国政府管理农业的体制，形成挑战。更需要认识到的是，机遇得靠争取，而挑战则无法避开，只能迎接挑战；二是必须适应世界贸易组织的规则，转变政府对农业的支持和管理方式，建立农业现代产业化经营安全保障体系，承担起保护农民利益的重任，采取措施减少市场开放对农业带来的冲击；三是深化农业管理体制改革，加速农业产品流通体制和农业产品外贸体制改革步伐，逐步建成农业产品生产、加工、销售、外贸一体化的管理体制；鼓励组建农业产业行业协会，积极发展中介组织，提高农业现代产业化规模经营的组织化程度；四是必须按照国际分工和比较优势的原则，着眼于在世界范围内优化农业资源配置，充分发挥国内农业的区域比较优势。在东南沿海地区和大中城市郊区发展出口创汇农业，在中西部地区大力发展有机农业，鼓励发展劳动密集型产品的生产技术性的农业劳动力输出；提高农业产品质量和劳动生产率，全面提高农业现代产业化规模经营水平，提高我国农业的整体素质和效益。提升我国农业的国际竞争力，加快实现我国农业外贸出口产业规模经营现代化。

9. 农业文化旅游产业规模经营现代化。这是指大力发展文化科教农业、观光旅游农业，开拓农业文化、科学、教育、观光、旅游产业规模经营现代化。农业作为基础产业，发展农业是人类生产生活的前提，也是人类精神文化生活的基础和重要组成部分。人类社会文明的发展过程，就是从农业文明到工业文明和知识化现代文明发展的过程。在工业化和知识化高度文明的今天，充分享受城市化工业文明的城市居民，非常渴望回归到大自然环境中，回归到现代化农业文明中，实现近郊、远郊和农村的统筹协调发展，大力发展文化、科学、教育、观光、旅游农业，是现代农业发展的内在要求，是提升农业现代产业化规模经营职能的一项内容。为此，在推进农业现代文化旅游产业化规模经营过程中，一是以文化丰富有机生态旅游内涵，深入挖掘当地有机文化、民俗文化、历史文化，并把其蕴含的因素渗透到旅游活动的全过程，是增强有机生态旅游生命力的关键。同时，也要巧妙地将静态文化与动态文化相结合，积极推出集娱乐性、趣味性、参与性与文化教育性于一体的旅游产品，以充分满足游客"求知、求新、求奇、求乐"的旅游需求；二是以品牌提升有机生态旅游活力，以品牌营造为核心，努力打造整体形象鲜明、个性表现突出的品牌形象，确定有机生态旅游持续、快色和稳定发展的重要战略，提出有机生态旅游这个新兴旅游形式，面临着难得的发展机遇，要把握先发之势，率先将这个旅游品牌做起来。

10. 农业生态能源产业规模经营现代化。这是指贯彻执行中共中央、国务院关于"现代化的农业应该是高效的生态农业""认真总结经验，加强组织领导，领先科技创新，把生态农业建设与农业结构调整结合起来、与改善生态环境结合起来、与发展无公害农业结合起来，齐心协力，坚定不移地沿着生态农业这条路子走下去，一定能把我国生态农业建设提高到一个新水平"的方针，组织落实农业生态能源产业规模经营现代化。中共十七大和十八大都提出生态文明，为我国农业现代产业化规模经营指明必须坚持走生态文明路线。农业是生态产业，农业生态化关系着整个生态系统的平衡与安全，影响农业现代产业化规模经营和谐持续发展的突出问题，是指土壤、水源、大气环境污染问题，江河湖泊富营养化问题，饲养动物疫病、农残及动物福利问题，农业产品质量安全问题，生物多样性减少问题，草原超载过牧与退化沙化问题，气候变暖干旱问题等，都属于生态系统失衡出现的问题，只有通过生态化途径，才能低成本地加以解决。为此，为加快推出农业生态能源产业化规模经营现代化，必须从以下三方面组织落实：

首先，在指导思想上遵循三项原则：一是严格管理监控原则。一要严格规划。将长远规划与阶段规划相结合，使农业生态能源产业化规模经营发展有明确方向、有规范、有步骤地进行；二要严格实施。在实施过程中适时调整。组织开展考察评估、检查分析，及时发现问题，提出整改方案；三要及时总结经验，进行推广应用；四要及时收集新政策，实行创新机制，必须有切实可行的法规作保障，加强科学管理。二是始终开拓创新原则。只有不断坚持开拓创新，才能永葆魅力，才能保持较强的竞争力。始终坚持因地制宜、充分发挥自身优势，展现本地区自然生态能源的特点，才能推动农业生态能源产业规模经营现代化的进程。三是努力促进持续发展原则。农业生态能源产业是以保护生态环境为前提的健康农业产业，既要立足于生产、生活和生态的保护，又要着眼于农业和农村经济可持续发展，在生态系统承载能力范围内，力求运用生态经济学原理和系统工程方法改变生产和消费方式、决策和管理方法，挖掘可利用的资源潜力，建立经济发达、生态高效的产业，建立体制合理、社会和谐的文化，以及生态健康、景观优美的环境，实现经济、社会、生态三大效益高度统一的可持续发展目标。

其次，在建设途径上，加强四方面建设：一是自然地理环境建设，切实加强自然保护区建设，增强保护区自身能力，完善基础设施，提高管理水平，以有效保护自然生态系统、珍稀濒危野生动植物，确保生物资源的多样性。为此，一要国家对大型生态农业工程项目组织实施，采取业主承包方式，由计划、农、林、水、牧等部门组成业主集团；二要按照项目内容不同、任务不同，打破行政和行业界限，组成由政府、社会、农民等不同成分构成的有限责任公司，承担造林种草等环境建设工程；三要对纯生态型的公益性项目，要实行以奖代补，以工代赈，以资代劳等方式，弥补资金不足，调动方方面面的积极性；四要对经济效益比较高的项目，要按照"谁投资、谁经营、谁受益"的原则，鼓励外商投资或入股开发，形成多元化的社会投入主体；五要全面放宽放活土地经营管理政策，以较低的价格拍卖"五荒地"，对一些水土流失严重的荒地块可以无偿划拨。二是农田水利设施建设，建立基本农田保护区，以坡耕地和中低产田改造为突破口，以小流域治理为单元，合理布局山、水、田、林、路的综合治理，建设稳产高产农田面积。为此，一要建立科学的施肥制度，推广测土配方施肥，大力推广生物农药；二要加强城镇垃圾和农村畜禽粪便的综合处理和利用，大力推广农作物病虫害综合防治技术，提高综合防治率；三要大力推行农田机械作业战略，推广各种农林间套种植模式、茶园立体生态模式、水域立体生态模式和稻田生态模式；四要加大推广以沼气、太阳能为主的农村新能源建设力度，切实减轻环境污染，实现生态的良性循环。三是山水田林路综合治理，牢固树立"要金山银山，更要绿水青山的指导"思想，坚持开展以治山治水、防治风沙、保持水土、退耕还林、退牧还草、植树造林、治理湖河为主要内容的生态环境综合整治建设。这是关系到中华民族生存与兴旺发展，是实行农业现代产业化规模经营持续发展战略的必由之路。为此，国务院决定，从1998年开始科学规划，促进全国各地区组织落实山水田林路综合治理项目工程建设投资补助、农牧业户退耕还林、退牧还草生产、生活补贴政策。同时明确指出，林业是生态环境建设的主体，森林是陆地生态系统的基础，是大自然界功能最完善的资源库和能源库，对改善我国生态农业环境发挥决定性作用。这就要大力植树造林，坚持以林业生态工程为骨架，坚持山区、丘冈、平原一齐上，建立比较完善的林业生态体系，建设好抗风沙保水土保护林生态工程、天然林保护工程、农田林网工程等。特别是要搞好退耕还林、退牧还草工程，要按照"区域化布局、基地化培育、专业化生产、规模化经营、系列化服务"的原则，加快林业基地建设，抓好杉木、速生杨树、板栗、银杏、茶叶等商品林基地建设。大力发展林业加工，建立木材、银杏、油橄榄、茶叶等林业产品产加销一条龙产业体系。四是农业生物能源功能建设的宗旨是积极发展能源农业，开发农业的能源功能。农业生物质内包含巨大的生物能源，开发农业生物能源是解决人类能源危机的有效途径。发展能源农业，就是有目的地生产生物质能含量大、利用价值高的农作物，并通过现代技术手段，将凝结在农作物以及农业副产品、剩余物、废弃物等中的生物质能开发出来，将其转化为农业产业化经营所利用的能源。发展能源农业可以实现能源、农业、生态的多赢，开发农业的能源功能是现代农业发展的重要内容。我国拥有丰富的生物质能资源。据测算，我国理论生物质能资源相当于50亿吨左右标准煤，是我国总能耗的4倍左右。在可收集的条件下，我国可利用的生物质能资源主要是传统生物质，包括能源作物、农作物秸秆、薪柴、禽畜粪便、生活垃圾等。据2010年至2020年的统计数据估算，我国可开发生物质资源总量相当于5亿吨左右标准煤。当前，我国对农业的能源功能开发正在筹划，农作物秸秆等能源农业产品及其加工副产品没有充分利用，绝大部分被农户直接燃烧而浪费。这就要求各级政府高度重视能源农业发展，一要制定全国性的能源农业发展规划，把发展生物质能确立为长远的能源战略。制定有效的政策措施，支持能源农业技术研究开发和推广应用；二要通过立法要求电力市场向可再生能源电力开放；三要在金融财税方面对农业能源项目的初始投资实行补贴，对生物质电力享受二氧化碳税收返还等方面的优惠。

最后，在经营方式上，推动三个方面经营：一是产业结构优化方式。在推动农业生态能源产业化经营结构优化上，必须遵循"整体、协调、循环、再生"的原则，运用系统工程方法，全面规划，合理组织推行农业生态产业化经营，实现农业优质高产低耗和持续发展，达到生态与经济两个系统的良性循环和经济、生态、社会三大效益的统一。为此，一要进一步调整农业产业结构，在保障粮食作物种植面积的基础上，适当增加农业生态作用的种植比重。二要通过农业生态产业化经营，壮大农业产品加工的龙头企业，带动建设各类优质商品基地，拉长产业链条，理顺分配关系，搞好精深加工，优先抓好绿色稻米、优质杂交油菜、无公害蔬菜、有机茶等绿色有机农业产品深加工和开发，不断提高附加值；二是种植与养殖结合方式。这是要求将种植业、养殖业产业化经营活动结合在每个农业单位和农户中，结合在每块农田里，结合在每片果园林地中。这样，养殖活动就从大型规模化养殖场或集中化的养殖小区、农民的庭院里迁移出来，粪便污物不再污染规模化工厂、集约化的养殖业区域、村庄庭院环境。为此，一要实行种养结合，把小型规模化的养殖活动安排在田间林地里，这样饲草饲料可以就近饲喂，节约运输人工等资源，属于资源节约型农牧业。二要将养殖活动分散在田间地头或林地里，种养业有机组合在一起，畜禽粪便作为肥料，就近施入农田，提高土壤有机质，成为循环型农牧业；三是畜禽业饲养生态化方式。以猪禽牛羊为代表的畜禽业是肉蛋奶的主要来源。畜禽业前连种植业，后连加工业，是农业生态链平衡和谐的重要环节。多年实践证明，对畜禽采取舍饲笼栏等工厂化饲养方式，满足了城乡人民对肉蛋奶的需求，提高了人民生活水平，同时也带来疫病、药残等食品质量安全问题。畜禽是有生命的动物，由于工厂化高密度的饲养方式，危害了动物的健康，主要是疫病与药残引起的。对疫病与药残的防控需要从源头入手，从养殖环节抓起，推动饲养方式由工厂化向生态化转变。中共十七大和十八大都反复强调指出，科学发展观的核心是以人为本。以人为本最基本的要求是关爱人的生命，珍视人的健康，让城乡人民吃上健康的动物食品，健康动物是通过健康饲养方式获得的，生态化饲养方式就是健康饲养方式。畜禽业饲养方式，由工厂化向生态化转变，需要放弃对生长速度快、产量高等经济利益的片面追求，把畜禽从圈舍笼栏中释放出来，充分利用草地林地放牧饲养，给饲养畜禽以蓝天绿地新鲜的空气，自由运动的空间，健康生长不发病。疫病、药残、动物福利等食品安全问题、国际贸易绿色壁垒问题等，都能够通过生态化的饲养方式加以解决。

11. 农业特色有机产品产业规模经营现代化。这是指贯彻执行中共中央、国务院关于我国在新世纪扬长避短、发挥优势，确立农业特色有机产品产业规模经营现代化战略方针，组织推动全国各地区抓住自然地理条件、种植业与养殖业优势，大力促进农业现代特色有机产品产业化规模经营健康持续发展，确定农业现代特色有机产品产业化规模经营的性质、范围、规则、途径、体系。

第一，农业现代特色有机产品产业化规模经营的性质。它是在全国各地区自然地理特殊资源条件下，具有农业劳动力密集型、资源节约型、环境友好型、生态循环型、产品有机型的"五型"特色性质。主要表现在两个方面：一是农业劳动力密集型，劳动力的价格较低，这是我国农业特色有机产品产业化经营的优势；二是全国各地区资源多种多样，适宜从事花卉、蔬菜、瓜果、畜禽、鱼虾等农林牧渔各业产品及加工制品价格相对较低。这些产品在国际市场上具有一定的竞争力，随着全球经济的发展，有中国特色的土特产品将更多地进入国际市场。为此，因地制宜地制定比较优势战略，扬劳动力资源之长，利用国内外两种资源、两个市场，推进农业特色有机产品产业规模经营现代化。

第二，农业现代特色有机产品产业化规模经营的范围。它包括：名、特、优、新、奇、鲜、香七个特色，即与众不同特色。它有不同的层面：在文化层面上，可称为文化型特色；在资源层面上，可称为资源型特色；在科技含量层面上，可称为高科技型特色经济；在早、中、晚时间层面上，可称为时间型特色；在风味层面上，可称为风味型特色；在生态环境层面上，可称为环保型特色。各地区实践经验总结为：农业特色有机产品产业化经营的范围，是人无我有、人有我早、人早我优、人少我多、形成规模、节约成本、提高质量、占领市场、获得综合效益的范围。

第三，农业现代特色有机产品产业化规模经营的规则。在农业特色有机产品产业化规模经营管理上，坚持执行加强法制、严格监督、应用科技、全程管理规则：一是建立和完善具有中国特色的以《食品卫生法》为核心的食品安全管理体系。围绕食品卫生法，国家制定了《食品添加剂卫生管理办法》《防治黄曲霉菌毒素污染食品卫生管理办法》等近百个部门规章，分别对糖与糖果、肉与肉制品、食用植物油、冷饮食品、粮食、水产品、调味品等规定了管理办法。为防治农林种植业、牧渔养殖业的源头污染和传染病对食品安全的威胁，农业部颁发了《农药管理条例》《兽药管理条例》《饲料和饲料添加剂管理条例》等。国家还从改善环境入手，制定了《环境保护法》《水污染防治法》等。为此，必须对农业现代特色有机产品产业化规模经营加强法律法规的法制管理；二是建立健全农业现代特色有机产品产业化规模经营监督检查队伍，组织开展经常性、针对性监督检查，严肃查处问题。1999年，我国已经建立起了一支20万人的卫生监督队伍，并形成了由县、地、省和国家四级卫生技术检验机构所组成的食品安全技术保障体系，坚持严格监督检查，推动农业特色有机产品产业化规模经营安全进行；三是不断加强农业现代特色有机产品产业化规模经营科技推广应用工作，加强对农业现代特色有机产品（食品）安全检测与监测，由卫生部牵头建立健全全国食品污染物监测网，对全国食品进行重金属、农药的监测，为构建我国食品污染物预警系统打下良好的基础；四是坚持组织开展对农业现代特色有机产品产业化规模经营全程管理，国务院及农业部对农业特色有机产品（食品）污染问题高度警觉，认为不仅农业产品污染会影响人民，而且还严重障碍农业产品国际市场竞争的巨大隐患。农业部组织开展了"无公害食品行动"，以菜篮子为突破口，对食用农业产品实施从农田到餐桌的全过程监管。以逐步实现农业特产有机产品产业规模经营现代化。

第四，农业现代特色有机产品产业化规模经营的途径。在组织开辟农业现代特色有机产品产业化规模经营的途径中，坚持端正思想、确定发展目标、建立种养基地、完善装配设施：一是在端正指导思想上，中共中央、国务院于1999年明确要求，我国农业现代特产有机产品产业化规模经营指导思想，是以全面提高农业产品质量安全水平为核心，以农林种植业和牧渔养殖业的特色有机产品为突破口，以改善农业生态环境为基础，以建立农业有机产品生产基地为依托，以农业产品生产经营过程源头控制为切入点，以提高农业水利化、机械化、科技化、信息化水平，提高土地产出率、资源利用率和农业劳动生产率，提高农业素质、效益和创新为动力，以依法加强质量检测管理为手段，力争用较短时间，基本上解决我国农林种植业和牧渔养殖业特色有机产品污染物超标问题，让城乡人民吃上"放心菜""放心果"，改善农业产品安全生产经营、生态环境，科学规范和监督农业产品产销全过程，全面解决农业产品污染物超标问题，确保农业特色有机产品的食用安全。促进现代农业特色有机产品产业化规模经营持续健康发展；二是在确定发展目标上，组织实施农业现代特色有机产品产业化规模经营质量、监测、认证、监督、技术、信息、设计等标准和目标，不断提高农业特色有机产品质量标准和供应能力；三是在组织建立基地上，必须具备生态环境良好的基地、有机种植与养殖模式、生物有机肥料与药品，充足阳光与水源、肥沃土地等条件，生物有机肥、营养元素齐全，有机质含量高，可作为主施肥料，替代相同数量的化肥，可减少重金属等污染，增强作农林牧渔各业产品抗病能力，改善品质。生物有机肥料是生态产品，生物药品为单一Bt型杀虫剂的更新替代产品，杀虫谱广、杀虫速率快、害虫抗药性低、安全性高,无化学农药残留,田间害虫防治效果大于95%,对茶叶、蔬菜、果树、水稻等作物100多种主要害虫具有很好的防效,起到无公害、无污染作用;四是在装备设施上,必须达到种植、养殖、加工、包装、保鲜、储备、运输、供销各环节基本设施、工具连锁配套,在种植与养殖环节健全消化吸收循环基本设施,对污染源分片包干控制,就地消化吸收污染物,不蔓延扩展,从源头上治理污染,以资源化方式进行环保处理,开展环境友好型农林牧渔各业特色有机产品产业化经营,与工业化的治理方式相比较,这样的治理成本低,不需要昂贵的基建设备等投入,也不必付出高额的环保运行费用,是资源节约型的低廉化处理;五是在加工、包装、保鲜、储备、运输、供销各环节,对生产经营产品的色、香、味、形的新鲜度和是否有掺假伪造等方面,提供看、闻、摸、尝、检验先进设备、器具,特别是要正确解决好蔬菜、果品、食用菌等产品产后保鲜及商品化处理滞后的矛盾,储藏保鲜是满足城乡人民对这类产品多样化、优质化、无季化、均衡化、营养化、卫生化、方便化需求的主要手段,也是拉长产业链条、提高产后储藏加工增值的可观效益、扩大产品消化能力的重要途径;六是在包括外表和标签等环节,必须按规定应当清楚地印制有品名、产地、厂名、生产日期、批号或者代号、规格、配方或者主要成分、保质期限、食用或者食用方法等内容。进一步宣传采用危险分析关键控制点系统、良好操作工艺规范细则、国际标准质量认证标准、经卫生部批准的产品等具有较高的卫生安全和质量保证凭据。

第五,农业现代特色有机产品产业化规模经营的体系。在组织开展农业现代特色有机产品产业化规模经营上,坚持建立健全农业现代特色有机产品产业化规模经营质量标准、质量监测、质量认证、质量技术、质量监督、供销信息和包装设计等项产业化规模经营服务体系。1999年以来,全国各地区逐年建立健全农业特色有机产品法规,制定无公害蔬菜、水果和茶叶等企业产品质量行业标准,重点创建一批农业特色有机蔬菜、水果和茶叶标准化生产示范基地。据2015年统计,300多个产菜县中,播种面积在20万亩以上的有2780个,总产量占了全国的70%以上;2320多个产果县中,果园面积在10万亩以上的有920个,总产量占全国的60%以上;1240多个产茶县中,茶产量在1000吨以上的有850个,总产量占全国的70%以上。只要能将这些重点产区农业特色有机产品生产搞上去,就能保证全国城乡人民的生活需求。为此,一是建立健全农业特色有机产品质量标准体系。要根据国内外市场的实际需求情况,先选择粮食、食用油、蔬菜、水果、食用菌、猪肉、牛肉、鸡肉、鲜蛋、鲜牛奶、养殖水产品这十一类农业产品制定安全卫生优质标准和产地(或原料)环境标准。要按适合不同的生产水平、不同消费层次、不同销售市场的需要,对农业产品安全卫生质量标准,分为市场准入性标准、安全卫生优质标准、推荐出口性标准。这三项标准的颁布实施,有效地规范了农业特色有机产品生产、加工、销售的各个环节,基本做到有章可循。二是建立健全农业特色有机产品质量检测体系。要充分利用现有的社会资源,将能检测农药残留、重金属、兽药残留、激素等有毒有害物质的机构,通过申报,由市质量技术监督局资格认可,取得资格后可以接受认证部门委托承担检测任务。检测的数据作为安全卫生质量认证和处理的依据。三是建立健全农业特色有机产品质量认证体系。为保证农业特色有机产品的信誉,要实行标志管理,设计制作证明标志和防伪标志,并公布于市。要求批发、零售环节都要实行标志管理,包括包装物。同时,做好产销衔接。四是建立健全农业特色有机产品质量技术推广体系。技术推广体系由种植业、养殖业等各级生产技术推广部门组成。要根据各种农业产品的生产环境标准、生产技术操作规程、安全卫生质量标准等,指导生产符合标准的产品。同时,要建立健全农业特色有机产品土肥、环保、植保技术服务体系,从生产环境、质量检测、土壤肥料、防病灭虫技术推广等几个方面服务。五是建立健全农业特色有机产品质量安全执法和监督体系。要在农业特色有机产品质量安全方面的执法职能上,分别由技监、卫生、工商、农业、林业、牧业、渔业等机关所属的执法机构,依据相关法律、法规和规章办事。六是建立健全农业特色有机产品市场信息体系。要促使各地区建立信息网站,利用国际互联网逐步实网上查询、网上交易,为种养加、产供销各环节提供信息服务。七是建立健全农业特色有机产品包装设计服务体系。对包装设计的要求有七项:其一,名称易记。对包装上的农业产品名称要易懂、易记。包装上的文字简单、准确、形象；其二，外观醒目。要让购买者只看外表就能对农业产品的特征了如指掌；其三，印刷简明。包装要吸引人，让顾客留意到产品。对于高档产品，包装印刷应与产品本身的档次相适应；其四，体现信誉。在包装设计上，要充分体现产品的信誉，使购买者透过包装增加对产品的信赖；其五，颜色悦目。包装颜色，要符合相关国家的审美习惯，在超级市场上销售的产品，多采用欧洲流行色，即淡雅或接近自然的色彩；其六，地区标志。包装上最好有产品产地标志或图案，使人容易识别；其七，环保意识。国际上普遍重视环境保护，对包装材料有许多新规定。因此，包装材料，最好选择无污染的物质，总的趋势是逐步用纸盒玻璃取代塑料、塑胶等材料。八是标新立异。总体要求是力求新颖、离奇、富有创造、创新的现代化含义和潮流。

12. 农业互助合作组织规模经营现代化。这是指：中共十七大和十八大都明确提出走中国特色农业现代化道路，发展中国特色创新型现代农业，需要创新农业产业化规模经营体制，提高农民互助合作组织化程度，从我国人多地少的基本国情出发，坚持稳定完善农户家庭承包责任制，在农户小型适度规模化经营基础上，由政府主导向农民专业合作社注入产业链关键性资源，在加工与销售环节搭建互助合作平台，形成以小型规模化农户为微观经营主体，以农民专业合作社为中观经营主体的有分有合双层经营体制，实现小农户与大市场的对接，发展中国特色创新型现代农业，确保国家粮食安全社会稳定、确保中国农民走持续增收致富的农业互助合作组织规模经营现代化道路，这是中共中央、国务院作出的重大战略决策，是中国特色农业现代产业化规模经营发展的根本方向。为此，中共中央、国务院强调各级党委、政府从政策、法规、组织、示范等方面，支持和推动农业互助合作组织规模经营现代化，以农民专业合作社为平台，实现种植业与养殖业和加工业与销售业的产业链一体化。

第一，从政策上，为支持中国农民走农业互助合作组织规模经营现代化道路，发展中国特色创新型现代农业，一是各级政府需要从我国人多地少、农户多规模小等特殊国情出发，坚持执行农户家庭承包经营等基本政策，以亿万小型规模化农户为微观经营主体，同时，加大统筹城乡发展力度，实施"工业反哺农业、城市支持农村"政策。二是各级政府需要向农民专业合作社注入资源，重点是注入农业产品加工企业资源和农业产品销售渠道资源，通过注入产业链关键性资源，培育农民专业合作社这个中观经营主体，让农民靠自己的力量，解决小农户与大市场的矛盾。要坚持在稳定完善农户家庭承包经营基础上，以农民专业合作社为平台，形成农工贸紧密衔接、产加销融为一体有分有合的双层经营体制。要进一步建立以工促农、以城带乡的长效机制，形成城乡经济社会一体化发展的新格局。

第二，在法规上，为促进我国农业现代产业化规模经营，从稳定农业和农村经济社会发展大局出发，根据我国基本国情和发展阶段性特征，着力解决小农户与大市场的对接问题。为此，一是要各级政府制定和实施为农民专业合作社提供"种养加销一体化农业服务体系"法规制度，由政府提供农业产业链关键环节的产品加工和销售渠道，作为公共品提供给农民专业合作社。加工业是农业产业链的咽喉要道，流通业是农业产业链的制高点，在农业产业链中的战略地位突出重要。二是要当地政府大力扶持农民专业合作社拥有加工这个咽喉要道，掌控销售渠道这个制高点，在产业链中就能居于主导地位，将外部收益内在化，用交易成本较低的合作社内部交易替代交易费用较高的市场交易，减少市场的不确定性，从而降低交易成本，通过农民专业合作社这个平台，注入产业链关键资源，促进农业现代产业化规模经营持续健康发展。

第三，在组织上，为促进城乡资源互补性组合与城乡要素顺畅流动，一是鼓励城镇工商企业者"上山下乡"同农民结合组成专业合作社，工农之间结合在一起，农民获得城市销售渠道资源，在城市里有立足之地，更多地享受到城市化优惠政策。为消除城市中大超市对农业产品的渠道垄断，在大中城市为农民量身定做"千城万店工程"，支持农民专业合作社在大中城市社区建设农业特色产品直销店。农民专业合作社通过产销直接对接和税费优惠等措施，消除市场信息传递的中间环节，降低市场环境不确定性给农户生产造成的困扰，也降低交易成本；二是支持农民专业合作社以发展多功能农业为主攻方向，从事多产业。要通过国家城乡经济一体化战略，给农民专业合作社带来发展多种功能农业的机会和用武之地；三是坚持农民专业合作社以农民为主体、以政府为主导的方针，需要政府通过农民专业合作社这个平台，将加工企业资源、销售渠道资源作为公共品注入农民专业合作社，既以农户家庭经营为基础，又使农民专业合作社得以发展壮大，促进统分结合双层经营体制的创新和发展。

第四，在示范上，为促进农民专业合作社与农户有机结合，让农民从农业现代产业化规模经营中得到更多的实惠，为此，一是要积极引导和支持农民加快各类专业合作社规范化建设，开展示范社建设行动，加强合作社带头人、财会人员和农民培训，强化辅导服务，促进农民专业合作社规范运行；二是要加大支持力度。推动出台财政、税收、金融等扶持政策，帮助解决农民专业合作社"贷款难""融资难"问题，为农民专业合作社健康发展创造良好环境。

（二）农业现代产业化经营的内容

农业现代产业化经营的内容，概括地说，就是广泛应用现代生产条件、生产资料、科学技术、科学管理、科技人才等方式，进行农业现代产业化经营的内容，包括：一是现代农业产品产加销相结合；二是农业与工业和农村与城市一体化；三是资源高效利用与生态环境保护高度一致；四是种植业与养殖业和加工业与销售业这四个产业融合发展的新型产业；五是现代生产手段与现代工业提供的生产资料相结合；六是通过科学技术与科技人才和科学管理方法，进行社会化农业产业化经营。具体地说，农业现代产业化经营的内容，主要包括以下五个方面：

1. 提高农业现代物质技术装备能力，实现农业生产经营条件现代化，即实现农业生产经营机械化、水利化、电气化、园林化：一是农业机械化，是指用农业现代机械代替农民体力劳动，在一切能够使用农业机器操作的地方和单位，尽可能使用机器；二是农业水利化，是指利用一切水源，大力发展农田水利，逐步增加旱涝保收、稳产高产农田，因地制宜地发展喷灌、滴灌，要广辟水源，把地表水、地下水、大气水都科学有效地利用起来，既预防干旱，又控制洪涝；三是电气化，是指充分利用各地区农村风力、水利、沼气资源，发展农业生产经营和农民生活电气化；四是园林化，是指实行山水田林路综合治理，在农业现代产业园区中，建成良好生态环境。

2. 提高农业现代生产资料供应能力，实现农业生产资料现代化，即以农业现代生产经营工具为核心的全部生产资料包括：一是农机、农具、运输工具、役畜、种畜等生产工具；二是堤坝、水库、渠道、厂房、仓库等基础设施；三是水、种子、肥料、农药等劳动对象。在农业现代生产资料的购置、使用、保管、维修、折旧、更新中的经济问题，既包含生产关系的调整问题，又包含生产力的组织问题。农业生产资料现代化的主要问题是指，其一，农林种植业所需种子、肥料、农药、农田作业的优化资料问题；其二，牧渔养殖业所需优良品种基地化、饲料有机化、牧草生态化、肥料与农药生物化问题；其三，彻底消除无机化肥、农药等生产资料污染问题。

3. 提高农业现代科技创新应用能力，实现农业生产经营科技现代化，即在农林牧渔各业产业化生产经营过程中，采取先进适用科学技术，不断增强创新应用科技种植、养殖能力。为此，一是在科技种植上，科学合理用地、用水、用肥、用药，科学间套复种、培栽植，不断提高土地肥力、利用率和生产率，科学有效地发挥种、水、肥等有机结合作用；二是在科技养殖上，科学合理地对不同种类、年龄、发育的牧渔各业产品，提供相应饲养饲料、标准、方式、方法；三是在科技品种上，通过先进科技培育、推广良种等经济有效的增产增收措施，充分利用现代遗传学和育种学的最新成果，尽快、尽多地培育出适合我国各地区农林种植业、牧渔养殖业条件的稳产、高产、早熟、多抗、优质、适应性广的各种新品种；四是在科技成果上，国内外实践还证明，片面施用化肥，容易造成土壤肥力下降、肥效降低。片面施用化学农药，容易造成病虫抗药性的增强。片面施用化肥、农药过量，对农林牧渔各产品和人体都有毒害作用。为此，必须实行化学肥料与农家肥并举、化学防治与生物防治相结合的方针，尽可能生产和施用优质高效的化学肥料和高效、低毒、低残留的化学农药。

4. 提高农业现代产业化规模经营管理能力，实现农业产业规模经营管理现代化。农业产业化经营规模管理现代化，概括起来就是按照客观规律的要求，对农业产品生产、交换、分配、消费各环节，采用先进科学合理的经营管理手段，进行科学的组织管理手段，进行科学的组织管理。随着农业现代产业化规模经营持续发展，需要加强农业现代产业化规模经营管理与之相适应。因为，随着农业现代产业化逐步实现，专业化和社会化水平愈来愈高，分工愈来愈细，劳动协作愈来愈强，只有不断提高农业现代产业化规模经营管理水平，才能搞好农业现代生产经营区域化、专业化，组织好社会分工与协作，就能做到趋利避害，充分发挥现代物质技术装备和现代科学技术以及各要素的作用。为此，要坚持按照国民经济有计划的市场经济发展规律和因地制宜的原则，逐步调整好我国农业现代生产经营结构，使我国农林牧渔各业布局合理，逐步实现农业生产经营的区域化、专业化，不断提高农工商综合的社会化水平，逐步使我国农业从自给半自给经济向着较大规模的计划商品经济转化。

5. 提高农业现代产业化规模经营智慧投资能力，实现农业产业化规模经营知识现代化。实现农业产业化规模经营现代化的关键措施，是农业生产经营组织领导、劳动人员不断增长文化科学知识、专业技能。提高农业现代产业化规模经营管理水平的因素有两方面：一是不断提高农业现代物资技术装备水平；二是大力培养农业现代产业化规模经营组织领导、劳动人员提高文化科学素质，掌握专业技能，发展壮大知识化、专业化务农队伍。

三、农业现代产业化经营的实质和意义

农业现代产业化经营的实质，是以农业现代科学发展观指导传统农业向现代化农业转变，着力转变农业增长方式，优化农业结构和布局，节约使用自然资源和生产要素，减少面源污染，实现农业可持续发展。着力推进农业生产手段和经营方式的现代化，夯实新农村建设的产业基础，推进社会主义新农村建设，促进农民增收，保障国家粮食安全，确保我国经济社会发展。农业现代产业化经营的意义，概括说，有利于提高农业综合生产能力，确保粮食等农业产品生产稳定发展；有利于提高农业综合效益，挖掘农业内部的增收潜力，促进农民增收；有利于提高农业现代产业化经营整体素质，在应对国际竞争中拓展发展空间，提高我国农业国际竞争力；有利于加快农业产业化经营现代化进程；有利于持续推进工业化、城镇化，走向城乡一体化社会经济发展道路。

（一）农业现代产业化经营的实质

农业现代产业化经营的实质，概括说，就是把落后的农业生产经营转"化"为具有国际先进水平的农业现代产业化生产经营。它既不同于古代农业生产经营，也不同于近代农业生产经营，它是指20世纪以来的农业现代产业化经营，它随着时代向前发展。农业现代产业化生产经营，与过去传统农业生产经营比较，有着本质的区别，主要有以下三点：

1. 传统农业生产经营的物质技术装备是简陋的手工工具，以人力、畜力为动力，主要依靠使用农家肥料来恢复地力。而农业现代产业化经营是建立在现代工业技术装备和现代农艺基础上的农业生产经营，一是机械操作，以机电、石油以至原子能为动力；二是化学肥料、农药、塑料薄膜、除草剂和其他工业产品，在农业生产经营中得到广泛运用；三是能够大规模的兴修农田水利，实现农田水利化，推广科学灌水方法；四是飞机也在农业生产经营中广泛应用，能够进行防治病虫害、播种、施肥、除草、人工降雨、护林防灾、土地测量等多种作业；五是在育苗、蔬菜保护地栽培以及畜牧业生产经营中还采用了在人工控制下的工厂化生产经营；六是在农业现代产业化经营中，提高了农业劳动力的装备水平、农业劳动生产率和农业产品商品率。

2. 传统农业生产经营技术，主要凭借长期积累的传统农业生产经营经验和手工劳动技能，对自然环境依赖性很大，主要是靠天吃饭。而农业现代产业化经营技术，是以科学试验成果为依据，在不断加深对动植物本身生长发育规律和自然环境变化规律认识的基础上，一是广泛应用生物学、遗传学、育种学、土壤学、肥料学、栽培学、水利学、气象学、畜牧饲养学以至于天文学、数理化等方面

的现代科学；二是各种现代新技术，如原子能技术，激光技术等也开始广泛地用于刺激增加出口的农业产品，换回更多的外汇，为国家积累更多的资金；三是在实现农业现代产业化经营过程中，努力提高农业产品商品率，建设农林牧渔各业产品商品基地，提高专业化水平，大幅度增加农林牧渔各业产品商品，满足全国城乡人民生活需求。这表明，由以经验为基础的传统农业生产经营向以科学为基础的农业现代产业化经营转变。

3. 传统农业生产经营组织管理是小生产经营方式，生产经营结构很不合理，劳动力组织很不科学，管理手段极其落后。而农业现代产业化经营，一是按照现代化大农业要求，生产经营结构逐渐合理，劳动力组织日趋完善，逐步变为农林牧渔各业产业化经营布局合理、农工商综合经营形成体系；二是逐步实现区域化、专业化、规模化、基地化产业链；三是逐步加强农业现代产业化生产经营组织管理，不断提高运用电子计算机、遥感技术等先进的科学管理水平。

上述三方面概括起来，农业现代产业化经营的实质就是用现代物质技术装备和现代科学技术，对农业生产经营活动进行科学的组织管理，建立一个稳产、高产、优质、低耗的农业生产经营系统，形成一个科学合理、良好循环的农业生态系统，大幅度地提高农业劳动生产率、土地生产率和农业产品商品率，满足国家经济社会建设和城乡人民不断增长的物质和文化生活需要。

（二）农业现代产业化经营的意义

组织开展农业现代产业化经营的意义，从根本上说，是依托各地区自然地理资源优势，以全国人民生活供应和国内市场需求为导向，对农林牧渔各业产品，组织开展种植与养殖结合、生产与加工和销售一条龙、贸工农一体化、经科教相结合的农业现代产业化经营发展新模式，它有力地推动全国农民向农业现代产业经营之路迈进，成为农民脱贫致富的有效途径。从1979年改革开放以来，广大农民为寻求致富门路，选择农户家庭联产承包、充分结合双层经营形式后，对调动农民增产增收积极性起了重要作用，但由于农户家庭经营规模窄小，每个农户家庭土地经营规模平均约5~6亩，严重制约着农业产业化规模经营和农村经济向更深层次发展。为此，各地区经过不断探索，选择了农业现代产业化之路。它在保持农户家庭联产承包经营责任制不变的情况下，对加快推行农业现代产业化、规模化、专业化经营进程的意义，具体表现在以下十方面：

1. 通过农业现代产业化经营，能推动农林种植业、牧渔养殖产业发展。农业现代产业经营过程，是促使广大农民用现代技术装备，在专业化分工基础上，从事农林种植业、牧渔养殖业的社会化大生产经营过程。在这个过程中，一是有利于培养农民集体主义思想，冲破小农经济遗留下来的旧传统和旧习惯，自觉相互团结协作劳动，遵守严格的操作规程，广开农林牧渔各业现代产业化经营门路，为提高农业劳动生产率，促进农林牧渔各业全面发展创造良好的条件；二是有利于在农林牧渔各产业化龙头企业的带动下，统一组织提供种苗扶植、机械作业、灌溉排涝、施用肥料、防治病虫害措施，采取种植栽培、饲养繁殖、销售渠道规范化科学管理等方式，通过推广现代物质技术装备和现代科学技术，加强农林种植业、牧渔养殖产业化经营管理与核算，增加积累，提高农民收入、生活水平。

2. 通过农业现代产业化经营，能推动农林牧渔各业产品加工、销售等连锁产业发展。通过农业现代产业化经营，可以将农林牧渔各业产品种植、养殖、加工、保鲜、包装、贮藏、运输、储备、批发、零售的各个环节密切联系起来，纳入同一经营体内，实行统一管理、统一核算、统负盈亏。因此，一是通过农业现代产业化经营，发挥一体化产业诸环节的协同效应和共同体组织协调职能，为农业和农村经济发展找到一条有效的"内部市场组织"途径；二是通过农业现代产业化经营，为农户家庭经营与大市场对接提供多样化的组织方式。我国有近二亿个小农户，生产经营规模小，分散的小农户与集中的大市场之间矛盾日益突出。为了引导农民进入市场，通过农工商联合公司、龙头企业、供销合作社和农民专业合作社等组织形成的农业产业化经营体系，一头联系市场，一头联系农业产品基地和千家万户的农民，将农业产品生产、加工、销售连在一起，为农民走向市场架起了桥梁，有利于化解市场风险；三是通过农业现代产业化经营，可以减少农民的市场风险。因为农业现代产业化经营的一个最大优点是龙头企业带农户，龙头企业通过与农户签订合同的方式，以协定的价格收购其产品，进行加工、销售，既改变了过去千家万户分散进市场的方式，集中以龙头企业为主进市场，又节省了农民分散进市场的成本和费用，而且减少了因市场波动给农民带来的损失，使农民能够安心地增加农业产品产量、提高农业产品质量。

3. 通过农业现代产业化经营，能推动农业设施集约产业发展。各地区组织开展农业设施集约产业化经营，是农业产品增产增收、农民脱贫致富的有效途径。农业设施集约产业是指在一定自然地理区域内建造先进设施，为农林牧渔各业产品种植、养殖、加工等环节提供适宜发育、生长、收获等方面有利因素和条件，如农林牧渔各业产品培育温室、人工气候室、种植与养殖基地房屋等设施、现代集约化种植与养殖小区等生态和科技场所。实践证明，农业设施集约产业已经成为农民发家致富的重要渠道。如标准化日光温室亩均收益相当于标准农田产品收益的18倍，比漫灌式的水浇地节水38%。规模养殖场和养殖小区，蛋鸡产蛋量可提高18%，奶牛产奶量可提高12%。设施渔业单位水体产量和效益大大高于池塘等传统养殖方式。据统计，全国塑料大棚已达到3100万亩；各类畜牧养殖小区4万多个；设施渔业养殖水体近5000万立方米。2010年以来，全国各地区农业设集约产业迅速发展，已经成为农民增收的重要举措，是农业增效的有效途径，是"一计双赢"的产业。

4. 通过农业现代产业化经营，能推动农业生态特色有机产业发展。长期以来，我国农业增长主要依靠资源开发和消耗。据调查统计，我国耕地面积不到世界的1/10，但氮肥和磷肥用量却分别为世界总用量的30%和26%，在单位面积粮食产量相近的情况下，氮、磷肥用量分别高出世界平均水平2.05倍和1.86倍；农业生产经营环节污染量已占全国总污染量的1/3。这表明仅靠增加资源消耗的方式来实现农业产品增长难以为继，而且已成为制约我国农业持续健康发展的主要瓶颈。实践表明，农业发展的根本出路在于由资源依赖型向科技推动型转变，充分发挥科技在农业上广泛应用，提高资源利用效率，挖掘集约降本、增产提质、转化增值、提升拓展方面的潜力，大力发展农业生态特色产业，促使农业产业由传统分散无机生产经营向现代集约有机生产经营方向发展。为此，从2012年起，一是各地区通过农业现代产业化经营，推动广大农民组织起来，参加山、水、林、田、路、村综合开发治理项目工程建设，来控制和改造自然地理环境条件，增强科学合理节约利用自然地理资源，改善农业生态环境，组织推动农业生态特色有机产业化经营发展；二是各地区通过农业现代产业化经营，能够改善农业生产经营管理，提高农业科学技术水平，保护自然生态平衡，为发展农业提供可靠的物质基础，逐步增强控制和改善农业生物及其环境条件的能力，促进农业生物因素和自然生态环境因素的结合，形成有机的统一的整体，进一步增强抵御自然灾害的能力，从根本上改变我国农业生产经营的落后面貌；三是各地区通过农业现代产业化经营，能够加快农业资源节约型、绿色有机型产业发展，正确划清农业产品中食品四种级别，即普通食品、无公害食品、绿色食品和有机食品。无公害食品是指食品中不含有关规定中不允许添加的有毒物质，并将某些有毒物质控制在标准允许的范围内的食品；绿色食品是指按照特定生产方式生产，经专门机构认证，许可使用绿色食品标志的食品。如果食品等级构成一个金字塔，有机食品就处于金字塔的最高级，是指完全不含人工合成的农药、肥料、生长调节剂、畜禽饲料添加剂的食品。在无公害食品和绿色食品生产经营中，都允许使用化肥、农药及除草剂，但要控制在允许范围内。而在有机食品生产中，则严格禁止使用这些物质。真正获得有机食品认证的食品，生产和加工不使用农药、化肥、化学防腐剂等合成物质，种植的土壤也需要经过3~5年不等的休养期，直至不残留农药和化肥。因此，有机食品是一种真正天然的食品，这是依靠科技支撑农药资源节约型、生态特色有机产品。

5. 通过农业现代产业化经营，能推动国际化贸易产业发展。从"九五"计划时期初1996年起，中共中央、国务院指出，农业"走出去"是我国农业发展的一个大战略。农业开放，"走出去"成为解决我国农业资源短缺矛盾的客观要求。在充分依靠科技解决我国农业资源短缺的同时，实施农业"走出去"，利用国外的资源，利用国外的先进科技和管理模式，解决我国农业产品供需平衡，增加我国农村劳动力参加城乡工商贸产业就业机会，为推动国际化贸易产业发展奠定坚实基础。为此，通过农业现代产业化经营，推动国家化贸易产业发展，能够起到以下四方面作用：

第一，有助于解决我国农业资源越来越少，人口越来越多所需资源短缺的矛盾。随着我国经济快速发展，水和耕地等农业资源短缺日趋突出，对粮食、油料、棉花等农业产品的需求越来越多，实施"农业走出去"，利用国外资源是解决农业产品供需平衡的重要举措。对赞比亚、莫桑比克的考察表明，两国土地和水资源都相当丰富，85%以上土地尚未开发，租金相当低廉，平均一公顷一年一美元，赞比亚一次可租99年，莫桑比克一次可租50年，而且到期可以延长。这为我国增加农业资源拓展一条有效途径。

第二，有助于借助援外开展农业合作，可实现"三赢"：一是受援国接受我国经济、技术支持，有利于这些国家发展经济，特别是非洲一些国家；二是有利于解决我国紧缺的农业产品不足，保证我国农业产品供给平衡，而且为世界粮食安全作出贡献；三是通过援助方式，解决受援国农业基础设施，成为两国企业合作的共同基础，有利于降低我国企业合作成本。这为两国农业和农村经济健康发展奠定坚实基础。

第三，有助于带动农业生产资料出口。非洲的一些国家农业生产方式与我国相似，迫切需要我国生产的小型农具，农业"走出去"带动了我国农业生产资料出口。这为我国农业生产资料工业拓宽发展之路。

第四，有利于应对国际贸易壁垒挑战。随着市场全球化，国际贸易摩擦越来越频繁，应对国际贸易壁垒挑战，千家万户的农民是无能为力的。农业产业化经营组织在国际贸易维权方面发挥着主力军作用。这为加快健全农业现代产业化规模组织体系创造保障条件。

第五，有利于提高农业国际竞争力。加入世界贸易组织以来，我国农业产品市场的开放程度逐步提高。在进口关税方面，977种农业产品的算数平均值为15%，而加权平均值仅为8%左右。我国进口数额大的产品多属于低关税产品。在新一轮谈判中，无论按照任何一种方案，印度、印尼、巴西、墨西哥、巴基斯坦、韩国、尼日利亚、肯尼亚等主要发展中国家削减后的关税水平，仍然显著高于我国现在的关税水平。近年来农业产品出口和进口都在增长，但进口增长的幅度显著大于出口，从而使得我国农业产品贸易连续两年出现逆差。为此，必须坚持全面提高我国农业产品价格竞争力、质量竞争力和信誉竞争力，坚持推进农业现代产业化经营，提高我国农业产品国际竞争能力。

6. 通过农业现代产业化经营，能推动农民互助合作化产业发展。2001年以来，各地区在组织推动农业现代产业化经营发展中，加快了农民专业合作经济组织发展。据调查统计表明，2015年各类农民专业合作组织已发展到27.6万个，比2005年11.4万个增加1.42倍。农民专业合作组织特点主要表现：坚持"民办、民管、民受益"的原则，以"服务本组织成员，提高成员的收入"为宗旨。农民专业合作组织的功能主要表现在五个方面：一是规模集成功能。通过专业联合，采取批量购买、批量销售的办法，使农户降低了产销成本，提高了产品价格，获得规模效益。二是作业同步功能。统一生产，统一要求，保证农业产品的质量和批量。三是技术和市场信息的传递功能。农民专业合作组织成员之间便于技术、信息的搜集和交流。四是管理智慧共享功能。农民专业合作组织一般由能人、大户牵头。他们的一个经验、一个"点子"会成为全体成员的行动。五是诚信培育功能。农民专业合作组织必须讲究农业产品质量，讲究信用，成员们为了自己的利益也互相监督，随着《农业专业合作经济组织法》颁布实施，农民专业合作组织法人地位的确立，以及扶持政策的逐步落实，各类农民专业合作经济组织将有更大的发展，已成为农业现代产业化经营的主要组织形式。为此，通过农业现代产业化经营，进一步推动了农业互助合作化产业发展。各地区政府引导和促进农村不断发展和完善农业互助合作产业化经营组织，2016年，全国各类农民专业合作组织固定资产总额12472亿元，比2006年的7864亿元增长58.6%。农业互助合作产业化经营的形式，由最初的"公司+农户"逐渐发展为"公司+基地+农户"，又进一步发展为"公司+合作组织+农户"。这些发展形态反映了农业产前、产中、产后各个经营环节、经营单位之间协作互利关系的调整变化。"公司+农户"主要解决最初农业产品卖难问题；"公司+基地+农户"稳定了企业与农民对农业产品的供求关系；"公司+合作组织+农户"规范了企业与农户生产、经营和销售等合理的经济利益。有利于解决我国农户生产分散、规模小、千家万户农民难以应对自然风险和市场风险的问题,即小农户与大市场的矛盾。只有通过农业互助合作产业化经营,将企业的资金、技术、人才和信息等优势与农民联合,形成利益共同体,才能有效地解决这一矛盾。

7. 农业现代产业化经营,能促使农民增收致富奔小康。各地区组织开展农业现代产业化经营的实践证明,把农业产品种植、养殖、加工、销售等环节有机结合起来,延长了产业链,增加了农业产品附加值。特别是由农民自己兴办的加工业、销售企业,使增值利益归农民分享。这就形成了农业产业化经营利益的补偿机制,彻底改变农业由于断链产生的弱质、弱项、弱势,提高农业的比较利益、增加农民的收入水平,真正使农业步入自主经营、自我积累、自我发展的良性循环轨道。为此,一是有利于促进农民增收。在农业现代产业化经营中,农民可以获得规模效益、加工增值效益、利润分红效益和从事生产务工效益。各地区农业现代产业化经营增收的方式,主要采取保护价收购、实行利润返还、拓宽农民就业渠道三种形式。2015年,通过农业现代产业化经营,促进农民增收增长42%,比2005年增长1.43倍,平均每户增收1853元,比2005年增加1167元;二是有利于农民走上富裕之路。农业现代产业化经营,能较好地解决农民增产不增收的矛盾,能增加农业对劳动力的吸收能力,从2015年起,全国大多数地区农业产业化经营已在农业中占主导地位,有的已突破地域、所有制、行业界限,向大范围、大规模、深层次、高水平发展。全国各地区建立了农林牧渔各业产品基地和名优特新有机产品基地,并不断提高出口加工和出口创汇能力,这些地区农民已经走上富裕之路。

8. 农业现代产业化经营,能推动社会经济发展。通过农业现代产业化经营,一是有利于保障国家粮食安全。我国13亿多人口的吃饭问题,永远是事关我国社会稳定和经济发展的基础,也是构建和谐社会的基础。我国是个大国,必须立足国内实现食物基本自给。同我国社会经济发展的需求相比较,尽管我国粮食等农业产品连年大幅度增长,但是仍然不能满足需求。只有通过农业现代产业化经营,才能减少粮食等农业产品供应弥补需求的差距;二是有利于保障工业原料需求。棉花、羊毛、生皮等是农业提供的最重要的传统性工业原料。其中以棉花和羊毛为主要原料的纺织业,提供着1900万人的就业,每年出口创汇1000多亿美元。而我国进口棉花已经占棉花消费总量的近1/3,进口羊毛占羊毛消费的一半左右,尤其是细羊毛,2/3以上依赖进口。只有通过农业现代产业化经营,才能提高生产效率,提高国内资源利用效率,提高国内产品质量,来更好地保障国内加工业的原料需求;三是有利于保护城乡人民健康。农业产品对城乡人民健康的不利影响,主要表现为两大方面:药物的使用与残留问题和动植物疫病问题。造成我国食品质量安全问题的原因比较多,其中我国农户数量巨大而经营规模极为狭小,是基础性原因。由于经营规模很小,加之农民的组织化程度又低,农业现代化产品流通体系发达程度也低,农业综合生产经营服务体系不健全、不完善。由于各地区农业现代产业化经营逐年发展,逐步提高农业产品安全质量,初步形成农业绿色、有机食品生产、加工、供销经营体系,为保护城乡人民健康生活开辟有效途径。

9. 农业现代产业化经营,能全面提高农业现代化整体素质。农业现代产业化经营是农业机械化、水利化、电气化、园林化、区域化、基地化、规模化、专业化、标准化、科技化、市场化、城乡一体化、现代化的载体,是农林牧渔各产业产品高产、优质、有机、特色的科技创新推广应用品牌战略实施主体。农业现代产业化经营具有旺盛的生命力,已成为农业现代化基本经营途径。为此,通过农业现代化经营,有利于促进农民改变小生产的旧传统习惯。农民小生产的思想和旧传统习惯,是在分散的个体经济基础上,使用落后的生产工具进行手工操作的情况下形成的。各级政府只有组织开展农业现代产业化经营,从根本上改变生产的物质条件入手,用现代物质技术装备和现代科学技术武装农业,科学地组织进行上述农业产业化经营的系列现代化,才能彻底改变农民小生产的思想和旧传统习惯,这是尽快实现农业现代化的必由之路。多年来,各地区在组织开展农业现代产业化经营中,大力加强农业机械化、水利化、电气化、园林化、区域化、基地化建设,改造中底产田、抗旱排涝,推进优良品种、节水灌溉、科学种养,增强农业抵御自然灾害能力,提高农业综合生产能力,促进农业提高现代化整体素质，确保农业和农村经济持续发展。

10. 农业现代产业化经营，能促进城乡一体化社会经济持续发展。农业现代产业化经营是实现农业现代化、工业化、信息化、城镇化、城乡一体化的强劲助推器。我国的现代化离不开80％农业人口的现代化。农业现代产业化经营发展，既能促使农业产品生产经营规模不断扩大，向深加工、精加工和系列产品开发方向发展，又能促使农业产品种植、养殖、加工、运输、包装、销售等环节逐步配套，扩大农工商产业生产经营规模，也能在我国人多地少的特定国情下，建立起城乡一体农业产品的生产、加工、流通产业群，加快农业剩余劳动力的转移，推进城乡资金、技术、人才、设备等生产要素合理流动和优化组合，加快农村城镇化、城乡一体化的进程。实践证明，各地区组织开展农业现代产业化经营，有利于逐步缩小脑力劳动和体力劳动差别、工农差别、城乡差别，进一步巩固工农联盟，促进农林牧渔各业和乡镇工业、商业和服务业全面发展，促使大批农民成为农业技术员、农机手，促使大批农民转移到乡镇企业，成为乡镇企业工人，促使农村小集镇逐步建设起来，成为农村工业、商业、教育和文化娱乐活动的中心，把广大农村逐步建设成为繁荣富庶的社会主义新农村。同时，也有利于使广大农民不断学习和掌握现代科学技术和管理方法，逐步成为有社会主义觉悟、有文化的新型农民。这一切都有利于逐步缩小脑力劳动与体力劳动差别、工农差别、城乡差别，进一步巩固工农联盟，推动城乡一体化社会经济持续发展。

四、农业现代产业化经营的目标和标准

从"四五"计划时期起，从中央到地方各级政府统一明确规定，我国农业现代产业化经营的目标主要是指五项目标：农业产品产量增加、农业产品质量提高、农民增收致富、城乡人民生活需求平衡、农业生态环境保护改善。农业现代产业化经营的目标，在于它不是凭传统的经验或手段，而是不断运用发展中的现代科学技术，改造传统农业生产经营工具，武装农业生产经营管理者，实行科学生产经营管理，进而能够全面提高农业综合生产能力，提高农业劳动者科技文化素质，提高农业生产经营管理水平，提高经济、生态和社会三大效益，确保农业产品增产、增效，促使农民增收，逐步走向富裕。能够较好地协调农业与人口、资源、环境、经济、社会发展间的诸种关系，实现经济、生态和社会三大效益的良性循环，达到农业资源的可持续利用，确保农业和农村经济可持续发展。

从"九五"计划时期起，全国各地区政府明确规定组织实施农业现代产业化经营的标准，主要包括：农田设施标准化、农业布局区域化、农业结构合理化、农业经营企业化、农业作业机械化、农业产业科技化、农业服务社会化、农民务业知识化、农业产品基地化、农业产业规模化、农业投入多元化、农业食品有机化、农业供销市场化、农业信息网络化、农业发展现代化。

（一）农业现代产业化经营的目标

从"四五"计划时期初1971年，中共中央、国务院就提出了我国农业现代产业化经营的目标。随着农业现代产业化经营实践的深化，在"九五"计划时期，中共中央、国务院针对我国农业发展现状和基本国情，借鉴国内外实现农业现代产业化经营经验教训，将中国特色农业现代产业化经营的目标概括为：以提高农业劳动生产率、农业资源产出率为起点，以现代科技和装备为支撑，在家庭承包经营的基础上，在市场机制和政府调控的综合作用下，建成农工贸紧密衔接、产加销融为一体、多元化的产业化经营体系，实现保障农业产品供给、增加农民收入、促进农业和农村经济持续发展的目标。2012年，在国务院批准的《全国现代农业发展规划》中提出，现代农业建设"5年取得明显进展，10年取得突破性进展"的阶段目标，标志着农业现代产业化经营，从目标倡导变成了实际行动，体现了从中央到地方的共同目标，成为"十二五"计划时期的实现目标。

1. 农业现代产业化经营的经济目标。农业现代产业化经营的经济目标是指农业现代生产经营产

品的数量增、质量优,农民收入多,农业生态环境保护和改善好。也就是说,农业现代产业化经营的经济目标包括:一是保证农业产品生产经营与供应销售的数量相适应地增长;二是保障农业产品生产经营与供应销售的质量逐步地提高;三是促进农民逐步增加收入、改善生活;四是促进农业生态环境保护和改善逐年加强、好转。

2. **农业现代产业化经营的职能目标。**农业现代产业化经营的职能目标是指农业资源产出率、劳动生产率、产品质量与安全性和资源利用率。农业现代产业化经营职能目标包括:一是农业资源产出率包括土地单产、饲料转化率、水资源产出效率等。这意味着使用同样的自然资源投入,会生产出更多的产品,或者使用较少的自然资源投入,生产出同样数量的产品;二是农业劳动生产率直接与农民的收入有关目标。农业劳动生产率不高,农民的收入就无法提高。农业劳动生产率高,商品率必然高;三是农业产品质量与安全性直接与产品的可用性和人们的健康有关目标;四是农业资源利用率涉及生态环境保护和农业与农村的多功能性目标。一些荒废的荒山和水面,将其转化为可利用资源,从而提高资源利用率,减轻对原有资源的利用压力。

3. **农业现代产业化经营产品的有效供应目标。**由于全国农业产品的需求数量逐年增长,需求品种、品质日益变化,而农业产品的生产供应数量每年增减变化、供应品种少、品质差。有些地区农村没有抓紧发展粮棉油肉糖等农业产品生产,没有把确保农业产品有效供应作为关系全国的头等大事来抓,因而导致一些地区粮棉油肉糖等农业产品的有效供应与需求增长保持平衡的难度越来越大,而企图通过国际市场供应这些农业产品的难度更大。特别是农林牧渔各业产品的品种、品质供应与需求的矛盾更加突出。目前,全国粮食不能保持稳定增加产量、保证品种和品质,面临很多不确定因素,油料生产总量持续下降,生猪、奶牛、肉羊等畜禽养殖业产品数量逐渐减少。要看到随着我国经济社会的发展,对农民提供农业产品的数量、质量和品种需求日益提高,而导致全国农业产品供求关系失衡,大部分农业产品价格上涨,是由多种因素共同作用的结果,既有农业生产成本费用上升的影响,又有城镇人口消费增多的原因,还有国际市场传导的作用。从本质上说,目前全国农业产品价格波动是供求关系变化的客观反映。这说明,只有保持农林牧渔各业持续发展,确保城镇人口所需供应,才能保持合理价格水平。为此,必须从以下四方面努力做到:

(1) 要确保农业产品有效供应,必须首先保护好全国各地区农村耕地和水资源,加强农业基础设施建设,改善农业物质装备条件,提高农业科学技术含量,确保耕地的利用率和产出率,增强农业综合生产能力,保障农业产品增加产量、提高质量。

(2) 要确保农业产品有效供应,必须加强种植业、养殖业优良品种繁育推广工程建设,加快优良品种推广速度,着力保护种畜种禽、种鱼种虾,全面增强农林牧渔各业生产能力,大力推进种植业、养殖业规范化、规模化生产,切实提高农林牧渔各业产品有效供应水平。

(3) 要确保农业产品有效供应,必须调整优化种植业、养殖业产品生产结构,科学合理规划农林牧渔各业产品生产优势区域布局,切实加强优势区域农业产品生产基地建设,以利于缓解农业产品供需矛盾,特别是要侧重促进生猪、奶牛等畜牧业生产发展,着力推动水稻、小麦、玉米、大豆、油料等种植业生产发展。

(4) 要确保农业产品有效供应,必须加快推进农业产品市场信息披露制度建设,拓宽服务、疏通渠道,充分发挥市场信息引导农民有效防范市场风险,增强农民在农业产品生产中增效、增收能力。要促使农民认清农业农村信息是在开通农村电话、广播、电视的基础上,尽快开辟农村通讯、农务电讯、农户联网、手机短信、电子邮箱等信息渠道,为农民及时如实地提供农林牧渔各业生产经营、农村文教科技卫生社保事业发展、农民日常健康生活须知等方面信息服务。

4. **农业现代产业化经营产品的质量安全目标。**多年来,全国各地区农业产品质量安全水平在不断提高,但也存在一些问题,主要有:一是全国城镇工业生产和居民生活中产生的废气、废水、废弃垃圾里的砷、汞、铝、镉等重金属元素,已经渗透农村2亿多亩耕地及其种植业、养殖业产品,正在侵害人体健康;二是农业产品市场监督管理难度大。这是由于全国亿万农户是农业产品生产的主体力量，千家万户农户从事种植业、养殖业生产经营的土地面积广大、生态环境复杂，农业产品生产、加工、包装、贮藏、运输、销售环节多，链条长，而潜在质量安全隐患；三是农业产品质量标准体系建设滞后，监督管理体制不健全，组织协调配合机制不完善，而不能科学评定农业产品质量安全标准，不能确保农业产品质量安全；四是广大城乡居民日益关注农业产品质量安全，一些农业产品及其生产资料伪劣假冒问题的影响遍及全国城乡、家喻户晓、深入人心，一些城乡接合部地区生产和销售假冒伪劣化肥、农药、农机及其零配件等农业生产所需资料，特别是还在生产销售高毒、高残留的抗生素农药，通过低价手段直接推销到农户、田间，一些农村农民盲目购用高毒、高残留农药，过量施用化肥，而导致农林牧渔各业生产的土壤和产品污染，因而提供了一些含抗生素、农药残留、毒害的农业产品。有些食品制假黑窝点利用金属、化工污染工具、非食品原料、超标添加剂，加工制造危害人体健康安全的假冒伪劣食品。一些地区农业产品质量技术监督、检疫、检验机构，放松执法打假、查处假劣质检服务，形成漏洞。

当前我国农业产品在生产、加工、包装、贮藏、运输、销售各环节中出现一些问题，虽然不是普遍的，但是在社会上造成的影响是严重的。由此可见，维护农业产品质量安全，加强农业产品质量安全监督管理，必须从农业产品的生产、加工、包装、贮藏、运输、销售各环节，经常进行全面深入的检验、检测、监督、检查，必须以人为本，保护人民身体健康和生命安全，维护我国农业产品的国内信誉和国际形象为宗旨，尽快提高我国农业产品产加销一条龙产业链的国际竞争能力。这就必须努力提高政治觉悟，增强维护人民利益、国家形象的政治责任感和历史使命感，增强抓紧、抓实、抓好农业产品质量安全监督管理，增强危机感和责任心。具体地说，应做到以下五点：

（1）要深刻认识农业产品质量安全的重大意义。要认清农业产品质量安全是关系到农业和农村持续健康发展、农民增收脱贫致富，关系到人民身体健康和生命安全，关系到国家经济繁荣昌盛、社会和谐稳定的大是大非问题。这就要端正把农业产品质量安全置于现代化农业和社会主义新农村建设全局的指导思想，纳入农业和农村经济总体规划，统一思想行动。要通过政府推动、龙头企业带动、市场拉动、农民互动的"四动"组织步调，走上农业产品的标准化、清洁化、规范化、安全化产加销一条龙产业链、农工贸一体化途径，切实保障农业产品质量安全。总之，要增强农业产品质量安全全程管理的理念，坚持预防为主、源头治理、监督检查、严格管理的思路。

（2）要健全和执行农业产品质量安全规章制度。这就必须严格做到两方面：一是要参照农业产品生产经营的国际标准和国外先进标准，制定保障农业产品质量安全的生产经营技术规范和操作规程；二是要全面落实《农业产品质量安全法》，建立健全农业产品生产地理环境安全制度、农业生产资料购进与投入安全制度、农业产品产加销一条龙产业链环节标识制度、农业产品质量安全市场准入制度、农业产品地理标志注册登记制度、农业产品质量安全监督检查等项规章制度，完善农业产品、食品品质安全信息发布制度，强化农业产品检验手段，为加强农业产品、食品质量安全的全程监督管理奠定基础。

（3）要加强农业产品质量安全检验检测监督管理体系建设。要做到：一是加强农业产品的产前、产中、产后全过程的标准化管理体系建设，着力提高农业产品产加销一条龙产业链各环节的科学技术含量，确保质量安全。同时，要大力推进农业产品质量安全的科学卫生标准，切实提高农业产品生产、加工、销售的卫生质量安全水平；二是加强农业产品检验检测体系建设，建立农业产品质量安全检验检测组织机构，强化检验检测手段，提高检验检测水平，尽快健全分工合理、职能明确、责任到位、配合协作的检验检测体系，依法开展农业产品质量安全例行检测、监督抽样工作，定期扩大监测范围，增加检验次数，调整监测品种，定期发布监测结果；三是加强农业产品质量安全检验检测网络建设，形成以国家监督检验中心为龙头，以省地（市）级检验机构为骨干，县（市）与乡镇级检验机构为腿脚的体系，切实监控农业生产资料的购进与投入、农业产品的生产与经营中的问题，及时查处农业生产资料假劣、农业产品污染等问题，净化生产环境，规范操作过程，加强产地检验；四是加强农业产品质量安全市场准入管理体系建设，严格市场准入，整顿和规范农业生产资料市场秩序，要将具有中国特色、民族特点、地方风味、传统工艺的名特优农业产品纳入市场准入管理，增强竞争力；五是加强农业产品质量安全应急救援体系建设，及时妥善处理农业生产资料购销和使用、农业产品供应和需求中的突发事件；六是加强农业产品质量安全发布体系建设，建立健全农业产品质量安全、应急反应信息发布制度，及时向农民和社会提供农业产品的质量安全、市场需求、检验检测等方面信息服务。

（4）要加强农业产品质量安全示范基地建设。要做到：一是要大力推行农林牧渔各业产品质量安全示范基地建设，首先，在农林种植业基地建设中，要侧重组织进行粮、棉、油、糖、菜、瓜、果、麻、丝、茶等产品质量安全示范基地建设；其次，在畜牧水产业基地建设中，要侧重组织开展猪、牛、羊、禽蛋、各种鱼虾等产品质量安全示范基地建设。要确保农林牧渔各业产品在良性循环生态环境里进行标准化生产。二是要组织开展农林牧渔各业产品优势生产经营区域化布局，建设生产型、加工型、市场型、生态型、种源型等农业产品标准化示范基地建设。三是要通过建设农林牧渔各业产品生产经营标准化、产品质量安全生产经营规模化示范基地，确保各种名特优产品质量安全，严格确定和组织无公害、绿色、有机农业产品生产，注明生产基地界碑，确定生产经营主体的命名认证，经常检验评估，确保从农田到农业产品市场的质量安全，保障人民身体健康和生命安全。

（5）要定期组织开展农业产品质量安全治理整顿。主要从四方面进行：一是要通过各级政府及有关部门组织开展农业生产经营标准化整治，保障农业产品质量安全工作人员力量，本着关心人民生命安全、维护人民利益的原则，深入开展农业产品加工小作坊专项整治，采取科学化、标准化、规范化的手段，引导和促进小作坊向集约化、规模化经营方向发展，切实维护从事农业产品加工农民的利益；二是要通过主管部门加强监督管理，加大整治力度，坚持经常对农业产品的生产、加工、销售各环节进行监督整顿，经常坚持严格备案申报、严格监督检查、严格许可、认准、放行；三是要通过工商、公安部门加大行政执法力度，坚决铲除无证照地下加工黑窝点，严厉打击危害人民身体健康和生命安全的违法乱纪犯罪行为；四是要促进各级职能部门及其所属企事业单位增强紧迫感、自觉性，切实将农业生产经营标准化、保障农业产品质量安全作为国计民生大事，列入重要议事日程，及时研究解决实践中出现的新问题，不断提高农业生产经营标准化和农业产品质量安全保障的水平。

（二）农业现代产业化经营的标准

农业现代产业化经营的标准，是指处于一个时期和一定范围内，用现代物质条件装备农业，用现代科学技术改造农业，用现代产业体系提升农业，用现代经营形式推进农业，用现代发展理念引领农业，用培养新型农民发展农业，着力提高农业水利化、机械化和信息化水平，提高土地产出率、资源利用率和劳动生产率，提高农业素质、效益和竞争力，努力拓展一条顺应客观规律、符合实际的新型农业现代化道路的标准。经过全国各地区组织开展农业现代产业化经营的实践，综合归纳以下十五项标准：

1. 农田水利设施标准化。对农田升级改造，实行田、林、路、沟、渠、埠、电、库的统一规划和全面建设。要在建立基本农田保护区的前提下，加强基本农田保护，建设标准化农田，提高农田水利建设标准，建设"抗旱水源充足、排水渠道畅通、防风固沙林带成网、旱涝保收、稳产高产"的农田。为此，一是坚持以畈（圩、片）为单元，逐步建成土地平整、田块成方、面积适度、四边有沟（渠）、单面有路、四周林网、自立门户、排灌方便、环境优美、适应机械化操作和规模化经营的标准化农田（片），为农业的稳产、高产、增产增效提供基础条件；二是坚持对各类园地和旱地，如桑园、茶园、果园、竹园、菜园和各种旱地，要建设有效的水利保障设施，增强抗灾能力。对养殖业，如鱼塘、虾池、鸡舍、猪场等，要建设有利规模化、标准化生产的现代基础设施。

2. 农业布局区域化。农业现代产业化经营的立足点，就是能够充分利用不同地域的资源、经济、社会和技术优势，根据国内外的市场需求，进行区域分工，逐步建立起功能不同的农业区域，进行专业化、产业化生产。这种区域化分工，就农业结构和布局而言，有水产、粮食、经济作物和林茶果特等相对集中的农业区域。这种农业布局上的地域差异，有其相应的历史、自然和经济、技术条件，具有一定的合理性，要通过市场竞争，逐步建立起若干个各具特色、功能齐全、优势突出区域。为此，一是在东南沿海建立起以高效率、高效益的集约化生产为主要特征的城郊型、外向型农业区域；二是在商品粮产区建立起以规模化、机械化为主要特征的农业现代产业化经营区域；三是在广大丘陵山区建设起以生态型为主要特征的特产农业区域。可以预见，随着农业区域化的实施，农业产业化的进程也将随之加快，进而使农业的区域布局和分工更加合理，使农业布局的区域化进入更高的层次。

3. 农业结构合理化。围绕农林种植业、牧渔养殖业及其加工业的产业结构、产品结构的调整，把结构调优，产量调增，质量调高，效益调好，经济调活，最终把农民调富。加强农业食品保障、原料供给、就业增收、生态保护、观光休闲、文化传承等多种功能开发，在调整优化农业现代产业结构上，做精第一产业，做强第二产业，做活第三产业，确保农业结构科学合理化。为此，一是要妥善处理好第一、二、三产业之间的关系，要在巩固、提高和发展第二产业的同时，强化第一产业，加快第三产业发展，促使农业现代产业化经营发展，既有牢固的农业基础，又能加速产业化的进程；二是要在确保粮食等主要农业产品稳定增长的同时，注重林业、牧业、渔业等多种产品生产经营，使农林牧渔各业产品，既能保证城乡人民生活需求和国内外市场需求，又能提高经济效益，增加农民收入；三是要大力发展"一优两高"农业，提高农业产品的产出率、商品率和市场竞争力，提高农业产品增长中的贡献率。

4. 农业经营企业化。现代农业从事商品型生产经营，与传统农业从事自给型生产经营相比，很大的区别在于它不再是小而全的分散经营，而是具有一定规模的专业化经营。其采取的家庭农场、联户经营、农业车间、农业公司或是其他形式的经营实体，在其产供销的全过程中，都必须实行企业化经营，建立起健全的经济核算和管理制度，实行科学的分工和管理，这样才能经受住来自自然界和市场的双重压力，立于不败之地。

5. 农业作业机械化。农业现代产业化经营最根本的一条，就是要将以手工操作为主的小规模、低效率的传统农业生产经营方式，转变为实行机械化作业、规模适度、高效率的现代农业生产经营方式。为此，一是在组织开展粮、棉、油等农业产品生产经营过程中，对土地平整、耕作、开沟、植保、排灌、运输、加工、贮藏等已基本机械化的作业项目，要进一步提高机械化作业水平，提高效率，降低成本。特别要对水稻播种、育秧、拔秧、插秧、抛秧、收割、干燥等机械化程度较低的薄弱环节，要积极组织科技攻关，逐步建立起适应多熟制生产需要的、多种作业方式配套的农业机械，全面推进农业机械化的进程；二是在组织开展畜、禽、肉、蛋、奶和鱼、虾、蟹、牧渔产品生产经营过程中，对经济效益相对显著的产业或项目，要逐步实行高投入、高质量、高产出、高效益的生产方式，推广新型适用农机具、新技术的研制、开发技术；三是在组织推动农林种植业作业机械化上，必须抓好玉米收获和保护性耕作机械化、经济作物生产加工机械化、水稻生产机械化和秸秆综合利用机械化四项技术的推广工作，突出抓好大棚生产上的新机具应用。加快农业机械创新成果的示范推广和应用步伐，全面提升农业机械化对农业和农村经济发展的支撑能力。培育和发展农机大户和农机专业服务组织，鼓励农业生产经营者共同使用、经营农业机械，建立功能齐全、服务高效的农业机械社会化服务新机制。

6. 农业产业科技化。农业产业根本是科技。实施科技兴农，关键是要使农业科研、农业教育、农业科学技术推广部门紧密合作，组织对适应多熟制需要的农业现代"种子工程""栽培技术工程"等，要争取有新的突破，使之迅速转化为现实生产力。同时，要切实增加农业科技、教育的投入，健全和强化农业技术推广体系，调动农业科技人员的积极性，造就掌握现代农业科技知识的科技队伍。要积极引进国外先进适用的科技成果，加强国际交流和合作，加强消化、吸收和创新，缩短与国外农业科技的差距，全面推进农业科学技术，要加快构建地方农业科技创新体系。为此，一是加大农业生物技术、信息技术、食品生物工程技术等高新技术的研发力度，增加农业产品品种、生产工艺和最终产品的科技含量，推进农业科技进村入户；二是坚持以农田、农机、水利、种植、养殖等乡（镇）、村（屯）管理单位为主体，发挥龙头企业和中介组织的作用，建立多元化的技术推广机制，完善农业技术推广网络，提高农民的科技文化素质，应用和普及农业科技成果；三是改革农业科研和技术推广体制。以县（市）、乡镇农业技术推广机构为主导、农民合作经济组织为基础，构建农业科研、涉农企业广泛参与的多元化农业技术推广体系，健全基层农技推广体系的网络，稳定"补网、联线"队伍。

7. 农业服务社会化。农业生产产品的数量多、质量好、农民收入高、农业生态环境保护得好的一条有效途径，是为零星分散的千家万户农民生产经营提供社会化服务，按市场规律有序运作，构建经营性农业专业化服务体系。为此，一是要坚持以农民为主体，政府扶持，市场化运作，构建农民专业合作服务体系；二是要坚持加快农村教育、金融、保险、信息等服务体系建设，为农业发展提供全方位服务。这是农业现代产业化经营必须追求的发展方向；三是要坚持以现代农业较大的生产经营规模、较高的劳动生产率和农业产品商品率为社会提供较为丰富的农业产品，积极参与市场竞争，为千家万户农户提供产前、产中、产后相配套的社会化服务；四是要坚持动员全社会、多部门的力量，建立和完善强有力的产前、产中、产后全程服务的社会化服务体系，在农业现代产业化经营资金、物资、科技、保险以及产供销的各个方面，提供全程社会化服务。

8. 农民务业知识化。农民是农业现代产业化经营的主力军，农民素质的高低决定着农业现代化经营持续发展。为此，一是提高农民文化素质，用先进文化塑造农民，着力培养文化型农民。这就要求：一要通过发展农村教育事业培养文化型农民，大力发展农村九年制义务教育，扎实推进农村职业教育，积极建立现代教育体系，积极发展现代远程教育和电化教育。二要通过加强公共文化设施建设培养文化型农民，加快县城文化设施建设，建设好县城文化馆、图书馆、影剧院和文化娱乐中心，加快完成乡镇文化站建设，要加强村级文化设施建设，新建或改建村民文化活动室和体育场所，全面提升农村公共文化设施水平。三要通过丰富农民精神文化生活培养文化型农民，组织社会各界开展送科技、文化、卫生、法律、计生知识下乡活动，把开展群众性文化活动与建设社会主义先进文化、和谐文化、传承弘扬民族文化结合起来，利用农闲、节日、集市开展山歌会、民族舞蹈比赛等符合农村特点和农民需求的群众文化活动，培养农村文化人才。四要充分发挥现有的民间专业人才、退休干部、职工、农村教师的作用，经常性开展群众性的文化活动，搞好传帮带，在活动中发现和培养农村文化骨干队伍；二是提高农民科技素质，用科学技术武装农民，着力培养技能型农民。这就要求：一要通过技能培训提高农民科技水平。制定完善劳务输出技能培训规划，每年开展引导性培训和技能培训，培养懂科技的新型劳动者。二要深入开展"跨世纪农民培训工程""学科技致富竞赛活动""绿色证书工程"等活动，使农村劳力基本掌握适用技术，科技入户率达到98%以上。三要通过技术指导提高农民科技水平。要通过多种途径，进一步发挥好基地专家的指导作用，给农民传授科技知识，解决技术难题，培养更多的技术能人。四要大力推行基层农业科技人员包村联户，逐步形成农业科技人员抓科技示范户、科技示范户带动普通农户的技术推广模式。五要通过典型示范提高农民科技水平；三是提高农民道德法律素质，用文明风尚熏陶农民，着力培养文明型农民。这就要求：一要抓好宪法、村民委员会组织法等基础法律知识的宣传教育，抓好土地管理、经济建设等方面法律法规的宣传教育，抓好禁毒禁赌、反邪教组织及信访法律法规和村规民约的宣传教育，使法制宣传教育贴近农村实际，让农民爱听、爱用。要在农民法制教育及基层综合治理组织建设、制度建设等方面，进行系统规范，实现工作的制度化、规范化，建立法制宣传教育的长效机制。二要全面落实《公民道德建设实施纲要》，努力营造有利于农民思想道德建设的良好社会氛围，在发挥基层党组织主导作用的前提下，注意扶植和发展自我教育和管理的各类组织，并以此为载体，开展道德实践活动，确立群众的主体地位。三要加大农民群众的监督力度，把"德治"和"法治"结合起来，制定完善"文明公约""村规民约"等规章制度，通过严格的科学管理，约束和制止不文明行为。四要狠抓新农村建设示范村文明创建，把提高农民道德法制水平作为文明创建活动的重要任务，把文明创建活动作为新农村建设的重要内容，使新农村建设示范村，既成为物质文明的示范，又成为精神文明的示范，相互促进，共同发展。五要以加强村（居）级组织建设为保障，以开展法制宣传教育为基础，以落实"四民两公开"为重点，精心组织开展"民主法治村"创建活动，着力推进贫困地区民主法制建设进程。六要狠广泛开展"文明户""文明家庭"等创建活动，促进农民增强精神文明的自觉性。通过以上三个途径，推动农民务业知识化。

9. 农业产品基地化。1999年以来，全国加速推进了工业化、信息化、城镇化、农业现代化、城乡一体化社会经济发展，为各地区组织制定实施《建设社会主义新农村行动计划》，推进农业现代产业化经营，建立农林种植业产品、牧渔养殖业产品生产、加工、供销结合一体基地，充分发挥农业现代产业化生产经营农林牧渔各业生态有机、名特稀独产品的优势，适应城乡人民生产、生活和国内外市场优质化、多样化、多变化的需求，中共中央国务院既明确了前进方向，又开辟了行之有效途径。为此，明确规定，一是坚持以全国农林牧渔各业产品生产经营区域布局为依据，在东北黑龙江、吉林、辽宁这三省区域建设小麦、玉米、大豆、水稻、产品基地；在中南河南、湖北、湖南等省区域建设小麦、水稻、油料、柑桔等产品基地；在华南广东、广西、海南等省（自治区）区域建设水稻、蔗糖、橡胶、果品、蔬菜基地；在西南云南、四川等省区域建设水稻、蔗糖、生猪、花卉基地；在西北陕西、甘肃、青海、宁夏、新疆等省区域建设五谷杂粮、棉花、畜禽、瓜果、药材基地；在华北河北、内蒙古、山西省（自治区）区域建设鸡蛋、奶牛、生猪产品基地；在华东山东、安徽、江西、浙江、福建等省区域建设小麦、水稻、蔬菜、瓜果、水产品基地。为此，一是财政部在1995年8月召开的全国财政支农工作会议上明确提出，要把支持农业产业化发展作为"九五"财政支农工作的重要内容，并实施了第一批中央财政支持地方财政实施农业产业化项目试点，选择了12个省22个项目，共投入1.77亿元，用于扩大农林牧渔各业产品生产、加工基地，加强专业批发市场示范建设，推动各地区启动农业产品基地基础设施建设、全程机械化示范区试点项目工程建设，在耕地面积有限的情况下，走内涵挖潜增效的路子，提高示范区内农业产品基地综合生产能力；二是各级政府及有关部门在组织推动农林牧渔各业产品基地建设上，必须在优先保障粮棉油肉糖蛋奶菜主要产品生产供应的基础上，加强对林牧渔各业产品基地建设，提高农林牧渔各优势特色产业示范基地综合生产能力。

10. 农业产业规模化。从"十五"计划时期起，从中央到全国各地区政府为推动农业现代产业化经营全面持续发展，进一步明确规定和实施由传统农业向现代农业、由零星分散生产经营向集中连片规模化经营转化。为此，一是引导推动传统农业转向现代农业生态化、水利化、机械化、电气化、基地化、规模化、产业化轨道；二是引导推动农业区域农林牧渔各业产业经营规模合理布局，主要包括：扩大农业生产经营基础建设规模，延伸农业产品种植、养殖、加工、供销全程流水线产业链，在农民和市场之间建立带动基地，联结市场、致富农民的利益机制，形成农工贸、农科教结成一体化、规模化集团公司；三是引导推动农业土地经营规模化。通过土地流转等形式发展优势产业，形成粮棉油、麻丝茶、糖菜烟、果药杂等粮食、特色经济作物等一批规模生产、加工、供销系列化、规模化产业，推进土地集中、生产集约、适度规模经营；四是引导推动农业基础设施规模化。要坚持努力扩大农业机械化种植产业化经营规模，通过农民专业合作社组织发动农民扩大农田水利建设规模，提高灌溉与排涝、保水土与防沙、保障稳产与高产的能力；五是引导推动农业产业经营规模化。要进一步推动农业种植、养殖、保鲜、加工、贮藏、运输、供销系列产业化经营规模，发展壮大农业产业经营龙头企业，扩大龙头企业经营规模，提高龙头企业的劳动生产率、商品率、投入产出率、科技贡献率。

11. 农业投入多元化。必须不断开辟实现农业现代产业化经营投入渠道，逐步形成农民积极筹资投劳、政府持续加大投入、社会力量广泛参与的多元化投入机制，建立农业现代产业化经营投入稳定增长机制，中央到地方各级财政、银行、保险等金融机构每年都要增加投入，形成实现农业现代产业化经营稳定的资金来源，健全农业现代化经营支持补贴制度，积极推进农业现代产业化经营保险，建立农业现代产业化经营科学技术推广应用补贴规则、风险防范机制。为此，一是必须正确认清农业现代产业化经营持续发展，需要加强农业种植、养殖、加工基础设施建设和改善、保护农业产业生态环境建设，这就需要多元化、多渠道、多方式不断投入大量资金，不是各家农户能筹措起来的，而必须通过国家和地方财政配套资金、各种银行和信用社信贷资金、社会各界资金、乡村民众资金、国际各界资金等多元化、多渠道、多方式筹措的；二是必须提倡谁投资、谁所有、谁受益，充分调动各方面发展农业现代产业化企业信用的积极性，采取投资入股等多种方法，促使零星分散的民间资金转化为农业现代产业化经营资金，推动农村各种经济组织内部挖掘资金筹集潜力，增强农业产业化龙头企业职工与企业命运联在一起筹措资金的自觉性，缓解资金投入困难；三是必须推动各级财政、银行、保险等金融机构不断增强对农业现代产业化经营资金投入持久性，逐年加大农业现代产业化经营投资力度，推动农村小城镇经济健康发展。

12. 农业食品有机化。农业产品中食品是完全不用化肥、农药、生长调节剂等合成物质，也不使用基因工程生物及其产生的物质，而形成的农业产品中食品，其实质是建立和恢复农业产品，其核心是建立和恢复农业生态系统的生物多样性和良性循环产品。如能根据这种标准生产、加工，通过权威机构认证的农业产品，就是有机食品。它是属于一种满足城乡居民小康型消费需求的生态化、保健型全新食品，目前在国内、国际市场上畅销无阻，其价格通常比常规食品要高出20%~50%，有的要高出1倍以上。我国加入WTO后，全国农业产品质量必须与国际市场接轨。从生产环节来说，我国这方面才刚有起步，尚未引起广泛关注，远不能满足国内外市场对有机食品的大量需求。要知道，有机农业产品是典型的劳动密集型生产工艺产品，要看到我国农村劳动力十分充裕，农民容易掌握有机农业产品生产技术，只不过是要建立新的生产体系、质量标准，并相应采取一些新的替代技术。据调查估算，如果我国的有机食品在国内外市场所占的份额达到3%~5%，就意味着每年可增加收入200亿~300亿元。只要通过积极引导农民大力发展有机农业产品生产，就会提高我国农业生产经营水平，提高农业综合效益，增加农民收入，增强农村经济实力。全国各地区山区、半山区农民占全国农业人口的43.5%。经济发展的潜力在山，农民增收的希望在山，很适宜生产有机农业产品。为此，必须坚持拓宽"远抓林果、近抓畜牧"之路，一是要调整优化有机林业产品，要遵循森林多功能利用和可持续发展的原则，着力调整林业结构，探索以生态环境建设带动林业发展的现代林业路子；二是要调整优化有机畜牧业产品，大力发展有机畜牧业产品生产。内蒙古、新疆、宁夏、西藏、青海、甘肃、四川七省、自治区畜牧业收入占七省、自治区农民收入的40%左右，占山区、半山区农民收入的60%以上，抓好畜牧业对农民增收具有重大拉动作用。要通过切实抓好品种改良、疫病防治、科学饲养、草场建设、深化加工的开拓市场等环节，正确处理好家庭饲养与规模经营、数量与质量、生产与销售的关系，推动产业化经营，力争把畜牧业建成山区、半山区农民增收的重要支柱产业。

13. 农业供销市场化。农业现代产业化经营的重要标准，是农业产品的产加销衔接市场化，拓展市场化营销深度和广度，深度开发国际国内市场，拓宽出口渠道，建立营销网络。是建立以大型批发市场为核心的农业产品流通体系，发展连锁经营、物流配送、电子商务等现代流通业态，培育经纪人队伍，提高农业产业化经营组织化程度和农业产品市场竞争力，争创名牌、品牌产品，进一步扩大市场占有率。是新创一批名牌、品牌，使更多的农业产品获得行销各地市场的通行证。为此，一是要引导农民不断增强农业产品市场竞争自觉性，适时为农民提供农业产品市场信息、销售场所，指导农民遵守国家农业产品质量标准检测规则，适应国内外市场对农业产品优质、优价、安全的需求；二是要推动各地区有关部门互相配合协作、共同策划，组织开拓创建辐射面广、带动能力强、吞吐量大、产加销功能完善的农业产品产地批发市场，进一步建立健全农业产品产加销一体化市场体系，逐步建成功能完备、机制健全、运行规范、开放统一、竞争有序的农业现代化产品市场体系；三是要在逐步健全农业产品的生产、加工、包装、贮藏、运输、销售、信息等服务体系，以销定产、以销促产的基础上，大力开拓国际商场，增强我国农业产品的国际竞争能力；四是要及早建立农业产品市场信息综合管理和信息网络系统，切实做好国内外农业产品市场信息搜集、预测、分析、处理和发布工作，发展壮大农业产品市场信息工作队伍，为农民群众提高农业产品市场等方面信息服务；五是要不断加大国内外农业产品市场开拓力度，首先，必须研究农业产品市场的需求、容量、动态和供求关系问题。其次，必须开拓农业产品市场，通过宣传农业特色有机独产品，争创名牌等方式，树立良好的信誉，扩大市场销售份额，在国内外市场站住脚。第三，必须引导农民进入国内外市场，发展以农民群众为主体的销售队伍，开通绿色通道，消除中间环节关卡，杜绝乱收费，确保农业产品产供销渠道顺利畅通。

14. 农业信息网络化。农业现代产业化经营信息化网络的标准主要包括：农业基础设施装备信息化、农业技术操作全面自动化、农业生产经营信息网络化。农业基础设施装备信息化的标准主要包括：农田基本建设信息化和自控化，农业产品生产、加工、包装、储备、营销各环节设备仪器等设施的因素变化的检测、调解和控制，牧渔养殖业土地、水池、房屋等基础设施的饲养环境的测控、自控或遥控。农业技术操作全面自动化的标准主要包括：农林业产品种植管理的自动化、病虫害防治信息化和自控，牧渔业产品养殖管理的信息化、自动化。农业经营管理信息网络化的标准主要包括：全国各地农业现代产业化经营区域情况计算机预测、决策管理体系的健全，全国省、市、县、乡农业现代产业化经营网络的健全，全国各地区农业现代产业化经济信息的选择科学准确、利用成效显著，切实提高农业现代产业化经营最佳综合效益，农业信息化促进广大农民学习文化科技知识，掌握先进农业信息化和自动化技术，成为信息农业的经营管理者、信息时代的合格劳动者。为此，一是要始终为农林牧副渔各业生产经营各环节，农业资源治理开发和利用各领域，农业产品市场需求、加工、销售、管理各方面，提供信息技术服务；二是要优先发展农林牧副渔各业产品品种、品质、产量的高新信息技术，开创自有品牌产品和名特优产品的信息技术；三是要建立健全农业信息网络体系、农业信息资源数据库、农业信息传输网络、农业信息互通网络、农业信息采集处理系统；四是要完善农业信息化服务制度，加强农业信息服务队伍力量，开发农业产品市场信息资源，多渠道地开展农业信息化服务，不断开拓农业信息化服务途径。

15. 农业发展现代化。我国已经进入工业化中期阶段，但农业依然是国民经济发展的薄弱环节，要持续推进工业化、信息化、城镇化，必须同步推进农业现代化。为此，一是要树立用工业理念谋划农业的意识，用工业的思路抓农业，以工业化的生产经营组织方式为手段，合力推进农村工业化、城镇化，推进农业现代产业化经营。通过发展农业现代产业化经营，从传统农业零星分散小生产经营之路，转向现代农业集中连片大规模生产经营光明大道，提升农业整体素质，加快农村工业发展，做强县域工业，增强工业反哺农业、城市支持农村的能力，注重发展新型农用工业，不断提升农业物质装备水平；二是要支持促进城乡生产要素相互流动、工农业形成交融发展，进一步推动城乡一体化经济发展，劳动力首先由第一产业向第二产业转移，当城乡一体化经济进一步发展，劳动力向第三产业转移，从国际经验看，广大农民进城从事非农产业，城镇企业进村从事农业产业化经营，形成工农业交融发展，是一个国家进入工业化中期的普遍现象，我国也不例外。据有关部门统计，截至 2016 年，我国农村劳动力进程务工已近 2.4 亿人，农民工资性收入占农民纯收入在 46% 左右，正如农民所说：一家一人务工解决温饱，两人务工实现小康。同时，也应看到各地区农村从事农业的劳动力多为妇女和老人，群众称为 "386170 部队"。加上农业耕种面积小而分散，基础设施落后，形成缺人、缺技术和缺装备的局面。为此，必须通过外部生产要素的引入，通过多元化、多种形式的农业现代产业化经营，推动城镇工商服务企事业、各种人才进入农村从事经营风险小、市场好、利润高、发展空间大、优惠政策多的第一产业，充分发挥企业资金、信息、人才、技术和管理的优势，推动农业发展现代化。特别是中共中央、国务院提出一系列城乡统筹协调发展的重大政策，为工农业交融发展创造了条件，工农业交融发展，已在全国各地区形成城乡一体化经济持续健康发展局面。

五、农业现代产业化经营的特点和重点

农业现代产业化经营的内涵，就是"农业现代产业系列化经营"。简单地说，就是把农业产品种植、养殖、加工、保鲜、包装、贮藏、运输、供销等环节形成完整的农业现代产业系列化经营。农业

现代产业化经营的基本特征是指以国内外市场为导向，以提高农业比较效益为中心，按照市场牵龙头，龙头带基地，基地联农户的形式，优化组合农业产业化生产经营各种要素，对农业区域性主导产品实行专业化生产，系列化加工，企业化管理，一体化经营，社会化服务，逐步形成种养加、产加销、农工商、内外贸、经科教一体化现代农业生产经营体系，使农业走上自我积累、自我调节、自我发展的良性发展轨道，加快农业现代产业化经营持续发展进程。我国农业正进入由传统农业向现代农业转变的关键时期，农业现代产业化经营重点放在农业特色优势产业、农业主导支柱产业、农业龙头带领产业、农业科技推广产业、农业生态有机产业、农业基础设施产业、农业社会服务产业、农业利益联结产业、农业持续发展产业。

（一）农业现代产业化经营的特点

从"六五"计划时期以来，全国各地区农业现代产业化经营正处在一个由低级到高级、由局部到全局的发展过程。农业现代产业化经营与农业传统自然生产经营相比，有五个显著的特点：

1. 农业现代产业化经营性质的特点。农业现代产业化经营性质的特点是指相对于传统农业，现代农业具有生产条件现代化、生产手段科技化、管理服务社会化、功能目标多元化和资源配置市场化等主要特征。具体说，与传统农业相比，它具有四大特点：一是突破了传统农业主要从事初级农业产品原料生产的局限性，实现了种养加、产供销、贸工农一体化生产经营，使得农工商的结合更加紧密；二是突破了传统农业远离城市或城乡界限明显的局限性，实现了城乡经济社会一体化发展、城市中有农业、农村中有工业的协调布局，科学合理地进行资源的优势互补，有利于城乡生产要素的合理流动和组合；三是突破了传统农业部分分割、管理交叉、服务落后的局限性，实现了按照市场经济体制和农村生产力发展要求，建立一个全方位的、权责一致、上下贯通的管理和服务体系；四是突破了传统农业封闭低效、自给半自给的局限性，发挥资源优势和区位优势，实现了农业产品优势区域布局、农业产品贸易国内外流通。总之，农业现代产业化经营性质的特点是广泛采用现代科学技术，普遍使用现代生产工具，广泛使用现代投入物，全面实行现代管理，生态环境良好可持续发展的发达农业。现代农业具有生产经营市场性、生产环境开放性、生产投入资本性、产品质量标准性、专业发展风险性和政府支持保护性等特征。

2. 农业现代产业化经营多功能的特点。首先，要认清农业具有经济、社会、文化、生态等多功能的特点。农业既能保障粮食供给，提供多种农业产品，促进农民就业增收，又能在工业化进程、缓解能源危机、推动以生物质产业为主导的产业革命、保护生态环境、传承历史文化等方面发挥重要的功能；要知道农业不仅具有经济功能，更有巨大的社会功能；要了解发展农业不仅是农民的责任，也是社会的责任。农业随着我国经济发展和科技进步，传统功能不断强化，新的功能日益增多。其次，要看到农业由单一产业发展成多种产业的特点。农业作为基础产业、战略产业的支持保护体系逐年构建起来。同时，农业现代产业化经营逐年由单一产业发展成多种产业，由农业生产经营狭小的范畴转向农业产业化经营大范畴，逐年发展形成特色产业、生物质产业、生态产业、旅游休闲产业、农业文化产业等新的产业。要掌握这些产业都是农业现代产业化经营多功能的产业。最后，要注重新兴乡村旅游产业功能的特点。2013年以来，随着我国工业化的推进和人们生活水平的提高，社会对农业原料的需求不断增长，对农业优质产品、深精加工产品的消费迅速扩大，以农业产品为主要原料的生物质产业发展迅猛，新兴乡村旅游产业的蓬勃崛起，正在对农业可再生资源、能源的深化开发和资源利用，要抓住由此形成若干"无中生有"的旅游休闲产业。旅游休闲产业是利用农村和农业等自然资源和人文资源，运用工业、服务业等理念及管理方式，发挥农业经济、社会、教育、娱乐、文化等多种功能，满足人们精神需求，促进农业现代化的一种新型农业。

3. 农业现代产业化经营产业链的特点。农业现代产业化经营产业链条的基本特点是指产业链条延伸的特点。第一个特点是，种植业、养殖业、加工业、销售业连锁发展，这样产业化经营延伸的链条就能使农民多层次增加收入。第二个特点是，农业现代产业化经营为零星分散、小规模生产的农户带来现代科学技术的投入和应用,导致农民生产、加工农业产品高产、优质、高效,增加收入。第三个特点是,贸工农一体化经营。贸工农一体化的"贸"字当头,把市场放在第一位,根据市场需要加工,根据加工需要种养,使农业产品真正做到顺应市场需求,有利于解决农业产品卖难问题,而且能提高产品附加值。第四个特点是,农业现代产业化经营延伸链条促使农户就地发展农业产品加工业,为农民提供新的就业领域,增加农民收入。第五个特点是,农业现代产业化经营延伸链条带动运输业、邮电业、金融业、生活服务业等关联产业的发展,从而促进农村小城镇社会发展,为农村人口向非农方向转移开辟广阔前景,农村人口农外收入逐步增加。第六个特点是,农业现代产业化经营延伸链条促使农村发挥人口多的优势,以劳动密集型的产品及其加工品出口创汇和与国际市场实行资源交换。我国人多资源少,实际上等于劳务输出,是我国农业外贸的方向。

4. 农业现代产业化经营机制的特点。农业现代产业化经营是我国农业和农村经济发展的重要形式,是适应社会主义市场经济体制要求,带动农村经济发展和广大农民致富的必由之路。农业现代产业化经营机制的特点表现在三方面:一是农业现代产业化经营机制是按照农业和农村经济组织形式、市场经济体制组织开展的农业现代产业化经营运作的一种激励和鞭策的机制,从传统农业生产经营领域向加工、销售领域拓展,从而适应城乡人民生产、生活需求,满足国内外市场需求。农业现代产业化经营是农村社会生产力发展到一定阶段的产物,是摆脱传统农业落后生产经营方式,克服传统农业的局限,打破条条块块的束缚,形成跨地区、跨部门、跨所有制的农工贸、经科教相互吸引、相互渗透的一体化经营模式。二是农业现代产业化经营机制是按照农业产品市场配置农业产业化生产经营要素形成共同体的利益机制。农业现代产业化经营的各个环节,都是由市场经济规律发挥作用,而形成的利益共同体,是市场原则和利益机制作用下的专业分工和协作,农户、龙头企业、销售网络都可以是各自独立的商品经营者,是共同的利益需求将他们联系起来,形成利益风险均沾的共同体,这个共同体形成的机制就是农业现代产业化经营的机制。因此,实现农业现代产业化经营机制,必须全面排除非市场因素的干扰,形成按照农业现代产业化经营原则和市场经济规律,组织运作的自我约束、自主经营、自我发展的集团利益机制。三是农业现代产业化经营机制是农业现代产业化经营,将各个分散的家庭联产承包经营农户联合起来,按照农业产业化生产经营系列化方式,同大市场有机地结合起来,使广大农民从生产者向生产经营者过渡的产业化经营方式。上述说明,农户家庭联产承包确立了农民的生产主体地位,充分调动了农民从事农业生产积极性,这是我国农村经济体制改革的第一步;农业现代产业化经营在我国建立一种适应市场经济体制要求,帮助农民走向富裕的生产经营机制,这种经营机制成为我国农村经济改革和发展的第二步。因此,实现农业现代产业化经营机制是客服小农经济的思想束缚,按照农业现代产业化生产经营、社会化大流通要求,形成社会化分工、专业化协作、区域化布局、规模化发展、集团化经营的生产经营机制。

5. 农业现代产业化经营的"三要素"的特点。农业现代产业化经营理念、农业现代产业化经营科技和农业现代产业化经营组织体系,是构成农业现代产业化经营三大要素,科学把握三大要素的实质及其与农业现代产业化经营特征的关系,是农业现代产业化经营的特点:一是农业现代产业化经营理念特点。首先是农业公共产品的理念,农业现代产业化生产经营的产品是具有战略物资性质的产品,这种产品的安全供给是一个国家独立自主发展的根本保障。其次是农业多功能的理念,农业现代产业化生产经营,为城乡人民生产、生活所需产品供给保障的同时,还发挥着生态、生活、教育以及文化传承等多种功能。二是农业现代产业化生产经营科学技术特点。农业现代产业化经营科技包括:国家科技的供给能力,农民的科技自觉,农民创造性地应用科技,还能不断地创造出新的科技。同时,农业现代产业化经营需要强调的是,发挥传统农业文化,是指传统的低碳环保生活方式、农业生产经验、地方知识和生态信仰、人与环境和谐相处的价值观念等。传统文化和现代科技的有机结合成为农业现代产业化经营的特点。三是农业现代产业化经营组织特点。农业现代产业化经营发展,有赖于农业现代产业化经营组织完善。农业现代产业化经营组织基础有两种基本形式:其一是农业合作组织快速发展。截至 2015 年末,全国农民专业合作社已超过 84 万家,入社农户明显增加,达 5630 万户左右，约占全国农户总数的39%。农业产业化组织达到48万个以上，农业产业领域不断拓展，其中种植业占40.4%，畜牧业占30.9%。二是农业社会化服务体系不断完善，服务能力不断增强，从过去信息服务拓展到农业资金供应、农业科技推广、土肥植保、水电交通、加工储藏和销售服务等，已成为我国农业现代产业化经营组织化的亮点。

（二）农业现代产业化经营的重点

2007年至2017年，中共中央一号文件将"发展现代农业"定位首要任务。一号文件表明，发展现代农业就是要用现代物质条件装备农业，用现代科学技术改造农业，用现代产业体系提升农业，用现代经营形式推进农业，用现代发展理念引领农业，用培养新型农民发展农业。只有转变增长方式，中国才能缩小与发达国家农业的差距。从"十二五"至"十三五"规划时期，国务院明确提出，提高现代农业的设施装备水平、提高科技对农业发展的贡献率、构建现代农业产业体系、提高农业产品质量安全水平、增强现代农业建设的活力，成为我国现代农业建设的五大主攻方向。

从2016年起，各地区政府根据中共中央、国务院的指示精神，一是确定农业现代化产业化经营的重点产业项目；二是确定农业现代产业化经营的种业工程、基础设施、产品基地、产品市场的重点建设项目；三是确定农业现代产业化经营中农民的土地流转、生产资料供求、创业就业、产品生产流通、增加收入、改善生活、文教卫生、水电交通等项目。

1. 重点产业项目。各地区政府财政支持农业现代产业化经营，增加对农业现代产业化经营的资金投入，强化对农业现代产业化经营管理，加强调查研究、考察评估分析，确定近期、远期目标，科学选择重点产业项目，讲究最佳的综合效益，即实现社会、经济、生态三大效益的有机统一。从我国各地区自然地理环境和资源条件出发，因地制宜地确定特色稀奇产业、生态环保产业、主导支柱产业、龙头引领产业、科技推广产业、社会服务产业、基地设施产业、都市农林产业、持续发展产业等九方面重点产业项目。

（1）特色传统产业。首先是特色产业，即珍、稀、奇、特产业。特色业生产经营的珍、稀、奇、特类品种产品，虽然在一定的范围内、时间内可以获得高效益，但因种植、养殖、加工特色产品数量多，又因市场空间有限，导致效益低，以致出现"卖难"或"烂市"。对于有一定市场空间的特色产业生产经营的珍、稀、奇、特类品种产品。可根据各自区域实际条件，因地制宜地适当种植、养殖、加工。而对于市场需求量小或根本就没有市场的珍、稀、奇、特类品种，如蓖麻、红大豆、绿大豆、黑小麦、草本苹果、西洋参等品种不宜扩种，避免使得更多的农民"种植希望，而造成收获失望"。综上所述，珍、稀、奇、特品种只能作为调整种植、养殖品种结构的"调剂品"，不能成为"主食品种"，"人参再好也不能当饭吃"；其次是传统产业，即粮、棉、油、瓜、果、菜、肉、蛋、奶、鱼、虾等传统产业。实际上，大部分农民通过传统产业生产经营的产品，调整优化种植、养殖传统产品品种结构，能够增效增收、发财致富。虽然增幅不会太大、效益不算太高，但是由于城乡人民生产、生活需求量巨大，能以规模化生产经营取得规模效益，"聚少成多"地增收，更加现实。传统产业生产经营的产品，必须在总结吸取老传统、老品种、老方法等"老一套"经验教训的基础上，多动脑筋、多下功夫，积极更新品种，改进种植、养殖、加工方式，加大科技含量，以增加品种和产量、提高品质等手段来获得较高的经济效益。

（2）生态环保产业。保护改善生态环境产业，是我国农业现代生态文明的产业，在生态文明时代，生态化是农业现代产业化经营发展的必由之路。我国农业现代产业化经营只有坚持走生态化的技术路线，才能走上资源节约、环境友好可持续发展的道路，才能从农业源头上解决农业产品的质量安全问题，才能产出绿色有机食品，提升农业产品的附加价值，让农民增加收入，让全国城乡人民使用更加健康安全放心的农业产品。进而破除国际贸易绿色壁垒，提高我国农业产品的全球市场竞争力。从"十二五"规划时期起，国务院强调，各地区在推动发展生态环保产业上，必须完善环保机制、增强生态功能，建立全民族依法保护生态环境，科学合理配置资源、区域社会经济协调发展的良好机制,保证完成我国农业生态文明建设的基本任务。为此,一是建立和完善党政机关服务于环境保护的控制机制,坚决执行党政一把手负总责的环境与发展综合决策制度,强化环保设施与主体工程同时设计、同时施工、同时投产的"三同时"制度和环境影响评价制度;二是建立和完善社会环境保护的监督机制,重点加强新闻舆论机构对环境保护工作的监督。环保部门要确保已经建立的举报制度正常运行,提高快速反应能力和污染事故应急处理能力;三是建立和完善全民环境保护的激励机制,依靠全社会的力量,从每个公民、家庭、单位、社区、乡村、城镇抓起,从点滴做起,重点解决城乡脏乱差问题,大搞科学绿化,提高城乡绿化率。城乡生态环境基础设施是生态文明形象的基本结构框架,与之配套的设施与基本结构一起构成完整的生态文明环境;四是严格执行科学的城乡系统建设规划、城乡功能定位和形象定位机制,始终确保环保投入与经济增长总量相协调,逐渐增加环保投入占 GDP 的比重;五是严格执行农林种植业和牧渔养殖业生产经营方式,由种植与养殖分离向种植与养殖结合转变的机制,必须坚持节能减排、防止各种污染、建设农林牧渔各业产品基地,把种养加产业和产品结构调优、调高、调精;必须坚持淘汰落后的品种,改革落后的生产经营制度,大力发展特色经济,包括热带瓜菜种植、水产捕捞养殖和畜牧业;必须坚持大力发展热带海岛度假休闲型旅游胜地,在充分保护自然生态环境的前提下适当开发人文景观,突出热带自然风情,坚持"不污染环境、不破坏资源"的原则,充分利用各种有利时机,开展招商引资,确保生态环保产业健康发展。

(3) 主导支柱产业。首先,确定扶持农业现代产业化经营的主导产业、培育主导产业、支持发展主导产业,建设规模化、优质化的农业产品商品基地,这是实现农业现代产业化经营的基础。各地区政府及财政等部门要坚持因地制宜、发挥优势、面向市场、立足农户的原则,选择那些资源优势明显、市场容量大、单位产出率高、经济效益好的农业主导产业,将主导产业生产经营产品区域基地作为大力支持综合开发建设重点,支持农民把农业主导产业各具特色生产经营产品商品基地建设好,建成基地规模大,形成商品批量、加工批量、销售批量,不断提高资源产出率、劳动生产率,实现最佳规模经济效益。其次,确定扶持农业现代产业化经营的支柱产业,延长产业链条,提高农业综合生产能力,实现农业增效、农民增收。为此,一是坚持始终本着发挥优势、培育支柱、重点扶持、示范带动的原则,选择具有本地特色的优势产业;二是坚持选择在农村经济中占有较大比重,使农民增收的林业、牧业、渔业及其加工支柱产业。

(4) 龙头引领产业。各地区政府在组织推进农业现代产业化经营中,通过逐年加大财政信贷资金投入力度,加强培植和建设龙头产业,壮大龙头企业引领和带动农户能力,推动龙头企业延伸产业链,一头联系市场,一头联系农户,开拓市场、引导生产、深化加工、搞好服务,不断增强引领和带动能力,提高农业现代产业化规模经营管理水平。为此,各地区政府财政部门在扶持龙头企业的建设过程中,一是要坚持把龙头企业建在农村集镇,就地发展。这样有利于把支持农业现代产业化经营与转移农村富余劳动力和实现农村工业化、城市化结合起来。二是要优先支持科技含量高、市场前景好、辐射带动功能增强、具有开拓市场能力、成效显著的龙头企业,创精品名牌、优质产品,不断增强其竞争能力和对地方经济的带动能力。三是要通过财政部门对龙头企业,主要通过运用贴息、低息政策和减税让利政策,为其发展创造好的投资环境条件,吸引、鼓励有实力的工商企业、外资企业向农业注入资本,兴办公司,带动农户实施产业化经营,使农业成为"资本系数很高"的产业。

(5) 科技推广产业。农业现代产业化经营持续健康发展的核心动力,是科技创新推广产业,它与农业现代产业化经营发展相辅相成。农业现代产业化经营主要包括农业现代物质技术、农业现代科学技术创新推广应用产业化经营。只有农业科技创新推广产业发展,才能改变传统农业的落后面貌,推动农业现代产业化经营持续健康发展。为此,各级党委、政府及部门必须始终坚持大力发展科技创新推广产业,促使它成为农业现代产业化经营发展的核心动力,不断提高农业现代产业化经营发展水平。因而成为农业和农村经济发展的内在推动力。各地区政府及财政部门必须坚持做到:一是抓住农业现代产业化经营核心动力的关键,大力支持农业科技进步,多方开辟农业科技创新推广资金渠道,对农民采用先进农业现代产业化生产经营科学技术给予财政补贴,促进广大农民推广应用先进科学技术,大力扶持农业现代产业化经营龙头企业引进先进技术设备,不断提高龙头企业科技管理水平。

(6) 社会服务产业。农业现代产业化经营持续健康发展的坚实基础,是社会化服务产业。农业现代产业化经营要求服务产业,实行专业化分工、一条龙社会化服务,必须坚持做到:一是遵循自主、平等、公正、诚信、法治的规则,通过合同形式稳定下来的紧密性服务,凡是为农业现代产业化经营提供社会化服务的合作社、企业、事业等单位,都必须努力向专业化、科技化、综合化服务发展,即将产前、产中、产后各环节服务统一起来,形成综合生产经营服务体系。二是遵照强国、富民、敬业、发展的目标,要组织推动各地区财政部门在扶持农业现代产业化经营发展过程中,根据本地区农业生态环境和资源的实际情况,借鉴国外成功的经验和失败的教训,逐步地扶持建立起农业现代产业化经营发展的社会化服务保障体系。首先,要支持各地建立上下相连、左右贯通、运转协调、功能齐全的农业现代产业化经营社会化服务网络。这是实施农业现代产业化、经营社会化服务的载体和组织保障。在社会化服务网络初建阶段,需要各级政府给予一定的财政支持。其次,要根据农业现代产业化经营产业链延伸的实际需要,不断拓宽服务领域,实行系列化服务,从农业产前、产中、产后、加工、贮藏、运输、批发、销售等全过程,提供种苗、饲料、肥料、材料、机具、设施等物质供应服务、科技推广服务、信息咨询服务、资金融通服务,市场开发调研服务等。最后,要支持培育好农业现代产业化经营社会化中介服务组织,要支持和鼓励农民参加农业现代产业化经营各种引导服务组织,尤其是发展农民专业合作社、中介组织,更需要政府实行组织引导、政策优惠和财政支持。为了缓解国家财政资金投入的压力,对于具有综合功能、经济效益好、发展速度快的农业现代产业化经营项目,通过财政实行贴息投入形式,加大银行信贷资金投入力度,为加快农业现代产业化经营持续健康发展,创造良好的条件。

(7) 基地设施产业。首先,必须坚持围绕农业现代产业化经营优势产业,布局土地治理项目,建设农业产品基地。在土地治理项目实施中,通过农业产品基地建设,改善农业生产经营基本条件,不断扩大农业产品基地规模,推进农业现代产业化经营,提高农业产品的市场竞争力。其次,必须坚持以农业结构调整为主线,积极发展设施农业,培育林牧渔业产品基地。在确保粮棉油等农业产品基地产量增加的同时,必须适应农业结构调整的需要,加大农业科技的投入力度,努力建设粮油产量"双千田"、反季节蔬菜和瓜果"万元田",使项目区做到增产、增收。第三,必须坚持在林牧渔各业生产经营条件适宜的项目区,一是建设生态经济林苗圃、林果等设施产业;二是发展猪、牛、羊、肉、禽、蛋、奶等设施产业,建设高标准的肉猪、奶牛、绒羊养殖繁育示范基地;三是发展海域水产品养殖、设施产业,建设高标准的鱼、虾、蟹等水产品集中连片温室场所,进一步发展加工、保鲜设施产业。第四,必须坚持在为满足全国城乡人民生产、生活需求和国内外市场变化要求的目标下,不断加强农林牧渔各业土地治理和农林种植业与牧渔养殖业产品基地建设,推进农业现代化产业经营持续发展,提高农林牧渔各业的比较效益。"十二五"规划期间,各地区进一步加大对农业的瓜菜、林业的果品、牧业的肉奶蛋、渔业的鱼虾蟹等产业的扶持力度。在农业现代产业化经营战略性调整的新形势下,农业的蔬菜、林业的果品,特别是牧渔各业的产品收益率,已超过粮棉油等大宗农业产品收益率,已成为农民增收的主要途径。

(8) 都市农林产业。都市农林产业是以大都市为背景,依托城市的各种要素,对土地、森林等自然资源和环境资源进行综合开发利用的一种新型农业生产经营形式。它要求重点发展设施农林产业和高效农林产业,脱离传统的农林业种植模式,注重产业开发,延伸产业链条,推动农林业产业化新构架中一、二、三产业的融合,引导多层次、多元化的都市消费,形成新的产业布局,促进经济增长,达到生态环境与产业开发的和谐统一。都市农林产业在国外被称作是永恒的朝阳产业。都市农林产业最早出现在我国沿海一些大城市,如上海、北京、天津、重庆、深圳等城市兴起了都市农林产业浪潮,取得了较好的社会、经济和生态三方面效益,为我国农业现代产业化经营展示了光明前景。

第一,都市农林产业具有三个突出的特点。它与传统的郊区农林业相比较,具有三个突出的特点:一是城乡一体化。城市郊区农林产业,以其优美的环境被保留下来,并在都市内建立各种自然休闲村、观光花园和娱乐园，形成插花型、镶嵌型农林业；另一种是分布在城市群之间的农林产业村，这些村，无论交通、信息，还是能源利用方面，享有与城市相似的便利和集聚的好处，这些村基础设施与城市没有多少区别，已经完全城市化。二是经营集约化。处于城市化地区的农林业资源条件明显不同于一般地区，都市农林产业经营方式表现出设施化、工厂化、专业化、基地化、集约化、产业化、市场化的趋势。在都市粮食、瓜菜种植、生长、收获过程中，基本实现栽培园艺化、基地设施现代化、操作机械化，进一步出现机器人下农田，电脑进入农家的新趋势。在瓜菜温室具有自动喷灌系统和气候控制设备，用计算机控制温室的温度、湿度、土壤的水分含量及光照。三是功能多样化。在都市农林产业上，生产有机食物，逐渐成为美化环境、绿化市容，以及观光、休闲、学习的重要产业。都市农林产业，既具有经济功能，又具有生态、文化、社会诸多方面的功能。具体来说，都是农林产业的功能主要有三种：其一，充当都市的藩篱和绿化隔离带，作为"都市之肺"，防治城市环境污染，营造绿色景观，保持清新、宁静的环境；其二，为城市提供新鲜、卫生、无污染的农业产品，满足城市居民的消费需要，并增加农业劳动者的就业机会及收入；其三，保持和继承农业和乡村的文化与传统。

第二，都市农林产业具有五种类型。都市农林产业具有农林产品型、生态绿化型、设施科技型、公园观偿型、旅游休闲型的五种类型：一是农林产品型产业。都市郊区农民在都市政府规划要求下，种植粮食、花、草、蔬菜、果树和从事养殖或其他家庭农艺。其主要目的，是一方面满足城镇居民生活需求和体验农林业生产经营活动的愿望，另一方面也为农村居民自身补充和品尝亲手种植农林业产品创造条件；二是生态绿化型产业。都市城区中心广场、居住小区、道路及河道两旁、社区公地和郊区发展以植树种草、林果业、绿化带、田间林网等为主要内容的绿化产业，形成城镇的生态屏障、调节气候、涵养水源、防风固沙、点缀装饰、美化环境，使城镇成为人类生产与生活的良好之所；三是设施科技型产业。都市政府及有关部门采用城市基础设施、工业装备和企业管理办法，以生物工程技术、农用新材料为依托，实现人工创造可控环境、自动化生产、技术高度密集的现代农林产业。这种类型农林产业，可以利用人工建造设施，调节发展农林产业所需光、温、水、气条件，把外界环境的不利影响减少到最低限度，并对环境加以补充，克服限制因素，全面满足生物发育对光、热、水、气和矿物营养物质的需要。通过各种设施对农林业产品进行深度加工，实现农林产业工厂化和企业化经营；四是公园观偿型产业。都市公园是都市居民贴近自然最便捷的地方，是植树、种草、栽花、养鱼的理想场所，也是向城镇居民普及农业知识，提供清新空气，创造优美环境的最佳基地。发展公园产业，就是利用分布在都市地区的公园，开发与农林产业有关的项目，把农林产业生产场所、农林业产品消费场所和休闲旅游场所结合于一体，建设森林公园、植物园、花卉园、水果园、养殖园等；五是旅游休闲型产业。都市以自然资源、农业技术、农村风土人情及配套设施为基础，集"行、游、住、食、购、娱"为一体，形成农林业生产与旅游观光为一体的新型产业。旅游休闲产业包括：度假农庄、观光农园、休闲农舍、自然修养村等产业。这种类型的农林产业，主要满足城镇居民享受闲暇、贴近自然、接触农村、了解农民生活、享受乡土情趣的习俗和精神向往。

第三，都市农林产业的功能作用。都市农林产业的本质是强调农林产业生产经营与城市发展及与人和自然环境诸多方面的和谐。它充分利用和依托都市圈，对土地、森林等自然环境资源和社会文化资源进行综合开发利用，重点发展高效、集约的商品农业，致力于延伸产业链，推进农业现代产业化经营的一、二、三产业融合，引导和满足多元化、多层次的都市消费，达到生态环境保护与产业开发的和谐统一，实现城乡一体社会、经济、生态的可持续发展。都市农林产业的功能作用，主要有三方面：一是能开拓创造一条城乡经济互动与有机融合的新道路。能为都市居民日益丰富和多样化的消费需求，提供产品型服务。能较为便利地利用城市工商业资本和科技成果，提高资本密集度、技术含量和规模经济水平，有效地克服农业地域分散性的制约，通过集约化、工厂化的生产经营方式，有效地提高农业综合生产经营能力，缩小农业和工业的差距，带动农村经济全面发展；二是能合理开发利用自然地理资源，开阔农业发展新视野，深化对农业功能的认识，从生态、社会、文化乃至政治等多重农业功能的深层次上，拓展农业发展的空间，促进农业现代产业化经营健康持续发展；三是能促使城镇与乡村各自承担的社会分工职能发生变化，真正把城镇与农村、城镇居民与乡村居民密切地联系起来，从城市的整体发展角度，认识和理解都市农林产业，真正把都市农林产业摆上重要位置，促进城乡一体化经济发展。

第四，都市农林产业发展的方略。都市农林产业发展的目标是农林产业生产经营的机械化、产业化、科技化、市场化、城乡一体化、现代化。我国农业实现现代化，都市要先行一步，根据大城市郊区农业的特点，国务院明确规定都市农林产业发展方针、策略，主要有四项：一是要在农业生产力组织上，充分发挥大城市优势，以科教兴农为动力，以农业产业化为抓手，强化工业对农业的反哺作用，用现代生产手段装备农业，由训练有素的知识化农民从事农业适度规模经营，使大城市郊区农业具有很强的市场竞争能力和辐射能力，具有较高的农业劳动生产率；二是要在农业生产关系处理上，应在稳定农民家庭承包经营的基础上，逐步发展农业规模经营，大力推进农业经营管理制度创新，尽快使广大农民成为独立的市场主体，鼓励发展各种为农民服务的农业新经济组织，大力加强农业社会化服务体系建设，培育新的增长点；三是要在农业资源配置上，坚持以市场为资源配置的基础，根据国内外市场需求，因地制宜，扬长避短，充分发挥郊区不同农业区域的比较优势，合理调整优化农林产业结构、区域布局结构、产品结构，立足于郊区，又不局限于郊区，发挥郊区农林产业的比较优势，充分利用国内国际两个市场、两种资源，实行跨地域资源优化配置，不断提高农林产业的结构效益和比较效益；四是要在农业发展目标上，以城乡一体化和可持续发展为方向，郊区农业发展与城市功能定位相适应，实现农村经济、社会、生态三方面效益相统一，不断提高农民的生活质量，率先实现农业现代化，为国民经济发展作出新贡献；五是要在农业现代化发展途径上，必须从提高农业规模效益出发，在大城市郊区等有条件的地方，通过适当引导，逐步发展家庭农场式的农业规模经营组织，积极探索农业市场化经营、企业化管理的发展形式，其主要形式有：专业化家庭农场、农业股份合作制企业、农业服务型企业。必须在农业产品的生产、流通、分配、消费诸环节，特别是在农业产品产前、产中、产后各阶段，着力推动农业产品产、加、销多方面的中介服务企业的发展，加快农业产业化步伐，提高农业的整体素质；六是要在大城市郊区率先实现农业现代产业化经营，重点应抓好由粗放经营向集约经营转变、由传统的种养业向农工商综合经营转变、由传统粮食观念向现代化食物观念转变，即三个转变，实现食品的方便化、保健化、营养化、系列化、多用化。必须对大城市郊区充分发挥优势，大力发展有机食品、特色食品加工业。必须增加科技含量，发展高效农林产业；七是要充分利用大城市郊区人才、技术、信息、管理等方面的优势，着力发展有机农业、基因农业、精细农业、园艺农业、订单农业这五个农业：其一有机农业是一种完全不用人工合成肥料、农药、生长剂和畜饲料添加剂的农业。其二基因农业主要是把现代生物技术与常规育种技术结合起来，靠持续不断地培育发展新品种农业。其三精细农业就是将有限的农田"精雕细刻"，应用现代科学技术，对土壤和作物极细微的变异进行人工控制，使之适宜优质、高产农产品的生长和收获的农业。其四园艺农业是现代科学技术的综合应用，植株生长无限化、光照湿度可调化、水肥调控电脑化、蔬菜栽培无土化等，营造一年四季均可进行农业产品生产的环境条件，为发展创造广阔前景的农业。其五订单农业就是根据订单，发展市场需要的特色农业产品，有的放矢地组织农户生产，减少无效劳动，提高农业效益，逐步使农业从传统的弱质产业，转变为有良好效益的先导性基础农业。

（9）持续发展产业。持续发展农业产业是一种以强调保护资源和自然资源为内容的农业现代产业化经营的产业。持续发展农业产业的目标，是既满足全国城乡人民生活、不断增长的物质需求，又能改善和保护自然资源与生态环境的农业产业。持续发展农业产业重视资源与环境得保护，与生态农业相比，两者都重在保护农业资源与环境，减少产品污染和降低化石能源的使用量。但是，持续发展农业产业在技术措施上，已摆脱禁用一切化学品的束缚，允许合理的化石能源的投入。同时，在注重环境保护与产品质量的基础上，提倡产品数量、经济效益。为此，要促使持续发展农业产业，必须坚持做到：一是实施可持续发展战略，正确处理人口、资源、环境、经济之间的关系，关键的因素是人。要把环境与发展综合决策意识贯穿于始终,从制定目标、计划到贯彻实施全过程中坚定不移、坚持不懈地全面推进生态环境保护与改善建设。各个部门必须紧密抓住生态环境保护与改善建设这个重点;二是正确处理建设生态文明与脱贫致富关系,提高贫困地区农民文化素质和贫困农村文化教育、科学技术水平,转变思想观念,树立自强和自我发展的精神意志,走上可持续发展的道路,从而保障农业和农村社会经济与环境保护的协调发展;三是调整优化持续发展农业产业结构,奠定农业生态环境不断优化下经济增长的基础,确保农业现代产业化经营发展,必须与生态环境保护相协调,促进社会物质文明和精神文明与自然生态环境的同步发展;四是科学确定和实施农业产业可持续发展战略,大力发展以热带高效农业为主体的生态型农业、以热带产品加工业为主体的生态型工业和以热带旅游业为主体的生态型第三产业,建立以热带自然资源为基础,以投入高新技术要素为方向和以现代化生态管理为调控系统的主导产业发展模式。

2. 重点基建项目。各地区政府在扶持农业现代产业化经营过程中,一是加强农业基础设施建设;二是加强农业产品基地建设;三是加强农业产品市场建设;四是加强农业产品种业工程建设。

(1) 加强农业基础设施建设。组织推动农业现代产业化经营的土地治理、农田水利设施建设,扩大土壤有机质提升补贴项目规模和范围,注重农业有机产品基地建设,加快实施退牧还草、草原、退耕还林林地建设,建立草原生态、林地生态环境保护与改善补偿机制,加强农业耕地污染监测,重点推进小麦、水稻、玉米等主要农业产品种植土地基础设施建设。

(2) 加强农业产品基地建设。组织推动各地区按照"布局区域化、经营集约化、服务系列化"的部署,加强农业产品基地规模化建设,在农业现代产业化经营的重点产业形成规模,在重点区域形成特色,使重点产品创出名牌。为此,一是深化农业结构调整,推进优质粮食产业工程建设,推行农业产品产地准出制度。强化农业产品市场准入管理,落实包装标识制度。建立健全农业产品质量安全检验检测体系,不断提高农业产品质量安全水平。

(3) 加强农业产品市场建设。农业现代产业化经营显著特征是市场化。各地区在组织推进农业现代产业化经营中,把"贸"字摆在突出位置,围绕拓展大市场,发展大流通,加强以专业批发市场为中心的农业产品市场体系建设,强化交通、仓储、冷藏等市场基础设施的配套,为农业现代产业化经营发展创造良好的市场环境。

(4) 加强农业产品种业工程建设。2011年2月22日,国务院常务会议,研究部署加快推进现代农作物种业发展问题,讨论通过《关于加快推进现代农作物种业发展的意见》。会议指出,我国是农业大国,农作物种业是国家战略性、基础性的核心产业。在新形势下加快发展现代农作物种业,对于促进农业长期稳定发展,保障国家粮食安全,具有重要意义。必须坚持自主创新,改革体制机制,完善法律法规,整合农作物种业资源,加大政策扶持和投入力度,快速提升我国农作物种业科技创新能力、企业竞争能力、供种保障能力和市场监管能力,构建以产业为主导、企业为主体、基地为依托、产学研相结合、育繁推一体化的现代农作物种业体系。必须坚持培育一批具有重大应用前景和自主知识产权的突破性优良品种,建设一批标准化、规模化、集约化、机械化的优势种子生产基地,打造一批育种能力强、生产加工技术先进、市场营销网络健全、技术服务到位的现代农作物种业集团,全面提升我国农作物种业发展水平。同年4月,国务院在发布《关于加快推进现代农作物种业发展的意见》中提出,未来10年中国种业发展的目标,即培育一批突破性优良品种,建设一批优势种子生产基地,建立一批现代农作物种业集团。为此,国务院提出要按照推进现代农作物种业发展的总体部署,编制全国现代农作物种业发展规划,分作物、分区域、分阶段提出发展目标、方向和重点。明确今后10年推进现代农作物种业发展的任务。这是1999年出台的《种子法》之后有着同样重要性的法规,主要是为进一步理顺科研投资和管理体制、提高种子企业准入门槛、引导和促进种子产业的市场化运作,着力提升我国种业的科技创新能力、企业竞争能力、供种保障能力、市场监管能力,全面推进种业科研、生产、经营和管理各个环节的改革,逐步培育和建立于我国农业大国地位相适应、具有国际先进水平的现代种业体系。同年9月,农业部在颁布《农作物种子生产经营许可管理办法》中规定，经营杂交稻、杂交玉米种子企业的注册资本由500万元提高到3000万元；进出口种子企业注册资本由1000万元提高到3000万元；农业部发证的"育繁推一体化"种子企业的注册资本由3000万元提高到1亿元，还要求这些企业有固定的育种人员、育种机构和工作经费，有稳定的生产基地、健全的售后服务体系以及通过审定的品种等。

3. 重点民生项目。各地区政府在扶持农业现代产业化经营过程中，一是注重农民土地流转、生产资料供求；二是注重农民创业就业、产品生产流通；三是注重农民增加收入、改善生活；四是注重农村文教卫生等基础建设，改善农村水、电、交通、通讯等设施条件。

（1）注重农民土地流转、生产资料供求。中共中央、国务院要求各地区党委、政府抓紧土地延包后续完善工作，将农村土地承包经营权证全部发放到户。我国人均林地、草原和耕地分别只为美国人均的1/10、1/5和1/8。我国土地资源少，只有通过农民扩大测土配方施肥的实施范围和补贴规模，扩大新型农民科技培训工程规模，实施好农村实用人才培训工程，提高农民科技种田综合素质，提高土地的营养率、利用率、产出率，开辟我国农业质量型、结构型、营养型、高产出、高效益的发展道路。国务院要求各地区政府及时调查研究解决广大农民对农业生产资料的需求变化问题：一是需求多样化。随着农民不断提高科学种田水平，农民对农业生产资料需求向多品种、多元化发展。农民施肥已由以往单纯用氮变为对氮、磷、钾及微量元素的平衡施用，因此，这类多功能的复合肥，既能治虫，又能防病的多用途农药，很受农民欢迎；二是选择品牌化。以前农民选购农业生产资料只图便宜，要求经济实用，如今农民也讲究品牌，注重质量。不论是生产工具，还是化肥农药，要首先看厂家的知名度，是否名牌商品，信誉度高不高；三是肥药无害化。由于当今绿色农业、绿色食品的消费正成为时尚新潮流，广大农民对剧毒农药严重影响生态环境、危害人畜的认识大大加强。对高效、低毒、无公害的新型农药需求激增，农民又开始重视有机肥料的使用，迫切希望有新产品；四是包装小型化。农民改变过去提前多购化肥农药的习惯，随用随买，用多少买多少。因此，农民特别是山区农民希望生产厂家和经销部门改进目前化肥农药的旧式包装，适当生产或分装出小包装产品，化肥每袋20~30公斤为宜，农药每瓶在200~500克为宜；五是服务全面化。掌握科学种田方法是当前农民最迫切的愿望，他们要求农业生产资料供销部门不仅管卖，还要管教，开展售后服务活动，如教授科学使用化肥、农药科技知识，如何选种优良农业品种，怎样面向市场发展适销对路产品等。

（2）注重农民创业就业、产品生产流通。首先，必须采取有力措施，促进农民创业、就业，组织推进城乡中小企业吸纳农村劳动力转移就业的扶持政策，加强农民工再就业技能培训。发挥政府投资项目对农民工就业的吸纳、引导作用。对自主创业的农民工给予小额担保贷款等扶持。其次，必须促进农业产品生产流通发展，对农业产品流通环节收费进行专项清理，推进在全国范围内免收整车合法装载鲜活农业产品的车辆通行费，加快培育大型农业产品流通企业和农业产品经纪人，加强农业产品质量安全体系建设，完善龙头企业与基地、农户的利益联结机制，实现企业和农户都增收的目标。

（3）注重农民增加收入、改善生活。增加农民收入、改善农民生活是推进农业现代产业经营的重中之重。只有农民增加收入，生活水平不断提高，生活越来越好，这才是保持农业生产发展、农村社会稳定的前提和物质基础。实行农业现代产业化经营是增加农民收入、提高农民生活水平的一条重要途径。为此，一是要坚持依据城乡人民生产、生活的需求和国内外市场多变化的要求，生产经营品种、质量适销对路的农业产品；二是要坚持在组织开展农业现代产业化经营过程中，不断延伸种养加、产供销、贸工农产业链，为全国城乡人民提供优质化、多样化、多变化的附加值农业产品，增加农民收入；三是要坚持加快农业科技进步，大力推进农科教结合、产学研协作机制。推进农业科技进入农民千家万户，不断提高农民收入水平；四是要坚持落实重点地区、重点粮食品种最低收购价政策。推动在全国范围内建立农村最低生活保障制度，推动建立完善农业保险体系，鼓励龙头企业和中介组织带动农户参加农业保险，确保改善农民生产、生活条件。

（4）推进农村文教卫生等公益事业发展，改善农村水利、电力、交通、通讯等基础设施条件。2009年至2016年，中共中央、国务院反复强调提出，必须建立健全法律法规制度，进一步采取针对性更强、更有力的举措，保护农民生产积极性，稳定农业和农村经济发展，促进农民增收致富。为此，一是要按照远近结合、内外统筹、区别对待的方针，加强市场调控，扩内需、促出口、稳价格，推动农业调结构、上水平、增后劲，通过保就业、重民生、促增收、维护农村稳定；二是要进一步加强农村民生工程和基础设施建设，促进农田水利建设，扶持农村山水林田路村综合治理，推进农村文化教育、卫生医疗、生活保障、养老保险等公益事业发展，改善农村水利、电力、交通、通讯等基础设施条件，支持农民建房、改善居住条件，坚持不懈加快社会主义新农村建设进程。

六、农业现代产业化经营的任务和要求

中共中央、国务院于2007年发布《关于积极发展现代农业扎实推进社会主义新农村建设的若干意见》，又于2013年发布《关于加快发展现代农业进一步增强农村发展活力的若干意见》。这两个中央一号文件，都明确提出了组织开展农业现代产业化经营的任务和要求。

2007年中央一号文件明确提出，一是加大对"三农"的投入力度，建立促进现代农业建设的投入保障机制；二是加快农业基础建设，提高现代农业的设施装备水平；三是推进农业科技创新，强化建设现代农业的科技支撑；四是开发农业多种功能，健全发展现代农业的产业体系；五是健全农村市场体系，发展适应现代农业要求的物流产业；六是培养新型农民，造就建设现代农业的人才队伍；七是深化农村综合改革，创新推动现代农业发展的体制机制；八是加强党对农村工作的领导，确保现代农业建设取得实效。

2013年中央一号文件进一步提出，一是必须固本强基，始终把解决好农业、农村、农民问题作为全党工作重中之重，把城乡发展一体化作为解决"三农"问题的根本途径；二是必须统筹协调，促进工业化、信息化、城镇化、农业现代化同步发展，着力强化现代农业基础支撑，深入推进社会主义新农村建设；三是必须伴随工业化、城镇化深入推进，我国农业农村发展正在进入新的阶段，呈现出农业综合生产成本上升、农业产品供求结构性矛盾突出、农村社会结构加速转型、城乡发展加快融合的态势。人多地少水缺的矛盾加剧，农业产品需求总量刚性增长、消费结构快速升级，农业对外依存度明显提高，保障国家粮食安全和重要农业产品有效供给任务艰巨；四是必须掌控农村劳动力大量流动，农户兼业化、村庄空心化、人口老龄化趋势明显，农民利益诉求多元，加强和创新农村社会管理势在必行。国民经济与农村发展的关联度显著增强，农业资源要素流失加快，建立城乡要素平等交换机制的要求更为迫切，缩小城乡区域发展差距和居民收入分配差距任重道远；五是必须顺应阶段变化，遵循发展规律，增强忧患意识，举全党全国之力持之以恒强化农业、惠及农村、富裕农民；六是必须明确全国总体要求：全面贯彻党的十八大精神，落实"四化同步"的战略部署，按照保供增收惠民生、改革创新添活力的工作目标，加大农村改革力度、政策扶持力度、科技驱动力度，围绕现代农业建设，充分发挥农村基本经营制度的优越性，着力构建集约化、专业化、组织化、社会化相结合的新型农业经营体系，进一步解放和发展农村社会生产力，巩固和发展农业农村大好形势。

（一）农业现代产业化经营的任务

上述两个中央文件说明，拓展中国特色农业现代产业化经营道路是一项长期艰巨复杂的任务。为此，一是必须站在全局和时代的高度，按照继续解放思想、坚持改革开放、推动科学发展、达到社会和谐以及全面建设小康社会的宗旨，实现保障国家粮食安全和农业产品有效供给，提高农业市场竞争力和可持续发展能力，促进农业稳定发展和农民持续增收的主要目标；二是必须坚持不懈地加强农业基础地位，努力打造现代农业物质基础，健全农业支持保护制度，不断加大对农业发展、农村繁荣、农民致富支持保护力度；三是必须创新农业生产经营管理体制，稳步提高现代新型农民组织化程度，改进农村社会化服务机制，完善农村社会化服务体系，加快实现城乡基本公共服务均等化；四是必须

健全农村集体经济组织资金资产资源管理制度，依法保障农民财产权利；五是必须深化调整农业产业结构，拓展农业现代产业化经营功能，健全和优化农业现代产业化经营体系，大力提高农业综合效益，努力走出一条保障能力强、科技含量高、经济效益好、资源消耗低、环境污染少的现代农业发展道路；六是必须具有更加完备的物质保障、更加强大的科技支撑、更加发达的产业体系、更加完善的经营形式、更加现代的发展理念和更加先进的新型农民，是在家庭经营基础上，通过市场机制和政府调控的双重作用，形成贸工农、产供销一体化，健全多元化的产业格局和多功能的产业体系，达到更高的土地产出率、资源利用率、劳动生产率、综合效益率。以上六项是农业现代产业化经营取得传统农业经营的基本任务。具体说明以下九项任务：

1. 组织奠定农业现代产业化经营物质基础，增强现代农业产品供给保障能力。确保国家粮食安全，保障重要农业产品有效供给，始终是农业现代产业化经营的首要任务。必须毫不放松粮食生产，加快建立农业现代产业化经营体系，增强现代农业产品供给保障能力。为此，要组织落实五项任务：一是稳定发展粮食生产。要坚持稳定面积、优化结构、主攻单产，确保丰产丰收。着力加强800个产粮大县基础设施建设，推进东北四省区节水增粮行动、粮食丰产科技工程。支持优势产区棉花、油料、糖料生产基地建设。二是强化农业物质技术装备。要落实和完善最严格的耕地保护制度，加大力度推进高标准农田建设，加快大中型灌区配套改造、灌排泵站更新改造、中小河流治理，扩大小型农田水利重点县覆盖范围，大力发展高效节水灌溉，加大雨水集蓄利用、堰塘整治等工程建设力度，提高防汛抗旱减灾能力。三是提高农业产品流通效率。要统筹规划农业产品市场流通网络布局，重点支持重要农业产品集散地、优势农业产品产地市场建设，加强农业产品期货市场建设，适时增加新的农业产品期货品种，培育具有国内外影响力的农业产品价格形成和交易中心。四是完善农业产品市场调控机制。要充分发挥价格对农业生产和农民增收的激励作用，按照生产成本加合理利润的原则，继续提高小麦、稻谷最低收购价，适时启动玉米、大豆、油菜籽、棉花、食糖等农业产品临时收储机制，优化粮食等大宗农业产品储备品种结构和区域布局，完善粮棉油糖进口转储制度。五是提升食品安全水平。要加强综合协调联动，落实从田头到餐桌的全程监管责任，科学完善食品安全体系，健全食品安全监管体制。

2. 组织加强农业现代产业化经营基础设施建设，增强现代农业设施装备能力。在组织加强农业现代产业化经营基础设施建设，增强现代农业设施装备能力上，必须组织落实六项任务：一是加强农田水利设施建设。一要加快大型灌区续建配套和节水改造，搞好末级渠系建设，推行灌溉用水总量控制和定额管理，扩大大型泵站技术改造实施范围和规模。二要加强丘陵山区抗旱水源建设，加快西南地区中小型水源工程建设。三要加大病险水库除险加固力度，加强中小河流治理，改善农村水环境。四要引导农民开展直接受益的农田水利工程建设；二是切实提高耕地质量。一要强化和落实耕地保护责任制，切实控制农用地转为建设用地的规模。二要合理引导农村节约集约用地，加快建设旱涝保收、高产稳产的高标准农田。三要鼓励农民发展绿肥、秸秆还田和施用农家肥；三是加快发展农村清洁能源。一要继续增加农村沼气建设投入，支持有条件的地方开展养殖场大中型沼气建设。二要在适宜地区积极发展秸秆气化和太阳能、风能等清洁能源，加快绿色能源示范县建设，实施西北地区百万户太阳灶建设工程。三要加快实施乡村清洁工程，推进人畜粪便、农作物秸秆、生活垃圾和污水的综合治理和转化利用；四是加大乡村基础设施建设力度。一要解决全国各地区农村人口的饮水安全问题。二要加大农村公路建设力度，加强农村公路养护和管理。三要继续推进农村电网改造和建设，落实城乡同网同价政策，加快户户通电工程建设。四要治理农村人居环境，搞好村庄治理规划和试点，节约农村建设用地；五是发展新型农用工业。农用工业是增强农业物质装备的重要依托，要积极发展新型肥料、低毒高效农药、多功能农业机械及可降解农膜等新型农业投入品；六是提高农业可持续发展能力。一要鼓励发展循环农业、生态农业，有条件的地方可加快发展有机农业。二要继续推进天然林保护、退耕还林等重大生态工程建设，进一步完善农业可持续发展政策、巩固成果。

3. 组织推广农业现代产业化经营科技创新应用，增强现代农业科技贡献能力。在组织推进农业现代产业化经营科技自主创新、科技成果转化应用，提高科技对农业增长的贡献率上，必须组织落实五项任务：一是加强农业科技创新体系建设。要大幅度增加农业科研投入，扶持对现代农业建设有重要支撑作用的技术研发，加快推进农业技术成果集成创新，引导涉农企业与科研单位进行农业技术合作、向基地农户推广农业新品种新技术；二是推进农业科技进村入户。一要积极探索农业科技成果进村入户的有效机制和办法，形成以技术指导员为纽带，以示范户为核心，连接周边农户的技术传播网络。二要加快实施科技入户工程，着力培育科技大户，发挥对农民的示范带动作用；三是大力推广资源节约型农业技术。一要积极开发运用各种节约型农业技术，提高农业资源和投入品使用效率。二要大力普及节水灌溉技术，启动旱作节水农业示范工程。三要进一步推广诊断施肥、精准施肥等先进施肥技术。加快普及农作物精量半精量播种技术。四要积极推广集约、高效、生态畜禽水产养殖技术，降低饲料和能源消耗；四是积极推广农业机械化技术。一要因地制宜地拓展农业机械化的作业和服务领域，在重点农时季节组织开展跨区域机耕、机播、机收作业服务。二要大力推广水稻插秧、土地深松、化肥深施、秸秆粉碎还田等农机化技术。三要鼓励农业生产经营者共同使用、合作经营农业机械，积极培育和发展农业机械服务组织，加强农业机械安全监理工作；五是加快农业信息化技术推广进度。一要坚持用信息技术装备农业，健全农业信息收集和发布制度，整合涉农信息资源，推动农业信息数据收集整理规范化、标准化。二要加强信息服务平台建设，建立国家、省、市、县四级农业信息网络互联中心。三要加快建设标准统一、实用性强的公用农业数据库。四要加强农村一体化的信息基础设施建设，创新服务模式，启动农村信息化示范工程。

4. 组织创新农业现代产业化经营人才队伍管理体制，增强现代农业新型农民综合素质能力。在组织创新农业现代产业化经营人才队伍管理机制，培养有文化、懂技术、会经营的新型农民上，要组织落实四项任务：一是培育现代农业经营主体。一要组织实施新农村实用人才培训工程，努力把广大农户培养成有较强市场意识、有较高生产技能、有一定管理能力的现代农业经营者。二要积极发展种养专业大户、农民专业合作社组织、龙头企业和集体经济组织等各类适应现代农业发展要求的经营主体。三要采取各类支持政策，鼓励外出务工农民带技术、带资金回乡创业，成为建设现代农业的带头人；二是加强农民转移就业培训和权益保护。一要加大农村劳动力转移就业培训支持力度，鼓励用工企业和培训机构开展定向、订单培训，组织动员社会力量广泛参与农民转移就业培训。二要按照城乡统一、公平就业的要求，进一步完善农民外出就业的制度。三要做好农民工就业的公共服务工作，加快解决农民工的子女上学、工伤、医疗和养老保障等问题，切实提高农民工的生活质量和社会地位；三是加快发展农村职业技术教育和农村成人教育。一要扩大职业教育面向农村的招生规模。二要加大对大专院校和中等职业学校农林类专业学生的助学力度。三要有条件的地方可减免种植、养殖专业学生的学费。努力扫除农村青壮年文盲；四是继续扩大新型农村合作医疗制度试点范围，加强规范管理，扩大农民受益面，不断完善农村医疗救助制度；五是提高农村公务服务人员能力。要建立农村基层干部、农村教师、乡村医生、计划生育工作者、基层农技推广人员及其他与农民生产生活相关服务人员的培训制度，加强在岗培训，提高服务能力。

5. 组织建立农业现代产业化经营资金投入增长机制，增强现代农业产业持续发展能力。在组织建立农业现代产业化经营资金投入稳定增长长效机制，确保总量持续增加、比例稳步提高，增强现代农业产业持续发展能力上，要组织落实八项任务：一是加大政府财政对农业补贴力度。要按照增加总量、优化存量、用好增量、加强监管的要求，不断强化政府财政对农业补贴政策，完善主产区利益补偿、耕地保护补偿、生态补偿办法，加快让农业获得合理利润、让主产区财力逐步达到全国或全省平均水平。为此，一要继续增加政府财政对农业补贴资金规模，新增补贴向主产区和优势产区集中，向专业大户、家庭农场、农民合作社等新型生产经营主体倾向斜。二要继续落实好对种粮农户直接补贴、良种补贴政策，扩大农机具购置补贴规模，推进农机以旧换新试点。三要继续完善农资综合补贴动态调整机制，逐步扩大种粮大户补贴试点范围。四要继续实施农业防灾减灾、稳产增产、关键技术补助和土壤有机质提升补助，支持开展农作物病虫害专业化统防统治，启动低毒低残留农药和高效缓释肥料使用补助试点。五要继续完善畜牧业生产扶持政策，支持发展肉牛肉羊，落实远洋渔业补贴及税收减免政策。六要继续增加产粮（油）大县奖励资金，实施生猪调出大县奖励政策，研究制定粮食作物制种大县奖励政策，增加农业综合开发财政资金投入。现代农业生产发展资金重点支持粮食及地方优势特色产业加快发展；二是改善农村银行金融信贷服务。一要加强国家对农村银行金融改革发展的扶持和引导，切实加大商业性金融支农力度，充分发挥政策性金融和合作性金融作用，确保持续加大涉农信贷投放额度。二要创新金融产品和服务，优先满足农户信贷需求，加大新型生产经营主体信贷支持力度；三是加强财税杠杆与金融政策的有效配合。落实县域金融机构涉农贷款增量奖励、农村金融机构定向费用补贴、农户贷款税收优惠、小额担保贷款贴息等政策；四是建立多层次、多形式的农业信用担保体系，扩大林权抵债贷款规模，完善林业贷款贴息政策；五是健全政策性农业保险制度，完善农业保险保费补贴政策，加大对中西部地区、生产大县农业保险保费补贴力度，适当提高部分险种的保费补贴比例。组织开展农作物制种、渔业、农机、农房保险和重点国有林区森林保险保费补贴试点，推进建立财政支持的农业保险大灾风险分散机制；六是支持符合条件的农业产业化龙头企业和各类农业相关企业通过多层次资本市场筹集发展资金；七是鼓励社会资本投向新农村建设，推动各行各业制定发展规划、安排项目、增加投资要主动向农村倾斜，引导国有企业参与和支持农业农村发展；八是鼓励企业和社会组织采取投资筹资、捐款捐助、人才和技术支持等方式在农村兴办医疗卫生、教育培训、社会福利、社会服务、文化旅游、体育等各类事业。

6. 组织发挥农业现代产业化经营多种功能，增强现代农业产业链集团能力。在组织开展农业现代产业化经营中，充分发挥粮食、原料等农业产品供给保障功能的同时，进一步发挥生态、生物、特色、有机、旅游、文化等多种产业功能，向农业现代产业化经营广度和深度发展。为此，要组织落实五项任务：一是保障粮食产业稳定发展。一要坚持立足国内保障粮食基本自给的方针，逐步构建供给稳定、调控有力、运转高效的粮食安全保障体系。二要努力稳定粮食播种面积，提高单产、优化品种、改善品质。三要继续实施优质粮食产业、种子、植保和粮食丰产科技等工程，推进粮食优势产业带建设，鼓励有条件的地方适度发展连片种植，加大对粮食加工转化的扶持力度，支持粮食主产区发展粮食生产，对水利建设、中低产田改造等资金和项目安排，要向粮食主产区倾斜。四要加强对粮食生产、消费、库存及进出口的监测和调控，建立和完善粮食安全预警系统，维护国内粮食市场稳定；二是促进牧渔产业发展。一要坚持转变养殖观念，调整养殖模式，积极推行畜牧、水产业健康养殖方式，加强饲料安全管理，从源头上把好养殖产品质量安全关。二要在牧区积极推广舍饲半舍饲饲养，在农区有条件的要发展规模养殖和畜禽养殖小区。三要扩大对养殖小区的补贴规模，继续安排奶牛良种补贴资金，加大动物疾病防控投入力度，加强基层兽医队伍建设，健全重大动物疫情监测和应急处置机制，建立和完善动物标识及疾病可追溯体系。四要在水产养殖区要推广优良品种，加强水产养殖品种病害防治，提高健康养殖水平；三是引导特色产业发展。一要坚持立足当地自然和人文优势，优化区域布局，适应人们日益多样化的物质文化需求，因地制宜地发展特而专、新而奇、精而美的各种物质、非物质产品和产业，特别要重视发展园艺业、特种养殖业和乡村旅游业。二要通过规划引导、政策支持、示范带动等办法，支持"一村一品"发展，加快培育特色明显、类型多样、竞争力强的专业村、专业乡镇；四是扶持农业产业化龙头企业发展。农业龙头企业是带动农民发展农业产品加工、进入市场销售的企业，一要各级政府财政逐年支持农业龙头企业开技术引进和技术改造，减轻农业产品加工企业税负，落实扶持农业产业化经营的各项政策，逐步增加对农业现代产业化经营资金投入。二要银行金融机构加大对农业龙头企业的信贷支持，重点解决农业产品收购资金困难问题。三要有关部门加强对龙头企业的指导和服务；五是推动生物质产业发展。一要以生物能源、生物基产品和生物质原料为主要内容的生物质产业，是拓展农业功能、促进资源高效利用的朝阳产业。二要加快开发以农作物秸秆等为主要原料的生物质燃料、肥料、饲料，启动农作物秸秆生物气化和固化成型燃料试点项目，支持秸秆饲料化利用。三要加强生物质产业技术研发、示范、储备和推广，组织实施农林生物质科技工程。四要鼓励有条件的地方利用荒山、荒地等资源，发展生物质原料作物种植，组织制定有利于生物质产业发展的扶持政策。

7. 组织建立农业现代产业化经营产品市场体系，增强适应现代农业发展需求的物流产业服务能力。在组织推进农业现代产业化经营过程中，强化农村流通基础设施建设，培育多元化、多层次的市场流通主体，构建开放统一、竞争有序的市场体系，增强适应现代农业发展需求的物流产业服务能力上，要组织落实四项任务：一是组织推进农业产品流通设施和开发新型流通产业。一要合理布局，加快建设一批设施先进、功能完善、交易规范的鲜活农业产品批发市场。二要大力发展农村连锁经营、电子商务等现代流通方式。三要加快建设"万村千乡市场""双百市场""新农村现代流通网络"和"农村商务信息服务"等工程。四要支持龙头企业、农民专业合作组织等直接向城市超市、社区菜市场和便利店配送农业产品。五要积极支持农资超市和农家店建设，对农资和农村日用消费品连锁经营，实行企业总部统一办理工商注册登记和经营审批手续。六要切实落实鲜活农业产品运输绿色通道政策。改善农民进城销售农业产品的市场环境。七要进一步规范和完善农业产品期货市场，充分发挥引导生产、稳定市场、规避风险的作用；二是组织建立农业产品质量安全监管和市场服务体系。一要认真贯彻农业产品质量安全法，提高农业产品质量安全监管能力。二要加快完善农业产品质量安全标准体系，建立农业产品质量可追溯制度，在重点地区、品种、环节和企业，加快推行标准化生产和管理。三要实行农药、兽药专营和添加剂规范使用制度，继续加强农业产品生产环境和产品质量检验检测，搞好无公害产品、绿色食品、有机食品认证，依法保护农业产品注册商标、地理标志和知名品牌。四要加强对农资生产经营和农村食品药品质量安全监管，建立农资流通企业信用档案制度和质量保障赔偿机制；三是组织健全农业产品进出口调控监管机构。一要加快实施农业"走出去"战略，加强农业产品出口基地建设，实行企业出口产品卫生注册制度和国际认证，推进农业产品检测结果国际互认。二要组织健全农业产品进出口调控监管机构，支持我国农业产品出口企业在国外市场注册品牌，开展海外市场研究、营销策划、产品推介活动。三要积极开展农业产品技术标准、国际市场促销等培训服务。四要搞好对农业产品出口的信贷和保险服务，加快农业产品特别是鲜活产品出口的通关速度，加强对大宗农业产品进口的调控和管理，保护农民利益，维护市场稳定；四是组织积极发展多元化市场流通主体。一要加快培育农村经纪人、农业产品运销专业户和农村各类流通中介组织。二要采取财税、金融等措施，鼓励各类工商企业通过收购、兼并、参股和特许经营等方式，参与农村市场建设和农业产品、农资经营，培育一批大型涉农商贸企业集团。三要供销合作社要推进开放办社，发展联合与合作，提高经营活力和市场竞争力。

8. 组织完善农业现代产业化经营社会化服务体系，增强现代农业城乡一体化多元服务能力。在组织开展农业现代产业化经营中，坚持主体多元化、服务专业化、运行市场化的方向，充分发挥公共服务机构作用，加快构建公益性服务与经营性服务相结合、专项服务与综合服务相协调的新型农业社会化服务体系上，要组织落实四项任务：一是强化农业公益性服务体系。一要不断提升乡镇和区域性农业技术推广、动植物疫病防控、农业产品质量监管等公共服务机构的服务能力。二要加强乡镇或小流域水利、基层林业公共服务机构和抗旱服务组织、防汛机动抢险队伍建设。三要充分发挥供销合作社在农业社会化服务中的重要作用。四要加快推进农村气象信息服务和人工影响天气工作体系与能力建设，提高农业气象服务和农村气象灾害防御水平；二是培育农业经营性服务组织体系。一要支持农民合作社、专业服务公司、专业技术协会、农民用水合作组织、农民经纪人、涉农企业等为农业生产经营提供低成本、便利化、全方位的服务，发挥经营性服务组织的生力军作用。二要采取政府订购、定向委托、奖励补助、招投标等方式，引导经营性服务组织参与公益性服务，大力开展病虫害统防统治、动物疾病防控、农田灌溉、地膜覆盖和回收等生产性服务。三要培育会计审计、资产评估、政策法律咨询等涉农中介服务组织，对符合条件的农业经营服务业免征营业税；三是完善农村生态文明建设组织体系。一要坚持不断充实扩大加强农村生态建设、环境保护和综合整治，努力建设美丽乡村的人员队伍。二要加大三北防护林、天然林保护等重大生态修复工程实施力度，推进荒漠化、石漠化、水土流失综合治理，巩固退耕还林成果，统筹安排新的推进退耕还林任务，开展沙化土地封禁保护区建设试点工作,加强国家木材战略储备基地和林区基础设施建设,增加实力保护投入,完善树木良种、造林、森林抚育等林业补贴政策,积极发展林下经济,继续实施草原生态保护补助奖励政策。三要加强农作物秸秆综合利用。搞好农村垃圾、污水处理和土壤环境治理,实施乡村清洁工程,加快农村河道、水环境综合整治。四要发展乡村旅游和休闲农业,创建生态文明示范县和示范村镇;四是创新城乡一体化多元服务组织体系。一要鼓励搭建区域现代农业城乡一体化多元服务综合平台,发展专家大院、院县共建、农村科技服务超市、庄稼医院、专业服务公司加合作社加农户、涉农企业加专家加农户等服务模式,积极推进技物结合、技术承包、全程托管服务,促进农业先进适用技术到田到户。二要开展农业社会化服务示范县创建,整合资源建设乡村综合服务社和服务中心。三要加快用信息化手段推进现代农业建设,启动金农工程二期,推动国家农村信息化试点省建设,发展农业信息服务,重点开发信息采集、精准作业、农村远程数字化和可视化、气象预测预报、灾害预警等技术。

9. 组织建立企业现代产业化经营集体产权制度,增强有效保障农民财产等合法权益能力。在组织建立农业现代产业化经营归属清晰、权能完整、流转顺畅、保护严格的农村集体产权制度,健全农村集体经济组织资金资产资源管理制度,依法保障农民的土地承包经营权、宅基地使用权、集体收益分配权,维护农民群众合法权益上,要组织落实四项任务:一是全面开展农村土地确权登记颁证工作。一要健全农村土地承包经营权登记制度,强化对农村耕地、林地等各类土地承包经营权的物权保护。二要用 5 年时间基本完成农村土地承包经营权确权登记颁证工作,妥善解决农户承包地快面积不准、四至不清等问题。三要加快包括农村宅基地在内的农村集体土地所有权和建设用地使用权地籍调查,尽快完成确权登记颁证工作,各级党委和政府要高度重视,有关部门要密切配合,确保按时完成农村土地确权登记颁证工作。四要深化集体林权制度改革,提高林权证发证率和到户率。要推进国有林场改革试点,探索国有林区改革。五要加快推进牧区草原承包工作,启动牧区草原承包经营权确权登记颁证试点;二是加快推进征地制度改革。一要依法征收农民集体所有土地,要提高农民在土地增值收益中的分配比例,确保被征地农民生活水平有提高、长远生计有保障。二要完善征地补偿办法,合理确定补偿标准,严格征地程序,约束征地行为,补偿资金不落实的不得批准和实施征地。三要改革和完善农村宅基地制度,加强管理,依法保障农户宅基地使用权。四要依法推进农村土地综合整治,严格规范城乡建设用地增减挂钩试点和集体经营性建设用地流转,农村集体非经营性建设用地不得进入市场;三是加强农村集体"三资"管理。一要因地制宜探索集体经济多种有效实现形式,不断壮大集体经济实力。二要以清产核资、资产量化、股权管理为主要内容,加快推进农村集体"三资"管理的制度化、规范化、信息化。三要健全农村集体财务预决算、收入管理、开支审批、资产台账和资源登记等制度,严格农村集体资产承包、租赁、处置和资源开发利用的民主程序,支持建设农村集体"三资"信息化监管平台。四要鼓励具备条件的地方推进农村集体产权股份合作制改革。探索集体经济组织成员资格界定的具体办法;四是坚持依法维护、统筹兼顾广大农民群众多种利益,畅通和规范诉求表达、利益协调、权益保障渠道,加强农村信访工作,引导群众依法理性维护自身权益。一要通过人民调解、行政调解、司法调节等有效途径,妥善处理农村各种矛盾纠纷。依法保障外出村民在本村、外来人口在居住村的民主权利和物质利益,建立减轻农民负担长效机制。二要巩固乡镇机构改革成果,加强社会管理和公共服务职能,推动乡镇干部直接联系服务群众,为群众办实事、好事。

(二) 农业现代产业化经营的要求

组织推进农业现代产业化经营是全面贯彻落实科学发展观的客观要求。我国农业正处于由传统向现代转变的关键时期,受到资源和环境的双重制约,面临国际和国内市场的双重挑战,必须着力转变农业增长方式,科学规划、合理布局、优化结构,集约节约使用自然资源和生产要素,减少污染,保护生态环境,加快农业生产经营手段、方式和理念的现代化,用现代物质条件装备农业,用现代科学技术改造农业,用现代产业体系提升农业,用现代经营形式推进农业,用现代发展理念引领农业,用培养新型农民发展农业，提高农业水利化、机械化和信息化水平，提高土地产出率、资源利用率和劳动生产率，提高农业素质、效益和竞争力，持续推进工业化和城镇化，走上科学发展的轨道。这是农业现代产业化经营总体要求。

在总体要求上，首先，要认清形势，坚定信心。随着新时期的工业化、城镇化、市场化、国际化的一系列变革，社会利益格局在不断调整，农业和农村经济面临的形势发生了深刻的变化，保持粮食增产、农民增收、农业和农村经济发展良好势头的难度越来越大。必须与时俱进，勇于转变，敢于拓展。只要将中共中央的各项方针政策落实到位，脚踏实地地服务农民群众，就能在新的高度上推进农业现代产业化经营发展。其次，要开拓创新，真抓实干。因为农业的功能与生产经营方式、农村的经济结构与农民的思想观念都发生了深刻变化。要将先进的生产经营方式落地、做活，就必须有新的举措。只有敢于突破，坚持创新，才能找到自己的出路。最后，要抓住机遇，迎接挑战。面对新形势、新任务，必须用科学发展观为统领。要准确把握农业现代产业化经营的首要任务，是保障粮食安全，促进农民增收。要坚持以转变农业增长方式为重点，探索农业现代产业化经营的不同模式。要以较高的依法行政、科学管理和谐创建水平，促进农业现代产业化经营又好又快的发展。第四，要互为条件、持续发展。纵观世界农业发展历程，农业现代产业化经营既是国家一、二、三现代产业化经营的组成部分，又是与国民工商服务部门现代产业化经营互为条件。工业化、信息化、城镇化的发展，需要发挥农业的基础作用，农业现代产业化经营，必须以科技进步和工业体系的完善为前提，不断拓展新的产业功能。在工业化、信息化、城镇化和农业现代化之间存在着一定的对应关系，农业现代产业化既不能长期滞后于工业化、信息化、城镇化进程，也不能超越和脱要离工业化、信息化、城镇化的客观条件。要"培育有文化、懂技术、会经营的新型农民"，抓好农业、造福农民、繁荣农村，"统筹城乡发展"。

为了切实达到农业现代产业化经营总体要求，需进一步明确提出九项具体要求：一是农业基础设施水利化、机械化、电气化；二是种植业、养殖业良种化、园林化、基地化；三是农业生产经营资源化、科技化、法制化；四是农民务业综合素质化、多能化、信息化；五是农业产品多样化、标准化、安全化；六是农业投资多元化、制约化、激励化；七是农业产业链契约化、体系化、市场化；八是农户家庭生产经营专业化、合作化、流转化；九是农村劳动力转移实现工业化、城镇化、城乡一体化。

1. 要加强农业基础设施机械化、水利化、电气化建设。主要是指我国农业生产经营土地、设施、工具等主要生产资料得到根本改善，逐步实现农业机械化、水利化、电气化。为此，具体要求做到加强以下三化建设：

（1）农业机械化。它是农业现代产业化经营中心环节的机械化，在农业现代生产经营管理中，以农业机械化为首要求。农业生产经营科学技术推广应用，都离不开机械化，都要以机械技术作为手段。因此，要自始至终地把实现农业机械化作为一件大事来抓。

（2）水利化。"水利是农业的命脉"。我国农业生产的主要自然灾害是旱涝。在今后相当长时期，广大农村还不能控制气候变化的情况下，在采取植树种草等生物技术措施，来保持水土、涵养水源、调节气候的基础上，还必须采取水利建设等工程技术措施。因此，一是要充分利用全国各地区农村一切水源，大力开展农田水利建设，尽快增加旱涝保收、稳产高产农田。二是要各地区农村在国家继续兴办一些大中型水利骨干工程的基础上，要多搞一些中小型水利工程，因地制宜地发展喷灌、滴灌、渗灌以及打井、暗渠等节水增产的灌溉技术。三是要积极创造条件，广辟水源，把地下水、地表水、大气水都能有效地利用起来，彻底战胜干旱、洪涝等自然灾害。

（3）电气化。它是以电为能源的机械化，是机械化发展的高级阶段。实现电气化，是改变农业生产建设条件，实现高产、高效、低耗的重要手段，也是改造农村物质文化生活落后状态的重要手段。因此，一是要充分利用全国各地区农村一切可以利用的资源，大力发展不同规模、不同类型的电站。二是要充分利用各地区农村水利资源，发展农村中小型水电站，争取及早实现农业电气化。

2. 要加强种植业、养殖业良种化、园林化、基地化建设。为此，具体要求做到加强以下三化建设：

（1）良种化。它是农林种植业、牧渔养殖业增产增收的关键。多年来，全国绝大多数地区农村都加强了良种试验、示范、繁殖和推广工作，这对农林牧渔各业发展起到了积极促进作用。因此，一是要从各地实际情况出发，充分发挥本地优势，切实加强对良种繁育推广工作的领导，把重点转移到提纯繁殖当地主要作物良种的轨道上来。二是要生产品种对路、数量多、质量好的原种，提供给种子基地繁殖推广，建立健全良种繁育体系，为开创良种工作新局面，实现农林种植业、牧渔养殖业持续发展，作出更大贡献。

（2）园林化。它是改善农业生产经营条件的一项重要措施。它主要体现在对土地科学合理的利用，获得农业产品稳产高产。因此，一要根据全国各地区农村不同情况，实行山水田林路综合治理，使农林牧副渔各业用地的质量都有普遍提高。二是要大力植树种草，把一切荒地、荒山都绿化起来，建立一个合理的农业自然生态系统，使全国各地区农村自然环境和经济条件日益好起来。

（3）基地化。它是指东北地区稳定保持玉米、大豆、水稻基地规模；华北地区维持小麦、蔬菜、瓜果基地产量；西北地区扩大棉花、牛羊、瓜果基地规模；华东地区扩大水稻、油料、果品基地规模；中南地区扩大水稻、糖料、水产品、果品基地规模；西南地区扩大糖料、花卉、草药基地规模。

3. 加强农业生产经营资源化、科技化、法制化建设。为此，具体要求做到加强以下三化建设：

（1）资源化。它是指自觉地掌握自然生态变化的规律，科学合理的利用自然资源，保护自然生态平衡，促进农林牧副渔各业生产的良性循环发展。为此，一是要根据我国农业生产经营活动的特点，逐步调整好农林牧副渔业生产结构，使我国农业逐步变成"五业"布局合理、农工商综合经营的发达农业。二是要深入进行农业区划和农业自然资源调查，充分利用农业自然资源、农业生产的财力、物力、人力，积极创造条件，采取先进的经营管理手段，多方面沟通农业经济信息，组织完善合理的计划管理体质和产供销一条龙体系，建立一套现代化经营管理制度办法。三是要正确处理好农工商综合经营的经济关系和各方面的管理权限，搞好农业经济的计划和市场调节，坚持运用多年来行之有效的农业经营管理的好经验、好办法，尽快实现农业生产经营区域化和专业化，不断提高科学利用、节约使用自然地理资源的社会化水平。

（2）科技化。它是根据我国农林牧渔各业生产经营发展变化障碍因素，在继续发扬传统的精耕细作的生产经营技术的基础上，因地制宜地采取农林牧副渔各业生产经营现代科学技术，严格从全国各地区农村实际情况出发，认真遵循自然规律和经济规律，推广应用创新科学技术系列化。为此，一是要农林种植业的粮食和经济作物采取科学种植和管理方法，要做到这一点，就必须科学合理地利用土地、复种、密植、植保，经济有效地发挥肥料、水分、药剂等物质作用，不断提高光能和土地利用率，以达到不断降低成本费用，增产增收的目的。二是要对牧渔养殖业的畜禽鱼虾采取科学饲养和管理方法，使畜禽鱼虾在良好的生产经营条件下，充分发挥其性能，切实达到既节约饲料，又提高产品率。

（3）法制化。我国农业由传统农业转向现代农业的一项根本要求，是法制化，这是我国农业和农村经济发展的外在保障。农业是社会一切产业的根基，农业是典型的风险性和天生弱质性产业，农业生产经营模式的转变，农业生态环境的保护与治理等方面都必须得到国家相关法律的强有力支持。因此，在农业现代产业化经营过程中，一是必须加强农业法制建设，以法律手段来规范、引导我国农业由传统农业向现代农业、由自然经济向商品经济转变，保障农业现代产业化经营持续健康发展。这就必须坚持依法治农、依法兴农，必须加强农业行政执法队伍建设，建立高效廉洁的行政执法队伍，不断提高执法水平。二是必须不断完善农业行政执法监督制度，强化行政执法监督。由过去主要依靠政策办事向依靠法律办事转变，建立健全适应现代农业建设格局的法律体系，以加速推进农业法制化进程，保障农业走向产业化、生态化、现代化的道路。

4. 农民务业综合素质化、多能化、信息化。这就要求做到加强以下三化建设：

（1）提高农民务业综合素质。这是推进农业现代产业化经营的根本能力。由于农民进入非农行业就业、创业，受各方面条件的限制，我国转移农村富余劳动力的前景并不乐观。这就更要加强农民文化教育，逐年增加农工商行业职能技术要素的投入，加快科技创新、提高农民综合素质。

（2）提高农民多种功能技术水平。一是要根据全国各地区农村自然地理资源、城镇工商业发展优势，坚持将种植业技术与养殖业技术相结合、生物技术和工程技术相结合、加工储运技术与供销市场技术相结合，促使农民自觉提高务农、务工、务商等多种功能水平。二是通过文化、教育、科技、专业职能培训，其一促使农民在农业生产经营第一线，就能应用先进科学技术；其二促使农民在农业产业化龙头企业中，就能起到技术创新的主体作用；其三促使农民在城乡一体化经济发展中就能起到主力军的作用。

（3）提高农民及时正确掌握运用信息能力。这是我国农业现代产业化经营发展的内原动力。当今，我国农业现代产业化经营健康持续发展，必须有强大的信息支持做后盾，以后相当长时期内，农业"产购销"之间的矛盾、农民增产不增收的问题，其中的关键症结在于农业产品市场运转周期长、农业产品销路信息闭塞等原因，直接影响农业现代产业化经营的正常运转。要扭转这一被动局面，必须加大对农业信息化建设的投入，提高农业市场主体对信息处理反馈的灵敏度和准确性，以缩短其运转的周期，继而提高其运转的效率，使其真正成为推动我国农业现代产业化经营发展内原动力。为此，一要强化政府在农业信息化进程中的组织协调、信息服务职能，统一规划、统一部署、统一组织农业信息网络基础设施建设，建立健全农业信息管理服务系统和服务机构，开发利用农业信息资源，最大限度地减少和避免重复建设和无度的资源消费，达到农业信息资源共享目标；二要积极推广应用农业信息化技术，加强全国农业数据信息库的建设，要针对农业信息面广量大，涉及农业、农机、水利、气象、土地等诸多部门，必须相应把分散的农业产品市场、农业政策法规等数据，按不同目的进行有序的分类、集成、更新，积极应用地理信息系统、自动控制技术，搞好农业产前、产中、产后的具体服务；三要科学规划，加快农业综合信息网络建设，健全农业信息系统。

5. 加强农业产品多样化、标准化、安全化建设。这就要求做到加强以下三化建设：

（1）始终坚持提供优质化、多样化、多变化的农业产品。随着国民经济持续快速增长，城乡人民的生活水平、购买力水平普遍提高，对农业产品的需求日益优质化、多样化、多变化的趋势，导致农林牧渔各业产品品种增加、品质提高，特别是这些产品加工、包装、贮藏、保鲜、运输、批发、销售等产业不断涌现发展。在这个过程中，我国农业产品的供给途径延长，从农业到工业、商业，从农村居民生产供应到城镇居民生活需求，必须做到生产与生活、供应与需求相适应。

（2）始终坚持提供无公害、绿色、有机标准的农业产品。这就要求做到：一是要始终坚持把农业产品标准化作为保障农业产品质量安全的治本之策，加以谋划和推进。二是要深入开展标准实施和示范工作，大规模开展"菜篮子"产品生产标准化创建活动，创建国家级农业标准化示范县（区、场），创建蔬菜水果茶叶标准园、畜禽蛋奶养殖标准示范场、水产品鱼虾蟹等健康养殖场。三是要随着农业产品标准化工作扎实开展，农业产品标准体系逐步建立健全起来。四是要不断扩大农业产品优质品牌规模，建立部、省、地（市）、县（市）四级无公害、绿色、有机标准的农业产品认证体系。

（3）始终坚持提供质量安全保障体系的农业产品。这就要求做到：一是要制定和实施农业产品质量监管法。"十五"规划时期以来，我国采取了一系列措施，推动农业品质量安全体系建设，不断提高农业产品质量安全监管能力，农业产品质量安全保障能力不断增强，质量安全水平稳步提升。我国加入世界贸易组织后，由于一些国家对我国农业产品频频设置技术性贸易壁垒，我国农业优势产品的出口竞争力受到了严重削弱。为改变这个状况，我国政府及有关部门制定了《农产品质量安全法》及相关配套的《农产品产地安全管理办法》《农产品包装标识管理办法》《农产品地理标志管理办法》《农产品质量安全检测机构考核办法》等法规制度，各地区结合实际陆续出台了相关地方性规定，从中央到地方初步形成法律法规体系。二是要在有法可依的基础上，加强执法监管体系的建设。从农业部到各省、自治区、直辖市农业厅（局）都组建了农业产品质量安全监管局（处、办），绝大多数地（市）、县（市）农业局也组建了农业产品质量安全监管机构。各地区正在按照国务院及有关部门的具体部署，切实加强乡镇农业产品质量安全监管公务服务机构建设，加快提高基层的监管能力，从源头上保证农业产品质量安全。2015年，全国各级农业部门共出动执法人员586万人次，检查生产经营企业214万家，查找问题11.4万起，为农民挽回直接经济损失13.6亿元。三是要全面掌握农业产品质量安全的底数，国务院及有关部门及时调解重点地区、重点产品的主要问题，参照国际惯例，从2001年至2016年，坚持例行监测制度，例行监测品种扩大到90种，监测参数增加到102种，监测范围覆盖全国284个地级城市。同时，对全国32个省（区、市）开展省级例行监测工作，及时发现存在的突出问题和风险隐患，不断加大风险评估工作力度，不断增强农业产品质量安全事故防范能力。

6. 加强农业现代产业化经营资金投入"三化"建设。组织推进农业现代产业化经营持续发展，需要整个国民经济协调发展，要有工业的支持，要有城市经济的拉动，要有政府引导下的社会各方面的投入。因此，在现阶段要加快农业现代产业化经营发展，必须从宏观上调整功能关系、城乡关系，必须在政府财政引导下建立农业资金投入的多元化、制约化、激励化机制，促使企业和农民逐步成为农业投资主体，必须改革农村金融体制，促进农业产业与金融业有机衔接，成为有资金回报的有效益的产业。为此，具体要求做到以下三点：

（1）多元化投入。坚持努力加大工业反哺农业、城市支持农村的力度，鼓励农民和社会力量投资农业现代产业。这就要做到：一是各级政府要切实把基础设施建设和社会事业发展的重点转向农村，大力抓好农田水利建设、农业机械化、电气化建设，切实提高耕地质量，提高现代农业的设施装备水平。二是各级政府财政要大幅度增加资金投入，抓住财政增收较多的时机，紧紧围绕支持农业现代产业加大投入力度，继续巩固、完善、加强支农惠农政策，健全农业补贴制度，建立农业风险防范机制。三是社会各界参与资金投入，农业现代产业化经营是一项系统工程，需要社会各界包括银行等金融部门在内的各方面加以支持、引导和配合、协作。对农业现代产业化经营资金投入，不只是一种政府行为，更是一种社会行为。不能靠财政唱"独角戏"。但增加财政资金投入对于调动社会各方面的积极性，引导社会资金支持和参入农业现代产业化经营项目建设，确能起到其他任何部门所不能替代的作用。

（2）制约化投入。这就要做到：一是要各级财政配套比例投入。从中央到地方各级财政共同遵循配套投入比例，逐步增大农业现代产业化经营投入力度。改革开放以来，国家各级财政扶持农业现代产业化生产经营建设资金投入总额逐步增加，1979年为156.8亿元，1989年为413.2亿元，1999年为1043亿元，2001年为1360亿元，从2002年至2005年减征农业税，从2006年起，全国全面取消农业税、牧业税、特产税、屠宰税，从2006年至2016年，对全国农业、农村、农民生产经营建设资金投入，每年均为6204亿元，2010年为9239亿元，2011年为9885亿元，2012年为10448亿元，2013年为11396亿元，2014年为11982亿元，2015年为12594亿元，2016年为13248亿元。二是要各种产业链延伸投入。从农林牧渔各业产品的种植、养殖产业链，相应地延伸和拓展到加工、保鲜、包装、贮藏、运输、批发、销售、服务等关联环节产业紧密联系起来，彼此调和、结成利益共同体、共同步入农业现代产业化经营发展道路。这就需要各级政府财政依据农业现代产业化经营发展的深度和广度，对各种产业链延伸所需资金有效地给予支持。三是要各行业部门共同配合投入。为了促使农林牧渔各业和工商贸各业等部门共同在组织推进农业现代化经营过程中，协调解决种植、养殖、加工、购销、服务等各个环节相互分离、脱节和资金投向分散、形不成合力的矛盾，强化财政等有关部门对农业现代产业化经营的支持，共同加强对农业现代产业化经营专项资金管理，以充分发挥财政等有关部门在支持农业现代产业化经营中的资金政策导向和宏观调控作用。四是要各地区政府转变投入方式。农业现代产业化经营是一个经济运行和动态的发展过程，各地区政府要依据农业现代产业化经营运行和发展情况，相应地转变资金投入方式：一要集中资金保证重点农业产业化项目，保证使每个受扶持的农业产业化项目能产生辐射带动作用。二要以有偿投入为主，辅之以贴息、补贴、担保等多种形式，引导社会资金投入，充分发挥财政资金的导向作用。三要运用税收杠杆，鼓励、支持发展农林牧渔产业化项目，限制发展非农业产业化项目，引导和促进各乡（镇）、村（屯）因地制宜、发挥优势，搞好农林牧渔各业区域规划，科学合理布局和调整各种产业化项目，避免同种产业化项目一哄而上、结构雷同、浪费资源的现象。

（3）激励化投入。这就要激励各地区财政等部门对农业现代产业化经营项目，必须有重点、有选择、有近远期目标，必须讲究实现社会、经济、生态三大效益有机统一的最佳的综合效益，必须依据我国当前农业现代产业化经营发展情况及财政资金投入的要求，必须激励各地区财政等部门重点投入农业、主导产业、龙头产业、科技产业。为此，一是要扶持发展农业现代主导产业。扶持农业现代主导产业建设有一定规模农业产品商品基地，这是实现农业现代产业化经营的基础。各地区财政等部门要坚持因地制宜、发挥优势、面向市场、立足农户的原则，选择那些资源优势明显、市场容量大、单位产出率高、经济效益好的产品作为开发重点，支持农民建设各具特色、适合规模经营要求的农业产品商品基地。为了把基地建大、建好，形成商品批量、加工批量、销售批量，不断提高资源产出率、劳动生产率，实现最佳规模经济效益，还需要财政部门增大投入。为了缓解国家资金投入的压力，对于具有一定经济效益的基地项目，财政投入主要实行贴息的办法，引导集体经济单位和农民利用银行信贷资金进行建设；二是要扶持发展农业现代龙头产业。在农业现代产业化经营产业链条中，龙头企业一头联系市场，一头联系农户，具有开拓市场、引导生产、深化加工、搞好服务的综合功能，其发展的快慢和带动能力的大小决定着产业化经营的规模和成效。财政等部门在扶持龙头企业发展过程中，要坚持三个做到：一要做到就地发展。要支持把农业现代龙头产业建在农村集镇，就地发展。这样有利于把支持农业产业化经营与转移农业富余劳动力和实现城乡一体工业化、信息城市化结合起来。二要做到市场取向。要优先支持科技含量高、竞争力强、具有开拓市场能力的加工流通产业，支持这些企业创造精品名牌，供应优质产品，不断增强其竞争能力和对地方经济的带动能力。三要做到资金导向。财政等部门对农业现代龙头产业的扶持，主要是为其发展创造好的投资环境条件，通过运用贴息、低息政策，减税让利政策，吸引、鼓励有实力的工商企业、外资企业向农业注入资本，兴办公司，带动农户实施产业化经营，使农业成为"资本系数"很高的产业；三是要扶持发展农业现代科技产业。组织扶持发展新技术、新产品开发推广服务、信息咨询服务、资金融通服务。

7. 加强农业产业链契约化、体系化、市场化建设。为此，具体要求做到加强以下三化建设：

（1）契约化。在组织开展农业现代产业化经营中，通过签订合同、契约，建成种养加、产供销、农工贸等产业链龙头产业，农业产品加工龙头产业是劳动力高度密集的产业，也是技术密集和资本密集型的产业。在扩展农业产业链的过程中，每多一道工序，就多一重增加值，多一层就业，能够挖掘农业生产多领域的"容人之量"，拓宽农业产业多环节的"增收"之道。

（2）体系化。农业现代产业化经营的产业链在延伸扩展的基础上，形成农业现代产业化经营体系，可吸纳农村富余劳动力，直接增加农民的收入。农业现代产业化经营体系是由多元化组织形式和契约联结方式，在企业与农户之间建立一种合理的利益联结机制，结成农业现代产业化经营体系。多元化的组织形式，是指公司加农户、公司加基地加农户、公司加合作社加农户、合作社加农户等形式，各地区政府更注重发展以农业产品生产和营销专业户为主体的农民专业合作社，使其成为调整农业结构、发展现代农业、扩展农业现代产业化经营的产业链、实现垂直一体化经营的重要组织载体和经营形式。

（3）市场化。组织开展农业现代产业化经营，需要建立健全农业现代产业体系和农业产品市场体系。为此，一是要适应全国城乡人民优质化、多样化、多变化需求，在稳定发展粮食生产的基础上，不断开发农业的多种功能，加快发展牧渔养殖业、农林种植业产品加工业和特色产业，大力推进农业现代化企业化经营。二是要发展适应要求的物流产业，强化农村流通基础设施建设，发展现代流通方式和新型流通产业，培育多元化、多层次的市场流通主体，构建开放统一、竞争有序的市场体系。三是要为从事农业产品专业化生产经营的农户产品销售提供完整、准确、迅捷的市场信息，拓展更好的市场营销渠道；提供需要与国际市场接轨标准化的操作流程、质量检验检测机制。四是要为农户生产自己的产品打出品牌，占领一定的市场份额，提高在国际市场的竞争力。

8. 加强农户家庭生产经营专业化、合作化、产业化建设。为此，具体要求做到加强以下三化建设：

（1）专业化。在我国农业产品市场化、商品化进程中，农户的构成已经出现大量小规模兼业农户与少数专业农户并存的局面。从变动趋势看，纯农户不断减少，兼业户大量增加，专业农户正在兴起。我国农村出现的各类专业种植户、养殖户、营销户，是在农业由传统向现代转变的关键时期中涌现出来的，他们从事完全以市场需求为导向的专业化生产，是我国农业先进生产力的代表。为此，要不断提高农业劳动力的各种专业技术水平，着力把我国丰富的农村劳动力资源转化为人力资源优势，更好地发挥亿万农民在农业现代产业化经营中的主体作用。

（2）合作化。在组织开展农业现代产业化经营中，一是要引导农户在自愿、平等、互利的基础上，组织成立农民专业合作社，促进有关专业农户调整优化农业结构，为农户提供种子引进、种养技术培训、市场信息发布、产品购销价格。二是要为入社农户建立种养档案与财政金融部门协调提供种养资金，保证公平合理的价格购进生产资料、销出农业产品。凡是入社农户有权参与合作社民主管理，有责任在合作社指导下从事生产经营活动。三是要发展壮大农民专业合作社经济实力，必须两步走方针：第一步走"合作社+农户"的途径，由分散的农户直接对合作社贴近农户，为农户提供其自身办不了、办不好的系列服务。第二步走"合作社+工商企业"的途径，积聚以合作社为农业产业资本，结成农工商一体化产业经营体系，扶持和鼓励农业现代产业化经营中介组织、供销专业户、运销大户等流通服务组织发展。

（3）流转化。这是指要在稳定农户家庭联产承包责任制的基础上，一是要根据农民群众的意愿，积极推进土地流转，通过有偿转包、反租倒包、土地入股、贫富村合并等形式，促进土地向种养大户和农村企业集中，发展规模生产，提高综合效益。二是要在进一步稳定农村土地承包关系的前提下，调整现有土地承包关系保持稳定并长久不变的具体实现形式，完善相关法律制度。三是要坚持依法自愿有偿原则，引导农村土地承包经营权有序流转，鼓励和支持承包土地向专业大户、家庭农场、农民合作社流转，发展多种形式的适度规模经营。四是要结合农田基本建设，鼓励农民采取互利互换方式，解决承包地块细碎化问题。土地流转不得搞强迫命令，确保不损害农民权益、不改变土地用途、不破坏农业综合生产能力。五是要探索建立严格的工商企业租赁农户承包耕地（林地、草原）准入和监管制度。六是要规范土地流转程序，逐步健全县、乡、村三级服务网络，强化信息沟通、政策咨询、合同签订、价格评估等流转服务，加强农村土地承包经营纠纷调解仲裁。

9. 加强农村劳动力转移，加快工业化、信息化、城镇化、农业现代化的城乡一体化建设。全国各地区要组织推动农业现代产业化经营健康持续发展，必须引导农村富余劳动力转移，走上工业化、信息化、城镇化、农业现代化、城乡一体化经济社会发展的道路。我国土地和资源相对短缺，农业劳动力资源又过多，我国既要借鉴发达国家的经验，又要避免走"先污染、后治理"的老路，充分利用新技术革命带来的信息技术和生物技术，走技术密集加劳动密集的道路，实现跨越式发展。加快农村劳动力转移是实现工业化、信息化、城镇化、农业现代化的城乡一体化经济社会发展的前提条件。虽然全国农村有大量富余劳动力，但沿海发达地区已经出现了劳动力短缺现象。目前我国第一产业的就业占社会总就业比例在50%以上，如果到2020年能够将第一产业的就业比率降到40%，就会促进城乡一体化二、三产业的发展，为农村富余劳动力转移创造就业机会。同时，农业现代产业化经营也离不开工业化、信息化和城镇化推进。我国只有将农业现代化与工业化、信息化和城镇化三者之间有机结合起来，才能促使农业和农村经济健康发展，推动城乡一体化经济社会持续发展，提高农民收入、生活水平。

2001年以来，我国从传统农业向农业现代化、工业化、信息化、城镇化迈进的过程中，农村劳动力涌入城镇就业，成为农民工人社会群体。据相关部门统计，2016年，全国农民工总量达到26452

万人。在全国第二产业就业人员中，农民工占49%，其中加工制造业就业人员中农民工占63%，建筑业就业人员中农民工占72%；在第三产业从业人员中，农民工占56%，其中城市建设、环保、家政、餐饮服务人员89%都是农民工。目前进城务工人员中，高中、中专及以上文化程度占32%，接受过非农职业技能培训的占43%，高技能技工仅占技工的7%，正在影响着中国制造业、建筑业等第二产业。环保、家政、餐饮等第三产业健康发展，严重制约了工业经济转型升级，最直接的衡量指标就是产品质量。据统计，目前我国制造、建筑企业生产的产品合格率为84%左右。由于制造、建筑、环保等产业工人技术素质偏低，就会使得产品质量、工艺创新和技术革新缺乏成长的土壤，影响先进技术的理解和吸收、先进设备的操作和运用，最终影响工业化、信息化、城镇化的进程。为此，必须培养农民工转变产业技术工业，推进第二、三产业转型升级，加快城乡一体化经济社会持续健康发展。这就必须达到以下两项要求：

（1）各级政府及财政等部门必须把农民工社会群体转变成产业工人队伍，作为加快工业化、信息化、城镇化、农业现代化的城乡一体化经济社会发展根本动力建设的方略，从六方面贯彻执行：一要是继续扩大职业教育规模。要借鉴世界发达国家职业技术教育的先进理念和成功经验，切实加大对职业教育的重视和投入，整合教育资源，提高职业教育水平，从源头上保证产业工人的培养数量和质量。二是要构建产业工人多元化、终身化培训体系。要充分调动各类资源，形成全方位、多层次的产业工人培训系统，要对进城求职的农村劳动力、返乡农民工因地制宜地开展培训。三是要完善产业高级技术工人引进和流动机制。要建立紧缺职业培训经费政府补助机制，鼓励、支持企业根据产业发展需要重点引进紧缺急需的技能人才。四是要保障工人的就业、社保、工资待遇等方面合法权益，为产业工人队伍成长创造良好环境。五是要打通产业工人发展通道。要广泛开展技能竞赛、岗位练兵和技术创新活动，要推行创新优秀技术工人、技术等级和职称评定等政策，为优秀技术工人脱颖而出创造条件。六是要多形式地营造社会尊重产业工人的良好氛围。要在全社会树立尊重劳动，崇尚技能、鼓励创造的良好风尚，提高产业工人的社会地位和政治经济待遇，增强自豪感和荣誉感。

（2）各种产业主管单位及企业必须认识到人是生产诸要素中最积极、最活跃的因素。必须坚持做到五点：一是要提高产业工人在企业利益分配中的比重。要按照共建、共享、共赢的利益分成原则，切实维护职工合法权益，实现劳动获酬、劳有所值、劳能共享。二是要因地制宜地采用职工入股、增加福利等形式提高个人收入水平。三是要构建平等民主的管理机制。要积极推行民主管理和自主管理，增强员工的归属感和主人翁意识。四是要努力提倡边干边学的学习风气和敢想敢试的创新氛围。五是要定期组织培训活动，建立对于一线产业工人技术和工艺创新的奖励机制，营造人人动脑筋、个个爱钻研的创新氛围。

七、农业现代产业化经营的方略和准则

我国农业现代产业化经营的方略，概括说，就是必须从我国国情出发，坚持以科学发展观为指导，用现代物质条件装备农业，用现代科学技术改造农业，用现代产业体系提升农业，用现代经营形式推进农业，用现代发展理念引领农业，用培养新型农民发展农业，坚持以市场为导向，以提高农业劳动生产率、资源产出率和农业产品商品率为目标，大力发展农业生产力，提高农业综合生产能力、抗风险能力、市场竞争能力，保障国家粮食安全，促进农民持续增收，适应国民经济对农业的需求，繁荣农村经济，为城乡一体化经济社会持续稳定发展提供坚实支撑，坚持工业反哺农业、城市支持农村和多予少取放活方针，按照全国农业产品高产、优质、高效、生态、安全的要求，以加快转变农业发展方式为主线，以促进专业化、标准化、规模化、集约化为重点，强化政策、科技、装备、基础设施等支撑，全面提高农民综合素质，坚持走中国特色农业现代化道路。

农业现代产业化经营的准则，概括说，为坚持走中国特色农业现代道路，针对我国农业发展的现

实条件和状况，确定和实施六项准则：一是把握市场、前沿、实践三个导向准则：其一把握市场导向，重点是要深入分析市场，细化市场，以市场需求作为信号；其二把握前沿导向，就是要密切注视农业生产经营的前沿动态，努力把增产、增收、增效、提质最明显的先进技术等因素吸收进来；其三把握实践导向，就是要以农业现代产业化经营标准在实践中出现的问题为重点，用适合的本地的新方法，弥补不足，提高实效和农户的信任度。二是发挥政府、集体、农户三种力量准则：发挥好政府及部门组织的作用，各级政府及部门必须担起组织引导、推广、督促、落实的责任；发挥好农民专业合作社、协会的作用。充分发挥自身在农业现代产业化经营中示范、带动等方面的作用；发挥好农户的作用，让农户积极投身到农业现代产业化经营建设中来。三是调动农户、基层单位、财金部门三个积极性准则：其一调动农户的积极性，要通过转移支付、奖励、补贴等措施，使得种粮农户既能增产又能都收；其二调动基层政府及有关单位组织协调、领导带头的积极性；其三调动财金等部门加大对农业投入的积极性，特别要调动金融机构、风险投资基金对农民贷款的积极性，要强化农村信用合作社的金融功能、流通功能和保障功能，对小额信贷、合作金融、农村互助基金等现代农村金融制度进行改革，切实解决农业现代产业化经营资金不足问题。四是突出前瞻性、操作性、时效性三个特征准则：其一突出前瞻性，农业现代产业化经营中的各项措施，必须是相互增援辅助配套措施，不能用老措施解决新问题；其二突出操作性，必须采取切实可行、行之有效的政策措施；其三突出实效性，由于农业现代产业化经营成果受气候、土壤等多种条件的制约，这就要制定相应的规程，以利于推进农业现代产业化经营取得最佳成果。五是设置流转、服务、收购三个平台准则：其一设置流转平台，支持自愿出让土地承包的农户，要在保证有一定收入的前提下，让耕地始终在能够落实农业现代产业化经营高效的农户手中经营；其二设置服务平台，农业等有关部门要重点围绕认真落实到农户，搞好各种服务，提高农业可比效益；其三设置收购平台，要对认真组织农业产品收购、营销解除农户买难、卖难的购销问题。六是做到融资、订单、难题三个优先准则：这就是在组织开展农业现代产业化经营中，各级政府必须制定和实行一些优惠政策，把优惠政策重点投放到三个方面：其一优先融资。对于从事农业现代产业化经营的农户要优先帮助资金不足问题；其二优先联系订单。要把农业订单优先落实到最能保证产品质量的地块，落实到能够落实农业现代产业化经营的农户，能够得到应得的实惠；其三优先解决各种难题。要针对农户在农业现代产业化经营中存在的各种问题，给予优先解决。

（一）农业现代产业化经营的方略

具体说，农业现代产业化经营的方略主要包括：更新观念、确立目标、强化功能、区划布局、转变职能、扶持引导、推行标准、处理关系、健全关系、开辟途径十方面。具体说明以下十方面方略：

1. 更新农业现代产业化经营观念方略。这是指：在组织开展农业现代产业化经营观念方略上，必须坚持增强紧迫感、使命感、责任心：

（1）增强农业现代产业化经营的紧迫感。农业是一项传统产业，农业现代产业化经营是农业、农村经济发展和经济体制改革的产物，是按照市场经济体制运作的农业经营机制和组织形式。农业现代产业化经营，从根本上说克服了传统农业的局限性，从农业生产领域向加工、销售领域拓展。农业现代产业化经营，是全国城乡人民生产、生活多样化、优质化的需求和国内外市场多变化的需要。现代国内外市场不但对农业产品有较高的要求，更对农业品种质量有特殊的要求，而要实现这一目标，单单从加工环节下功夫是远远不够的，必须坚持提高农业现代产业化经营标准，满足全国城市人民的各方面需求，适应国内外市场的需求。农业现代产业化经营是农村社会生产力发展的一定阶段的产物，在传统产业生产经营方式下，农业现代产业化经营方式是先进、科学的。因此，必须更新农业现代产业化经营战略观念，增强实现农业现代产业化经营的紧迫感，必须克服传统农业的局限，打破条条块块的束缚，形成跨地区、跨部门、跨所有制的农工贸、经科教相互吸引、相互渗透的一体化经营体系。

（2）增强农业现代产业化经营的使命感。农业现代产业化经营是城乡市场经济健康发展的新生事物。农业现代产业化经营的各个环节都是由市场经济规律发挥作用而形成的利益共同体,是市场原则和利益机制作用下的专业分工和协作,它有别于过去计划经济条件下,靠计划价格和行政命令形成的农民与收购部门的那种相互关系。农户、龙头企业、销售网络都可以是各自独立的商品经营者,是共同的利益需求将他们联系起来,形成利益风险均沾的共同体,这个共同体形成农业现代产业化经营集团体系。因此,必须更新农业现代产业化经营战略观念,增强实现农业现代化产业化经营的使命感,必须全面排除非市场因素的干扰,按照市场经济规律和市场经济原则,组织形成自我约束、自主经营、自我发展的利益集团。

(3) 增强农业现代产业化经营的责任感。农业现代产业化经营是从传统小生产经营和小农经济向现代农业大生产经营和大市场经济转化的经营。传统农业的农户家庭联产承包经营责任制确立农户作为农业生产经营主体,而农业现代产业化经营责任制是将分散的、小型生产经营的农户联合起来,按照生产专业化、手段现代化、产品商品化、经营社会化的原则,同大市场有机结合起来,使广大农民从生产者向生产经营者过渡的一种经营方式。传统农业的农户家庭联产承包经营责任制确立农民的生产主体地位,充分调动农民从事农业生产积极性,这是我国农村经济体制改革的第一次革命,而农业现代产业化经营在我国建立一种适应市场经济体制要求,帮助农民走向富裕的生产经营机制。因此,必须更新农业现代产业化经营战略观念,增强实践农业现代产业化经营的责任感,尽快推进农业现代产业化经营持续健康发展。

2. 确立农业现代产业化经营目标方略。这是指:在组织确立农业现代产业化经营目标方略上,对发展目标要立足长远,着眼当前。从中期看,就是到2020年,要基本建成与工业化、信息化、城镇化、农业现代化的城乡一体化相配套,人与自然和谐发展,以市场化、规模化、产业化、科技化、信息化为主要标志,已达到经济、社会、生态效益三效益有机统一的综合效应,建立国内先进农业现代产业化经营体系。从近期看,就是到"十三五"末期,要基本建成农林牧渔业产业特色明显、集约优质高效和持续发展的农业现代产业化经营体系,进一步建成农业物流信息、农业产品加工、种子种苗繁育和农业科技示范中心,脚踏实地,力争全面或超额完成各项目标任务。为此,进一步确立加快农业现代产业化经营建设的以下五项目标:

(1) 奠定农业现代产业化经营四个基础:一是物质基础。要加快以农业现代产业化经营单位的公共积累步伐,有计划、有步骤地加大对农业现代化的投入;二是设施基础。要加快道路、水利、电力、通讯等设施建设步伐;三是人才基础。要通过加强教育培训、加大人才引进力度等方式,造就各方面人才,用人才辈出的局面推进农业现代产业化经营进程;四是网络信息基础。要加强网络的基础设施建设,为逐步把网络作为获取信息、改善管理的重要手段奠定基础。

(2) 建成农业现代产业化经营四个环境:一是经济环境。要鼓励知识分子、科技人员投身到农业现代产业化经营示范区的建设中来,让知识分子、科技人员成为建设现代农业的主力军;二是政治环境。要对在建设农业现代产业化经营示范区中做出突出贡献的农民群众和领导干部给予奖励,以利于发挥模范带动作用;三是文化环境。要使加强学习、投身创新、推动农业现代产业化经营,作为自觉自愿遵循文化道德风尚;四是生态环境。要重点保护好农业现代产业化经营的自然地理环境,科学合理开发利用水利、土地资源,加强山水林田路村综合治理建设,坚持保水土、抗旱涝、防风沙、抗盐碱、减排节能,将农林各业产品基地建成绿色有机产品基地。

(3) 造起农业现代产业化经营四个平台:一是科技推广平台。要装备好农业科技创新推广中心,加强现有的农业现代科技示范园区建设,充分发挥科技示范区的示范、引导、科技推广等方面的作用。要加强专业协会建设,让协会成为新技术、新措施、新农艺推广的重要力量;二是专家决策平台。要把国内知名的农业、经济专家纳入决策团队,组建农业现代化"专家顾问团",为农业现代产业化经营出谋划策;三是农民群众参与平台。农民是农业生产经营的主人和劳动者,只有充分地征求他们的意见和建议,才能推进农业现代产业化经营健康发展;四是组织领导互动平台。要加强各地区政府及部门组织领导相互沟通、及时交流、汲取经验教训、取长补短、共同前进。

（4）建设农业现代化经营四个系统：一是农业产品市场应对系统。要重点通过农业产品订单，保证始终以市场为导向，为生产提供农业产品；二是自然灾害防控系统。要引进气象预测的设备、人员，既要能预测长期天气走势，又要能发现天气突然变化，通过早预报、早预防来减少甚至消灭损失；三是智能机械操作系统。用现代智能技术提高作业水平，提高土地的利用效率；四是现代管理系统。要将微机系统成为管理的重要手段。

（5）发展农业现代产业化经营四种产业：一是标准产业。统一规划、区域布局，统一产品品种、质量标准，统一种植、养殖，统一加工、供销，大力发展质量效益型农业。二是链条产业。坚持围绕农林牧渔各业产品种植、养殖、加工、保鲜、包装、贮藏、运输、批发、销售各环节形成链条产业；三是有机产业。坚持推进无公害、绿色、有机农业产品生产基地建设，不断提高有机农业产品供应率；四是物流产业。要以实现农业产品的最大时间价值为目标，大力发展现代物流产业。整合现有的铁路、公路、航运等各种物流资源，加快现代物流业基础设施建设步伐，保证物流畅通。

3. 强化农业现代产业化经营功能方略。这是指：在组织强化农业现代产业化经营功能方略上，必须发挥和拓展农业现代产业化经营多项功能。由于我国工业化、信息化和城镇化的迅速发展，对农业功能不断提出新的要求。为了适应工业化、信息化和城镇化发展的需要，必须不断发挥和拓展农业现代化产业化经营功能，主要有以下七项：

（1）农业产品供给功能。农业产品供给是农业的基本功能。农业产品供给一般可分为粮食供给和原料供给两大功能。粮食是国民经济基础的基础，是重要的战略资源。要坚持立足国内保障粮食基本自给，是我国发展现代农业必须把握的重点任务。同时，由于全国城乡一体化农工商服务产业间广泛存在着相互依存的关系，保持农业产品原料的供给能力是支撑相关产业发展的必要条件，是国民经济发展对农业现代产业化经营的基本要求。

（2）农业劳动力转出与吸纳功能。促进农业劳动力向非农业转移，不仅能增加农民收入、支持工业化、信息化和城镇化发展，而且能间接支持替代劳动力的农业机械工业发展以及土地的经营规模经营，有利于提高农业劳动生产率。同时，发展现代农业产业化又能发挥农业本身对劳动力的吸纳功能。对于我国人口众多和劳动力资源丰富的大国，通过农业现代产业化经营方式，扩大农业内部就业，是缓解就业压力的有效途径。

（3）农业现代产业化经营增收功能。通过推进农业现代化产业化经营，为农民增收提供了新的领域。通过调整优化农林牧副渔各业产业结构，进一步挖掘内部增收潜力，广泛开发利用各类资源，推进"一村一品"，发展特色经济，壮大县域经济，把小城镇建设、乡镇企业发展和农业现代产业化经营结合起来，实施农工商一体化经营，进一步延伸城乡一体化产业链条，提高农民收入和生活水平。

（4）农业对国民经济发展贡献功能。组织开展农业现代产业化经营，对国民经济持续健康发展的贡献主要表现在两方面：一是可以增加农民收入，扩大农村消费需求，形成国民经济新的增长点；二是可以提供全国城乡一体二、三产业所需原材料，解决部分行业产能过剩的问题。

（5）农业生态环境维护功能。维护和改善农业生态环境，实现农业可持续发展，是对农业新的功能需求。我国工业化、信息化和城镇化的发展，不能以过度占用农业资源以及破坏植被、污染水源、侵蚀土壤等为代价。必须在农业生态环境容许的范围内，从事农业现代产业化经营、工商业经营活动，必须突出农业的生态环境维护功能，创造人与自然和谐相处的生态环境。

（6）农业旅游观光休闲功能。现代农业观光休闲是一种新的农业功能。它以田园景观和自然资源为依托，结合农林牧渔各业生产经营活动、农村文化及农家生活，成为具有特色的农业产业形态。大力发展旅游观光休闲产业，可以带动农业产品加工业、交通运输业、旅游服务业的发展，促进区域调整优化农林牧副渔各业发展。

（7）农业文化传承功能。我国传统农业几千年来形成了相对成熟、具有鲜明特色的农耕文化，创造了多种多样性的农业形态。拓展农业的文化传统功能，可以保留、提炼农耕文化中的精华，有利于对我国青少年深入开展传统农业文化教育。

4. 区划农业现代产业化经营布局方略。这是指：在区划农业现代产业化经营布局方略上，要调整优化农业现代产业化经营区域布局结构，立足各地区比较优势，建立不同类型的农林牧副渔各业生产经营区域，形成具有区域特色的农林牧副渔各业主导产品和支柱产业生产带。从全国各地区农林牧渔各业现代产业化经营区域化布局来说，科学区域布局为三部分：一是农林牧渔产业基地重点区域；二是农林牧渔产业链重点区域；三是农林牧渔产业稳步发展重点区域。分别说明如下：

（1）农林牧渔产业基地重点区域。重点区域包括东北平原、黄淮海平原、长江平原的玉米、小麦、水稻等主产区，西南青藏高原、西北黄土高原的畜禽蛋奶等主产区，新疆棉花、瓜枣等主产区，广西、云南的糖料等主产区，广东、浙江、福建的鱼虾等主产区，山东、海南的蔬菜、水果等主产区，承担供给保障主体功能。在粮食主产区，要加强农田水利和高标准农田建设，大力发展粮食精深加工及仓储物流业，完善粮食仓储运输设备，引导龙头企业向优势产区集聚，促进就地加工转化；在农林牧渔业产品优势区，以建设区域内各类农业产品优势产业带为重点，推动规模化种养、标准化生产、产业化经营、品牌化销售，提升农业现代产业化经营管理水平。在上述农林牧渔产业基地重点区域中，必须重点建设两个区域：一是三大平原粮食产业区域。特别是东北平原地区人均土地资源相对丰富，农业设施保障具有一定基础，后备农业资源开发也有潜力。为此，在粮食产业化经营建设中，必须立足于资源优势，以提高劳动生产率为核心，鼓励发展机械技术，改善生产经营建设条件，扩大社会化服务业覆盖范围，促进粮食生产经营建设的规模化、区域化和集约化，提高土地产出率和资源利用率，充分发挥粮食等主要农业产品供给的区域功能；二是农林牧渔产业区域。全国大多数地区农林牧渔各业资源特别是劳动力资源丰富。必须立足于农林牧渔各业产品产出集聚度高的实际，进一步提高土地产出率和劳动生产率，通过加强农林牧渔各业基础设施、现代科技、物质装备、现代物流体系等保障措施，稳定提高农林牧渔各业综合生产能力，提高主要农林牧渔各业产品在全国的占有率，强化三大平原粮食产业区域功能定位，全国绝大多数地区具有生产粮食、棉花、油料、糖料等大宗农林牧渔各业产品的比较优势，要继续发挥这个优势，在加强农林牧渔各业基础设施建设，改善农林牧渔各业基本生产经营建设条件的基础上，提高农林牧渔各业产品质量，促进农林牧渔各业产品加工转化，提高农林牧渔各业综合效益。

（2）农林牧渔产业链重点区域。农林牧渔产业重点区域，包括环渤黄东南海、长江三角洲、珠江三角洲地区、海峡西岸经济区，以及沿海地区以外的直辖市、省会城市等大城市郊区和大型集团化垦区。这些区域是我国集约化、规模化和多功能农业发展较好的地区，其中环渤黄东南海、长江三角洲、珠江三角洲和海峡西岸经济区等发达地区，属于东部沿海先导农林牧渔各业区，将加快发展以蔬菜瓜果产品、畜禽蛋奶产品、鱼虾等水产品为重点的高效、精品、外向型和生态休闲农林牧渔产业，鼓励企业化、集团化发展模式；大城市郊区多功能农林牧渔产业区，主要指沿海地区以外的直辖市、省会城市郊区，将大力发展蔬菜、瓜果、畜禽、蛋奶、鱼虾等产业；农垦规模化农林牧渔产业区，主要指新疆生产建设兵团和黑龙江农垦、广东农垦等大型集团化垦区，将加快农田基础设施和现代科技装备建设，着力建设天然橡胶、粮食、棉花、糖料、畜禽、蛋奶、种子等大型农林牧渔各业产品商品生产、加工、供销基地。在上述农林牧渔产业链重点区域中，必须重点建设两个区域：一是全国内陆区域，应凭借其多元化、多层次、多形式等方面的条件优势，克服土地等资源禀赋不足的劣势，在严格控制耕地非农化的基础上，调整农林牧渔产业结构，大力发展优质、高效、环保型农林牧渔产业，延伸产业链条，提升产业层次，提高农林牧渔产业劳动生产率，将农林牧渔产业区域功能，定位于集约化的综合效益产业链条基地；二是全国沿海区域和大中城市郊区要大力发展生活型、环保型的农林牧渔各业现代产业，侧重发展优质高效农林牧渔各业产品产加销一条龙产业链，要因地制宜地发展特色农林牧渔各业产品生产，建立名特优农林牧渔各业产品生产基地。

（3）农林牧渔产业稳步发展重点区域。稳步发展重点区域，主要指草原生态经济区，包括西北干旱、半干旱黄土高原地区和西南青藏高原草原地区，涉及内蒙古、宁夏、陕西、甘肃、青海、新疆、四川、西藏等省（区）。加强以节水灌溉农林牧渔各业产品区水利建设，建立生产经营建设和生态补偿机制，转变农林牧渔各业发展方式，优化生产布局和产业结构，提高科学饲养和经营水平，加强农林牧渔各业互补、有机结合，发展生态型产业。在上述农林牧渔产业稳步发展重点区域中，必须重点建设两个区域：一是全国特色农林牧渔产业发展区域。特别是西部地区地域广阔，农林牧渔产业生物资源丰富，非常适合发展特色农林牧渔产业。同时，西部地区也是生态脆弱区，生态维护任务很重。从发展现代农林牧渔产业的要求看，西部地区必须坚持突出生物多样性化特征，积极发展林果业和畜牧业，大力推进特色农林牧渔产业发展，拓展农林牧渔产业的观光休闲功能；二是全国生态环境维护区域，要突出农林牧渔产业的生态环境维护功能，促进人与自然和谐相处，着力建设环境友好型农林牧渔产业区域。特别要在西部生态脆弱地区，加快发展旱作节水农林牧渔产业，把过度开荒的土地尽快地退耕还林、还草、还湖，改善农林牧渔产业生态环境。

总之，我国幅员辽阔，各地区资源禀赋不同，经济社会发展条件各异。在组织开展农业现代产业化经营过程中，必须依照不同区域的要素资源状况，搞好功能定位，最大限度地发挥不同功能区域的比较优势，健全农林种植业与牧渔养殖业有机结合产业体系。

5. 转变农业现代产业化经营职能方略。这是指：在组织转变农业现代产业化经营职能方略上，必须转变以下八项职能：

（1）农业由传统粗放经营向现代集约经营转变。要加快转变农业增长的方式，提高农业资源产出率。要由单纯追求数量向数量、质量并重转变，实现农业经济效益、生态效益、社会效益有机统一的综合效益。

（2）农业由传统农业技术向现代集成农业技术转变。要推进农业科技革命，加快农业科技进步，大力增强农业自主创新能力，促进农业科技成果转化，提高农业科技含量，增强农业现代产业化经营科技创新能力。

（3）农业由工农分离、城乡脱节的二元经济结构向工农协调、城乡结合的城乡一体化经济结构转变。要逐步打破城乡间二元结构体制的限制，促进城乡资源和产品的流动与市场化配置，充分发挥城乡结合的各种优势。促进城乡一体化经济发展。

（4）农业由简单初级产品生产向农业产加销一体化经营转变。要促进发展农业产业化经营，形成农业产业各环节利益共享机制，把农业生产变成农业产业链的第一车间，延长农业产业链，促进农业生产、加工、运销紧密结合，形成农工贸集团体系。

（5）农业由分散经营向规模化组织化经营模式转变。要坚持以农户家庭经营承包为基础，创新和完善统一经营的方式，发展适度规模经营。要推进农业由结构趋同性调整向区域化专业化转变，不断推进区域化布局，建立优势产业带。要发展专业化生产，培育农林牧渔各业特色、绿色、有机产品，提高附加值效益。

（6）农业由传统线性经济模式向循环经济模式转变。传统农业是一种线性经济模式，资源重复利用率低，环境污染严重。为此，要大力发展循环农业和环保农业，加强山水林田路生态环境综合治理，促进农业现代产业化经营持续健康发展。

（7）农业由以面对国内市场为主向农业走向全球市场转变。要围绕国内国际两个市场、两种资源，着眼于国际市场和全球农业竞争需要，增强"走出去"能力，强化"走进来"应对措施，提升农业整体国际竞争力，提高农业现代产业化国际管理水平。

（8）农业由传统农业建设现代农业，是一项复杂的系统工程。要从我国基本国情出发，着眼世界现代农业发展态势，把建设现代农业作为贯穿新农村建设和现代化全过程的长期艰巨职能，认真贯彻农业现代产业经营、统筹城乡一体化经济发展战略，把握建设重点，瞄准主攻方向，增强各项职能，促进农业现代产业化经营和城乡一体经济健康持续发展。

6. 扶持农业现代产业化经营引导方略。这是指：在组织扶持农业现代产业化经营引导方略上，各地区政府及部门必须引导农民调整优化农业产业结构，提高粮食综合生产能力，保障国家粮食需求的安全，是形势所迫的战略任务。为此，必须有政府对农民的扶持和引导。政府与农民，前者是组织者、引导者，后者是参与者、实践者。政府引导得法，农民参与得力，就能顺利调整优化农业产业结构，提高粮食综合生产能力。各地区政府及部门必须正确而积极引导农民克服根深蒂固的小农意识，摆脱小富即安的思想束缚，打破农村传统的小生产格局，增强市场经济观念和市场竞争意识，消除各种障碍，在调整优化农业产业结构，组织扶持农业现代产业化经营引导方略上，就必须向农村干部、农民从以下九方面引导：

(1) 农业政策引导。各地区政府要坚持从实际出发的原则，确定符合本地实际的发展思路、发展政策、发展措施去引导农民，采取正确的配套政策，如按国家保护价收购粮食、财政支农补贴、扶持个体私营经济、取消农业税收、改善户籍管制、农村劳力就业、取消行政收费等项政策，来扶持和鼓励农民。各地区政府在土地流转中坚持因地制宜、形式多样、自愿参与的原则，采取承包、租赁、拍卖入股、置换、委托等措施，实行"业主＋农户""公司＋农户""大户＋农户""工人＋农户""院所＋农户""干部＋农户"等经营模式。

(2) 农业优势引导。各地区政府要认清当地农业比较优势，正确认识市场农业和农村经济是竞争农业和农村经济，竞争农业和农村经济是优势农业经济。要提高农业和农村经济优势的认识，就必须坚持科学发展观，用发展的眼光、辩证的观点、创新的思想，来分析判断农业和农村经济发展趋势。在"十三五"规划期间，既要注意面向未来，又要认真总结过去，寻求各方面优势，即：农业资源优势、土地资源优势、人力资源优势、经商传统优势、特色经济优势、历史文化优势、人员素质优势、交通邮电优势、农业开发优势、科技推广优势、农业基础设施优势、社会治安优势、农业生态环境优势、社会化服务体系优势、边境沿海优势。这些优势，有的过去看是劣势，今后看却是优势；有的在计划经济条件下是劣势，在市场经济条件下却是优势；有的片面认为是劣势，辩证分析却是优势；有的保守地看是劣势，开放地看却是优势。既要善于发挥优势，又要善于变劣势为优势。总之，各地区政府要通过上述优势引导，广开思路，以利于增强调整优化农业产业结构的信心和勇气。

(3) 农业特色引导。各地区政府在推进农业和农村特色经济过程中，要注意发展区域农业和农村经济不能小而全、大而全，必须着眼于特色。特色不仅是方向，而且是生命，没有特色就会失去市场竞争力。什么是"特色"？农业特色的实质体现在农业产品生产经营规模，体现在农业产品市场的需求。这是指农业产品的品种、品质、数量都具有特色，必须具备一定的生产经营规模；同时，必须具有营销良好的市场，具备广阔的市场前景，是属于二者缺一不可的特色。例如，山东诸城市农林牧副渔各业产品几十种，但没有泛泛来抓，而是从过去的基础优势出发，以市场为导向，大力培育肉鸡、淀粉、肉肠特色主导产业。如得力斯公司居全省之首，为全省农业产业化龙头企业。诸城市外贸公司主导产品肉鸡由日本一个市场扩大到新加坡、沙特等8个国家和地区。在全国各地区建立了192个自销点，内销7万吨。

(4) 农业高效引导。农业产业结构调整优化的核心是农业产品质量和效益。农业产品优质、高效是农业产业结构调整优化的中心环节、问题；什么是农业产品优质、高效？农业产品优质、高效的有效途径是农业先进科学技术和农业产品市场。山东省寿光市根据国内市场行情和专家关于中国加入WTO后对中国农业产品影响的预测，狠抓了农业产品品种、品质结构调整和加工深化，推进了农业产业化经营，形成了农业产加销一条龙、农工贸一体化产业体系，增强了农业产品市场的竞争力。

(5) 农业升级引导。农业产业结构调整优化的过程，就是农业结构升级的过程。农业产业结构升级，一般来说，要从四个层次进行：一是农业品种结构调整优化，压缩普通品种的种养生产经营规模，大力发展优质、专用品种；二是种植业内部结构调整优化，由粮、经二元结构，向粮、经、饲（饲料）草等三元、四元、多元结构调整升级；三是种养结构调整优化，由种植业向养殖业调整升级；四是一、二、三产业结构调整优化，向依次递增的方向调整升级，就农业大县来说，大力发展农业产品加工业和农村服务业。在这四个层次的调整优化过程中，不能机械地按比例分配力量，必须突出重点、抓特色，在抓特色产业中实现调整升级。

(6) 农业示范引导。要特别注意，在农民文化科技素质不高、农村市场经济不发达的情况下，决不能靠政府领导的行政命令，促使农民进行农业结构调整。而必须通过农业示范引导，才能发挥带动作用。农业示范引导的方式有三种：一是科技示范，青岛市平度县创办了农业高科技示范园区，集引种、繁育、示范、推广于一体，发挥了示范带动作用；二是典型示范：树立一批接受市场信息快、带头进行结构调整、新品种种养、新产品加工的典型。三是干部示范。让机关干部走上农业结构调整第一线，率先垂范，影响带动农民群众。为此，全县建立万亩科技示范区，各乡镇树立千亩科技示范园，各村建立百亩科技示范点。县、乡镇各级领导干部直接到农村参加种植、养殖劳动，总结经验，引导示范、推向前进。

(7) 农业跃进引导。对于农业产业结构调整优化，不能安于现状，要勇于创新，敢于实践，善于跃进。农业产业结构战略性调整，基础是农业品种品质结构调整，重点是农业产业结构调整。要尽快由低层次的农业产业结构，向高层次的农业产业结构转变，实现优化、升级，关键是农业产品加工业，由粗浅加工向精深加工延伸。凡是在市场上营销持续良好的加工业，一是要迅速扩大产业规模；二是要立足于加工产品的高起点，瞄准科技开发的终极产品和市场需求的前景产品开发生产；三是要立足于科技上的高起点，采取当前国内外一流的生产管理技术，创办科技型企业。总之，在农业产业结构调整优化上，实施跃进引导时，必须遵循经济规律，科学论证，看准方向，决不能盲目蛮干；必须以创驰名品牌为核心，紧紧抓住科技、管理和资本运营三大要素，加快建立现代企业制度，最大限度地缩短原始积累阶段，与国际市场接轨，按国际惯例生产经营，开创农业产业结构调整优化新局面。

(8) 农业信息引导。在农业产业结构调整优化中，各地区政府要帮助农民在增产、增效、增收上提供信息，进行引导。有些地方乡镇、村屯至今电话不通、交通不便，长期没有一个农业产品销售集散地，农业产品流通的市场设施、农业信息收集和传递服务体系建设等严重滞后，种养农户和个体贩运户信息捕捉有限。为此，一是各地区政府要扶持建立健全农业信息系统，建设宽带网，为农民提供优良品种、技术指导、市场需求、农业产品和农业生产资料价格行情、气象预测、劳务需求等信息；二是各地区政府要加快农村电网的改造和公路等基础设施建设，达到村村通公路、家家有电话，实现农户不出门可知市场事，走出生产与销售困难的窘境，实现生产与销售良性循环发展。

(9) 农业科技引导。在农业产业结构调整优化中，一是各地区政府要坚定不移地实施科技兴农、科技兴产业的战略，引导农民学习和运用先进科学技术。在具体实践中，有这样一种现象，农业产品尽管有市场，但农民收入减少，如蚕桑、水果、烤烟等农业产品，主要是这些农业产品的科技含量低。为了解决这一问题，二是各地区政府要加强对乡镇长尤其是村长、支书进行农业实用技术的培训，促使他们了解和掌握先进技术之后，能够起到直接的传帮带作用。要充分发挥科技人员的作用，改善科技人员的工作和生活环境，适当提高待遇，帮助他们更新知识提高业务技术水平。三是各地区政府要严格按市场需求，优化农业产品品种、品质大力推广良种良法，使品质与市场对接，注重发展"绿色"才果，使品质外观美、果型适中、肉汁适宜、耐转运、宜贮存。要促进科技大专院校、科研院所对农业科技推广应用交流，充分依靠科研院所对农业科技创新的信息导向和智力支持。

总之，对于农业产业结构调整优化，各地区政府引导农民，一是必须坚持一切从实际出发，组织落实上述准则，而不能脱离实际，提出一些与本地实际不相符合的准则和方案；二是必须倾听农民的呼声，尊重农民的意见，不能违背农民的意愿，武断地搞"一刀切"；三是必须从农民的长远的利益出发，为农民把好事办好，而不能"追风"、"赶潮"，只有这业政府引导正确，才能引起农民拥护和参与，这是顺利进行农业产业结构调整优化的保障，是推进农业现代产业经营持续发展的动力。

7. 推行农业现代产业化经营标准方略。这是指：农业现业现代产业经营化是一场深刻的农业生产力和农业生产关系变革的过程，是农业先进生产力发展的光辉路程。在组织推行农业现代产业化经营标准方略上，从20世纪50年代建立农业合作社起，我国政府就组织开展了农业水利化、农业机械化、农业电气化等项目工程建设。随着我国农业生产力水平的提高，我国政府又提出了农业产业化、农业科技化、农业标准化、农业信息化等奋斗目标，明确了农业标准化是农业现代产业产业化经营的重要内容。世界发达国家实施农业现代产业经营标准化是从20世纪60年代开始的，我国实施农业现代产业化经营标准是从20世纪80年代起步的，直到20世纪90年代以后扩展到全国各地区。随着农业产品世界贸易量日益扩大，迫使我国农业必须遵守国际农业产品标准化规则。目前，在世界发达国家，农业现代产业化经营标准化已贯穿于农业产前、产中、产后的全过程。我国政府从"十五"规划时期以来，相应制定和实施了农业现代产业经营标准化规则，各省、自治区、直辖市政府都为推进农业现代化产业化经营标准化，加强了对农业产品的品种品质、安全卫生的检测、检验，加强了对农业产品市场营销检测管理，各级政府为了自觉推进农业现代产业化经营标准化，对农村干部和农民加强了宣传教育，增强了有关部门制定农业现代产业化标准化的自觉性，激发了农民遵循农业标准化规则的积极性，建立了农业产品质量标准、农业产品安全卫生标准规则，健全了农业产品检测、检验组织结构，完善了农业产品市场营销体系，引导了农民生产农业优质产品，取得了显著成效。农业现代产业化经营标准化的内容是多方面的，主要内容包括：农业产品质量标准，农业产品安全卫生标准，农业产品无公害绿色、有机标准，农业名优特色产品标准，国际进出口农业产品标准，国外同类农业产品标准。只有制定和实施农业现代产业化经营标准化规则，才能促使形成有较强竞争力、较高市场占有率的名牌优质农业产品，增强农业产业化龙头企业竞争能力。为此，必须制定与国际农业接轨的有关各项标准，健全科学、完善的农业现代产业化经营标准化体系。具体说，必须从以下三方面做起：

（1）要推进农业现代产业化经营标准化，必须建立起一套完备的保障体系。近年来，我国农业产业化经营标准化的制定和实施工作进展很快，但在保障体系上出现不少问题，主要三个问题：一是农业产品质量安全监督管理法规不健全，现行法律法规内容不完善，缺少专门针对农业产品质量安全监督管理的法律法规，难以实施有效的管理；二是农业产品质量监督执法体系不健全，目前，各级农业产品质量监测机构只对农业生产资料质量检测和农业生态环境检测，大多数地区农业产品质量监测机构还集中在省一级，至今没有建立地（市）级农业产品质量监测机构，致使这些地区的农业产品生产基地、农业产品批发市场得不到快速检测；三是各级行政执法的组织机构、人员薄弱，不适应形势发展需要，难以行使有效的监管职责。为此，要推进农业现代产业化经营标准化，必须尽快健全相应的法规，健全组织结构，加强人员力量，完善执法体系，保顺利实施农业现代化产业经营标准化。

（2）要推进农业现代产业化经营标准化，必须组织各部门配合协作。为此，一是各级政府要认清农业现代产业化经营标准化具有系统性强、覆盖面广的特点，涉及农林牧渔各业部门、工交商贸部门、公检法部门、文教科部门、财税金融审计部门。二是各级政府必须高度重视，加强领导，组织各有关部门各行其责、协调配合、齐心协力、形成合力，坚持把农业现代产业化经营标准化摆上重要议事日程，切实忠于职守，抓紧、抓好。

（3）要推进农业现代产业化经营标准化，必须增强农民的自觉性。农民是遵循农业现代产业化经营标准化规则的主体，要把着立点放在农民自觉运用农业现代产业化经营标准上，紧紧抓住源头，取得实际效果。要向农民不断加大宣传发动的力度，从各方面组织宣传农业现代产业化经营标准化的必要性和可行性，要坚持广泛深入地开展农业现代产业化经营标准化的宣传发动工作，经考查，有些地区农村基层干部、农民不知道农业现代产业化经营标准化的必要性和重要性，更不了解农业现代产业化经营标准化的可行性和操作性。为此，要做到：一是通过报纸、广播、电视等各种途径，进行广泛深入的宣传，促进农民的观念转变和思想更新，增强农业现代产业化经营标准化意识；二是通过举办培训班、展览会、咨询会、座谈会等形式，促使农民掌握农业现代产业化经营标准化规则的内容和方法，增强遵守农业现代产业化经营标准化的自觉性；三是通过建立农业现代产业化经营标准化的示范区和示范基地，加大农业现代产业化经营标准化经营力度，发挥农业产业化龙头企业的带动作用，促使农民认清农业现代产业化经营标准化的作用，主动掌握运用农业现代产业化经营标准化操作规程，自觉地走向农业现代产业化经营标准化的轨道。

8. 处理农业现代产业化经营关系方略。这是指：在组织处理农业现代产业化经营关系方略上，各地区政府及部门必须正确处理好与农民、农业、农村、工业、市场、国际、效益这六面关系：一是与农民素质、就业和增收的关系；二是与农业传统生产经营技术条件的关系；三是与农村内外资源、经济潜力的关系；四是与工业化、信息化和城镇化发展的关系；五是与国内外市场变化的关系；六是与经济、社会、生态效益的关系。分别说明如下：

（1）农业现代产业化经营与农民素质、就业和增收的关系：一是与农民素质的关系。从"十五"规划时期以来，各地区农村主要劳动力从事非农产业，从事农业的劳动力为妇女和老人，与农业现代产业化经营要求差距较大。农业现代产业发展，要靠国家通过政策、法规和有关部门文化科技培训，在提高农民发展农业的积极性，提升农民综合素质的基础上，促使农民成为有文化、懂技术、会经营、有就业、创业和发展现代农业能力的新型农民。大力实施"新型农民科技培训工程"，围绕提高农业主导产业和特色产业竞争力，培训专业农民；二是与农民就业、创业的关系。要从促进农民就业、创业的要求出发，正确处理节约农业劳动力与扩大就业、创业的关系。我国农业劳动力数量较多，农业在相当时期内是农民就业增收的重要渠道。在推进农业现代化产业化经营进程中，既要通过发展农业机械化来替代和节约劳动力，减轻劳动强度，又要把握好农业机械化推进的节奏和重点，使农业机械化的速度与我国农业劳动力转移的速度相适应，使农业机械化的重点与我国建设农业现代产业化经营体系的要求相适应；三是与农民增收的关系。农民增收与农业发展，并不一定是同步的。农民收入来源是多方面的，据调查统计，2015年，农林种植业收入占农民纯收入的32%，牧渔养殖业的收入占农民纯收入的28%，农民参与农业现代加工、销售、服务产业收入占农民纯收入的40%，而且，非农收入比重越来越大。只有发展农业现代产业化经营，才能促进农民增收，才能对国民经济高速发展起到支撑作用。

（2）农业现代产业化经营与农业传统生产经营技术条件的关系：一是与改善农业基本生产条件的关系。只有加强农业基础设施建设，具备良好的农业基本生产条件，才能为农业现代产业化经营奠定坚实基础。为此，各地区政府及财政等部门要扶持农民改善农业基本生产条件，保证农业现代产业化经营健康、持续、稳定发展；二是与完善农业内部运行机制及外部运行环境所进行的关系。农业现代产业化要循序渐进，是一个动态过程，这个过程需要农业内部和外部不断积累条件，去实现要素的替代。只有达到一定阶段，农业现代产业化经营，才能健康发展起来；三是与农业可持续发展之间的关系。为此，必须从保持农业可持续发展的要求出发，正确处理增加现代要素投入与发挥我国优秀传统农业技术的关系，例如，增加化肥、农药等投入，是促进农业发展的重要手段。但投入过量、使用不当，也会对农业产品质量安全和生态环境造成损害。这就要在科学合理增加现代要素投入的同时，充分汲取我国几千年农耕文明的精华，继承和发扬精耕细作的传统，积极发展生态农业、有机农业、循环农业，努力形成现代要素投入与传统农业技术有机结合的农业技术发展模式。

（3）农业现代产业化经营与农村内外资源、经济潜力的关系。这是指在组织开展农业现代产业化经营发展上，各地区政府应对农业现代产业化经营资源配置、建设规划、制定政策等起着主导作用；农业现代产业经营的主体是农村股份合作制组织、农民专业合作社和农民专业协会，外部的力量，归根到底是通过农村自身的吸收能力和转化能力，使输血变成造血，形成发展农业现代产业的资本。即通过挖掘农村内部潜力，把政府财政援助和补贴集中用在发展农业现代产业上，把重点放在发展本地支柱产业上。为推动农业现代产业化经营发展创造条件。为此，一是坚持执行农村经营管理制度，正确处理农户家庭承包责任制和农业现代产业化经营形式创新的关系。这就要在为分散生产经营的农户，提供社会化服务的基础上，大力推进农业现代产业化经营，加快建立农业社会化服务体系，积极发展农民合作组织，不断提高农民组织化程度，扩大农业现代产业化经营规模；二是坚持执行农村公共服务设施建设管理制度，在农村基础设施投入和公共服务建设中，国家是投入的主体，必须贯彻"工业反哺农业、城市支持农村"的方针，主要依靠国家和地方政府扶持，争取社会各界的支持。在农业现代产业化经营所需要的投资中，有大量投资是属于农村公共服务设施建设投资，这些投资成本要远大于收益,任何私人企业一般都不愿进行投资,地方政府应该担负起农村公共服务设施建设投入的责任,帮助农民办一些没有能力或不愿意干的公益事业。

(4) 农业现代产业化经营与工业化、信息化和城镇化的关系。这是指农业现代产业化经营与工业化、信息化和城镇化有四方面关系:一是工业化、信息化和城镇化是农业现代化的前提条件,没有工业化、信息化和城镇化就不可能实现农业现代化。因为改造传统农业所需要的现代要素,几乎全部来自工业化、信息化和城镇化的成果,农业生产经营所需机械、化肥、良种、薄膜、农药、节水灌溉技术、信息管理技术等,是工业化、信息化和城镇化提供的。只有工业化、信息化和城镇化达到一定资本、物质技术条件之后,农业现代化才开始进行;二是农业现代化本身就是工业化、信息化和城镇化的重要内容。工业化、信息化和城镇化本身就需要为其提供不断增长的产品需求市场,如果没有农业和服务业大量购买工业生产的产品,工业化、信息化和城镇化是无法实现发展的;三是农业是工业增长、信息传播和城镇发展的第一推动力,它为工业、信息和城镇提供资本积累、劳动力、食品和原料;四是从我国进入以工促农、以城带乡发展阶段出发,正确处理农业现代产业化经营与工业化、信息化和城镇化的关系。农业现代化建设需要大量资金投入,我国农民收入较低,积累能力较弱,必须在引导农民努力增加投入的同时,逐步加大政府对农业的投入力度,健全农业支持补贴制度,建立农业风险防范机制,完善商业金融、合作金融,政策性金融相结合的农业信贷投入体系,建立政府、农民和社会投入相结合的投入机制。

(5) 农业现代产业化经营与国内外市场变化的关系。这是指在组织开展农业现代产业化经营上,有可能引起农业的高投入、高成本和高价格,从而降低中国农业产品的比较优势。为此,一是从提高我国农业国际竞争力的要求出发,正确处理利用两种资源、两个市场的关系。我国农业现代产业化建设是在对外开放不断扩大的背景下起步的,是在新的科技革命迅猛发展的环境下进行的。一方面,我国要发挥后发优势,借鉴发达国家农业现代化的经验,积极引进国际先进技术、管理经验和人才,加快我国农业现代产业化经营步伐。另一方面,我国要搞好农业产品进出口调控,大力发展具有比较优势的农业产品,努力拓展我国农业发展空间,保持国内农业产品市场平衡和保障农民利益;二是从降低我国农业现代产业化经营成本出发,提高农业综合效益。组织开展农业现代产业化经营,最根本的一条是要用现代物质要素和技术要素去替代的传统要素,尤其是在人多地少的情况下,这种较高的现代要素投入,必然会引起生产经营成本的不断提高,最终会迫使农业产品价格也跟着上涨。可想而知,当农业产品价格水平上涨,超过国际市场水平时,我国农业的竞争优势就会随之消失。因此,必须在组织开展农业现代产业化经营中,要努力节约成本,降低消耗,避免高投入引起的高成本,而造成高价格,因而失去国内外市场竞争能力。

(6) 农业现代产业化经营与经济、社会、生态效益的关系。农业现代产业化经营效益,是引导农民走农业现代化路子的主要原动力。在向规模生产、技术进步、科学管理要效益的同时,要注意向农林种植业、牧渔养殖业结构优化要效益。为此,一是从保障我国粮食安全和农业主要产品供给的要求出发,正确处理提高劳动生产率与提高土地产出率、资源利用率的关系。提高劳动生产率、土地产出率、资源利用率是农业现代化的基本目标。我国耕地、水资源短缺,而农业劳动力资源比较丰富,要实现主要立足国内解决13亿人口吃饭问题的目标,必须着眼于最大限度地提高土地产出率和资源利用率,同时努力提高劳动生产率;二是从保障逐步向农林种植业,牧渔养殖业及其加工、供销业三元结构发展,推进农业现代产业化经营大力发展出发,正确处理农业现代产业化经营与支持粮棉油产业发展的关系。同时,要十分重视和支持发展粮棉油等较效益低的产业和产品产加销一条龙、一体化经营,提高粮棉油等产业和产品的经济效益,使农民从事粮棉油等产业和产品也能获取较高收益,从根本上保证粮棉油等产品的社会有效供给,维护社会大局稳定;三是从保障在农业现代产业化发展要素替代传统要素,要注意生态环境保护和农业资源可持续利用出发,既要改变传统投入、传统生产方式产量低、效益差、难以适应市场化的需要状况,又要因地制宜推进农业现代产业化生产经营方式,合理科学地使用化肥、农药、薄膜等生产资料,严格控制瘦肉精,性激素、膨胀剂、色素、转基因等技术投入，这些投入使用过量，就会污染土地、污染环境，造成农业产品中农药、硝酸盐等残留严重超标，损害人身体健康。因此，农业现代产业化经营要素，对农业可持续发展之间的关系，并不总是正相关关系，有时还有负效应。在农业现代产业化经营过程中，一定要处理好两者关系，避免因现代化对农业资源的可持续利用带来任何损害。

9. 健全农业现代产业化经营体系方略。这是指：在组织健全农业现代产业化经营体系方略上必须健全八个体系：一是农业现代产业化经营行业体系；二是农业现代产业化经营组织体系；三是农业现代产业化经营标准体系；四是农业现代产业化经营中介体系；五是农业现代产业化经营科技体系；六是农业现代产业化经营培训体系；七是农业现代产业化经营市场体系；八是农业现代产业化经营调控体系。分别说明如下：

（1）农业现代产业化经营行业体系。这是指：要坚持健全农业现代化产业化经营战略性主导产业、区域性优势产业、地方性特色产业和全国性生态产业四个行业体系：一是在主导产业体系中，首先，要着力发展优质粮食产业。要继续坚持立足国内保障粮食基本自给的方针，要在提高单产、优化品种、改善品质的同时，通过大力实施"科技增粮行动计划"、测土配方施肥、种子植保等工程，加快推进粮食优势产业带建设，提高粮食比较效益。其次，要着力发展农业产品加工业。要充分利用国家鼓励发展农业产品加工的机遇，完善农业产品加工增值税政策，通过贴息补助、投资参股和税收优惠等方式，紧紧抓住大宗农业产品深加工、主导产品精加工、副产品综合利用三大重点，打造一批农业产品加工产业集群；二是在区域性优势产业体系中，首先，要着力发展畜牧业。要认真贯彻《畜牧法》，切实转变养殖观念，调整养殖模式，积极推广舍饲半舍饲养殖，实现由传统粗放式养殖，向现代集约化的规模养殖、健康养殖和小区养殖转变。其次，要着力发展水产业，因地制宜地利用内陆湖、沿海港湾水面，建立鱼虾蟹等水产品养殖设施基地；三是在地方性特色产业体系中，要着力发展特色产业。要立足当地自然和人文优势，因地制宜，扬长避短，突出特色，通过优化区域结构，大力发展档次高、品种优、效益好的特色品种。做到人无我有，人有我优，人优我特。以特求优，以特提效，以特取胜；四是在全国性生态产业体系中，要着力发展生态产业。要建立和完善农业生态环境保护机制，继续推进天然林保护、退耕还林、退牧还草等重大生态工程建设，加强对农业面源污染和水土流失的治理。

（2）农业现代产业化经营组织体系。这是指：要坚持建立农业现代产业化经营三种类型组织：一是农民专业合作社或农民专业协会等专业合作组织体系，提高农民组织化程度。要按照"民办民管"的原则，积极引导各类农业经济主体，在自愿联合、自主经营、自负盈亏、自我发展的前提下，多渠道、多形式、多层次创办涵盖农林牧渔各业的专业合作组织。二是农业产品产加销龙头企业、农工贸和农科教联营公司等农业现代化产业化经营企业组织体系，加强农林牧渔各业产品种植、养殖、加工、供销产业化经营集团体系建设，培育市场前景好、科技含量高、经营规模大，带动能力强的大型农业产业化龙头企业。要通过优化资源配置，不断增强带动功能，形成具有较强市场竞争力的企业集群，成为能够国外农业产品加工、流通企业相抗衡的"联合舰队"。三是农业现代产业化物流、连销、商务等组织体系，必须完善农业产品市场拉动机制，拓展流通空间，注重发挥期货市场的引导作用，鼓励发展现代物流、连锁经营、电子商务等新型流通组织，支持龙头企业直接领办连锁超市式经营网点，强化市场信息服务，全面开通农业产品"绿色通道"，降低交易成本，提高流通效率。

（3）农业现代产业化经营标准体系。这是指：一是要制定统一规范农业产品质量标准。要适应农业标准化、国际化的要求，认真实施农业行业标准制定和修订专项计划，依据现有的国家标准、行业标准、地方标准、参照国际标准，尽快完善从生产环境、生产过程到产品质量、加工包装等诸环节统一规范的标准；二是要加强农业产品质量监督检测。要按照总体规划，合理布局，利用现有资源，避免重复建设的原则，依靠政府和市场的双重推动，有计划、有步骤地建立省市县相配套的组织机构，逐步形成产加销相衔接，覆盖产前、产中、产后全过程监督检测，受托检测和自我检测相结合的农业产品质量安全监测网络；三是要加强农业产品质量认证。要按照农业部"三位一体整体推进"

的要求，建立健全以无公害农业产品认证为主体，绿色食品、有机食品及农业投入品认证为补充的认证体系。要引导和鼓励农业产品加工企业实行标准化生产，积极开展农业产品质量安全认证，使更多的农业产品获得质量身份证，进入国家和省认证的名牌产品行列。

（4）农业现代产业化经营中介体系。这是指：要坚持健全农业现代产业化经营中介服务体系。实践证明，建立高效运作的社会化中介服务体系，是推进农业现代产业化经营健康发展不可缺少的组织基础、制度保障。为此，必须从我国国情出发，在建立健全农业现代产业化经营中介服务体系上，一是建立健全政府公共服务体系，利用现代科技手段，为"三农"提供必要的公共产品，改善农业现代产业化经营发展良好的基础条件；二是积极推进发展以农户家庭经营为主导的农民合作经济组织，借助于农民专业合作社、农民专业协会、农业服务公司、农户家庭农场协作、农业专业行业中介服务协会，提高农民的市场观念，合理规避与防范市场与自然风险，提升农民的组织化程度，有效保护农民的合法权益；三是不断拓展农业现代产业化经营中介服务范围，为从事现代农业生产经营的企业和农户，提供充足有效的社会化服务，农业功能的拓展与农业产业链条的延伸，对农业中介社会化服务体系提出了更高的要求，这就必须进一步完善农业中介社会化服务体系，全面担起农业现代产业化经营全程服务任务。

（5）农业现代化产业经营科技体系。这是指：要坚持健全农业现代产业化经营科技开发、创新、推广体系。在"九五"规划时期，我国农业增产增收的科技含量占48%，"十一五"规划时期提高到64%，"十二五"规划时期达到78%。这说明我国农业科技开发创新推广水平逐步提高的进程，也昭示出我国未来农业科技开发创新的广阔空间。为此，必须在今后组织健全农业现代产业化经营科技体系建设上，一是借助于政府宏观政策的倾斜、不断加大农业科技投入力度；二是借鉴发达国家的经验，加快建立健全国家农业科技创新体系，强化国家农业科技创新基地与区域性农业科技创新中心的建设；三是推进基层农业科技推广体系的改革，充分调动基层农业科技人员的积极性与主动性；四是强化农业科技成果转化与推广应用力度，借助于科技入户工程与农民科技人才培训项目，最大限度地发挥农业科技成果的经济与社会价值；五是根据我国国情，注重环境保护与资源可循环利用科技创新体系，尽快实现技术推广应用，确保我国农业高产、优质、高效、安全的可持续发展。

（6）农业现代产业化经营培训体系。这是指：要坚持健全农业现代产业经营的新型农民培训体系，提高农民从事农业现代产业化经营的综合素质。因此，一是要着力发展农业现代产业化经营的新型农民队伍，对农民技能培训，由注重数量向数量和质量并重转变，对农民技术推广，由注重单项技术应用向系统集成技术应用转变，对农民切实加大农业生物技术、信息技术、食品生物工程技术等高技术的培训力度，促使农民及早采取应用良种培育、先进种养技术集成配套、农业产品深加工、资源高效利用和生态保护等方面技术；二是要培训农民在加快农业科技广泛普及上下功夫。要力争在农业现代产业化经营区域，建立多元化的农业科技推广机制，培养造就一支懂技术、重实践、爱岗敬业、勇于创新的新型农民队伍。要确保科技能够直接到户，良种良法能够直接到田，技术要领能够直接到人，以有效解决农业科技推广"最后一公里"和技术扩散"最后一道坎"问题；三是要在培育现代新型农民上下功夫。要突出抓好农业使用技术和转移就业技能培训，努力把广大农民培养成有较强的市场意识、有较高生产技能、有一定管理能力的农业现代产业化生产经营者。

（7）农业现代产业化经营市场体系。这是指：要坚持在组织调整优化农业现代产业、产品结构，大力发展农林牧渔各业名、特、优、新产品种植、养殖、加工、贮藏、运输等产业，按照种养加、产供销、贸工农、农科教产业化、专业化、规模化、一体化要求，走市场化的道路。为此，一是要坚持对各地区现有农林牧渔业各业零碎分散的名特优产品，加以科学组合，放大、开发，使资源优势、产品优势变为产业优势、规模优势，培育成支柱产业，牵动农业现代产业化经营市场体系的形成和发展；二是要坚持培育壮大农林牧渔各业现代产业化龙头企业，进一步搞好新产品开发和市场定位，增强龙头企业开拓市场、带动农民致富能力；三是要根据农业支柱产业、主导产品的发展要求，运用农业区化成果，按照布局区域化、经营专业化、生产规模化、服务系列化的战略，力争推进农林牧渔业各业产品种植、养殖基地，与加工、保鲜、贮藏、运输、供销龙头企业相结合，逐步发展各类型专业户、专业村，推进一村一品、一乡一业，为建立农业现代产业化经营市场体系，奠定产品供应基础。

（8）农业现代产业化经营调控体系。这是指：要坚持在组织开展农业现代产业化经营上，各级政府及有关部门要建立组织引导、宏观调控体系。为此，一是各县（市）乡（镇）要建立起精干、高效、简洁的基层行政管理体制，实现规模设计与职能优化的有机统一；二是农村金融部门要建立起以主流金融为主导，以农村民间非正规金融为补充的金融支农体系；三是土地经营管理部门要适应农户家庭土地承包、统分结合"双层经营体制"，维护完善农户家庭经营的主体地位，确立政府宏观农业政策导向与微观农户自主经营的有机结合的准则；四是农村教育、社会保障部门要坚持执行农村义务教育、社会低保制度，在农村义务教育与低保制度建设两个层面，要实现城乡统筹的发展目标，为农业现代产业化经营持续发展，创造必要的社会环境与制度保障。

10. 开辟农业现代产业化经营途径方略。这是指：在组织开辟农业现代产业化经营途径方略上，目前，从我国农业现实情况来看，农业现代产业化经营已经具备良好的发展环境、政策环境与产业基础；但是，我国农业现代产业化经营还面临着一系列亟待解决与克服的困难与矛盾：一是城乡居民收入差距不断缩小与农业现代产业化经营发展的矛盾；二是农业土地等资源环境制约与农业可持续发展的矛盾；三是农户分散经营与农业现代产业化、社会化经营的矛盾；四是农民投入相对不足与农业现代产业化经营资金需求的矛盾；五是政府公共服务能力与农业现代产业化经营发展客观要求的矛盾。为此，必须立足于我国基本国情，坚持科学规划、因地制宜、分类指导，有计划、有重点、有步骤地开辟农业现代产业化经营途径，着力从以下十项方略，开拓我国农业现代产业化经营之路，取得阶段性明显成效。

（1）坚持在城乡统筹中不断夯实农业基础，按照统筹城乡发展的战略部署，不断加大以工补农、以城带乡的力度，加大国家对农业的支持和保护力度，促进公共财政向农村倾斜、公共服务向农村覆盖、公共设施向农村延伸，借助工业化、信息化、城镇化的力量，推进农业现代化，逐步实现城乡要素平等交换，不断巩固和夯实农业基础地位。

（2）坚持把提高农业综合生产能力作为农业现代产业化经营的主攻方向。坚持大力加强高标准农田、农田小型水利设施等农业基础设施建设，加强园林基地建设、农业机械化建设、农村电气化建设、改造中低产田，提高粮食综合生产能力，大幅度提高农业综合生产能力。

（3）坚持调整优化农业产业链结构，增强农业现代产业化经营能力。为此，一是坚持推进农业产业区域布局，调整优化产业农业产业结构、产品品种，确保农业产品总量平衡和产品质量安全；二是坚持推进农业现代化产业化龙头企业引导农户建立农业产品产加销基地，形成农户生产产品、龙头企业加工产品、市场供销产品的产业化经营体系格局；三是坚持促使农户增强调整农业产业结构的主动性，激励龙头企业精深加工，延长产业链条，发展新兴产业，开发新产品的自觉性，进一步开拓城乡一体化市场，形成市场推动龙头企业、龙头企业带动农户的农业现代产业化经营机制，增强农民参加农业现代产业化经营能力。

（4）坚持转变农业发展方式，不断提高标准化、专业化、规模化和集约化水平。坚持加强农业物质技术装备建设，大力培育农业现代产业经营主体，发展适度规模经营和产业化经营，加大农业资源和生态环境保护与建设力度，促进资源高效永续利用。

（5）坚持加快农业科技创新，促进区域间、农业领域各业、农业生产经营各环节科技发展。坚持依靠高科技改造传统农业，用先进技术装备农业，大力发展农林种植业，培育优质、高产、安全的农林种植业新品种，鼓励引进健康、专用的牧渔养殖业新品种，依靠科技提高资源利用效率，降低生产成本，提高农业现代产业化规模经营管理水平。

（6）坚持落实建立新农村和谐生态经济文明社会制度，增强农业现代产业化经营发展后劲和活力。坚持稳定和完善农村基本经营制度，坚持城镇改革与农村改革统筹推进，正确处理和调整国家、集体与农民的关系，城镇与农村的关系，工业与农业的关系，力争在粮食主产区利益补偿、农业支持保护、农村金融服务、完善城乡平等的要素交换关系等体制机制创新上取得成效。

（7）坚持推行合同制、股份合作和合作制，逐步完善农业现代产业化经营利益机制。坚持促进各地区政府及有关部门加强农业现代产业化经营运行机制建设，使农业现代产业化经营的各环节、各主体之间的利益结合日趋紧密。据调查测算，目前，农户与龙头企业、中介组织利益联结的形式，主要有合同契约、股份合作、合作制、订单合同和书面协议等五种形式。其中合同契约、订单合同和书面协议形式，约占68%。一些地区，农民专业合作社已经成为公司与农户之间的中介，逐步形成公司＋专业合作社＋农户的主要经营模式。

（8）坚持按照农业现代产业化生产经营制度运作方式，扩大龙头企业的规模和实力。坚持推动各地区积极组织实施农业现代化生产经营制度运作方式，以股份制和股份合作制为重点，加大对现有龙头企业的改造，提高资本运作效率，增强龙头企业市场竞争力，支持龙头企业通过兼并、控股、参股、租赁等各种方式，加大行业内部的资产优化与重组，促使龙头企业实行规范公司制后，发行股票和上市，成为带动区域经济发展的骨干企业。

（9）坚持统筹挖掘国际国内两个市场、两种资源中的潜力，提升农业现代产业化经营中的国际竞争力。坚持在扩大农业对外开放中，提高统筹利用国际国内两个市场、两种资源的能力。坚持"引进来"和"走出去"相结合，实现优势互补，保障国内供给和产业安全，提升我国农业的综合素质和市场竞争力。

（10）坚持科学引导和扶持农业现代产业化经营，推动农业现代产业化分户经营向规模化经营发展。为此，一是坚持推动广大农户由土地的分户承包，向农业现代产业化规模经营过渡，彻底摆脱分户经营、规模小、产品散、档次低的局面；二是坚持推动广大农户由传统农业向现代化农业过渡，鼓励农村富余劳动力投入城乡二、三产业，支持种养小户土地合理流转种养大户，进一步提高农业机械化和管理科学化水平；三是坚持推动建立农业现代化示范区，在区内实行农田园林化、服务社会化、种植区域化、养殖设施化、耕作机械化、产品良种化、经营集约化、产业科技化、供销市场化、广告信息化，提高农业现代产业化经营管理水平。

（二）农业现代产业化经营的准则

具体说，农业现代产业化经营的准则为十二项：一是因地制宜、典型引路；二是实事求是、突出重点；三是农村主体、城乡互助；四是新型农民、合作联营；五是科技先导、创新推广；六是供求平衡、安全保障；七是农户承包、集约经营；八是社会服务、保护经营；九是龙头带领、经营联盟；十是市场导向、建设市场；十一是效益优先、综合效益；十二是循序渐进、持续发展。具体说明如下：

1. 因地制宜、典型引路的准则。这是指：一是要坚持因地制宜、区域优化的准则。各地区政府及财政等部门在组织引导农业现代产业化经营上，必须根据各地区资源优势和区域特点，因地制宜地建设农业产品生产基地、加工企业、供销市场，实现区域产业结构的优化升级，防止造成区域产业结构雷同、"大而全、小而全"、重复建设、浪费资源的问题；二是要坚持典型引路，整体推进的准则。同任何新生事物一样，农业现代产业化经营过程中会遇到许多新的情况和问题，还需要长期不懈地试验探索。各地区政府及财政等部门要一如既往的积极支持各种试验、示范工作，通过典型和经验的引导示范，加快农业现代产业化经营整体进程。

2. 实事求是、突出重点的准则。这是指：一是要坚持实事求是的准则。各地区政府及财政等部门在组织推行农业现代产业化经营上，必须根据各地区的资源状况、地理环境、经济条件、发展趋势而定，要做到宜农则农、宜林则林、宜渔则渔，适合什么就干什么。农村金融在支持农业现代产业化经营时，必须因地制宜，要尽量发挥优势，努力做到地尽其利、物尽其用、人尽其才，充分发挥农村信贷的推动作用；二是要坚持突出重点的准则。各地区政府及财政等部门在支持农业现代产业化经营发展中，必须发挥本地区优势，扬长避短，突出重点。要发挥市场和交通的区位优势，逐步建成为面向国内国外市场的农业商品集散地。要发挥农业科技和人才优势，占领科技含量高、附加值高的名特优新稀农业产品市场,形成面向全国和国外市场的农业产品基地。要注重科技开发和龙头企业建设,建立农业产品种养加销的农工贸一体化产业链实体,促进农业现代产业化经营发展。

3. 农村主体、城乡互助的准则。这是指:一是要坚持农村主体的准则。各地区政府及财政等部门在支持农业主导产品生产基地和龙头企业建设中,必须引导龙头企业及中介组织正确处理与农村经济组织和农民的利益分配关系,切实保护农村经济组织和农民的利益,让他们得到实实在在的好处,促使他们成为农业现代产业化经营主体力量,取得支持和拥护;二是要坚持城乡互助的准则。各地区政府及财政等部门在组织推进农业现代产业化经营发展中,必须按照工业反哺农业、城市支持农业和多予、少取、放活的方针,充分发挥工业对农业、城市对农村的支持和带动作用,积极引导城市的资金、技术、人才等生产要素,向农村辐射、转移,推动城乡一体化经济持续健康发展。

4. 新型农民、合作联营的准则。这是指:一是培育新型农民增强就业职能的准则。我国农业土地等资源少、农村富余劳动力多,最为迫切的是调整优化农业产业结构,推进农业现代产业化经营,促进农村富余劳动力向城乡二、三产业拓展空间。为此,必须促使农民自觉培养成为提高农业现代化、工业化、信息化和城镇化建设职能的新型农民。为此,要在农业现代化上,促使农民增强用现代发展理念引领农业、自觉参加农业机械化、水利化、产业建设,提高土地产出率、资源利用率和农业劳动生产率,提高农业综合生产经营能力。要在二、三产业现代化上,促使农民增强用现代物质条件装备二、三产业的责任,增强用现代科学技术从事二、三产业的职能,坚持用建立现代产业体系提升二、三产业化经营管理水平;二是引导农民参加农业合作联营组织的准则。为了调整优化农业产业结构,确保农业现代产业化经营健康稳定发展,在千家万户分散的个体小规模经营基础上,必须引导农民自觉自愿参加互助合作联营组织,从传统农业分散小规模经营,走向现代农业合作联合经营之路。

5. 科技先导、创新推广的准则。这是指:一是要坚持科技先导的准则。充分发挥各地区科教优势,提高农业科技创新能力和科技成果转化能力,加速农业实用技术和高新技术的推广应用,促进农业产品上档次、上水平,实现农业的高产、优质、高效,不断提高科技对农业现代产业化经营的贡献率和技术装备水平;二是要坚持科技创新、推广,促进产业升级的准则,大力支持农科教一体化,充分发挥现代科技对农业现代产业化经营的推动作用,支持农业产业化大中型龙头企业成为科技创新的主体,围绕提升农业产品质量组织重点攻关;三是要坚持用高新技术搞深度开发,促进科技成果转化,最大限度地发挥技术传递、信息结合的作用,提高现代科技在东北粮油生产区域、中部粮棉生产区域、西部特色农业发展和生态环境维护区域、东部农林牧渔各业产品加工区域的贡献率。

6. 供求平衡、安全保障的准则。这是指:一是要坚持农业产品供应与需求平衡的准则。中共中央、国务院要求各地区党委、政府,必须切实粮棉油等大宗农业产品生产供应与城乡人民生产、生活需求保持平衡,而明确规定"米袋子"省长负责制。这个"米袋子"省长负责制的职责是:一要促进调整优化粮棉油等种植业结构;二要保护和改良耕地,加强农田水利工程建设,建立国家核定的地方粮食储备和风险基金;三要加快粮食批发市场建设,建立更多的竞争、开放、有序的县级粮食批发市场;四要促进产销区粮食的正常贸易和利益平衡;五要进一步保障全国城乡人民对粮棉油等大宗农业产品优质化、多样化的需求;二是要坚持农业产品质量安全保障的准则。我国有13亿多人口,对农业产品的品种、数量、品质的需求是多种多样、多变化的。为此,各地区政府及有关部门,必须组织引导农业生产经营单位和农户,为城乡人民提供多种多样、多变化的农业产品,正确调控农业产品过剩与短缺的发展变化的规律,坚持遵循保证国家粮棉油等大宗农业产品质量安全的准则,始终坚持立足国内实现粮食基本自给的方针,坚定不移地把发展粮食生产放在首位,确保国家粮食安全为前提,进一步发挥农业的社会稳定功能、就业与增收功能、生态保护功能、旅游观光休闲功能,历史文化传承功能等多种功能。

7. 农户承包、集约经营的准则。这是指:一是要坚持以农户承包经营为基础、着力解决小农户与大市场的矛盾的准则。必须始终坚持农户家庭承包经营不动摇,在此基础上着力推进农业经营形式创新,支持农民发展各类专业合作组织,强化社会化服务,促进农业现代产业化经营稳定发展;二是要坚持集约经营的准则。必须在组织推动农户从事农业现代产业化经营中，鼓励发展农林种植园基地规模化、牧鱼养殖设施科技化的集约经营产业，按照农业现代产业化集约经营的规则，选择重点区域、重点产业和重点项目，增加有效投入，促进农业和农村经济向高效益方向发展。

8. 社会服务、保护经营的准则。这是指：一是要坚持农业社会化服务体系建设的准则。各地区政府及财政等部门要紧紧围绕农业现代产业化经营，支持建立比较完整的农业社会化服务体系，为农业现代产业化经营提供信息、科技、运销、加工、储运等全方位的服务。各地区政府及有关部门必须充分发挥引导、管理和服务的作用，既要重视发挥市场配置资源的基础性作用，又要提高政府及有关部门组织领导服务水平；二是要坚持保护农业现代产业化经营的准则。各地区政府及财政等部门要坚持加强对农业现代产业化经营的支持保护，建立健全保障农业现代产业化经营发展的体制和机制；三是要坚持加快消除城乡分割的二元结构，加大农业现代产业化经营支持力度，健全农业现代产业化经营支持保护体系；四是要坚持大力发展农业资源节约型、环境友好型循环产业，不断提高农业资源利用率和劳动生产率、农业综合效益和竞争力，努力实现城乡一体化发展。

9. 龙头带领、经营联盟的准则。这是指：一是要坚持突出支持龙头企业带领的准则。为此，一要促使有一定基础的农业龙头企业上档次、上规模、上效益；二要抓住农村产权制度改革的契机，支持加快产业联合，让强者兼并弱者形成龙头企业。三要重点支持农业龙头企业带领农户建立农业产品生产基地。四要支持农业龙头企业会同农户，由分散经营向适度规模经营、由专业经营向专业化经营转变，建立一批规模大、专业化强、生产率高、产品质量好的农业产品商品的产业链基地；二是要坚持农业现代产业化经营联盟的准则。农业现代产业化经营联盟的准则包括：一要调整优化农业产业结构，健全农业产品种养加、产加销、贸工农、农科教一条龙产业链的一体化经营体系；二要结成农业产品生产的农户、农业产品加工的企业、农业产品销售的市场的农业现代产业化经营集团；三要促使种植、养殖农户与加工、供销企业之间建立新型的伙伴和联盟关系；四要形成利益共享、风险共担的机制，延长产业链，增加附加值，提高农业综合效益。

10. 市场导向、建设市场的准则。这是指：一是要坚持农业产品市场导向的准则。首先，必须按照市场经济规律的准则，调整优化组合农业现代化产业化经营所有制结构，实现多种经济成份共同发展，促进和引导各农户经营主体转换经营机制，推进龙头企业和服务组织与农户之间结成风险共担、利益共享的一体化经营集团。其次，必须依据市场购销通畅、取得收益的准则，促进农业产品种养加、产加销一条龙产业链渠道畅通，实现农业现代产业化经营生态、社会、经济三者效益的有机统一；二是要坚持建设农业产品市场的准则。首先，要加强农业产品市场体系建设，建立健全农业产品流通体制，正确协调国家政府调控与市场调节的关系。其次，要加强农业要素市场建设，科学合理区划布局农业产品生产基地、加工厂地、销售场地，确定农林牧渔各业主导产品和支柱产业的区域化、规模化、专业化、社会化、城乡一体化的市场体系。

11. 效益优先、综合效益的准则。这是指：一是要坚持效益优先的准则。组织开展农业现代产业化经营的首要准则是讲求效益优先。为此，各地区政府及财政等部门在扶持农业现代产业化经营上，必须坚持效益优先的准则，把财政信贷资金投向那些基础好、潜力大、市场广阔、经济效益高、还贷有保证的产业、企业和项目；二是要坚持综合效益的准则。这就要求在组织扶持农业现代产业化经营上，必须讲求经济效益、社会效益和生态效益的有机统一，即综合效益。首先，要注重社会效益的准则。财政支持农业现代产业化经营的重点，应放在那些社会效益大的公益性和服务性项目上，要扶持一个点，效益连成片。要解决一个环节，盘活一条龙产业链，使有限的资金发挥更大效益。其次，要注重生态效益的准则。地方政府应做到：一要注意调整优化农业生态环境，保护自然环境，科学开发利用自然资源，防止我国自然资源数量基础的缩减和退化，保持自然资源基础完整。二要重视农业的多功能作用，促使农业在提供产品的前提下，为改良耕地、保持水土、涵养水源、维护生态、改善环境、观光旅游、传承文化等方面发挥多功能作用。

12. 循序渐进、持续发展的准则。这是指：一是要坚持循序渐进的准则。我国农业，过去基础差，要由传统农业向现代农业产业化转变，是一个循序渐进、逐步发展的过程。同时，各地区条件不一，进展有快有慢。因此，一要农业现代产业化，既不能急于求成，又不能无所作为。二要从各地区农业和农村生产力发展水平、资源状况、城乡一体化进程等实际出发，正确处理好当前与长远的关系，坚持先易后难，梯度推进。三要坚持有计划、分步骤、有重点地从支持培育主导产业、市场体系、商品基地、龙头企业等关键环节入手，推动农业现代产业化，由点到面、由低到高、不断推进、滚动发展；二是要坚持可持续发展的准则。首先，要大力发展资源节约型和环境友好型农业，有效利用、配置和保护农业资源，实现农业发展与资源开发、环境保护的有机统一，建设农业生态文明，保障农业的长远发展。其次，要坚持注重不断调整优化农业现代产业结构、产品结构，促进农业现代产业升级、产品换代，企业上规模、上档次，增强辐射带动能力，确保农业现代产业化经营持续健康发展。

八、农业现代产业化经营的政策和制度

中共十七届至十八届期间，中共中央、国务院针对全国农业现代产业化经营发展的新情况、新变化、新形势、新任务，反复强调顺应世界农业现代产业化发展普遍规律与发展趋势、立足我国国情和发展阶段，坚持以提高农业现代产业化综合效益为中心，促进农业和农村经济可持续发展，保障粮食稳定增长、农民持续增收，推动改革农村经济体制、机制创新，建设社会主义新农村，协调推进工业化、信息化和城镇化，加快城乡一体化建设进程，走中国特色的农业现代化道路。为大力推动农业现代产业化经营持续健康发展，而发布了一系列方针政策，全国人大、国务院及有关部门和地方政府也相应制定和实行实行了成龙配套法规制度。分别说明如下：

（一）农业现代产业化经营的政策

2013年以来，农业现代产业化经营的政策，主要包括发展方向、基本建设、龙头带动、示范推进、市场流通、三化统筹、财政扶助、金融服务、对外竞争九方面。具体说明以下九方面政策：

1. 发展方向政策。它包括：从客观、主观、条件、宗旨确定发展方向政策。

（1）从客观上急需确定发展方向。多年来，我国农业连续丰收，农村经济全面发展。在这种比较好的形势下，一定要保持更加清醒的头脑，不可因农业形势稍有好转而放松农业，不可因农业在国民经济中的产值比重有所下降，而否定农业的基础地位，不可因其他方面经济工作任务繁重而忽视农业。在当前形势下，要顺利实施国民经济发展战略，就必须比以往任何时候更加自觉地重视农业，进一步稳定和加强农业的基础地位。第一，稳定和加强农业是解决社会主义初级阶段主要矛盾的客观需要。国以民为本，民以食为天。今后发展社会生产力，满足人民的物质需求，首要的还是发展农业生产，解决好人民的吃饭、穿衣问题。我国人多地少，这始终是一件头等大事，而且只能依靠自己的力量解决好。第二，稳定和加强农业是搞好宏观调控的客观需要。前几年出现通货膨胀，粮价上涨是一个重要因素。近几年比较好地解决了这个问题，农业特别是粮食丰收也是一个重要原因。实践反复证明，农业的稳定增长，是保障国民经济形势稳定的必备条件。第三，稳定和加强农业是促进国有企业改革和发展的客观需要。农业和农村经济发展了，农民收入增加了，能以丰富的原料支持工业生产，能以活跃的农村市场拉动工业发展，能以宽松的环境支持国有企业改革。各级党委、政府及有关部门对农业问题，在思想上必须始终重视而不可有任何麻痹，在组织上必须切实加强而不可有半点放松，在投入上必须不断增加而不可有丝毫减少。

（2）从主观上必须确定发展方向。这是指：稳定和加强农业，首要的是稳定党和国家在农业产业和农村经济的基本政策。主要是三个方面：一要稳定农户土地承包政策。农户家庭联产承包制和统分结合的双层经营责任制是农业和农村经济的一项基本政策，土地承包制是农户家庭承包制的核心，

是农业产业和农村经济政策的基石，都不可丝毫动摇。中共中央关于农户土地承包政策是一贯的、明确的，各地区要不折不扣地执行，凡违背中央政策的错误做法，必须坚决纠正。二要落实好促使农民增产征收、减轻农民负担的各项政策。多年来，虽然取得了一定成效，但仍然是影响农业发展、农村稳定的主要因素，必须坚持不懈地抓下去。三要落实好国家粮棉油等大宗农业产品生产、收购、销售政策。要积极稳妥地推进粮棉购销体制改革，建立起有利于粮棉油等大宗农业产品生产、收购、销售相互协调发展的流通政策体系。

（3）从条件上势必确定发展方向。这是指：必须在与经济社会条件相适应的基础上，确定发展方向。纵观世界农业现代产业化经营发展历程，说明农业现代化与国民经济其他部门的现代化互为条件。也证明，农业现代化发展与工业化、信息化和城镇化的发展又存在依存关系，工业化、信息化和城镇化的发展，需要发挥农业现代产业化的基础作用，农业现代产业化经营建设，又必须以科技进步和工业体系的完善为前提。换言之，这四者之间存在着相互依存关系，农业现代产业化经营，既不能长期滞后于工业化、信息化和城镇化进程，又不能超越和脱离工业化、信息化和城镇化的客观条件。为此，要推进农业现代产业化经营持续发展，必须借助统筹城乡经济社会发展和实行工业反哺农业、城镇支持农村的条件。只有坚持四者互为条件，才能共同持续发展。

（4）从宗旨上顺应确定发展方向。这是指：在组织开展农业现代产业化经营上，必须按照高产、优质、高效、生态、安全的要求，加快转变农业发展方式，加强农业物质技术装备，健全农业现代产业化经营体系，提高土地产出率、资源利用率、劳动生产率，增强农业抗风险能力、国际竞争能力、可持续发展能力，建立具有更加完备的物质保障、更加强大的科技支撑、更加发达的产业体系、更加完善的经营形式，培育具有发展理念和更加先进文化科技素质的新型农民，自觉自愿地从传统农业走上农业现代产业化经营之路。

2. 基本建设政策。这是指：在组织开展农业现代产业化经营上，从根本上说，还必须加强农业基本建设，不断提高农业综合生产能力，努力改变农业基础脆弱的状况。为此，必须从以下三方面落实基本建设政策：

（1）农业水利基础设施建设政策。一是要把大江大河的治理放在十分突出的位置，坚持不懈地抓好中上游地区的水土保持和流域综合治理，加强沿海、沿江、沿湖的堤防建设，疏浚河流湖泊，提高防灾抗灾能力；二是要因地制宜地开展农田水利基本建设，切实加强农田抗旱防涝设施建设，加大改造中低产田力度，不断改善农业生产条件，提高农业综合生产能力。

（2）农业资源环境保护与建设政策。要坚持执行山、水、林、田、路、村综合治理的方针，有计划、有步骤地节约农业资源，保护生态环境，推进可持续发展，是农业现代产业化经营建设的基本政策。为此，一是要大力推进农业节本增效政策，按照农业资源环境保护和再利用的发展理念，着力推广节地、节水、节种、节肥、节药、节能、节油的先进适用技术；二是要改进草原承包经营管理，加大草原保护与建设力度；三是要加强水资源保护，加大水生物资源养护力度，强化水源生态修复和建设；四是要继续加强农村沼气工程建设，切实抓好户用沼气、大中型沼气工程和沼气服务体系建设，促进农业资源循环利用；五是要大力推进农村清洁工程建设，以农村废弃物资源化利用为突破口，加快开发以农作物秸秆等为主要原料的生物质燃料、肥料、饲料，有效治理农业面源污染。

（3）农业物质装备基础建设和利用政策。我国各地区农业现代产业化生产经营建设所需要的机械、电力、水利、化肥、农药，是现代化农业的物质基础。因此，一是要从各地区实际情况出发，研究制造、推广和引进适合我国特点的农业机械，切实抓好配套和维修服务工作，充分发挥农业机械的效能；二是要充分利用各地区丰富电力资源的有利条件，发展农村小水电；三是要合理使用化肥，大力发展农家肥，充分发挥肥料效果；四是要要采用高效低毒、低残留的新农药，坚持化学防治与生物防治相结合，以预防病虫害为主。总之，要坚持执行农业物质装备基础建设和利用政策。

3. 龙头带动政策。这是指：通过大力扶持发展农业龙头企业、带动农户参加农业现代产业化经营管理的政策。为此，各地区政府及有关部门要在围绕农业支柱产业和主导产品的发展，培育种养加、贸工农一体化经营的农业龙头企业上，一是要把扶持和发展市场牵龙头、龙头带基地、基地连农户的贸工农一体化经营的农业龙头企业，作为推进企业产业化的重点工程来抓。二是要提倡打破所有制、城乡、地域界限，鼓励农业产品加工企业、内外贸公司、各类合作经济组织，积极担当农业产加销和社会化服务的龙头，使龙头企业在联接与服务之中，与广大农户结成真正的利益共同体，提高农业现代产业化经营水平，切实在全国农业区域发挥农业龙头企业示范带头作用。中共十八大报告提出，构建集约化、专业化、组织化、社会化相结合的新型农业现代产业化经营体系。农业龙头企业在新型农业现代产业化经营体系中起龙头带动作用，农业龙头企业植根于农业，发展于农村，贴近于农民，与"三农"存在着天然的"血缘关系"、"地缘关系"和"利益关系"。它能集成利用资本、技术、人才等生产要素，将农业产品生产、加工、销售有机结合，是推进农业现代产业化经营的关键，也是推进农业和农村经济持续健康发展的重要力量。为此，必须从以下三方面落实农业龙头企业带动政策：

（1）组织推动龙头带动政策。农业龙头企业对农民发展、帮助农民增收致富有极强的带动性。农业龙头企业生产所需的原材料，大多需要靠种植养殖农户提供，农户种植养殖业成为企业的"第一产业"，这就将分散的农户纳入种养产业链条中，企业利用自身资金、技术、人才优势，开拓市场、完善加工、购销产业链条，提高种养加购销产业链增值空间，依靠自身做强做大，辐射带动农户增收致富。2012年，国务院出台了《关于支持农业产业化龙头企业发展的意见》，一是鼓励农民专业合作组织发展壮大，引导龙头企业与专业合作社有效对接，推广"龙头企业＋合作社＋农户"模式，以此形成相对稳定的种养加购销关系；二是引导龙头企业创办或领办各类专业合作组织，或农民专业合作社兴办龙头企业，实现龙头企业与农民专业合作社深度融合；三是鼓励龙头企业采取股份分红、利润返还等形式，将加工、销售环节的部分收益让利给农户，共享农业现代产业化经营规模发展成果；四是促进龙头企业始终与农户保持稳定、合理的利益联结关系，是区别龙头企业与其他企业的重要标志；五是扶持龙头企业发展，推动农业现代产业化经营，要始终把维护好、实现好、发展好农民的根本利益作为出发点和落脚点。

（2）发展壮大龙头企业政策。要用"市场引导企业、企业引导基地、基地引导农户"的理念，做大做强农业龙头企业，构建农业现代产业化经营体系。为此，一是整合品牌做名牌。实践证明，名牌就是实力和潜力，名牌就是生产力和生命力。我国农业大而不强的核心问题在于有产品、少品牌，有品牌、缺名牌。因此，要从抓农业产品加工龙头企业入手，抓依托资源、整合品牌、做大名牌；二是围绕企业建基地。要促使加工企业所需原料与生产基地产品相对称、生产基地与农户相对应，这是促进产业发展和农民增收的根本。因此，要引导加工企业联系农户共建原料生产基地；三是依托龙头抓提升。要依托龙头企业，改造提升传统产业。根据龙头企业的需求，进一步调整优化农业产品区域布局，扶持龙头企业开发推广运用新品种、新技术，促进传统产业的基地化、标准化、订单化、生态化提质扩容，大力开发乡村生态、观光农业和农家乐旅游等新兴产业。

（3）扶持建成产业化经营体系政策。为此，一是财政税务优惠政策。为扶持农业龙头企业发展壮大、建成农业现代产业化经营体系，而对龙头企业进行品牌整合的优惠政策包括：其一地方税收给予数年优惠，先征后返；其二财政贴息等政策性投入农业的资金，向龙头企业倾斜；其三银行信贷资金，重点引导投向龙头企业；其四安排到项目的资金，必须专款专用，任何单位和个人都不得截留、挪用；其五凡是需市、县区配套的资金，都必须及时、足额配套到位；二是订单基地优惠政策。为鼓励扶持龙头企业发展与农户紧密相连的原材料产品基地建设，一要将基础设施项目重点投向龙头企业的订单基地区。二要对乡村道路、机耕道、病险水库治理、人畜安全饮水、水渠治理、国土整理、土地治理、农网改造、清洁能源项目、农机装备和农村社会事业等建设项目，重点向订单基地区倾斜。三要逐步改善订单基地区的农田水利基础条件，提高订单基地区的综合生产能力，促进龙头企业做大做强，促进农业增产农民增收。

4. 示范推进政策。这是指：通过农业现代产业化经营示范区建设，推进全国各地区农业现代产业化经营发展的政策。我国各地区农业发展水平存在较大差异，需要在一些地区率先实现农业现代化的示范带动、梯次推进，进而全面实现农业现代化。为此，一是要坚持因地制宜、突出特色，在保护耕地和尊重农民意愿的前提下，充分发挥农户、农民专业合作社、农业产业化龙头企业等建设主体作用。二是要大力发展农林种值业、牧渔养殖业产品生产、加工等产业，高起点、高标准和高水平地创建一批国家农业现代产业化经营示范区，辐射带动全国农业现代产业化经营发展。具体说，必须从以下四方面落实农业现代产业化经营示范推进政策：

（1）全国示范政策。2010年，中央一号文件提出"创建国家现代农业示范区"。同年8月，农业部确定第一批52个国家现代农业示范区，力争大部分示范区"十二五"时期率先基本实现农业现代化。2012年，我国第一个《现代农业发展规划》以国务院文件形式发布，提出全面部署创建国家现代农业示范区。年初，农业部认定了第二批101个示范区，要求现代农业整县制推进。至此，全国现代农业示范区建设总体布局已现雏形。20世纪90年代以来，各地区就陆续建立了农业高新科技、农业科技示范、现代农业示范等农业园区，依托不同的资源现状和经济条件，进行各具特色的探索。2013年以来，从南国水乡到北疆牧场，从东部沿海到西域高原，全国各地区现代农业发展的壮丽景象正在展开。从粮食生产到休闲农业，从基层农业科技推广到新型职业农民培养，各地农业现代产业化经营示范区一步步踏实、全面推进。

（2）高效增收政策。2016年，全国首批现代农业示范区以占16%的国土面积，贡献了全国29%的粮食产量；农业机械化综合水平达80%；农民人均纯收入12630多元，超出全国平均水平3120元。示范的核心在于高效、增收。第一批示范区横跨东、中、西部，地区间资源禀赋和发展水平差异巨大，但单从农民人均纯收入的指标来考量，都处于区域领先位置，其中东部地区及东北地区多数达到万元以上。黑龙江垦区40%的规模家庭农场经营了70%的耕地，旱地经营规模户均500亩，水田经营规模户均200亩，最大的家庭农场超过万亩。垦区实现生产总值1210亿元，人均纯收入24680元，垦区农业职工人均生产粮食已达35.4吨，创造了可与世界先进水平比肩的劳动生产率。垦区粮食总产量380亿斤。

（3）全面推广政策。国家现代农业示范区在农业支柱产业、主导产品生产能力、基础设施保障水平、农业生产经营水平、农民收入水平等均走在全国前列，成为我国农业现代产业化经营发展的"排头兵"。全国现代农业示范区示范的宗旨，是全面深入推广。现代农业示范区创造的市场引领型、科技助推型等各种模式，都展现出强劲的辐射力和推动力：其一，黑龙江、河南等粮食主产省将大力推进机械化作为突破口，粮食生产能力稳定提升；其二，江苏、浙江等沿海省份侧重发展设施农业，发力高效农业、精品农业等；其三，北京、上海等城市将发展都市型现代农业为重点，高科技农业、会展农业等日益成熟；其四，云南、贵州等西南省区大力发展花卉、茶叶、中药材等特色农业不断壮大。"十二五"时期，总体上要"高标准、高起点、高水平"创建315个国家现代农业示范区。"十三五"时期，国家现代农业示范区建设，要围绕五个关键点实现重点突破：一是提高现代农业设施装备水平；二是加快构建现代农业产业体系；三是加快推进农业科技推广应用；四是加快推进农业经营体制机制创新；五是加快推进农业产品质量安全及市场体系建设。

（4）提升功能政策。这是指：推行提升农业多种功能示范区建设的政策。要从各地区实际出发，进行农业功能性调整，发挥农业的生产、生活、生态和服务四大功能：一是提升生产功能，着重生产优质、高效、新鲜农业产品，满足城乡人民生产生活的需求。为此，一要国以民为本，民以食为天，食以民为先。二要坚持农业产品产地环境监控、农业投入品监管和标准化生产，推行农业产品质量安全产地准出、市场准入和例行监测规则；三要建立健全认定认证体系、农业标准化体系、检测检验体系和法律法规体系，实行农业产品质量安全"由田头到餐桌"的全程控制；二是提升生态功能，大力推进绿化造林、人居森林工程，改善生态环境，满足城乡人民"肺"的需求，为农业现代化、工业化、信息化和城镇化发展奠定基础；三是提升生活服务功能，因地制宜地发展农业传统文化，观光旅游等服务业，满足城乡人民"心"的需求。旅游休闲服务业是都市郊区的农林业的一大创举、农民增收的一个重要渠道、农业现代产业化经营服务功能。

5. 市场流通政策。这是指：严格执行农业产品市场流通方面的政策。农业产品流通环节，是农业现代产业化经营的重要组成部分。为此，一是对于农业产品生产、加工、运输、收购和销售等各个环节，取消有关的税费，包括增值税和销售税（费），这是提高我国农业产品竞争力的需要。二是对于减少农业产品流通成本，保证农业产品质量安全，都会起到积极的促进作用。具体说，必须从以下三方面落实农业产品市场流通政策：

（1）要适应农业产品市场需求的政策。为了适应国内外农业产品市场多样化、多变化、优质化的需求，一是在鼓励扶持农业现代产业生产领域上，要鼓励推广农业高产、优质、高效、增值、增收的种植、养殖模式，以实施多品种、高品质种子工程为突破口，扶持推动农林牧渔各业名特优稀新产品基地建设，增加品种、优化品种、提高产量、转化增值；二是在鼓励扶持农业现代产业加工领域上，要鼓励推广农林牧渔各业原始产品深加工、精加工，扶持推动产品加工设备更新、技术改造和资产重组，创新开发名优产品、科技产品、精新产品，提高加工产品包装、保鲜、贮藏、运输、批发等项管理水平。

（2）要切实执行农业产品市场营销政策。为了推行国内外农业产品市场开放、完善产销衔接、积极搞活流通的政策，一是在鼓励扶持建立健全农业产品收购、批发、销售市场体系的基础上，要加强对农业产品生产、加工、批发的种类、品质、品牌、价格等宣传，建立农业产品市场需求信息网站，通过县（市）、乡（镇）信息网站，及时提供农业产品市场信息，进一步开辟农业产品市场信息收集、发布渠道，向农民传送农业产品市场需求品种、品质、数量、价格等情况；二是在鼓励扶持区域规划和城乡农业产品市场流通领域上，要鼓励推广"市场牵龙头、龙头带基地、基地连农户"的模式，结成"风险共担、利益共沾"的合作关系，推行农户＋基地＋企业＋市场的农业产品市场营销政策。

（3）要扶持完善农业产品市场流通体系政策。为此，一是在鼓励扶持完善农业产品市场流通体系基础上，一要鼓励推动农村富余劳动人员组织起来，向农业产品市场领域转移，建立各种类型营销组织，提倡建立"一个农村居民组一个运销大户、一个农村一支运销队伍、一个乡镇一个运销企业、一个产业一个专业市场"，形成大小配套、上下沟通、内外衔接产品销售网络体系。二要进一步选举能遵循农业产品市场经济规律、组织收购、运输、批发、销售的经济能人，鼓励增强"谁掌握市场、谁就当村长、当镇长"的用人新观念，通过能人带动，培育壮大农业产品营销队伍；二是在鼓励扶持农民、龙头企业和经济能人，在沟通农业产品生产、加工、销售的基础上，一要建立农业产品生产基地、加工企业、经销企业、交易市场的产供销体系，确定农业产品市场供求关系，形成农业产品生产、加工、销售渠道。二要充分发挥粮食、供销等部门优势，用市场指导农户参加农业订单农业产品生产，在农业产品增加品种、优化品质、突出特色上下力量，避免盲目性、杜绝千篇一律、一哄而起。

6. 四化统筹政策。这是指：组织开展农业现代产业化必须与工业化、信息化和城镇化统筹兼顾的政策。《中共中央关于制定国民经济和社会发展第十二个五年规划的建议》（以下简称《建议》）明确提出，在工业化、信息化和城镇化深入发展中，同步推进农业现代产业化，是"十二五"时期的一项重大任务。对此，要深刻领会、全面贯彻夯实农业基础地位，加快发展现代农业，落实工业化、信息化、城镇化和农业现代产业化"四化统筹"政策，为城乡一体化经济社会发展提供坚实基础。具体说，必须落实以下两方面政策：

（1）坚持在工业化、信息化和城镇化深入发展中同步推进农业现代产业化经营政策。工业化、信息化、城镇化和农业现代产业化是我国城乡社会经济一体化、现代化文明进步的标志，工业化、信息化、城镇化和农业现代产业化"四化"相互影响、相辅相成。工业化、信息化、城镇化可以带动和装备农业现代产业化，农业现代产业化则为工业化、信息化、城镇化提供支撑和保障。工业化、信息化、城镇化不发展，农业现代产业化就缺乏动力；反过来，农业现代产业化若跟不上工业化、信息化、城镇化发展步伐或者忽视农业现代产业化，就会导致工业化、信息化、城镇化陷入停滞，造成"四化"都难以共同前进。为此，在我国已进入工业化、信息化、城镇化快速推进的关键阶段，城市人口增多以及人们生活水平不断提高，客观上要求农业提供更多更好的食物和原料。我国农村人口庞大，在现代化过程中还要解决好农民问题，包括农民转移就业、增收及农民市民化问题，从而为农业规模化、专业化创造条件。同时，也要看到，我国农业现代产业化，明显滞后于工业化、信息化和城镇化，农业基础还比较薄弱。因此，必须在工业化、信息化、城镇化深入发展中同步推进农业现代产业化，加快农业现代产业化经营发展步伐。

（2）坚持在总结"四化同筹"经验教训的基础上，努力实现农业现代产业化与工业化、信息化、城镇化协调发展政策。中共中央、国务院高度重视农业现代化问题，坚持走中国特色的农业现代化道路。"十一五"期间，不断完善强农惠农政策框架体系，加大"三农"投入力度，使农业基础地位得到有力巩固，农业综合生产能力得到持续提高，为农业现代产业化奠定了坚实基础。"十二五"时期，我国城镇化率已超过50%，城镇人口将首次超过农村人口。大量农民转移进城，为推动农村土地适度规模经营创造了条件，也扩大了农业产品市场需求，为农业现代产业化建设提供了空间。因此，必须科学把握工业化、信息化、城镇化、农业现代产业化"四化"统筹推进的内在要求和基本规律，不断加大强农惠农力度，加快推进农业现代产业化经营发展，充分发挥工业化、信息化和城镇化对转移农村劳动力的带动作用，对加强农业基础设施建设、提高农业现代产业化经营水平。

7. 财政扶持补助政策。这是指：我国政府对农业现代产业化经营逐年加大财政扶持补助力度，从2002年以来，我国财政对农业、农村和农民"三农"补助品种增加、范围扩大、标准提高、补助政策体系健全。概括说，国家财政扶持补助政策体系结构，由三部分组成：一是扶持补助农业政策结构。它包括：农林牧渔各产业的基础设施和机械化建设、生态资源环境保护建设、优良品种产量品质培植繁育、科技创新推广应用、病虫害疫病防治、生产经营所需原材料采购，以及农林牧渔各业产品生产、加工、运输、销售各环节的财政扶持补助政策，还对粮棉油和生猪生产大县的财政奖励政策；二是扶持补助农村政策结构。它包括：农村的电气设施、沼气能源设施、危房改造、公共公益基础设施、社会养老保险、合作医疗、改革试验区等方面的财政扶持补助政策；三是扶持补助农民政策结构。它包括种粮农民、专业大户、家庭农场、农民专业合作社、新型职业农民培训、现代农业人才和农村实用人才培训等方面的财政扶持补助政策。分别说明财政九项扶持补助政策：

（1）农林牧渔各业基础设施和机械化建设扶持补助政策。主要包括：农田整理、中低产田改造、农田水利工程建设、抗旱防汛、灌溉配套、土壤改良、地力培养、农业机械购置等方面的财政扶持补助政策。国家财政每年对农业机械的购置补助215亿元。

（2）农林牧渔各业生态资源环境保护建设扶持补助政策。主要包括：水土保持、流域治理、植树造林、森林保护、退耕还林、退牧还草、草原生态保护、渔业资源保护等方面的财政扶持补助政策。为了进一步加强草原生态保护建设，国家进一步推行草原生态保护补助奖励政策，2011年，中央财政支付136亿元，全面落实草原生态保护补助奖励政策，2012年，草原生态保护补助奖励政策资金增加到150亿元，2013年至2017年，国家继续在13个省（区）牧区半牧区县实施草原生态保护补助奖励政策。为了切实保护渔业资源，国家推行渔业资源保护补助政策，2012年，中央财政支付4亿元，全面落实渔业资源保护与转产、转业政策，2013年至2017年，国家继续推行这项政策。

（3）农林牧渔各业优良品种产量品质配置繁育扶持补助政策。这是对于农林种植业、牧渔养殖业的名特优稀种子、种苗培植、繁育，国家政府财政给予扶持补助政策。国务院强调要端正种子种苗工程建设指导思想，明确规定从"九五"规划时期起，把地区种业发展置于全国种业定位，树立全国市场流通产业观念，打破行政区域分割局面，进一步提高种子、种苗产业经营水平，加快种子、种苗产业科技创新步伐。从"十五"规划时期以来，一是国家大力推行农林种植业良种培植补助政策，中央财政于2010年投入204亿元、2012年投入220亿元、2013年投入256亿元，2014年投入274亿元、2015年投入293亿元、2016年投入314亿元；二是国家从2005年开始实施畜牧业良种繁育补助政策，中央财政于 2012 年投入 12 亿元、2013 年投入 14 亿元、2014 年投入 15.6 亿元、2015 年投入 16.9 亿元、2016 年投入 18.3 亿元；三是国家从 2007 年开始实施畜牧业标准化规模养殖扶持补助政策，中央财政于当年投入 25 亿元，在全国范围内用于扶持生猪标准化规模养殖场（小区）建设。中央财政于 2008 年投入 2 亿元，用于扶植奶牛标准化规模养殖场（小区）建设，于 2009 年增加到 5 亿元。中央财政于 2012 年投入 1 亿元，用于扶持肉羊标准化规模养殖场（小区）建设。2013 年至 2017 年，在全国生猪、奶牛、肉羊主产区继续坚持落实补助政策；四是国家从 2012 年起，推行粮棉油糖等农业产品高产高效补助政策，中央财政于 2012 年投入 20 亿元，用于扶持粮棉油糖等农业产品高产高效基地建设。2013 年至 2017 年，在全国粮棉油糖等农业产品重点产区实行了这项政策。

（4）农林牧渔各业科技创新推广应用扶持补助政策。主要包括农林科技推广体系建设、农业现代产业化示范区建设、土壤有机提升、测土配方施肥等方面的财政扶助政策。为此，一是国家推行农业科技推广体系建设政策，中央财政于 2012 年投入 50 亿元，用于扶持乡镇农业科技推广体系项目工程建设，2013 年投入 54 亿元，用于扶持东中部地区乡镇农业科技推广机构房屋建设。2014 年至 2017 年，对全国县（市）农业科技推广体系建设加大了扶助力度；二是国家推行农业现代产业化示范区建设补助政策，中央财政于 2012 年至 2017 年，每年投入 6 亿元，用于扶持全国具有代表性的 20 个示范区；三是国家推行土壤有机质提升补助政策，中央财政于 2012 年至 2017 年，每年投入 8 亿元，用于扶持土壤有机质提升科技项目投资；四是国家推行测土配方施肥补助政策，2012 年至 2017 年，每年中央财政安排测土配方施肥专项资金 7 亿元。2013 年至 2017 年，每年国家深入实施测土配方施肥、免费为 1.9 亿农户提供测土配方施肥指导服务，推广测土配方施肥技术 14 亿亩，力争实现示范区亩均节本增效 30 元以上。

（5）农林牧渔各业病虫害、疫病防治扶持补助政策。主要包括：农林种植业产品病虫害防治、牧渔养殖业产品疫病防治扶持补助政策。为此，一是国家推行农林种植业产品病虫害防治补助政策，2012 年，中央财政安排农林种植业产品病虫害防治补助资金 5 亿元，2013 年，中央财政对农林种植业产品病虫害防治补助 6 亿元。2014 年至 2017 年，每年继续推行牧渔养殖业产品疫病虫害防治补助政策，逐年增加到 6.6 亿元、7.4 亿元、8.3 亿元；二是国家推行牧渔养殖业产品疫病防治补助政策，2012 年中央财政安排牧渔养殖业产品疫病防治补助 8 亿元，2013 年，中央财政对牧渔养殖业产品疫病防治补助 8.9 亿元。2014 年至 2017 年，每年继续牧渔养殖业产品疫病防治补助政策，逐年增加到 9.8 亿元、10.7 亿元、11.6 亿元；三是国家推行农林牧渔各业防灾减灾稳产增产关键技术补助政策，2012 年，中央财政安排资金 61 亿元，用于扶持农林牧渔各业防灾减灾稳定增产关键技术补助，2013 年至 2017 年，中央财政继续加大相关补助力度，2017 年安排 129 亿元。

（6）农林牧渔各业生产经营需要材料综合扶持补助政策。这是指对农林牧渔各业生产经营所需化肥、种子、种苗、农药、地膜、柴油、机具等原材料采购环节，国家给予补助政策。为此，从 2006 年以来，国家推行农业牧渔各业生产经营资料综合补助政策，2012 年，中央财政对农林牧渔各业生产经营所需原材料采购综合补助 835 亿元，2013 年至 2017 年，每年中央财政对农林牧渔各业生产经营所需原材料采购综合补助 1071 亿元；为了扶持菜篮子产品生产，国家推行菜篮子产品生产扶助政策，2012 年，中央财政投入 15 亿元，2013 年至 2016 年，每年中央财政投入 17 亿元，主要用于菜篮子产品生产所需原材料采购补助；为了扶持渔业养殖、捕捞、运输等产业发展，国家推行渔业养殖、捕捞、运输所需柴油补贴政策，2013 年至 2017 年，每年中央财政投入 240 亿元。

（7）农林牧渔各业产品生产、加工、运输、供销各环节扶持补助政策。主要包括：一是农林牧渔各业产品生产大县奖励政策。2013 年至 2017 年，每年中央财政向全国粮棉油等产品生产大县奖励 280 亿元，向生猪生产大县奖励 35 亿元；二是农林牧渔各业产品生产基地初加工补助政策，2013 年至 2017 年，每年中央财政向农林牧渔各业产品生产基地初加工补助 5 亿元；三是农林牧渔各业鲜活产品运输"绿色通道"政策，全国所有收费公路（含收费的独立桥梁、隧道）全部纳入农林牧渔各业鲜活产品运输绿色通道网络范围，对整车合法装载运输农林牧渔各业鲜活产品车辆免收车辆通行费；四是农林牧渔生鲜产品流通环节税费减免政策，为促进物流业健康发展，切实减轻物流企业税收负担，免征蔬菜流通环节增值税。同时，将免征蔬菜流通环节增值税政策，扩大到部分鲜活肉蛋产品。

（8）农村经济社会建设扶助政策。这是指：我国为推进城乡一体化社会经济发展，组织推行农村经济社会建设扶助政策。主要包括：一是农村沼气建设政策。2013年至2017年，每年国家鼓励优先在丘陵山区、老少边穷和集中供气无法覆盖的地区，因地制宜发展户用沼气；二是农村实用人才培育政策，2013年至2017年，每年中央财政对农村实用人才培养经费增加3亿元；三是农村级公益事业一事一议财政奖补政策，2013年至2017年，每年为进一步健全村级公益事业财政奖补机制，继续扩大财政奖补资金规模，中央财政投入奖补资金218亿元；四是农村社会养老保险扩大试点政策，从2009年起在全国部分县（市）试点，2012年在全国基本覆盖，2013年至2016年，每年进一步建立科学合理保障水平调整机制，为城乡一体化开辟道路；五是农村合作医疗政策，从2003年起，在全国部分县（市）对农村合作医疗试点，2008年，在全国基本覆盖；2012年，新农合财政补助标准为240元，2016年，新农合政府补助标准提高到每人每年320元，人均筹资水平达到380元；六是农村、农垦危房改造政策。国家在"十二五"规划时期，五年累计支持1238.5万贫困户实施危房改造，截至2016年底，国家累计安排农垦危房改造任务154.4万户，下达农垦危房改造和配套基础设施建设中央财政投入143.8亿元，2017年国家继续加大农村危房改造力度，完成农村危房改造任务340万户，继续实施进行农垦危房改造项目工程建设；七是农村改革试验区政策。2011年，国家在全国共安排24个农村改革试验区，2017年，在做好农村改革试验区工作的基础上，及时总结推广各地成功经验，增强农村经济社会发展实力。

（9）农民联合经营和新型职业扶持补助政策。这是指：我国对农民专业大户、家庭农场和农民专业合作社等联合经营主体和新型职业农民培训的财政扶持补助政策。主要包括：一是农民专业大户、家庭农场和农民专业合作社等联合经营主体补助政策，中央财政对连年深入推进粮棉油糖等农业产品高产、高效的农民专业户、家庭农场、农民专业合作社实行新增补助政策；三是农民新型职业培育政策，2013年，农业部在全国选择100个县开展新型职业农民培育试点；三是农村现代农业人才培训政策，2014年以来，继续加快培养现代农业和新农村建设急需的人才；四是农户农业保险保费补贴政策，2016年以来，中央提出要继续完善农业保险费补贴政策：一要增加农业保险品种；二要加大对中西部地区、生产大县农业保完善补助力度；三要推进建立财政支持的农业保险大灾风险分散政策。

8. 金融服务政策。这是指：加大"三农"金融政策支持力度，提升"三农"金融服务水平。农业现代产业化经营发展离不开银行金融机构的支持，近年来，银行金融机构积极调整优化信贷结构，加大对"三农"的金融支持力度，取得了成效。但是，还远远不够。为此，一是要加大"三农"金融政策支持力度，要进一步开放农村金融市场，组建更多的村镇银行、贷款公司和农村资金互助社，通过各种方式，促进各银行金融机构开展农村金融业务。二是要建立农村金融风险分担机制，组建政策性农业保险机构，分散目前由农村金融机构单独承担的农业系统风险和社会成本，引导商业性保险公司到农村地区设立机构。要建立多层次、多主体的农业保险经营网。具体说，必须从以下五方面落实金融服务政策：

（1）要调整"三农"信贷体制。要调整以一级法人为基础，纵向贯通、横向辐射的"三农"信贷体制。在一级法人体制下，一是中央银行金融机构依据主导产业行业情况，为产业化的企业经营、银行系统贷款的投放和对产业化的企业综合服务，提供宏观的指导和总体上的把关；二是省（区、市）级银行金融机构形成"三农"信贷经营主体，支持产业化的龙头企业或产业化的集团企业；三是县（市）级银行金融机构必须在授权的情况下，授权经营对产业化的基地、加工企业和流通企业进行综合金融支持，包括资金支持、城乡二、三产业信贷支持、信息支持和综合理财服务支持。

（2）要创新"三农"金融服务。农业银行要充分发挥点多面广、市场动态灵敏、信息灵通的优势，积极主动地为农业现代产业化组织和农民提供信息咨询，引导合理组织生产经营。为此，一是要根据国家农业现代产业政策和区域信贷政策，因地制宜，把有限的信贷资金用到农业产业化关键项目、企业和环节。二是要充分发挥经济杠杆作用，增强结算功能，运用多种结算工具，为农业产业化积极提供准确、安全、快捷、周全、优质的结算服务，最大限度地加快资金周转，提高资金使用效益。

（3）要开展城乡一体化金融业务。要开展城乡一体工业化、城镇化金融业务，促进农业现代产业发展，关键在于选择商业化运营、还款来源充足的优质建设投资主体，重点支持农田水利建设、集中供气供热等县域基础设施建设，推动农民集中居住区、小城镇综合开发建设，支持大企业参与城乡一体工业化、信息化、城镇化和农业现代化同步建设。

（4）要提升现代农业产业化环节服务水平。继续围绕全国《现代农业发展规划》核心环节，不断加大服务力度，提升服务水平，推动农业现代产业化经营稳健快速发展。为此，一是要做精做深农业现代产业化经营金融服务。要围绕龙头企业产加销产业链，重点支持粮油基地建设、规模化养殖场建设、农业产品深加工、产品质量追溯体系、循环利用等方面的优质项目；二是要做好农业产品流通金融服务，大力推广涉农电子商务解决方案，支持企业建立网上交易平台和物流速递项目，调整农户贷款结构，重点加强对"订单户""增信户""规模户"等优质农户的信贷支持。

（5）要发挥财政风险担保作用。为了切实加强财政与金融合作，一是要由财政出资成立专业担保公司，银行对担保公司核定一定倍数担保额度。二是要设立风险补偿基金，财政和银行共同建立贷款项目库，入库贷款若形成不良，由风险基金补偿银行。三是要农业银行在信贷支持上，必须明确承贷主体，坚持谁用、谁借、谁还的原则，落实好贷款债务，避免因债务不清造成贷款损失。

9. 对外竞争政策。这是指：要适应我国加入世界贸易组织后的新形势，推行提升我国农业现代产业化经营的国际竞争能力的政策。农业现代产业是国民经济的基础，也是第二、三产业发展的前提保障。随着经济全球化的发展，农业领域日益成为国际竞争的焦点。我国农业产品市场的进一步开放，吸引了国外优势低廉的农业产品进入我国市场，使我国原本饱和的农业产品市场竞争更加激烈，传统农业的发展方式已经不能适应我国经济的高速发展，如农业结构不合理、农业科技技术落后、城乡生活水平差距加大等。面对新的形势和挑战，必须鼓励农业技术创新，提高农业现代产业经营水平，满足国内市场需求，减少国际农业对我国农业的冲击，提升我国农业现代产业化经营的国际竞争力。为此，从以下六方面推行对外竞争政策：

（1）保持农业产品满足国内需求。目前，我国是世界上农业产品生产大国，但国内城乡居民人均蔬菜、水果、肉、蛋、奶等消费量却低于世界平均水平。今后，应从国内城乡居民的世界生产生活情况出发，主动引导和鼓励城乡居民增加消费，搞活我国南北地区农业产品市场流通，扩大国内农业产品整体消费量。

（2）鼓励农业领域引入私人资本和外资。各地区政府及有关部门坚持执行三项政策：一是要进一步开放农业产品市场，鼓励各类资本直接进入农业产品生产、加工和流通领域；二是要大力培育大中中现代农业企业，以承接大规模的外商投资；三是要鼓励私人资本和外资参与我国中西部地区的生态农业建设，推进农业产业化经营，促进农林牧渔各业产品生产、加工、销售一条龙、农工贸一体化的产业链经济健康发展。

（3）建立农业产品市场信息服务系统。各地区政府及有关部门要在提供农业产品市场信息和调控方面起作用，尤其是农业产品生产周期长、保质期短，市场一时受阻就很容易造成难以弥补的损失，而且受损的面积要比出口工业产品的企业大得多。为此，一是要在加强农业产品市场信息网络系统建设的基础上，要注重争取发布的市场信息，引导农户以销定产，生产适销对路的农业产品；二是要遵循国际市场的农业产品供求信息，正确制定农业产品进出口政策、农业产品卫生质量法规和标准等；三是要搜集国内特色农业产品生产农户、农业产业化龙头企业的信息，促进双方及时、快捷地交流信息。

(4) 建立农业产品买卖方信贷机制。各地区政府及有关部门要积极发展农业产品买方信贷。目前，我国对农业产品出口，主要采取卖方信贷，而美国、加拿大、澳大利亚等国则采取买方信贷，两者相比，后者更有利于农业产品出口企业迅速回收资金，加快资金运转，能更有效地吸引国外企业进口本国农业产品。为此，一是必须建立健全农业产品出口信贷担保机制，促使农业产品出口信贷担保，成为促进农业产品买方信贷发展的坚强后盾；二是必须清理我国买方信贷发展为滞后问题，组织实施农业产品出口信贷担保和优惠政策，使其发挥应有的出口促进效用。

(5) 推进农业产品占领国际市场。目前，我国向日本等国出口的农业产品，时常遭到日本等国有关部门阻挠设卡而遭受损失。据世界贸易组织统计，近几年来，我国反倾销应诉结果绝对胜诉率（无税结案）已达到35.7%，我国反倾销应诉能力已有所提高，这对维护我国出口，促进健康发展具有一定的积极作用。目前，我国蔬菜、水果等农业产品出口数量逐年加大，但只是面向日本、韩国和东南亚等少数国家。由于我国农业产品因质量标准问题，长期以来一直难以进入欧盟市场，在开拓非洲、美洲等市场方面，也没有取得明显效果。为此，今后，必须针对世界各大洲国家市场的需求情况，因地制宜地生产经营各国所需的蔬菜、水果等农业产品。

(6) 增强农业现代产业国际竞争能力。从2010年以来，我国农业产品市场已经高度融入国际市场，我国农业从局部参与国际竞争开始转向全方位参与国际竞争。为此，一是在保障国家粮食安全，立足国内保障粮食供给的基础上，要利用国外丰富的土地、水等资源，建立大型的粮食基地，调节国内需求；二是在注重受援国需要的前提下，向满足受援国需要和实现我国获取"两种市场，两种资源"的宏观战略目标转变；三是在带动我国农业产品、农业生产资料"走出去"，与东道国发展贸易时，一要选择政治稳定、社会秩序好的国家；二要以企业为主，国家支持引导；三要优势互补，互惠互利；四要合作形式多样，管理机制灵活；四是在组织有关部门建立协调小组上，一要有组织有计划地引导企业走出去。二要抓好农业开发区试点，并在试点基础上不断扩大。

(二) 农业现代产业化经营的制度

农业现代产业化经营的制度，简称现代农业制度。现代农业制度是现代农业的资产组织形式、法人治理结构及相应的法律法规制度。土地是农民的原始资产。土地资产的积累生成家庭农场；家庭农场资本的延伸，主要通过资产的合作组成了合作社；农业产品深加工、精加工的发展，家庭农场的资本，有的又延伸到现代股份企业，从而形成以土地制为基础，以家庭农场制、合作制、企业制为支柱的现代农业制度。现代农业制度是农民家庭经营制度的延伸与发展；它反映现代农业发展规律，是建设现代农业的推进器。现代农业制度的内容，主要有四点：一是用现代工业成果和科学技术装备的农业制度，是运用当代管理科学指导农业经营管理制度；二是组织同步推进与城乡一体化的农村经济社会和谐发展制度；三是科学发展观指导下的与工业化、信息化、城市化发展相协调的现代农业制度；四是依据现代科技装备和经营管理相辅相成的方式、方法，引导农民转移从事现代农林种植业、牧渔养殖业及其加工业的现代企业制度。

1. 农业现代产业化经营制度的特征。概括说，现代农业制度，就是以专业户为基础，以双层经营体制为主要特征，在国家支持保护下的农业现代产业化经营体系。具体说，现代农业制度具有八个特征：一是它可以容纳先进的生产力，有与现代农业产业相适应的所有制结构和成长机制；二是农民有较高的经济地位和组织化程度；三是农民土地的资产积累，是现代农业制度形成的起点和摇篮；四是农户参加农业现代产业化、专业化、规模化生产经营建设；五是农户接受社会化服务，自主开展多种形式的合作与联合，与市场建立供销中介组织的联系；六是农业产品的生产与加工、流通有机结合，广泛使用先进技术，形成农工商服务产业联合经营体系；七是农户与供销企业主体形成双层经营的利益共同体，实施利益共享、风险共担机制；八是国家对农业现代产业采取扶持政策，对农民多予少取，甚至予而不取。

2. 农业现代产业化经营制度的意义。现代农业是继原始农业、传统农业之后的一个农业发展新阶段。农业现代产业化经营制度是与农业现代化相适应的农业生产经营管理制度。农业现代产业化经营制度是现代农业市场化、产业化、规模化、集约化发展的一种新型制度。加快现代农业建设，建立现代农业制度，由农业大国向农业强国转变，对建设社会主义新农村，实现全面小康社会，构建社会主义和谐社会，都具有极其深远的意义，主要体现在以下四方面：

（1）农业现代产业化经营制度，是农户家庭经营制度、合作经营制度和现代农业企业制度三制并存、相互协调的制度，它是反映现代农业产业链条上各环节组织形式及相互关系的制度。在这个制度框架下，一是农村土地制度是核心和基础，农村土地制度决定农业生产经营管理制度；二是农民合作社制度处于中间层次，它通过产权契约关系及互助合作联系分散的农户，通过要素和商品契约关系联系农业龙头企业；三是农业现代产业化经营中的龙头企业处理内部与外部的关系。总之，建立农业现代产业化经营制度是我国农业现代化进入到新阶段的必然要求，对于推进社会新农村建设，具有现实意义。

（2）农业现代产业化经营制度，一是它有利于发展现代农业、增强我国农业产品的国际竞争力。二是它有利于坚持以农户家庭承包经营为基础、充分结合双层经营体制，赋予农民长期而有保障的土地承包经营权。三是它有利于处理好稳定与创新的关系，推动农村市场经济发展，促进农户生产经营规模逐步扩大，推动农村双层经营体制的改进和完善，以适应我国现代农业产业链形式和世界农业产品市场的飞速发展。

（3）农业现代产业化经营制度，有利于发展现代农业，走内涵式规模经营道路。现代农业制度，有利于全国广大地区发展现代农业，用先进的物质技术装备农业、改造农业，提高农业劳动生产率、土地产出率和农业综合生产能力，使农业成为一种资源节约和可持续发展的绿色产业，实现农民增收，推动农业现代化与城乡一体工业化、信息化和城镇化同步健康发展。

（4）农业现代产业化经营制度，既不是照搬西方的做法，又不是另起炉灶从零做起，而是对农村改革的深化，诸多成功实践的完善，在深化农村改革和完善提高中集成创新，创造了许多有益的经验，在中共十八届方针指导下，一是深化农村土地制度改革，实行"农村集体所有、农民承包、权益充分"的土地制度，营造农林种植业、牧渔养殖业专业农户和家庭农场的生成条件。二是深化农户家庭经营制度改革，发展专业农户和家庭农场，营造农业产品集约化、产业化规模经营载体。三是深化农村集体经济制度改革，发展农民专业合作组织，营造传统农业向现代农业转型发展最佳的资产组织形式。

3. 农业现代产业化经营制度的内容。要组织开展农业现代产业化经营，就必须建立农业现代产业化经营制度。我国农业现代产业化经营制度基本内容包括：《农业产品质量安全法》《农民专业合作社法》两部法规制度，在这个基础上包括：一是农业现代产业化经营制度。主要包括：农户家庭承包土地经营制度、农民专业合作社制度和农业现代产业化经营制度。要依法赋予农民长期有保障的土地经营权，在承包期内，非经农户同意，不得收回、调整农户的承包地，非经法定审批程序，不得征收农户的承包地；二是现代农业产品质量标准制度。一要制定与国际有机衔接、符合我国国情的农业产品质量标准；二要按照农业产品从"农田到市场"全程监管的需要，推进农业标准的制修订进程，以标准化生产示范为主要途径，推进农业标准的实施；三要以法律法规为保障，技术标准为依据，例行监测和认证为手段推进农业标准化监督；三是现代农村商品流通制度。主要包括：批发市场、绿色通道、连锁配送市场、期货市场等经济制度。为此，一要进一步深化改革，建立完善的市场经济体制，依法确立农户作为生产经营主体的地位，充分发挥市对要素配置的调节作用。二要建立全国统一、开放、竞争有序的农业产品市场以及农业产品现货交易市场体系，进一步健全农业产品批发场市场和期货市场相配套、功能互补的市场体系；四是现代农业科技研发推广制度。主要包括：农业科技创新机制制度、农业技术成果推广普及制度、农业基层公益性技术服务经费保障机制等方面制度；五是现代农民教育培训和合法权益保护制度。主要包括：农民的教育培训制度、统一的城乡劳动者就业制度、农民的社会保障制度、农村的合法土地权益保护制度；六是现代农业投入保障制度。主要包括：国家对农业长期发展起作用的重大基础设施与装备投入制度、国家对农田水利基础设施建设投资补助制度、国家对农业环保体系和农业信息服务体系补贴制度、国家建立稳定的农业资金投入增长保障制度、国家建立符合世界贸易组织农业协议要求的制度、也是国家对农业支持保护制度；七是现代农业疫病防控制度。这是指建立具有法律约束力的重大动植物疫病防控制度，主要包括：疫情的预测预报制度、重大动植物疫病的快速诊断和监测制度、动植物疫情的鉴定和鉴别制度、动植物疫病预防和控制制度、重大动植物疫情的紧急处理制度、防控物资的筹备、防控人员的动员和组织、防控资金的落实制度；八是现代农业风险防范制度。主要包括：完善自然灾害应急预警制度、改进重大动物疫情和植物病害防范制度、建立政策性的农业保险制度、农村金融保险制度，健全粮食棉花的储备制度、粮食最低收购价制度、、建立农业产品进出口调控制度。要进一步明确农业风险防范制度的政策性、业务范围、财政支持办法，采取农业保险的经营组织形式和运行机制，完善政府对农业保险的管理体制，落实保险公司和参保农民的权利和义务及法律责任等，建立一个健全有效防范自然和市场双重风险的现代农业风险保障体制。通过以上八个方面的制度建设，基本上就可以奠定农业现代产业化经营所需要的制度基础。为此，对上述中的《农业产品质量安全法》《农民专业合作社法》《现代农业经营制度》《现代农业投入保障方面制度》《农业产品产地编码和产品补贴制度》，分别具体说明如下：

（1）《农业产品质量安全法》。《农业产品质量安全法》对提高农业产品质量安全、消费安全和国际竞争力，具有重要作用。从源头上解决农业产品污染、实施过程监控、治理市场秩序和质量安全科技支撑等问题。这正是发展现代农业、提升农业整体素质的重要内容。目前，重点要完善相关配套制度，加强农业产品质量安全检验检测体系建设，增强农业产品质量安全依法监管能力。

（2）《农民专业合作社法》。《农民专业合作社法》的颁布实施，一是有利于提高农民的组织化程度；二是有利于"农业产业化龙头企业＋农户"买断关系向合作组织与农民经济利益一体化方面转变；三是有利于实现现代农业标准化生产、专业化经营、信息化管理；四是有利于整合农民资金、技术和劳力等资源；五是有利于农业企业进行国际维权，对发展现代农业、促进新农村建设具有特殊意义。为此，在实施《农民专业合作社法》的基础上，要进一步落实《农民专业合作经济组织法》，必须从以下四方面，推动农民专业合作经济组织健康发展。

①要充分认识《农民专业合作社法》是中国特色社会主义法制体系中一部非常重要的法规。这部法规规范的农民专业合作社，是我国农业生产经营体制改革中的重大制度创新。这部法规规范的农民专业合作社，完全不同于以往的人民公社，是我国广大农民在农村土地家庭承包经营基础上创办的农业生产经营组织，是伴随农业产业化经营逐步发展的一个全新的经营主体。这部法规赋予农民专业合作社法人地位，进一步完善了我国社会主义农村经济法律体系。这部法规，对农民专业合作社的设立、民主管理、财务制度等内容作出符合我国农民专业合作社发展阶段的相应规范。这部法规还明确规定国家对农民专业合作社"多予、少取、放活"的惠农政策精神。

②要推动规范农民专业合作经济组织发展。为此，一是要充分发挥农民专业合作经济组织在建设社会主义新农村中的载体作用。要通过鼓励和引导、丰富经营体制、完善自律机制、增强服务功能，使其成为推进农业产业化经营、标准化生产，实施产品质量安全追溯管理制度、开展农业品牌建设的有效组织载体；二是要营造促进农民专业合作经济组织发展的环境。要进一步完善国家财政资金的扶持方式，推动建立有利于农民专业合作经济发展的信贷、财税和登记等制度，积极探索开展农业保险；三是要着力提高农业组织化程度，大力推进农业现代产业化经营。为此，一要大力培育壮大龙头企业，努力培植一批技术先进、产业关联度大、带动能力强、有较强市场竞争力的大型农业产品加工龙头企业，促进农业产品加工转化增值，带动农民增收。二要大力发展订单农业，打造利益共同体，实现企业与农户互利双赢。三要大力发展产业集群，聚集上下游企业，做大做强乳制品加工、肉制品加工、水产品加工、水禽加工、粮食加工、油脂加工、蔬菜加工和水生菜加工等产业链。四要大力发展农村专业合作经济组织，使之成为连接产、加、销的重要桥梁和纽带。

③要着力培育农业现代产业化经营主体。一是要认清加快发展现代农业,农业生产经营者是主体也是关键。当前,农业劳动力结构正面临巨大的调整和新的变化,大量有文化的年轻人进城务工,农业生产经营者队伍老化、后继乏人问题日益凸显,培养适应农业现代产业化经营要求的新型农民显得尤为重要。二是要大力推进人才强农战略,强化农民职业培训,着力培育一批种养业能手、农机作业能手、科技带头人等新型农民。三是要多渠道培养适应现代农业发展的经营主体,发展种养业大户、农民专业合作社和农业产业化龙头企业,发展多种形式的适度规模经营。四是要以保户农民利益、调动农民积极性为根本出发点,以家庭经营为基础,农户自主开展合作与联合,通过专业合作组织与加工、流通企业形成利益共同体,实现生产、加工、销售的有机结合,并在国家扶持下形成农业现代产业化经营体系。

④要着力发展壮大新型农民队伍。一是要努力提高农民综合素质,重点实施"绿色证书工程""青年星火带头人培训工程""新型农民创业培植工程""农业科技入户工程""专家大院工程"等五大培训工程,搭建梯层培训体系,突出发展壮大农村基层干部、骨干农民、农村能工巧匠、农村企业家、农村产业工人等"五支队伍",充分发挥他们在农业现代产业化经营和新农村建设中的主体作用。二是要积极开展农村劳动力培训转移非农业技能,做到应培尽培、应转尽转,实现大培训、大转移、大增收。

(3) 农业现代产业化经营制度。它主要包括:农村土地实行家庭经营制、农户实行合作制和农业企业实行股份合作制等三个核心制度:一是农村土地实行家庭经营制度。一要认定它是要实行以家庭承包经营为基础、统分结合的双层经营体制,把农村土地使用权通过家庭承包经营的方式固定下来,是我国农业现行的一项基本经营制度;二要坚持在稳定土地家庭承包经营的基础上,建立稳定的土地使用权流转、出让机制,依法规定流转和出让的形式、时限及其收回,同时,依法设置条件,允许土地使用权拍卖。为此,要逐步建立起民办公助的土地流转合作社,建立土地使用权评估和拍卖机制;二是农户实行合作制度。一要认清它是全国各地区行之有效的一种农业经营制度,其优越性在于:在不影响家财产权的前提下,能提高农业组织化程度,把一家一户小规模生产组织起来,实现规模种植、养殖专业化生产。改革开放以来的实践表明,农村合作经济组织具有旺盛的生命力。二要把合作经济组织作为现代农业建设的基础,作为农业生产经营的一项基本制度,依法确定下来,并在政策上给予大力支持;三是农业企业实行股份合作制度。一要确定"农业龙头企业+合作社+农户",是我国农业产业化经营的基本组织形式。二要帮助龙头企业建立健全现代企业制度,搞活经营机制,引导其与农民建立密切的利益连接机制。三要引导有基础的合作社向龙头企业参股,使其分享加工和销售环节的利润。四要改变政府重点扶持龙头企业,转向更多地扶持合作经济组织,以增强合作经济组织的经济实力,提高它与龙头企业的合作能力。

(4) 农业现代产业化经营投入保障制度。一是必须认定增加农业投入,是推进农业现代产业化经营、强化农业基础的迫切需要。二是必须不断开辟新的农业投入渠道,形成农民积极筹资投劳、政府持续加大投入、社会力量广泛参与的多元化投入体制,继续巩固、完善、加强支农惠农政策,切实加大对"三农"的投入,实实在在为农民办一些实事。三是必须促进农业现代产业化与工业化、信息化和城镇化同步发展。为此,对各级政府及农民、社会等方面筹资、现代农业补贴和发展基金,都分别制定和实施相应制度,具体规定如下内容:

①各级政府要切实把基础设施建设和社会事业发展的重点转向农村,一是要对各级政府财政新增教育、卫生、文化等事业经费和固定资产投资增量主要用于农村,逐步加大政府土地出让收入用于农村的比重。二是要建立"三农"投入稳定增长机制,积极调整财政支出结构、固定资产投资结构和信贷投放结构,中央和县级以上地方财政每年对农业总投入的增长幅度,应当高于其财政经常性收入的增长幅度,尽快形成新农村建设稳定的资金来源。

②各级政府要鼓励农民和社会力量投资,一是要充分发挥农民在建设新农村和发展现代农业中的主体作用,引导农民发扬自力更生精神,增加生产投入和智力投入,提高科学种田和集约经营水平。

二是要完善农村"一事一议"筹资筹劳办法,支持各地区对"一事一议"建设公益设施,实行奖励补助制度。三是要对农户投资投劳兴建直接受益的生产生活设施,可给予适当补助。综合运用税收、补助、参股、贴息、担保等手段,为社会力量投资建设现代农业创造良好环境。四是要鼓励企业捐款和投资建设农村公益设施,可以按规定享受相应的税收优惠政策。

③各级政府要执行农业补贴制度,一是要不断完善和加强农业补贴机制,逐步形成目标清晰、受益直接、类型多样、操作简便的农业补贴制度,对用于种粮农民直接补贴的资金要达到粮食风险基金的50%以上。二是要继续加大良种补贴力度,扩大补贴范围和品种,要继续扩大农机具购置补贴规模、补贴机型和范围,加大农业生产资料综合补贴力度。三是要确保中央财政加大对产粮大县的奖励力度,增加对财政困难县乡增收节支的补助。同时,要继续对重点地区、重点粮食品种实行最低收购价办法,逐步完善制度。

④各级政府要执行现代农业生产发展资金制度,国务院批准,从2008年起,一是要设立现代农业生产发展专项资金,中央财政安排50亿元,主要围绕农林种植、牧渔养殖主导产品基地和支柱产业,重点支持其基地建设、规模化标准化生产、加工环节,集中支持粮食等主导产业发展的关键环节,解决多年来制约农业和粮食生产薄弱环节和"瓶颈"问题。二是要促使各地区形成优势突出、特色明显的产业带。要建立现代农业生产发展资金绩效评价机制,将考评结果作为今后资金分配的重要因素,进一步提高现代农业生产发展资金科学化、精细化管理水平。三是要为改变"要钱有人争、花钱无人管,效果无人报"的现象,而相应建立三项科学的管理制度:其一是建立规范的审批程序制度。在审批资金投放过程中,要实行民主集中制,自下而上的筛选项目,提高透明度,防止一人讲了算,避免资金投放失误;其二是建立经济合同制度。要签订有法律约束力的借款合同,而不是一般的信誉合同。为确保支农周转金的安全,必须按照"经济合同法"的规定,要有相当经济实力的企业予以担保;其三是建立信息反馈制度。对资金的使用流向、效益都要跟踪,及时掌握其动态,尤其是大额资金,更应作为跟踪重点,以保证资金在运作过程中,出现问题能及时采取措施,避免造成资金流失。

⑤各级政府要执行农业风险防范制度,一是要加强自然灾害和重大动植物病虫害预测预报和预警应急体系建设,提高农业防灾减灾能力。二是要积极发展农业保险,按照政府引导、政策支持、市场运作、农民自愿的原则,建立完善农业保险体系。三是要扩大农业政策性保险试点范围,各级财政对农户参加农业保险给予保费补贴,完善农业巨灾风险转移分摊机制,探索建立中央、地方财政支持的农业再保险体系。四是要鼓励龙头企业、中介组织帮助农户参加农业保险。

(5)农业现代产业产品产地编码制度。它是指对农业产品产地实行"身份证"制度,就是在农业产品产地调查的基础上,将全部产地分区编码,向产地农户统一制发农业产品产地编码卡,作为农业产品上市销售的有效标志。为此,一是要认真做好农业产品产地调查、分区编码、产地编码信息系统建设、产地编码卡、填写发放等基础工作。二是要在各级农业信息网上,开设"产地编码查询系统"栏目,即在电子地图上,标出编码的准确方位,输入该产地所在行政区域、生产单位(企业、合作社)名称、产品商标、土壤、大气、水利环境质量、主要农业产品类别等数据,为建立从"餐桌"到"田头"追溯机制提供查询保证。

4. 农业现代产业化经营制度的要求。农业现代产业化经营制度建设,要以现代农业的基本目标、内容和特征为前提和基础。这是由于:一是农业现代产业化经营制度的形成,是现代农业发展的制度保障。只有把我国现代农业的基本内容、目标和特征界定清楚,才能在制度上形成一系列支持和保护现代农业发展的法规制度和方针政策,才能对农业投入、农业建设、农村公共产品提供,在法规制度上进行规范和约束。二是农业现代产业化经营制度的制定,必须考虑到现代农业的发展趋势和长远目标。现代农业是日益国际化的农业,特别是我国加入世贸组织后,很多法规制度都要在我国逐步实行,这就要求在制定农业现代产业化经营制度时,应考虑到与国际接轨的要求、对外开放的要求。三是农业现代产业化制度的执行,必须立足于全国各地区农业发展变化情况,一要考虑到各地区农业科技水平、农业生产经营建设投入、农村生产力变化的状况，二要了解农村青壮年转移非农产业就业创业、参加城乡一体化农工商服务业技能培训，提高综合素质、提高农业现代产业化经营制度的切实可行、行之有效水平。四是在组织农业现代产业化经营制度建设上，一要提高全社会对农业多功能性的认识；二要创造现代农业制度建设的条件；三要确立现代农业制度建设的目标；四要建成创新型现代农业制度体系。具体说明如下：

（1）要提高全社会对农业多功能的认识。现在，全社会对农业的多功能性认识还远远不够，仍停留在农业就是提供粮食，提供农副产品的潜层次上。农业的多功能性至少表现在国家的粮食安全保障、工业原料供给、就业收入、休闲旅游、生态保持、文化传承六大方面功能，中共中央提出"三农"工作是全党、全国、全部工作的"重中之重"，促使社会各界认识到农业的多功能性，坚持解放思想、实事求是的原则，把发展现代农业、建立现代农业制度的好经验、好做法、好典型，作为重点来宣传，努力在全社会营造关心、支持农业现代产业化经营制度建设的新理念、新思路，现代农业相对于传统农业的变革，既包括农业的增长方式，又包括农业的经营方式；既涉及城乡一、二、三产业的布局与发展，又涉及城乡社会经济发展方面。因此，必须革除传统农业的旧观念，树立农业现代产业化经营制度的新观念，用科学发展观为指导建立农业现代产业化经营制度的伟大实践。

（2）要创造农业现代产业化经营制度建设的条件。现代农业与传统农业相比，在农业的生产手段、加工技术、经营管理、组织方式以及经营目标上，都突破和创新。我国农户家庭承包经营规模太小，需要通过土地流转制度建设，促进农村土地的合理流转，实现土地的规模化经营。为此，一是要建立并逐步完善现代农业制度，必须坚持家底承包经营并使之完善。二是要逐步增加农民的土地权益，使土地承包权成为真正的物权。三是要下功夫增强农户的积累能力，逐步把打工农民变为完全的市民。四是要切实保障他们既有的土地权益，努力提高合作农民的比例，扩大土地经营规模。五是要坚持和完善双层经营体制，对双层经营体制，要从三个方面创造条件：其一是双层经营中的两个经营层次，都必须具有经营资格的市场主体；其二是两个经营层次必须形成利益共同体；其三是专业农户必须成为双层经营体制的基础。

（3）要确立农业现代产业化经营制度建设的目标。这是指：一是要适应现代农业发展的要求，逐步建立产前、产中、产后纵向一体的农业宏观管理体制，促使农林牧渔各产业实现良性互动；二是要把土地制度创新作为农业制度创新的"重中之重"，加速推进土地流转，推动土地向种田能手集中，发展土地股份合作；三是要支持农民开展专业合作，大力推行"农户 + 合作组织 + 龙头企业"的农业经营模式；四是要不断加强农业科研、基础设施建设和公共服务，加强明确有效的农业保护制度建设，加快农业保险制度建设，使之逐步规范化和法制化。

（4）要建成创新型农业现代产业化经营制度体系。我国是典型的人多地少的国家，农村土地实行农民集体所有，区域经济发展不平衡。为此，一是要在设计农业现代产业化经营制度上，必须充分考虑这些最基本的国情，不能照搬照抄发达国家的模式，要按照新农村建设的总体部署和要求，适用、管用，适合我国农村生产力的发展状况；二是要坚持发展农业现代产业化经营，就是建设现代农业制度，加大立法力度，对急需的已经成熟的有关政策，要加大立法进度，推动现有的法律法规配套，促进法律体系完善；三是要在统筹城乡发展的基础上，进行农业现代产业化经营制度建设，加大对农业现代产业化经营发展保护力度；四是要设立现代农业制度试验区，围绕农业现代产业化规模制度建设的各个方面，在全国设立若干现代农业制度试验区，通过试验后形成一套比较成熟、普遍有效的现代农业制度；五是要建立好培育现代农民的制度。建设现代农业的主体是现代农民，没有现代农民，就没有现代农业、走中国特色农业现代化道路无从谈起。回顾改革开放的历程，所有农村改革都是农民自己创造的。当前，农民获取信息的渠道狭窄，全国 1.4 亿网民，农民只占 0.3%。近 3000 个广"三农"开设的专业台只有中央七套。为"三农"服务的报纸 30 多家，总发行量赶不上一个都市晚报。5 亿多农村劳动力，平均受教育实践仅 7 年，显然不能适应现代农业发展的要求。所以，建立培育现代农民的制度最关键、最迫切，不解决农民素质问题，现代农业制度难以实行；六是要建立农业现代产业化经营组织体系，推进农业现代产业化经营，不仅是企业和农户之间的事，还涉及其他经济组织和社团组织，要推动专业农户、农民专业合作社、农业产品加工流通企业、农业产品现代流通网络、农业产品行业协会以及农业社会化服务组织等主体的相互渗透、相互支持，形成复杂联动的组织体系。实践证明，只有比较完善的农业现代产业化经营体系，才能成为构建创新型现代农业制度体系的根本动力。

九、农业现代产业化经营的体制和机制

农业现代产业化经营体制，是指各级政府及有关部门对农业现代产业化经营的产业体系、农工商联合、科技应用、综合投入、社会服务、城乡一体、引导调控八方面管理体制。

农业现代产业化经营机制，是指各级政府及有关部门对农业现代产业化经营的产业结构、产业标准、产品质量、增收长效、利益联结、激励推动、监控约束、投入引导八项机制。

（一）农业现代产业化经营体制

农业现代产业化经营体制调整完善的宗旨，就是要用现代物质条件装备农业，用现代科学技术改造农业，用现代产业体系提升农业，用现代经营形式推进农业，用现代发展理念引领农业，用培养新型农民发展农业，提高农业水利化、机械化和信息化水平，提高土地产出率、资源利用率和劳动生产率，提高农业素质、效益和竞争力。这是一项复杂的系统工程。"十二五"规划时期以来，国务院决定调整农业产业经营体制的战略目标包括：一是切实加大对现代农业建设的投入力度，实实在在为农民办一些实事；二是务必高度重视并切实抓好粮食生产，力争粮食生产继续有个好收成；三是加快构筑现代农业发展体系，在稳定和发展粮食的基础上，不断拓宽农业的内涵和外延，促进结构优化升级，拓展农业生产领域；四是着力提高现代化农业的设施装备水平，强化农业基础设施建设，改善农业装备条件，加强防灾减灾体系建设，提高农业综合生产能力；五是加快农业科技创新步伐，提高农业生产经营建设者素质，不断强化现代农业的科技支撑和人才支撑；六是大力加强现代农业的市场体系建设，为发展现代农业提供保障。总之，农业现代产业化经营体制建立、调整、健全的过程，就是改造传统农业、不断发展农村生产力的过程，就是转变农业增长方式、促进农业又好又快发展的过程。为此，必须从基本国情出发，遵循客观规律，有重点、有计划、有步骤扎实建立、调整、健全中国特色的农业现代产业化经营体制，从以下八方面落实：

1. 农业现代产业化经营体制。"十二五"规划时期以来，国务院对农业现代产业化经营体制，作出了具体部署，提出了明确要求。为了扎实推进农业现代产业化经营发展，一是从我国国情和农业发展实际出发，突出重点，加强农业现代产业化经营体系建设，优化农业生产力布局，加快实施优势农业产品区域规划，形成优势突出、特色鲜明的农业产品产业带；二是加快推进农业标准化、规模化种植、养殖，提高农业产品品质和安全水平，加快发展高效经济作物和园艺产业、现代畜牧水产业；三是大力发展设施农业，加大投入力度，推广先进适用设施农业技术，支持企业和农户发展设施农业；四是大力推进农业产品生产、加工、流通一体化经营，提高农业附加值和效益；五是加强农业产品质量安全监管，逐步使农业产品生产成为可控过程、可追溯过程、可量化过程；六是加快发展无公害农业产品、绿色食品和有机农业产品，培育一批国内外公认的农业产品知名品牌，提高农业经济效益、增加农民收入、逐步形成政策稳农、资金强农、科技兴农、管理健农、服务促农、财政支农的农业现代产业化经营体制。

全国各地区政府按照"十二"规划以来部署和要求，为建立健全农业现代产业化经营体制，开辟农业现代产业化经营途径，完善农业现代产业化经营体制，排出各方面障碍，解决各种制约矛盾。概括说，这就是要在农民家庭联产承包责任制的基础上，以国内外市场需求为导向，以提高经济效

益、社会效益、生产效益为中心，以推广先进适用科学技术为依托，科学利用农业资源优势，围绕区域农业的主导产品和支柱产业，优化各种生产因素，科学形成种养加、产加销、农工商一条龙产业链，优化结成贸工农、内外贸、农科教一体化产业体系，大力发展龙头企业，由龙头企业外联市场、内联农民，带动建立农业产品生产基地，进入区域生产布局，坚持专业化生产、集约化经营、企业化管理、社会化服务，增强自我积累、自我发展功能，促进农业和农村经济持续、稳定、协调发展。具体说，要开辟农业现代产业化经营途径，必须从以下六方面完善现代产业系统体制：

（1）要转变思想观念。要认清农业现代产业化经营是农业生产经营的创新模式。要打破传统农业观念，着眼于发展现代化农业，壮大农业和农村经济实力，树立发展农业现代产业化经营观念。为此，必须做到以下五方面：

①要端正指导思想，树立农业和农村经济发展的指导思想，加强农业基础设施建设，全面发展种植业、养殖业、加工业，既注重各业产品的产量、质量，又注重抓好各业产品优质、高效，彻底转变过去单一供应各业产品数量的局面，满足国内外市场多样化、优质化、多变化的需求。

②要坚定经营方针，在坚持执行农户家庭联产承包责任制的基础上，发展多种所有制经营形式，鼓励发展农村集体合作经济形式，彻底转变零星分散的小生产经营形式。

③要科学设计布局，在设计农业现代产业化区域布局上，要发挥种植、养殖、加工、销售一条龙产业链、贸工农一体化产业体系经营的优势，集中产业区域，扩大产业规模，及早形成集中连片的区域产业，尽快结成种植、养殖、加工、销售产业连接通畅、贸工农水乳相融一体化产业体系。

④要加强科学管理，不断加大科学含量，提高科学管理效益，彻底转变传统落后的生产经营管理方式，全面采取科学先进适用的生产经营管理方式。

⑤要规划农业产品生产加工基地。农业现代产业化经营的根基是农业各种产品生产、加工基地。为此，要瞻前顾后，继往开来，全面规划好农业各种产品生产、加工基地，要充分利用各区域农业资源，建设农业各种产品生产、加工基地，切实做到一村一品、一乡一业，一个基地一个主导产品或支柱产业。

（2）要培育农业龙头企业体系。农业龙头企业内联千家万户农民，外联国内外市场，是农业现代产业化的源头。它具有开拓市场、引导生产、深化加工、搞好服务、优化组合生产要素，促进形成农业现代产业化的综合功能，是通向农业现代产业化的一个桥梁，农业龙头企业的经济实力是否强、牵动能力是否大，是否开拓市场，引导产业开发，带动农民政策的关键所在。为此，要在培育农业龙头企业体系中，切实做到以下三方面：

①要坚持积极引导、大力扶持、放手发展、逐步完善、不断增强的方针，培育市场牵龙头、龙头带基地、基地联农户的产加销一条龙、贸工农一体化的龙头企业，力求在各个区域、各种产业，培育出经营管理先进、科技力量雄厚、经济实力强大的现代化龙头企业体系。

②要坚持按照国内外市场需求组织生产经营的原则，引导龙头企业完善公司＋基地＋农户＋市场的经营管理机制，提高企业整体素质和管理水平，树立超前意识，沟通生产经营与市场销售渠道，在建立原有稳定可靠市场的基础上，超前开拓新市场，加快产品的更新换代，力求做到：一是要三个适应。这是指在生产经营农业产品的过程中，其一是必须与市场动态变化的需求相适应；其二是必须与城乡人民生活消费的水平相适应；其三是必须与国内外人们消费理念追求相适应；二是要四个转化。这是指在生产经营农业产品过程中，一要将单一品种转化为多样品种；二要将一般品种转化为名、特、优、稀、新品种；三要将初级产品转化为高级产品；四要将粗加工产品转化为精加工产品；三是要五个提高。这就是在生产经营农业产品过程中，一要提高农业产品科技含量；二要提高农业产品抗御自然风险能力；三要提高农业产品参与市场竞争力；四要提高农业产品附加值；五要提高农业产品综合效益。

③要坚持采用股份制、股份合作制等形式，遵循利益共享、风险共担的原则，鼓励城镇、乡村个体投资入股，促进培育和发展新的龙头企业。为此，一是要积极扶持农村各种产业规模经营大户，这

种大户是农村新的生产力代表，是发展高产、优质、高效农业的领头人，与千家万户农民联系密切，能起到示范带头作用。二是要提倡和引导这种大户，带头组织农业现代产业化生产经营，增强自我积累与自我发展的能力，成为新的龙头，促进一户带多户，一村带多村的农业现代产业滚动发展，向农业现代化方向前进。

(3) 要扶持支柱产业体系。农业支柱产业是农业现代产业化的骨干产业，是区域农业支柱产业发展优势的体现，是促进农业和农村经济持续发展的柱石，它能带动区域其他产业发展。可见，各地区能否选准农业支柱产业，大力扶持农业支柱产业至关全局。为此，要在扶持农业支柱产业体系中，切实做到以下三方面：

①要充分利用现有区域农业各种产业优势，依据本地农业资源条件，按照国内外市场的需求，从中选择主导产品和支柱产业，优化各种生产要素，通过专业化生产、集约化经营、社会化服务，使之成为布局科学合理、具有区域特色的主导产品和支柱产业，进一步转化为名特优的主导产品和支柱产业优势，并能带动区域其他产业发展。

②要充分调动农民生产经营的积极性，跳出自我封闭的圈子，自觉转向主导产品、支柱产业轨道上来，尽快形成一村一品，产一品富一村、一乡一业、兴一业富一乡的主导产品、支柱产业格局。为此，一是要培养农民增强创新意识，积极引进国内外高新技术，改造传统特色产品，精心培育主导产品，大力扶持支柱产业，上档次、上水平，提高知名度，提高参与市场竞争力；二是要帮助农民发展新兴支柱产业，对农业资源优势突出、经济优势显著、生产经营优势持久、市场需求优势潜力大的农业主导产品和支柱产业，优先扶持，加快发展；三是要大力推动农民开发名特优农业主导产品和支柱产业，引进新品种，新技术，开发新的农业主导产品和支柱产业，批量生产，规模经营，迅速占领国内外市场。

③要充分发挥各地区资源、技术和人才的优势，按照集约经营、专业经营、规模经营的要求，扶持外联国内外市场、内联千家万户农民的支柱产业，带动区域化的种植业、养殖业和加工业的发展；为此，一是要围绕知名高、占市场优势的农业主导产品和支柱产业，建立生产、收购、加工、销售一条龙经营体系。二是要开辟乡村与城镇、农民与市场挂钩的系列开发支柱产业之路。

(4) 要建设基地产品体系。按照农业主导产品和支柱产业发展要求，遵照农业布局区域化、生产专业化、经营集约化、服务系列化、销售市场化的原则，及时调整优化农业结构，围绕农业各种产业主导产品、支柱产业建设基地，把分散生产经营农户联合起来，形成与农业资源相适应的专业化、区域化基地产品体系。为此，必须做到以下四方面：

①要围绕农业某种主导产品、支柱产业，大力发展专业村、专业乡、专业市场，把专业乡村建成具有一定规模特色的农业某种主导产品、支柱产业基地。

②要本着科学规划、因地制宜、发挥优势、相对集中、突出特色、高质高效的原则，建设一批高起点、高标准、高质量、高效益的农业产品基地，在此基础上，建成一些国内外市场急需、高附加值、各优特稀新的拳头产品基地。

③要大力推广高新科学技术，引进新品种、新设备，实行系列科技服务，提高农民科技素质，集中力量建成科技含量高、出口创汇高、市场占有率高的产业基地。

④要通过多种形式、多渠道、多层次、多方面的横向联合与协作，促进基地、企业与农民相互之间自觉自愿、互利互惠，增强基地的整体功能，形成基地综合效益。

(5) 要形成管理体系。农业现代产业化经营是一个系统工程，要在科学发挥市场调节功能的基础上，转变各级政府职能，正确处理农业、农民、农村整体观念，帮助形成农业产加销一条龙产业链，促进结成贸工农一体化产业体系，加强对市场、企业、基地和农民的协调管理。为此，要在形成管理体系中，切实做到以下四方面：

①要提高对农业现代产业化经营的认识，因地制宜地制定和实施农业现代产业化经营发展规划和分阶段、分区域的细化方案。

②要强化农业现代产业化经营的社会服务功能,为市场、企业、基地和农民提供社会化、系列化服务。为此,要集中人力、物力和财力投入,特别要集中高新科技投入,建立和健全社会化服务体系。

③要教育和引导农民增强参加农业现代产业化经营的自觉性,推动农民和企业自觉开发农业生产要素市场,建立农村合作经济组织和各种中介组织,促进农业生产要素的合理流动和优化组合。

④要综合运用经济、法律和行政手段,贯彻执行农业现代产业化经营的优惠政策,为农业现代产业化经营创造良好环境,树立不同类型的典型,发挥示范导向作用。

(6)要健全市场体系。农业现代产业化经营的先导是市场,这就需要健全统一、开放、竞争、有序的市场体系。为此,要在健全市场体系中,切实做到以下三方面:

①要按照国家培育市场、市场引导农民参加农业现代产业化经营的指导方针,坚持以城镇为依托,以农业产品生产基地和集散基地为基础,按照农业产品流通数量、交通环境、市场需求,建立起高档次、远辐射、多功能的市场体系。

②要积极组织农民全方位进入市场流通领域,通过多种形式、多种渠道,占领农业产品市场。各地区政府及部门要为农民建设跨区域、流程远、环节少、集散快、效益高流通网络提供服务,推动农业产品的加工销售。

③要建立健全市场服务体系,加强市场交通、通讯、电力等基础设施建设,搞好市场需求预测,及时掌握市场需求变化动态,发布市场经济信息,建立市场服务窗口,及时指导农民生产经营适销对路的农业产品。

2. 农工商联合体制。我国农业现代产业化经营的组织体制,是农工商联合体制。我国各地区在组织开展农业现代产业化经营上,为切实搞好农业产品产加销一条龙社会化、专业化生产经营,根据不同的自然资源、经济条件和技术条件,深入开展农业资源调查,认真制定农业现代化总体规划,有计划地控制人口增长,安排好农业劳动力资源,充分发挥其在农业现代产业化生产经营中的作用,要掌握自然规律和经济规律,科学利用农业资源,合理地安排农林牧副渔各业布局,建立农工商一体化联合组织体制,它是由合作化、专业化和社会化四种类型农工商联合组织结成的体制:

(1)农工商合作化型联营组织体制。对农工商合作化型联营组织体制由四部分构建:一是在提高合作联营质量方面,工商部门应首先把好注册关,有关职能部门和中介组织应加强引导;二是在优化合作联营管理机制方面,成立综合性、专门性的合作管理部门,以突出市场化管理特点;三是在凸现扶持重点方面,从以小项目为主向扶持重点合作联合项目转变;四是在合作化型联营组织管理方面,要按照服务农民、进退自由、权利平等、管理民主的要求,扶持农工商合作型联营组织加快发展,使之成为引领农民参与国内外市场竞争的现代农业经营组织。

(2)农工商专业化型联营组织体制。农工商专业化型联营组织体制主要包括:地区专业化、企业专业化、工艺专业化这三种类型联营组织体制。为此,一是要完善不同地区或企业专门(或主要)从事某种(或某些)农业产品的生产、加工、供销环节的专业化型联营组织体制;二是要完善工艺专业化或作业专业化型联营组织体制,是指某个生产、加工、供销单位,在组织产品生产、加工、销售全过程中的某个环节专业化型联营组织体制。

(3)农工商社会化型联营组织体制。农工商社会化型联营组织体制,是指全国农业、工业、商业,从个体小生产、加工、供销经营组织体制转变为社会化大生产、加工、供销联营组织体制,一是农户用的手工工具逐步为机器所代替;二是个人使用的生产资料变为社会化农业生产经营者共同使用的生产资料;三是农业生产、加工、供销本身从个人行动变为社会行动;四是农业产品也从个人的产品变为社会的产品,即许多人的共同的劳动成果,社会化的基本趋势是分工愈来愈细,协作范围愈来愈广;五是调整完善农工商社会化型联营组织体制的要求有五点:一要实行区域化种植、养殖、加工;二要农业产品产加销一条龙产业链地区分工;三要农工贸一体化经营城乡布局;四要农业、工业和商业相结合,形成联合体;五要农业产品商品化,由面向国内市场发展成为面向国际市场等。

（4）农工商"三化"型联营组织体制。要调整完善农工商合作化、专业化、社会化这"三化"联营体制，一是必须坚持供产销相互衔接的原则，以便就地生产工业和农业所需的生产资料，就地供应城乡人民的生活资料，节约人力、物力和财力的消耗。二是必须坚持统一规划各地区农业现代产业化经营布局，加快推进农林牧渔各业产品生产基地、加工厂地、供销市场建设，促进城乡一体化经济健康发展。

3. 科技支撑体制。这是指：在我国农业现代产业化经营发展进程中，科技起支撑作用。为此，必须建立健全科技创新、培训、示范、开发、推广五方面支撑体制。

（1）科技创新体制。这是指：为加快农业科技创新体系和现代农业产业技术体系建设，加大农业科技创新力度，提高科技进步对农业增长的贡献率，而建立起加快农业科技进步、全面提高我国农业产品科技含量，提升我国农业国际竞争力的体制，具体包括：一是加强自主创新能力，努力突破关键技术。特别要在种源农业、生态农业、设施农业等重点领域和关键环节，加强自主创新和集成创新，向产业链高端攀升，向农业前沿进军，增强农业核心竞争力；二是推进农科教、产学研紧密结合。要有效整合涉农高校、农业研究院所等科教资源，将其与农业创新结合，推动资源共享，注重发挥农业龙头企业和各种新型服务组织的作用，实施农业重大技术推广计划，扩大新技术、新品种覆盖面，提高农业科技成果转化应用率；三是提高农业先进科学技术装备水平。为此，一要加快农机工业发展，改善农业机械装备结构，大力推进农业机械化；二要加快农业信息基础设施建设和服务平台建设，推进农业信息技术与农业技术相融合，完善信息化服务体系，提高农业智能化和科学管理水平，以信息化支撑农业现代产业化经营发展。

（2）科技培训体制。这是指：要按照《农业法》《农业技术推广法》建立农业技术推广培训体制，加强市、县（市、区）、乡（镇）、村四级农业技术推广网络建设，提高农业产前、产中与产后的服务功能。首先，要以市场需求为导向，多形式、多途径地培养外向型农业科技人才，把农业科技人才教育放在突出地位，将全国各地区农业大学院校建成农业高素质的人才和科技创新基地，为农林牧渔各业生产经营管理输送人才。其次，要着力发展壮大林业、牧业、渔业方面的技术人员队伍，为进一步提高乡村两级弄林牧副渔各业生产经营科技水平。再次，要有计划、有步骤、因地制宜地对乡村种植业、养殖业，充实加强农业科技队伍新生力量，通过多渠道、多形式，培训农民提高整体素质，以适应现代农业的发展需要。

（3）科技示范体制。这是指：为支持引进、吸收、推广国内外农业先进技术和优良品种，重大农业课题科研攻关，各级政府及有关部门在组织推动各地区建立农科教结合示范区、农业良种良法推广应用示范区、农业科技成果推广应用展示区、向周围农民起示范、辐射作用，引导农民参加农业科技网络，推动农业企业和农户自愿调整优化农业产业结构，从事农业现代产业化经营，促进农民专业合作社开展产品加工规模化与流通商品化，推进农业产品增产增值、增加农民收入，保持农业现代产业化经营健康发展。为此，中共中央、国务院对农业现代科技示范区作了充分肯定，它是农业现代产业化经营的样板，既是现代农业新品种、新技术、新机械的试验示范场所，又是当地农民看得见、摸得着的推广基地。明确提出，要建立健全农业科技示范体制，进一步组织动员农艺、农机、水利、园艺、畜牧、水产等各方面的专业技术人员深入园区，大力开展农业科技开发，提高科技水平，提高农业现代化建设标准，使其更好地发挥示范功能和辐射功能。

（4）科技开发体制。国务院反复强调提出，为了提高农业现代产业化经营科技水平，加快实现农业现代化，建立农业科技开发体制，进一步增强农业科技支撑功能，以现代科技为依托，科学合理配置资源，发挥资源优势，各级政府及有关部门继续改善农业机械、化肥农药、食品饮料加工工业技术开发支撑体系，为提高农业现代产业化经营科技含量，提高土地利用率，包括旱地、水域资源利用率，进一步提高劳动生产率，使每一个劳动力能生产更多的粮食、肉类和其他产品，满足城乡人民日益增长的物质、文化生活需要，确保农民富裕起来，使国家强盛起来。所以，必须在建立健全农业现代产业化经营科技体制上，切实做到：一是要提高劳动生产率，就是在单位面积上投入多少劳动力，包括物化劳动（如机械、化肥、设施等）；二是要进一步提高土地利用率，提高投入产出率，要不断加大农业现代化产业化经营科技的投入力度，提高农业科技贡献率；三是要继续加强投入，增强科技开发手段，深化农业科研体制改革，面向农业现代产业化经营主战场，向产、学、研一体化发展，与农校、农机推广部门合作，加速科技成果开发转化步伐；四是要加强生物工程技术、信息科学技术等高新技术，在农业、林业、牧业、渔业新品种的引进与开发力度，加强技术、资金、人才的引进，增加技术储备和后劲，使各类产品既要优质化，又要多样化，做到"人无我有、人有我优"，提高综合效益。

（5）科技推广体制。农业科技是农业现代产业化经营的重要支撑。我国从"十一五"规划时期以来，国务院明确提出，一是要大力推进农业科技入户，农业科技入户基本覆盖到我国主产粮区及优势农产品区域，入户技术由单项向种、养、加、销等综合技术转变。二是要加大农业科技投入，深入实施科教兴农战略，大力推进农业科技推广体系建设，将农业科技推广工作列为公益性事业，为乡镇现代农业产业技术站配备必要的设备、集成配套，特别是抓好种植业、养殖业科技推广的重点、农业机械这个农业科技的重要载体，稳定和壮大农业科技人才队伍，加强农业技术推广普及，加快农业科技成果转化，促进产学研、农科教结合，支持高等学校、科研院所同农民专业合作社、龙头企业、农户开展多种形式技术合作，加快农业现代科技发展。三是必须从大力发展现代农业的要求出发，加大农业科技投入，建立资源共享、分工合理的产学研体制，从农业科技企业实力尚弱的实际出发，在培育企业创新主体地位的同时，建立健全农业科技服务体系，健全农业科技管理体制；四是必须建立农业科技推广和农业知识产权保护体制，创建多元化的、稳定的农业科研投融资体系，确保财政加大对农业产品加工技术投入，加大龙头企业为农户提供技术、信息服务及新品种、新技术的引进、推广贴息、补贴、资本金注入等支持力度。

4. 综合投入体制。这是指：我国农业现代产业化经营财务收支管理体制。为此，一是要对农业现代产业化经营资金投入需求，制定多元化、多主体、多渠道、多形式、多层次来筹措资金，增加投入管理体制。农业现代产业化经营，既需要财政投入和银行信贷投入，又需要农村集体投入和农民投入，更需要社会各界投入和国外资本投入。不仅需要农业产业化自身的积累，更需要工业化、城镇化的反哺投入。二是要在坚持建立以工补农，以工建农制度的同时，健全以财政资金、信贷资金投入为导向，以乡村集体资金和农民资金投入为主体，以社会各界资金和国外资本投入以及利用其他资金投入为补充的多元化、多主体、多渠道、多形式、多层次、全方位筹措农业现代产业化经营资金投入体制。主要包括以下五方面体制：

（1）财政投入体制。这是指：国家财政为增强农业现代产业发展后劲，广泛筹措资金，加大财政资金投入力度，在预算内设立农业现代产业化支出项级科目，按增加比例投入，建立规范的财政三种类型投融资体制：一是国家财政要在财力许可的条件下，最大限度地增加农业现代产业化经营建设事业资金投入。国家财政支持农业现代产业化经营建设事业资金投入，主要是扶持农业产品生产的农民合作社、加工的龙头企业，市场供销服务的合作组织，充分利用其人力、财力、物力、技术，建立起自我发展，自我积累，自我完善的产业化项目，自觉自愿走上农业现代产业化经营、服务、管理并重的道路；二是国家财政为保证各级财政有较大的财力用于改善农业生产经营基础条件，支持农业现代产业化经营持续发展，从 2008 年起，中央财政安排 50 亿元，设立现代农业生产发展专项资金，主要围绕农林牧渔各业主导产品支柱产业，重点支持其基地建设、规模化标准化生产、实用技术推广和农业产品加工等关键环节，取得显著成效。现代农业生产发展资金突出重点，集中支持粮食等主导产品支柱产业发展的关键环节，着力解决制约粮食生产的薄弱环节和"瓶颈"问题。随着各地现代农业生产发展资金项目的逐步实施，对粮食生产的推动效益逐步显现；三是国家财政为广开农业现代产业化发展资金渠道，首先，建立政府调控基金的一定比例、地方机动财力的一定比例、龙头企业赢利的一定比例、农矿产资源税收的一定比例、乡镇国有土地有偿收益返还部分的一定比例等资金，集中形成农业现代产业化发展资金，统筹安排，统一专项用于农业现代产业化建设；其次，通过财政资金导向，采用配套投入、财政贴息、财政出资、以奖代补等手段，引导各级财政资金、银行信贷资金、乡村集体资金、农民自筹资金和其他资金的投入；第三，通过政府财政投资优惠政策，支持工商企业进入农业现代产业化领域，投资与农业产业化项目。

（2）银行信贷投入体制。这是指：国家银行为建立健全现代农业金融保险服务体制，扩展农业银行信贷业务，支持农村信用社改革，拓宽农村投融资渠道，探索农村政策性保险模式，鼓励和引导商业性保险机构开展农村保险业务。为此，一是对于选择的农业主导产品、支柱产业贷款，通过财政贴息的项目，要作好考察、论证、评估工作；二是对于选准的高产、优质、高效农业现代产业化经营项目，要实行计划目标管理和项目成果管理，建立跟踪、反馈、问效制度，提高资金投放的准确性，把有限的信贷资金用到刀刃上；三是对于项目前景广阔、效益好的项目，财政可采取收回贴息、参股、入股、控股等方式，对项目投入，参与项目效益分红，不断壮大财政信用资金，增强其对农业现代产业化经营资金投入的实力。

（3）农村集体投入和农民投入体制。这是指：国家为充分发挥财政资金的辐射引导功能，通过配套投入、财政贴息、补助、奖励等手段，推动乡村集村资金、农民自筹资金和其他资金，投入到农业现代产业化经营项目，确立乡村集体单位和农民生产经营者的主体地位，使其成为自主经营、自我积累、自我发展的经营主体，真正形成符合市场经济规律的、正常有序的农村集体和农民投入体制。

（4）社会各界投入体制。这是指：国家为全方位拓宽筹资渠道，引导社会各界等多种资金投向农业现代产业化经营建设的体制。这就是国家在增加财政资金投入、银行信贷资金投入、乡村资金投入，农民自身资金和劳力投入的基础上，通过政府制定优惠政策、引导城镇工业、商业、社会各界等多种渠道，多方位增加现代农业生产建设引资、借资、投资、筹资投入渠道，向农业产品生产、加工、贮藏、运输、供销各个环节流动，为农业信息和技术服务等第三产业提供需要大量资金的投入。为此，一是各地区要加快推动建设城乡一体工业化、城镇化步伐，建立健全工业反哺农业、城市支持农村的"多予、少取、放活"体制；二是各地区要支持建立以国家现代农业科技推广机构为主导，农村合作经济组织为基础，农业科研、教育等单位和涉农企业广泛参与的多元化基层农业技术创新、农业技术推广体制，坚持进行农村职业教育和义务教育，培养现代农业经营管理高素质的农民，建立同国际接轨的动植物防病检疫体制和农业产品及其加工制成品的标准体制，提高农业产品及其加工制成品的安全标准和质量标准，建立起面向广大农村的社会生活低保和医疗保障体制，避免使农民陷入绝对贫困的处境；三是各地区要建立健全财政支持农业发展、财政支农投入稳定增长、对农民的直接补贴、资金监督管理、推动现代农业发展的体制；四是各地区要建立健全农村现代流通体系，积极支持"万村千乡"工程，鼓励各类投资主体在农村发展现代流通业；五是建立健全新型农民培训和转移就业体制，加大新型农民科技培训的投入力度，培训技能型农村劳动力，为加速发展现代农业提供人才保障；六是建立健全农村经济增长方式转变的激励约束体制，发展资源节约型、环境友好型农业，促进农业可持续发展；七是建立健全现代农业法规制度、健全农业法律保障体制。

（5）规范管理体制。这是指：国家财政为农业现代产业化经营资金规范管理体制。为此，一是各级财政部门要建立健全农业现代产业化经营发展资金，合理划分支出范围和投资界限，逐步建立合理的投入体制，将支持农业现代产业化经营发展，同农业产业结构调整和区域经济合理布局结合起来，同农业产品基地、专业化生产、产品加工龙头企业规模化经营结合起来，同促进科技进步和农民致富结合起来，各级财政要与财政配套资金投入结合起来，形成合力；二是各级财政部门为提高农业现代产业化资金使用效益，充分发挥财政监督、管理职能，对农业现代产业化经营项目资金实施规范化管理。首先，要对农业现代产业化项目申报、审批程序、资金筹措、资金投向、项目评估论证、检查验收、档案管理等做具体明确规定。其次，各级财政部门要搞好农业现代产业化经营项目立项审定，择优扶持。要求各县（市）区及项目单位能否足额配套，作为项目申报立项的重要前提；再次，要对财政部门立项扶持的产业化项目资金，必须单独记账，单独核算，确保专款专用及时贵客到位。要求各县（市）区及项目单位在项目实施中，先用自筹资金，后用上级财政资金，确保发挥项目资金的效益;三是各级财政部门要及时组织有关部门及人员,对农业产业现代产业化经营项目资金投入使用效益情况定期督促检查,发现问题及时解决,从而保证项目顺利实施和各项目标的完成。

5. 社会化服务体制。这是指:建立健全农业现代产业化经营社会化服务体制,是农业专业化、规模化、产业化的必备条件,是各级政府的重要职责。建立健全农业现代产业化经营社会化服务体系,是克服农户分散经营局限性的重要措施,是农业专业化、产业化的必然选择,也是建立现代农业制度的基础。农业现代产业化经营社会化服务体制结构是多层次、多方面的,它是指农业现代产业化经营过程公共公益社会化服务体制,由农林牧渔各业种植、养殖、加工、供销产品的良种培育繁殖、病害防治检疫、机械电气作业、科技推广应用、职业培训教育、资源节约保护、财政信贷保险、法律法规、通讯信息、社会生存保障方面体制构建的。为此,在建立健全农业现代产业化经营社会化服务体制上,必须做到以下两方面:

(1) 要健全社会化服务体制的结构。从"十二五"规划时期起,国务院明确规定,一是要加强农业科技服务体系建设。加大政府投入,建设农业科技服务体系,形成高效的农业科技服务网络;二是要加强农业生产服务体系建设。大力发展农民种植、养殖、加工服务组织,构建完善发达的社会化农业生产服务体系;三是要加强农业信息服务体系建设。在全面、准确、及时、有效性上下功夫,提高农业信息服务质量和水平;四是要加强农业保险体系建设。探索政策性农业保险模式,建立政策性和商业性相结合的农业保险体系;五是要加强动植物疫病防治、市场信息与标准、食品安全管理、重大科技项目推广、农民教育与职业培训、农民合作社服务与培训、法律法规服务、资源保护等。

(2) 要协调社会化服务体制的关系。在加强农业现代产业化经营社会化服务体制建设上,必须正确协调好农村集体单位、农民、社会服务组织、政府及有关部门的相互关系。为此,要做到以下三点:

①农村集体单位和农民是农业现代产业化经营的主力军,是农业现代产业化经营发展的主导力量,要尊重和维护他们生产经营的自主权,积极引导他们参加农业现代产业化经营、积极主动提供服务。为此,一是坚持维护农村集体单位和农民在农业现代产业经营中的主导地位,是引导选择适应市场经济发展、先进有效的农业现代产业化经营组织形式。这种科学有效的组织经营形式,必然成为广大农民选择的目标。从农户家庭联产承包责任制开始,农民已逐步成为农业生产经营的主力者,从农村市场经济体制的建立起,使农民成为农业商品生产的经营的销售者;二是坚持尊重农村集体单位和农民的自主权,是进行农业现代化建设的一个前提条件,绝不能命令农民进行农业现代化建设,政府引导农民的主要途径是示范和服务,一要通过政府加强农业现代产业化示范园区建设,综合配套运用高新科技带来直接的经济效益,是引导农民学习、运用先进农业科技的重要途径。二要通过政府供应种子种苗、病虫害防治、销售等服务,使农民得到实惠、农业现代产业科技水平就会不断稳步提高,农业现代产业化经营才有坚实的基础和长久的生命力。

②农业现代产业化经营社会服务组织是推动农村集体单位和农民参加农业现代产业化经营的载体,在农业现代产业化经营进程中,发挥着重要的桥梁和纽带作用。农业现代产业化经营社会服务组织方式多种多样,主要通过农业产业化龙头企业带动、农民专业协会发动、农业科技示范启动、农业商品市场连动等社会服务组织方式,发挥桥梁和纽带作用,引导广大农民愿意参加农业现代化建设,自觉按照农业社会化分工、专业化协作、区域化布局、规模化发展、集团化经营的要求,成为农业现代产业化经营的主体力量。通过农业产业化经营社会服务多种多样先进的组织方式,把农民组织起来。在农业现代产业化经营桥梁和纽带的作用下,促进农村集体单位和农民在农业现代产业化经营过程中发挥主力军作用。

③政府及有关部门是农业现代产业化经营的倡导、促进者。农村集体单位和农民是农业现代产业化经营的主力军。政府及有关部门,只能通过宏观调控手段,组织引导和促进农业现代产业化经营健康发展。在市场经济条件下,农村集体单位和农民是农业现代产业化生产经营者,政府及有关部门按照政企分开的原则,不能干涉企业和农民的生产经营活动,更不能包办代替他们的生产经营行为。政

府及有关部门通过宏观调控、倡导、奖励、补助等手段，创造有利于农业现代产业化经营发展的政策环境和市场环境，让利益向农业现代产业化经营者倾斜，从而调动和扶持生产经营者愿意从事农业现代产业化经营，达到政府引导和支持农村集体单位和农民，积极推进农业现代产业发展的目的。财政部门在农业现代产业化经营过程中，是属于政府实施宏观调控的重要部门，更不能包揽和替代农村集体单位和农民在农业现代产业化经营发展中的主导地位和决定作用。财政部门只能在有限的范围内间接地推进和引导农业现代产业化经营发展。为此，财政部门必须从宏观管理和宏观调控上，充分发挥财政分配、再分配职能，通过税收、补贴等办法，将利益分配格局向有利于农业现代产业化经营发展上倾斜，自觉利用市场经济规律，主动地与有关部门协调，按照农业现代化建设规划，统筹使用资金，把农业、林业、牧业、渔业、农机、水利等各方面资金投入使用形成合力，产生规模效益，加快农业现代产业化经营持续发展。

7. 城乡一体化体制。这是指：国家为推进农业现代产业化经营发展，从"十一五"至"十三五"规划时期，争取建立农业现代化产业化、工业化、信息化、城镇化同步前进的城乡一体化体制。在全国农业现代产业化经营基础设施建设投资需要4万亿元，其建设资金主要来源是"工业反哺农业、城市支持农村、财政转移支付"等三个基本渠道，根本原则是"多予少取放活"，重点是"多予"，推进农业现代产业化经营发展。为此，必须做到以下两方面：

（1）"工业反哺农业"的资金渠道。坚持以工促农、工业反哺农业，实现由农业哺育工业到反哺农业的历史性转变，其实质是从根本上改变农业和农村经济，在国家资源配置与国民收入分配中的不利地位，加快建立以工促农、以城带乡的体制。工业对农业的反哺，可以概括为三种反方式：一是"原乳反哺"，就是从乡镇企业与村办企业利润中拿出部分资金，直接投入农业现代产业化经营公共设施建设；二是"取乳返乳"，就是取之于农用之于农，从土地出让金中提取一定比例，用于农业产品基地农田水利等项土地治理建设；三是"借乳反哺"，就是从非农产业收入中提取一部分资金，用于保护农业生态环境建设，有些地区实施"以矿带村、以煤补农"的惠民政策，就是从煤炭、矿产有偿使用的"两权"收入及综合补偿专项资金中切出一块，专项用于新农村文教卫生和社会保障事业。

（2）"城市支持农村"的资金渠道。坚持城市资金向农业、农村流动，增强农业现代产业化、工业化、信息化、城镇化同步前进的持续性，形成一个和谐、平衡的城乡关系的体制。为此，一是制定以城带乡的规划和政策，大力推进城市与农村的协调发展，城市支持农村的重点是提高农业现代产业化经营，转移农村富余劳动力，投入到工业、商业、服务业；二是要推动城市各种资源向农村流动，城市对农村的支持，是农业与国民经济关系的一个根本性战略调整，城乡之间的资源转移，归根到底是工业城市的资金向农业、农村流动，三是要推进城乡一体化经济发展，坚持推动以工促农、以城带乡，破除城乡二元结构，加快构建新型工农和城乡关系。首先，要强化工业支持农业，注意以工业化理念引领农业，工业化装备武装农业，农业现代产业链向工业产业链延伸，加快发展现代流通业，提升农业现代产业化及经营合作化，实现产业融合发展，加快形成现代农业产业体系；其次，要强化城乡互动发展，实施城乡发展一体化战略，将基础设施和社会事业发展重点转向农业农村，推动城乡基础设施共建共享、社会保障事业健康发展，按基本公共服务均等化促进城乡资源均衡配置，从而为推进农业现代产业化经营发展提供良好环境和条件。

8. 政府引导调控体制。这是指：国家在组织开展农业现代产业化经营过程中，既要重视发挥市场配置资源的基础性作用，又要建立健全政府引导调控体制，主要是由政府宏观调控、组织协调、计划指引、投入激励、产品提供、监督管理六方面构成的体制。分别说明如下：

（1）要健全宏观调控体制。各级政府切实加强宏观调控的宗旨，是促进农业现代产业化经营持续健康发展，及早形成全国农业现代产业化格局，达到农业现代产业布局区域化、生产专业化、经营规模化、管理企业化、服务社会化。为此，要在加强宏观调控中，一是各级政府必须转变职能，县（市）必须组建社会化服务中心，与农民结成利益共享、风险共担的经济实体，乡镇必须组建协调合作组织，实行包村、包产业、包基地、包项目、包效益的产业分工负责制，各项分工指标量化，逐月分解，责任到人，同效益和利益挂起钩起来，完成任务者奖励，完不成任务者受罚；二是各级政府必须履行社会管理职能，保护农业自然资源和生态环境，协调各地区和各部门之间的关系，要组织推动城镇带乡村，共同搞好农业现代产业化、工业化、信息化、城镇化、保障城乡一体化社会经济协调发展。

（2）要健全组织协调体制。各级政府切实抓好农业现代产业化经营建设组织协调方面的职能：一是各级政府要稳定土地承包制，推行土地使用权流转制；为此，一要控制土地占用和保持耕地面积；二要加强农业基础设施建设，包括大中型水利设施、农田水利、农田道路、中底产田改造、土地整理；三要履行公共服务职能，搞好科学技术服务，推广气象和灾害预报，进行动植物检疫、疫病防治；二是各级政府要科学规划、典型引路、健全组织协调体制。为此，一要调整优化农业产业结构，调节粮食等农业产品的总量供求与进出口等，扶持农业支柱产业健康发展；二要组织协调农业现代产业科研、推广、培训、信息服务；三要坚持以集镇为依托，以农业产品集散地为基础，培育市场，维护市场经济秩序；四要加强政府领导服务职能，提供农业生产经营全过程服务。

（3）要健全计划指引体制。各级政府科学规划布局，健全计划指引体制。为此，一是要按照城乡统筹的要求，确定农业现代产业化经营建设的目标、任务、方法和重点。二是要在发展目标上，应立足现代农业发展的内在要求，着力提高农业综合生产能力、市场竞争能力和可持续发展能力；在三是要具体任务上，应转变增长方式，围绕现代农业发展的区域定位和农业功能拓展的要求，组织实施农业产品质量安全、农业现代产业等服务性设施施工程建设，遵循现代农业发展的客观规律，以政策法规为引导，用现代经营方式促进现代农业发展；四是要在采取方法上，必须组织发挥财政等综合部门的职能作用，积极参与制定区域产业发展规划，通过科学规划布局，引导产业化经营有序发展，特别是保证跨行政区域的产业化项目的顺利实施，避免产业趋同以及由此带来的资源"内耗"；五是要在健康重点上，依据各地资源优势、现代农业发展短期目标与长期目标，编制农业产业化项目指南，明确发展重点和扶持重点，避免盲目投资和重复建设。

（4）要健全投入激励体制。各级政府在组织推进农业现代产业化经营上，要健全政策扶持体制，主要包括：一是健全农业现代产业基础设施建设基金投资体制、强化对现代农业发展有直接作用的良种补贴、农机具购置补贴、技术专项补贴和维护生态环境安全的补偿体制；二是健全政府持续加大国家固定资产投资对农业农村的投入、持续加大农业科技投入，确保增量和比例均有提高的体制，健全政府提高对种粮农民的直接补贴水平、新增的补贴应用于主产区和农民专业合作社的体制，建立农业产品出口预警、农业产品出口保障基金体制；三是健全中央与地方分税财政体制，明确地方税收体系，增强地方各级财政支持农业现代产业化项目的积极性，对农业现代产业化项目尽可能给予税收优惠，应在税率上采用下限，能减免的尽量给予减免照顾，准许从农业现代产业化经营组织的税后利润中，提取一定比例的资金，建立农业现代产业化经营风险保障专项资金。

（5）要健全产品提供体制。各级政府在组织推进农业现代产业化经营上的一个重要职责，是提供公共产品服务。农业现代产业化经营需要公共产品服务是全方位的，既包括生产资料的配送、良种的提供、良法的传授、病虫害的防控等生产技术性服务，又包括农业产品市场物流、商流服务等市场环节服务，还包括农业保护、农业科技、农民合作、农业投入、农业信息、农机作业、劳动力转移培训、法律援助等农业社会化服务。为此，各级政府在健全提供公共产品服务体制上，切实转变职能，由更多地强调管理向更多地提供公共产品服务转变，提供更好的公共产品服务，是各级政府在农业现代产业化经营建设中应尽的责任、应承担的义务。

（6）要健全监督管理体制。为此，一是健全财政监督体制。首先，要继续推行财政驻厂（场）员制度，对重点企业、基地和项目派驻财政干部蹲点，了解变化问题、发展情况，参与项目和资金管理，提供服务；其次，要通过会计师事务所，对农业产业化经营建设的项目可行性情况、项目建设资金到位情况和项目建设效益情况进行监督、审计，为科学决策和强化管理提供依据。二是健全财政管理体制。首先，要严格项目论证和审批程序，把好立项关。项目论证要包括：项目基本情况、建设目标和发展前景、项目建设内容和实施方案、项目投资及资金来源构成、项目建设保证措施等方面，对扶持项目的选择要引入市场机制，对大的投资项目要通过招标投标的方式确定；其次，要坚持资金与项目结合，以项目为载体，由项目到区域，带动产业化的整体发展；再次，要强化对农业现代产业项目目标管理，逐步建立项目档案和项目库，完善项目效益考核机制，强化目标责任约束，提高项目产出效益和财政投资使用效益。

（二）农业现代产业化经营机制

农业现代产业化经营机制确定实施的目标，一是推动农业现代产业化经营健康发展，着力加快建设农业产品生产基地，重点推进"一村一品"，建立专业化、规模化、标准化生产基地。二是不断提升科技创新能力，重点开发具有自主知识产权的新品种、新产品、新技术，提高自主创新能力，全面提高农业产品质量安全水平。三是加强对农业产品产前、产中、产后实行全程标准化管理，逐步推行质量管理体系认证，稳步地开拓国内外市场。四是积极培育大型流通龙头企业，加快发展农村流通服务业，积极发展外向型龙头企业，逐步完善利益联结机制。五是重点扶持农村土地股份合作制和农民合作经济组织类型的产业化经营，这两种类型，农民能够真正得到农业产品加工、销售增值的利润。

农业现代产业化经营机制的实质，就是在组织开展农业现代产业化经营上，加强社会化服务体系建设，完善产业化经营体制和市场经济运行机制，提高产业组织化程度，正确处理产业化经营中生产者与经营者之间、工农之间、城乡之间、条块之间的利益关系，结成利益共同体。农业现代产业化经营机制的动力，就是农业现代产业经济主体构建经济合理的利益驱动机制和约束机制，正确协调各方面利益关系，指导产业链各主体建立"利益均沾、风险共担"的经营责任制和利润分配制，实行利润的合理分配，形成农业现代产业化经营中的利益共同体，规范各经济主体的行为，实现自我约束、自我激励、自我积累、自我发展。为此，必须坚持组织实施以下农业现代产业化经营八项机制：

1. 产业结构机制。这是指：要积极推进农业现代产业结构战略性调整优化机制。农业现代产业结构战略性调整优化机制的目标是：通过运用现代农业发展方式，达到农业增产增效和农民增收致富，实现农业由数量型向质量型和效益型转变。为此，必须达到以下三项目标：

（1）农业产业结构战略性调整优化机制的重点目标，是全面调整优化农业产品品种、品质结构，提高农业产品优质率和市场竞争能力，大力发展附加值高的特色产品，提高高附加值农业产品出口比例，积极参与国际市场竞争。

（2）农业现代产业化生产经营的产品区域化布局机制的重点目标，是必须因地制宜、科学合理，大力推进优势特色农业产品区域化布局和产业化开发，加快建设农林牧渔业名特稀优势产品基地。为此，一是健全土地承包经营权流转市场，积极实施名特稀优势产品区域布局规划，推动粮棉油等大宗作物区域化布局；二是启动长江流域和黄淮海地区水稻、小麦、油料、生猪、棉花生产基地建设；三是重点扶持东北地区优质大豆、玉米、水稻和中南地区木本油料、优势产区糖料、马铃薯、天然橡胶等生产基地建设；四是支持优势产地发展蔬菜、水果、茶叶、花卉等园艺产品生产、储运保鲜等设施建设；五是推动畜牧水产规模化养殖，加快发展生猪、奶牛标准化规模养殖场（小区）、水产健康养殖示范区（场），加强畜禽水产良种繁育、动物防育体系建设。

（3）农业现代产业化经营规模化、系列化、专业化、集约化、市场化、城乡一体化核心机制的重点目标，一是扶持农林牧渔各业种养加结合、产加销一条龙产业链；二是扶持贸工农一体化的产业化基地建设及龙头企业等产业化经营建设；三是扶持建立农业产品生产、加工和销售一体化的产业化经营体系。通过建立以大中型企业为龙头，推进农业现代产业化经营获得规模经济优势，从而增强我国农业产业化经营的国际竞争力，完善农业现代产业化经营利益联结机制，确保农民更多地取得产业化经营成果。

2. 产业标准机制。这是指：要积极推进农业现代产业产品标准化的机制。它是指实行"从田头到餐桌"的全过程控制，构建"生产有标准、产品有标志、质量有检测、认证有程序、市场有监管"的标准化格局，对提高农业现代产业化经营水平、培养农业名牌产品、提升农业产品质量、强化农业产品国际竞争力、确保农业产品消费安全等，具有举足轻重的作用。农业现代产业标准机制，是指国家为建立健全农业产品生产、加工标准体系，而围绕特色优势农业产品区域布局规划和农业主导产品、支柱产业发展方向，结合本地名特优农业产品及其生产、加工、流通状况，以市场需求为导向，以农业产品的优质安全为重点，坚持采取和实施以下两项机制：

（1）坚持制定实施产业标准机制。必须坚持做到三点：一是规范标准制定主体。农业主管部门要吸收骨干农业龙头企业、农业产品重点出口企业、农民专业合作社（协会）参与地方标准的制定，指导和鼓励龙头企业、合作社（协会）制定自身标准。二是明确标准实施对象。要紧紧抓住农业无公害产品基地、出口产品基地、名特优产品基地，抓住名牌产品，作为实施对象，加以推广。三是收集汲取标准信息。要跟踪国内外农业发展的新动向和先进标准动态，广泛收集分析不同国家、不同地区对农业现代产业产品的标准规范、特殊要求，力求在标准制定的初始阶段，就做到与国际同步和接轨。

（2）坚持健全产业标准机制体系。必须坚持做到三点：一是健全农业产品产前、产中、产后全程标准机制体系，它包括：农业产品生产环境标准、农业生产过程与工艺标准、农业产品加工质量标准、农业产品标签和包装标准的完整标准体系。二是适应农业科技进步、新产品的开发和市场环境的变化，对农业现代产业标准及时进行修订、补充和完善，始终保持标准体系的科学性、开放性和先进性。三是注意简化标准内容，县（市）级要根据国际、行标、地标，统一制作技术流程图，把标准转化成通俗易懂的"方言"，方便掌握使用，使农民一看就懂、一学就会，成为指导农业现代产业化经营的说明书。

3. 产品质量机制。这是指：国家为确保强化农业产品质量安全监管，不断提高农业综合生产能力，建立农业产品质量安全监管机构和检测机构、农业产品生产基地与经营单位的自检机构，全面推行农业产品质量安全监测通报、公示公告、抽检督查、工作奖惩等项机制，认真落实农业产品禁止生产区域、农业投入品经营许可机制，大力推进农业产品标准化生产，依法实施农业产品生产记录制度，加强农业产品质量安全追溯管理，逐步实现生产记录可存储、产品流向可追踪、储运信息可查询，国务院要求，各级政府及有关部门组织实施以下两项机制：

（1）要实施农业产品质量安全机制。必须为国家切实提高农业产品质量安全水平，按照预防为主、源头治理、全程监管的要求，全面强化农业产品和食品质量安全机制：一是在农业产品生产经营环节，加快推行农业现代产业标准化，严格监测产地环境，规范投入品使用，支持国有农场、龙头企业、农民专业合作社、专业大户等率先实行农业产品质量安全标准化机制。二是在农业产品和食品加工流通环节，强化企业质量安全责任，健全质量安全控制系统机制，出厂食品要严格自检，杜绝不合格产品进入市场。三是在政府监管环节，改革完善有关法律法规和配套办法，健全全程监管体系，严格执行行政问责和责任追溯等机制，切实让消费者放心满意。

（2）要实施粮食等主要产品安全机制。必须为国家保障实施粮食等主要产品质量安全和有效供给机制，在稳定粮食等主要产品播种面积，优化品种结构，提高单产水平，不断增强综合生产能力的目标上，一是落实各地区粮食安全责任，坚决落实"米袋子"省长负责机制，主产区要继续发挥比较优势、做大做强粮食产业，主销区和产销平衡区要稳定粮田面积和自给水平、落实地方储备任务。二是调动主产区和种粮农民积极性，建立健全粮食主产区利益补偿机制，扶持粮食生产政策继续向主产区和种粮农民倾斜，确保主产区得到合理利益补偿，确保种粮农民得到合理经济收益。三是加强粮食战略工程建设，推行全国新增千亿斤粮食生产能力建设机制，不断增强粮食发展后劲。

4. 增收长效机制。这是指：国家各级党委、政府为切实保障农民权益，坚持始终把实现好、维护好、发展好广大农民根本利益、增加农民收入、改善农民生活，作为实施农业现代产业化经营出发点和落脚点的机制。为此，中共中央、国务院，始终强调指出，必须坚持以人为本，尊重农民意愿，着力解决农民最关心最直接最现实的利益问题。从"十一五"计划时期以来，全国农民收入增长较快，在全国位居前列，但与城镇居民收入增长相比落后，差距有拉大趋势。农民收入结构，下降幅度较大的主要是被农业生产资料和农民生活物品价格上涨所抵消的生产经营性收入。而农民的非农业工资性收入、财产性收入、转移性收入则相对比较稳定。非农业工资性收入已成为农村居民家庭收入的主体部分。这就要求各级党委、政府必须组织实施以下两项机制：

（1）坚持发挥农业产业龙头企业对农民收入增长的带动作用，联结农户形成从种植养殖、加工、营销直至出口的完整产业链。同时，坚持加强对农民的技能培训，大力推进农村劳动力再就业工程，建立健全促进非农就业创业的长效机制。

（2）坚持以保障房屋租金收入和转让承包土地经营权收入为主要内容的财产性收入，形成农民收入的重要组成部分。要贯彻落实中共十七届三中全会至十八届六中全会关于土地承包经营权流转和健全农村土地管理制度的有关精神，积极组织实施农民宅基地流转机制。要把宅基地置换与农业规模化经营和工业园区建设结合起来，通过明晰产权，为农民增收创造长效保障机制。

5. 利益联结机制。这是指：国务院鼓励各地区政府组织实施农业现代产业化建设的规划，因地制宜地确立优先发展农业主导产品、支柱产业，形成一批规模较大的产业区、产业带、产业链，组织实施农业现代产业化经营协调利益联联机制。实践证明，这个协调利益联结机制是农业现代产业化经营的生命线，是农业现代产业化经营持续发展的保障。首先，国务院推动各地区政府及财政等部门在扶持农业现代产业化经营进程中，坚持采取股份合作制、承包经营责任制、契约制、租赁制、拍卖制等多种经营协调利益联结机制，落实自愿、互利、平等和利享、风险共担协调利益联结机制，在支持股份合作制上，注重抓以点带面，抓好产品生产基地型、产品加工龙头企业型、产品供销市场型股份合作制规范化建设。其次，国务院促进各地区政府及财政等部门，通过经营利益联结机制，协调均衡产业化经营利益在各个环节及经营主体之间的分配，起到联股联心的作用，使农户与基地、基地与企业、企业与市场的农业现代产业化链条连得更紧，接的更牢，也更具有吸引力和生命力。为此，国务院要求各地区政府及财政等部门，坚持采取和实施以下两项机制：

（1）完善公平合理的利益联结机制。这是指农民与龙头企业等各有关单位，在参加农业现代产业化经营上，必须实施公平合理的利益共享、风险共担的机制。为此，一是必须完善公平合理协调利益联结机制，使它成为农业现代产业化经营组织体系的核心。二是必须在农业现代产业化经营组织体系中，开拓农民需要稳定的市场销路，满足龙头企业需要稳定的原料供应，形成稳定的购销关系。三是必须实施公平合理的利益联结机制，使它形成农民与龙头企业等各有关单位利益共享、风险共担、促进共同发展的动力。

（2）建立产业化经营发展风险保障机制。这是指：在组织推进农业现代产业化经营发展中，各地区政府及有关部门必须提倡和鼓励农民与龙头企业等各有关单位，一是通过建立风险保障机制，设立风险基金、保护价收购、按农户出售产品数量来返还利润等方式，与农户建立更紧密的利益连接关系。二是鼓励推动龙头企业以多种形式，为农户进行多样化或系列化服务。三是鼓励引导农民用土地承包经营权、产品、技术和资金等要素入股多种形式，与龙头企业形成利益共同体，实行按股分红，处理好利益分配关系，实施规模化经营。

6. 激励推动机制。这是指：各级政府及有关部门为鼓励农民与龙头企业等各有关单位和个人，积极参加农业现代产业化经营建设，以调动积极性为突破口，采取和实施激励推动机制。从1998年开始，直至2016年，每年从财政预算中，建立农业现代产业化经营建设奖励资金，对农业现代产业化经营建设中的先进农民与龙头企业等各有关单位和个人给予重奖，以利于推动农业现代产业化经营发展。为此，坚持采取和实施以下三项机制：

（1）按照国家财政体制规定，进一步完善地方财政体制，健全地方财政扶持农业现代产业化经营体系，增强地方各级财政支持农业现代产业化经营建设项目的积极性的激励机制。

（2）依据国家分税体制规定，对农业现代产业化经营建设项目，尽可能给予税收优惠，在税率上采用下限、能减免的尽量给予减免照顾等扶持援助机制。

（3）根据国家扶持"三农"发展规定，适当调整利益分配比例，从农业现代产业化经营组织的税后利润中提取一定比例的资金，形成农业现代产业化经营风险保障专项资金的优待机制。

7. 监控约束机制。这是指：各级政府为了凝聚中央与地方行政、事业、企业、团体、民众等各方力量，组织支持农业现代产业化经营建设，以责任制管理为突破口，健全监控约束机制，切实加强责任制管理，针对产业化经营建设项目，实行定责任人、定扶持内容、定投入、定效益、定奖惩的责任制，定期进行考核，增强各个方面支持农业现代产业化经营建设的责任感。为此，坚持采取和实施以下两项监督机制：

（1）加强财政监督机制。县（市）、乡（镇）财政继续推行财政驻厂（场）员、企业、基地和项目派驻财政干部蹲点，了解掌握发展变化情况，参与项目和资金管理，提供全方位服务；

（2）依靠会计监督机制。通过会计师事务所对农业现代产业化经营建设项目可行性情况、项目建设资金的到位情况和项目建设效益情况，进行财务会计专项审计，为科学决策和强化管理提供依据。

8. 融资积累机制。这是指：农业现代产业化经营融资积累机制。这个机制的核心是国家逐步增加对农业现代产业化经营融资，以带动农民的投资，把重点放在建立农业现代产业化经营的自我平衡、自我发展的融资积累机制上。为此，坚持采取和实施融资积累以下四种机制：

（1）建立农民积累和融资机制。关键在于激发农民的投资热情，培养农民的投资意识，一是要在坚持农户家庭联产承包、统分结合、双层经营机制的基础上，不断扩大经营规模，使土地不断向种植养殖业大户集中，真正实现农业和农村经济的商品化和专业化；二是要在充分发挥农民专业合作组织力量的基础上，进一步实施社会化服务机制，加强农业现代产业化经营基础设施建设；三是要帮助农民正确处理积累和消费的比例关系，逐步增加自身积累，扩大再生产能力。要引导他们把消费控制在与自己的收入水平相适应的范围内，力求实现自我积累、自我平衡、自我发展。

（2）完善财政信贷调节机制。国家逐步加强对农业现代产业化经营建设的财政信贷调节机制是非常必要的。为此，一是加强财政调节机制：一要逐步增加国家财政对农业投资的比重，把投资重点放在对农业发展具有重要作用，而农民无力兴办的农田水利基本建设、商品粮基地建设、保护生态环境建设、改变贫困地区面貌等；二要合理安排国家财政贴息资金，增加新的贴息贷款项目。三要对有些收益比较低的粮食生产项目，国家应继续给予税收优惠照顾，以调动农民种植粮食的积极性；二是完善信贷调节机制：一要充分发挥农业银行和农村信用社信贷主渠道的作用，逐步增加农业信贷的投入，要使农业信贷资金投入合理稳定的增长，用于农业的贷款应与农业生产经营增长率相适应，并高于农业增长比例；二要在农业贷款的投向上，优先支持为抗御自然灾害，促进农业稳定增产的各种农田水利设施建设，即优先支持商品粮基地和机械设备建设，优先支持为粮食转化开辟途径的各种养殖业和加工业，优先支持农业产品的收购及生产资料供应服务业。要侧重对种植粮食的农民实施补助机制。

（3）完善后备保险机制，这是指完善农业和农村经济补偿性的后备保险机制。为此，一是由于我国各地区农业和农村的商品经济又是风险经济，在这种情况下，把经济补偿性的后备保险机制，列入农业和农村经济建设领域非常必要。它是解决农业和农村经济项目投资问题的重要途径，是保障农民生活安定的有效机制。二是由于我国农业基础比较薄弱，抗灾能力不强，对农业保险宜采用强制性定额保险和自愿保险相结合的机制，由政府以法令规定农业和农村经济项目必须办理保险。要坚持按不同农业和农村经济项目分别规定一个统一标准补偿，发生全部损失时，按统一标准赔付，局部损失时按实际损失百分比偿付。三是在强制定额保险之外，农民可以自愿投保。这样农民就可根据自己从事农业生产的经营规模、风险程度，在参加强制保险的前提下，自主决定自愿保险的份额，确保投资规模和投资效益的同步提高。

（4）完善农业投资管理监察机制。这是指为保障提高农业现代产业化经营投资效益，增强农业现代产业化经营发展后劲,而完善农业投资管理监察机制。为此,一是要完善农业现代产业化经营多渠道资金的组织协调和统筹安排分配机制,建立由农业、财政、银行等部门参加的农业投资组织协调领导组。对多渠道的支农资金进行综合平衡,重点使用,加强管理,提高效益。二是要完善中央和地方的财政缩小无偿投资范围、扩大有偿投资范围的机制。为此,要对扶持的项目,能较快收益,又能定期收回的,采取有偿扶持机制。三是要全面推行专项资金追踪反馈责任制,实行资金安排的审报审批制、项目实施的包干负责制、资金支出的分期拨付制、资金使用的报告检查制和项目竣工的评比验收制。

十、农业现代产业化经营的方式和方法

中共中央、国务院明确指出,"十一五"时期以来,我国已进入"以工促农、以城带乡"的发展阶段,我国传统农业加速向现代农业转变,集中表现六个"加速":一是农业要素投入加速集约化。这是指:农业生产出现资本、技术集约投入、土地资源适度集中、组织管理日趋强化的趋势。特别是农业资金与技术的大量集约投入,在一定程度上取代了资源和劳动的粗放投入,使我国农业已呈现出集约化和可持续发展的特征。二是农业资源配置加速市场化。这是指:农民的农业资源配置科学思想觉悟逐步提高,农业产品现代流通体系日益健全,农业资源配置的基础性作用逐渐增强。三是农业产品生产过程加速标准化。这是指:要求农业产品高产、优质、高效、生态、安全保障的目标定期实现,农民的务农技能、就业能力和科技文化素质不断提升。四是在农业种养加过程中加速合作化、机械化、基地化、规模化;五是在农业产加销过程中加速专业化、商品化、服务社会化、供销市场化;六是在农工贸、农科教过程中加速农业现代化、工业化、信息化、城镇化、城乡一体化的进程。

农业现代产业化经营的方式,主要包括:基础设施建设、基地龙头带动、计划项目管理、科技创新推广、提供有利条件、市场供求调节、科学综合治理、财政信用扶持、预防风险保障九种方式。

农业现代产业化经营的方法,主要包括:综合开发、土地流转、新型服务、产业扩展、利益分配、财政引导、银行推动、政府调控的方法。

(一)农业现代产业化经营的方式

农业现代产业化经营的方式主要包括:一是农业现代产业化经营物质基础设施管理的方式,包括科学物质装备农业的现代化,利用先进科学技术和生产要素装备农业,实现农业机械化、水利化、园林化、电气化、信息化、生物化和化学化的方式;二是农业现代产业化经营组织管理的方式,包括农业现代产业化经营合作化、区域化、企业化、专业化、社会化、工业化、城镇化、城乡一体化的方式。具体说明以下农业现代产业化经营的九种方式:

1. 基础设施建设的方式。这是指:农业基础设施建设是发展现代农业的基础,是推进农业现代产业化经营建设的必要条件。它既能提高现有土地的产出率,又能把荒废的土地变为可用资源。但全国农业基础设施投入水平与实际需要相差甚远,尤其是在地域广阔的中西部地区,这一问题更为严重,因而,应按地区特点,突出重点,搞好农业基础设施建设。为此,必须加强农业基础设施建设,关键是要按地区特点,突出重点,注重投入水利设施的建设与维护、西北地区的集水和节水灌溉、山区的梯田修建、沿海低地盐碱区台田建造、平原和丘陵地区的土地整治、东北地区的旱改水等农业基础设施建设,不断加大中央和地方在这些基础设施建设方面的大财政投入和金融投入,提高土地等资源利用率、产出率。

2. 基地龙头带动的方式。首先,基地带动方式:一是指国家规划建设一批集农业科研、试验、示范、推广、生产、加工、贸易于一体的现代农业园区,成为推动农业现代化建设的示范样板基地;二是指国家依据全国城乡居民生活需求和国内外市场供求,组织建设农林牧渔各业产品基地;三是指

国家规定省长"米袋子"、市长"菜篮子"负责制后，各地区政府结合本地农业综合开发、农林牧渔各业种养加、产供销一条龙产业化经营的客观要求，建设一批规模大、范围广、效益高的生态环境保护、名特稀优商品基地。其次，"龙头"带动方式，是指农业现代产业化经营的龙头企业带动方式。一是在"十一五"期间，国家重点龙头企业累计投入1000多亿元，建立起农林牧渔各业名特稀优产品生产加工基地，全国已有23549家龙头企业，其中86％国家重点龙头企业获得了绿色食品、有机食品认证和农业产品质量安全认证。二是从"十二五"时期起，国家明确规定，各地区政府必须按照农业现代产业明晰、集中连片、整体推进农村家园建设的总体部署和要求，大力实施农业产品基地、龙头企业和非农产业"三带动"战略，通过规划指导、项目支撑、典型示范，使80％以上的农村家园建设创建村致富门道明晰，争创生产专业村、特色产业村、主导产业明晰村和生产生活条件提高村，确保农村家园建设成村农民收入增加、生活改善的小康村，加快推进现代农业社会主义新农村建设的前景。

3. 计划项目管理的方式。首先，计划是指为强化农业现代产业化经营项目宏观调控，而科学规划布局的方式。其次，项目管理是指对农业现代产业化经营项目，建立项目档案和项目库，完善项目效益考核机制，强化目标责任约束，提高项目产出效益和财政投资使用效益，而采取项目目标管理的方式。为此，一是各级政府要充分发挥财政等综合部门的职能作用，积极参与区域产业发展规划的制定，通过科学规划布局，引导产业化经营有序发展，保证跨行政区域产业化项目的顺利实施，避免产业趋同以及由此带来的资源"内耗"，依据产业政策和对各地资源优势的全面了解，编制农业现代产业化项目指南，明确发展重点和扶持重点，避免盲目投资和重复建设。二是各级政府要推进项目目标管理，一要改革财政扶持方式，严格项目论证和审批程序，把好立项关。二要加强项目论证，包括项目基本情况、建设目标和发展前景、建设内容和实施方案、项目投资及资金来源构成、项目建设的保证措施等方面；三要扶持的投资项目，必须通过招标投标方式确定；四要在扶持方式上，必须坚持资金与项目结合，以项目为载体，由项目到区域，带动产业化的整体发展。

4. 科技创新推广的方式。首先科技创新，是指农业科技创新和转化能力的方式。通过深化农业科研体制改革，把农业科研投入放在公共财政支持的优先位置，加大农业生物技术、信息技术、食物生物工程技术等高技术的研发力度，积极发展节地、节水、节肥、节能等节约型农业，加快农业技术推广体系改革和建设；其次，科技推广，是指农业科技推广应用的方式。由于我国农业现代产业化经营起步较晚、农民科技务农素质较低，因此，必须采取农业科技推广应用的四种方式：一是各级政府要充实壮大农业科技创新推广队伍，加强农业科研机构和农业科技推广队伍建设，使之成为向上连接各级科研机构，向下连接农业产业化龙头企业、农民专业合作组织、专业农户、示范农户、村级农民技术员（村干部）等的纽带。建立村级农民技术员队伍，结合当地的主要产业，每个行政村确立一名农民技术员；二是各地区政府要加强农业新技术新成果引进推广，加快推进农业科技成果产业化，组织示范推广应用农业新品种、新技术、新模式。要建立农业产品质量安全监管、农业科技与农业信息服务三大应用系统，不断提高农业信息化水平；三是各地区政府要办好农林牧渔各业大中专技术院校，有计划、有步骤地培养科学技术人才，在农村采取多种培训的方式，使广大农民学习文化和掌握现代科学技术，以提高农业经营管理和农业科学技术水平；四是各地区政府要培育农村劳动力技能，建立常规技术、专项技能、创业培植等农民教育培训体系，各级财政要将农村劳动力培训经费纳入预算，整合各种教育资源，发挥农业职业学校等各类培训资源作用。

5. 提供有利条件的方式。这是指：组织开展农业现代产业化经营发展必需基本条件提供的方式。我国农业现代产业化经营具有强大的生命力和广阔的发展前景。农业现代产业化经营发展是需要具备各种条件构建方式，主要包括：自然地理、科技信息、合作联合、利益分配、体制机制、政策制度、产业根本七种条件构建方式。

（1）自然地理条件构建方式。全国各地区农业现代产业化经营的全面起步，首先，需要各地区具备的山水林田路村等自然地理资源丰富条件，具备农村人口多、农林牧渔各业生产经营区划合理、布局适宜农林牧渔各业种养、加工、运输、供销等经营活动条件。其次，具有比较便利的交通、通讯和一定的水利、电力能源等等生产、生活基础条件，境内铁路、公路和机场设施条件较好，为农业现代产业化经营发展提供了良好自然地理条件。

（2）科技信息条件构建方式。全国各地区通过提供科技信息条件方式，促使农民和龙头企业从传统农业走上现代农业的道路，不断提高采取农业现代产业化经营科技信息应用经济效益、社会效益水平。为此，必须通过加强信息指导条件方式，完善信息服务网络，加强市场信息的综合分析，在市场购销价格信息的基础上，增加大宗农业产品供求量、流向及变化趋势等信息，及时发布，提高农业现代产业化经营能力。

（3）合作联合条件构建方式。全国各地区通过促进农民合作条件方式，提高农民组织化程度，加强对农民文化科技教育和就业创业培训，提高农民综合素质。农业现代产业化经营的主体是农民，受益的主体也是农民，农民组织化程度与其参与产业化经营程度是成正比的，是相辅相成的。提高农户组织化程度的关键，是要在巩固农户家庭联产承包责任制的基础上，积极发展农民合作经济组织，通过合作经济组织来加强同龙头企业的联系，保证广大农民的经济利益。为此，一是必须坚持通过促进农民合作经济组织与龙头企业在平等基础上发展联合条件方式，龙头企业与农民合作经济组织结成种养加、产供销联合经营组织；二是必须坚持通过鼓励促进农村供销合作社，信用社联合协作条件方式，推动二者互相参股，互为会员，双方共同协作，监督管理供销物资、信贷资金，使物资、资金合理使用，提高农业现代产业化经营的综合效益。

（4）利益分配条件构建方式。全国各地区通过利益分配条件方式，引导龙头企业与农民之间建立合理的利益分配制度。建立合理的利益分配制度，是龙头企业与农民合作经济组织结成产业化经营共同体的产物。为此，一是在产业化经营的初级阶段，龙头企业帮助农民解决农业产品卖难问题，适当给农民返还利润。地方政府要积极提倡和引导，但不能强求，要抓好典型，通过示点示范，带动和引导企业与农户建立稳定的利益关系。二是在产业化经营稳定发展阶段，龙头企业应与农户建立稳定的利润分配制度，只有这样，才能使农户与龙头企业形成紧密的产销链条，才能建立健全农户与龙头企业利益联结制度，才能确保农业产业化经营走向规范化和保持发展活力的轨道。

（5）体制机制条件构建方式。全国各地区通过建立健全农业现代产业化经营体制机制方式，促使农民自觉自愿参加农业现代产业化经营建设，推动农业现代产业化经营健康发展。首先，坚持建立健全农业现代产业化经营社会服务体制，主要包括：农业现代产业化经营建设规划设计、项目审批与实施、组织队伍、监督检查、领导管理等方面体制。其次，坚持建立健全农业现代产业化经营利益机制，主要包括四种方式：一是合同契约。它是指建立在相互信任基础上的口头产品购销、利益分配协议，也有企业与农户在自愿、平等互利的前提下，签订具有法律效力的产销合同，把双方的经济关系以合同契约方式确定下来。二是股份合作。它是指龙头企业运用股份制方式，吸收农户投资入股，使企业与入股农户结成紧密型的经济利益共同体。三是租赁经营。它是指龙头企业通过付给农民一定报酬，租赁农民的土地，农民按照企业计划进行原料生产。四是建立扶持保护机制。它是指具有较大经济实力的龙头企业，通过建立风险保障基金，对农户生产的产品实行保护价收购，支持农户发展生产，保护农民利益，从而强化企业与农户的联系。

（6）政策制度条件构建方式。全国各地区通过农业现代产业化经营政策、制度方式，促使各有关单位在组织推动农业现代产业化经营上，按照中共中央、国务院关于推进农业现代产业化经营的方针政策和任务要求，深化改革，转变职能，完善服务。围绕加快农业现代产业化经营新情况、新问题，一是坚持采取积极稳妥和规划指导政策方式。首先，要采取积极稳妥的政策方式，对各地区组织开展农业现代产业化经营项目，要积极服务，积极引导，积极扶持。同时，在选择主导产业和新上加工项目时，要头脑冷静十分稳妥，加强社会化服务体系建设、加大现有加工企业的技术改造力度，严格依照国家有关政策和法规，为企业创造良好的发展环境，规范企业和农户的经营行为。其次，要采取规划指导的政策方式，坚持在编制农业现代产业化经营发展规划上，一要规划的重点是确定区域的主导产品、支柱产业的发展方向和规模。二要特别注意与乡镇企业结构调整相结合，与城市工业布局调整相结合，与原有企业的技术改造、结构调整相结合。三要在农业现代产业化经营发展过程中，必须采取切实有效措施，防止重复建设、区域产业结构趋同，调解主导产品、支柱产业不明确问题。二是坚持执行稳定发展粮食生产的方针不变、农户家庭承包经营制度不变的方式，推进农业现代产业化经营，保持持续、快速、健康发展。为此，在组织推动农业现代产业化经营中，必须坚持执行有利于稳定农户家庭承包经营制度，促进粮食生产发展。要防止以发展产业化经营为名，动摇农户家庭承包这一基本制度和放松粮食生产的倾向。

（7）产业根本条件构建方式。全国各地区组织推动农业现代产业化经营发展的根本条件，是促使农民与龙头企业等单位在农业现代产业化经营上，保持自力更生、勤俭经营、自我积累、自我补偿、自我发展壮大的能力。为此，各地区政府及财政等部门推动农民与龙头企业等单位，一是必须建立农业现代产业化经营利益主体多元化制度，彻底改变农业单纯提供原料产品和简单劳动力的境地，实现从资源型向商品市场型的转变，促进资源优势转化为产品优势，大大提高农业自身的经济效益，缓解农业比较利益低的矛盾，增强自我发展的能力；二是必须通过农业现代产业化经营持续发展，不断增加对农业的投入，使农业逐步走上自我积累、自我补偿、自我调节、自我发展壮大的道路。

6. 市场供求调节的方式。这是指：全国各地区政府改革开放以来，首先在牧业、渔业、经济作物生产上，充分利用市场调节作用，然后在关系国计民生的粮、棉、油等大宗农业产品生产上，通过市场调节，促进了农业产品生产快速发展和极大的丰富，基本上满足了全国城乡人民生产、生活优质化、多样化的需求。"十五"时期以来，全国农业产品市场已处于宽松的产销平衡状态，这些都是充分利用市场经济规律调节作用的结果。为此，要充分利用市场调节方式，促使农民和龙头企业根据全国城乡人民生产、生活需求和国内外市场供求的实际情况，走以种植业为基础，注重种植业与养殖业、加工业与供销业协调发展的道路。具体说明以下市场供求调节的三种方式：

（1）各地区政府要推动农民和龙头企业调整粮食、经济作物、饲料三元种植结构，必须促使种植业结构与养殖业结构相衔接、种养加相结合，提高牧业和渔业产值在农林牧渔各业总产值中的比重。要大力发展林业，提高森林覆盖率，改善生态环境。要重点发展以本地资源和农业产品加工为主的产业，要统筹协调农林牧渔各业的种植、养殖、加工、供销各产业共同发展。

（2）各地区政府要推动农民和龙头企业，适应全国城乡人民生产、生活日益增长的需求，面对国内外市场多变化需求，必须坚持在种养加、产供销产品上，突出特色，发挥优势，上规模，上水平。当前，尤其要注意解决产前市场信息、市场预测、产中技术服务、产后流通、销售服务不适应农业现代产业化经营发展需要的问题。这就必须加大服务力度，加强市场调研，积极开拓市场，解决流通过程中存在的各种问题。

（3）各地区政府要推动农民专业合作社等组织，在农业现代业产业化经营进程中，及时提供全方位的农林牧渔各业的种植、养殖、加工、供销等环节社会化服务、市场信息，必须把分散的小农户与大市场连接起来，推动农林牧渔各业名特优产品区域，健全联结国内外市场体系，大力加强农业产品市场基础设施建设，完善农业产品市场流通服务体系。

7. 科学综合治理的方式。这是指：在组织开展农业现代产业化经营上，必须对农业现代产业化经营的目标、要素、宗旨、动力、途径、规则、职责、环节、规模，采取科学综合治理的方式。具体说明如下：

（1）科学综合治理农业现代产业化经营发展目标。从"十五"时期起，全国各地区农业现代产业化经营发展的目标是一致的，只是在实现的期限有所不同。全国农业现代产业化经营总体发展目标，是指在农业现代产业化经营可持续发展的基础上，促进农林牧渔各业全面发展和农村经济社会综合发展的总体目标，主要包括：一是农村经济发展目标。这是要求在农业现代产业化经营可持续发展的基础上，农村经济应有所发展。为此，一要对贫困地区农村发展目标，首先应解决农民的生存问题，在生存问题解决的基础上，扶持农民脱贫致富；其次要解决贫困地区农村经济发展过程中的资源有效利用问题，提高资源投入的产出效率。二要对经济发达地区农村发展的目标，首先应解决资源过度开发与利用问题，做到资源的适度开发利用；其次要解决发达地区农村经济的持续稳定发展问题，做到在资源保护的条件下促进经济的稳定增长。三要对全国各地区农村经济发展与生态资源的持续利用问题，必须始终坚持保护和改善子孙后代的基本生存条件，彻底防止农业生态资源的破坏，坚决避免重复建设占用较多耕地的项目，为现代科技、通讯、卫生、保健、娱乐等项目留有余地与位置。二是农村劳动力就业、物资供求保障目标。为此，必须要求农村劳动力都能够较充分就业，从而为社会创造较多的财富。要保障农业生产资料的供应与确保农业产品的销售，促进农村经济高速发展。三是农村文化教育、科技发展目标。必须把提高农民的文教科技水平，作为农业和农村经济社会持续发展目标。一要对贫困地区农村，首先应解决儿童的入学问题，其次要解决成年人的脱盲问题；二要在经济发达地区农村，首先应解决成年人的脱盲问题，其次要对乡镇人才进行再教育，以促进其在发达地区农村经济发展过程中发挥更大的作用。

总之，全国农业现代产业化经营各环节具体发展目标，概括说，是指按照农业现代产业化经营组织发展农村经济，按照市场需求和资源条件发展农业现代产业，按照打破计划经济管理体制、建立新的市场农业管理体系和新的农村经济运行机制，逐步使农业形成种养加、产供销、贸工农、农工商、农科教一体化的农业现代产业化经营体系。具体说，农业现代产业化规模经营、区域化生产经营和高新技术的应用目标，是指在组织开展农业现代产业化经营上，要有足够的产品和货源来供应市场需求，要确保加工企业和原料生产相对集中，要建立所需要的商品生产基地，从而促进农业现代产业化规模经营、区域化生产经营，加快高新技术推广应用，引进国内外先进技术、设备，提高农业现代产业化经营能力，获得规模效益。

（2）科学综合治理农业现代产业化经营要素。从"十一五"时期起，全国各地区政府在组织开展农业现代产业化规模经营上，打破城乡界限，冲破区域性束缚，科学合理组成农业现代产业化经营技术、人才、物资、资金等要素。同时，要科学综合治理农业产品生产、加工、销售基地化、系列化、集约化、规模化、市场化、城乡一体化要素，与农业自然地理资源结合起来，有机形成整体优势。要在提高社会效益，生态效益的前提下，提高经济效益。

（3）科学综合治理农业现代产业化经营宗旨。从"十二五"时期起，全国各地区政府都明确规定，确保农业产品高产优质高效，确保农民增加收入、改善生活，确保农业现代产业化经营持续健康发展。为此，在组织开展农业现代产业化经营上，一是必须按照全国城乡人民和国内外市场需求，进行组织农业现代产业化生产，使产品降低成本，提高市场竞争能力，取得最佳高产优质高效；二是必须通过农业现代产业化生产、加工、包装、储备、运输、销售等环节，既能实现各环节经济利益的互补，又能充分调动农民生产经营的积极性，也能保护农民利益，保证农业现代产业化经营持续稳定发展。

（4）科学综合治农业现代产业化经营动力。这是指在组织开展农业现代产业化经营中，形成种养加、产供销、农工商、农科教一体化利益共享、风险共担的动力。为此，一是必须按照农业现代产业化经营各环节，建立种养加、产供销、农工商、农科教互相联通和相互制约的市场运行机制，改革计划条块管理体制，改变农业生产经营过程中几个严重脱节的状况；二是必须加强农业产品的种殖与养殖、生产与加工，保鲜与包装、贮藏与运输、供应与销售、科研与教育融为一体化管理，根据全国城乡人民和国内外市场需求，组织培养专业人才，开发高科技产品，提高市场竞争力，建立适应发展农业现代产业化经营组织管理体系。

（5）科学综合治理农业现代产业化经营途径。这是指：把农民引向市场，实现"小生产"与"大市场"的对接途径。为此，在组织开展农业现代产业化经营上，一是必须在农业现代产业化经营中，坚持外联国内外市场，内联千家万户，促进农民与经营企业形成比较密切的稳定关系，并能在种养加销过程中得到相应的配套服务。要促使社会化服务体系建设由外在的"我服务"变成内在的"我要服务"；二是必须积极开拓国内外市场，为农民提供更多的信息，引导农民根据市场需求进行生产经营，参与流通，把分散的小生产与社会化大市场紧密联系起来，防止经济损失；三是必须大力发展农业现代第三产业，即服务业是除第一、第二产业外的其他各业，其发展水平是衡量服务社会化程度和市场经济发展水平的重要标志。就服务业整体而言，当一部分产业走向成熟与老化的同时，另一些产业将会趋于新生和发展。

（6）科学综合治理农业现代产业化经营规则。这是指：在我国农业现代产业化经营上，必须坚持遵循四项规则：一是坚持把粮食等主要农业产品的生产，放在农业现代产业化经营的首位；二是坚持把农业技术创新和实用技术推广，作为我国农业现代产业化经营核心推动力；三是坚持以我国农业现代产业化经营推进"两个转变"，不断延长农业产业链，增加农业的产业收益；四是坚持稳定和不断完善农村基本经营制度，在现代化进程中保护小规模农户的利益。为此，首先，要坚决按照中共十七届三中全会至十八届五中全会的精神，我国农业现代化只能是以小规模农户为基础，要"推动农户家庭经营向采用先进科技和生产手段的方向转变，推动统一经营向发展农户联合与合作，形成多元化、多层次、多形式经营服务体系的方向转变"，最终实现农业现代产业化经营；其次，要坚持执行中共中央、国务院反复强调的"三个不得"改变的规则：不得改变土地集体所有性质，不得改变土地用途，不得损害农民土地承包权益。

（7）科学综合治理农业现代产业化经营职责。这是指：科学综合治理农业现代产业化职责的宗旨，是巩固和加强农业基础地位，确保为我国提供高产、优质、有机、特色产品的农业产业持续健康发展，确保全国农民逐步增加收入、改善生活。具体职责有五方面：一是保障粮食等主要农业产品产量持续增长。要切实稳定种植面积，着力提高单产，优化品种结构，推进全国新增千亿斤粮食生产能力建设。二是保障以市场需求为导向调整农业结构。要支持重点紧缺农业产品生产，提高农业产品质量、效益和竞争力，支持优势产区发展油料等经济作物，推进畜牧水产规模化标准化健康养殖，加强重大动植物疫苗防控。三是加强农业基础设施和农村民生工程建设。要大规模开展土地整治，实行田、水、路、林综合治理，推进中低产田改造，建设高标准农田，加快农田水利建设。四是多渠道促进农民增收。要大力发展特色现代农业，扶持农业产品精深加工和销售，发展城乡一体二、三产业。五是加大扶贫开发力度。要完善国家扶贫战略和政策，坚持开发式扶贫，重点抓好整村推进、劳动力转移培训、产业化扶贫和移民扶贫，稳定解决扶贫对象温饱问题，努力实现脱贫致富奔小康的目标。

（8）科学综合治理农业现代产业化经营环节。这是指：农业现代产业化经营标准化，贯穿于农业产品生产、加工、包装、保鲜、储备、运输、供销各个环节，不断延长农业产业链，增加农业产业收益。早在1998年，中共十五届三中全会就指出："在农户家庭承包经营基础上，出现的农业现代产业化经营，不受部门、地区和所有制的限制，把农业产品的生产、加工、销售等环节连成一体，形成有机结合、相互促进的组织形式和经营机制。这样做，不动摇农户家庭经营的基础，不侵犯农民的财产权益，能够有效解决千家万户的农民进入市场，运用现代科技和扩大经营规模等问题，是我国农业逐步走向现代化的现实途径之一。"现实中，农业现代产业化经营环节里，主要有"龙头企业＋农户""龙头企业＋农民专业合作社＋农户"和"（大型）农民专业合作社＋农户"等形式。自2007年《中华人民共和国农民专业合作社法》实施以来，合作社迅速发展并已成为广大农民参加农业现代产业化经营的重要主体。由于合作社是农民自己的组织，其利益就是农民的利益，因此，发展"农民专业合作社＋农户"形式，既能够推进农业现代产业化的逐步实现，又可以保障农民的利益，无论对国家还是农民，都是最佳选择。我国是在农业龙头企业有相当基础、甚至垄断地位的条件下，才发展农民专业合作社的，农民专业合作社在总体上规模比较小，带动农户的能力比较弱，因而当前我国农业产业化经营的最佳形式应该是"龙头企业＋合作社＋农户"。截至2016年底，全国农业产业化经营组织达到28.04万个，其中"龙头企业＋合作社＋农户"规模化经营组织10.91万个，龙头企业和合作社已经成为农业现代产业化经营的重要主导力量。

（9）科学综合治理农业现代产业化经营规模。这是指：农业现代产业化经营，是以农业产品生产、加工、供销为主业，通过各种利益联结机制与农户相联系，带动农户进入市场，促使农业产品生产、加工、销售有机结合、相互促进，在经营规模指标上达到规定标准。为此，规定农业现代产业化经营规模，必须具备三个标准：一是经营组织规模标准：依法设立的以农业产品加工或流通为主、具有独立法人资格的企业。包括依照《公司法》设立的公司，其他形式的国有、集体、私营企业以及中外合资经营、中外合作经营、外商独资企业，直接在工商行政管理部门登记开办的农业产品专业批发市场等；二是经营产品规模标准：农业现代产业化经营产品加工销售一体化的增加值占总增加值70%以上；三是经营资产规模标准：其一，总资产规模：东部地区1亿元以上，中部地区7000万元以上，西部地区4000万元以上；其二，固定资产规模标准：东部地区5000万元以上，中部地区3000万元以上，西部地区2000万元以上。

（10）科学综合治理农业现代产业化经营方式。这是指：在农业现代产业化经营中，采取综合治理方式：一是在山、水、田、林、路、村改造上，采取生态化、园林化、水利化、区域化、庭园化、公路化、电气化、通讯化等项综合治理、开发、利用方式；二是在种植、养殖生产经营上，采取良种化、生物化、有机化、基地化、专业化、集约化、规模化、机械化、科技化；三是在加工、供销经营上，采取标准化、优质化、保鲜化、市场化、系列化、联通方式；四是在农商贸、内外贸经营上，采取城镇化、工业化、一体化、社会化、企业化联营方式；五是在农林牧渔各产业文化、教育、科学普及上，采取知识化、信息化、网络化推广应用方式。只有通过采取上述各种方式，才能加速农业现代产业化规模经营的进程。

8. 财政信用扶持的方式。这是指：通过国家财政投资拉动、金融信贷扶持、推动农业现代产业化经营发展的方式。全国农业现代产业化发展路子，是由传统农业小生产经营向现代农业大规模生产经营对接的有效途径。农业现代产业化经营，既要靠政策，又要靠科技，还需要筹资。全方位地筹措资金，多渠道挖潜，以有效增加农业现代产业化经营资金投入。为了推动农业现代产业化经营发展，广泛筹措资金，加大投入力度，国家财政在逐步增加资金投入的基础上，通过财政信用方式，拉动金融信贷、农村和农民、社会各界增加资金投入到农业现代产业化经营项目。分别说明以下五种投入方式：

（1）国家财政逐步增加资金投入方式。从"九五"规划时期起，一是国务院明确要求，全国各级财政预算按《农业法》规定，增加对农业资金投入基础上，尽可能提高农业现代产业化经营资金投入的比重；二是国家各级财政将农业综合开发资金70%部分，用于农业产品生产土地治理等基础设施建设，将农业综合开发资金30%部分，用于农业产品加工产业化经营体系建设；三是国家各级财政将周转金以不同方式，用于农业现代产业化经营服务社会化体系建设。

（2）国家财政拉动金融信贷增加资金投入方式。金融信贷资金投入是农业现代产业化资金的重要来源，国家通过财政贴息，拉动银行等金融信贷增加资金投入，扶持农业现代产业化经营建设。"十五"规划时期，还有地区农民在农业现代产业化经营中贷款难、农村信社难贷款，严重困扰农村信贷，"两头难"归根到底是担保难。据在全国一些地区调研表明，农民自发组成的贷款担保协会，能够有效地解决担保难的问题，从根本上解决了"两头难"的问题，对农民、农村信用社、担保协会都有利，是一举多赢的方式。在认真总结经验的基础上，进行规范、扶持，将其纳入信贷范围。据不完全统计，从2006年至2016年，全国各级财政通过贴息方式，拉动金融信贷资金投入694亿元至1083亿多元，是同期财政投入的86%至132%。

（3）国家财政拉动农村集体组织和农民增加资金投入方式。国家发挥财政资金的导向作用，运用配套投入、财政贴息、以奖代补，拉动农村集体组织和农民增加投入的方式，同时，以加强农业和农村公共公益基础性、社会效益型、生态效益性等基本建设投资方式，拉动农村集体组织和农民增加资金投入方式。国家各级财政投入扶持的农业现代产业化经营建设，绝大部分都是坚持农村集体组织和农民自筹投入为主，财政投入为辅的投入原则，并在项目投资预算中对集体组织和农民自筹投入数额做出规定，要求农村集体组织和农民投入不到位的，财政不与投入。通过这种拉动方式，调动了农村集体组织和农民自愿投入的积极性。据统计，2006年至2017年，全国各级财政在组织推进农业现代产业经营建设中，拉动农村集体组织和农民投入 1236 亿元至 1924 亿元，是同期财政资金投入的 63.4% 至 98.9%。

（4）国家财政拉动社会各界增加资金投入方式。国家通过财政优惠投资导向、税收减免、鼓励工商企业、行政事业、社会各界团体参股、控股等方式，扶持、参与农业现代产业化经营建设。为此，一是通过地方财政投资导向，开辟新的筹资渠道，建立农业现代产业化发展专项资金，这是指由政府调控基金的一定比例，地方机动财力的一定比例、龙头企业赢利的一定比例、乡镇国有土地有偿收益返还部分的一定比例等资金，集中起来建立农业现代产业化发展专项资金，统筹安排，统一使用，专项用于农业现代产业化经营建设。二是通过地方政府税收减免等优惠政策，积极支持工商企业进入农业领域，以股份制或股份合作制经营形式，投资于农业现代产业化经营建设。要引导，鼓励以农业产品为主要原材料的生产、加工、供销一条龙企业投资农业现代产业化经营建设。在现阶段工业反哺农业尚未具备条件的情况下，工业投资农业现代产业化经营建设，仅靠互惠互利是不能完成工农联合的，需要政府税收减免政策和财政资金的引导。只有通过政府税收减免等优惠政策和财政资金投入导向，以经济手段改变农业现代产业化经营主体，在市场竞争中的不利地位，提高其比较效益，来带动社会各方资金投入农业现代产业化经营建设的积极性。

（5）国家财政规范农业现代产业化经营资金管理方式。为了加强农业现代产业化经营资金管理，国家要求各级财政部门按照市场经济的要求，实现制度创新，逐步用规范的办法来替代那些不规范的做法，运用适应市场经济的理财手段和方法，加强财政支持产业化资金的管理。要通过各级政府建立健全有权、有责、有效的资金使用监督制度及项目实施的跟踪问效制度，来切实改变重投入轻监督的做法，切实规范和强化资金的使用管理，使有限的资金用好，力求实效。

9. 预防风险保障的方式。为了促进农业现代产业化经营持续健康发展，国家针对各地区农业现代产业化经营中三个制约条件、四种风险，采取五项应对保障方式：

（1）农业现代产业化经营三种制约条件。这是指：一是全国遭受工业"三废"污染的农田面积逐年增加，2013 年，已到达 24 万平方公里，比 1983 年增加了 48 倍，每年因此而损粮食 260 亿公斤，直接经济损失超过 294 亿元。二是山区、农牧区、农林区等生态脆弱地区正在经受严重的生态破坏。全国水土流失面积已达 367 万平方公里，占国土面积 38%。三是我国氮素化肥的利用率只有 35%，化肥和农药的超量施用，已危机地表和地下水的质量安全。

（2）农业现代产业化经营四种风险。这是指：一是市场风险。全国农业产品供大于求的趋势更加明显，市场竞争越来越激烈，农民首先遇到的就是"卖难"问题，农民自己开拓市场的能力很差，许多人无法把握千变万化的大市场，导致增产不增收。二是自然风险。各地气候异常，灾害频率加快，小灾变大灾现象增多，农业生态环境恶化，农业抗御自然灾害的能力减弱。国内的保险机构没有全面开办农业保险业务。农业基础设施建设能力不强，生态环境保护改善力度不大，国内保险业转换机制、拓展业务迟缓，农民将难以应对自然风险造成的损失。三是技术风险，随着农业市场化步伐的加快，农业生产对高新技术的依赖性越来越强。而高新技术也伴随着高风险。技术的有效性是增加投入的农民所担忧的。四是政策风险。由于连年丰收，国家最近放宽了大宗农业产品的价格管理，提出让农民以市场为导向调整农业结构。一些部门职能转变缓慢、服务滞后，给农民服务少而收费多，这也构成政策风险。

（3）农业现代产业化经营应对五项保障方式。这是指：一是从"平面式"向"立体式"发展。即利用各种农业产品在生产经营过程中"时间差"和"空间差"进行合理组装，精细配套，组成各种类型的多功能、多层次、多途径的生产经营系统；二是从"自然式"向"设施式"发展。一些农业专家精心设计，把农场农业改造成公园农业，集农林种植业绿化环境、观光旅游等为一体，农业生产经营劳动将成为身心愉快的工作；三是从"机械化"向"电脑自空化"发展。农业机械给现代化农业带来活力。电子计算机智能化管理模块系统在农业上应用，将使农业现代产业化管理更上新台阶；四是从"化学化"向"生物化"发展。现代农业已普遍使用化肥、农药、除草剂和植物激素，这虽然增加了农业产品产量，但也带来环境污染等公害。未来农业将进入一个崭新的生物化的绿色、洁净的农业时代；五是从"地面"向"太空"扩展。未来农业将向宇宙拓展，利用太空培育新品种，推进太空农业现代产业化经营持续健康发展。

（二）农业现代产业化经营的方法

农业现代产业化经营的方法，是全方位、多层次、多方面、多种类的。主要包括：一是综合开发方法。它包括以自然地理资源优势为依托、以区域产业布局为基础、以科技推广为动力、以社会化服务为载体、以市场供求为导向、以综合效益为中心的六种综合开发的方法；二是土地流转方法。它包括土地使用权转让、土地承包合同完善的方法；三是新型服务方法。它包括科学技术服务、金融保险服务、文化教育服务、卫生体育服务、社会保障服务等社会化服务的方法；四是产业扩展方法。它包括种植、养殖、加工、销售等产业链条延长的方法；五是利益分配法。它包括增产增效和增收适应、风险和利益共承受的方法；六是财政引导方法。它包括增长投入、配套投入、补助投入、奖励投入、减免征收等方法；七是银行推动方法。它包括银行贷款投入、财政贴息银行信贷资金投入的方法；八是政府调控方法。

1. 农业现代产业化经营综合开发方法。它是指：依托本地区自然地理资源优势，确定农林牧渔各业产业科学区划、合理布局，建立农业现代产业化经营社会化服务载体，增强科技创新推广应用动力，把握国内外市场供求导向，坚持提高生态效益、社会效益、经济效益为中心的六种综合开发的方法。

（1）自然地理资源优势依托方法。它是依托全国各地区山、水、林、田、路、村等自然地理资源优势，科学规划我国实现农业现代产业化经营之路方法。我国各地区地形复杂，资源丰富，气候差异大，农林牧渔四大产业基础好，优势明显，潜力巨大，必须在四大产业中确保粮、棉、油等大宗农林牧渔各业产品生产，满足全国城乡人民生产、生活需求的前提下，确立四大主导产业，给予重点支持和发展。

（2）农林牧渔各产业区域布局方法。它是以农林牧渔各业生产经营区域为依据，优化布局，扩大规模，形成相对集中的产业基地的方法。产业基地是农业现代产业化发展的基础和依托，具有呈上启下的桥梁和纽带作用。要在农林牧渔各产业总体布局的基础上，横抓主导产品，纵抓支柱产业，落实立业乡、产品村，走一乡一业、一村一品、分类指导、集约发展的道路。为此，一是充分发挥土地资源潜力大的优势，坚持向荒山、荒坡延伸，向瘠薄山地延伸，向渠道堰边延伸的方法，以拍卖"四荒地"使用权为动力，以开荒造林为主要手段，形成生态效益的产业体系；二是充分发挥平原川道优势，坚持"优化布局、优良品种、优质管理"的方法，逐步建成经济效益的"集中连片，规模经营"的产业基地。

（3）农业现代产业化配套服务载体方法。它是以配套服务为载体，推动农业现代产业化经营发展壮大，为不断完善农业现代产业化服务体系的方法。国务院要求各地区政府建立健全多元化、多层次综合服务机构，创办功能全、实力强的服务队伍，同时，鼓励和提倡发展民间服务组织，使市、乡、村、组、农户五级接轨并网、配套联动，形成高速、高效的科技、信息、资金、人才流通网络，使农业现代主导产品、支柱产业迅猛发展，不断提高农业现代产业化经营建设管理水平。

（4）农业科技创新推广应用动力方法。它是以科技创新推广应用为动力，促进农业现代产业化经营发展的方法。农业现代产业化经营成败的关键，是科技创新推广应用。农业现代产业化经营水平取决于科技进步，要加大科技的投入，不断提高农业产品的科技含量，增强市场竞争能力。为此，一是要重视农业新技术，新品种的推广，组织实施好"种子工程"、粮食轻型栽培、畜禽水产规模养殖、经济特产品种优化和农业产品深加工、保鲜、储运等先进适用技术的开发和应用，农业生产环节不断推行机械作业，提高农业科技贡献率；二是要重视提高农民的科技素质，彻底改变农民在农业产品生产中不注重品质的问题，结合农业科技推广项目和生产季节，以"实际、实用、实效"为原则，突出实用技术培训，引导农民走标准化生产之路，提高名优产品的产出率；三是要重视发挥农业科技人员的作用，在农业现代产业化经营中，要改革现有农技人员管理体制，积极鼓励农业科技人员发挥自己的优势，采取技术租赁，技术入股等方法，推动农业现代产业化经营发展。

（5）农业产品国内外市场供求导向方法。它是以农业产品国内外市场供求为导向，推动农业现代产业化经营发展的方法，要按照市场需求确定农业生产、加工、供销产品，确保农业现代产业化经营经济效益，要从市场中获取。要以增加农业产品有效供给和农民收入为目标，引导农民进入市场，坚持以农业产品国内外市场供求为导向方法，促进农民认清是否坚持以农业产品国内外市场供求为导向，是农业现代产业化经营成败的前提。要推动农业现代产业经营发展，必须树立市场意识，认真分析市场，及时掌握市场需求信息，研究供给大于需求时的对策，作出清晰、正确的市场供求趋势判断，选准农业产品生产基地、加工企业，确保满足国内外市场需求，增加农民和企业收入。

（6）农业现代产业化经营综合效益为中心方法。它是以生态效益、社会效益、经济效益、"三合一"综合效益为中心，引导农民建设农业产品基地，推动农业产品加工企业，形成龙头企业，加快农业现代产业化经营进程的方法。通过农民的产品基地和农业产品加工企业，组建农业产供销一条龙、贸工农一体化的产业化经营集团公司，和农民采取契约、股份合作，资产参股等形式，把农业产品生产产品加工增值，提高农业综合效益为中心的轨道。2011年以来，全国农业产品市场竞争激烈，农民收入增长缓慢，因此，必须把增加农民收入放到更加重要的位置上，大力推动农业现代产业化经营，从农业的产后入手，真正把农业产品保鲜、储藏、加工、销售各环节结合起来，集中力量抓好产后环节，千方百计拓展农业产品市场，形成"千家万户搞种养、千军万马跑营销、党委政府教引帮、龙头企业带领跑"的态势。

2. 农业现代产业化经营土地流转方法。它是指：全国各地区政府按照国家有关政策规定，从实际出发，加大土地使用权转让制度改革步伐，在土地使用权改革中，要保护好农民的利益，处理好土地使用权经营问题。在土地使用权经营上，可以采取租赁、转让经营的方法。土地使用权经营的方法多种多样。主要有以下五种方法：

（1）通过农村集体组织和农业种养加、产供销企业，把农民的土地承包使用权统包过来，再在返给农民使用的方法。

（2）通过农业种养加、产供销企业等单位与农户签订租赁合同，由农户向企业等单位转让土地承包使用权的方法。

（3）通过农民群众自觉自愿组织农民专业合作社，承办农业现代产业化经营实体，集中农户承包土地使用权统一经营的方法。

（4）通过农民以土地入股的形式，与农业产品种植、养殖、加工、供销龙头企业，结成产业链经营实体，参与利润分红的方法。

（5）不论通过上述哪种方法，都必须让农民真正得到实惠，保护好农民利益。因此，一是各级政府要在稳定完善农户家庭联产责任制和统分结合的双层经营体制的基础上，进一步完善土地承包合同，在不改变土地用途的前提下，引导农民采取转让、出租、抵押、入股等方法，使承包土地使用权向龙头企业和能人集中，实现农业生产要素的优化组合，把土地的使用权、经营权推向市场、为农业科技示范和农业综合开发创造条件，使其充分发挥应有的效益，形成区域化布局、专业化生产、社会化服务、规模化经营的产业化格局。二是各级政府拿出一部分资金给予补助，创造基本条件，改善基础设施，帮助农民走产业化的致富之路。三是各级政府要出台规范土地使用权转让的制度规定，逐步使土地经营权转让走上制度化、规范化的轨道。

3. 农业现代产业化经营新型服务方法。全国各地区农业现代产业化经营服务业，客观上可以划分为传统服务业和新型服务业两大板块。新型服务业，有三条标准：一是从性质上评定新型服务业是否具有经营型或竞争型产业标准；二是从内容上分析，新型服务业是否具有创新型或更新性产业标准；三是从发展阶段预测，新型服务业是否具有成长型产业标准。按照上述标准，而采取农业现代产业化经营新型服务方法。它包括：科学技术服务、金融保险服务、文化教育服务、卫生体育服务、社会保障等社会化服务的方法。据测算2017年全国农业、工商业、服务业产值总额比例，农业站18%，工商业占54%，服务占28%；全国农业现代产业化经营发展逐年发展，已由种植、养殖业为主转向加工、供销业和服务业为主。这是由于我国农业有三个突出的特点：一是人均资源占有量少；二是农业产品品种比较丰富，但市场占有率低，三是农业劳动生产率低，农民收入增长缓慢。只有加快推进服务业发展，才能从根本上提高农业现代产业化经营整体素质，才能彻底缓解人口，资源的矛盾，才能保持全面提高生态、社会和经济的整体效益。2017年全国农民家庭所获收入人均增加576元，其中服务业314元，占54.5%。这说明，在组织推进农业现代产业化经营发展上，促进农村富余劳动力从种养、加工产业直接转向服务产业，投入少，见效快。这样，第一产业因活劳动减少，有利于提高种养、加工业劳动生产率，减轻农业对资源的消耗。转入服务产业的劳动力，既增加收入，又增加对农业现代产业的投入，促进农业现代产业化经营发展。

4. 农业现代产业化经营扩展方法。农业现代产业化经营，是我国农业经营体制机制的创新，是现代农业发展的方向。农业产业化龙头企业是构建农业现代产业化经营体系的重要主体，集中利用资本、技术、人才等生产要素，带动农户发展专业化、标准化、规模化、集约化生产，是推进农业现代产业化经营的关键。2013年以来，我国农业产业龙头企业快速成长，已经形成了以1253家国家重点龙头企业为核心，1万多家省级龙头企业为骨干，10万多家中小龙头企业为基础的覆盖农林种植业、牧渔养殖业、加工业、供销业、服务业多领域，全国省级以上龙头企业科技创新推广人员41.9万人。从2016年以来，全国各类龙头企业数量以达到12万家，销售收入突破6.1亿元，从业人员8940万人，在促进农业现代产业化经营发展、带动农民增收、保障农业产品供给、维护市场稳定方面的作用越来越突出。为此，要大力加强龙头企业发展，各地方政府及有关部门在组织推动农业现代产业化经营发展中，必须坚持采取产业龙头加强、产业拓展、链条延伸的方法。

（1）产业龙头加强的方法。首先，要正确认识龙头企业是农业现代产业化经营发展的关键动力。在全国已进入工业化、信息化、城镇化同步推进农业现代化的关键阶段，努力推动农业现代产业化经营发展的任务更加艰巨，更加需要进一步发挥龙头企业的重要作用。其次，要科学想到，农业现代产业化，企业是龙头，专业合作社是龙身，广大农户是龙尾。"龙头"抬起来，后面的龙身，龙尾才会跟着动起来。"龙头"如何抬，得把目光盯在拓展市场上。龙头企业应该专注于自身做强做大，成为带动农民增收、保障农业产品供给的重要力量，成为构建农业现代产业化经营体系的重要主体力量。

（2）产业拓展、链条延伸的方法。农业产业化龙头企业只有促使企业自身勤俭节约、规避风险、增强盈利能力、自身持续发展、产业链条不断完善，才能长久带动农民增收。我国农业产业化龙头企业已多达12万家，但龙头企业整体实力还不强，全国有近2/3的龙头企业销售收入在规模3000万元以下，企业创新能力不足，产品附加值不搞，发挥的辐射带动作用有限。农业产业化龙头企业首先是企业，只有专注于自身发展，抓住市场机遇，打造品牌，提高产业附加值，构建成熟的销售渠道，形成完整的产业链条，才能保障农业现代产业化经营持续发展。为此，必须进一步调整优化农业现代产业化经营发展的方向、组织、方法：一是在发展方向上，要突出大、高、外、强，对规模大、起点高、外向型、辐射强的龙头企业，实行政策倾斜，从财力、物力、人力上予以重点扶持，促其上规模、上档次、上水平。在经济主体上，打破门户之见，鼓励支持多层次、多成分、多形式、跨区域地发展龙头企业，谁有辐射能力谁当龙头；二是在发展组织上，农业产业化龙头企业，将农户生产作为"第一车间"，通过建设规模化、集约化、标准化生产基地，辐射带动农民专业合作社、专业大户、家庭农场发展生产、进入市场，通过对农户开展生产技术、操作规程、市场营销、经营管理等培训，客观上增强农民的生产技能、管理知识、市场意识和法治观念，培育造就新型生产经营主体、新型职业农民，为解决今后"谁来务农"难题做出实际贡献；三是发展方法上，采取合同契约、股份合作、资产参与以及联产、联营、合作等多种形式，使龙头企业与农户之间形成风险共担、利益均沾的利益共同体。为此，一要对有实力的龙头企业建设，采取集中人力，物力，财力，扶优扶强，提高龙头企业的市场竞争力和牵动辐射力。二要对龙头企业不能追求门类齐全，而要有优势，有科技，有特色，有主导产品，有名牌。这样才能真正起到排头兵、领头雁的作用。

5. 农业现代产业化经营利益分配方法。它是指：在组织开展农业现代产业化经营中，必须处理好增产与增收的关系，调解好风险共担和利益共享的关系，采取增产与增收相适应、风险和利益共承受的方法。

（1）增产与增收相适应的方法。在组织开展农业现代产业化经营过程中，由于不断追加投资，生产经营成本费用必然不断增加，生产经营收入与纯收入也应随着增加，取得更好的经济效果。可是，也往往出现投资大、效果小、成本高、收入少、增产不增收甚至增产减收的情况，这种情况如不改变，势必挫伤广大农民群众参加农业现代产业化经营的积极性。各地区在农业现代产业化经营中，出现增产不增收现象的原因是多方面的，主要有三点：其一，农业生产经营项目比较单一，农业现代产业化经营节省出来的劳动力，没能充分利用起来；其二，农业生产经营投资不合理，投资的经济效果低；其三，农业生产经营管理不善，物质技术装备利用率较低，不搞经济核算，不讲经济效果。为了提高投放的物化劳动和活劳动的经济效果，一是必须采取广开门路方法，积极发展龙头企业，推动种养加，产供销等产业联合经营，把农业现代化节省出来的劳动力充分利用起来。二是必须研究追加产业化企业投资的适合度，合理地确定投资方向，避免盲目性，努力提高投资的经济效果。三是必须促进产业化企业努力提高经营管理水平，搞好计划管理，劳动管理和财务管理，实行经济核算，进行经济效果分析，全面提高综合效益。

（2）风险和利益共承受的方法。在组织开展农业现代产业化经营中，必须处理好风险共担和利益共享的关系。采取风险和利益共承受的方法。主要包括：一是因地制宜选择合适的利益分配联接方法。全国各地区农业现代产业化经营中利益分配方法，它包括四种方法：其一，企业与农户通过签订合同实行保护价及相关服务的方法；其二，企业与农户通过合作社、专业农协等中介服务组织建立稳定的产销关系对农户实行利润返还的方法；其三，企业与农户通过签订合同制定保护价及相关服务的方法；其四，企业与农户按照股份制建立紧密的利益共同体的方法。在采取上述四种方法上，必须因地制宜，从保护农民利益出发，不能"一刀切"，强求一律；二是加强法制建设，树立法制观念，农民和龙头企业都要履约、兑现合同方法。逐步把合同关系纳入规范化法制化轨道；三是大力发展农民专业、合作社等中介组织，提高农民组织化程度方法。通过中介组织体现"民管、民办、民收益"的原则，增强农民自我保护意识，引导农民进入市场，参与流通，参与竞争；四是建立农业产业化风险基金，以丰补歉，滚动使用，防御市场风险，最大限度减少各方风险损失的方法。这是建立合理、规范风险和利益分配关键和保证的方法。

6. 农业现代产业化经营财政引导方法。它是指：在组织开展农业现代产业化经营上，国家各级政府采取财政预算增长投入、配套投入、补助投入、奖励投入、基金征收投入方法。

（1）财政预算增长投入方法。要在财力许可的条件下，最大限度增加投入，引导企业和农民充分利用其人力、财力、物力、增强自我积累、自我完善、自我发展功能。为此，各级政府财政要建立规范的财政投融资农业体系，要将每年新增财力的20%和预内基本建设投资的1/3，用于加大对农业投入，逐步提高财政投资农业现代产业化经营建设的比重。

（2）财政配套投入方法。它包括三种方法：首先是指政府财政投入，这是保障现代农业良性健康发展的基础动力；其次是指政府税费投入，主要是指政府通过税收、土地、外资等优惠政策扶持；再次是指金融信贷投入，即各种金融资本主体向农业提供的各种信贷资金投入，这是现代农业发展必不可少的金融支持。上述三种投入作为农业投入的整体，构建起农业现代产业化经营建设强大的资金基础。

（3）财政补助投入方法。要合理划分财政与企业和农民的支出范围和界限，县（市）、乡（镇）政府及财政部门必须站在培植地方财源，促进农业现代产业化经营持续发展，采取拓展农民致富奔小康之路方法，将支持农业现代产业化经营和区域经济合理布局结合起来，同专业化生产，规模化经营结合起来，同促进农民致富结合起来，通过县（市）、乡（镇）政府及财政部门对财政补助资金投入调控作用，引导企业和农民按照合理的方向和规定的范围，投资农业现代产业化经营建设，彻底改变财政投入不合理的状况，调整完善产权明晰、责权明确、政企分开管理科学的农业现代产业化经营体制。

（4）财政奖励投入方法。各级政府发挥财政奖励资金投入的方法，引导社会资金投入农业现代产业化经营建设。各地区农业现代产业化经营建设资金需求量大。只靠农民和企业资金投入有限。仅靠政府财政资金投入也有难处。为此，各级政府采取鼓励参股、投资、财政奖励投入方法，引导国内外企业、事业、社会各界团体的资金投入，农业现代产业化经营建设，尽力满足农业现代产业化经营发展的投资需求，改变农业现代产业化经营主体在市场竞争中的不利地位，提高其比较效益，创造一个有利于农业现代产业化经营发展的政策环境和市场环境，让社会投资向有利于农业现代产业化经营的方向倾斜，使各方面投资者、生产经营者能从中得到更多的利益，从而调动各方面的资金投入农业现代产业化经营，达到政府引导和支持农业现代产业化经营发展与提高规模效益的目的。

（5）基金征收投入方法。各级政府加大对农业技术改进费的征收力度，进一步建立农业现代产业化经营发展基金、组织落实征收工作，把农业现代产业化经营发展基金作为计划内农业现代产业化经营项目工程的奉陪资金，同时，还可采用财政奖励资金投入方法，引导农业产业化市场连接型、龙头带动型、专业协会带动型、农科示范结合型的龙头企业、社会化服务组织，通过经济合同，提取农业现代产业化经营发展基金、农业科技推广应用基金，在社会主义市场经济条件下，自觉走上自我约束、自主经营和自我壮大的农业现代产业化生产经营良性发展道路。

7. 农业现代产业化经营银行推动方法。它是指：在组织开展农业现代产业化经营上，国家银行通过银行信贷资金投入、财政贴息银行信贷资金投入方法。在"十二五"规划时期，2015年，国家涉农贷款余额高达145385亿元，我国财政金融每年增加高达35900亿元，投入农业现代产业化经营基础设施、产业链建设，通过财政和银行两个资金供给部门的统筹协作，共同对农业现代产业化经营建设资金加大投入力度，共同采取稳定增长方法，促进农业现代产业化经营稳定发展。

（1）银行信贷资金投入方法。要推动农业现代产业化经营健康发展，建立健全商业金融、合作金融、政策性金融和小额贷款组织，结成互为补充、功能齐备的农村金融体系，充分发挥农业银行、农业发展银行和农村信用社在农村金融中的骨干和支柱作用，采取积极调整信贷结构方法，引导各类金融机构对农业现代产业化经营建设信贷资金投入，促使农民成为农业商品生产的经营者，成为农业现代产业化经营的主体力量，只有广大农民的主动参与，才能真正保障农业现代产业化经营发展。

（2）财政贴息信贷资金投入方法。国家为了加快推动农业现代产业化经营建设，合力促进农业生态保护建设，确保农业产品质量安全，国家通过财政贴息、银行信贷增加资金投入方法，着重扶持三方面：一是大力扶持推进高效节水灌溉行动和秸秆还田等综合利用，实施土壤有机质提升项目，支持开展病虫害绿色防控和病死畜无害化处理。二是加大农业资源污染防治力度，支持高肥和低残留农药使用，规模养殖场畜禽粪便资源化利用、新型农业经营主体使用有机肥、推广高标准农膜和残膜回收等试点。三是扶持启动重金属污染耕地修复建设，保证农业产品生产经营环节不受污染，加大农村生态环境保护建设力度。四是财政、银行和环保部门对农村生态环境污染密切配合协作，采取切实可行方法，这是关系到人民福祉、民族未来的农业现代产业化经营建设大业。

8. 农业现代产业化经营政府调控方法。它是指：在市场经济条件下，企业和农民是商品的生产经营者，政府按照政企分开的原则，不能干涉企业和农民的生产经营活动，更不能包办代替他们的生产经营行为。尤其是在买方市场已形成的情况下，政府不宜采取包办的办法，以行政命令推动农业现代产业化，也不要代替企业和农民决策，更不能为创造政绩而违背经济规律和农民的意愿，政府在推进农业现代产业化经营过程中，一定要界定好自己的职能。

（1）各级政府要为农业现代产业化规模经营发展，创造一个良好的外部环境，通过法规制度、方针政策、组织协调、示范指导、督促检查、考核评价、总结交流等方法，在区域化布局、专业化生产、社会化服务、优惠政策以及理顺农业现代产业化体系内部的利益关系等方面，因势利导，做一些企业和农户想干干不了的事。各级政府在推进农业现代产业化经营进程中，特别要注意抓好示范，一级做给一级看，政府引导农民干，让农民真正看到典型，得到实惠，才能避免一哄而起、一哄而散，使农业现代产业化规模经营走上健康发展之路。

（2）各级政府要敞开大门、引资、引智、引能人，推进农业现代产业化经营，拓展农林种植、牧渔养殖、加工、供销、服务产业链，通过规划设计、预算安排、决算分析、奖惩机制等方法，发挥各有关部门的作用，把有技术的涉农部门推向农业第一线，发挥其特长，营造有利的环境，把方方面面的积极性调动起来，齐心协力，推动农业现代产业化经营健康发展。

关于中共十八大以来全国农村农民群众脱贫增收致富奔小康社会之路的方略规程

农村财政扶贫攻坚综合开发治理研讨组[*]

以习近平同志为核心的中共中央领导集体,从 2012 年 11 月中共十八大以来,组织领导全国农村农民群众强化农业和农村发展基础,参加农林牧渔各业基础设施建设,推广应用农林牧渔各业生产经营科学技术社会化服务,调整优化农林牧渔各业产品品种品质,全面进行农林牧渔各业种养加销产业链系列化经营,鼓励扶持农民参加农工商服务产业合作入股联营,建立健全农业产品购销公示公平价格和市场流通与计划调控体系,加强对农村土地承包经营使用权流转,引导促使农村富余劳动力向城乡二、三产业转移务业,大力扶持老少边穷地区农村农民生产建设投资,组织培训贫困农民增强自我创业就业能力,全方位筹措财政、银行等金融单位和社会群团财力、物力,公平合理分配使用到农林牧渔各业生产经营建设领域,全力推进农村文教卫生医疗低保养老社会保障事业健康发展,全面加强农村民主自治、精神文明、法律法制建设,组织推行城乡一体农业现代化、工业化、信息化、城镇化"四化同步"建设,取得显著成效和经验。

一、农业和农村发展基础强化、城乡一体化经济社会发展方略规程

中共十八大以来,以习近平同志为核心的中共中央领导集体,组织推行城乡一体农业现代化与工业化、信息化、城镇化"四化"同步建设,带领全国农村农民群众脱贫增收致富奔小康,坚持加大统筹城乡发展一体化力度,增强农业和农村经济发展活力。逐步缩小城乡差别,促进城乡一体化经济社会繁荣发展。为此,一是坚持继续推行工业反哺农业、城市支持农村和多予少取放活方针,加大强农惠农富农政策力度,让广大农民平等参与现代化建设、共同分享现代化成果;二是坚持继续推进农业现代产业化经营,增强农业综合生产能力,确保国家粮食安全和重要农业产品有效供给;三是坚持继续加强农业基础设施建设和社会事业发展重点放在农村,深入推进新农村建设和扶贫开发,全面改善农民生产生活条件,着力促进农民增收,保障农民收入持续较快增长;四是坚持继续巩固和完善农村基本经营制度,依法维护农民土地承包经营权、宅基地使用权、集体收益分配权;五是坚持壮大农村集体经济实力,发展农民专业合作和股份合作,培育新型经营主体,发展多种形式规模经营,构建集约化、专业化、组织化、社会化相结合的农业新型经营体系;六是坚持继续改革和完善农村土地征用制度,提高农民在土地增值收益中的分配比例;七是坚持继续完善城乡经济社会发展一体化体制机

---

[*] 研讨组组长:韩连贵
研讨组成员:李铁君 刘春生 韩铁峰 吴习丰 王英单 董 齐 朱晓光 李振宇 李九辉 张照利

制,着力在城乡规划、基础设施、公共服务等方面推进一体化,促进城乡要素平等交换和公共资源均衡配置,形成以工促农、以城带乡、工农互惠、城乡一体的新型工农、城乡关系;八是坚持继续加大对革命老区、民族地区、边疆地区、贫困地区扶持力度,科学规划城乡一体化发展规模和布局,增强中小城镇与乡村一体化产业、公共服务、吸纳就业、人口集聚功能,加快改革户籍制度,有序推进农业转移人口市民化,努力保持城乡一体化社会经济健康发展。

(一)坚持推行农业和农村发展基础强化方略

2013年3月17日,第十二届全国人大一次会议通过的《政府工作报告》提出,强化农业农村发展基础,推动城乡发展一体化。在"十二五"期间,我国农业发展最快、农村面貌变化最大、农民得到实惠最多。农业农村发展进入一个新阶段,呈现出农业生产综合成本上升、农业产品供求结构性矛盾突出、农村社会结构深刻变动、城乡发展加快融合的态势,全面建设小康社会的重点难点仍然在农村。为此,一是坚持把解决好"三农"问题作为全部工作的重中之重,这是历史经验科学总结的方略;既管当前,也管长远,是长期指导思想。二是坚持全国严守18亿亩耕地红线,严格执行农村土地制度的方略,这是关于农村的根本稳定,也关乎中国的长远发展,其核心是要保障农民的财产权益;三是坚持以农户家庭承包经营为基础的方略,支持发展农民新型多种形式合作组织,推动形成农业社会化多层次服务体系,逐步完善农业现代产业集约化、专业化、组织化、社会化和规模化相结合的新型体制,始终注重保护法律赋予农民的财产权利,调动农民的积极性;四是坚持毫不放松粮食生产,建设高标准基本农田的方略,推广先进技术,增强农业生产能力,保障粮食等农业产品有效供给;五是坚持继续加大"三农"资金投入的方略,加强农业农村基础设施建设,扶持农业生产经营社会化服务体系,推动城乡经济社会一体化发展,形成以工促农、以城带乡、工农互惠、城乡一体的新型工农、城乡关系;六是坚持稳定农业生产经营队伍的方略,积极培育新型农民,参加城乡二、三产业化经营,有序推进农业转移人口市民化,逐步实现城镇基本公共服务覆盖常住人口,为安居乐业创造公平的制度环境;七是坚持在社会主义农村建设的方略,科学规划、合理布局、城乡统筹、节约用地、因地制宜、提高质量,保持乡村风貌,营造宜居环境,使新农村建设和城镇化建设良性互动、相互推进。

(二)坚持推动城乡一体化经济社会发展方略

同年11月12日,中共十八届三中全会通过的《中共中央关于全面深化改革若干重大问题的决定》明确指出,要建立一种在以工促农、以城带乡、工农互惠、城乡发展一体化的新型工农城乡关系基础上的体制,确保广大农民平等参与现代化建设,共同分享现代化成果。这个《决定》围绕健全城乡经济社会发展一体化体制机制,一是要加快构建新型农业现代产业化经营体系;二是要健全广大农民更多财产权利保障机制;三是要推进城乡要素平等交换和公共资源均衡配置;四是要推进城乡经济社会发展一体化健康发展方针策略;五是要继续深化农村土地制度改革,缩小征地范围,规范征地程序,完善对被征地农民合理、规范、多元保障机制。

二、农业现代化建设任务、农村经济社会体制完善要求方略规程

2015年2月1日,中共中央、国务院发布的《关于加大改革创新力度,加快农业现代化建设的若干意见》提出,一是我国经济发展进入新常态,正从高速增长转向中高速增长,如何在经济增速放缓背景下继续强化农业基础地位、促进农民持续增收,是必须破解的一个重大课题;二是国内农业生产成本快速攀升,大宗农产品价格普遍高于国际市场,如何在"双重挤压"下创新农业支持保护政策、提高农业竞争力,是必须面对的一个重大考验;三是我国农业资源短缺,开发过度、污染严

重,如何在资源环境硬约束下保障农产品有效供给和质量安全、提升农业可持续发展能力,是必须应对一个重大挑战;四是城乡资源要素流动加速,城乡互动联系增强,如何在城镇化深入发展背景下加快新农村建设步伐、实现城乡共同繁荣,是必须解决好的一个重大问题;五是破解这些难题,是今后一个时期"三农"工作的重大任务。必须始终坚持把解决好"三农"问题作为全党全国工作的重中之重,靠改革添动力,以法治作保障,加快推进中国特色农业现代化。为此,进一步提出加大改革创新力度、加快农业现代化建设的五方面任务和六项要求:

（一）组织完成农业现代化建设任务

主要完成以下五方面任务:

1. 要加快转变农业发展方式,建设现代农业。这是指我国要强,农业必须强。做强农业,必须尽快从主要追求产量和依赖资源消耗的粗放经营转到数量质量效益并重、注重提高竞争力、注重农业科技创新、注重可持续的集约发展方式上来,走产出高效、产品安全、资源节约、环境友好的现代农业发展道路。为此,必须不断增强粮食生产能力,深入推进农业结构调整,提升农产品质量和食品安全水平,强化农业科技创新驱动作用,创新农产品流通方式,加强农业生态治理,提高统筹利用国际国内两个市场两种资源的能力。

2. 要强化农业社会化服务,推进农村扶贫开发。这是指中国要富,农民必须富。要让农民富裕,必须充分挖掘农业内部增收潜力,开发农村二、三产业增收空间,拓宽农村外部增收渠道,加大政策助农增收力度,努力在经济发展常态下保持城乡居民收入差距持续缩小的势头。为此,必须优先保证农业农村投入,提高农业补贴政策效能,完善农产品价格形成机制,强化农业社会化服务,推进农村一、二、三产业融合发展,拓宽农村外部增收渠道,大力推进农村扶贫开发。

3. 要深入推进新农村建设,加快城乡发展一体化。这是指中国要美,农村必须美。繁荣农村,必须坚持不懈推进社会主义新农村建设。要强化规划引领作用,加快提升农村基础设施水平,推进城乡基本公共服务均等化,让农村成为农民安居乐业的美丽家园。为此,必须加大农村基础设施建设力度,提升农村公共服务水平,全面推进农村人居环境整治,引导和鼓励社会资本投向农村建设,加强农村思想道德建设,切实加强农村基层党建工作。

4. 要全面深化农村改革,增添农村发展活力。为此,必须加快构建新型农业经济体系,推进农村集体产权制度改革,稳步推进农村土地制度改革试点,推进农村金融体制改革,深化水利和林业改革,加快供销合作社和农垦改革发展,创新和完善乡村治理机制。

5. 要深入做好"三农"工作,加强农村法治建设。为此,必须健全农村产权保护法律制度,健全农业市场规范运行法律制度,健全"三农"支持保护法律制度,依法保障农村改革发展,提高农村基层法治水平。

（二）组织达到农村经济社会体制完善要求

在组织完善农村经济社会体制上,主要达到五项要求:

1. 要完善保证农业农村投入体制。这就要明确政府对改善农业农村发展条件的责任,坚持把农业农村作为各级财政支出的优先保障领域,加快建立投入稳定增长机制,持续增加财政对农业农村支出,中央基建投资继续向农业农村倾斜,确保增加农民收入。

2. 要完善农村外部增收体制。这就要求:其一,完善促进农民转移就业和创业体制,实施农民工职业技能提升计划,落实同工同酬政策,依法保障农民工劳动报酬权益,建立农民工工资正常支付的长效机制。其二,加快户籍制度改革,建立居住证制度,分类推进农业转移人口在城镇落户并享有与当地居民同等待遇。现阶段,不得将农民进城落户与退出土地承包经营权、宅基地使用权、集体利益分配权相挂钩,促进增加农民收入。

3. 要完善农村公共服务体制。这就要求:一是要全面改善农村义务教育薄弱学校基本办学条件,提高农村学校教学质量，因地制宜保留并办好村小学和教学点；二是要支持乡村两级办公和普惠性民办幼儿园建设。加快发展高中阶段教育，逐步实现免费中等职业教育；三是要积极发展农业职业教育，大力培养新型职业农民。提高重点高校招收农村学生比例；四是要完善社会资本投向农村体制。这就要求：其一，要鼓励社会资本投向农村基础设施建设和在农村兴办各类事业。其二，要对政府主导、财政支持的农村公益性工程和项目可采取购买服务、政府与社会资本合作等方式，引导企业和社会组织参与建设、管护和运营。其三，要对能够商业化运营的农村服务业向社会资本全面开放。制定鼓励社会资本参与农村建设目录，研究制定财税、金融等支持政策。

4. 要稳步推进农村土地制度改革试点。这就要求：其一，要在确保土地公有制性质不改变、耕地红线不突破、农民利益不受损的前提下，按照中央统一部署，审慎稳妥推进农村土地制度改革。分类实施农村土地征收、集体经营性建设用地入市、宅基地制度改革试点。其二，要制定缩小征地范围的办法。完善对被征地农民合理、规范、多元保障机制。赋予符合规划和用途管制的农村集体经营性建设用地出让、租赁、入股权能，建立健全市场交易规则和服务监管机制。其三，要依法保障农民宅基地权益，改革农民住宅用地取得方式，探索农民住房保障的新机制。

5. 要推进农村金融体制改革。这就要求：其一，要主动适应农村实际、农业特点、农民需求，不断深化农村金融改革创新。其二，要综合运用财政税收、货币信贷、金融监管等政策措施，推动金融资源继续向"三农"倾斜，确保农业信贷总量持续增加、涉农贷款比例不降低。完善涉农贷款统计制度，优化涉农贷款结构。鼓励各类商业银行创新"三农"金融服务。

三、粮食综合生产能力持续增强、农林牧渔各业产品生产供需平衡方略规程

以习近平总书记为核心的中共中央、国务院领导集体明确指出，我国用不到世界 1/10 的耕地，养活了世界 1/5 的人口，以高投入的生产模式，实现粮食生产连年丰收，我国农业取得显著成绩。但同时发展中也面临诸多新挑战，日益稀缺的资源和脆弱的生态环境，以及不具竞争力的价格，正对农业生产高投入高产出的旧有发展模式亮起"红灯"，"地越种越硬、越种越薄，肥越施越多、成本越涨越高"，农业发展如何可持续，成为我国农业发展面临的新课题。必须尽快从主要追求产量和依赖资源消耗的粗放经营，转到数量质量效益并重、注重提高竞争力、注重农业科技创新、注重可持续的集约发展上来，走产出高效、产品安全、资源节约、环境友好的现代农业发展之路。我国强，农业必须强，农业是立国之本，强国之基。农业要强，唯有以改革创新为动力，尽快从主要追求产量和依赖资源消耗的粗放经营，转到数量质量效益并重、注重提高竞争力、注重农业科技创新、注重可持续的集约发展上来，走产出高效、产品安全、资源节约、环境友好的现代农业发展道路。为此，要不断增强粮食生产能力、深入推进农业结构调整、提升农产品和质量和食品安全水平、强化农业科技创新驱动作用、创新农产品流通方式、加强农业生态治理、提高统筹利用国际国内两个市场两种资源的能力。2015 年中央一号文件发布的《关于加大改革创新力度加快农业现代化建设的若干意见》规定，按照稳粮增收、提质、增效、创新驱动的总要求，继续全面深化农村改革，全面推进农村法治建设，认真贯彻落实习近平总书记提出的"五新"要求，努力在提高粮食生产能力上挖掘新潜力，在优化农林牧渔各业结构上开辟新途径，在转变农业发展方式上寻求新突破，在促进农民增收上获得新成效，在建设新农村上迈出新步伐。进一步让农业强起来，让农村美起来，让农民富起来。

（一）鼓励保护粮食综合生产能力持续增强方略

这是指为不断增强粮食生产能力，进一步完善和落实粮食省长负责制，强化对粮食主产省和主产县的政策倾斜，保障产粮大县重农抓粮得实惠、有发展。粮食主销区要切实承担起自身的粮食生产责任。全面开展永久基本农田划定工作，统筹实施全国高标准农田建设总体规划，实施耕地质量保护与

提升行动，科学确定粮食自给水平的策略。这就必须在我国经济发展新常态下，继续强化农业基础地位，切实防止出现忽视农业的倾向，夯实粮食生产这一基础。在这样一个 13.7 亿人口的大国，任何时候都不能轻言粮食生产已经过关，粮食安全的弦一刻也不能松。稳住粮食生产，关键是要加强农业基础设施建设。为此，一是坚决守住耕地保护红线，加快划定永久基本农田，力保耕地不减少、加强高标准农田建设，力争提高地力，统筹实施耕地质量保护与提升行动，建立粮食生产功能区，将口粮生产能力落实到田块地头、保障措施落实到具体项目，做到藏粮于地；二是要创新投融资机制，加大资金投入，集中力量加快建设一批重大引调水工程、重点水源工程、江河湖泊治理骨干工程，节水供水重大水利工程建设，坚持执行征地补偿、耕地占补平衡实行与铁路等国家重大基础设施项目同等政策。三是加快大中型灌区续建配套与节水改造，加快推进现代灌区建设，加强小型农田水利基础设施建设。要实施粮食丰产科技工程和盐碱地改造科技示范，深入推进粮食高产创建和绿色增产模式攻关，实施植物保护建设工程，开展农作物病虫害专业化统防统治，不断夯实增强粮食生产能力的物质基础；四是要坚持在提高粮食生产能力上挖掘新潜力，始终把中国人的饭碗牢牢端在自己手上，挖掘粮食生产新潜力。中共十八大以来，中央高度重视粮食安全。2013 年至 2017 年，从中央到地方各级党委、政府及部门都贯彻落实以下方略：

1. 2013 年中央经济工作会议提出，必须把国需民用的"粮食安全"问题，放在首要地位。2014 年中央一号文件再次强调完善国家粮食安全保障体系，更加注重粮食品质和质量安全，粮食安全涉及国家的安全稳定，已成为国家战略安全问题，更加注重粮食品质和质量安全，切实保障国家粮食安全，列在 2014 年六大任务的第一位。《中国粮食安全发展报告（2013—2014）》明确指出，我国粮食生产安全、流通安全、消费安全、进出口安全等方面还存在许多问题。根据粮食安全保障体系指标，报告对这两年我国粮食安全保障体系进行了评价，认为我国现阶段粮食安全总体级别为比较安全。具体来说：一是我国粮食生产总体为"比较安全"，但大多存在潜在风险；二是我国粮食流通性安全为"比较安全"，但产后物流损失较大；三是我国粮食消费性安全为"比较安全"；四是粮食安全宏观调控安全为"比较安全"；五是要看到中国粮食连年丰收，但耕地和水资源对农业生产的约束日益加剧，拼资源、拼消耗的粗放经营难以为继，转变农业发展方式刻不容缓，今后应从主要追求产量增长，向数量品质效益并重、注重提高竞争力、注重可持续的集约发展转变。为了坚定不移加快转变农业发展方式，尽快转到数量品质效益并重、注重提高竞争力、注重农业技术创新、注重可持续的集约发展上来，走产出高效、产品安全、资源节约、环境友好的现代农业发展道路。

2. 2014 年 12 月 22 日，中共中央、国务院在召开的中央农村工作会议上研讨部署了这个方略。2015 年 2 月 1 日，中共中央、国务院发布了转变农业发展方式、提高粮食生产能力、加快推进中国特色农业现代化方略。同年 3 月 15 日，第十二届全国人大三次会议通过国务院《政府工作报告》强调，要加快推进农业现代化，坚持"三农"重中之重地位不动摇，加快转变农业发展方式，让农业更强、农民更富、农村更美。为此，一要坚持全国粮食产量要稳定在 1.1 万亿斤以上，保障粮食安全和主要农产品供给。二要坚守耕地红线，全面开展永久基本农田划定工作，实施耕地质量保护与提升行动，推进土地整治，增加深松土地 2 亿亩。

3. 2016 年第十二届全国人大四次会议通过的《政府工作报告》提出的《"十三五"规划》规定，坚持最严格的耕地保护制度，坚持耕地红线，实施藏粮于地、藏粮于技战略，提高粮食产能，确保谷物基本自给、口粮绝对安全。2017 年 3 月 15 日，第十二届全国人大五次会议通过的《政府工作报告》提出，完善强农惠农政策，保障国家粮食安全，引导农民增加优质绿色水稻、小麦等产品供给，加快培育农业农村发展新功能，促进农业稳定发展和农民持续增收。

（二）扶持推行粮食等农林牧渔各业产品生产供需平衡方略

这是指调整粮棉油等农林牧渔业结构，科学确定粮食等农林牧渔业主要产品供给与需求相应水平，科学合理安排农林牧渔业产业化经营发展程序，引导农民瞄准市场需求，由单纯在耕地上想办法到面向整个国土资源做文章，因地制宜地调整粮棉油等农林牧渔业结构等策略。为此，扶持推行以下五项政策措施：

1. 要在组织调整优化农林牧渔业结构上开辟新途径，要更好地发挥区域比较优势，更好地适应个性化、多样化的消费需求，促进农林牧渔业结构优化升级，使有限的农林牧渔业资源产出更多、更好、更安全的产品，在确保"粮棉油等农林牧渔业产品自给、安全"的前提下，对重点保什么、放什么，保多少、放多少，进行系统谋划，做到心中有数。

2. 要提高粮棉油等农林牧渔业产品质量和食品安全水平，确保广大农民增加收入，优化粮棉油等农村牧渔业产品品种。目前，我国每年推广农林牧渔业产品优良品种约5000个，自育品种占主导地位，其中水稻、小麦、大豆、油菜等几乎全部为我国自主选育品种，玉米和蔬菜85%以上种植的是国内品种。

3. 要坚持推进乡村造林绿化，结合新农村建设和美丽乡村建设，广泛开展庭院绿化，路旁、沟旁、渠旁和屋旁"四旁"绿化，在田边地角、房前屋后、路旁沟边见缝植绿、见隙补绿，努力让每个村庄都做到"从村庄外看，白天看不到村庄，晚上看不到灯光；从院子里看，白天看不到太阳，晚上看不到月亮"。要大力发展经济林木，推进经济林、产业林、生态林、景观林"四林共建"，做强做大林业产业。

4. 要加快发展草牧业，支持青贮玉米和苜蓿等饲草料种植，开展粮改饲和种养结合模式试点，促进粮食、经济作物、饲草料三元种植结构协调发展，增加肉蛋奶产品等供给。要鼓励发展农产品精深加工，延长农业产业链、提高农业附加值。

5. 要着力加强渔业开发、渔业基础设施建设、渔业科技推广、渔村环境整治、市场建设，落实好《全国水生生物增殖放流总体规划》，其一，要科学确定增殖放流品种和规模，在发展湖泊水库滤食性、草食性、杂食性鱼类增殖的同时，监测水域生态环境改善状况，平衡水域生产功能和生态功能二者的关系；其二，要开展珍稀物种流放，保护水生生物多样性，加快以县级水生动物防疫站建设为基础的水产动物防疫体系建设，加强重大水生动物疫病监控，积极推进水产苗种产地检疫工作，其三，要推行官方鱼医与执业鱼医制度，实行执业资格认证；推行鱼药处方制度，大力推进海洋工程装备、海洋生物、海水淡化与综合利用、海洋能等战略性新兴产业向支柱产业发展。

（三）努力提高农林牧渔各业产品质量和食品安全水平方略

这是指加强农林牧渔各业产品质量和安全监管能力建设，严格产品投入管理，大力推进产品标准化生产，建立全程可追溯、互联共享的农业产品质量和食品安全信息平台，强化地方政府法定职责，严惩各类食品安全违法违规行为策略。为此，一是要建立更加严格的农林牧渔各业投入品管理制度，大力推进产品标准化生产，加强对生产基地、批发市场的产品质量和食品安全检验检测工作，提升农林牧渔各业产品质量和食品安全水平；二是要加强县乡（市）农林牧渔各业产品质量和食品安全监管能力建设，建立全程可追溯、互联共享的农林牧渔各业产品质量和食品安全信息平台；三是要落实农林牧渔各业产品生产经营者主体责任，健全监管制度，让城乡人民能够吃得放心、吃得安心、吃得健康。为此，进一步组织实施以下四项方略：

1. 要强化农林牧渔各业产品生产科技创新驱动作用方略。推动农林牧渔各业产品生产科技创新，关键是健全科技创新激励机制，激发科研和技术推广人员创新创业的积极性。要完善科研人员与企业人才流动和兼职制度，实施科研成果使用收益管理和科技人员股权激励机制。要加强对生物育种、智能产业、机具装备、生态环保和粮食绿色增产模式等领域的科技攻关。要引导企业成为技术创新和应用的主体，充分发挥科研院所、科技队伍在科研成果转化中的作用。推动农林牧渔各业科技在关键领域取得突破，快速转化为现实生产力。

2. 要创新农林牧渔各业产品流通方式方略。这是指加快全国农林牧渔各业产品市场体系转型升级，完善全国农业产品流通骨干网络，加大重要农林牧渔各业产品仓储物流设施建设力度等方略。为此,一是要加快千亿斤粮食新建仓容建设进度,尽快形成中央和地方职责分工明确的粮食收储机制,提高粮食收储保障能力。继续实施农户科学储粮工程;二是要加强农林牧渔各业产品产地市场建设,加快构建跨区域冷链物流体系,继续开展公益性农林牧渔各业产品批发市场建设,推进合作社与超市、学校、企业、社区对接。清理整顿农林牧渔各业产品运销乱收费问题,发展农林牧渔各业产品期货交易,开发农林牧渔各业产品期货交易新品种;三是既要强化全国农林牧渔各业产品流通骨干网络建设,又要重视交易制度、交易规则等软环境建设。既要加强传统的产地市场、跨区域冷链物流体系建设,开展好公益性农工商服务业产品批发市场建设,又要支持电商、物流、商贸、金融等企业共同参与涉农电子商务平台建设,开展好电子商务进农村综合示范,用电子商务推动农林牧渔各业现代产业化经营;四是既要破解农林牧渔各业生产成本攀升、国内外主要农林牧渔各业产品价格倒挂的"双重挤压",突破农林牧渔各业资源要素的弦绷得越来越紧、生态环境承载力越来越接近极限的"双重约束",尽快从主要追求产量和依赖资源消耗的粗放经营转到数量质量效益并重、注重提高竞争力、注重可持续的集约发展上来,走产出高效、产品安全、资源节约、环境友好的现代农林牧渔各产业化规模经营发展道路。

3. 要提高统筹利用国际国内两个市场两种资源的能力策略。这是指加强农林牧渔业产品进出口调控,积极支持优势农林牧渔业产品出口,把握好农产品进口规模、节奏、完善粮食、棉花、食糖等重要农林牧渔各业产品进出口和关税配额管理,严格执行棉花滑准税政策,严厉打击农林牧渔各产品走私行为,完善边民互市贸易政策等策略。为此,一是要支持农林牧渔各业产品贸易做强,加快培育具有国际竞争力的农林牧渔各业企业集团;二是要健全农林牧渔各业对外合作部际联席会议制度,抓紧制定农林牧渔各业对外合作规划;三是要创新农林牧渔各业对外合作模式,重点加强产品加工、储运贸易等环节合作,支持开展境外农林牧渔各业合作开发,推进科技示范园区建设,开展技术培训、科研成果示范、品牌推广等服务;四是要完善支持农林牧渔各业对外合作的投资、财税、金融、保险、贸易、通关、检验检疫等政策,落实到境外从事农林牧渔各业生产所需机具设备和投入品出境的扶持政策;五是要充分发挥各类商会组织的信息服务、法律咨询、纠纷仲裁等作用。

4. 要强化农林牧渔业产品收购价格支持保护政策。提高小麦、稻谷最低收购价格,继续执行玉米、油菜籽、食糖临时收储政策,建立农林牧渔业产品目标价格制度,市场价格过低时对生产者进行补贴,提高时对低收入消费者进行补贴,增加对粮油猪等生产大县的奖励补助,扶持牛羊肉生产。

四、农业土地基础设施建设开展、农林牧渔各业生态环境建设加强方略规程

2013年以来,以习近平总书记为核心的中共中央、国务院领导集体,推动全国各地区党委、政府及部门,带领广大农村基层干部和农民群众,一是大力开展农业土地基础设施建设;二是尽力加强农林牧渔各业生态环境治理建设。为此,组织制定实施以下方略:

(一)大力开展农业土地基础设施建设方略

经国务院批准,国土资源部、农业部于2014年10月17日联合发布《关于进一步支持设施农业健康发展的通知》指出,为了适应现代农业发展需求,大力促进农业生产土地基础设施建设有序开展,在加大优惠政策扶持力度,保障设施农业合理使用土地需求的同时,科学规范设施农业土地使用标准,加强部门执法监督管理,组织采取以下五项政策措施:

1. 合理界定设施农业土地使用范围。设施农业土地使用范围划分为农业生产经营设施使用土地、附属设施使用土地、配套设施使用土地。为此,一是将规模化粮食生产经营所需的配套设施使用土地纳入设施农业使用土地范围;二是将附属设施中的生活使用土地从设施农业土地使用范围中扣除;三是严禁随意扩大农业土地使用范围,经营性粮食存储、加工和农机农资存放、维修场所,以农业为依

托的休闲观光度假场所、各类庄园、酒庄、农家乐，以及各类农业园区中设计建设永久性餐饮、住宿、会议、大型停车场、工厂化农业产品加工、展销等项使用土地，必须严禁随意扩大设施农业土地使用范围，依法依规按建设使用土地进行管理。

2. 积极支持设施农业发展使用土地。《通知》规定："设施农业使用土地，按农业用地管理""合理控制附属设施和配套设施用地规模""引导设施建设合理选址""鼓励集中兴建公用设施"等内容。为此，一是农业生产经营设施、附属设施和配套设施用地直接用于或服务与农业生产经营，其性质属于农业生产经营设施使用土地，按设施农业土地使用管理监督；二是在农业生产经营结束后，经营者应按相关规定进行土地复垦，占用耕地的应复垦为耕地；三是对于平原地区从事规模化粮食生产涉及的配套设施建设，选址确实难以安排在其他地类上、无法避开基本农田的，经论证后可用基本农田，必须按数量相等、质量相当的原则和有关要求予以补划。

3. 组织规范设施农业土地使用管理。《通知》要求：一是对从事设施农业建设的，应通过经营者与土地所有权人约定用地条件，并发挥乡级政府的管理作用，规范用地行为。二是对用地协议由乡镇政府、农村集体经济组织和经营者三方签订，并与设施建设方案一同报县级国土资源主管部门和农业部门备案，不符合设施农业土地使用有关规定的，不得动工建设。

4. 切实加强设施农业土地使用服务与监管。《通知》强调：一是主动公开设施农业土地建设与管理的有关政策规定，加强设施农业土地使用地监管，严格设施农业土地使用执法。二是督促经营者必须按照协议约定使用土地，确保农地农用，不得改变土地用途，禁止擅自或变相将设施农业土地用于其他非农建设；三是不得超过用地标准，禁止擅自扩大设施农业土地规模或通过分次申报用地变相扩大设施农业土地规模；四是不得改变直接从事或服务于农业生产经营的设施性质，严禁擅自将设施用于其他经营，对设施农业土地使用和管理情况，纳入省级政府耕地保护责任目标考核内容。

5. 扶持开展农业土地水利项目工程建设。《通知》决定：一是从2013年起，国家集中力量扶持一批重大水利项目，中央财政预算安排水利投资700多亿元，扶持引水调水、江河湖泊治理、高效节水灌溉等重点项目。二是各地区要扶持中小型水利项目，加快建成一批旱涝保收高标准农田，组织培育一批重要优良品种，推广应用农业新型机械化作业，拓展农田水利化、良种化、机械化途径。

（二）尽力加强农林牧渔各业生态环境建设方略

这是指实施农林牧渔各业生态环境突出问题治理总体规划和农林牧渔各业可持续发展规划，加强农林牧渔各业面源污染治理等策略。为此，一是加强农林牧渔各业面源污染治理，深入开展测土配方施肥，大力推广生物有机肥、低毒低残留农药，开展秸秆、畜禽粪便资源化利用和农田残膜回收区域性示范，实施新一轮退耕还林还草工程扩大重金属污染耕地修复；二是要大力推广节水技术，全面实施区域规模化高效节水灌溉行动，加大水污染防治和水生态保护力度，扩大地下水超采区综合治理、退耕还湿试点范围，推进重要水源地生态能清洁小流域等水土保持重点工程建设，建立健全规划和建设项目水资源论证制度、国家水源督察制度；三是要大力推进重大林业生态工程，加强营造林工程建设，发展林产业和特色经济林。为此，从2013年至2017年，组织落实以下两项政策措施：

1. 各级政府及有关部门必须坚持做到：一是要摸清底数、搞好规划、增加投入，保护好全国的天然林。提高天然林资源保护工程补助和森林生态效益补偿标准。继续扩大停止天然林商业性采伐试点；二是要实施湿地生态效益补偿、湿地保护奖励试点和沙化土地封禁保护补贴政策；三是要加快实施退牧还草、牧区防灾减灾、南方草地开发利用等工程，落实畜禽规模养殖环境影响评价制度，继续实行草原生态保护补助奖励政策；四是要开展西北旱地区农牧业可持续发展、农牧交错带已垦草原治理、东北黑土地保护试点；五是要加大水生生物资源增殖保护力度，建立健全规划和建设项目水资源论证制度、国家水资源督查制度。

2. 各级政府及有关部门必须坚持做到：要大力推动农林牧渔各业循环经济发展，建立健全农林牧渔各业生态环境保护责任制，加强问责监管，依法依规严肃查处各种破坏生态环境的行为。为此，一是 2013 年 3 月 17 日，第十二届全国人大一次会议通过的《政府工作报告》提出，下决心解决关系群众切身利益的大气、水、土壤等突出环境问题，改善环境质量。二是 2014 年 3 月 13 日，第十二届全国人大二次会议通过的《政府工作报告》提出，推进生态保护与建设，继续实施退耕还林还草，当年安排 500 万亩，实施天然林保护、防沙治沙、水土保持、石漠化治理、湿地恢复等重大生态工程。三是 2015 年 3 月 15 日，第十二届全国人大三次会议通过的《政府工作报告》提出，当年新增退耕还林还草 66.7 万公顷，造林 600 万公顷，扩大天然林保护范围，有序停止天然林商品采伐。四是 2016 年，中共中央、国务院强调，各地区党委、政府要推进重大生态工程建设，拓展重点生态功能区，办好生态文明先行示范区，开展国土江河综合整治试点，扩大流域上下游横向补偿机制试点，保护好三江源。扩大天然林保护范围，有序停止天然林商业性采伐。新增退耕还林还草 1000 万亩，造林 9000 万亩。生态环保贵在行动、成在坚持，必须紧抓不松劲，一定要实现蓝天常在、绿水长流、永续发展。五是 2017 年 2 月 6 日，中共中央、国务院在发布的《关于深入推进农业供给侧结构性改革、加快培育农业农村发展新动能的若干意见》提出推行绿色生产方式，增强农业可持续发展能力。为此，其一，深入推进化肥农药零增长行动，大力推行高效生态循环的种养模式，推动规模化大型沼气健康发展，加大农作物秸秆综合利用支持力度；其二，加快完善国家支持农业节水政策体系，大力实施区域规模化高效节水灌溉行动，大力普及喷灌、滴灌等节水灌溉技术，加大水肥一体化等节水推广力度；其三，集中治理农业环境突出问题，实施耕地、草原、河湖休养生息规划，深入实施土壤污染防治行动计划，扩大农业面源污染综合治理试点范围，加大东北黑土地保护支持力度，推进耕地轮作休耕制度；其四，推进山水林田湖整体保护、系统修复、综合治理、加快构建国家生态安全屏障。全面推进大规模国土绿化行动。

五、农村经济社会公共公益基础设施建设、农村社会人居环境整治方略规程

以习近平总书记为核心的中共中央、国务院领导集体明确指出，中国要美，农村必须美。繁荣农村，必须坚持不懈推进农村经济社会公共公益基础设施建设方略。主要包括：一是着力加强农村经济公共公益基础设施建设；二是全面推进农村社会人居环境整治建设。为此，组织实施以下两项方略：

（一）继续进行农村经济社会公共公益基础设施建设方略

一是 2014 年 3 月 13 日，全国第十二届二次会议通过的《政府工作报告》提出，改善农村水电路气信等基础设施建设，改建农村公路 20 万公里，改造农村危房 260 万户，再解决农村 6000 万人口饮水安全问题；二是 2015 年 3 月 15 日，全国第十二届三次会议通过的《政府工作报告》提出，新建改建农村公路 20 万公里，当年再解决农村 6000 万人口饮水安全问题，力争让最后 20 多万无电人口都能用上电，必须以垃圾、污水为重点加强农村环境治理，建设美丽宜居县乡村。三是 2016 年，中共中央、国务院提出，其一是要推进城镇供水管网向农村延伸，继续实施农村电网改造升级工程。因地制宜采取电网延伸和光伏、风电、小水电等供电方式，尽快解决无电人口用电问题；其二是要加快推进西部地区和集中连片特困地区农村公路建设，强化农村公路养护管理的资金投入和机制创新，切实加强农村客运和农村安全管理；其三是要完善农村沼气建管机制，加大农村危房改造力度，统筹搞好农房抗震改造；其四是要深入推进农村广播电视、通信等村村通工程，加快农村信息基础设施建设和宽带普及，推进信息进村入户。四是 2017 年 3 月 15 日，全国第十二届全国人大五次会议通过的《政府工作报告》提出，加强农村公共设施建设。新建改建农村公路 20 万公里。实现农村稳定可靠供电服务和平原地区机井通电全覆盖。完成 3 万个行政村通光纤。

（二）全面推进农村社会人居环境整治方略

这是指从2013年至2019年，中共中央、国务院组织领导各级党委、政府及部门实施乡（镇）、村社会人居环境治理规划，强化规划的科学性和约束力政策。为此，一是要改善农民居住条件，搞好农村公共服务设施配套，推进山水林田路综合治理；二是要继续支持农村环境集中连片整治，加快推进农村河塘综合整治，开展农村垃圾及项整治，加大农村污水处理和改厕力度，加快改善村庄卫生状况；三是要加强农村周边工业"三废"排放和城市生活垃圾堆放监管治理，完善村级公益事业"一事一议"财政奖补机制，扩大农村公共服务运行维护范围，重点支持村内公益事业建设与管护；四是要完善传统村落名录和开展传统居民调查，落实传统村落和居民保护规划；五是要鼓励各地从实际出发开展美丽乡村创建示范样板，有序推进村庄整治，切实防治违背农民意愿撤并村庄、大拆大建；六是提高农村饮水安全供水保证率，加大农村危房改造力度，深入推进农村人居环境整治，建设既有现代文明、又具田园风光的美丽乡村。

（三）引导鼓励社会资本投向农村经济社会公共公益基础设施建设方略

这是指对于政府主导、财政支持的农村公益性项目工程，可采取购买服务、政府与社会资本合作等方式，引导企业和社会组织参与建设、管护和运营政策。为此，一是要对能够商业化运营的农村服务业向社会资本全面开放；二是要鼓励社会资本参与农村公共公益设施建设；三是要将适合社会兴办的公共服务交由社会组织承担。

六、农村生产经营服务体系构建、农村供销产品流通产业链体系健全方略规程

以习近平总书记为核心的中共中央、国务院领导集体明确指出，必须组织推行农业现代产业化经营，进一步激发农村经济社会发展活力方略。为此，一是加快构建农村生产经营社会化服务体系：其一，坚持完善农村集体产权经营管护制度；其二，建立健全农村林业水利经营管护制度。二是逐步健全农村供销产品流通产业链体系。分别说明如下：

（一）加快构建农村生产经营社会化服务体系方略

一是坚持和完善农村基本经营制度，坚持农民家庭经营主体地位，引导土地经营权规范有序流转，创新土地流转和规模经营方式，制定工商资本租赁农村土地的准入和监管办法，严禁擅自改变农业用途；二是要坚持以农户家庭承包经营为基础，支持发展农民多种形式新型合作组织，积极发展多种形式适度规模经营，提高农民组织化程度，鼓励发展规模适度的农户家庭农场，完善对粮食生产规模经营主体的支持服务体系，引导农民专业合作社拓宽服务领域，促进规范发展，实行年度报告公示制度，深入推进示范社创建行动；三是推进农业产业化示范基地建设和龙头企业转型升级，引导农民以土地经营权入股合作社和龙头企业，鼓励工商资本发展适合企业化经营的现代种养业、农产品加工流通和农业社会化服务，构建农业现代产业化、集约化、专业化、社会化相结合经营服务体系。为此，必须相应组织落实两项方略：

1. 坚持完善农村集体产权经营管理体制方略。这是指为维护农村集体所有制，创新农村集体经济运行机制，稳步推进农村集体产权制度改革方略，一是必须抓住对土地等资源性资产，重点是土地承包经营权确权登记颁证工作，扩大全省推进范围，要确地到户，从严掌握确权确股不确地的政策；二是必须抓住对非经营性资产，提高公共服务能力，集体统一运营管理。对经营性资产，明晰产权归属，将资产折股量化到集体经济组织成员，发展多种形式的股份合作，开展赋予农民对集体资产股份

权能改革，防止侵蚀农民利益，健全农村集体"三资"管理监督和收益分配制度；三是必须充分发挥乡（镇）农村土地承包经营权、林权流转服务平台作用，引导农村产权流转交易市场健康发展，落实有利于推进农村集体产权制度改革的税费政策。

2. 建立健全农村林业、水利经营管理制度方略。为此，一是建立健全最严格的林地、湿地保护制度。深化集体林权制度改革，稳步推进国有林场改革和国有林区改革，明确生态公益功能定位，加强森林资源保护培育，建立国家用材储备制度，积极发展符合林业特点的多种融资业务，吸引社会资本参与碳汇林业建设；二是建立健全水权制度，开展水权确权登记试点，探索多种水权流转方式，推进农业水价综合改革，推广水价改革和水权交易的成功经验，建立农业灌溉用水总量控制和定额管理制度，加强农业用水计量，合理调整农业水价，建立精准补贴机制，吸引社会资本参与水利工程建设和运营，鼓励发展农民用水合作组织，扶持其成为小型农田水利工程建设和管护主体，积极推进农村水利工程专业化管理。这是针对从2013年至2015年期间，全国干旱年年发生，主要集中在西南地区、西北地区、东北地区；主要特点是冬春连旱或秋冬连旱。在干旱频发重发的背景下，我国节水灌溉面积少，高效节水灌溉面积占比更低，截至2014年，全国9亿多亩有效灌溉面积中，节水灌溉面积中节水灌溉工程面积仅占45%，微灌、喷灌等高效节水灌溉的面积更是仅占8%，各区域发展不平衡，农业用水效率不高。我国农业节水灌溉水平，与国外农业节水灌溉水平相比差距，主要是重视供配水而对节水不够重视、节水设备技术落后、缺乏系统有效的农业用水管理网络等。为此，组织推动各地区政府及有关部门相应采取以下五项政策措施：

（1）加大农业节水灌溉的资金投入力度，优先支持干旱地区。以滴灌系统为例，典型的滴灌系统由水源工程、首部控制枢纽、输配水管网和灌水器（滴头及滴灌带）组成，工程量大、复杂、昂贵，国家加大农业节水灌溉的资金投入力度，优先支持干旱地区，中央及地方政府将在其自身占据资金主导地位同时，积极鼓励其他渠道投资。

（2）建立区域性农业节水灌溉技术体系，推广喷灌和滴灌等先进技术。由于我国各个地区的水资源、气候、农业、经济等具有较强地域性，因此国家建立和推广区域性农业节水灌溉技术体系。在华北地区推广低压管道输水技术，在中部地区推广微灌、喷灌节水技术，在新疆、甘肃、宁夏等干旱且经济欠发达地区推广低成本的节水技术，如渠道防渗、低压管道输水等节水技术。总体发展趋势来看，喷灌和滴灌等先进节水灌溉技术和设备的应用面积将进一步扩大（前提是价格能够降低至农户或企业用户可以接受的范围），其他简单节水灌溉方式发展速度将减缓。

（3）给予农业节水灌溉技术的用户以财政及金融支持。对于购买及应用节水灌溉产品及服务的农户或企业给予低息或无息贷款；对农业节水灌溉技术研发提供必要财政补贴及融资政策支持。2014年，国务院先后安排部署东北地区加快推进节水供水重大水利工程建设工作，项目涵盖重大农业节水工程、重大引调水工程及重点水源建设工程等多个领域，敦煌水资源合理利用与生态保护综合规划项目已获国务院批准实施，广西50万亩"双高一优"糖蔗料示范基地建设、500万亩高效节水灌溉工程项目及甘肃省内的河西千万亩高效节水灌溉工程都将会全面铺开。

（4）发布"水十条"，提出"到2020年新增高效节水灌溉面积1.5亿亩"，与《国家农业节水纲要（2012—2020年）》提出的目标保持一致。喷灌、滴灌等高效节水灌溉技术每亩初始投入按700元计算，则2012—2020年，高效节水灌溉市场规模由2012年的1039亿元增长至2020年的2359亿元，增量1050亿元，平均每年增量130亿元。该估算数据还不包括节水灌溉面积中的非高效节水灌溉面积。

（5）健全节水灌溉项目工程管护体制，坚持进行三分建、七分管、建得成、管得住、长收益的规则，一是规定节水灌溉项目工程管护主体、模式、环节、职责。其一是管护主体主要包括乡镇水利站、农民用水合作组织、村集体组织、农户等；其二是管护模式是指乡镇水利站、农民用水合作组织、专业企业、农户等管护形式；其三是管护环节，主要包括管护的产权、主体、模式、方式相连接的环节。二是在产权环节上明晰产权，工程产权、资产收益权要明确，实现责任共担、收益共享。三是在主体环节上，其一是明确产权归属，将设备产权移交给项目区所在乡镇或再由乡镇移交给受益村屯，也有的产权归水务局所有。其二是详细落实管护主体，理清所有权和使用权关系。其三是项目所在乡镇、村集体作为产权所有者，负责工程运行管理。其四是受益农户仅有使用权，向管理者按亩缴纳运行管理费用。四是在模式环节上，落实管护主体、责任、机制，建立管护经费保障机制，要建立以绩效考核为基础的运行维护经费奖补机制，进行水价改革。五是在方式环节上，对节水灌溉项目工程实施方式要有所创新，鼓励专业合作组织、村集体、家庭农场、用水者协会等作为项目法人来参与运行管护，改变项目工程申报机制，变"要我干"为"我要干"。六是在管护职责上，主要是对节水灌溉项目工程按照流域、工程性质、工程规模、受益面积等进行等级划分，其一是分别明确市、县、乡、村的事权和职责。其二是落实管护经费，重点保障基层水利服务机构人员经费和业务经费。其三是以基层水利服务体系建设为载体，加快推进农民用水合作组织和准公益性专业化服务队伍建设，全面打造"三位一体"的服务体系，初步建立起适合农村实际的节水灌溉项目工程管护体系。

（二）逐步健全农村供销产品流通产业链体系方略

这是指在全面深化农村供销合作社综合改革，坚持为"三农"服务方向，着力推进基层社改造，创新联合社治理机制，拓展为"三农"服务领域，把供销合作社打造成全国性为"三农"提供综合服务的骨干体系的基础上，顺应我国城乡一体化经济形势的变化新需要，创新保供应、稳价格的方式，加强农业基本经营收益保护，采取更直接、更有力和更有效的农业基本经营收益保护措施，持续提高农业综合生产能力，减少政府干预对市场配置资源的不利影响，同时更好地发挥政府在市场建设、战略储备和应急调控中的功能，实现保供稳价、开放高效、有管有调、调管结合和可持续发展。为此，必须相应组织落实以下三项政策措施：

1.通过农业产品供销价格转变方式，稳步推进更直接、更细致和更合理的目标价格补贴机制。在农村土地流转和农业规模经营发展条件下，国家对主产区农民的生产补贴，逐步转变为农民的产品供销差价补贴，一是补贴资金的支付管理到户，按照农户在市场上自由出售粮食、棉花等价格低于国家规定的最低收购价或保护价的差额计算差价损失；二是在生猪市场调控中引入生猪生产周期性亏损救助机制，实行更直接和更细致的农业基本经营收益保护，提高农民生产的积极性，促进农业生产稳定发展。

2.通过深化地方国有粮食流通企业等改革，有序推进提高农产品市场流通系统的活力、效率和国际竞争力政策。为了提升农产品市场流通效率，解决农民在农产品销售上可能存在的"卖难"问题，保证农民在生产出产品后能获得更好的经营收益，一是要扩大市场准入，建立更加统一、高效、竞争、有序的农产品流通市场；二是要完善全国统一、分级分类、公开透明、监管严格的农产品供销产量标准体系，重点加强带有公共性的农产品市场流通基础设施建设；三是要整合资源建立一批按照现代企业制度运行、垂直管理的国有粮食、棉花、畜产品等仓储物流加工企业，在必要时承担政策性收储任务；四是重点引入竞争机制，推动竞争，促进创新，降低成本。

3.通过推进农业全产业链管理的规范化，建立更加完善的农产品质量安全管理机制和农业生产者利益保护机制。为此，一是适应居民消费结构升级的新形势，引导和促进农业生产经营者细分消费市场，发展多层次、多元化和多样化的农产品生产供应链，提高农业产业经营的品牌价值、附加值和增加值，扩大农业生产经营者的利益分配空间。二是加快新型农业经营体系建设，创新农业生产经营的组织方式和管理方式，从源头上降低农业生产发展的市场风险和疫情疫病风险，建立和完善农业生产经营利益全产业链，统筹平衡分配机制。

七、农村土地基本经营监督管理体制改革完善、农业生产经营建设土地占用与补充平衡方略规程

以习近平总书记为核心的中共中央、国务院领导集体明确指出，审慎稳妥推进农村土地制度改

革，在确保土地公有制性质不改变、耕地红线不突破、农民利益不受损的前提下，按照中央统一部署，一是必须分类实施农村土地征收、集体经营性建设用地入市、宅基地制度改革试点，制定缩小征地范围的办法。二是必须建立兼顾国家、集体、个人的土地增值收益分配机制，合理提高个人收益，完善对被征地农民合理、规范、多元保障机制。三是必须赋予符合规划和用途管制的农村集体经营性建设用地出让、租赁、入股权能，建立健全市场交易规则和服务监管机制。四是必须依法保障农民宅基地权益，改革农民住宅用地取得方式，探索农民住房保障的新机制。五是必须加强对试点工作的指导监督，切实做到封闭运行、风险可控、边试点、边总结、边完善，形成可复制、可推广的改革成果。为此，2013年至2017年，都相应提出各年方略。

2013年3月17日，第十二届全国人大一次会议通过的《政府工作报告》对当年政府工作的建议中指出，农村土地制度关乎农村的根本稳定，也关于中国的长远发展，其核心是保障农民的财产权益，底线是严守18亿亩耕地红线。同年11月12日，中共十八届三中全会通过的《中共中央关于全面深化改革若干重大问题的决定》明确规定，农村集体建设用地与国有土地具有同等权利进入建设用地市场，准许农户土地承包经营权的抵押、担保、入股，推进农民住房财产权抵押、担保、转让，探索农民增加财产性收入渠道。

2014年3月13日，第十二届全国人大二次会议通过的《政府工作报告》对当年政府工作总体部署中指出，保持农村土地承包关系长久不变，抓紧土地承包经营权及农村集体建设用地使用权确权登记颁证工作，引导承包地经营权有序流转，慎重稳妥进行农村土地制度改革试点。同年8月10日，国土资源部、财政部、住房和城乡建设部、农业部、国家林业局联合发布的《关于进一步加快推进宅基地和集体建设用地使用权确权登记发证工作的通知》，明确要求结合国家建立和实施不动产统一登记制度的有关要求，将农房等集体建设用地上的建筑物、构筑物纳入宅基地和集体建设用地使用权确权登记发证的工作范围，实现统一调查、统一确权登记、统一发证。同年12月2日中央全面深化改革领导小组第七次会议审议了《关于农村土地征收、集体经营性建设用地入市、宅基地制度改革试点工作的意见》指出，分类实施土地征收、集体经营性建设用地入市和宅基地制度改革，这3项改革涉及农村集体经济组织制度、村民自治制度等一系列重要制度，关乎城镇化、农业现代化进程。要始终把维护好、实现好、发展好农民权益作为出发点和落脚点，坚持土地公有制性质不改变、耕地红线不突破、农民利益不受损三条底线，在试点基础上有序推进。

2015年1月11日，中共中央办公厅和国务院办公厅联合发布了《关于农村土地征收、集体经营性建设用地入市、宅基地制度改革试点工作的意见》，这标志着我国农村土地制度改革即将进入试点阶段。同年2月1日，中共中央、国务院发布的《关于加大改革创新力度，加快农业现代化建设的若干意见》要求，全面开展永久基本农田划工作，加强农业生态环境治理，开展退耕还林还草工程建设，抓紧抓实土地承包经营权确权登记颁证工作，稳步推进农村土地制度改革试点。同年3月15日，第十二届全国人大三次会议通过的《政府工作报告》提出，一是坚守耕地红线，全面开展永久农田划定工作，实行耕地质量保护与提升运动，推进土地整治，增加深松土地1333万公顷；二是做好土地确权登记颁证工作，审慎开展农村土地征收、集体经营性建设用地入市、宅基地制度、集体产权制度等改革试点。在改革中，要确保耕地数量不减少、质量不下降、农民利益有保障。

2016年3月15日，第十二届全国人大四次会议通过的《政府工作报告》提出"十三五"规划规定，全面划定永久基本农田，大规模推进农田水利、土地整治、中低产田改造和高标准农田建设，加强粮食等大宗农产品主产区建设。

2017年3月15日，第十二届全国人大五次会议通过的《政府工作报告》提出，打造粮食生产功能区、重要农产品生产保护区、特色农产品优势区和现代农业产业园，新增高效节水灌溉面积2000万亩。

总之，从2013年3月至2017年3月，以习近平总书记为核心的中共中央、国务院领导集体，在组织推行农村土地制度基本经营监管体改革方略中包括：一是农村土地基本经营监督管理体制改革完善的宗旨和责任；二是农业生产经营土地占用与补充平衡调节；三是农村集体土地所有权、承包权、经营权分离；四是农村集体经营建设用地与国有土地具有同等权利进入建设用地市场；五是农村对农户土地承包经营权抵押、担保、转让、入股权益；六是农村对农户住房财产抵押、担保转让权益；七是农村宅基地和集体建设用地使用权登记发证制度；八是农村土地征收、集体经营建设用地入市、宅基地制度改革。

（一）统一规定农村土地基本经营监督管理体制改革完善的宗旨和责任

农村土地是农民最重要的生产生活资料，土地制度是国家的基础性制度。中共十八届三中全会明确了农村土地基本经营监督管理体制改革完善的宗旨和责任，确定了要坚持土地公有制性质不改变、耕地红线不突破、农民利益不受损三条底线，这既有利促进国家土地管理制度和城乡间土地资源配置的改革，又对农民土地财产权利和农村金融空间产生积极影响。改革完善这个监管体制，涉及2亿多农户的切身利益，又关系到农业基本经营制度、农村集体经济组织制度、农村村民自治制度等一系列农业农村重要经济社会制度发展变化问题。同时，农村土地是自然地理资源，是农村居民最重要的财产权利，又是拓展农业现代化与工业化、信息化、城镇化同步前进的道路的坚实地基。

1. 农村土地基本经营监督管理体制改革完善的宗旨，是对国家征地制度、农村集体建设用地、农村生产经营土地制度的改革完善：一是在国家征地制度上，对象是用于工业化、信息化、城镇化建设的农村集体土地。我国现行征地制度存在征地权行使范围过宽、补偿标准低、安置途径单一等缺陷。中共十八届三中全会就此提出，缩小征地范围，规范征地程序，完善对被征地农民合理、规范、多元保障机制。世界各国都有一定数量的土地是通过征收来转变用途的。征地制度未来还会存在，但征地的范围会逐步缩小。针对土地用途和性质改变时产生的土地增值收益，要建立兼顾国家、集体、个人的土地增值收益分配机制，合理提高个人收益；二是在农村集体建设用地上，既包括农户的宅基地，又包括集体经营性建设用地。集体经营性建设用地是指农村从事二、三产业的集体土地，主要是乡镇企业的土地。宅基地是农民以集体组织成员的名义获得的，且只有本集体的成员才能在本集体申请宅基地。虽然农民房屋的建设费用是自己承担的，但农民的宅基地是无偿获得的，农民对宅基地拥有的权能是不完整的，有占有、使用的权利，而没有收益、处分权利。宅基地对于农民具有重大意义，不能轻易将其转化成其他性质的土地。宅基地使用权人，必须在拥有其他合理居住地，经农民自主选择同意后，宅基地才可能转化成耕地或经营性建设用地，决不能因宅基地的流转，使农民失去了居住地。据统计，2014年底，全国的农村土地征收、集体经营性建设用地、宅基用地的面积，分别约占全国建设用地的总面积的29%、15%、56%；三是在农业生产经营土地制度上，对象是从事农业生产经营性耕地。习近平总书记在2013年中央农村工作会议上强调耕地时粮食生产的命根子，必须坚守18亿亩耕线，现有耕地面积必须保持稳定。2014年1月中央发布的一号文件提出，稳定农业生产经营土地承包关系并保持长久不变。同年9月29日，习近平总书记在中央全面深化改革领导小组第五次会议上指出，要在坚持农业生产经营土地集体所有制基础上，促使农户土地承包权和经营权分离，形成所有权、承包权、经营权三权分离和经营权流转的格局，发展农业现代产业化规模经营。同时，必须坚持推行农业生产经营土地占用与补充平衡的方略。

2. 农村土地基本经营监督管理体制改革完善的责任。在确保农村土地公有制性质不改变、耕地红线不突破、农民利益不受损的前提下，按照中央统一部署，审慎稳妥推进农村土地制度改革。2015年2月1日中共中央、国务院印发了《关于加大改革创新力度加快农业现代化建设的若干意见》。《意见》明确提出，要主动适应经济发展新常态，按照稳粮增收、提质增效、创新驱动的总要求，努力在提高粮食生产能力上挖掘新潜力，认真落实农村土地基本监督管理体制改革完善的九项责任：

（1）保持稳定耕地红线不突破。中共十八大以来，习近平总书记多次指出，要解决好吃饭问题，始终是治国理政的头等大事，中国人的饭碗任何时候都牢牢端在自己手上，应该主要装中国粮，确保粮食基本自给、口粮绝对安全。耕地是粮食生产的命根子，必须坚守18亿亩耕地面积红线，全国现有耕地面积保持稳定。

(2) 全面开展永久基本农田规划工作。统筹实施全国高标准农田建设总体规划,实施耕地质量保护与提升行动,全面推进建设占用耕地剥离耕作层土壤再利用。创新投融资机制,加大资金投入,集中力量加快建设一批重大引调水工程、重点水源工程、江河湖泊治理骨干工程,节水供水重大水利工程建设的征地补偿、耕地占补平衡实行与铁路等国家重大基础设施项目同等政策。

(3) 继续加强农业农村生态环境治理。实施新一轮退耕还林还草工程,扩大重金属污染耕地修复、地下水超采区综合治理、退耕还湿试点范围,推进重要水源地生态清洁小流域等水土保持重点工程建设。实施湿地生态效益补偿、湿地保护奖励试点和沙化土地封禁保护区补贴政策。提高农业补贴政策效能,健全粮食主产区利益补偿、耕地保护补偿、生态补偿制度;

(4) 坚持确保农村集体土地应该由农户家庭承包,不论承包经营权如何流转,农村集体土地承包权都属于农户家庭,坚持长久稳定农村集体土地承包关系,依法保障农民对农村集体土地承包地占用、使用、效益及承包经营权流转、抵押、担保、入股的权利。

(5) 组织推动农村贯彻落实土地集体所有权、稳定农户承包权、放活承包经营权,加快构建以农户家庭经营为基础,合作与联合为纽带、社会化服务为支撑的农业现代产业化经营体系。坚持和完善农村基本经营制度,坚持农民家庭经营主体地位,引导土地经营权规范有序流转,创新土地流转和规模经营方式,积极发展多种形式适度规模经营,提高农民组织化程度。引导农民以土地经营权入股合作社和龙头企业。土地经营权流转要尊重农民意愿,不得硬性下指标、强制推动。尽快制定工商资本租赁农地的准入和监管办法,严禁擅自改变农业用途。

(6) 大力推进农村集体产权制度改革。重点抓紧抓实土地承包经营权确权登记颁证工作,扩大整省推进试点范围,总体上要确地到户,从严掌握确权确股不确地的范围。充分发挥县乡农村土地承包经营权、林权流转服务平台作用,引导农村产权流转交易市场健康发展。完善有利于推进农村集体产权制度改革的税费政策。

(7) 尽快完善宅基地权益保障的取得方式,探索农民住房保障在不同区域户有所居的多种实现形式;对超标准占用宅基地和一户多宅等情况,探索实行有偿使用,以及进程落户农民在本集体经济组织内部资源有偿退出或转让宅基地等。

(8) 推动建立城乡统一的建设用地市场,允许农村集体经营性建设用地出让、租赁、入股,实行与国有土地同等入市、同权同价。这突破了过去集体建设用地进入市场必须征为国有的制度。改革的总体方向,应在加强用途管制和规划约束的前提下,消除集体土地与国有土地在权能上存在的制度。

(9) 稳步推进农村土地制度改革试点。在确保土地公有制性质不改变、耕地红线不突破、农民利益不受损的前提下,按照中央统一部署,审慎稳妥推进农村土地制度改革。分类实施农村土地征收、集体经营性建设用地入市、宅基地制度改革试点。制定缩小征地范围的办法。建立兼顾国家、集体、个人的土地增值收益分配机制,合理提高个人收益。完善对被征地农民合理、规范、多元化保障机制。赋予符合规划和用途管制的农村集体经营性建设用地出让、租赁、入股权能,建立健全市场交易规则和服务监管机制。依法保障农民宅基地权益,改革农民住宅用地取得方式,探索农民住房保障的新机制。加强对试点工作的指导监督,切实做到封闭运行、风险可控、边试点、边总结、边完善,形成可复制、可推广的改革成果。

总之,我国农业农村经济持续健康发展,关键在人。要通过富裕农民,提高农民,扶持农民,解决好农民种地问题,让农业生产经营有效益,让农业成为有奔头的产业,让农民成为体面的职业,让农村成为安居乐业的美丽家园。富裕农民,就是提高种地集约经营、规模经营、社会化服务水平,增加农民务农收入。

(二) 坚持推行农村耕地永久保护、占用与补充平衡方略

国家新《土地管理法》明确提出:实行"建设用地占一补一"制度。明确提出了耕地占补平衡

的政策，即建设占用多少耕地，就要补充多少数量和质量相当的耕地。同时在总结各地土地开发整理经验的基础上，提出了两项重要政策：其一是土地置换政策；其二是60%指标折抵政策。2004年国务院提出了"增减挂钩"政策，即"鼓励农村建设用地整理、城镇建设用地增加，要与农村建设用地减少相挂钩"。政策设计的要点是：通过对农村集体建设用地进行折旧复垦，耕地增加，城市建设也获得相应土地指标，一举多得。占补平衡政策的宗旨是占多少耕地，需补多少耕地，以确保我国的土地红线。而增减挂钩的基本准则是：减少多少农村建设用地，可以增加多少城市建设用地，以达平衡指标。占补平衡侧重在于耕地保有量不减少，增减挂钩着眼于建设用地增量的开发。两者的关系不再是占多少补多少的关系，而是强调增量的关系，对地方形成激励机制。有些地区政府发出《关于实行最严格节约用地制度的通知》提出，加强耕地保护，对建设占用耕地的，按照以补定占、先补后占、占优补优的规定，落实耕地占补平衡方略。对城乡建设用地增减挂钩、农村土地综合整治优化出来的建设用地指标和耕地占补平衡指标实行有偿使用的政策。在占补平衡和增减挂钩政策实行过程中却存在不可忽视的问题，其一是经济发展对耕地的依赖程度巨大，耕地保护的形式更加严峻。不少地方处于工业化和城镇化加速推进期，建设用地规模指标严重不足，违法用地现象仍时有发生。其二是在没有更多顾忌环保因素下的工业化进程，使耕地数量和质量都在下降。一些地方耕地后备资源匮乏，难以实现市域内的占补平衡。其三是随着国务院推进户籍制度改革意见的实施，大量农民涌入乡镇和城市，新农村建设和大量城镇化扩张，难以避免占用大量的基本农田。在这种情况下，对集体经营性建设用地，应严格推行农业经营性建设用地制度、农村住宅地有偿退出机制，完善节约用地绩效考核体系，健全税收调节机制，达到节约土地资源的目的。

中共中央、国务院于2017年1月9日发布的《关于加强耕地保护和改进占补平衡的意见》明确提出，必须要坚定不移、刻不容缓保护耕地，一是要保护耕地、占用与补充平衡组织领导；二是要保护耕地、占补平衡管理控制；三是要保护耕地、占补平衡调节法规；四是要保护耕地、占补平衡整治复垦；五是要保护耕地、占补平衡制定严禁；六是要保护耕地、占补平衡节约集约；七是要保护耕地、占补平衡提高质量；八是保护耕地、占补平衡休养生息；九是保护耕地、占补平衡调查检查；十是保护耕地、占补平衡责任考核。

全国保护耕地、耕地占用与补充平衡坚定不移、刻不容缓因素：

首先，在客观趋势上说明：其一，我国有13.7亿人口，人多地少、人增地减，基本国情不会改变，耕地保护面临多方面客观需求的矛盾；其二，国家粮食安全、生态安全和社会稳定，始终是国计民生的头等大事，事关耕地保护，粮食安全在国家经济社会发展大局中的特殊战略地位，任何时候都不能动摇。耕地是国家粮食安全的根本保证；其三，农业发展和农业现代化的根基和命脉是耕地，它是农村改革发展稳定的基石，直接关系到广大农民切身利益，关系农民土地财产权益的实现，关系"三农"工作与国家长治久安；其四，我国城乡一体新型工业化、城镇化建设深入推进，还要占用一定数量耕地，生态文明建设也要退耕还林、还湿、还草等。

其次，在主观需求上说明：其一，我国粮食连年增产，粮食储存较多，一些忽视粮食安全、轻视耕地保护的苗头有所抬头。在这个时候，要头脑清醒，要绷紧耕地保护这根弦，不能有丝毫放松，不容许出现闪失，不允许犯难以挽回的颠覆性错误；其二，我国持续推进农业供给侧结构性改革的必然要求。根据中央经济工作会议、中央农村工作会议部署，今年是供给侧结构性改革的深化之年，农业是供给侧改革的重要一环。按农业供给侧结构性改革主线要求，国家将对耕地保护实施退耕还林还草还湿，开展污染耕地治理，要调减一部分不稳定耕地，因此在注重保护耕地"量"之外，必须加强耕地质量和生态保护这个"质"的方面；其三，我国耕地质量总体不高、局部退化，不能满足粮食和农林牧渔各业产品生产需求，因而对耕地数量、质量、生态等方面提出需求；其四，按《意见》要求，要积极开展退化耕地、污染耕地综合治理和修复，统筹推进耕地休养生息、减肥减药、高效种植；要大规模推进高标准农田建设，通过推进建设占用耕地耕作层剥离再利用、中低田提质改造、新增耕地后期培肥改良等措施，大力提升耕地质量；其五，我国最为宝贵的资源是耕地，耕地关系十几亿人吃饭大事，必须保护好，绝不能有闪失。要牢牢立足于基本国情，把握供给侧结构性改革主线，把握好政府管控与市场激励机制的关系，做好新常态下的耕地保护工作；其六，《意见》部署，各级党委、政府及部门要对保护耕地、耕地占用与补充平衡千方百计，拓展途径。为进一步加强耕地保护和改进占补平衡工作，各地区各有关部门按照党中央、国务院决策部署，积极采取措施，强化主体责任，严格落实占补平衡制度，严守耕地红线，推行耕地保护、占补平衡十项方略。分别说明如下：

1. 组织领导保护耕地、占补平衡方略。在组织领导保护耕地、占补平衡方略上，一是确定指导思想；二是坚持统筹协调；三是加强组织领导。

（1）树立指导思想。这是指要坚持全面贯彻落实中共十八届三至六中全会及习近平总书记系列重要讲话精神和治国理政新理念新思想新战略，牢固树立新发展理念，按照国务院决策部署，坚守土地公有制性质不改变、耕地红线不突破、农民利益不受损三条底线，坚持最严格的耕地保护制度和最严格的节约用地制度，着力加强耕地数量、质量、生态"三位一体"保护，着力加强耕地管控、建设、激励多措并举保护，采取更加有力措施，依法加强耕地占补平衡规范管理，落实藏粮于地、藏粮于技战略，提高粮食综合生产能力，保障国家粮食安全，为实现"两个一百年"奋斗目标、实现中华民族伟大复兴中国梦构筑坚实的资源基础。

（2）坚持统筹协调。这是指要充分发挥市场配置资源的决定性作用和更好发挥政府作用，强化耕地保护主体责任，健全利益调节机制，激励约束并举，完善监管考核制度，实现耕地保护与经济社会发展、生态文明建设相统筹，耕地保护责权利相统一。

（3）加强组织领导。各地区各有关部门要按照本意见精神，抓紧研究制定贯彻落实具体方案，强化耕地保护工作责任和保障措施。为此，一是要建立党委领导、政府负责、部门协同、公众参与、上下联动的共同责任机制，地方各级党委和政府要树立保护耕地的强烈意识，切实担负起主体责任，采取积极有效措施，严格源头控制，强化过程监督，确保本行政区域内耕地保护责任目标全面落实；二是要地方各级政府主要负责人要承担起耕地保护第一责任人的责任，组织相关部门按照职责分工履职尽责，充分调动农村集体经济组织、农民和新型农业经营主体保护耕地的积极性，形成保护耕地合力。

2. 管理控制保护耕地、占补平衡方略。在管理控制保护耕地、占补平衡方略上，一是确定总体目标；二是坚持改革创新；三是加强规划管控；四是坚持严保严管。

（1）确定总体目标。这是指要牢牢守住耕地红线，确保实有耕地数量基本稳定、质量有提升。为此，一是到2020年，全国耕地保有量不少于18.65亿亩，永久基本农田保护面积不少于15.46亿亩，确保建成8亿亩、力争建成10亿亩高标准农田，稳步提高粮食综合生产能力，为确保谷物基本自给、口粮绝对安全，提供资源保护。二是不断完善耕地保护制度和占补平衡政策体系，促进形成保护更加有力、执行更加顺畅、管理更加高效的耕地保护新格局。

（2）坚持改革创新。这是指适应经济发展新常态和供给侧结构性改革要求，突出问题导向，完善永久基本农田管控体系，改进耕地占补平衡管理方式，实行占补平衡差别化管理政策，拓宽补充耕地途径和资金渠道，不断完善耕地保护和占补平衡制度，把握好经济发展与耕地保护的关系。

（3）加强土地规划管控和用途管制。为此，一是要充分发挥土地利用总体规划的整体管控作用，从严核定新增建设用地规模，优化建设用地布局，从严控制建设占用耕地特别是优质耕地。二是要实行新增建设用地计划安排与土地节约集约利用水平、补充耕地能力挂钩，对建设用地存量规模较大、利用粗放、补充耕地能力不足的区域，适当调减新增建设用地计划。三是要探索建立土地用途转用许可制，强化非农建设占用耕地的转用管控。

（4）坚持严保严管。为此，一是要强化耕地保护意识，强化土地用途管制，强化耕地质量保护与提升，坚决防止耕地占补平衡中补充耕地数量不到位、补充耕地质量不到位的问题，坚决防止占多补少、占优补劣、占水田补旱地的现象。二是要对已经确定的耕地红线绝不能突破，已经划定的城市周边永久基本农田绝不能随便占用。

3. 占补平衡保护耕地、占补平衡方略。在补偿补充保护耕地、占补平衡方略上，一是严格落实占补平衡责任；二是规范省域内补充耕地调剂制度；三是实行跨地区补充耕地利益调节法制；四是国家试行补充耕地统筹机制。

（1）严格落实耕地占补平衡责任。为此，一是要完善耕地占补平衡责任落实机制。对非农建设占用耕地的，建设单位必须依法履行补充耕地义务，无法自行补充数量、质量相当耕地的，应当按规定足额缴纳耕地开垦费；二是要地方各级政府负责组织实施土地整治，通过土地整理、复垦、开发等推进高标准农田建设，增加耕地数量、提升耕地质量，以县域自行平衡为主、省域内调剂为辅、国家适度统筹为补充，落实补充耕地任务；三是各省（自治区、直辖市）政府要依据土地整治新增耕地平均成本和占用耕地质量状况等，制定差别化的耕地开垦费标准。对经依法批准占用永久基本农田的，缴费标准按照当地耕地开垦费最高标准的两倍执行。

（2）规范省域内补充耕地指标调剂制度。为此，一是县（市、区）政府无法在本行政辖区内实现耕地占补平衡的，可在市域内相邻的县（市、区）调剂补充，仍无法实现耕地占补平衡的，可在省域内资源条件相似的地区调剂补充。各省（自治区、直辖市）要规范补充耕地指标调剂制度，完善价格形成机制，综合考虑补充耕地成本、资源保护补偿和管护费用等因素，制定调剂指导价格。

（3）实行跨地区补充耕地的利益调节法制。为此，一是要在生态条件允许的前提下，支持耕地后备资源丰富的国家重点扶贫地区有序推进土地整治增加耕地，补充耕地指标可对口向省域内经济发达地区调剂，补充耕地指标调剂收益由县级政府通过预算安排用于耕地保护、农业生产和农村经济社会发展。二是要各省（自治区、直辖市）政府统筹耕地保护和区域协调发展，支持占用耕地地区在支付补充耕地指标调剂费用基础上，通过实施产业转移、支持基础设施建设等多种方式，对口扶持补充耕地地区，调动补充耕地地区保护耕地的积极性。

（4）国家试行补充耕地统筹机制。这是指探索补充耕地国家统筹途径。为此，一是要根据各地资源环境承载状况、耕地后备资源条件、土地整治新增耕地潜力等，分类实施补充耕地国家统筹。二是要对耕地后备资源严重匮乏的直辖市，新增建设占用耕地后，新开垦耕地数量不足以补充所占耕地数量的，可向国务院申请国家统筹；三是要对资源环境条件严重约束、补充耕地能力严重不足的省份，由于实施国家重大建设项目造成的补充耕地缺口，可向国务院申请国家统筹；四是要经国务院批准后，有关省份按规定标准向中央财政缴纳跨省补充耕地资金，中央财政统筹安排落实国家统筹补充耕地任务所需经费，在耕地后备资源丰富省份落实补充耕地任务；五是要对跨省补充耕地资金收取标准，综合考虑补充耕地成本、资源保护补偿、管护费用及区域差异等因素确定，具体办法由财政部会同国土资源部另行制定。

4. 整治复垦保护耕地、占补平衡方略。在整治复垦保护耕地、占补平衡方略上，一是实施土地整治复垦；二是科学划定可耕地资源。

（1）大力实施土地整治，落实补充耕地任务。各省（自治区、直辖市）政府负责统筹落实本地区年度补充耕地任务，确保省域内建设占用耕地及时保质保量补充到位。为此，必须拓展补充耕地途径，统筹实施土地整治、高标准农田建设、城乡建设用地增减挂钩、历史遗留工矿废弃地复垦等，新增耕地经核定后可用于落实补充耕地任务。

（2）在严格保护生态前提下，科学划定宜耕土地后备资源范围，禁止开垦严重沙化土地，禁止在25度以上陡坡开垦耕地，禁止违规毁林开垦耕地。鼓励地方统筹使用相关资金实施土地整治和高标准农田建设。为此，必须充分发挥财政资金作用，鼓励采取政府和社会资本合作（PPP）模式、以奖代补等方式，引导农村集体经济组织、农民和新型农业经营主体等，根据土地整治规划投资或参与土地整治项目，多渠道落实补充耕地任务。

5. 划定农田保护耕地、占补平衡方略。在划定农田保护耕地、占补平衡方略上，一是划定永久基本农田；二是划定粮食生产功能区；三是严禁占用永久基本农田。

（1）严格永久基本农田划定和保护。全面完成永久基本农田划定任务，将永久基本农田划定作为土地利用总体规划的规定内容，在规划批准前先行核定并上图入库，落地到户，并与农村土地承包经营权确权登记相结合，将永久基本农田记载到农村土地承包经营权证书上。为此，必须将粮食生产功能区和重要农产品生产保护区范围内的耕地要优先划入永久基本农田，实行重点保护。

（2）永久基本农田一经划定，任何单位和个人不得擅自占用或改变用途。为此，必须强化永久基本农田对各类建设布局的约束，各地区各有关部门在编制城乡建设、基础设施、生态建设等相关规划，推进多规合一过程中，应当与永久基本农田布局充分衔接，原则上不得突破永久基本农田边界。

（3）一般建设项目不得占用永久基本农田，重大建设项目选址确实难以避让永久基本农田的，在可行性研究阶段，必须对占用的必要性、合理性和补划方案的可行性进行严格论证，通过国土资源部用地预审。为此，一是必须对农用地转用和土地征收依法依规报国务院批准。二是严禁通过擅自调整县乡土地利用总体规划，规避占用永久基本农田的审批。

6. 节用集约保护耕地、占补平衡方略。在节约集约保护耕地、占补平衡方略上，一是坚持节约集约用地优先原则；二是推广节约集约用地技术模式。

（1）坚持节约集约用地优先原则。这是指坚持节约优先。统筹利用存量和新增建设用地，严控增量、盘活存量、优化结构、提高效率，实行建设用地总量和强度双控，提高土地节约集约利用水平，以更少的土地投入支撑经济社会可持续发展。

（2）推广节约集约用地技术模式。这是指以节约集约用地缓解建设占用耕地压力的技术模式。为此，一是坚持实施建设用地总量和强度双控行动，逐级落实"十三五"时期建设用地总量和单位国内生产总值占用建设用地面积下降的目标任务。二是坚持盘活利用存量建设用地，推进建设用地二级市场改革试点，促进城镇低效用地再开发，引导产能过剩行业和"僵尸企业"用地退出、转产和兼并重组。三是坚持完善土地使用标准体系，规范建设项目节地评价，推广应用节约集约用地技术模式，强化节约集约用地目标考核和约束，推动有条件的地区实现建设用地减量化或零增长，促进新增建设不占或尽量少占耕地。

7. 提升质量保护耕地、占补平衡方略。在推进提升耕地质量保护耕地、占补平衡方略上，一是建设高标准农田；二是落实提升耕地质量保护措施。

（1）坚持建设高标准农田。这是指从2017年起，要大规模建设高标准农田。各省（自治区、直辖市）要根据全国高标准农田建设总体规划和全国土地整治规划的安排，逐级分解高标准农田建设任务，统一建设标准、统一上图入库、统一监管考核。为此，一是建立政府主导、社会参与的工作机制，以财政资金引导社会资本参与高标准农田建设，充分调动各方积极性。二是加强高标准农田后期管护，按照谁使用、谁管护和谁受益、谁负责的原则，落实高标准农田基础设施管护责任。三是对高标准农田建设情况要统一纳入国土资源遥感监测"一张图"和综合监管平台，实行在线监管，统一评估考核。

（2）坚持落实提升耕地质量保护措施。这是指坚持推动各地区实施耕地质理保护与提升行动。全面推进建设占用耕地耕作层剥离再利用，市县政府要切实督促建设单位落实责任，将相关费用列入建设项目投资预算，提高补充耕地质量。为此，一是要将中低质量的耕地纳入高标准农田建设范围，实施提质改造，在确保补充耕地数量的同时，提高耕地质量，严格落实占补平衡、占优补优。二是要加强新增耕地后期培肥改良，综合采取工程、生物、农艺等措施，开展退化耕地综合治理、污染耕地综合修复等，加速土壤熟化提质，实施测土配方施肥，强化土壤肥力保护，有效提高耕地产能。

8. 休养生息保护耕地、占补平衡方略。在组织拓展休养生息保护耕地、占补平衡方略上，一是确定休养生息耕地标准；二是推进耕地轮作休耕科学化。

（1）确定休养生息耕地标准。这是指全国统筹推进耕地休养生息标准，对25度以上坡耕地、严重沙化耕地、重要水源地15~25度坡耕地、严重污染耕地等有序开展退耕还林还草，不得将确需退耕还林还草的耕地划为永久基本农田，不得将已退耕还林还草的土地纳入土地整治项目，不得擅自将永久基本农田、土地整治新增耕地和坡改梯耕地纳入退耕范围。

（2）积极稳妥推进耕地轮作休耕试点，加强轮作休耕耕地管理，不得减少或破坏耕地，不得改变耕地地类，不得削弱农业综合生产能力。为此，一是要加大轮作休耕地保护和改造力度，优先纳入高标准农田建设范围。二是要因地制宜实行免耕少耕、深松浅翻、深施肥料、粮豆轮作套作的保护性耕作制度，提高土壤有机质含量，平衡土壤养分，实现用地与养地结合，多种举措保护提升耕地产能。

9. 调查检查保护耕地、占补平衡方略。在组织开展调查检查保护耕地、占补平衡方略上，一是调查评价耕地质量产能；二是监督检查耕地保护情况；三是检查验收耕地补充结果。

（1）严格调查评价耕地质量产能。这是指加强耕地质量调查评价与监测。为此，一是严格建立健全耕地质量和耕地产能评价制度，完善评价指标体系和评价方法，定期对全国耕地质量和耕地产能水平进行全面评价并发布评价结果；二是严格完善土地调查监测体系和耕地质量监测网络，开展耕地质量年度监测成果更新。

（2）严格监督检查耕地保护情况。为此，一是要完善国土资源遥感监测"一张图"和综合监管平台，扩大全天候遥感监测范围，对永久基本农田实行动态监测，加强对土地整治过程中的生态环境保护，强化耕地保护全流程监督检查；二是要加强耕地保护信息化建设，建立耕地保护数据与信息部门共享机制；三是要健全土地执法联动协作机制，严肃查处土地违法违规行为；四是国家土地督察机构要加强对省级政府实施土地利用总体规划、履行耕地保护目标责任、健全耕地保护制度等情况的监督检查。

（3）严格检查验收耕地补充结果。为此，一是各县（市）政府要加强对土地整治和高标准农田建设项目的全程管理，规范项目规划设计，强化项目日常监管和施工监理。二是各县（市）有关部门要做好项目竣工验收，严格新增耕地数量认定，依据相关技术规程评定新增耕地质量。三是要将验收合格的新增耕地，应当及时在年度土地利用变更调查中进行地类变更。四是省级政府要做好对市县补充耕地的检查复核，确保耕地数量质量到位。

10. 责任考核保护耕地、占补平衡方略。在组织推进责任考核耕地、占补平衡方略上，一是加强对耕地保护责任主体补偿激励；二是完善耕地保护责任目标考核制度。

（1）加强对耕地保护责任主体的补偿激励。为此，一是要坚持积极推进中央和地方各级涉农资金整合，综合考虑耕地保护面积、耕地质量状况、粮食播种面积、粮食产量和粮食商品率，以及耕地保护任务量等因素，统筹安排资金，按照谁保护、谁受益的原则，加大耕地保护补偿力度。二是要坚持鼓励地方统筹安排财政资金，对承担耕地保护任务的农村集体经济组织和农户给予奖补。三是要坚持奖补资金发放，与耕地保护责任落实情况挂钩，主要用于农田基础设施后期管护与修缮、地方培育、耕地保护管理等。

（2）完善耕地保护责任目标考核制度。为此，一是要完善省级政府耕地保护责任目标考核办法，全面检查和考核耕地与永久基本农田保护情况、高标准农田建设任务完成情况、补充耕地任务完成情况、耕地占补平衡落实情况等。二是要经国务院批准，国土资源部会同农业部、国家统计局等有关部门下达省级政府耕地保护责任目标，作为考核依据。三是各省级政府要层层分解耕地保护任务，落实耕地保护责任目标，完善考核制度和奖惩机制。四是要将耕地保护责任目标考核结果作为领导干部实绩考核、生态文明建设目标评价考核的重要内容。五是要探索编制土地资源资产负债表，完善耕地保护责任考核体系。实行耕地保护党政同责，对履职不力、监管不严、失职渎职的，依纪依规追究党政领导责任。

（三）坚持推行农村集体土地所有权、承包权、经营权分离方略

在坚持农村土地集体所有制基础上，形成所有权、承包权、经营权三权分离，允许经营权流转格局。中共中央、国务院于2014年1月发布的一号文件提出，稳定农村土地承包关系并保持长久不变，在坚持和完善最严格的耕地制度前提下，赋予农民对承包土地占有、使用、收益、流转及承包经营权

抵押、担保权益。同年9月29日,习近平总书记在中央全面深化改革领导小组第五次会议讲话中指出,现阶段深化农村土地制度改革,要更多地考虑推进农业现代化问题,既要解决好农业问题,又要解决好农民问题,走出一条中国特色农业现代化道路。包括:一是要在坚持农村土地集体所有制的基础上,促使承包权和经营权分离,形成所有权、承包权、经营权三权分离、经营权流转的格局。二是要发展农业现代产业化规模经营,必须与城镇化进程和农村劳动力转移规模相适应,与农业科技进步和生产手段改进程度相适应,与农业社会化服务水平提高相适应。三是要加强引导,不损害农民土地承包经营权益,不改变土地用途,不破坏农业综合生产能力。四是要尊重农民意愿,坚持依法自愿有偿流转土地经营权,不能搞行政瞎指挥、强迫命令。五是要坚持农业生产经营规模适度,重点支持发展粮食规模生产。六是要让农民成为土地适度经营的积极参与者和真正受益者。七是要根据各地基础和条件,确定土地合理的农业生产经营规模,不能片面追求快和大,更不能忽视普遍农户占大多数经营自家承包土地的基本农情。八是要对工商企业租赁农户承包土地,必须设置严格的门槛,建立资格审查、项目审核、风险保险金制度,对准入和监管制度作出明确规定。为此,坚持组织推行以下五项方略:

1. 坚持依法管制农村土地用途出让方略。这是指中共中央、国务院及各级党委、政府组织发布推行农村土地所有、承包、经营法律法规,严格土地用途管制,严格依法出让土地的策略:一是坚持用科学规划落实土地管理的各项具体规定,在有效利用土地的基础上,确保不减少土地数量,不降低土地质量;二是坚持推动土地的所有者、承包者、经营使用者严格按照用途利用土地,严格执行土地保护的基本国策,严守农业土地不被非农业占用的红线;三是坚持在国家法律法规督导调控下,落实农村土地所有权、承包权、经营权三权分离、经营权流转的策略。据统计,2014年底,全国农户家庭承包经营流转土地面积4.6亿亩,占农户家庭联产承包经营土地总面积32%,比"十一五"规划末2010年提高24%。在实践中,其一是各地区在依法推进土地承包经营流转上,着力发展专业大户、家庭农场、农民专业合作社和股份合作组织等新型农业产业化经营主体,依法采取转包、出租、互换、合作、转让等土地经营流转形式,都坚持遵循自觉、自愿、有偿、互利的规划;其二是各地区在依法推行土地承包经营流转上,地方各级政府及有关部门着力加强监督管理,退出土地承包经营流转环节,发挥市场信息收发、资源利用、价格调剂的作用,统筹兼顾政府与市场双方面的作用;其三是各地区在依法推行土地承包经营流转上,地方各级政府及有关部门着力引导农民学会维护自己的土地承包经营流转权益,预防发生把土地承包经营流转给工商企业,造成非粮、非农化占用土地、难以恢复农田的风险问题,充分发挥农村基层党政组织维护土地集体所有权的监管作用。

2. 坚持组织推行农村土地经营权有序流转方略。中共中央、国务院于2014年10月17日审议通过的《关于引导农村土地经营权有序流转发展、农业适度规模经营的意见》提出,着眼于推进现代农业发展、维护农民合法权益,坚持一切从国情和农村实际出发,一是坚持农村土地集体所有,所有权、承包权、经营权三权分置,引导土地经营权有序流转。首先,要维护好农村土地集体所有权,其次,要保障好土地承包权,同时,要放活经营权;二是坚持强化对农户承包地权益的保护,加强对承包地的保护,是促进土地经营权流转起来,形成农业现代产业化规模经营的前提条件。首先,要建立新型职业农民制度,积极培养专业大户,家庭农场经营者、农民专业合作社带头人、农业企业经营管理人员、农业社会化服务人员和返乡农民工等新型职业农民。其次,要引导土地资源流向新型农业生产经营主体,促使更多的土地经营权,优先流向家庭农场等规模经营农户。再次,要着力为新型农业生产经营主体提供财政、金融、用地、税收等方面优惠扶持政策;三是坚持鼓励经营权有序流转的土地用于粮食规模生产。为了保障经营权流转的土地用于粮食规模生产,首先,要通过相关优惠政策,引导农业生产经营主体生产,重点扶持粮食规模化生产经营。其次,要通过合理引导土地经营权流转价格,降低粮食生产经营成本,稳定粮食种植面积;四是坚持及时纠正和解决农村土地承包、经营权流转中逼迫强行、追求规模、服务水平低、侵害农民合法权益的问题,要坚决纠正一些工商企业长时间、大面积租赁农户承包地"非粮化"、"非农化"的问题。为此,一要坚守土地经营权流转底线,要坚持农村土地集体所有，坚持依法自愿有偿，保护农民土地承包权益，确保经营权流转土地用于农业生产经营，重点扶持粮食规模生产经营。二要坚持鼓励创新土地经营权流转形式，鼓励农民以多种形式长期流转承包地，稳步推进土地经营权抵押、担保，允许农民以承包权、经营权入股，发展农业产业化经营。三要坚持严格规范土地经营权流转行为，尊重农民在流转中的主体地位，村级组织只能在农户书面委托的前提下，才能组织统一流转。四要坚持加强土地承包、经营权流转服务体系建设；五是坚持防止"非粮化"、"非农化"等倾向，鼓励经营权流转土地用于粮食生产经营。为此，一要通过国家财政新增补贴资金投入粮食生产经营主体，优先安排农机具购置补贴、农田水利建设补助。二要通过粮食主产区、功能区、高产区产业扶持政策，引导经营主体进行粮食生产经营。三要通过合理引导土地经营权流转公平合理价格，以降低粮食生产成本，稳定粮食种植面积。四要通过停止采取粮食直接补贴、良种补贴、农业生产资料综合补贴政策，遏制撂荒粮食种植耕地；六是坚持鼓励工商资本发展良种种苗繁育、高标准农林种植和牧渔养殖各产业规模化经营。对工商企业租赁农户承包土地加强监管和风险防范，建立健全资格审查、项目审核、风险保障金制度，严格准入门槛，加强事后监管，及时查处和纠正违法犯规行为；七是坚持推进农业生产经营专业化、标准化、规模化、集约化的现代化，提高农业产业经营社会化服务水平，建立多元社会化服务组织，拓展农业科技推广、动植物防疫、农业产品质量安全监管等公共服务组织的服务范围，支持开展农业生产经营服务，推广土地承包、经营权流转托管服务模式，鼓励农村供销社为农业生产经营各环节服务。

3. 坚持组织推行农村集体建设用地与国有土地具有同等权利进入建设用地市场方略。为了确保农民实现土地承包经营流转权益，改变城镇建设用地方式，中共十八届三中全会通过的《中共中央关于全面深化改革若干重大问题的决定》，对农村集体建设用地与国有土地具有同等权利进入建设用地市场规定四项策略：一是"只有符合规划和用途规则的农村集体经营性建设用地，才能进入建设用地市场"，主要指依国家法规批准的农业产品产加销一条龙企业建设用地，进入建设用地市场；二是进一步明确国家征用农村集体土地制度改革的方向："缩小征地范围，规范征地程序，完善对被征地农民合理、规范、多元保障机制"；三是"对改变用途的土地，要建立国家、集体、个人的土地增值收益分配机制，合理提高个人收益"；四是"在符合规划和用途管制前提下，允许农村集体经营性建设用地出让、租赁、入股，实行与国有土地同等入市、同权同价。"

4. 坚持组织推行农村对农户土地承包经营权抵押、担保、入股权益方略。为了继续贯彻执行《物权法》和《农村土地承包法》，国家明确规定农村集体土地承包经营权人依法对其承包的土地享受占有、使用、收益、流转的权利的基础上，中共中央在发布《关于全面深化改革若干重大问题的决定》规定两项策略：一是"赋予农民对承包地占有、使用、收益、流转及承包经营权抵押、担保、权能，允许农民以承包经营权入股发展农业产业化经营"。这个《决定》对农民承包土地增加了承包经营权的抵押、担保、入股的权能，完善了农民对土地承包经营权的占有、使用、收益、处理四个权能；二是"稳定农村集体土地承包关系并保持长久不变"。农户对农村集体土地承包权，是不能被其他主体取代的。但准许农户用承包土地的经营权抵押、担保、入股，即使经营失利，农户也不会失去土地承包权，更不会损坏土地所有制。

5. 坚持组织推行农村对农户住房财产权抵押、担保、转让、入股方略。为了继续加强农村农户住房基地管理，依法确定每个农户一个住房基地、长期无偿使用，对农户住房及基地，允许出租、转让，但转让、出租后，不得再申请住房基地，中共中央在发布《关于全面深化改革若干重大问题的决定》规定，"保障农户宅基地用益物权，改革完善农村宅基地制度，选择若干试点，慎重稳妥推进农民住房财产权抵押、担保、转让，探索农民增加财产性收入渠道"。农户住房财产权的抵押、担保、转让，必须是依法"房地一体"的农户住房，对抵押房屋必须一并抵押房屋所占用的土地使用权，既要使农民能够增加财产性收入，又必须制止农村乱占土地、乱建房屋现象，对于农户住房财产权的抵押、担保、转让，必须在经批准的地方开展试点。

（四）坚持推行农村宅基地和集体建设用地使用权登记发证方略

2014年8月10日，由国土资源部、财政部、住房和城乡集建设部、农业部、国家林业局联合发布的《关于进一步加快推进宅基地和集体建设用地使用权确权登记发证工作的通知》，明确将宅基地和集体建设用地使用权确权登记发证纳入不动产统一登记制度的实施进程，强调要为建立城乡统一的建设用地市场奠定产权基础。为此，这个《通知》明确提出以下三项方略：

1. 《通知》规定，农村宅基地和集体建设用地使用权确权登记发证工作的目标，是在实施不动产统一登记制度前提下，将农房等集体建设用地上建筑物、构筑物，纳入宅基地和集体建设用地使用权确权登记发证的范围，基本实现统一调查、统一确权登记、统一发证。这是维护农民合法权益，促进农村社会秩序和谐稳定的重要措施，是深化农村改革，促进城乡统筹发展的产权基础，也是建立实施不动产统一登记制度的基本内容。

2. 《通知》要求，全面加快农村地籍调查，因地制宜确定调查方法和精度，避免"一刀切"，要以针对本省实际问题，进一步细化完善有关政策和技术标准。坚持农村违法宅基地和集体建设用地，必须依法补办用地批准手续后，方可进行登记发证。地方政府要按照2013年、2014年中发1号文件要求，将确权登记颁证工作经费纳入财政预算，切实保障工作开展。

3. 《通知》指出，经国务院同意建立不动产登记工作部际联席会议制度以来，有关部门首次联合发文，明确阐述了不动产统一登记"城乡统一"的重要意义。在农村宅基地和集体建设用地使用权登记发证工作中，将农房等集体建设用地上建筑物、构筑物一并纳入，有助于建立健全不动产登记制度，形成覆盖城乡房地一体的不动产登记体系，提高政府行政效能和监管水平，避免增加群众负担，减少重复建设和资金浪费。中共十八届三中全会提出建立城乡统一的建设用地市场、改革完善基地管理制度的要求，推进确权登记发证工作是实现这些改革目标的产权基础和法律保障，对农民基本财权权利意义重大。

（五）坚持实施农村土地征收、集体经营建设用地入市和宅基地制度改革试点方略

中共十八届三中全会《中共中央关于全面深化改革若干重大问题的决定》提出，在符合规划和用途管制前提下，允许农村集体经营性建设用地出让、租赁、入股，实行与国有土地同等入市、同权同价；缩小征地范围，规范征地程序，完善对被征地农民合理、规范、多元保障机制；保障农户宅基地用益物权，改革完善农村宅基地制度。这些要求明确了农村土地制度改革的方向和任务。农村土地制度改革事关重大，必须试点先行。2015年1月11日，中央印发了有关改革试点工作意见：一是为什么要开展农村土地制度改革试点；二是农村土地制度改革试点的指导思想是什么；三是农村土地制度改革的基本原则是什么；四是农村土地制度改革的主要任务有哪些。分别说明如下：

1. 为什么要开展农村土地制度改革试点。开展农村土地征收、集体经营性建设用地入市、宅基地制度改革，是中共十八届三中全会《决定》提出的明确任务。农村土地制度是国家的基础性制度，在实践基础上形成的中国特色土地制度，为我国经济社会发展作出了历史性贡献。但是，随着实践发展和改革深入，现行农村土地制度与社会主义市场经济体制不相适应的问题日益显现，必须通过深化改革来破解。为此，一是改革完善农村土地制度，有利于健全城乡发展一体化体制机制，有利于建立城乡统一的建设用地市场，有利于推进中国特色农业现代化和新型城镇化。二是按照中共中央、国务院的要求，国土资源部开展了以土地征收、农村集体经营性建设用地流转和宅基地制度为主要内容的改革试点，各地区结合实际进行了积极探索，为改革完善农村土地制度积累了经验。三是农村土地制度改革牵一发而动全身，涉及重要法律修改，涉及重大利益调整，涉及农村集体经济组织制度、村民自治制度等重要制度的完善，必须根据中央统一部署，按照守住底线、试点先行的原则平稳推进。

2. 农村土地制度改革试点的指导思想，必须严肃认真贯彻落实中共十八大和十八届三中、四中全会精神，立足我国基本国情和发展阶段，一是要坚持问题导向和底线思维，使市场在资源配置中起

决定性作用和更好发挥政府作用，兼顾效率与公平，围绕健全城乡发展一体化体制目标，以建立城乡统一的建设用地市场为方向，以夯实农村集体土地权能为基础，以建立兼顾国家、集体、个人的土地增值收益分配机制为关键，以维护农民土地权益、保障农民公平分享土地增值收益为目的，发挥法律引领和推动作用，着力政策和制度创新，为改革完善农村土地制度，推进中国特色农业现代化和新型城镇化提供实践经验。二是要通过改革试点，探索健全程序规范、补偿合理、保障多元的土地征收制度，同权同价、流转顺畅、收益共享的农村集体经营性建设用地入市制度，依法公平取得、节约集约使用、自愿有偿退出的宅基地制度。探索形成可复制、可推广的改革成果，为科学立法、修改完善相关法律法规提供支撑。

3. 农村土地制度改革试点的基本原则，一是把握正确方向，紧扣中共十八届三中全会提出的农村土地制度改革任务；二是坚守改革底线，坚持试点先行，确保土地公有制性质不改变、耕地红线不突破、农民利益不受损；三是维护农民权益，始终把维护好、实现好、发展好农民土地权益，作为改革的出发点和落脚点；四是坚持循序渐进，既要有条件、按程序、分步骤审慎稳妥推进，又要鼓励试点地区结合实际，大胆探索；五是注重改革协调，形成改革合力。

4. 农村土地制度改革试点的主要任务，一是在农村土地征收改革方面完善土地征收制度。一要针对征地范围过大、程序不够规范、被征地农民保障机制不完善等问题，要探索缩小土地征收范围，规范制定土地征收目录，严格界定公共利益用地范围；二要规范土地征收程序，建立社会稳定风险评估制度，健全矛盾纠纷调处机制，全面、公开土地征收信息；三要完善对被征地农民合理、规范、多元保障机制。二是在农村集体经营性建设用地入市改革方面，建立农村集体经营性建设用地入市制度。针对农村集体经营性建设用地权能不完整，不能同等入市、同权同价和交易规则亟待健全等问题，一要探索完善农村集体经营性建设用地产权制度，赋予农村集体经营性建设用地出让、租赁、入股权能；二要明确农村集体经营性建设用地入市范围和途径；三要建立健全市场交易规则和服务监管制度。三是在农村宅基地制度改革方面，要改革完善农村宅基地制度。针对农户宅基地取得困难、利用粗放、退出不畅等问题，一要完善宅基地权益保障和取得方式，探索农民住房保障在不同区域户有所居的多种实现形式；二要对因历史原因形成超标准占用宅基地和一户多宅等情况，探索实行有偿使用；三要探索进城落户农民在本集体经济组织内部自愿有偿退出或转让宅基地；四要改革宅基地审批制度，发挥村民自治组织的民主管理作用。四是在建立兼顾国家、集体、个人的土地增值收益分配法规上，合理提高个人收益。针对土地增值收益分配机制不健全，兼顾国家、集体、个人之间利益不够等问题，要建立健全土地增值收益在国家与集体之间、集体经济组织内部的分配办法和相关制度，公平合理安排分配。

八、农村脱贫致富综合开发治理、科学精准扶持建设方略规程

首先，坚定不移地推行扶贫攻坚战略。2014年1月24日，中共中央办公厅、国务院办公厅印发了《关于创新机制扎实推进农村扶贫开发工作的意见》，一是《意见》明确规定，当前和今后一个时期扶贫开发的六个工作机制，包括改进贫困县考核机制、建立精准扶贫工作机制、健全干部驻村帮扶机制、改革财政专项扶贫资金管理机制、完善金融服务机制、创新社会参与机制；二是《意见》提出，组织实施村级道路畅通、饮水安全、农村电力保障、危房改造、特色产业增收、乡村旅游扶贫、教育扶贫、卫生计划生育、文化建设、贫困村信息化等十项扶贫开发重点工作政策措施；三是同年3月13日，第十二届全国人大二次会议通过的《政府工作报告》提出，创新扶贫开发方式，加快推进集中连片特殊困难地区区域发展与扶贫攻坚，地方要优化整合扶贫资源，实行精准扶贫，确保扶贫到村到户，引导社会力量参与扶贫事业，本年再减少农村贫困人口1000万人以上，要继续向贫困宣战，决不让贫困代代相传；四是同年10月17日，国务院在召开的全国社会扶贫工作电视电话会议上决

定，遵照习近平总书记批示，将每年10月17日设立扶贫日，全党全社会要继续共同努力，形成扶贫攻坚开发强大合力，各级党委、政府贫困地区农村农民格外关爱，履行职责，加大扶持力度，加快脱贫致富奔小康的步伐；五是同年国土资源部为拓宽土地资源扶贫攻坚开发途径，支持低缓坡荒地荒滩等利用地开发治理；六是同年国务院扶贫办公室与中国农业银行签署的《金融扶贫协议》规定，进一步加大信贷扶持力度，重点支持基础设施、区域特色农业、资源优势工业、特色旅游业、民生工程等项目；七是中央财政继续增加对集中连片贫困地区农村转移支付额度，完善各级财政专项扶贫开发资金投入机制，促进贫困地区农村农民群众增收致富。

其次，坚定不移地加快脱贫致富步伐。2015年2月1日，中共中央、国务院颁布的《关于加大改革创新力度，加快农业现代化建设的若干意见》规定，大力推进农村扶贫开发，增加农民收入，必须加快农村贫困人口脱贫致富步伐。为此，一是要以集中连片特困地区为重点，加大投入和工作力度，加快片区规划实施，打好扶贫开发攻坚战。二是要推进精准扶贫，制定并落实建档立卡的贫困村和贫困户帮扶措施。三是要加强集中连片特困地区基础设施建设、生态保护和基本公共服务，加大用地政策支持力度，实施整村推进、移民搬迁、乡村旅游扶贫等工程。四是要对扶贫项目审批权，原则上要下放到县，省市切实履行监管责任建立公告公示制度，全面公开扶贫对象、资金安排、项目建设等情况。五是要健全社会扶贫组织动员机制，搭建社会参与扶贫开发平台，完善干部驻村帮扶制度。六是要加强贫困监测，建立健全贫困县考核、约束、退出等机制。经济发达地区要不断提高扶贫开发水平。七是同年3月15日，第十二届全国人大三次会议通过的《政府工作报告》提出，持续打好扶贫攻坚战，深入推进集中连片特困地区扶贫开发，实施精准扶贫、精准脱贫。难度再大，本年也要再减少农村贫困人口1000万人以上。

最后，坚定不移地走出中国脱贫致富道路。从2013年中共十八以来，习近平总书记多次强调，推进扶贫攻坚开发，事关中国特色社会主义伟大事业的顺利推进，事关国家的长治久安，事关亿万贫困群众"中国梦"的实现。如果贫困地区长期贫困，面貌长期得不到改变，群众生活得不到明显提高，那就没有体现我国社会主义制度的优越性。在当前扶贫攻坚的历史新阶段，他进山区、走边疆、访老区、入海岛，他告诫全党全社会认清消除贫困、改善民生，实现共同富裕，是社会主义本质要求。改革开放以来，我国扶贫开发工作取得举世瞩目的成就，走出一条中国特色扶贫开发道路。但是，贫困地区农村发展滞后问题没有根本改变，贫困农村人口生产生活仍然十分困难。全面建成小康社会，最艰巨最繁重的任务在农村特别是在贫困地区。实现《中国农村扶贫开发纲要（2011—2020年）》提出的奋斗目标。此后，中共十八大和十八届二中至六中全会通过了新时期扎实推进扶贫攻坚开发方略，从2014年至2015年，通过中央经济工作会议、中央农村工作会议、国务院扶贫开发工作会议、全国人大和政协会议，全面落实习近平总书记等中央领导同志关于扶贫开发工作的一系列重要指示，进一步增强责任感和紧迫感，切实将扶贫攻坚开发工作，摆到更加重要更为突出的位置，以改革创新为动力，着力消除体制机制障碍，增强内生动力和发展活力，加大扶持力度，集中力量解决突出问题，加快贫困群众脱贫致富、贫困地区全面建成小康社会。为此，一是注重实效，组织完成农村扶贫攻坚开发任务；二是深化改革，达到有效扶贫攻坚开发要求；三是加强领导，确保落实扶贫攻坚开发策略；四是组织动员，引导推动各地区、部门采取扶贫攻坚开发措施。分别说明如下：

（一）组织完成脱贫致富综合开发治理、科学精准扶持建设任务

各级党委、政府要针对制约贫困地区农村经济发展的问题，以集中连片特殊困难地区农村为主战场，因地制宜，分类指导，突出重点，注重实效，继续做好整村推进、易地扶贫搬迁、以工代赈、就业促进、生态建设等工作，进一步整合力量、明确责任、明确目标，组织完成脱贫致富综合开发治理、科学精准建设十方面任务：

1. 完成村级道路畅通任务。按照《全国农村公路建设规划》确定的目标任务，结合村镇行政区划调整、易地扶贫搬迁、特色产业发展和农村物流等工作，加大对贫困地区农村公路建设支持力度。

加强安全防护设施建设和中小危桥改造，提高农村公路服务水平和防灾抗灾能力。到 2015 年，提高贫困地区县城通二级及以上高等公路比例，除西藏外，西部地区 80% 的建制村通沥青（水泥）路，稳步提高贫困地区农村客运班车通达率，解决溜索特殊问题。到 2017 年，新改建农村公路 20 万公里。到 2020 年，实现具备条件的建制村通沥青、水泥路和通班车。

2. 完成人畜饮水安全任务。继续全力推进《全国农村饮水安全工程"十二五"规划》实施，优先安排贫困地区农村饮水安全工程建设，确保到 2015 年解决规划内贫困地区剩余的农村居民和学校师生饮水安全问题。到 2017 年，提高农村饮水安全供水保证率。到 2020 年，农村饮水安全保障程度和自来水普及率进一步提高。

3. 完成电力保障供应任务。与易地扶贫搬迁规划相衔接，加大农村电网升级改造工作力度。落实《全面解决无电人口用电问题三年行动计划（2013—2015 年）》，因地制宜采取大电网延伸以及光伏、风电光电互补、小水电等可再生能源分散供电方式。到 2015 年，全面解决无电人口用电问题。到 2017 年，实现农村稳定可靠供电服务和平原地区机井通电全覆盖。

4. 完成危房改造任务。科学制定贫困地区危房改造计划，继续加大对贫困地区和贫困人口倾斜力度。明确建设标准，确保改造户住房达到最低建设要求。完善现有危房改造信息系统，有步骤地向社会公开。加强对农村危房改造的管理和监督检查。到 2017 年，加大农村危房改造力度，深入推进农村人居环境整治，建设既有现代文明，又具有田园风光的美丽乡村。到 2020 年，完成贫困地区存量农村危房改造任务，解决贫困农户住房安全问题。

5. 完成特色产业发展任务。指导连片特困地区编制县级特色产业发展规划。加强规划项目进村到户机制建设，切实提高贫困户的参与度、受益度。积极培育贫困地区农民合作组织，提高贫困户在产业发展中的组织程度。鼓励企业从事农业产业化经营，发挥龙头企业带动作用，探索企业与贫困农户建立利益联结机制，促进贫困农户稳步增收。深入推进科技特派员农村科技创业行动，加快现代农业科技在贫困地区的推广应用。到 2015 年，力争每个有条件的贫困农户掌握 1~2 项技术，至少参与 1 项养殖、种植、林下经济、花卉苗木培育、沙产业、设施农业等增收项目。到 2017 年，加快推进农业产品标准化生产、品牌创建和保护，打造粮食生产功能区、重要农业产品生产保护区、特色农业产品优势区、现代农业产业园区。到 2020 年，初步构建特色支柱产业体系。不断提高贫困地区防灾避灾能力和农业现代化水平。畅通农产品流通渠道，完善流通网络。推动县域经济发展。

6. 完成旅游脱贫致富任务。加强贫困地区旅游资源调查，围绕美丽乡村建设，依托贫困地区优势旅游资源，发挥精品景区的辐射作用，带动农户增加收入，在研究编制全国重点旅游区生态旅游发展规划时，统筹考虑贫困地区旅游资源情况，对贫困乡村旅游发展给予重点支持。结合交通基础设施建设、农村危房改造、农村环境综合整治、生态搬迁、游牧民定居、特色景观旅游村镇、历史文化名村名镇和传统村落及居民保护等项目建设，加大政策、资金扶持力度，促进休闲农业和乡村旅游业发展。到 2015 年，扶持约 2000 个贫困村开展乡村旅游。到 2017 年，发展观光农业、休闲农业、拓展产业链价值链，打造农村一、二、三产业融合发展新格局，加快培育农业和农村经济发展新动能。到 2020 年，扶持约 6000 个贫困村开展乡村旅游，带动农村劳动力就业。

7. 完成教育扶贫就业创业任务。全面实施教育扶贫工程，科学布局农村义务教育学校，保障学生就近上学。大力发展现代职业教育，办好一批中、高等职业学校，支持一批特色优势专业，培育当地产业发展需要的技术技能人才。实施中等职业教育协作计划，支持贫困地区初中毕业生到省内外经济较发达地区中等职业学校接受教育。继续推进面向贫困地区定向招生专项计划和支援中西部地区招生协作计划的实施，不断增加贫困地区学生接受优质高等教育机会。到 2015 年，贫困地区义务教育巩固率达到 90% 以上。到 2017 年，统一城乡义务教育学生"两免一补"政策，加快实现城镇义务教育公共服务常住人口全覆盖，持续改善薄弱学校办学条件，扩大优质教育资源覆盖面，不断缩小城乡、区域、校际办学差距。继续扩大重点高校面向贫困地区农村招生规模，办好公平优质教育。到 2020 年，贫困地区基本普及学前教育，义务教育水平进一步提高。

8. 完成卫生计生服务体系任务。加强妇幼保健机构能力建设,加大重大疾病和地方病防控力度,采取有效措施逐步解决因病致贫、因病返贫问题。加强贫困地区计划生育工作,加大对计划生育扶贫对象的扶持力度。到 2015 年,贫困地区县、乡、村三级卫生计生服务网基本健全,县级医院的能力和水平明显提高,每个乡镇有 1 所政府举办的卫生院,每个行政村有卫生室;新型农村合作医疗参合率稳定在 90% 以上;逐步提高儿童医疗卫生保障水平,重大传染病和地方病得到有效控制。到 2017 年,城乡居民医保财政补助由每人每年 420 元提高到 450 元,扩大用药保障范围,完善大病保险制度,提高保障水平。增强基层服务能力,方便群众就近就医。到 2020 年,贫困地区群众获得公共卫生和基本医疗服务更加均等,服务水平进一步提高,低生育水平持续稳定,逐步实现人口均衡发展。

9. 完成公共文化服务体系任务。加强贫困地区农村公共文化服务体系建设,提高服务效能,积极推进公共数字文化建设。统筹有线电视、直播卫星、地面数字电视等多种方式,提高电视覆盖率。充分利用村级组织活动活动场所等所有设施,积极开展群众性文化活动。到 2015 年,基本建成以县级公共图书馆、文化馆和乡镇综合文化站为主干的公共文化设施网络。到 2017 年,发展文化事业和文化产业。加强社会主义精神文明建设,提高基本公共文化服务均等化水平。加快培育文化产业,加强文化市场监管,广泛开展全民健身,使更多人享受运动快乐、拥有健康体魄。到 2020 年,全面实现广播电视户户通。

10. 完成信息服务网络任务。推进贫困地区建制村接通符合国家标准的互联网,努力消除"数字鸿沟"带来的差距。整合开放各类信息资源,为农民提供信息服务。每个村至少确定 1 名有文化、懂信息、能服务的信息员,加大培训力度,充分利用有关部门现有培训项目,着力提高其信息获取和服务能力。到 2015 年,连片特困地区已通电的建制村,互联网覆盖率达到 100%,基本解决连片特困地区内义务教育学校和普通高中、职业院校的宽带接入问题。到 2017 年,在年内全部取消国内长途和漫游费,推动互联网 + 深入发展、促进数字经济加快成长,让农民受惠。到 2020 年,自然村基本实现通宽带。

(二) 切实达到脱贫致富综合开发治理、科学精准扶持建设要求

各级党委、政府及各有关部门要深刻认识扶贫开发的重大意义,更加重视脱贫致富综合开发治理、科学精准建设工作,转变作风,扎实工作,切实帮助贫困地区农村改变面貌,帮助贫困群众脱贫致富。为此,切实达到脱贫致富综合开发治理、科学精准建设五项要求:

1. 达到明确工作职责要求。要把扶贫开发工作列入重要议事日程,摆在突出位置,党政主要负责同志要认真履行职责,把工作重点放在扶贫开发上,切忌空喊口号,不提好高骛远的目标,出实招、办实事、求实效。关注少数民族、妇女儿童、残疾人等特殊群体,加大支持力度、中央和国家机关要发挥引领示范作用,认真贯彻扶贫开发政策,落实分工任务,积极选派优秀干部到贫困地区帮扶。东部各省(直辖市)在做好东西部扶贫协作的同时,进一步加大对本区域内贫困地区和贫困人口的扶持力度,鼓励支持其开展扶贫改革实验,探索解决相对贫困、缩小收入差距、实现共同富裕的有效途径。加大扶贫开发工作考核力度,做到有目标、有计划、有措施、有检查、有奖惩。加快扶贫立法,把扶贫开发工作纳入法治轨道,确保长期化、可持续。

2. 达到完善管理体制要求。要进一步完善中央统筹、省负总责、县抓落实的管理体制。国务院有关部门负责统筹协调、分类指导,以连片特困地区为重点,组织编制规划,加强政策指导,强化对跨区域重大基础设施建设、生产力布局、经济协作等事项的督促、衔接和协调,公共投资要向贫困地区倾斜。各省(自治区、直辖市)党委、政府要对本区域内贫困地区的扶贫脱贫负总责,逐级建立扶贫开发目标责任制,组织制定贫困县、村脱贫规划和产业发展规划,整合省内资源予以支持。各县(市、区、旗)党委、政府要采取措施,帮扶到村到户到人,把扶贫开发任务和政策逐项落实到实处。

3. 达到加强基层组织要求。要加强服务型党组织建设,健全党员干部联系和服务群众制度,切

实发挥基层党组织推动发展、服务群众、凝聚人心、促进和谐的作用。选好配强村级领导班子，突出抓好村党组织带头人队伍建设。鼓励和选派思想好、作风正、能力强、愿意为群众服务的优秀年轻干部、致富带头人、外出务工经商人员、企业经营管理人员、退伍军人、高校毕业生等到贫困村工作，充分发挥驻村工作队（组）作用。发展集体经济，增加村级集体积累。尊重贫困地区群众在脱贫致富中的主体地位，鼓励其发扬自力更生、艰苦奋斗精神，通过自身努力增加收入，改变落后面貌。

4. 达到强化队伍建设要求。各级党委、政府要加大贫困地区干部培训力度，提高执行能力，重视扶贫开发队伍建设，提供必需的工作条件和经费保障。各级扶贫开发领导小组要认真履行职责，切实改进作风，深入调查研究，加强工作指导，总结推广经验，统筹各方面资源，发挥牵头协调作用。各级扶贫开发相关部门要加强思想、作风、廉政和效能建设，加强督促检查，认真履职尽责。扶贫任务重的县要加强扶贫开发能力建设，充实工作力量，扶贫任务重的乡镇要有专门干部负责扶贫开发工作。基层扶贫开发队伍建设要适应精准扶贫工作需要。

5. 达到营造良好环境要求。要进一步加强扶贫开发宣传工作，积极宣传贫困地区广大干部群众自强不息、战胜贫困的先进事迹，总结推广扶贫开发实践中探索的成功经验，大力弘扬中华民族扶贫济困、乐善好施的传统美德，引导和鼓励社会各界更加关注、广泛参与扶贫开发事业，激发贫困地区干部群众脱贫致富的信心。

6. 达到促进农民就业创业要求。完善农民就业创业政策，加大对农民就业创业教育培训力度，加强对农民灵活就业创业的鼓励和扶持力度，坚持建立健全农村"双创"促进机制，培养更多新型职业农民，支持农民工返乡创业，进一步采取措施鼓励高校毕业生、退役军人、科技人员到农村施展才干，拓展农民就业创业增收渠道，持续推进农民群众和社会各界人员在农村创业就业上，促进传统农业焕发新的蓬勃生机，推动农业现代化与城镇化互促共进。

（三）确保落实脱贫致富综合开发治理、科学精准扶持建设方略

今后一个时期，扶贫攻坚开发工作，要进一步解放思想，开拓思路，深化改革，创新机制，使市场在资源配置中起决定性作用和更好发挥政府作用，更加广泛、更为有效地动员社会力量，构建政府、市场、社会协同推进的大扶贫开发格局，在全国范围内整合配置扶贫开发资源，形成扶贫开发合力的六项方略：

1. 改进贫困县考核方略。为此，一是要由主要考核地区生产总值，向主要考核扶贫开发工作成效转变，对限制开发区域和生态脆弱的国家扶贫开发工作重点县（以下简称重点县），取消地区生产总值考核，把提高贫困人口生活水平和减少贫困人口数量作为主要指标，引导贫困地区党政领导班子和领导干部把工作重点放在扶贫开发上。二是要中央有关部门加强指导，各省（自治区、直辖市）制定具体考核评价办法，并在试点基础上全面推开。同时，研究建立重点县退出机制，建立扶贫开发效果评估体系。

2. 建立精准扶贫开发方略。为此，一是要由国家制定统一的扶贫对象识别办法，其一，对各省（自治区、直辖市）在已有工作基础上，坚持扶贫开发和农村最低生活保障制度有效衔接，按照县为单位、规模控制、分级负责、精准识别、动态管理的原则。其二，对每个贫困村、贫困户建档立卡，建设全国扶贫信息网络系统。其三，对专项扶贫措施，要与贫困识别结果相衔接，深入分析致贫原因，逐村逐户制定帮扶措施，集中力量予以扶持，切实做到扶真贫、真扶贫，确保在规定时间内达到稳定脱贫目标。

3. 健全干部驻村帮扶方略。要在各省（自治区、直辖市）现有工作基础上，普遍建立驻村工作队（组）制度。为此，一是可分期分批安排，确保每个贫困村都有驻村工作队（组），每个贫困户都有帮扶责任人。二是把驻村入户扶贫作为培养锻炼干部特别是青年干部的重要渠道。三是驻村工作队（组）要协助基层组织贯彻落实党和政府各项强农惠农富农政策，积极参与扶贫开发各项工作，帮助贫困村、贫困户脱贫致富。四是落实保障措施，建立激励机制，实现驻村帮扶长期化、制度化。

4. 加强财政专项扶贫资金管理方略。各级政府要逐步增加财政专项扶贫资金投入,加大资金管理改革力度,增强资金使用的针对性和实效性,项目资金要到村到户,切实使资金直接用于扶贫对象。为此,一是把资金分配与工作考核、资金使用绩效评价结果相结合,探索以奖代补等竞争性分配办法。二是简化资金拨付流程,项目审批权限原则上下放到县。以扶贫攻坚规划和重大扶贫项目为平台,整合扶贫和相关涉农资金,集中解决突出贫困问题。三是省、市两级政府主要负责资金和项目监管,县级政府负责组织实施好扶贫项目,各级人大常委会要加强对资金审计结果的监督,管好用好资金。四是坚持和完善资金项目公告公示制度,积极发挥审计、纪检、监察等部门作用,加大违纪违法行为惩处力度。逐步引入社会力量,发挥社会监督作用。

5. 完善金融服务方略。充分发挥政策性金融的导向作用,支持贫困地区基础设施建设和主导产业发展。为此,一是引导和鼓励商业性金融机构创新金融产品和服务,增加贫困地区信贷投放。二是在防范风险前提下,加快推动农村合作金融发展,增强农村信用社支农服务功能,规范发展村镇银行、小额贷款公司和贫困村资金互助组织,完善扶贫贴息贷款政策,增加财政贴息资金,扩大扶贫贴息贷款规模。三是进一步推广小额信用贷款,推进农村青年创业小额贷款和妇女小额担保贷款工作,推动金融机构网点向贫困乡镇和社区延伸,改善农村支付环境,加快信用户、信用村、信用乡(镇)建设,发展农业担保机构,扩大农业保险覆盖面。四是改善对农业产业化龙头企业、家庭农场、农民合作社、农村残疾人扶贫基地等经营组织的金融服务。

6. 创新社会参与方略。建立和完善广泛动员社会各方面力量参与扶贫开发制度,充分发挥定点扶贫、东西部扶贫协作在社会扶贫中的引领作用。为此,一是支持各民主党派中央、全国工商联和无党派人士参与扶贫开发工作,鼓励引导各类企业、社会组织和个人以多种形式参与扶贫开发。二是建立信息交流共享平台,形成有效协调协作和监管机制。三是全面落实企业扶贫捐赠税前扣除、各类市场主体到贫困地区投资兴业等相关支持政策。四是支持军队和武警部队积极参与地方扶贫开发,实现军地优势互补。五是每5年以国务院扶贫开发领导小组名义进行一次社会扶贫表彰。加强扶贫领域国际交流合作。

(四) 引导推动各地区、部门组织落实扶贫攻坚开发方略

2014年10月17日,在国务院召开的全国社会扶贫开发工作电视电话会议上,中共中央总书记习近平对扶贫开发工作批示强调,我国将每年10月17日设立为"扶贫日",并于2014年第一个扶贫日之际表彰社会扶贫先进集体和先进个人,进一步部署社会扶贫工作,对于弘扬中华民族扶贫济困的传统美德,动员社会各方面力量共同向贫困宣战,继续打好扶贫攻坚战,具有重要意义。习近平总书记明确指出,要清除贫困,改善民生,逐步实现全国人民共同富裕,是社会主义的本质要求。全面建成小康社会,最艰巨最繁重的任务在贫困地区农村。全党全社会要继续共同努力,形成扶贫开发强大合力。各级党委、政府对贫困地区农村农民群众要格外关注、格外关爱,履行职责,加大扶持力度,善于因地制宜、理清思路、完善规划、找准突破口,注重精准发力,充分发挥贫困地区广大干部群众能动作用,扎实做好扶贫开发工作,推动贫困地区和贫困群众加快脱贫致富奔小康的步伐,国务院总理李克强批示强调,当前扶贫已进入攻坚期,要进一步深化改革、创新机制,完善政策,增强贫困地区造血功能和发展后劲,实行更科学更有效的扶贫政策。坚持把集中连片地区作为主战场,注重整体推进与精准到户、加快发展与保护生态、各方支持与贫困地区自身奋斗相结合,汇聚强大力量,努力啃下扶贫攻坚的硬骨头,共同打胜这场硬仗。

1. 各地区党委、政府就学习贯彻习近平总书记精准扶贫攻坚开发系列方略,具体部署落实,健全组织动员机制,搭建社会参与平台,培育多元社会扶贫主体,完善政策支撑体系,营造良好扶贫环境,让社会扶贫人人皆愿为、人人皆可为、人人皆能为。为此,组织贯彻落实习近平总书记提出的五项方略政策措施:一是要紧紧担起增加农民收入这个中心任务,健全农村基本公共服务体系这个基本保障,提高农村义务教育这个治本之策;二是要通过共同目标、整体联动、政策措施,突出重点,着

力加强对特困村和特困户的帮助和扶持；三是要推动贫困地区依靠内生动力，发展地方产业，开辟农村富余劳动力就业领域，推进城乡一体化经济发展；四是要认真落实中共中央、国务院关于科学扶贫、精准扶贫、内源扶贫的政策，在全国12万个贫困村1亿贫困人口建立"专属档案"，建档立卡登记农户人口姓名、经济状况，分析致贫原因，逐户采取扶贫措施，扭转由目标不准的漫灌扶贫为精准到户的滴灌扶贫；五是要规定贫困地区把提高扶贫人口生活水平作为平衡政绩的主要考核指标，彻底纠正一些地区以贫困为荣的不良现象，改革创新扶贫开发体制和考核体制，引导贫困地区党政领导班子把工作重点放在扶贫开发上，真正把贫困群众生活冷暖放在心上，全力扶真贫、真扶贫，消除贫困，实现共同富裕。

2. 国土资源部拓宽土地资源扶贫开发途径的方略。2014年10月17日，是全国首个扶贫日，国土资源部党组高视扶贫开发工作，坚持贯彻落实习近平总书记等中央领导同志有关扶贫开发工作的重要讲话精神，遵循《中国农村扶贫开发纲要（2011—2020年）》确定的重要政策措施，从规划、政策、项目、资金等方面，加大对贫困地区的扶持力度，形成具有部门特色的国土资源扶贫开发新机制：一是加大土地政策倾斜力度，支持矿产资源开发和综合利用，促进贫困地区资源优势转化为经济优势。国土资源部在编制和下达2014年全国土地利用计划时，对相关省份给予不同程度倾斜，要求省级国土资源主管部门在分解下达土地利用年度计划时，给予国家扶贫开发重点县适度倾斜，优先保障易地扶贫搬迁、小城镇和产业聚集区建设用地需求，推动贫困地区农村危旧房改造，促进农村社区建设。二是逐年加大城乡建设用地增减挂钩项目支持力度，拓展扶贫开发建设用地新空间，选择部门有条件的贫困地区，组织实施工矿废弃地复垦利用建设，推进低丘缓坡荒地荒滩等未利用地开发治理，全面提升矿产资源对扶贫开发的保障和促进作用，加大对贫困地区编制矿产资源规划的技术指导与支持力度。三是加大土地整治和建设力度，大力推进土地整治，改善贫困地区生产生活条件。2014年至2017年，在国家扶贫开发重点县安排土地整治项目1820个，建设规模1739万亩，投入资金247.23亿元。联合有关部门编制下发土地整治重大工程年度评估方案，组织专家率先评估在贫困地区实施的重大工程，启动了标准基本农田建设和土地整治重大工程中央支持资金分配测算工作。四是加大地质灾害防治力度，保障贫困地区人民群众生命财产安全。首先，针对贫困地区山体滑坡、崩塌、泥石流等地质灾害，重点实施了调查评价工程、群专结合的监测预警体系建设、搬迁避让与治理工程，并部署了有针对性的防范措施。其次，指导做好汛期地质灾害防治工作，下发《关于做好地质灾害防治工作的通知》，从切实履行职责、深入开展高标准"十有县"建设、严格落实制度、加强重点地区防治、全力做好应急处置、大力开展宣传培训演练活动、推动防治行业健康发展等7个方面提出总体要求。其三，加强督促检查指导，下发《关于开展地质灾害防治工作检查的通知》，部署各地开展检查工作，确保责任到位、措施到位、宣传到位。其四，指导做好地灾防治工作，组织对11个地质灾害重点省份开展竞争性选拔，选择四川、甘肃、湖南3个省进行集中重点支持。

3. 国务院扶贫办与中国农业银行加强金融扶贫合作的方略。2014年10月5日，中国农业银行和国务院扶贫开发领导小组办公室在京签署《金融扶贫协议》。根据《协议》，双方将发挥各自优势，加强业务合作，为贫困地区经济社会发展和贫困农户增收加大金融服务力度，按照中共中央、国务院《关于创新机制扎实推进农村扶贫开发工作的意见》，农业银行与国务院扶贫办进一步加强金融扶贫合作力度，创新扶贫开发机制：一是国务院扶贫办将充分发挥在政策制定、资金统筹、部门协调、规划发展等方面的优势，引导加大对贫困地区的资源投入，不断完善开发式扶贫体制机制，积极营造产业发展的良好环境，并在风险补偿等方面与农业银行开展合作。国务院扶贫办作为实施全国扶贫攻坚的领导机构，一直以来坚持不懈推进扶贫开发，广泛动员社会力量参与，在加强组织领导、建立工作机制、强化政策支持、统筹资金安排等方面开展了大量卓有成效的工作，推动中国扶贫开发事业取得了举世瞩目的成就，走出了一条中国特色的扶贫开发道路，为全球减贫事业作出了积极贡献。二是农业银行将积极发挥资金、渠道、产品等方面的优势，进一步加大贫困地区信贷支持力度，重点支持贫困地区的重大基础设施、区域特色农业、资源优势工业、特色旅游、重点民生工程的建设与发展，帮助农户脱贫致富，以市场化运作推动金融扶贫可持续发展。农业银行作为以"服务三农"为特色的大型商业银行，始终以支持贫困地区经济发展和改善民生为己任，多年来为扶贫开发事业投入了数千亿信贷资金，创造出多种切实可行的扶贫模式，积累了丰富的金融扶贫经验。自2013年中央扶贫工作会议以来，农业银行已在国家级和省级扶贫开发重点县累计投放贷款1.7万亿元，在集中连片特困地区农村累计投放贷款近8000亿元，远高于同期全行贷款增幅；积极与各级政府和扶贫部门密切合作，创造了甘肃"双联贷款"、内蒙古"富农贷"、"强农贷"等金融扶贫产品，有力地支持了贫困农户脱贫致富和贫困地区经济社会发展。大力改善贫困地区基础金融服务，在集中连片特困地区布放电子机具17万台，基本实现了对具备通信网络条件贫困村的金融服务全覆盖。

4. 中央财政扶持"老少边穷"地区农村经济发展的方略。2014年10月8日，财政部遵照中共十八届三中全会对全面深化改革的部署和要求，坚持执行促进工业化、信息化、城镇化、农业现代化同步发展的战略，促进各类资源向贫困地区和贫困农户倾斜，进一步加快贫困地区发展步伐，更快地提高贫困农户收入水平，不断缩小贫困地区和富裕地区的发展差距，一是坚持不断地强化各级财政综合扶贫开发理念，继续增加对集中连片贫困地区农村转移支付额度，其中，中央财政预算安排专项扶贫资金394亿元，比上年增长18.7%。2017年再减少农村贫困人口1000万以上，完成易地扶贫搬迁340万人，中央财政专项扶贫资金增长30%以上，推进贫困县涉农资金整合，强化扶贫资金和项目监管。同年，中央财政安排补助地方专项资金861亿元，比2016年增加200亿元，增长30.3%，用于支持落实脱贫增收致富综合开发治理、科学精准扶贫建设项目工程建设；二是坚持加强各项与扶贫开发相关财政政策协调配合，围绕贫困地区城镇化建设、统筹整合现有各项政策资源、引导社会资金加大投入，集中资金投入到贫困地区山水林田路村综合治理、彻底摆脱贫困项目；三是坚持完善各级财政专项扶贫开发资金投入机制，增强财政扶贫开发资金投入科学合理性，强化扶贫开发资金投入绩效评价激励机制，推动各地区多方投资，集中投入攻坚，解决贫困地区、贫困村、贫困户脱贫致富的关键项目；四是坚持进行财政扶贫开发资金管理监督，完善财政扶贫开发项目资金管理制度，坚持推行财政扶贫开发项目资金投入情况公告公示制度，建立全国财政统一协调扶贫开发资金管理监督体制，加强管理与核算，严格监督检查，坚决处理侵占挪用、铺张浪费、贪污盗窃财政扶贫开发资金的行为，确保有效使用资金；五是坚持按照中共十八届三中至六中全会提出的方针政策，完善财政转移支付增长机制，重点增加对革命老区、民族地区、边疆地区、贫困地区的转移支付，支持这些地区增强发展能力，促进贫困地区农村农民群众增收、脱贫致富。

总之，2013年以来，在中共中央、国务院的关怀和决策部署、各级党委、政府组织领导落实的基础上，经过全党全社会继续共同努力，充分调动广大干部的积极性，树立脱贫致富、加快发展的坚定信心，发扬自力更生、艰苦奋斗精神，坚持苦干实干，全国扶贫开发事业取得了举世瞩目的成就。在全国大幅度提高扶贫标准的背景下，到2014年，农村贫困人口减少1232万人，农村居民人均可支配收入实际增长9.2%，快于城镇居民收入增长。贫困地区经济快速发展，基础设施建设、社会事业发展、生态环境建设得到加强，6600多万农村人口饮水安全问题得到解决，自然村公路、通电、通电话比例达到90%左右，适龄儿童入学率接近100%，农村新型合作医疗已覆盖全国农村。农村贫困人口减少，为农村地区消费和国家经济内需的水平提高起到支撑作用，为我国城乡一体化经济持续健康发展奠定了坚实基础。习近平总书记在庆祝中华人民共和国65周年招待会上豪迈地说，65年来，我国的社会生产能力、综合国力实现了历史性跨越，人民生活实现了从贫困到温饱再到总体小康的历史性跨越。这不仅使我国彻底抛掉了"东亚病夫"的帽子，而且为人类战胜贫困、发展中国家寻求发展道路提供了成功的实例。2015年至2017年，全面推进脱贫攻坚，全国财政专项扶贫资金投入超过1000亿元。提高低保、优抚、退休人员基本养老金等标准，为1700多万困难和重度残疾人发放生活或护理补贴。财政性教育经费支出占国内生产总值比例继续超过4%。重点高校招收贫困地区农村学生人数增长21.3%。免除农村贫困家庭学生普通高中学杂费。全年资助各类学校家庭困难学生8400多万人次。整合城乡居民基本医保制度，提高财政补助标准。增加基本公共卫生服务经费。实现大病保险全覆盖，符合规定的省内异地就医住院费用可直接结算。特别是长江流域发生严重洪涝等灾害，通过及时有力开展抢险救灾，紧急转移安置900多万人次，最大限度降低了灾害损失，恢复重建有序进行。在68年实践中，我国成功地走出一条以经济发展为带动力量，以增强扶贫对象自我发展能力为根部途径，政府主导、社会帮助与农民主体作用相结合，普惠性政策与特惠性政策相配套，扶贫开发与社会保障相衔接的中国特色扶贫开发道路，中国扶贫开发实践丰富了世界减贫模式和经验，得到国际组织的肯定。

九、农村文化教育卫生医疗、低保养老等社会保障体系建设方略规程

2012年11月14日，中共十八大会议上的报告指出，一是大力促进教育公平，合理配置教育资源，重点向革命老区、少数民族地区农村倾斜，提高农户家庭经济困难学生资助水平，积极推动农民工子女接受平等教育，让每个孩子都能成有用之才。二是加大对农村文化建设帮扶力度，完善公共文化服务体系，提高文化服务效能。三是整合城乡居民基本公共卫生和基本医疗制度，完善社会救助体系。四是健全生活低保养老保险等社会福利制度，支持发展慈善事业，做好优抚安置工作。统筹推进城乡社会保障体系建设，以保障和改善民生为重点，从维护最广大人民根本利益的高度，多谋民生之利，多解民生之忧，解决好人民最关心、最直接、最现实的利益问题，在学有所读、劳有所得、病有所医、老有所养、住有所居上持续取得新进展，提高人民物质文化生活水平，加快健全政府主导、覆盖城乡、可持续的基本公共服务和社会保障体系。为此，从2013年至2017年，从中央到地方各级党委、政府及部门，在组织推行中共十八大以来关于加快农村文教卫生社会保障体系建设方略上，一是促进农村教育事业优先、平衡发展；二是促进农村基本公共文化服务标准、均等化发展；三是整合城乡居民卫生医疗保险机制；四是建立城乡居民统一低保、养老保险等社会保障。

（一）促进农村教育事业优先、平衡发展方略

在促进农村教育事业优先、平衡发展策略中，主要包括促进农村义务教育、职业教育、农民进城随迁子女在城镇接受义务教育、家庭经济困难学生和义务教育阶段学生营养改善、中小学校舍基础设施建设投资、补贴策略。

1. 第十二届全国人大一次会议于2013年3月17日通过的《政府工作报告》回顾，优先发展教育事业，2012年国家财政性教育经费支出重点向革命老区、少数民族地区、边远贫困地区农村倾斜，教育公平取得明显进步：一是实行中等职业教育免学政策，覆盖范围包括所有农村学生、城市涉农专业学生和家庭经济困难学生；二是解决进城务业1260万农民子女在城镇接受义务教育问题；三是实施农村义务教育阶段3000多万学生营养改善计划；四是扶持农村中小学校舍基础设施建设，加强农村中小学教师队伍建设。《报告》提出，在2013年继续推进教育优先发展，继续增加财政性教育经费，着力推动农村义务教育均衡发展，进一步促进职业教育公平发展。

同年，中共十八届三中全会通过的《中共中央关于全面深化改革若干重大问题的决定》提出，义务教育免试就近入学，推行学区制和九年一贯制招生策略。2014年1月，教育部发布《关于进一步做好小学升入初中免试就近入学工作的实施意见》提出，合理划定招生范围、有序确定入学对象、规范办理入学手续，大力推进均衡公平发展。明确提出考试招生制度改革的原则和方向，到2020年基本建立中国特色现代教育考试招生制度，包括三方面：一是建立分类考试、综合评价、多元录取的基本模式；二是健全学生、学校、专业机构、政府、社会共同参与的招考机制；三是构建衔接各级各类教育的人才成长的畅通渠道。

2. 第十二届全国人大二次会议于2014年3月13日通过的《政府工作报告》回顾，推进农村教育发展，2013年启动教育扶贫工程，实施农村义务教育薄弱学校改造计划和3200万学生营养改善计

划。对集中连片特困地区农村教师给予生活补助,对贫困地区农村学生上重点高校补助人数比 2012 年增长 8.5%。《报告》提出,2014 年促进教育事业优先、公平发展,继续加大教育资源向中西部农村倾斜,促进义务教育均衡发展。全面改善贫困地区农村义务教育薄弱学校办学条件、贫困地区农村学生上重点高校人数再增长 10% 以上,使更多的农民子女有升学机会。加强农村特别是边远贫困地区农村教师队伍建设,扩大优质教育资源覆盖面,改善贫困地区农村儿童营养状况。

3. 中共中央、国务院于 2015 年 2 月 1 日发布的《关于加大改革创新力度,加快农业现代化建设的若干意见》提出,一是要全面改善农村义务教育薄弱学校基本办学条件,提高农村学校教学质量,因地制宜保留并办好村小学和教学点,支持乡村两级公办和普惠性民办幼儿园建设;二是要加快发展高中阶段教育,以未能继续升学的初中、高中毕业生为重点,推进中等职业教育和职业技能培训全覆盖,逐步实现免费中等职业教育。积极发展农业职业教育,大力培养新型职业农民;三是要全面推进基础教育数字教育资源开发与应用,扩大农村地区优质教育资源覆盖面,提高重点高校招收农村学生比例;四是要加强乡村教师队伍建设,落实好集中连片特困地区乡村教师生活补助政策;五是要国家教育经费要向边疆地区、民族地区、革命老区农村倾斜。

同年 3 月 15 日,在第十二届全国人大三次会议通过的《政府工作报告》回顾,2014 年继续促进教育公平。加强贫困地区义务教育薄弱学校建设,提高家庭经济困难学生资助水平,国家助学贷款资助标准大幅上调。中等职业学校免学费补助政策扩大到三年。实行义务教育免试就近入学政策,28 个省份实现了农民工随迁子女在流入地参加高考。贫困地区农村学生上重点高校人数连续两年增长 10% 以上。经过努力,全国财政性教育经费支出占国内生产总值比例超过 4%。《报告》提出,促进教育公平发展和质量提升。教育是今天的事业、明天的希望。要坚持立德树人,增强学生的社会责任感、创新精神、实践能力,培养中国特色社会主义建设者和接班人。为此,一是加快义务教育学校标准化建设,改善薄弱学校和寄宿制学校基本办学条件;二是落实农民工随迁子女在流入地接受义务教育政策,完善后续升学政策;三是全面推进现代职业教育体系建设,引导部分地方本科高校向应用型转变,通过对口支援等方式支持中西部高等教育发展,继续提高中西部地区和人口大省高考录取率;四是促进民办教育健康发展,加强教师队伍建设,切实把教育事业办好;五是要畅通农村和贫困地区学子纵向流动的渠道,让每个人都有机会通过教育改变自身命运。

4. 第十二届全国人大四次会议于 2016 年 3 月 15 日通过的《政府工作报告》提出,统一城乡义务教育学校生均公用经费基准定额。免除普通高中建档立卡等家庭经济困难学生学杂费。支持全面改善贫困地区 8 万余所义务教育薄弱学校基本办学条件。全面建立中职学校生均拨款制度。第十二届全国人大五次会于 2017 年 3 月 15 日通过的《政府工作报告》提出,从春季学期开始统一城乡义务教育学生"两免一补"政策,实现"两免一补"和生均公用经费基准定额资金随学生流动可携带。继续开展薄弱学校改造等工作。支持提升现代教育基础能力。进一步聚焦贫困地区和贫困人口,加快推进教育脱贫攻坚。

(二) 促进农村现代公共文化服务体系建设方略

在促进农村现代公共文化服务体系建设策略中,主要包括统筹城乡公共文化服务设施网络建设、促进城乡公共文化服务标准化与均等化、深化农村公益性文化事业单位改革、推动城乡文化服务社会化发展、建立健全农村现代文化市场体系等策略。

1. 第十二届全国人大一次会议于 2013 年 3 月 17 日通过的《政府工作报告》回顾,2012 年国家大力加强农村文化建设,覆盖城乡公共文化设施网络体系初步建成。《报告》提出,2013 年国家推进农村文化建设,把文化改革发展纳入农村经济社会发展总体规划,推动农村文化事业全面繁荣、文化产业快速发展,完善农村公共文化服务体系。

同年,中共十八届三中全会通过的《中共中央关于全面深化改革若干重大问题的决定》明确提出,必须增强国家文化软实力,坚持社会主义先进文化前进方向,提高文化领域管理效能和服务水平。为此，一是必须坚持政府主导，按照标准化、均等化的要求，加强文化基础设施建设，完善公共文化服务网络，构建覆盖城乡、结构合理、功能健全、实用高效的公共文化服务体系，为广大农民提供免费或优惠的公共文化服务；二是必须加快建立健全城乡一体化公共文化市场体系。打破农村文化市场条块分割、地区封锁、地乡脱离的传统格局，完善文化市场准入和退出机制，鼓励各种市场主体公平竞争、优胜劣汰，促进文化资源在全国范围内流动。

2. 第十二届全国人大二次会议于2014年3月13日通过的《政府工作报告》回顾，2013年国家推进文化事业和文化产业健康发展，扩大公益性文化设施向社会免费开放。深化文化体制改革，加强文化市场建设，文化产业增加值增长15%以上。《报告》提出，文化是民族的血脉，继续深化文化体制改革，完善文化经济政策，增强文化整体实力和竞争力。为此，必须促进农村基本公共文化服务标准化、均等化，提升文化产业发展水平，培育和规范文化市场；必须传承和弘扬优秀传统文化。

3. 第十二届全国人大三次会议于2015年3月15日通过的《政府工作报告》回顾，2014年积极发展文化事业和文化产业，推动重大文化惠民项目建设，广播电视"村村通"工程向"户户通"升级。实施文艺精品战略，完善现代文化市场体系。群众健身活动蓬勃发展。《报告》提出，深化文化体制改革，逐步推进基本公共文化服务标准化均等化，扩大公共文化设施免费开放范围，发挥基层综合性文化服务中心作用，促进传统媒体与新兴媒体融合发展。

4. 第十二届全国人大四次会议于2016年3月15日通过《政府工作报告》提出，支持农村公益性文化设施向农民群众免费开放，支持城乡一体化文化宣传教育设施、体育场馆向民众免费或低价收费开放，鼓励农村文化产品、手工艺品创作生产，促进文化对外交流，推动文化事业与文化产业协调发展。第十二届全国人大五次会议于2017年3月15日通过的《政府工作报告》提出，加强文化遗产保护利用，支持实施中华优秀文化传承发展工程，推动中华文化向外发展。

（三）整合城乡居民卫生医疗保险机制方略

在整合城乡居民卫生医疗保险机制策略中，主要包括：一是坚持为城乡居民健康服务的方向，坚持预防为主、以农村为重点、中西医并重、按照基本、强基层、建机制要求，重点推进公共卫生、医疗保障、医疗服务、药品供应、监管体制综合改革，为城乡居民提供安全有效方便价廉的公共卫生和基本医疗服务；二是建全城乡居民卫生医疗保险体系，建立重特大疾病保障和救助机制，完善突发公共卫生应急和重大疾病防控机制，巩固基本药品供应制度；三是健全农村三级卫生医疗服务网络，提高卫生医疗队伍服务能力，加强医德医风建设；四是坚持计划生育的基本国策，提高出生人口素质，促进农村人口长期均衡发展。

1. 第十二届全国人大一次会议于2013年3月17日通过的《政府工作报告》回顾，2012年建立起新型农村合作卫生医疗制度，全民基本卫生医疗保险体系初步形成，加强城乡基层卫生医疗服务体系建设，建立基本药品供应制度并在基层医疗机构实施，健全城乡居民医疗救助制度。《报告》提出，促进卫生医疗事业发展，巩固完善基本药品供应制度，健全基层卫生医疗机构运行新机制，建立重特大疾病保障和救助机制，从2013年起，新型农村合作卫生医疗保险财政补助标准，由每人每年240元提高到280元，人均基本公共卫生服务经费标准由25元提高到30元。

同年，中共十八届三中全会提出，启动实施一方是独生子的夫妇可以生育两个孩子的政策，从1980年国家提倡一对夫妇只生一个孩子，到1984年国家提出在农村适当放宽生育两个孩子的条件，此次启动实施"单独两孩"政策，是为了保持续的劳动力优势。目前，我国低生育水平稳中有降，劳动年龄人口开始减少，劳动力平均年龄不断提高。为此，必须及时调整完善计划生育政策，改善人口结构，保持合理劳动力规模，延缓劳动力老化趋势，增强城乡经济发展活力。

2. 第十二届全国人大二次会议于2014年3月13日通过的《政府工作报告》回顾，2013年深化卫生医疗体制改革，基本卫生医疗保险总体实现全覆盖，城乡居民基本卫生医疗保险补助标准增加到人均280元，基本药品供应制度覆盖85%以上村卫生室。28个省份开展大病医疗保险试点，启动疾病应急救助试点。全面实施国家基本公共卫生服务项目，农村免费孕前检查使600万个农户家庭受益。《报告》提出，2014年推动卫生医疗体制向纵深发展，一是组织改革整合城乡居民基本卫生医疗保险制度，健全城乡居民卫生医疗保险服务体系，完善政府、单位和个人合理分担的基本卫生医疗保险筹资机制，城乡居民基本卫生医疗保险财政补助标准提高到人均320元；二是组织推行在全国城乡居民大病保险，加强城乡医疗救助、疾病应急救助；三是组织扩大到1000个县级公立医院综合改革试点，覆盖农村5亿人口；四是不断提高重大传染病、慢性病、地方病防治能力，人均基本公共卫生服务经费补助标准增加到35元；五是扶持中医药和民族医药事业发展；六是坚持执行国家计划生育基本国策，落实一方是独生子女的夫妇可生育两个孩子政策。

3. 中共中央、国务院于2015年2月1日发布的《关于加大改革创新力度，加快农业现代化建设的若干意见》决定，建立新型农村合作医疗可持续筹资机制，同步提高人均财政补助和个人缴费标准，进一步提高实际报销水平。全面开展城乡居民大病保险，加强农村基层基本医疗、公共卫生能力和乡村医生队伍建设。推进各级定点医疗机构与省内新型农村合作医疗信息系统的互联互通，积极发展惠及农村的远程会诊系统。同年3月15日第十二届全国人大三次会议通过的《政府工作报告》回顾，2014年深入推进医药卫生改革发展。城乡居民大病保险试点扩大到所有省份，疾病应急救助制度基本建立，全民医保覆盖面超过95%。基层医疗卫生机构综合改革深化，县乡村服务网络逐步完善。公立医院改革试点县市达到1300多个。《报告》提出，2015年加快健全基本医疗卫生制度，一是完善城乡居民基本医保，财政补助标准由每人每年320元提高到380元，基本实现居民医疗费用省内直接结算；二是全面实施城乡居民大病保险制度。深化基层医疗卫生机构综合改革，全面推开县级公立医院综合改革；三是破除以药补医，降低虚高药价，合理调整医疗服务价格，通过医保支付等方式平衡费用，努力减轻群众负担；四是加快建立医疗纠纷预防调解机制，人均基本公共卫生服务经费补助标准由35元提高到40元，增量全部用于支付村医的基本公共卫生服务，方便几亿农民就地就近看病就医；五是推进计划生育服务管理改革。

4. 第十二届全国人大四次会议于2016年3月15日通过的《政府工作报告》提出，深化医药卫生体制改革，城乡居民基本医疗保险财政补助标准由每人每年380元提高到420元。基本公共卫生服务项目年人均财政补助标准由40元提高到45元，继续推动实施疾病预防控制、妇幼健康等重大公共卫生服务项目。第十二届全国人大五次会议于2017年3月15日通过的《政府工作报告》提出，健全基本医保稳定持续筹资和报销比例调整机制，坚持适度保障原则，更加注重保大病。将城乡居民基本医疗保险财政补助和个人缴费标准均提高30元，分别达到每人每年450元和180元。

（四）建立城乡统一低保、养老保险等社会保障体系方略

在推行全覆盖、保基本、多层次、可持续方针，以增强公平性、适应流动性、保证可持续性为重点，全面建成覆盖城乡居民统一低保、养老保险等社会保障体系策略中，主要包括：一是整合城乡居民最低生活保障、基本养老保险制度，逐步做实养老保险个人账户，实现基础养老金全国统筹，扩大社会保障基金筹资渠道，建立社会保险基金投资运营制度，确保社会保险基金安全和保值增值；二是完善城乡社会救助体系，健全城乡福利制度，支持发展城乡慈善事业，做好城乡优抚安置工作；三是建立市场配置和政府保障相结合的城乡住房制度，加强城乡保障性住房建设和管理，满足城乡居民家庭住房困难要求；四是坚持男女平等基本国策，保障妇女儿童合法权益；五是积极应对城乡人口老龄化，大力发展老龄服务事业和产业；六是健全残疾人社会保障和服务体系，切实保障残疾人权益；七是健全城乡社会保障经办管理体制，建立更加便民快捷的社会保障服务体系。

1. 第十二届全国人大一次会议于2013年3月17日通过的《政府工作报告》回顾，2012年全面推进社会保障体系建设，建立新型农村社会最低生活保障和养老保险制度，城乡居民最低生活保障和基本养老保险实现了制度全覆盖，各项养老保险参保达到7.9亿人。《报告》提出，2013年完善城乡社会保障制度，坚持全覆盖、保基本、多层次、可持续方针，不断扩大社会保障覆盖面，增强公平

性、适应流动性、保证可持续性。城乡低保和优抚对象补助标准进一步提高。要加大对城乡社会养老服务体系和儿童福利机构建设扶持力度。

2. 第十二届全国人大二次会议于 2014 年 3 月 13 日通过的《政府工作报告》回顾，2013 年推进城乡养老保险、社会救助制度建设，城乡低保标准分别提高 13.1% 和 17.7%。《报告》提出，社会保障是民生之基，着重推进社会救助制度改革，继续提高城乡低保水平，全面实施临时救助制度，为特殊困难群众基本生活提供保障。建立城乡统一的居民基本养老保险制度，落实社会救助和保险标准与物价变化联动机制。发展老龄事业，保障妇女权益，加强未成年人保护和困难家庭保障，做好残疾人基本公共服务和残疾预防，支持慈善事业发展。

3. 中共中央、国务院于 2015 年 2 月 1 日发布的《关于加大改革创新力度，加快农业现代化建设的若干意见》决定，加强农村最低生活保障制度规范管理，全面建立临时救助制度，改进农村社会救助工作。落实统一的城乡居民基本养老保险制度。支持建设多种农村养老服务。同年 3 月 15 日，第十二届全国人大三次会议通过的《政府工作报告》回顾，2014 年统一城乡居民基本养老保险制度，全面建立临时救助制度，城乡低保标准分别提高 9.97% 和 14.1%，残疾军人、烈属和老复员军人等优抚对象抚恤和生活补助标准提高 20% 以上。《报告》提出，城乡居民基础养老金标准统一由 55 元提高到 70 元。全面实施临时救助制度，让遇到急难特困的群众求助有门、受助及时。对困境儿童、高龄和失能老人、重度和贫困残疾人等特困群体，健全福利保障制度和服务体系。继续提高城乡低保水平，提升优抚对象抚恤和生活补助标准。

4. 第十二届全国人大四次会议于 2016 年 3 月 15 日通过的《政府工作报告》提出，继续提高全国城乡最低生活保障标准。进一步建立健全特困人员救助供养制度。保障优抚对象等人员各项抚恤待遇落实。支持做好退役士兵安置工作。在全国范围建立困难残疾人生活补贴和重度残疾人护理补贴制度。通过社会保险补贴、职业培训补贴等方式，鼓励企业吸纳就业困难人员，提高劳动者职业技能，增强就业公共服务能力。第十二届全国人大四次会议于 2017 年 3 月 15 日通过的《政府工作报告》提出，适当提高退休人员基本养老金标准，建立基本养老金合理调整机制。加大统筹社会救助资源力度，科学合理确定城乡最低生活保障标准。实施更加积极的就业政策，健全就业创业政策措施，着力促进重点群体就业，研究建立终身职业技能培训制度。

十、组织加强农村财税金融服务管理体制建设方略

中共十八届全会以来，在加快改革财税体制，健全中央和地方财力与事权相匹配的体系，完善公共财政体制，构建地方税收体制，深化金融体制改革，健全金融服务体系，加强金融监管，推进金融创新，增强金融职能的方略中包括：一是深化财税体制改革，建立现代财税体制，认真贯彻《中华人民共和国预算法》，依法加强预算管理，继续实施积极的财政政策，中央财政加大税收优惠和奖补政策支持力度，鼓励引导社会资金回流"三农"，建立由中央财政主导的中国农业产业发展基金、农村义务教育经费保障机制，改革和完善中央对地方转移支付制度，促进城乡经济社会经济持续健康发展；二是深化金融体制改革，主动适应农村实际、农业特点、农民需求，不断深化农村金融改革创新，通过货币信贷、金融监管等政策措施，推动金融资源继续向"三农"倾向，确保农业信贷资金总量持续增加、涉农贷款比例不降低。完善涉农贷款统计制度，优化涉农贷款结构。延续并完善支持农村金融发展的有关税收政策。

（一）深化财税体制改革完善、扶持"三农"方略

中共中央政治局于 2014 年 6 月 30 日召开会议，审议通过了《深化财税体制改革总体方案》。中共中央总书记习近平主持会议，会议指出，财税体制是国家治理的基础和重要支柱，财税体制在治国

安邦中始终发挥着基础性、制度性、保障性作用。会议认为，深化财税体制改革的目标是建立统一完整、依法规范、公开透明、运行高效，有利于优化资源配置、维护市场统一、促进社会公平、实现国家长治久安的可持续的现代财税体制。为此，要重点推进三个方面的改革：一是改进预算管理制度，强化预算约束、规范政府行为、实现有效监督，加快建立全面规范、公开透明的现代预算制度；二是深化税收制度改革，优化税制结构、完善税收功能、稳定宏观税负、推进依法征税，建立有利于科学发展、社会公平、市场统一的税收制度体系，充分发挥税收筹集财政收入、调节分配、促进结构优化的职能作用；三是调整中央和地方政府间财政关系，在保持中央和地方收入格局大体稳定的前提下，进一步理顺中央和地方收入划分，合理划分政府间事权和支出责任，促进权力和责任、办事和花钱相统一，建立事权和支出责任相适应的制度。2016年基本完成重点工作和任务，2020年基本建立现代新一轮财税体制。具体说明以下深化财税体制改革总体方案思路、任务和要求：

1. 深化财税体制改革的思路。这是指深化财税体制改革，既是对现行财税体制和制度的继承与创新，又是适应国家治理现代化新形势，对财税体制等基础制度的系统性重构：一是财税体制在治国安邦中始终发挥着基础性、制度性、保障性作用。财税制度安排体现并承载着政府与市场、政府与社会、中央与地方等方面的基本关系，在国家治理体系中处于基础位置，深刻影响着经济、政治、文化、社会、生态文明、国防等领域。古今中外的实践表明，人类国家史上的每一次重大变革，无不渗透着深刻的财政原因。中共中央、国务院历来高度重视财税体制改革和财政制度建设。新中国成立后，财税体制大体上经历了从统收统支到包干制，再到分税制三个阶段。1994年实施的分税制改革，是一个重要里程碑。分税制财政体制的建立及随后的调整、完善稳健运行，为建立现在财税体制奠定了良好的基础，对充分发挥中央和地方积极性、促进经济社会发展、全面扩大对外开放，提高人民生活水平、维护社会和谐稳定发挥了重要作用；二是准确把握国内外形势变化，扎实推进经济社会发展，全面深化财税体制改革，彻底消除现行财税体制存在的问题：其一是预算管理制度不规范、不透明，不适应国家治理现代化要求；其二是税收制度不健全、不完善，不利于发展方式转变、社会公平和市场统一；其三是中央和地方事权与支出责任划分不清楚、不合理，不利于建立健全财力与事权相匹配的财政体制。这三方面问题，既影响财政自身的稳定性和可持续性，又影响国家发展战略、宏观政策效果，还影响国家治理体系和治理能力现代化进程，迫切需要进行整体性、适应性的改革；三是中共十八届三中全会明确提出要深化财税体制改革、建立现代财税体制。这是全面总结古今中外历史经验、深刻把握国家治理与执政规律、着眼我国现代化建设全局作出的重大决策。新一轮财税体制改革就是要建立"与国家治理体系和治理能力现代化相适应"的政治制度基础。只有财税体制改革取得根本性突破，才能为实现国家治理现代化和"两个一百年"奋斗目标提供物质基础和制度保障。新一轮财税体制改革是一场关系我国现代化事业和国家治理现代化的深刻变革，是完善社会市场经济体制、加快转变政府职能的迫切需要，是转变经济发展方式，促进经济社会持续稳定健康发展的必然要求，是建立健全现代国家治理体系、实现国家长治久安的重要保障。

2. 深化财税体制改革的任务。《方案》明确指出，深化财税体制改革的目标任务是，按着完善和发展中国特色社会主义制度、推进国家治理体系和治理能力现代化的全面深化改革总目标，坚持稳中求进、改革创新，充分发挥中央和地方两个积极性，以改进预算管理、完善税收制度、明确事权和支出责任为重点，建立统一完整、法制规范、公开透明、运行高效，有利于优化资源配置、维护市场统一、促进社会公平、实现国家长治久安的可持续的现代财税体制，为实现"两个一百年"奋斗目标提供财税制度保障。围绕以下改革任务展开：

（1）建立全面规范、公开透明的现代财政制度体系。这是国家治理体系和治理能力现代化的基础和重要标志，是强化预算约束、规范政府行为、实施有效监督，把权力关进制度笼子的六项任务：一是建立透明预算制度。所有使用财政资金的部门都要公开本部门预决算，都要公开财政资金安排的"三公"经费，细化政府预决算公开内容、扩大部门预决算公开的范围和内容；二是完善政府预算体系。政府收支要全部纳入预算，明确"四本"预算的收支范围和功能定位，加大相互之间的统筹力度;三是改进年度预算控制方式。建立跨年度预算平衡机制,实行中期财政规划管理,并强化三年滚动财政规划对年度预算的约束;四是完善转移支付制度。完善一般性转移支付稳定增长机制,建立专项转移支付定期评估和退出机制;五是加强预算执行管理。硬化预算约束,预算未安排事项一律不得支出;六是规范地方政府债务管理。依法建立以政府债券为主体的地方政府举债融资机制,对地方政府债务实行限额控制,分类纳入预算管理,并严格限定举债程序和资金用途;七是建立权责发生制的政府综合财务报告制度,完善地方政府考核问责机制和信用评级制度。

(2)建立健全有利于科学发展、社会公平、市场统一的税收制度体系。税收制度是现代财政制度的重要组成部分。新一轮税制改革总的任务是优化税制结构、完善税收功能、稳定宏观税负、推进依法治税,充分发挥税收筹集财政收入、调节分配、促进结构优化的职能作用。具体任务有七项:一是清理规范税收优惠政策。除专门的税收法律、法规外,起草其他法律、法规、发展规划和区域政策,都不得规定税收优惠政策,未经国务院批准,不能对企业规定财政优惠政策。严肃财经纪律,严格财政资金分配使用的监督问责,严厉查处违法违规行为;二是推进增值税改革。扩大"营改增"实施范围,"十二五"时期完成"营改增"目标,适时优化税率,实行彻底的消费型增值税制度并完成增值税立法;三是完善消费税制度。调整消费税征收范围,优化税率结构,改革征收环节和收入分享办法,增强消费引导与调节功能;四是加快资源税改革。抓紧在全国范围内实施煤炭资源税从价计征,全面推进资源税从价计征改革,相应清理取消涉及的行政事业性收费和政府性基金。逐步将资源税扩展到水流、森林、草原、滩涂等自然生态空间;五是建立环境保护税制度。按照重在调控、清费立税、循序渐进、合理负担、便利征管的原则,将现行排污收费改为环境保护税,新设二氧化碳税目,进一步发挥税收对生态环境保护的促进作用;六是加快房地产税立法,适时推进改革。总的方向是,在保障基本居住需求的基础上,对城乡个人住房和工商业房地产统筹考虑税收与收费等因素,合理设置建设、交易、保有环节税负,促进房地产市场健康发展,使房地产税逐步成为地方财政持续稳定的收入来源。房地产税改革要加强调研,立法先行,适时推进;七是逐步建立综合与分类相结合的个人所得税制。合并部分税目作为综合所得,适时增加专项扣除项目,合理确定综合所得适用税率。

(3)调整中央和地方政府间财政关系,建立事权和支出责任相适应的制度。在保持中央和地方收入格局大体稳定的前提下,进一步理顺中央和地方收入划分,合理划分政府间事权与支出责任,促进权力与责任、办事与花钱相统一,全面提升国家治理效率。具体任务有三项:一是进一步理顺中央和地方收入划分。遵循公平、便利、效率等原则,考虑税种属性和功能,将收入波动较大、具有较强再分配作用、税基分布不均衡、税基流动性较大的税种划为中央税,或中央分成比例多一些。将地方掌握信息比较充分、对本地资源配置影响较大、税基相对稳定的税种,划为地方税,或地方分成比例多一些。收入划分调整后,地方形成的财力缺口由中央财政通过税收返还方式解决;二是合理划分各级政府间事权与支出责任。要适度加强中央事权和直接支出比重,将区域性公共服务明确的地方事权,决定中央与地方共同事权。在明晰事权的基础上,进一步明确中央和地方的支出责任,中央可运用转移支付机制,将部分事权的支出责任委托地方承担;三是《方案》明确,2016年基本完成深化财税体制改革的重点工作和任务,2020年基本建立现代财政制度。财税体制改革事关经济社会发展全局,涉及方方面面的权益调整,情况复杂、矛盾交织,而且时间紧、任务重。必须统一思想、凝聚共识、精心组织、周密部署、攻坚克难,确保改革顺利推进。

3. 深化税费体制改革的方略。为了认真学习宣传贯彻中央关于深化财税体制改革总体方案,必须深刻认识新一轮财税体制改革的思路和任务,凝聚全社会支持财税体制改革的共识和力量,各级党委、政府要深化财税体制改革的领导核心作用,各级财政部门要在党委、政府的领导下,扎实做好每一环节的改革工作,确保中央改革决策部署的顺利有序实施。具体实施三项策略:一是坚持问题导向研究各项具体改革策略。深化财税体制改革,要敢于正视问题、化解矛盾,坚持用科学的方法研究和解决问题。尤其是在推进预算公开、清理专项资金、规范税收优惠政策等问题上,要有敢于触及矛盾、解决问题的责任担当,牢固树立实践第一的观点,在深入人民群众、深入基层一线中破解财税体制改革发展中的难题;二是坚持顶层设计与摸着石头过河相结合策略。深化财税体制改革,必须把顶层设计与摸着石头过河结合起来。改革总体方案是顶层设计,要深入研究每一项改革任务的具体方案、路径、举措、步骤。在改革过程中,要坚持摸着石头过河的方法,对那些有共识但尚不具备全面推开条件的改革,以及涉及面广、利益关系复杂、意见分歧较大的改革事项,应试点先行,从典型经验中丰富改革理论,完善改革实践。以制度创新为核心任务,以可复制、可推广为基本要求,不能借改革之机,要照顾、争优惠,打造新的"政策洼地";三是坚持整体推进与重点突破相结合策略。在深化财税体制改革过程中,要注意处理好政府与市场的关系,发挥中央与地方两个积极性,兼顾效率与公平,统筹当前与长远。为此,要明确改革逻辑顺序、主攻方向、工作机制、推进方式,增强改革的整体性、系统性、协调性,对于财税体制改革中一些矛盾集中、情况复杂的"硬骨头",要坚决冲破传统观念的束缚,以壮士断腕的精神,尽快在重要领域和关键环节取得改革新进展。要注重改革的统筹性,使财税体制改革与其他方面改革相互衔接形成合力,以握指成拳、集中发力的策略。

4. 依照新预算法加强预算管理方略。2014 年 8 月 31 日,第十二届全国人大常委会十次会议通过了《全国人民代表大会常务委员会关于修改〈中华人民共和国预算法〉的决定》(以下简称《决定》),并重新颁布修订后的预算法,《决定》自 2015 年 1 月 1 日起施行。新预算法全面贯彻了中共十八大和十八届三中全会精神,充分体现了中共中央、国务院确定的财税体制改革总体要求,也为进一步深化财税体制改革引领方向。预算法是中国特色社会主义法律体系中的一部重要法律,标志着我国加快建立全面规范、公开透明的现代公开预算制度,迈出了坚实的一步。现代预算制度是现代财政制度的基础,是国家治理体系的重要内容。因此,修改预算法,是规范预算行为,推进预算管理科学化、民主化、法治化的迫切需要,是深化预算制度改革、建立现代财政制度的必然要求,是依法治国、提高国家治理能力的重要保障。新预算法,在财政功能上,处理好政府与市场的关系,财政的作用不"越位"、不"缺位"。在预算管理上,力争做到预算完整,公开透明,科学有序,执行有效,纪律严明。新预算法反映了上述现代预算管理的基本要素,是现代财政制度的重要组成部分。为此,具体实施以下七项策略:

(1) 完善政府预算体系、健全透明预算制度方略。新预算法删除了有关预算外资金的内容,一是新预算法明确规定:政府的全部收入和支出都应当纳入预算。预算包括一般公共预算、政府性基金预算、国有资本经营预算、社会保险基金预算。同时对四本预算功能定位、编制原则及相互关系作出规范。公开透明预算制度是现代财政制度的基本特征,是建设阳光政府、责任政府的需要。二是新预算法增加规定,除涉及国家秘密的事项外,经本级人大或其常委会批准,预算、预算调整、决算、预算执行情况的报告及报表,应当在批准后 20 日内,由政府财政部门向社会公开,并对本级政府财政转移支付的安排、执行情况以及举借债务的情况等重要事项作出说明。各部门预算、决算及报表,应当在本级政府财政部门批复后 20 日,内由各部门向社会公开,并对其中的机关运行经费的安排、使用情况等重要事项作出说明。

(2) 改进预算控制方式、建立跨年度预算平衡机制方略。根据十八届三中全会关于"审核预算的重点由平衡状态、赤字规模向支出预算和政策拓展"的要求,新预算法增加规定,一是各级人大预算审查的重点是:其一,预算安排是否符合国民经济和社会发展的方针政策,收支政策是否可行;其二,重点支出和重大投资项目的预算安排是否适当;其三,对下级政府的转移性支出预算是否规范、适当等内容;二是各级政府为确保收入预算从约束性转向预期性,新预算法要求各级预算收入的编制,应当与经济和社会发展水平相适应,与财政政策相衔接;三是各级政府不得向预算收入征收部门和单位下达收入指标。同时,为适应经济形势发展变化和财政宏观调控的需要,新预算法强调,各级政府应当建立跨年度预算平衡机制。

(3) 规范地方政府债务管理,严控债务风险方略。按照疏堵结合、"开前门、堵后门、筑围墙"的改革思路,新预算法增加了允许地方政府举借债务的规定,同时从五个方面作出限制性规定:一是限制主体,经国务院批准的省级政府可以举借债务;二是限制用途,举借债务只能用于公益性资本支出，不得用于经常性支出；三是限制规模，举借债务的规模，由国务院报全国人大或者全国人大常委会批准，省级政府在国务院下达的限额内举借的债务，列入本级预算调整方案，报本级人大常委会批准；四是限制方式，举借债务只能采取发行地方政府债券的方式，不得采取其他方式筹措，除法律另有规定外，不得为任何单位和个人的债务，以任何方式提供担保；五是控制风险，举借债务，应当有偿还计划和稳定的偿还资金来源，国务院建立地方政府债务风险评估和预警机制、应急处置机制以及责任追究制度，既坚持从严控制地方政府债务的原则，又适应地方经济社会发展的需要，从法律上解决地方政府债务怎么借、怎么管、怎么还的问题，有利于把地方政府融资引导到阳光下，建立起规范合理的地方政府举债融资机制，有利于人大和社会监督，防范和化解债务风险。

（4）完善转移支付制度，推进基本公共服务均等化方略。国家实行财政转移支付制度，是分税制财政体制改革中的成功经验，对于缩小地区间财力差距、推进基本公共服务均等化、促进区域协调发展发挥了重要作用。但在执行中，也存在专项转移支付设置过多、配套资金压力过大、资金下达不及时等问题。为进一步规范和完善转移支付制度，新预算法增加规定：一是财政转移支付应当规范、公平、公开，以均衡地区间基本财力、由下级政府统筹安排使用的一般性转移支付为主体，建立健全专项转移支付定期评估和退出机制，市场竞争机制能够有效调节的事项不得设立专项转移支付。二是除按照国务院规定应当由上下级政府共同承担的事项外，上级政府在安排专项转移支付时不得要求下级政府承担配套资金。三是上级政府应当提前下达转移支付预计数，地方各级政府应当将上级提前下达的预计数编入本级预算。这将有利于优化转移支付结构，提高转移支付资金分配的科学性、公平性和公开性，有利于减少"跑部钱进"现象和中央部门对地方事权的不适当干预，也有利于地方统筹安排预算，提高地方预算编报的完整性。

（5）坚持厉行节约，硬化预算支出约束方略。为了执行中共中央、国务院关于厉行节约、反对浪费、推动建设廉洁政府的方略，新预算法确定：一是统筹兼顾、勤俭节约、量力而行、讲求绩效和收支平衡的策略；二是各级预算支出的编制，应当贯彻勤俭节约的策略，严格控制各部门、各单位的机关运行经费和楼堂馆所等基本建设支出。对各级政府、各部门、各单位在预算之外或者超预算标准建设楼堂馆所的，责令改正，对负有直接责任的主管人员和其他直接责任人员给予撤职开除处分；三是新预算法增加规定，国家实行国库集中收缴和集中支付制度，对政府全部收入和支出实行国库集中收付管理。

（6）认真学习、全面理解新预算法、准确掌握新预算法方略。其一，引导社会各界认真学习、全面理解新预算法各项具体规定，增强预算法治意识，自觉把新预算法的各项规定，作为从事预算管理活动的行为准则，严格依法办事，严肃财经纪律，切实做到有法必依、执法必严、违法必究。其二，各级财政部门在学好用好新预算法的同时，还要大力做好新预算法的宣传普及工作，把该法作为"六五"普法的重要内容，除专门组织新预算法培训外，在其他业务培训中，也要安排这方面的内容。其三，财政部在"六五"普法验收中，要把各地贯彻执行新预算法的情况作为重要考核内容。同时，各地要采取各种方式广泛宣传新预算法，让社会公众了解掌握预算法律知识，推动全社会形成办事依法、遇事找法、解决问题用法、化解矛盾靠法的良好法治环境。

（7）坚持新预算法实施立法配套、协调推进财税体制改革方略。新预算法的制定和实施正处于我国全面深化改革时期，对一些符合改革发展方向，但一时还难以具体规定的问题做一些原则性规定。我国各地预算管理所面临的环境和条件不同，预算管理的水平差别较大。因此，一是本着从实际出发、统一性与灵活性相结合的原则，中央还需要按照新预算法确定的原则及授权，修订预算法实施条例，研究制定财政转移支付、财政资金支付、政府债务管理、政府综合财务报告等方面的规章制度。地方制定有关预算审查监督的决定或者地方性法规；二是加快形成一套较完善的现代预算制度，增强新预算法的可操作性、可执行性，为依法理财奠定坚实的制度基础；三是这次新预算法的制定和实施具有承前启后的重要作用，它认真总结并继承了改革开放以来我国预算管理实践的经验，明确了今后预算管理活动的方向，为深化预算制度改革预留了空间；四是在贯彻实施新预算法的同时，要做好各项财税改革具体方案与新预算法的衔接工作，做好新预算法配套制度建设与财税体制改革具体方案的衔接工作，相互协调，同步推进，坚持用制度引领和推进改革，在改革中不断完善制度。

5. 中央财政鼓励引导社会资金回流"三农"方略。2014年以来，财政部接连出台加大税收优惠和奖补政策支持力度，引导社会资金回流"三农"。为此，一是加大县域金融机构涉农贷款增量奖励政策支持力度。对涉农贷款平均余额增长超过15%的县域金融机构，按照增量部分2%的给予奖励，2013年，拨付奖励资金20.9亿元，同年末全国涉农贷款余额为20.8万亿元，比上年增长18.4%。2014年，中央财政对全国25个省（区、市），包括全部粮食主产区和绝大多数中西部地区拨付奖励资金26.8亿元；二是完善农村金融机构定向费用补贴政策。对符合条件的村镇银行、贷款公司、农村资金互助社等三类新型农村金融机构，以及基础金融服务薄弱地区的金融机构网点，按照贷款平均余额的2%给予补贴，2013年，拨付补贴资金41.05亿元。2014年，中央财政在总结政策执行情况的基础上，明确金融机构享受政策的期限，严格政策执行要求，突出支持"三农"导向。在政策支持下，新型农村金融机构蓬勃发展，截至2013年末，全国共有987家村镇银行开业，贷款余额3632亿元，其中80%以上投向"三农"和小微企业；三是实施农村金融税收优惠政策。为此，一要减轻农村金融机构税负。对金融机构小额农户贷款（5万元以下）利息收入和保险公司农业保险保费收入免征营业税，并减按90%计算应纳税所得额，对农村信用社、新型农村金融机构以及县域以下法人的农村合作银行、农村商业银行，继续实行3%的营业税率。二要减轻小微企业税负。对符合条件且年应纳税所得额低于10万元（含）的小型微型企业，其所得减按50%计入应纳税所得额，并减按20%征收企业所得税。

6. 中央财政主导创立中国农业产业发展基金方略。自2012年年末设立中国农业产业发展基金（下称"中国农业基金"）以来，以财政部主导下的"中"字头基金角色，秉承服务"三农"的宗旨，实现了政策导向与市场经营的有机结合，创新了财政金融支农的新机制，创造了农业投资领域的良好业绩。中国农业基金具有国家基金功能，其既不同于传统的财政无偿投入，又不能像纯商业投资那样看什么赚钱就投什么、只追求利润最大化投入，而是要以社会效益为主，兼顾经济效益投入。中国农业基金从投资策略上来说，为体现国家对农业领域的政策扶持，中国农业基金坚持"安全、稳健"的投资理念，以价值型投资为主，主要采取多轮次的组合投资方法，主要以股权投资的形式进行投资，从而追求长期增值。为此，组织实施十项策略：一是农业基金所投企业均为产业化龙头企业，项目涉及农林业种植、牧渔业养殖、农林牧渔各产品加工、供销服务等产业化项目。二是农业基金要帮助农业企业在获得资金的同时，实现产业的转型与升级，就需要投资方在商业模式、企业管理与技术服务等方面，为企业提供全方位的服务。农业基金通过协助农业企业进行战略规划、盈利模式优化、产品定位、品牌推广、渠道与网络的建设，帮助农业企业成功转型为有自主品牌与渠道的消费品企业。三是农业基金还从全面预算、内控制度、绩效考核、人力资源等方面帮助农业企业提升内部管理水平。四是农业基金作为投资方把先进技术和先进理念引入到这些农业企业中，使其在细分领域内加大新技术的应用。五是农业基金扶持的农业企业都是有行业领袖潜质的优秀农业企业，通过投资与服务，帮助其做大做强，成为行业细分领域中的代表企业。加之基金提供的兼并、收购、重组等行业整合服务，这些企业可以加快产业集约化，从而合理进行资源配置，摆脱长期存在的散而乱、小而弱、资源浪费的状况。六是农业基金通过支持农业行业生态友好型标杆企业的发展，可以帮助建立农业可持续发展长效机制。通过扶持农业产业龙头企业，可以促进全产业链发展，带动更多农民脱贫致富。七是农业基金既要直接提升被投资农业产业龙头企业的实力，向企业传送现代管理理念，将国家相关农业政策更好地传达给企业，并通过企业股权价值的提升，为企业及基金本身均创造经济效益，又要促进企业和产业的转型升级，带动当地农户增收致富，促进地方经济发展。农业基金在兼顾经济效益同时，要创造更大的社会价值。八是农业基金投资直接增强信贷资金、民间资本对于相关农业子行业及农业企业的信心，使被投资企业往往可以争取到银行更大额度的授信，或吸引到社会更多的投资资金。九是农业基金作为国家财政直接出资的投资基金，承载着产业引导的职能，其投资资金的流向无疑可成为农业投资领域的风向标。十是农业基金发挥财政资金作为"引子"资金、"种子"资金的"四两拨千斤"的效应，创新了财政金融支农新方式。农业基金初步达到了设立之初有关方面对基金的要求，也为我国公私合作模式、财政资金引领社会资金投资"三农"领域，起到了积极的引导与示范作用。

7. 中央财政安排农村义务教育经费保障机制方略。2014年至2017年，中央财政继续把义务教育特别是农村义务教育，作为教育支出的重中之重予以保障，中央财政全年安排农村义务教育支出1600亿元，其一，着重用于进一步完善农村义务教育经费保障机制；其二，着力缩小城乡差距，支持全面改善贫困地区义务教育薄弱学校基本办学条件；其三，着力改善学生营养状况，提高营养膳食补助标准；其四，加强教师队伍建设，提高农村教育教学水平；其五，继续支持农民工随迁子女平等接受义务教育。为此，一是中央财政进一步完善农村义务教育经费保障机制，2015年11月，国务院决定建立城乡统一、重在农村的义务教育经费保障机制。2016年统一了城乡义务教育学校生均公用经费基准定额，将农村中小学生均公用经费基准定额提高40元，中西部地区达到年生均小学600元、初中800元；东部地区达到年生均小学650元、初中850元。在提高基准定额基础上，中央财政进一步提高农村寄宿制学校公用经费，由省级财政统筹使用。2014年，中央财政安排农村义务教育经费保障机制资金878.97亿元，在学生人数减少的情况下，该项投入同比仍增长6.1%。2016年，中央财政安排义务教育经费保障机制资金1103亿元，比2015年增长52亿元。全国约1.4亿城乡义务教育学生全部免除学杂费。同年，全国约1.1亿名农村义务教育阶段学生全部享受免杂费和免费教科书政策，小学一年级新生免费获得正版学生字典，中西部地区约1240万名家庭经济困难寄宿生继续获得生活费补助，约1300万进城务工农民工随迁子女实现生均公用经费基准定额资金可携带。二是经国务院批准教育部、国家发展改革委和财政部联合发布意见，从2014年起，中央聚焦贫困地区和薄弱学校，通过3～5年的努力，支持地方全面改善基本办学条件。2014年7月，三部门下发通知，从2014年起，中央财政对农村义务教育薄弱学校改造计划进行适当调整：在原来支持内容的基础上，将运动场、学生宿舍、食堂、饮水设施、厕所、澡堂等教学和生活设施纳入支持范围；加大了投入力度，将专项资金统一分配到各省份，由省级财政和教育部门按照"缺什么、补什么"的原则，统筹安排使用。2015年中央安排310亿元，比上年增加近50%，由各省份统筹用于薄弱学校改造计划工作。2016年，中央财政安排338亿元，支持地方按照"缺什么、补什么"的原则，全面改善贫困地区农村义务教育薄弱学校基本办学条件。三是中央财政从2014年11月起，将营养改善计划国家试点地区中央补助标准每生每天提高1元，达到每生每天4元、每年800元的标准。同时，继续鼓励地方因地制宜开展地方试点，中央给予适当奖补。2015年，中央财政共安排营养改善计划资金171.4亿元，惠及3200万名农村中小学生。2016年，继续实施农村义务教育学生营养改善计划，改善学生营养健康状况。四是中央财政从2014年起，安排"农村教师特设岗位计划"资金44.7亿元，对23.6万名特岗教师给予工资性补助；安排"中小学和幼儿园教师国家级培训计划"专项资金20亿元，继续支持中西部地区培训中小学学科骨干教师和幼儿园教师；安排资金2.94亿元，支持各地选派优秀义务教育阶段教师到"边远贫困地区、边疆民族地区和革命老区"支教一年。2016年，继续实施"特岗计划"、"国培计划"、乡村教师生活补助政策等重大项目，提升乡村教师队伍素质。五是2017年，中央财政将按照中央有关决策部署，重点做好两方面工作：一方面，全面实现国务院关于城乡义务教育经费保障机制改革的政策目标，即从2017年春季学期起，统一城乡义务教育学生"两免一补"政策，推动相关教育经费随学生流动可携带；另一方面，落实教育脱贫攻坚"十三五"规划部署，扩大学生营养改善计划地方试点范围，实现国贫县覆盖等。通过抓好这些重大政策的落实落地，进一步支持城乡义务教育均衡发展，提高教育教学质量。

（二）深化金融体制改革完善、扶持"三农"方略

中共十八届三中全会针对我国近年来金融改革和发展取得明显成效、金融服务发展不断增强，但

也存在金融机构经营方式总体粗放，农村金融和中小金融机构发展相对滞后，金融体系对实体经济和民生支持不够等问题，明确强调，从2013年起，要完善金融市场体系，放宽资本准入市场，推进利率市场化，建立存款保险制度，发挥货币政策调节作用，调节市场流动性，扩大社会融资规模，强化金融监管，引导金融机构对"三农"、小微企业扶持力度。

1. 第十二届全国人大一次会议于2013年3月17日通过的《政府工作报告》回顾，2012年，实施适度宽松的货币政策，有效运用存款准备金率、利率等货币政策工具，保持货币信贷合理增长，加强农村金融服务，涉农贷款从2007年末的6.12万亿元，增加到2012年末的17.63万亿元。《报告》提出，2013年继续实施稳健的货币政策，把握好促进城乡经济增长、物价稳定和防范金融风险的平衡。为此，一是要综合运用多种货币政策工具，调节市场流动性，保持货币信贷合理增长，适当扩大社会融资规模，完善货币政策传导机制，加强金融监管与货币政策的协调，不断优化监管标准和监管方式。二是引导金融机构加大对"三农"、小微企业、新兴产业扶持力度，拓宽实体经济融资渠道，降低实体经济融资本，促进金融机构持续扶持农业和农村经济持续发展。

2. 中共十八届三中全会对全面深化改革作出了战略部署，明确提出深化金融体制改革是深化经济体制改革的重点，着力落实三项策略：一是放宽资本市场准入策略。要在加强监管前提下，放宽资本市场准入，允许具备条件的民间资本依法发起设立中小银行等金融机构，以缓解小微企业、"三农"等融资难、融资贵的问题。二是推进利率市场化策略。利率市场化就是将资本价格的决定价格交给市场。为此，要继续推进利率市场化，扩大金融机构自主定价权。三是建立存款保险制度策略。存款保险制度是市场经济条件保护存款利益的重要措施，是金融安全网的重要组成部分。存款保险客观上能增强这些银行的信用，为之创造一个与大银行公平竞争的金融市场环境。

3. 第十二届全国人大二次会议于2014年3月13日通过的《政府工作报告》提出，一是继续推进进利率市场化，扩大金融机构利率自主定价权，保障人民币汇率在合理均衡水平上的基本稳定，扩大汇率双向浮动区间，推进人民币资本项目可兑换。二是稳步推进由民间资本发起设立中小型银行等金融机构，引导民间资本参股、投资金融机构及融资中介服务机构。三是建立存款保险制度，健全金融机构风险处置机制，推荐政策性金融机构改革，进一步引导发展多层次资本市场。四是积极发展农业保险，建立巨灾保险制度。

4. 中共中央、国务院于2015年2月1日发布的《关于加大改革创新力度，加快农业现代化建设的若干意见》提出，一是要主动适应农村实际、农业特点、农民需求，不断深化农村金融改革创新。综合运用财政税收、货币信贷、金融监管等政策措施，推动金融资源继续向"三农"倾斜，确保农业信贷总额持续增加，涉农贷款比例不降低，完善涉农贷款统计制度，优化涉农贷款结构。二是开展信贷资产质押再贷款试点，提供更优惠的支农再贷款利率。鼓励各类商业银行创新"三农"金融服务。农业银行三农金融事业部改革试点覆盖全部县域支行。农业发展银行要在强化政策性功能定位的同时，加大对水利、贫困地区公路等农业农村基础设施建设的贷款力度，审慎发展自营性业务。国家开发银行要创新服务"三农"融资模式，进一步加大对农业农村建设的中长期信贷投放。提高农村信用社资本实力和治理水平，牢牢坚持立足县域、服务"三农"的定位。鼓励邮政储蓄银行拓展农村金融业务。提高村镇银行在农村的覆盖面。三是积极探索新型农村合作金融发展的有效途径，稳妥开展农民合作社内部资金互助试点，落实地方政府监管责任。做好承包土地的经营权和农民住房财产权抵押担保贷款试点工作。鼓励开展"三农"融资担保业务，大力发展政府支持的"三农"融资担保和再担保，完善银担合作机制。支持银行业金融机构发行"三农"专项金融债，鼓励符合条件的涉农企业发行债券。开展大型农机具融资租赁试点。完善对新型农业经营主体的金融服务。强化农村普惠金融。继续加大小额担保财政贴息贷款等对农村妇女的支持力度。

5. 第十二届全国人大三次会议于2015年3月15日通过的《政府工作报告》提出，围绕服务实体经济推进金融改革，推动具备条件的民间资本依法发起设立中小型银行等金融机构，成熟一家，批准一家，不设限额。深化农村信用社改革，稳定其县域法人地位。发挥好开发性金融、政策性金融在增加公共产品供给中的作用，推出存款保险制度，推进利率市场化改革，健全中央银行利率调控框架。保持人民币汇率处于合理均衡水平，增强人民币汇率双向浮动弹性。稳步实现人民币资本项目可兑换，扩大人民币国际使用，加快建设人民币跨境支付系统，完善人民币全球清算服务体系，开展个人投资者境外投资试点，适时启动"深港通"试点。加强多层次资本市场体系建设，实施股票发行注册制改革，发展服务中小企业的区域性股权市场，开展股权众筹融资试点，推进信贷资产证券化，扩大企业债券发行规模，发展金融衍生品市场。推出巨灾保险、个人税收递延型商业养老保险。创新金融监管，防范和化解金融风险。大力发展普惠金融，让所有市场主体都能分享金融服务的雨露甘霖。

6. 第十二届全国人大四次会议于 2016 年 3 月 15 日通过的《政府工作报告》提出，促进多层次资本市场健康发展，提高直接融资比重，建立巨灾保险制度，规范发展普惠金融和绿色金融，整顿规范金融秩序，严厉打击金融诈骗、非法集资等违法犯罪活动；第十二届全国人大四次会议于 2017 年 3 月 15 日通过的《政府工作报告》提出，推进农村信用社改革，强化服务"三农"功能，拓宽保险资金支持实体经济渠道。大力发展绿色金融，推动融资租赁业健康发展。

十一、农村民主自治、法律法制、脱贫致富奔小康之路建设方略规程

中共十八大以来，中共中央、国务院组织领导各级党委、政府及部门，一是健全民主自治协商制度，通过各级政府机关、政协组织、党派团体等途径，就经济社会发展重大问题、涉及群众切身利益问题，广泛协商、广集民智、增进共识、增强合力。在农村基层公共事务和公益事业中，实行群众自我管理、自我服务、自我教育、自我监督，推进信息公开、加强议事协商、强化权力监督，保障群众享有更多更切实的民主权利；二是全面推进依法治国、科学立法、严格执法、公正司法、群众守法，坚持法律面前人人平等，保证有法必依、执法必严、违法必究。拓展群众有序参与立法途径，推进依法行政，切实做到严格公正文明执法。任何组织或者个人都不得有超越宪法和法律的特权，绝不允许以言代法、以权压法、徇私枉法；三是建立健全农村产权保护法律制度，健全农业市场规范运行法律制度，健全农产品市场流通法律制度，规范市场秩序，促进公平交易，营造农产品流通法治化环境。健全"三农"支持保护法律制度，健全农业资源环境法律法规，提高农村基层法治水平，加快农村改革发展，为全面建成的小康社会作出新的贡献！

（一）加强农村民主自治之路建设方略

第十二届全国人大一次会议于 2013 年 3 月 17 日通过的《政府工作报告》提出，要坚持社会主义民主法治建设。为此，一是坚持人民主体地位，发展更加广泛、充分、健全的人民民主，保证人民依法享有广泛权利和自由，维护社会公平正义。二是坚持依法治国，尊重宪法和法律的权威，确保决策权、执行权、监督权，既相互制约又相互协调，确保国家行政机关按照法定权限和程序行使权力。三是健全基层群众自治制度，加强城乡社区治理。充分发挥工会、共青团、妇联等群团组织作用。改革完善社会组织管理制度，依法推进公益和慈善事业健康发展，促进专业社会工作、志愿服务发展。

（二）加强农村村务财务公开轨道建设方略

第十二届全国人大二次会议通过于 2014 年 3 月 13 日的《政府工作报告》提出，要注重运用法治方式，实行多元主体共同治理。为此，一是健全村务公开、财务公开和民主管理制度，更好发挥社会组织在公共服务和社会治理中的作用。二是深入开展普法教育，加大法律援助，加强社会治安综合治理，坚决打击暴力恐怖犯罪活动，维护国家安全，形成良好社会秩序，共同建设平安中国。

(三) 加强农村政府法治轨道建设方略

中共十八届四中全会于 2014 年 10 月 23 日通过的《中共中央关于全面推进依法治国若干重大问题的决定》规定，一是深入推进依法行政，加快建设法治政府。各级政府必须在法治轨道上开展工作，创新执法体制，完善执法程序，推进综合执法，严格执行责任，建立权责统一、权威高效的依法行政体制，加快建设职能科学、权责法定、执法严明、公开公正、廉洁高效、守法诚信的农村法治政府。为此，其一，必须依法全面履行政府职能，要坚持法定职责必须为、法无授权不可为、勇于负责、敢于担当，坚决纠正不作为、乱作为；其二，必须健全依法决策机制，把公众参与、专家论证、风险评估、合法审查、集体讨论确定为重大行政决策法定程序，确保决策制度科学、程序正当、过程公开、责任明确；其三，必须深化改革行政执法体制，根据不同层级政府的事权和职能，按照减少层次、整合队伍、提高效率的原则，合理配置执法力量；其四，必须严格规范公正文明执法，完善执法程序，建立执法全过程记录制度，全面落实行政执法责任制；其五，必须强化对行政权力的制约和监督，加强党内监督、人大监督、民主监督、行政监督、司法监督、审计监督、社会监督、舆论监督制度建设，增强监督合力和实效。二是增强全民法治观念，推进法治社会建设。法律的权威源自人民的内心拥护和真诚信仰。人民权益要靠法律保障，法律权威要靠人民维护。必须弘扬法治精神，建设法治文化，增强全社会厉行法治的主动性，形成守法光荣、违法可耻的社会氛围，使全民都成为法治的崇尚者、自觉遵守者、坚定捍卫者。为此，其一，必须推动全社会树立法治意识，推进多层次多领域依法治理，建设完备的法律服务体系，健全依法维权和化解纠纷机制；其二，必须大力提高法治工作队伍思想政治素质、业务工作能力、职业道德水准，着力建设忠于党、忠于国家、忠于人民、忠于法律的法治工作队伍，为加快建设法治国家，提供强有力的组织和人才保障。

(四) 加强农业和农村财产法律保护轨道建设方略

中共中央、国务院于 2015 年 2 月 1 日发布的《关于加大改革创新力度，加快农业现代化建设的若干意见》提出，农村是法治建设相对薄弱的领域，必须从农村实际出发，善于发挥乡规民约的积极作用，把法治建设和道德建设紧密结合起来，善于运用法治思维和法治方式，完善农业农村法律体系，同步推进城乡法治建设。第十二届全国人大四次会议于 2016 年 3 月 15 日通过的《政府工作报告》提出，开展农村法治宣传教育，创新社会治安综合治理机制，推进农村社会治安防控体系建设，依法惩治违法犯罪行为。第十二届五次会议于 2017 年 3 月 15 日通过的《政府工作报告》提出，加强法治宣传教育和法律服务。落实信访工作责任制，依法及时就地解决群众合理诉求。健全立体化信息化社会治安防控体系，严厉打击暴力恐怖活动，依法惩治黑恶势力犯罪、毒品犯罪和盗窃、抢劫、电信网络诈骗、侵犯个人信息等多发性犯罪，维护国家安全和社会稳定。严格规范公正文明执法，大力整治社会治安突出问题，全方位提高人民群众安全感。为此，必须围绕做好"三农"工作，在加强农村法律法规制度建设上，组织推动以下六项方略：

1. 健全农村产权保护法制方略。完善相关法律法规，加强对农村集体资产所有权、农户土地承包经营权和农民财产权的保护。组织修改农村土地承包方面的法律，明确现有土地承包关系保持稳定并长久不变的具体实现形式，界定农村土地集体所有权、农户承包权、土地经营权之间的权利关系，保障好农村妇女的土地承包权益。统筹推进与农村土地有关的法律法规制定和修改工作。研究起草农村集体经济组织条例。加强农业知识产权法律保护。

2. 健全农业市场规范运行法制方略。健全农产品市场流通法律制度，规范市场秩序，促进公平交易，营造农产品流通法治化环境。完善农产品市场调控制度，适时启动相关立法工作。完善农产品质量和食品安全法律法规，加强产地环境保护，规范农业投入品管理和生产经营行为。逐步完善覆盖农村各类生产经营主体方面的法律法规，适时修改农民专业合作社法。

3. 健全"三农"支持保护法制方略。研究制定规范各级政府"三农"事权的法律法规，明确规定中央和地方政府促进农业农村发展的支出责任。健全农业资源环境法律法规，依法推进耕地、水资源、森林草原、湿地滩涂等自然资源的开发保护，制定完善生态补偿和土壤、水、大气等污染防治法律法规。积极推动农村金融立法，明确政策性和商业性金融支农责任，促进新型农村合作金融、农业保险健康发展。加快扶贫开发立法。

4. 健全农村村民民主自治管理方略。这是指组织推进实施农村治理机制，扩大以村民小组为基本单元的村民自治试点，继续搞好以社区为基本单元的村民自治试点，探索符合各地实际的村民自治有效实现形式政策。为此，一是进一步规范村"两委"职责和村务决策管理程序，完善村务监督委员会的制度设计，健全村民对村务实行有效监督的机制，加强对村干部行使权力的监督制约，确保监督务实管用；二是激发农村社会组织活力，重点培育和优先发展农村专业协会类、公益慈善类、社区服务类等社会组织。构建农村立体化社会治安防控体系，开展突出治安问题专项整治，推进平安乡镇、平安村庄建设。

5. 依法保障农村改革发展方略。加强农村改革决策与立法的衔接。农村重大改革都要于法有据，立法要主动适应农村改革和发展需要。实践证明行之有效、立法条件成熟的，要及时上升为法律。对不适应改革要求的法律法规，要及时修改和废止。需要明确法律规定具体含义和适用法律依据的，要及时作出法律解释。实践条件还不成熟、需要先行先试的，要按照法定程序作出授权。继续推进农村改革试验区工作。深化行政执法体制改革，强化基层执法队伍，合理配置执法力量，积极探索农林水利等领域内的综合执法。健全涉农行政执法经费财政保障机制。统筹城乡法律服务资源，健全覆盖城乡居民的公共法律服务体系，加强对农民的法律援助和司法救助。

6. 提高农村基层法治水平方略。深入开展农村法治宣传教育，增强各级领导、涉农部门和农村基层干部法治观念，引导农民增强学法尊法守法用法意识。健全依法维权和化解纠纷机制，引导和支持农民群众通过合法途径维权，理性表达合理诉求。依法加强农民负担监督管理。依靠农民和基层的智慧，通过村民议事会、监事会等，引导发挥村民民主协商在乡村治理中的积极作用。

（五）加强农村政府执行力、公信力轨道建设方略

全国人大第十二届三次会议于2015年3月15日通过的《政府工作报告》提出，要全面推进依法治国，加快建设法治政府、创新政府、廉洁政府和服务型政府，增强农村政府执行力和公信力，促进国家治理体系和治理能力现代化。为此，一是坚持依宪施政，依法行政，把政府工作全面纳入法治轨道。宪法是政府根本的活动准则，农村政府及其工作人员都必须严格遵守。要尊法学法守法用法，依法全面履行职责，所有行政行为都要于法有据，任何政府部门都不得法外设权。深化行政执法体制改革，严格规范公正文明执法，加快推进综合执法，全面落实行政执法责任制。一切违法违规的行为都要追究，一切执法不公正不文明的现象都必须纠正。二是坚持创新管理，强化服务，着力提高政府效能。提供基本公共服务尽可能采用购买服务方式，第三方可提供的事务性管理服务交给市场或社会去办。扎实开展政府协商，积极推进决策科学化民主化，重视发挥智库作用。全面实行政务公开，推广电子政务和网上办事。各级政府要自觉接受同级人大及其常委会的监督，接受人民政协的民主监督，认真听取人大代表、政协委员、民主党派、工商联、无党派人士和各人民团体的意见。所有工作都要全面接受人民的监督，充分体现人民的意愿。三是坚持依法用权，倡俭治奢，深入推进党风廉政建设和反腐败工作。认真落实党中央八项规定精神，坚持不懈纠正"四风"，继续严格执行国务院"约法三章"。腐败现象的一个共同特征就是权力寻租，要以权力瘦身为廉政强身，紧紧扎住制度围栏，坚决打掉寻租空间，努力铲除腐败土壤。加强行政监察，发挥审计监督作用，对公共资金、公共资源、国有资产严加监管。始终保持反腐高压态势，对腐败分子零容忍、严查处。对腐败行为，无论出现在领导机关，还是发生在群众身边，都必须严加惩治。

（六）加强农村居民脱贫增收致富奔小康之路建设方略

中共十八届二至六中全会、全国人大第十二届一次至五次会议通过的国务院《政府工作报告》

于2013年至2017年，逐年组织推行农村居民脱贫增收致富途径方略。中共中央、全国人大、国务院于2013年至2017年的方略。2012年，中共十八大报告提出，加大强农惠农富农政策力度，让广大农民平等参与现代化建设，共同分享现代化成果，着力促进农民增收，保持农民收入持续较快增长。

1. 第十二届全国人大一次会议于2013年3月17日通过的《政府工作报告》提出，要保障农民的财产权益，坚持以农户家庭承包经营为基础，支持发展农民多种形式合作组织和农业产业经营社会化服务组织，推动城乡一体化经济发展，继续加大"三农"资金投入，促进农民增收、缩小城乡居民相对收入差距。中共十八届三中全会在全面深化改革部署中提出，要以增进人民福祉为出发点和落脚点，让农民群众得到收益，就是促进权利公平、机会公平、规则公平，使发展成果更多更公平惠及农民群众。

2. 第十二届全国人大二次会议于2014年3月13日通过的《政府工作报告》回顾，2013年全国农村居民人均纯收入比上年实际增长9.3%，农村贫困人口减少1650万人，城乡居民收入差距继续缩小。《报告》提出，农业是扩大内需调整结构的重要领域，更是安定天下稳定民心的产业。要坚持把解决"三农"问题放在全部工作的重中之重，推进农业现代化，保障国家粮食安全，促进农民增收。同年12月9日至11日，中国中央、国务院召开的中央经济工作会议提出，必须继续夯实农业稳定发展的基础、稳住农村持续向好的局势，稳定粮食和主要农产品产量，持续增加农民收入。要坚定不移加快转变农业发展方式，尽快转到数量质量效益并重、注重提高竞争力、注重农业技术创新、注重可持续的集约发展上来，走产出高效、产品安全、资源节约、环境友好的现代农业发展道路。要深化农村各项改革，完善强农惠农政策，完善农产品价格形成机制，完善农业补贴办法，强化金融服务。要完善农村土地经营权流转政策，搞好土地承包经营权确权登记颁证工作，健全公开规范的土地流转市场。要完善职业培训政策，提高培训质量，造就一支适应现代农业发展的高素质职业农民队伍。

3. 中共中央、国务院于2015年2月1日发布的《关于加大改革创新力度，加快农业现代化建设的若干意见》明确提出，中国要富，农民必须富。富裕农民，必须充分挖掘农业内部增收潜力，开发农村二、三产业增收空间，拓宽农村外部增收渠道，加大政策助农增收力度，努力在经济发展新常态下，保持城乡居民收入差距持续缩小的势头。围绕促进农民增收，加大惠农政策力度，主要包括：优先保证农业农村投入、完善农业产品价格形成机制，提高农业补贴政策机制，强化农业生产全程社会化服务，推进农村一、二、三产业融合发展，拓宽农村外部增收渠道。第十二届全国人大三次会议于同年3月15日通过的《政府工作报告》回顾，2014年不断巩固农业基础，加大强农惠农富农政策力度，农业综合生产能力稳步提高，农业科技和机械化水平持续提升，重大水利工程建设进度加快，新增节水灌溉面积223万公顷，新建改建农村公路23万公里。新一轮退耕还林还草启动实施。农村土地确权登记颁证有序进行，农业新型经营主体加快成长。实现粮食产量"十一连增"、农民收入"五连快"。《报告》提出，加快推进农业现代化，坚持"三农"重中之重的地位不动摇，加快转变农业发展方式，让农业更强、农民更富、农村更美。

4. 第十二届全国人大四次会议于2016年3月15日通过的《政府工作报告》提出，一是在2015年，农村贫困人口减少1亿人，解决农村3亿多人口饮水安全问题，农村危房改造432万户，改善贫困地区农村义务教育薄弱办学办校条件，重点高校招收贫困地区农村学生人数又增长10.5%。第十二届全国人大五次会议于2017年3月15日通过的《政府工作报告》提出，一是中央财政安排补助地方专项扶贫资金861亿元，比上年增加200亿元，增长30.3%，用于支持落实精准扶贫、精准脱贫基本方略。二是国家在农业林业水利方面，落实《建立以绿色生态为导向的农业补贴制度改革方案》，完善农业补贴制度，提高补贴政策指向性和精准性，发展壮大农业新产业新业态。三是国家在生态环保方面，适时启动第二批山水林田湖生态保护和修复工程试点。深入落实新一轮草原生态保护补助奖励政策，支持新一轮退耕还林还草并扩大规模，实施天然林保护全覆盖政策。四是国家从春季学期开始统一城乡义务教育学生"两免一补"政策，实现"两免一补"和生均公用经费基准定额资金随学生流动可携带。五是国家将城乡居民基本医疗保险财政补助和个人缴费标准均提高30元，分别达到每人每年450元和180元，继续推进农村危房改造工作。

总之，从中央到地方各级党委、政府及有关部门组织推动全党、全国各族人民，为完成农村贫困人口脱贫这一全国全面建成小康社会最艰巨的任务，而坚持实施四项方略：一是实施脱贫攻坚工程建设责任制度，进一步完善中央统筹、省（自治区、直辖市）负总责、市（地）县抓落实的责任机制，考核扶贫责任和脱贫成效。二是实施精准扶贫、脱贫、因人因地脱贫攻坚、分类扶持贫困家庭规则，其一，对有劳动力的农民支持就业创业；其二，对当地水土养不起的农民动员扶贫搬迁；其三，对生态特别重要和脆弱的农村保护生态；其四，对丧失劳动能力的农民兜底保障；其五，对因病致贫的农民提供医疗补助保障。三是实施贫困地区农村基础设施建设投资政策，因地制宜地解决通路、通水、通电、通络等问题。四是提高贫困地区农村基础教育质量、医疗服务水平，推进贫困地区农村基本公共服务均等化，健全农村留守儿童、妇女和老人关爱服务体系，实行最低生活保障和扶持脱贫攻坚政策衔接，对贫困人口应保尽保，保障基本民生，实现全国城乡人民共同迈入全面小康社会。

关于拓展城乡一体"四化"
建设小康之路的方略

农村财政扶贫攻坚综合开发治理课题组*

2012年中共十八大以来,以习近平总书记为核心的中共中央,领导全党全国各族人民,组织推动全国农村居民逐步走上城乡一体农业现代化、工业化、信息化、城镇化同步建设小康社会之路,为实现脱贫增收致富、城乡居民文化教育、卫生医疗、生活低保、就业创业、养老保险、特困救助等城乡一体公共公益服务社会化、社会保障平等化的目标,从"十二五"规划至"十三五"规划期间,一是组织开拓农业农村现代化生产经营建设脱贫增收致富途径方略;二是组织拓展城乡一体农业现代化、工业化、信息化、城镇化同步建设脱贫增收致富奔小康之路方略;三是组织开展城乡一体"四化"同步建设取得显著成效;四是总结吸取城乡一体"四化"同步建设经验做法;五是建立健全城乡一体脱贫增收致富奔小康之路方略体系。

一、组织开拓农业农村现代化生产经营建设脱贫增收致富途径方略

2014年以来,我国经济发展进入新常态,正从高速增长转向中高速增长,如何在经济增速放缓背景下继续强化农业基础地位、促进农民持续增收,是必须破解的一个重大课题。国内农业生产成本快速攀升,大宗农产品价格普遍高于国际市场,如何在"双重挤压"下创新农业支持保护政策、提高农业竞争力,是必须面对的一个重大考验。我国农业资源短缺,开发过度、污染加重,如何在资源环境硬约束下保障农产品有效供给和质量安全、提升农业可持续发展能力,是必须应对的一个重大挑战。为此,必须努力在提高粮食生产能力上挖掘新潜力,在优化农业结构上开辟新途径,在转变农业发展方式上寻求新突破,在促进农民增收上获得新成效,在建设新农村上迈出新步伐,为经济社会持续健康发展提供有力支撑。概括说,在组织拓宽农村居民增收富裕途径方略上,主要包括:一是坚持推行农业生产经营建设管理方略;二是坚持优先保证扶持"三农"资金投入方略;三是坚持推行农业生产经营建设补贴方略;四是坚持完善农业产品价格补贴方略;五是坚持强化农业生产经营建设社会化服务方略;六是坚持推进农村一、二、三产业融合发展方略;七是坚持拓宽农民转移就业创业方略。

(一)坚持推行农业生产经营建设管理方略

坚持和完善农业生产经营建设管理制度,赋予农民更多财产权利。为此,一是保持农村土地承包

---

* 课题组组长:韩连贵
  课题组成员:王新宇 马 琼 杨珠生 韩铁峰 王其文 普 穷 李克君 董 齐 李振宇 徐海云 王 岩 郑志宏 陈贵锋

关系长久不变，抓紧土地承包经营权及农村集体建设用地使用权确权登记颁证工作，引导承包经营权有序流转，慎重稳妥进行农村土地制度改革试点，深入开展农村土地征收、集体经营性建设用地入市、宅基地制度、集体产权制度等改革试点。在改革中要确保耕地数量不减少、质量不下降、农民利益有保障；二是坚持农户家庭承包经营基础性地位，发展农林牧渔业大户、家庭农场、农民合作社、农业产业化龙头企业等新型农业生产经营主体，推进多种形式适度规模经营，逐步构建农业生产经营集约化、专业化、规模化、组织化体系，深化农村供销社、农垦、工业、国有林场林区等改革，办好农村改革试验区和现代农业示范区，坚守耕地红线，全面开展永久基本农田划定工作，实施耕地质量保护与提升行动，推进土地整治，加强农林水利基本建设，大力发展节水农业，加快新技术、新品种、新农机研发推广应用，2015年粮食产量要稳定在5.5亿吨以上，保障粮食安全和主要农产品供给；三是坚持引导农民瞄准市场调整种养结构，支持农产品加工特别是主产区粮食就地转化，开展粮食作物改为饲料作物试点，综合治理农药兽药残留等问题，全面提高农产品质量和食品安全水平；四是坚持推进农村人口饮水安全和公路等项工程建设，2015年再解决6000万农村人口饮水安全问题，新建改建农村公路20万公里，全面完成西部边远山区溜索改桥任务。力争让最后20多万无电人口都能用上电。以垃圾、污水为重点加强环境治理，建设美丽宜居乡村。多渠道促进农民增收，保持城乡居民收入差距缩小势头。

（二）坚持优先保障扶持"三农"资金投入方略

要增加农民收入，必须在农村经济发展新常态下，确保收入继续较快增长，保持城乡居民收入差距持续缩小的势头。为此，一是必须明确政府对改善农业农村发展条件的责任。坚持把农业农村农民"三农"作为各级财政支出的优先保障领域，加快建立投入稳定增长机制，持续增加财政农业农村支出，中央基建投资继续向农业农村农民倾斜。二是必须优化财政支农支出结构，重点支持农民增收、农村重大改革、农业基础设施建设、农业结构调整、农业可持续发展、农村民生改善。三是必须转换投入方式，创新涉农资金运行机制，充分发挥财政资金的引导和杠杆作用。四是必须改革涉农转移支付制度，下放审批权限，有效整合财政农业农村农民投入，切实加强涉农资金监管，建立规范透明的管理制度，杜绝任何形式的挤占挪用、层层截留、虚报冒领，确保资金使用见到实效。五是必须在坚持优先保障扶持"三农"投资策略上，其一是第十二届全国人大一次会议于2013年3月17日通过的《政府工作报告》提出，从2013年起，在过去五年中央财政"三农"投资资金投入累计4.47万亿元，年均增长23.5%的基础上，要继续加大"三农"资金投入，加强农村基础设施建设和基本公共服务体系建设，推动城乡经济发展一体化，形成以工促农、以城带乡、工农互惠、城乡一体的新型工农、城乡关系；其二是第十二届全国人大二次会议于2014年3月13日通过的《政府工作报告》提出，2014年中央财政统筹整合涉农资金，不管财力多么紧张，都要确保对扶持"三农"资金投资投入只增不减。为了夯实农业农村发展基础，国家集中财力，开展深松整地1亿亩，建设一批重大水利工程，中央财政预算安排水利投资700多亿元，支持引水调水、骨干水源、江河湖泊治理、高效灌溉等重点项目工程建设，加强中小型水利项目工程建设，加快建成一批旱涝保收高标准农田，推广一批高效农业机械，完善农村水电路气信等基础设施，改造农村危房，改建农村公路，再解决农村人口饮水安全问题；其三是第十二届全国人大三次会议于2015年3月15日通过的《政府工作报告》提出，加快财政支出力度，积极盘活存量资金，灵活运用货币政策工具，采取定向降准、加大对再贷款、非对称降息等策略，加大城乡一体化经济社会发展薄弱环节的支持力度，小微企业、"三农"贷款增速比各项贷款平均增速分别4.2个和0.7个百分点，加强涉农资金统筹整合和管理，无论财政多困难，惠农政策只能加强，不能削弱，财政支农资金只能增加，不能减少。其四是第十二届全国人大四次会议于2016年3月15日通过的《政府工作报告》提出，保障财政对农业投入，建立全国农业信贷担保体系，完善农业保险制度和农村金融服务，引导带动更多资金投向现代农业建设。

(三) 坚持推行农业生产经营建设补贴方略

要增加农民收入，必须健全国家对农业生产经营建设的支持保护体系。为此，一是保持农业生产经营建设补贴政策连续性和稳定性，提高农业生产经营建设补贴政策效能，逐步扩大"绿箱"支持政策实施规模和范围，调整改进"黄箱"支持政策，充分发挥政策惠农增收效应。二是继续实施种粮农民直接补贴、良种补贴、农机具购置补贴、农资综合补贴等政策，选择部分地方开展改革试点，提高补贴的导向性和效能。三是完善农机具购置补贴政策，向主产区和新型农业经营主体倾斜，扩大节水灌溉设备购置补贴范围，实施农业生产重大技术措施推广补助政策。四是实施粮油生产大县、粮食作物制种大县、生猪调出大县、牛羊养殖大县财政奖励补助政策。五是扩大现代农业示范区奖补范围，健全粮食主产区利益补偿、耕地保护补偿、生态补偿制度。为了坚持推行农业生产经营建设补贴策略，其一是第十二届全国人大一次会议于2013年3月17日通过的《政府工作报告》提出，建立健全种粮农民补贴制度、粮食生产区利益补偿机制，补贴标准逐年提高，覆盖范围不断扩大，补贴资金从2007年的639亿元增加到2012年的17.63万亿元，增加到2015年的19.76万亿元，城乡低保和优抚对象补助标准也一步提高，加大对社会养老服务体系和儿童福利机构建设的补助力度；其二是第十二届全国人大二次会议于2014年3月13日通过的《政府工作报告》提出，优化财政支出，推进农村养老保险、社会救助制度建设，城乡低保标准分别比上年提高13.1%、17.7%，城乡居民基本医保财政补助标准增加到人均280元，各个省份开展大疾病医疗救助试点，对集中连片特困地区乡村教师发放生活补助；其三是第十二届三次会议于2015年3月15日通过的《政府工作报告》提出，城乡居民基本养老金标准统一由55元提高到完善城乡居民基本医保，财政补助标准由每人每年320元提高到380元，方便几亿农民就地就近看病就医。其四是第十二届四次会议于2016年3月15日通过的《政府工作报告》提出，中央财政安排城乡医疗补贴资金160亿元，比上年增长9.6%。整合城乡居民基本医保制度，财政补助由每人每年380元，提高到420元。

(四) 坚持完善农业产品价格补贴方略

要增加农民收入，必须完善农产品价格形成机制，保持农产品价格补贴合理水平。为此，一是继续执行稻谷、小麦最低收购价政策，完善重要农产品临时收储政策。二是总结新疆棉花、东北和内蒙古大豆目标价格改革试点经验，完善补贴方式，降低操作成本，确保补贴资金及时足额兑现到农户。三是积极开展农产品价格保险试点，合理确定粮食、棉花、食糖、肉类等重要农产品储备规模，完善国家粮食储备吞吐调节机制，加强储备粮监管。四是落实新增地方粮食储备规模计划，建立重要商品商贸企业代储制度，完善制糖企业代储制度。五是运用现代信息技术，完善种植面积和产量统计调查，改进成本和价格监测办法。六是在组织坚持完善农业产品购销价策略上，其一是2013年《政府工作报告》提出，实行粮食最低收购价政策，小麦、稻谷最低收购价累计提高41.7%、86.7%，推进价格体制改革，健全资源性产品价格形成机制和生态补偿制度；其二是2014年《政府工作报告》提出，提高小麦、稻谷最低收购价，继续执行玉米、油菜籽、食糖临时收购储存政策，建立农业产品目标价格制度，市场价格过低时对生产者进行补贴，过高是对低收购买者进行补贴。中央财政对农业新增补贴资金，重点向粮油猪等重要农业产品、经营主体、主场地区倾向，对粮油猪等重要农业产品生产大县增加奖励补助；其三是2015年《政府工作报告》提出，要完善量粮食最低收购价和收购储藏政策，改进农业产品目标价格补贴政策。其四是第十二届四次会议于2016年3月15日通过的《政府工作报告》提出，按照"市场定价、价补分离"的原则，积极稳妥推进玉米收储制度改革，保障农民合理收益，完善农林牧渔各业产品价格机制。

(五) 坚持强化农业生产经营社会化服务方略

要增加农民收入，必须完善农业生产经营社会化服务体系，强化农业生产经营社会化服务。为此，一是必须帮助农民降成本、控风险，抓好农业生产全程社会化服务机制创新试点，重点支持为农户提供代耕代收、统防统治、烘干储藏等服务。二是必须稳定和加强基层农技推广等公益性服务机构，健全经费保障和激励机制，改善基层农技推广人员工作和生活条件，发挥农村专业技术协会在农技推广中的作用。三是必须采取购买服务等方式，鼓励和引导社会力量参与公益性服务。四是必须加大中央、省级财政对主要粮食作物保险的保费补贴力度，将主要粮食作物制种保险纳入中央财政保费补贴目录，中央财政补贴险种的保险金额应覆盖直接物化成本，加快研究出台对地方特色优势农产品保险的中央财政以奖代补政策，扩大森林保险范围。五是必须支持邮政系统更好地服务"三农"，创新气象为农服务机制，推动融入农业生产经营社会化服务体系。在坚持强化农业生产经营社会化服务策略上，其一是2013年《政府工作报告》提出，要支持发展农民多种形式合作组织和农业多层次生产经营社会化服务组织，逐步健全农业生产经营专业化、组织化、社会化相结合服务体系；其二是2014年《政府工作报告》提出，要培育农林牧渔业大户、家庭农场、农民合作社、农业产业化龙头企业等新型生产经营主体，健全多种形式适度规模生产经营社会化服务体系；其三是2015年《政府工作报告》提出，加快推进农业现代化、健全农业生产经营专业化、组织化、社会化服务体系，转变农业传统落后生产经营方式，尽快从主要追求产量和依赖资源消耗的粗放经营，转到数量质量效益并重、注重提高竞争力、注重农业科技创新、注重可持续的集约发展上来，走出产高效、产品安全、资源节约、环境友好的现代农业发展道路。

（六）坚持推进农村一、二、三产业融合发展方略

要增加农民收入，必须推进农村一、二、三产业融合发展，必须延长农业产业链、提高农业附加值。为此，一是立足资源优势，以市场需求为导向，大力发展特色种养业、农产品加工业、农村服务业，扶持发展一村一品、一乡（县）一业，壮大县域经济，带动农民就业致富。二是积极开发农业多种功能，挖掘乡村生态休闲、旅游观光、文化教育价值。三是扶持建设一批具有历史、地域、民族特点的特色景观旅游村镇，打造形式多样、特色鲜明的乡村旅游休闲产品，加大对乡村旅游休闲基础设施建设的投入，增强线上线下营销能力，提高管理水平和服务质量。四是研究制定促进乡村旅游休闲发展的用地、财政金融等扶持政策，落实税收优惠政策，激活农村要素资源，增加农民财产性收入。在坚持推进农村一、二、三产业融合发展策略上，其一是2013年《政府工作报告》提出，首先，必须加强农业生产经营基础设施建设，健全农业生产经营社会化服务体系，稳定农业生产经营建设队伍，提高农民科技务农职能，增强农业综合生产经营能力；然后，必须推动城乡一体化经济发展，推进农业转移人口市民化，坚持实施就业优先策略，加强职业技能培训，完善就业中介体系，鼓励创业带动就业，促进城乡居民收入持续增长；其二是2014年《政府工作报告》提出，要健全城乡一体化经济社会体制，促进农业转移1亿人口落户城镇，把有能力、有意愿并长期在城镇务工经商的农民工及其家属逐步转为城镇居民，提高二、三产业发展和集聚人口能力，促进农业转移人口就近从业，促进农民开辟增收致富能力；其三是2015年《政府工作报告》提出，首先，坚持巩固农业基础，加大强农富农惠农政策力度，提升农业科技和机械化水平，推进农业生产经营新型主体发展。然后，坚持发展新产业、新业态、新模式，延长营业产品，积极开发农业多种功能，挖掘乡村生态休闲、旅游观光、文化教育价值，推进农村一、二、三产业融合发展，促进农民进一步增强增收致富能力，加快农村贫困人口脱贫致富的步伐。

（七）坚持拓宽农民转移就业创业方略

要增加农民收入，必须促进农民转移就业创业，实施农民工职业技能提升计划，拓宽农村外部增收渠道。为此，一是必须落实同工同酬政策，依法保障农民工劳动报酬权益，建立农民工工资正常支付的长效机制。二是必须保障进城农民工及其随迁家属平等享受城镇基本公共服务，扩大城镇社会保险对农民工的覆盖面，开展好农民工职业病防治和帮扶行动，完善随迁子女在当地接受义务教育和参加中高考相关政策，探索农民工享受城镇保障性住房的具体办法。三是必须加快户籍制度改革，建立居住证制度，分类推进农村转移农民在城镇落户，享有与当地居民同等待遇。现阶段，不得将农民在进城落户与退出土地承包经营权、宅基地使用权、集体收益分配权相挂钩。四是必须引导有技能、资金和管理经验的农民工返乡创业，落实定向减税和普遍性降费政策，降低创业成本和企业负担。同时优化中西部中小城市、小城镇产业发展环境，为农民就地就近转移就业创造条件。

从2013年至2016年，在坚持拓宽农民转移就业创业增收渠道策略上，一是2013年《政府工作报告》提出，坚持实施农民就业创业优先策略，增强农民就业创业能力，鼓励创业带动就业，促进城乡居民收入持续稳定增长，进一步提高城乡低保和优抚对象补助标准，健全城乡居民医保体系；二是2014年《政府工作报告》提出，统筹农村转移劳动力就业工作，努力实现更加充分、更高质量就业，多渠道增加低收入者收入，使城乡居民收入与经济同步增长，继续提高城乡居民低保水平，全面实施临时救助制度，建立统一的城乡居民基本养老保险制度；三是2015年《政府工作报告》提出，着力促进创业就业，坚持就业优先，以创业带动就业。统筹农村转移劳动力就业，实施农民工职业技能提升计划，全面治理拖欠农民工工资问题，完善最低工资标准调整机制，继续提高城乡居民低保水平。四是2016年《政府工作报告》提出，着力扩大就业创业，实施更加积极的就业创业政策，完成2100万人次以上农民职业技能提升培训任务，加强对灵活就业的扶持。

二、组织拓展城乡一体农业现代化、工业化、信息化、城镇化"四化"同步建设脱贫增收致富奔小康之路方略

2012年中共十八大以来，以习近平总书记为核心的中共中央、国务院领导集体，组织领导各级党委、政府带动农民群众走上城乡一体农业现代化、工业化、信息化、城镇化"四化"同步建设脱贫增收致富奔小康之路方略。为此，一是2012年11月14日中共十八大决议，坚持走中国特色新型工业化、信息化、城镇化、农业现代化道路，推动信息化和工业化深度融合、工业化和城镇化良性互动、城镇化和农业现代化相互协调，促进工业化、信息化、城镇化、农业现代化同步发展。推动城乡发展一体化是解决"三农"问题的根本途径，要加大统筹城乡发展力度，增强农村发展活力，逐步缩小城乡差距，促进城乡共同繁荣。坚持工业反哺农业、城市支持农村和多予少取放活方针，加大强农惠农富农政策力度，让广大农民平等参与现代化建设，共享分享现代化成果。二是2013年3月17日第十二届全国人大一次会议通过的《政府工作报告》提出，城镇化是我国现代化建设的历史任务，与农业现代化相辅相成。要遵循城镇化的客观规律，积极稳妥地推动城镇化健康发展。特大城市和大城市要合理控制规模，充分发挥辐射带动作用；中小城市和小城镇要增强产业发展、公共服务、吸纳就业、人口集聚功能。三是2014年3月13日第十二届全国人大二次会议通过的《政府工作报告》提出，城镇化是我国现代化的必由之路，是破除城乡二元结构的重要依托。要健全城乡发展一体化体制机制，坚持走以人为本、四化同步、优化布局、生态文明、传承文化的新型城镇化道路。四是2015年3月15日第十二届全国人大三次会议通过的《政府工作报告》提出，城镇化是解决城乡差距的根本途径，也是最大的内需所在。要坚持以人为核心，以解决三个亿人问题为着力点，即促进一亿农村转移人口落户城镇，改造约一亿人居住的城镇棚户区和城中村，引导约一亿人在中西部地区就近城镇化，提高产业发展和集聚人口能力，促进农村转移人口就近从业，有序推进农村转移人口市民化，加强城镇化管理创新和机制建设。

总之，中共十八大、三中、四中、五中全会以来，习近平总书记发表的系列重要论述阐明，坚持走新型城乡一体工业化、信息化、城镇化、农业现代化同步前进的"四化"道路，是解决农业、农村、农民问题的重要途径，是推动全国各地区城乡社会经济协调发展的有力支撑，是保障全国人民生产生活需求，促进农工商等产业发展的坚实基础，是全面建设小康社会、加快推进社会主义现代化的

必由之路。他指出，改革开放以来，全国城乡一体工业化、信息化、城镇化、农业现代化"四化"同步进程明确加快，取得显著进展，2013年全国城乡一体"四化"人口达到7.3亿，城乡一体"四化"率达到53.7%，基本达到世界平均水平。但在全国城乡一体"四化"建设过程中，也积累了不少突出矛盾和问题，主要是指全国2亿多进城农民工和其他常住人口还没有完全融入城镇、没有完全享受城镇居民的公共服务和权利；一些城镇建设规模过大、占地过多，对耕地的保护和保障粮食安全构成威胁；一些城镇资源和环境承载能力已经减弱，水土资源和能源不足，环境污染等问题突出；一些城镇建设规模和速度超出财力，城镇政府债务负担过重，财务和金融风险不断积累；城镇社会治理体制和水平滞后于人口流动、社会结构变化、利益诉求多样化的趋势，一些地区城镇病的兆头比较明显，社会稳定面临许多挑战，因而在全国各地区城乡一体"四化"建设过程中，既面临巨大的机遇，更面对诸多难题。为此，习近平总书记在2013年12月中央城镇化工作会议上强调，在我们这样一个拥有13亿多人口的发展中大国实现城镇化，在人类发展史上没有先例。粗放扩张、人地失衡、举债度日、破坏环境的老路不能再上了，也走不通了。在这样一个十分关键的路口，必须走出一条新型城乡一体工业化、信息化、城镇化、农业现代化同步前进的"四化"道路，切实把握正确的方向。为此，中共中央、国务院组织推动各级党委、政府及部门贯彻执行七项方略：一是坚持执行城乡一体"四化"同步建设目标体制指导方略；二是坚持遵循城乡一体"四化"同步建设组织领导责任；三是有序推进农村居民转移城镇居民化步骤；四是严格调控城乡一体"四化"同步建设占地利用率；五是全面提高农村土地流转利用和占用率；六是组织推行城乡一体"四化"同步建设投融资持续稳定增长；七是全面规划城乡一体"四化"同步建设引导布局；八是科学组织城乡一体"四化"同步建设组织协调管理。分别说明各项方略。

（一）坚持执行城乡一体"四化"同步建设目标体制指导方略

城乡一体"四化"是一个自然历史过程，是我国发展必然遇到的经济社会发展过程。推进城乡一体"四化"要从社会主义初级阶段基本国情出发，遵循规律，因势利导，使城乡一体"四化"成为一个顺势而为、水到渠成的发展过程。确定目标必须实事求是、切实可行，不能把胃口吊得太高，更不能提出难以兑现的承诺。为此，在组织开展城乡一体四化同步建设目标体制指导方略上，一是坚持科学规划、城乡统筹、因地制宜、合理布局、节约用地、提高质量；二是坚持走以人为本、"四化"同步，优化布局、生态文明、传承文化的新型城乡一体"四化"道路；三是坚持积极稳妥、方向明确、脚踏实地、切实可行、行之有效。不要急于求成、拔苗助长，更不要去搞大跃进、大干快上、一哄而上；四是坚持科学确定新型城乡一体"四化"同步建设的目标、体制和制度，促进城乡居民加快收入增长、生活改善。

1. 新型城乡一体"四化"同步建设目标指导方略。为此，一是坚持在城乡一体"四化"同步关系上，从城乡二元结构向城乡一体"四化"发展转变，在着力推动农村经济社会发展的基础上，推进城乡规划、基础设施、公共服务等方面一体化、促进城乡要素平等交换和公共资源均衡配置，建立以工促农、以城带乡、工农互惠、城乡交融的体制；二是坚持在城乡一体"四化"同步建设上，从重物轻人的导向到以人为本的思想转变，从根本上达到基础设施与公共服务相结合、城乡建设与人文关怀相结合、经济增长速度与城乡综合承载能力，改善农村转移城镇常住人口的生产生活条件，为农村转移人口提供城镇公共服务的目标；三是坚持在城乡一体"四化"同步产业上，注重外部需求与内部需求兼顾、着力从传统分散粗放经营型转向现代集约精准化产业经营型轨道，为农村转向城镇常住人口提供创业环境、就业岗位和增收条件；四是在城乡一体"四化"同步建设上，注重以迅捷化交通网络、无差别公共服务、均等化就业机会为核心，引导大都市区人口与产业向周边城市与小城镇扩展，形成大中小城镇合理分工、功能互补、协同发展的城乡一体"四化"道路。

2. 新型城乡一体"四化"同步建设体制指导方略。为此，一是组织推行深化改革和完善新型城乡一体"四化"边界方略，严格划清市场与政府的边界，政府主要承担城镇公共产品供给，包括水、电、路、气、网等基础设施，教育、医疗、社保、救助、文化等公共服务，以及制定法律法规、政策措施、规划指导等，而人流、物流、资金流、信息流等经济要素在城镇的集聚主要由市场调节，市场主导产业发展、城乡一体"四化"建设等领域，进城农民充分享有的自由迁徙权、择业权、交易权等。在市场与政府的共同作用下，公共产品供给与经济要素集聚影响着城镇规模、布局及其相互关系，最终决定了新型城镇乡一体"四化"同步形态；二是组织推行城乡一体"四化"公共领域方略，政府既不能撒手不管，又不能过度膨胀，各级政府、部门在城乡一体"四化"同步发展中的事权、财权与权利、责任的分配需要明确、合理，其运行需要公开、透明，各级政府、部门的行政边界与权责范围，既要符合法律法规的规则刚性，又要适应不同地区城镇化发展阶段的差异，保持一定的制度弹性。要围绕农民转向市民化这个重点，充分发挥市场机制在提供就业岗位、满足生活需求中的作用，让企业、事业发展交由市场说了算，逐步清理针对企业不合理的税费负担、准入门槛，重点加强对吸纳农民工就业较多的企业、事业的扶持与服务；三是组织推行城乡一体"四化"协调方略，在理清市场与政府边界、明确市场与政府职能的基础上，要让市场与政府相互补位、配合协作。首先，政府要在市场担任主角的领域做好配角服务，对微观主体的市场行为分类予以矫正、引导、扶持，对中观企业、事业发展及其布局的规划与引导，在不扭转市场竞争的前提下，推进对企业、产业的公益服务，为企业、事业孵化发展导航。其次，市场是提高公共产品供给效率的重要手段，在城乡一体"四化"基础设施建设中，引入社会资本、市场主体，形成多主体参与的投资、建设、运营方式，政府通过采购的方式，加大向市场购买公共服务。再次，在综合协调时，既要避免政府、部门"公司化"对城乡一体"四化"同步建设的过度干预，又要避免把城乡一体"四化"同步基础设施建设、公共服务等推向市场。

3. 新型城乡一体"四化"同步建设制度指导方略。组织推进"以人为核心"的新型城乡一体"四化"同步建设，是一场全面而深刻的社会变革，它已触及整个社会结构的变革，要全面推进以人为核心的新型城乡一体"四化"同步建设，实现农民市民化面临的最大制度障碍，在于现行的户籍制度、土地制度、财税制度、融资制度、社会保障制度。为此，一是在严格界定政府和市场关系的基础上有效供给的保障公共制度。政府作为城乡一体"四化"同步建设的有力推手，审视和破除现有严重束缚农民工入城的种种藩篱与壁垒，废除不合理的户籍和社会管理制度，建立与市场经济相适应的全国统一的劳动力市场，鼓励劳动力跨区域流动，这是政府不可推卸的责任；二是着力改变以行政层级为核心分配财权的制度，改变财力过度聚集的财税制度，给予县级为主的中小城市更大的发展空间和财力，促进城市之间的平等竞争与公共资源的合理配置，全面推进新型城乡一体"四化"同步发展，优化城市行政区划，改革设市标准与政策，根据城市经济辐射边界范围，实现从地域型行政区向城市型行政区的转变。把常住人口规模作为设市标准和机构设置与人员编制的重要依据，对吸纳人口规模、经济总量达到建制城市标准的强县或强镇转型为省直辖的县级市；三是建立健全农民工市民化的公共服务均等化制度。为此，一要积极探索财权事权统一的成本分担机制，全面推进农民工市民化，合理界定各层级政府为农民工提供基本公共服务的支出责任。二要建立健全地随人转的城乡土地制度，实行城镇建设用地增加规模与吸纳农村人口进入城镇定居规模相挂钩、与吸纳外来人口定居规模相挂钩的政策，保障农民工市民化过程中基础设施、公共服务设施与保障性住房建设的用地需求。三要全面实行流动人口居住证制度，逐步完善大城市、中小城市与小城镇的落户政策，逐步建立统一、开放的人口管理机制，把以农民工为主体的外来流动就业人口，纳入人均财政收入、人均建设用地、人均教育支出、人均卫生支出、人均社会保障费用等指标的统计范畴，农民工公共服务与社会福利支出列入各级城市政府年度财政预算；四是组织推行城市群基础工程建设制度。城市群是我国城镇化空间结构的主体形态，要打造中心大城市与外围中小城市、小城镇一体化发展的"城市群共同体"，需要推进资源环境、基础设施、公共服务三个方面的基础工程建设。为此，一要对城市群内土地资源、水资源、矿产资源开发利用、生态环境保护等进行统筹规划，优化布局不同类型的环境功能区，建立同保共育的生态安全体系。二要以枢纽型、网络化的重大基础设施建设为重点，建设交通、能源、信息等基础设施一体化体系；五是坚持执行城乡居民文教卫生社会保障统一待遇制度。新型城乡一体"四化"的核心是人的城镇化，人口在城乡之间的自由流动与集聚是新型城镇化发展的本质内容。为此，一要清理对进城务工农民不合理的管理规定及其收费，简化各项管理服务流程，降低相关管理服务费用，对存在困难的进城务工农民予以一定的减免。二要逐步落实进城务工农民与城镇居民平等共享子女教育、医疗卫生、社会保险、住房保障、就业创业等公共服务与社会福利，推进各项公共服务与社会福利在城乡之间、地区之间的顺畅流转，消除人口自由流动的制度障碍。三要在进城务工农民集聚的社区加强社区文化建设，引导农民工参与社区事务，消除社会对农民工的身份偏见，促进农民工融入城市生活。

（二）坚持遵循城乡一体"四化"同步建设组织领导责任方略

新型城乡一体"四化"同步发展是一个非常复杂的大系统，涉及产业布局结构、公共产品布局结构、大中小城镇布局结构和国家基础设施布局结构等综合统筹。因此，城乡一体"四化"同步建设是从中央到地方各级党委、政府的共同职责，必须纳入国家和区域发展的大局中来谋划，在城乡一体"四化"同步建设进程中，必须担当起公共利益维护与公共秩序保障的角色，履行好相应的组织领导职责，必须坚持遵循习近平总书记指示的四项基本原则：一是坚持以人为本，推进以人为核心的城镇化；二是坚持优化布局、促进大中小城市和小城镇合理分工、功能互补、协同发展；三是坚持生态文明，着力推进绿色发展、循环发展、低碳发展；四是坚持传承文化，发展有历史记忆、地域特色、民族特色的美丽城镇。为此，从2014年起，各级党委、政府及部门在遵循上述四项基本原则基础上，具体落实以下六项方略：

1. 坚持统一规划、加强统筹协调的规划。根据我国国情是耕地、人口、工业、城市等主要集中在东部，西部广大地区地广人稀的客观情况，要从整个国家安排各地区人口的空间布局，对各种资源丰富、经济发展基础坚实、城市化程度较高、人口承载力较大的东部地区，要调整国家现有政策，让东部良好城市框架基础承载更多的流动人口，而不是让各地方各自为战，擅自进行城镇化建设。这是由于全国现有的流动人口绝大多数是中部六省的人口，中部六省既是人口大省，又是城镇化率低省份，还是粮食主产区，只有中部六省的流动人口，在东部沿海省市城镇安家落户，确保中部六省在保护耕地、稳定粮食主产区的基础上，推动城乡一体"四化"同步发展。为此，在组织推进新型城乡一体"四化"同步建设中，必须站在全国的角度，树立全国一盘棋的观念，强化中央政府的统筹协调能力，推动全国各地区城乡一体"四化"同步健康发展。

2. 坚持遵循市场规律、调动各方面积极性方略。新型城乡一体"四化"同步建设，不是各级党委、政府大包大揽或袖手旁观的职能，而是要依据公共产品或准公共产品的属性，严格遵守政府与市场的边界，做到不缺位、不越位、不错位。同时，还要激发农民参与新型城乡一体"四化"同步建设的积极性，承担应有的责任，农民工要承担其在城市日常生活的水、电、气、交通、通讯、食物开支等方面的成本，在养老、医疗、失业等社会保障成本中的个人支出部分。农民工所在企业要基于"同工同酬、同工同权"的原则，正视农民工正常的劳动合同工资待遇、福利保障等基本权利，严格按照国家标准与行业要求，为农民工提供必要的劳动保护条件和职业病防治措施，改善农民工的工作环境，加强农民工的技能培训，给予农民工必要的交流与晋升机会，逐步增强农民工的市民化能力。政府财政在预算上为保障农民工市民化以后在城镇的基本养老、医疗、工伤、社会保险安排必须的资金投入。

3. 坚持城乡政府和市场协调、确保农民工市民化公共服务方略。在组织推进新型城乡一体"四化"同步建设过程中，要严格按照公共产品的属性来区分政府和市场的职责，要区分区域性公共产品与全国性公共产品，明确中央政府和地方政府的不同责任，一是中央政府重点在公共卫生和计划生育、子女义务教育、就业扶持、社会保障等方面，加强对于农民工流入省份的补助，加大对农民工流入集中地区公租房等保障性住房建设的补助。二是省级政府则重点对省内跨市县迁移的农民工公共服务投入提供支持,加强对农民工流入城市的补助,主要用于支付农民工市民化的医疗、社会保障等成本,重点用于支付农民工廉租房等住房成本支出。三是流入地城市政府主要承担农民工市民化过程中扩建城市所引致的功能设施、社会设施以及市政基础设施的投资成本,以及本辖区内农民工市民化的公共服务支出,重点负责廉租房等保障性住房建设的大部分投入。

4. 坚持推动县级城乡一体"四化"同步建设为重点、强化赋权与责任方略。县级政府是新型城乡一体"四化"同步建设的具体执行者、县级新型城乡一体"四化"同步建设的规划者、县域经济发展的推动者、县域公共服务的提供者、农民市民化的保障者和县域行政管理体制的改革者,在新型城乡一体"四化"同步化建设中发挥着重要的作用。为此,一是县级政府要成为管理县域内政治、经济、文化、社会、生态各类公共事务的中枢,县级政府直接面对城镇和乡村两个城镇化的基本对象,县级政府要做新型城乡一体"四化"同步建设战略的具体执行者;二是县级政府要成为县域城乡一体"四化"的规划者,统筹计划、合理布局,努力加快提高县域城乡一体"四化"同步发展水平、速度和质量;三是县域经济的发展是构建新型城乡一体"四化"的重要基础,县级政府必须要担负起领导和推动县域经济发展、县域公共服务的重要职责,推动县域经济发展和新农村建设,为城乡居民提供公共服务是县级政府的基本职能;四是社会化公共服务是现代政府最重要的一项职能,要全面了解公众对公共产品的基本需求,由底层政府努力为城乡一体"四化"同步建设,提供更有效的公共服务。

5. 坚持划清新型城乡一体"四化"同步建设职责、正确处理各方面关系方略。在组织推进新型城乡一体"四化"建设中,政府间基本事权的划分,不仅要考虑农民工市民化问题本身的解决,更要考虑到城乡关系的调整、国民经济的发展和整个社会的稳定。为此,一是要从宏观上、全局上分清缓急轻重,统筹兼顾协调各种利益关系;二是要处理好中央与地方的关系。农民工市民化是一个涉及基础设施建设、公共服务供给、社会福利保障的系统工程,需要中央与地方政府庞大的公共财政支出。为了加快推进农民工市民化,要合理调整中央与地方政府在农民工市民化中的支出责任;三是要处理好输入地与输出地的关系。为了加快推进农民工市民化,必须建立健全输入地与输出地之间的利益补偿机制,针对农民工在输出地享受社会保障、子女教育等公共服务的情况,采取输入地对输出地转移支付、对口支持援助的利益补偿形式,加快推进输入地基本公共服务覆盖农民工群体;四是要处理好一次性成本分摊与连续性成本分摊的关系。农民工市民化成本,既包括需要一次性投入的市政、医院、学校、保障房以及相关的公共管理服务设施等,又包括需要按年度支出的社会保障、低保救助、义务教育、卫生保健。因此,为了加快推进农民工市民化,一要在较长的时间维度里,处理好一次性成本分摊与连续性成本分摊的关系,着力实现不同年份之间的平滑分摊,充分利用市场机制、引入社会资本,促进市政、医院、学校、保障房等一次性投入在较长时间内的分摊,二要对需要连续支出的公共服务、社会福利等支出项目,必须建立可持续的财政保障机制,把农民工市民化的连续性公共支出项目纳入中长期财政预算框架,针对需要远期支付的养老保险,将社会统筹基金与个人账户基金实行分账管理,逐步做实个人账户。

6. 坚持健全新型城乡一体"四化"同步建设制度、加快农民工市民化进程方略。影响农民工市民化的制度性条件是多方面的,农民工市民化的制度性条件包括:农村退出的土地制度、城市进入的户籍制度、城市融合的社会保障制度等。这些制度性条件构成农民工市民化的"制度集"力量,对农民工市民化进程产生推进或阻碍作用。根据与市民化不同程度,逐步完善土地制度和户籍制度、就业制度和社会保障制度、住房制度和教育等制度,进一步建立健全行政规划、产业、税费等制度。土地制度和户籍制度与社会保障制度,构成农民工市民化的农村退出、城市进入和城市融合的制度条件,对市民化进程产生决定性的推动作用。

(三)坚持有序推进农村转移城镇人员市民化步骤方略

在组织有序推进农村转移城镇人员市民化步骤方略上,习近平总书记指出,坚持自愿、分类、有序，充分尊重农民意愿，因地制宜制定具体办法，有序引导增量人员流向，解决已经转移到城镇就业的农村转移农民落户问题，努力提高农民工融入城镇的素质和能力，提高基本公共服务水平。为此，一是2013年《政府工作报告》提出，有序推进农村转移人员市民化，逐步实现城镇基本公共服务覆盖常住人员，为自由迁徙、安居乐业创造公平的制度环境；二是2014年《政府工作报告》提出，推动户籍制度改革，实行不同的规模城市差别化落户政策。为此，一要把有能力、有意愿并长期在城镇务工经商的农村转移人员及其家属，逐步转化为城镇居民。二要对未落户农村转移人员，建立居住证制度，使更多进城务工经商的农村转移人员随迁子女纳入城镇教育、实现异地升学，实施农村转移人员创业就业技能培训计划。三要稳步推进城镇基本公共服务常住人口全覆盖，使农村转移人员和城镇居民共建共享现代文明；三是2015年《政府工作报告》提出，抓紧实施户籍制度改革，落实放宽户口迁移政策。四是2016年《政府工作报告》提出，要加快覆盖未落户的城镇常住人口，使他们依法享有居住地义务教育、就业、就医等基本公共服务。为此，一要对已在城镇就业和居住但尚未落户的农村转移人员，以居住证为载体提供相应基本服务，取消居住证收费。二要建立财政转移支付与农民工市民化挂钩机制，合理分担农民工市民化成本。

从2013年至2019年，从中央到地方各级党委、政府在组织推进农村转移人员市民化工作上，一是一致认为，我国农村转移人员市民化，是进入城镇创业就业农民迫切愿望，是推动城乡一体社会经济发展的客观要求；二是明确提出，有序推进农村转移人员市民化，是实现城乡一体"四化"的核心任务，是推动城乡一体社会经济发展的有效途径，是促进城乡一体经济结构调整优化的重要手段，是组织构建和谐社会，保证城乡、工农平等发展的必然趋势；三是贯彻落实有序推进农村转移人员市民化的动力机制、服务平台、产业体系、制度建设、途径拓展的以下四项方略，分别说明如下：

1. 贯彻落实有序推进农村转移人员市民化动力机制方略。为此，一是贯彻落实农村转移人员市民化的事权与财权相匹配机制策略，坚持按农村转移城镇就业创业人员居住哪里，就能把财政公共服务带到哪里，从根本上消除城镇与乡村双重二元结构恶化的财税体制障碍，把农村转移城镇就业创业，作为推动城乡一体经济社会发展的动力；二是贯彻落实农村转移人员对承包土地、宅基地处置权策略，坚持在健全法制和培育土地市场的基础上，按照依法、自愿、有偿的规则，推行承包土地、宅基地的流转、退出政策；三是贯彻落实农村转移人员市民化户籍策略，坚持根据各地区城乡社会经济发展情况，积极稳妥有序推行户籍策略，让农村转移人员在城镇安居乐业、各得其所。

2. 贯彻落实有序推进农村转移人员市民化服务平台方略。各地区城镇政府必须坚持以完善公共服务基础设施为平台，着力推动城镇交通、住房等基础设施建设、教育卫生医疗社保、就业创业培训等公共服务，增强农村转移人员市民化承载能力的策略。为此，一是各地区城镇政府必须优先发展公共交通、提供快捷高效优质的公共交通服务，优先发展农村转移人员市民公租房；二是各地区城镇政府必须加强对农村转移人员文化教育，改善卫生医疗条件，提高精神生活质量，提供最低生活保障和养老保险；三是各地区城镇政府必须协助农村转移城镇人员就业创业，促使他们真正成为城镇居民，不断增强自我增加收入，改善生活的劳务能力；四是各地区城镇政府必须增强科学规划、统筹安排自然地理资源承载能力，合理节约资源，保护生态环境，走生态文明之路，把生态文明建设，作为推进新型城乡一体"四化"同步建设的组成部分。

3. 贯彻落实有序推进农村转移人员市民化产业体系方略。为此，一是必须有序推进农村转移城镇人员参加二、三产业，使他们能够在城镇商业、老龄服务、医疗服务等就业量大的产业；二是必须有序推进农村转移城镇人员在微小企业就业、创业，降低微小企业创办门槛，提供对政策、金融、财税支持力度；三是必须强化城乡一体"四化"同步产业体系。这就必须做到：其一是坚持以转变工业发展方式、调整工业结构为重点，发展新兴工业、保护传统工业；其二是坚持专业化分工协作，增强中小城镇产业承接能力，逐步形成大中小城市和小城镇功能互补产业发展格局，完善吸纳就业创业能力强的产业体系；其三是坚持推进农业现代化产业化规模经营，切实保障工业化、信息化、城镇化、农业现代化同步前进，以农业现代化为工业化、信息化、城镇化奠定坚实基础。

4. 贯彻落实有序推进农村转移人员市民化制度建设方略。为此，一是农村土地制度建设策略。在农村土地制度改革创新上，为适应农业转移人员进城镇落户的需要，要给予土地承包流转权和宅基地处置权。为激励农村转移人员跨地区流动，让农村转移人员用自身宅基地置换城镇住房基地；二是农村转移人员市民化户籍制度建设策略。在户籍制度改革创新上，要逐步实现城乡居民权利平等，提供均等化公共服务，取消城乡居民户口分类，清除户口歧视；三是农业转移人员市民化社会保障制度建设策略。在社会保障制度改革创新上，明确划清中央和地方对社会保障的职责，建立健全农村转移人员市民化的政治权利、义务教育、就业创业、卫生医疗、老有所养、居住房屋、社会治安等社会保障体系；四是农村转移人员市民化维权法律制度建设策略。建立健全农村转移人员就业法律制度、社会保障法律制度。

（四）坚持严格调控城乡一体"四化"同步建设占地利用率方略

在组织开展城乡一体"四化"同步建设占地中，必须坚持推行严控增量、盘活存量、优化结构、提升效率策略，严格调控城乡一体"四化"同步建设占地利用集约化程度，按照促进城乡工农业产品生产空间集约高效、城乡居民物质精神生活空间适度、城乡生态文明空间山清水秀的总体目标，形成城乡一体"四化"同步前进的光明前景。为了调控全国城乡一体"四化"同步建设占地利用效率，中共中央、国务院组织推行一系列方略。主要包括：一是加强农村土地用于城镇建设管理方略；二是加快农村土地流转管理方略；三是提高农村土地流转利用率方略。分别说明如下：

1. 严格农村土地用于城镇建设管理方略。我国农村土地管理制度建设，是从中共十一届三中全会以来逐步深入开展的，一是国务院于1982年正式发布了《国家建设征用土地条例》。二是国务院于1999年在发布的《土地管理法》及其《实施条例》规定，任何单位和个人进行建设，需要使用土地的，必须依法申请使用国有土地，依法申请使用的国有土地包括：国家所有的土地和国家征用农民集体所有的土地。三是2001年国务院在发布的《关于加强国有土地资产管理的通知》指出，为增强政府对土地市场的调控能力，有条件的地方政府要对建设用地试行收购储备制度，依法收回的国有土地、收购的土地、行使优先购买权取得土地、已办理转用农业土地、国家批准征用土地、其他依法取得土地，都必须纳入土地储备范围，为地方政府从源头上管理供应土地提供依据。四是国务院于2004年发布了《关于深化改革严格土地管理的决定》。五是2006年国务院发布了《关于加强土地调控有关问题的通知》。六是"十一五"规划期间，主要加强以小型水利设施为重点的农田基本建设，加强防汛抗旱和减灾体系建设。七是在"十二五"规划期间，继续加强农田水利建设，有序推进农村土地管理制度改革，探索建立耕地保护补偿机制。八是在"十三五"规划期间，全面完成永久基本农田划定和特殊保护任务，加强高标准农田建设，大力增加高效节水灌溉农田面积。侧重说明以下三年严格农村土地用于城镇建设管理方略：

2013年，一是第十二届全国人大一次会议通过的《政府工作报告》提出，农村土地管理制度关乎农村的根本稳定，也关乎中国的长远发展，其核心是要保障农民的财产权益，底线是严守18亿亩耕地红线。二是中共十八届三中全会《决定》提出，一要在符合规划和用途管制的前提下，允许农村集体经营性建设用地出让、租赁、入股，实行与国有土地同等入市、同权同价，加快建立农村集体经营性建设用地产权流转和增值收益分配制度，引导和规范农村集体经营性建设用地入市，农村集体经营性建设用地，是农村集体经济组织用于从事第二、三产业的土地，如乡村办企业经营性建设用地。二要在农村土地中，只有从事第二、三产业这部分土地有入市的资格，而农业生产经营耕地、农村宅基地都不能入市。

2014年，一是中共中央、国务院发布的《关于全面深化农村改革，加快推进农业现代化的若干意见》提出，在符合规划和土地用途管制的前提下，允许农村集体经营性建设用地出让、租赁、入股，实行与国有土地同等入市、同权同价，加快建立农村集体经营性建设用地产权流转和增值收益分配制度，有关部门要提出具体指导意见，推动修订有关法律法规，各地区党委、政府要按照中央统一部署，规范有序推动农村土地管理工作。二是第十二届全国人大二次会议通过的《政府工作报告》提出，保持农村土地承包关系长久不变，抓紧农村土地承包经营权及农村集体经营性建设用地使用权确权登记颁证工作，引导农村土地承包经营权有序流转，慎重稳妥推进农村土地管理制度改革试点，切实尊重农民意愿，坚决维护农民合法权益。

2015年，中共中央、国务院发布的《关于加大改革创新力度，加快农业现代化建设的若干意见》提出，一是在确保土地公有制性质不改变、耕地红线不突破、农民利益不受损的前提下，按照中央统一部署，审慎稳妥推进农村土地制度改革。二是分类实施农村土地征收、集体经营性建设用地入市、宅基地管理制度改革试点。三是制定缩小征地范围的办法，建立兼顾国家、集体、个人的土地增值收益分配机制，合理提高个人收益。四是完善对被征地农民合理、规范、多元保障机制，赋予符合规划和用途管制的农村集体经营性建设用地出让、租赁、入股权能，建立健全市场交易规则和服务监管机制。五是依法保障农民宅基地权益，改革农民住宅用地取得方式，探索农民住房保障的新机制。六是加强对试点工作的指导监督，切实做到封闭运行、风险可控、边试点、边总结、边完善，形成可复制、可推广的改革成果。2015年3月15日，第十二届全国人大三次会议通过的《政府工作报告》提出，一是必须做好农村土地确权登记颁证工作，审慎开展农村土地征收、集体经营性建设用地入市、宅基地制度改革试点。二是必须在改革中，要确保耕地数量不减少、质量不下降，农民产权利益有保障；三是必须坚持节约集约用地，稳妥建立城乡统一的建设用地市场，完善和拓展城乡建设用地增减挂钩试点。

2. 加强农村土地流转管理方略。中共十一届三中全会开始的农村改革，将承包经营权从农村集体土地所有权中分离，实现一权变两权，提高了农业生产率。中共十八届三中全会启动新一轮农村改革，又将经营权从承包经营权中分离，实现两权变三权，并赋予经营权以抵押担保权能。主要原因有四：首先，赋予承包土地经营权以抵押担保权是现实之需。农民在对承包地享受占有、使用、收益的权利的基础上，又赋予经营权的抵押担保权，从金融机构获得资金扶持；其次，抵押担保土地经营权不会改变土地承包关系。经营权分离后，抵押担保的经营权，而承包权依然不准抵押担保。第三，抵押担保权必然会实现。稳定承包权、放活经营权，建立土地承包权抵押担保资产处置规划，推动修订相关法律法规。第四，城镇工商企业下乡不能变相圈地。城镇工商企业到乡村去租赁土地，国家原有法律"三不"规定限制，即不能改变所有权、不能改变农田用途、不能损害农民权益。国家现有法律改革"二不"规定限制，即只有一家一户很难干或干不了的，如农业生产经营社会化服务产业，才能引进工商资本，发展适合企业化经营的现代种植、养殖产业，不得变相搞房地产和旅游业；五是要贯彻落实农村土地流转管理方针策略。为了进一步深化农村土地流转体制改革，推进农业现代产业化经营、发展壮大农村集体经济、促进农民增产增收，扶持农村转移劳动力参加城乡一体工业化、信息化、城镇化建设，确保农村土地流转健康有序推进。

（五）坚持全面提高农村土地流转利用和占用率方略

从中共十八届三中全会《决定》，到全国人大第十二届一、二、三次会议通过的《政府工作报告》，都明确提出，一是在推行农业现代化经营中提高土地流转利用率方略；二是在推行工业化、信息化、城镇化建设中提高土地流转利用率方略；三是在推行城镇棚户区和城乡危房改造中提高土地流转利用率方略。

1. 坚持推行农业现代产业化经营土地流转利用率提高方略。主要包括四项方略：一是坚持严守18亿亩耕地红线，全面开展永久基本农田划定工作，实施耕地质量保护与提升行动，推行土地整治、深松土地，加强农田水利建设，建设高标准旱涝保收基本农田，增强农田综合生产能力，保障粮食和重要农产品有效供给，确保谷物基本自给、口粮绝对安全，把13亿中国人的饭碗牢牢端在自己手中；二是坚持将农户承包土地经营权，从农村集体土地所有权中分离出来，作为农户以地生财的抵押物，从金融机构得到扶持资金，提高农业生产经营效率。同时规定，不改变农村集体土地所有制，保持农业生产经营土地用途，维护农民承包土地经营权流转利益；三是坚持引导农村土地经营权有序流转，推动农业现代产业化规模经营，鼓励农户对承包土地经营权，依法采取多种流转方式，鼓励地方政府对土地流转实行扶持政策；四是坚持对种植与养殖业大户、家庭农牧场、农民专业合作社、农业产业化龙头企业等规模经营主体，必须坚定农林牧渔业生产经营方向，坚持以粮食和农业生产经营为主，决不能搞"非粮农化"。坚决禁止耕地"非农化"，确保土地流转成为提高粮食和农业综合生产能力的有效途径，更好地保障国家粮食等农业产品供给安全。

2. 坚持推行工业化、信息化、城镇化建设土地流转利用率提高方略。工业化、信息化、城镇化是我国现代化建设的历史任务，与农业现代化相辅相成。为此，必须推行城乡一体工业化、信息化、城镇化与农业现代化同步建设、土地流转利用效率提高的五项方略：一是坚持科学规划、合理布局、城乡统筹、因地制宜、严控占地、节约用地、提高土地利用率；二是坚持深入实施区域发展总体战略，促进区域城乡经济协调发展，科学利用各种自然地理条件，发挥土地、水利、电力资源比较优势，统筹规划、分类指导，加快推进交通、水利、能源、邮电、市政基础设施建设，加大对中西部地区新型城镇化扶持力度，提高产业发展和集聚人口能力，促进农业转移人员就近从业，转为城镇居民安家落户，增强中西部地区城市群和城镇发展后劲。全面振兴东北地区老工业基地，优化东部地区城镇结构，提高城镇化水平，推动城乡一体"四化"同步率先发展，加大对革命老区、民族地区、边疆地区、贫困地区城乡一体化经济社会建设扶持力度；三是坚持加强城乡一体化生态文明建设，保护生态环境，节约土地等资源，着力促进绿色、循环、低碳产业发展，大力推进能源资源节约和循环利用，重点抓好城建、工矿、交通、邮电、信息等领域节能，控制能源消费，降低能耗，物耗和二氧化碳排放强度，采取防治污染措施，解决好土壤、水等环境污染问题，改善环境质量，优化城乡土地空间开发格局，合理控制建设土地面积；四是坚持破除城乡二元结构，健全城乡一体"四化"同步建设体制机制，开拓以人为本、"四化"同步、优化布局、生态文明、传承文化的新型城镇化道路，遵循发展规律，积极稳妥推进，着力提高质量；五是坚持提升城乡一体"四化"同步建设管理水平，制定实施城乡一体"四化"同步建设规划，有序推进基础设施和基本公共服务同城化。为此，一要完善设立城镇化标准，实行特大城镇扩权增能试点，控制超大城市人口规模，提升县（市、区）、乡（镇）二三产业和居住人口承载力，方便农业转移人员就近城镇从业、安家落户；二要坚持节约集约城乡一体"四化"同步建设用地，稳妥建立城乡统一的建设用地市场，完善和拓展城乡建设用地挂钩试点，发展智慧城镇，保护和传承历史、地域文化；三要加强城镇供水、供电、供气、公交和防洪防涝等设施建设，坚决治理污染、拥堵等城镇，让出行更方便，环境更宜居、生活更愉乐。

3. 坚持推行城镇棚户区和城乡危房改造土地流转利用率提高方略。主要包括三项方略：一是坚持加强城乡房产市场调控和保障性安居工程建设，坚决抑制投机、投资性需求，抓紧完善稳定房价工作责任制和房地产市场调控政策体系，健全城乡房地产市场稳定健康发展体制，继续抓好保障性安居工程建设管理，让城乡居民住上放心房、满意房。2013年城镇保障性住房建成470万套，新开工630万套，在2012年改造农村危房1033万户的基础上，继续推进农村危房改造。2014年改造1亿居住的城镇棚户区和城中村，改造农村危房260万户。2015年继续加大城镇棚户区和城乡危房改造力度，保障性安居工程新安排740万套，其中棚户区改造580万套，城镇危房改造110万套。农村危房改造366万户，农村房屋抗震改造100万户；二是坚持推进农户住房财产权抵押、担保、转让。禁止宅基地抵押担保，只抵押担保宅基地上的住房，它是农户的私有财产。从2014年开始，国家全面开展对农村宅基地的确权、登记和颁证，向农户颁发具有法律效力的宅基地权属证书，建立完善的宅基地使用权统一登记体系，为宅基地管理和使用权保障奠定基础，给农民一个"定心丸"。同时为确保宅基地应保尽保，国有资源部已明确要求，各地区要拿出不少于5%的用地指标，安排农村宅基地使用和建设，对符合条件的地区，采取"先用后核销"的办法，保障农村宅基地提高使用效率。

（六）坚持组织推行城乡一体"四化"同步建设投融资持续稳定增长方略

为了组织推动全国城乡一体"四化"同步建设进程，形成以工促农、以城带乡、工农互惠、城乡一体的新型工农、城乡关系，而必须在开展全国城乡一体"四化"同步建设投融资上，一是推行投融资持续稳定增长方略；二是推行投融资多层次多元化方略；三是推行投融资筹措投入权责方略；四是推行投融资持续稳定增长制度、拓宽持续稳定增长途径方略。

1. 组织推行城乡一体"四化"同步建设投融资持续稳定增长方略。在组织推行全国城乡一体"四化"同步建设投融资持续稳定增长方略中，必须确定农业现代化、工业化、信息化、城镇化为城乡一体"四化"同步发展的方针，必须阶段投入、稳步推进。对城乡一体"四化"基础设施建设投入，必须以质量为先，建成永久坚固工程，为城乡一体经济社会发展奠定坚实基础。对城乡一体"四化"服务设施建设投入，必须满足城乡居民日益增长需求，禁止浪费、严控超支。对城乡居民文教卫生医疗社会保障投入，必须依照各地区财力情况逐步提高供应水平，真正使城乡居民享受发展成果。

2. 组织推行城乡一体"四化"同步建投融资多层次多元化方略。城乡一体"四化"同步前进基础设施建设和公共服务事业所需筹措投融资的数额大、成本高、筹集难、效益低、回收慢。为此，必须完善城乡一体"四化"同步建设投融资筹措体制，健全投融资筹措机制，发挥政府投融资筹措示范带动作用，推行城乡一体"四化"同步建设投融资主体多元化、投融资来源渠道公开化、投融资项目类型层次化、投融资筹措投入机制化、投融资安排使用民主化，坚持政府引导与市场调节相结合的稳定增长模式。

3. 组织推行城乡一体"四化"同步建设投融资筹措投入权责方略。为了充分发挥各级政府在组织开展城乡一体"四化"同步建设进程中，必须明确划清政府与市场的各自权责，进一步划分中央与地方政府的权责。各级政府权责主要靠方针政策、法律法规实施，由中央政府和地方政府共同履行权责。各级政府对城乡一体"四化"同步建设投融资责任划分的依据是权责。职权是指对城乡一体"四化"同步建设的权限，职责是指对城乡一体"四化"同步建设投融资的责任。为此，从2014年起，明确划分中央政府和地方政府对组织开展城乡一体"四化"同步建设投融资持续稳定增长职责。

4. 组织推行城乡一体"四化"同步建设投融资持续稳定增长途径拓宽方略。为了确保农村居民土地生存权、发展权等基本权益，完善城乡一体"四化"同步建设占用土地征收法规，健全农业现代产业化经营所需土地流转制度，实施城乡土地增值收益分配、补偿机制，保障城乡居民房地产基本利益诉求，公平处理农村土地流转引发的农村转移城镇人员市民化就业创业、定居生活保障问题，在明确政府规划权和收益分配权的基础上，充分发挥市场在土地流转和增值收益中的作用，完善农村土地等资产收益分配方式，保障农民土地增值收益持续稳定分享权，加快农村转移城镇固定务业人员市民化、户籍安居、生活保障、公共服务、城乡一体"四化"同步建设，缩小城乡、工农差别进程，而组织推行城乡一体"四化"同步建设投融资稳定增长途径拓宽方略。

（七）坚持全面规划城乡一体"四化"同步建设引导布局方略

这是指在坚持以工促农、以城带乡、互农互惠、城乡一体、工农与城乡和谐发展方针指引下，坚持走以人为本、"四化"同步、优化布局、生态文明、文化传承的城乡一体同步建设道路，而遵循城乡一体经济社会发展规律，全面规划、引导布局、稳定推行七项方略：一是拓宽战略思路；二是明确主攻目标；三是科学规划指导；四是推行规划布局；五是统一用地管控；六是落实城乡"四化"互动机制，七是改善城乡一体化户籍体制。

1. 拓宽城乡一体"四化"同步建设战略思路方略。组织开展全国城乡一体"四化"同步建设，是一项宏大系统工程，涉及多元化、多层化、多方面事项，最为紧急的首要事项是转变观念、统一战略思路。为此，一是要统一认识、凝聚共识的战略思路，汇聚全社会开展城乡一体"四化"同步建设的合力。为此,一是必须统一认识我国城乡一体化经济社会发展趋势,依靠先进科学技术,推动城乡一、二、三产业化经营,克服资源环境制约,确保持续健康发展;二是必须在各个地区、领域、群体中,将一切可以团结的力量紧密团结起来,把一切可以调动的积极因素全方位调动起来,在战略方向、奋斗目标、征途步骤上统一行动,共同为城乡一体"四化"同步建设凝聚强大力量;二是要解放思想、更新观念的战略思路,解除思想上的矛盾和难题,科学确定奋斗目标和着力点,坚持"不唯书、不唯上、只唯实"的观点,真抓实干,破解难题,清除思想障碍。在组织开展城乡一体"四化"同步建设中,必须采用解放思想这个"B超利器",清扫出各种利益固化的症结,找出主攻的目标和着力点,做开拓创新的践行者、促进派,破除一切束缚城乡一体"四化"同步建设的观念和体制机制障碍。

2. 明确城乡一体"四化"同步建设主攻目标方略。这是指:一是要重点扶持城乡一体一、二、三产业发展,加速城乡一体一、二、三产业结构优化升级,保障城乡一体经济社会健康发展。二是要着力加强城乡一体"四化"同步基础设施建设,推动文教卫生、就业创业、生活保障、养老保险等公共公益服务事业发展,切实缩小工农、城乡差距,为加快全国城乡一体"四化"同步建设进程而奠定坚实基础的以下两项目标:

(1) 必须重点扶持城乡一体一、二、三产业化经营,为推进城乡一体"四化"同步建设奠定物质基础。为此,一是必须重点扶持现代农业产业化、工业化、信息化建设,为这三方面产业化区域基础设施建设和主导产业设立专项发展资金,引导社会各界投入资金;二是必须统筹安排调配各级政府、部门和社会各界的人力、物力、财力,重点扶持公共公益服务基础设施建设,通过财政补助、贷款贴息等方式,推动城乡一体一、二、三产业化龙头企业自己投资、管理、收益;三是必须在地方政府职权范围内,适当减免城乡一体工商企业经营性收费、行政事业性收费,对高新科技产业和新兴产业落实各项税费优惠政策;四是必须加大城乡一体一、二、三产业化经营建设资金整合力度,重点扶持城乡农工商产业化龙头企业发展壮大。

(2) 必须在调整优化城乡一体"四化"同步基础设施建设结构,着力扶持循环利用自然资源、使用清洁能源、改善节能低碳环境、切实保护生态环境的基础上,一是必须发展城乡一体教育事业,提高办学条件和师资水平,增强基础义务教育普及实力,健全农村转移城镇人员职业教育、就业创业体系;二是必须发展城乡一体文体事业,提高城乡一体化文体事业发展水平,增强城乡一体文体中心辐射带动能力,建设文体活动中心、图书馆、娱乐室、运动场,鼓励城乡居民开展各项文体活动;三是必须扶持农村转移城镇人员增强就业创业综合素质和适应能力,建立统一规范、公平公正人力资源市场,完善就业创业服务网络,改善就业创业环境;四是必须健全城乡社会保障体系,加快提高农村社会保障水平,完善最低生活保障、医疗与养老保险等项制度,使之接近城镇水平。推进城乡一体公共卫生、医疗和药品供应服务保障体系建设。

3. 科学规划城乡一体"四化"同步建设指导方略。科学规划城乡一体"四化"同步建设指导,对于促进城乡一体化经济社会健康发展,提高城乡居民生活质量,维护城乡社会稳定,全面建设小康社会,指出战略目标、艰巨任务、严格要求、行动部署,明确提出各级政府在科学规划城乡一体"四化"同步建设指导上,必须科学开展规划设计,调整优化整合力度,采取激励投入方式,落实监管主体职责,实行绩效评估机制。为此,一是必须科学开展城乡一体"四化"同步建设规划设计。必须从规划设计蓝图,作为开展城乡一体"四化"同步建设指南的起步,各县市、乡镇政府及部门应根据本地区实际情况,编制规划设计蓝图,确定城乡一体"四化"同步建设重点项目,科学整合各类资源,全面集聚各种资金,集中人力、物力、财力,投入城乡一、二、三产业基础设施建设项目,扶持全局公共公益服务事业项目,确保城乡一体化经济社会健康发展;二是必须组织加强调整优化城乡一体"四化"同步建设整合力度。必须在组织开展城乡一体"四化"同步建设上,全面加强组织领导,调整优化基础设施建设项目,整合调配各种资金,统筹协调和督促检查,及时协调解决整合项目资金问题。三是必须在组织开展城乡一体"四化"同步建设项目规划设计、项目考察评估、项目审核批准、项目组织实施过程中，由各级政府组织有关部门及社会各界单位成立领导小组，对所有项目和资金，进行严格审查和监管，确保项目建设和资金投入规范有序，加快推进调整优化城乡一体"四化"同步建设力度。

4. 推行城乡一体"四化"同步建设规划布局方略。中共中央、国务院决定，从2013年起，坚持科学规划、合理布局、城乡统筹、节约用地、因地制宜、提高质量。为此，一是对特大城市和大城市要合理控制规模，充分发挥辐射带动作用；二是对中小城市和小城镇要增强产业发展、公共服务、吸纳就业、人口集聚功能；三是对乡村建设要注意保持乡村风貌，营造宜居环境，使城镇化建设和乡村建设良性互动；四是对中西部地区城乡一体"四化"同步建设加大支持力度，提高城乡一、二、三产业发展和集聚人口能力，促进农村转移城镇人员就业创业，推进交通、水利、能源、市政等基础设施建设，增强中西部地区城镇发展后劲；五是优化东部地区城镇结构，加快推进城乡户籍制度、社会管理体制改革，有序推动农村转移城镇人员市民化，逐步实现城镇基本公共服务覆盖常住人口，为人们自由迁徙、安居乐业创造公平制度环境，全面提高城乡居民物质文化生活水平，增强城乡一体"四化"同步基础设施建设和公共公益服务事业能力。

（1）必须加大城镇棚户区和城乡危房改造力度，更大规模加快棚户区改造，决不能一边高楼林立、一边棚户连片。2015年保障性安居工程新安排740万套，其中棚户区改造580万套，比上年增加110万套，把城镇危房改造纳入棚户区改造政策范围。农村危房改造366万户，比上年增加100万户，统筹推进农村房屋抗震改造。对住房保障逐步实行实物保障与货币补贴并举，把一些存量房转为公租房和安置房。对居住特别困难的低保家庭，给予住房救助。坚持分类指导，因地施策，落实地方政府主体责任，支持城乡居民自住和改善性住房需求，促进房地产市场平稳健康发展。

（2）必须制定实行城乡一体"四化"同步建设规划布局方略，组织推进基础设施和公共公益服务同城化。为此，一是必须完善城乡一体"四化"同步基础设施建设标准，实行特大镇扩权增能试点，提升地级市、县城和中心镇产业和人口承载能力，方便农村转移城镇人员市民化；二是必须控制大城市人口规模，发展智慧城市，保护和传承历史、地域文化。加强城市供水供气供电、公交通讯、抗洪防洪设施等建设；三是必须坚持节约用地，稳妥建立城乡统一建设用地市场，推广城乡建设用地增减挂钩试点，扩大新型城镇化综合试点；四是必须建立农村转移城镇人员市民化和城镇建设多元化投融资等制度，增强城乡一体化经济社会健康发展的实力，提高城乡居民安居乐业水平。

5. 统一城乡一体"四化"同步建设用地管控方略。中共十八大提出，城乡发展一体化是解决"三农"问题的根本途径。要加大统筹城乡发展力度，增强农村发展活力，促进城乡一体化经济社会健康发展，缩小城乡差距，实现城乡共同繁荣，最关键的是必须完善城乡一体"四化"同步建设用地管理监控体制机制。为此，一是必须正确认清统一管控的使命；二是必须坚定推行统一管控的方略。

（1）必须正确认清城乡一体"四化"同步建设用地资源统一管理监控的使命。为此，一是必须正确认清保护土地资源，需要统一管理监控城乡一体"四化"同步建设用地。土地是农林牧渔各业生产和城乡居民生活的基础。科学利用和保护土地资源，是各级政府和城乡居民的责任。只有将科学利用和保护土地资源，放在城乡一体"四化"同步建设的战略地位，成为各级政府和城乡居民加强管理监控的使命，才能使土地资源得到科学合理利用和保护；二是必须正确认清农业现代产业化经营方式，需要统一管理监控土地资源的形势。为此，必须正确认清目前全国推进农业现代产业化经营面临的形势，是原由农村集体统一经营的土地资源承包给农户分散化、农林牧渔兼业化、农村务业人员老龄化的趋势，迫切需要建立健全现代农业生产经营产业化、集约化、专业化、合作化、社会化、城乡一体化服务体系，统一管理监控城乡土地资源，加快农村土地流转，降低农户承包经营土地流转成本，提高农业现代产业化经营效益；三是必须正确认清城乡一体化经济社会健康发展的必需基础条件，是对城乡土地资源统一加强管理监控。要组织开展农业现代化、工业化、信息化、城镇化这"四化"同步基础设施建设，必然需要征用土地，尤其是城乡交通、水电、安居、文教、通讯等基础设施建设,都需要大量征用土地。只有统一加强城乡土地资源管理监控,才能确保统筹安排、合理分配使用土地资源,满足城乡一体"四化"同步建设用地的需求,是确保城乡一体化经济社会健康发展的需求。

(2) 必须坚定推行城乡一体"四化"同步建用地资源管理监控的方略。为此,一是必须善待农村转移城镇人口方略。要建立城乡一体化社会保障体制,把农村转移城镇人口社会保障纳入财政管理,使农村转移城镇人口享受平等的"老有所依、幼有所养"的待遇,彻底解除后顾之忧。通过建立城乡一体化社会保障制度,消除农村转移城镇务业人员依靠土地作生活保障顾虑,推进农村土地承包经营流转,促进现代农业产业化规模经营,加快城乡一体工业化、信息化、城镇化、农业现代化"四化"同步建设进程;二是必须统一加强城乡一体"四化"同步建设用地管理监控方略。要坚持按用途划分农业用地、工业用地、城乡建设用地和军事等方面用地。城乡土地资源统一由国土资源部门管理监控,对城乡一体"四化"同步建设用地,必须登记造册,建立档案。对农业生产经营用地,必须由农户或农业产业化企业承包,只能用于农业生产经营;三是必须逐步随着城乡一体化经济社会发展、农村转移城镇人员安居乐业的形势,调整相关法规策略。主要包括四项:一要鼓励农户创办家庭农场、参加合作组织,实行现代农业产业化、规模化、集约化、专业化、社会化生产经营;二要鼓励农村对农户承包土地实行动态化经营管理,对农户已承包的土地,愿意继续承包的,应与发包方签订和完善承包合同;三要逐步由按农户承包土地面积补贴办法,改为销售粮食等农业产品数量补贴办法。对良种补贴办法,改为按农户购买良种数量补贴办法;四要依据城乡一体"四化"同步建设占用耕地面积收耕地占用税,上缴国家财政后,安排分配用于农业综合开发治理投资。

(八) 坚持科学组织城乡一体"四化"同步建设协调管理方略

在科学组织开展城乡一体"四化"同步建设上,必须科学确定协调管理的目标与标准、任务与要求,坚持推行"四化"同步设施建设一体化、公共公益服务社会化、社会保障均等化、现代农业产业化、农村转移城镇人员市民化、城乡一体"四化"同步建设融资债务、城乡居民财产收益等方面协调管理方略。

1. 必须科学确定协调管理的目标方略。各地区党委、政府必须坚持科学确定城乡一体"四化"同步建设协调管理的目标,主要有三项:一是必须坚持推进以人为本、优化布局,促进大中小城镇合理分工、功能互补、协调和谐发展目标;二是必须坚持推进绿色低碳、有机循环、生态文明发展目标;三是必须坚持推进传统文化、历史记忆、地域差异、民族特点、风景秀丽、持续健康发展目标。在这个基础上,必须进一步科学确定三方面发展战略目标:一要科学确定以人为本的城乡一体化经济、社会、政治、文化、生态"五位一体"协调和谐均衡发展战略目标,着力解决农村转移城镇人员义务教育、就业创业、安居住房、卫生医疗、交通通讯、生活低保等问题,提高城乡居民生活质量,建成"五位一体"协调和谐安居乐业的现代城镇;二要科学确定以人为本的城乡二元管理体制、促进农村转移城镇人员市民化、缩小工农差别和城乡差别,确保城乡居民共同增加收入、改善生活;三要科学制定以人为本的城乡一体"四化"同步建设规划和区域人口转移规划。要做好城镇化人口规划、产业布局、城镇功能、公共服务、社会保障系统规划,设计好城乡一体"四化"基础设施和社会公共公益服务活动空间,充分发挥规划设计满足城乡居民的各种需求,提高规划设计水平。

2. 必须正确制定协调管理的标准方略。各地区各有关部门必须正确制定城乡一体"四化"同步建设协调管理的标准。主要包括级别职能、成绩效果、改善户籍、协调管理四条标准:一是在科学确定城镇级职能标准上,国务院明确提出,必须完善城镇级别职能标准,提高特大镇扩权增能标准,控制超大城市人口标准,提高地级市、县城和中心镇产业与人口承载标准,确立保护和传承历史、地域文化、文明道德、聪明智慧城乡一体"四化"同步前进;二是在科学确定城乡一体"四化"同步建设成绩效果标准上,提高城乡一体供水供气供电、公交通讯、防洪抗震等公共服务基础设施建设质量标准,增强治理污染、拥堵等城镇病和出行方便、环境宜居能力,提高城乡一体"四化"同步建设土地、能源利用率，降低资源消耗、二氧化碳排放强度，减少污染物排放量，维护生态安全，改善环境质量，增强抵抗和减缓自然灾害能力；三是在科学确定改善城乡一体化户籍管理体制标准上，促进农村转移城镇人口市民化，推动改革完善城乡居民户籍管理体制，对农村有能力和意愿转移城镇务工经商人员及其家属，逐步转为城镇居民。对未落户的农村转移人口，建立居住证制度。对农村转移城镇务工经商人员随同子女纳入城镇教育、实现异地升学，提高职业技能教育培训、社会化公共服务水平，使城乡居民共享城镇化现代文明；四是在科学确定城乡一体"四化"同步建设协调管理标准上，调整优化城乡一体"四化"同步建设规划设计，开拓行走以人为本的现代城乡一体"四化"道路，发挥各级政府组织协调管理作用，提高规划定位和科学设计水平，组织推进城乡一体化经济、社会、政治、文化、生态同步协调健康发展，建立城乡之间公正、平等交流和城乡居民公平自由发展制度，创造城乡一体平等、合理、有序的生产、生活环境，为城乡居民提供全方位社会化服务，全面提高物质文化生活水平。

3. 必须科学确定协调管理的任务与需求方略。在"十二五"规划期间，中共中央、国务院于2014年召开的中央城镇化工作会议，对城乡一体"四化"同步建设，明确提出，坚持以人口城镇化为核心、以城市群为主体形态、以综合承载能力为支撑、推进农业转移人口市民化、提高城镇建设用地利用效率、建立多元可持续的资金保障机制、加快推动农业现代化、工业化、信息化、城镇化同步协调发展的任务与需求方略：

（1）必须科学确定城乡一体"四化"同步建设协调管理的任务，主要有五方面：一是必须坚持以科学发展观为指导，按照"国家新型城镇化规划"和全国生态功能区规划，进行城乡一体"四化"同步建设战略规划，以大城市为依托，以中小城市为重点，合理引导农村人口流向和产业转移，逐步形成分工协作、优势互补、集约高效的城市群。已形成城市群发展格局的，继续发挥带动和辐射作用，加强分工协作和优势互补，增强整体竞争力和辐射力；二是必须坚持以特大城市和大城市为龙头，发挥中心城市作用，形成要素集聚能力强、人口分布合理的新城市群，着力在资源环境承载能力较强、城镇体系比较健全、区域中心城市有较强辐射带动作用的地区，积极培育区域性城市群，深入挖掘现有中小城市发展潜力，优先发展区位优势明显、资源环境承载能力较强的中小城市；三是必须把有条件的东部地区中心镇、中西部重点区域县城和重要边境口岸发展成为中小城市，坚持引导中小城市的有序发展，在农产品主产区和重点生态功能区集中建设县城和中心镇。坚持有重点地发展小城镇，推动小城镇发展与缓解大城市中心区人口压力相结合，推动小城镇发展与服务"三农"相结合；四是必须坚持政府为农村转移城镇人口，在解决就业、安居、教育、保险、医疗、交通等问题上，提供平等的市民化待遇，提供与城镇经济发展水平相适宜的基础设施和基本公共服务。改革户籍政策，降低农民工落户条件，允许符合条件的农民工市民化。以就业年限、居住年限、参加城镇社会保险年限等指标为基准，制定公平、公正的农民落户标准。从小城镇到大中型城市，逐步放开落户条件；五是必须坚持完善城乡一体社会均等化的教育、就业、医疗卫生、养老、住房、生活保障等公共服务体系，建立完善的、多层次、多元化的住房保障体系；六是必须坚持按照国家新型城乡一体"四化"同步建设协调管理战略，科学设置城镇放在自然生态文明领域，让城乡居民融入绿水青山蓝天地环境，弘扬中华民族传统优秀文化，传承革命历史文脉，不断提高城乡一体"四化"同步建设协调管理水平。

（2）必须科学确定城乡一体"四化"同步建设协调管理的要求。主要有六项：一是要增强民生和民主观念，满足城乡居民生产、生活公平共享各种需求，加强城乡一体"四化"同步公共公益设施建设，改善城乡居民生态文明环境，将城乡居民利益诉求纳入法制化轨道，切实保障城乡居民对城乡一体"四化"同步建设的知情、参与、表达、监督权益；二是要增强生态、效益、服务和创新理念，将生态文明理念贯穿城乡一体"四化"同步建设全过程，坚持综合效益和社会化服务领先理念，推广应用绿色、科学、有效生产经营方式，进一步落实城乡一体社会化服务和司法保障机制。坚持增强开拓、创新理念，提高城乡一体"四化"同步建设协调管理水平；三是要始终将农村转移城镇人员市民化作为首要宗旨，努力使城乡居民共同享受社会化公共服务和平等化社会保障，推进城乡生产要素和公共资源均衡分配，逐步消除城乡二元体制和结构，使城乡居民共同分享城乡一体化经济社会发展成果，共同提高物质文化生活水平；四是要促进农业现代化和工业化相互协调、工业化和城镇化相互融合、信息化和农业现代化、工业化、城镇化循环互动，确保"四化"同步前进，推动农业、工业、商业、服务业持续健康发展，为城乡居民就业创业提供机会，为城乡居民物质文化生活提供保障；五是要科学策划、合理布局、协调有序地根据自然地理环境承受潜力、城乡一二三产业发展能力，以城乡一体"四化"同步建设为中心、全面推进全国各地区大中小城镇协调持续发展，调整优化城乡一体"四化"布局和结构，不断提高各地区城乡居民物质文化生活质量；六是要继续发扬对中华民族子孙后代造福的精神，坚持走绿色、循环、低碳、集约、高效、持续发展之路，不断增强城乡一体"四化"同步建设协调管理能力。

4. 必须推行"四化"同步基础设施建设协调管理方略。各级政府在组织推行城乡一体"四化"同步建设协调管理方略上，主要包括组织协调管理的意图、难点、权责、机制等方略。

（1）必须明确组织协调管理五项意图：一是要促进健全现代农业产业化经营体系，增强现代农业生产经营规模化、专业化、组织化、社会化、产业化能力，提高农业生产经营和土地流转效益，既能使农民工家庭得到土地流转收益、解除后顾之忧、放心在城镇安家落户，又可促使农村转移人口取得土地、宅基地流转补偿收益，增强在城镇租房、购房能力；二是要促进扶持城镇发展二、三产业，进一步提高文化、教育、卫生医疗、生活低保水平，使农村转移人员坚持以城镇产业为基、务业为本，靠近城镇定居落户；三是要促进确保农村转移城镇常住人口得到社会化公共服务和均等化社会保障，着力为农村转移城镇人口提供就业创业、文化教育、卫生医疗等社会化公共服务，进一步改善生活低保、安居住房、养老保险均等化社会保障体系；四是要促进优化城乡一体"四化"体系，形成全国大中小城镇"四化"同步发展格局，既增强城镇集聚功能，又防止城镇疾病；五是要促进形成全国各地区城乡一体"四化"和农工商产业联营体系，保障粮食安全、水气电等资源能源供给。

（2）必须消除组织协调管理四个难点：一是要为农村转移城镇人口市民化、享受社会化均等化社会保障，而必须消除城乡二元体制难点，为缩小城乡与工农差别，创造城乡居民共同安居乐业，安康幸福环境，全面建成小康社会；二是要为农村转移城镇青壮人员提供就业创业和安居住房条件，而必须消除农村留守儿童、老人等社会难点，为全家老中青少一定安居乐业奠定基础；三是要为鼓励粮食主产地区开辟不以减少生产粮食耕地面积为代价的城镇化之路，而必须消除全国耕地失控难点，确保国家粮食安全；四是要为保障城乡一体"四化"同步建设人员力量科学合理流动，而必须消除跨省域城乡盲目流动难点，在全国范围内优化分配人员力量。

（3）必须落实组织协调管理权责。在城乡一体"四化"同步建设中，各级政府必须承担起组织推动基础设施建设、社会化公共服务、均等化社会保障、推进城乡一体化经济社会持续健康发展权责策略。它主要包括组织协调管理权责的六项内容：一是始终站在全国角度，树立全国一盘棋观念，加强统筹协调管理能力，严格遵守政府与市场的边界，坚持不缺位、不越位、不错位；二是始终在组织开展城乡一体"四化"同步建设上承担协调管理权责，中央政府承担全国城乡一体"四化"同步建设规划设计、战略布局协调管理权责，地方政府承担本地区城乡一体"四化"同步建设结构、布局协调管理权责；三是始终在组织开展全国区域城乡一体"四化"基础设施、社会化公共服务体系建设上承担协调管理权责，中央政府承担全国城乡一体"四化"交通、能源、水利、耕地等基础设施建设协调管理权责，地方政府承担本地区交通、能源、水利、农业等基础设施建设协调管理权责；四是始终在组织开展农村转移城镇人员的农村产权收益和城镇公共住房保障上承担协调管理权责，在促进农村土地规模经营、宅基地使用权流转上，以中央政府为主承担协调管理权责，在促进城镇公共住房保障上，以地方政府为主承担协调管理权责；五是始终在促进农村转移城镇人员市民化、享受社会化公共服务、均等化社会保障上承担协调管理权责，在促进区域间社会化服务和均等化社会保障上，以中央政府为主承担协调管理权责，在具体提供地区内文教、卫生等社会化公共服务和生活低保、养老保险等社会保障上，以地方政府为主承担协调管理权责；六是始终在促进农村转移城镇人员就业创业技能培训、文化教育、卫生医疗、社会治安、生活低保、公共住房、养老保险等社会化服务和均等化社会保障上，由中央政府和地方政府共同承担协调管理权责。

（4）必须实行组织协调管理机制。在城乡一体四化同步建设中，各级政府必须实行协调管理机制，主要包括四项：一是实行农业现代化与工业化、信息化、城镇化协调发展的财政投入机制，着力扶持城乡一体"四化"同步建设，推进城乡一体化一、二、三产业健康发展，推行农村转移城镇人口义务教育、技能培训、就业创业、安居落户机制，逐步落实大城市、中小城市和小城镇定居户籍政策，实施城乡一体化人口管理机制，将城乡人口公共服务、社会保障支出列入各级政府财政预算；二是实行城乡一体"四化"同步建设土地利用开发机制，要始终坚持实行城乡一体"四化"同步基础设施建设增加用地规模与农村转移城镇人口定居住房增加用地规模相结合机制，实行农村转移城镇人员的农村土地承包经营流转收益、宅基地等财产公平合理评定管理体制和机制，进一步规划实施农村转移城镇人口市民化后对基础设施建设、公共服务设施和社会保障设施建设用地需求的城乡土地流转机制，扶持综合治理土地、科学开发土地、统一规划利用土地、从严控制占用土地、坚持防止占用耕地、提高城乡一体"四化"同步建设土地利用率；三是实行城乡一体"四化"同步基础设施建设、公共服务、社会保障体系建设资金由政府为主导、社会多元化筹措机制，改革完善各级政府财政管理体制，坚持实行中央与地方各级政府财政对基础设施建设、公共服务和社会保障体系建设资金投入分担和补助持续稳定增长机制，落实各级政府财政转移支付农村人口市民化义务教育、就业创业、交通通讯、卫生医疗、安居住房、生活保障等公共服务、社会保障投入机制。拓宽投融资多元化渠道，支持有条件的地方政府实施债务融资机制，通过财政注资、银行融资、社团捐资、企业投资、市场募资、调整存量资金、集中增量资金等多种机制，增强投融资能力，推动城乡一体"四化"同步基础设施建设、公共服务、社会保障体系建设；四是实行城乡一体"四化"同步建设城镇群体结构机制，要坚持推进城镇群体基础设施建设，以建造大城市与外围中小城市、小城镇一体化发展的城镇群体，统筹规划城镇群体建设所需土地、水电、交通、矿物、动物、植物等资源开发利用，调整优化城乡一体化自然、地理、文化、历史等生态文明环境功能，建立健全城乡一体"四化"同步协调前进的生态文明安全城镇体系。

三、组织开展城乡一体"四化"同步建设取得显著成效

2013年至2017年，全国人大第十二届一至四次会议通过的国务院《政府工作报告》都明确提出，中共中央、国务院带领引导各级党委、政府及部门在组织开展城乡一体"四化"同步建设上，逐步完善了基础设施公益化、公共服务社会化、社会保障平等化体制机制：一是健全了城乡一体"四化"经济社会发展方略体系；二是增强了农业现代产业化规模经营管理实力；三是构建了农工商服务产业合作化经营体系；四是加快了农村转移城镇人口市民化进程；五是形成了城乡一体公共服务社会化、社会保障平等化局面；六是全面推进了全国城乡一体化经济社会和谐健康发展。

（一）健全了城乡一体"四化"经济社会发展方略体系

主要是指：一是健全了农民、农业和农村方针策略体系；二是健全了城乡一体化经济社会发展方针策略体系；三是健全了城乡一体四化同步建设方针策略体系。

1. 在组织健全农民、农业和农村方针策略体系中，主要包括了组织扶持农民、农业和农村发展三条方针：一是坚持推进农民、农业生产经营和农村经济社会发展的方针，通过扶持农民提高务农技能和觉悟，促进农业成为有效益、有发展前途的产业，让农民从事的农业成为高尚的职业，让农村成为安居乐业的美丽家园；二是坚持推行国家各级政府主导、带动各方面对农民、农业和农村"多予、

少取、放活"的方针，优化农业产业升级，壮大贫困地区农村经济发展实力，增强农民脱贫增收致富能力；三是坚持贯彻农村系统治理、依法治理、综合治理、源头治理、保障农村民生和民主权益、加强农村社会管理的方针，发展农村文化教育、卫生医疗、生活低保、养老保险等社会保障事业，加强农村民主法治建设，推进农村民生、民主、安居环境治理，化解农村社会矛盾，加强农村基层党组织建设，协调农民各方面利益诉求，处理好政府和农民利益关系，促进农业持续发展、农民安居乐业、农村经济社会发展、全面建成农村精神文明和生态文明小康社会。

2. 在组织健全农民、农业和农村方针策略体系中，进一步包括了组织扶持农民、农业和农村发展六项策略如下：

（1）全国各地区政府坚持落实了农业生产经营基本策略，核心是稳定和完善土地承包关系，以农户家庭承包经营为基础，统分结合的双层经营体制，是我国农业生产经营基本策略，坚定不移地组织实施土地政策和土地承包法，赋予了农民长期而有保障的土地使用权，坚持执行"多予、少取、放活"的方针，推进农业生产经营社会化服务，推动农民参加专业合作组织，增强农业抗拒自然灾害和综合生产能力，减轻农民负担，提高农民收入、生活水平。

（2）坚持落实了国家对农村经济体制改革策略，核心是规范国家、农村集体和农民利益关系，减轻农民负担。为此，一是积极稳妥地推进粮食体制改革，调动农民生产粮食的积极性。二是稳步推进农村金融体制改革，改善农村金融信贷服务。三是着重推动农村市场建设，增强市场流通服务功能，确保农业产品及农业生产资料流通无阻。四是组织引导发展农民专业合作组织，建立农业生产经营科技等社会化服务体系，提高农民科技务农水平，促使农民增强进入市场的主动性。

（3）坚持落实了调整优化农业产业和农村经济结构、推进农业现代产业化经营策略，核心是增强农业现代产业规模化、专业化、社会化竞争能力，确保农业增产、农民增收、农村经济持续健康发展。为此，一是调整优化了农业区域化布局，形成了优势农业产业带；二是组织推进了农业优质、高产、高效、生态、安全产业发展，实现了农业产品优质化、区域化、专用化、安全化；三是组织推进了林牧渔各劳动密集型产业发展，增强市场竞争能力；四是组织推进了农林牧渔各业产品加工、运销产业发展，增加附加值；五是深入推广了农业生产经营科学技术，提高科技含量；六是大力推动了农业现代产业化规模经营，加强了农业产品质量标准体系和检验检测体系建设；七是坚持实行了农业现代产业经营体制创新、技术改造、布局优化、机制健全策略，提高了农业现代化经营管理水平；八是全面推动了农业和农村基础设施建设和生态环境建设，促进了农村教育、卫生设施建设，改善了农村公共服务条件和农民生活环境；

（4）坚持完善了全国各地区农村居民民主自治策略，加强以村党组织为核心的政权、经济、民众等基层组织建设，充分尊重农民群众民主权利。为此，一是促进了农村基层党政组织坚持遵守民主选举、民主决策、民主管理、民主监督规章制度。二是推动了农村各种合作经济组织加强民主决策、民主管理和民主监督，严格执行乡镇财务、村务财务公开方针策略，切实把农村基层组织民主建设推向前进。

（5）坚持逐步加化了农村法制治安策略，重点放在为农业、农村发展和农民权益提供法制保障上，既抓紧建立健全法律法规，又严格遵循法律法规。为此，一是坚持广泛深入进行了法律法规宣传教育，不断增强广大农民的法律法规意识，养成自觉遵守法律法规的作风，维护合理合法权益。二是坚持促使各级领导干部自觉遵守和维护法律法规，严格依法办事，决不侵犯广大农民合理合法权益。三是坚持加强了农村社会治安综合治理，依法打击各种违法犯罪活动，切实维护农村社会稳定。

（6）坚持注重推进了农村精神文明建设策略。坚持家喻户晓传播先进思想、文化和技术，提高农民思想道德素质和科学文化素质，改善农民文化生活。为此，一是各地方政府正在着力调整化解农村科技、教育、文化发展水平明显低于城市、农村社会保障事业建设明显滞后的问题。二是各级党委、政府及部门采取了有力的政策措施，切实加强农村精神文明建设，为农村经济社会发展提供强大的思想保证、精神动力和智力支持。三是各地区改善了农村义务教育办学条件，推进农村卫生服务体系建设，抓好农村计划生育工作，倡导文明健康生活方式，加强农村环境治理，推动农村社会事业发展。

3. 在组织领导各地区健全城乡一体化经济社会发展方针策略体系中，主要包括了组织推进城乡一体化经济社会发展四条方针：一是坚持以农户家庭联产承包经营为基础、统分结合的双层经营体制、推动农民专业合作经营、促进农民采取先进科技手段、加强农业现代化经营管理方针；二是坚持加强城乡一体化经济基础设施建设、调整优化城乡一体一、二、三产业结构，健全各业产品质量监管体系、加强城乡一体市场流通管理方针；三是坚持完善城乡一体经济建设资金投入、各业产品价格保护、各业产品国家储备、各业产品进出口调剂、各业产品购销市场信息收集传送管理方针；四是坚持推行以工促农、城乡一体化经济社会持续发展、统一城乡土地利用、基础设施建设、各产业结构升级、社会化公共服务、就业创业技能培训管理、建立农业生产经营要素市场体系、完善城乡平等要素交换机制、合理配置城乡公共资源、推进城乡一体化一、二、三产业化生产经营要素科学流通方针。

4. 在组织领导各地区健全城乡一体化经济社会发展方针策略体系中，主要包括了组织实施城乡一体一、二、三产业化生产经营建设七项策略：一是科学规定各业生产经营建设投资范围、项目、比重，按照总额持续增加、比例稳步提高的要求，增加财政资金投入、银行信贷资金投入；二是组织促进各业生产经营建设科技化、机械化、信息化，提高物质技术信息装备水平，促进各业生产经营专业化、标准化、集约化、规模化，完善各业现代化产业体系；三是组织加强农业和农村生产经营基础设施、公益和服务事业设施建设，科学划分农业生产经营建设用地和农村公共公益服务基础设施建设用地，建立城乡统一经济建设用地市场；四是组织转变工业化经营方式，培育发展新型工业，改造装备制造工业，坚持发展节能环保、新能源、新材料、生物、信息技术等工业、信息产业，着力发展金融、物流、商务、信息等服务产业；五是组织统筹城乡非农产业，开拓农业现代化与工业化、信息化、城镇化同步建设道路，拓宽城乡统一的就业创业市场，建立城乡劳动力平等就业创业、技能培训、信息服务法规制度，增强农村转移城镇人员就业创业能力；六是组织实施公平对待、正确引导、完善管理、全面服务的原则，为农村转移城镇工交商服务产业就业创业人员，提供技能培训、信息咨询、社会化公共服务、均等化社会保障等有利条件，组织开展清理对农村转移人员工资拖欠和乱收费，集中力量解决好拖欠克扣农民工工资、劳动条件差、劳动安全和职业病防护无保障等突出问题，维护农民工合法权益；七是组织落实城镇企业、事业、行政、团体等单位对"三农"在产业转移、技术扩散、人才支援、资金流动、产品供销等项策略，核心是发挥城市对农村的带动作用，扶持农民增强科技务农能力，推进农业现代产业化规模经营，壮大农村经济实力，确保城乡一体化经济社会持续健康发展策略。为此，我国各地区政府从实际情况出发，把发展乡镇企业、事业和农业现代产业、农村公共服务业有机结合起来，推动和鼓励乡镇企业、事业、行政、团体等单位向农村小城镇集中，通过多渠道、多形式投资用于加大农业基础设施建设，加强对节水灌溉、人畜饮水、乡村道路、农村水电、农村沼气、水土保持、防风固沙等项农村小城镇公共公益基础设施建设和生态环境建设，加强农村科技教育文化卫生和社会保障事业建设，深化农村税费改革和粮食流通体制改革，建立对农民、农业和农村实行补贴规章制度，加大贫困农村开发力度，以改善贫困农民生产生活条件、增产增收为核心，加快脱贫致富进程，确保农村社会和谐稳定，完善农村小城镇功能，提高农民群众物质文化生活水平。

5. 在组织领导各地区健全城乡一体"四化"同步建设方针策略体系中，主要包括了组织推进城乡一体"四化"同步建设三条方针：一是实事求是、因地制宜、全面规划、科学设计、统筹安排、合理布局、明确方向、确定目标、积极稳妥、扎实推进农业现代化、工业化、信息化、城镇化四化同步建设的方针，促进大中小城市和小城镇合理分工、功能互补、协同规则，不要急于求成、拔苗助长，更不能去搞大跃进、大干快上、一哄而起；二是坚持遵循规律，因势利使城乡一体四化同步走上水到渠成、必然趋势路程的方针，坚持生态文明、着力推进绿色、有机、低碳、循环发展、提高城乡一体"四化"建设土地、能源利用效率、降低能源消耗和二氧化碳排放强度，高度重视生态安全，扩大森林、湖泊、湿地等绿色生态空间比重，增强水源涵养能力和环境容量，不断改善环境质量，减少主要污染物排放总量，控制并开发强度，增强强度，增强抵御和减缓自然能力，坚持传承文化、发展有历史记忆、地域特色、民族特色的美丽城镇；三是坚持以人为本、自愿、分类、有序、维护农村转移城镇人员权利的方针，推进农村转移城镇人口市民化，因地制宜引导增量人口流向，解决已经转移到城镇就业的农村人口落户问题，努力提高农村转移城镇人口素质和能力，稳步提高户籍人口城镇化水平，大力提高城镇建成区人口密度，不断提高公共服务社会化水平，逐步增强社会保障均等化实力，把城镇放在大自然中，把绿水青山保留给城镇居民，不断提高以人为核心的城乡一体"四化"同步建设管理水平。

6. 在组织开展城乡一体农业现代化、工业化、信息化、城镇化"四化"同步建设过程中，因势利导地制定实施一系列推进四化同步前进面临挑战与机遇的策略，以坚持推进农业现代化为立脚点，促进转变工业化、信息化、城镇化发展方式，推动工业化、信息化对农业现代化的支撑作用，发挥城镇化对农业和农村发展的带动作用，加快农业现代化步伐，实现工业与农业、城镇与农村一体化经济社会协调发展。为此，从2013年以来，中央到地方各级党委、政府及部门针对全国各地区大中小城镇、乡村不同自然地理资源和经济社会发展需求，充分发挥农业、工业区域比较优势，组织制定和推行开创城乡一体"四化"同步建设途径的以下四项策略：

（1）坚持开拓中国特色农业现代化途径策略。坚持按照农业产品高产、优质、高效、生态、安全的要求，一是加快转变农业生产经营方式，推广繁育农业产品优良品种，广泛应用农业先进创新科学技术，充实完善农业生产经营物质技术装备，组织推动农业机械化、农田水利化、基地化、市场化建设。二是组织完善农业生产经营社会化服务体系，提升农业土地等资产利用与产出率，提高农业现代产业化、规模化经营管理水平，壮大农业综合生产经营能力、农业产品市场竞争力和农村经济发展实力。为此，着力在各地区有发展农林牧渔产业条件的乡村，推进农林牧渔各业现代产业化、规模化经营，增强农民增收致富和为国家供给能力。

（2）坚持拓宽中国特色城乡一体化经济社会发展途径策略。坚持着力发展乡镇，加快小城镇建设步伐。为此，一是在有发展工业、商业、服务产业和劳动力等优势条件的乡镇，着力发展产加销、农工贸一体化产业和流通服务产业，促进工业、商业、服务业向乡镇区域集中，提高乡镇经济基础设施和公共服务水平，增强乡镇工业扶持农村、乡镇带动农村的动力。二是在有充分利用农林牧副渔各业主产区产品产加销一条龙、农工贸一体化经济优势条件的小城镇，坚持协调和谐发展，提高综合承受能力，促进农村富余劳动力转移小城镇创业就业，发挥农村和城市相互依赖、促进、支援作用。

（3）坚持开创中国特色工业化、信息化、城镇化途径策略。坚持在工业化、信息化、城镇化和农业现代化同步建设的基础上，一是组织推动工业化、信息化、城镇化协调发展，统筹发展农业产品加工、储运、供销产业和农业生产资料工业化、信息化产业；二是着力发展增值低耗、结构优化、技术创新、能源节约、环境清洁等密集型现代工业化、信息化产业，统筹城乡一体化经济社会持续健康发展。

（4）坚持拓展中国特色城乡一体"四化"经济基础设施建设、公共服务社会化和社会保障均等化建设途径策略。为此，一是坚持推进工业化、信息化，为农业现代化提供物质和科技条件，大力发展农业产品加工业、农业生产资料工业，提供先进加工机械设备、电动仪器、通讯信息，促进工业现代产业化；二是坚持推进城镇化，科学规划设计城乡一体化农业、工业、商业、服务产业布局、居民生产和生活供需条件，在中小城镇为广大城乡居民提供就业机会，大力发展为城乡居民生活服务产业，促进农业现代化、工业化、信息化、城镇化同步前进；三是坚持放宽中小城镇定居落户户籍途径，坚持对农村转移城镇创业就业人员，建立健全文化教育、卫生医疗、技能培训、住房保障、生活低保养老保险等法规制度；四是坚持发挥城镇对乡村带动和农村对城镇促进的作用。乡村发展离不开城镇辐射和带动，城镇发展也离不开乡村促进和支持。加强对城乡一体四化同步建设管理，加强宏观管理和规划设计强化重大政策统筹协调，不断增强城乡一体四化同步建设管理能力。

（二）增强了农业现代产业化规模经营管理实力

从中央到地方各级党委、政府及部门在组织开展农业现代产业化规模经营管理工作上，一是实事求是、因地制宜地确定了目标、标准；二是科学合理、分门别类地提出了方略重点；三是真抓实干、脚踏实地地取得成效显著特点。

1. 实事求是、因地制宜地确定了农业现代产业化规模经营发展的目标、标准：一是农业现代产业化规模经营发展的目标，是指农业现代产业化规模经营总体发展目标和农业现代产业化各环节具体发展目标，农业现代产业化规模经营总体发展目标确定的依据，是全国各地区的经济市场化、政治制度化、文化世俗化、社会多元化、城乡一体化、对外国际化，并形成它们之间良性互动等方面条件；二是农业现代产业化规模经营的标准，全国各地区农业现代产业化规模经营的标准范围广阔，其标准是多方面的，主要包括：农业现代产业化规模经营规则、农业现代产业化规模经营职责、农业现代产业化规模经营方式、农业现代产业化规模经营环节、农业现代产业化规模经营水平。

2013年以来，中央和地方各级党委、政府及部门坚持实事求是、因地制宜地确定实现农业现代产业化规模经营发展的目标、标准，将加快推进全国地区农业现代产业化规模经营，确保全国城乡居民和国民经济建设所需粮棉油等农业产品有效供给，满足信息化、工业化、城镇化对农业产品原材料的需求，满足城乡居民在生产生活中日益增长对农业产品的需求，促进农民群众在增加收入、改善生活、脱贫致富的基础上，增加对工业化、信息化、城镇化建设所需农业产品的有效供给。中共中央、国务院及时指导各地区党委、政府处理好确保农民群众增加收入与向国家增加农业产品有效供给之间的关系，避免在增加收入与增加供给上出现顾此失彼的问题，坚持同步实现农民收入和农业产品有效供给持续增长的目标、标准。

2. 科学合理、分门别类地提出了农业现代产业化规模经营发展的战略重点。从"十二五"规划时期起，全国农业现代产业化经营发展战略重点，主要有：一是把粮食等主要农业产品的生产放在农业现代产业化规模经营的首位；二是大力组织开展"三色"有机农业产品产业化规模经营；三是大力组织开展区域生态特色农林牧渔各业产业化规模经营；四是大力组织开展农业现代资源科学开发利用、集约持续产业化经营。

（1）促进了粮食等主要农业产品产业化规模经营。我国的农业现代产业化经营的重点，首先必须解决粮食等主要农业产品的自给问题，这是由国情决定的，不允许有半点忽视。我国是一个拥有13亿多人口的大国，粮食等主要农业产品不仅消费量大，而且品种复杂，不同地区和民族之间很难替代，因此，国际市场只能起到调剂余缺的作用。我国粮食产量，从1978年的6095亿斤增加到2014年的12140亿斤，我国粮食自给率已经上升到94%。但必须看到，我国在工业化、城镇化的推进中耕地减少的趋势不可逆转，全国粮食作物的播种面积从1900年至2014年减少了4480千公顷，耕地质量还在呈下降状态。据水利部统计，2014年底我国水土流失面积达356.92万平方公里，全国现有水土流失严重县646个，水资源短缺也是影响粮食生产的重要因素之一，每年因旱涝灾害损失粮食250亿斤。所有这些，都是我国保证粮食安全问题的不利条件。我国这样一个人口大国、农业大国，要在逐步实现农业现代产业化经营过程中，必须确保粮食等主要产品的安全，必须做到：一是确保18亿亩耕地的红线，确保耕地的质量持续提高；通过技术创新和制度创新，实现对水资源和其他自然资源的高效利用；二是充分利用我国资源多样化的优势，向高山、湖泊、海洋等要食物，扩大食物范围，延长食物链条；三是稳步推进土地流转，促进规模化经营，鼓励发展农民专业合作社和专业化服务组织，加大农民培训力度、培训规模，培养造就新型职业农民，不断增强粮食等农业产品产业化经营力量；四是严格执行强化耕地保护法规制度，明确规定耕地用途的调整和变更应充分征求农业部门意见，确保基本农田面积不减少、用途不改变、质量不下降。提高农业现代产业化经营规模效益。

（2）促进了"三色"有机农业产品产业化规模经营。"三色农业"是指传统"绿色农业"、开发利用海洋生物资源的"蓝色农业"，而开发利用微生物资源的农业则可称为"白色农业"。由于这三种农业模式都可以提供食物、饲料和工业原料,因此又被统称为"三色农业"。随着全球社会经济的发展,人们对生活的质量和食品的品质产生了独特的要求,追求纯天然、无污染的健康食品已成为潮流,为城乡人民提供"三色"有机农业产品已成为农业现代产业化经营的重点产业产品。"三色"有机农业产品是指在农业现代产业化经营中,通过施用有机肥料和生物杀虫剂代替化肥和化学杀虫剂,而新收获的产品。它是顺应世界环保潮流和世界消费市场的需求产生的。耕地连年使用大量化肥、农药和塑料薄膜带来的严重污染损害了农业发展的环境,而残留在农业产品中的农药残留物,又给人们的健康带来了不可低估的损害。为此,从"十二五"规划时期起,为减少施用化肥和农药的危害性,改进农业现代产业化经营方式,对农作物种植少施用或不使用化肥和化学杀虫剂,采用有机肥料和使用生物农药防治病虫害,同时实行耕地轮种制,从而减少环境污染,增加土地肥力,生产出健康的"三色"有机产品。

(3) 促进了区域生态特色农林牧渔各业现代产业化规模经营。这是指通过充分利用高原、山地、丘陵、盆地、河谷等多种地貌优势条件,广泛运用现代科学技术和先进管理技术,通过现代生产经营组织方式,大力发展植物种类、动物种类、淡水鱼类特色产业,促进农民持续增收,探索出一条适合当地实际的区域生态特色农林牧渔各业现代产业化经营发展新路,重点抓好六项区域生态特色农林牧渔各业现代产业:一是大力发展优质水稻、优质玉米和优质麦等产业;二是利用优越的生态环境和丰富的农业资源、生物资源、热区资源优势,结合退耕还林和中低产田地林改造,大力发展以橡胶、茶叶、蔬菜、花卉、核桃、咖啡、蚕桑、热带亚热地水果等特色产业和冬季特色经济作物等产业;三是充分利用高原常绿草地面积广阔优势,实施现代畜牧业工程,推进生猪、肉牛、肉羊、奶牛、肉鸡、蛋鸡标准化规模养殖场建设;四是充分发挥水系、湖泊和电站库区众多的水资源优势,大力发展常规淡水鱼类、特色冷水鱼类和优质土著鱼类养殖,推进淡水渔业养殖和出口基地建设;五是充分发挥林业物种种类多、低成本消耗、可持续利用等优势,发展木本油料和以野生食用菌、林药、木本香料、松脂松香及紫胶、特色野生动物驯养繁殖为重点的林下经济、珍贵用材林及速生丰产林、生物质能源、高原特色观赏苗木等林产业;六是坚持"走出去"与"引进来"相结合,建设外向型优势特色农业产品生产基地、区域性农业新产品进出口加工基地,"走出去"与国际合作示范基地和向西南开放国际产业产品贸易中心,构建中国与东南亚、南亚农业交流、合作和共同发展的平台,参与国际农业经济技术合作与竞争,全面提升区域生态特色农业综合效益,持续增加农民收入,不断扩大经济实力,努力走出一条具有区域生态特色的农林牧渔各业现代产业化经营之路。

(4) 促进了农业资源开发利用、集约持续产业化规模经营。这是指在组织开展农业现代资源开发利用、集约持续产业化经营中,必须确定和实施根本目标、遵循原则、发展重点:一是根本目标,实现农业现代产业化经营的集约性、高效性、持续性和多样性,保证经济效益、社会效益和生态效益兼优,促进农业和农村经济持续稳定发展、保证农民富裕、社会安定和国家富强;二是遵循原则,从初级到高级、由局部到全面的循序发展原则,因地制宜、科学合理、多样化地开发利用农业资源原则,集约经营、持续发展原则,增收增效、共同富裕原则,防治环境污染、保护资源和环境原则;三是发展重点,建立农业持续发展的科学管理体系、农业自然资源管理和农村生态环境安全预警体系、农业生态工程和环境保护体系、农业资源开发与资源节约利用监测体系、农业科学技术推广体系、农业知识和技术培训体系,调整和优化不同区域农林牧渔各产业结构,对资源开发、种植养殖体系、加工销售体系进行一体化的规划和建设,改善农业生态环境信息系统和动态监测系统,促进农林牧渔各业在走向新的集体化、集约化、产业化和规模化、基地化的基础上,与城镇工商企业结合,即种养加、贸工农相结合,推进农业向专业化、社会化、商品化、产业化发展,逐步实现农业现代化、农村工业化、农村城镇化、农民文明化和城乡一体化。

3. 真抓实干、脚踏实地取得成效显著特点。"十二五"时期以来,全国各地区农业现代产业化经营的特点,主要有:一是经营功能增强;二是经营链条拉长;三是经营产业全面;四是经营产业增多;五是经营龙头有力;六是经营服务体系健全;七是经营组织多种类型、专业合作社带动。

（1）农业现代产业化经营功能增强。2013年以来，全国各地区政府根据区域经济社会发展情况，在组织推进农业现代产业化经营中，一是在提高农业产品产量的同时，着力提高农业产品质量，把高产、优质、高效、有机、特色作为我国农业现代产业化经营的基本功能；二是在调整优化农业主导产品、推进农业支柱产业化经营发展中，吸纳农村富余劳动力，提高农民文化科学素质，为农村劳动力合理配置创造条件和拓宽空间的功能；三是在调整优化农业生态环境，推进农业现代产业化经营上，发挥培养耕地、涵养水源、保持水土、抗旱排涝、防风固沙、维护生态平衡的功能。

（2）农业现代产业化经营链条拉长。农业现代产业化经营的产业链条拉长，是从农业产品种植、养殖的基地起，到农业的初加工、深加工、精加工、保鲜、包装、贮藏、运输的工厂，再到储备、批发、销售的市场，再从销售到消费终点的经营链条。主要包括：一是种养加、产供销、农工商、内外贸、农科教各环节经营链条；二是农业产品生产单位和农户＋农业产品加工企业＋农业产品供销单位＋农业产品市场各环节合作链条；三是农业产品高产、优质、有机、特色、精品各环节供求链条。

（3）农业现代产业化经营产业全面。从农业现代产业化经营来看，一是有农林种植业的粮、棉、油、麻、丝、茶、糖、菜、烟、果、药、杂等产业；二是有牧渔养殖业的肉、蛋、奶、鱼、虾等产业；三是有农林牧渔各业产品加工、保鲜、包装、贮藏、运输等加工业；四是有农林牧渔各业产品储备、批发、销售等市场流通产业。

（4）农业现代产业化经营产品增多。多年来，由于农业现代产业化经营链条越拉越长，提供绿色、蓝色、白色这"三色"农业产品增多、高产优质农业产品增多、保鲜包装农业产品增多、精深加工农业产品增多、特色优名牌农业产品增多。据2016年统计，全国通过农业现代产业化经营向市场提供农业产品及其加工品的比重将逐步增加。2012年，我国通过农业现代产业化经营向市场提供农业产品及其加工品的产值只占农业产品市场总值的40%左右。而2016年提升到68%。

（5）农业现代产业化经营龙头有力。全国各地区与农户有稳定利益联结关系的农业现代产业化龙头企业共有12万多个，农业现代产业发展类型多种多样，但龙头企业带动型仍居主导地位。龙头企业起带动作用的有8.4万个，占70%。特别是农林牧渔各业种植、养殖、加工供销联销龙头企业，正在逐年扩大经营规模，不断提高经营管理水平，正在农业产品生产、加工、销售等领域中，发挥导向、骨干作用，既引导农林牧渔各业生产单位和农户参加高产优质、高效产品基地建设，又推进农林牧渔各业产品精深加工，以适应城乡人民和国内外市场多变化、优质化的需求。

（6）农业现代产业化经营服务体系健全。为了从实际情况出发，采取多种形式，把农户家庭分散经营和集体统一经营有机结合起来，在稳定农户家庭承包经营的基础上，逐步充实农业现代产业化统一经营的服务内容，搞好一家一户无法完成的生产经营服务和组织协调管理工作。2016年，以农民专业合作社等中介服务组织带动的有3.2万个，占42%；其他类型带动有1.2万个，占16%。为了在全国推进农业现代产业化经营发展，各地区坚持以乡村集体经济组织为基础，组建多种经济成分、多层次、多形式的社会化服务体系。推广"小政府，大服务"的经验，加强乡级农业现代产业化经营社会化服务体系的建设，在全国大多数县、乡两级基本形成农业现代产业化经营社会化服务体系。

（7）农业现代产业化经营专业合作社带动。全国各地区农业现代产业化经营组织类型在保持多种多样的基础上，农业产业化龙头企业起主导、带动作用。但随着扶持农民专业合作社发展的一系列政策的落实，农民专业合作社主导、带动作用逐年增强。2016年底，全国经工商注册登记的农民专业合作社有52.17万家，实有入社农户4100万户，占全国农户总数的16.4%。合作社在完善农村经营体制，推动农业现代产业化经营发展中发挥了重要作用。其中，有4万家执行了农业产品生产质量安全标准，2.4万家通过了农业产品质量认证，2.56万家拥有注册商标，有95%的合作社能够为成员提供有效的技术信息服务。

（三）建立了城乡一体农工商服务业合作化经营体系

中共十八大决定，壮大集体经济实力，培育新型经营主体，发展多种形式规模经营，构建集约化、专业化、组织化、社会化相结合的农工商业合作化经营体系。各地区党委、政府及部门从 2013 年起，组织推进了城乡一体化农业、工业、商业、服务业合作化经营体系建设，全国一体化合作水平高、带动能力强的农工商合作化经营体系正在不断发展壮大，为调整优化农工商产业结构，推动农工商业现代产业化规模经营增加效益，促进城乡居民增加收入发挥了积极作用。

1. 各级党委、政府及部门围绕构建城乡一体化农工商业合作经营体系，推行财政补贴、干部帮扶、培育典型、带动示范等策略，促进了农业产品生产、加工、销售等支柱产业合作经营发展，一是不断提高专业化合作层次。随着城乡一体化经济社会形势发展变化，合作环节从单纯生产环节，扩大到产前、产中、产后所有环节。合作内容从生产资料采购、技术服务，扩大到生产资料整合、土地流转、产品加工、贮运供销等方面。合作方式由传统单一式，向现代专业集约式转变。合作领域从乡村、乡镇，向县、市、省城市延伸；二是推动建立多种多样合作组织形式。全国各地区农工商业合作经营体系，呈现出多元化、多样化发展状态。主要分为三种：第一种农工商业集体单位带领组建，能够利用集体组织优势，综合规划和统筹人力、物力、财力和土地资源。第二种农工商产业化龙头企业带领组建，能够由龙头企业提供资金、技术、管理，形成合作经营紧密体系。第三种农工商业个体户带领组建，由具有一定经济实力和经营能力的农工商业个体户和经纪人，提供技术、资金、信息，经营获利能力较强。

2. 各级党委、政府及部门切实把培育新型城乡一体化农工商业合作经营体系作为一项重要任务，纳入重要议事日程，制定实施发展计划，明确完成目标任务，落实责任部门，加强督查考核。各有关部门密切配合协作、各司其职、各负其责，形成推进机制。通过各级党委、政府及部门组织领导、规划设计、支援扶持、利益联结等策略，已建立起农工商合作经营体系。为此，一是通过补助、奖励、贴息等策略，推进健全农工商业合作经营体系，扩大生产、加工基地规模，推进创新科技升级应用，鼓励推广名特优品牌，优先扶持集体单位、龙头企业、专业大户组建的农工商业合作经营体系。

3. 各级党委、政府及部门为加快发展农工商合作经营体系，注重发展质量，加强规范化建设，着重促进农工商业合作经营体系，逐步成为产权清晰、机制灵活、运行规范、管理科学效益显著、盈利公平的市场主体。为此，一是明确规定了农工商业合作经营主体的法人地位，确保拥有合法的市场主体地位和明晰的产权关系；二是规范健全了农工商业合作经营体系组织管理体制，积极引导农工商业合作经营体系，朝着农业产品生产、加工、销售连锁的基地化、标准化、组织化、品牌化、市场化、效益化方向发展。建立健全了财务管理、会计核算、评估考核、监督检查等法规制度；三是组织推进了农工商业统一品牌包装和市场供销，统一技术标准和技术培训，统一产品生产、加工基地认证，统一生产资料采购供应、统一信息发布，统一产品质量检测监督管理，促进资源合理节约利用、确保收益互惠共享。

（四）加快了农村转移城镇人员市民化进程

中共十八大以来，中央和地方各级党委、政府及部门对农村转移城镇人员市民化在推进城乡一体"四化"进程中，总结了重要历史性作用，指出了光明前途，拓宽了有效途径。

1. 总结了农村转移城镇人员市民化的重要历史性作用。农村转移城镇人口市民化的标准，是指农村转移城镇人员市民化社会地位标准，即政治权利平等化、公共服务社会化、社会保障公平化、务业生活城镇化等项标准。农村转移城镇人员市民化的重要历史作用是多方面的，主要表现三方面：一是推动全国经济体制改革的新生力量。这是指在我国城乡经济体制改革中，农村转移城镇务业人员冲破城乡劳动市场、地域、行业的界限，推进了劳务用工制度改革和劳动市场流通，形成了城乡一体化市场体系，增强了城乡一体化经济社会发展生机和活力；二是推动农业现代化与工业化、信息化和城镇化同步前进的合作力量。这是指在我国农业现代化与工业化、信息化、城镇化进程中，农村转移城镇人员成为合作力量，占城镇二、三产业化经营服务人员总数的 49%，据有关数据测算，全国农村转移城镇人员 2016 年已达到 2.72 亿人；三是推动缩小工农、城乡发展差距的主体力量。这是指在我国推进缩小工农、城乡发展差距上，农村转移城镇无业人员收入成为农村收入的重要来源，2017 年以来达到了 60% 以上，对缩小城乡居民收入差距开辟了途径。农村转移城镇人员就业创业后，为促进农业现代产业规模化经营，提高农业综合生产经营能力，增加农村居民收入，缩小城乡经济发展差距创造了有利条件。农村转移城镇人员参加二、三产业，推动了工业化、信息化和城镇化前进，为农业现代产业化规模经营和农村经济持续发展注入了强大主体力量。

2. 指出了农村转移城镇人员市民化的光明前途。农村转移城镇人员市民化问题，涉及全国城乡经济社会发展的全局、重点、焦点问题。中共十八大报告指出，城乡经济社会发展一体化是缩小工农、城乡发展差别的根本前途，有序推进农村转移城镇人员市民化，一是促进城乡经济社会发展一体化，不断缩小工农、城乡发展差距；二是推进城乡一、二、三产业调整优化结构，促使城乡居民增加务业收入、扩大消费需求，改善生产生活条件；三是推动建立城乡居民权利、机会、规则公平正义的社会保障体系，保证工农、城乡平等发展权利，改变城乡二元结构体制，构建社会主义和谐社会。

3. 拓宽了农村转移城镇人员市民化的有效途径。中央和地方各级党委、政府及部门在推动农村转移城镇人员市民化进程中，逐步拓宽城乡一体化法规制度、策略机制、产业经营、公共服务等切实可行、行之有效途径。

（1）在逐步拓宽城乡一体化法规制度途径上，针对农村转移城镇人员市民化是涉及面广、任务艰巨、困境多维的系统工程，中央和地方各级党委、政府及部门本着实事求是、城乡一体、公平正义、维护权益、安居乐业、增收致富、缩小差距、统筹推进的指导思想，制定实行土地流转、就业创业、教育培训、公共服务、社会保障、安置户籍、城镇规划、法律监督等项法规制度：一是在土地流转制度中，规范农户承包土地、宅基地经营流转使用权益，对被征用土地农户给予公平合理补偿，提高土地增值收益中对农户分配比例；二是在就业创业制度中，建立城乡一体化就业创业劳动力市场，消除对农村转移城镇人员务业的限制规定；三是在教育培训制度中，加强对农村转移城镇人口教育培训，提高综合素质，增强其市民化就业创业、职业转换能力；四是在公共服务制度中，明确城镇政府对农村转移城镇人员基本公共服务职能，加大对公共服务基础设施建设等项投资力度，为其增强公共服务能力；五是在社会保障制度中，明确城乡居民一视同仁、均等分享政治权利、文化教育、卫生医疗、就业创业、生活低保、养老保险、定居住房等社会保障；六是在安置户籍制度中，放宽农村转移中小城镇人口安置户籍条件，统一加强城乡一体化户籍管理，取消城镇户籍附带各项福利条件，严禁歧视农村户籍；七是在城镇规划制度中，科学规划城镇规模和布局，以大城市为依托，以中小城市和小城镇为重点，逐步形成辐射作用大、人口集聚能力强的城镇群，促使大中小城市和小城镇协调和谐发展；八是在法律监督制度中，主要是制定实施农村转移城镇人员就业创业、工伤和养老保险等社会保障、政治经济权益维护的法律服务、援助和监督。

（2）在逐步拓宽城乡一体化策略机制途径上，一是推行农村转移城镇人员市民化策略的宗旨，是促进城乡一体化经济社会健康持续发展，缩小工农、城乡差别，全面建成社会主义小康社会。为此，它的策略核心是改变城乡二元结构体制，保证城乡、工农平等发展权利，使城乡居民的权利和义务均等化。它的策略途径是推动农村人口超越传统、融入城镇，扩大农现代产业化经营规模，推动城乡一体化经济社会健康持续发展，促进城乡居民共同享有公平、合理均等化的教育培训、就业创业、卫生医疗、工伤低保、安居住房、养老保险、民主权利、社会治安、公共服务和其他社会保障。二是推进农村转移城镇人员市民化机制的动力是政治上公平正义和经济上合理均等。它的机制途径是指在政治民主权利、法律法规制度规则、机会机遇处理上的公平正义机制，在就业创业、工伤医疗保险、生活低保、养老保险等一系列公共服务、社会保障的合理均等机制。

（3）在逐步拓宽城乡一体化产业经营途径上，一是推进城镇二、三产业化经营，吸纳农村转移城镇人员充分务业，形成务业容量大的二、三产业经营体系；二是推进农业现代产业化经营，确保我国长久治安的粮食供需安全，为城乡一体四化同步建设开拓途径；三是推进城镇中小微企业经营，加大财政、银行对中小微企业投融资力度，改善中小微企业经营管理条件，为农村转移城镇人员在中小微企业就业、创业开拓途径；四是推进以转变城镇二、三产业经营方式、优化壮大传统产业、培育发展新兴产业为中心，加强专业化分工协作，形成分工合理、特色突出、功能互补的大中小城市和小城镇二、三产业化经营发展格局；五是推进转变农业小生产经营方式，开拓农业现代产业化规模经营途径，切实保障工业化、信息化、城镇化与农业现代化协调同步前进，以农业现代产业化规模经营途径，拓宽城乡一体"四化"同步前进道路。

（五）形成了城乡一体公共服务社会化、社会保障平等化局面

中央和地方各级党委、政府及部门在组织推进城乡一体公共服务社会化、社会保障平等化工作上，贯彻落实了公共服务社会化、社会保障平等化的方略，总结交流公共服务社会化、社会保障平等化经验做法，明确部署今后推进城乡一体化公共服务社会化、社会保障平等化方针策略，并相应拓宽切实可行、行之有效途径。全国各地区党委、政府及部门在组织推进城乡一体公共服务社会化、社会保障平等化工作上取得了显著成效。这是指推进了城乡居民共享经济社会发展成果，改善了城乡居民生产生活条件，缩小了工农与城乡差距，化解了城乡二元结构，促进了城乡居民公平收益，促使城乡居民共同走上公共服务社会化、社会保障平等化的道路，逐步建立健全城乡一体公共服务社会化、社会保障平等化体系。

1. 在中共十七大报告中提出，在经济发展的基础上，着力保障和改善民生，扩大公共服务，促进社会公平正义，努力使全体人民学有所教、劳有所得、病有所医、老有所养、住有所居，推动建设和谐社会。为此，一是坚持育人为本、德育为先，培养德智体美全面发展的建设者和接班人，办好人民满意的教育；二是坚持实施积极就业、自主创业、自谋职业教育培训和平等援助政策、制度，建立城乡统一规范公平竞争人力资源市场，引导协调劳动与收益关系，依法维护劳动者权益；三是坚持完善合理收入分配制度，着力提高低收入者收入，逐步提高扶贫标准和最低工资标准，保护合法收入，调节过高收入，取缔非法收入，逐步扭转收入分配差距扩大趋势；四是坚持公共卫生医疗公益性质，坚持预防为主、以农村为重点、中西医并重、实行政事分开、管办分开、医药分开、营利性和非营利性分开，强化政府责任和投入，建设覆盖城乡居民公共卫生医疗、药品供应服务体系，加强城市社区、农村三级卫生服务体系和网络建设；五是坚持健全政府服务体系，推行电子政务，强化公共服务。

2. 在中共十八大报告中提出，从维护最广大人民根本利益的高度，加快健全基本公共服务体系，以保障和改善民生为重点，提高人民物质文化生活水平，加快形成政府主导、覆盖城乡、可持续的基本公共服务体系。为此，一是坚持教育为现代化建设服务、为人民服务，办好学前教育，均衡发展九年义务教育，积极推动农民子女平等接受教育，鼓励引导社会力量兴办教育；二是坚持鼓励多渠道多形式就业，促进创业带动就业，加强职业技能培训，增强就业创业能力，健全就业创业服务体系，提高为就业创业者提供全方位服务水平；三是坚持为人民健康服务方向，健全全民族医保体系，提高卫生医疗队伍服务能力，加强医德医风建设，开展爱国卫生运动，促进人民身心健康；四是坚持改进政府提供公共服务方式，加强基层社会管理和服务体系建设，增强城乡社区服务功能，强化企事业单位、人民团体在社会管理和服务中的职责。

3. 在中共十八届三中全会通过的《关于全面深化改革若干重大问题的决定》提出，实现发展成果更多更公平惠及全体人民，解决好人民最关心最直接最现实的利益问题，努力为社会提供多样化服务，更好满足人民需求。为此，一是完善城乡均等的公共就业创业服务体系，构建劳动者终身职业培训体系；二是健全城乡基层医疗卫生服务网络化体系，建立社区医生和居民契约服务关系，健全全民医保体系；三是改进社会治理方式，以社会化服务为方向，健全基层综合服务管理平台，及时反映和协调人民群众各方面各层次利益诉求；四是激发社会组织活力，适合由社会组织提供的公共服务，交由社会组织承担，支持和发展志愿服务组织，重点培育城乡社区服务类社会组织；五是加强城乡公共文化服务设施网络和综合性文化服务中心建设，鼓励社会力量、社会资本参与公共文化服务体系建

设，共同构建城乡一体现代公共文化服务体系。

4. 在十八届四中全会通过的《关于全面推进依法治国若干重大问题的决定》提出，建设完备的法律服务体系。为此，一是推进覆盖城乡居民公共法律服务体系建设，加强民生领域法律服务。完善法律援助制度，扩大援助范围，健全司法救助体系，保证人民群众在遇到法律问题或者权利受到侵害时获得及时有效法律帮助；二是发展律师、公证等法律服务业，统筹城乡、区域法律服务资源，发展涉外法律服务业；三是完善立体化社会治安防控体系，保障人民生命财产安全；四是发展公证员、基层法律服务工作者、人民调解队伍，推动法律服务志愿者队伍建设，建立激励法律服务人才跨区域流动机制，逐步解决基层法律资源不足和高级人才缺乏问题。

（六）全面推进了全国城乡一体经济社会和谐健康发展

2013年至2019年，中共中央，国务院以习近平总书记为核心的领导集体，依法履职、辛勤奋斗，任务艰巨而繁重。面对世界经济复苏艰难、国内经济下行压力加大、自然灾害频发、多种矛盾交织的复杂形势，组织带领全国各级党委、政府、部门和各族人民，从容应对挑战，奋力攻坚克难，圆满实现全国经济社会发展主要预期目标，全国城乡经济社会和谐健康发展。主要体现在以下五方面：

1. 在实现农民收入增加、农村贫困人口减少、粮食产量增长目标上，一是全国农村居民人均纯收入逐年增加：2013年为7509.2元，比上年实际增长9.3%，2014年为8200.1元，比上年实际增长9.2%，2015年为8765.8元，比上年实际增长6.9%，2016年约为9353.2元，比上年实际增长6.7%；二是全国农村贫困人口逐年减少：2013年比上年减少1650万人，2014年比上年减少1232万人，2015年比上年减少1亿多人，2016年比上年减少1000多万人，其中易地搬迁脱贫240多万人；三是全国粮食总产量持续增长：2013年超过6亿吨，达到连续十年全国粮食增产目标，2014年达到6.07亿吨，2015年实现连续十二年粮食增产目标。从"十三五"规划2016年起，全国粮食供给和质量安全得到更好保障。

2. 在实现农业生产经营和农村公共公益基础设施建设目标上，一是继续加强和巩固农业生产经营基础设施建设：2013年推进现代农业综合开发治理土地基础设施建设，支持发展多种形式适度规模经营。全面完成农村小型水库1.5万座除险加固，新解决农村6300多万人饮水安全问题，加强农村生态环境保护建设，全国森林覆盖率上升到21.6%；2014年农业生产经营科技和机械化水平持续提升，重点水利项目工程建设进程加快，新增节水灌溉面积22.3万公顷，新建改建农村公路23万公里，开始实施新一轮退耕还林还草项目工程建设，农村6600多万人以饮水安全问题得到解决；2015年进一步加强农田水利基础设施建设，全面进行农村生态环境保护、农村公路建设、农村危房改造等项目工程建设，突出加强水和路的建设，再解决6000万农村人口饮水安全问题，新建改建农村公路20万公里，全面完成西部边远山区溜索改桥任务。力争让最后20多万无电人口都能用上电。农村危房改造366万户，增加100万户，统筹推进农房抗震改造。以垃圾、污水为重点加强环境治理，全国农村3亿人口饮水安全问题得到解决；从"十三五"规划2016年起，一是全力组织调整优化农林种植业、牧渔养殖业结构，确保粮食等主要产品连续增产，大力发展林牧渔业，延伸各种产业链，推进新一轮退耕还林还草项目工程建设，当年已完成1500万亩；二是全面采取永久基本农田划定和实行特殊保护措施，加强高标准农田建设，增强深松土地1.5亿亩，新增高效节水灌溉面积2000万亩，深入开展引水调水、骨干水源、江河沟治理、高效节水灌溉、旱涝保收农田等项目工程建设；三是坚持推行农田轮作休耕制度，总结交流农业生产经营科技推广应用经验，深入开展粮食绿色高产高效基地建设；四是继续加强农业机械和农村水电路气信基础设施建设，新建改建农村公路20万公路，具备条件的乡镇和行政村建设通公共客车硬化路，改造升级农村电网，两年内实现农村稳定可靠供应电和农田机井通电；五是进一步实施农村人口饮水安全巩固提升项目工程建设，开展农村人居环境治理，建设美丽宜居乡村。

3. 在加快推进贫困地区集中连片特殊困难农村农产扶贫攻坚开发工程建设目标上，2013年加大对贫困地区农村扶持力度,深入推进集中连片特困地区农村扶贫攻坚开发工程建设,加大国家对跨区域农村基础设施建设和经济协作力度,加强贫困地区农村生态保护和基本公共服务;2014年推动各地区优化整合扶贫攻坚开发资源,坚持精准扶贫、攻坚开发,确保扶贫到村到户。引导社会力量参加扶贫攻坚开发事业;2015年持续打好扶贫攻坚战,全面向扶贫攻坚开发进军,深入推进集中连片特困地区扶贫开发,实施精准扶贫、精准脱贫;从"十三五"规划2016年起,中共中央、国务院组织领导各地区党委、政府及部门全面深入开展全国农村脱贫攻坚开发工程建设,当年已完成农村1000万贫困人口脱贫任务,其中易地搬迁脱贫240多万人,切实解决贫困农村通路、通水、通电、通网络等问题,增强贫困人口脱贫增收致富发展能力。

4. 在推进农村就业创业、义务教育、医疗、生活低保、养老保险、困难救助等社会服务保障事业发展目标上,主要实现以下四项目标:

(1) 加强了农村转移劳动力就业服务和职业培训,从2013年起促进1亿农村转移人口落户城镇,改造1亿人居住的棚户区和城中村,引导1亿人在中西部地区就近城镇化创业就业。组织有能力、有意愿并长期在城镇务工经商的农民及家属逐步转为城镇居民。对未落户的农村转移人口,建立城镇居住制度,使进城务业人员及子女纳入城镇教育,实施农民工职业技能提升计划,落实和完善失业保险支持企业,稳定就业岗位政策。全面治理拖欠农民工工资问题,健全劳动监察和争议处理机制,让法律成为劳动者权益的守护神。

(2) 继续加快进行了农村义务教育学校标准化建设,改善薄弱学校和寄宿制学校基本办学条件。落实农民工随迁子女流入地接受义务教育政策,完善后续升学政策。全面推进现代职业教育体系建设。促进民办教育健康发展。为切实将农村义务教育事业办好,各级党委、政府及时统筹安排落实资金投入,畅通农村和贫困地区学子纵向流动渠道,让每个人都有机会通过教育改变自身命运。从2013年起,继续开展了教育扶贫工程建设,实施农村义务教育薄弱学校改选计划,学生营养改善计划惠及3200万孩子。对集中连片特困地区乡村教师发放生活补助,贫困地区农村学生重点高校人数比上年增长8.5%;从2014年起,着力加强了贫困地区农村义务教育薄弱学校建设,提高了家庭经济困难学生资助水平,国家助学贷款资助标准大幅上调。对农村中等职业学校免学费补助政策扩大到三年,实行农村义务教育免试就近入学政策,28个省份实现了农民工随迁子女在流入地参加高考。贫困地区农村学生上重点高校人数连续两年增长10%以上。2015年,进一步改善了贫困地区农村义务教育薄弱学校办学条件,改革了农村中小学教师职称制度,国家重点高校招收贫困地区农村学生人数又增长10.5%;从"十三五"规划2016年起,国家对农村义务教育投入已向中西部边远、贫困地区农村加大倾斜力度,统一实行城乡义务教育经费保障机制,改善薄弱学校和寄宿学校办学条件。对贫困家庭学生免除普通高中学杂费,落实提高乡村教师待遇政策,继续扩大重点高校面向贫困地区招生规模,落实完善农民工随迁子女在当地就业和升学考试政策。

(3) 继续推动了各地区党委、政府及卫生部门逐步完善城乡居民基本医疗保险制度,逐步提高每人医疗财政补助标准,全面实施城乡居民大病保险制度,破除以药补医,降低虚高药价,合理调整医疗服务价格,通过医保支付等方式平衡费用,努力减轻群众负担。2013年,继续深化农村卫生医疗体制改革,全国城乡居民基本医疗保障覆盖80%以上村卫生室,28个省份开展大病医疗保险试点,推动疾病应急救助试点,全面实施国家基本公共卫生服务项目,农村免费孕前检查使600万农户家庭受益;2014年,深入推进全国卫生医药改革发展。城乡居民大病保险试点扩大到所有省份,疾病应急救助制度基本建立,全民医保覆盖超过95%,基层医疗卫生机构综合改革深化,县乡村服务网络逐步完善。公立医院改革试点县市达到1300多个;2015年,全面推开县(市)级公立医院综合改革,城乡居民医疗保障财政补助标准每人每年320元提高到380元,扩展城乡居民大病保险,建立重特大疾病医疗救助制度、困难残疾人生活补助和重度残疾人护理补贴制度;从"十三五"规划2016年起,中央财政安排城乡医疗救济补助资金160亿元,整合城乡居民基本医疗保险制度,财政补助申请每人每年380元提高到420元。

(4) 继续加强了保障和改善民生,促进社会公平正义。中共十八大以来,始终抓紧改善民生,抓住民生底线,保障农民群众基本生活,一是加强对农村转移劳动力就业服务和职业培训,推进城乡居民最低生活保障、社会救助、养老保险制度建设。从2013年起,进一步加强城乡居民最低生活保障、社会救助、养老保险制度建设,城乡居民最低生活保障标准提高13.1%和17.7%;2014年,对城乡居民最低生活保障标准分别提高9.97%和14.1%,对残疾军人、烈属和老复员军人等优抚对象抚恤和生活补助标准提高20元以上。统一城乡居民基本养老保险制度,鼓励社会力量兴办养老设施,发展社会和居家养老。为农村留守儿童、妇人、老人提供关爱服务,建立未成年人社会保护制度;2015年,全国城乡居民基础养老金标准,统一由55元提高到70元。对困境儿童、高龄和失能老人、重度和贫困残疾人等特困群体,健全福利保障制度和服务体系。继续提高城乡居民最低生活保障水平,提升优抚对象抚恤和生活补助标准;从"十三五"规划2016年起,对城乡居民最低生活保障标准分别提高5%和8%,加快健全城乡社会补助体系,使困难群众遇急有助、遇困有帮,让社会充满关爱和温暖。开展养老服务综合改革试点,推进多种形式医养结合机制,落实临时救助、特困人员救助供养制度。

5. 在加强农村民主法制、思想道德、基层党建上,基本实现以下三项目标:

(1) 坚持加强农村民主法制建设。中央十八届四中全会通过的《中共中央关于全面推进依法治国若干重大问题的决定》提出,全面推进依法治国总目标是建设中国特色社会主义法治体系,建设社会主义法治国家。在中国共产党领导下,坚持中国特色社会主义制度,以中国特色社会主义法治理论为依据,形成完备的法律规范体系、高效的法制实施体系、严密的法治监督体系、有力的法治保障体系,构建完善的法规体系,推动农村基层干部和农民增强依法治村观念,引导农民走上依据国家法律法规治理农村社会的一体建设,实现科学立法、严格执法、公正司法、农民守法,促进农村坚持自觉增强民主法制农村的责任。2013年至2017年,全国各地区农村在推进民主法制建设上,主要组织开展四项工作:一是增强全民法治观念,推动农村基层干部和农民树立法治意识,推进多层次多领域依法治理,健全农村完备法律服务体系,实施依法维权和化解纠纷机制;二是深入推进依法治村、建设法治政府,依法全面履行政府职能、健全依法决策机制,严格规范公正文明执法,强化对行政权力的制约和监管,全面推进村务公开事项;三是保证公正司法,提高司法公信力,完善确保依法独立公正行使审判权和检察权的制度,推进严格司法,保障农民群众参与司法,加强人权司法保障;四是加强法律服务队伍建设,培养司法人才,全面推进依法治村的领导,坚持依法执政、加强农村党内法规制度建设,提高农村党员干部依法办事能力,拓展依法治村的道路。

(2) 坚持加强农村思想道德建设。从2013年起,针对农村特点,围绕培育和践行社会主义核心价值观,深入开展中国特色社会主义和中国梦宣传教育,广泛开展形式政策宣传教育,提高农民综合素质,提升农村社会文明程度,凝聚起建设社会主义新农村的强大精神力量。为此,一是深入推进农村精神文明创建活动,扎实开展好家风好家训活动,继续开展好媳妇、好女儿、好公婆等评选表彰活动,开展寻找最美乡村教师、医生、村官等活动,凝聚起向上、崇善、爱美的强大正能量;二是倡导文艺工作者深入农村,创作富有乡土气息、讴歌农村时代变迁的优秀文艺作品,提供健康有益、喜闻乐见的文化服务。创新乡贤文化弘扬善行义举,以乡情乡愁为纽带吸引和凝聚各方人士支持家乡建设,传承乡村文明。

(3) 坚持加强农村基层党组织建设,中共十八大以来,贯彻落实党要管党、从严治党的要求,加强以党组织为核心的农村基层组织建设,充分发挥农村基本党组织的战斗堡垒作用,深入整顿软弱涣散基层党组织,不断夯实党在农村基层执政的组织基础政策。为此,一是创新和完善农村基层党组织设置,扩大组织覆盖和工作覆盖,加强农村两级党组织班子建设,进一步选好管好用好带头人。严肃农村基层党内政治生活,加强党员日常教育管理,发挥党员先锋模范作用;二是严肃处理违反党规党纪的行为,坚决查处发生在农民身边的不正之风和腐败问题。以农村基层服务党组织建设为抓手,强化县乡村三级便民服务网络建设,多为群众办实事、办好事,通过服务贴近群众、团结群众、引导群众、赢得群众；三是严格落实党建工作责任制，全面开展市县党委书记抓基层党建工作述职评议考核。

四、组织推广城乡一体"四化"同步建设经验做法

中共十八届全会以来，各级党委、政府及部门在组织开展城乡一体农业现代化、工业化、信息化、城镇化"四化"同步建设中，总结吸取两方面经验做法：首先，必需总结吸取经验做法包括：一是履行责任；二是开拓途径；三是遵守法规；四是指导方略；五是激励机制；六是户籍规则；七是投入方式。其次，进一步总结吸取经验启示包括：总结交流城乡一体"四化"同步建设公共服务社会化、社会保障平等化的三个特征与四个逐步经验和三个距离与四个差异启示。分别说明如下：

（一）组织加强城乡一体"四化"同步建设领导履行责任的经验做法

一是中央和地方政府及部门统一认识的责任；二是中央和地方政府及部门应履行各自责任；三是各级党委、政府应履行共同责任。

1. 中央和地方党委、政府及部门统一认识责任的经验做法。2013年以来，中共中央、国务院组织推动全国各地区党委、政府及部门正确认清我国农村土地流转存在的问题，客观识别农村土地流转体制改革的动力，科学划分农村土地流转的渠道，贯彻落实农村土地流转管理方针策略。共同履行统一认识的责任如下：

（1）要正确认清我国农村土地流转中存在六个问题：一是农村集体土地中部门非农化问题，农村失去自主权，由村少数干部决定，不坚持执行农村集体土地的保护、节约使用管理和农民对承包土地经营权流转合法权益方针策略；二是农民不能成为真正的承包土地经营权流转受益主体。土地财政收入是地方政府主要收入来源，地方政府取得土地收入不承担风险，而农民在承包土地经营权流转价值补偿收益上受到损害；三是农民对承包土地经营流转价值被低估后的合法权益难保障。虽然农村集体土地所有权、宅基地使用权、集体经营性建设用地使用权等确权登记颁证工作已经完成，但农民在承包土地经营权流转中缺少定价权。同时，农户还对农村土地流转缺少信息权、知情权、参与权、获得服务、指导等程序性权利，农民在对承包土地经营权流转中还发生合同不规范、受益无保障、纠纷难处裁等问题，都对农民合法权益造成损害；四是农村缺少有效的土地中介评估和有效监督制度，对农民容易造成利益不公和利益损害。农村土地流转会牵扯到集体土地所有权主体、使用权主体和承包经营权主体等方面利益，这些利益主体相互关系复杂，在缺少中介平台法制规范的维护下，容易引发土地纠纷，使农民处于不利地位；五是农村无地农民后期生计问题堪忧，而引发影响社会稳定的事件。无地的农民后期存在就业创业问题，特别是年老体弱多病残疾的农民很难重新就业创业；六是农村宅基地及住房抵押担保制度还要改革完善。我国《物权法》规定，农村宅基地等集体所有土地使用权不得抵押。《土地管理法》也对农村宅基地使用权做了限制规定。使农民对宅基地只满足享受占有、使用、收益的权利，而农民通过宅基地获得合理收益的权利受到限制。

（2）要客观识别我国农村土地流转体制改革的动力，主要发挥五方面动力：一是推动农业发展、农村建设、农民增收。通过农村土地流转体制改革，推动农业现代产业化规模经营、社会主义新农村建设、农民增产增收和生活改善；二是推动城乡一、二、三产业持续健康发展。通过农村土地流转体制改革，推动乡村与城镇一体化的农林种植业、牧渔养殖业、农林牧渔业产品加工业、工商业、服务业持续协调发展；三是推动城乡房地产业及整体经济全面发展。通过农村土地流转体制改革，推动乡村与城镇一体化产业持续健康发展；四是推动城乡一体"四化"同步向前发展。这是指通过农村土地流转体制改革，既能不断推进农业土地适度规模经营，促进现代农业产业化、专业化、规模化、集约化健康快速发展，又能加快推进完善的文教、卫生、工商、环保、生活、娱乐城镇化建设步伐，还

能促进交通、能源、机械、化工、通讯等工业化、信息化持续发展；通过农村土地流转体制改革，推动城乡居民完善最低生活保障、卫生医疗保障、养老保险等事业健康发展。

（3）要科学划分农村土地流转的渠道。2014年以来，我国农村承包土地经营权流转速度加快、规模扩大。据测算分析，全国各地区农村承包土地经营权流转面积4.2亿亩，流转比例为31%。农村土地流转后，农村土地的承包权主体与经营权主体发生分离的渠道有五条：一是承包土地转包。承包土地农户将全部或部分土地经营权，以一定期限转给同一集体经济组织的其他农户从事农业生产经营，转包后原承包关系不变；二是承包土地转让。承包土地农户将其拥有的土地经营权，以一定的方式和条件转让给其他农户，转让后原承包关系自行终止；三是承包土地出租。承包土地农户将全部或部分土地经营权，以一定期限租赁给其他单位或个人从事农业生产经营，并收取租赁资金，租赁后原土地承包关系不变；四是承包土地入股。承包土地农户将承包土地经营权量化为股份，以股份入股形式与其他单位或个人共同生产经营，按股分红；五是承包土地托管。承包土地农户将承包地委托农业生产经营服务组织或农户代为生产经营管理，双方签订协议，委托方向受托方支付一定费用。托管期间原承包合同履行可协议确定。

2. 中央和地方政府及部门应履行各自责任的经验做法。这是指中央和地方政府及部门应履行各自职责准则、责任的经验做法。

（1）必须坚持遵循中央和地方政府及部门各自职责的准则。中央和地方政府及部门，在划定组织开展城乡一体"四化"同步建设投融资持续稳定增长各自职责上，其根本准则是公开公平公正合理。为此，必须科学遵循中央和地方政府及部门各自职责的两项准则：一是划定区域准则。这是指中央政府及部门承担全国、各省（自治区、直辖市）际之间城乡一体"四化"同步建设投融资职责。地方政府及部门承担本省、自治区、直辖市和地市、县区乡一体"四化"同步建设投融资职责。各级政府及部门必须履行管辖区调控职责。对于地市、县区一体"四化"同步建设投融资，应由地方政府承担；二是区分效益准则。这是指在组织开展全国、各省（自治区、直辖市）际之间城乡一体"四化"同步基础设施建设和公共公益社会化事业完成后，对于各省（自治区、直辖市）范围内城乡一体"四化"同步基础设施建设和公共公益事业完成后，对本省（自治区、直辖市）城乡居民受益的投融资，应由地方政府及部门负责承担。

（2）必须坚持落实中央和地方政府及部门各自的职责。遵照上述两项准则，必须坚持落实中央和地方政府及部门各自的职责，主要包括：一是在促进城乡一、二、三产业发展方面，中央政府及部门应履行对优化全国城乡一、二、三支柱产业结构投融资的职责。地方政府应承担对优化本地区一、二、三产业投融资的职责；二是在推动城乡公共公益服务事业发展方面，中央政府及部门应履行全国城乡公共公益服务事业投融资的职责，促进各省（自治区、直辖市）际之间公共公益服务事业平衡健康发展。地方政府及部门应履行本地区城乡公共公益服务事业投融资的职责，增强本地区间城乡公共公益服务均等化能力；三是在提高农村转移城镇务业人员承包地和宅基地流转受益方面，中央政府及部门应履行促进农户承包土地规模经营、促进农户宅基地使用权流转等事项的职责。地方政府及部门应承担对农户承包地和宅基地使用权流转服务事项的职责；四是在加强全国城乡一体"四化"同步基础设施建设方面，中央政府及部门应承担全国城乡一体"四化"同步基础设施建设规划设计、区域布局的职责，推进全国各地区城乡形成的科学合理布局，确保全国城乡一体化经济社会健康发展。

3. 各级党委、政府及部门应履行共同责任的经验做法。这是指各级党委、政府及部门应履行共同责任的经验做法。

（1）各级党委、政府及部门要统一认识推进农村土地流转是加快发展农业现代产业化经营、提高农业生产经营规模效益，促进农民增产增收有效途径，要扶持农村劳动力转移城镇二、三产业，推动城乡一体"四化"同步前进之路方针策略。为此，一是要采取多种形式，广泛深入宣传农村土地流转管理法律法规方针政策，积极帮助引导农村基层干部、农民算好土地流转收益账，推广交流土地流转的成功典型经验，营造农村土地流转氛围；二是要加大各个层面教导培训力度，组织制定实施农村土地流转管理法规政策培训计划，以提高农村基层干部和农民自觉遵守法规政策能力，促使农村劳动力转移到城乡一体"四化"同步建设；三是要因地制宜、分类指导、科学利用各种土地资源条件，发展农林牧渔各业和生态文明、观光旅游产业；四是要以农民专业合作社和种植与养殖业大户为依托，引导农户采取承包土地经营权入股，完善农林种植业、牧渔养殖业产加销一条龙现代化、规模化、专业化、产业化经营体系。

（2）各级党委、政府及部门要严格限制农村土地流转用途。为此，要坚持保护基本农田和农林牧渔业土地方针策略：一是要坚持从事农林种植业、牧渔养殖业生产经营建设。通过组织推行农村土地流转管理方针策略，促使提高农林种植业、牧渔养殖业生产经营组织化、规模化、现代化、商品化水平，推动农田水利建设、农业机械化建设、农业科技推广应用、农业生产经营社会化服务，提高节约集约利用水平，提高土地合理利用和产出率；二是要坚持培育种植养殖大户和龙头企业等单位成为农村土地流转主体力量。通过为加快农村土地流转而培育农业生产经营方针策略，一要培育具有农业现代产业化经营能力的农民，使其成为推进农村土地流转主力军。二要组织引导农民加入专业合作社，提高农业现代产业集约化、规模化经营水平，增强抵抗市场风险能力；三是要积极扶持农业产业化龙头企业，在农村土地流转中发挥辐射带动作用，为农民提供信息、技术、资金、市场、价格等服务；四是要坚持努力提高统筹城乡一体化经营社会健康发展水平。通过坚持着力推进统筹城乡一体化经济社会健康发展，加速城乡一体"四化"同步建设方针策略，一要确保农村各农户院内居住房屋、农业产品晾晒储存、农业机具放置、畜禽饲养、农业产品加工场所等土地面积；二要自觉以城乡一体经济社会发展规划为指导，坚持连片开发、统筹城乡一体"四化"同步建设布局，全面实施城乡一体交通基础设施建设，改善公共公益环境；三要按照合理布局、集约用地、配套设施、完善功能、优化环境的目标，组织开展绿化、亮化、文化、洁化、美化建设，不断改善人居环境；四要鼓励引导进城农民从事商业服务业、交通运输业、卫生环保业等，确保农民安居增收致富；五要对已在城镇有固定收入、固定住所的农民，将其转为城镇户口，对城郊农民，可有计划地实行用宅基地置换城镇住房，由政府给予适当补贴，统一纳入城乡一体"四化"同步建设用地计划。

（3）各级党委、政府及部门要完善农村土地流转管理调控体制。为此，要坚持完善农村土地流转体制方针策略：一是要坚持完善农村土地流转市场体制。在已建立农村土地流转管理组织机构的基础上，明确农村土地流转规模审核权限，促进种植与养殖业大户、农民专业合作社、农业产业化企业，遵照农村土地流转标准、规模分层级评估、合同签订、鉴证等方针策略，坚持搞好农村土地流转交易服务工作；二是要坚持健全农村土地流转监督管理体制。统一使用规范的流转合同，对农村土地流转的期限、用途、双方权利义务、价格和支付方式看，都做出明细约定，做到分村建立档案管理。认真履行农村土地流转准入、交易、鉴证、立案、存档五道关卡，严格审查农村土地流转申报、评估等信息资料，对符合法律法规政策规定、有资质、有诚信的单位和农户，允许进入农村土地流转市场，确保公开、公平、公正流转；三是要坚持强化农村土地流转纠纷调解仲裁体制。组织筹建城乡土地流转纠纷调解委员会，据法规政策，调解农村土地流转纠纷，公平合理仲裁，及时化解土地流转中各种矛盾。

（4）各级党委、政府及部门要促进完善农村土地流转中介服务体系。为此，要坚持推行农村土地流转市场为取向、以服务为途径、以农村土地流转各类中介服务组织为载体方针策略：一是要建立农林牧渔各业种苗、科技、机械、气象、环保等中介服务组织，为参加农村土地流转经营的种植和养殖业大户、农民专业合作社、农业产业化龙头企业提供全程系列化服务，形成农业现代化经营社会化服务局面；二是要扶持农村土地流转中介服务组织发展壮大实力，建立健全农村土地流转风险防范体系，以政策性保险为主，鼓励商业性保险公司为农村土地流转经营损失提供保险服务；三是要加大对农村土地流转中介服务、农林牧渔各业生产经营社会化服务力度，建立健全农村土地流转中介社会化服务体系，增强社会化服务能力，提高抗拒市场风险、防止灾害、土地流转经营管理水平。

（5）各级党委、政府及部门要拓宽对农村土地流转补偿鼓励和融资渠道。为此，要坚持推行财政银行扶持农村土地流转方针策略：一是要坚持补偿鼓励农村土地流转策略。对自觉自愿放弃承包土地经营权和宅基地、自留地的农民，实行一次性补偿，将其经营权，统一租赁给生产经营能力强的单位和大户，盘活土地存量，实现规模生产经营；二是要坚持财政资金扶持农村土地流转方针策略。要合理整合中央和地方政府财政拨付的农业生产经营建设补贴、农业综合开发治理，农业现代产业化建设等各种资金，扶持农村土地经营权流转规模大的种植与养殖业大户、农民专业合作社、农业产业化龙头企业，加强基础设施建设，改善生产经营条件，健全社会化服务体系，提高机械化、科技化、专业化管理水平。同时政府财政设立土地流转奖励基金和风险防范基金，奖励实施土地规模经营的种植与养殖业大户、农民专业合作社、农业产业化龙头企业，为实施高产优质高效、各特色农业产业化项目，加快推进土地流转提供有利条件；三是要坚持银行信贷扶持农村土地流转方针策略。要鼓励农业银行、农业发展银行、农村商业银行、农村信用社履行扶持农村土地流转的职责，简化手续，放宽抵押条件，降低利率标准，为种植与养殖业大户、农民专业合作社、农业产业化龙头企业提供信贷资金，切实缓解农业生产经营建设中资金不足问题，特别是对农村土地流转有创业条件的农民给予小额贷款，为其增收创造条件。

（6）各级党委、政府及部门要坚持城乡一体"四化"同步前进主导，以城镇二、三产业为依托，推动农村富余劳动力向城镇转移就业创业。为此，要坚持推行五项策略：一是要通过制定优惠奖励政策，遵循市场经济规律，鼓励种植与养殖业大户、农民专业合作社、农业产业化龙头企业参加城乡一体"四化"同步建设，着力改造生态文明环境，建造公平竞争市场环境，营造城乡一体化经济发展环境；二是要坚持和城乡一、二、三产业投资力度，在城乡一体农业现代化、工业化、信息化、城镇化"四化"同步建设进程中，吸纳农村富余劳动力，大力发展劳动密集型、社会服务型、家庭老幼服务型产业，千方百计增加就业创业岗位，为出让农村土地承包经营权的农民，从事城乡一体"四化"同步建设职业创造条件；三是要坚持对已在城市从事二、三产业的农民，应鼓励他们参加勤俭经营、节约能源、减低成本，减少消耗，应用科技，保护生态活动，促进城乡一体资源节约型、环境友好型农业现代化、工业化、信息化、城镇化"四化"同步向前健康发展；四是要坚持建立健全城乡一体社会保障体系，削弱农村土地对农民生活、养老等社会保障功能，排除农民对让出土地承包经营权的后顾之忧疑虑。为此，一要建立健全城乡一体最低生活保障制度、社会救济制度、社会养老保险制度、合作医疗制度等方面社会保障制度；二要在推进城乡一体"四化"同步建设而引起农村土地流转时，必须对有进城就业创业意愿的农民，制定和执行公平公正的就业创业制度，健全失业、工伤、生育、养老保险制度，扩大社会保险范围；三要组织协调城乡二、三产业化企业放宽招工年龄限制，使大多数农村富余劳动力离开农村土地，放弃农村户籍转为城镇户籍，与城镇居民一样得到生活、养老、医疗、福利等社会保障。

（二）组织推进城乡一体"四化"同步建设之路的经验做法

2012年中共十八届全会以来，以习近平为核心的中共中央、国务院领导集体，对于拓展城乡一体"四化"同步建设途径明确提出，一是拓宽农村土地科学利用承包经营管理途径；二是拓宽政府带动社会各界投融资途径；三是拓宽政府财政投融资管理途径；四是拓宽银行等金融机构等融资管理途径。分别说明如下：

1. 拓宽各级政府及部门对农村土地科学利用承包经营管理途径的经验做法。首先，在全国农业生产经营土地管理客观要求上说，2004年至2015年，我国粮食产量实现十二年连续增长，2013年突破6亿吨，2014年达到6.07亿吨，2015年粮食产量实现"十二连增"，2016年仍不减增。全国人均占有量连续多年超过世界平均水平。其次，随着全国城乡一体农业现代化与工业化，信息化、城镇化"四化"同步前进，相应拓宽农村土地管理途径，容纳推动发展农业生产的途径。这是由于农村富余劳动力不断向非农产业和城镇二、三产业转移，但大多数人仍保留承包土地，阻碍土地规模化生产经营,导致承包土地不能科学合理利用,出现撂荒承包土地问题,不能增加粮食产量,不能推进农业现代化发展。为此,一是必须坚持统筹规划、科学合理安排承包土地,加快推动农业现代化发展进程,提高农业综合生产能力;二是必须进一步拓宽节约集约土地利用途径。这是由于一些地区在城乡一体"四化"同步建设中,形成以土地谋发展的扩张模式,严重依赖土地收入,违规占地,盲目圈建,致使耕地快速减少,严重浪费土地。这就必须坚持在城乡一体"四化"同步建设中,集约节约建设占用土地,杜绝粗放浪费建设占用土地模式,严禁寅吃卯粮,严格控制建设占用土地指标;三是必须从损害农民利益方面加以引导,确保维护农民利益的途径。这是由于我国城乡之间同地不同价的问题突出,农村集体土地不能直接上市交易。而是由国家征收,按照土地的原有用途收益补偿,农村集体土地所有者收益补偿过低,而农户得到征地补偿更少。由征地补偿标准偏低,社会保障不足引发的矛盾尖锐,每年都会有因征地补偿问题引发的纠纷。为了着力解决上述问题,中共十八届三中全会以来,提出了一系列推进农村土地管理制度改革方略。为此,在开拓加强农村土地管理的有效途径上,中共中央、国务院于2013年作出部署,有序推进农村集体经营性建设用地、农村宅基地、农村土地征用管理制度改革试点。在这个基础上,首先,必须加强统一规划和土地用途管制。对农村集体经营性建设用地入市,必须"先买票后上车",而不准"先上车后补票",必须执行土地利用总体规划和土地用途管理制度,这是准许农村集体经营建设用地入市买卖的唯一途径。其次,必须与国有土地享受同等待遇。对符合国家规定条件的农村集体经营性建设用地,应与国有土地同等入市,同权同价。同等入市,是指二者以平等地位进入市场,将农村集体经营性建设用地,在更多的市场主体间、更宽的范围内、更广的用途中进行交易;同权同价,是指将二者具有的相同的权能,都可以出让、租赁、入股、抵押等,市场价格也应同等。第三,必须在农村集体经营性建设用地入市上,既有严格的硬杠,又赋予它的权责,真正使农民得到利益,必须完善公开交易市场,将农村集体经营性建设用地交易,纳入已有国营建设用地市场等交易平台,使用地价格由市场说了算,充分实现应有价值;必须建立土地增值收益分配机制,兼顾国家集体个人三者利益,让农民在农村土地管理制度改革中受到应有的地产权益。

2. 拓宽各级政府带动社会各界投融资途径的经验做法。为此,一是要公正划定政府带动社会各界参加城乡一体"四化"同步建设投融资范围,明确政府带动社会各界投融资项目规划,对基础设施和公共公益服务事业建设后取得社会、生态、经济三合一效益项目,必须坚持拓宽政府提供社会化无偿福利性服务、推动市场化调节和企业化经营提供社会化有偿回报性服务的投融资途径;二是要放宽简化政府对城乡一体"四化"同步建设项目审批管制程序,充分发挥社会化投资、市场化融资、企业化筹资的主体作用,坚持遵循谁投融资、谁规划决策、谁取得收益,谁承担风险的方略,政府财政职责是,扶持城乡一体"四化"同步建设的国家战略布局、社会稳定、生态安全、资源控制、社会保障投融资项目。对于不求助政府财政投融资的城乡一体一、二、三产业生产经营建设项目,应由市场化调节融资和企业化自主筹资,由龙头企业依据国家法律法规自主决定、自担风险;三是要组织开拓政府引导城乡一、二、三产业化龙头企业采取多种筹资方式,支持各种产业化龙头企业采取股权、担保、债券等筹集资金机制,推动中小企业建立筹集资金、信用担保、融资风险产业化经营集团公司,加快城乡一体"四化"同步基础设施建设进程,促进城乡一体社会化公共公益服务事业健康发展。

3. 拓宽各级政府财政投融资的管理途径的经验做法。为了改善现行各级政府财政管理体制,充分发挥各级政府财政推动城乡一体"四化"同步基础设施建设进程、促进城乡一体社会化公共公益服务事业健康发展,而必须拓宽政府财政投融资管理途径。为此,一是坚持改善各级政府财政管理体制,增强县(市)、乡(镇)政府财政实力。这就必须科学合理划定各级政府在推动城乡一体"四化"同步基础设施建设进程、促进城乡一体社会化公共公益服务事业健康发展上的职权和职责。必须在综合考核评估县市、乡镇财政经济发展状况、税源增减变化趋势、财政收支范围项目等因素的基础上,公平合理划定县市、乡镇政府财政收支范围、项目、比例、逐步着力增强县市、乡镇政府对城乡一体社会管理和公共服务能力，推动县市、乡镇城乡一体化经济社会协调发展；二是坚持各级政府财政量力而行、稳定持续推行准则，努力拓宽市场化调节、企业化有偿经营的途径，集中财力投入政府应承担的城乡一体"四化"同步基础设施建设和公共公益服务事业发展项目，通过以奖代补、先建后补、贴息贷款、发行债券等方式，扶持城乡一体"四化"同步基础设施建设全局性项目和公共公益服务事业社会化项目，充分发挥政府财政资金示范导向作用；三是坚持健全地方政府债务发行制度、规范债务使用管理制度，中央政府应支持地方政府健全公开、规范发债制度，清理整合地方政府投融资平台公司，拓宽经营性功能途径，确定债务预警管控规则，健全债务规模滚动控制和审查批准程序，严格控制债务融资成本，规范投融资方式，切实提高地方政府债务发行使用效益。

4. 拓宽各级银行等金融机构等融资管理途径的经验做法。为了改善银行等金融机构筹融资管理体制，促进银行等金融机构在支持城乡一体"四化"同步基础建设和公共公益服务事业发展上，开拓多种层次、多样化、市场化筹融资途径，而必须推行银行等金融机构加强筹融资监管策略。为此，一是要改善银行等金融机构筹融资体制，切实维护金融市场筹资和融资的自主权，促使银行等金融机构承担银行等金融中介服务职责，为支持城乡一体"四化"同步基础设施建设和公共公益服务事业发展，而组织筹资、融资，加快利率市场化进程，下放国有商业银行信贷审批权，科学划定政策性、开放性、商业性银行金融机构的职责，充分发挥民营银行等金融机构的作用；二是要通过增设银行等金融筹资、融资网店，将筹集、通融的信托资金引入城乡一体"四化"同步基础设施建设和公共公益服务事业。要根据城乡一体公共公益事业项目特点和融资需求，开辟期限灵活的债务融资、信贷融资途径，推动信用融资、建立多元化多层次信托、信贷、信用融资渠道；三是要完善城乡一体"四化"同步建设项目融资监督管理体系，切实保障城乡一体"四化"同步建设筹资、融资、用资形成监督管理体系，政府应从对风险偿付承担的责任中脱离出来，通过国家法律法规保护筹资、融资、用资者的合法权益。要切实加强筹资、融资、用资风险提示教育，不断增强筹资、融资、用资主体抵御各种风险的能力。

（三）严格遵守城乡一体"四化"同步建设投融资法规制度的经验做法

在严格遵守国家关于城乡一体化"四化"同步建设投融资法规制度上，包括五个方面法规制度：一是中央和地方职权和职责划分制度；二是中央和地方收入与支出划分制度；三是中央和地方城镇化、工业化、信息化、农业现代化建设财政资源划分制度，各级政府引导各界对公共公益服务事业投融资划分制度；四是中央和地方对城乡土地权益保障制度；五是中央和地方保障农村居民土地权益制度。

1. 中央和地方职权与职责划分制度的经验做法。为此，一是在中央地方职权划分制度上，为了加强城乡一体"四化"同步基础设施建设和公共公益服务事业治理体系职能，科学合理划分中央政府和地方政府的职权范围，必须建立法律、法规，制定相应法律、法规执行程序，实行严格监督机制；二是在中央和地方职责上，为了强化城乡一、二、三产业结构，增强城乡居民公共公益服务职能，对城乡一体文化、教育、卫生、服务业、低保、养老、社保、安居等投资职责，由中央政府和地方政府共同承担。对优化全国城乡一体"四化"同步建设体系和布局、保护全国耕地18亿亩红线和国家粮食安全，开展全国能源和水利保障建设投融资职责，由中央政府承担。

2. 中央和地方与支出划分制度的经验做法。为此，一是在中央和地方收入划分制度上，对生产经营性税收，应主要划分为中央财政收入，将增值税主要归属中央财政收入。对生活消费、资源配置性税收，应主要划分为地方财政收入，将消费税、资源税，应主要归属地方财政收入，将房地产等财产税、环境保护税，应主要归属地方财政收入；二是在中央和地方转移支付制度上，中央财政应进一步强化转移支付制度，把均衡性转移支付作为一般性转移支付主体，明确规定在一定期限，将最低省份人均财政支出控制全国平均支出额度20%以内，促使农村人员向本省城镇转移和公共公益服务均等化。地方财政应建立转移支付与农村转移城镇人员市民化挂钩制度，及时解决新增幼儿哺育、义务教育、服务业培训、卫生医疗、最低生活保障、养老保险、优抚救济等相应转移支付问题；

3. 中央和地方城镇化、工业化、信息化、农业现代建设财政资源划分制度的经验做法。为此，一是中央财政将统筹城乡发展，消除城乡差距，解决农村转移城镇务业人员生活保障问题，作为着力点，根据农村转移城镇人员流向，聚集地区优化配置各种财政资源。地方财政应将推动农业现代化，提高农业综合生产能力、保障困难地区域乡居民基本生活，为工业化、信息化、城镇化发展奠定基础，作为着力点。二是各级政府在引导各界对公共公益服务事业投融资划分制度上，各级政府应坚持按照政府投入为主、引导社会各界多元投入的准则，完善以政府债券为主的政府债务管理体制，推广政府引导社会各界组织资本合作方式，确保城乡一体公共公益服务事业健康持续发展。三是政府支持金融机构，加大对城乡一体商贸服务产业化经营投入，完善政府财政扶持城乡一体社会组织发挥公共公益治理体系作用。

4. 中央和地方对城乡土地权益保障制度的经验做法。在组织推进农业现代化、工业化、信息化、城镇化的城乡一体"四化"同步建设中，城乡土地权益保障制度已成为焦点。我国城乡土地制度为二元结构，城镇土地属于国家所有，农村土地归集体所有。为了促进农村集体土地在城乡市场流转过程中，同地同权同价，保障农村居民土地权益，完善农村转移城镇人员务业、迁居生活保障体制，开拓城乡土地权益保障的途径，必须建立和推行中央和地方对城乡土地权益六项保障制度：一是城乡土地流转制度。健全城乡统一土地市场体系，完善农村集体建设用地抵押融资、产权登记、农户宅基地流转制度，优化城乡土地资源配置，促进城乡建设用地节约集约利用，实现城乡土地同地同权同价目标；二是城乡土地交易中心制度，建立县区、乡镇土地交易中心机构，加强对农村集体用地交易监管力度，提高城乡建设用地交易信息透明度，规范农村集体土地流转范围和项目，实现城乡同地同权同价目标，提高农村基础设施建设水平；三是农村土地征用管理制度。国家建设项目需要农村集体所有土地征用变成国有土地的，必须遵循土地法律法规和征地政策规定，坚持经过农村集体所有制组织成员表决同意之后办理，严格执行被征地农民自主权益和维护基本农田政策；四是农村土地征收补偿制度。我国《土地管理法》规定"征收耕地的土地补偿费用，为该耕地被征收前三年平均年产值的6~7倍。征收其他土地的土地补偿费和安置补助费标准，由省、自治区、直辖市参照征收耕地的土地补偿费和安置补助费的标准规定执行"；五是农村土地征用争议处理制度。在农村土地征收程序、补偿过程中存在异议时，必须坚持实行听证会协商议定。如当事人对土地补偿有争议，应向人民法院诉讼判决，既要防止不当的暴力执法，又要避免暴力抗法；六是农村土地征用后社会保障制度。为做好农村土地征用后农民务业和社会保险保障工作，而必须组织被征地农民参加务业技能培训，增强参加二、三产业技术能力，为提高就业创业率创造条件。

5. 中央和地方保障农村居民土地权益制度的经验做法。这是指在建立农村土地产权、流转、征收、增值、收益、分配制度中，必须遵循公平公正、同地同权同价同责、保障农民合情合理合法权利和利益的基本原则；必须健全权利、机会、规则平等的法规制度，保障农民人身权、财产权、政治权等权利不受侵犯，统筹国家，农村集体和农民在土地增值收益分配策略。为此，一是必须健全公平合理、社会共享的土地增值收益分配制度，主要包括政府、农村集体、农民和其他民居对土地增值分配制度；二是必须健全土地征收、征地制度，被征地农民务业与安置制度，主要包括土地征收依据与机制，征地补偿方式与标准，被征地农民务业技能培训、安置住房、生活保障和公共利益制度；三是必须健全农村土地流转、提高土地使用效益、促进农业现代产业化经营制度，主要包括保护耕地、控制占地、节约用地、置换用地、复垦农用地、流转土地等项制度，加强土地用途管理，严禁农用地和自改变用途。必须进一步加强农村集体建设用地规划管理，提高土地利用率，防止重复建设，违法建设等现象；四是必须健全农村转移城镇人员市民化户籍、社保制度，主要包括农村转移城镇人员市民化条件是自觉自愿、稳定职业、正常收入、安居生活、养老保险，所在企业、事业等单位主要负担务业、培训医疗、养老等保险，所在政府着力加强城乡一体"四化"同步基础设施建设、公共公益服务事业发展；五是必须健全城乡一体"四化"同步基础设施建设、公共公益服务事业投融资制度，主要包括基础设施建设投融资筹集分配使用制度、农村土地补偿基金制度、农村转移城镇服务业技能培训基金制度，城乡一体文教卫生服务基金制度，城乡居民最低生活保障和养老保险基金制度和农业现代产业化经营发展制度；六是必须健全城乡土地增值收入分配方式，形成城乡居民财产利益可持续发展机制，保护农民土地权利的制度，主要包括农村集体建设用地及附属生产经营性集体资产收益分配农村居民、持续取得集体资产收益、完善农村居民股权配置、保障农村居民收益分享权制度，建立农村土地流转与增值收益分配纠纷仲裁制度和司法救济制度。

（四）贯彻执行城乡一体"四化"同步建设指导方略的经验做法

在贯彻执行城乡一体"四化"同步建设方略上，主要包括：一是加大扶持力度；二是健全筹资体系；三是促进同步前进；四是提高社会保障待遇；五是奠定"四化"基础和提供服务；六是财政银行等部门共同支持。为此，必须坚持组织贯彻执行以下六项方略的经验做法：

1. 必须完善各级财税体制，加大公共财税资源向城乡一体"四化"同步建设扶持力度方略的经验做法。为了适应农村富余劳动力向城镇转移从业的需求，一是必须完善各级财税资源对城乡一体"四化"同步建设的配置体制，科学合理确定中央与地方各级对城乡一体"四化"同步建设公共服务的事权范围和投入职责，确定县（市）及政府财税资源对城乡一体"四化"同步建设公共服务事权范围和投入职责，促进城乡一体"四化"同步建设公共服务，向农村转移城镇人员覆盖。二是必须坚持深化各级财税体制改革，完善各级财税体制，增强各级政府向农村转移城镇务业人员提供财税服务力度。

2. 必须健全各级政府筹资政策体系，推动社会和民间资本倾向城乡一体"四化"同步建设事业投入方略的经验做法。为了完善城乡一体"四化"同步建设筹资体制，健全各级财税扶持城乡一体"四化"同步建设法规制度，推动全社会和民间资本倾向城乡一体"四化"同步建设事业投入，一是必须明确政府与市场的分工职责，政府承担统一规划指导、组织协调布局、推动社会各方面投融资，加入城乡一体"四化"同步建设的职责，全面调动社会各界投资主体的积极性，充分发挥城乡民间资本的作用。二是必须通过财政支出扶持和税收减免政策，推动社会各界主体资本投入城乡一体"四化"同步基础设施建设，引导城乡民间资本投入城乡一体"四化"同步公益性、民生性社会事业，推进城乡一体化经济社会健康发展。

3. 必须在推进工业化、信息化、城镇化的基础上，促进农业现代产业化规模经营，坚定不移地开拓城乡一体"四化"同步前进道路方略的经验做法。为了促进农民摆脱零星分散的小农经济局面，推动社会主义新农村建设，一是必须引导农民按照现代农业产业化、规模化、专业化经营的发展前景，积极参加农林种植业、牧渔养殖业、农林牧渔各业产品加工业和为农林牧渔各业生产经营服务业，进一步推动农村富余劳动力转移城镇从事工商服务，在逐步推进全国城乡一体工业化、信息化、城镇化和农业现代化同步前进的道路上，解决农业必须强、农村必须美、农民必须富问题；二是坚持工业反哺农业、城市支持农村、国家对农民多予少取放活、加大优惠"三农"的政策力度，引导农民坚持走城乡一体"四化"同步前进之路，这是解决"三农"问题，推动全国各地城乡区域协调发展，扩大城乡居民生产生活需求，促进城乡一、二、三产业升级、全面建成小康社会、推进社会主义现代化的重要途径。

4. 必须坚持以人为本、保护农民利益，逐步提高城乡居民文教医疗社会保障待遇方略经验做法。为了坚持以人为本，保护农民利益，逐步提高城乡居民文教医疗社会保障水平。为此，在组织推进城乡一体"四化"同步建设过程中，一是必须维护农村权益。在组织推进城乡一体"四化"同步建设过程中，对一、二、三产业布局、规划设计、土地流转、征地拆迁，住房安置，社区管理等方面，必须坚持以城乡居民的意愿为准则，维护他们的知情权、选择权、监管权、争取他们的支持和拥护，避免由于政府介入而违背农民的意愿、损坏农民权益；二是必须确保农民利益。在组织推进全城乡一致文教医疗社会保障过程中，必须完善农民转移城镇务业人员随迁子女教育保障机制，将农民转移城镇务业人员随迁子女义务教育纳入公共教育体系；三是必须完善农村转移城镇务业人员住房保障机制，将农村转移城镇务业人员纳入城镇住房保障体系；四是必须完善农村转移城镇务业人员医疗保险机制，健全城乡居民统一医疗保险管理体制；五是必须完善农村转移务业人员最低生活保障，养老保险机制，完善城乡居民统一最低生活保障，养老保险管理体制。

5. 必须坚持促进农业现代产业化经营，为强化工业化、信息化、城镇化发展奠定基础方略的经验做法。为此，一是各级政府必须将主要力量，用在农业现代产业化经营、优化农业生态环境保护、为农业产业化龙头企业提供产加销系列化、农工贸一体化服务上；二是各级政府必须完善财税优惠机制，激发社会各界和城乡民间资本活力，大力促进农业现代产业化，专业化、规模化经营，为强化工业化、信息化、城镇化发展，壮大城乡一体"四化"同步发展的实力；三是各级政府必须健全城乡居民统一就业创业激励机制，在逐步加大城乡居民就业创业培训力度，提高务业技术水平的基础上，重点扶持城镇转移农村人员、高校毕业学生等人员创业，为城乡一体化经济社会健康发展提供财政投资、银行融资、税收减免优惠动力。

6. 必须坚持开拓财税、银行支持城乡一体"四化"同步建设方略的经验做法。为此，各级党委、政府必须通过财税、银行支持城乡一体"四化"同步建设，科学掌握城乡一体"四化"同步建设的特点、规律，建立财税、银行投融资机制，一是必须充分发挥土地资源优势，采取市场化、资本化的手段，在推动城乡一体"四化"前进道路上，培育壮大新兴财源、后续财源，壮大财力，提高城乡一体化公共财税、银行投融资管理水平，扶持城乡新型一、二、三产业体系，增强城乡一体"四化"同步前进能力；二是必须科学评论地方政府负债建设城镇，考察研讨投融资扶持城乡一体"四化"同步建设效益，规避投融资风险，以负债、投融资推动城乡一体"四化"同步建设进程，达到城乡一体"四化"同步发展目标；三是必须从各级政府财税实际承受能力出发，确定投融资规模，将城乡一体"四化"同步发展规划、方略，研究制度好、组织推行好，把城乡一体社会经济环境建设营造好，扶持城乡一、二、三产业协调健康发展，为城乡居民和农村转移城镇务业人员，提供均等的公共服务和社会保障待遇。

（五）组织实施城乡一体"四化"同步建设激励机制的经验做法

城镇化产生与发展，是农业现代化、工业化、信息化产生与发展的必然趋势。农业现代化、工业化、信息化与城镇化同步发展机制，是以促进农业现代化、工业化、信息化与城镇化互为动力，共同持续健康发展为奋斗目标的运行机制。我国城乡一体"四化"同步建设的动力，是以政府为主导、发挥市场调节、打破城乡分割、促进要素流动，推动共同持续发展的机制。包括以下四种激励机制的经验做法：

1. 组织落实以政府为主导推动城乡一体"四化"同步建设激励机制的经验做法。这是指各级政府坚持以人为本的科学发展观，改革和完善城乡一体"四化"互动发展机制策略。主要包括城乡一体土地流转机制、流动就业创业机制、安居户籍机制、社会保障机制等项策略。政府在组织推进城乡一体"四化"同步建设上，一是必须组织搞好科学规划设计，坚持以科学规划设计引导城乡一体"四化"同步建设，遵照以人为本和持续发展的原则，从实际出发，开展城乡一体"四化"同步基础设施建设和一、二、三产业发展布局规划设计，注重坚持规划设计的长久性、可行性和法律性，防止一哄而起、随意行动；二是必须通过政府为推进呈现一体"四化"互动发展，着力抓好基础设施建设、公共公益社会化服务事业发展，改善城乡一体生态文明环境，加强公共行政管理，规范经济社会秩序，为确保城乡一体"四化"同步建设服务。

2. 组织落实调整产业结构支撑城乡一体"四化"同步建设激励机制的经验做法。这是指各级政府为加快城乡一体农工商服务产业结构调整步伐，为城乡一体"四化"同步发展奠定坚实基础，而组织落实优化各种产业结构科学合理化机制策略。在组织开展调整优化城乡一、二、三产业之间，各产业内部之间结构的支撑机制策略上包括：一是要落实现代农业产业化经营机制策略，提升农业这第一产业基础地位，加快传统农业向现代农业转变，实现现代农业产业化、规模化、专业化、社会化；二是要落实现代工业产业化经营机制策略，调整优化矿冶、制造、加工等工业这第二产业内部结构，要大力发展现代装备制造、加工产业，对传统矿冶产业进行技术改造升级，着力发展高新技术，信息产业；三是落实社会化服务产业经营机制策略。要大力发展为农业一产业、工业二产业服务的贮运、供应、购销、信息、咨询、通讯、邮电等第三产业，推动城乡一体农业现代化、工业化、信息化与城镇化互动发展。

3. 组织落实完善市场调节城乡一体"四化"互动发展机制的经验做法。这是指完善城乡一体化市场体系，为促进城乡一体"四化"互动发展，而充分发挥市场对城乡资源优化调节机制策略。为此，一是要充分发挥城乡市场调节作用，大力促进城乡一、二、三产业产品自由流通，向交通便利的城乡流动，开拓各城乡、各种产业之间生产要素与产品购销渠道；二是要推动城乡市场调节、城乡之间人力、物力、财力等要素流动，推进城乡一、二、三产业相互依托，互为市场，优化组合各种要素，为确保城乡一体"四化"同步发展，完善市场调节机制，优化市场运营环境。

4. 组织落实统筹协调城乡一体"四化"同步发展利益机制的经验做法。这是指为建设城乡一体化繁荣经济、和谐社会，而统筹协调城乡一体"四化"同步建设激励机制。为此，一是要落实各区域政府间利益协调机制策略，各区域政府必须认清自身区域优势，从实际出发，实事求是地争取利益需求，坚持公平与效率相结合的分配利益，做到在公平合理的前提下取得各方应有的利益；二是要落实社会各界、民众团体利益协调机制策略。各地方政府必须及时深入细致地处理政府与社会各界，民众团体之间利益矛盾，要开拓多方面、多层次、多元化利益协调和谐途径，修建公平合理，顺畅获得利益的渠道，听取各方面群体的利益诉求，将民众利益表达方式纳入法制化轨道，将民众利益表达方式纳入法制轨道，使民众利益表达和政府依法制回应的轨道畅通无阻；三是要落实科学合理、公开公平利益补偿机制策略。各级政府要逐步完善社会保障制度，扩大城乡居民生产生活保障范围，调整改革城乡居民基本生活保障形式，开展社会各界救助活动，扩大城乡一体化经济社会保障范围，坚持执行城乡居民公正平等最低生活保障制度，共同维护人人共享生态文明生活环境。

（六）改革完善城乡一体化户籍管理体制规则的经验做法

这是指为消除城乡二元结构，确保城乡一体化经济社会持续健康发展，而组织落实改善城乡一体化户籍管理体制规则的经验做法，主要包括：改善城乡一体化户籍的宗旨、准则、途径、要求、功能、职责六方面管理体制规则的经验做法：

1. 要坚持改革完善城乡一体化户籍管理体制宗旨的经验做法。户籍是依国家行政法规收集、确认、提供住户人口基本信息证明，其基本功能是身份证明、人口统计、权利福利、社会管理。改革完善城乡一体化户籍管理体制宗旨，是要打破城乡分割，按照常住居住地登记户口，取消城乡居民身份差别，制定实行城乡统一户口登记管理制度，实行城乡居民平等身份和权利。

2. 要坚持改革完善城乡一体化户籍管理体制准则的经验做法。这是指改革完善城乡一体化户籍管理体制，必须调解涉及城市与乡村居民权利和福利等标本问题。为此，一是要坚持遵守全国战略高度、标本兼治、长短相结、自愿互利、积极稳妥、分类指导、有序推进的准则；二是要坚持科学规划、全面设计、合理布局、统筹安排、中央主导、地方辅助的准则；三是要坚持根据全国总体目标，因地制宜地制定实施方案的准则，积极稳妥地推行城乡统一、以人为本、科学合理、规范有序的户籍制度，最终目标是按照常住居住地登记户口这一标准，实行城乡一体化户口登记管理制度。

3. 要坚持改革完善城乡一体化户籍管理体制途径的经验做法。这是指通过拓展完善城乡一体公共公益服务社会化、社会保障平等化和户籍登记管理体制途径。为此，一是从2015年起，在全国推行居住证制度，对农村转移城镇人口统一发放居住证，持证人可享受政治权利、劳动权益、就业培训、义务教育、社会保障等基本公共服务和部分公共福利；二是到2020年，在全国推行城乡一体均等化的基本公共公益服务、社会保障和户口登记管理制度，切实达到城乡居民行使选举和被选举权利,享有公共服务和福利;三是到2025年,在全国范围内完善城乡一体化均等化的基本公共公益服务、社会保障管理体系,确保农村转移城镇人口在城乡一体化经济、社会、文化、政治等领域,全面、公平地分享公共公益服务、利益,平等得到民主政治权利。

4. 要坚持改革完善城乡一体化户籍管理体制要求的经验做法。这是指在改革完善城乡一体化户籍管理体制上,必须要求做到四条:一是要从低门槛走向无门槛,禁止将学历、职称、无罪记录作为申办户籍条件。对农村转移城镇常住人员,有固定住所,资源申请,可办理居住证;二是要对持居住证人在参加选举被选举、就业创业、义务教育、技能培训、救济补助、卫生医疗、生活低保、养老保险等方面,享受与当地户籍人员同等待遇;三是要根据持居住证人在当地务业年限、持居住证年限、稳定收入来源、社会保障等情况,列入正式户口登记管理;四是要逐步取消居住证,按常住地登记户口,在全国实现由居住证统一户籍并轨。

5. 要坚持改革完善城乡一体化户籍管理体制功能的经验做法。这是指在改革完善城乡一体化户籍管理体制上,必须调整三项功能策略:一是禁止各地制定与户籍挂钩的各种福利功能策略,坚持执行国务院明确规定的义务教育、技能培训、就业创业、公共服务、社会保障功能策略;二是全面清理城乡一体化义务教育、卫生医疗、生活低保、养老保险、安居住房等方面与户籍挂钩的功能策略,取消按户口性质设置权利和福利的差别标准,为改革完善城乡一体社会化公共公益服务和均等化社会保障体制奠定基础;三是调整修正与城乡一体化户籍管理体制相关城乡土地、义务教育、技能培训、就业创业、社会保障等管理体制功能策略,维护农村转移城镇人员在农村承包地、宅基地等资产领证赋权、继承权、抵押权、转让权,达到所有权清晰,使用权完整、收益权保障的目的。对农村转移城镇人员全面纳入城镇义务教育、卫生医疗保险、失业工伤保险、最低生活保障、妇幼养老保险、安居公租房等社会保障体系,落实城乡一体化公共公益服务和均等化社会保障体制功能策略。

6. 要坚持改革完善城乡一体化户籍管理体制职责的经验做法。这是指为坚持改革完善城乡一体化户籍管理体制,而建立以政府为主导的多元化职责策略。农村转移城镇人口落户涉及改革完善多方面管理体制,需要多元化扶持力度,这就必须以政府为主导,调动企业、事业、社会、团体等公共参加分担职责,逐步完善由政府、企业、事业、社会、团体等公共参加的多元化职责分担管理体制。为此,一是要坚持充分发挥各级政府组织领导作用,明确规划中央级、省级、县(市)级政府职责,对城乡一体化义务教育、社会救助等基本公共服务,由中央政府为主负责;对失业、医疗、养老保险等服务,由省级政府为主负责,对就业扶助、计划生育、卫生医疗、社区治理、安居住房等服务,由地市级政府为主负责,中央和省级相应给予支助;二是要坚持鼓励企业、事业、社会、团体承担就业创业、教育培训、权益维护、住房改善、公益服务等职责,引导企业、事业、社会、团体等单位承担务业技能培训,劳务保护、工资待遇、安居住房、权益保障职责。

(七)切实采取城乡一体"四化"同步建设投融资筹措方式的经验做法

一是投融资主体多元化方式;二是投融资来源多种渠道方式;三是投融资安排分配对象多种类型方式;四是政策性优惠匹配方式;五是投融资投入使用激励方式;六是投融资引导社会各界投入方式;七是四化同步建设绩效评价方式,分别说明如下:

1. 推行城乡一体"四化"同步建设投融资主体多元化方式的经验做法。在推进城乡一体"四化"同步建设进程中,必须充分发挥各种投融资主体的优势,科学合理配置社会资源,调整优化城乡一体"四化"同步建设的一、二、三产业结构,鼓励推动多元化投融资主体投入。为此,必须由政府在组织推进城乡一体"四化"同步建设中承担关键职责的基础上,鼓励城乡企业事业单位、社会团体、城乡民间的资本,投入城乡一体"四化"同步设施建设、公共服务事业。全国城乡民间资本总额,到2015年6月已达到34万亿元,其中42%民间资本处于无所作为状态,势必地方各级政府通过财税、银行鼓励政府政策,引导和推动企事业单位、社会团体、城乡民间的资本投入到城乡一体"四化"同步建设公务服务事业领域,成为城乡一体"四化"同步建设公共服务事业投融资主体力量。

2. 推行城乡一体"四化"同步建设投融资来源多种渠道方式的经验做法。在组织推进城乡一体"四化"同步建设进程中，由于投融资主体多元化，必然形成投融资来源多渠道。主要形成四种渠道：一是以各级政府投融资为主体的，其资金主要来源于财政收入、税收减免；二是国营企事业、民营企事业、国际企事业等单位，其资金来源于企事业利润、股份资金；三是银行、信用社、投资公司、担保公司、保险公司等单位，其资金来源于信贷、信托、抵押、担保、保险资金。银行、信用社等金融单位以中介投资者身份，促使金融资本流转到从事城乡一体"四化"同步建设、公共服务事业的企事业单位、社会各界团体统筹安排、协调分配、专项使用；四是城乡民间资本来源，由于零星分散，增减变化大，不能直接形成投入力量，通过银行、信用社存款、投入股票、基金、保险、债券等渠道，进入城乡一体"四化"同步建设公共服务事业领域。

3. 推行城乡一体"四化"同步建设投融资安排分配对象多种类型方式的经验做法。推行城乡一体"四化"基础设施建设和公共公益服务事业建设项目多种类型都需要投融资，主要有三种类型：一是组织开展农业现代化、生态化、交通化、水利化、电力化、通讯化等基础设施建设投融资安排分配类型层次化；二是组织矿冶、制造、加工等工业化，贮运、供销、商贸等商业化，为城乡居民提供社会化生产、生活服务产业基础设施建设投融资项目安排分配类型层次化；三是组织开展城乡一体社会化文化教育、科学技术、卫生医疗、最低生活保障、养老保险、优抚救济、水电供应、住房照顾、社区治安、精神文明等公共公益事业投融资项目安排分配类型层次化。为此，必须坚持严格按照上述三种类型层次化的特点，科学合理划分公共公益的基础设施建设项目和社会保障事业项目投融资层次类型，公开公正定位投融资层次类型项目，完善城乡一体"四化"同步基础设施建设和公共公益服务事业投融资安排分配使用体系，这是推行我国城乡一体"四化"同步建设方略的核心问题，必须加大缓解力度。

4. 推行城乡一体"四化"同步建设投融资政策性优惠匹配方式的经验做法。在推进城乡一体"四化"同步建设过程中，必须认清基础设施建设投融资时间长、投融资数额多、社会综合效益高的特征。因而采取了城乡一体"四化"同步建设投融资政策性优惠匹配方式，这就决定鼓励各种投融资主体投资城乡一体"四化"同步基础设施建设。为此，一是必须协调解决投融资与收益所得不匹配均等问题，采取政策性优惠投入方式，开拓适合城乡一体"四化"同步建设投融资通道；二是必须坚持采取中央财政无偿性投资、地方财政配套性投资、银行政策性贷款、信用社扶助性贷款、债务性融资、股权性融资、合作性融资、基金性融资、团体性融资、民间性融资等配套资金投入方式。

5. 推行城乡一体"四化"同步建设投融资投入使用激励方式的经验做法。在推行城乡一体"四化"同步建设过程中，必须坚持推行城乡一体"四化"同步建设投融资筹措、投入使用激励方式。为此，一是改革完善各级政府财政体制，建立健全城乡一体财政基本公共服务支出分担和奖补机制，确保城乡一体财政基本公共服务支出持续稳定增长；二是改革完善省级财政转移支付办法，建立健全财政转移支付同农村转移城镇务业人员市民化挂钩机制，加大城乡一体保障性安居、义务教育、公共交通、污染治理、就创业培训、生活保障等方面的基本公共服务资金投入力度；三是依法拓宽城乡一体"四化"同步建设融资渠道，建立规范的政府举债融资机制，支持具有财经实力的省级政府发行市政债券，加大国有资源、资产、资本整合力度和运作力度，支持市、县级政府通过财政注资、市场募资、整合存量资产、做优增量资产等投融资平台，提高融资能力；四是支持鼓励金融机构对符合政策的城乡一体"四化"同步基础设施建设项目和公共公益服务功能区连片开发项目，建立规范提供信贷机制，推动城乡一体"四化"同步项目批量化、系统化、整体性开发建设；五是组织推动中心城市结合主导产业发展，与金融机构联合设立产业投资基金，建立城乡一体"四化"同步基础设施建设与土地储备相结合的联动机制，推行公益性基础设施建设和商业性开发相结合、公商协同、以商补公的长效机制，探索政府机构与政策性金融机构的合作，开展保险资金投资交通等大型基础设施建设；六是通过特许经营、投资补助、政府购买服务激励方式，鼓励和吸引民间资本参与建设。

6. 鼓励引导社会各界向城乡一体"四化"同步建设投融资方式的经验做法。在组织开展城乡一体"四化"同步建设上，从2013年起，各地区政府通过财政部门逐步增加、整合、集中、补贴、奖励资金投入方式，鼓励引导社会各界和民间团体加大投资力度，对于城乡资源开发，生产经营后产生效益，回收投资的基础设施项目，可采取公私合营、市场运营、贴息信贷等方式，引导社会各界、民间团体投资，对于城乡一体农业产品生产加工基地设施建设项目，可采取财政资金补助、奖励方式，引导城乡企业资金投入经营。

7. 组织开展城乡一体"四化"同步建设效绩评价方式的经验做法。对城乡一体"四化"同步建设完工项目，进行效绩考核评估，采取奖惩办法，对在组织开展城乡一体"四化"同步建设成效显著的企业、事业、机关、团体等单位给予奖励，并对后续建设项目不安排资金投入。对在组织开展城乡一体"四化"同步建设成效较差的企业、事业、机关、团体等单位给予处罚，并对后续建设项目优先安排资金投入。对异常作假骗取、套取项目资金的任何单位和个人，依照国家有关法律严肃处理。各级政府及部门要推动城乡一体"四化"同步基础设施走上规范管护维修更新改造的循环轨道。

（八）推广应用城乡一体"四化"同步建设公共服务社会化、社会保障平等化的经验做法

从中央到地方各级政府及部门在组织开展城乡一体农业现代化、工业化、信息化、城镇化同步建设上，总结吸取了政府主导与带动社会各界、拓宽建设范围与提高标准、科学合理与公平正义的城乡一体公共服务社会化、社会保障平等化的经验做法。

1. 城乡一体公共服务社会化，社会保障平等化的三个特征的经验做法如下：

（1）各级政府主导、带动社会经验做法。全国城乡一体社会化公共服务，是由中央和地方两级政府为主导、组织推动城乡企事业、民众团体、社会各界共同承担的社会化服务。为此，在科学合理界定和划分各级政府为主导承担社会化服务的基础上，组织引导和鼓励城乡企事业、民众团体、社会各界搞好职业服务。

（2）不断扩大范围，提高标准经验做法。全国城乡一体社会化公共服务，随着城乡一体化农工商服务产业持续发展，经济社会实力不断壮大，而在组织推进全国各地区域城乡一体社会化服务过程中，不断拓宽服务范围，提高服务标准。

（3）坚持科学合理、维护公正平等经验做法。坚持为城乡居民提供科学合理的社会化公共服务的机会、条件，使城乡居民在享受公共服务社会化、社会保障平等化的数量、质量、标准等方面利益。

2. 城乡一体公共服务社会化、社会保障平等化的四个逐步经验做法。总结吸取逐步推进、逐步深入、逐步缩小、逐步满足城乡一体公共服务社会化、社会保障平等化。四个逐步经验做法如下：

（1）逐步推进经验做法。逐步推进全国各地区经济实力增强之后，扩大地域社会化公共服务范围，逐步适应全国各地区城乡居民对公共服务多种多样需求趋势，相应调整优化和增减社会化公共服务项目。

（2）逐步深入经验做法。在组织开展城乡一体社会化公共服务过程中，坚持逐步深入修正社会化公共服务方案与规划，落实切实可行、行之有效策略，深入调研各地区社会化公共服务差异问题，及时解决基础条件差、服务水品低的问题。

（3）逐步缩小经验做法。注重改善弱势群体和贫困城乡社会化公共服务落后条件，逐步提高城乡居民所需社会化公共服务供给水平，逐步缩小地区间、城乡间和居民间所享受的社会化公共服务的差距。

（4）逐步满足经验做法。中央和地方各级政府坚持强化现代服务型政府职能，在维护国家安全、社会稳定的基础上，尽可能提供满足全国城乡居民对社会化公共服务多种多样化多变化需求，以实现基本公共服务公正平等化。

(九) 总结吸取城乡一体经济社会发展距离缩小、差异消除的经验做法

这是指总结吸取城乡二元结构、城乡发展一体化和城乡居民所需公共服务社会化、社会保障平等化三个距离缩小的经验做法。同时进一步总结吸取城乡一体公共服务社会化、社会保障平等化中义务教育、卫生医疗、生活低保、养老保险四个差异清除的经验做法。

1. 总结吸取三个距离缩小的经验做法：一是城乡二元结构距离缩小。全国各地区城镇与乡村经济发展水平差距大，乡村至今还有4700万贫困人口，未来小康社会建设的重点在乡村，进一步加大城镇带动乡村、工业反哺农业力度，加大公共财政扶持贫困乡村力度，向乡村提供公共服务，推进乡村加快进入小康社会；二是城乡发展一体化距离缩小。中共十八大以来，推动城乡一体"四化"同步建设，改革城乡分割，地区封锁的各种体制、机制，促进完善城乡经济发展一体化体制，建立以工促农、以城带乡制度，促进城乡经济协调发展；三是城乡居民公正平等距离缩小。各地区为实现城乡居民所需社会化公共服务，平等化社会保障，正在推行中共十八大以来关于城乡居民公共服务社会化、社会保障平等化方略，促进城乡经济平衡发展，缩小城乡居民所需公共服务距离，努力达到城乡居民基本公共服务公正平等社会化，造福于全国城乡居民。

2. 总结吸取四个差异清除的经验做法：一是城乡义务教育的差异清除。全国各地区城乡义务教育公正平等化水平得到显著提高，但目前仍存在差异，在城乡义务教育生均经费支出比例上，城镇比乡村增加1.12倍；在全国各地区城乡义务教育生均经费支出比例上，东中部地区比西北部地区增加1.86倍；在全国城乡义务教育质量有较大差异，以城乡小学和中学教师研究生、本科生、专科学历结构人数与教师总数比例，全国为64%，城镇为83%，乡村为55%；二是城乡卫生医疗差异清除。全国各地区城乡卫生医疗公共服务事业得到健康发展，但目前城乡之间仍有较大差异，在城乡卫生医疗经费支出差异上，占全国人口13.7亿人口的49.7%的城镇人口卫生医疗经费支出总额，占50.3%的乡村人口卫生医疗经费支出总额的3.5倍，城镇每年人均卫生医疗经费支出2320元，乡村每年人均卫生医疗经费支出670元。在全国各地区城乡卫生医疗经费支出差异上，以每年各地区城乡人均卫生医疗经费支出额比较，东中部地区为3840元，占全国平均支出额1520元的2.53倍，西北部地区为1270元，为全国平均支出额的83.6%，占东中部地区平均支出额的33.1%。在城镇与乡村每千人口拥有卫生医疗人员数量差异上，城镇为8.4人，而乡村为2.3人，城镇占乡村3.7倍；三是生活低保差异清除。为了保障城乡困难居民基本生活，建立了城乡最低生活保障制度，城乡居民家庭成员人均收入低于当地低保标准的可纳入低保范围，低保资金由当地政府列入预算，中央政府财政对困难地区给予补助。但在城乡最低生活保障每人每月平均标准差异上，城镇为330元，乡村172元，比城镇少158元；四是养老保险差异清除。近几年来，我国各级政府对城乡居民养老保险制度，从无到有并已经走上统一轨道，为实现城乡居民养老公正平等目标奠定基础。从2009年起，国家制定了城乡新型养老保险制度，实行了社会统筹和个人账户相结合的制度，地方政府对符合领取条件的参保人全额支付基本养老金，中央政府对西部地区给予全额补助，对东部地区给予部分补助。国家从2014年起统一制定了《城乡居民基本养老保险制度》，统一了城乡居民参加养老保险范围和交费标准，健全了激励机制、领取条件和跨地区转移接续办法。

(十) 着力拓宽城乡一体公共服务社会化、社会保障平等化途径的经验做法

中共十八大以来，中央和地方各级党委、政府及部门进一步开拓城乡一体公共服务社会化、社会保障平等化，成为促进城乡经济社会协调发展一体化的有效途径。全国城乡经济社会发展一体化处于起步阶段，农业现代产业步子正在向着工业化、信息化和城镇化道路上紧随迈进。实践证明，全国城乡一体"四化"同步前进的光明前景，是坚持拓宽城乡一体公共服务社会化、社会保障平等化途径，着力拓展制度体制、政策机制、扩大范围和扩充内容四方面的经验做法。分别作如下说明：

1. 完善城乡一体公共服务社会化、社会保障平等化制度体制的经验做法：一是在完善农村转移

城镇人员公共财务管理体制上，对符合市民化条件的农村人员，纳入基本公共服务范围，按照农村转移城镇人员市民化规模和公共服务等因素，中央和地方各级政府财政公平合理地给予转移支付经费。对暂时不符合市民化条件的农村人员，拥有义务教育、职业培训、就业创业、生活低保等公共服务，中央和地方各级政府财政按照农村转移城镇常住人口情况，给予专项转移支出经费；二是在完善县（市）级保障民生财政管理体制上，确保县（市）级财政基本财力扶持民生公正平等化，促进县市城乡一体化经济社会协调发展，科学合理县（市）级财政保民生的范围、标准和财政收支划分规则；三是在完善中央与地方各级政府对城乡一体公共服务社会化管理体制上，公平合理划分中央与地方各级政府对城乡一体公共服务社会化权责；按照中央、省（自治区、直辖市）县（市）三级政府财政结构，以法律形式划分，中央政府承担全国和跨省（自治区、直辖市）内城乡一体公共服务社会化权责；省（自治区、直辖市）政府承担辖省（区、市）内城乡一体公共服务社会化权责；县（市）政府承担辖县（市）内城乡一体公共服务社会化权责。

2. 完善城乡一体公共服务社会化、社会保障平等化机制的经验做法，主要是指从宏观全局和战略高度，完善政府服务职能，增强社会治理功能，调整组合财政分配结构，加大贫困地区城乡民生投入力度，提高城乡一体公共服务供给效率，完善贫困地区城乡居民一体公共服务社会化、公平均等收益策略经验做法：一是坚持完善政府服务职能、增强社会治理功能、调整组合财政分配结构策略。坚持政府财政减轻行政机关人员过多、负担沉重的包袱，增加贫困地区城乡居民一体公共服务投入，确保政府财政预算优先安排、确保公共服务投入增长与政府财政收入增长相适应，不断提高城乡居民一体公共服务社会化标准和投入水平，逐步缩小地区城乡间公共服务社会化差距，加快全国各地区城乡一体公共服务社会化进程；二是坚持完善政府提供城乡一体公共服务社会化、社会保障平等化策略。政府在组织提供城乡一体公共服务社会化、社会保障平等化策略中，注重贫困地区城乡贫困居民对公共服务、社会保障需求，切实保证贫困城乡享受公共服务社会化、社会保障平等化的收益；三是坚持健全城乡一体化公共服务多元化提供机制。在各级政府为主导原则下，健全多元化、多样化提供公共服务的机制，充分发挥社会各界提供公共服务的职能作用；四是坚持组织引导推行城乡一体公共服务市场机制。放宽城乡一体公共服务投资准入限制，进一步制定实施招标采购、合约出租、特许经营、政府参股等机制，提供公共服务社会化质量和效率；五是坚持健全贫困地区城乡一体公共服务需求与提供机制。通过实施这个机制，保持需求与提供关系平衡，减少公共资源损失，维护城乡居民公正平等权益，保证城乡一体化公共服务社会化提供与需求相适应。

3. 扩大城乡一体公共服务社会化、社会保障平等化范围的经验做法，主要是指扩大城乡一体建设和保护生态文明环境、加强和维护社会治理与民主法制两方面经验做法：

（1）在推进城乡一体建设和保护生态文明环境上，主要包括：科学规划保护和合理安排使用自然地理资源；循环利用能源，控制能源消费总量，降低能耗、物耗和二氧化碳排放量；深入实施大气污染防治清洁水行动计划，加强饮用水源保护，推进重点流域污染治理，整治农业面源污染，实施土壤修复工程；调整优化国土空间开发格局和空间结构，增强防灾减灾能力，加强海洋综合管理，保护海洋生态环境；继续实施退牧还草、天然林保护、防沙治沙、水土保持、沙漠化治理、湿地恢复等重大生态工程，加强三江源生态保护；倍加维护森林草原大自然赐予人类绿色财富，推进重大生态工程建设，拓展重点生态功能区，办好生态文明先行示范区，开展国土江河综合整治试点，试行流域上下游横向补偿政策，扩大天然林保护范围，有序停止天然林商业性采伐、实现蓝天常在、绿水长流、永续发展。

（2）在推进城乡一体加强和维护社会治理与民主法制上，主要包括：在推进依法治国，加快建设法治、创新、廉洁、服务型政府，增强政府执行力和公信力，促进全国城乡一体社会治理体系和治理能力现代化的宗旨下，一是坚持改进政府提供公共服务方式，加强基层社会管理和服务体系建设，扎实开展政府协商，积极推进决策科学化民主化，全面实行政府公开，保证城乡居民依法直接行使民主权利，管理基层公共事务和公益事业；二是坚持深化改革社会组织管理体制，引导社会组织健康有序发展，支持群团组织参与社会治理，发展专业社会工作、志愿服务和慈善事业；三是坚持鼓励社会各界兴办养老设施，发展社区和家居养老，为乡村留守儿童、妇女、老人提供关爱服务；四是坚持注重运用法治方式，实行多元主体共同治理，更好发挥社会组织在公共服务和社会治理中的作用；五是坚持推进民主法治建设，保证人民主体地位，发展更加广泛、充分、健全的人民民主，保障人民依法享有民生权利和自由，维护社会公平、公共安全。

4. 扩充城乡一体公共服务社会化、社会保障平等化内容经验做法，主要是指扩充经济基础生态环境建设服务、居民物质精神生活服务、城乡防灾减灾救灾服务、社会治安法治治理服务四项内容的经验做法。分别说明如下：

（1）在经济基础生态环境建设服务内容上，一是坚持优先发展生产性服务业，加快发展科技、保险、商务等服务业，促进信息化与工业化深入融合，推动企业技术改造，增强传统产业竞争力；二是坚持加强供水供气供电、公交、通讯和防洪防涝设施建设，治理污染、拥堵等城镇病，让出行方便、宜业宜居、充分活力；三是坚持加强生态环境保护，强化污染防治，以雾霾频发城市为重点，对大气污染防治实行区域联防联控，推行重点流域污染治理；四是坚持加强土壤污染，实行从水源头到水龙头全过程监管，加强土壤污染防治，推行第三方治理环境污染治理规定；五是坚持推进治理饮用水源、水土保持、防风固沙、退耕还林草、抗旱防汛、土壤修整、湿地恢复等重大生态工程；六是坚持进一步健全农业资源环境法律法规，依法推进耕地、水资源、森林草原、湿地滩涂等自然资源的开发保护，制定完善生态补偿和土壤、水、大气等污染防治法律法规。

（2）在城乡居民物质精神生活服务内容上，2013年以来，在全国城乡居民人均可支配收入持续增长、收入差距持续缩小、贫困人口逐年减少、饮水安全逐年解决、住房面积显著扩大、生活消费结构加快升级、家庭拥有汽车增多、旅游和文化消费水平提高的基础上，一是坚持实行城乡居民就业创业为本、合作医疗、生活低保、养老保险、儿童救助、住房保障等制度；二是坚持以城乡居民住有所居为目标，加强保障性安居工程建设和管理，推动公租房和廉租房并轨运行，让老百姓住上放心房、满意房；三是坚持促进城乡教育事业优先、公平发展，继续加大中西部地区城乡人口义务教育投入力度，全面改善贫困地区城乡义务教育薄弱学校办学条件，着力推动义务教育均衡发展，加快发展现代教育，提高各级各类教育质量，为国家发展提供充足人力资源；四是坚持促进城乡基本文化服务标准化均等化，增强城乡一体文化产业发展实力，加强城乡居民道德和精神文明建设，提倡全民阅读，建设学习型社会，发展全民健身、竞技体育和体育产业，提高城乡居民综合素质，建成现代文化强国；五是坚持健全城乡居民合作医疗保险和重特大疾病保障和救助体系，完善政府、单位和个人合理基本医疗保险筹资体制，全面实施城乡居民大病保险制度；六是坚持健全困境儿童、高龄和失能老人、重度和贫困残疾人等群体福利保障服务体系，提高城乡居民低保、养老保险，优抚对象补助标准，坚决把城乡民生底线托住。

（3）在城乡防灾减灾救助服务内容上，坚持加强气象，测绘、地质、地震预报等方面服务管理工作，提高公共突发事件防范处置和防灾救灾减灾能力。

（4）在城乡社会治安治理服务内容上，深化平安中国建设，健全立体化社会治安防控体系，依法惩治暴恐、黄赌毒、邪教、走私等违法犯罪行为，确保国家安全和公共安全。人的生命最为宝贵，采取更坚决措施，全方位强化安全生产，全过程保障食品安全。为此，一是坚持深入贯彻依法治国方略，把政府工作全面纳入法治轨道，用法治思想和法治方式履行职责，始终把为人民谋发展增福利作为最大责任，始终把人民冷暖忧乐放在心头，切实尽心尽力尽责，狠抓贯彻落实。二是坚持科学调控城乡资源环境承受能力，节约资源，保护生态环境，拓宽低碳、减排、蓝天、青山、绿水的城乡一体化生态文明之路。为了城乡贫困居民拓宽公平合理拆迁改造、回迁安置、经济适用住房等项目服务途径；三是坚持依法组织拓宽城乡一体公共服务社会化途径，以完善城乡一体公共服务社会化体系为宗旨，着力提供文化教育、卫生医疗、职业培训、就业创业等基本公共服务，重点搞好农村转移城镇人员职业培训和就业创业，使他们真正走上市民化生活道路。为此，中央、国务院组织领导推动地方各级党委、政府及部门从 2013 年起，逐年形成了由政府、企业、事业和社会各界团体参加城乡一体公共服务社会化体系，其一是各级政府及部门主要开拓城乡一体交通、水电、文教、卫生、环保等基本公共服务途径；其二是企业、事业、单位主要开拓城乡一体职业培训、就业创业、劳务工资、工伤保险、退休养老等服务途径；其三是社会各界团体城乡一体拓宽义务教育、合作医疗、生活低保、困难救济、文化体育、安全保护等服务途径。

五、建立拓展城乡一体脱贫增收致富奔小康之路方略体系

中共十八大以来，在"十二五"至"十三五"规划期间，从中央到地方各级党委、政府及部门，在以习近平总书记为核心的中共中央、国务院领导下，一是建立起开拓农业农村现代化生产经营建设脱贫增收致富途径方略体系；二是建立起城乡一体农业现代化、工业化、信息化、城镇化"四化"同步建设方略体系。分别说明如下：

（一）建立开拓农业农村现代化生产经营建设脱贫增收致富途径方略体系

这是指组织开展农业基础设施建设、农村生态环境维护治理，推进农业生产经营良种化、科技化、机械化、合作化、集约化、专业化、规模化、社会化发展方式，着力构建农业现代产业化、优质化、安全化、连锁化、集团化、市场化服务体系，提高农业综合生产经营建设效益和竞争力，推动粮食、饲料、经济作物结合、农林牧各业统筹、农林种植业和牧渔养殖业及其加工业一体、农村一、二、三产业融合发展，拓展农林牧渔业产品高产优质高效安全、地理资源节约、生态环境友好的农业现代化途径方略。主要包括以下十项：

第一项是对农业农村基础设施建设方略，其一是稳定农村土地承包关系，完善农村土地所有权、承包权、经营权分置办法，依法推进土地经营权有序流转，构建农业新型生产经营建设主体，培养新型职业农民，完善农村集体产权权能；其二是坚持最严格耕地保护制度，坚持严守耕地保护红线，实施藏粮于地、提高粮食产能，确保谷物基本自给、口粮绝对安全；其三是全面划定永久基本农田，大规模推进农田水利、土地整治、低产田改造和高标准农田建设，增加深松土地，新增高效灌溉土地、休耕轮作土地，加强粮食等大宗农产品主产区建设，建设粮食功能区和重要农产品生产保护区；其四是加大农村基础设施建设力度，新建改建农村公路，建设通车硬化路，改造农村电网，实现农村稳定可靠供电服务，实施农村饮水安全巩固提升工程，推动电子商务进农村，开展农村人居环境整治，建设美丽宜居农村。

第二项是对农业农村生态环境维护治理，即对农业农村所处山水林田路综合开发治理方略，其一是有度有序利用自然，调整优化空间结构，划定农业空间和生态保护红线，构建农业生产发展与生态安全格局；其二是着力支持绿色清洁生产，推进传统制造业绿色改造，推动建立绿色低碳循环发展产业体系，推进多种污染物综合防治和环境治理，深入开展空气、水、土壤、污染防治行动，坚持城乡环境治理并重，加大农业面源污染防治力度，统筹农村饮水安全、改水改厕、垃圾处理，推进种植养殖业废弃物资源化利用、无害化处理；其三是坚持保护优先、自然恢复为主，实施山水林田路生态保护和修复工程，构建生态廊道，全面提高湿地、草原、山地、沟湖等自然生态功能，加强林业重点工程建设，增加森林面积和蓄积量，扩大退耕还林还草面积，加强保护林地、草原；其四是加强农村水生态区域保护，大力整治江河系统流域，开展退耕还湿、退养还滩，推进荒漠化、石漠化、水土流失综合治理。

第三项是对农业农村生产经营建设实施科技先进创新方略，其一是推进农业农村生产经营建设标准化、信息化、科技化，建立农业农村现代科技创新推广体系、科技推广应用社会化服务体系，发展现代优良品种产业，提高农业机械化、科技化操作水平；其二是坚持科学节约和高效利用农业农村生

产经营建设所需资源，树立科学节约优先、节约集约循环利用的资源观点，强化约束性指标管理，实行能源和水资源消耗、用地等总量和强度双控策略，提高节能、节水、节地标准；其三是坚持把农业农村领域的科技创新项目，提到更加突出的位置，组织实施关系国家全局和长远的农业农村重大科技创新项目，提高农业农村生产经营建设科技创新能力、综合竞争能力，增强持续健康发展能力；其四是加强农业农村生产经营建设科技创新推广应用工作，深入开展粮食绿色高产高效创建活动，推进实施化肥农药零增长行动。

第四项是对农业农村生产经营建设实施引导农民互助合作方略，其一是完善对农户家庭农场、专业大户、农民合作社等新型经营主体的扶持政策；其二是培养新型职业农民，鼓励农户自愿有偿流转承包土地、开展土地股份合作、联合或者委托；其三是深化农村集体产权、林权改革，鼓励、引导农民参加多种形式规模生产经营建设。

第五项是对农林牧渔各业生产经营建设实施全面协调发展方略，其一是在加强粮食等大宗农业产品主产区建设的基础上，调整优化林牧渔各业生产经营建设区域布局，推动农林牧渔各业全面协调发展，增强农林牧渔各业多种功能，提高农林牧渔各业综合效益；其二是因地制宜发展林牧渔各业，宜林则林、宜牧则牧、宜渔则渔，大力推进农林种植业、牧渔养业及其加工服务业同步协调和谐发展，推进产业链和价值链建设。

第六项是对农村一、二、三产业实施融合发展方略，是指对农林种植业、牧渔养殖业，即第一产业，对农林种植业、牧渔养殖业产品的加工业，即第二产业，对农林种植业、牧渔养殖业及其产品加工业各环节提供科技、供销服务业，即第三产业。为此，一是推动农村一、二、三产业在融合发展的基础上，朝着分工细化、协作紧密方向发展；二是推动加工业、服务业全面提高产品加工技术、工艺装备、效能环保、全程服务水平；三是支持新兴产业发展，培育科技性产业，增强综合效益功能；四是大力发展农业农村现代服务业，促进服务业优质高效发展。

第七项是对农业农村产品生产供需实施市场购销平衡方略，其一是引导农民瞄准市场调整优化农林种植业、牧渔养殖业结构，支持农林牧渔各业产品加工、主产区粮食就地转化，开展粮食作物改为饲料作物试点；其二是坚持完善粮食最低收购价和临收储政策，改进农林牧渔各业产品目标价格补贴办法；其三是稳定建立城乡统一的建设用地市场，完善和拓展城乡建设用地增减挂钩、占补平衡试点；其四是针对国内粮食库存增加较多、仓储补贴负担较重、国际市场粮食价格走低、国内外市场粮食价格倒挂差距较大的情况，在部分地区实行耕地轮作休耕，以利于平衡粮食供求矛盾、稳定农民收入、减轻财政补贴压力。

第八项是对农业农村生产经营建设产品实施优质安全方略，其一是全面提高农林牧渔各业产品质量和食品安全水平，综合治理化肥、农药兽药残留等问题，加快农林牧渔各业产品质量安全标准与国际标准接轨，建立市场流通商品质量惩罚性赔偿制度；其二是鼓励农林牧渔各业种养加连锁企业开展个性化科学精准生产经营，培育精益求精的工匠精神，增品种、提品质、创品牌；其三是促进鼓励农林牧各业种植、养殖、加工企业提高生产经营管理水平，深入推进全国产区种养加工艺＋互联网，组织实施高产优质高效安全升级工程；其四是加快推动农林牧各业生产经营建设服务社会化创新进程，提高农林牧各业生产经营服务专业化、城乡人民生活服务业精细化水平。

第九项是对农业农村脱贫增收致富攻坚工程建设实施科学精准治理方略，其一是坚持实施精准扶贫脱贫政策，因地因人实施相应对策，对有劳动能力的人支持发展特色产业和转移就业，对当地水土养不起的人实施扶贫搬迁，对生态环境恶化生活的人实施生态保护扶贫，对丧失劳动能力的人实施兜底保障，对因病致贫的人提供医疗救助保障。对贫困人口应保尽保；其二是坚持加强贫困地区农村基础设施建设，因地制宜解决好通路、通水、通电、通网络等问题，继续推进贫困农户危房改造，增强集中连片特困地区和贫困农村人口发展能力；其三是坚持对在贫困地区农村开发水电、矿产资源占用集体土地的，试行给原住居民集体股权方式进行补偿，探索对贫困人口实行资产收益扶持制度；其四是坚持提高贫困地区农村基础教育质量和卫生医疗服务水平，推进贫困地区农村基本公共服务均等化，建立农村留守儿童、妇女、老人关爱服务体系；其五是坚持国家各项惠民政策和民生项目，要向贫困地区农村倾斜，深入开展定点扶贫攻坚，支持社会力量参与扶贫攻坚，各级政府必须按时保质保量完成扶贫脱贫任务；其六是坚持进一步完善中央统筹、省级负总责、县（市）抓落实的扶贫脱贫攻坚机制，实行扶贫责任、脱贫成效考核方略。

第十项是对农业农村持续发展实施社会保险方略，是指对从事农业的农村居民，实施参加保险计划，基本实现农村法定人员全覆盖方略，其一是坚持精细核算、完善筹资机制，分清政府、企业、个人等的责任，降低社会保险率，完善社会保险体系；其二是全面实施城乡居民大病保险制度，整合城乡居民医保政策和经办管理，建立城乡一体基本卫生医疗制度；其三是统筹健全城乡居民特困救助体系，确保特困农村居民基本生活；其四是积极开展应对农村人口老龄化行动，弘扬敬老、养老、助老社会风尚，建设以居家为基础、社区为依托、机构为补充的多层次养老服务体系，健全扶残助残服务体系。

（二）建立拓宽城乡一体"四化"同步建设脱贫增收致富奔小康之路方略体系

这是指组织开展全党、全国各族人民全力以赴、同心协力，参加城乡一体农业现代化、工业化、信息化、城镇化同步建设，共同构建城乡一体公共服务社会化、社会保障平等化、脱贫增收致富奔小康之路方略，一是促进农民自主自愿就业创业；二是促进农民自觉参加新兴服务产业；三是推进建立公平社会保障体系；四是推进城乡经济社会协调发展；五是推动城乡物质文明和精神文明融合发展；六是提高城乡居民生活水平和质量。主要说明如下：

第一项是促进农民自主自愿就业创业方略，这是指引导农民坚持自主自愿就业创业优先、以创业带就业、创造更多就业机会、建立创业服务平台的方略；其一是统筹城乡一体人力资源市场，打破城乡、行业、身份、性别歧视，维护劳动者平等就业创业权利，加强对灵活就业、新就业形态的支持，促进农民自主自愿就业创业；其二是实施新生代农民职业技能提升计划，开展贫困家庭子女、未升学初高中毕业生、农民工、失业人员免费接受职业培训行动，推行工学结合、企校合作的技能培训方式，推进各类企业新型学徒制度；其三是加强对农民就业创业援助，帮助就业创业者排除困难，扶持其提高劳动素质、劳动效率；其四是促进劳动力在地区、行业、企业之间自由流动，建立和谐劳动关系，维护职工与企业合法权益；其五是完善就业创业服务体系，推行职称评定，推广专业技术职称、技能等同城市落户挂钩做法，提高就业创业服务水平。

第二项是促进农民自觉参加新兴服务产业方略，其一是促使农民自觉参加城乡一体新兴产业，支持企业瞄准国际同行业标杆，全面提高产品技术、工艺装备、能效环保等水平；其二是促进农民自觉参加现代服务业，放宽市场准入，推进服务业优质高效发展；其三是促进农民从参加生产性服务向专业化和价值链高端延伸、生活性服务业向精细和高品质转变，推动制造业由生产型向生产服务型转变；其四是促进农民认清服务业就业容量大、发展前景广阔，大力发展观光旅游、休闲度假、健康养老、幼童培养、疾病康复等生产、生活服务业；其五是促进农民参加农林牧各业产品批发、仓储、冷冻等现代物流设施建设，努力降低流通成本、提高收益。

第三项是推进建立公平社会保障体系方略。这是指推进全国城乡居民参加社会保障计划，基本实现法定人员全覆盖方略，其一是坚持精算平衡，完善筹资机制，划分政府、企业、个人等的职责，按照城乡居民人人参与、人人尽力、人人享有的要求，坚守底线、突出重点、完善制度、引导预期、注重公平、保障民生，实现城乡居民共同进入全面小康社会；其二是坚持普惠生、保基本、均等化、可持续方向，以解决城乡居民最关心最直接最现实的利益问题入手，增强政府职责，提高公共服务共建能力和共享水平；其三是坚持加强城乡一体义务教育、公共文化、卫生医疗、就业创业、生活低保、养老保险、社会保障、环境保护等公共公益服务，努力实现全覆盖，加大对革命老区、民族地区、边疆地区、贫困地区的转移支付，加强对特定人群特殊困难帮扶；其四是创新城乡居民社会保障服务提供方式，能由政府购买服务提供的，政府不再承办。能由政府和社会资本合作提供的，广泛吸引社会资本参与，承担社会保障事业任务。

第四项是推进城乡经济社会协调发展方略。这是指坚持推进区域协同、城乡一体化、以城乡居民为核心、公共资源均衡配置、经济社会协调发展，在协调发展中拓宽发展空间方略，其一是推动区域协调发展，促使城乡经济社会发展要素形成有序自由流动、主体功能约束有效、基本公共服务均等、资源、环境可承载的区域协调发展局势；其二是推动城乡经济社会协调发展，坚持工业反哺农业、城市支持农村，健全城乡经济社会发展一体化体制机制，推进城乡要素平等交换、合理配置和基本公共服务均等化；其三是推动县域特色经济健康发展，加快培育中小城市和特色小城镇，促进农林牧渔各业产品深加工，扶持农村传统工艺、文化、观光、旅游、休闲、养老等服务业发展，拓展农民增收渠道，完善农民收入增长支持政策体系，增强农村经济发展动力；其四是推进以城乡居民为核心的新型城镇化建设，提高城镇规划、建设、管理水平，促进有能力在城镇稳定就业和生活的农村转移人员举家进城落户，与城镇居民具有同等权利和义务；其五是健全财政转移支付同农村居民转为城镇居民落户数量挂钩机制，建立城镇建设用地增加规模同吸纳农村居民在城镇落户数量挂钩机制；其五是维护进城落户农民土地承包权、宅基地使用权、集体收益分配权，支持引导其依法自愿有偿转让上述权益，加大城乡居民危房改造力度；其六是促进城乡公共资源均衡配置，健全农村基础设施投入长效机制，把社会事业发展重点，放在农村和接纳农村居民转移较多的城镇，开展农村人居环境整治，提高新农村建设水平，加大传统农村居民和历史文化各村保护力度，建设美丽宜居农村，提高农民物质文化生活水平。

第五项是推动城乡物质文明和精神融合发展方略。这是指坚持对推动城乡物质文明和精神文明"双手抓，双手都要硬"方略：其一是坚持城乡一体先进文化前进方向，坚持以城乡居民为中心的工作导向，坚持把社会效益放在首位、社会效益和经济效益有机结合，坚定文化自信，增强文化自觉，加快农村文化发展；二是坚持促进城乡居民加强思想道德建设和诚信忠孝建设，增强国家意识、法治意识、社会责任意识，提倡科学精神，发扬中华民族传统美德，注重通过法律和政策，向全国传导正确价值、努力进取方向；其三是坚持建立健全中华优秀传统文化传承体系，加强文化遗产保护，振兴传统工艺技术，深入开展群众精神建设活动；其四是坚持完善城乡公共文化服务体系、文化产业体系、文化市场流通体系，推动城乡基本公共文化服务标准、均等化发展，保障城乡居民基本文化权益；其五是坚持推动城乡文化产业结构优化升级，发展骨干文化企业和创意文化产业，发展城乡体育事业，促进城乡居民身心健康；其六是坚持推动传统媒体和新兴媒体融合发展，优化媒体结构，规范传播秩序，把握正确舆论导向，健全社会舆情引导机制，传播正能量。

第六项是提高城乡居民生活水平和质量方略。这是指对城乡居民就业充分，健全城乡就业、教育、文化、卫生、医疗、低保、养老、住房等公共服务体系，逐步提高城乡公共服务均等化水平的方略，其一是坚持推进城乡教育现代化取得进展，提高农村居民文化教育、科技务农水平，促进城乡教育公平发展、提高质量、树人立德，增强社会责任感、创造精神、实践能力，培养新型农民，促进城乡居民缩小收入差距、中等收入人口比重上升；其二是坚持确保农村贫困人口实现脱贫、贫困县全部摘帽，解决区域性整体贫困，对困境儿童、高龄和失能人、重度和贫困残疾人等特困群体，健全福利保障制度和服务体系，继续提高城乡低保水平，提高优抚对象抚恤和生活补助标准；其三是完善城乡居民基本卫生医疗保障体系，全面实施城乡居民大病保险制度，合理调整卫生医疗服务价格，不断提高卫生医疗水平；其四是逐步推进城乡基本公共文化服务标准化、均等化，扩大公共文化设施免费开放范围，发挥基层综合性文化服务中心作用；其五是支持群团组织依法参与社会治理，鼓励社会力量兴办养老设施，发展社区和居家养老，为农村儿童、妇女、老人提供关爱服务，建立未成年人社会保护制度，切实保障妇女、儿童权益，提高城乡公共突发事件防范处置和防灾救灾减灾能力，完善法律制度，健全立体化社会治安防控体系，确保城乡居民生产、生活安全。

关于扶持拓展"三农"
发展安全保护保障体系途径的经验启示

农村财政扶持"三农"发展安全保护保障体系课题组*

中共十六大特别是十八大以来，中共中央、国务院反复强调指出，农业是安天下、稳民心的战略产业，没有农业现代化，就没有国家现代化，没有农村繁荣稳定，就没有全国繁荣稳定，没有农民全面小康，就没有全国人民全面小康。解决好农业、农村、农民问题，事关全面建设小康社会大局。新中国成立以来，实践证明，农业丰则基础强，农村稳则社会安，农民富则国家盛。只有针对农业、农村、农民"三农"发展的新情况、新变化、新形势、新任务，顺势而为作出战略决策，才能加强农业基础地位，为我国农业现代化道路，进一步指明方向、激励信心、凝聚力量，才能为坚持把发展现代农业、提高农业综合生产力、保障农业产品供给、繁荣农村经济、建设社会主义新农村的物质基础，增加农村收入，改善农民生产生活，实施以工促农、以城带乡长效机制，形成城乡经济社会发展一体化新格局，建立新型工农关系、城乡关系，健全"三农"工作体制，统筹城乡发展、促进社会和谐安定。

尽管我国农业产值在国内生产总值中的比重逐年有所降低，但农业在国民经济中的基础地位没有变，农业、农村、农民"三农"依然是衣食之源、发展之本。进入21世纪后，中共中央、国务院根据国内外形势发展变化情况，为健全农业、农村、农民"三农"持续发展安全保护体系，全面制定实施了全国农业、农村、农民"三农"持续健康发展安全保护保障方略（方针策略）、法制（法规制度），组织推动了各地区党委、政府及部门，采取切实可行有效方式方法。

一、科学评定农业、农村、农民"三农"发展安全保护保障体系结构形成趋势

农业、农村、农民"三农"发展保护保障体系结构，是由农业生产经营、农村经济社会、农民生产生活的发展保护因素形成的，是由推进农业生产经营、农村经济社会、农民生产生活这三方面持续健康发展安全保护保障因素形成的。2000年至2017年，从中央到地方各级党委、政府及部门为组织制定推行农业、农村、农民"三农"发展安全保护保障体系建立健全，而坚定不移、坚持不懈地制定实施全方位的方针策略、法规制度、规则机制、方式方法。在"十五"至"十三五"规划期，国家在"三农"发展安全保护体系建立健全上，主要包括三方面：一是加强农业基础设施建设、改

---

* 课题组组长：韩连贵
　课题组成员：李振宇　陈友订　韩铁峰　王其文　赵建生　董　齐　李克军　朱国平　王　威　李贤锋　张国泰　于长河　陈贵锋

善农业生产条件、提供农业生产基础服务、降低农业生产成本、增强农业防灾减灾能力、推进农业现代产业化规模经营；二是引导农民自觉自愿加入农民专业合作协会、农民专业合作社、农业科技推广应用组织、农业生产经营机械化组织、农业产加销一条龙企业化经营组织、农业产品供销中介服务组织、农业生产投融资协调组织；三是国家逐步减轻农业、农村、农民税费负担，从2006年起，国家取消农业税、牧业税、渔业税、农林特产税等法制，建立农业生产经营建设各种良种补贴、农机具补贴、农业生产资料综合补贴、粮棉油等产品生产直接补贴、农田水利建设投资、中低产田改造投资、植树造林投资、退耕还林还草投资、小流域治理投资、水土保持投资等法制；四是扶持农村山水田林路村生态环境保护改善建设和农村公路、电力、饮水、沼气、通讯、气象、抗震、救灾、危房改建等公共公益基础建设；五是推进农村义务教育、文化科技技术培训、卫生医疗保险、最低生活保障、养老保障、特殊困难救助等社会保障事业发展。在全国各地区"三农"发展保护保障体系逐步健全方略法规、规划机制、方式方法实施后，全国各地区农业综合生产能力不断增强、粮食生产连年丰收、农民群众收入持续增长、生活水平逐年提高、农村经济健康持续发展、农村社会保障事业健康发展。在"十五"至"十三五"期间，全国"三农"发展保护形势大好，农村经济实力增强较快，农民得到实惠最多，国民经济发展最快。但是，农业这个国民经济的基础产业，仍然是承受自然、市场风险的最大弱质产业，农村经济社会发展滞后，是国民经济中最薄弱环节，农民群众生产生活水平最低的社会状况没有得到彻底改变。从2016年至2020年，即"十三五"时期，是我国全面建设小康社会的关键时期，是农业、农村、农民"三农"发展安全保护保障再上新台阶的攻坚时期。今后五年，我国能否保持国民经济平稳较快发展、社会更加和谐安定，核心问题是"三农"能否安全持续发展。因为"三农"既面临着一系列的重大机遇，又遇到多方面的障碍和挑战。为此，中共中央、国务院向全国各地区党委、政府及部门三令五申，必须保持清醒头脑，增强忧患意识，应对严峻挑战，坚定不移地加强"三农"发展安全保护体系建设。并告诫全党、全国各族人民自觉醒悟、自愿参加"三农"发展安全保护保障体系建设。为此，一是科学评定农业、农村、农民"三农"发展安全保护保障体系形成趋势；二是实事求是分析农业生产经营发展保护保障因素；三是因地制宜制定农业生产经营发展安全保护体系结构方略；四是公平合理组成农村生态公益基础设施服务发展保护保障体系结构方略；五是统筹安排布局农村经济社会发展安全保护保障体系结构方略；六是坚持不懈扶持农民脱贫致富奔小康安全保护保障体系结构方略；七是坚定不移调整优化农业、农村、农民"三农"发展安全保护保障体系结构方略；八是全面统筹调节农业、农村、农民"三农"发展安全保护体系构建资金供需矛盾方略。中共中央国务院要求各地区党委、政府及部门必须努力组织完成相应的任务、达到相应的要求，落实相应的措施，取得预期的成果。

在组织评定农业、农村、农民"三农"发展安全保护保障体系结构形成趋势上，必须遵循科学客观、实事求是、求真务实、追求实效的原则，分别评定，一是农业生产经营全面协调发展安全保护保障体系结构形成趋势；二是农村经济社会和谐健康发展安全保护保障体系结构形成趋势；三是农民生产生活质量发展安全保护保障体系结构形成趋势。

（一）农业生产经营全面协调发展安全保护保障体系结构形成趋势

这就必须坚持在确保粮棉油大宗农业产品有效供给的前提下，不断调整优化农林种植业、牧渔养殖生产经营结构，科学合理构建农业生产经营的资源型、体制型、基础型、条件型、高效型结构，调整优化农林种植业产品生产，因地制宜发展粮棉油等高产、优质、高效农林种植业，加快发展畜禽、水产品等名特优牧渔养殖业，积极发展农林牧渔业各业产品加工业，建立健全农业生产经营服务体系和农业产品市场流通体系。为此，一是坚持以农业产品市场为导向，以农业综合效益为中心，以充分发挥各地区农业资源优势为前提，科学合理进行农业生产经营区域化布局，组织推动农业牧渔各业产品基地建设，大力发展农林牧渔各业产品产加销产业链、农工贸一体化产业；二是坚持加强对农业生产经营的人力、财力、物力等方面投入，组织引导全社会的人才、资金、物资、科技等向农业生产经营领域流动，增强农业生产经营发展动力，提高农业抗御自然灾害能力，增强农业综合生产经营能力，确保农业生产经营健康发展；三是坚持转变农业生产经营发展方式，探索农业资源保护和合理利用的有效途径，大力发展农业牧渔各业资源节约型和环境友好型产品生产，积极发展农业循环经济，推动农业生产经营节约土地、水利和节能减排，实现农业生产经营和农业生态环境治理的有机结合，促进农业生产经营永续发展。为此，要坚持不懈地做好以下五方面：

1. 坚持不懈地推进农业标准化生产经营，提高农业产品质量安全监管水平。全面贯彻农业产品质量安全法，坚决进行农业产品质量安全专项整治工作，加快健全农业生产经营标准体系和农业产品质量安全检验检测体系，大力开展农业生产经营标准化活动。坚持加强农业生产经营源头治理和全程监管，加强例行监测和监督抽查工作，建立健全农业产品质量安全信息发布制度和应急反应机制，妥善应对突发公共事件，切实提高农业产品质量安全监管效率，提高农业产品质量安全水平。

2. 坚持不懈地推进农业科技化生产经营，提高农业科技创新、推广应用水平。组织推进农业生产经营科技创新、推广应用体系建设，建立农业科技推广人才队伍，努力形成全国农业科技力量大联合、大协作的新格局，形成服务农业生产经营各环节的强大合力。

3. 坚持不懈地推进农业保险化生产经营，提高农业防灾减灾、防控疫病能力。组织开展农业种植业产品病虫害专业化防治、统防统治和综合防治。组织开展牧渔养殖业产品疫病防控、防治、防灾减灾工程建设，切实加强高致病性禽流感、口蹄疫和高致病性猪蓝耳病等疫病防控，强化快速诊断和应急反应，切实抓好免疫、人畜共患防控各项工作。加快动物标识及疫病可追溯体系建设。

4. 坚持不懈地推进保障粮棉油大宗农业产品生产供应，提高农业综合生产能力。组织开展农田水利设施建设、改造中低产田、改良土地、培育地力、加强粮棉油大宗农业产品生产基地设施建设，着力提高复种指数和机械作业水平，推进农业产品生产、加工、包装、储运、供应产业链、市场流通渠道的形成与发展。

5. 坚持不懈地推进农业生产经营永续发展，提高农业增收减负能力，组织引导农民调整优化农业结构，加快优势农业产品区域布局，积极拓展农业功能，挖掘农业内部增收潜力，大力促进农业产业化经营，促进农民专业合作组织发展，提高农民进入市场和应对风险的能力，切实提高农民增收减负能力。

（二）农村经济社会和谐健康发展安全保护保障体系结构形成趋势

这就必须切实推动农村生产力放在首位，确保实现农村经济又好又快发展、农村社会和谐稳定。解放和发展农村生产力是解决"三农"问题的根本途径，是促进农村经济社会健康发展的根本任务。改革开放以来，特别是中共十八大以来，我国农村经济社会进入最好的发展时期，但是，正如中共中央反复强调指出，农村经济社会发展滞后的局面尚未改变，缩小城乡区域发展差距和促进经济社会协调发展任务艰巨，"十三五"规划时期，完成全面建设小康社会，加快推进社会主义现代建设的繁重任务的难点在农村。随着全面建设小康社会步伐加快，实现农业和农村经济又好又快发展的要求更为迫切、更为突出，为此，必须坚持做好以下四方面：

1. 坚持不懈地解放和发展农村生产力，继续保持农村经济社会发展的良好势头，及时化解农村经济发展的矛盾难题，尽快缩小农村经济发展与工业化、城镇化的明显差距，真正实现农村经济社会稳定发展、农民增产增收，为国民经济社会又好又快发展打下坚实基础。

2. 坚持不懈地统筹兼顾，妥善处理好农村经济中各方面重大关系。要统筹处理城市与农村的关系，促进农业现代化与工业化、信息化、城镇化协调发展，从根本上改变长期以来形成的工农失调、城乡失衡的状况，实现工农并进，城乡并举，统筹处理好保障农业产品供给与促进农业农民增收的关系、坚持农村基本经营制度和创新经营方式的关系、发挥市场引导作用与加强政府调控的关系、稳定和完善土地承包关系、发展农民专业合作组织、支持农业产业化经营和龙头企业发展。

3. 坚持不懈地推进集体资产产权制度、农村综合改革，开展农村金融、征地制度等各项改革。

坚持农村基本经营制度毫不动摇，按照依法自愿有偿原则，发展多种形式的适度规模经营，加快农村沼气建设，推进秸秆、畜禽粪便等农业废弃物的能源化、资源化利用，适度发展能源作物，大力推广农村各种节能减排技术。积极发展风能、水能、太阳能等可再生能源，实施好重点区域农村污染专项治理，加强草原建设，促进生态修复。

4. 坚持不懈地加强农村社会自治建设，深入推进农村文化教育科技卫生社会保障体系建设，促进农村基层组织干部人事制度改革，坚持为基层和农民群众办实事办好事，加强农村基层党风政风建设和反腐倡廉各项工作，改善基层干部与农民群众的关系。

（三）农民群众生产生活质量对发展安全保护保障体系结构形成趋势

这就必须始终坚持以人为本，增加农民收入，维护农民群众利益，充分发挥农民群众的主体作用。农民群众是农业生产经营、农村经济社会发展的主体，是实现农业生产经营持续发展、推进农村经济社会健康发展的决定性因素。坚持以人为本，就是从农民群众的根本利益宗旨谋发展，依靠农民群众的智慧和力量促发展，让农民群众分享发展的成果。为此，必须坚持不懈地做好以下四方面：

1. 坚持不懈地把农业增产增收，作为实现农民群众根本利益的核心，采取综合性措施，促进农民群众收入较快增长；要切实解决损害农民群众利益的突出问题，关心农民群众生产生活，多为农民群众办实事办好事，要拓宽外部增收空间，加强阳光工程培训，多渠道扩大农村劳动力转移就业，加强农民群众权益保护，坚持抓好减轻农民群众负担工作。

2. 坚持不懈地充分发挥农民群众的主动性、创造性，不搞强迫命令和包办代替，真正做到围绕农民群众需求，谋划农业生产经营，引导新农村建设，根据农民群众意愿，推进农业生产经营，开展新农村建设，依靠农民群众力量，搞好农业生产经营，参加新农村建设。

3. 坚持不懈地开展新型农民科技培训和新农村实用人才培训，提高广大农民群众科学文化素质和自我发展的能力，不断满足他们日益增长的物质文化需要，切实保障他们的经济政治文化权益，使他们更加充分地分享改革开放和现代化建设的成果。

4. 坚持不懈地实施科教兴农、人才强农战略，紧紧依靠农业系统广大干部职工、广大农业科技工作者和农村基层干部，充分发挥他们的聪明才智，调动一些积极因素，形成促进农业生产经营、农村经济社会发展的强大合力。要坚持不懈地提高农业产品质量安全水平，维护消费者权益。

二、实事求是分析农业生产经营发展安全保护保障体系构建因素

全国农业生产经营能否持续健康发展安全，是由农业自身因素和外界资源、环境、条件等各种因素支撑的。农业生产经营发展所需农业自身引起的各种因素，是指农业生产经营品种、品质、数量的因素，是农业产品高产、优质高效的因素，这是由农民直接承担的责任。农业生产经营发展所需外界资源、环境、条件等各种因素，是由政府及部门应承担的责任。为此，必须全面深入调查研究、实事求是分析农业生产经营发展安全保护保障体系构建各种因素，查明因由。农业不只是几亿农民的产业，而是全国各族人民产业，是城乡一体农工商服务产业中的第一产业，农业综合生产能力是综合国力的体现，没有足够的这种能力，我国难以增强经济社会实力，中华民族难以挺立于世界民族之林。从根本上说，农业是国民经济的基础产业，也是承受风险最大的弱质产业，世界各国为此普遍对农业生产经营实行保护保障政策。我国农业生产经营发展安全保护保障体系，是否能建成，关系到粮棉油等农业产品全社会供应、国民经济繁荣、社会事业发展，农民群众生活改善、城乡经济社会统筹一体化、城镇化，全面建成小康社会的大问题。为此，在"十三五"时期，必须坚持组织开展农业生产经营安全发展保障体系建设。具体说，有以下七方面因素：

（一）农业产品供应与需求因素

农业产品生产、供应与需求的安全，关系到国民经济平稳较快发展、社会更加和谐稳定全局，2004年以来，我国粮棉油等农业产品连续12年增产，2015年达到5.46亿吨，全国粮棉油等农业产品供应率连续10年保持97%以上，但是，由于我国人口众多，耕地和淡水资源稀少，农业生态环境污染，氧候变化加剧，粮棉油等农业产品供给波动较大，农民群众收入增长缓慢。特别是在粮棉油等农业产品生产、供应与需求关系上，出现以下六种因素：

1. 农业产品增收速度慢于城乡人口增长速度的因素。从1998年到2016年全国粮棉油等农业产品生产，供应与需求之间关系分析，这18年间平均增长率为0.54%，低于同期全国人口增长率0.6%水平。在这期间，全世界人口增长率为7.8%，而全世界粮棉油等农业产量年均增长率2.6%，这两方面差距在逐年加大，据"十三五"时期预测，从全国粮棉油等农业产品生产、供应与需求上看，全国需求总量6.5亿吨，同期生产、供应总量只有6.2亿吨。而全世界粮棉油等农业产品生产、供应与需求的差距更加拉大。

2. 农业产品产量逐年减少地区增加的因素，在全国31个省，自治区、直辖市中，2016年与1998年相比，粮棉油等农业产品产量减少的有14个，其中东部地区10个省、自治区、直辖市中有8个城市减少了粮棉油等农业产品产量，东中、西部地区粮棉油等农业产品总产量占全国粮棉油等农业产品总产量的比例，分别由1998年的34%、39.2%、28.6%，降低为2010年的28.3%、35.3%、23.4%。2017年，又进一步减少了粮棉油等农业产品产量。

3. 农业产品品种不全产品不足的因素。从全国来看，小麦、稻谷、玉米基本实现供应与需求平衡，但是大豆、食用植物油等农业产品的供应与需求缺口持续扩大，棉花、食糖等农业产品，需要通过进口满足国内需求。2016年，我国进口大豆5480万吨，大豆自给率为30%，进口食用植物油678万吨，自给率为40%，这使得粮棉油等农业产品市场调控难度加大。

4. 农业产品生产土地水等资源减少、城乡人口增加的因素。主要是农业产品生产土地、水等资源逐年减少，全国城乡人口逐年增加，而广大人民生活水平不断提高，对粮棉油等农业产品的需求在持续增长。依据2010年全国进口农业产品数量推算，这些农业产品在国外生产土地面积已达到6亿亩以上，相当于我国农业产品生产土地面积的1/3。

5. 农业产品供应与需求的差距拉大的因素。全世界多数发展中国家粮棉油等农业产品供应与需求的差距拉大的形势严峻，2016年，全世界饥饿人口为9.36亿人，世界上每8个人中就有1个人在挨饿，全世界粮棉油等农业产品短缺危险已经显现。我国粮棉油等农业产品生产供应与需求之间安全有潜力也有隐患，有波动也有挑战。"十三五"期间，在我国粮棉油等农业产品生产、供应中，将遇到需求刚性增长、增产瓶颈制约、国际贸易劣势的三大挑战。尤其需要警惕的是，连续多年增产增收之后，在一些地方和部门忽视懈怠粮棉油等农业产品生产，而偏向推动农民非从事农业产品生产，进城就业、创业，对坚持促进粮棉油等农业产品继续增产的困难和挑战估计不足，我国粮棉油等农业产品生产虽然仍处于产量增长期，但增产势头明显减缓；国际形势复杂多变，我国利用国际市场调剂粮棉油等农业产品余缺的矛盾难以缓解。特别是在极端气候和国际影响的情况下，我国粮棉油等农业产品生产、供应与需求差距拉大问题会更加严重。

6. 农业产业化、现代化促进我国农业产品生产、供应与需求平衡的因素。农业产业化、现代化发展的核心是维护农民增加收入、改善生活的利益问题。只有推进农业产业化生产经营，加快农业现代化进程，才能提高农业生产经营效益水平，增强农民群众保持粮棉油等农业产品生产积极性，确保我国粮棉油等农业产品生产、供应与需求安全，推动国民经济健康发展、社会和谐稳定、国家长治久安。

（二）农业产品成本与价格因素

农业产品的生产经营成本与市场销售价格是否科学合理，直接关系到农民群众保持粮棉油等农业产品生产、供应与社会需求安全大问题。从全国来看，粮棉油等农业产品生产经营成本上升而收益下降，农业产品市场销售价格涨跌波动不定。

1. 粮棉油等农业产品生产经营成本上升收益下降的因素。从2000年到2015年，即"十五"至"十二五"时期，我国粮棉油等农业产品生产经营成本出现明显上升趋势。据统计，全国稻谷、小麦、玉米三种粮食平均每亩成本，由2006年的416元上升到2010年的594元，上升42.8%，年平均递增8.6%，而2016年，上述三种粮食生产经营成本上升到647元，比上年增加53元，上升8.9%。上述三种粮食生产经营成本上升的原因是多方面的，主要是农业机具、化肥、农药、柴油、水电等生产资料价格上涨，人力劳务费、农业生产经营技术服务费上升。随着国际农业生产资料价格上涨逐年提升，农业产品生产经营成本将继续随之提升。由于农业产品生产经营成本上升，必然引起农业产品收益下降。据统计，全国小麦、稻谷、玉米三种粮食收益，从2006年平均每亩249元下降到2010年平均每亩238元，减少11元，下降4.4%，据在华东、中南、东北小麦、稻谷、玉米产区统计分析，2017年，小麦每亩生产经营成本比上年上升7.4%，每亩收益下降4.8%；水稻每亩生产经营成本比上年上升9.6%，每亩收益下降6.1%；玉米每亩生产经营成本比上年上升5.6%，每亩收益下降3.2%，预计"十三五"时期，全国粮棉油等农业产品生产经营成本继续上升，比较收益会继续下降。这将成为农业生产持续发展的隐患因素。

2. 粮棉油等农业产品市场销售价格上涨而波动不定的因素。2006年以来，国内外粮棉油等农业产品市场销售价格总体上呈上涨趋势。2010年，全国粮棉油等农业产品市场销售价格上涨11.6%，其中小麦、稻谷、玉米、大豆上涨幅度为10%~22%，据中南地区调查分析，2016年，稻谷综合平均价格，每公斤为1.42元，比2010年每公斤1.26元增加0.16元，增长12.6%，据联合国调查统计，从2006年至2017年，世界各国小麦、稻谷、玉米等农业产品市场销售价格迅速上涨，小麦、稻谷、玉米市场销售价格上涨幅度为30%~60%，农业产品市场销售价格上涨，获益最多的还是流通领域。谷贱伤农，谷贵伤民，两者都不利于国民经济健康发展、社会和谐稳定、国家安全。我国粮棉油等农业产品市场销售上涨价原因很多，首先，农业生产经营成本上升，推动农业产品市场销售价格上涨，这是主要因素；其次，国际上农业产品市场销售价格飞快上涨，这是传导因素；再次，国家托市收购价格连续发展的障碍。预计"十三五"时期，全国农业生产经营成本仍将呈上升趋势，其收益增长速度慢于成本增长速度，比较效益明显下降，这对农业生产经营收入，农民群众收入增加，形成障碍因素。

（三）农民群众生产与生活因素

农民群众在从事农业生产经营活动中，能否增产增收，是关系到农业和农村经济能否持续发展，农民群众生产与生活水平能否提高，国民经济能否健康发展、社会能否和谐稳定的问题，我国农业产值在1985年以前占国民生产总值的比例为30%，到2016年已降低到低于10%。这是全国工业化、城镇化发展的重要标志。但是在农业产值占国民生产总值比例不断下降的同时，农业生产收益、农民群众收入增长缓慢，1978年农民群众人均纯收入133.6元，城镇居民纯收入为343.4元，这两者收入比例为1∶2.6；1998年，这两者收入比例为1∶2.9；2008年，这两者收入为1∶3.1；2015年，这两者收入比例1∶2.4；这两者人均年收入差额，70年代200多元，80年代700多元，90年代1400多元，2000年4000多元，2010年6200元，2015年8100元，2016年8300元，2017年8798元。

1. 农民群众收入增长较慢、影响农业生产经营和农村经济持续发展的因素。多年来，农民群众收入增长较慢，直接影响改善农民群众生产、生活条件，特别调整优化农业生产结构，农业产业化经营方式，束缚农业生产和农村经济持续发展。由于农民群众收入水平较低，直接影响农民群众购买力。1978年，全国农村消费品零售额，占全国城乡消费品零售额的比例为67.6%，1988年占58.2%，1998年占43.7%，2008年占36.4%，2015年占31.5%，2016年占30.4%。多年来，农民群众缺乏购买力，这说明我国虽然有13.7亿人口的大市场，但仍然是一个非现实的大市场。

2. 农业生产经营滞后方式制约工业化、城镇化发展的因素。近几年来，全国工业化、信息化、城镇化逐年加快建设进程，2017年全国城镇化率已经达到59.7%，比1978年增长31.8%。这是因为把走出农村进入城镇半年以上的2.9亿农业户籍人口统计到城镇人口中。这些人口一方面在城镇工作、生活，另一方面又有农村房屋土地和老人及子女。这些人既没有在城镇扎根落户，又没脱离农村房屋土地。这些人口在农村不能尽心尽力地从事农业生产经营活动，在城镇难以安心工作、生活。只有彻底解决这个问题，才能促进农业和农村经济持续发展，确保粮棉油等农业产品生产、供应与需求安全平衡，坚持健全以工促实、以城带乡的机制，坚持推行城乡一体农业现代化、工业化、信息化、城镇化，坚持大中小城市与小城镇发展并行，坚持城镇化与农村建设并行，坚持符合条件的农民工在城镇落户定居，保障农民工在城镇合法权益，坚持逐步转移农村富余劳动力，改善农民生产、生活条件，逐步实现农村基本公共服务与城镇均等化，使农民在留农村或进城镇问题上，具有充分自主选择权，确保城乡一体农业现代化、工业化、信息化和城镇化健康发展。

（四）农业生产经营方式与科技推广应用因素

2006年以来，全国农业生产经营方式逐年发生变化，农业现代产业化经营规模、区域逐步扩大，农业科技推广应用水平不断提高，农业现代产业化经营步伐明显加快。但是，从国家看，农业生产经营方式仍然落后，农业科技进步迟缓。

1. 农业生产经营方式仍然落后的因素。这是指我国农业生产经营方式，与世界发达国家的比较，农业生产经营方式仍然落后。在"十一五"期间，全国农业产业化经营，现代化建设规模已初步形成，尽管各地区农户家庭联产承包生产经营方式仍在起主导作用，但对推动农业产业化规模经营、现代建设进程，不能发挥动力作用。绝大多数农户零星分散生产经营方式原始粗放、资源消耗过大等问题日益突出。据2016年抽样调查分析，小麦、稻谷、玉米等粮食主产区农户家庭，种子利用率78%，耕地利用率81%，生产用水利用率43%，肥料利用率32%，药品利用率28%。同时，在农业生产经营过程中发生高排放、高污染、高消耗问题也很突出，节能减排的潜力很大。全国各地区农村尽管建立一些农业产业化经营龙头企业、农业现代化示范园区，但大多是经营规模小，区域分散，产品品种少，质量差，产量低，缺乏农业产品生产、加工、销售一条龙的领头能力，不能发挥农工贸一体产业化、现代化集团占用国内外市场、满足城乡人民优质、多样、多变需求的作用。当前，发达国家跨国公司正在加快农工贸一体托拉斯产业化经营布局，已对我国农业产业化经营、现代化建设带来竞争威力。特别是在大豆、食用植物油方面，已被外国龙头企业集团控制，并向小麦、玉米、棉花、畜牧、水产、林果等方面发展。近几年，一些发达国家正在转变农业生产经营方式，强化农业产加销一条龙产业链、农工贸一体托拉斯集团占领我国市场能力，特别是在农业生产经营过程中，组织实行新能源低碳、节能、减排等措施，增强市场竞争力，这促使我国必须彻底转变农业生产经营方式，大力加快农业产业化经营现代化建设进程。

2. 农业科技含量较低的因素。大多数地区农村青壮劳动力逐年进入城镇就业创业、耕地面积逐年减少的情况下，必须加快农业科技推广应用步伐。在"十一五"时期，我国农业科技推广应用水平逐年提高，已成为促进农业产业化经营、现代化建设的决定性的动力，我国农业科技进步贡献率达到53%。但是比发达国家76%低23个百分点左右；自主创新能力不强，"跟踪式""模仿式"或"转化式"研究比较多，原始创新和关键技术成果不显著；农业产品产前、产中、产后等技术配套较差，全国农业生产科学技术人员力量的80%集中在产中阶段，其中又有60%集中在农林种植产品产中阶段，40%集中在牧渔养殖业产品产中阶段。在农业产品产前、产后阶段中科技成果较少，特别是真正运用到农业产品生产经营全过程的重大突破性科技成果较少，全国农业科技成果转化率仅有40%，远低于发达国家80%的水平。在"十二五"期间，我国每年登记的农业科技新成果达3430余项，但转化率仅为45%，而真正形成规模的不到30%，大量的农业科技成果"沉睡"在实验室，既造成技术资源的浪费，又耽误农业生产持续发展的机遇。还有些部门、地区基层农业技术推广系统

"线断、网乱、人散",传统的推广体系不健全,而各级新型农业科技推广体系没有形成,因此,不能顺利推广应用农业科技成果。

(五) 农业基础设施与生态环境因素

"十二五"时期,全国农业基础设施建设、农业物质技术装备水平有了明显提高。2015年全国农业土地有效灌溉面积为9.16亿亩,比2010年提高9.2%,农业机械总动力为8.89亿千瓦,农业生产经营综合机械化水平为51.4%,分别比2010年提高29.6%、15.1%,但是,以全国各地区来看,农业基础设施薄弱,农业生产抗旱防洪、抗灾减灾能力弱,是一个突出问题。特别是随着工业化、信息化、城市化发展,在农业生产经营中,会遇到日趋严峻的水土资源短缺、生态环境呈现日益恶化的情况。

1. 农业基础设施建设薄弱的因素。全国大部分地区农田没有解决抗旱防洪、抗灾减灾"靠天吃饭"的问题,农业基础设施十分脆弱,难于应对频繁的自然灾害。大中小水库基础设施建设滞后、年久失修,农田灌溉与排涝、抗旱与防洪等水利设施缺少配套、维修、护理,特别是国家决定从"十一五"规划2006年起,取消农业税"两工"后,而用于农业基础设施建设的农村劳动力工日,平均每年减少40多亿个,相当于每年减少2400亿元的投资。由此可见,原本依靠农民筹资投劳开展的农业基础设施低效落后、老化陈旧、不堪重负,因而对农业生产抗旱防洪、中低产农田基本建设问题没有解决,农业生产抗御自然灾害的能力、特别是农业综合生产能力没有形成,因而制约农业生产持续发展,直接影响农业产业化经营、现代化建设,因而阻碍粮棉油等农业产品生产、供应与需求平衡,束缚农民群众增加收入、改善生活。为此,中共中央、国务院提出,从"十三五"时期起,力争10年内全国水利设施建设总投资将达4万亿元,平均每年投资数额,比2015年增加一倍。在实际建设中必然会遇到一些困难、挑战。同时,农业生产经营机械化在"十二五"期间虽然有显著发展,但是与推进农业产业化经营、现代化建设的需求不相适应。特别是农业生产经营所需先进适应、技术成熟、安全可靠、节能环保、服务到位的机械装备有效供给不足。尤其是促进农业现代化的机械设备不配套,推广应用不到位。

2. 农业生态环境不佳的因素。随着我国经济社会发展、人口增加,全国人均耕地、草地、林地、淡水等资源逐年减少,特别是人均耕地、淡气短缺日益加剧,就会给"十二五"时期农业产业化经营、现代化建设带来障碍,就会突破18亿亩耕地红线,难以保障全国13.7亿人口对粮棉油等农业产品需求,难以推动农业产业化经营、现代化建设进程。实践证明,农业产业化经营、农业现代化程度越高,对农业生态环境改善与保护依存关系密切。而我国农业生态环境日益恶化的主要因素有六点:一是农业生产所需土地资源减少、土地流失严重,每年修路、开矿、办厂、建筑和洪涝、地震、风暴、海啸等自然灾害,而减少土地面积、流失土地,破坏耕地,全国每年流失表土总量达50亿吨,相当于全国耕地每年被剥去1厘米肥土层;二是农业生产所需水资源严重短缺且污染严重,全国各地区缺水量达400亿立方米,水危机正在逐渐形成,我国长江、黄河、珠江、松花江、淮河、海河、辽河七大水系总体为轻度污染,部分河流中度或重度污染;三是农业生产所需土地干旱面积扩大、土地荒漠化速度加快。我国荒漠化土地总面积为262.2万平方公里,占国土总面积的27.3%,全国每年因荒漠化造成的直接经济损失达670多亿元;四是森林覆盖率20.36%,只有全球平均水平的2/3,排在世界第139位。尤其是"林转非"严重,因工程建设、自然灾害、毁林开垦等导致的林地转为非林地面积相当于同期全国造林面积的10%,严重影响森林资源的可持续发展;五是台风、酷暑和严寒等极端气候现象发生的概率增加,区域性季节性的干旱、洪涝灾害交替出现并有加剧迹象;六是全国湿地资源占世界湿地面积10%,但已有近40%的湿地受到中度甚至重度威胁;七是全国90%的草原存在不同程度的退化、沙化、盐渍化和石漠化。由此可见,全国农业生态环境十分严峻,资源紧缺、环境污染、生态恶化,正在威胁着农业产业化经营、现代化建设的进程。

(六) 农村劳动力与生产率因素

农村劳动力是指直接从事农林种植业、牧渔养殖业生产经营的人力。农村富余劳动力是指在农林牧渔各业生产经营中超过必要劳动力人数的人才。多年来,农村富余劳动力问题一直是从中央到地方各级党委、政府关注的人生问题。"十三五"时期,全国农村富余劳动力逐年由农林种植业、牧渔养殖业生产经营领域,走向农村城镇工业、商业、服务业领域就业、创业。截至 2017 年,全国已有 2.8 亿农村劳动力转移到城镇非农业生产经营领域,因而导致由全国农村富余劳动力变为农村短缺劳动力的状况。在全国农林种植业、牧渔养殖业生产经营领域,大多是 50 岁以上中老年劳动力,缺乏 40 岁以下青壮年劳动力。特别是一些中老年劳动力身体健康、文化科技等素质较低,导致农村劳动生产效率较低,导致农林牧渔各产品数量少、质量差、效益低、直接影响农林牧渔各业产品供应与需求平衡。

1. 农村生产经营所需劳动力不足的因素。从 2006 年至 2017 年,全国各地区农村富余劳动力,逐年投向农村二、三产业,转向城镇工业、商业、服务业领域就业、创业,特别是农村生产经营管理骨干、技术人才走向非农业岗位,尤其是有文化科技务农的青壮年劳动力,离开农业进入非农业生产经营领域的人数逐年增多。2017 年,在全国 2.8 亿农村劳动力进入非农业生产经营领域人数中,有农村生产经营管理骨干、技术人才 0.96 亿人。随着农村劳动力逐年向城镇转移就业、创业,而导致农业生产经营领域劳动逐年减少,产生"农业荒"现象。特别是在农业生产经营领域青壮年劳动力转移后,从事农业生产经营领域的劳动力平均年龄在 50 岁以上中老年劳动力成为普遍现象。这种"农业荒"、中老年人务农现状,直接反映出农业生产经营领域劳动力不足等一些相关问题。据 2016 年抽样调查统计,在 21 个省 59 个县 201 个乡镇 463 个村中,已有 77% 村已无可以进城打工的"剩余劳动力",仅有 23% 的村还有 40 岁以下的劳动力。辽宁、内蒙古、江苏、山西、四川、湖南、广东、河北、天津等地区农村青壮年劳动力基本脱离农业生产经营领域。在河北省崇礼县狮子沟乡西毛克岭村调查,全村在册人口 458 人,实际常住人口 216 人,在农村劳动力中,最年轻的是一对 46 岁的夫妇。在山西省临汾市永和县赵家沟村调查,全村户籍人口数 234 人,在村常住约 130 人,基本是老年人和儿童。由于没有充足的劳动力,近年来农村种植业生产经营土地撂荒日益严重,湖南省一些村,由于劳动力短缺、种粮效益较低,农民对粮食生产兴趣不大,本来可以种植双季稻的水田,一半以上都只种了单季稻,因而产生"隐性撂荒"现象;内蒙古自治区有些村农户坚守耕作,但是每户平均经营近 30 亩耕地,基本依靠每户人力和畜力"超负荷运转",有些户是老年劳动力在劳作,后继无人。这些村农田分散、"撂荒"现象更多,严重地制约粮棉油等农业产品生产、供应与需求平衡,直接关系到国家粮食安全和社会稳定。

2. 农村劳动生产效率较低的因素。多年来,全国农业劳动生产率和农民人均纯收入水平在逐步提高。但是,与发达国家农业劳动生产效率和农业人均收入水平相比,相差几十倍,甚至超过百倍,例如,我国与美国相比:美国耕地面积 29.6 亿亩,农村劳动为 650 万个,农村人口 1580 万人,占全国人口 3.1 亿人的 5.1%;我国耕地面积 18.3 亿亩,农村劳动力 3.4 亿个,农村人口 7.2 亿人,占全国人口 13.7 亿人的 52.6%,我国每个农村劳动力负担的耕地面积 5.38 亩,生产粮食 4500 公斤,创造价值每年为 2 万元。美国每个劳动力负担的耕地面积 455 亩,生产粮食 22.8 万公斤,创造价值每年为 246 万元。比我国每个农村劳动力,在负担耕地面积上超过 83 倍,在生产粮食上超过 49.6 倍,在创造价值上每年超过 119 倍。从全国 31 个省、自治区、直辖市相互比较,农村劳动生产率和农民人均纯收入水平的差距也很大。从农业劳动生产效率来说,黑龙江、吉林两省通过农业产业化经营、农业机械化作业、农业科技化推广应用的途径,平均每个劳动力承担 26 亩农田,提供粮食 13000 公斤。云南、贵州两省处于山区,平均每个劳动力承担不足 1 亩的农田,提供不足 500 公斤。从农民人均收入水平来看,东部地区,山东、江苏、浙江、广东、福建、上海等省、直辖市农民人均纯收入水平高,西部内陆陕西、甘肃、青海、宁夏等省、自治区农民人均纯收入水平低,这两个地区农民人均年纯收入水平的差距为1倍左右，例如，山东、江苏两省农民人均年纯收入2010年为8940元、2016年13760元，分别比陕西、甘肃两省农民人均年纯收入增长1.24倍、1.05倍。从1979年起，全国各地区农村组织实行农户家庭联产承包责任后，各农户家庭联产承包后，各农户家庭承包的土地经营规模小，零星分散，农业机械化作业少，农业生产经营方式落后，农业产品生产科技含量低。据统计，2017年，全国农户有2.49亿个，户均经营规模只有7.3亩，是农户家庭承包土地经营规模最小的国家之一，这样亿万农户家庭的农业劳动生产，效率较低，农民人均年纯收入水平不高，难以形成农业产品化规模经济效应，难以走上农业现代化、城乡一体化经济社会健康发展之路。

（七）农业生产经营农户主体与专业合作组织因素

2006年以来，全国农业生产经营组织逐年发展起来，各地区农民专业合作社、农林牧渔各业产品行业协会、农业经济科技研究会、农业产业化经营组织、农业现代化示范园区组织、农业产品市场经营组织等层出不穷。据统计，2017年，全国农民专业合作社、农林牧副渔各业产品行业协会等群众组织达到43.46万个，农业产业化经营组织、农业现代化示范园区、农业产品市场经营等组织达到54.28万个。这两类型组织带动农民群众参加农业产业化、现代化、市场化经营率不足30%，带动率和入户率偏低。中共中央、国务院强调指出，农业生产经营组织化程度低是推进农业产业化经营、现代化建设所面临的困难和挑战。我国农业农户家庭为主的小规模生产经营方式，客观上形成了耕地规模小、生产经营零星分散的局面。这种生产经营方式需要辅之以完善的社会化服务体系。这就是要形成一个适合提高农业综合生产能力、农业生产统分结合的双层经营组织体制。为了继续增强农业综合生产能力，就必须进一步完善以农户家庭联产承包责任制为基础的统分结合的双层经营体制。

1. 农户家庭为主体生产经营零星分散的因素。1979年全国各地区组织实行农户家庭联产承包责任制，确立了农户家庭微观生产经营主体地位，构筑了我国农业生产经营组织体系的基石，解决人民的温饱问题，保障了我国38年的粮食安全。农户是我国农业生产经营的基本单位，也是农村社会组织的基本单位。这个微观主体也是农村社会稳定的基石，在我国农业生产经营组织体系中，只要农户这个微观主体增强活力，我国农民就有温饱就有保证，农村经济社会就能稳定。因此，不能以农户家庭承包土地规模小、生产经营零星分散为因由，追求土地规模化经营，让大多数农民失地和农户破产，成为只能到城镇就业、创业、提供劳动力的农户家庭。

为了保障农民温饱、国家粮食安全，在以现有农户家庭联产承包经营的基础上，一是要对现有农户培育成农林种植业与牧渔养殖业有机结合生产经营规模化复合型农户，通过农业生产经营社会化服务组织，促进农户科学利用农林牧渔业各业生产经营资源和条件，在农户内部与农户之间，靠亲缘关系进行沟通协调，互通有无，互相帮助，传承技艺，加强农户之间联合、协作，促进各农户共同建成集中农林牧渔各业产品生产基地，推进农林牧副渔各业产品生产、加工、销售一条龙产业化规模经营，使贫困户变成富裕户，吸引农户子孙后代扎根继承产业，确保农户家庭为主体经济健康发展。二是要正确认识农户家庭小型规模化生产经营管理层次简单，具有内部环节少、运行费用省、沟通协调障碍少、经营管理的组织成本较低、农户家庭经营机制灵活、适应市场波动变化能力强等优势，是适合我国国情的农业生产经营组织形式。三是要进一步看到农户家庭小型规模化生产经营所需人力、财力、物力，都由自家筹集安排，其生产经营盈利与亏损后果由自家承担，不需要庞大的管理机构，也不需要众多的管理人员，不用互相制约监督控制，也不会产生挪用、侵占、贪污、盗窃等违反法纪行为，不需要奖金、高薪等激励措施，也有持久的动力和干劲，是推动农民群众尽心尽力从事农业生产经营的有效途径。

2. 农业生产经营社会化服务组织程度较低的因素。在"十二五"期间，有些地区政府及部门在实施农业生产经营统分结合双层经营体制中，没有积极坚持通过促进建立农民专业合作社、农林牧副渔各业产品行业协会、农业产业化经营组织等社会化服务体系，在农林牧渔各业产品产加销一条龙产业链、农工贸一体化上组织开展对农民服务。总体来说，农业生产经经营组织化程度偏低，农业社会化服务体系不健全，一些农业产业化龙头企业没有起到连接大市场、带领农民发展农林牧渔各业生产的作用，未能与农民形成利益共享、风险共担的机制，也未建成开拓国际市场的农工贸一体化集团组织体系。具体说，没有能通过利用农民专业合作社、农业产业化经营组织等社会化服务体系，调整农业产品加工、储运、销售环节产业链利益分配关系，为农户在加工、销售环节搭建互助合作平台，实现小农户与大市场的无缝对接，让农民获得分享加工与销售环节的利润。为此，一是各级党委、政府通过建立健全农业生产经营社会化服务体系，将农业产品加工、销售环节利润回归给农民，让农民能够较大幅度地持续增收，提高农民从事农林牧渔各业产品生产的积极性。要将农林牧渔各业产品的加工业与销售业作为农业生产经营社会化服务体系的两大支柱；二是各级党委、政府要组织健全农业产品加工业、销售业产业链关键环节，抓住农业产业化生产经营的关键环节，能够介入其中进行有效的调控，防止农林牧渔各业产品市场大起大落，保证农林牧副渔各业产品生产、供应与需求的平衡；三是各级党委、政府要指导农民专业合作社仍以农户家庭为微观经营主体，只是在加工与销售等产业链关键环节搭建互助合作平台，不破坏农户家庭财产权与经营权，合作社并不取代农户，农户是微观经营层次，合作社位于中观经营层次，二者是树木与森林的关系，切实保证农户家庭承包经营制度的连续性和稳定性，始终保持分合双层经营体制的继承和发展；四是各级党委、政府为确保粮棉油等农业产品生产供应与平衡，必须调动农民的积极性，紧紧依靠农户群众力量，也要充分发挥农村基层党委、政府的组织作用，以农民为主体、以政府为主导、民办官助农民专业合作社、农业产业化经营组织等社会化服务体系，不断提高农业生产经营社会服务水平，逐步增强农业生产经营产业化、集约化、规模化、市场化、现代化的能力。

三、因地制宜拓展组合农业生产经营发展安全保护保障体系结构途径

因地制宜拓展农业生产经营发展安全保护保障体系结构组合途径包括：一是必须完成七方面任务；二是必须达到四项要求；三是必须调整优化五种结构；四是必须落实五个机制；五是必须落实四项措施。

（一）必须完成安全保护保障体系结构组合七方面任务

在因地制宜落实农业生产经营发展安全保护保障体系结构组合方略上，必须明确规定完成以下七方面任务：

1. 必须巩固和加强农业基础地位，始终把解决好13亿多人口吃饭问题作为治国安邦的头等大事，坚持最严格的耕地保护制度，坚守18亿亩耕地红线，牢牢端住中国人民饭碗，实施藏粮于地、藏粮于技战略，提高粮产能，确保谷物基本自给、口粮绝对安全。

2. 必须切实保障农民群众权益，始终把实现好、维护好、发展好广大农民根本利益，作为农村一切工作的出发点和落脚点。必须稳定农村土地承包关系，完善土地所有权、承包权、经营权分置办法，依法推进土地经营权有序流转，建立新型农业生产经营主体系，发展壮大新型职业农民队伍。

3. 必须积极发展现代农业，加快转变农业生产经营发展安全方式，推动农民发展多种形式适度规模经营，构建农业现代产业化、规模化、专业化、社会化、科技化、市场化体系。

4. 必须坚持推动农林牧副渔各业结合、种养加一体、一、二、三产业融合发展，拓展农林牧渔各业生产经营产品高产优质、高效安全、资源节约、成本减少、收益增加、生态环境良好的途径。

5. 必须全面划定永久基本农田、大规模推进农田水利、土地整治、中低产田改造、高标准农田建设，加强粮食等大宗产品主产区建设，建立粮食生产功能区、农林牧副渔各业重要产品生产经营发展安全保护区，优化农业生产经营结构和区域布局，推进种养加销产业链建设，拓展农林牧副渔各业多种功能价值途径，提高综合效益。

6. 必须推进农业生产经营标准化和信息化，健全从农田到饭桌的农业产品质量安全过程监督、检查、管理体系，健全农业生产经营科技化、社会化服务体系，发展现代优良品种产业，提高农业生产经营机械化、现代化水平。

7. 必须全方位继续增加财政、银行等多种渠道资金投入农业生产经营建设，进一步完善各项补助、补贴、救济政策，改革农林牧渔各业产品价格形成机制，完善粮食等重要产品收储制度，加强农林牧副渔各业产品市场流通基础设施建设，拓宽产购销流通途径。

（二）必须达到安全保护保障体系结构组合四项要求

在因地制宜落实农业生产经营发展安全保护保障体系结构组合方略上，必须切实达到以下四项要求：

1. 必须将"确保国家粮食安全"放在首位、开展农业现代产业化建设的要求。中共十七届三中全会至十八届五中全会都强调，在开展农业现代产业化建设上，一是必须按照高产、优质、高效、生态、安全的要求，加快转变农业发展方式，推进农业科技进步和创新，加强农业物质技术装备，健全农业产业体系，提高土地产出率、资源利用率、劳动生产率，增强农业抗风险能力、国际竞争能力、可持续发展能力。二是必须着力推进农业结构战略性调整、加快农业科技创新、加强农业基础设施建设、建立新型农业社会化服务体系、促进农业可持续发展。

2. 必须增强农村经济发展实力、推进中国特色农业现代化、实现城乡一体经济社会健康持续发展目标的要求，进一步放开搞活农村经济，优化农村发展外部环境，强化农村发展制度保障，要在稳定和完善农村基本经营制度、健全严格规范的农村土地管理制度、完善农业支持保护制度、建立现代农村金融制度、建立促进城乡经济社会发展一体化制度、健全农村民主管理制度的基础上，推动城乡一体农业现代产业化规模经营，促进农工商服务产业联营。

3. 必须科学制定农业生产经营发展安全保护保障体系规划目标的要求，加大投入、集中力量办好关系全局、坚持长远确保国家粮食安全供求平衡。为此，一是要推进农业结构战略性调整、扩大产能业对外开放。二是要加强农业标准化和农业产品质量安全工作，严格全程监控，切实落实质量安全监管责任，杜绝不合格产品进入市场。

4. 必须达到以农户家庭联产承包经营为核心、完善农业生产经营和农村经济体制的要求，在坚持实行以农户家庭土地承包经营为基础、统分结合的双层经营体制、确保农民获得生产经营自主权的基础上，一是必须坚持实行土地承包法，使农民获得有保障的土地承包和依法流转权。二是必须放开粮食等大宗产品市场和价格，使农民获得产品的处置权。

（三）必须调整优化安全保护保障体系结构组合五种结构

农业生产经营发展安全保护保障体系结构，是由农业生产经营发展安全保护保障体系所需资源型、体制型、基础型、条件型、高效型这五种结构形成的。

1. **农业生产经营发展安全保护保障体系资源型结构**。它包括土地、水利、人力、财力资源结构：一是土地。在土地方面改造中低产田，提高土地利用率、产出率；二是水利。在水利方面，抗旱防洪、保护水源、提高科学节约用水率；三是人力。在人力方面，要建立以培养现代农业生产经营者、农业产业化龙头企业家为目标的农业教育培训体系；四是财力。在财力方面，坚持以国家投入为向导，农村集体、农民投入为主体、建设多元化农业投入体系。

2. **农业生产经营发展安全保护保障体系体制型结构**。它包括农业生产经营双层体制、企业体制、事业体制、财务体制结构：一是在双层体制方面，在坚持完善与农户家庭联产承包责任制为基础的统分结合的双层经营体制；二是在企业体制方面，建立与市场农业和适度规模经营相适应的体现企业化、一体化特点的农业生产经营组织体系；三是在事业体制方面，建立农村文化教育、科学技术、卫生医疗、通讯网络服务事业组织体系；四是在财务体制方面，建立农业生产经营财务管理与会计核算服务体系；五是在组织体制方面，在传统农业向现代农业转变时期，必须不断提高农业生产经营组织水平，引导农业产业龙头企业和农民专业合作组织带动农户与市场链接，建立收益共享、风险负担制度，推进农业生产专业化、经营一体化、服务社会化，鼓励社会组织参与农业生产经营社会化服务，满足农民在生产经营过程中的需求。

3. 农业生产经营发展安全保护保障体系基础型结构。它包括农业产品安全生产供应、农业产品生产补贴、农业产品销售价格、农业综合开发治理、农业生产经营保险结构：一是在农业产品安全生产供应方面，建立农业产品质量安全科学管理和全程监管法规，农业产品质量安全关系到城乡居民健康安全消费，关系到构建社会主义和谐社会和现代农业建设的全局。提高农业产品质量安全水平，对于加快农业增长方式转变，保障广大城乡居民的绿色消费意义重大。国家《农产品质量安全法》的出台，为农业产品质量安全提供了法律保障，也明确了农业产品质量安全科学管理和全程监管的要求与法律赋予的职责；二是在农业产品生产补贴方面，国家财政用于农林牧渔各业良种补贴、农民生产粮食直接补贴、农民购置农业机具补贴、农业生产资料综合直接补贴；三是在农业产品销售价格方面，为调动农民发展粮棉油大宗农业产品生产的积极性，保证满足城乡居民生活和社会经济发展所需农业产品的有效供给，中共中央、国务院在各年度中央一号文件已明确提出，"坚持和完善重点粮食品种最低收购价政策，保持合理的粮价水平"。2009年，国务院强调做好大宗农业产品收储、继续落实粮食最低收购价政策，继续在主产区对油菜籽按略高于市场价格实行国家临时收储；四是在农业综合开发治理方面，国家财政用于农业生产经营基础设施建设，特别是增加山水林田路综合治理、改造中低产田等方面投资，提高农业综合生产能力；五是在农业生产经营保险方面，2002年12月修订后的《农业法》首次明确："国家建立和完善农业保险制度。"中共中央、国务院从2004年开始，连续6年的中央1号文件都对农业保险工作提出了明确要求。2007年以来，由于粮食等重要农业产品价格持续上涨，加之2008年年初南方发生了严重的雪灾，人们的生活受到了较大的影响。为了调解农业产品生产供应与需求的矛盾，国家在对小麦、水稻、玉米、大豆、棉花保险给予保费补贴的基础上，又推出了油菜保险、奶牛保险等保费补贴政策，农业保险的积极作用，受到了广大农民群众的好评和肯定。

4. 农业生产经营发展安全保护保障体系条件型结构。主要包括农业生产经营的生态化、科技化、机械化、产业化、市场化、城乡化、现代化方面结构：一是在生态化结构方面，通过农业生态环境保护与改善，遏制农业生态环境破坏，减轻自然灾害危害，促进自然生态系统良性循环，维护农业生产经营生态环境安全，确保农业生产经营持续发展；二是在科技化结构方面，建立农业生产经营科技创新体系，完善农科教三位一体农业科技推广网络，提高科技创新能力，对农业产品增产、粮食生产供应安全提供科技保障，为提高农业生产经营效益、增加农民收入提供科技支撑，为农业生态环境维护提供科技服务；三是在机械化结构方面，为充分发挥农业机械化在推动农业生产经营持续发展、提高农业综合生产能力，保障国家粮棉油大宗农业产品生产供应安全上的重要作用，2011年7月，国务院在颁发《关于促进农业机械和农机工业又快又好发展的意见》文中规定，建立农业机械行业准入制度和市场退出机制，加强农业机械生产供应链监督管理，提高农业生产经营机械化作业水平；四是在产业化结构方面，推行农林牧副渔各业产品种养加连锁、产供销一条龙、农工贸一体化经营体制，加强农业产业化组织建设，建立企业与农户利益分配机制、风险分担机制，健全农业产业化经营服务体系；五是在市场化结构方面，围绕农林牧渔业各业主导产品生产基地、支柱产业，加强加工、包装、仓储、运输、市场等基础设施建设，推动网上交易，发展农业产品市场；六是在城乡一体化结构方面，为推进统筹城乡经济社会发展，统一规划、城乡产业发展一体化，推动城市工业和服务向农村发展，促进农业产品加工业、销售业向城市延伸，实现城乡道路、水电、公共服务、就业市场、社会管理一体化，切实保障城乡一体化经济社会健康发展；七是在现代化结构方面，必须按照农林牧渔各业产品高产、优质、高效、生态、安全的要求，以加快转变农业生产经营方式为主线，以促进专业化、标准化、规模化、集约化、区域化、社会化、系列化为重点，提高农业综合生产能力、抗风险能力、市场竞争和国际竞争能力，在全国工业化、城镇化深入发展中，同步推进农业现代化。

5. 农业生产经营发展安全保护保障体系高效型结构。它包括农业生态环境保护、农业生物能源、农业粮棉油大宗产品、农业畜禽产品、农业水产品、农民特产品、农业旅游产品、农村文化产品、农业高科技产品等生产经营结构。

（四）必须实行安全保护保障体系结构组合五个机制

中共中央、国务院在组织推进各地区党委、政府及部门开展农业生产经营发展保护保障体系结构调整优化组合上，反复强调指出，必须切实处理好速度、结构、价格之间的关系，保持农业生产经营平稳较快发展，加快转变农业生产经营发展方式、推进农业生产经营发展安全保护保障体系结构调整优化组合方向不能动摇。为此，必须坚持建立在优化结构、提高质量和效益基础上的又好又快安全发展，必须坚持与人口资源环境相协调的持续发展，必须坚持充分发挥结构调整优化组合的平衡、调节作用，必须坚持实行以下五个激励机制：

1. 为结构调整优化组合实行财政引导投入机制。调整优化农业和农村经济结构，就是调整优化财政支出结构，将更多的财力投向转变发展方式上来。为此，一是要充分发挥财政资金"四两拨千金"的作用，打好财税政策与产业政策、货币政策的组合拳，改进财政资金使用方式，提高财政资金使用效益，在推进自主创新、促进节能减排、加快区域发展等方面，拿出更加切实有效的办法，引导和推动经济结构调整和发展方式转变。二是要逐步加大财政资金投入力度，引导带动金融机构和各类投资主体调整投资和信贷结构，自觉加大对自主创新、节能减排、产业升级等方面的投入，促进政府投资与社会投资的良性互动，营造一个有利于农业和农村经济持续发展的坚实基础。

2. 为结构调整优化组合建立扩大消费的长效机制。为此，一是深化收入分配制度、财税体制改革，完善社会保障体系，保障改善民生，完善促进消费政策，改善消费环境，从根本上增强居民消费能力和意愿；二是要正确处理内需和外需的关系，不断提高对外开放水平，保持外贸政策基本稳定，促进出口稳定增长，积极扩大进口，有效利用外资，促进民间投资持续较快发展，优化投资结构，有效发挥金融政策作用，优化信贷结构，加强金融监管。

3. 为结构调整优化组合推行传统产业结构升级机制。为此，一是在供给结构方面，要积极培育和发展战略性新兴产业，促进传统的产业结构升级；二是要切实完善政策措施，推动服务业大发展，进一步提高服务业比重和水平，加强对农村小企业的支持和服务；三是在要素结构方面，要加强农村小企业技术改造，加快淘汰落后产能，促进企业兼并重组，提高产业集中度，全面提升制造业的水平和竞争力；四是要毫不放松地抓好节能减排，明确各级政府目标责任，建立健全有效地激励约束机制，强化企业主体作用，深入推进全社会节能减排；五是要继续用好我国在国际贸易中的比较优势，通过国际市场加快自身发展，带动国内技术进步，增强产业和产品竞争力，缩小与发达经济体的差距。

4. 为结构调整优化组合完善党政组织领导农业和农村体制机制。农业、农村、农民问题事关党和国家事业发展全局。为此，必须加强农村基层组织建设、基层干部队伍建设、党员队伍建设，加强农村党风廉政建设，切实加强和改善党的领导，为推进农村改革发展提供坚强的政治保证。各级党委、政府及部门特别是各级领导干部要切实把对农业、农村、农民的关注关心关爱落实到行动上。

5. 为结构调整优化组合，实施农业生产经营发展安全保护保障投入补贴机制。中共中央、国务院决定，从2006年起，取消农业税、牧业税、农业特产税、屠宰税和乡统筹及村提留费、农村教育集资等各方面向农民征收的税费，而减轻农民税费负担。同时，实行对种粮农民直接补贴、良种补贴、农机具购置补贴、农业生产资料综合补贴和退耕还林还草补贴，使农民得到国家财政的补贴，一直到2017年逐年扩大补贴范围。

（五）必须落实安全保护保障体系结构组合四项法制

为了健全农业生产经营发展安全保护保障体系，扶持农业生产经营基地设施建设达到标准化、生态化、机械化、持久化水平，促进农业生产经营达到规模化、有机化、一体化、市场化程度，推广应用绿色有机、节能减排、保鲜储存、病虫防治、种植选进、养殖科学、加工精细、销售畅通等科学技术，提高国际农业生产经营水平，推动农业产品生产、加工、包装、储藏、运输、销售一条龙、农工贸一体化健康持续发展，实现农业生态型、科技型、高效型、品牌型、市场型的现代化目标，中共中央，国务院组织推动各地区落实以下四项法制：

1. 组织落实农业生产经营发展安全保护保障体系结构组合法规制度。中共十七届三中全会至十八届五中全会，一直围绕农业生产经营发展安全保护保障体系结构结合问题，制定实施有关法规制度，包括：一是以农户家庭承包经营为基础、统分结合的双层经营制度。各届全会反复强调提出，要"稳定和完善农村基本经营制度"，对于现有土地承包关系，要保持稳定并长久不变，还赋予农民更加充分而有保障的土地承包经营权；二是农民承包流转基础制度。这是立足地少、人口多的基本国情，突出强调提出，要"健全严格规范的农村土地管理制度"，在新的形势下，必须坚守18亿亩耕地这条红线，实行最严格的耕地保护制度，健全农村土地管理各项制度；三是农业生产经营保护制度。明确提出，要"完善农业支持保护制度"，从农业投入、农业补贴、农业产品价格等多方面，进一步完善相关政策，不断强化对农业这一国民经济基础和战略产业的支持和保护；四是农村金融信贷制度。这是着眼于为农村发展提供的资金支持，而"建立现代农村金融制度"；五是城乡经济社会一体化制度。这是为在从根本上破除导致城乡二元结构的制度基础，而建立促进城乡经济社会发展一体化制度；六是农村民主管理制度。这是为加强村民自治机制建设，不断发展农村基层民主，而"健全农村民主管理制度"。

2. 组织落实农业生产经营基础设施建设投资法规制度。为此，经国务院批准，从中央到地方各级政府制定实行财政增加农林牧渔各业生产经营的基础设施建设资金、流动资金、综合开发治理资金、科技推广应用资金法规制度，特别是农民农林种植业生产有机肥、绿肥推广应用资金、产加销一条龙企业资金法规制度。

（1）为了加强农林牧渔各业生产经营社会化服务能力建设，在全国范围内普及乡镇或区域性农林牧渔各业技术推广、动植物疫病防控、农林牧副渔各业产品质量监管等公共服务项目，中央财政于2009年设立基层农林牧渔各业技术推广体系建设试点补助资金项目法规制度，从2010年至2017年共安排资金25.7亿元，支持4570个项目示范县进行基层农林牧渔各业技术推广体系建设，培育了一大批观念新、技术强、留得住的农林牧渔各业技术推广示范户，建设了一批农林牧渔各业科技示范基地，构建了"专家组＋技术指导员＋示范户＋辐射带动户"的科技成果转化应用快捷通道，提高了基层农林牧渔各技术推广体系的公共服务能力，全面推进了农林牧副渔各业技术进村入户。

（2）为了防治、抵抗农林牧渔各业生产经营中遭受自然地理灾害，保障农林牧渔各业产品生产稳定发展、增产增效，促进农民群众增加收入、改善生活，提供防治和减少各种灾害有效服务，经国务院批准，中央财政政策建立了农林牧渔各业产品生产救灾资金、农林牧渔各业产品重大病虫害防治与防疫等补助等专项资金法规制度。"十一五"至"十三五"期间共安排上述资金1296亿元，其中2016年安排107亿元，比2010年增长66.8%。这些救灾法规制度的实施，为灾区农林牧渔业各业产品生产迅速恢复，最大限度地减轻农民群众因灾损失，确保农业和农村经济持续发展，维护农民群众增收减支、减轻负担、生活安定，发挥了重要作用。

（3）为了加强农田水利基础设施建设，彻底改善农林牧渔各业基地产业化经营条件，加快实现农林牧渔各业产加销一条龙、农工贸一体化的现代化目标，2016年，中央财政安排资金近1600亿元，比2010年增长超过27%，主要用于强化农业基础设施建设；四是为了大力改善牧业区域生产经营条件，2011年6月，国务院发布了《关于促进牧区又好又快发展的若干意见》。明确决定，从2011年开始，国家在内蒙古、新疆、西藏、青海、四川、甘肃、宁夏和云南八个省区，全面建立草原生态保护补助奖励法规制度，截止2016年，全面覆盖60亿亩草原、惠及近200万户牧民。中央财政安排草原生态保护补助奖励资金136亿元，主要用于实施禁牧补助、草畜平衡奖励、牧民的生产性补贴；

五是从 2015 年起，中央财政固定资产投资重点用于农业基础设施建设，土地出让收益重点投向农业土地开发、农田水利和农业基础设施建设，确保足额提取、定向使用，提高农业综合生产能力。

3. 组织落实农业生产经营管理法规制度。主要包括以下四项：一是农业生产经营方式调整优化法规制度。这是指组织实行农林种植业与牧渔养殖业有机结合生产经营方式，降低农林种植业生产经营成本、牧渔养殖业生产经营成本、牧渔养殖业产品防止病虫害成本、环境保护与防治污染成本的法规制度。同时，通过组织实行农民农林种植业与牧渔养殖业有机结合生产经营方式，获得农林牧渔各业生产经营综合效应；二是农户小型规模经营主体与农民专业合作经营有机结合法规制度。这是指以农户家庭联产承包责任制为主体地位，与农民专业合作社相结合，让农民群众获得分享加工与销售环节的利润。农民专业合作社以农户家庭经营为主体，在加工、贮藏、运输、销售等产业链环节、建立起互助合作平台；三是农业产业化规模经营与农业产品市场信息化有机结合法规制度。农业产业化是农业产业链组织化，是农业产加销一条龙。农业产业化规模经营是农业产业链统筹协调配合行动。农业产业化规模化经营的依据，是农业产品市场信息化。通过农业产业链的组织化与农业产品市场的信息化对接，形成农业产品产加销一条龙、农工贸一体化经营体系；四是农业生产经营保险法规制度。2002 年 12 月，修订后的国家《农业法》明确规定国家建立农业生产经营发展安全保护保障法规制度，中共中央、国务院的从 2004 年至 2017 年连续 12 年颁发中央 1 号文件，都对农业生产经营采取了保护保障政策措施，在对小麦、水稻、玉米、大豆、棉花等农业产品生产经营保险给予保险费补贴的基础上，又组织落实油菜籽、奶牛等保险费补贴法规制度。2015 年至 2017 年，中央财政全部承担地方配套农业保险补贴 249 亿元。

4. 组织落实农业生产经营补贴法规制度。主要包括以下五项：

（1）农林牧渔各业产品良种补贴法规制度。从 2002 年开始，中央财政补贴高油、大豆良种。2007 年，扩大到水稻、小麦、玉米、油菜籽、棉花良种。2008 年，中央财政对生猪和奶牛良种补贴、牧草良种补贴、畜牧良种补贴、畜牧标准化养殖补贴、奶牛生产性能测定和能繁母猪补贴。截止到 2009 年，中央财政对全国各地区水稻、小麦、玉米、棉花良种补贴，扩大油菜籽、大豆良种补贴范围；2010 年，中央财政扩大马铃薯良种补贴范围，对青稞、花生良种给予补贴。全国总计农林牧渔各业产品良种补贴资金额，从 2006 年的 41.5 亿元，增加到 2016 年的 214 亿元。总之，农林牧渔各业产品良种补贴种类，从 2006 年的 4 个种类，扩大到 2016 年的 10 个种类，2017 年，中央财政安排良种补贴 220 亿元，比上年增加 16 亿元。

（2）农民生产粮食直接补贴法规制度。从 2001 年起，国家开始探讨农民生产粮食补贴法规制度。2002 年，国家在吉林、安徽两省农民生产粮食直接补贴试点。2003 年，在全国 16 个省、自治区、直辖市放开国家征购和市场的粮食价格，试行农民生产粮食直接补贴法规制度、代替粮食购销保护价法规制度；从 2004 年起，中央财政在全国范围内实行农民生产粮食直接补贴；2006 年以来，中央财政对农业生产粮食直接补贴范围逐年扩大，凡是生产粮、棉、油、糖等产品的农户都是国家财政直接补贴的享受者，补贴资金投入逐年加大额度，2016 年年初中央 1 号文件发布，从 1 月起，国务院多次召开常务会议和全国工作会议，专题研究部署粮食生产问题，为全面启动全国粮食稳定增产行动，中央财政新增 129 亿元资金，用于支持农民发展粮食生产，中央财政又安排粮食增产奖励资金 225 亿元，比上年又增加了 40 亿元。同时，实施粮食最低收购价法规制度和主要农产品临时收储法规制度，大幅度提高并及时公布了小麦和稻谷的收购价格。

（3）农民购置农业机具补贴法规制度。从 2004 年起，国务院发布了对农民群众购置农业机具补贴法规制度。当年，中央财政对农民群众购置农业机具补贴资金额 7000 万元，2008 年，中央财政补贴资金额增加到 24 亿元，补贴到全国所有的农业乡（镇）、村（屯）购置农业机具的农户中。2009 年，中央财政大幅度增加农业机具购置补贴资金，将适用农业技术先进、安全可靠、环保节能、服务到位的农业机具纳入财政补贴重点。2015 年，中央财政将农民群众购置农林牧渔各业生产抗旱、节水、节能机械设备纳入补贴范围。全国农业机具购置补贴资金额，从 2006 年的 6 亿元增加到 2016 年的 155 亿元。补贴农业机具类型，从"六机"（大中型拖拉机、深松机、免耕播种机、收割机、插秧机、秸秆还田机），扩大到 12 大类 45 个小类 180 品目，基本覆盖了农林牧渔业生产主要的机械设备。

（4）农民购置家用电器补贴法规制度。2009 年 2 月 1 日，中共中央、国务院颁发《关于 2009 年促进农业稳定发展农民持续增收的若干意见》中明确指出，扩大国内需求，最大潜力在农村。此后不久，《国务院办公厅关于搞活流通扩大消费的意见》正式发布，明确从 2009 年 2 月 1 日起，将家电下乡从 12 个省（区、市）推广到全国。同时，把摩托车、电脑、热水器（含太阳能、燃气、电力类）和空调等产品列入家电下乡政策补贴范围，由各省（自治区、直辖市）根据当地需求，从中选择增加部分补贴品种。2009 年，全国彩色电视、冰箱（含冰柜）、手机等家电下乡财政补贴资金额上升到 100 多亿元，从而激活了农民购买能力，提升了农民的物质和文化生活水平。

（5）农业生产资料综合直接补贴法规制度。2007 年，中央财政对农业生产资料综合直接补贴资金额 276 亿元。2008 年，经国务院批准，中央财政对农业生产资料综合直接补贴资金额 482 亿元，比上年增加 206 亿元，增长 75%。这主要考虑到：其一，化肥、柴油等农业生产资料涨价因素，对农业生产经营成本增加的影响；其二，磷酸二铵涨价增支因素，资金分配向三北地区重点倾斜，有效缓解磷酸二铵价格变动对农业生产经营成本增加的影响；其三，支持南方灾区农民恢复生产和灾后重建，适当向南方灾区倾斜；其四，继续坚持在补贴资金向粮食主产区倾斜的前提下，对亩均补贴标准和补贴强度系数（每百斤粮食的补贴额）过低地区，进行适当修正，适当缩小各地区之间补贴差距；其五，农业生产资料综合补贴资金一次性全部提前拨付到省，督促各省尽快将资金拨付到位，为降低成本，提高效率，方便农民领取，通过中国农民补贴网，采取"一卡通"或"一折通"形式，将补贴资金一次性全部直接兑付到农户；其六，农业生产资料综合直补资金，财政部专门建立健全补贴资金的专户管理、财务公开、村级公示、补贴旬报、档案管理等法规制度，不断加强补贴资金监管，坚决杜绝截留、挤占、挪用补贴资金现象的发生。提高补贴资金的使用效益。

总之，2015 年，中央财政安排用于农林牧渔各业良种补贴、农民生产粮食直接补贴、农民购置农业机具补贴、农业生产资料综合直接补贴这四项资金总额 1406 亿元，比 2010 年 1069.34 亿元，增加 336.66 亿元，增长 23.9%，2016 年，四项资金总额 1462 亿元，比上年增长 4%。2017 年，四项资金总额 1528 亿元，比上年增长 4.5%。

四、公平合理拓展组成农村生态公共公益基础设施建设服务发展安全保护保障体系结构途径

中共十七届三中全会至十八届五中全会都反复强调指出，扩大公共财政覆盖农村范围，开展农村公共公益基础设施建设，这是拓展破解城乡二元结构的根本途径。必须组织建立以工促农、以城代乡长效机制，形成城乡经济社会发展一体化新格局，把发展农村公共公益基础设施建设置于更加突出的位置，明确提出了城乡经济社会发展一体化新格局的要求。这是对全国农民做出的庄严承诺，表明更加重视解决广大农民最关心、最直接、最现实的利益问题。必须不断解放和发展农村社会生产力，始终把改革创新作为农村发展的根本动力，必须加强农村生态环境保护保障设施建设，必须加强农村公共公益服务基础设施建设。

（一）必须拓展农村生态环境保护保障设施建设途径

这是指加强农村自然地理资源保护保障设施建设、农村山水林田路综合治理。为了全面加强全国各地农村自然地理资源科学保护利用，深入开展农村山水林田路综合开发治理，中共中央、国务院决定，从中央到地方各级党委、政府及部门都必须组织拓展农村生态环境保护保障设施建设的以下两条途径：

1. 坚持保护优先、自然恢复为主，实施山水林田路村生态保护和修复工程，建立生态廊道和生物多样性保护网络，全面提高森林、河湖、湿地、草原、沿海等自然地理生态系统服务功能。为此，一是开展农村土地绿化行动，加强林业工程建设，完善天然林保护制度，增加森林面积，扩大退耕还林还草、退牧还草面积，加强草原保护；二是加强水流域生态保护，系统维护整治江河流域，连通江河湖库水系，开展退耕还湿、退养还滩、加强江河源头、水源涵养区生态和渔业资源保护。

2. 坚持农林牧渔各业生产经营，进行草原、丘陵、山区土地资源的水土流域综合治理，加强抗旱防涝、防治风沙、治理盐碱、抗震救灾、扶贫攻坚等综合开发治理建设。为此，在"十五"至"十三五"规划期间，一是加强全国农村生态重点功能区综合开发治理建设，着力加强水土保持、流域治理项目工程建设，推进荒漠化、石漠化综合治理；二是开展农业区域植树造林、牧业区域草原恢复、渔业区域湿地恢复等生态环境建设。从"十一五"规划时期起，中共中央、国务院决定，增加青海、西藏草原生态保护建设以及江湖沿海生态保护建设投资，"十一五"期间共安排上述资金177.08亿元，其中2010年安排39.24亿元，比2009年增长7.2%。为缓解我国西部等地草原生态功能严重退化趋势，经国务院批准，中央财政投入资金134亿元，从"十二五"期间2011年开始，在内蒙古等8个西部主要草原牧区、省（区），实行草原生态保护建设补助奖励政策，实施禁牧补助草畜平衡奖励规则，改善草原生态环境，推动牧区区域形成良性生态环境。

（二）必须加强农村公共公益服务基础设施建设途径

这是指必须拓展农村经济社会、农村居民生产生活公共公益服务基础设施建设途径。为了确保农村经济社会持续健康发展、和谐安全稳定，改善农民生产、生活条件，中共中央、国务院决定，针对全国各地区农村居民生产灌溉难、生活饮水难、行路难、通电难、通讯难等问题，组织带领各地区党委、政府及部门指导拓展农村公共公益服务基础设施建设途径，主要包括以下六方面基础设施建设途径：

1. **农村水利工程建设途径**。主要是指组织拓展农村居民生产、生活用水工程建设途径。主要包括：一是改善坡改梯田水利灌溉条件，配套修建小水窖（池）、小山塘（小水库）、拦山排洪沟渠；二是解决农村居民、禽畜饮水困难、安全问题，而修建安全用水库、乡村与农户饮用水管道设施。从"十五"至"十二五"规划期间，累计完成农村34896座大中型和重点小型水库除险加固任务，新增节水灌溉农田497万公顷，解决农村48392万人口饮水困难和安全问题。

2. **农村公路建设途径**。主要是指组织拓展农村居民来回城乡之间生产、生活必需之路建设途径。在农村公路建设上，实现县县通水泥路、镇镇通油路、乡乡通公路、行政村通公路，县（市）、乡（镇）、村（屯）之间通公共汽车，交通运输、通讯邮政都畅通。总之，截至2015年，新建改建农村公路48万公里，在"十三五"规划期间，新建改建农村公路20万公里，具备条件的乡（镇）和行政村通硬化路、通客车。

3. **农村沼气、清洁工程建设途径**。主要是指组织拓展农村居民家庭所需沼气、清洁工程建设途径。在组织开展农村沼气、清洁工程建设上，坚持以自然村为单元，开展秸秆、粪便、垃圾等有机废弃物无害化处理，向肥料、饲料、燃料转化，实现农村庭院整洁、水源清洁和田园清洁化。截至2015年累计农村沼气用户为5162万农户，建立起重大动物疫病防控体系。在"十三五"规划期间，开展农村人居环境整治，建设美丽宜居乡村。

4. **农村节煤、节柴炉灶和太阳能工程建设途径**。主要是指组织开展农村节煤、节柴炉灶、太阳能炉灶和太阳能洗浴暖房工程建设，促进节能型日光温室、塑料大棚设施栽培、温棚养畜设施建设。同时，组织开展农村电网、电讯广播、电视工程建设，进一步开展农村电网工程改造，实现农村、农户通电和农民生产、生活用电基本满足需求的目标，确保农户家庭都具有电讯、广播、电视等基本条件。在"十三五"规划期间，逐年进行农村网络改造，建立起农户宽带。

5. **农村公共公益服务"一事一议"基础建设途径**。为了激励农民建设新农村积极性，加速农村公共公益基础设施建设进程，改善农村居民生产生活条件，而组织推行"一事一议"、奖励补助规则途径。它包括四条：一是严格遵循农村公共公益服务基础设施建设"一事一议"、奖励补助规则，明确规定目标、时间、任务、要求、方法；二是严格保障农村公共公益服务基础设施建设项目工程质量，坚持遵守群众评议、考察评估、设计施工、检查验收、维护管理；三是严格履行农村公益事业项目工程审批程序，坚持由村（屯）"一事一议"领导小组向乡（镇）"一事一议"领导小组提出筹资申请报告后，由乡（镇）"一事一议"领导小组会同有关部门审核项目工程、筹资及财务预算方案，作出筹资批复；四是严格实行档案管理，乡镇有关部门及时将农村公共公益服务基础设施建设有关资料按年度、分类别归档立卷、长久保存，以利于备查监察。

6. 农村公共信用担保服务社会化建设途径。为了解决农村中小企业和农户融资难问题，实现农村中小企业和农户信贷需求，与农村金融机构信贷供应有效对接，确保农村公共公益服务基础设施建设所需资金资助，中共中央、国务院决定，对农村中小企业和农户实行多种抵押担保形式，由农业、财政、发改、税务、银监等部门联合制定实施全国农村公共信用担保服务社会化职责途径，主要包括三条：一是组织指导全国农村公共信用担保服务机构建设；二是扶持全国农村公共信用担保服务机构，给予适当的启动资金，每年按照担保金额给予一定比例风险补贴资金；三是建立农村公共信用担保风险防范、控制分解、化解补偿基金规章制度，确保农村公共信用担保服务事业持续健康发展。

五、统筹安排拓展布局农村经济社会健康发展安全保护保障体系结构途径

统筹安排布局农村经济社会发展安全保护保障体系结构的核心，是为实现农村经济社会持续发展、和谐安定的宗旨，而建立健全农村经济社会持续发展长效机制，彻底消除不稳定和谐结构，组合安全、安定、和谐的农村经济社会环境。为此，必须坚持在统筹安排拓展布局、公平公正组合农村经济社会发展安全保护保障体系结构途径上，一是坚持实现持续发展、和谐安定宗旨；二是确保完成持续发展、和谐安定任务；三是必须达到持续发展、和谐安定要求。分别说明如下：

（一）坚持实现持续发展、和谐安定宗旨

这是指在农业生产经营持续发展、农民群众收入持续增加和生活逐步改善的基础上，一是农村经济实力增强、农村社会和谐安定；二是农村基层党政领导干部、农民群众在思想、行动上，自力更生、开拓创新、勇往直前、奋发图强、勤劳致富；三是农村文化、教育、卫生、医疗、低保、养老、扶贫、救助等社会保障事业全面发展，人民群众学有所教、劳有所得、病有所医、困有所帮、难有所济、老有所养、住有所居等生产、生活条件得到保障；五是农村各级党委、政府制定执行的"三农"方针政策能维护农民群众利益，顺民心，合民意，能同行、同德、同行、同甘苦，真正体现全心全意为农民群众服务的宗旨。

（二）确保完成持续发展、和谐安定的任务

中共中央、国务院针对我国农业、农村处在计划经济转向市场经济时期，农村一些党政领导干部与农民群众矛盾日益突出，农村不稳定因素增多，直接关系到我国农业生产和农村经济持续发展、农村社会和谐稳定、长治久安。为此，相应向各级党委、政府提出组织完成农业、农村持续发展、和谐安定、农民群众增收致富等"三农"相关方面的艰巨任务。

1. 要正确认识农村一些党政领导干部与农民群众矛盾的特征。这是指农村一些党政领导干部与农民群众存在着普遍性、群众性、对抗性、复杂性、危害性矛盾特征。一是普遍性。即农村干群矛盾由个性问题发展成为共性问题。突出表现在农村各种矛盾中，干群矛盾所占的比例不断增长，有干群矛盾的村所占比例不断增大。二是群体性。农村干群矛盾所反映的大多是与农民群众生产、生活息息

相关的问题,涉及面广,易于引起具有相同利害关系的人共鸣,一些地区农村开始出现因共同利益而结成的社会群体。三是对抗性。即农村基层干部与农民群众的直接对立和公开冲突。如暗地报复干部,包括投毒、纵火、爆炸、破坏干部的生产、生活设施;公开对干部进行人身攻击,包括殴打、谩骂、侮辱;许多集体上访过程中经常发生围堵党政机关和重要交通干线,故意损害公共财产、砸毁车辆。四是复杂性。农村干部矛盾层面逐渐扩大,覆盖了农村政治、经济、社会的各个领域,所反映的问题,既有当前实际问题,又有历史遗留问题。许多矛盾中包含家族、派别、宗教、积怨等因素。矛盾双方鱼龙混杂,在群体性事件中,有合理要求和过激行为,有少数别有用心之人,有违法乱纪之人,相互交织,盘根错节,在处理中难度很大。五是危害性。农村干部矛盾日益加剧,对农业生产和农村经济发展以及农村社会和谐稳定造成严重的危害,导致农村一些领导班子瘫痪,一些领导干部无法开展工作,一些敌对分子和犯罪分子打着各种幌子,借机挑起事端,制造混乱,破坏农村安定团结的局面。

2. 要正确分析农村一些党政领导干部与农民群众矛盾的原因。这是指农村一些党政领导干部与农民群众矛盾激化的原因,主要有三个方面:一是农民收入增长速度不快、农民实际支出加大的原因:其一是有些地区农村各种形式的收费、摊派、集资屡禁不止;其二是有些地区教育、医疗等部门利用自己的垄断优势,物价大幅上涨;其三是有些地区农村集体财务混乱,不少干部浑水摸鱼、挥霍浪费、侵占贪污,加重农民负担引发的恶性事件时有发生,伤害人民群众的情感。二是农民群众强烈民主要求、农村基层干部高度集中管理的原因:其一是有些地区农村基层干部不适应由指挥者转变成服务者;其二是有些农村长期不选举基层干部,由上级领导确定,还有实行家族化、世袭制;其三是有些地区农村干部独断专行、优亲厚友、强迫命令、营私舞弊,损害集体利益。为此,农民群众强烈要求民主选举自己的当家人,迫切希望参加讨论村中大事,自主生产经营、依法行政,反对排斥异己,打击报复。三是农民群众维护切身利益,一些地区政府和部门侵犯农民群众生产、生活自主权。一些地区政府和部门在部署、检查工作任务时,主观确定脱离农村实际的指标、数字,提出无法考核、评价、验收的标准、尺度。基层干部为夺得好名次,弄虚作假,制造出劳民伤财的"形象""政绩""达标"等典型,致使党和政府在农民群众中的威信严重受损。

3. 要正确处理农村一些党政领导干部与农民群众矛盾的任务。首先,要看到全国各地区农村存在的各种矛盾,突出的是农村干群矛盾。农村干群矛盾虽然表现在农村社会组织内部管理者和成员之间,但从本质上看,是现阶段农村生产力与生产关系、经济基础和上层建筑这个基本矛盾的反映。其次,要看到农村干群矛盾的主要方面是干部。应当肯定,农村基层干部长期工作勤勤恳恳、任劳任怨、作出贡献。总体说,是可以信赖的。但纵观农村干群矛盾的主要原因:一是干部手中有权,在农村政治、经济、社会中是占主导地位的组织管理者;二是干部肩上有责,肩负着组织引导、教育、服务农民群众的重任;三是干部身上有毛病,在干部思想作风、行为方式、工作方法等方面,与人民群众的愿望上有相当大的距离。这是干部身上毛病的根源。第三,要看到农村干群矛盾,在农村深入改革、农村利益主体日趋多元化中的碰撞、摩擦中产生、长期存在、有时激烈,还要进一步看到农村干群矛盾不断产生、不断解决的规律,这是农村经济社会发展的正常现象,是符合生产力与生产关系、经济基础与上层建筑这一基本矛盾发展规律的。因此,必须坚持用马克思主义世界观和方法论,发现、认知和解决农村干群矛盾,注意克服工作中的形式主义和急功近利,对日益激烈的农村干群矛盾,必须高度重视、倍加关注、尽早解决。第四,要看到农村干群矛盾隐藏着很大的危险性。从总体上看,农村干群矛盾主要是农民群众对一些基层干部有意见。但值得注意的是,在农村,干群矛盾就是党群矛盾,农民群众往往把基层干部当作党的代表和形象化身。实践证明,凡是农村基层干部素质高,所在党组织威信就高,凝聚力就强。反之,农村基层干部素质差,所在干群矛盾激烈,党组织就没有威信,必然受到宗教、宗族以及各种邪恶势力的挑战。为此,在看清上述矛盾根源的基础上,科学确定、正确处理和担起农村一些党政领导干部与农民群众的以下八方面任务:

(1) 坚定不移地贯彻执行中共中央、国务院的关于农业、农村和农民的"三农"方针政策。历史与现实经验证明，中共中央、国务院对"三农"方针政策是完全正确的，深受农民群众的完全拥护。而今中共中央、国务院的方针政策，直接通过各种新闻媒体与农民群众见面。为此，从中央到地方各级党委、政府及部门，必须督促农村基层干部坚定不移地贯彻执行三项政策：一是坚持落实农村土地延包永久不变的政策，让农民吃上"定心丸"，多渠道增加农业投入，积极推进农业结构调整，把农民群众的注意力引导到实现农业增效、农民增收上来；二是坚持落实保护价敞开收购余粮政策，依法保护农民群众的利益，调动农民群众的生产积极性；三是坚持落实减轻农民群众负担的政策，给农民群众更长休养生息的时间，切实处理好"给"与"要"的关系。

（2）坚定不移地加强农村基层干部队伍建设。这是解决农村干群矛盾的关键环节。为此，在加强农村基层干部队伍建设、提高农村基层干部素质中，一是建立农村基层干部选举产生机制。各级党委、政府针对富裕村人人抢着当干部，贫困村没人愿意当干部，青年农民不愿意当干部，特别是少数素质低和私欲强的人抢着当干部的情况，必须建立农村基层干部民主选举产生机制，把那些认真贯彻执行中共中央、国务院及各级党委、政府的方针路线、廉洁奉公、公道正派、群众拥护、有文化、有本领、诚心诚意为农民群众办事的人，选进农村基层党政领导班子。在依法选举村委会的同时，重点选好农村党支部及其书记，切实起掌管村务、政务、财务的领导作用。二是建立农村基层干部素质培训机制。各地区党委、政府根据农村基层干部政策业务情况，组织开展针对性培训，其一增强政治观念，提高带领农民群众坚持走中国特色社会主义农村道路的自觉、主动性；其二增强政策观念，提高组织农民群众贯彻落实"三农"各项方针政策的积极、持久性；其三增强经济观念，提高引导农民群众发展农业产品市场经济而增加收入的开拓创新能力；其四增强群众观念，提高说明教育、示范带动、热心服务的工作能力；其五增强法制观念，提高依法办事、依法行政的能力。三是建立农村基层干部管理和监督机制。一要在组织开展考察农村基层干部中，必须坚持广泛深入征求农民群众的意见，其一对农民群众强烈反对的干部要及时调整，其二对严重违法乱纪的干部要从严处理，绝不能避重就轻，包庇袒护，善于利用反面典型教育干部。二要坚持对农村基层干部的离任审计，对那些靠贷款、欠债出"政绩"的人绝不能提拔重用。三要建立农村基层干部激励机制，提高福利待遇，调动农村基层干部的积极性。

（3）坚定不移地对农民群众进行思想道德、文化科技素质教育。中共中央、国务院和地方党委、政府针对有些地区农村文化教育科技落后、农民群众文化教育程度不高的问题，特别是针对有些地区农村农民群众思想道德不适应农村社会主义精神文明建设、农村实行家庭承包经营后农民群众在市场经济条件下的生产经营具有相对独立性的情况，而必须对农民群众组织进行四项教育：一是文化科技教育。其一对农村青少年人组织开展九年义务教育；其二对未上过小学的农村中老年人组织开展扫除文盲，丰富农民群众文化生活；其三对农村青壮年人组织开展实用技术培训，提倡科学，破除封建迷信，提倡文明，克服愚昧落后，提倡节俭，反对铺张浪费。二是权力与义务教育。对农民群众组织开展爱国家、爱集体、坚持走社会主义道路的教育，教育农民群众发扬顾全大局、互助友爱、扶贫济困的精神，自觉履行对国家、集体、社会的义务，克服重权力轻义务的倾向。三是法律法规教育。对农民群众组织开展法律法规教育，提高农民群众的法律意识，学会用法律来规范农民群众利益关系和行为，利用法律维护农民群众的合法权益。四是方针政策教育。让农民群众全面正确理解中共中央、国务院和地方各级党委、政府的各方针政策，增强农民群众按照各项方针政策办事的自觉性。

（4）坚定不移地对农村实行依法治村、基层民主法治。各地区党委、政府必须坚定不移地坚持解决农村干群矛盾，在正确运用思想教育、市场经济、行政领导等手段的同时，实行依法治村、基层民主法治。为此，一是依法规范村级管理。根据国家有关法律法规，建立农村民主法治规章，使农村基层干部和农民群众有章可循。要对农村一切重要问题提交村民代表大会决定，充分发挥民主，使之成为农村各级党政领导干部的自觉行动；二是坚持村务公开公正。农村基层党政组织坚持进行农村政务、商务、财务的各项公开，以公开促公正。要对农村各项公共、公益基础设施工程建设项目投资，严格履行招标，扩大透明度；三是依法规范和约束村民行为。农村基层党政组织与农民群众一起结合乡情、村情、民情，科学地制定乡规、村规、民约，坚持干群之间相互遵守、监督，增强自我约束力。要通过实行依法治村、基层民主法治，实现农村由人治到法治的转变，由干部为农民做主向保障农民群众当家做主转变，由干部管理教育农民向依靠农民自我管理、自我教育的转变。

（5）坚定不移地改变各级党委、政府指导农业、农户和农村基层工作的思想和方法。农户和农村生产经营组织是农村市场的主体，各级党委、政府指导新时期农业、农户和农村生产经营组织工作，必须充分尊重农民群众的主体地位，按市场经济规律办事。要把农民群众高兴不高兴、满意不满意、拥护不拥护当作检验农业、农户和农村基层工作得失成败的标准。按照这样的指导思想，一是要取消各种"达标"和"升级"活动，减少各类检查和评比。要给农户和农村生产经营组织以更大的自主经营权；二是要采取实事求是考核办法。各级党委、政府及部门必须深入到广大农民群众中去征求对农村基层干部的意见，着重考核基层干部为农民群众办了哪些有意义的实事，给了农民群众哪些看得见、摸得着的实惠。要彻底改变注重数字和指标的考核、忽视基层干部为农民群众办实事的考核办法；三是要强化各有关部门的服务职能。各有关部门要对农民群众在生产、生活中急需的信息服务、技术服务、法律服务，善于通过引导、说服、示范、服务的方法推进，严禁借服务之名，坑农、害农、卡农；四是要强化农民群众监督和媒体新闻监督。要对农民群众反映的问题长期得不到解决事件，公开曝光，严肃对待，及时处理，妥善解决。

（6）坚定不移地深入进行乡镇党委、政府机构改革。这就要精简乡镇党委、政府机构和人员，减少乡镇行政事业开支，减轻农民群众负担。为此，一是精简乡镇党委、政府机构，必须明确规定乡镇党委、政府主要职能，是依法进行党政管理、组织农村社会公共服务。要将不该有乡镇党委、政府承担的任务放弃了；二是精简乡镇党委、政府机构人员，必须和精简乡镇党委、政府肩负职能和承担任务结合起来进行，对乡镇党委、政府机构人员编制数量，必须由上级党委、政府根据国家有关法律法规核定，乡镇不能自聘工作人员；三是加强农民群众需要的政府所属机构人员力量，凡是与农民群众无关联的政府所属机构，都必须大力精简、取消。要大力解决"坑农、害农"问题，发现一起、查处一起。

（7）坚定不移地解决好农民群众关心的热点、难点、焦点、要点、重点的生产、生活问题，特别是农民群众对农业土地、农村集体财务、农村公共公益基础设施建设、计划生育、农民收入、农民宅基地等涉及农民切身利益问题，是诱发农村干群矛盾的重要因素。为此，一是农村基层党政组织及干部在研究解决上数问题时，必须积极、谨慎，既不推不拖，又不简单从事。其一对农民群众的合理要求，及时予以解决。其二对一时解决不了的问题，做好相应的说服、解释工作。其三对少数人的过分要求、无理要求要晓之以理，动之以情，明之与法，但不能无原则迁就。二是农村基层党政组织及干部要做好农村"焦点"人物的工作。农村离职干部、离退休人员，在外地工作的干部职工等在本地都有很大的影响力。要注意关怀尊重他们，注意征求他们的意见，发挥好他们的作用，使他们成为农村稳定的重要因素。

（8）坚定不移地积极、妥善处理乡镇、村群体性事件。群体性事件是农村干群矛盾的特殊表现形式，尽管表象形式激烈，总体上仍然属于人民内部矛盾的范畴。因此，对一般性群体性事件，要立足于疏导，进行说服、教育、劝阻，切不可简单从事，态度粗暴，以免导致规模扩大。但对严重干扰社会正常秩序的突发性群体事件，对操纵不明白真相的群众制造混乱，已达到自己不可告人目的的"黑军师"，对诽谤他人、毁坏公共财物的严重违法犯罪分子，要采取果断措施，坚决予以打击，及时制止事态发展。

（三）必须达到持续发展、和谐安定要求

这是指对农村经济社会必须达到持续健康发展、和谐安定要求：其一，对文化教育、科学技术、卫生医疗、生活低保、养老保险等社会事业提出保障要求；其二，对农民群众改善生产、生活条件，缩小贫富差距，走共同富裕道路，提出同心同德、安定团结的要求。

1. 农业生产和农村经济安全、持续、健康发展。这是推进农业基础设施建设、农业生态环境保护、农业生产条件改善、农业土地治理利用、农业资源综合开发，农业生产经营管理人才培育、农业科学技术推广应用、农业产业化经营规模、农业产品优质高效、农业产品市场开辟、农业现代化建设等安全、持续、健康发展。

2. 农村集体农林牧副渔各业产品种养产加销一条龙产业链经济、城乡一体化农工商集团经济、农民专业合作经济、农村个体股份制经济安全、持续、健康发展。

3. 农村文化教育、科学技术、卫生医疗、生活低保、养老保险等社会事业安全、持续、健康发展。其一，在文化教育要求上，对青少年人进行义务教育，对青壮年人进行各种职业教育，对中老年人进行文化娱乐教育；其二，在科学技术要求上，组织推广应用农业科学技术，推动农村科技化、信息化建设；其三，在卫生医疗要求上，组织开展农村人口计划生育、优生优育、疾病治疗、保健护理；其四，在生活保障要求上，规定政府扶持最低生活保障标准，做到幼儿有所育，老人有所养、实行养老保险制度。

4. 农民群众改善生产、生活条件，增产增收、增收致富，缩小贫富差距，走共同富裕道路。为此要求：一是建立健全在保护农民群众土地承包权和住宅基地保障权的基础上的现代社会保障制度。其一，要认清保护农民群众的土地承包权和宅基地保障权，是农民群众生产、生活未来保障的主要来源。其二，要维护农民群众的土地承包权和住宅基地保障权，在出租、流转等环节增值，是促使农民群众增加收入，改善生活，走向富裕的根基。其三，要在这个基础上，建立健全农民群众社会保障制度，主要包括：农民群众的伤害、灾害、疾病、贫困、教育、就业、养老等项社会保障制度；二是组织引导农民群众逐步缩小贫富差距、城乡差距，坚持走向共同勤劳致富道路。

六、坚持不懈拓展调解农民群众脱贫致富奔小康安全保护保障体系结构途径

中共中央、国务院组织推动各地区党委、政府及部门，坚持不懈拓展调解农民群众脱贫致富奔小康安全保护保障体系结构途径，这是指中共中央、国务院扶持全国农民群众的农业生产经营、非农就业创业、衣食住行、文教医疗、低保养老、特困救济等事项，确保走上脱贫增收、致富奔小康之路。它主要包括：一是农民群众土地承包权和住宅基地保障权益途径。这是为全国 2.38 亿农户家庭保持有一块可以保障生产、生活的土地，居住的宅基地，使得农民群众在条件允许时，从事城乡一体工商服务产业，反之回农村从事农林牧渔产业，这是一条农民群众得到生产、生活保障途径；二是农民群众遭受自然地理灾害、伤害救助途径。这是为全国各地区农村农民群众遭受旱灾、水灾、地震灾等自然地理灾害、伤害，而组织落实急切相关生死需求的国家政府、社会各界救助途径；三是农民群众接受公共科技推广服务途径。这是为推动农民群众参加现代农业科技化生产经营管理，促进农民群众推广应用农林种植业、牧渔养殖业产品优良品种技术，科学施用水利、电力、机具、肥料、药物等生产资料，总结汲取农田土壤改造与水土保持、流域治理技术，推动交流农林牧副渔各业产品病虫害防治技术、保鲜储运技术、机械作业技术，组织实行农村公共科技推广应用人员激励奖惩机制；四是农民群众转移城镇就业创业生活保障途径，这是指：其一，对有创业意愿的农民群众，给予创业扶持，推荐创业项目，落实创业基地，办理贷款担保、给予财政贴息创业专项资金。其二，对有城镇就业意愿的农民群众，统一实行城乡劳动力就业登记制度。其三，简化农村劳动力进城落户审批手续，取消不合理收费，加强农民工劳动保护、安全、工资、疾病的管理监督。其四，组织落实适合农民群众在城镇工作的失业保险、医疗保险、工伤保险、养老保险等方略，彻底解决农民群众创业就业后顾之忧问题；五是国家对农民群众"多予、少取"的方针坚持执行的方略。这是指国务院督促各级政府及部门必须贯彻落实统筹城乡发展、工业反哺农业、城市支持农村的方针，其一，消除对农民群众进城务业的歧视性规定和不合理限制，使农民群众得到自由择业权；其二，建立农村居民自治制度，实行村

务公开，使农民群众拥有村级公共事务民主决策权，切实保障农民群众合法权益；六是地方政府及部门为改善农民群众脱贫致富奔小康安全保护保障体系，开拓以下调解结构途径：

（一）深化农村综合改革途径

这是指各级党委、政府为组织实现农村综合改的目标、任务，遵循农村综合改革的原则和必须达到的要求，调整不适应农业生产关系和农村生产力发展的各种因素，推动农业生产和农村经济持续健康发展，确保全国农民群众增产增收、生活改善，而采取体制保障、财力支持、增强动力、激发活力等以下七条切实可行、行之有效途径：

1. 坚持坚定不移地拓展贯彻落实扶持和服务农民群众"多予、少取"的方针政策途径。这就是指各级党委、政府及部门坚持贯彻落实中共中央、国务院关于组织推进农业产业现代化、城乡一体化建设的方针、以确保农业生产和农村经济持续健康发展为中心、稳定发展粮食生产、不断为农民群众增加收入、提高生活水平，坚持坚定不移地拓展贯彻落实"多予、少取、放活"和工业反哺农业、城市扶持农村、帮助农民群众脱贫增收、致富奔小康方针政策途径。

2. 坚持始终拓展完善农民群众生产经营村经济管理法制途径。这是指坚持健全农民群众参加农业生产经营管理法规制度。稳定和完善农村土地承包关系，保障农民土地承包权，防止在发展现代农业、推进规模经营、村屯整治撤并中，收回农民土地承包关系，引起农村社会不稳定。为此，凡是有条件进行土地流转的地方，必须坚持依法、自愿、有偿的政策，发展农业现代产业化经营，切实保护和节约农田。

3. 坚持组织拓展各级政府财政扶持农民群众生产经营建设项目工程资金投入途径。这是指各地区党委、政府在组织农民群众农村公共公益服务基础设施建设上，加大各级财政资金投入力度，要从农民最关心、最迫切的事情做起，大力扶持农田水利、农业生态环境基础设施建设，加快发展农村文化、教育、科技、卫生、医疗等社会保障事业，重点解决农村人员上学难、看病难、行路难、饮水难、绿化难等突出问题。同时，要调动社会各方面的积极性，形成对"三农"多元化的资金投入途径。

4. 坚持组织拓展落实农业生产、农村建设主体农民群众民主自治途径。这是指：一是要坚持为尊重农民群众当家做主的意愿和首创精神，充分发挥农民群众在农业生产、农村建设中的自主权益，实行村民自治、扩大基层民主，广泛听取农民群众的意见，防止强迫命令。二是要坚持完善农村居民自治管理规章制度，实行民主选举、民主决策、民主管理、民主监督，正确行使民主权利，坚持推行村务公开、基层政府公开的"一事一议"规章制度，引导农民群众把该办的事议好，把议定的事办好。

5. 坚持组织拓展推动农民群众在社会主义新农村建设中发挥主力军主导作用途径。这是指在各地区党委、政府在组织推动农民群众参加社会主义新农村建设中，一是必须结合当地实际、符合农民群众意愿、不能强求一律，不要相互攀比。二是必须根据当地农村经济实力和广大农民承受能力，组织开展建设，绝不能在盲目举债建设。三是必须树立艰苦奋斗的思想作风，一步一个脚印地前进，逐年改变农业生产、农村经济发展条件，逐步提高农民群众物质生活水平。

6. 坚持组织拓展调整和完善缓解县乡财政困难的激励约束机制和县乡最低财政支出保障机制途径。这是指为了推进省直管县和乡财县管、规范转移支付制度，加大对县乡基层政府的支持力度，切实增强基层政府公共服务能力。为此，一是建立农村公共公益事业财政奖励补助制度，完善村级筹资筹劳制度，引导农民群众积极参与农村公共公益事业建设；二是建立农村基层组织正常运转经费保障制度，合理确定政府财政对农村基层组织经费补助范围和标准，明确政府财政对农村基层组织经费补助责任。

7. 坚持组织拓展清理化解农村义务教育债务问题途径。这是指要以化解全国各地区农村义务教育债务为突破口，全面开展清理化解乡村债务工作问题方略。农村义务教育债务是与农民群众利益直接相关的债务问题，必须优先化解。中共中央、国务院明确规定，必须按照谁举债谁负责、先清理后化解、先化解后奖励、奖励与约束相结合的原则，尽快化解农村义务教育债务问题。

（二）改善农民群众生产、生活条件途径

这是指中共中央、国务院组织领导各地区党委、政府及部门，在改善农民群众生产、生活条件上，着力实现人民群众生产、生活"十有十保"目标，即学有所教保素质、病有所医保健康、劳有所得保权益、老有所养保天年、住有所居保舒适、困有所解保基础、负有所减保成效、险有所保保覆盖、民有所保保稳定、人有所乐保舒畅的"十有十保"目标。尽心尽力解决农民群众最关心关注的一系列热点、难点、焦点、要点、重点的生产、生活问题。

1. 改善民生的宗旨。保障和改善民生，重点难点在农民群众。农民群众是我国人口的大多数，农民群众安居乐业关系全局，关系到农业生产和农村经济持续发展，关系到我国社会经济平稳较快发展。只有不断改善农民生产、生活条件，特别是办好农村的"水、电、路、气、房"等实事，缩小城乡发展差距，破除城乡二元化格局，才能确保城乡一体化经济社会平稳较快发展，全力以赴、毫不动摇的全面建设小康社会。中共中央、国务院要求各地区党委、政府，一是对农业基础仍然薄弱，最需要加强；二是对农村发展仍然滞后，最需要扶持；三是对农民增收仍然困难，最需要加快。中共十七届至十八届全会为加快农业生产和农村经济持续发展，改善农民生产、生活条件，概括的这"三个最"，指出紧迫性，抓住有利契机，在这"三个最"上争取实现新突破，为我国城乡一体化经济社会平稳较快发展奠定坚实基础。

2. 改善民生的任务。2011年3月14日，第十一届全国人大四次会议通过的《政府工作报告》中提出，一是要在全国农村全部免除义务教育阶段的学杂费；二是要在全国范围建立农村最低生活保障制度；三是要积极推行新型农村合作医疗制度，试点范围扩大到全国80%以上的县（市、区）；四是要加大财税等政策支持，建立健全廉租房制度；五是要加快建立适合农民工特点的社会保障制度，重点推进农民工工伤保险和大病医疗保障工作；六是要在教育部直属师范大学实行师范生免费教育，建立相应的制度。从2012年至2017年，都坚持推行以上各项法规制度。这是国务院以民生为重点、民生为首，关心民生、改善民生的根本职责，是各级政府"权为民所用、情为民所系、利为民所谋"和"立党为公、执政为民"的中心任务。

3. 改善民生的要求。以人为本，改善民生是保持稳定的前提，是科学发展的动力。为此，必须时刻注意保障和改善民生，把解决农民群众最关心最直接最现实的利益问题作为重点，必须坚持改革力度、发展速度和社会可以承受程度的统一，确保社会安定团结、和谐稳定。越是在经济发展面临较大困难的时候，越要高度关注民生，越是要高度关心困难农民群体，越是要高度重视维护社会稳定。具体要求做到正确处理好以下三方面关系：

（1）正确处理好改善民生与保持稳定的关系。一是全面理解和领会改善民生、维护稳定的决策，牢固树立全局意识和战略思维，妥善处理中央和地方、局部利益和整体利益、个人利益和集体利益、当前利益和长远利益的关系，切实解决有令不行、有禁不止、政令不畅通问题，坚持不动摇、不懈怠、不折腾，切实保证中共中央、国务院保发展、保民生、保稳定方针政策措施不折不扣的贯彻落实。二是正确处理好保民生和保稳定是相辅相成、互相促进的关系。努力做到保民生、保稳定，切实维护好、发展好最广大农民的根本利益，坚持问政于民、问需于民、问计于民，集中财力加快办成促进城乡一体化经济社会发展急需、人民群众热切期盼的大事、实事，切实解决农民群众生产、生活方面遇到的新困难新问题，千方百计稳定就业，高度重视困难农民群众的生活保障，确保他们的基本生活水平逐步提高。时值年终岁末，各级领导干部下基层访贫问苦和"送温暖、献爱心"，把党和政府的温暖送到农民群众的心坎上。

（2）正确处理好农民群众的收入与消费的关系。为了增加农民群众收入，提高农民群众消费水平，必须正确处理好农民群众收入与消费的关系，坚持贯彻执行引进、补助、培训、保险、减负的政

策：一是引进政策。通过各级政府及部门多渠道争取和引进农业发展项目，重点推进农业和农村基础设施建设，调整优化农业生产和农村经济结构，推进农业产业化经营和农业现代化建设，奠定农业生产和农村经济持续发展的基础。二是补助政策。通过各级政府调整优化财政预算支出结构，建立健全财政支农资金的稳定增长机制，逐年加大粮食生产补贴、良种繁育、农药化肥、农业机具、家电下乡、农业生产资料等涉农补贴资金投入力度，2011年到2017年每年达到每亩补助210元，每个农户人均350元。三是培训政策。着力支持农民群众创业、再就业培训，加快农村劳动力转移。在农业生产和农村经济领域，着力加强农业生产科技、节能减排、抗旱防洪、产业经营、市场销售培训，大力开展农村公共、公益基础设施建设培训。四是保险政策。认真贯彻执行"政府引导、市场运作、自主自愿、协同推进"政策性农业保险政策。为此，一要按照农林种植业省（自治区、直辖市）财政补贴40%，市县区财政补贴30%，投保人自筹30%；二要按照牧渔养殖业省（自治区、直辖市）财政补贴30%，市县区财政补贴30%，投保人自筹40%等，给农户吃上"定心丸"。五是减负政策。为农民群众减负，为基层政府减压。在投工投劳、教育收费等方面坚决治理乱集资、乱摊派、乱罚款等违法违纪行为，逐步化解乡村债务。

（3）正确处理好农村企业与农民群众就业的关系。"保企业、保就业、保稳定"这三者有机联系，密不可分，企业保不住，就业就谈不上，也就无法保证稳定。企业健康发展，才能更多地吸纳农村富余劳动力。为此，必须激发农村企业活力和发展潜力，增强其盈利能力，使企业加快研发创新，进而有财力对农民群众进行科技培训，提高企业生产经营管理水平，增强市场竞争能力和赢利能力，扩大生产经营规模，确保企业形成良性循环的坚实基础。

4. 改善民生的举措。这是指为改善民生，而发展企业、开辟就业，增加农民群众收入，改善农民群众生活所采取的政策措施。为此，相应组织落实以下三项措施：

（1）坚持按照中共中央、国务院关于"保增长、扩内需、调结构"的决策部署，各级党委、政府及有关部门共同把帮助企业渡过难关，稳定就业局势、及时研究解决劳动关系重要问题，作为头等大事来抓。为此，一是各级党委、政府及有关部门要坚持把共克时艰、共谋企业发展和保障职工合法权益有机结合起来，帮助和鼓励企业尽量稳定用工岗位。要在保企业、保就业、保稳定中，增强工作的预见性、针对性和灵活性，结合实际制定切实可行的政策措施，深入开展创建劳动关系和谐企业的活动；二是各级企业联合会要会同有关企业组织，积极引导、鼓励企业和企业家切实承担社会责任。尤其在形势严峻、困难较多的情况下，要坚定信心，坚持以人为本的经营理念，根据实际采取在岗培训、轮岗轮休、协商薪酬等措施，尽最大努力不裁员或少裁员，为稳定劳动关系、稳定就业局势、稳定社会，为保持城乡一体化经济社会经济平稳较快发展作出积极贡献；三是各级人力资源和社会保障部门要认真落实各项就业扶持政策，采取有关减轻企业负担、稳定就业局势的措施，加强就业服务工作，发挥失业保险促进就业的作用，帮助和鼓励困难企业尽量稳定用工岗位；四是各级工会组织要积极引导和鼓励职工关心企业的生存与发展，坚持依法推进、互利共赢、共同协商、因地制宜的原则，支持企业采取弹性工时、在岗培训、协商薪酬等措施，努力提高劳动生产率，降低生产经营成本，与企业同舟共济，共克时艰、共谋发展。

（2）坚持落实激励农民群众开辟务农、务工、创业之路，改善民生政策措施。各级党委、政府及部门在坚持继续支持土地承包经营权流转管理和服务，推进农业产业化规模经营的基础上，一是继续推广农业政策性保险试点，增加安排保费补贴，提高粮食直补、农资综合直补、良种补贴和农机具购置等惠农补贴标准，继续扶持农林牧渔各业特色产品生产发展，推动城乡一体化经济社会发展，不断提高农村文化教育，科技、卫生、医疗等社会保障事业健康发展；二是坚持安排财政专项资金，投入农村劳动力转移培训的"人才工程"，以及贫困地区农村劳动力转移培训的"就业计划"，提高农民工务业本领。要将下岗再就业税收优惠政策扩大到返乡农民工，企业吸收返乡农民工就业，比照吸纳下岗人员享受税收优惠政策，对于贫困户劳动力和被征地农民就业并符合相关条件的，给予一定额度的社会保险补贴和岗位补贴；三是坚持为自谋职业和自主创业的返乡农民工，其一，提供担保贷款；其二，清理规范好涉农收费，降低农民工创业成本；其三，对从事生产经营的返乡农民工，依法尽量延长其纳税期限，对按期缴纳税款确有困难的，实行定期、延期缴纳；其四，返乡农民工按期纳税的，营业税月营业额起征点提高到5000元。总之，坚持从实际出发，千方百计增加农民收入，保障充分就业、提高社保水平，彻底改善农民生产、生活条件。

（3）坚持执行提供农村富余劳动力就业、创业投资政策措施。为了推进农业和农村经济持续发展，保障和改善农民群众生产和生活条件，中共中央、国务院要求地方各级党委、政府进一步优化财政支出结构，切实按照公共财政的政策，把资金投放的重点放在优先保障和改善民生上，继续向贫困地区农民群众倾斜，向农村社会事业发展的薄弱环节倾斜，加大对农村文化教育、医疗卫生、社会保障和农村富余劳动力就业、创业以及保障性住房等领域的投入力度，使公共财政的阳光更多地惠及广大农民民生工程，逐步覆盖学有所教、劳有所得、病有所疗、老有所养、住有所居的公关财政保障范围。为此，一是各级政府为农村富余劳动力进城镇就业创业，其一，提供培训补贴、小额担保贷款及贴息；其二，对就读中职学校的返乡农民工给予学费和生活补贴；其三，对初次参加职业技能鉴定或专项职业能力考核的农民工，给予技能鉴定费或专项职业能力考核费财政补贴。二是各级政府为农村青年农民工开辟就业创业门路。据统计，2016年全国农民务业人数已经占全国城镇职务业总数一半以上，青年农民务业人数又占农民务业总数的70%以上，约达18200万人。在大多数青年农民身上除户籍是农民外，已经没有农民的特征，没有农业生产技能，不愿意回到农村。由于青年农民相对受教育程度较高，与"第一代"农民务业人员大多在建筑、供销、卫生等服务行业不同，多数在制造中小企业，一部分在需要一定技能的服务业，这些人有较高的文化精神生活需求，坚持继续学习，重视技能培训，具有融入城市主流社会的愿望，有进入政府机关权力诉求。为此，一是要高度重视青年农民就业问题，先行建立城乡统一的劳动力市场，向农民开放城市公共服务，完善青年农民职业教育与培训政策。二是要促进青年农民自觉自愿采取"社区就业"和"非正规就业"等灵活就业方式，就地增加收入，根本解决农户家庭老中青小亲人分离等一系列问题。

（三）扩大农民群众消费、投资需求途径

这是指扩大农民群众消费需求和投资需求途径。它主要包括：一是扩大农民群众消费和投资需求的宗旨；二是扩大农民群众消费和投资需求的任务；三是扩大农民群众消费和投资需求的方式。

1. 扩大农民群众消费、投资需求的宗旨。这是指增加农民群众在日常学习、劳动、生活中对物质、精神的需求。扩大消费、投资需求的范围包括：一是农民日常学习、劳动、生活中，其一，在饮食上的粮、油、糖、盐、菜、瓜、果、肉、蛋、奶等食品；其二，在衣、住、行上的衣、被、房、床、水、电、路、车等物资需求。二是农民日常学习、劳动、生活中的文教、科技、卫生、医疗等方面的精神需求。扩大农民群众内需的目的，是不断提高农民群众物资、精神生活水平，是彻底改变农民群众生产、生活条件，确保农民群众脱贫增收、致富奔小康。在"十五"至"十三五"规划期间，中共中央、国务院反复强调指出，一要扩大国内需求，最大潜力在农村，实现经济平稳较快发展，基础支撑在农业；二要保障和改善民生，重点难点在农民，只有巩固和加强农业基础，才能掌握谋划全局的主动权；三要促进农林牧渔各业产品生产稳定发展，才能为促进国民经济平稳较快发展创造良好的基础；四要促进农民群众持续增收，才能持续改善农民群众生产、生活条件、扩大内需潜力、促进社会和谐稳定；五要扩大国内需求，最大潜力在农村，全国城乡居民消费存在明显差距，农民群众改善生活有强烈愿望，这是扩大内需的强大动力。据测算分析，增加农业和农村生产建设投入，对于促进国民经济社会发展，具有明显的乘数效应，在直接拉动相关产业发展同时还约40%转化为消费。农民消费每人增加3000元，全国就能增加内需12460亿元。

2. 扩大农民群众消费、投资需求的任务。这是指扩大农民群众消费需求和投资需求的任务。消费和投资虽然拉动经济增长都有巨大的作用，内需启动要依赖消费，消费是内需的基础，但投资与消费相比，具有见效快的特征，其作用会加速见效。为此，扩大消费、投资需求的任务有以下四方面：

（1）组织启动消费需求。投资对启动内需具有见效快的功能，内需驱动要靠启动消费来实现。只有通过消费的支撑，投资才能持续维系。一般来说，消费包括：收入性消费、信贷性消费、预期性消费。为此，所以必须全方位启动这三种类型消费。

第一，启动收入性消费。这是指农民群众靠自己的收入而进行的消费。因此，要推动农民群众收入性消费的增加，就必须提高农民群众收入水平。我国农民群众收入性消费水平低的原因，就是农民群众收入增长迟缓。这就必须做到：一是提高农民群众收入在国民收入分配中的比例，通过国家减免税、投资、补贴等方式，提高农民群众收入在国民收入分配中的比例；二是提高农民群众劳动收入在企业初次分配中的比例，使农民群众劳动收入与企业利润的变动，能够保持相辅相成的关系；三是提高农民群众财产性收入在农民群众收入中的比例，这是指提高农户家庭动产收入和不动产收入水平；四是提高经济落后地区农村农民群众收入水平，为这些地区农村农民群众创造就业创业机会。总之，只有通过大幅度提高农民群众收入水平，才能推动收入性消费持续增长。

第二，启动信贷性消费。启动信贷性消费是重要的消费渠道，尤其对于不动产消费，信贷性消费有推动作用，信贷性消费包括三种渠道：一是信贷性信贷，是指对有稳定增加收入的人，可以享受这种信用性贷款；二是抵押性信贷，是指通过各种具有抵押功能财产而获得信贷，包括股权抵押、不动产抵押、收藏品抵押；三是担保性信贷，是指通过相关个人或者机构担保而获得信贷。为此，必须选择良好担保方的条件，完善这种担保性信贷机制。

第三，启动预期性消费。预期性消费有赖于科学预期，而科学预期则又有赖于决心、信心，信心取决安全感，包括：生产安全、生活安全、生命安全、财产安全。为此，必须健全良好的农村社会保障制度和法治制度，必须完善农村社会保障制度和法治制度体系。

（2）组织启动投资。投资包括：一是民生投资，即公共产品投资，主要包括：卫生医疗、文化教育、社会保障、基础设施，其投资主体是政府；二是生产性投资，是指对各个产业的投资，其投资主体是企业；三是资产投资，是指股票投资、房产投资、基地投资、设备投资，其投资主体是社会各界、团体、公民。

第一，扩大民生投资。这就是向四个方面扩大民生投资：一是卫生医疗投资，建立良好的三级卫生医疗网，使卫生医疗资源能有效配置，解决看病难和看不起病的问题；二是文化教育投资，向职业教育倾斜，加大国家对职业教育的投资，要将有利于就业创业作为教育投资的重要方向；三是社会保障投资，要加大对农村社会保障事业投资，主要包括：县乡以下的公路网、电网、通讯网的投资和农村的上水系统和下水系统的投资等。

第二，引导生产投资。这就是对各个产业的投资，其投资主体是企业。因而推动这种投资的增长，一是政府要为企业解决融资难的问题，以保持流动资金更加充足；二是政府要提高政府服务效率，为企业投资创造良好的环境；三是政府更要降低企业的各种负担，尤其是税收负担；四是政府要更加注重对农业基础条件的投资，提高农业生产效率和抗风险能力，还要对那些有利于农业产品深加工和经营产业化的方向加大投资，以提高农业抵抗市场风险的能力。

第三，促进资产投资。这是指资本市场投资和房地产市场投资。资产投资是公众投资的重要投资渠道。为此，必须加大扶持农民群众资本市场投资、房地产市场投资的力度，提高农民群众财产性收入水平。房地产投资是资产投资的重要组成部分，必须为广大农民群众房地产投资创造优良市场环境。

（3）正确处理好扩大内需与稳定外需的关系。这就必须全面认识内需与外需之间关系，就是既要准确认识内外需各自的增长趋势，又要客观认识内外需的相互关系。2001年以来，我国已成为一个内外需高速扩张的国家，其中引人注目的是对外贸易的急剧扩大。要调控总需求，必须立足经济全球化现实，内外需兼顾。国内需求的满足，依赖国内外两个市场，国内需求不单独是国内经济的自我循环。国家内需扩大时，对国际市场的依赖程度较大。因此，就国内需求的满足来看，内需包含着外需。国家的出口归根结底是为了进口，出口增长是为了扩大内需。在扩大内需、稳定外需方面，一是要坚持各项方略多管齐下，起到扩大内需、稳定外需的作用；二是要坚持将财政投资投向农村公共服务基础设施、文化教育、医疗卫生、社会保障、环境保护等。

（4）正确处理扩大投资与促进消费的关系。为此，必须坚持从中央到地方政府在增加财政投资，引导带动社会、团体、民众投资的基础上，扩大投资，促进消费，扶持农民增加收入，提高农民低保、基本养老金、基本失业保险金、优抚对象生活补助等社会保障和社会救济标准，加快推进农民养老和医疗保险，提高农民生产粮食补助、农业生产资料综合补助的标准，提高粮食最低收购价格，提高奶业、生猪生产补贴标准，落实家用电器下乡补贴政策。为此，一是坚持建立健全城乡工农业产品价格变动监测预警体系，完善应对价格异常波动的预案，缓解国际市场价格波动对国内市场的影响，其一是准确捕捉国内市场价格异常波动的苗头性、倾向性势头，稳定物价；其二是完善重要商品储备制度，适时适度组织投放和收储，调节供求；其三是继续指导灾区有关部门在灾后重建期间，做好物资价格稳定工作；二是坚持建立健全保持农业生产和农村经济发展及农民增收致富保护保障体系，加大强农惠农力度，其一是继续加强农业产品市场调控，做好粮食、油料、棉花等主要农业产品收购工作，认真执行提高粮食最低收购价政策。其二是完善与农业生产资料价格上涨挂钩的综合补贴动态调整机制，制定增加各种农业补贴方案，扩大补贴范围，提高补贴标准，规范补贴渠道，提高补贴效率。其三是健全农业产品价格保护制度，完善农业产品市场调控体系，稳步提高粮食最低收购价格，推进粮食等主要农业产品价格形成机制，充实主要农业产品储备，保持农业产品价格合理水平，促进农民增产增收；三是坚持推进城乡工农业产品价格改革，适时调整城乡工农业产品价格政策，推进农业资源性产品和环保收费价格改革，促进资源节约和环境保护，其一是积极推行阶梯价格政策。其二是完善价格上涨对低收入群体生活影响的补贴机制；四是坚持严格监督管理城乡工农业产品价格政策执行情况，组织开展涉农价格收费专项检查，稳定化肥等农资价格，促进农民减负增收，其一是开展涉企收费和中介组织收费检查，减轻企业不合理负担。其二是开展教育收费、医药价格检查，缓解民生价格矛盾。其三是加强市场价格监督管，打击价格欺诈等不正当价格行为，营造良好的消费环境。其四是加大清费治乱力度，大幅度降低质检、环评等项目收费标准，继续取消部分收费项目。其五是扩大"绿色通道"范围，逐步有序取消政府还贷二级公路收费项目。其六是规范幼儿园、高中择校费和高等教育收费；其七是配合新医疗改革方案，降低虚高的药品价格，规范医疗服务收费项目，降低收费标准。

（四）扩大农民群众生活消费、生产投资需求途径

这是指扩大农民群众生活消费需求和生产投资需求途径。为此，要促进扩大农民群众生活消费需求和生产投资需求，必须相应推行以下三种途径：

1. 要组织拓展加快调整国民收入分配格局、不断提高农民群众的消费水平途径：一是要认真执行对农民"多予、少取"的政策，加大补贴、转移支付等力度，帮助农民增收，缩小城乡收入差距，夯实农村消费增长的基础。二是要着力完善农村社会保障体系，解决社保覆盖面较小、社保水平低等问题，逐步构建覆盖城乡、与市场经济体制相适应的社会保障制度，建立健全农民医疗、教育、养老体系，抑制房地产投资过快增长和房价过快上涨，减轻农民的预防性储蓄动机，让农民愿意花钱、敢于花钱。

2. 要组织拓展贯彻执行家电下乡、汽车下乡、农机具补贴等补贴政策途径。这是扩大国内需求的一条重要途径，一是要激活农民购买能力，扩大农村消费；二是要提高农民的物质和文化生活水平。为此，2009年2月1日，《中共中央、国务院关于2009年促进农业稳定发展、农民持续增收的若干意见》中明确指出，扩大国内需求，最大潜力在农村。此后不久，《国务院办公厅关于搞活流通扩大消费的意见》进一步明确指出，从2009年2月1日起，一是要认真落实家电下乡、汽车下乡、农机补贴等政策，明确要求推广到全国，同时，把摩托车、电脑、热水器太阳能、燃气、电力类和空调等产品，列入家电下乡政策补贴范围，由各省（区、市）根据当地需求，从中选择增加部分补贴品

种，在全国范围内推进家电下乡。二是要大规模增加农机具购置补贴，将先进适用、技术成熟、安全可靠、节能环保、服务到位的农机具纳入补贴目录，补贴范围覆盖全国所有农牧县（场），带动农机普及应用和农机工业发展。据统计，2009年底全国家电下乡财政补贴上升到24多亿元，拉动超过1310亿元的内需，截止到2011年全国家电下乡财政补贴上升到86亿元，拉动超过1890亿元的内需。

3. 要坚持通过欢度传统节、周期假日，扩大农民群众消费需求等节日途径。这是扩大国内需求的一项有效途径：一是通过国庆节、元旦、春节拉动农民群众消费需求。据2016年春节大年三十至正月初六统计，全国实现社会消费品零售总额6930亿元，同比增长16.4%。全国重点监测零售企业食品、饮料、烟酒销售额，同比分别增长28%、21%和17%，金银珠宝销售额同比增长18.9%；服装、鞋帽销售额同比分别增长16.3%和13.7%；家电、通讯器材销售额同比分别增长15.4%和16.2%，液晶电视、厨房小家电、数码产品、电暖气等尤其旺销。二是通过其他民族传统节日拉动农民群众消费需求。我国一年四季民族传统节日，按时间顺序包括，腊八节、元宵节、妇女节、植树节、清明节、劳动节、青年节、端午节、儿童节、建党节、建军节、教师节、中秋节、重阳节以及各少数民族特定节日。同时带动为农民群众学习、娱乐的平台。三是通过周期假日、农村集市日拉动农民群众消费需求。通过全年52个周期假日和农村集市日拉动农民持久消费需求，真正达到扩大内需的目标。

七、坚定不移拓展调整优化"三农"发展安全保护保障体系结构途径

中共中央、国务院为组织推动各地区党委、政府及部门在调整优化农业、农村、农民"三农"发展安全保护保障体系结构组合上，反复强调落实四项方略：一是明确调整优化结构任务；二是确定平稳持续增长要求；三是全面实施农村综合改革方略；四是总结交流农村经济社会和谐发展成果。

（一）明确调整优化结构任务

调整优化结构，是国家解决经济运行中出现矛盾的有效方法，是探索和创新发展方式的重要渠道，也是提高经济发展质量和效益的有力手段。对农业、农村和农民，只有根据不同时期国民经济发展总体方略，调整优化结构，才能加快转变发展方式，增强抗风险能力和竞争能力，保持旺盛的生命力。长期以来，尽管我国农业生产经营规模扩大、农业综合生产能力增强、农村经济体制深入改革、农业和农村经济结构调整优化，但仍然存在产能过剩或短缺、生产经营方式粗放等影响农业和农村经济可持续发展的问题，主要是农业生产经营科技服务条件较差，农村公共基础设施较弱，农业产加销、农工贸一条龙产业发展滞后，经济结构不合理，主要是内需与外需不均衡、投资与消费比例不协调、城市与乡村发展不平衡等问题。这种经济结构受到土地、水利、人员、科技等因素约束，结构调整的难度较大，在"十二五"规划时期，中共中央、国务院在充分肯定我国农业和农村经济持续健康发展的基础上，明确指出，一是城乡二元结构矛盾仍然突出，无法适应构建统筹城乡经济发展一体化新格局的形势；二是农业发展方式依然粗放，保持农业稳定发展的难度加大；三是国际粮食供求情况紧张，保障国家粮食安全压力增大；四是农民持续增收的机制仍未完全形成，城乡居民收入差距还未缩小，实现城乡基本公共服务均等化任重道远。为此，必须明确调整优化农业和农村经济结构，作为加快转变经济发展方式的主攻方向，成为我国农业和农村经济发展的一项重要任务。具体说，主要有以下三方面任务：

1. 坚持推进结构调整，不断提升我国农业和农村经济整体素质、增长质量、效益，不断增强自然风险防治能力和国内外市场竞争力的战略觉悟，按照中共中央、国务院的方针，继续推进经济结构调整和经济发展方式转变，加强有关部门协调配合，不断开拓创新，务求实效。为此，一是必须以保持农业生产和农村经济发展的质量和效益为目标，加快调结构、转方式，确保农业生产和农村经济发

展上水平、有后劲、可持续积蓄力量,夯实持续发展的基础。二是必须从解决对国民经济影响较大的结构性问题入手,下大力气推动需求结构、供给结构、要素投入结构等全方位调整,坚持有扶有控,既为当前保持经济平稳较快发展创造条件,又为实现未来发展目标拓展道路。

2. 坚持推进农村经济体制更加健全,城乡经济社会发展一体化体制机制基本建立,现代农业建设取得显著成效,国家粮食等产品供给安全得到保障,农民人均纯收入持续增长,绝对贫困现象基本消除,农村基层组织建设进一步加强,农民群众民主权利得到切实维护,城乡基本公共服务均等化明显推进,农村社会管理体系不断完善,资源节约型和环境友好型农业生产经营体系基本形成,农村人居和生态环境明显改善。

3. 坚持调整优化农林牧渔各业产业生产结构,在保持粮棉油肉糖蛋奶茶瓜果等农林牧渔各业产品产量、质量稳定增长的基础上,不断提高产加销一条龙、农工贸一体化的国际标准水平,着力开拓国内外市场,不断提升为"三农"服务质量和保障能力,不断增强高产附加值盈利和市场竞争能力。

(二) 确定平稳持续增长要求

平稳持续增长的含义,是指在农业和农村经济结构调整优化、模式转型之后,提高发展质量,实现综合效益,保持平稳增长速度。从"十五"至"十三五"规划时期,中共中央、国务院明确提出,一是坚持将以人为本、改善民生作为实现平稳、持续增长的宗旨,把改善民生作为保增长的出发点和落脚点。二是把从中央到地方各级政府逐年加大对农业农村资金投入力度,放到农村民生工程和农村基础设施、保障性安居工程、灾后恢复重建、文化教育事业、卫生医疗、生活低保、养老保障等方面,补上历史欠账,改善农民群众生活,消除农民后顾之忧,增强消费的后劲和活力。三是坚持平稳持续增长的宗旨是改善民生,平稳持续增长的有效途径是扩大内需,平稳持续增长的目标是结构调整优化、经济模式转型正轨,平稳持续增长的动力是经济体制改革、经营机制创新。为此,必须拓展平稳持续增长途径,切实达到以下六项要求:

1. 必须持续扩大内需为主和稳定外需相结合,进一步增强抵御外部经济风险能力。在想方设法稳定外部需求的同时,更进一步扩大内部需求,着力夯实经济的基础,抵御来自外部环境中的不测风险。

2. 必须坚持加强政府调控和发挥市场机制作用相促进,进一步增强经济发展内在活力,建设出一个高效、透明的服务型政府,着力解决涉及农民群众利益的难点热点问题,完善收入再分配制度的改革,努力提高农民群众的收入水平,实现"民富"与"国强"双重目标的共同推进。

3. 必须坚持组织实施积极的财政政策和适度宽松的货币政策,财政投资的重点应放在一些可持续发展的农业生产建设项目上,要严格按照项目审批和建设程序办事,坚决防止高耗能、高污染、低水平重复建设,杜绝降低工程质量,绝不能搞劳民伤财的"形象工程"和脱离实际的"政绩工程"。

4. 必须坚持调结构、保增长,积极培育新的经济增长点,要从宏观和微观层面去寻找和培育新的经济增长点,实现长期保增长的目标。要充分发挥市场机制促进产业发展,做到产业市场化、竞争化,增强发展能力。

5. 必须坚持将传统产业向现代产业转变、传统产业结构向现代产业转变,最终使传统的增长方式向结构增长的方式转变,只有这样,城乡一体化经济才能克服各种艰难,保持长期稳定的增长。

6. 必须坚持通过刺激消费来拉动内需,把拉动内需作为经济增长的突破口。要调整长期以来内外需比例失调,特别是消费率过低的问题,充分发挥消费对经济增长的拉动作用,使经济增长由被动变为主动,切实增强抗风险能力,确保经济可持续发展。

(三) 全面实施农村综合改革方略

中共中央、国务院决定,从"十一五"至"十三五"规划期间,基本完成乡镇政府机构、县(市)乡(镇)财政管理体制、城乡义务教育管理体制改革,三项方略如下:

1. 以转变政府职能为重点，推进乡（镇）政府机构改革方略。转变政府职能，精简机构人员，提高行政效率，建立行政规范、运转协调、公正透明、廉洁高效的基层行政体制和运行机制。

（1）转变政府职能。主要转变三个方面职能：一是为农业和农村经济发展创造条件，主要包括：稳定农业生产经营和农村经济发展制度，维护农民群众的主体地位和权益，加强对农村市场监管，组织农业基础设施建设，完善农村社会化服务体系；二是为农民群众提供更多的公共服务，加快农村文化、教育、卫生、体育、环境保护等社会事业发展；三是为建设农村和谐社会奠定基础，开展农村扶贫和社会救助，化解农村社会矛盾，保持农村社会稳定，推动农村民主政治建设和村民自治组织建设，提高基层自治能力。

（2）创新农村工作机制。主要创新两项机制：一是坚持依法行政。要规范乡镇政府行政行为，办事情要依据法律法规，工作程序、手段要合法合规，依法维护农村秩序，保护农民群众利益；二是坚持服务"三农"。要为"三农"提供高质量、高效率、低成本的服务，促进农业生产和农村经济发展，提高农民群众增产、增效、增收和生活水平。

（3）合理调整乡镇政府机构，改革和整合乡镇事业站所，精简富余人员。要根据职能定编定岗定员，按照公开、公正、公平的原则竞争上岗。上级部门必须支持基层改革，不得以机构上下对口，或用项目安排、资金分配、年终考核等手段，干预乡镇机构设置和人员配备，为基层改革创造好的环境。

（4）省、市、县党委和政府切实加强对乡镇机构改革工作的领导，根据本地实际情况，制定规划，掌握政策，精心组织，稳步推进。努力达到：既实现乡镇机构改革目标，又保证乡镇政府正常运转和农村基层干部队伍思想稳定、工作认真积极主动。

2. 以落实教育经费保障机制为重点，推进农村义务教育机制改革方略。农村义务教育是农村首要公共事业。这就要通过农村义务教育体制改革，保障办学经费，提高教育质量，促进教育公平，实现让每一个农村孩子都有学上，都能上的起学的目标。为此，一是全面推进农村义务教育经费保障机制改革。必须建立和完善政府资金投入办学、各级责任明确、财政分级负担、经费稳定增长的保障机制。在保障机制中规定：其一是不准减少本级政府对农村义务教育应承担的经费投入；其二是不准挪用学校公用经费发放教师津贴；其三是不准再乱收费加重学生经济负担；其四是教师工资必须列入财政预算，切实予以保证。二是加快教育部门自身改革。必须重视提高办学水平和教育质量。首先，深化教育人事制度改革，切实加强农村教师队伍建设；其次，合理配置城乡教育资源，缩小城乡之间义务教育发展差距；再次，合理调整农村中小学布局，提高农村义务教育办学质量。

3. 以推进健全农村经济体制为着力点，全面加强农村党政组织和谐社会建设方略。包括：一是推进健全农村经济体制；二是改革完善农村财政管理体制；三是加强农村基层党组织建设；四是精简农村基层政府组织；五是实行农村居民自治法制；六是实施农村社会事业财政投入机制；七是推行农民群众民主监督制。

（1）推进健全农村经济体制方略。中共十七届三中全会至十八届五中全会都明确提出，农村综合改革发展目标：一是农村经济体制更加健全，城乡经济社会发展一体化体制机制基本建立；二是农业现代化建设取得显著进展，农业综合生产能力明显提高，国家粮食等农业产品供给安全得到有效保障；三是农民人均纯收入持续增长、消费水平大幅提升，绝对贫困现象基本消除；四是农村基层组织建设进一步加强，农村居民自治制度更加完善，农民民主权利得到切实保障；五是城乡基本公共服务均等化明显推进，农村文化进一步繁荣，农民基本文化权益得到更好落实，农村人人享有接受良好教育的机会，农村基本生活保障、基本卫生医疗制度更加健全，农村社会管理体系进一步完善；六是农业资源节约型、环境友好型生产经营体系基本形成，农村人居和生态环境明显改善，可持续发展能力不断增强。总之，要按照建设社会主义新农村、形成城乡经济社会发展一体化新格局的方略，扩大公共财政覆盖农村范围，发展农村公共事业，使广大农民学有所教、劳有所得、病有所医、老有所养、住有所居。要繁荣发展农村文化、大力办好农村教育事业、促进农村卫生医疗事业发展、健全农村社会保障体系，加强农村基础设施和环境建设，推进农村扶贫开发、加强农村防灾减灾能力建设、强化农村社会管理。

（2）改革完善农村财政管理体制方略。这是指以增强基层财政保障能力为重点，推进县乡财政管理体制改革完善方略。这就要着眼解决两个问题：一是解决财政分配的公正性和有效性问题，在城乡之间逐步实现公平分配财政资金，办好"三农"的事业；二是解决县乡财政困难，保证基层运转，防止基层通过乱收费弥补财政不足。为此，县乡财政管理体制改革，其一，必须坚持财政与事权相匹配，以事权定财权，以责任定财权，对加强的职能要增加财力支持，对弱化的职能要减少支出；其二，必须将财力支出向公共服务倾斜，向基层倾斜，切实增强乡镇政府履行职责和提供服务的能力。

（3）加强农村基层党组织建设方略。为了贯彻执行全面推进农村基层党组织建设的方略，增强各级党组织的创造力、凝聚力、战斗力，不断提高党领导农村工作水平，完善党领导农村工作体制机制，强化党委统一领导、党政齐抓共管、农村工作综合部门组织协调、有关部门各负其责的农村工作领导体制机制，各级党委、政府及部门要坚持把农村工作摆上重要议事日程，在政策制定、工作部署、财力投放、干部配备上，切实体现全党工作重中之重的战略思想，加强对农村经济体制改革理论和实践问题的调查研究，坚持因地制宜、分类指导，创造性地开展工作。为此，一是要加强农村基层党组织建设，以领导班子建设为重点、健全党组织为保证，把党组织建设成为推动科学发展、带领农民群众致富、密切联系农民群众、维护农村稳定的坚强领导核心；二是要加强农村基层干部队伍建设，着力拓宽农村基层干部来源，提高他们的素质，解除他们的后顾之忧，调动他们的工作积极性。要巩固和发展先进性教育活动成果，做好发展党员工作，改进党员教育管理，增强党员意识，建设高素质农村党员队伍；三是要加强农村党风廉政建设，推进农村惩治和预防腐败体系建设，弘扬求真务实、公道正派、艰苦奋斗的作风，以维护农民群众权益为重点，围绕党对农村政策落实情况，加强监督检查，切实纠正损害农民利益的突出问题，严肃查处涉农违纪违法案件；四是要促进广大党员、干部坚持权为民所用、情为民所系、利为民所谋，关心群众疾苦，倾听农民群众呼声，集中农民群众智慧，讲实话、办实事、求实效，坚决反对形式主义、官僚主义，努力创造实实在在的业绩。

（4）精简农村基层政府组织方略。这是要对农村基层政府组织机构、人员编制，科学界定职能，加强农村社会管理和公共服务职能，稳定政治保障功能，围绕农业、农村和农民"三农"做好服务。为此，一是健全农村社会管理职能，化解农村社会各种矛盾，构建农村公共安全和谐社会；二是加强农村公共服务职能，加强农村基础设施建设，加强农村生态环境保护，发展农村文化教育、科学技术、卫生医疗事业，开展农村社会保障事业。

（5）实行农村居民自治法制方略。这是指坚持完善落实农村居民自治制度，逐步把自治制度推进到乡镇一级民主自治上。乡镇一级自治政府经费，由上级政府通过财政转移支付解决；二是大力推动农村民间组织发展，促使农村民间组织积极主动研究解决农村公益事业发展问题；三是组织推动农民群众自觉组成农林牧渔各业合作社，鼓励发展农村集体经济、股份制经济、其他形式的私有制经济。

（6）实施农村社会事业财政投入方略。这是指推进农村社会事业体制改革，建立农村社会事业财政投入机制。为此，一是坚持推进农村社会事业体制改革，稳妥推进农村中小学、乡镇卫生院、计划生育服务站等社会事业服务机构布局调整，提高农村社会事业资源使用效益；二是坚持加快农村社会事业单位人事制度改革步伐，优化农村社会事业专业人员队伍结构，提高专业素质和管理水平；三是坚持建立农村社会事业投入机制，将农村义务教育、公共卫生、广播影视、计划生育、优抚公益事业经费，纳入年度财政预算，各级财政对农村社会事业投入的增长速度，不低于财政经常性支出的增长速度。

（7）推行农民群众民主监督制方略。这是指增强农村基层政府依法行政、治理社会的能力，执行农民群众民主监督制度。为此，一是坚持村主任民主选举，村公务、财务民主管理；二是坚持乡镇政府领导民主推选、民主评议、政务公开，让农民群众对重要公务事项有知情权、参与权，促使农村基层政府依法，加强农村公共公益服务基础设施建设，加强农村社会治理，开展农村社会保障事业，带领农民群众走向共同富裕道路。

（四）总结交流农村经济社会和谐发展成果及经验

中共十七届三中全会至十八届七中全会深刻总结了30年农村综合改革发展的伟大实践、卓越成就和基本经验，反复指出，农业、农村、农民问题关系党和国家事业发展全局。在革命、建设、改革各个历史时期，中国共产党坚持把马克思主义基本原理同我国具体实际相结合，始终高度重视，认真对待，着力解决农业、农村、农民问题，成功开辟了新民主主义革命胜利道路和社会主义事业发展道路。中共十一届至十八届全会作出全面把握国内外发展大局、尊重农民群众首创精神、率先在农村发起改革，一是以磅礴之势推向全国农村综合改革发展的伟大实践，其一，调动了农民群众积极性；其二，发展了农村社会生产力；其三，改善了农民群众物质文化生活。二是农村综合改革发展的伟大实践成果，其一，为建立和完善我国社会主义初级阶段经济制度和社会主义市场经济体制，进行了创造性探索；其二，为实现全国城乡人民生活从温饱不足到总体小康的历史性跨越、推进社会主义现代化作出了巨大贡献；其三，为战胜各种困难和风险、保持社会大局稳定奠定了坚实基础；其四，为成功开辟中国特色社会主义道路，形成中国特色社会主义社会和谐发展成果及经验。实践证明，只有坚持把解决好农业、农村、农民问题，作为全国工作重中之重，坚持农业基础地位，坚持社会主义市场经济改革方向，坚持走中国特色农业现代化道路，坚持保障农民群众物质利益和民主权利，才能不断发展农村社会生产力，推动农村经济社会发展；三是全国总在"十五"至"十三五"规划期间，国际形势处于错综复杂变化，我国改革发展进入关键阶段。中共中央、国务院强调指出，要抓住和用好重要战略机遇期，胜利实现全面建设小康社会的宏伟目标，加快推进社会主义现代化，要更加自觉地把继续解放思想，落实到坚持改革开放、推动科学发展、促进社会和谐上来，毫不动摇地推进农村综合改革发展。从中央到地方在组织领导开展农村综合改革发展这个伟大实践中，大胆探索、勇于开拓，以新的理念和思路破解农村经济社会发展难题，为推动党的理论创新、实践创新提供不竭源泉。

1. 卓越成效。全国各地区农村综合改革波澜壮阔，农业和农村经济发生了翻天覆地的巨大变化，对中国特色社会主义现代化产生了深远的历史影响。回顾农村改革发展38年，我国农村经济社会和谐发展取得了举世瞩目的成就。中共十七届三中全会至十八届七中全会，对此进行了全面总结，给予了充分肯定。

（1）从农业生产和农村经济发展看，成就尤为显著，诸多方面都发生了历史性变化：一是在农林牧渔各业产品供给形势变化上，农林牧渔各业生产持续增长，农林牧渔各业产品产量和人均占有量大幅提高，农林牧渔各业综合生产能力显著增强，依靠自己力量稳定解决了13.7亿人的吃饭问题。我国粮食、油料、蔬菜、水果、肉类、禽蛋奶和水产品等产量连续多年居世界第一；二是在农村经济结构变化上，农林牧渔全面发展，乡镇企业异军突起，农村二、三产业不断壮大，农村经济结构由以农业为主转变为农业与非农业协调发展；三是在农村经济体制机制变化上，确立了以农户家庭承包经营为基础、统分结合的双层经营体制，全国农民群众成为生产的主人和市场的主体，农林牧渔各业产品市场全面放开，全面取消农林牧渔业税，对农民群众从事农林牧渔各业实行直接补贴，与我国生产力发展水平和社会主义市场经济体制相适应的农林牧渔各业支持保护保障政策体系初步形成；四是在农民群众生活水平变化上，从收入长期停滞不前到持续较快增长，从温饱不足到总体小康并向全面小康迈进，农民群众收入构成发生显著变化，农民群众生活质量逐年改善；五是在农村面貌变化上，农村生活条件明显改善，社会事业加速发展，农民素质显著提高，农村社会保持稳定和谐。农村改革发展取得卓越成就，既是全国"三农"伟大实践的结果，又是中国共产党的"三农"理论不断创新的成果。

（2）在组织领导开展各地区农村社会保障事业实践成果上，主要体现在五方面：一是在农村公共文化保障事业方面，组织推动农村公益性文化服务体系建设，支持农村优秀传统文化传承与保护，建立健全农村社区文化活动中心、农家书屋、有线电视电脑室，促进农村文化产业健康发展；二是在农村公共教育保障事业方面，普及全国农村九年义务教育、扫除农村青壮年人文盲，完善农民职业技能培训体系，推行农业职业资格证书和农业职业准入教育制度，拓展农民培训与就业、创业互动途径，保障农民务农干得好、收入高，在城镇二、三产业就业创业用得上、留得住。国家对农村义务教育、农民职业技能培训、农村富余劳动力进城就业创业所需资金给予保障投入；三是在农村公共卫生医疗保障事业方面，开展农村疾病预防控制和医疗救治体系建设，推进农村新型合作医疗制度，在乡（镇）设立农村社区卫生合作医疗服务中心，在行政村设置诊所或医务所，帮助农民群众维护身体健康，推行医疗费用保险，而组织落实农村新型合作医疗制度，提供农民卫生医疗条件；四是在农村农民最低生活保障事业方面，对农民群众最低生活保障、贫困农民基本生活保障、农村五保对象生活条件保障、农民残疾、因病贫困等救助，提高部分优抚对象等人员抚恤和生活补助标准：一至十级残疾军人残疾抚恤金标准平均提高20%；"三属""三红"生活补助标准平均提高15%；在乡老复员军人、带病回乡退伍军人、参战参试人员生活补助标准月人均提高30元；五是在农村居民养老保险事业方面，提高老所养补助标准，成立服务机构，壮大服务人员队伍。

（3）在全国贫困地区农民群众脱贫增收致富成效显著。从1949年新中国成立以来，全国贫困地区农村农民群众脱贫增收致富的人口逐步增加，贫困人口逐步减少，一是1956年比1948年减少3600万人；二是1966年比1956年减少4900万人；三是1978年全国贫困地区农村贫困人口减少到2.5亿人，比1966年减少5700万人；四是1986年，中共中央决定成立国务院贫困地区经济开发领导小组，各级政府相应成立领导小组，大力加强贫困地区农村农民群众脱贫增收致富项目工程建设，1989年全国贫困地区农村贫困人口减少到1.26亿人，比1978年减少1.24亿人；五是1994年全国贫困地区农村贫困人口减少到8000万人，比1978年减少4400万人，2000年全国贫困地区农村贫困人口减少到3200万人；六是2010年，国务院决定提高贫困农村脱贫标准年人均纯收入2300元；七是"十二五"规划确定全国贫困地区农村贫困脱贫人口1.2亿人，通过实践统计，2011年至2015年，全国贫困地区农村脱贫人口每年为：4329万人、2339万人、1650万人、1232万人、1442万人，这五年累计10992万人脱贫增收；八是"十三五"规划期间，在全国贫困地区农村脱贫人口2016年1000万人，2017年1000万人。

2. 成功经验。这就是在我国坚持改革开放，把握农村改革这个重点，在统筹城乡改革上取得重大进展，给农村发展注入新的动力，为整个经济社会发展增添新的活力。为此，首先，必须加强农业发展这个基础，确保国家粮食安全和主要农产品有效供给，促进农业增产、农民增收、农村繁荣，为经济社会全面协调可持续发展提供有力支援。其次，必须抓住农村稳定这个大局，完善农村社会管理，促进社会公平正义，保证农民安居乐业，为实现国家长治久安打下坚实基础。在总结上述基本经验的基础上，强调提出以下三方面经验：

（1）居安思危、加倍努力的经验。我国农村正在发生新的变革，我国农业参与国际合作和竞争正面临新的局面，推进农村改革发展具备许多有利条件，也面对不少困难和挑战，特别是城乡二元结构造成的深层次矛盾突出：其一，农业基础仍然薄弱，最需要加强；其二，农村发展仍然滞后，最需要扶持；其三，农民增收仍然困难，最需要加快。我们必须居安思危、加倍努力，不断巩固和发展农村经济实力。

（2）以工促农、以城代乡的经验。我国总体上已进入以工促农、以城代乡的发展阶段，进入加快改造传统农业、走中国特色农业现代化道路的关键时刻，进入着力破除城乡二元结构、形成城乡经济社会发展一体化新格局的重要时期。我们要牢牢把握我国社会主义初级阶段的基本国情和当前发展的阶段性特征，适应农村改革发展新形势，顺应全国农民过上美好生活新期待，抓住时机、乘势而上，努力开辟中国特色农业现代化的广阔道路，奋力开创社会主义新农村建设的崭新局面。

（3）工业反哺农业、城市支持农村的经验。坚持把建设社会主义新农村作为战略任务，把走中国特色农业现代化道路作为基本方向，把加快形成城乡经济社会发展一体化新格局作为根本要求，坚持工业反哺农业、城市支持农村的和多予少取放活方针，创新体制机制，加强农业基础，增加农民群众收入，保障农民群众权益，促进农村和谐，充分调动农民群众的积极性、主动性、创造性，推动农业生产和农村经济社会又好又快发展。

3. 前进方向。今后一个时期农村体制改革发展面临重大机遇、严峻挑战的形势下，一是中共中央、国务院指出，农业基础仍然薄弱、农村发展仍然滞后，农民增收仍然困难，这是经济社会发展面临的最大难点。向各级党委、政府及部门郑重提出，到2020年农村体制改革、现代农业建设、增加农民群众收入、农村民主政治建设、发展农村基本公共服务、加强农村生态文明建设等方面的目标，任务十分艰巨和繁重。反复强调指出，一要看到，农业发展正处在艰难的爬坡阶段，必须求真务实，稳步前进；二要认清，我国正处在加快农业现代化建设的难得时期，必须抓住机遇，乘势而上，破解难题，推动发展；三要在实践中大胆探索，在理论上不断创新，农村体制改革发展的伟大实践，对"三农"提出一系列新的任务，要以攻坚克难为己任，勇于开拓，敢于创新，推进农村体制改革发展；二是各级党委、政府及部门坚持按照中共十八届三中至六中全会一系列战略部署，围绕建设社会主义新农村的战略任务，走中国特色农业现代化道路的基本方向、加快形成城乡经济社会发展一体化新格局的根本要求，紧扣农村经济社会发展实践提出的要求、面临的问题，创新理论，研究政策，更好地为农村经济社会发展的实践服务，为推动"三农"工作服务。

4. 深化改革。为了推进农业生产经营持续发展，确保农村经济健康发展、农民生产、生活水平不断提高，而组织实行农业、农村、农民"三农"发展保护保障体系建设的方略。这个方略核心是深化改革、调整结构、持续增长、扩大内需、改善民生、和谐稳定、健康发展。这是在全国960万平方公里土地上2800余个县级行政区域的农业生产、农村经济和农民生活中，在今后形势变数增加、保持平稳快速发展、成为举世关注的国际环境下，坚持因地制宜地组织推动"三农"健康发展，而坚持加强"三农"发展安全保护保障体系建设的方略。目前，全国各地区在农业生产经营、农村经济建设和农民劳动生活中反映出的问题，大部分是制约农业生产、农村经济和农民劳动生活发展的深层次矛盾。为此，中共中央、国务院从2001年起，不失时机地深化改革，逐步探索出一条解决"三农"问题的成功道路。从2006年起，中共中央、国务院决定，在全国农村彻底取消农业税、牧业税、农业特产税、屠宰税和乡统筹及村提留费、农村教育集资等各种面向农民征收的税费，取消农村义务工和劳动积累工，推进乡镇机构、农村义务教育和县乡财政管理体制改革。这项改革取得了重大的历史性成效，给全国农民带来了看得见的物质利益，扭转了长期以来农民群众负担过重的局面，理顺了国家、集体和农民的分配关系；调动了农民群众积极性，解放和发展了农村生产力，促进了农业增产、农村繁荣和农民增收，加快了城乡一体化经济发展的步伐。中共中央、国务院决定，从2011年起，进一步推进乡镇机构、农村义务教育和县乡财政管理体制等改革，促进建立精干高效的农村行政管理体制、城乡一体化公共财政体制、政府保障的农村义务教育体制。从2016年起，继续深化农村综合改革：

（1）组织拓展农村上层建筑变革为核心的农村综合改革途径。通过农村综合改革，彻底解决农村上层建筑改革滞后、与农村经济基础不适应的矛盾。主要有两个矛盾：一是农村基层行政管理体制不适应农村生产力发展的矛盾。取消农村人民公社、设立乡镇以后，社会管理和公共服务软弱；二是农村公共产品供给体制不适应保障公共服务的矛盾。由于实行城乡分割的二元体制，农村公共事业发展缓慢，城乡基础设施和社会事业发展差距扩大。深化综合改革是为了完善农村经济体制、政治体制和社会管理体制，使农村上层建筑适应农村生产力发展的需要。深化综合改革第一步为保障农民群众生产经营自主权，而建立农村经济体制和市场机制；第二步为统筹城乡一体化经济发展，而调整国民收入分配关系；第三步为解决农村上层建筑与经济基础不适应问题，而推进农村综合改革。这三步改革是互相贯通一条渠道，就是维护农民的物质利益，保障农民的民主权利，解放和发展农村生产力。

（2）坚定不移追求农民群众走上小康之路。这是指深化农村综合改革任重道远，必须坚持不懈地实现农村经济、政治、文化、社会改革的宗旨：一是解决好农村基层政府职能转变、机构精简、富余人员出路等问题;二是调整国民收入分配格局和城乡利益关系,促进合理配置城乡之间共同资源;三是转变农村干部不良工作作风,处理好与农民群众的关系;四是按照巩固农村税费改革成果,完善社会主义市场经济体制的要求,推进乡镇机构、农村义务教育和县乡财政管理体制改革,建立精干高效的农村行政管理体制、城乡公共财政制度、政府保障的农村义务教育体制,促进农民群众减负增收、脱贫致富,走上小康之路。

八、坚持全面拓展统筹调解"三农"发展安全保护保障体系建设资金供需矛盾途径

坚持全面拓展统筹调解"三农"发展安全保护保障体系建设资金供需矛盾方略包括:一是建立健全投融资法规制度;二是改革完善投融资体制;三是组织实施投融资激励机制;四是推广应用持续增长投融方式。

(一)建立健全"三农"发展安全保护保障体系建设投融资法制

由于农业、农村、农民"三农"发展安全保护体系建设资金供需矛盾是一个长久性的矛盾,因此,"三农"资金供需矛盾缓解的基本对策也是长久性的方略。从1956年至2017年这61年期间,中共中央、国务院组织领导各级党委、政府及部门,根据各时期全国各地区财政经济管理体制、农业生产经营、农村经济社会、农民群众劳动生活等方面变化发展新情况,逐步改革完善一个以国家财政信用、银行信贷资金为导向,以集体和农民资金投入为主体投融资体系。逐步健全以利用外资和横向吸收资金为补充的多层次、多渠道、多形式投融资法规制度体系。为此,主要建立健全以下五方面制度:

1. 逐步健全农业合作发展基金制度。要增加农村集体对农业生产经营建设资金投入,必须坚持在统分结合、双层经营体制下,一是坚持逐步健全农业合作发展基金集体提留制度,在收益分配中仍应保持一定的积累比例,以保证农村集体公用设施建设投资补偿来源,促进农业生产经营持续循环发展。二是根据农民群众的农业生产经营零星分散实际情况,必须增强农村合作经济组织的积累能力,建立农业合作发展基金,加以规范化和制度化,确保农村集体对农业合作发展资金投入稳定增长。三是明确农业合作发展基金,由乡、村两级合作经济组织,每年从内部成员的生产经营收益中提取和筹集,作为农村合作经济内部的专项积累资金,改善农业合作发展基金制度,按规定用途安排使用,所有权、使用权属乡、村两级合作经济组织。

2. 逐步改善农村劳动力投入制度。这是农村劳动力按农村民主自治规定承担劳动投入农田水利建设、农村公共公益基础设施建设制度。经农村民主决定,凡户口在农村,年满18周岁到60周岁(女55周岁)的农村劳动力,都应承担农田水利建设、农村公共公益基础设施建设的义务,一般掌握在每人每年15~20个工日。为此,一是按劳动力分别建立劳动积累登记卡,年度间可调度使用。二是因当年工程量不足,劳动积累工日没有用完的,可结转到下年使用,因故不能出工的,可按当地平均劳务工价以钱代工,并抵扣有关补助经费。

3. 建立健全农业公积金、合作发展基金制度。为此,一是农业公积金提取标准,必须统一按照当年农业收益分配总额3%提取,具体提取标准:其一,承包集体耕地(责任田和口粮田)的农户,按每亩耕地全年承包纯收入3%~4%计提,上交村组合作经济组织;其二,种植粮棉作物的比例可低些,一般掌握在2%左右;种植桑、茶、果等特种经济作物和承包经营的水面,提留比例可提高到4%~6%;其三,从事非农经营的劳动力,要按劳均全年纯收入提取一定比例的集体积累,而且非农经营上交的集体积累比例应高于农业经营。二是农业合作发展基金,要全部用于增加农业资金投入,改善农业生产经营建设条件。使用时,应按国家农业发展基金统一规划,统筹安排,量入为出,合理使用。

4. 制定实行国家财政扶持农业基本生产经营建设资金投入制度。国务院规定：从1990年至2020年，国家财政有计划地增加农业基本生产经营建设资金投入，以法律形式规定财政预算对农业生产经营建设资金投入的合理比例。为此，一是调整农业基本生产经营建设投资，在治理、整顿过程中，应认真调整投资方向，加强农业基本生产经营建设薄弱环节，其占中央财政预算内农业基本生产经营建设投资总额的比例，1990年到2000年达到18%，2001年到2015年达到20%，2020年达到25%；二是调整农村社会保障事业资金，其支出额占地方财政预算内农村公共公益事业费支出总额的比例，1990年到2000年达到12%，2001年到2015年达到15%，2020年达到20%；三是调整农业基本生产经营建设预备费，各级财政当年的预备费，应主要用于农业抵抗自然灾害的资金需要。为此，其一是各级财政的预备费，必须坚持在每年发生自然灾害后安排使用；其二是各级财政预备费的60%～70%用于农业抵抗自然灾害的资金需要，正常年份40%～50%用于农业抵抗自然灾害基础设施建设的资金需要。

5. 逐步健全国家农业发展基金制度，为了开辟增加农业发展资金投入渠道。努力发挥国家资金的导向作用，国务院国发〔1988〕80号文件明确规定，从1988年起，一是征集国家预算调节基金制度；二是征收耕地占用税，建立健全农业综合开发基金制度；三是征收农林特产税，建立健全农林特产发展基金制度；四是提取乡镇各种企业利润，建立健全农业发展基金制度。上述四项制度逐步进入建立、改善、取消的历程。

（1）征集国家预算调节基金制度。征集国家预算调节基金的宗旨，是逐步扩大用于农业发展基金的比例。根据国务院政策规定，地方征集中央单位的预算调节基金全部归中央财政，征集地方单位的预算调节基金上交中央财政一半。中央和地方用于农业发展的部分只有10%，加上紧缩金融、紧缩财政，单位的预算外资金变化大，而且征集难度不小，给增加农业发展资金投入带来极大的不稳定性。为了确保地方财政增加农业发展资金投入有个稳定的资金来源，必须对征集地方单位的预算调节基金，明确规定中央和地方分成比例、中央财政让给地方财政用于农业发展的比例。

（2）通过征收耕地占用税建立健全农业综合开发基金制度。这是指国务院于1987年发布文件规定，通过征收耕地占用税，其收入全部用于农业综合开发建设投资。国务院对耕地占用税征收分成比例政策规定，中央财政分成比例由50%调整为30%，各地区在耕地占用税的征收和使用上，应坚持三条原则：一是凡占用耕地，必须依法纳税，不得随意减免；二是凡已征的耕地占用税收入全部用于农业综合开发，使减少的农业耕地资源在数量上得到补偿，提高地力，增加产量；三是在坚持上述原则下，地方有权因地制宜地确定省、市、县的分成比例，以便因地制宜组织农业土地资源的开发。从1994年国家实行分税后，而取消这项制度。从本年起，中央财政预算内逐年安排这项基金。

（3）通过征收农林特产税，建立健全农林特产发展基金制度。这是指通过全面征收农林特产税，收入大部分用于农林特产品生产经营发展。为此，1992年，经国务院批准，财政部规定，一是要执行全国统一税率，防止擅自减免税；二是要充实第一线征收力量，做到有税源还要有人收；三是要将农林特产税收入的70%左右安排用于增加农林特产品生产经营资金投入；四是要调整农林牧渔各业结构和调节收入分配水平。2006年经第十届四次全国人代会议通过取消农林特产税后，而取消这项制度。从本年起，地方财政预算内逐年安排这项基金。

（4）通过提取乡镇各种企业利润，建立健全农业发展基金制度。这是指1989年以来，各地地区政府及部门推动乡镇政府及部门在扶持乡镇各种企业中规定，从乡镇企业、农村个体工商户和私人企业利润比上年增长的部分中，拿出大部分增加农业生产经营资金投入，筹集"以工建农"和"以工补农"的农业发展基金。但从2010年起，从企业筹集，改革为企业主管单位统筹投入这项基金。

（二）改革完善"三农"发展安全保护保障体系建设投融资体制

改革完善具有中国特色农业、农村、农民"三农"发展安全保护保障体系建设投融资体制，确保"三农"发展安全保护保障体系建设资金稳定增长的源泉，以保证农业生产经营、农村经济社会建设基本需要。为此,一是建立完善多元化"三农"投融资体制;二是调整修正"三农"资金投入分配管理体制;三是改革完善农村金融信贷管理体制。

1. 建立完善多元化"三农"投融资体制。这是指中共中央、国务院支持建立多元化、多层次、多渠道扶持"三农"发展安全保护保障体系建设投融资体制。为了不断发展壮大农业生产经营、农村经济社会建设投融资金投入总量,中共中央、国务院提出,在传统的农业、农村、农民生产经营建设分配格局和资金分配方式打破以后,要增加"三农"资金投入,必须把眼光由原来单纯的依赖国家,转移到对各种社会资金的综合运筹上来,通过总览社会资金运行的全局,开辟新的集资投入渠道,建立完善多元化、多层次、多渠道扶持"三农"发展安全保护保障体系建设投融资体制,最大限度地挖掘各种资金的潜力,增大"三农"资金投入总量。

(1) 扶持建立多元化"三农"资金投入主体。为此,一是必须依据我国的国情和农村经济体制改革、农业生产经营单位和农户自身地位转变的有利和不利因素,相应建立多元化"三农"资金投入主体,进一步形成"三农"投资有机结合体,无论是中央财政、地方财政,还是农业银行和农村信用社等单位,或是农村集体经济组织以及农户个人,都不可能单方面承担起农业发展资金投入主体的任务。为此,一是中央政府和省、市、县、乡等地方政府,都应承担农业发展资金投入主体的部分职能。特别是地方各级政府对本行政区域内农业发展有着不可推卸的责任。二是农村实行农户家庭联产承包、双层生产经营责任制以后,农村集体经济实力有所削弱,在一定程度上制约农业发展资金投入。但是,农业是二、三产业的支柱和核心,农村集体经济组织是农业生产经营建设的直接组织协调者,不管经济实力如何,都有责任依据自身能力,尽可能地增加农业发展资金投入。三是我国银行应对国民经济基础的农业不断追加投入,银行必须以农业为基点,增加农业生产经营资金投入。我国在动员增加农业发展资金投入,进行有关政策设计时,坚持遵循多元化"三农"发展资金投入主体相结合的责任,从而促进农业和农村经济持续健康发展。

(2) 组织推动农村集体经济组织自觉提留集体积累资金。为此,一是要确保农村集体资金要更多地用于农业基本建设,坚持执行"以工补农、以工建农"的方针,继续办好农村合作基金会。二是要规定每个劳动力的集体积累工数量,由农村集体统一组织,本着互助互利的原则,改善当地生产条件和生活环境。引导农民群众正确处理生产与生活、长远利益与眼前利益的关系,把资金尽可能用于农业生产经营和农村公共公益基础设施建设事业。

(3) 组织动员农民群众增加农业生产经营建设资金投入。农民群众是农业生产经营建设的主力军,也是农业生产经营建设投入的重要力量。为此,一是要引导农民群众发扬自力更生、艰苦奋斗的精神,推动农民群众既成为农业生产经营建设者,又是经济收益者,因而农业生产经营建设资金投入主体是农民群众。二是要促使农民群众树立长远观点,克服短期行为,正确进行消费,增强自身积累、自我发展的自觉性,消除顾虑,打破传统观念,积极主动地增加农业生产经营建设资金和劳务投入。三是要推动各部门、各地区政府引领广大农民共同组织落实持续增加农业生产经营和农村经济社会建设资金投资方略。

2. 调整改革农业发展资金投入分配管理体制。为了进一步缓解农业资金供求矛盾,挖掘农业发展资金筹集潜力,加强农业发展资金投入管理,提高农业发展资金经济效益。经国务院批准,财政部从1991年起,对农业发展资金投入分配管理体制,组织推行以下三方面调整改革政策措施:

(1) 组织调整农业发展资金投向,明确三个关系。为此,对农业发展资金投向,一是要正确处理好长期性投入与短期性投入关系,加强农业基础设施建设的投入,增强农业发展后劲;二是要正确处理好农林牧渔各业之间的投资比例关系,按照农工商的顺序,增加对粮、棉、油、猪投资比重;三是要正确处理硬投入与软投入的关系,重视发展农业靠科技,较多地增加对农业教育和农业科技的投入。

(2) 科学确定农业发展资金投入重点。为此,对农业发展资金投入重点,一是重点改善农业生产经营建设条件,着力推进大江大河的治理、各种水利设施维护和建设,提高抵御自然灾害的能力;

二是重点建设农林牧渔各业主导产品商品基地，搞好农业资源开发，增强农业发展后劲；三是重点加强农业科学技术创新推广，培养新品种，使农业在现有较高单位面积产量的基础上再上新台阶；四是重点发展支农工业，改变农药、化肥奇缺和基本上靠手工作业的落后局面。

（3）深化改革农业发展资金投入分配管理规则：一是坚持条块结合、以块为主的农业发展资金投入规则。根据收益情况，明确各级对农业发展资金投入的权责范围，把上下级的经济责任划分清楚，明确规定收益分配规则是：各负其责，各得其所；二是坚持有偿与无偿相结合分配农业发展资金、逐步提高有偿资金比重的规则。根据不同地区、不同行业、不同项目、不同生产周期和不同经济效益的情况，组织落实有偿与无偿相结合的扶持政策，对促进农业商品经济发展的资金，必须有偿使用，定期回收，使有偿资金循环滚动；三是坚持推进项目目标管理责任制规则。凡是有偿或者无偿农业发展资金投入，都要通过必要的可行性调查论证，按计划、按项目投入资金，通过签订合同，明确授受双方的经济责任，按合同规定检查项目计划、项目完成情况和资金使用效益，建立项目完成情况的反馈制度，严格执行合同规定的奖罚条款；四是坚持推行农业发展资金投入监督规则。为了提高农业发展资金投入效益、必须推行监督规则，强化财政监督。首先，要强调农业发展资金管理，应以财政部门为主，充实力量，抓紧培训，定期检查。其二，要充分调动和发挥主管部门的积极性，配合财政部门抓好检查监督工作。其三，有发挥基层用款单位财务人员的职能作用，自我控制，遵纪守法。

3. 改革完善农村金融信贷管理体制。为了加强农业、农村、农民"三农"发展安全保护保障体系建设，促进农林牧渔各业全面发展，而推行改革完善农村金融信贷管理体制改革方略。主要包括：一是中国农业发展银行要将国家用于商品粮棉大县、中西部地区各种农业林业贴息贷款，纳入农业发展银行的业务范围，从规模和资金上予以保证，使中共中央、国务院规定的对农业优惠信贷政策落到实处。二是农村信用社和中国农业银行要稳妥地搞好组建农业合作银行的分设工作，创立适合国情的农业合作金融体系。三是保险公司要促进成立政策性农业保险公司，完善政策商业性保险与政策性农业保险兼营的现行体制，发展农业保险事业，扩大险种范围，鼓励农民和农村集体投保。四是各级政府要支持建立多层次、相互联系的农业专项保险基金，逐步建立农业灾害补偿体制。

（1）要在深化农村金融体制改革中，把多种经济成分的各种农村金融机构组合起来，建成分工合作服务体系，为农林牧渔各业合作经济组织提供系列信贷服务。即以农业银行为主体，以合作金融为基础，以民间信用为补充的农村金融体系。为此，一是对农村联合企业、合作经济组织、农户，因其是以种植业、养殖业和加工业为主，贷款零星分散，季节性强，工作量大，属信用社服务氛围；二是对乡镇企业、农村服务体系，因其业务相对稳定，资金需求量较大，对外结算频繁，由农业银行营业所服务；三是对城乡联合企业、大规模农业综合开发治理企业所需贷款，由县农业银行承担。

（2）要合理确定农业贷款在国家信贷总量中的合理比例。农村金融部门要积极调整投资结构，增加农业贷款指标，提高农业贷款的比重，使农业贷款的比例与全国城乡贷款增长总规模同步，农业产品收购贷款纳入人民银行信贷计划，专款专用。

（3）要把农村信用社办成真正为农民服务的金融组织，一是农村信用社可实行股份制，吸收乡镇企业、农村合作组织和农户入股。中国人民银行对农村信用社要给予支持和帮助。二是农村信用社除交纳与专业银行一致的存款准备金之外，不要再以任何方式强制调交基金，在农村信用社自身的贷款结构中，对集体农业和农户的贷款比例，不低于50%。

（4）要有计划有领导地开放农村金融市场、强化资金和其他要素的横向流动功能，发挥多渠道提供农业发展资金的作用。为此，一是要创造多种多样具有吸引力的投资方式和投资手段，如联合投入、产品共享、合资经营、补偿贸易等方式，促进地区间、农户间资金横向流通，使可利用的投入要素向商品生产潜力大的地区集中。二是要充分发挥地区优势，提高资金投入产出率，加强农业内部资金和外部资金的吸收、消化能力。

(三) 组织实施"三农"发展安全保护保障体系建设投融资机制

为了促使"三农"发展安全保护保障体系建设投融资金不断循环周转和有效投入产出的运行，中共中央、国务院决定，组织实施三项机制：一是资金投入分配使用政策引导机制；二是资金投入逐步引导增加机制；三是资金投入使用管理责任机制。为此，实施以下十种机制：

1. 组织推行国家各级政府及有关部门对"三农"资金投入分配使用政策引导机制。中共中央、国务院决定，从"八五"至"十三五"规划期间，一直坚持通过多种渠道增加对农业、农村、农民"三农"发展安全保护保障体系建设资金投入，采取相应的政策吸引，鼓励农村集体和农民群众增加对农业生产经营建设和农村公共公益基础设施建设资金投入，充分发挥农村主体、农民群众主力军作用。"十五"规划以来，农业发展资金投入中来自集体和农民群众的投入占35%，而财政资金投入只占65%。因此，引导农民群众增加投入，是缓解农业发展资金供需矛盾的关键性措施。为了使农民群众对农业生产经营建设投入增强自觉自愿动力，要制定鼓励农民群众增加投入的政策措施，逐步做到按照价值规律和有计划商品经济运行规律和农民群众打交道。不断改善农业的投资环境，从各个方面建立政策引导机制，激励农民群众增加投入。为此，组织推行以下四项机制：

（1）土地政策引导机制。在坚持联产承包制长久不变的前提下，对土地承包关系进行一些必要的调整，让农民群众对土地有稳定感和效益感。因此，对土地分配制度要进行必要的改革，推行土地政策引导机制：一是在有条件和农民群众自愿的地方，进行土地适当调整、推行土地适度规模经营，以提高土地产出率，引导农民增加投入；二是进一步明确土地权属，推行"地力保证金""地力补偿费"奖惩机制，纳入承包合同，对地力提高的要奖，降低的要罚，鼓励有偿转让，激励农民增加对承包土地投入的自觉性、积极性和持久性。

（2）价格政策引导机制。农业产品价格水平偏低、农业收益低于工副业收益，是影响农民群众积极性的一个重要原因。据对农村各种专业户测定，从事工副专业户的人均收入均比农林种植专业户人均收入高40%。在这种情况下，必然导致农林种植专业户对农业生产经营建设资金投入减少和土地、劳动力等要素转移。为此，国务院决定在"十五"至"十三五"规划时期，国家尽最大努力在价格方面进行调整，使农民群众在提价中增加收入，进而引导农民群众增加投入。价格政策引导包括：一是稳妥地改革农业产品价格，逐步提高收购价格，缩小工农业产品的价格剪刀差。二是合理调整农业产品与各业产品的比价，使农林牧渔各业生产经营建设协调发展。三是控制农业生产资料价格的上涨幅度，以减少生产经营建设费用，增加农民群众收益，提高农民群众增加农业生产经营建设劳务、资金投入的积极性。

（3）服务政策引导机制。实行农户家庭联产承包、统分结合双层经营责任制以来，农林牧副渔各业全面健康发展。经济发展地区，劳动力大量向二、三产业转移，农民群众迫切需要提供产前、产中、产后服务。为此，国务院要求各地区政府，一是要通过引导和提倡逐步建立多层次、多种形式、多种经济成分的社会化服务体系，使之为农民群众提供信息、技术、植保、机械、仓储、流通、管理等方面的服务，提高劳动生产率和生产力水平。二是要大力发展农用工业，增加化肥、农药、农机等农业生产资料的有效供给。

（4）优惠政策引导机制。对一些政府鼓励发展的和农民群众感兴趣的开发性农业项目，国家要在资金上给予重点扶持，包括做好开发的前期工作及基础设施的建设，一是采取发放低息贷款等政策，吸引农民群众增加投入，进行联合开发，把农业资源开发逐步办成民办公助的事业；二是实行股份制政策，投资分股、按股分红、风险共担；三是实行农业生产资料和农业产品供销价格补贴政策，调动农民群众从事农业生产经营建设的积极性；四是推动农民群众提供劳动积累奖励政策，表彰农民群众发扬自身积累传统，增强农民群众对农业生产经营建设投入能动性。

2. 组织落实国家各级政府及有关部门、农村和农民群众、国内外城乡工农商企业等对"三农"发展资金投入逐步引导增加机制。这是指：一是国家各级政府财政逐年增加"三农"发展资金投入机制；二是农村和农民群众逐步增加资金投入激励机制；三是国家银行等金融机构继续加大资金投入机制；四是世界银行等金融机构对农林牧渔各业产品基地建设资金投入机制；五是国内外城乡工农商企业对农林牧渔各业生产经营建设实施有偿与无偿相结合机制。重点说明如下：

（1）国家财政要逐年增加农业生产经营和农村公共公益设施建设资金投入机制。为此，一是国家计划内、预算内农业生产经营和农村公共公益设施建设投资，都要逐年增加，提高利用外资的比重。二是各级政府财政对"三农"发展资金投入要稳步增长，县级机动财力应主要用于农业，已定的农业发展基金和各项农业专项基金都要保证提足用好。

①国家财政预算逐年增加农林牧渔各业等基础设施建设投资，是大中型农业、林业、牧业、渔业、农机、水利、气象等方面基础设施建设的主要资金来源。为了尽早改变农业基础设施老化状况，改善农业生产经营条件和生态环境，要保证预算内农业基本建设投资有大幅度的增加。要按照中共中央关于"宁可少上几个工业项目，也要增加农业投入"的指示精神，在统筹安排自己基本建设盘子时，要优先考虑农业投资需求，调整国家预算内基本建设投资结构，增加农业基建投资所占比重，使农业基本建设新增投资逐年持续增加。从1995年至2017年，根据全国农业生产经营和建设事业资金需求情况，确定保持资金供应持续增长比例，通过国家法律法规程序督促落实。

②国家财政预算逐年增加农业生产经营和事业资金投入的比例。为此，一是1995年，国家财政预算内用于农业生产经营和事业资金投入450亿元，2000年比1995年增长88.9%，2005年比2000年增长70.6%，2010年比2005年增长43.6%，2015年比2010年增长39.2%，2017年比上年增长3.9%。二是各县（市）乡（镇）财政也将机动财力的大部分，用于农业生产经营建设和事业资金投入。三是国务院规定，要结合财政体制改革，逐步改革农业产品价格补贴、农村税收减免、农村社会优抚救济等资金分配使用管理体制。其一，要将农业产品价格补贴一部分，用于建立农业产品价格风险基金，保护农民利益，另一部分直接用于增加农业生产经营建设和事业资金投入。其二，要将农村税收减免和农村社会优抚救济资金，用于农业生产救灾和农民群众生活困难救助投入，有计划、有重点地支持农业生产经营建设基础设施差、自然灾害频繁的地区农村贫困农民群众，改善生产、生活条件，提高抵御自然灾害、脱贫致富能力。

（2）国家银行要继续加大农业生产经营信贷资金投入机制。国务院明确规定，为了满足农业生产经营资金需求，一是要确保农业生产经营贷款增长幅度高于全国银行贷款增长幅度，要扩大专项农业中长期低息贷款，安排好农业产品收购资金，适当增加乡镇企业流动资金和农业科学技术改造贷款。二是要促进农村信用合作社在交足准备金、留足业务备付金后，适当多存多贷，支持农业生产经营项目。三是要始终坚持国家对银行原有的农业贷款基金，要保证全部用于农业生产经营项目，各专业银行吸收的农村储蓄要绝大部分用于农业生产经营项目、农业产品加工及供销服务项目，对粮食库存占用的大量农业生产经营资金和粮食收购资金，要在大力支持搞好粮食加工转化，压库促销的基础上，通过增拨国家基金或由各专业银行按资金总额分摊的办法进一步解决，不应长期占用农业生产经营资金。同时，国家银行要逐年扩大用于农业金融信贷规模。

（3）世界银行等金融机构对农业生产经营建设资金投入机制。从1994年起，经国务院批准，财政部结合全国重点粮食、棉花、油料、糖料等农业综合开发项目区建设资金需求情况，有计划地借用世界银行的长期贷款，从联合国粮农组织引进利用资金，江苏省引进世行长期贷款6900万美元，用于开发沿海滩涂，江西省引进外资5000万美元用于改造红壤和水产品开发基地建设，取得了明显的效果。在"十二五"至"十三五"期间，逐年健全外援农业发展基金体系机制。

3. 组织推行国家政府及有关部门对"三农"资金投入使用管理责任机制。对以上各种农业生产经营建设和事业资金投入，必须加强各种农业生产经营建设和事业资金投入的宏观协调，改变农业发展资金投入使用管理松弛的状况，健全财务管理和审计监督等制度，提高农业发展资金使用效益。为此，组织推行以下三项责任机制：

（1）各级政府组织确定各部门要合理分工，各负其责机制，充分发挥各自的职能作用。要根据农业发展的需要，努力做好农业发展资金投入工作。其一，农业主管部门具体负责项目的设计、实施，按批准的方案使用资金，对资金使用效益负责；其二，财政、银行等综合职能部门按照资金的来源性质，做好投资立项的调查、审定等工作，按照项目批准的资金规模及时足额供应资金，加强投资使用效益情况的检查。其三，要对引进的世界银行贷款，坚持由财政部门统一对外，资金的开户、提取应由财政部门统一管理，防止出现争先用款，债务无人负责归还的现象发生。

（2）各地区政府要督促调整优化农业生产经营建设资金的分配使用结构责任机制。在安排分配使用农业资金时，其一，要按照长期与短期效益、经济与生态和社会效益兼顾的原则，优先保障农业基础设施建设、农业高新科技推广、农民科技教育的资金需要，把农业发展有限的资金用到刀刃上，最大限度地提高农业发展资金使用效益。其二，要支持农业科技教育内部结构调整，鼓励多形式自办或联办农民职业技术教育，传播现代农业科技知识，促进乡村建立一家一户办不到、千家万户都需要的"三位一体"农业科学技术服务组织体系，县（市）有农业科技服务公司、乡有农业科技站、村有农业科技员，组织推动农民提高科技文化素质，将科技转化为现实生产力。

（3）各级财政部门在吸取以往好的经验和国外先进做法的基础上，建立一套科学、完整、规范的农业发展资金投入使用管理责任机制。首先，要建立农业生产经营建设项目投资管理机制。投资决策人或决策机构在进行投资决策时，要按立项、评估、论证、决策等程序，组织有关专家对所投资项目做出经济、技术、生态等方面可行性论证和效益评估，对资金、物资、人力资源配置统一筹划、实施。其次，要建立农业生产经营建设项目考察评估机制。农业生产经营建设项目评估，是在农业生产经营建设项目准备工作任务完成后，由农业有关部门专家组对农业生产经营建设项目工程的必要性、技术可行性、经济合理性和配套资金的可靠性进行全面系统细致评估审查、论证和评价。这是指通过农业有关部门专家组深入实际考察评估，对农业生产经营建设项目的立项条件、技术措施、资金保证、综合效益等方面进行研究分析，正确判断是否科学合理、切实可行，以便为农业生产经营建设项目及其投资决策提供科学的依据。最后，要建立农业生产经营建设项目检查验收机制。农业生产经营建设项目检查验收，是对建成的农业生产经营建设项目检查验收报告的检查和评价，对农业生产经营建设项目计划的工程任务、投资规模、综合效益等方面的实际情况进行全面、深入、细致的检查和评价。

4. 组织激励农村和农民群众持续增加财力、物力、人力投入机制。根据优化农业产业、产品结构、开发新产品、开辟新财源的要求，一是要稳定完善土地承包合同，确保农民群众承包经营的土地在数量、地理位置上不发生变化，使农民群众在农业生产经营中，增强承包责任制的积极性，扫除农民群众向土地追加投入的心理障碍。二是要建立土地评估制度，对积极投工投肥、增加基础设施、提高农田肥力和抗灾能力的农户，给予表彰和奖励，对掠夺或经营造成地力下降或损坏农田设施的农户，给予处罚，以激励农民群众对土地追加投入。三是要强化劳动积累制度，发挥农村集体的组织功能。要对农民的劳动工日给予明文规定，在签订承包合同时就规定权益、收益，以利于抓住目前农村劳动力工资不高的机遇，充分利用农村富余劳动力较多的优势，由农村集体组织农户进行劳动积累，兴修农田基本建设，开展中低产田改造，改善本区域农业生产经营建设条件，促进农业和农村经济稳定持续发展。

5. 组织动员城镇食品、轻纺、衣料、木器、果品、药材、制糖、造纸、家具、编织等农林牧渔各业产品为原料的加工企业持续增加资金投入机制。为此，一是积极主动向农林牧渔各业产品生产经营单位和农户提供资金和销路，根据各企业自身的需要，到农林牧渔各业产品生产经营区域，去投资和建立原材料基地，作为第一生产车间经营；二是鼓励和支持城市工矿企业、事业单位与农林牧渔各业生产经营单位和农户联合投资入股，建立农林牧渔各业产品产加销一条龙企业、形成农工贸一体化现代产业集团公司；三是组织推动有条件的地方建立以工建农、以工补农的制度，从乡镇企业积累中拿出一部分资金，用于农业生产经营建设和事业资金投入。

6. 组织发动农林牧渔各业部门按国家规定收取来自各业的预算外资金机制。按照来源渠道和管理不变的原则，用于增加各业生产经营建设和事业资金投入机制。还可以采取出租、转让等办法，将一些已建成受益的各业生产经营建设和事业机械设备出租、转让给农户或集体经营，所取得的收入继续用于各业生产经营建设和事业资金投入，促进农林渔各业持续健康发展。

7. 组织吸引国际社会团体、企事业单位和个人支持农林牧渔各业生产经营和扶贫开发建设资金投入机制。地方政府要创造条件，制定优惠政策，改善投资环境，广泛开展对外协作，吸引国际资金，投入贫困地区农业生态综合开发治理工程建设，对已经引进的外资，要坚持遵守合同，恪守信誉，加强管理，提高效益，以便扩大国际影响，吸引更多的资金，投入贫困地区山水林田路综合治理。

8. 组织扶持农林牧渔各业产品基地建设投资机制。引导农民群众投工、投资。这是指通过各部门、各地区政府组织建立农林牧渔各业产品基地建设，引导农民群众自觉自愿地投资、投劳，鼓励农民群众对投资少、产出多、见效快、效益好的农林牧渔各业产品基地建设投资、投劳。

9. 组织采取农业资金投入有偿与无偿相结合机制。引导农民群众投工、投资。这是指通过各部门、各地区政府坚持做到：一是对贫困农村农户摆脱贫困，维持温饱生活的农业生产经营建设项目，采取农业资金无偿投入机制；二是对大多数农村农民增产增收致富的农业生产经营项目，采取农业资金有偿投入机制。

10. 组织采取提供农业劳动积累工机制。引导农户投入劳动。这是指通过各部门、各地区政府全面推行劳动积累工制度，大力组织和发动农民群众自觉自愿在农业基本建设中投工投劳。为此，一是要根据本地区农业生产经营建设资金投入和劳务投入紧张的实际情况，制定劳动积累工制度，提倡农民群众积极主动投工投劳；二是要从1995年开始，各级政府对国家安排大型公益性的农业基本建设的投劳部分，必须组织领导农民群众参加体力劳动，满足农业基本建设劳务需求，凡是受益区农民群众，应尽可能承担积累工任务。无力投劳者，可以按工日折钱以资代劳。对一些经济贫困地区，国家尽可能安排一些以工代赈工程，既支持贫困地区农业生产经营建设，又调动农民群众投工投劳的积极性。

（四）推广应用"三农"发展安全保护保障体系建设持续增长投融资方式

它包括两方面：一是持续增长目标；二是持续增长方式。

1. 持续增长目标。持续增长是实现农业和农村经济持续健康发展的核心，是确保国民经济持续健康发展的前提条件。为此，必须着力在持续增长上下功夫，这就要以因地制宜、求真务实科学发展观为指导，实现低成本、规模化、可持续发展。具体达到以下四项目标：

（1）要确定持续增长，作为有效途径、主攻方向，确保农业和农村经济平稳较快、持续健康增长速度的奋斗目标。

（2）要坚定持续增长，成为正确调节国内外需求与供应的总量平衡的发展、拓宽农业和农村经济持续发展领域的策略目标。

（3）要确保持续增长，作为国民经济持续稳定健康发展、促进城乡经济社会一体化协调发展、增加农业资源、降低农业生产经营成本、增产增收、农民群众增收致富的长期奋斗目标。

（4）要坚决保持续增长，绝不能为保增长而保增长，切忌简单地把增长数字放在第一位，杜绝做保增长的形象工程和政绩工程，要坚决维护农民群众根本权益和长远利益的宗旨目标，决不能过度透支未来、超常规加大伤民损财投资力度。

2. 持续增长方式。为了保持国民经济平稳较快增长，国务院宣布实施积极的财政政策和适度宽松的货币政策，从中央到地方各级政府围绕保增长、扩大内需和改善民生这条主线，采取一系列行之有效方式。主要采取以下持续增长五种方式：

（1）为持续增长增加财政投融资方式。国务院公布2008年4季度新增1000亿元中央投资，从2009年至2011年总额达4万亿元的庞大投资计划。在这个基础上，一是保持高度警惕行政主导、杜绝低水平重复建设投资的强烈反弹；二是坚持改善企业特别是中小企业的融资环境，提高市场调节资金供求的能力，加大财政担保贴息方面的支持力度。

（2）为持续增长吸引社会投融资方式。从中央到地方各级政府及部门按照市场经济规律，充分发挥积极的财政政策和适度宽松的货币政策引导作用，建立健全以奖代补、代投的政府财政补贴机制，引导社会资本、带动金融资本，投入国家支持的农业生产经营和农村公共公益设施建设上。

（3）为持续增长优化使用投融资方式。从中央到各级地方政府及部门在组织统筹安排资金上，一是有计划地投入最关键、最急需、最薄弱、最成效的农业和农村领域；二是有重点地投入农林牧渔各业生产经营建设、农村文教科技、医疗、社保等民生事业。

（4）为持续增长坚守财政银行调控方式。从中央到地方各级财政、银行部门坚持做到：一是执行国家实施积极财政政策和适度宽松货币政策，优化财力配置，增加有效投入，加大对农业生产经营、农村基础设施建设等方面的支持力度，注入源源不断的动力。二是掌握不断变化的形势，制定和完善各项财税优惠政策，加大资金支持和政策激励的力度。

（5）为持续增长促进消费结构升级方式。对广大农村、农民群众来说，一是要稳定消费增长、促进消费结构升级步伐加快，是农业和农村经济较快增长的源头动力，必须精心维护；二是要针对潜在的问题，扶持农业密集型产业和农村中小型企业发展，大力发展科技服务业，加大就业创业工作力度；三是要扶持农村文化教育、卫生医疗、社会保障事业，提高农民基本生活保障水平，确保农民群众走上脱贫增收致富小康道路。

关于农业综合开发治理项目工程建设的方略规程

农业综合开发治理研讨组[*]

一、关于农业综合开发是提高农业综合生产能力的重要途径

农业综合开发，是指对农业资源进行综合利用，对制约农业扩大再生产的诸多不利因素进行综合治理，保障农业农村经济持续健康发展的一项系统工程。农业综合开发，不同于农林牧渔业各部门从事的行业，如水利部门搞水利工程建设，林业部门搞林业工程建设，而是坚持全国农林牧渔业、水利、国土等部门一起配合协作，山水林田路综合治理，科学合理布局，采取综合配套措施，促使农林牧副渔各业全面发展，提高农业综合生产能力的重要途径。

农业综合开发的主要任务是坚持改造中低产田、改善农业基本生产条件；坚持治理水土流失，改善农业生态环境；坚持依靠科技进步，调整优化农业结构，推进农业化规模经营；坚持加快农业现代化建设进程，不断提高农业综合生产能力，促进农业生产者增收致富，增加农业产品的社会供给，增强农业和农村经济持续发展实力。

农业综合生产能力是指对农业扩大再生产进行综合投入，而获取农业综合产出的能力。农业综合生产能力的主要内容包括：农业耕种面积的利用率和产出率的能力；农业产品的总产量、单位面积产量的能力；农业产品的高产优质高效的能力；农业生产者的增产增收的能力；农业生产持续健康发展的能力；农村经济持续发展的能力。

农业综合开发与农业综合生产能力的关系是因果关系，通过农业综合开发，对农业资源进行的综合利用和治理，在内涵上改造中低产田，提高土地的利用率；在外延上开垦宜农荒地，增加土地利用率，从这两方面提高农业综合生产能力。

农业综合开发是提高农业综合生产能力的重要途径。农业综合开发是一个综合性、基础性的农业投资过程，是一个涉及面广的系统工程，因此，对提高农业综合生产能力的作用也是多方面的。一是从根源来看，通过农业综合开发，改善农业基本生产条件，扩大农业生产经营规模，奠定提高农业综合生产能力的基础；二是从方向看，通过农业综合开发，改善农业产前生产要素，如平整土地、改良土壤、灌溉排涝、植树造林，而这些产前生产要素的改善，正是提高农业综合生产能力的前提条件；三是从时间看，通过农业综合开发，组织进行固定资产等基础设施建设，不断提高科技含量，发挥作用时间和受益时间10年以上，与常规生产成本费用投入（如化肥、农用电、柴油）相比有本质的区别，促使农业综合生产能力上新台阶、新水平；四是从人员来看，通过农业综合开发，既增强了农民

---

[*] 调研组组长：韩连贵
调研组成员：王 岩 王其文 韩铁峰 李方旭 张小庚 赵建生 董 齐 王 清 李九辉 陈贵锋 张景祥 李贤锋

群众科技务农的意识，又能部分消化农村剩余劳动力，起到了多层次提高农业综合生产能力的重要作用。农业综合开发本身就是需要投入大量劳动力的工程，它对转移消化农村剩余劳动力的作用是很显著的，而农村剩余劳动力的消化吸收，又提高了农业劳动生产率，因而成为提高农业综合生产能力的重要因素。农业综合开发不仅是农业资源广泛深入的开发过程，也是农民群众转变生产观念，转变传统落后的生产方式，推广先进适用的科学技术的过程，最终达到提高农业综合生产能力的目的。农业综合开发的初始宗旨是提高农业综合生产能力。我国农业自1984年获得历史性丰收后，农业生产连续几年徘徊，根本问题在于农业综合生产能力不足。基于这种情况，党中央、国务院从1988年起，决定在全国组织实施农业综合开发这一项系统工程。实践证明，农业综合开发，是既能增强粮棉油肉糖等农业产品的综合生产能力，增强农业发展后劲，保证社会农业产品有效供给，又能促进农民群众增产增收，增强农业和农村经济持续健康发展实力的重要途径。主要体现在：

（一）通过农业综合开发，奠定了提高农业综合生产能力的物质基础

通过农业综合开发，为提高农业综合生产能力，改善了农业基本生产条件，从1988年至2017年，累计改造了中低产田5192万公顷。一是累计建成了灌排配套、达到旱涝保收的农田2132万公顷，其中改良土壤、培肥地力的农田1300万公顷；二是累计建成了"田成方、树成行、渠相通、路相连"的规范化高产稳产农田1820万公顷，其中东北、华北平原项目区累计增加684多万公顷；三是建成了一批"高产、优质、高效"的亩产千公斤粮、亩收千元钱的标准化"双千"农田1240万公顷，其中黄淮海、长江中下游平原项目区累计增加502多万公顷。同时，通过农业综合开发，增加了耕地资源，开垦宜农荒地268多万公顷，基本上是属于旱涝保收的高产农田，其中：松嫩辽河平原项目区累计增加118多万公顷，沿海滩涂项目区累计增加34多万公顷。全国农业综合开发项目区累计新建小型水库14531座，开挖灌排渠道206万公里，修建灌排站60818座，打机电井631956眼，架设农电线路406572公里，增加大中型农机具121万台套，基本改善了农业综合开发项目区旱涝保收的条件。

通过29年来的农业综合开发，改造了中低产田，开垦了宜农荒地，加强了农业基础设施建设，改善了农业基本生产条件，为提高农业综合生产能力，奠定了物质基础。

（二）通过农业综合开发，改善了提高农业综合生产能力的生态环境

通过农业综合开发，为提高农业综合生产能力，加强了农业生态环境建设，组织开展了农田林网、水土保持、沙区绿洲、畜牧草场等项目工程建设。从1988年至2017年，国家在上述生态农业建设方面，累计投入资金226亿元，占投入资金总额的7%；农民群众投入的劳动工日数约占总投入劳动工日数的10%。累计建设草原（场）380万公顷，小流域治理101万公顷，土地沙化治理23万公顷，水土流失控制面积587万公顷，完成植树造林338万公顷，改善农田林网面积2696万公顷；在长江中上游和太行山水土保持与防护林工程建设上，营造水土保持林189万公顷，根据检查验收统计，林草植被度由1987年的23%上升到2017年的59%，水土流失面积下降了12个百分点，土地利用率提高了34个百分点；加强了沙区绿洲建设，在陕西榆林风沙滩区安排了井灌农业综合开发项目，在内蒙古、新疆、青海、宁夏、吉林等地区的沙漠边缘，均安排了沙区绿洲的农业综合开发项目，都取得了改善农业生态环境、保护农业生产发展的作用；在畜牧草原（场）建设上，累计建成草原（场）189多万公顷，初步防止了草场沙化的现象。

通过29年来的农业综合开发，因地制宜地组织了农林牧副渔各业生产，自觉地保护了农业生态环境，在改造中低产田、适量开垦宜农荒地的基础上，逐年加强了农业生态环境建设，加大了水土流失治理力度，为增强农业可持续发展后劲、不断提高农业综合生产能力，改善了生态环境。

（三）通过农业综合开发，创造了提高农业综合生产能力的科技条件

通过农业综合开发，为提高农业综合生产能力，改进了传统的农业生产技术，推广了先进适用的

科学技术，培训了项目区农民群众，提高了农民群众科技务农的素质。从1988年至2017年，国家在上述农业科学技术方面，累计投入资金109亿元。此项投入，比重虽小，但处于逐年增加的趋势。在这方面，各地农业综合开发项目区都采取了具体的措施：一是开展了农业科技教育和培训。主要通过专业技术学校、职业中学、培训中心、科普夜校等多种形式，大力开展了农业科普教育和科技培训，造就了成千上万科学种田养殖能手，提高了农业综合开发项目区农民群众的科技务农素质；二是扶持了农业科技单位研究农产品生产、加工、储藏等先进适用技术，促使科研成果在农业综合开发项目区充分发挥效益；三是建立了农业综合开发科技试验示范区，形成了试验区、示范区、项目区三个不同层次，以点带面，上接科技源头，下连生产领域，通过试验示范和辐射推广，加速了科技成果的转化，加快了科技兴农的步伐，提高了农业综合开发项目区的科技水平。江苏、浙江、安徽、福建、江西、山东、上海、宁波、厦门、青岛十省、直辖市、计划单列市组织有关大专院校、科研单位，在582个农业综合开发项目区内建立了86个科技试验示范区，通过试验示范和辐射推广，加速了科技成果转化，加快了科技兴农的步伐。湖北、湖南、广东、广西、海南省（自治区）政府组织省市县三级科研人员近千人，建立红壤、坡地和滩涂三个综合开发利用实验区，在526个县（市）推广之后，使双季稻田每公顷达到14吨，棉田每公顷达到1.5吨，比非农业综合开发水稻项目区棉田高出97.6%，品质高一个等级。湖南省农业综合开发项目区增产因素中，科技含量占59%，比非农业综合开发项目区高出13个百分点。

通过29年来的农业综合开发，逐年加大了农业科技建设力度，推广了科学改良土壤、科学灌排节水、科学繁育与统一供应良种、科学使用肥料、科学种植养殖等先进适用技术；采取了奖励机制，鼓励城市科技人员深入农业综合开发项目区，帮助农民群众提高科技务农素质，为增强农业可持续发展后劲、提高农业综合生产能力，创造了科学技术条件。

（四）通过农业综合开发，完善了提高农业综合生产能力的服务体系

通过农业综合开发，为提高农业综合生产能力，组织完善了农村社会化服务体系，加大了产前、产中、产后的服务力度。在完善农村社会化服务体系建设上，各地农业综合开发项目区都坚持进行水土资源的治理，在土地治理工程、农业技术工程、水利骨干工程、林业建设工程等有保障的情况下，采取田间水利排灌设施、改良土壤、推广良种、栽培技术、机械作业等综合措施。在农业综合开发项目区生产建设中，采取了综合配套措施：一是开展了农田水利排灌渠配套、打井配套节约用水等项工程及服务体系建设；二是健全了原种繁育、品种试验、种子加工、种子质量等良种繁育推广体系建设；三是推广了节水灌溉、化肥深施、地膜覆盖、作物栽培等先进适用增产技术；四是组建了农作物病虫害防治监测体系；五是建立了农业机械化生产服务体系，通过机械设备更新、配套作业，提高了农田耕作、种植、收获、运输机械化水平，加速了农业产品加工、保鲜、包装、贮藏电气化进程。全国38个省、自治区、直辖市、计划单列市和兵团农业部门据1988年至2017年农业综合开发项目投资统计，用于农业现代产业化经营和社会化服务体系建设的资金投入为2438亿元。

通过29年来的农业综合开发，在农业综合开发项目区内，基本上形成了供种、耕种、灌排、用肥、植保、运输、加工、保鲜、包装、贮藏等系列环节服务组织体系，为增强农业可持续发展后劲、提高农业综合生产能力，完善了服务体系。

（五）通过农业综合开发，调整了提高农业综合生产能力的产品结构

通过农业综合开发，为提高农业综合生产能力，科学合理地调整了农产品生产结构。近两年来，粮食供求进入买方市场，劣质粮食销售不畅，靠农业综合开发项目区扩大粮食生产规模，增加粮食产量，难以达到提高农业综合生产能力，促使农民群众增加收入的目的。为此，从1997年起，国务院领导决定，率先在农业综合开发项目区调整粮食生产结构，针对市场变化需求优质粮食情况，在保持粮食总量平衡的前提下，瞄准市场行情，以优质高效为原则，因地制宜，优化粮食品种结构，提高粮食产品

质量，大力发展高产优质高效的粮食生产。近几年来，松嫩辽河平原、黄淮海平原、长江中下游平原的一些重点农业综合开发项目区，都在为调整粮食产品结构加大了力度。主要是在保持粮食总量平衡的前提下，调减了市场不受欢迎的质次价低玉米、早籼稻种植面积，扩大了优质水稻、玉米、豆类、高粱等产品的种植面积，基本上实现了杂交良种化，逐步解决了粮食品种结构失衡的问题，获得了可观的效益。同时，在集中连片的农业综合开发项目区，扩大了土地的生产经营规模，提倡了规模经营生产承包责任制，推进了农业产品加工、流通后续环节的产业化经营模式，在农户分散生产经营的条件下，较好地将家庭联产承包经营与市场需求联结起来，有效地解决了发展高产优质高效农业产品生产的问题。

通过29年来的农业综合开发，在农业综合开发项目区中，基本上形成了农业产品的产量逐年增加、质量逐年优质、效益逐年提高的好局面，为增强农业可持续发展后劲、提高农业综合生产能力、调动农民群众生产积极性，形成了优化粮食产品结构的好势头。

（六）通过农业综合开发，起到了提高农业综合生产能力的保障作用

农业综合开发的实践证明，它为持续提高农业综合生产能力起到了可靠保障作用；它能引导农民群众走上农业生产持续、稳定、健康发展的轨道；它能正确引导和保护受自然和市场"双重风险"的弱质产业的发展；它能有力地推进小规模家庭联产承包经营方式适应市场经济的发展。在社会主义市场经济条件下，作为农业主体的家庭联产承包户和农村集体经济组织，往往只考虑自身农业生产发展的积累问题，没有能力投资于社会性农业生产发展的基础设施建设，如开辟水源、灌排工程、改良土壤、培肥地力工程，挖掘耕地资源工程，水土保持、农田林网工程等，农林牧渔各业良种繁育工程，农业科技推广与农民科技务农培训工程，而这些社会性农业生产发展的需求问题解决了，才能保障提高农业综合生产能力。通过农业综合开发项目工程建设，解决了农民群众自身无法解决的农业生产发展所需基础设施建设问题。通过农业综合开发各方面资金综合配套投入手段，解决了国家、集体和个人各自都实难解决的农业生产发展所需资金投入不足问题，切实达到了社会性农业生产逐年发展，社会性农业综合生产能力逐年提高，社会性农产品有效供给逐年增加，农民群众逐年增收致富，国家经济实力逐年增强的目标。

二、关于农业综合开发现代化示范区建设的方略

1988年以来的实践证明，农业综合开发是加强农田水利和农村基础设施建设，改变农业基本生产条件，提高农业综合生产能力，改善农业生态环境，提高抗御自然灾害能力，加快农业科技创新和技术推广，增强农业科技创新能力，组织农业和农村经济结构调整，进行农业区域化布局、专业化生产，推进农业产业化规模经营，多渠道转移农村剩余劳动力，发展农村二、三产业，加强城乡一体化经济建设，加快实现农业现代化之路，以达到确保农业和农村经济持续发展，农业增产、增效，农民脱贫、增收、致富，健全农村社会保障体系，维护农村社会稳定，全面建成农村小康社会的奋斗目标。为此，国务院农业综合开发领导小组第十二次会议决定，从1997年起，凡是国家批准确立的农业综合开发项目区，必须及早建设成农业现代化示范区，条件较好的农业综合开发项目区要率先实现农业现代化，并发挥好带动和辐射作用。2012年国务院领导强调提出，要将农业综合开发项目区建成农业现代化示范区。为此，要在全国各地区已经建成的农业综合开发项目区加快科技进步，加强科学管理，要保护和改善生态环境，保证农业和农村经济可持续发展。现将农业综合开发项目区建成农业现代化示范区方略中的宗旨、标准、要求和措施说明如下：

（一）农业综合开发现代化示范区建设的宗旨

农业综合开发现代化示范区是指凡属国家确立的农业综合开发项目区，必须将其建成由自给农业

向商品农业转变，由传统农业向现代化农业转变的导向区，必须将其建成农业现代化示范区，即农业综合开发现代化示范区。

农业综合开发现代化示范区的建设内容，就是用现代化装备武装农业、现代化科技建设农业、现代化方法管理农业，从而大幅度提高土地产出率、劳动生产率、科技贡献率、加工转化率和农业产品商品率。它具有高起点、高标准、高质量、高产业、高科技、高效益的特点。它的宗旨是增强农业综合开发生产能力，提高农业产品社会供给能力和农民群众增收致富能力，保障农业和农村经济持续稳定健康的发展。

具体地说，今后要实现农业综合开发现代化示范区建设的宗旨，必须将农业综合开发项目区保证建成农业现代化示范区，实现旱涝保收、高产稳产、高质高效、增收致富、有效供给、富民强国、持续发展七个目标：

1. 旱涝保收。凡是国家农业综合开发现代化示范区，必须通过以水利措施为先导，采取水利、电力、机械等工程措施，做到旱能灌，涝能排，能够抗御干旱、洪涝等自然灾害，而使农产品达到干旱不减产、涝灾保丰收的目标。

2. 高产稳产。凡是国家农业综合开发现代化示范区，必须采取科技、生物、工程等措施，战胜各种自然灾害，而使农产品逐年达到高产、稳产的目标。

3. 高质高效。凡是国家农业综合开发现代化示范区，必须针对各种障碍因素，大力推广普及农业先进适用的科学技术，而使农产品逐年达到优质、优化、高质、高效的目标。

4. 增收致富。凡是国家农业综合开发现代化示范区，必须通过开发土地治理项目，适当发展农业产业化经营及龙头项目，使项目区农民群众达到增产、增收、致富奔小康的目标。

5. 有效供给。凡是国家农业综合开发现代化示范区，必须提高农业综合生产能力，为国家提高粮棉油肉糖等农产品，满足社会日益增长的农产品需要。

6. 富民强国。凡是国家农业综合开发现代化示范区，必须通过科学规划、合理布局、综合治理，促进农民群众达到致富，国家达到富强的目标。

7. 持续发展。凡是国家农业综合开发现代化示范区，必须通过山水田林路综合治理，达到科学合理利用和保护农业资源，保障农业和农村经济达到持续、稳定、健康发展的目标。

目前，各地农业综合开发项目区已经向农业现代化的方向发展，不少农业综合开发项目区已初具农业现代化示范区的雏形。因此，国家在此基础上分期分批组织创建农业综合开发现代化示范区已势在必行。鉴于目前国家财力有限，每个省、自治区、直辖市、计划单列市都要有计划、有组织地进行农业现代化示范区建设，即在高标准规划的基础上，根据各地农业综合开发项目区不同基础条件，分两年组织实施，力争最后取得看得见、摸得着的成效。

（二）农业综合开发现代化示范区建设的标准

农业综合开发现代化示范区建设的标准，一是产出水平高。农业现代化示范区比农业综合开发项目区平均每亩增产30%以上，绿色食品、营养保健等优质农产品比重占70%以上。二是装备水平高。农业现代化示范区农林水等各项设施建设标准高，比农业综合开发项目区的项目工程完好率超过十年之上。三是科技含量高。农业现代化示范区要普遍推广应用先进科学技术，比农业综合开发项目区科技贡献率提高55%以上。四是组织程度高。在各级政府与部门组织领导下，农业现代化示范区形成农业规模化生产、农业产业化经营和社会化服务体系。五是产业化程度高。农业现代化示范区基本实现种养加链条、产供销一条龙、贸工农一体化。六是农民群众收入水平高。农业现代化示范区农民群众人均纯收入比农业综合开发项目区高出一倍以上。

具体来说，凡是国家农业综合开发现代化示范区建设要达到以下"五化"的标准：

1. 农田标准化的标准。在农业综合开发现代化示范区内，必须达到农田标准化的标准，主要有五个标准：一是在耕种方面，要达到：天成方、地平整、土改良、秸还田、培地力、精施肥、种优良、间套种、防病虫、机作业。二是在水利方面，要达到：渠相连、井配套、渠防渗、地下管、喷滴灌、节用水、旱能灌、涝能排。三是在环保方面，要达到：树成行、经济林、绿化带、保水土、防风沙、生态好。四是在交通方面，要达到：路相通、路基硬、路面平、人机走、农机行。五是在成效方面，要达到，增稳产、多收入、农民富、奔小康、作贡献、国家强的目的。

2. 作业机械化的标准。在农业综合开发现代化示范区内，在农业生产经营过程中，各环节作业机械化的标准主要表现在：翻耕、平整、播种、栽培、排灌、植保、收割、运输等生产环节作业上实现现代化。

3. 技术规范化的标准。在农业综合开发现代化示范区内，农业生产经营技术规范化的标准，主要是指山水田林路综合治理规范化，农林牧渔各业生产经营规范化，推广应用先进适用科学技术规范化，在种植、养殖业生产经营的良种、良制、良法规范化，种植、养殖业的经营管理技术规范化。

4. 经营集约化的标准。在农业综合开发现代化示范区内，农业生产经营的集约化，主要是指增加立体开发面积，提高土地复种指数；增加产量，提高质量，投入少、产出多、见效快、贡献大。

5. 服务社会化的标准。在农业综合开发现代化示范区内，要在农业生产经营全过程形成优质技术服务体系，提供产前、产中、产后全过程服务，达到产供销一条龙、贸工农一体化的目标。

（三）农业综合开发现代化示范区建设的要求

要抓好业综合开发现代化示范区建设，必须达到高档次、高水平的要求。具体来说，必须达到以下十项要求：

1. 要直接组织领导。各级党政领导要高度重视业综合开发现代化示范区建设，并纳入重要议事日程，主管领导同志要积极主动深入农业综合开发现代化示范区建设第一线，直接组织领导，部署任务，督促检查，总结经验，解决问题。

2. 要加强队伍建设。加强农业综合开发人员队伍建设，是农业综合开发长久性事业发展的需要，是组织完成农业综合开发现代化示范区建设的各项任务的保证。为此，凡是长期组织开展农业综合开发项目工程建设的地方各级政府，都要建立隶属政府直接领导的上下对口的农业综合开发机构，充实农业综合开发人员力量，不断加强培训教育，努力提高农业综合开发人员队伍的政策业务水平、生产科技水平、经营管理水平和职业道德水平，增强求真务实、真抓实干的能力。

3. 要密切配合协作。在农业综合开发现代化示范区建设中，要由农业综合开发部门牵头，农业、林业、牧业、渔业、农机、水利、国土、财政、银行、审计等各有关部门密切配合协作。财政部门作为第一依靠对象，首先要配合协作好。在政府统一领导下，加强各有关部门之间的配合与协调，努力形成各部门各司其职，各建其功，合力开发，共同建设农业综合开发现代化示范区的大好局面。

4. 要坚持项目管理。要加强农业综合开发项目的前期准备工作，严格进行项目的可行性考察评估论证，完善项目储存库制度，提高科学立项水平；要认真组织项目的规划设计与审查批准，切实抓好项目工程实施检查和竣工验收，加强项目工程维修管护，不断提高农业现代化示范区的项目管理水平。

5. 要广开资金渠道。要广开农业综合开发现代化示范区的建设资金筹措渠道，一是要切实发挥农民群众投入主体的作用，积极引导和鼓励农民群众自觉自愿投资投劳，动员社会各企业、事业单位投入农业综合开发现代化示范区建设资金；二是要加强各级财政资金调度，切实做到资金足额配套，要建立专账专户，专人管理，做到及时拨借、专款专用，提高资金使用效益；三是要落实农业综合开发现代化示范园区债权债务措施，本着谁投资、谁收益、谁还款的原则，组织实施"利益共享、风险共担"的股份合作制。

6. 要科学规划设计。要做好农业综合开发现代化示范区科学规划设计，严格按照流域（灌区）和经济区划，科学划分粮食作物种植区、经济作物种植区、蔬菜种植区、花卉种植区、经济林果种植区、畜禽养殖区、水产养殖区和生态农业区。要在规划设计中明确提出将农业综合开发项目区建成旱涝保收、高产稳产、优质高效、增收致富、有效供给、富民强国、持续发展的现代化示范区。

7. 要搞好合理布局。要搞好农业综合开发现代化示范区合理布局，一是要搞好农田水利等基础设施的布局，科学合理配套落实农业、林业、水利、电力、农机、交通、通讯等项目基础设施建设任务；二是要搞好农林牧副渔各业产品生产的布局，因地制宜地确定种植、养殖、加工的区域；三是要搞好工程、生物、机械、科技等项措施的合理布局，对这些措施要有机结合，配套采用。

8. 要健全服务组织。要建立农业综合开发现代化示范区服务组织，主要是农业产前、产中、产后服务组织。一是要承担农业基本生产物质供应服务。对农业综合开发现代化示范区的田间工程、水电设施和生产所需的各种物质，要统一购买供应，这样既方便农户，又降低成本；二是要承担农业生产经营服务。各农业综合开发现代化示范区都要建立水电、农机、农技等服务组织，对电力、水利、农机等基础设施进行管理，做到统一灌溉、统一耕种、统一植保、统一收获、统一推广先进技术；三是要承担农业产品收购与销售服务。为使农业综合开发现代化示范区组织粮棉油肉糖等农产品收购，并专门组织运输销售，确保粮棉油肉糖等农产品畅销无阻。

9. 要提高农民素质。主要抓三方面：一是要加强对农业综合开发现代化示范区农民群众的政治思想教育，促使农民群众增强参加农业综合开发现代化示范区建设的自觉性；二是要组织农民群众开展文化教育，促使农民群众自觉学习文化知识，提高农民群众的文化素质；三是要抓好农民群众科技培训，大力推广先进适用的科学技术，提高农民群众的科学种田水平。

10. 要开展宣传教育。要加强农业综合开发现代化示范区建设的宣传教育，使各级党政领导干部、各有关部门都来支持农业综合开发现代化示范区建设工作。农民群众是农业综合开发现代化示范区建设的直接受益者，也是农业综合开发现代化示范区建设的主体力量。为此，要采取宣传鼓动、政策引导、典型引路等多种形式，鼓励教育、引导农民群众投资投劳，调动农民群众自觉自愿参加农业综合开发现代化示范区建设。

（四）农业综合开发现代化示范区建设的措施

要建设好农业综合开发现代化示范区，必须采取一系列切实可行、行之有效的措施。实践证明，必须采取以下八项措施：

1. 水利化措施。在农业综合开发现代化示范区，要坚持水利先行，切实抓好渠道防渗、管道输水、喷灌、滴灌等项措施，大力推行节水灌溉和科学排水技术，特别是在改造中低产田上，要广泛采取用激光控制平整地及与灌溉排水有关的技术，切实做到桥涵闸站渠配套齐全，把中低产田建设成旱能灌、涝能排的高产稳产农田。

2. 机械化措施。在农业综合开发现代化示范区，要广泛深入地开展机械化作业，在农田整治、农作物的种植与收获、畜牧水产品的养殖与加工、各类产品运输方面，采用机械化措施，基本上实行机械化作业。

3. 科学化措施。在农业综合开发现代化示范区，要加大科技投入力度，提高科技含量，在"水、肥、土、种、密、保、管、工"八个方面，大力推广先进适用的科学技术，切实达到科学节用水，科学施用肥料，科学改良土壤，科学繁育良种，科学种植、养殖，科学保护生态环境，科学管理农业生产经营这个系统工程。

4. 生态化措施。在农业综合开发现代化示范区，要大力开展植树造林，努力提高农田防护林、水土保持林和水源涵养林的成活率和保证率，不断改善生态环境。决不搞掠夺式开发，把农业综合开发现代化示范区率先建成农业持续发展的生态区。

5. 产业化措施。在农业综合开发现代化示范区，要实行种养加相结合，产供销一条龙，贸工农一体化，实行公司带基地，基地连农户，走专业化、产业化发展的路子，形成高素质的产业群体，实现农产品的循环增值。

6. 机制化措施。在农业综合开发现代化示范区，要探索多种经营机制的模式。在土地所有权不变的前提下,对土地资源可以实行租赁、拍卖开发,大户承包开发,可以实行股份制、股份合作开发,可以采用内引外联、招商引资、补偿贸易、合资等形式开发。

7. 规模化措施。在农业综合开发现代化示范区,要坚持集中连片开发,讲究规模效益,对西部贫困地区能起辐射作用的农业综合开发现代化示范区重点扶持,做到开发一片,成功一片,收益一片。

8. 高效化措施。在农业综合开发现代化示范区,要坚持效益第一的原则,要讲究经济效益、社会效益和生态效益的有机统一。凡是国家审查批准的农业综合开发现代化示范区,必须达到亩投入1元钱,形成2元以上农产品的综合生产能力。要在增加农民群众收入、致富奔小康的同时,增加财政收入,增强国家经济实力,达到富民强国的目标。

三、关于调整新时期农业综合开发的方略规程

在我国农业和农村经济发展的新阶级中,党中央、国务院提出了以增加农民收入为中心任务,以实现农村小康社会为战略性目标,制定了"多予、少取、放活"的方针,采取了一系列政策措施,赢得了农业和农村经济继续平稳发展、农民收入继续恢复性增长、农村社会继续保持稳定的难得局面。2003年至2015年底召开的中央农村工作会议,逐年评估全国农业和农村形势,为推进农业和农村经济持续健康发展,制定了一系列更直接、更有力、更明确的综合性政策措施,随后召开的全国财政工作会议,也进一步明确了财政大力支持解决"三农"问题的思路和措施,提出必须从统筹城乡经济发展的战略高度,按照公共财政和WTO规则的要求,调整和改革财政支援农业和农村经济发展的政策措施,更有效地支持和保护农业产业化经营、现代化发展,解放和发展农村生产力,改善农业基本生产条件,促进农民增加收入。中共十八届五中全会通过的"十三五"规划建议提出,今后五年,要在已经确定的全面建成小康社会目标要求的基础上,大力推进农业现代化,拓展农民增收渠道,完善农民收入增长支持政策体系,增强农村经济发展内生动力,建成美丽宜居农村。而今,农业综合开发面临这样新的形势、任务,就是要为推进农业和农村经济持续健康发展,尽快实现农村小康社会的战略目标,而努力开创新时期农业综合开发新路程。这就是要更新观念、深化改革、加强管理,坚持走农业综合开发之路。

(一) 更新农业综合开发的思想观念

首先,要把更新农业综合开发的思想观念放在第一位,是由于它是深化农业综合开发体制改革、创新农业综合开发运行机制、加强农业综合开发科学管理、推进农业和农村持续发展的前提和先导,要本着与时俱进的思想,不断更新农业综合开发思想观念。为此,必须从以下四方面更新思想观念:

1. 要认识到农业综合开发的新形势。首先要认识到,当前在我国农业和农村经济发展中,既取得了巨大成就,也存在着许多矛盾和问题。同时,要认清全国农业和农村经济发展的本质和主流,把握今后组织开展农业综合开发的有利条件和积极因素;要展望我国农业和农村经济发展必将出现一个新局面、新气象,增强组织实施农业综合开发的自觉性和创造性。其次要认识到,农业综合开发面临挑战与机遇并存的形势,还必须清醒地看到存在一些矛盾和问题。当前农业综合开发存在的主要问题是:农业综合开发的体制和机制与市场经济发展不相适应,农业综合开发的地域过大,有些地区农业综合开发项目和资金安排比较分散、重点不突出、效益不高。有些地区农业综合开发项目和资金管理薄弱,违纪违规问题时有发生,有些问题性质严重,有些问题带有普遍性。为此,一定要有足够认识,这些问题如果长期得不到解决,就会影响农业综合开发事业。既要辩证看待存在的问题,更要高度重视这些问题,要努力通过深化改革、创新机制、加强管理解决这些问题。

2. 要认识到农业综合开发的新任务。一是要深刻地认识到,国务院从1988年组织开展农业综合

开发以来，农业综合开发取得了公认的显著成就，积累了丰富的经验，发挥了关键作用。广大农村干部和农民一致认定农业综合开发是加强农业基础设施和农业生态环境建设，改善农业基本生产条件，增强抗御自然灾害能力的一项关键措施，是调整优化农业和农村经济结构，推进农业产业化经营，提高农业综合生产能力，保障国家粮棉油肉糖等大宗农业产品安全，发挥农业综合效益，促进农民增加收入的一条有效途径，是国家支持和保护农业和农村经济持续协调发展，实现农村小康社会战略性目标的一条捷径之路。农业综合开发项目区农民在实践中体会到农业综合开发是为农民办实事、办好事的"富民"、"德政"工程。二是要清醒地认识到农业综合开发的新任务，这就是要从全局和战略的高度为实现农村小康社会的战略目标，着力加强农业基础设施和农业生态环境建设，改善农业基本生产条件，保护农业生态环境，增强农业抗御自然灾害的能力，提高粮食综合生产能力，保障国家粮棉油肉糖等大宗农业产品安全。同时，要千方百计地促进农民增产、增效、增收，时刻注意防止增加农民不合理负担。为此，要根据市场需求，引导农民调整优化农业和农村经济结构，参与农业产业化经营，建立起农民与龙头企业利益共享、风险共担的经营体制，扶持农民专业合作经济组织。

3. 要认识到农业综合开发的新使命。就是要维护农村社会稳定，保障国家粮食安全，保护农业持续发展。这是关系到能否保障国家社会经济安全发展、国计民生的重大问题。在我国农业和农村经济发展新阶段，要特别注意农民增加收入困难。农民增加收入困难，主要表现在全国农民人均纯收入连续多年增长缓慢，从2003年至2013年平均增长不到4%，城乡居民收入差距持续扩大，特别是粮食生产区农民收入增长幅度低于全国平均水平，许多纯农户收入持续徘徊甚至下降。解决农民增收问题，事关大局，意义重大。不仅如此，更要注意到，国家粮食安全受影响的苗头和因素问题。近年来，全国出现了粮食播种面积持续减少、粮食产量连年减产、粮食库存逐步下降的情况。而农民增收困难问题和粮食产量减少问题相互交织、互为影响，因而导致粮食生产能力受到削弱，粮食安全存在隐患。而农业综合开发是加强农田水利基础设施，改善粮食基本生产条件，提高粮食综合生产能力，保障国家粮食安全，发挥农业综合效益，增加农民收入，实现农村小康社会目标的有效途径。

4. 要认识到农业综合开发的新发展。就是要确立科学发展观，自觉遵循自然规律和社会经济规律，不断适应社会主义市场经济、公共财政管理体制和农村经济体制改革要求，适应新阶段农业和农村经济发展需要，而不断深化农业综合开发的体制改革，创新农业综合开发的运行机制，加强农业综合开发的科学管理，不断提高农业综合开发事业发展水平。为此，一是要在组织领导农业综合开发的党政领导班子中，不断消除不合时宜的思想观念，增强以市场为导向的观念，坚持市场取向，引入市场机制，利用市场手段，发挥市场在农业和农村经济发展中的推动作用。要注意到，凡是市场能单独发挥作用的，就不要组织确立农业综合开发项目。凡是需要政府引导与市场导向有机结合之后，才能提高农业综合生产能力，促进农民增加收入的，就要组织确立农业综合开发项目；二是要在组织开展农业综合开发人员队伍中，不断增强深化改革、创新机制的自觉性，打破陈旧过时的条条框框，随着农业和农村经济发展形势变化而更新农业综合开发全局观念，增强农业综合开发法制观念，增加农业综合开发的新内涵；三是要在组织动员农业综合开发的农民群众中，坚持注重以人为本，要把提高农民文化科技素质，发挥农业综合开发效益，增加农民收入，改善农民生活质量，维护和实现好农民的根本利益，作为农业综合开发的最终目的。

（二）深化农业综合开发的体制改革

深化农业综合开发体制改革，主要是指深化农业综合开发方针政策、规章制度确定下的项目与资金管理体制的改革。农业综合开发经历了29年的发展，为改善农业基本生产条件和农业生态环境，调整农业和农村经济结构，推动我国粮棉油肉糖等大宗农业产品实现总量、丰年有余的历史性转变作出了重大贡献，为增加农民收入发挥了重要作用；农业综合开发已经成为我国保护和支持农业和农村经济发展的重要途径，成为为农民办实事、办好事的"富民""德政"工程。农业综合开发在实践中积累了"综合治理、规范管理、民办公助、合办开发"的成功经验。这说明农业综合开发是对我国农业投资体制改革一个成功的实践，但必须清醒地看到农业综合开发体制上还存在一些问题。为此，必须深化改革，尽快解决这些问题，为今后农业综合开发开创新的路程奠定坚实的基础。具体地说，主要深化改革以下七个方面：

1. 农业综合开发的指导思想。这是指在农业综合开发的指导思想上，确立实现"十三五"时期发展目标，树立创新、协调、绿色、开放、共享的发展理念，紧紧围绕全面建设小康社会的目标，以农业主产区特别是粮食主产区为重点，着力加强农业基础设施和生态建设，提高粮食综合生产能力，保障国家粮棉油肉糖等大宗农业产品安全；着力推进农业和农村经济结构的战略性调整，积极推进农业产业化经营，提高农业综合效益，增加农民收入，保障农业和农村经济持续协调发展。

2. 农业综合开发的区域范围。这是指在农业综合开发的区域范围上，确定了农业主产区特别是粮食主产区。农业主产区是指农业生产在全国占有重要地位，能够提供较多粮棉油肉糖等关系国计民生的大宗农业产品的集中产区。农业主产区特别是粮食主产区的范围，是依据各地区生产和提供大宗农业产品的品种、产量等主要指标，并参照有关部门的界定办法和有关依据，确定黑龙江（含省农垦总局）、吉林、辽宁（不含大连）、内蒙古、河北、山东（不含青岛）、江苏、安徽、四川、湖南、湖北、江西、新疆、广西、云南、新疆生产建设兵团等17个省级单位为粮食主产区，新疆、新疆生产建设兵团为棉花主产区，广西、云南为糖料主产区。

3. 农业综合开发的项目重点。这是指在农业综合开发的项目重点上，一是规定了以农业主产区特别是粮食主产区土地治理项目为重点，以利于提高全国农业综合生产能力，保障大宗农业产品的有效供给，增加农业主产区特别是粮食主产区农民收入。在农业主产区特别是粮食主产区土地治理项目中，以中低产田改造为重点，特别是要加强基本农田保护区范围内的中低产田改造，建设高标准农田、扩大高产稳产、旱涝保收农田面积，着力加强农业基础设施和农业生态建设，改善农业基本生产条件，保护农业生态环境，建设优质、高产、稳产、节水、高效农田，增强农业抗御自然灾害能力，提高农业综合生产能力，保障国家粮食安全。二是规定了以优势农业产品、产业区域，产业化经营项目为重点，围绕优势农业产品、产业区域、产业化经营项目，加强农业产业化龙头和多种经营项目基础设施建设，为发展优势农业产品、产业提供条件。特别要坚持以市场为导向，调整优化农业和农村经济结构，推进农业产业化经营，发挥优势农业产品、产业区域的特长，培育和壮大优势特色产业，扶持辐射带动作用强的产业化龙头企业，鼓励发展维护农民利益的专业合作经济组织，发挥农业综合效益，为农民增收致富开辟有效途径。

4. 农业综合开发的项目整合。这是指在整合农业综合开发项目上，将农业综合开发项目整合为土地治理项目和产业化经营项目两类。各级政府及部门不应单独设立专项科技示范和农业现代化示范项目。同时，整合现有中央农口部门项目，原则上一个部门内只保留1~2类项目，分别纳入土地治理项目和产业化经营项目。在两类项目中，一是以土地治理项目为重点，下设了中低产田改造、生态综合治理、中型灌区节水配套改造三小类项目；二是将多经营及龙头项目更名为产业化经营项目，下设产业化龙头和多种经营两小类项目。产业化龙头项目扶持的重点是国家级、省级产业化龙头企业和农民专业合作经济组织，包括农业产品加工、产地批发市场及贮藏保鲜项目。多种经营项目扶持的重点是经济林及设施农业种植基地、畜牧水产养殖基地项目。

5. 农业综合开发的龙头企业。这是指对农业综合开发产业化企业提出以下三项改革要求：一是在对农业产业龙头企业扶持的方式上，要按照农业产业化龙头企业发展的需要、农民直接受益程度等因素，分别采取贴息、补贴、投资参股、借给有偿资金等多种方式。二是在对农业产业化龙头企业的扶持条件上，要坚持扶大扶优扶强的原则，对于申报农业综合开发产业化龙头项目的企业，必须是国家级和省级农业产业化龙头企业。同时具备独立的法人资格；经营期两年以上，有较大的经营规模和一定经济实力，有较强的自筹资金能力；资产负债率小于70%，银行使用等级A级以上；开发农业产品市场潜力大，竞争优势明显；带动能力强，与农户建立了合理的、紧密的利益分配机制；企业建立了符合市场经济要求的经营管理机制；有社会中介机构出具的财务审计报告。三是在对农业产业化龙头企业的监督管理上，要坚持严格评审与监管相结合的原则，对申报农业综合开发产业化龙头项目的企业，必须加强项目立项评审，在项目组织实施中，认真进行监督管理，防止多方申报项目，严防资不抵债，经营业绩不良、不能带动农民增收的企业，骗取国家财政资金。

6. 农业综合开发的农民组织。农业综合开发的农民组织是指农民专业合作经济组织和农业产品专业协会。为此，提出以下两项改革要求：一是坚持民办、民管、民受益的原则，重点扶持以农业产品或农业产业为纽带组织起来的农民专业合作经济组织。凡是农民专业合作经济组织作为项目主体申报项目立项条件：优势产业明显，具有法人资格，经营管理规范，与会员建立起紧密型的利益联结机制。对于符合立项条件的项目，要一视同仁乃至优先扶持；二是坚持为农民产前、产中、产后服务的原则，重点扶持能组织开展农业科学技术推广、培训，农业产品营销、农业生产资料采购服务等农业产品专业协会，对承担农业综合开发项目科技推广、培训任务的农业产品专业协会，允许用农业综合开发项目的科技推广费给予相应补贴。

7. 农业综合开发的资金投入。这是指在改革和完善农业综合开发资金投入政策上，主要有以下七方面：

（1）加大对农业主产区特别是粮食主产区的资金投入力度。从2004年起，每年将中央财政新增农业综合开发资金的80%以上，集中用于农业主产区特别是粮食主产区。但从2009年起，对列入农业主产区的省份，强调要根据其管理情况和财力状况区别对待。同时，中央农口部门农业综合开发项目资金也不着力向农业主产区倾斜。为此，各级政府及部门在资金安排上，要向重点农业主产区特别是粮食主产区加大资金投入力度。

（2）调整农业综合开发地方财政配套资金投入比例。为此，一是要针对不同地区的经济实力，科学合理地调整各地区财政配套资金投入比例。二是要进一步减低农业主产区和西部地区的财政配套资金投入比例，并根据各省（区、市）的财力状况区别，降低财政配套资金投入比例。三是要在总体调低地方财政配套资金投入比例的前提下，突出解决地、县两级财政困难，减轻其配套压力。取消国家扶贫重点县财政配套资金投入的负担。

（3）改变农业综合开发财政有偿与无偿资金投入比例。为此，在改革和完善农业综合开发财政有偿与无偿资金投入政策上，必须改变农业综合开发各类项目的财政有偿与无偿资金投入比例，对于土地治理项目，由现行10%的财政有偿资金投入，改变为财政无偿资金投入。这是考虑到土地治理项目是进行农业基础设施和农业生态环境建设，为农业和农村改善农业基本生产条件，保护农业生态环境，发挥社会效益、生态效益的项目，是属于社会性、公益性较强的项目。

（4）逐步化解农业综合开发财政有偿资金债务风险。为此，一是要完善农业综合开发财政有偿资金呆坏账核销机制，每年根据实际发生额核销一部分呆坏账。今后不再实行延期还款，以防债务风险的积累加剧。二是要摸清地方各级财政用垫付、抵款等方式偿还有偿资金的实际情况，通过部分核销方式挤出已回收有偿资金中的水分，真正做到"上清下也清"。

（5）健全农业综合开发财政贴息政策。这是指国家农业综合开发办公室在农业综合开发中央财政资金中单独设立贴息资金，对于农业产业化龙头企业利用银行贷款支付利息，经逐级考察、评估、选定，上报国家农业综合开发办公室批准后，从中央财政贴息中给予贴息，凭利息单报账。

（6）提高农业综合开发项目建设投资标准。这是指在制定农业综合开发项目建设投资标准上，要坚持因地制宜的原则，体现全国南北地域差异，平原、丘陵、山区的差异，不同产业发展需要的差异。逐步提高项目单位面积的投资标准，将项目区建成适应主导产业发展需要、优质高效农业产品产业基地。

（7）完善农业综合开发民办公助政策。这是指根据国家农村税费改革和农业综合开发农民筹资投劳有关规定，一是进一步完善农业综合开发农民筹资投劳政策；二是完善扶持农业产业化龙头企业的政策，按照龙头企业发展的实际需要、农民直接受益程度等因素，分别采取贴息、补贴、投资参股、借给有偿资金等灵活多样的扶持方式；三是完善扶持农民专业合作经济组织和农业产品专业协会的政策，坚持民办、民营、民受益的原则，重点扶持以农业的产品或产业为纽带建立起来的农民专业合作经济组织，重点扶持开展农业科技推广、培训和服务的农业产品专业协会。

（三）加强农业综合开发的科学管理

近几年来，一些地区在农业综合开发项目建设中出现一系列违纪违规的问题，已对农业综合开发事业带来了严重影响，如不彻底加以纠正，将危及农业综合开发的前途和命运。因而必须高度重视这些违纪违规问题的严重性、危害性和危险性。必须深刻认识解决这些问题的必要性和紧迫性。应当承认，产生这些违纪违规问题的原因是多方面的，但主要原因是农业综合开发缺乏科学管理。要看到农业综合开发面临的新形势、新任务、新使命对农业综合开发提出了科学管理的要求。当前农业综合开发中存在的主要问题，说明科学管理不到位，还有相当大的差距。为此，必须与更新思想观念、深化体制改革、创新机制紧密结合，树立农业综合开发的科学管理理念，采取科学管理的方式，运用科学管理手段，不断提高科学管理质量和水平。这是关系到农业综合开发是否有生命力，农业综合开发事业能否兴旺发展的大事。为此，要加强农业综合开发的科学管理，必须从以下三个方面达到管理科学化：

1. 农业综合开发的组织管理科学化。这是指在农业综合开发的组织机构、人员队伍、工作作风等方面管理科学化。

（1）要明确各级农业综合开发办事机构的职责。要按照权责统一、分级管理、分级负责的原则，明确各级农业综合开发组织机构的办事职责。

国家农业综合开发办公室要与有关部门紧密配合协作，以宏观管理为主，负责制定和督查农业综合开发的各项方针政策和规章制度，组织调查研究农业综合开发的重大问题。地方各级农业综合开发办公室要贯彻落实国家农业综合开发的各项方针政策和规章制度，具体负责农业综合开发的项目和资金管理事项。

（2）要转变各级农业综合开发办事机构的职能。要按照党的十六届三中全会的要求，要转变政府经济管理职能，深化行政审批制度改革，切实把政府经济管理职能转到主要为市场主体服务和创造良好发展环境上来。各级农业综合开发办事机构要按照上述要求，把农业综合开发的项目和资金管理作为主要职能，把主要精力放到加强项目和资金管理上来。要合理划分各级农业综合开发办事机构对项目和资金的管理权限，建立健全规范项目审批制度，简化项目审批程序，提高项目审批透明度。同时，加强农业综合开发规划和政策指导，及时向社会发布农业综合开发项目申报指南等信息，为申报和实施农业综合开发项目建设的单位和农民提供服务。要充分尊重农民的生产经营自主权，把着眼点放在帮助农民改善农业基本生产条件，按市场需求组织农业生产，提高农业产业化经营水平，增效、增收、致富，而不是直接指挥农民从事农业生产。

（3）要加强各级农业综合开发队伍建设。要努力建立一支善于学习、勇于开拓、素质高尚的农业综合开发队伍，各级党委、政府要稳定和加强农业综合开发办事机构，充实人员力量；各有关部门要紧密配合协作，不断增强农业综合开发的合力；各级农业综合开发办事机构要加大培训力度，不断提高农业综合开发队伍整体素质；各级农业综合开发工作人员要自觉加强学习，发扬刻苦钻研精神，坚持理论联系实际，不断增强自身的文化科技、政策业务素质，不断提高农业综合开发科学管理水平。

（4）要改进农业综合开发办事机构及队伍工作作风。各级农业综合开发办事机构和队伍，要按照"十三五"时期我国扶持"三农"的指导思想，牢固树立服务农业、农村、农民的"三农"意识，增强责任意识和全局意识，坚持廉洁从政，勤政为民，踏踏实实地为农民办好事、做实事，真正做到情为民所系，权为民所用，利为民所谋。要深入到农业综合开发项目区农民中去，与民亲，分民忧，想农民之所想，急农民之所急，办农民之所盼，从农民的根本利益出发，扎扎实实为农民办成事。要察实情、重实际、讲实话、求实效，不图虚名，不务虚功，不做表面文章，不提脱离实际的高指标，不喊哗众取宠的口号，杜绝劳民伤财的"形象工程""政绩工程"。要坚持经常深入调查研究，既要深入调查研究农业综合开发的全局性、战略性、前瞻性问题，又要深入调查研究农业综合开发的急需解决的矛盾和问题，尽快采取切实可行、行之有效的解决措施，让农业综合开发项目区农民得到实际增产增收的成果，保障国家粮棉油肉糖等大宗农业产品安全。

（5）各级农业综合开发办事机构自觉接受社会监督。各级农业综合开发办事机构要采取各种行之有效的方式，如设立举报电话、举报信箱、来信来访接待室，对农民举报的问题，要高度重视，督促检查，公平、公正处理事件，公示、公开处理结果，让农民心满意足，切实达到全心全意为农民服务。

2. 农业综合开发项目管理科学化。这是在农业综合开发的项目申报、项目评估、项目审批、项目监察、项目调整、项目维护、项目管理等方面管理科学化。

（1）农业综合开发项目申报。为了增强农业综合开发项目申报的透明度，在更广的范围内选择优秀项目，吸引民间资本、工商资本、国外资本参与项目建设，应坚持做到：国家农业综合开发办公室于每年上半年向各省（区、市）发布下一年度项目立项指南，明确项目申报的指导思想，项目重点建设内容及相关要求，以利于各地区组织申报项目。其中，对农业产业化龙头项目，要通过新闻媒体向社会公布招商指南，以利于在全国范围内择优确立项目，各地区也要对多种经营项目实行公开招商。今后，凡属于农业产业经营项目，都必须严格按照立项申报条件，本着实事求是的原则，如实申报。凡属于农业产业化龙头项目，都必须坚持扶大、扶优、扶强的原则，按照国家级、省级产业化龙头项目条件申报，产业化龙头项目和多种经营项目申报金额，最多不得超过指导性投资指标中按规定应分别用于两类项目资金总额的20%，不得将两类项目合并申报。

（2）农业综合开发项目投资。2003年以前，国家农业综合开发项目投资，按70：30的比例划分土地治理和多种经营两类项目投资同时下达，出现了多种经营项目选择迟缓、发生资金滞留、顶抵等问题。为了防止和避免发生这些问题，应坚持做到：国家农业综合开发办公室在中央财政资金原则上30%用于农业产业化经营项目的前提下，每年分别下达土地治理项目和农业产业化经营项目投资指标，其中农业产业化经营项目投资指标是指导性的，各地区可根据这个指导性投资指标及有关选择项目要求选定项目，然后再报国家农业综合开发办公室，最终确定各地区的农业产业化经营项目投资规模。一个省（区、市）指导性投资指标如有结余，结余的大部分指标可以在全国范围内调剂使用，结余的少部分指标留在本省（区、市）转用于土地治理项目。

（3）农业综合开发项目评估。为了对农业综合开发项目科学合理地划分国家和省两级考察评估权限，国家农业综合开发办公室负责重点项目考察评估，省级农业综合开发办公室和中央有关部门负责非重点项目考察评估。在项目考察评估中，坚持专家评估和实地考察相结合，提倡推行项目申报单位答辩评估、审查的方式。按照谁评估审查、谁负责后果的原则，健全和履行评审责任制。凡是将农业产业化经营项目考察评估、审查权限下放到省级和中央有关部门后，必须相应完善和履行制约监督制度。

（4）农业综合开发项目审批。为了解决目前农业综合开发项目评审权限不清、职责不明、评审失误和评审方法落后等问题，必须遵循权责统一、分级管理的原则，建立严格的审批责任制，一是明确规定了国家农业综合办公室负责审批各省（区、市）土地治理项目计划，主要是指中央财政投资超过500万元的单个土地治理项目和中型灌区节水配套改造项目；还负责审批少数重点农业产业化经营项目计划，主要是指中央财政投资超过300万元的产业化龙头项目，经省级农业综合开发办公室严格选定后，报国家农业综合开发办公室评审、审定、批准。二是明确规定了其他项目由省级农业综合开发办公室负责评审、审定。部分农业产业化经营项目的评审、审定权下放后，必须相应建立制约监督制度，在这项制度中严格要求县级财政部门或农业综合开发办事机构，必须做到约法三章：一要确保项目申报材料的真实性，如弄虚作假或申报虚假材料，一经发现取消项目县资格；二要确保公平、公正、透明地选择项目，对申报项目进行严格审查，并要提供必要的证明材料；三要确保对下放的部分产业化经营项目评估审定权和调整权,由省级农业综合开发办事机构负责,不准层层不放,省级农业综合开发办事机构要将项目选择情况向国家农业综合办公室报告。三是明确规定了国家农业综合开发办公室继续审批各省(区、市)土地治理项目计划,但要进一步简化审批内容,主要审批县范围、投资规模、开发任务三项指标。省级农业综合开发办事机构依据国家审批的项目计划,向下批复具体年度项目实施计划,但内容要具体,同时要将省级向下批复的项目计划要报国家备案,并作为向省级拨款和省级检查验收的主要依据。

(5) 农业综合开发项目督查。为了监督检查农业综合开发项目的申报、评估、审批、实施、竣工、管护等各环节情况,一是必须严格规定和执行农业综合开发项目的工程招标制、工程监理制、项目和资金公示制、项目法人负责制。今后凡是经国家批准实施的土地治理项目,都必须按照《国家农业综合开发项目工程监理办法》认真进行监理,必须公示农业综合开发项目的实施、竣工情况,对于项目区农民的质疑必须解释说明,对于项目区农民合理化建议和意见必须采纳;对于农业产业化经营项目的主要单项工程要采取规范的招标制。二是必须建立健全农业综合开发的监测评价体系,要在全国各地建立健全定点定位的跟踪监测体系,以利于科学合理评价农业综合开发项目效益。同时,要争取各级统计部门监测和评价农业综合开发项目效益。三是必须认真执行农业综合开发项目建设和资金使用报表制度。各项目建设地区和单位要定期将项目建设进度和资金使用情况,以月报表和季度报表形式,及时报告各级农业综合开发办事机构,各省(区、市)农业综合开发办公室每半年要向国家农业综合开发办公室集中报告一次。对由国家评审的重点项目,要定期将其建设进度和资金使用情况,直接上报国家农业综合开发办公室。

(6) 农业综合开发项目调整。为了正确规范农业综合开发项目计划的调整事项,各级农业综合开发办事机构要切实加强对农业综合开发项目的可行性研究和评估论证,避免发生农业综合开发项目的调整、变更和终止等问题,如果在农业综合开发项目建设内确实需要调整项目计划,必须按规定报经批准,凡属于国家农业综合开发办公室组织评审的项目计划需要调整的,必须在确立项目的次年6月底前,上报国家农业综合开发办公室批准;凡属于省(区、市)农业综合开发办公室组织评审的项目计划需要调整的,应由省(区、市)农业综合开发办公室批准,并在确立项目次年6月底前,上报国家农业综合开发办公室备案。严禁随意或无限期地调整项目计划。

(7) 农业综合开发项目维护。为了加强农业综合开发项目工程竣工后的管护,保障农业综合开发项目工程长期发挥效益,一是要充分发挥会计师事务所等单位社会中介机构的职能作用,聘请参与农业综合开发项目检查、验收,加大对农业综合开发项目效益监测力度;二是要完善农业综合开发项目工程竣工后的维护管理制度,明确产权主体和利益主体,确保项目工程长期发挥效益。

(8) 农业综合开发项目管理。为了对现有的农业综合开发项目县实行总量控制,原则上不再新增项目县。必须做到四点:一是除对农业主产区少数开发潜力比较大而至今未纳入农业综合开发范围的农业大县,可作为特例予以考虑以外,今后原则上不再新增项目县;二是对因农业综合开发项目和资金管理中存在违纪违规问题,造成损失和恶劣影响的项目县,要视情节轻重暂停或取消项目县资格,不准因此新增项目县;三是允许各省(区、市)在保持项目县总数不变的前提下,采取末位暂停等办法,对少量项目县调进或调出,实现奖优罚劣,动态管理;四是建立农业综合开发项目县退出机制,对已基本没有农业综合开发潜力的项目县,要退出农业综合开发范围。

3. 农业综合开发资金管理科学化。这是指在农业综合开发资金的组织筹集、分配、使用、督查等管理科学化。

(1) 农业综合开发资金筹集。这是指全方位、多层次、多渠道筹集资金。为此,要做到:一是中央政府财政逐年增加投资额度,例如,2005年安排102亿元,比上年增加16亿元;2010年安排195亿元,比上年增加29亿元;2015年安排392亿元,比上年增加32亿元。同时,中央政府财政争取农业银行信贷资金5亿元。地方各级政府财政按规定配套投资比例,及时足额筹措到位;二是各级政府财政通过补贴、贴息等方式,利用世界银行信贷资金,吸引民间资本、工商资本、国外资本等项资金；三是农民群众、农民专业合作经济组织自愿筹集的资金。2003 年至 2016 年期间，国务院国发一系列文件中，都强调提出，对农业综合开发中农民筹资投劳，应纳入村级一事一议范畴，实行专项管理。国家农业综合开发办公室根据上述精神，制定了《国家农业综合开发农民筹资投劳暂行规定》，明确了农民筹资投劳的原则、筹集、使用、督查、管理等措施。

（2）农业综合开发资金分配。这是指合理、公正、区别分配资金。为此，要做到：一是针对不同地区经济实力，科学合理确定各地区财政资金配套比例。进一步降低农业主产业区和西部地区财政资金配套比例，并根据有关地区财力多少区别对待，农业主产区为 1∶0.5，其中个别的农业主产区为 1∶0.6 或 1∶0.4；西部地区为 1∶0.5 或 1∶0.5 以下；沿海发达地区为 1∶1，直辖市和计划单列市为 1∶2；二是在总体调低地方财政资金配比的比例前提下，侧重解决地、县两级财政困难，减轻其财政资金配套压力，取消国家扶贫重点县财政资金配套任务；三是中央财政资金与农民和农民专业合作经济组织自筹资金配套由原 1∶1 调至 1∶0.7；四是各级农业综合开发办事机构要加强对下一级农业综合开发工作绩效的考核，并将工作绩效好坏与财政分配资金多少挂钩，对于农业综合开发工作绩效好的农业主产区多分配财政资金。反之，减少甚至停止分配财政资金。

（3）农业综合开发资金使用。这是指统筹集中使用、重点使用、专款专用资金。为此，中央到地方各级政府要做到：一是每年将中央政府财政新增加资金的 80% 以上，集中用于农业主产区特别是粮食主产区；以中低产田改造为重点，特别是加强基本农田保护区范围内的中低产田改造，着力加强农业基础设施建设，改善农业基本生产条件和农业生态环境，建设优质、高产、稳产、节水、高效农田，增强农业抗御自然灾害的能力，提高农业综合生产能力，保障国家粮食安全；二是中央财政有偿资金集中用于产业化经营项目，大力扶持辐射带动作用强的产业化龙头企业和与农民建立起紧密的利益联结的专业合作经济组织，推进农业产业化经营，促进农业和农村经济结构调整，发挥农业综合效益，不断增加农业主产区特别是粮食主产区农民收入；三是农业综合开发财政资金投入有限，发挥作用有限，在安排使用资金时，必须有所为，有所不为。

（4）农业综合开发资金督查。这是指督促检查农业综合开发财政资金的筹集、分配、使用和效益问题。为此，要做到：一是经常督促各级农业综合开发办事机构对农业综合开发资金的筹集、分配、使用情况，进行自查，检查筹集资金是否合法，配套分配资金是否合理，安排使用资金是否统筹集中、保证重点，是否保障资金充分发挥使用效益；二是上级领导部门定期组织开展督导、检查各地农业综合开发项目区的资金安排使用效益情况，重点检查农业综合开发项目建设的各项资金有无被侵占、挪用、浪费等违法乱纪的问题；三是严肃处理农业综合开发资金违纪违规问题，对于农业综合开发资金管理不严、监督检查不利，而出现侵占、挪用、浪费、贪污、行贿等违纪违规的单位和地方，采取通过通报批评、取消或暂停项目县资格，减扣财政资金等措施，对于违纪违规的个人，必须依据法规严加惩处，并将处理情况逐级如实报告。

（5）农业综合开发资金管理。这是指对农业资金的筹集、分配、使用、督查等方面，实行规范化、制度化管理。为此，要做到：一是建立健全农业综合开发资金管理规章制度，进一步明确农业综合开发资金，在筹集上，要多方位、多层次、多渠道地筹措资金，要做到有机结合，相互协调；在分配上，要做到合理公平，区别对待，奖优罚劣；在使用上，要做到集中安排、重点使用、专款专用；在效益上，要做到经济效益、社会效益和生态经济的有机统一。二是建立健全农业综合开发财会人员岗位责任制度，实行专人管账、专账核算、专项报表，严格执行规范的县级报账制度，认真执行审计和民主监督制度，逐级严格督促检查。进一步完善农业综合开发资金违纪违规处罚制度；三是建立健全农业综合开发项目区财务管理与核算培训制度，既要增强基层农业综合开发工作人员的财务管理与经济核算素质，又要促使基层干部和农民当家理财的自觉性；不断提高农业综合开发项目区的综合效益。

总之，在我国农业和农村经济发展的新阶段，要加快推进农业产业化经营，实现农业现代化，保障农业和农村经济持续健康发展的一条行之有效途径，就是继续坚持走农业综合开发之路。为此，要进一步深化改革、创新机制，加大农业综合开发力度，大力推进农业和农村经济结构的调整优化，广泛深入推广农业新品种、高新科学技术，鼓励农业产品标准化生产，提高农业产品质量和安全水平，坚持以农业主产区特别是粮食主产区为重点，加强农业产前、产中、产后的基础设施建设，搞好农业生态环境综合治理，改善农业基本生产条件，增强抗御自然灾害能力，提高农业综合生产能力，保障国家粮棉油肉糖等大宗农业产品的安全；侧重扶持名特优势农业产品基地建设，达到优势农业产品区域化、规模化，扶持农业产业化龙头企业、农民专业合作经营组织（或协会），发挥农业综合效益，增加农民收入，尽快实现农村小康社会的战略目标。

四、关于坚持实现农业综合开发综合效益的目标和策略

党中央、国务院为了扭转1985年以来全国耕地资源减少，粮食产量徘徊、社会农产品供需矛盾突出，农业发展后劲不足的严峻形势，尽快地改善农业基本生产条件，提高农业综合生产能力，增加社会农产品供给，促进农民群众致富，增强国家经济实力，而决定从1988年1月开始建立专门机构，设立专项基金，借鉴世界银行的项目管理经验做法，有计划、有组织地实施农业综合开发，对农业资源进行综合利用，对山水田林路进行综合治理，这是促进我国农业和农村经济持续发展的客观要求。

我国人口众多，全国城乡人口13.7亿人。目前，全国耕地面积近1.26亿公顷，按农业人口计算，人均0.16公顷，按城乡人口计算，人均耕地0.09公顷，不足世界人均耕地面积的1/4，预计到20世纪末，城乡人均耕地还会减少。从八十年代起，我国每年自然增长约1300多万人口，而因基建项目及水土流失等原因，每年耕地净减少约20万公顷，而且，随着社会各行各业发展的需要，耕地被占用的数量还会继续增加。因此，在较长时间内，我国人口逐年增加，耕地面积逐年减少，这将形成不可逆转的趋势。同时，农业基本生产条件比较差，抵抗自然灾害的能力比较弱。集中表现在水土流失面积大、水利设施老化失修严重、有效灌溉面积比重小，高产、旱涝保收的农田面积少。

20世纪80年代初，我国耕地面积中有6667万公顷中低产田，基本属于旱不能灌、涝不能排的贫瘠农田。主要表现在：一是农田基本生产条件差，农田生产基础设施缺乏，即使70年代以前修建的一些农田水利排灌工程设施，也因年久失修或工程老化，起不了应有的作用；二是农田抗御自然灾害能力低，我国各地自然灾害频繁，特别是洪涝、干旱年年发生，造成全国常年成灾面积约占全国播种总面积的20%左右；三是农田生态环境恶化，江河洪水冲击，水土流失严重；四是农田有机肥投入不足，土壤肥力下降；五是农田科学技术推广应用滞后，基本上采用传统常规种植、养殖方法；六是农田生产资料（化肥、地膜、农机）投入不足。这一系列因素严重制约了我国农业生产的发展，因而全国粮食总产量徘徊不前，人均占有粮食量下降。自1984年以来，全国粮食总产量一直在4亿吨水平上下徘徊，人均占有粮食由1984年的394公斤降至1987年的362公斤，减少了32公斤，当时，全国粮食的总产量，如果没有较大幅度的增长，无法实现国家确定的粮食总产量到2000年达到5亿吨的奋斗目标，达不到人均占有粮食400公斤的要求。可见，农业综合生产能力与我国国民生产经济发展、社会进步和人民生活水平提高的要求还有相当的差距。为了有效地遏制这种趋势，必须严格控制人口的增长和耕地的减少，必须花大力气，采取硬性措施，加大农业生产建设资金投入的力度，科学开发利用农业资源，确保耕地资源的总量能够"稳中有增"，切实提高粮棉油肉糖等农产品综合生产能力。

新中国成立以来，国家每年都对农业生产建设给予财力和物力上的扶持，农村集体和农民群众也在投资投劳，但与农业生产建设所需资金相比，远远不足。同时，还要看到，尽管国家财政、农行每年都对农业生产建设增加资金投入，但总的看来，投入力度有限，从1981年至1986年全国财政和农行两部门投入支农资金占各自同期总支出的比例变化看，六年来，财政资金的比例提高了1.4%，年增0.28%；信贷资金的比例只提高了0.8%，年增0.16%。这些可以说明，国家财政、银行投入的支

农资金难以满足农业生产建设资金的需求，致使大面积的中低产田改造缓慢，开垦宜农荒地力度不够，农田排灌能力较弱，农业基础设施建设落后，农业发展后劲不足，农业到了非增加投入、非加大工作力度不可的时候了。

这种情况表明，我国农业仅停留在现在已有的农业资源和传统农业的增长方式上是远远不够的，必须由国家组织开创农业综合开发这条路。实践证明，国家采取农业综合开发这项措施，不论是当时，还是当前，或是明天，都是正确的。农业综合开发的核心是"综合"，它通过综合治理途径，采取综合配套措施，实行综合人力、物力、财力投入，取得综合效益。这个综合效益，就是指经济效益、社会效益和生态效益，简称"三个效益"。

（一）农业综合开发坚持"综合效益"的必要性

农业综合开发"综合效益"的基本含义，是指"三个效益"：一是经济效益。这是指在农业生产上旱涝保收，高产稳产，优质高效，增加产量产值；农民群众增收致富；社会增加农产品的有效供给；国家增强经济实力。二是社会效益。这是指保持城乡社会稳定，密切各级党委、政府与人民群众关系，推进农业现代化建设，达到民富国强的目标；三是生态效益。这是指保护和改善农业生态环境，保障农业和农村经济持续、稳定、健康发展。国家通过农业综合开发，坚持"综合效益"的必要性，主要从以下三个方面说明：

1. 我国基本国情的需要。我国人口增多，耕地减少是基本国情。今后，随着全国城乡人口的逐年增加，人民生活水平的逐步提高，全社会对农林牧副渔各业产品及其转化产品的需求将不断增加，而满足社会性农林牧渔各业产品日益增长的需求，在我国是不可能长期通过扩大耕地面积来实现的。因此，必须充分挖掘现有耕地资源的潜力。根据有关自然资源研究部门对各地自然和环境研究表明，每公顷粮食耕地平均生产潜力可达15.6吨，而目前每公顷粮食耕地实际产量仅为平均生产潜力的55.2%。要挖掘现有耕地资源的潜力，就要改造中低产田。实践证明，国家通过农业综合开发，是提高"三个效益"最成功的办法。按照党的十五届三中全会决议所指出的"平原地区要全部建成高产稳产农田，丘陵山区要实现人均半亩高标准基本农田"的要求，中共十八届五中全会通过的"十三五"规划的建议提出，大规模推进农田水利、土地整治、中低产田改造、高标准农田建设，建立粮食生产功能区和农林牧渔各业产品生产保护区，开发多种功能，提高综合效益。根据现有的投资标准和开发规模，必须坚持在全国继续开展农业综合开发项目建设工程建设，着力提高综合效益。

2. 各级政府职责的需要。农业是基础产业，在市场经济条件下，受自然条件和市场风险的双重影响，自身比较效益低。为此，一是各级政府必须对农业采取保护和支持的政策。同时，以农户家庭承包制为核心的统分结合的双层经营体制是具有中国特色的农村基本经济制度，必须长期坚持。但中国农业基础设施脆弱，抗御自然灾害能力有限，农业综合生产能力低的状况还没有得到根本改观，只靠农民群众一家一户的力量，难以进行大规模的农田基础设施建设；二是各级政府必须加强宏观调控，开辟有效途径，采取得力手段。通过农业综合开发的实践，基本上形成了市场经济条件下，各级政府支持和保护农业发展的有效机制，提高了社会、生态和经济的"三个效益"，这是指通过有组织、有计划、集中连片地改造中低产田，弥补了家庭承包、分散经营、规模狭小、生产盲目的弱点；三是各级政府需要通过地严格规范的项目管理，督促检查验收项目工程，提高农业的产量、质量和效益；四是各级政府需要通过采取综合配套措施，进行山水田林路综合治理，解决农村集体自身无力解决而农业生产发展必需的基础设施条件；五是各级政府需要通过进行综合配套投入，正确处理市场经济条件下农民群众利益与集体利益和国家利益的关系，顺利实现农业生产的经济效益与社会效益和生态效益的有机统一。

3. 综合开发宗旨的需要。农业综合开发重在"综合"，通过山水田林路综合治理，采取工程、生物、技术、农机、农艺等综合配套措施，实行国家资金、地方资金、农民群众资金、社会资金综合投入，促进农林牧副渔各业全面发展，这是农业综合开发的特征，它的宗旨就是要发挥综合效益，即提高社会、生态、经济"三个效益"。它是一项涉及多部门、多行业、多学科的系统工程,既管资金,又管项目,是一项组织协调严密、配合密切的工作,不是一个部门能够单独承担的,必须有一个比较健全的、有一定规格的、专业人员队伍,必须赋予政府职能的机构来组织、协调和实施。实践经验证明,只有坚持开展农业综合开发,才能提高经济、社会、生态"三个效益"。

(二)农业综合开发坚持"综合效益"的目标

根据我国农业发展现状和世界农业发展趋势,今后,我国农业综合开发坚持"综合效益"目标,就是要提高经济、社会、生态"三个效益"目标,最主要的是实现产业化、现代化和可持续发展。从农业综合开发实践的结果看,这"三个效益"目标,只有通过农业综合开发,才能真正实现。

1. 经济效益的目标。农业综合开发经济效益的目标,主要是指在农业综合开发项目区尽快实现农业产业化,形成"龙形"产业化经济,实现农业增产、农村实力增强、农民增收。首先,各地农业综合开发项目区以其特有的"综合开发"优势,通过改善农业基础设施,综合利用农业资源,积极发展多种经营及龙头项目,延伸农业产业链,对农业产业化有强有力的推动、示范作用。其次,各地农业综合开发项目区加快产业化建设进程是与发展多种经营及龙头项目紧密相连的。有些农业为主的山区、老区,通过国家立项农业综合开发,从本地资源优势出发,重点发展农林特产品生产,发展种植、养殖加工项目,有的建成了养殖、加工、销售一条龙的奶业支柱产业,有的建成了"百里花卉走廊、千家花卉企业、万亩花卉基地、亿元出口产值"的花卉产业,加快了农业产业化建设进程,形成了数亿产值的富民强县的喜人局面。这就显示出经济效益。

2. 社会效益的目标。农业综合开发社会效益的目标,主要是指在农业综合开发项目区,优先实现农业现代化,发挥示范导向作用,促进富民强国。而今面向 21 世纪,我国农业如何进一步发展是当前面临的一项重大问题。中共十八届五中全会通过的"十三五"规划建议提出,推动农林牧渔各业结合、种养加一体,以及一、二、三产业融合发展,走产出高效、产品安全、资源节约、环境友好的农业现代化道路,实现农业现代化关键是要逐步提高农业科学技术装备水平,增强农民群众科技素质,提高农业科学技术贡献率。农业综合开发是国家解决农业科技发展滞后、农民群众科技素质低的矛盾,宏观调控农业生产可持续发展的一项措施。经过 29 年的农业综合开发实践,积累了大量的经验,成功实现了现代化农业建设与家庭联产承包的对接,它成为实现农业现代化的前进之路,全国各地农业综合开发项目区内的农业基础设施建设水平,农业集约化程度,农业产品增长率、商品率、科技贡献率等都远远高于非农业综合开发项目区。特别是一些农业综合开发项目区,现在已基本形成了"水利标准化、耕作机械化、生产专业化、服务社会化、农艺规范化、管理科学化"的现代化的示范园区。由此可见,我国农业现代化正率先在农业综合开发项目区内实现,从而对其他普通农业区产生示范带动作用,推动整个农业现代化进程,这就显示出社会效益。

3. 生态效益的目标。农业综合开发生态效益的目标,主要是指在农业综合开发项目区,确保农业和农村经济健康持续发展。我国作为发展中的农业大国,农业和农村经济健康持续发展是全国经济发展的基础。我国农业综合开发实践证明,一是在思想上,农业综合开发的宗旨体现了农业和农村经济健康持续发展的思想;二是在理论上,农业综合开发与农业和农村经济健康持续发展有着共同的理论基础和依据;三是在内容上,农业综合开发的建设重点体现了农业和农村经济健康持续发展的目标;四是在做法上,农业综合开发的"综合"思路把农业生产可持续发展战略内涵具体化、可操作化;五是在投入上,农业综合开发有效的投入机制为农业和农村经济健康续发展战略的实施,提供了可靠的保证;六是在效益上,农业综合开发的宗旨是求得经济、社会、生态"三个效益"的统一,为确保农业和农村经济健康持续发展奠定坚实基础,这就显示出生态效益。

(三)农业综合开发坚持"综合效益"的策略

农业综合开发项目区生产建设中,要提高经济、社会、生态"三个效益",必须采取以下综合配套策略：

1. 坚持经济效益的策略。要使各地农业综合开发项目区建成农业现代化示范区，提高经济效益，必须采取以下政策措施：

（1）坚持开展土地综合治理、拓宽农业现代化全面发展之路。坚持土地治理是农业综合开发项目区的标志，为推进农业现代化进程奠定基础。为此，对农业综合开发土地治理项目区，一是必须坚持高标准、高质量，要建成旱能灌、涝能排的高产、优质、高效的示范园区；二是必须集中连片，上规模、上档次，要建成农民群众致富奔小康的示范园区；三是必须列入各地年度考察评估和检查验收的重点考核内容，要争创一流工程，为拓宽农业现代化全面发展之路打下坚实基础。

（2）坚持增强粮食综合生产能力，拓展农业现代化持续发展之路。粮食是关系到国计民生的农产品。要推进农业现代化，就要抓好粮食这一基础产业。为此，一是要抓好粮食这一基础产业，就必须搞好土地治理这一基础性建设，确保粮食生产持续、稳步发展，加快粮食体制改革步伐，加强内贸和外贸粮食购销企业提供稳定的购销渠道；二是要进一步搞活内贸粮食购销企业，充分发挥农业综合开发新增商品粮食销售的主渠道作用；三是要适应国内外市场需要，积极调整粮食生产结构，大力发展高产、优质、高效的粮食产品。

（3）坚持发展"种养加"产业化经营，拓展农业现代化供给增收之路。在大力发展粮食基础产业基础上，一是要积极发展一种植、二养殖、三加工的农业产业化经营及龙头项目，形成适应市场需求的产业化格局，达到适应确保粮棉油肉糖等农产品的社会有效供给，促进农民群众增收致富两大目标。二是要加实抓好农业产业化建设，为发展粮食基础产业，坚持将70％的农业综合开发财政资金用于土地治理项目，坚持将30％的农业综合开发财政资金用于发展"种养加"农业产业化经营及龙头项目。

（4）坚持以建立产加销一条龙实体，拓展农业现代产业化之路。各地农业综合开发项目区，一是要采取多种形式，加强农业现代化实体建设，对改造好的中低产农田采取出租、发包的方式，增加农村集体经济积累，把农村集体经济实体建成上联龙头企业，下联千家万户的基地产、加、销一条龙实体。二是要通过农业综合开发资金的逐年连续投入，逐步建成能起骨干作用、带动千家万户致富的龙头企业，把利润按一定比例返还给农户，保障农民群众在农业产业化经营中的主体地位，使农户能够平等分享加工、销售等环节的合理利润，使龙头企业与农户真正形成风险共担、利益均沾的共同实体。

2. 坚持社会效益的策略。各地农业综合开发项目区为提高社会效益，必须遵照国家关于"要把农业综合开发项目区建成农业现代化示范区"的指导思想，分期分批进行建成农业现代化示范区，带动和促进当地乃至全国的农业现代化建设。

（1）凡是国家确定的农业综合开发现代化示范区，必须达到社会效益的标准，这就要达到以下五项标准：

①形成规模要大。必须坚持集中连片，形成规模，农业综合开发现代化示范园区建设面积的起点在1000公顷以上，高的达到1万公顷，平均每公顷投入6000元以上，集中体现规模效益。

②开发内容要全。必须坚持山水田林路渠综合治理，促使农林牧副渔各业全面发展，配套组装先进适用科学技术，大力开展节水农业、高效农业、生态农业、养殖农业、种植农业等各具特色农业综合开发现代化示范园区建设，每个示范园区都必须各有侧重，发挥辐射带动作用。

③治理标准要高。必须在规划和建设中坚持高起点、高标准、高质量、高效益，必须达到农田园林化、种植区域化、耕作机械化、灌溉节水化、栽培模式化、服务系列化、管理规范化、产出优质高效化的建设标准，提高示范园区的建设质量和效益。

④科技含量要大。必须立足当地实际，聘请大专院校、科研院所作为科技务农依托，大力配套组装各种先进适用科学技术，必须保证示范区的科技贡献率在20世纪末达到55％以上，21世纪初达到70％以上。

⑤综合效益要好。必须提高综合效益，这是指必须提高经济、社会、生态"三个效益"，对当地社会稳定、经济发展起到巨大的推动作用。

（2）要使各地农业综合开发项目区建成农业现代化示范区，提高社会效益，必须采取以下四项政策措施：

①科学合理规划，严格组织实施。农业综合开发现代化示范园区建设是一项复杂的系统工程，治理标准高，建设难度大，要搞好这项工作，必须科学合理规划，制定行之有效的实施方案，同时，要在严格组织实施中抓紧、抓实、抓好。

②坚持高标准，把好质量关。要坚持高标准，搞好示范区样板，带动整个示范区工作；要加强监督检查，健全质量监理机制，切实保障项目工程建设质量。

③加大科技投入，提高科技含量。要加大电子、生物、信息等高新适用技术成果的引进、示范化推广工作力度，重点推广名优新产品生产技术、节水灌溉技术、模式化栽培技术，要开展科技培训，提高农民群众科技务农水平，引导农民群众向高科技智能化方向发展。

④依靠地方政府，充分发动群众。在农业综合开发现代化示范园区工程建设过程中，建设的直接领导者是地方政府，建设的主力军和受益者是农民群众。要充分发挥地方政府的领导作用，要调动示范区干部群众积极性，发挥农民群众的投入主渠道作用，采取地方财政资金和群众自筹资金先投入等措施，先行启动示范区建设，自力更生，不等不靠，扎扎实实抓好各项建设任务的落实，确保农业综合开发现代化示范区建设的顺利实施。

3. 坚持生态效益的策略。要使各地农业综合开发项目区建成农业现代化示范区，提高生态效益，必须将保护和改善农业生态环境、保持农业生产持续发展作为一项重要任务。必须增强保护农业生态环境的自觉性，深刻认识到保护和改善农业生态环境是实现农业生产可持续发展客观要求。"农业生产可持续发展是硬道理，是中国农业全局和长远的发展"，农业生产可持续发展的核心是"发展"，是在保持农业资源和农业生态环境永续利用的前提下，实现国民经济持续发展。改造中低产田的目的是为农业生产持续发展、长远提高农业综合生产能力奠定基础。保护和改善农业环境是实现农业生产可持续发展、提高农业综合生产能力的保证。

要落实保护和改善农业生态环境的政策措施。必须要遵照中共中央、国务院"要少开荒甚至不开荒"的指示，各地在农业综合开发项目工程管理中，要把保护和改善农业生态环境纳入农业综合开发的考察评估范围，作为农业综合开发检查验收主要任务，农业生态环境与系统的保持与改善是各级政府必须进行干预的重要领域之一。农业综合开发作为以国家政府为主导、农民群众为主体、各部门协调配合的政府行为，就必须加大保护和改善农业生态环境建设的力度，今后，要进一步加强农田林网建设、畜牧草原（场）建设、沙区绿洲农业建设、水土保持工程建设，增强抗御自然灾害能力，切实为保障农业生产持续发展，奠定坚实的基础。

4. 坚持"综合效益"的策略。要使各地农业综合开发项目区建成农业现代化示范区，取得综合效益，也就是上述为提高经济、社会、经济、生态"三个效益"，必须建立健全配套制度，坚持组织实施以下四种制度：

（1）组织制度。各地农业综合开发项目区必须建立健全行之有效的组织制度，在市场经济条件下，为调动各级政府、各级有关部门、基层干部和农民群众共同参与农业综合开发项目为纽带，国家计划与群众意愿相结合，经济手段与行政手段相结合的组织制度，动员农民群众大规模开展农业综合开发项目工程建设，解决农民家庭联产承包与农业基础设施建设的矛盾。

（2）投入制度。各地农业综合开发项目区必须建立健全有效的资金投入制度，为农业综合开发项目工程建设开辟筹措资金的新渠道，坚持实行财政引导、信贷扶持、地方配套、农民自筹、社会引资的资金投入机制，解决农业综合开发项目工程建设所需资金的矛盾。

（3）科技制度。各地农业综合开发项目区必须建立健全科技制度，为农业综合开发项目区持续增产增收提供保证。实现农业综合开发的"三个效益"的关键是依靠科学技术。为此，各地农业综合开发项目区必须注重科技投入，坚持应用与推广最新科技成果的坚持应用与推广，提高农业综合开发科技含量，加强对农民群众科技务农的宣传教育，注重科学技术培训，提高农民群众科学技术务农素质。

（4）经营制度。各地农业综合开发项目区必须建立健全发展市场农业的经营制度，努力实现小生产与大市场的对接，进一步完善"统分"结合的经营机制，采取统一开发、分户承包或拍卖、租赁等方式，为发展市场农业的经营制度化奠定基础。

五、关于传承发扬农业综合开发治理的成功经验

国家从1988年组织开展农业综合开发以来，为我国农业和农村经济发展注入了新的生机和活力，摆脱了全国农业面临的严峻形势，扭转了粮棉油肉糖等农业产品生产徘徊不前的局面，突破了传统的农业生产模式，改善了农业基本生产条件，提高了农业综合生产能力，增加了社会农业产品有效供给，促进了农民群众增收致富，壮大了国家和农村的经济实力，保障了农业和农村经济持续发展，开辟了农业现代化新路子，在我国农业和农村经济发展史上产生了深远的影响。

（一）农业综合开发在我国农业发展中的成效

从1988年1月至今，农业综合开发的实践证明，从黄淮海平原、三江平原和松辽平原，到长江中下游平原，乃至全国各个流域，都有计划、有组织、分期分批地对农业资源进行了综合开发，取得了显著成效。从全国农业综合开发的发展趋势来看，开发的区域越来越广，投资的规模越来越大，开发的范围越来越宽，开发的效益越来越好。

1. 全国扩展了开发区域，逐年加大了投资规模。从1988年至1993年，国家立项进行农业综合开发的只有黄淮海平原、三江平原、松辽平原等流域的11个省、自治区、直辖市的1106个县和229个国有农（牧）场，从1994年至2016年已扩展到全国各大流域的31个省、自治区、直辖市和4个计划单列市的2139个县和267个国有农（牧、林）场，还涉及农业、林业、水利、国土等中央主管部门。截止到2017年，国家批准农业综合开发的总项目共4325个。其中，已竣工验收的总项目3893个，在建的总项目932个。从1988至2017年，农业综合开发投资规模逐年增加，全国累计投入了农业综合开发项目资金8613亿元，其中，中央财政资金3482亿元，地方财政配套资金2073亿元，与财政资金配套使用的农行专项贷款424亿元，农村集体和农民群众自筹资金2638亿元（包含农民群众投劳折资），其他投资16.6亿元。

2. 提高了农田利用率，增加了耕地面积。通过农业综合开发，提高了农田利用率。从1988年至2017年，全国累计改造中低产田和建设高标准农田5378万公顷，其中，三江平原、松辽平原农业综合开发项目区累计改造中低产田2006万公顷，占37.3%。一是全国累计建成了灌排配套、旱涝保收的农田1740万公顷，其中包含改良土壤、培肥地力的农田1456万公顷；二是全国累计建成了"田成方、树成行、渠相通、路相连、旱能灌、涝能排"的规范化高产稳产农田1755万公顷，其中黄淮海平原农业综合开发项目区累计增加624万公顷；三是全国累计建成了一批"高产、优质、高效"的亩产千公斤粮、亩收千元钱的标准化"双千"农田748万公顷，其中长江中下游平原农业综合开发项目区累计增加302万公顷；四是全国累计开垦了宜农荒地268多万公顷，基本上是属于旱涝保收的农田。其中，三江平原、松辽平原的黑龙江、吉林、辽宁、内蒙古等四省、自治区累计开垦了宜农荒地182万公顷，沿海地区的江苏、浙江、福建、广东、山东等省围海造田、开垦滩涂扩大了耕地面积78万公顷，目前都已成为高产优质的种植、养殖业生产基地。

3. 加强了农业基础设施建设，改善了农业基本生产条件。通过农业综合开发，加强了农业基础设施建设。从1988年至2017年，全国在农业基础设施建设上，累计新建和扩建了小型水库14531

座，库容 129 亿立方米，开挖灌排渠道 206 万公里，修建灌排站 18.7 万座，打机电井 246 万眼，架设农电线路 96.4 万公里，增加大中型农机具 121 万台（套）。由于农业基础设施的完善，致使全国农业综合开发项目区新增加了有效灌溉面积 861 万公顷，改善了灌溉面积 867 万公顷，扩大了机械作业面积 1040 万公顷，建设了优良品种基地 94 万公顷，改良了土壤面积 1214 万公顷。在农业综合开发项目区内奠定了少则 10 年多则 20 年农田排灌等基础设施。改善了农业基本生产条件。主要体现在：一是改善了农田的水利条件，旱能灌涝能排的条件改善了；二是改变了农田的地力条件，农田成方了、土地平整了、土壤改良了，形成了比较好的种植农作物的土质条件。目前在各地农业综合开发项目区内都完善了水利设施、平整了土地、改良了土壤、培肥了地力、营造了农田防护林和水源涵养林、增添了农业机械设备，对山水田林路进行了综合治理，组织落实了农业、林业、水利、科技综合配套措施，全国绝大多数农业综合开发项目区提高了抗御自然灾害能力，在遭受严重自然灾害的情况下，也能实现增产稳产。据黄淮海平原五省的统计，90% 以上的农业综合开发项目区改造了中低产田，做到了平整土地、改良土壤、精施肥料、推广良种、科学种植；兴修了农田水利工程，渠系相连，打井配套，旱能灌溉，涝能排除；营造了农田防护林，既保水土，又防风沙；修建了农田路，人畜能走，农机可行；增添了农业机械，已达到耕地、施肥、用水、播种、除草、植保、收获、储运全过程机械化；70% 以上的农业综合开发项目区达到了农田园林化、作业机械化、灌排自动化、种养良种化、施肥科学化、生产专业化、加工产业化、销售市场化、服务系列化的水平。

4. 加强了生态农业建设，改善了农业生态环境。通过农业综合开发，加强了农田防护林、防风固沙林、水土保持林、绿化工程、水源涵养林工程，小流域治理水土保持工程，人工草场、改良草原工程建设，对遏制我国水土流失面积的扩大趋势，防治沙漠化和草原沙化的发展，防止农业生态环境恶化，起到了积极作用。从 1988 年至 2017 年，国家在上述生态农业建设方面，累计投入资金 224 亿元，累计完成农田防护林网面积 2696 万公顷，防风固沙林面积 676 万公顷，水土保持林面积 164 万公顷，建设草原（场）面积 512 万公顷，治理水土流失面积 587 万公顷。这些农业生态工程建设的主要成效，主要有以下四方面：

（1）建成了农田防护林网。全国各地农业综合开发项目区基本上形成了农田防护林网，特别是黄淮海平原农业综合开发项目区的农田林网，能防风，能防沙，能涵养水源，本身又有经济价值。长江中下游、黄河中上游农业综合开发项目区的水土保持林、防风固沙林网也都成形了，起到了保水土、防风沙的作用，确实改善了农业生态环境。

（2）形成了生态农业环境。国家对河北坝上生态农业工程、长江中上游水土保持林和防护林工程、华北太行山绿化工程、西北沙区绿洲农业建设工程以及成片的水源涵养林工程建设之后，已初步形成了良好的生态农业环境。如河北省坝上生态农业工程建设后，使植被覆盖率达到 95%，比建设前提高 38 个百分点，减少水分蒸发 75%，降低地面风速 1~2 级。长江中上游和太行山水土保持和防护植被度由 23.3% 上升到 54.3%，水土流失面积下降 43 个百分点，土地利用率提高 20 个百分点。有效地起到了防风固沙、保持水土、调节气候的作用，促进了农林牧副渔各业生产的发展。

（3）建成了沙漠绿洲农牧区。国家在西北地区的沙漠边缘都建立了沙漠绿洲农业综合开发项目区，这几年取得了显著成效。如陕西省榆林地区经过近十年来大规模农业综合开发治理，沙区造林保存面积达到 134 万公顷，林草覆盖率达到 62%，全区实现了由"沙进人退"到"人进沙退"的历史性转变，取得了明显的生态效益、经济效益和社会效益。

（4）建成了丰茂的畜牧草原（场）。西北地区陕西、青海、甘肃、宁夏、新疆等省（自治区）建成了丰茂的畜牧草原（场）129 万公顷，降低了草原沙化速度，保障了畜牧业生产的发展。内蒙古地区围栏草场 11 万公顷、建设饲料基地 3 万公顷，保障了 26 万公顷草原休养生息，形成了良性循环地建设畜牧草原（场）新局面。据西南地区云南、贵州、四川、重庆等省（市）农业综合开发项目区抽样调查统计，林草植被度由 1987 年的 23% 上升到 2016 年的 59%，水土流失面积下降了 4 个百分点，土地利用率提高了 22 个百分点。

5. 推广了农业科学技术，加快了科技兴农步伐。通过农业综合开发，以提高土地的产出率和资源的利用率，进而提高农业生产率为中心，始终把农业科学技术的推广与应用放在重要位置，改进了传统的农业生产技术，推广了先进适用的科学技术，培训了项目区农民群众，提高了农民群众科技务农的素质。从1988年至2016年，国家在各地农业综合开发项目区科学技术方面逐年加大了资金投入力度，累计投入了资金29亿元，大力推广了先进适用科学技术，提高了科技含量。主要有以下三方面：

（1）推广了农业先进适用科学技术。各地农业综合开发项目区普遍推广了农业先进适用科学技术，华北平原农业综合开发项目基本上推广了科学改良土壤、科学节水灌溉、科学繁育良种、科学施用肥料、科学种植养殖等先进适用技术；黄淮海平原农业综合开发项目区采用了农业、牧业高新科学技术，繁育推广了优良农业、牧业产品技术，提高了科学种植、养殖水平；山东省大力推广了畜禽优良品种、农作物模式化高产栽植、地膜覆盖、配方施肥、节水灌溉、青贮氨化饲料、农副产品保鲜加工、淡水精养鱼虾等先进适用技术，使全省农业综合开发项目区农业、牧业、渔业产品优良种普及率达到98%，农业先进适用科学技术在农牧渔增产中的含量达到58%以上；河北省农业综合开发项目区增产因素中，科技含量占59%，比非农业综合开发项目区高出14个百分点。

（2）提高了农民群众科技务农素质。各地农业综合开发项目区开展了农业科技教育和培训，选派农业综合开发项目区农民群众到农林牧渔专业技术学校、职业中学、科学培训班、科普夜校、技术推广站、示范基地接受农林牧渔业科普教育和科技教育，造就了成千上万科学种植养殖能手，提高了农民群众的科技务农素质。东北三省农业综合开发项目区始终把农业科技教育和培训作为农业综合开发能否成功的关键环节来抓，采取了"科技之冬"、办培训班的形式，培训了农民达30.6万人，掌握了先进适用的农业生产经营科学技术，提高了科技务农水平。

（3）建立了农业科技试验示范区。各地农业综合开发项目区扶持了农业大专院校、农业科研单位，研究农林牧副渔各业产品的优良品种繁育技术、种植养殖技术、加工贮藏等先进适用技术，促使科研成果在农业综合开发项目区优先试验，建立了各种科技试验示范区，形成了试验区、示范区、项目区三个不同层次，以点带面，上接科技源头，下连生产领域，通过试验示范和辐射推广，加速了科技成果的转化，加快了科技兴农的步伐，提高了农林牧副渔各业生产经营科技水平。华东地区七省、市有关大专院校、科研单位，在275个农业综合开发项目区内建立了42个省级试验示范区，通过试验示范、辐射推广，加速了科技成果转化，加快了科技兴农步伐。浙江省组织省市县三级科研人员近百人，建立红壤、坡地和滩涂三个综合开发利用实验区，在25个县（市）推广之后，使双季稻田每公顷增产1500公斤，目前，全省农业综合开发项目区已把这个先进适用的农业科学技术普及到千家万户，使之转化为现实的农业综合生产能力。江西省采取了奖励机制，鼓励城市科技人员深入农业综合开发第一线，为帮助农民群众提高科技务农素质创造了科学技术条件。

6. 调整了农业生产结构，推动了农村经济发展。近几年来，各地农业综合开发项目区为了解决劣质农产品销售不畅、难以满足社会对优质农产品需求、促使农民群众增加收入缓慢的矛盾，率先科学合理地调整了农业生产结构，侧重优化了粮食生产结构，针对市场变化的需求优质粮食情况，在保持粮食总量平衡的前提下，瞄准市场行情，以优质高效为原则，因地制宜地调整优化粮食品种结构，提高粮食产品质量，大力发展高产优质高效的粮食生产。松嫩辽河平原、黄淮海平原、长江中下游平原的一些重点农业综合开发项目区调减了市场不受欢迎的质次价低玉米、早籼稻种植面积，扩大了优质玉米、豆类、高粱、水稻等产品的种植面积，基本上实现了杂交良种化，逐步解决了粮食品种结构失衡的问题，获得了可观的效益。山东、山西等重点农业综合开发项目区为了实现农林牧副渔各业之间的有机结合与生产要素的合理配置，在以改造中低产田为主，确保粮棉油肉糖等农产品生产稳定增产的基础上，充分发挥了各地农业资源的优势，发展了各具特色的种植、养殖、加工等农业产业化经营，兴办了以种植业、养殖业为主的产加销一条龙、贸工农一体化的龙头企业，带动了大多数农户发展商品生产，提高了种植、养殖产品的附加值。浙江省农业综合开发项目区压缩了劣质滞销的粮食种植面积，扩大了优质口粮、行业专用粮、种子粮面积，发展了山区特色农业和海洋特色农业产品生产，增加了名特优产品产量，扩大了市场的份额，建设了农产品专业市场，培育了购销大户，举办了展销活动，开辟了"绿色通道"，提高了优质农产品的产出率和销售率。安徽蒙城县通过农业综合开发的秸秆养牛项目，带动了屠宰、肉类、皮革等加工、贮藏运销业的发展，养牛业已成为富民强县的支柱产业，促进了农林牧副渔各业增产增值，实现了增产与增收的双重目标。

总之，从1988年至2017年，全国农业综合开发项目区共建设各种经济林果面积291万公顷，发展海水、淡水养殖面积199万公顷，饲养畜禽58.9亿头（只）。同时，兴办了农副产品加工的龙头企业15493个，建成了集中连片农副产品基地1000公顷以上的16420个，优化了农业产业结构，促进了农业产品的深度开发和多层次加工增值，培育了农业经济增长的新方式。如河北省在农业综合开发项目区树立农业产业化经营新观念，抓基地建设、龙头企业建设和市场建设，建成了186个初具规模的养殖业生产基地，扶持了417个农林牧渔产品深加工骨干企业，创出了如霸州酱菜、沧县腾龙饮料、大城澳力发食品和满城草莓一批市场竞争力较强的名特优产品，建成130多个具有一定吞吐辐射能力的专业批发市场。在加强农业综合开发土地治理项目工程建设的基础上，推动了农业产业化经营及龙头项目管理，保障了农业产业化开发的整体效益。河南省在农业综合开发项目区兴办了2917个养殖、加工等龙头项目，带动了797个村近19万农民走向富裕。这些龙头项目，2017年产值近93亿元，利润12.6亿元，有200个村人年均收入达到10388元，有140个村人年均收入达到15590元，有47个村人年均收入达到17850元。目前，全国各地农业综合开发项目区，市场牵龙头、龙头带基地、基地连农户、贸工农一体化、产加销一条龙的农村"龙形"经济已见雏形。

7. 扩大了农业适度规模经营，促进了"两个根本性转变"。通过农业综合开发，集中连片地开发利用了国土资源，扩大了土地的生产经营规模，推进了规模经营生产承包责任制，将小规模生产转变为大规模生产，形成了农产品加工、流通后续环节的产业化经营模式，实现了农业生产经营规模化，提高了农业生产经营的规模效益。吉林省突破了传统的农户零散开发生产的模式，走出一条依托资源、统一规划、综合治理、连片开发、规模经营的新路子，尝到了规模效益的甜头。山东省农业综合开发项目区为了解决农户分散生产经营、农户多耕地少、户均占有的物资和资金都有限的矛盾，科学开发了农业资源，集中连片地改造了中低产田，组织了社会产业化大生产，沟通了家庭联产承包经营与市场需求相接的渠道，提高了农业劳动生产率和商品率。

总之，1988年以来，各地农业综合开发项目区改变了粗放的农业生产方式，既合理利用了农业资源，又直接推动了农业粗放型经营向集约型经营转变。吉林省农业综合开发项目区为了解决人少地多、治理单一、生产分散、经营粗放的问题，实行了"五统一"，即在产前、产中、产后各个环节实行统一种植布局，统一供应生产资料、统一进行机械作业、统一开展技术指导、统一组织沟通市场的政策措施，提高了生产集约化管理水平。福建省农业综合开发项目区在确保粮棉油肉糖等农产品增产的同时，合理利用各地农业资源优势，发展了多种经营及龙头项目，带动了农林牧副渔各业全面发展，促进了农副产品加工基地建设，形成了种养加相衔接、产供销一条龙、贸工农一体化的集约型生产经营体系，提高了农村经济的组织化程度，推进了农村计划经济体制向市场经济体制转变。目前，江西省农业综合开发项目区建起了农产品市场，为周边农村千家万户的小生产与千变万化的大市场架起了桥梁，促进了计划经济向市场经济转变、粗放经营向集约经营转变，加快了农业产业化经营进程，推动了农村市场经济发展。

8. 完善了农村统分结合经营体制，健全了社会化服务组织。通过农业综合开发，围绕山水林田路综合治理，科学开发利用农业资源，发展农林牧副渔各业生产，逐步健全了农村统分结合经营体制，完善了统分结合、适度规模经营方式，巩固了家庭联产承包责任制，转变了农村传统的生产经营方式，扶持了农林牧副渔种养加一条龙、农贸工一体化的经济实体，壮大了农村集体经济组织的实力。多年来，在各地农业综合开发项目工程建设中，碰到一些农田水利基础设施年久失修，新的基础设施很难充实组建，农业的产前、产中、产后服务跟不上，而造成农业基本生产条件差、农业发展后劲不足的问题，是通过建立农村统分结合的双层经营体制，采取较大规模经营方式解决的。安徽省农业综合开发项目区由于健全了农村统分结合双层经营体制，既办了农民群众想办而又没有能力办的事情，又避免了过去集体化时搞建设农民群众无积极性的弊端，巩固了家庭联产承包责任制，解放了生产力，发展了生产力。

总之，1988年以来，各地农业综合开发项目区在农林牧副渔各业生产经营过程中，为了顺利解决物质、资金、人才、科技、信息矛盾，逐步健全了社会化服务组织。一是健全了综合治理服务组织，保障了综合治理和合理利用农业资源，提高了土地治理、水利灌排、生态保护等项工程建设质量；二是健全了生产经营服务组织，科学地落实田间排灌设施、改良土壤、良种繁育、栽培技术、病虫害防治、农业机械作业等综合措施。辽宁省农业综合开发项目区基本上形成了供种、耕种、灌排、用肥、植保、运输等服务体系。海南省农业综合开发项目区健全了农田排灌、节约灌溉等项工程建设及服务组织。云南省农业综合开发项目区健全了原种繁育、良种试验、监测等服务组织。黑龙江省农业综合开发项目区健全了农业机械作业服务组织，农业综合开发项目区建立了科普教育、科技培训中心。近几年来，各地农业综合开发项目区逐步健全了产前、产中、产后服务组织，促进了农林牧副渔各业生产因素的合理组合，缓解了农民群众急需的信息、技术、资金、人才等方面服务的矛盾性；三是建立了市场服务组织，解决了各家农户分散生产经营、经济实力弱、抗击市场风险能力差，在市场上常常处于不平等的交换地位，因而造成利益损失的问题，也相应建立了农林牧副渔各业产品生产、加工和销售基地，将市场与农户有机地联结起来，架起小生产与大市场之间的桥梁，使农牧林副渔各业产品生产，以市场的需求变化为导向，提高了抗御自然、市场抗风险能力，促进了农林牧副渔各业经济健康发展。

9. 提高了农业综合生产能力，增强了农业发展后劲。通过农业综合开发，全国各地农业综合开发项目区较大幅度地提高了粮棉油肉糖等农产品产量，增加了社会农产品的有效供给，丰富了城乡人民的"米袋子""菜篮子"。东北平原农业综合开发项目区改造好的中低产田，每公顷增产粮食3000公斤，特别是经过旱地改水田、"以稻治涝"，增产幅度更大，每公顷增产粮食4500公斤。长江中下游平原农业综合开发项目区改造好的中低产田，由单季种植变为双季种植，每公顷增产粮食6000公斤。据统计，从1988年至2017年底，黄淮海平原五省共改造中低产田796万公顷、新增粮食生产能力2392万吨；东北平原四省区共改造中低产田613万公顷、新增粮食生产能力2028万吨；长江中下游平原四省农业综合开发项目区粮食增产量占本平原粮食增产总量的41%，其中江西省占60%；黑龙江省农业综合开发项目区比开发前新增粮食生产能力77.4亿公斤；宁夏回族自治区农业综合开发项目区比开发前新增生产能力13亿公斤；河南省农业综合开发项目区耕地面积只有占全省的25%，但是占全省同期粮食增产量的48%以上；西藏自治区农业综合开发项目区起步晚，难度大，经过综合治理，也提高了农业综合生产能力。从全国看，据统计，到2016年底，全国农业综合开发项目区累计新增农业综合生产能力：粮食11968万吨，棉花217万吨，油料588万吨，肉类744万吨，糖料3059万吨，干草507万吨，全国农业综合开发项目区粮食增产量已占同期全国粮食增产量的42%。1998年以来，从各地农业综合开发项目区改造好的中低田农田的产出率来看，每改造一公顷中低产田，平均增长粮食生产能力为2.5吨，每开垦一公顷宜农荒地平均投资7500元，平均每公顷生产粮食为5吨。再从改造好的中低田农田收益率看，每改造一公顷中低产田平均投资5056元，平均每公顷增产粮食2.5吨，大约投入1元资金增产0.49公斤粮食，明显高于全国同期常规农业区的平均收益率。

总之，1988年以来，通过农业综合开发，对提高粮食综合生产能力，缓解这一时期全国粮食供需矛盾，促进我国粮食产量突破5.9亿吨，发挥了重要作用。就全国粮食供应而言，发生了两个变化：一是一些粮食调出地区进一步挖掘了增产潜力，为国家增加了粮棉油肉糖的有效供给量。如黑龙江、吉林、江西、湖南、山东等省农业综合开发项目区粮食生产总量逐年增长，每年粮食增产总量占各省粮食增产总量40%~60%，年年为国家增加粮食调出量。二是一些粮食调入地区提高了粮食自给能力。辽宁、河北、浙江、青海、内蒙古等省（区）减少粮食调入量，解决了粮食自给问题。如辽宁省历史上长期以来，工农业发展不平衡，工业腿长、农业腿短，每年调入12.5亿公斤粮食，六七十年代，全省平均每个城镇人口每月生活长期维持在三两油、四两肉、半斤大米、半斤面的水平。从1988年组织开展农业综合开发以来，为改变农业落后面貌，全省各级党政领导带领农村干部和农民群众自力更生、艰苦奋斗，发扬"汗流尽""血流干"，定要把农业搞上去的精神，只用两年就使农业生产突飞猛进，全省粮食总产量逐渐增长，1990年150亿公斤，1998年180亿公斤，2004年190亿公斤，2010年至2016年为200亿公斤，实现了粮食自给，在每年增加50万人、耕地减少2万公顷的情况下，人均粮食450公斤，高于全国平均水平。同时，吉林省粮食总产量，由1990年180亿公斤，到1998年190亿公斤，到2004年210亿公斤，到2012年230亿公斤，到2017年260亿公斤。特别是在"十五"至"十二五"期间，全省肉、蛋、奶、果等林牧渔业产品产供销连接、市场流通，城镇居民满意。白城市由于洼涝、盐碱，在历史上素有"八百里瀚海"之称，农业中专学校上水稻课要坐火车到千里之外的水稻种植现场去。通过不到三年的农业综合开发，水稻生产实现了历史性突破，平均每公顷亩产7500公斤，由于米质好，出口日本，供不应求。内蒙古自治区通过农业综合开发，新增粮食生产能力50亿公斤，连续几年突破150亿公斤大关，1998年粮食总产量达到157亿公斤，2004年达到168.7亿公斤，2017年达到192亿公斤，摆脱了1990年以前每年调入粮食50亿公斤，并连续40年靠国家调入粮食的历史，全自治区完全实现了自给有余，人均占有粮食500公斤，并跻身于全国8个粮食调出省（区）之列。

10. 加快了农村小康建设进程，促进了城乡经济一体化建设。通过农业综合开发，增强了各地农业综合开发项目区农民群众增收致富的能力，为奔小康目标奠定了基础。全国各地农业综合开发项目区在增加粮棉油肉糖等农产品的产量的同时，也增加了农民群众的收入。据统计，2004年至2016年，全国农业综合开发项目区农民群众人均年纯收入平均比非项目区一般可增加500元至1000元，多的达1000元至2000元，高的达2000元至4000元以上。全国农业综合开发项目区农民群众人均纯收入由1991年的1908元，到1998年达到3680元，2004年达到3980元，比1998年增长7.3%；2012年达到9860元，比2004年增长1.48倍；2017年达到12049元，比2012年增长22%，比2004年增长2.03倍。2017年黑龙江省有130个乡级农业综合开发项目区（乡级）农民群众人均年收入12460元，比1990年增长5.3倍，比非项目区增加2200元。目前，各地农业综合开发项目区农民群众都公认，生活明显改善，收入逐年增加，许多贫困户转为小康户；都认定农业综合开发确实是"德政"工程、"致富"工程，是农民群众致富奔小康的有效途径。

总之，1988年以来，通过农业综合开发，促进了城乡一体化经济建设，全国各地农业综合开发项目区在工程建设中，推动了广大农民群众参加了农田水利设施为主要内容的农田基本建设。据统计，全国农业综合开发土地治理项目工程建设投劳78亿个工日，其中黄淮海平原土地治理项目工程建设投工29亿个工日，平均每个劳动力每年投劳94个工日。各地农业综合开发项目区在生产经营活动中，推动了广大农民群众从粗放经营向集约经营转化，参加了专业化生产、产业化经营活动。各地农业综合开发项目区在农产品销售市场建设中，指导了农民群众，发挥了主导产业的规模优势，增强了农业和农村的吸引力，促进了城市的先进技术、人才、资金、物质等生产要素向农村合理流动，形成土地与劳动力等资源密切结合的局势，推动了农村工业、商业、供销、交通运输等二、三产业的发展，拓宽了农民群众就业渠道，使农村剩余劳动力向城乡非农产业转移。实践证明，凡是农业综合开发深入开展的地方，都缓解了农村人多地少的矛盾，发挥了农村剩余劳动力的"用武"功能作用，都促进了城乡之间的融合，加快了城乡一体化经济建设进程。

11. 实现了农业综合效益，发挥了示范导向作用。综上所述，通过农业综合开发，全国各地区综合治理了山水田林路，科学开发利用了农业资源，成果是丰硕的。即全国各地农业综合开发项目区基本上达到：加强了农业基础设施建设，改善了农业基本生产条件，提高了农民群众科技务农水平，加大了农业先进科技推广力度，扩大了农业生产经营规模，调整了农业经济结构，加快了农业产业化经营进程,完善了农村社会化服务体系,保护了农业生态环境,增强了农业综合生产能力,增加了社会农产品有效供给,改善了农民群众生活,为进一步促进农民群众致富奔小康、国家繁荣富强,保障农业和农村经济可持续发展,及早实现农业现代化,最终实现民富国强的目标奠定了基础。农业综合开发这项系统工程,深受农民群众的欢迎,被称为"德政"工程,这项工程切实为广大农民群众带来了实惠,既解决了一家一户想搞而无力搞的矛盾,又避免了过去搞农田基本建设农民群众无积极性的弊端。农民群众由"要我开发"转为"我要开发",由"被动开发"转为"主动开发"。为农村日益增多的剩余劳动力提供了广阔的就业领域,为农民群众脱贫致富奔小康开辟了新的途径,体现了国家大力发展农业,维护农民群众利益的政策,加深了党群之间、干群之间的理解,进一步密切了党群关系和干群关系。各地农业综合开发项目区基层干部和农民群众深有感触地体会到,新中国成立以来党和国家为农民群众办了很多好事,但是农民群众感受最深的有三件:第一件是解放初的土地改革,解决了所有制关系问题;第二件是20世纪80年代的联产承包,解决了调动农民群众积极性的问题;第三件是当今的农业综合开发,解决了提高土地利用率和产出率,提高农业综合生产能力,增加农民群众收入的问题。农业综合开发已成为农民群众自己的事业,为广大农民群众指明了方向,坚定了走农业综合开发之路的信心。农业综合开发的示范作用,推动了周边地区各级党政领导和农民群众解放了思想,更新了观念,自觉地进行农业综合开发项目工程建设,出现了很多"地方工程"和"农民工程"。同时,各地正将农业综合开发项目区建成不断推广应用先进科学技术,开拓现代化道路的示范区,建成高科技的农业示范区,建成高产量、高质量、高效益、高贡献的示范区,建成投入少、产出多、见效快、收益大的示范区,建成农民群众增收政富、实现小康目标的样板区。

1988年以来,农业综合开发的实践证明,它是发展农村生产力的一次革命,是增强农业生产发展后劲的一次难得的机遇,它为农林牧副渔各业全面发展创造了有利条件,为加快农业产业化、农业现代化的进程,开创农业和农村经济可持续发展的新局面,发挥着日益重要的作用。党中央、国务院领导肯定了农业综合开发是我国农业现代化希望之所在。

(二) 农业综合开发在我国农业发展中的经验

1988年以来,全国各地农业综合开发取得了令人振奋的成效。与常规农业生产建设相比,既取得了显著的经济、社会和生态三方面效益,又积累了丰富的成功经验。各级党政领导组织开发的自觉性强,农民群众自愿参加开发的积极性高,这是根本。归纳起来,主要有以下八方面经验:

1. 坚持农业综合开发宗旨,突出重点,提高效益。即明确的综合开发宗旨。农业综合开发的宗旨是改田、增产、增收。改田是以改造中低产田为主,适当开垦宜农荒地,改善农业基本生产条件;增产是增加粮棉油肉糖等农产品产量,增加社会农产品有效供给,提高农业综合生产能力,促进农业和农村经济可持续发展;增收是增加农民群众收入,壮大农村集体经济实力,实现农民致富、国家强盛的目标。为此,各地农业综合开发项目区遵循农业综合开发的宗旨,坚持综合治理,因地制宜开发。围绕以改造中低产田为主,适当开垦宜农荒地,改变农业基本生产条件,以发展粮棉油肉糖等农产品生产为主要目标,大力开展了农业产业化经营项目,择优扶持了带动千家万户的产加销一条龙、贸工农一体化的龙头企业,为农民群众增收致富开辟了途径,为保障社会农产品有效供给,增强国家和农村的经济实力奠定了基础。

1988年以来,从全国来看,农业综合开发的重点是农业资源开发潜力大、水土资源条件好、地方财政配套资金能力强、投入与产出比较效益高、对国家和地方贡献多的东北平原、黄淮海平原和长江中下游平原,同时,兼顾了其他地区。这样一来,既抓住了重点,又兼顾了一般,推动了全国各地农业综合开发广泛深入开展。

2. 坚持农业综合开发项目管理手段,择优立项,连片开发。即严格的项目管理手段。在农业综合开发项目管理上,借鉴了世界银行对项目管理的经验,即对农业综合开发项目按照项目申报、项目评估、项目选择、项目审批、项目实施、项目检查、项目验收、项目管护的程序,进行科学规划设计，有领导地组织实施，形成一套严格的项目管理规章制度，基本上做到了综合治理规范化，项目管理科学化。

1988年以来，各地农业综合开发项目区在实践中，按项目管理程序组织开发，严格采取了立项前调查研究、评估论证、择优选项，审核批准，项目实施中组织施工设计，及时监督检查，项目竣工后严格组织验收，验收合格的项目健全管护责任等项配套措施，克服了以往农业建设上的盲目性和随意性，这是农业综合开发超越常规农业建设的一大优势。浙江省加强了农业综合开发项目管理，配备了一支考察评估技术队伍，完善了考察评估规章制度，确立了考察评估标准，严格考察评估了项目，切实做到了科学立项。安徽省建立了各级验收组织，强化了项目计划管理，改进了验收做法，扩大了验收范围，精心地组织验收。湖北省在保障项目工程建设标准质量基础上，加强了已建成项目工程的管护，使农业基础设施工程、农业机械完好率都达到95%以上。福建省在组织农业综合开发项目工程建设中，提高了施工标准，保证了建设质量，实现了农田园林化、管理规范化的目标。

3. 坚持农业综合开发资金投入机制，多方筹集，集中使用。即严格的资金投入机制。这就是"国家引导、配套投入、民办公助、滚动开发"的机制。这种以国家财政投入为导向、农村集体和农民群众投入为主体、农业银行专项贷款为辅助的机制，从上到下，资金投入有保证。一是国家财政的投资额、地方财政按规定的配套资金额、农业银行专项贷款额逐年增加，形成了约束开发机制；二是农村集体和农民群众自觉自愿投资投劳，成为农业综合开发的投资主体，形成了激励开发机制；三是各级财政有偿资金回收后继续安排用于农业综合开发项目，形成了滚动开发机制；四是通过社会招商引资、投资入股等各种渠道，投入农业综合开发项目的资金也逐年增加，形成了竞争开发机制；五是农业综合开发资金有严格的资金使用范围，专款专用，不受部门分割制约及"人吃马喂"的影响，完全用于农业综合开发项目上，形成了依法行政机制，从而有效地保证了农业综合开发宗旨的实现。河南省为了多方筹集资金，加大投入力度，保证农业综合开发项目工程建设的资金需要，实行了"先配后投、不配不投"的激励竞争机制，激发了各地区政府坚持做好农业综合开发资金筹措积极性，尽管财政比较困难，但在年初安排预算时，宁可压缩其他支出，也要优先保证增加配套资金，从而确保了农业综合开发资金的及时足额到位，坚持专款专用，提高了资金使用效益。

1988年以来，国家为了多渠道、多层次增加资金投入，建立了"国家引导、配套投入、民办公助、滚动开发"的资金投入机制，对于解决农业综合开发的资金问题发挥了重要作用。辽宁省在筹措农业综合开发资金上，优先保证安排地方财政预算资金，动员农民群众落实投资、投劳，依法吸引社会资金；坚持因地制宜地确定投资方向，实事求是地确定投资环节，科学合理地投入资金。湖南省统一了多方筹措资金的思想，提出了统筹安排、集中使用、规范管理的要求，采取了监督检查、考核评比方法，保障了各项资金配套落实；陕西省实行专户核拨资金，及时拨付资金，定期考查资金专款专用；广西壮族自治区为及时足额回收财政有偿资金，切实发挥有偿周转、滚动投入、良性循环的作用，采取了一系列借得准、管得住、用得好、收得回的行之有效措施，加大了资金投入力度。

4. 坚持完善农业综合开发的协作体系，同心同德，形成合力。即一个同心协力开发体系。农业综合开发的实践证明，它是一项庞大的系统工程，它是由多部门组成的配合协作、同心协力的开发体系。在全国各地农业综合开发项目工程建设中，不是哪个部门能独立胜任的。无论在哪个部门、哪个工作环节出现问题，都会影响农业综合开发的进度和质量。无论在哪项政策、哪项措施出现漏洞，都会影响整个农业综合开发项目工程建设任务的完成。

1988年以来，农业综合开发之所以取得了显著成绩，与各有关部门的积极配合、合力开发是分不开的。在各级党委、政府的统一领导下，农业、水利、林业、财政、银行、物资、审计、环保等有关部门各尽其职，密切配合，步调一致，开拓进取，共同围绕搞好农业综合开发项目工程建设，充分发挥各部门的职能优势，共同献计献策，心往一处想，劲往一处使，共同采取了行之有效的措施。通过有关部门的各尽其职、各负其责、密切配合协作，形成了同心同德、合力开发的机制。江苏省在成立直属省政府直接领导的农业综合开发办公室的同时，分别在农业、林业、水利等有关部门成立了农业综合开发相应机构，业务归省农业综合开发办公室领导，分别负责解决项目工程建设中出现的农业、林业、水利等问题。同时，建立了省级农业综合开发联席会议制度，定期安排工作任务，做到了统一部署、统一指挥、统一行动，充分发挥了各专业部门的职能优势，各负其责，同心协力，形成合力。

5. 坚持发挥农民群众主力军作用，宣传教育，发动群众。即一支农民群众主力军。通过农业综合开发的实践，使农民群众感到农业综合开发是农民群众自己的事业，农民群众是直接受益者，因而调动了农民群众的积极性。在各地农业综合开发项目工程建设中，贯彻落实了自力更生为主、国家支持为辅、民办公助的方针，对多自筹资金的多扶持，少自筹资金的少扶持，不自筹资金的不扶持。同时，落实了谁开发、谁投资、谁使用、谁受益的政策，使农民群众由"被动开发"转为"主动开发"，从"要我开发"变为"我要开发"，充分发挥农民群众的主力军作用。

1988年以来，凡是农业综合开发项目工程建设好的地区，都体现出农民群众主力军作用。农民群众领悟到农业综合开发是造福农民群众子孙后代的事业，增强了投身开发的责任感，激发了投工、投劳搞开发的积极性，做到了开发一片、见效一片，农民群众真正得到了实惠，进一步增强了投身开发的自觉性。四川省以"思想开发"为先导，加强宣传教育，统一了农民群众的思想认识，提高了农民群众参加开发的觉悟；发动农民群众围绕"高产、优质、增收、致富"目标，坚持综合治理山水田林路，科学地开发利用了农业资源，提高了科学务农素质，增加了投资投劳自觉性，健全了考核制度和激励机制，形成了农民群众在项目工程建设中"我要开发、干好开发"的良好风气。

6. 坚持科学利用农业资源，综合治理，科学布局。即一套综合治理措施。通过农业综合开发，在科学利用农业资源上，一是能坚持科学制定规划，以流域水系为依据，坚持按流域对山水田林路综合治理；二是能坚持科学合理布局，集中连片，开发一片，成功一片；三是能采取一套综合治理措施，即配套采取工程、机械、生物、科技、资金、人员等方面的治理措施，因地制宜地发展农林牧副渔各业生产，形成大规模的综合效益。在综合治理、科学布局上，黑龙江省组织开展了土地改良工程、水利灌排配套工程、水土保持林工程等建设，注重集中连片开发，形成了综合性规模效益；内蒙古自治区组织开展了改良草场、繁育推广良种等基础工程设施建设，提高了畜牧业生产能力和抵御自然灾害能力；山东省组织开展了对内陆水域、沿海滩涂的综合治理，扩大了水产品养殖面积，发展了水产品生产，提高了水产业生产能力。

1988年以来，凡是国家确定的农业综合开发项目区，都能科学地规划设计，合理布局，落实综合治理措施，提高综合治理标准，取得显著的综合效益。吉林省围绕农业综合开发宗旨，坚持按区域规划，综合规划、科学合理布局，按流域确定项目区，按项目区工程采取综合治理措施，按综合治理措施决定综合投资数额，因而科学利用了农业资源，增强了农业综合生产能力。贵州省围绕综合治理山水田林路，采取不同的立体开发形式，因地制宜地发展农林牧副渔各业生产，提高了立体开发效益。

7. 坚持农业综合开发产业化，健全机制，开拓经营。即一条农业产业化途径。通过农业综合开发，各地农业综合开发项目区在改造中低产田、开垦宜农荒地、发展粮棉油肉糖等农产品生产的基础上，进一步发展了种植业、养殖业、加工业，促进了种养加、产加销一条龙、贸工农一体化的产业发展，拓宽了农民群众多行业增产增收的渠道，提高了产业化经营效益。目前，江苏省农业综合开发项目区建成了一批规模适度、档次高、优质高效的粮棉油肉糖等农产品基地，为农业产业化经营奠定了基础。在这个基础上，发展了一批农业产业化经营龙头项目，以农业支柱产业化经营龙头项目为依托，围绕生产、加工、包装、销售系列开发，采取公司联基地、基地联农户的方式，形成牵动龙身、摆动龙尾的产业化经营实体，逐步形成了农村"龙形"经济。山东省遵循市场经济规律盯着市场看、围着市场转的原则，健全了竞争、激励、奖惩等制约机制，推行了股份合作制，鼓励了招商引资，开辟了筹措资金渠道，调动了各方面积极性，加大了农业产业化经营及龙头项目工程建设的力度，一是扩大了优质的专用粮食、高效的经济作物种植面积，保障了保质保价地销售出去；二是建设了农产品专业批发市场,拓宽了省内外农产品的销路;三是培育了主导产品和名优特稀产品,形成了占领市场的品牌优势;四是发展了农业支柱产业化经营龙头企业,建立了农民专业协会等经济合作组织,变成了农户与龙头企业、农户与市场之间的纽带和桥梁。河北省农业综合开发项目区建成了初具规模的畜牧养殖业产品基地,扶持了种植业产品深加工骨干企业,创出了一批市场竞争力较强的名特优产品,建成了具有一定吞吐辐射能力的专业批发市场,加快了农业产业化经营进程。

8. 坚持农业综合开发科技推广,形成网络,提高含量。即健全的农业科技推广网络。1988年以来,各地农业综合开发项目区注重了科技投入,加大了科技开发力度,基本形成了比较健全的农业科技推广网络,自觉地在项目工程建设和生产经营上,提高了科技含量。一是在申请项目时,认真遵照科学立项程序,凡是新申请的项目,组织了各方面专家咨询、考察评估、科学论证。二是在确定项目时,严格地进行科学规划设计。三是在实施项目时,加强了农业科技培训,组织项目区基层干部和农民群众参加了农业科技培训,提高了农民群众科学务农素质;健全了项目区农业科技推广网络,推广了农业科技新成果;建立了农业科技推广示范区,形成了各种农业科技成果推广模式,推广了农业先进适用的科学技术,真正发挥了农业科学技术的效益。安徽省农业综合开发项目区认真实施了农业综合开发科学规划,应用了农业高新科技成果,推广了节水灌溉、改良土壤、配方施肥、优良品种等先进适用技术,建立了高产、优质、高效农业科技示范区,发挥了科技示范导向作用。江西省农业综合开发项目区健全了农业科技推广网络,加强了农民群众科技务农思想教育,大力普及先进适用技术;激励了广大科技工作者提高自身素质,扎根农业综合开发项目区。河南省农业综合开发项目区多方筹措了资金、加大了科技投入力度,建设了农业高标准科技示范区,引导了农民群众掌握先进技术。宁夏回族自治区农业综合开发项目区围绕水利灌排两个环节,不断完善水利灌排体系,大力推广节水灌溉技术,因地制宜地选择了不同类型节水灌溉模式,推广了渠道砌护技术,减少了渠道渗漏量,增加了农田灌溉面积,提高了科学用水技术水平。

总之,1988年以来,全国农业综合开发积累的成功经验,在我国农业和农村经济发展史上产生了深远的影响,对确保今后农业和农村经济可持续发展形成了强大的动力。

六、关于组织拓展农业综合开发系统工程之路的方略

农业综合开发是为了全面实现经济效益、社会效益和生态效益有机统一的综合效益,保障社会农产品的有效供给,扶持农民群众增收致富,增强国家经济实力,而对农业资源进行综合科学利用,对制约农业生产经营建设发展的诸多不利因素综合治理,加强农业基础设施建设,改善农业基本生产经营建设条件,向农业生产经营建设的广度、深度、高度、密度进军,推进农业现代化产业化经营,加快实现农业现代化,提高农业综合生产能力经营建设能力,保障农业和农村经济持续发展的一项系统工程。这项系统工程与常规传统农业相比,具有显著的性质和特点,这项系统工程,包含着农业综合开发的宗旨和目标、范围和内容、思路和原则、方针和政策、体制和机制、任务和要求、方式和方法。

农业综合开发这项系统工程主要体现在:一是从农业综合开发的性质和特点来说,主要具有综合性和权威性的性质,具有明确目标、综合治理、项目管理、组织协调、通力合作、运行机制、综合效益的显著特点;二是从农业综合开发的宗旨和目标来说,为了达到农民群众增收致富、国家繁荣富强的宗旨,实现综合效益的目标,即提高经济、社会、生态"三个效益"的目标;三是从农业综合开发的范围和内容来说,对农业综合资源综合利用,对山水田林路综合治理,为保障农业和农村经济可持续发展奠定了础;四是从农业综合开发的思路和原则来说,确定农业综合开发战略目标、实施指南的思路,相应地确定择优立项、因地制宜、持续发展等项原则,为提高农业综合生产经营建设能力,保障农业和农村经济可持续发展创造条件;五是从农业综合开发的方针和政策来说,国家确定农业综

合开发是国家组织开展的一项政策性强的德政、富民工程的方针。为此，要有理、有力、有节地贯彻执行农业综合开发的主要政策；六是从农业综合开发的项目管理和资金管理体制和机制来说，对制约农业生产经营建设发展中的诸多不利因素彻底根除，优化组合发展农业生产经营建设各种先进要素，为保障农业和农村经济可持续发展开辟道路；七是从农业综合开发的任务和要求来说，在充分发挥农业综合开发的组织领导、部门协作、各界合作的同时，既增强农民群众科技务农的意识，又消化农村剩余劳动力，为多层次保障农业和农村经济可持续发展发挥重要作用，向农业资源的深度和广度开发，加快实现农业现代化、保障农业和农村经济持续发展，实现富民强国目标；八是从农业综合开发的方式和方法来说，为加强农业综合开发这项系统工程建设，保障农业和农村经济持续发展，注入新的生机和活力，推广先进适用科学技术，转变传统落后生产经营建设的方式，农业综合开发本身就是需要投入大量劳动力的工程，是农民群众转变生产经营建设观念，对制约农业生产经营建设发展的诸多不利因素，采取综合治理、科学项目管理的方法。由此可见，农业综合开发是庞大的系统工程。正因为如此，中共中央、国务院决定，从1988年开始，在全国组织实施农业综合开发这一项系统工程。

（一）农业综合开发的性质和特点

农业综合开发是一项有中国特色的系统工程。1988年以来，中共中央、国务院为我国从事农业综合开发这项事业的各级党委、政府及部门领导者、农村基层干部和农民群众，全面肯定和总结了农业综合开发史无前例的成效和经验，阐述了农业综合开发的巨大潜力，指出了农业综合开发的光明前景，强调了全国农业综合开发这项系统工程与传统常规农业生产经营建设工程相比，具有鲜明的性质和显著的特点。

1. 农业综合开发的性质。农业综合开发的性质，主要有综合性和权威性。一是综合性，具体表现在：综合规划、合理布局，综合利用资源，综合治理国土，综合采取措施，综合安排投入，综合组织协调，综合各方面力量，讲求综合效益。二是权威性，具体表现在：农业综合开发这项事业是经党中央、国务院决定，由国务院有关部门领导成员组成的国家农业综合开发联席会议指导，国家农业综合开发办公室会同有关部门开展的事业；是国家规定非办不可的关系国计民生的永久性事业，是农民群众自觉众自觉自愿参加的富民强国事业。

（1）综合性。具体表现在以下八方面：

①综合规划、合理布局。按照国家关于发展农业和农村经济的方针政策，综合确定农业综合开发的任务和投资计划，合理布局农业综合开发的区域和规模；

②综合利用资源。综合利用适宜发展农林牧副渔各业生产所需的自然资源，特别是充分利用潜在的自然资源优势，重点提高土地的产出率和收益率，提高农林牧副渔各业产品的转化率和增值率；

③综合治理国土。根据综合规划合理布局，按流域进行山水林田路综合治理，保障农林牧副渔各业生产全面发展；

④综合采取措施。在山水林田路的综合治理上，对制约农林牧副渔生产发展的各种不利因素，综合配套地采取工程、机械、生物、科技等措施；

⑤综合安排投入。统筹安排人力、财力、物力、科技、政策等投入，使其有机结合，合理配套，集中连片重点使用；

⑥综合组织协调。综合运用科学组织、先进管理、严格检查、有效监督等手段，进行组织协调；

⑦综合各方面力量。农业综合开发涉及各行各业各部门，能够综合社会各方面力量，建设好这一项复杂的系统工程；

⑧讲求综合效益。农业综合开发的宗旨是既取得经济效益，又取得生态效益和社会效益，以取得富民强国的综合效益。

（2）权威性。具体表现在以下六方面：

①农业综合开发这项事业是经党中央、国务院决定，由国务院有关部门领导成员组成的国家农业

综合开发联席会议组织指导，由国家农业综合开发办公室组织开展工作；

②各省、自治区、直辖市党委、政府、人大、政协等领导班子已把农业综合开发这项事业列入重要的议事日程，坚持经常进行指导、检查、研究、落实；

③农业综合开发这项事业，从中央到地方各级政府都制定了比较完善的方针政策、规章制度，从而逐步走上制度化、规范化的轨道；

④农业综合开发这项事业，已由各级政府通过财政、银行部门每年必须安排专项资金和专项贷款，并严格要求专款专用，不准部门分割和"人吃马喂"这项资金；

⑤农业综合开发这项事业，从项目确定前的考察评估、项目确定后的组织实施到项目建成后的检查验收，都由各方有权威、有经验的专家和工作人员进行评定；

⑥农业综合开发这项事业，是加强我国农业基础建设、改善农业基本生产条件、提高农业综合生产能力，达到富民强国的目标的战略性事业，是国家决定非办不可的关系国计民生的永久性事业。

2. 农业综合开发的特点。农业综合开发与传统常规农业相比，具有以下六个特点：一是有明确的开发主攻目标，即农民群众增收致富，国家繁荣富强的目标；二是有严格的开发投入机制，即配套投入、滚动开发的激励机制；三是有科学的开发项目手段，即各项管理制度化、综合治理科学化、工程建设规范化的手段；四是有较强的开发协调体系，即各级组织领导、各有关部门、基层干部和农民群众都能形成同心协力的整体力量；五是有系列的开发产业结构，即以龙头项目带动种养业农产品系列开发；六是有显著的综合开发效益，即在经济效益上提高了农业综合生产能力，促进了农民增收致富，壮大了农村集体经济，在生态效益上，增强了农业发展后劲能力，保障了农业和农村经济可持续发展，在社会效益上，增强了国家的经济实力，增加了社会农业产品有效供给，为加快实现农业现代化，达到民富国强的目标，起到了示范导向作用。分别说明以下这六个特点：

（1）有明确的开发主攻目标。这是国家坚持政府行为，把握市场导向，扶持农民群众以改造中低产田为主，提高粮棉油肉糖等农产品综合生产能力；对农民群众增收致富，改善生活，对农村集体增加经济实力；对社会提供优质农产品，增加有效供给，对各级政府增加财政收入，增强国家经济实力，对国家繁荣富强，对今后我国农业和农村经济可持续发展奠定坚实基础。

（2）有严格的开发投入机制。这是国家法定的"国家引导、配套投入、民办公助、滚动开发"的资金积累投入机制，这种中央带动地方、政府引导农民群众，以国家财政投入为导向，农村集体和农民群众投入为主体、农业银行专项贷款为辅助的机制，从上到下，运行较好。各种配套资金投入有保障，凡经国家批准的农业综合开发项目，中央财政都安排相应的资金，地方财政资金、农业银行专项贷款、农村集体和农民群众自筹资金，都互相制约地配套安排。由于这类资金不受部门分割制约及"人吃马喂"的影响，完全用于农业综合开发项目工程建设上，有力地保障了农业综合开发目标的实现。这种农业综合开发资金投入机制是我国当代发展农业和农村经济的一个创举，具有强大的生命力。

（3）有科学的开发项目手段。这是按国家规定农业综合开发项目管理的要求，采取了申报建议、考察评估、逐级筛选、上报审批、编制计划、组织实施、监督考核、检查验收、管理维护的方式、方法，进行综合治理，科学组合各种生产要素，合理开发利用农业资源，增强农林牧副渔各业综合生产能力，从而形成一套科学的项目管理规章制度，基本做到了各项管理制度化、综合治理规范化。

（4）有较强的开发协调能力。多年实践证明，农业综合开发有较强协调能力，同时成为促进农业和农村经济持续发展的动力：一是来自各级党委、政府、人大、政协各方面组织领导同心同德的合力；二是来自农业、林业、水利、农机、财政、银行、审计等有关部门各尽其职、配合协作的合力；三是来自基层干部和农民群众齐心协力、艰苦奋斗的合力；四是来自中央财政、地方财政、农业银行、农民群众共同筹措资金的合力，等等。总之，将各方面的人力、物力、财力集中起来，就能形成强大的凝聚力。

（5）有系列的开发产业结构。从全国各地农业综合开发的途径来看，都能以农业资源为依托，以农村市场为导向，以综合效益为中心，以农业科技为动力，在发展粮棉油肉糖等农产品生产的基础上，大力发展种养加、产加销产业化经营，形成种养加产业链条、产加销一条龙、农工贸一体化龙头公司，并以龙头公司带动农业产品系列开发。龙头公司一头连接市场，一头带动农户，可以带动农户发展商品生产；使农产品增产增值与农民群众增收致富的目标能够紧密结合起来。

（6）有明显的规模开发效益。从全国各地农业综合开发的实践结果来看，一是通过农业综合开发土地治理项目工程建设之后，由于采取了山水田林路综合治理措施，排除了制约农业生产发展的障碍因素，按流域集中连片改造中低产田、开垦宜农荒地，提高了土地的产出率和利用率，增强了大宗农业产品综合生产能力；二是通过农业综合开发产业化经营项目工程建成后，由于开拓了农业产加销一条龙、农工贸一体化经营途径，适应国内外市场优质化、多样化的需求，建立了农林牧渔各业产品种植、养殖加工基地，推广应用了农业产业化经营先进科学技术，发展了农业产业化龙头公司，结成了市场＋基地＋农民＋公司的产业化集团体系，形成了利益共享、风险共担的经营机制，实现了大规模综合效益。

（二）农业综合开发的宗旨和目标

农业综合开发这项系统工程，包含着农业综合开发的宗旨和目标。这就是通过对农业资源科学开发利用，对山水田林路综合治理，加强农业基础设施建设，改善农业基本生产经营建设条件，而实现农业综合开发的宗旨，达到农业综合开发的目标。

1. 农业综合开发的宗旨。农业综合开发的宗旨，就是通过对农业资源进行综合利用，对山水田林路综合治理，加强农业基础设施建设，改善农业生产条件，提高农业生产能力，保障农业和农村经济可持续发展，促使农民群众增收致富，壮大农村集体经济实力，增加社会农业产品有效供给，推进国家繁荣富强。

（1）在开发内容上，要在广度开发和深度开发的基础上，综合治理山水田林路等国土资源，科学开发利用各地农业资源的优势，提高农业资源的利用率和产出率，增强农林牧副渔各业可持续发展的能力。

（2）在开发主体上，要坚持以农民群众自力更生为主，国家支持为辅，投入的主体是农民群众，农民群众的投入要尽力而为，量力而行，切实发挥"民办公助"作用。

（3）在开发目标上，一是要坚持政府行为，把握市场导向，扶持农民群众以改造中低产田为主，提高粮棉油肉糖等农产品综合生产能力；二是要对农民群众增收致富，改善生活，对农村集体增加经济实力；三是要对城镇居民生活增加所需优质农业产品，对社会经济建设增加农业产品有效供给，对各级政府增加财政收入，增强地方经济实力，为促进国家繁荣富强，保障农业和农村经济可持续发展奠定坚实基础。

2. 农业综合开发的目标。农业综合开发的目标，就是要为实现农业综合开发的宗旨，通过农业综合治理项目工程建设，加强科学项目工程建设管理，以改善农业基本生产经营建设条件，着力推进农业现代化生产经营建设，提高农业综合生产经营建设能力，保障农业和农村经济持续发展，壮大农村集体经济发展实力，增强农民群众增收致富奔小康能力，不断增强社会农业产品有效供给，促进国家繁荣富强，努力推进城乡一体农业现代化、工业化、城镇化同步建设的社会经济持续发展，为此，具体组织确定和实施以下九项目标：

（1）确定开发战略。农业综合开发的战略是在新的历史条件下，国家对农业和农村经济实行宏观调控，推进农业产业化经营，尽快农业现代化，不断提高农业生产能力，从而实现经济效益、社会效益和生态效益的有机统一。切实达到由粗放农业向精准农业、传统农业向现代化农业转变，保障农业和农村经济可持续发展的战略目标。

（2）划清开发范围。要在广度开发和深度开发、高度开发和密度开发的基础上，从各地实际情况出发，综合治理山水田林路等国土资源，科学开发利用各地国土资源的优势，提高国土资源的利用率和产出率，增强农林牧副渔各业可持续发展的能力。

（3）优化开发结构。要着眼于综合利用资源、优化农业产品产业结构，促进农林牧副渔各业有机结合、全面发展，以达到一种二养三加工相互衔接。在优化农业产品产业结构上，就粮棉油肉糖等主要农产品来说，优化的核心是在增加农产品产量的基础上提高质量，繁育推广优良品种；就农林牧副渔各业的产业来说，要优化农业产供销一条龙、农贸工一体化的产业结构。

（4）清除开发障碍。要解决制约农业发展的障碍因素，切实做到山水林田路综合治理，水利灌溉沟渠桥涵闸成龙配套。目前制约农业发展的障碍因素是多方面的，从全国来说，三北地区（东北、华化、西北地区）年年遭受干旱这一灾害的威胁，三南地区（华东、中南、西南）年年遭受洪涝灾害的威胁，可以说自古以来形成规律，而且这个规律往往在有些年份还倒转过来，为此，通过农业综合开发的综合治理措施，清除上述障碍因素。

（5）坚持开发标准。要坚持高起点、高质量、高标准，做到田成方、树成行、渠相通、路相连，农业基础设施配套，一步到位，要切实做到旱能灌、涝能排，旱涝保收、增产增收、高产稳产、高质高效、增收致富。

（6）扩大开发规模。要突出重点，集中连片，开发一片，见效一片，巩固一片。农业综合开发项目区与常规农业区相比，要显示出它自己独有大规模集中连片治理、大规模产业化经营的综合效益。

（7）动员开发主体。要坚持以农民群众自力更生为主，国家支持为辅，农业综合开发项目工程建设投资投劳的主体是农民群众，动员农民群众自觉自愿参加农业综合开发项目工程建设，要尽力而为，量力而行，切实发挥"民办公助"作用。

（8）取得开发效益。要在农业综合开发项目区求得取得投入少、产出多、见效快的经济效益，取得示范导向和辐射带动作用的社会效益，取得农业和农村经济持续发展的生态效益，即三者有机统一的综合效益。

（9）实现开发目标。要提高粮棉油肉糖等农产品综合生产能力，增强农业和农村经济可持续发展的能力，以尽快增加农民群众收入，改善农民群众生活，促进农民群众实现小康目标。同时，要增加社会农产品有效供给，为城镇居民提供优质的粮棉油肉糖等农产品，增强国家经济实力。

（三）农业综合开发的范围和内容

农业综合开发的范围，是指农业综合开发的广度、深度、高度、密度领域。农业综合开发的内容，是指农业综合开发的对象和产品。

1. 农业综合开发的范围。农业综合开发的范围包括广度开发、深度开发、高度开发、密度开发。

（1）广度开发是指外延开发，即外部领域的综合开发。它包括对尚未利用的宜农荒地、荒山荒坡、草原草地、内陆水域、浅海水域、滩涂、荒漠、废弃地等国土资源的开发。主要是采取工程、机械、生物和科技配套措施，对山水林田路等国土资源综合治理开发。

（2）深度开发是指内涵开发，即内部领域的综合开发。它包括对改造不够的中低产田，开发利用不够的宜农荒地、荒山荒坡、草原草地、内陆水域、浅海水域、滩涂、荒漠、废弃地等国土资源的开发。主要是进一步采取工程、机械、生物和科技配套措施，对制约农林牧副渔各业生产发展的诸多不利因素进行综合治理开发。

（3）高度开发是指科技开发，即加大科技力度，提高科技含量的综合开发。主要是按照农业"八字"宪法的要求，在采取行之有效的工程、机械、生物配套治理措施的基础上，实行高新科学技术开发，即进一步组装配套高新科学技术，提高农业综合开发的科技含量，提高农林牧副渔各业产品的产量、质量及其附加值。

（4）密度开发是指集约开发，即集约型、循环型、产业型三方面紧密结合的开发。集约型开发是指以太阳光为能源，利用地域上高与矮的差异和农作物喜光与耐阴的特性，采取混种、间种、套种、密植、繁育、防治相结合的生产措施，提高光合作用效率，从而增产、增收的开发；循环型开发是指在提高农林牧副渔各业初级产量、质量及其附加值的基础上，采用农林牧副渔业良性循环的生产措施，提高农林牧副渔各业产量、质量及其附加值的开发。如在农业综合开发项目区种植粮食作物时，就要采取平整土地、改良土壤、养地种植、加工秸秆、过腹还田、配方施肥、培育地力等一系列措施，从而达到良性循环地增产、增收、增效益和增贡献的目的开发；产业型开发是指在对农林牧副渔各业初级产品的生产、加工、销售形成系列化的条件下，组织开展产供销一条龙、贸工农一体化的开发，也就是采取农户、基地、企业、市场等方面组成集团公司形式的开发。

2. 农业综合开发的内容。农业综合开发的内容包含农业综合开发的对象、产品。

（1）农业综合开发的对象。对已利用和未利用两部分国土资源的开发。一是对已利用国土资源的开发，是指对目前已被农林牧副渔各业生产所利用，但利用尚不充分的国土资源的开发。这是对已被粮棉油肉糖等农林牧渔各业产品生产占用的中低产田改造、已被农林牧副渔各业生产占用的土地治理，以达到提高土地利用率和产出率的目的；二是对未利用国土资源的开发，是指对至今尚未综合治理和利用的国土资源的开发。这是对尚待综合治理宜农荒地和沙荒地、荒山荒坡、草原草场、内陆水域、浅海水域等资源的开发，以达到提高农业综合生产能力，增强农业和农村经济可持续发展能力。

（2）农业综合开发的产品。农业综合开发的产品主要是农林牧副渔各业的产品，包括：农业的粮棉油糖等产品，林业的林木、干鲜果等产品，牧业的畜禽肉、蛋等产品，渔业的海淡水养殖、捕捞等产品，副业的农林牧渔各业的副产品、加工制品。

（四）农业综合开发的思路和原则

农业综合开发的思路，是指农业综合开发的指导思想。农业综合开发的原则，是指为了实现农业综合开发的宗旨，达到农业综合开发的目标，国家相应地确定和实施农业综合开发的一系列的原则。

1. 农业综合开发的指导思想。农业综合开发的指导思想主要有以下九点：

（1）在开发战略上，农业综合开发是在新的历史条件下，国家对农业生产发展实行宏观调控，最终为实现农业现代化而采取的一项战略措施，是国家保护农业、支持农村、扶持农民、发展农业和农村经济的政府行为。

（2）在开发目标上，要着重开展中低产田及宜农耕地综合治理，提高粮棉油肉糖等农产品的综合生产能力，增强农业发展后劲；同时，发展农业产业化经营及龙头企业，以尽快增加农民群众收入，把保障社会性农林牧副渔各业产品有效供给，促进农民群众致富奔小康的目标统一起来。

（3）在开发内容上，从全国各地区实际情况出发，既要将广度开发与深度开发结合起来，又要坚持高度开发与密度开发有机统一，确定土地治理项目，对山水田林路资源的开发治理，改善农业基本生产条件，增强抵御自然灾害的能力，同时，确定农业现代产业化经营项目，充分利用和发挥当地的农业资源优势，从而带动农业产品的系列开发。

（4）在开发结构上，要着眼于综合利用资源，优化农林牧副渔各业产品结构，促进农林牧副渔各业有机结合，一种二养三加工相互衔接。

（5）在开发措施上，要重点解决农林牧副渔各业生产经营建设过程中的障碍因素，做到山水田林路综合治理、沟渠桥涵闸成龙配套。

（6）在开发标准上，要在土地治理项目工程建设上，达到高起点、高质量、高标准，做到田成方、树成行、渠相通、路相连，农业基础设施配套，一步到位。要在农业现代产业化经营项目工程建设上，形成产加销一条龙、农工贸一体化产业经营链条。

（7）在开发效益上，要讲求经济效益，取得社会效益和生态效益。这是指促使农民群众增收致富，增加社会性农林牧副渔各业产品供给，增强国家和农村集体经济实力，保障农业生产与农村经济持续发展。

（8）在开发规模上，要求突出重点，以改造中低产田为主，适量开垦宜农荒地，坚持形成规模，集中连片，开发一片，见效一片，巩固一片。

（9）在开发主体上，要坚持农民群众自力更生为主、国家支持为辅，农业综合开发的主体应是农民群众，国家起导向和扶持作用，充分发挥农民群众自觉自愿投资投劳、量力而行、尽力而为的主力军作用。

2. 农业综合开发的原则。为了实现农业综合开发的宗旨，国家相应地确定了农业综合开发的原则，主要有以下十二项：

（1）择优立项的原则。农业综合开发是一项长期的战略任务，要分期分批地、有计划地组织实施。在组织实施过程中，必须本着以下原则：近期主要应选择那些水土资源丰富、集中连片、开发潜力大的；投入与产出比较效益高，投资少、见效快、效益好的；能较快形成农业综合生产能力、为社会提供农业产品商品率高的；地方财政配套资金能力强的；各级党政领导重视和支持的；能促使农民群众增收致富，基层干部和农民群众自觉自愿搞开发的；对社会增加农业产品有效供给，对国家贡献大的，增强农村集体和国家及地方经济实力的。符合上述原则的，应该优先立项。反之就暂缓立项，暂缓开发。

（2）因地制宜的原则。农业综合开发在农业资源开发利用上，要从各地区实际情况出发，切实完善农田水利配套设施，以适应全面发展农林牧副渔各业生产，以利于发展粮棉油肉糖等农林牧副渔各业产品生产。在改善农业基本生产经营建设条件下，充分利用现有农田水利基础设施，对不配套和老化失修的农田水利基础设施，要优先进行配套、修复和完善，缺什么，补什么。

（3）持续发展的原则。农业综合开发的基本原则是要坚持开发利用农业资源与保护节约农业资源并举，优化农业生产要素组合，保护农业生态环境，促进农业资源持续利用，保障农林牧副渔各业生产走上可持续发展的轨道。

（4）先易后难的原则。农业综合开发任务繁重，各地区必须按区域统一规划，合理布局，本着先易后难的原则，全面安排，先行试点，由点到面，分步组织，逐项落实。

（5）产业经营的原则。农业综合开发多种经营项目，各部门必须坚持实行农业产业化经营，以市场为导向，立足当地资源优势，开发建设一批有市场、有资源、能带动农民群众较快增加收入的项目，加快农业和农村经济向商品化、产业化、现代化的方向发展。

（6）承前启后的原则。农业综合开发申请确立的项目，必须科学进行项目可行性考察、评估、论证，对批准确定的项目，必须认真及时组织实施。对已经到期完工后的项目，要组织有关项目专家严格检查验收。检查验收合格后，才允许确立新项目，国家继续给予投入。

（7）突出重点的原则。农业综合开发项目选择确定，必须坚持对水土资源丰富、投入产出比较效益高、地方财政配套资金能力强、农民群众自觉投资投劳、各级党政领导重视和支持、对国家贡献大的项目区域优先开发，重点扶持，开发一片、见效一片，发挥示范导向作用。

（8）民办公助的原则。农业综合开发项目工程建设所需资金，采取多渠道、多层次、多方位筹集。按照现行政策，农业综合开发资金的一半是农村集体和农民群众自筹资金及其他资金组成的。而我国农业综合开发的重点是抓改造中低产田，今后全国中低产田改造的任务繁重，只能靠农民群众自力更生、艰苦奋斗。国家财力有限，给予一定扶持，即民办公助。为此，必须坚持自力更生为主，国家扶持为辅的原则，在农业综合开发项目工程建设所需资金筹措上，要以国家资金投入为导向，以农村集体和农民群众自觉自愿投资、投劳为主体，调动社会各界参与农业综合开发投资的积极性。

（9）综合配套的原则。农业综合开发土地治理项目工程建设，要坚持工程、机械、生物和科技等项措施综合配套落实，进行山水林田路综合治理，以达到高起点、高标准、高质量和高效益。

（10）规模经营的原则。凡是国家确立的农业综合开发项目区，规模要大，集中连片。特别是在新开垦的耕地上建设良田、果园、林场、牧场等项目区，要适当集中，连片开发，形成规模，提高机械化作业水平，提高现代产业化经营水平，实现农业综合开发的规模经营效益。

（11）有偿使用的原则。国家用于农业综合开发财政资金的一部分是要偿还的，凡投入经营性项目的财政资金，原则上实行有偿使用。在农业综合开发项目区内，凡投入经营性的财政资金实行有偿使用的原则，将到期回收的财政有偿资金继续投入农业综合开发项目工程建设，到期收回的农业银行专项贷款也继续用于农业综合开发项目工程建设。

（12）综合效益的原则。农业综合研发经营性项目必须坚持综合效益的原则，就是坚持投入少、产出多、见效快、贡献大的原则。在组织开展农业综合开发项目工程建设中，必须遵循价值规律，以市场为导向，以经济效益、社会效益和生态效益有机统一的综合效益为中心原则，在大力发展粮棉油肉糖等农产品生产的基础上，大力发展规模化、专业化、市场化、区域化的农业现代产业化经营，提高农业综合生产经营建设能力，以实现经济效益、社会效益和生态效益三者兼顾的农业综合效益目标。

（五）农业综合开发的方针和政策

农业综合开发的方针，是指对农业综合开发战略目标、范围内容、层次结构、标准定额、主体力量、规模效益的方针。农业综合开发的基本政策，是指为了切实加强农业综合开发项目工程建设，提高农业综合生产经营建设能力，保障农业和农村经济可持续发展，而组织制定实施一系列行之有效的方针和政策。

1. 农业综合开发的基本方针。为了拓展农业综合开发是加强农业基础设施建设，保护和促进农业和农村经济持续健康发展的途径，而制定推进以下六种方针：

（1）农业综合开发战略方针。主要包括：一是从传统农业向现代农业转变，从个体分散微型生产经营建设向合作集中规模生产经营建设转变；二是从长远的、全局的利益出发，强调提高农业综合生产能力和保护农业生态环境；三是从各地区农业综合开发发展阶段性变化的实际出发，强调调整结构，优化品种，提高质量，发展优质、高产、高效农业，促进农业持续、稳定、健康发展。

（2）农业综合合力开发方针。农业综合开发是规模庞大的系统工程，涉及中央和地方、政府和农民等多方面，必须调动和发挥各方面的积极性。要按照国家总体要求，地方各级党委、政府更要加强领导，各有关部门要密切配合，围绕农业综合开发的总体目标，积极动员和组织广大干部群众，形成合力开发的动力。

（3）农业综合开发项目管理方针。农业综合开发项目工程建设借鉴了世界银行和其他方面项目管理的经验，形成了一套比较完善的农业综合开发项目管理机制，提高了农业综合开发项目管理水平。为此，今后对西部地区农业综合开发项目的申报、评估、审批、实施、验收等环节，都必须严格按规定程序和标准进行，做到项目管理科学化、规范化和制度化。

（4）农业综合开发配套投入方针。这就是坚持"国家引导、配套投入、民办公助、滚动开发"的投入机制。国家农业综合开发的投入机制，既发挥了国家财政资金的导向和支持作用，又体现了"谁开发、谁收益"的原则，调动了农民群众的积极性，从上到下形成了多渠道、多形式吸引和增加投入的良好局面。

（5）农业综合开发因地制宜方针。西部地区地域辽阔，农业资源类型多种多样。因此，必须注意坚持因地制宜的原则，充分发挥资源优势，按自然规律和经济规律办事，在确定西部地区农业综合开发项目时，要从各地实际情况出发，以市场为导向，重视发挥区域比较优势，宜农则农、宜林则林、宜牧则牧、宜渔则渔，着力发展有区域特色的农业主导产品和支柱产业，逐步形成区域化、专业化、规模化的生产格局。

（6）农业综合开发综合效益方针。农业综合开发贵在"综合"，要在"综合"上狠下功夫。所谓"综合"，是指山水田林路综合治理，农林牧副渔综合开发，人力、财力、物力和科技综合投入，贸工农、产加销一体化经营，实现农业综合效益、生态效益和社会效益的整体提高。

2. 农业综合开发的主要政策。农业综合开发是国家组织开展的一项政策性强的工作，为此，要有理、有节地贯彻以下农业综合开发的八项政策：

(1) 在农业综合开发范围内,实行谁开发、谁利用、谁受益的政策。在一定时期内使用权不变,可以继承,可以依法有偿转让。

(2) 在农业综合开发财政投入上,建立激励竞争机制,实行奖优罚劣、投资配套、有借有还、滚动投入的政策。

(3) 在农业综合开发土地治理上,以改造中低产田为主,因地制宜地开垦宜农荒地,对增产的粮食,不确定增加合同定购量的政策。

(4) 在农业综合开发税收减免上,对新开垦的宜农荒地、改造的中低产田而增加农产品产量,实行免征农业税、农林特产税的政策。

(5) 在农业综合开发科技力度上,鼓励科技人员参加农业综合开发项目工程建设,对贡献突出的科技人员实行奖励政策。逐年对农业综合开发项目工程建设实行加大科技所需资金力度的政策,由1995年科技总投资额5%到2005年达到科技总投资额7%~10%。

(6) 在农业综合开发所需贷款上,对农业综合开发专项贷款,凡是属于土地治理项目的贷款,可根据受援者的经济情况,酌情给予一定的贴息。

(7) 在农业综合开发物资供应上,优先供应农业综合开发土地治理项目工程建设所需物资和生产资料。

(8) 在农业综合开发项目投资上,凡是国家立项的农业综合开发项目投资,应纳入国家扶持农村集体固定资产投资计划,相应增加国家扶持农村集体固定资产投资规模。

(六) 农业综合开发的体制和机制

农业综合开发的体制,包括农业综合开发的综合治理、项目管理、资金管理、组织管理等方面的体制。农业综合开发的机制,包括农业综合开发的主体配合协作、项目实施管护、资金筹集投入、监督检查奖惩等机制。

1. 农业综合开发的综合治理体制。农业综合开发的核心是"综合",在综合上下功夫。这是指制定综合规划、综合利用资源、采取综合措施、进行综合治理、实行综合投入、取得综合效益的体制。

(1) 在制定综合规划上,按照国家发展农业和农村经济的政策要求,综合地区特点,集中连片,制定统一规划,确定开发规模和投资指标。

(2) 在综合利用资源上,在农业综合开发项目区内充分利用潜在的农业资源优势,重点提高土地产出率和收益率;同时创造条件,提高农业产品的转化率和增值率。

(3) 在综合开发治理上,按照流域规划,进行区域开发,对山水田林路综合治理,不采取单项治理措施,对制约本地农业和农村经济发展的因素,相应地采取工程、生物、农艺、机械、科技等综合配套措施。

(4) 在实行综合投入上,统筹安排资金、物资、科技、劳力等生产要素,全面提高综合投入水平。

(5) 在取得综合效益上,在取得经济效益的基础上,还要取得社会效益和生态效益。

2. 农业综合开发的项目管理体制。对农业综合开发项目工程建设,必须按项目管理,择优立项,按项目定投入;项目确立前要经过深入的考察评估,项目是否科学可行要经过有关专家评估论证;项目实施中要加强监督检查;项目竣工后要按标准严格进行验收;竣工后的项目要严格管护,确保长期发挥效益。

(1) 在项目选择上,选择那些投入少、产出多、见效快、贡献大的项目先行开发。项目自下而上申请,自上而下择优确定。不准搞"人情"照顾项目,更不准搞脱离农业综合开发指导思想和方针政策的"要钱"项目。

(2) 在项目确定上,划定明确的项目区域,并绘图定位。项目区域划定后,按治理措施计算投资额,资金跟着项目走,不准按部门分配资金,也不准将资金用于非项目区。

（3）在项目规模上，在安排项目区域上要突出重点，坚持集中连片，实行项目区域开发，发挥规模效益，防止分散化，避免战线拉得过长，做到搞一片成一片、巩固一片。

（4）在项目实施上，在项目工程建设上要坚持高起点、高标准、高质量，在施工过程中，健全管理制度，及时监督检查，一旦发现质量问题，要及时补救，限期返工。为了保证项目工程质量，要求层层签订责任合同书，实行目标管理责任制，采取有奖有罚的办法。

（5）在项目验收上，项目工程竣工后，要严格进行验收。凡是验收通过的项目，发给合格证书，不合格的项目要进行"补课"，缺什么补什么，什么时候达到标准，什么时候发给验收合格证书。

（6）在项目管护上，项目工程竣工后，要办理产权移交手续，严格执行管护制度，指定专职管护人员，明确管护责任，建立健全管护档案。

3. 农业综合开发的资金管理体制。农业综合开发的资金管理体制，主要是指农业综合开发资金的构成、用途、计划，农业综合开发财政资金的配套、使用、方式，农业综合开发财政有偿资金的来源、借用、回收，农业综合开发专项贷款的配套使用，农村集体和农民群众自筹资金筹措使用和其他资金引进等方面的管理体制。具体说明如下：

（1）农业综合开发资金的构成体制。农业综合开发资金是为改善农业基本生产经营建设条件，提高农业综合生产经营建设能力，而由国家批准农业综合开发项目工程建设所需要的各种资金。它主要是由中央财政投入的资金、地方财政投入的资金、农业银行专项贷款、农村集体和农民群众自筹资金、国有农业企业资金，以及经过法定手续筹措的其他资金构成的。这种资金必须达到投入与效益、使用与管理的协调统一。

（2）农业综合开发资金的用途体制。农业综合开发资金用于改造中低产田、开垦宜农荒地，改善农业基本生产条件，发展农业产业化经营及龙头项目，带动农产品的系列开发。在国家农业综合开发资金中，中央财政投入的资金和地方财政投入的资金，以省为单位计算，70%以上用于改善农业基本生产条件，30%以下用于发展农业产业化经营及龙头项目，带动农产品的系列开发；农业银行专项贷款的安排，以省为单位控制，原则上30%用于改善农业基本生产条件，70%用于农业产业化经营及龙头项目，带动农产品的系列开发；农村集体和农民群众自筹的资金、国有农业企业自筹的资金，主要用于农业基础设施建设，也可以用于农业产业化经营及龙头项目，带动农产品的系列开发。

（3）农业综合开发资金的计划体制。各省、自治区、直辖市（含计划单列市）农业综合开发办公室和国务院有关部门编报的农业综合开发资金总计划，由国家农业综合开发办公室向有关部门提出意见，报国家农业综合开发联席会议审定；其中由农业银行专项贷款安排的专项贷款计划，由中国农业银行依据国家农业综合开发项目规划和国家农业信贷管理规定安排，在征求国家农业综合开发办公室意见后下达。

（4）农业综合开发资金的配套体制。这是指各级财政部门、农村集体和农民群众、农业银行共同用于农业综合开发工程建设的配套比例资金。一是农业综合开发财政配套财政资金，是由中央财政和地方财政配套投入资金组成的。中央财政与地方财政的配套投入资金比例，中央与各省原则上按1∶1配套，对少数地区可依地方财力状况另行规定；直辖市和计划单列市按1∶2配套。地方财政配套资金是指地方财政预算安排的资金。二是农村集体和农民群众配套的自筹资金。三是农业银行配套的专项贷款。这几方面都按相应的比例配套，都列入农业综合开发项目投资规模，统一安排使用。

①农业综合开发财政资金的使用范围。主要包括土地治理项目工程建设费、农业产业化经营及龙头项目工程建设费。在土地治理项目工程建设中主要包括：用于开垦宜农荒地、改造中低产田，购买机械和机械施工耗用的油料费。用于农田水利工程建设，新打、改造机电井及配套的井房、机泵、管带、出水池、蓄水池和节水措施所需的建设材料、设备、安装（含技工工资）、机械施工的补助费。用于排灌系配套工程，限于为国家确立的农业综合开发项目区服务、未列入基建计划的支渠以下渠道开挖、疏通、防渗及相应的桥涵闸等工程建设所需的材料、设备、安装（含技工工资）、机械施工费用。用于为水土保持兴修的坡改梯、坡瘠地改造等工程所需的材料费。用于农田造林工程补助费，包

括：建设和改造农田防护林、水源涵养林、水土保持林、速生丰产林、薪炭林的机械整地作业、种子、苗木费，以及苗圃灌溉设施材料、机具购置的补助。用于推广农业、林业、水利、气象等先进科技成果补助费，包括：在农业综合开发项目区内组织有关基层农林水科技人员进行技术培训所需讲义、资料等补助费，以及科技人员进行成果推广性试验、示范所必需的补助。用于培育优良品种补助费，包括：主要为农业综合开发项目区服务的种子、种禽、种苗的良种引进和繁育，以及良种基地的农田水利、种子晒场、仓库、精选加工设备等设施建设费。用于改良草场补助费，包括：改良草场所需灌溉设施、购买种子、机械作用油料的补助费，围栏设施建设的材料费。用于农业综合开发项目区所在乡（镇）的农、林、水技术服务站，在推广、服务中必须购置的小型仪器设备补助费。用于客土、秸秆还田、改良土壤、深翻土地的动力机械作业油料费，以及改良土壤而建设的绿肥种子基地补助费。用于修筑农业综合开发项目区内田间机耕路所需的机械作业油料费及需建设桥、涵的材料补助费。

在农业产业化经营及龙头项目中主要包括：用于农业产业化经营及龙头项目带动农产品系列开发投入的加工、保鲜、贮藏、营销等必要的设备，厂房、材料、技术组织措施费。用于农业综合开发项目工程建设期专项贷款投入部分贴息补助。

②农业综合开发财政资金的投入方式。农业综合开发财政资金采取无偿与有偿相结合的投入方式。无偿投入与有偿投入的比例，属于地方财政配套资金部分，由省级政府自定；属于中央财政资金，以省为单位计算，原则上无偿与有偿各占50%，对少数地区根据其经济情况另行规定。哪些项目使用财政有偿资金，由省级政府视有无直接经济效益及直接经济效益的程度确定。投入农业产业化经营及龙头项目带动农产品的系列开发，都应有偿使用，并收取年费率不超过3%的资金占用费。

（5）农业综合开发财政有偿资金的有偿体制。农业综合开发财政有偿资金的来源包括：中央和地方预算安排的财政有偿资金、回收后的财政有偿资金及其占用费、存款。为此，在农业综合开发财政有偿资金的借用、回收上，必须做到：

①农业综合开发财政有偿资金的借用规则。一是要贯彻国家农业综合开发的方针和政策；二是要坚持经济效益、社会效益与生态效益有机结合；三是要坚持谁受益，谁还款；四是要坚持回收后继续用于农业综合开发项目；五是要坚持统一政策，分级管理。

②农业综合开发财政有偿资金的借用条件。主要有：在中央或地方农业综合开发项目区内安排的土地治理项目和农业产业化经营及龙头项目；在全国各地农业综合开发项目区内，为农业综合开发项目服务的龙头项目；申请借用资金的项目，必须具有较好的经济效益、社会效益和生态效益有机统一的综合效益；申请借款的单位或经济实体要具有偿还资金的经济实力；地方各级农业综合开发办公室上报借用资金项目计划时，必须同时附有同级财政部门的偿还资金承诺书；国务院有关部门计划机构上报借用资金项目计划时，必须附有国务院有关部门财务机构的偿还资金承诺书。

③农业综合开发财政有偿资金的借用程序。对中央级财政有偿资金的借用，应由地方农业综合开发办公室或国务院有关部门计划司（局）编报项目投资计划，报国家农业综合开发联席会议审定后，批复下达农业综合开发项目投资计划，地方财政部门或国务院有关部门财务司（局），根据国家农业综合开发办公室批复的项目投资计划，直接向国家农业综合开发办公室办理借用资金合同后，由国家农业综合开发办公室通知委托的金融单位将资金拨入地方财政部门或国务院有关部门财务司（局）的开发专户，并严格实行逐级承借、统借统还的办法。

④农业综合开发财政有偿资金的借用范围。主要包括：为开垦宜农荒地和改造中低产田购置农业机械及配套机具、施工机械等设备费用和施工耗用油料费用；农田水利工程建设新打和改造机电井及配套设施所需的设备、材料、安装和机械施工费用，节水措施的材料和技工的费用；营造农田防护林、水土保持林、经济林的种子、苗木和机械作业费用，苗圃灌溉设施所需的材料、机具费用；在农业综合开发项目区推广农业、林业、水利新科技成果的费用，乡级农业、林业、水利服务站在推广服务中所必需的小型仪器设备费用；为农业综合开发项目区提供的种子、种禽、种畜、种苗的良种引进

和繁育，以及良种基地的农田水利、种子晒场、仓库、精选加工设备等设施建设费用；改良草场所需的灌溉设施、购买种子、材料和机械作业油料费用，围栏设施建设的材料费用；农业产业化经营及龙头项目工程建设所必需的设备、厂房、材料、技术组织措施等费用。要严格控制农业综合开发财政有偿资金的借用范围，不准直接或间接用于股票、证券、期货、房地产等投机性项目；不准用于公司的资本金；不准用于修建楼、堂、馆、所；不准用于计划外基本建设项目。

⑤农业综合开发财政有偿资金的回收期限。这是指中央财政有偿资金的回收期限，借用于土地治理项目的资金，自合同生效之日起，第四年开始回收，每年偿还25%，第七年全部还清；借用于农业产业化经营项目的资金，自合同生效之日起，第四年开始回收，每年偿还50%，第五年全部还清；借用于龙头项目的资金，自合同生效之日起，第三年开始回收，每年偿还50%，第四年全部还清。地方财政有偿资金的回收期限，原则上参照以上规定办理。

⑥农业综合开发财政有偿资金回收的奖励办法。对按期足额归还借用资金的地方财政部门、国务院有关部门财务机构，将补助适当数额的业务费，补助给地方财政部门和国务院有关部门财务机构的业务费，必须按业务费规定的用途使用。地方财政部门和国务院有关部门财务机构对下级的奖励要按国家规定执行。

⑦农业综合开发财政有偿资金回收的惩罚措施。对财政有偿资金逾期未还的地方财政部门、国务院有关部门财务机构，在原有占用费费率的基础上，加收10%的逾期占用费，逾期2~4个月的，缓拨（借）当年或下年度应拨（借）资金；逾期4个月以上的，从当年或下年度应拨（借）资金中扣回本金、占用费及逾期占用费。地方财政部门、国务院有关部门财务机构对下级惩罚要按照以上规定执行。

⑧农业综合开发财政有偿资金的回收日期。中央级财政有偿资金的回收日期为每个回收年份的11月30日。地方各级财政部门（包括设在财政部门内的农业综合开发机构，下同）在向下级确定中央财政有偿资金的回收日期时，可适当提前。地方各级财政有偿资金的回收日期，由省级财政部门在规定的回收年份内统一确定。

（6）农业综合开发专项贷款体制。农业综合开发专项贷款是与国家农业综合开发财政资金配套投入，实行专项管理，专款专用，到期回收的信贷资金。

农业综合开发专项贷款分为项目区贷款和重点项目贷款两部分。项目区贷款必须按照国家农业综合开发项目计划，投放在国家批准立项的农业综合开发项目区域内。重点项目贷款主要解决制约当地农业发展的"瓶颈"环节，重点支持农副产品加工增值和农业资源开发利用，原则上安排在农业综合开发项目区内，由当地农业综合开发办公室和农业银行因地制宜确定。农业综合开发专项贷款的30%，用于改造中低产田、开垦宜农荒地，改善农业基本生产条件；农业综合开发专项贷款的70%，用于符合贷款条件的经济实体进行农业产业化经营及龙头项目带动农产品的系列开发，包括种植业、养殖业、加工业等预测经济效益好的项目开发。农业综合开发专项贷款，由中国农业银行负责组织发放和管理。农业综合开发专项贷款要与农业综合开发财政资金统筹安排，专项使用，并实行项目管理。

（7）农村集体和农民群众自筹资金体制。农村集体和农民群众自筹资金是指农村集体经济组织和农民群众投入农业综合开发项目工程建设的资金或实物、劳务折价。这种资金是本着自觉自愿的原则组织筹集的。对农村集体和农民群众自筹资金，凡是由乡（镇）集中使用的，应由乡（镇）财政所负责管理。乡财政所要指定专人，建立账簿，逐笔登记，并对筹资者出具收据。资金的使用，要有正式凭证，年终要编制资金收支对照表，上报县农业综合开发办公室和财政局审查备案。

（8）其他资金筹措体制。地方各级政府通过其他资金渠道，筹措用于国家农业综合开发项目的资金，可并入农业综合开发项目总投资统一安排使用。国有农业企业自筹资金和引进资金，在上级主管部门和财政部门监督下，由企业自行管理。

4. 农业综合开发的组织管理理体制。它是在各级党委、政府组织领导下，建立和实行以农民群众主力军为依托，有关部门通力合作的组织管理体制。

（1）农业综合开发的主力军组织管理体制。农业综合开发实质是农民群众的事业，农民群众是农业综合开发的主力军，因而应动员农民群众直接参与管理，自觉自愿地成为投资主体，国家实行"民办公助"的政策。在各地区农业综合开发项目工程建设中，把国家扶持的资金当作"引子"，哪里资源潜力大，农民群众积极性高，自力更生精神强，积极投资投劳搞开发，国家就扶持哪里。为了调动农民群众开发的积极性，除了广泛向农民群众宣传农业综合开发的重要意义，抓好开发示范以外，进一步制定和落实一些鼓励农民群众搞开发的优惠政策：引入竞争机制，实行招标承包等，激发农民群众投资投劳的积极性，充分发挥农民群众主体的作用。现在，各地区农民群众参加农业综合开发项目生产建设积极性很高，许多地方政府在组织开展农业综合开发的"中央工程"建设基础上，还涌现出一批农业综合开发的"地方工程""农民工程"。

（2）农业综合开发的通力合作组织管理体制。在统一领导、统一规划的前提下，农口有关部门积极参与，要同心同德，共同形成合力，共同开发。农业部门负责搞好土壤改良、培肥地力、良种繁育、科学种养、农机化服务。水利部门负责搞好项目区水利规划，把农田水利建设同骨干工程建设紧密结合起来，灌排设施配套完善，发挥整体效益。林业部门负责搞好农田防护林、水土保持林和水源涵养林建设，土地部门负责搞好国土整治、土地复垦工作。财政、银行部门负责筹措和管理监督资金、物资分配使用工作，确保农业综合开发各项任务的完成。

5. 农业综合开发主体投入与各方面投入的配合机制。这是指农业综合开发农民群众主体投入的机制，各有关部门扶持资金投入的配合机制。

（1）农业综合开发农民群众主体投入的机制。这是指在完善农业综合开发以农民为主体的机制上，一是对于确立的土地治理项目，要以农民要办为前提，充分尊重农民的意愿，采取民主的方法，多与农民商量，努力把一家一户农民想办但办不了、办不好的土地治理项目办实办好，让农民得到看得见、摸得着的利益；二是对于确立的农业产业化经营项目，要以能带动农民增加收入为前提，让更多的农民从中受益。凡是确立的农业产业化龙头和多种经营项目，都要更多地吸收农民工参与，增加农民的就业机会；三是凡是以农民为主体举办的土地治理项目和农业产业化经营项目，都必须实行公示制度，自觉接受项目区农民的监督。

（2）农业综合开发各有关部门扶持资金投入配合的机制。这是指在国家农业综合开发办公室与各有关部门对扶持农业和农村经济发展的各种资金科学规划、统筹安排、各有侧重、各尽其职、相互配合、合理使用、发挥综合效益的机制。例如，科学探索农业综合开发的中低产田改造、生态综合治理、中型灌区节水配套改造、产业化龙头和多种经营资金、扶持农村贫困开发资金、农业生态建设资金、山区林业建设资金、草原建设资金、小流域治理资金、水土保持资金、特大抗旱防汛资金、农田水利建设资金、粮食与经济作物基地建设资金、西部地区开发资金，农业科技示范园区建设资金、农业现代化示范园区建设等项资金科学规划、统筹安排、各有侧重、各尽其职相互配合、合理使用，发挥综合效益的机制。

6. 农业综合开发项目实施管护机制。这是指在完善农业综合开发项目实施管理维护机制上，推行农业综合开发的项目法人负责制、项目确立招标制、项目工程监理者。为此，必须相应组织落实以下两项机制：

（1）组织建立农业综合开发择优选项的机制：一是选择那些水土资源丰富、相对集中连片、开发潜力大、开发条件好的项目；二是选择有配套资金投资少、见效快、效益好的项目；三是选择能较快形成农业综合生产经营建设能力、增加社会产品有效供给、壮大农村经济实力、保障农民增收致富的项目；四是选择各级政府领导重视和支持，农民群众开发自觉性高的项目。特别对上述几项条件同时具备的地区和项目先行开发。

（2）组织建立农业综合开发项目效益监测的机制，健全农业综合开发项目建成后工程管护机制，明确农业综合开发项目产权主体和利益主体，以达到保障农业综合开发项目投入与产出的比较效益，确保农业综合开发项目工程长期发挥效益。

7. 农业综合开发资金筹集投入机制。包括：一是农业综合开发资金构成、用途、计划的机制；二是农业综合开发财政资金配套、使用的机制；三是农业综合开发财政有偿资金来源、借用、回收的机制；四是农业综合开发资金积累流动的机制；五是农业综合开发财政资金体系引导的机制；六是农业综合开发资金奖惩的机制；七是农业综合开发专项贷款配套使用的机制；八是农村集体和农民群众自筹资金筹措使用和其他资金引进等方面的机制。

（1）农业综合开发资金构成、用途的机制。这是指全国农业综合开发资金，是为加强农业基础设施建设，改善农业基本生产经营建设条件，提高农业综合生产能力，而由国家批准农业综合开发项目工程建设所需要的各种资金。它主要是由中央财政投入的资金、地方财政投入的资金、农业银行专项贷款、农村集体和农民群众自筹资金、国有农业企业的资金以及经过法定手续筹集投入的其他资金构成的。这种资金必须达到投入与效益、使用与管理的协调统一。它主要用于改造中低产田、开垦宜农荒地，改善农业基本生产条件，发展多种经营及龙头项目，带动农业产品的系列开发。

（2）农业综合开发财政资金配套使用的机制。全国农业综合开发财政资金，是由中央财政和地方财政配套投入的资金构成的。中央财政与地方财政的配套比例，中央与各省原则上按1∶1配套，地方财政配套资金是指地方财政预算安排的资金。它主要用于包括土地治理项目工程建设费、多种经营及龙头项目工程建设费。一是在土地治理项目工程建设费中主要包括：用于开垦宜农荒地、改造中低产田，购买机械和机械施工耗用的油料费；用于农田水利工程建设，新打、改造机电井及配套的井房、机泵、管带、出水池、蓄水池和节水措施所需的建设材料等的补助费；用于农田造林工程补助费；先进科技成果补助费；用于培育优良品种补助费；用于改良草场补助费。二是在多种经营及龙头项目工程建设费中主要包括：用于多种经营及龙头项目带动农产品系列开发投入的加工、保鲜、贮藏、营销等必要的设备、厂房、材料、技术组织措施费；用于农业综合开发项目工程建设期专项贷款投入部分贴息补助。它的投入方式，主要采取无偿与有偿相结合的投入方式。无偿投入与有偿投入的比例，原则上无偿与有偿各占50%。

（3）农业综合开发财政有偿资金来源、借用、回收的机制。农业综合开发项目资金的来源主要包括：中央和地方预算安排的财政有偿资金、回收后的财政有偿资金及其占用费、存款。它的借用原则主要是坚持社会效益、生态效益与经济效益相结合；要坚持谁受益，谁还款；要坚持回收后继续用于农业综合开发项目。它的借用条件主要有：在中央或地方农业综合开发项目区内安排的土地治理项目和多种经营及龙头项目；为农业综合开发项目服务的龙头项目；申请用款的项目必须具有较好的经济效益、社会效益和生态效益；申请借款的单位或经济实体要具有还款的经济实力。

（4）农业综合开发资金积累流动的机制。这是指在完善农业综合开发资金自行积累、滚动开发的机制上，一是对于国家安排土地治理项目的财政资金，总体上是属于国家对农民参加土地治理项目建设无偿补助的财政资金。但是在土地治理项目建成之后，对有一定经济效益的机电井、农田机械、排灌设备、运输车辆等单项设施、设备、工具，通过移交、拍卖、租赁、承包等方式，合理划定产权，将土地治理项目固定资产收益继续用于土地治理项目竣工后的工程管护和维修，或重新用于土地治理项目建设，确保这类项目工程长期发挥效益；二是对于国家安排农业产业化经营项目的财政资金，总体上是属于国家对农民参与农业产业化经营项目建设有偿支援的财政资金。提倡采取经营性开发的举措，将农业综合开发财政资金以投资参股形式投入产业化经营项目，逐步形成国有产业化资产运营收益资金，继续用于农业产业化经营项目竣工后的扩大再生产，或重新用于土地治理项目和农业产业化经营项目建设。特别明确规定，从2004年开始进行投资参股试点，今后要根据投资参股试点情况，逐步扩大投资参股试点的范围和比重。

（5）农业综合开发财政资金贴息引导的机制。这是指在完善农业综合开发财政资金的引导机制上，坚持以市场为导向，充分利用市场机制，发挥财政资金引导的作用，通过扩大财政贴息规模等方式，吸引银行资金、工商业资金、民众团体资金、国外资金投入农业综合开发项目，凡属于具有社会效益、生态效益，带动农民增收致富的农业综合项目，都可以给予补贴、贴息的引导和鼓励，以利于在全国各地区逐步形成全方位、多渠道、多途径地集中资金，投入农业综合开发项目建设上来。

（6）农业综合开发财政资金奖惩的机制。这是指在完善农业综合开发资金监督管理机制上，坚持遵循公正、公平、公开和优奖劣罚的原则，进一步完善财政资金分配的综合因素法。坚持执行农业综合开发资金专人管理、专账核算、专款专用的机制。同时，严格推行农业综合开发资金的县级报账机制，改进和完善农业综合开发财政有偿资金的委托放款方式。与组织领导工作绩效考核情况挂钩，既对组织领导工作绩效显著的农业综合开发办事机构表彰，又对先进的农业综合开发项目区加大投资力度。

（7）农业综合开发专项贷款配套使用的机制。它是与国家农业综合开发财政资金配套投入实行专项管理、专款专用、到期回收的信贷资金。农业综合开发专项贷款的30%，用于改造中低产田、开垦宜农荒地，改善农业基本生产条件；农业综合开发专项贷款的70%，用于符合贷款条件的经济实体进行多种经营及龙头项目带动农业产品的系列开发，农业综合开发专项贷款，由中国农业银行负责组织发放和管理。

（8）农村集体和农民群众自筹资金筹措使用和其他资金引进的机制。一是农业综合开发自筹资金。它是指农村集体经济组织和农民群众投入农业综合开发项目的资金或实物折价。这种资金是本着自觉自愿的原则组织筹集的；二是农业综合开发其他资金渠道。地方各级政府通过其他资金渠道，筹措用于国家农业综合开发项目的资金，可并入农业综合开发项目总投资统一安排使用；国有农业企业自筹资金和引进资金，在上级主管部门和财政部门监督下，由企业自行管理。

8. 农业综合开发监督检查奖惩的机制。农业综合开发监督检查奖惩的机制包括以下两项机制：

（1）农业综合开发监督检查的机制。这是指在健全农业综合开发项目和资金监督检查机制上，坚持对农业综合开发项目和资金的监督检查经常化、制度化、规范化。在加强日常检查的同时，做好中期检查、专项检查和项目竣工后检查。主动争取国家审计、检查、纪检等部门监督检查农业综合开发项目与资金管理工作。坚持公示农业综合开发的项目安排和资金使用情况，自觉接受社会各界和广大农民的监督检查。

（2）农业综合开发奖优罚劣的机制。这是指在完善农业综合开发奖优罚劣机制上，建立农业综合开发资金违纪违规处罚制度。对违纪违规问题，一定要严肃查处，坚决做到令行禁止、取信于民，并认真分析原因，采取针对性、可操作性强的应对措施。同时，要加强对各级农业综合开发办事机构工作绩效的考核，将农业综合开发项目与资金管理的绩效情况，作为考核办事机构工作的重要内容。

（七）农业综合开发的任务和要求

我国农业和农村经济发展进入新阶段以来，农业产品供求关系、农村劳动力就业格局和转移动因、农民收入增长主要来源、农村经济发展对城镇和国民经济的依赖、我国农业与世界农业的关联等情况，都发生了重大变化，因而农业和农村经济增长方式、运行机制和管理体制的转变，对农业综合开发提出了新任务和新要求。为此，必须科学确定农业综合开发的任务，要使农业综合开发适应社会主义市场经济和公共财政管理体制的要求，按照国家引导、配套投入、民办公助、滚动开发的方针，引入市场机制，利用市场手段，充分调动广大农民及社会各界参与农业综合开发的积极性，真正拓展以农民为主体、政府辅助和引导、社会各方面参与农业综合开发途径。为此，相应核定新阶段农业综合开发的任务和要求。

1. 农业综合开发的任务。农业综合开发是一项长期性的战略任务，要分期分批地、有计划地组织实施农业综合开发的五方面任务：一是择优立项、继承开发任务；二是因地制宜、综合治理任务；三是承前启后、科技推动任务；四是民办公助、配套投资任务；五是有偿使用、奖励投入任务；六是持续发展、综合效应任务。

（1）农业综合开发择优立项、继承开发任务。为此，必须坚持执行六项有机合一标准；一是选择开发水土资源丰富，集中连片、开发潜力大、治理条件好的项目；二是确立农业综合开发的投入与产出比较效益高、投资少、见效快、效益好的项目；三是评估农业综合开发，能较快形成农业综合生产能力、为城镇居民提供优质农业产品率高、对社会增加农业产品有效供给、对农村集体和国家增强经济实力、能促使农民群众增收致富的项目；四是核实各级党政领导重视和支持、地方各级财政配套资金能力强、基层干部和农民群众自觉自愿搞开发的项目；五是坚持在农业综合开发范围内，实行谁开发、谁利用、谁受益的法规制度；六是在一定时期内使用权不变，可以继承、依法有偿转让。

（2）农业综合开发因地制宜、综合治理任务。为此，必须坚持在农业综合开发土地治理上，一是要从全国各地实际情况出发，切实加强农业基础设施建设，因地制宜地开展农村山水林田路综合治理，改造中低产田和开垦宜农荒地，因地制宜地完善农田各项配套设施；二是要在全国各地农业资源利用上，从实际情况出发，因地制宜发展粮棉油肉糖等农业产品的生产，充分利用现有农业土地资源和农田水利基础设施，推进农林牧副渔各业全面发展；三是要在改善农业基本生产经营建设条件上，对不配套和老化失修的农田水利基础设施，要优先进行配套、修复和完善，缺什么、补什么，改善农业基本生产经营建设条件，以提高农林牧副渔各业产品生产供给能力。

（3）农业综合开发承前启后、科技推动任务。为此，一是要坚持承前启后接受任务，对申请确立的项目必须科学考察评估，对批准确定的项目必须认真组织实施，对已到期的项目要严格验收，验收合格后再确立新项目。二是要坚持先易后难落实任务，各地区农业综合开发任务繁重，必须本着先易后难的开发程序，加强领导，科学规划，合理布局，全面安排，先行试点，由点到面，分步组织，逐年落实。三是要坚持科技推动完成任务，在农业综合开发科技力度上，鼓励科技人员参加农业综合开发，对贡献突出的科技人员给予奖励。逐年加大科技资金投入力度，在"十三五"时期达到总投资额7%~10%。

（4）农业综合开发民办公助、配套投资任务。为此，一是要坚持科学确定民办公助的任务，必须对农业综合开发所需资金，采取多渠道、多层次、多方位筹集。按照现行政策，农业综合开发资金由财政资金、银行专项贷款、农村集体（企业）自筹资金和农民自筹资金及其他资金组成；二是要坚持加大农业综合开发多方运筹资金投入，确保资金及时足额安排落实，中央财政要逐年加大投资额，地方财政相应加大配套投资额，省级财政按中央财政投资额配套投入比例一般为1∶1，计划单列市为1∶2；三是地方各级政府支配的农业综合开发财政资金，必须保证安排用于国家确定的农业综合开发项目投资，不足部分由地方财政弥补；四是国家农业银行逐年增加农业综合开发专项贷款，必须做到有指标、有资金。在农业综合开发所需贷款上，对农业综合开发专项贷款，凡是属于土地治理项目的贷款，可根据受援者的经济情况，酌情给予一定的贴息；五是农村集体和农民群众自觉自愿筹集的资金，必须及时足额落实；六是各地区拓宽资金渠道，采用合法形式引进资金，增加资金及时到位，全面加强资金管理和监督。

（5）农业综合开发资金有偿使用、奖励投入任务。为此，一是凡投入农业综合开发经营性项目的财政资金，必须实行有偿使用的制度，回收的资金继续投入农业综合开发项目。到期收回的银行专项贷款，也要继续用于农业综合开发项目；二是在农业综合开发财政投入上，建立激励竞争制度，实行奖优罚劣、投资配套、有借有还、滚动投入；三是在农业综合开发项目投资上，凡是国家立项的农业综合开发项目投资，应纳入国家扶持农村集体固定资产投资计划，相应增加国家扶持农村集体固定资产投资规模；四是在农业综合开发物资供应上，优先供应农业综合开发土地治理项目工程建设所需物资和生产资料。

（6）农业综合开发持续发展、综合效益任务。为此，一是农业综合开发规模经营任务，要对新开垦的宜农荒地和新建果园、林场、牧场等，一开始就要集中连片，形成规模，进行规模经营，提高机械化作业水平，提高产业化经营水平；二是农业综合开发持续发展任务，要坚持科学开发农业资源，保护利用农业资源，保护改善农业生态环境，综合治理制约农业生产发展的诸多不利因素，优化组合先进生产因素，保障农林牧副渔各业可持续发展；三是坚持农业综合开发科学利用资源任务，要坚持谁开发、谁利用、谁受益，在一定时期内使用权不变，可以继承，依法有偿转让；四是坚持农业综合开发财政投入，实行激励机制，不搞投资基数法、对项目承包上，实行招标竞争制度，对所需贷款，实行重点贴息制度，对物质供应，实行优先供应制度，在组织实施上，实行奖罚制度；五是坚持农业综合开发综合效益任务，要遵循价值规律，以市场为导向，以取得综合效益为目标，即以取得经济效益、社会效益和生态效益三者兼顾为目标，大力发展区域化、专业化、高效益的农业生产经营建设。

2. 农业综合开发项目管理要求。农业综合开发项目的管理要求，主要是指农业综合开发项目的内容、周期、层次、建议、报批、计划、标准、实施、考核、验收、管护等方面管理要求。具体说明如下：

（1）掌握农业综合开发项目的内容。包括土地治理项目和农业现代产业化经营项目。

①土地治理项目的内容主要包含：一是水利工程建设中的小型水库、排灌渠系、排灌站、机电井、农电线路、地下排灌管道等工程建设；二是农业工程建设中的平整土地、改良土壤、农田道路、良种推广、晒场仓库等工程建设；三是林业工程建设中的营造农田水土保持林、防风固沙的防护林、苗圃等工程建设；四是草原草场工程建设中的围栏草场、改良草场、井灌草场、青贮池窖等工程建设；五是农业机械工程建设中的挖掘机械、平整机械、翻耕机械、植保机械、收获机械、运输机械、农产品加工机械等设备；六是科技工程建设中的农林牧副渔各业生产建设所需的先进适用科学技术推广，当前重点推广科学节约用水、改良土壤、精施肥料、选育良种等先进适用科学技术。

②农业现代产业化经营项目的内容主要包含：一是农业的蔬菜工程建设中的蔬菜温室、大棚、冷库、保鲜、加工基础设施、排灌水利设施、蔬菜良种繁育推广等；二是林业的林果茶桑等工程建设中的土地平整、改良、排灌水利设施、苗木种植栽培等；三是牧业的畜禽养殖工程建设中的畜禽房舍、饲料加工、畜禽良种繁育推广等；四是渔业的水产养殖工程建设中的养殖基地、温室、繁育水产种苗等；五是农林牧副渔各业产品加工及服务工程建设中的加工厂房、机械设备、仓库、冷库、棚房、货架、交易用房等。

（2）要履行农业综合开发项目的周期。农业综合开发项目的周期分为以下五个阶段：

①项目选择。即在经过项目考察、编制项目可行性研究报告后，提出申请项目建议书的基础上进行初步筛选。项目选择的程序：一是自下而上申请，二是自上而下筛选。

②项目准备。即对初步筛选的项目进行评估论证，作出项目评估论证评定，并组织项目扩初设计。

③项目实施。即将选定的项目逐级审查上报批准，对经国家批准后的项目，由建设单位按照上级批准的扩初设计进行施工，并严格按照设计图纸施工。

④项目验收。即对按上级批准的项目工程建设期限完工后的项目，严格组织检查验收。

⑤项目管护。即对检查验收合格的项目，制定和执行管护制度，使其发挥长久效益。

（3）要遵循农业综合开发项目的层次。农业综合开发项目分为三个层次：一层是总项目，即省级农业综合开发办公室和国务院有关部门，向国家农业综合开发办公室申报、审批后，负责组织项目工程建设；二层是分项目，即地（市）、县和国务院有关部门所属二级机构向省级农业综合开发办公室申报、审批后，负责组织项目工程建设；三层是子项目，即建设单位向地（市）、县、国务院有关部门所属二级机构申报、审批后，负责实施的项目工程建设。

（4）要提出农业综合开发项目的建议。农业综合开发项目建议的内容，主要有两方面：

①土地治理项目建议书的主要内容包括：一是土地治理项目的背景，即土地治理项目的自然、社会、经济等现状；二是土地治理项目的必要性和可行性；三是土地治理项目的工程建设范围、地点、规模；四是土地治理项目的工程量和工作量；五是土地治理项目所需资金估算及其来源；六是土地治理项目工程建成后新增生产能力和综合效益的预测和分析；七是土地治理项目工程建设的组织领导和措施办法。

②农业现代产业化经营项目建议书的主要内容：一是农业现代产业化经营项目的现状和开发的资源、技术、市场条件；二是农业现代产业化经营项目的工程建设规模、主要工程、技术措施；三是农业现代产业化经营项目所需资金估算及其来源；四是农业现代产业化经营项目工程建成后的经济效益、资产负债、偿还能力的预测和分析。

（5）要严格农业综合开发项目的审批。农业综合开发项目的报批程序：

①各地区、各单位申请的项目，必须经过项目可行性考察研究确认后，以项目建议书的形式逐级上报，由省级和国务院有关部门农业综合开发办公室进行初选，并通知入选项目的地区、单位进行评估论证，提出项目的评估论证结论报告。

②省级农业综合开发办公室在择优筛选的基础上，按照国家下达的投资控制额度汇总编制省的总项目开发任务和投资计划，上报国家农业综合开发办公室，同时抄报国务院有关部门。由国家农业综合开发办公室召集国务院有关部门共同审查，提出意见，报国家农业综合开发联席会议审定。

③国家农业综合开发项目的审批，就是在国家投资可能的前提下，择优选项，按项目定投资，选定的若干项目相加，即为每个省级和国务院有关部门的开发任务和投资规模，对未选入的项目，存入项目库。

（6）要编制农业综合开发项目的计划。地方各级政府要组织有关部门，依据当地的农业资源优势，进行统一规划，制定年度计划和阶段性的方案。在制定农业综合开发项目规划时，必须有以下七方面内容：

①区域现状。包括：一是项目区所属行政县、乡（镇）、村数，总人口、农业人口、农户、农业劳动力及构成；二是总土地面积、耕地面积、社会总产值、农业总产值、农村人均收入；三是农业生产现状、种植结构、产量等。

②自然条件。包括：一是河流水系、总量、地下水和地表水的贮量、可利用量和已利用量；二是地理位置、地势地貌、土壤类型、土地面积、人均占有土地面积、各种土地资源；三是气候资源、平均气温、年降水量、日照时数、无霜期、有效积温。

③障碍因素。对确立项目区域造成农业资源不能充分利用的原因，要从自然与社会、主观与客观，以及人力、物力、财力等方面分析障碍因素，以提出综合治理方案。

④指导方针。即对确立项目区域开发之后，必须遵循的指导方针、政策和规章制度、实施细则。

⑤任务指标。以改造中低产田为主，适量开垦宜农荒地，还包括各项基础设施工程建设、粮棉油肉糖等农产品增产量、农民群众增收、综合效益任务指标。

⑥投资规模。按农业综合开发的任务和投资总额，计算土地治理项目和农业现代产业化经营及龙头项目的任务和投资额，以及这两类项目各占投资总额的比例。

⑦综合措施。农业综合开发的综合措施，既包括工程、机械、生物、科技等配套措施，又包括组织管理、项目管理、资金管理、科技管理和监督检查等方面措施。

（7）要控制农业综合开发项目的标准。这主要是指农业综合开发土地治理项目工程建设标准。这个标准是参照农业、林业、水利等部门有关技术规范和工程建设规程制定的，是实现政府项目投资目标，达到预期效益的标准。凡国家立项投资的农业综合开发项目区，必须按照国家制定的农业综合开发土地治理工程建设标准要求进行设计、建设和验收。

国家农业综合开发土地治理项目工程建设标准，主要有以下十项：

①综合治理标准。要在农业综合开发土地治理项目区内，制约农业和农村经济发展的主要障碍因素基本排除，科技服务体系健全，生态环境明显改善，改造的中低产田的单位面积产量在二年内达到当地的高产水平。在这个基础上，做到：一是项目区内的耕地、水面得到有效利用；二是平原项目区达到田成方、林成网、渠相通、路相连，实现园田化；三是丘陵项目区的坡耕地实现梯田化，工程建设不留"尾巴"；四是项目区及主要工程建筑物设立永久性标志；五是项目区工程管护制度和管护组织健全，各项工程设施保存完好，能长期发挥效益。

②灌溉渠道标准。要在农业综合开发项目区内做到：一是灌溉渠道保证率一般不低于75%，双季稻产区及粮食高产区不低于85%，缺水地区不低于60%；二是灌溉渠道做到地下水资源可靠，利用合理，提灌站的机泵设备及输变电工程相互配套，综合装置效率达到有关颁布标准。改造电灌站综合装置效率达到65%；三是引水渠道、工程渠道及附属建筑物形成整体，相互配套，达到设计标准。支、斗、农渠配套畅通，桥、涵、闸等建筑物配套运行正常。干旱半干旱、缺水、渗漏严重的地区，斗、农渠衬砌硬化或采用管道输水；四是推行先进节水措施，防止大水漫灌和土壤盐碱化。

③排涝渠道标准。要在农业综合开发项目区内做到：一是排涝渠道标准不低于5~10年一遇，主要建筑物设计不低于10年一遇；二是排涝渠道设施配套畅通，排水有出路，断面及坡度设计合理，桥涵闸等建筑物配套。

④农田改良标准。要在农业综合开发项目区内做到：农田的土壤深翻、地表平整；每年每公顷农田施农家肥30吨以上，秸秆还田率不低于30%。南方项目区稻田大力种植绿肥，北方项目区粮田种植肥田作物或绿肥。玉米主产项目区要积极推广秸秆过腹还田，通过农田土壤改良措施，促使农田土壤有机质含量提高2个百分点以上。

⑤溃害田改造标准。要在农业综合开发项目区内做到：一是对项目区的溃害田改造后，具备配套的排溃沟系统，主支沟用石砌明沟或砼暗管。二是治理后的溃害田，在正常降雨条件下，地表不积水；三是三日暴雨后，丘陵地区不淹田，平原及沿湖河圩田三日内排除积水；四是非水稻农田控制常年地下水位在60厘米以下，砂姜黑土地下水位降到1米以下。

⑥盐碱田改造标准。要在农业综合开发项目区内做到：盐碱地改造要求建立完善的排灌系统，做到排灌分开，地下水位降到农作物生长的临界深度（2米）以下，土壤盐分基本排除，在返盐盛期，0~20厘米表土层含盐量降至0.2~0.3克/升。

⑦瘠薄田改造标准。要在农业综合开发项目区内做到：瘠薄地改造，要求客土加厚土层，使耕作层达到30厘米以上，河滩地引洪淤地，砂姜黑土或土壤中卵石多的要清除砂姜卵石，并掺黏土。

⑧田间工程标准。要在农业综合开发项目区内做到：一是农田末级固定沟渠范围内的田间灌渠、排水沟及附属建筑物配套，河、库灌区田间灌渠、排水沟及引水、出水口等建筑物配套，井灌区机电井布局合理，机泵、井台、出水池、渠道、10千伏以下输电线路及节水设施配套；二是改造后的中低产田、新开垦的宜农荒地做到地面平整，符合灌溉需要，旱地也要尽量平整，10度以上坡耕地修筑成梯田，地面平整，土壤活土层厚度不小于30厘米，农田面宽度不小于5米，农田埂稳定牢固，有排水沟、泄洪沟，达到防洪标准，防止水土流失；三是农田间道路（机耕道、便道）的密度和宽度合理平原地区道路通直，丘陵地区也要尽量通直，机耕道路平整，有条件的地方铺沙（石）或炉渣，农业机械能进入田间作业，运输方便。

⑨农田技术标准。要在农业综合开发项目区内做到：一是能自繁良种，建立与所需良种相适应面积的繁育基地，保证覆盖率达到95%以上；二是农田机械作业水平在原基础上有较大提高，平原项目区主要作业基本实现机械化；三是能全面推广作物栽培、节水灌溉、造林、养殖、病虫防治、施肥、除草等先进适用技术，提高科学技术在增产中的作用；四是能对基层干部、农民技术员和科技示范户进行先进适用技术培训3~4次，每个行政村有3~5名技术骨干，每10户有1户科技示范户，每户有1人掌握先进适用技术。对从事种植业、养殖业等农业生产的农民群众培训3~4次，全面掌握先进适用技术。

⑩农田防护林标准。要在农业综合开发项目区内做到：一是当年造林成活率和三年后的保存率达到85%以上，林相整齐，结构合理，林木覆盖率达到林业部门规定标准；二是农田防护林网网格面积20公顷，最大不超过30公顷；人少地多、以机械化作业为主的地区，林网网格面积不超过70公顷；严重风蚀地带还要适当减少林网网格面积；三是农田间零星小片（10公顷以下）空闲地、沙荒地、盐碱地营造经济林或其他林种；四是农田主要灌溉渠道和道路两侧能植树的都要植树。

（8）要组织农业综合开发项目的实施。在农业综合开发项目区的项目工程建设中，必须组织实施以下五项职责：

①要严格执行农业综合开发总项目计划、项目工程扩充设计。凡经国家农业综合开发办公室批准的总项目，省级农业综合开发办公室必须按照批准的总项目计划、项目工程扩初设计和设计图纸组织项目工程建设，不得擅自变更项目工程建设地点、规模、标准和建设内容。建设单位如因特殊情况确需变动时，必须经省级综合开发办公室同意，报国家农业综合开发办公室批准。省级农业综合开发办公室应将全省各项目的年度实施计划汇总后，上报国家农业综合开发办公室备案。

②要正确核定农业综合开发总项目开发任务和投资规模。国家农业综合开发办公室要正确核定总项目开发任务和投资规模。省级农业综合开发办公室必须根据核定的总项目开发任务和投资规模，分别核定分项目其开发任务和投资规模，建设单位要按照上级农业综合开发办公室核定后的总项目或分项目、子项目开发任务和投资规模，组织实施项目工程建设。

③要落实农业综合开发项目工程建设招标承包责任制。农业综合开发项目工程是以国家投资为导向、农民群众投资为主体建设的。为此，必须认真落实农业综合开发项目工程建设招标承包责任制，从严控制标底，切实做到维护农民群众的利益，使农民群众真正受益。要督促检查有关主管部门所属的勘察设计单位和施工队为农业综合开发项目工程建设提供优质服务。建设单位必须把好农业综合开发项目工程建设质量关，对不符合农业综合开发项目工程质量标准的建设单位，必须追究项目工程建设单位负责人的责任，从严惩处。

④达到国家农业综合开发项目工程建设的要求。各地区政府、有关部门必须坚持按照国家提出"综合治理与开发利用并重""骨干工程与田间工程并重"，以及经济效益、社会效益和生态效益有机统一的要求，保证农业综合开发项目工程建设标准，不准留下尾巴，不准有投资缺口，保质保量地完成农业综合开发项目工程建设任务。

⑤要加强国家农业综合开发项目工程各环节管理。凡有长期农业综合开发项目工程建设任务的地区、部门，都必须设立主管农业综合开发人员管理机构，建立健全农业综合开发项目的计划、资金、施工、档案等各项管理规章制度，切实加强农业综合开发项目工程各环节的管理。国家农业综合开发办公室负责领导开展全国各地区农业综合开发项目工程建设工作，督促指导各级农业综合开发办公室和国务院有关部门组织实施农业综合开发项目工程建设工作。

（9）要坚持农业综合开发项目的考核。要按照农业综合开发项目的内容，确定农业综合开发项目的效益考核指标，主要包括以下两方面：

①对土地治理项目的效益考核指标规定为：一是粮棉油肉糖等农产品新增生产能力指标；二是农林牧副渔各业产值增加指标；三是农民群众人均纯收入增加指标。

②对农业产业化经营及龙头项目的效益考核指标规定为：一是连接农户的户数及比例；二是当地农户提供农业产业化经营及龙头产品的比重及商品率；三是资金利税率；四是信贷资金按规定实际偿还的比例。

（10）要开展农业综合开发项目的验收。农业综合开发项目工程竣工后，要认真组织有关专家检查验收。农业综合开发项目验收的主要内容包括：一是否按国家批复的农业综合开发总项目开发任务和投资计划的数额完成；二是否符合国家批准农业综合开发项目工程设计的要求，是否达到规定的标准；三是否按国家规定及时足额落实地方配套农业综合开发资金；四是否符合国家规定安排使用农业综合开发资金，有无违纪问题；五是否落实农业综合开发财政有偿资金和农业银行专项贷款；六是否达到国家批准的农业综合开发项目计划确定的综合效益指标。

（11）要加强农业综合开发项目的管护。农业综合开发项目工程建成后，要及时办理移交手续，明确管护主体，严加管护，保证长期运转，发挥效益。当地县、乡政府和主管部门要建立农业综合开发项目工程管护责任制度，认真落实管护措施，凡属国家立项改造过的中低产田、开垦好的宜农荒地、营造好的防护林、建设成的沙区绿洲的农业用地，必须依照国家法规进行保护，法定列入农田保护区，不准征用或占用。如国家重点项目工程需要征用，必须报经省政府批准，偿还原来农业综合开发的投资。

（八）农业综合开发管理的方式和方法

我国农业综合开发在实践中摸索出一套区别于传统常规农业的管理方式和方法。我国农业综合开发管理的方式和方法为传统常规农业生产经营建设管理的方式和方法注入了新的生机和活力，打破了传统常规农业生产经营建设的零星分散管理的方式和方法，在农业综合开发实践中，摸索出一系列农业现代产业化生产经营建设管理的方式和方法，它具有一套区别于传统常规农业的社会化、规模化、现代化、市场化、城乡一体化管理的方式和方法。

1. 农业综合开发管理的方式。农业综合开发管理的方式是指综合治理，而综合治理方式的核心是"综合"。这就是制定综合规划，综合利用资源，采取综合措施，进行综合治理，实行综合投入，取得综合效益。也就是说，要从各个方面、各个角度来全盘规划，统筹安排，合理布局，既要充分利用现有耕地资源，坚持以改造中低产田为主，提高农业综合生产能力，又要科学扩展耕地资源，适量开垦宜农荒地，增强农业可持续发展能力。这一点对常规农业来说，是做不到的。

农业综合开发管理的方式，具体地说，凡是国家确立的农业综合开发项目区，一是在制定综合规划上，按照国家发展农业的政策要求，结合地区特点，集中连片，制定统一规划，确定开发规模和投资指标；二是在综合利用资源上，充分利用潜在的农业资源优势，重点提高土地产出率和收益率；同时创造条件，提高农产品的转化率和增值率；三是在土地开发治理上，针对制约本地农业发展的因素，有针对性地采取工程、机械、生物、科技相结合的综合措施；四是在土地开发规模上，要坚持按区域，建立集中连片、形成规模，集中人力、物力、财力打歼灭战，开发一片，见效一片，巩固一片。以县为单位，每年确定土地治理项目不少于1500公顷；五是在土地开发标准上，切实达到田成方、树成行、渠相连、路相通开发的要求，实现高起点、高标准、高质量、高科技、高产出、高效益、高贡献、高导向的标准；六是在进行综合治理上，按照流域规划，进行区域开发，对山水田林路综合治理，不搞单打一；七是在治理模式上，要因地制宜，不强求统一；八是在实行综合投入上，统筹安排资金、物资、科技、劳力等生产要素，全面提高综合投入水平；九是在取得综合效益上，在取得经济效益的基础上、还要取得社会效益和生态效益。

2. 农业综合开发管理的方法。在上述农业综合开发管理的方式的基础上，相应地采取项目管理、资金管理、配合管理、群众管理和科技管理等基本方法。

（1）项目管理方法。对农业综合开发项目，必须按项目管理程序，择优立项，按项目组织开发；项目申报前，要深入考察研究，项目是否科学可行；项目申报后，要经过农业、林业、水利等有关部门的专家评估论证；论证确认的项目申报审批，批准的项目组织施工设计，项目实施中要加强监督检查；项目竣工后，还要组织专家进行严格验收，验收合格后，发验收合格证，合格以后才准予确立新的开发项目，验收合格的项目要严格管护，发挥长久效益。为此，必须在项目管理上，采取以下六种方法：

①在项目选择上，要优先选择那些投入少、产出多、见效快、贡献大的项目开发。项目自下而上申请项目，自上而下择优确定项目；不准搞人情照顾项目，更不准搞脱离农业综合开发指导思想和方针政策的"要钱"项目。

②在项目确定上，要划定明确的项目区域，并绘图定位。要在项目区域划定按综合治理措施计算投资额，资金跟着项目走，不准按部门分配资金，也不准将资金用于非开发项目。

③在项目规模上，要因地制宜地扩大项目工程建设规模，在安排项目区域上要突破重点，坚持集中连片，实行项目区域开发，发挥规模效益，防止分散化，避免战线拉得过长，做到建设一片，成功一片，巩固一片。

④在项目实施上，要始终坚持项目工程建设的高起点、高标准、高质量；要健全项目工程实施规章管理制度，及时督促检查，一旦发现质量问题，要及时补救，限期返工。为了保证项目工程质量，

要求层层签订项目工程实施责任合同书，实行目标管理责任制，采取有奖有罚的办法。

⑤在项目验收上，项目工程竣工后，要严格进行验收。凡是验收通过的项目，发给合格证书，不合格的项目要进行补课，缺什么补什么，什么时候达到标准，什么时候发给验收合格证书。

⑥在项目管护上，项目工程竣工后，要办理产权移交手续，制定管护制度，指定专职管护人员，明确管护责任，建立管护档案。

（2）资金管理方法。对农业综合开发资金，必须多渠道运筹，加大资金投入，促进资金及时足额到位，全面加强资金管理和监督。为了确保资金及时足额安排落实，从中央到地方采取了以下六种方法：

①逐年加大中央财政的投资额。中央财政投资绝大部分是中央财政预算安排的，少数部分为农业综合开发财政有偿回收资金。

②地方财政按中央财政投资额配套投入，各省财政投资配套比例一般为1：1，计划单列市为1：2。

③地方各级支配的农业综合开发财政资金，必须保证安排用于国家确定的农业综合开发项目工程建设，不足部分资金由地方财政弥补。

④国家农业银行逐年增加专项贷款，做到有指标有资金。

⑤农村集体和农民群众自觉自愿筹集资金，必须及时足额落实。

⑥各地区要拓宽资金渠道，采用合法形式引进资金，增加资金投入力度。

（3）配合管理方法。对农业综合开发事业，必须在统一领导、统一规划的前提下，有关部门积极参与，共同形成合力，各司其职，各负其责，紧密配合，围绕农业综合开发总目标，同心协力开发。为此，一是农业部门搞好种植、养殖业生产经营等方面服务，把综合开发农业和常规传统农业相辅相成结合起来；二是水利部门搞好水利规划，把农田水利建设同骨干工程建设紧密结合起来，配套完善，使其发挥整体效益；三是林业部门搞好农田防护林、水土保持林和水源涵养林建设；四是国土部门参加国土整治、土地复垦等项管理工作；五是财政、银行和物资部门积极筹措资金、物资，确保农业综合开发项目工程建设任务的完成。总之，农业综合开发项目工程建设必须靠合力，靠单打一的做法是不行的。这就是以各级农业综合开发办公室为龙头单位，要带动各有关部门同心同德、齐心协力参加项目工程建设。在各级党委、政府的统一领导下，争取财政、农业、林业、水利、气象、土地、银行、供销等有关部门共同参与，各司其职，各负其责，密切配合，围绕农业综合开发这个总目标，形成合力，共同搞好农业综合开发项目工程建设。

（4）群众管理方法。农业综合开发实质是农民群众的事业，农民群众是农业综合开发项目工程建设投资的主体。必须加强对农民宣传教育，深入动员农民群众自觉参加农业综合开发项目工程建设，国家采取"民办公助"的群众管理方法。在各地区农业综合开发项目工程建设中，把国家扶持的资金当作"引子"，哪里资源潜力大，农民群众积极性高，自力更生精神强，积极投资投劳搞开发，政府就扶持哪里。为了调动农民群众开发的积极性，大多数地区政府制定了一些鼓励农民群众参加农业综合项目工程建设的优惠政策，实行了制约、竞争、招标、承包等机制，激发了农民群众投资投劳的自觉性，充分发挥了农民群众主力军的作用。现在，各地区农民群众自觉自愿地投入农业综合开发项目工程建设，已涌现出一批"地方工程""农民工程"。

（5）科技管理方法。对农业综合开发项目区内基础设施建设、产业化经营，必须采取先进科技管理方法，一是在改变农业基本生产条件上，推广应用科学节约用水、科学改良土壤、科学施用肥料、科学繁育良种、科学种植与养殖等方面技术；二是在推广农业产业化经营上，推广应用种养加连锁技术、产供销一条龙技术、农工贸一体化经营技术；三是在组织开展农业综合开发事业上，树立科学发展观，加强科学领导，提高科学决策水平。

（九）农业综合开发的成效和经验

农业综合开发在1988年至2019年的历程中，是逐步向开发的广度、深度前进的。从全国来说，农业综合开发的项目区域越来越宽，项目种类越来越多，项目金额越来越大，项目工程质量越来越高，项目与资金管理越来越严，综合效益越来越好。国家从 1988 年组织开展农业综合开发以来，为我国农业和农村经济发展注入了新的生机和活力，摆脱了全国农业和农村经济发展及农民群众生活改善面临的严峻形势，扭转了粮棉油肉糖等农林牧渔各业产品生产发展和社会有效供应徘徊不前的局面，突破了传统常规的农业生产经营建设方式，全面采取制定实行综合开发规划、综合利用资源、综合治理途径、综合配套资金投入、取得综合效益的方式，改善了农业基本生产经营建设条件，提高了农业综合生产经营建设能力，增加了社会农林牧渔各业产品有效供给，促进了农民群众增收致富，壮大了国家和农村的经济实力，保障了农业和农村经济持续发展，开辟了农业现代化、工业化、信息化、城镇化同步前进的新路子，在我国农业和农村经济、城乡一体化经济发展史上，积累了成功经验，产生了深远的影响。

1. 农业综合开发的显著成效。从 1988 年以来，国家组织开展的农业综合开发取得了显著成效，农业综合开发的实践证明，从黄淮海平原、三江平原和松辽平原到长江中下游平原，乃至全国各个流域，都有计划、有组织、分期分批地开展了农业综合开发，取得了显著成效。从全国来看，农业综合开发的区域越来越广，投资的规模越来越大，开发的范围越来越宽，开发的效益越来越好，主要体现在以下九个方面成效：

（1）加强了农业基础设施建设。1988 年以来，全国累计新建和扩建了小型水库 14531 座，库容 129 亿立方米，开挖灌排渠道 206 万公里，修建灌排站 18.7 万座，打机电井 246 万眼，架设农电线路 96.4 万公里，增加大中型农机具 121 万台（套）。全国农业综合开发项目区增加了农田面积，提高了农田利用率，平整了耕地、改良了土壤、培育了地力，累计开垦了宜农荒地 931 万公顷，改造了中低产田 4354 万公顷，累计建成了灌排配套、旱涝保收的农田 4151 万公顷，其中包含改良土壤、培肥地力的农田 2618 万公顷；累计建成了"田成方、树成行、渠相通、路相连、旱能灌、涝能排"的规范化高产稳产农田 2334 万公顷；累计建成了一批"高产、优质、高效"的亩产千公斤粮、亩收千元钱的标准化"双千"农田 1356 万公顷。截止到 2016 年，农业综合开发累计投入农业基础设施建设方面的资金达 2435 亿元，占农业综合开发资金总额 7813 亿元的 31.2%。

（2）提高了农业综合生产能力。较大幅度地提高了粮棉油肉糖等农产品产量，增加了社会农业产品的有效供给，丰富了城乡人民的"米袋子""菜篮子"。从全国看，到 2017 年底，全国农业综合开发项目区累计新增农业综合生产能力是：粮食 11968 万吨，棉花 217 万吨，油料 588 万吨，肉类 744 万吨，糖料 3059 万吨、蛋 127 万吨、奶 412 万吨、鱼类 257 万吨、蔬菜 7422 万吨、果品 943 万吨，氨化秸秆 10537 万吨、青贮饲草料 1664 万吨、干草 390 万吨，全国农业综合开发项目区粮食增产量已占同期全国粮食增产量的 40%。从各地农业综合开发项目区改造好的农田的产出率来看，每改造 1 公顷中低产田，平均每公顷增长粮食生产能力为 3 吨，每开垦 1 公顷宜农荒地，平均每公顷增长粮食生产能力为 6 吨。再从改造好的农田收益率看，改造中低产田平均每公顷投资 5056 元，平均每公顷增产粮食 2.5 吨，大约投入 1 元资金增产 0.49 公斤粮食，明显高于全国同期非农业综合开发项目区的平均收益率。

（3）推动了农村"龙形"经济发展。各地农业综合开发项目区发展了多种经营及龙头项目，扶持了种养加一条龙、贸工农一体化的经济实体，形成了农业产品加工、流通后续环节的产业化经营模式。同时，近几年来，初步解决劣质粮食销售不畅、农民群众增加收入缓慢的矛盾，率先调整了粮食生产结构，瞄准市场行情，因地制宜地发展高产优质高效的粮食生产。松嫩辽河平原、黄淮海平原农业综合开发项目区调减了质次价低玉米、早籼稻种植面积，扩大了优质水稻、玉米、豆类、高粱等产品的种植面积，基本上实现了杂交良种化，逐步解决了粮食品种结构失衡的问题，获得了可观的效益。1988 年以来，全国农业综合开发项目区共建设蔬菜花卉药材面积 53 万公顷、各种经济林果面积 291 万公顷，发展海水、淡水养殖面积 199 万公顷，饲养畜禽 58.9 亿头（只）。同时，兴办了农林牧渔各业产品加工的龙头企业 15493 个，建成了集中连片农林牧渔各业产品基地 1000 公顷以上的 16420

个，优化了农村种植、养殖和加工业结构，促进了农林牧渔各业产品的深度开发和多层次加工增值，培育了农业经济增长的新方式。中南五省（自治区）农业综合开发项目区兴办了8976个养殖、加工等"龙头"项目，带动35904个村252万农户走向富裕之路。目前，全国各地农业综合开发项目区形成了市场牵龙头、龙头带基地、基地连农户的趋势，同时，贸工农一体化、产加销一条龙的农村"龙形"经济已形成趋势。

（4）加快了农村小康建设进程。增强了农民群众增收致富的能力，为奔小康目标奠定了基础。全国各地农业综合开发项目区在增加粮棉油肉糖等农产品的产量的同时，也增加了农民群众的收入。据统计，全国农业综合开发项目区农民群众人均年纯收入平均比非项目区一般可增加500~700元，多的达800~1000元，高的达3000元以上。全国农业综合开发项目区农民群众人均纯收入，由1991年的1908元，到1998年为3680元，增长93%，到2008年为6546元，到2017年为11294元，比1998年增长2.03倍。2017年，东北三省有114个农业综合开发项目小区（乡级）农民群众人均纯收入12096元，比1998年增长2.8倍，比非项目区增长7.5倍。目前，各地农业综合开发项目区农民群众都公认，生活明显改善，收入逐年增加，许多贫困户转为小康户。29年来，在全国各地农业综合开发项目工程建设中，推动了广大农民群众参加了城乡经济一体化建设。据统计，全国农业综合开发土地治理项目工程建设需要的劳动力260亿个工日，同时，在农业综合开发多种经营及龙头项目工程建设中，推动了广大农民群众从粗放经营向集约经营转化，参加了专业化生产、产业化经营活动，促进了农村工业、商业、供销、交通运输等二、三产业的发展，拓宽了农民群众就业渠道，使农村剩余劳动力向城乡非农产业转移。实践证明，凡是农业综合开发深入开展的地方，都缓解了农村人多地少的矛盾，都发挥了农村剩余劳动力的"用武"功能作用，都促进了城乡之间的融合，加快了农村小康建设进程。

（5）改善了农业生态环境。加强了农田防护林、防风固沙林、水土保持林、绿化工程、水源涵养林工程，小流域治理水土保持工程，人工草场、改良草原工程建设，对遏制我国水土流失面积的扩大趋势，防治沙漠化和草原沙化的发展，防止农业生态环境恶化，起到了积极作用。从1988年至2017年，国家在生态农业建设方面，累计投入资金224亿元，累计完成农田防护林网面积2696万公顷，防风固沙林面积676万公顷，水土保持林面积164万公顷，建投草原（场）面积512万公顷，治理水土流失面积587万公顷。据西南农业综合开发项目区抽样调查统计，林草植被度由过去的23%上升到如今的46%，水土流失面积下降了3个百分点，土地利用率提高了17个百分点。

（6）加强了生态农业建设。从1997年起，西北五省（自治区）农业综合开发项目区为了提高生态效益，都将保护和改善农业生态环境、保持农业生产持续发展作为一项中心任务，加大了改善农业生态环境建设力度。各级党政领导都深刻认识到保护和改善农业生态环境是实现农业生产可持续发展客观要求，"农业生产可持续发展是硬道理，是我国农业全局和长远的发展，农业生产可持续发展"的核心是"发展"，是在保持农业资源和农业生态环境永续利用的前提下，实现国民经济持续发展。改造中低产田的目的是为农业生产持续发展，长远提高农业综合生产能力奠定基础。保护和改善农业环境是实现农业生产可持续发展、提高农业综合生产能力的保证。目前，全国各地区党委、政府及部门坚持遵照中共中央、国务院"要少开荒甚至不开荒"的指示，在农业综合开发项目工程管理中，已把保护和改善农业生态环境纳入农业综合开发的考察评估范围，作为农业综合开发检查验收主要任务，将农业生态环境与系统的保持与改善作为各项目区党政领导必须进行干预的重要领域之一。新疆、内蒙古自治区农业综合开发项目区加大了保护和改善农业生态环境建设的力度，进一步加强了农田林网建设、畜牧草原（场）建设、沙区绿洲农业建设、水土保持工程建设，为增强抵御自然灾害能力，切实为保障农业持续发展，奠定坚实的基础。

（7）推广了农业科学技术。从1988年至2017年，国家在各地农业综合开发项目区科学技术方面，逐年加大了资金投入力度，累计投入了资金29亿元，改进了传统的农业生产技术，大力推广了先进适用科学技术，提高了科技含量。华北平原农业综合开发项目区基本上推广了科学改良土壤、科学灌排节水、科学繁育良种、科学施用肥料、科学种植养殖等先进适用技术；黄淮海平原农业综合开发项目区采用了高新科学技术，繁育推广了优良农畜产品技术，提高了科学种植、养殖水平；华东七省（直辖市）农业综合开发项目区农畜产品优良种普及率达到98%，科技进步在农业增产中的作用达到45%以上。华北五省（直辖市）农业综合开发项目区增产因素中，科技含量占46%，比非农业综合开发项目区高出10个百分点。各地农业综合开发项目区开展了农业科技教育和培训，提高了农民群众的科技务农素质，造就了成千上万科学种田养殖能手。2017年全国农业综合开发项目区培训了农民18645万人，使其掌握了先进适用的农业生产技术。各地农业综合开发项目区建立了各种科技试验示范区，以点带面，上接科技源头，下连生产领域，提高了农林牧副渔各业科技生产水平。

（8）完善了农村双层经营体制。多年来，各地农业综合开发项目区在集中连片地开发利用国土资源工程建设，扩大土地治理和生产经营规模过程中，促进了农民群众在坚持家庭联产承包责任制的基础上，推行资金、劳动、土地、技术等方面新的联合，完善农村统分结合的双层经营体制，发展多种形式的合作组织，推进规模生产经营承包责任制，转变农村传统的生产经营方式，实现农业生产经营规模化，提高农业生产经营的规模效益。四川省建立了农村双层生产经营体制，突破了传统的农户零散开发生产的模式，走出一条依托资源、统一规划、综合治理、连片开发、规模经营的新路子，尝到了规模效益的甜头。江苏省健全了农村统分结合的合作经济组织形式，改变了粗放的农业生产方式，合理利用了农业资源，直接推动了农业粗放型经营向集约型经营转变。壮大了农村集体经济组织的实力。黑龙江省农业综合开发项目区由于健全了统分结合双层经营体制，既办了农民群众想办而又没有能力办的事情，又巩固了家庭联产承包责任制，发展了生产力。实践证明，通过农业综合开发，激发了农民群众坚持社会主义方向，自觉地走农业合作道路的积极性和坚定性。

（9）健全了农村社会化服务网络。各地农业综合开发项目区在产前、产中、产后过程中，逐步健全了社会化服务组织，既保障了合理利用农业资源，提高了土地治理、水利灌排、生态保护等项工程建设质量，又落实了田间排灌、改良土壤、良种繁育、栽培技术、病虫害防治、农业机械作业等综合措施。铁岭市农业综合开发项目区基本上形成了供种、耕种、灌排、用肥、植保、运输等服务网点；海南省农业综合开发项目区建立了原种繁育、良种试验、监测等服务站。近几年来，各地农业综合开发项目区逐步健全了市场服务组织，解决了各家农户分散生产经营、经济实力弱、抗击市场风险能力差，因而造成利益损失的问题。山东省农业综合开发项目区健全了各种服务组织，在科学种植与养殖布局、优先供应生产资料、统一进行机械化作业、及时开展技术指导、经常组织沟通市场方面开展了服务活动，加大了生产经营管理力度，提高了农业产品生产、加工和销售基地建设质量，推动了农民群众以市场为导向发展农业产品生产，增强了农业抗风险能力。西南五省（自治区、直辖市）农业综合开发项目区健全了供销服务组织，建起了农业产品市场，为千家万户农民与大市场架起了产销桥梁，适应了市场经济的发展。

综上所述，农业综合开发这项系统工程，深受农民群众的欢迎，被称为"德政"工程，这项工程切实为广大农民群众带来了实惠，农民群众由"要我开发"转为"我要开发"，由"被动开发"转为"主动开发"。为农村日益增多的剩余劳动力提供了广阔的就业领域，为农民群众脱贫致富奔小康开辟了新的途径，体现了国家大力发展农业，维护农民群众利益的政策，加深了党群之间、干群之间的理解，进一步密切了党群关系和干群关系。各地农业综合开发项目区基层干部和和农民群众深有感触地体会到，新中国成立以来党和国家为农民群众办了很多好事，但是农民群众感受最深的有三件：第一件是解放初期的土地改革，解决了所有制关系问题；第二件是20世纪80年代的联产承包，解决了调动农民群众积极性的问题；第三件是当今的农业综合开发，解决了提高土地利用率和产出率，提高农业综合生产能力，增加农民群众收入问题。农业综合开发的实践证明，它是发展农村生产力的一次革命，是增强农业生产发展后劲的一次难得的机遇，它是加快农业产业化、农业现代化的进程，保障农业和农村经济可持续发展的必由之路。

2. 农业综合开发的成功经验。1988年以来，全国各地农业综合开发取得了显著的经济、社会和生态三方面效益，积累了丰富的成功经验。各级党政领导组织开发的自觉性强，农民群众自愿参加开发的积极性高，这是根本，还有以下八方面成功经验做法：

（1）坚持农业综合开发主攻目标，突出重点，提高效益。即明确的综合开发主攻目标。农业综合开发主攻目标，就是通过以改造中低产田为主，适当开垦宜农荒地，实现增产、增收、增效、增强的目标。增产是指增加农林牧副渔各业产品产量，提高粮棉油肉糖等农业产品综合生产能力；增收是指增加农民收入，改善农民群众生活，促使农民群众致富奔小康；增效是指为社会增加农业产品有效供给，为城镇居民多提供优质的粮棉油肉糖等农业产品；增强是指增强农村集体经济实力，促进国家繁荣富强。在这里，体现出农业综合开发的重点是加强农业基础建设，改善农业基本生产条件；农业综合开发的效益是经济、生态和社会三方面协调统一的综合效益。

（2）坚持农业综合开发项目管理手段，择优立项，连片开发。即科学的项目管理手段。在农业综合开发项目管理上，借鉴了世界银行对项目管理的经验，即对农业综合开发项目按照项目申报建议、项目考察评估、项目逐级筛选、项目上报审批、项目计划编制、项目组织实施、项目监督考核、项目检查验收、项目管理维护的程序方式，进行科学规划合理安排、组织实施，形成一套严格的项目管理规章制度，基本上做到了综合治理科学化、项目管理制度化、工程建设规范化。

（3）坚持农业综合开发资金投入机制，多方筹集，集中使用。即严格的资金投入机制。这就是"国家引导、配套投入、民办公助、滚动开发"的机制。这是国家法定的资金积累投入机制，这种中央带动地方，政府引导农民群众，以国家财政投入为导向、农村集体和农民群众投入为主体、农业银行专项贷款为辅助的机制，从上到下，资金投入有保证。主要体现在：一是国家财政的投资额、地方财政按规定的配套资金额、农业银行专项贷款额逐年增加，形成了约束开发机制；二是农村集体和农民群众自觉自愿投资投劳，成为农业综合开发的投资主体，形成了激励开发机制；三是各级财政有偿资金回收后继续安排用于农业综合开发项目，形成了滚动开发机制；四是通过社会招商引资、投资入股等各种渠道，投入到农业综合开发项目，形成了竞争开发机制；五是农业综合开发资金有严格的资金使用范围，专款专用，不受部门分割制约及"人吃马喂"的影响，完全用于农业综合开发项目上，形成了依法行政机制，从而有效地保证了农业综合开发宗旨的实现。

（4）坚持完善农业综合开发的协作体系，同心同德，形成合力。即完整的同心协力开发体系。农业综合开发的实践证明，它是一项庞大的系统工程，它是由多部门组成的配合协作、同心协力的开发体系。在全国各地农业综合开发项目工程建设中，不是哪个部门能独立胜任的。无论在哪个部门、哪个工作环节出现问题，都会影响农业综合开发的进度和质量。无论哪项政策、哪项措施出现漏洞，都会影响整个农业综合开发项目工程建设任务的完成。由此可见，全国各地农业综合开发项目区产生持续发展农业生产动力，是来自同心协力的开发体系，一是来自各级党委、政府、人大、政协各方面组织领导同心同德的合力；二是来自农业、林业、水利、农机、财政、银行、审计等有关部门各尽其职、配合协作的合力；三是来自基层干部和农民群众齐心协力、艰苦奋斗的合力。

（5）坚持发挥农民群众主力军作用，宣传教育，发动群众。即强大的农民群众主力军。要宣传教育农民群众认定自己是农业综合开发的主人，是直接受益者，因而激发了自觉自愿投资投劳的积极性。国家在组织各地农业综合开发项区工程建设中，切实贯彻落实了自力更生为主、国家支持为辅、民办公助的方针，对农民群众自筹多的项目区多扶持。同时，贯彻落实了谁开发、谁投资、谁使用、谁受益的政策，促使农民群众由"被动开发"转为"主动开发"，从"要我开发"变为"我要开发"，充分发挥出农民群众的主力军作用。

（6）坚持科学利用农业资源，综合治理，科学布局。即得力的综合治理措施。各地农业综合开发项目区在科学利用农业资源上，一是能坚持科学制定规划，以流域水系为依据对山水田林路综合治理；二是能坚持科学合理布局，集中连片，开发一片，成功一片；三是能采取一套综合治理措施，即配套采取工程、生物、机械、科技、资金、人员等方面的治理措施，因地制宜地开展农林牧副渔各业生产，形成大规模的综合效益。

（7）坚持农业综合开发产业化，健全机制，开拓经营。即有效的农业产业化途径。各地农业综合开发项目区都能以资源为依托，以农村市场为导向，以综合效益为中心，以农业科技为动力，在改造中低产田、适当开垦宜农荒地，发展粮棉油肉糖等农业产品的基础上，进一步发展了种植业、养殖业、加工业等多种经营项目，促进了农业产加销一条龙、贸工农一体化的龙头项目，并以龙头项目带动农产品系列开发，拓宽了农民群众多行业增产增收的渠道，提高了农业现代产业化经营效益。

（8）坚持农业综合开发科技推广，形成网络，提高含量。即健全的农业科技推广网络。全国各地农业综合开发项目区加大了科技开发力度，健全了农业科技推广网络，一是自觉地在项目工程建设上推广先进科学技术，在申请项目时，认真遵照科学立项程序，凡是新申请的项目，都组织专家咨询、考察评估、科学论证；在确定项目时，严格地进行科学规划设计；在实施项目时，组织项目区基层干部和农民群众科技培训，提高科技务农素质。二是项目区生产经营上推广先进科学技术，特别注重推广农业科技新成果，形成各种农业科技成果推广模式；坚持建立农业科技推广示范区，普及先进适用的科学技术，真正发挥农业科学技术效益。

综上所述，全国农业综合开发积累的成功经验，在我国农业和农村经济发展史上产生了深远的影响，对今后农业和农村经济可持续发展形成了强大的动力。农业综合开发成为社会主义市场经济体制条件下，对农业实施宏观调控的一个重要手段，既解决了一家一户想搞而无力搞的矛盾，又消除了过去集体化时搞农田基本建设农民群众无积极性的弊端。农民群众已由"要我开发"转为"我要开发"，由"被动开发"转为"主动开发"，开辟了一条保障农业和农村经济可持续发展的成功之路。1988年以来，实践证明，农业综合开发这项系统工程，主要体现在：一是从农业综合开发的宗旨和原则来说，为了实现农民群众增收致富、国家繁荣富强，保障农业和农村经济可持续发展这个宗旨，国家相应地确定了择优立项、因地制宜、持续发展等项原则，为提高农业综合生产能力创造了有利条件；二是从农业综合开发的范围和内容来说，对农业资源综合利用，对山水田林路综合治理，为提高农业综合生产能力奠定了坚实基础；三是从农业综合开发的项目管理和资金管理机制来说，对制约农业生产发展中的诸多不利因素采取综合措施彻底根除，调整优化农业生产经营各环节要素，为提高农业综合生产能力开辟了畅通道路；四是从农业综合开发的政策和方法来说，为加强农业综合开发这项系统工程建设，保障增强农业和农村经济持续发展的能力，注入了新的生机和活力；五是从农业综合开发的主力军来说，既能增强农民群众科技务农的意识，又能消化农村富余劳动力，起到多层次提高农业综合生产能力的重要作用。农业综合开发本身就是需要提高农业综合生产能力的重要因素。农业综合开发既是农民群众生产观念转变，因而转变农业传统落后生产方式，推广农业先进适用科学技术的过程，又是向农业资源的深度和广度开发，最终促进农业和农村经济持续、稳定、健康发展的过程。由此可见，农业综合开发是一项脱贫增收、富民强国的庞大系统工程。

七、关于农业综合开发的产生、发展、变化历程

（一）农业综合开发的产生背景原因

中共十一届三中全会以来，全国各地区农村实行了农户家庭联产承包责任制，调动了广大农民群众的生产积极性和创造性，解放和发展了农村生产力，促进了农林牧副渔各业全面发展，全国粮食总产量上了一个新台阶，到1984年，全国粮食总产量由3亿多吨增加到4亿多吨，基本解决了城乡人民的温饱问题。但随着国家改革的重点逐渐从农村转向城市，我国农林牧渔各业生产发展到1985年以后，又面临新挑战，出现了新矛盾，主要有三个矛盾：一是人口增加与耕地减少的矛盾；二是粮食需求总量增长与粮食供给总量不足的矛盾；三是农林牧渔各业产品出口创汇比例下降与国家外汇需求

逐年增加的矛盾。要彻底解决这些矛盾，尽快扭转粮食产量徘徊不前的局面，增强农业发展后劲，提高农业综合生产能力，促进农业和农村经济持续健康发展，只靠改善传统常规农业生产方式，组织分散农户发展农业生产是有限的。特别是1985年以来，全国农业和农村经济发展中出现的矛盾，产生原因是多方面的，主要有以下四个方面：

1. 全国人口逐年增加，耕地面积逐渐减少。全国城乡人口每年自然以1300多万的速度增加，相当于一个中等国家的人口，而全国耕地面积每年却以33万公顷的速度减少，这是面临一个非常严峻挑战的形势。因而综合开发治理农村土地资源，科学合理和节约集约利用农业耕地，严格控制非农业占用耕地，提高耕地利用率，确保耕地面积总量能稳中有增势在必行。

2. 农业基本生产条件较差，农业综合生产能力较低。全国现有耕地面积中有6667多万公顷中低产田，基本属于旱不能灌、涝不能排的贫瘠农田，农业生产基础设施短缺、老化、失修，起不到抵御自然灾害的作用。因而势必组织加强农村土地治理，开垦宜农荒地，改造中低产田，提倡在农村土地治理和改造中低产田上，谁投资投劳，谁受益。在一定时期内使用权不变，可以继承，可以依法有偿转让。

3. 农业生产建设投入缺乏，农业生产发展后劲不足。尽管国家财政、银行每年都对农业生产建设投入资金，农村集体和农民群众也逐年投资、投劳，但与农业生产建设所需资金相比，远远不足。农业生产建设到了非增加资金投入不可的时候了。因而势必在农业生产建设投入上，坚持农民群众自力更生为主、国家扶持为辅"民办公助"的方针，在财政投入上，建立激励机制，不搞投资基数法，在项目投资上，提倡招标竞争；在组织实施上，坚持奖优罚劣；在所需贷款上，对农业开发专项贷款视情况给予一定贴息；在物质供应上，优先供应农业基础设施建设所需物资和生产资料。国家立项的投资，应纳入国家扶持农村集体固定资产投资计划，相应增加国家扶持农村集体固定资产投资规模。

4. 社会农业产品需求总量逐年增长，农村提供农业产品的总量连年徘徊。随着我国国民经济的发展、城乡人民生活水平不断提高，对粮棉油肉糖等农林牧渔各业产品的需求大量增加。全国粮食消费每年以0.10亿~0.15亿吨的速度增加，但全国粮食总产量却连续4年在4亿吨左右徘徊。

（二）农业综合开发的客观要求

农业综合开发是我国农业发展的客观要求。农业综合开发的核心是"综合"，它通过综合治理途径，采取人力、物力、财力综合配套投入，落实工程、机械、生物、科技等综合治理措施，取得综合效益。这个综合效益，就是指经济效益、生态效益和社会效益的统一。一是在经济效益上，对农业生产上旱涝保收，高产稳产，优质高效，增加产量产值，对农民群众增收致富，对社会增加农产品的有效供给，对国家增强经济实力；二是在生态效益上，保护和改善农业生态环境，保障农业生产持续、稳定、健康发展；三是在社会效益上，保持城乡社会稳定，密切各级党委、政府与人民群众关系，推进农业现代化建设，达到民富国强的目标。

农业综合开发"三个效益"的协调统一，主要体现在农业和农村经济可持续发展的要求方面，主要从以下三方面说明：

1. 为社会提供农业产品的需要。我国人口增多、耕地减少是基本国情。今后，随着全国城乡人口的逐年增加，人民生活水平的逐步提高，全社会对农林牧副渔各业产品及其转化产品的需求量不断增加，在我国要满足社会性农业产品日益增长的需求，是不可能长期通过扩大耕地面积来实现的。因此，必须科学开发利用国土资源，充分挖掘现有耕地资源的潜力，满足社会提供日益增加农业产品的需要。根据有关自然资源研究部门对各地自然和环境研究表明，每公顷粮食耕地平均潜力产量可达15.6吨，而目前每公顷粮食耕地实际产量仅为平均潜力产量的55.2%。国家通过农业综合开发，改造中低产田，是提高土地利用率最成功的办法，只要通过农业综合开发这条途径，就能达到党的十五届三中全会《决议》所指出的"平原地区要全部建成高产稳产农田，丘陵山区要实现人均半亩高标准基本农田"的要求，就能增加社会农产品有效供给，这是国家组织开展农业综合开发的初衷。

2. 保护农业持续发展的需要。农业是基础产业，在市场经济条件下，受自然条件和市场风险的双重影响，自身比较效益低，各级政府必须对农业采取保护和支持的政策。同时，以家庭联产承包制为核心的统分结合的双层经营体制是具有中国特色的农村基本经济制度，必须长期坚持。但我国农业基础设施脆弱，抗御自然灾害能力有限，农业发展后劲不足，农业综合生产能力低的状况还没有得到根本改观，只靠农民群众一家一户的力量，难以进行大规模的农田基础设施建设，难以保障农业持续发展。为此，为了加强对农业和农村经济持续发展扶持力度，国家通过农业综合开发这条途径，建立健全各级政府支持和保护农业发展的有效机制，有组织、有计划地综合治理农业资源，集中连片地改造中低产田，弥补家庭承包、分散经营、规模狭小、生产盲目的弱点。通过农业综合开发，采取综合配套投入机制、综合治理措施，为保护农业和农村经济持续发展，而彻底排除农民群众自身无力加强农业基础设施建设，改善农业基本生产条件的困难。

3. 提高农业综合效益的需要。农业综合开发贵在"综合"，通过山水田林路综合治理，采取工程、生物、技术、农机、农艺等综合配套措施，实行国家资金、地方资金、农民群众资金、社会资金综合投入，促进农林牧副渔各业全面发展，这是农业综合开发的基本特征，它的宗旨就是要提高农业综合效益，即实现社会、生态、经济"三个效益"协调统一。它是一项涉及多部门、多行业、多学科的系统工程，是一项资金投入机制与项目管理手段有机结合的工程，是一项组织协调严密、配合密切的工程，不是哪一个部门能够单独承担的，必须有一个赋予政府职能的健全机构组织，有一定规格的领导班子协调，有一支专业人员比较齐全的强大队伍实施这项工程建设。实践经验证明，只有坚持抓好农业综合开发这项系统工程建设，才能在市场经济条件下，正确处理好农民群众利益、农村集体利益和国家利益的关系，才能提高农业综合效益，才能实现社会效益、生态效益、经济效益，才能实现农民增收致富、国家繁荣富强的目标。

（三）农业综合开发的前进路程

我国从1988年开始实施的农业综合开发，到2019年已经历经32年的发展变化路程，目前看，这个路程划分为四个阶段。概要说明如下：

1. 第一阶段，是从1988年至1993年。这一阶段的农业综合开发呈现重点开发的特征。主要体现在两个方面：一是国家在组织农业综合开发的重点区域上，其一，开始开发的流域范围，主要集中在松辽平原、黄淮海平原、长江中下游平原；其二，开发的行政区划范围，由1988年8个省、495个县（市）、236个国营农牧场，到1993年扩展11个省、自治区、直辖市，1060个县（旗、市）、242个国营农牧场；二是国家在组织农业综合开发的项目工程建设上，以改造中低产田、建设高标准农田、建设草原（场）、开展小流域和土地沙化治理为重点，适当开垦宜农荒地。

2. 第二阶段，是从1994年至2000年。这一阶段的农业综合开发呈现全面开发的特征。主要体现在两个方面：一是国家在组织开展的农业综合开发的区域上，其一，开发的流域范围，从集中在松辽平原、黄淮海平原、长江中下游平原的基础上，扩展到全国各地区大中型河流域、三角洲、坝区平原；其二，开发的行政区划范围，由1994年12个省、自治区、直辖市，1177个县（旗、市）、246个国营农牧场，到2000年扩展到31个省、自治区、直辖市和4个计划单列市，1559个县（旗、市）、252个国营农牧场，还涉及农业、林业、水利、国土等中央主管部门有关项目。二是国家在组织农业综合开发项目工程建设上，在继续重点进行改造中低产田为主、适当开垦宜农荒地的基础上，确定了农业产业化经营及龙头项目，加大了多种经营项目工程建设力度，并要求把增产与增收结合起来，以切实解决粮食总量增加导致粮食比较效益下降，粮食增产而农民不增收或少增收的问题。为有效地协调解决粮食增产与农民增收的矛盾，国家规定，从1994年起，农业综合开发的财政资金30%和农业银行专项贷款70%，要用于发展多种经营及龙头项目，重点是发展以经济作物为主的种植业、畜牧和水产品的养殖业、农林牧渔各业产品的加工业等项目，把农林牧渔各业增产、增效与农民群众增收结合起来，以利于解决农民群众增收致富、多方面增加农林牧副渔各业产品的社会有效供给，增强农村集体经济和国家经济的实力。

3. 第三阶段，是从 2001 年至 2008 年。这一阶段的农业综合开发呈现纵深开发的特征。主要体现在两个方面：一是国家在组织农业综合开发的行政区划上，由 2001 年 1645 个县（旗、市）、256 个国营农牧场，到 2008 年扩展到 1948 个县（旗、市）、263 个国营农牧场，对农业、林业、水利、国土等中央主管部门增加了有关项目投资；二是国家在组织农业综合开发，项目工程建设上，从以改造中低产田为主，适当开垦宜农荒地，转到以改造中低产田为主，尽量少开垦甚至不开垦宜农荒地，把农业综合开发项目工程建设与保护和改善农业生态环境有机结合起来，从增加粮棉油肉糖等农林牧渔各业产品产量，转到积极调整优化农林牧渔各业产品品种结构，努力发展高产、优质、高效的农林牧渔各业产品产加销一条龙产业链上来，这是由于全国各地区党委、政府及部门在实践中看到，农业综合开发面临的形势发生了变化，主要是在社会农产品需求方面，城乡人民消费的选择性增强，在消费农产品的质量、档次、品种和领域等方面的要求越来越高，而我国农业生产长期以来追求产品数量、搞外延型扩大再生产的供给结构已不适应这种消费结构的发展变化，势必我国农业和农村经济尽快进入全方位结构调整和优化发展阶段，农业综合开发必须相应承担农业生产基础设施与农业生态环境有机结合建设，依靠科技调整结构义务，以利于保质保量地满足社会需要的农林牧渔各业产品，保障农民群众增收致富，增强农村集体经济和国家经济的实力，达到富民强国的目标。

4. 第四阶段，是从 2009 年至 2019 年。这一阶段的农业综合开发呈现优质高效开发的特征。主要体现在两个方面：一是国家在组织全国各地区进行农业综合开发，开发的区域上，其一，开发的流域范围，已从全国各地区大中小江河湖泊流域，延伸到全国 1.84 万公里东南沿线海流域；其二，开发的行政区域范围，由 2008 年覆盖全国 36 个省、自治区、直辖市、计划单列市，即 23 个省、5 个自治区、4 个直辖市、4 个计划单列市，1957 个县（旗、市），270 个国营农牧场，到 2017 年扩展到 2139 个县（旗、市），268 个国营农牧场。二是在全国各地区进行农业综合开发基础设施建设上，国家集中力量建设一批重大水利工程，加强引水调水、骨干水源、江河湖治理、高效节水灌溉等重点工程建设，大规模推进农田水利、土地整治、中低产田改造，组织开展建成一批旱涝保收高标准农田，完善农村水电路气等基础设施，改善农村公路交通、沼气能源、安全设施，推广应用农林牧渔各业机械设备器具，加强农林牧渔业产品流通设施和市场建设。三是在全国各地区进行农业综合开发产品生产经营建设管理体制上，稳定农村土地承包关系，完善土地所有权、承包权、经营权分置制度，健全农业综合开发生产经营建设主体的法规政策体系，划定农业综合开发治理永久基本农田，加强农业综合开发粮食等大宗产品主产区建设，建立农业综合开发粮食等大宗产品生产功能区和保护区，优化农林牧渔各业产品生产经营区域布局，推进产业链和价值链建设，开发多种功能，推动农业综合开发项目工程建设标准化和信息化，健全从农业综合开发田地到饭桌的农林牧渔业各业产品质量安全过程监管体系，现代科技创新推广体系、社会化服务体系。四是在全国各地区农业综合开发现代化建设上，为全面建成小康社会实现现代化，而加快转变农业综合开发方式，推进多种规模生产经营建设方式，着力构建现代农业综合开发生产经营建设体系，提高农业综合开发项目工程建设质量效益和竞争力，推动粮食、经济作物和饲料统筹、农林牧渔各业结合、种植养殖加工链锁以及一、二、三产业融合发展，走上农林牧渔各业产品优质高产安全、资源节约、环境友好的农业综合开发之路。五是在全国各地区农业综合开发投入产出优惠政策、法制上，其一，持续增加农业综合开发资金投入，完善农业综合开发项目工程建设补贴政策、制度；其二，继续强化农业综合开发治理生态环境维护政策，改革农业综合开发产品形成机制，提高小麦、水稻最低收购价格，继续完善粮食、油料、糖料等重要产品收储政策、制度，建立农林牧渔各业产品目标价格制度，市场价格过低时对生产者进行补贴，过高时对低收入消费者进行补贴；其三，对国家新增财政补贴资金，向农业综合开发粮食等重要产品生产经营建设主体、地区倾向投入，增加对粮油等生产经营县（市）的奖励补助，坚持全面整合监管农业综合开发资金，不论各级、各地政府财政财力多么紧张，都要确保农业综合开发资金投入只增不减；其四，坚持农业综合开发的农户家庭经营基础地位，培养专业大户、家庭农场、农民合作社、龙头企业等农业综合开发主体，推广农业综合开发多种规模生产经营建设方式，壮大农业综合开发职业农民队伍，切实尊重农民对农业综合开发的意愿，坚决维护农民参加农业综合开发合法权益；其五，推进农业综合开发走上城乡一体农业现代化、工业化、信息化、城镇化同步前进的道路，着力促进1亿农业转移人口落户城镇，引导1亿农业人口在中西部地区就近城镇化，使农业转移人口和城镇居民共建共享城乡一体现代文明生活。

（四）农业综合开发的方式方法

中共中央、国务院针对农业和农村经济面临的严峻形势，彻底扭转粮棉油肉糖等农林牧副渔各业的生产徘徊不前、社会有效供给不足、农村经济实力弱化局面，尽快解决1985年以来全国部分地区农业基本生产经营建设条件恶化、耕地面积减少、农业产品产量下降、农业产品供不应求、农民群众增收迟缓、农业和农村经济发展后劲不足等问题，借鉴世界银行贷款项目管理的做法，汲取发达国家商品粮基地建设的经验，决定从1988年开始，有计划、有步骤地组织开展农业综合开发，确定农业综合开发方针策略，建立农业综合开发专门机构，设立农业综合开发专项基金，采取农业综合开发项目工程建设与保护和改善的方式，为传统农业发展注入了新的生机和活力，打破传统也生产经营建设的方式，实施一整套行之有效的方法。

1. 农业综合开发的方式。这是中共中央、国务院根据我国1987年以前农业和农村经济发展严峻形势，从当时我国农业面临的新情况出发，综合我国基本国情，借鉴世界发达国家商品粮基地建设的经验，借鉴世界银行贷款项目管理的做法，为了加快我国农业和农村经济发展，保障农民群众增收致富、彻底扭转粮棉油肉糖等农林牧渔各业产品生产徘徊不前的局面，促进农林牧副渔各业全面发展，保质保量地满足社会需要的农林牧渔各业产品，增强国家经济实力，达到富民强国的目标，而决定从1988年起，成立国家农业综合开发专门机构，设立农业综合开发专享资金、确定农业综合开发的战略，采取农业综合开发的方式、在东北平原、黄淮海平原、长江中下游平原开展农业综合开发，为传统农业注入了新的生机和活力。为此，在采取农业综合开发的方式上，主要包括综合治理的方式，一是保障农业综合开发耕地面积质量的方式；二是改善农业综合开发基地设施条件的方式；三是加强农业综合开发经营管理的方式；四是推进农业综合开发高效增收的方式；五是坚持农业综合开发永远前进的方式。

（1）保障农业综合开发耕地面积质量的方式。这是指要在各地区坚持从农村土地资源情况出发，从以改造中低产田为主，适当开垦宜农荒地，或者转到以改造中低产田为主，尽量少开荒地甚至不开荒地相结合的方式，确保耕地面积增加，科学开发农业土地资源，提高耕地利用率。

（2）改善农业综合开发基地设施条件的方式。这是指要在各地区坚持以改造中低产田为主，适当开垦宜农荒地的基础上，采取重点改造全国现有中低产田地面积中旱不能灌、涝不能排的贫瘠农田的方式，加强农业综合开发农田基础设施建设，彻底清除农林牧副渔各业生产基础设施短缺、老化、失修问题，切实起到抗御自然灾害的作用，改善农业基本生产经营建设条件，增强农业综合生产经营建设能力。

（3）加强农业综合开发经营管理的方式。这是指：一要对新开垦的宜农荒地和新建果园、林场、牧场等，一开始就要采取集中连片、规模经营的方式，促使其形成农林牧渔业各业现代产业化规模经营，提高机械化作业，科技化推广应用，社会化产供销服务水平；二要对全国各地农村实行农户家庭联产承包责任制、农业生产力解放、农民群众有自愿参加农业综合开发积极性、水土资源丰富、相对集中连片、开发潜力大、生产经营建设管理规范的项目工程建设，采取加大扶持力度的方式，开辟农业综合开发有效途径。

（4）推进农业综合开发高效增收的方式。这是指：一要在农业中资源利用上，从各地实际情况出发，因地制宜发展粮棉油肉糖等农林牧渔各业产品生产；二要在改善农业基本生产经营建设条件上，充分利用现有农田水利基础设施，对不配套和老化失修的农田水利基础设施，要优先进行配套、修复和完善；三要在农业综合开发择优选项上，其一，各级政府领导重视和支持，农民群众开发自觉性高的项目。其二，开发条件好、有配套资金的项目。其三，投资少、见效快，效益好的项目。其四，能较快形成农业综合生产能力、产品商品效率高、增加社会产品有效供给的项目。其五，能够确保农民群众脱贫致富、增强农村集体经济实力，推动国民经济发展的项目。对上述几项条件同时具备的地区和项目先行开发。

（5）坚持农业综合开发永远前进的方式。这是指：一要在各地区农业综合开发任务繁重、条件缺乏的情况下，必须坚持积极创造永远前进的条件，必须采取先易后难的方式，加强领导，科学规划，合理布局，全面安排，先行试点，由点到面，分步组织，逐年落实；二要在各地区组织开展农业综合开发项目工程建设上，坚持承前启后、继往开来地制定实施配套成龙的指导思想、宗旨目标、原则标准、方针政策、法规制度、任务要求、通力合作体系、主力军队伍、措施办法等方略规程。

2. 农业综合开发的方法。这是指农业综合开发项目工程建设管理、资金筹措分配使用管理、部门配合协作管理、农民群众监督管理、科技推广应用管理的方法。

（1）项目管理方法。在综合治理方式的基础上，相应的采取按项目管理程序，择优立项开发，一是立项前要考察评估项目是否科学可行；二是项目实施中要加强监督检查；三是项目竣工后要组织验收；四是验收合格的项目有严格管护，发挥长久效益。

（2）资金管理方法。有多渠道、多层次、多元化运筹农业综合开发资金，一是坚持保证农业综合开发资金由财政资金、银行专项贷款、农村集体（企业）自筹资金和农民自筹资金、社会各界资金、国际银行资金、国外招商资金及其他资金组成；二是坚持认真落实国家规定的财政资金的30%和专项贷款的70%，用于于发展经济作物的种植业、畜禽鱼虾等产品的养殖业、农林牧副渔各业产品的加工业等项目，把回收的银行专项贷款，要继续用于农业综合开发项目；三是坚持多渠道、多层次、多元化逐年地加大农业综合开发资金投入，保证配套资金及时足额到位，全面加强资金管理监督。严格按照项目管理要求、充分发挥资金管理体制的作用。

（3）配合管理方法。财政、农业、林业、牧业、渔业、水利、国土、气象、计划、供销、银行等有关部门要积极参与、各负其责，紧密配合、切实加强协作，共同形成合力，各司其职，围绕农业综合开发总目标，同心协力开发。

（4）群众管理方法。农民群众直接参加管理，国家采取"民办公助"的方法。哪里农民群众自力更生精神强，积极投资投劳搞开发，国家就扶持哪里。为此，一是要坚持教育引导农民群众认清农业综合开发，是拓宽农民群众脱贫致富的途径，把它当作发家致富的产业，自觉自愿投入农业综合开发项目工程建设，坚持参加全程管理监督；二是坚持推动鼓励农民群众打破传统农业零星分散、自给自足小生产经营习俗，积极参加农民专业合作组织、农业现代产业化规模经营企业组织、农业产加销系列社会化服务组织、城乡一体化风险共担和利益共享市场流通组织，保障农民取得增收致富的平等利益、合法权益。

（5）科技管理方法。在农业综合开发项目区工程建设、生产经营各环节要掌握运用科技开发的方法。这就必须坚持在农业综合开发项目区推广应用科学用水、科学改土、科学施肥、科学育种、科学种植、科学养殖等先进科学技术，要逐年加大科学技术投入力度，采用高新科学技术，提高科技含量。为此，一是坚持科学开展农业基础设施建设与保护生态环境建设有机结合的方法，对不配套和老化失修的农田水利基础设施，要科学进行配套、修复和完善；二是要坚持科学增加粮棉油肉糖等农林牧副渔各业产品产量，科学调整优化农林牧渔业产品品种结构，努力发展高产、优质、高效的农林牧副渔各业产品，切实满足全国城乡人民对粮棉油肉糖等农林牧渔业各业优质产品的需求；三是坚持鼓励科技人员参加农业综合开发项目工程建设、生产经营领域科技推广应用工作，对贡献突出的科技人员给予奖励。逐年加大科技所需资金力度，在近期内达到总投资额5%。

（五）农业综合开发的显著成效

农业综合开发在 1988 年至 2019 年的历程中，是逐步向开发的广度、深度前进的。从全国来说，农业综合开发的项目区域越来越宽，项目种类越来越多，项目金额越来越大，项目工程质量越来越高，项目与资金管理越来越严，综合效益越来越好。概括来说，主要有以下六个方面：

1. 各地农业综合开发项目区，加强了农业基础设施建设。各地农业综合开发项目区，在灌溉排涝、改良土壤、培肥地力、配备机械、繁育良种、植树种草、水土保持、防风固沙等基本建设方面，开通了灌溉排涝渠道，建立了排灌站，扩建了蓄水库，开垦了宜农荒地；改良了土壤，平整了土地，培肥了地力；架起了农田电网，修筑了农田机耕路，繁育推广了良种，实行了机械化作业，健全了生产服务网络，因而加强了农业基础设施建设，改善了农业基本生产条件，保护了农业生态环境，为提高农业综合生产能力，实现农业持续发展奠定了基础。

2. 各地农业综合开发项目区，推广了各种先进适用科学技术。各地农业综合开发项目区，在治水、改土、造林、灌溉、排涝、抗旱、防风、固沙、防灾、水保等项生产建设中，推广和应进了各种先进适用科学技术，农民群众提高了科技务农素质，学会和掌握了耕种、养殖、植保、收获运输和加工等环节作业技术，改进了传统农业生产方式，提高了农业生产经营管理水平，为尽快实现农业现代化奠定了基础。

3. 各地农业综合开发项目区，增强了农业综合生产能力。据在各地农业综合开发项目区调查统计，1988 年至 2017 年，大体上，改造一公顷中低产田，平均增加粮食生产能力 1.87 吨；开垦一公顷宜农荒地，平均增加粮食生产能力 3.75 吨。同时，2017 年全国棉油肉糖等主要农业产品生产能力都有显著提高：累计增产粮食 15300 万吨，棉花 217 万吨，油料 588 万吨，肉类 144 万吨，糖料 3059 万吨。通过农业综合开发增加的粮食产量，占全国同期增加粮食总产量的 40%，这对缓解这一时期全国的粮食供需矛盾，突破全国粮食产量徘徊不前的难关，发挥了重要作用。就粮食供给而言，通过农业综合开发，实现了两个转变：一是一些粮食调出地区进一步挖掘了增产潜力，为国家增加了粮棉油肉糖等农业产品的有效供给量。据调查统计，农业综合开发项目区粮食产量占全国粮食总产量的比重：山东、江苏、河北、河南等省为 40%，安徽省为 60%。二是一些粮食调入地区提高了粮食自给能力。辽宁、浙江、青海、内蒙古等省（区）减少粮食调入量，基本上解决了粮食自给问题。辽宁省在每年增加人口 50 万人、耕地减少 2 万公顷的情况下，粮食产量已连续三年超过 1500 万吨，其中 1998 年达到 1810 万吨，从过去调进 150 万吨，变成粮食等主要农业产品自给有余。内蒙古自治区通过农业综合开发，摆脱了 40 年靠国家调粮的历史，1998 年粮食总产量第一次突破 160 万吨大关，完全实现了粮食自给有余。全国各地农业综合开发项目区普遍提高农业综合生产能力，发展壮大了农村集体经济实力，为农业和农村经济步入一个新的发展阶段起到了有力的支撑作用，为国民经济发展基本结束"短缺"状态、进入"买方市场"的新阶段作出了重要贡献。

4. 各地农业综合开发项目区，提高了农民群众收入水平。各地农业综合开发项目区农民群众都增加了收入，在绝大多数已建成的农业综合站定开发项目区内，农民群众人均年纯收入增加 2000 元以上，高的多达 4000 元以上，许多贫困农户转为致富小康户。据黑龙江省第二期农业综合开发项目区统计，1998 年农业总产值 1527 亿元，比开发前年平均增长 62 倍；农民群众人均收入 12460 元，增长 27 倍。同时，各地农业综合开发项目区围绕增加农民群众收入，奔小康的目标，发展多种经营以及龙头项目，带动了农业产品的系列开发。29 年来投入这方面的资金为 2316 亿元，占资金投入总额的 29.6%，主要是在农业综合开发项目区内，充分发挥农业资源优势，以市场需求为导向，以工贸企业为依托，发展高产、优质、高效的农林牧副渔各业产品生产。据全国各地区农业综合开发项目区统计，29 年来共建设经济林面积 224 万公顷，水产养殖面积 153 万公顷，养殖畜禽 589481 万头（只），兴办农林牧渔各业产品加工企业 15493 个。近几年来，浙江、山东、江苏、福建、河北、辽宁、湖南、河南等省多种经营及龙头项目的成果是比较显著的。在这些省 2017 年多种经营及龙头项目中，投资853亿元，兴办的9634个养殖、加工等"龙头"项目，产值总额2957亿元，利润469亿元，带动了23万个村2856万农业人口脱贫致富，其中，有8.9万个村人均收入达到8600元，有7.3万个村人均收入达到9800元，有6.8万个村人均收入达到12400元。湖北省29年来投入多种经营及龙头项目开发资金112亿元。累计获得纯收入189亿元，上缴国家利税18亿元。全国各地农业综合开发项目区农民群众收入水平都逐年有所提高，为使农民群众增强农村市场需求能力、启动内需、拉动国民经济增长创造了重要条件。

5. 各地农业综合开发项目区，保障了农业生产可持续发展。农业综合开发的实践证明，国家实施农业综合开发是保护农业生产可持续发展的一条成功之路，是落实农村家庭承包经营基本制度，实现大市场、大流通对接的有效措施。在市场经济条件下，通过农业综合开发，对于农业主体的农民群众和农村集体经济组织，没有能力投资于为农业生产发展提供公共性质的农业基础设施建设的问题。如农业生产发展中需要的水源工程和灌溉排涝工程，农业科技成果推广和农业生态环境建设工程等。这些农业生产发展的公共需求问题，完全通过市场机制解决的难度较大。各地农业综合开发项目区充分说明，弥补了家庭承包分散经营、规模狭小、生产比较盲目的弱点；解决了农民群众和农村集体自身无力解决，而农业生产发展又必需的基础设施条件；实现了市场经济条件下农民群众利益与农村集体利益和国家利益、农业生产的经济效益、社会效益和生态效益的有机统一。

6. 各地农业综合开发项目区，发挥了农业示范导向作用。通过农业综合开发项目区的示范导向作用，推动了周边地区各级党政领导和农民群众解放了思想，更新了观念，坚定了走农业综合开发之路的自觉性，为农村日益增多的剩余劳动力提供了广阔的就业领域，为农民群众脱贫致富奔小康，促进农业持续、稳定、健康发展，开辟了成功之路，激发了农民群众的集增体主义意识；体现了国家大力发展农业和农村经济，增强农民群众的集体主义意识；体现了国家推进农业综合开发和维护农民群众利益的政策，使农民群众得到了实惠，加深了党群、干群之间的理解，进一步密切了党群关系和干群关系。有些项目区农民群众说："党和国家为我们办了很多好事，使我们感受最深的有三件：一是土地改革，二是联产承包，三是农业综合开发。农业综合开发是保障农业和农村经济持续发展，实现农业现代化的有效途径。"

八、关于组织拓展农业综合开发项目可行性途径的方略

对农业综合开发项目，必须进行调查研究、评估论证、审查批准、组织实施，检查验收、管护维护等环节管理。这就是在确立项目前，要经过深入调查研究，形成项目可行性报告，在这个基础上，组织有关专家评估论证、确立科学可行的项目，评定后的项目逐年上报审批；审批后的项目组织实施；实施项目监督检查；竣工项目组织验收；验收合格后项目管护维修，确保项目长期发挥效益。

农业综合开发项目可行性途径，由七个渠道构建：一是农业综合开发项目可行性研究；二是农业综合开发项目考察评估；三是农业综合开发项目规划设计；四是农业综合开发项目审查批准；五是农业综合开发项目组织实施；六是农业综合开发项目检查验收；七是农业综合开发项目维护管理。分别说明如下：

（一）农业综合开发项目可行性研究

农业综合开发项目可行性研究是农业综合开发项目前期工作的最重要内容，是农业综合开发项目评估的先决条件。

农业综合开发项目可行性研究是指以上级批准的项目建议书或批准的开发规模为依据，对申报项目的技术、经济、社会、生态等各种因素组合的合理性、可行性进行分析论证，并作多方面比较，进行评价之后编写的可行性研究。

凡是承担农业综合开发项目可行性研究报告的单位，要对其研究成果的可靠性、准确性负责。项目区有关部门要为可行性研究提供准确的资料，创造顺利的工作条件。

1. 农业综合开发项目可行性研究的内容。农业综合开发项目可行性研究的内容，主要是根据农业综合开发项目的范围、规模和内容确定的，一般情况，主要有以下九方面内容：

（1）农业综合开发项目情况概述。主要包括：项目背景、项目依据、项目规模、项目范围、项目目标、项目投资和项目效益。

（2）农业综合开发项目选择条件。主要包括：一是资源条件，指气候、土地、水利、草场、生物、能源等；二是社会条件，指人口、劳力、物质、文化、教育、政治、道德等；三是经济条件，指农林牧渔各业生产发展水平、经济收入、经营体制等条件；四是科技条件，指农林牧渔各业生产的先进科技推广，以及科技人员、科技服务队伍状况等；五是生产条件，指农田平整改良、水利灌溉、防护林网、道路、电力、通讯、加工贮运、市场服务体系等；六是生态条件，指农业生态环境质量评价与保护状态；七是其他条件，指农业资源开发潜力和存在的制约因素。

（3）农业综合开发项目工程范围。主要包括：一是农业综合开发的方针、政策、原则；二是农业综合开发项目工程建设，主要是指：改造中低产田、综合治理生态、改良草场、植树造林、农田水利工程及桥、闸、涵建筑物、农电线路、道路工程、农业产业化龙头和多种经营项目、农产品加工、产地批发市场及贮藏保鲜项目、农业种植和畜牧业养殖与水产业养殖基地。

（4）农业综合开发项目工程实施。主要包括：一是项目工程量估算；二是项目工程质量保证；三是项目工程实施进度；四是项目工程所需物资设备量。

（5）农业综合开发项目资金测算。主要包括：一是项目工程所需投资，主要是项目工程建设投资、项目区生产成本费用及其他费用；二是项目工程建设和项目区生产成本费用的来源及筹集。

（6）农业综合开发项目效益评价。主要包括：一是开发项目的市场需求预测，即对国内外市场产品需求情况预测、同行业生产情况预测、国内外市场价格预测；二是开发项目的产品市场供求预测，即对项目内粮棉油肉糖等农产品生产能力、多种经营产品生产能力的预测；三是开发项目的综合效益预测，即对开发项目区内经济、社会和生态三方面效益的预测；四是开发项目借用有偿资金偿还能力的预测；五是开发项目对社会环境影响的预测。

（7）农业综合开发项目组织管理。主要包括：开发项目的管理机构、组织方式、与有关部门分工协作的关系。

（8）农业综合开发项目结论与建设。要对农业综合开发项目工程形成全面、准确、具体的结论和建议。

（9）农业综合开发项目必备附件。主要包括：一是附图，即项目区分布图、工程布置图；二是附表；三是附件，即水利主管部门关于水资源平衡材料，财政部门关于承担配套资金的意见，土地管理部门关于荒地开垦的批准文件。

2. 农业综合开发项目可行性研究的要求。农业综合开发项目可行性的要求，主要有以下四项：

（1）要组织落实农业综合开发项目可行性研究的承担单位。农业综合开发项目可行性研究，应由各级主管部门委托有资格的设计或技术咨询单位负责进行，也可以组织有关部门专家成立临时性专家组承担。双方通过签订协议或合同，明确规定研究任务和责任、工作范围、前提条件、进度安排、费用支付办法以及协作方式等。承担单位的研究人员，应包括农业、林业、畜牧、水利、土壤、加工、经济、财务等方面的专家。

（2）要全面了解农业综合开发项目可行性研究的有关情况。这是农业综合开发项目可行性研究的基础性工作。为此，要全面调查了解农业综合开发项目的有关情况，搜集和掌握有关的方针、政策、历史、资源、环境、社会经济状况、国内外市场情况及有关开发项目信息和技术经济资料。

（3）要深入分析农业综合开发项目可行性研究的有关问题。既要研究分析农业综合开发项目背景、依据、条件、规模、范围、内容、目标、投资、效益问题，又要具体分析农业综合开发项目的组织实施和管理问题。要通过多种方案，进行分析、论证，从中选择最优方案。在进行方案决策时，采取科学分析方法，选定最佳方案。

（4）要认真编写农业综合开发项目可行性研究报告。经过技术分析论证后，证明项目建设的必要性、技术可行性和经济合理性，即按照可行性研究报告的格式和要求，认真编写可行性研究报告。报告初稿完成后，主管部门应组织有关部门和专家进行初审，加以修订和补充。修改定稿后，上报上级主管部门审批。

3. 农业综合开发项目可行性研究的方法。农业综合开发项目可行性研究的方法宗旨，是对农业综合开发项目的评价。它是农业综合开发项目决策科学化的手段，通过这个方法，对农业综合开发项目技术、经济、社会、生态等各种因素相互组合的可行性和合理性进行分析论证，并做出全面的经济评价，为科学决策提供依据。主要通过以下七种研究的方法：

（1）农业综合开发项目类型比较复杂，既有改变农业基本生产条件的土地治理项目，又有农业产业化经营项目带动农产品的系列开发。同时，农业生产在很大程度上受自然环境影响，项目的效益和费用估算的不确定性很大。为此，在进行评价时，要区别不同类型，采取不同的方法，简便易行，避免烦琐。

（2）农业综合开发项目的评价，主要是对农业综合开发项目进行财务评价和国民经济评价。财务评价主要是在国家现行财税制度和价格体系的条件下，从项目角度分析和计算项目的财务盈利能力和偿还能力，考察项目的财务可行性。国民经济评价是从国民经济全局和社会的角度，分析和计算项目对国民经济的净效益，考察项目为国家贡献社会效益，据以判断开发项目的经济合理性。

（3）农业综合开发项目的评价，应以国民经济评价为主。当财务评价与国民经济评价的结论相互矛盾，项目和方案的取舍应取决于国民经济评价的结果。农业综合开发项目，当国民经济评价认为可行，而财务评价不可行时，应提出采取相应经济优惠政策措施的建议，使项目具有财务上的生存能力。

（4）农业综合开发项目的评价，应采用定量分析与定性分析相结合、动态分析与静态分析相结合的方法，根据项目情况选择相应的静态分析指标和动态分析指标。静态分析是以项目会计年度的实际发生值为依据，不考察资金时间价值的影响；动态分析是利用复利的概念，在计算现金流量中考虑时间因素。农业综合开发项目评价，应作定量分析，对于一些难以定量计算的社会效益、生态效益等，则运用定性分析法。

（5）农业综合开发项目评价的项目计算期，包括建设期和生产期。建设期可根据建设任务的实际要求和国家投资的可能分别确定，土地治理项目一般为三年。生产期可根据不同类型项目的经济寿命期、贷款期和偿还期等情况确定，农业综合开发项目的土地治理项目计算期一般不超过五年，对农业产业化龙头项目和农业产品加工、经济林及设施农业种植业、畜牧水产养殖基地等项目，可根据实际情况确定。

（6）农业综合开发项目的评价，应采用"有无对比法"，计算出"有项目"与"无项目"对应的数量效益和增量费用，以此计算评价指标。

（7）农业综合开发项目的评价，应采用效益和费用计算口径统一的方法。对财务评价，采用现行价格，只计算项目本身的直接增量费用和由此产生的直接增量效益。对国民经济评价，既计算影子价格的效益，又应计算项目的间接增量费用和间接增量效益。

4. 农业综合开发项目可行性研究报告的评审。农业综合开发项目可行性研究报告，经各级主管部门确认后，即可向上一级主管部门申报，上一级主管部门应对可行性研究报告及时组织专家小组进行评估审查，如果认为可行性研究报告有必要补充修改时，应由专家小组提出意见。

（1）专家小组对农业综合开发项目可行性报告的评估审查意见，分为同意立项、不同意立项、需修改或重新设计、推迟立项四类。对于需要修改或重新设计的项目，应根据评估审查意见，进一步开展调查研究，修改设计方案，做好技术经济论证，修订补充或重新编制可行性研究报告；对于推迟立项的项目，在重新申报前，应根据推迟时间的变化，按照国家对农业综合开发项目的新要求，组织修订或重新编制可行性研究报告，另行上报审批。

（2）各地区上报农业综合开发项目可行性研究报告时，同时应该附上四种资料：一是土地管理部门对开发土地的批准书；二是环保部门批准的环境影响评价报告；三是各方面投资来源的承诺书；四是财政部门资金筹措的承诺书。

5. 农业综合开发项目可行性研究报告的责任。农业综合开发项目可行性研究报告，必须有编制单位的行政、技术、经济负责人签字，并对该报告的质量负责。可行性研究报告的审查主持单位对审查结论负责。

（二）农业综合开发项目考察评估

农业综合开发项目考察评估是农业综合开发项目准备工作任务完成后，由农业综合开发办公室组织有关部门专家组，对农业综合开发项目可行性研究报告进行全面细致的考察评估，对农业综合开发项目工程建设的必要性、技术可行性、经济合理性和配套资金的可靠性进行全面系统的论证和评价。这是指通过有关部门专家组深入实际考察评估，对农业综合开发项目的立项条件、技术措施、资金保证、综合效益等方面进行研究分析，正确判断是否科学合理、切实可行，以便为农业综合开发项目及其投资决策提供科学的依据。

1. 农业综合开发项目考察评估的范围。国家农业综合开发办公室组织开展项目考察评估的是农业综合开发土地治理项目和农业产业化经营项目。凡是申请新建项目和续建项目，都应在立项的前一年，向国家农业综合开发办公室报送可行性研究报告及有关材料，并需经过项目考察评估。农业综合开发项目考察评估，要严格按照项目区范围内的工程、产品、投资、成本、效益进行考察评估。具体地说，农业综合开发项目评估考察的范围，主要包括：

（1）对国家立项的农业综合开发项目或项目区，凡属于层次明确的总项目、分项目、小项目，应分层次进行考察评估。

（2）对国家立项的农业综合开发项目区，凡属于按行政区划确定的项目区，应按项目区进行考察评估。

2. 农业综合开发项目考察评估的内容。国家农业综合开发项目考察评估的内容，主要有以下五方面：

（1）考察评估土地治理项目区域、布局、规模、状况。主要评估中低产田和宜农耕地资源的数量、分布、增产能力、开发难易程度和对环境的影响及破坏程度、水资源保证程度，现有灌溉、排水、防洪、防涝工程设施现状和建设标准，以及农业科技服务体系、农村劳动力等情况。

（2）考察评估农业产业化经营项目的厂（场）址选择、产品方案、规划、设计等情况。主要考察评估农业产业化经营项目的资源、原材料供应、产品需求、交通运输情况、电力供应等情况。

（3）考察评估两类项目所需投资及其来源等情况。主要考察评估土地治理项目、农业产业化经营项目所需投资及其筹集、分配、使用、效益，各级财政配套资金、专项贷款、农村集体与农民群众自筹资金和其他渠道资金是否及时定额落实；各类项目总投资和单位工程投资标准是否符合实际；借款单位是否具有偿还财政有偿资金和专项贷款的能力。

（4）考察评估两类项目的客观必要性和实际可行性问题。主要考察评估：一是这两类项目是否有确立必要，是否符合农业区域综合开发规划和流域规划，是否具有增产增收的潜力；二是这两类项目所处的农业资源环境条件是否优越，包括土地、水利、基础设施、地理位置、原料供应、科技人员和服务体系等条件是否具备，环境影响评价是否经过论证；三是这两类项目的农业区域化布局是否合理。农业结构调整优化、农业产业化经营，是否有本地区和外埠市场；四是这两类项目的规划设计是否科学，是否采用先进科学技术，农业资源是否得到合理利用，综合治理措施设计是否合理，总项目和子项目是否协调发展。

(5) 考察评估两类项目取得经济效益、社会效益和生态效益情况。主要考察评估以下三方面指标和目标：

①考察评估土地治理项目的三项指标。一是经济效益指标。它是指粮棉油肉糖等主要农产品年增产量、亩增产量、亩投资（含各类资金）、总投资、每元增产量（粮、棉、油、糖）、人均增加纯收入、投入产出比、投资回收期等指标；二是社会效益指标。它是指粮棉油肉糖等主要农产品新增商品量和商品率，人均增加纯收入，新增加就业人数以及改善农业基本生产条件、增强农业抗灾能力等指标；三是生态效益指标。它是指土壤有机质含量、森林覆盖率、水土流失、土壤沙化、土壤盐渍化等改善指标。

②考察评估农业产业化经营项目的三项指标。一是生产经营指标。它是指在农业产业经营项目建成后，对其农业产品的产加销一条龙的经营成本、产品产量、价格、投资、建设工期等因素变化的指标评价；二是财务效益指标。它是指在农业产业化经营项目建成后，对其财务效益指标评价是否采用动态分析法，评价的主要指标是否有财务净现值、投资回收期、财务内部收益率；三是国民经济指标。它是指在农业产业化经营项目建成后，对其经济净现值、经济内部收益率、百元投资增值指标评价。通过上述指标评价分析，正确判断这类项目是否属于投入少、产出多、见效快、贡献大的项目。

③考察评估两类项目的社会效益是否具有示范、导向的发展趋势；考察评估两类项目生态效益是否符合当地实际情况。这两类项目总考察评估是否全面、准确、可行。

3. 农业综合开发项目考察评估的目的。农业综合开发项目考察评估是农业综合开发项目决策前的最后审定过程。考察评估的目的是为了保证取得农业综合开发的最佳效益。主要有以下四个目标：

（1）保证农业综合开发项目的目标能顺利实现。

（2）保证农业自然资源的合理开发与科学利用。

（3）保证农业综合开发项目投入少、产出多、见效快、贡献大。

（4）保证农业综合开发项目区农民群众增产增收、脱贫致富。

农业综合开发项目考察评估的目的实现，需要由评估考察的严密性和科学性保证。只有严密科学地进行考察项目评估，细致地审查分析，才能保证实现项目评估的目的。

4. 农业综合开发项目考察评估的意义。农业综合开发项目考察评估是农业综合开发项目管理周期中的一个重要阶段，是判断农业综合开发项目投资的重要环节，也是评价农业综合开发项目投资效益的根本措施。通过预测农业综合开发项目的综合效益，可作为能否确定农业综合开发项目立项的可靠依据。农业综合开发项目的范围广、规模大、内容多、周期长，组织开展好农业综合开发项目考察评估，具有重要的意义。主要体现在以下三方面：

（1）有利于科学决策立项区域。通过有关部门专家深入细致的调查研究分析，掌握有关农业综合开发项目的信息、情况、数据和资料，进行全面的论证和科学判断，可以搞清农业综合开发项目的工程建设必要性、技术可行性和经济合理性，避免和减少投资决策失误，这样才能科学决策项目投资方案。

（2）有利于科学选择最佳项目。各地申请建立农业综合开发的项目很多，由于国家资金有限，只能保证重点，择优立项，节约投资。通过评估，也可以择优选项，选出投入少、产出多、见效快、贡献大的项目。

（3）有利于提高项目投资效益。农业综合开发项目投资效益的高低，既取决于择优选好项目，又取决于项目规划设计的合理性及一系列投资前期的准备工作。因此，抓好投资前的项目考察评估，是加强农业综合开发项目投资管理的基础，是保证农业综合开发项目工程建设得以顺利实施，充分发挥农业综合开发项目投资效益的保障。

5. 农业综合开发项目考察评估的作用。通过农业综合开发项目考察评估，能起到以下四个依据的作用：

（1）农业综合开发项目考察评估是农业综合开发项目投资决策和编制项目规划设计的依据。项目考察评估是有农业综合开发项目前期准备工作任务完成后,对农业综合开发项目所作的科学性研究报告,是进行全面系统的评定和最后审定环节,是决定农业综合开发项目能否进行综合治理的主要依据,也是进行项目规划设计的依据。

(2) 农业综合开发项考察评估是农业综合开发项目所需财政资金、农业银行贷款的依据。中央农业银行明确规定:项目考察评估是农业银行贷款的先决条件,凡是使用农业综合开发专项贷款的项目,未经农业银行考察评估,或未经农业银行指定的咨询公司进行考察评估,农业银行有权拒绝提供贷款。世界银行等国际金融组织也都是经过考察评估论证后,才决定是否提供贷款。

(3) 农业综合开发项目考察评估是商谈合同和签订协议的依据。农业综合开发项目所需的资金、原材料、物资设备等,都需要有关部门提供和配合协作,都要依据考察评估报告进行签约。

(4) 农业综合开发项目考察评估是环境保护部门审查开发治理项目,对生态环境影响的依据。

6. 农业综合开发项目考察评估的任务。农业综合开发项目考察评估的任务,必须完成。基本任务有两方面:一是以现代科学知识为基础,依据所掌握的资料,运用先进的科学技术方法,按一定的目标,对农业综合开发项目可行性研究报告的技术先进性、经济合理性、建设方案可靠性,进行客观、公正的考察评估。要站在全局宏观的高度,对农业综合开发项目进行科学的评价。二是通过过项目考察评估,督促申请项目单位更深入调查研究项目确立的必要性和可行性的问题,尽快对所发现的问题进行认真的研究分析,及时对可行性研究报告进行充实、调整和修改,使之更科学合理化,以利于更好地选择项目。

7. 农业综合开发项目考察评估的要求。国家农业综合开发项目考察评估的要求,必须做到。具体要求做到以下八项:

(1) 要加强对农业综合开发项目考察评估的人员力量,建立各方面专家的评估组,充实考察评估专业人员,提高政策业务素质,增强组织协调能力。

(2) 要切实抓好农业资源条件考察评估,分别按照土地治理项目和农业产业化经营项目进行考察评估,对这两类项目,必须掌握经济财务数据资料,根据经济财务资料测算出各项财务结果。

(3) 要认真做好深入调查研究,考察评估专家小组在这两类项目评估过程中,要广泛听取各方面意见,注意搜集资料,对可行性研究报告中的基础数据和技术经济参数进行认真的核实和测算。既要选用先进技术,又要测算在技术条件下能否提高经济效益。既要分析受益者财务效益,又要评估国家经济效益,还要预测给社会、环境带来什么影响。因此,要求从多种角度和多方面进行评估。

(4) 要坚持做到不确定性研究,考察评估专家在这两类项目考察评估过程中,是在假设条件下进行的,比如价格、利率、生产销售、计算期等都可能发生变化,也会影响到项目的经济效益。这就产生了不确定性,也给项目带来风险。因此,要充分考察估计到这两类项目碰到风险的大小,以减少和预防可能的损失,需要做不确定性分析。一个风险大的项目,就不应该轻易确定,更不能组织实施。

(5) 要组织搜集整理分析,考察评估专家小组在对这两类项目可行性研究报告一般性审查的基础上,及时编写调查提纲,进行实地调查研究,搜集有关资料和技术经济参数、定额。同时,要对搜集到的资料进行整理、加工、汇总、分析、测算,编写调查表格,供编写报告时使用。

(6) 要严格把好质量关,考察评估专家小组负责人,应按照评估内容的要求,严格抓考察评估质量,切实保证评估报告的质量。考察评估结束后,根据各方面的分析结果,进行综合评价,提出结论性意见,考察评估人员在评估报告上签字。

(7) 要写好考察评估报告,考察评估报告是对可行性研究报告的分析结论,应当情况真实、数据准确、突出重点、结论明确。而不应该是可行性研究报告的翻版。在考察评估报告中,要对项目可行性研究提出的多种方案,加以比较分析,肯定最优方案,提出结论性意见。项目考察评估报告一般包括正文和附件两个部分:一是正文部分,主要是对项目的基本情况作概括叙述,对分析论证的主要问题作简要说明;二是附件部分,主要是为正文中的观点提供详细可靠的论据,主要包括有关的材料、表格、附图和批准文件。

（8）要及时向主审单位提交考察评估报告，要求评估专家小组将做出的评估报告，及时提交组织考察评估的项目主审单位审查。审查同意的项目，即上报批准立项。

8. 农业综合开发项目考察评估的原则。国家农业综合开发项目考察评估的原则，必须遵循。主要有以下四项原则：

（1）坚持市场导向、综合效益的原则。一是对土地治理项目，必须优先选择土地资源丰富、水源有保证、配套资金落实、土地集中连片、具有一定规模效益的区域，能够为国家提供商品粮食或减少粮食调入量；二是对农业产业化经营项目，必须选择符合市场需要、有发展前途、辐射带动作用强的农业产业化龙头和多种经营项目；三是这两类项目建成，都要实现经济、社会、生态三个效益。

（2）坚持依靠法制、遵守规章的原则。要认真贯彻党和国家有关发展农业和农村经济的方针政策，严格遵守国家关于农业综合开发的方针政策和规章制度。

（3）坚持实事求是、因地制宜的原则。项目考察评估是一项综合性、跨学科的工作，不同类型的项目在考察评估的具体方法上有所不同。我国幅员辽阔，农业和农村经济发展很不平衡，因此，在选择项目时，应考虑各地区的适应性和可行性问题，从实际出发，抓住本地区的优势和特点，择优选准项目。

（4）坚持资金有来源、回收有保障的原则。只有资金来源有保证的项目，才能按时建成项目工程，产生预期的综合效益。同时，必须坚持有偿资金回收有保障的原则。只有按时回收有偿资金，才能促使项目工程建设单位加强经济核算，提高资金利用率。

9. 农业综合开发项目考察评估的凭据。要组织开展好农业综合开发项目考察评估，必须提供以下真凭实据，主要有以下六种类型：

（1）国家经济建设、农业和农村经济的方针政策，国家《关于农业综合开发的方针政策》和规章制度。

（2）国家正式批准的土地利用现状调查、后备土地资源调查、国土开发整治规划、农业区域综合开发规划、流域规划等。

（3）国家农业综合开发办公室颁布农业综合开发的项目管理办法、资金管理办法、工程建设试行标准。

（4）国家有关农林牧渔各业和农村经济方面的法规，如农业法、土地管理法、基本农田保护法、水法、水土保持条例、环境保护法、草原法、森林法等。

（5）国家有关部门颁布的工程技术标准和规范、规程、指标等。

（6）国家正式公布的用于进行农业综合开发可项目工程建设评价的有关参数、定额等数据。

10. 农业综合开发项目考察评估的层次。农业综合开发项目考察评估由国家农业综合开发办公室和各省、自治区、直辖市、计划单列市和国务院有关部门农业综合开发办公室根据投资规模分层次、分类型组织。中央财政年度投资在1000万元以上（含1000万元）的土地治理项目，中央财政年度投资在500万元以上（含500万元）的农业产业化经营项目，由国家农业综合开发办公室组织评估。中央财政投资低于以上投资规模的项目，由各省、自治区、直辖市、计划单列市和国务院有关部门农业综合开发办公室组织考察评估，并报国家农业综合开发办公室备案。

11. 农业综合开发项目考察评估的程序。农业综合开发项目考察评估，应按照规定的程序，有步骤地进行。一般程序，有以下四步：

（1）确定考察评估项目。从农业综合开发项目的主办单位提出项目建议书起，上一级主审单位就应该搜索和掌握有关信息和基础数据，为项目考察评估做好准备，并根据可行性研究报告，确定考察评估项目。

（2）确定考察评估组织。这就是要组建有关部门专家考察评估小组。农业综合开发项目主审单位对可行性研究报告审查后，认为基本符合要求，即应组建有关部门专家考察评估小组，落实评估人员。专家考察评估小组一般由农业、林业、水利、土壤、经济、财政、银行等有关专业技术人员组成。由一名主审单位的领导和一名具有高级技术职称的人员，分别担任正、副组长。评估小组人数一般以 5~7 人为宜。

(3) 制定考察评估计划。在农业综合开发项目计划中，明确指出考察评估的目的、内容、要求和时间进度，以及有关注意事项。

(4) 组织考察评估实施。由有关方面的专家组成考察评估小组按照考察评估计划，拟定调查提纲，开展调查研究，搜集有关资料，分析和确定技术经济数据。对项目进行全面的审查和技术经济论证后，汇总基础数据，编写评估报告。

12. 农业综合开发项目考察评估的方法。国家农业综合开发项目考察评估，采用定量分析与定性分析相结合、动态分析与静态分析相结合的方法，坚持经济效益、社会效益和生态效益的统一，进行综合分析论证，要做到客观、公正。

(三) 农业综合开发项目规划设计

地方各级政府应组织有关部门，依据当地的农业资源优势，进行统一组织开展农业综合开发项目规划设计，进一步制定农业综合开发年度计划和阶段性的方案。农业综合开发项目规划设计，必须有以下七方面内容：

1. 农业综合开发项目区域自然地理状况。主要包括农业综合开发项目区域现状、自然条件、障碍因素。

(1) 区域现状。包括：一是项目区所属行政县、乡（镇）、村数，总人口、农业人口、农户、农业劳动力及构成；二是总土地面积、耕地面积、社会总产值、农业总产值、农村人均收入；三是农业生产现状、种植结构、产量等。

(2) 自然条件。包括：一是河流水系、总量、地下水和地表水的贮量、可利用量和已利用量；二是地理位置、地势地貌、土壤类型、土地面积、人均占有土地面积、各种土地资源；三是气候资源、平均气温、年降水量、日照时数、无霜期、有效积温。

(3) 障碍因素。对确立项目区域造成农业资源不能充分利用的原因，要从自然与社会、主观与客观，以及人力、物力、财力等方面分析障碍因素，以提出综合治理方案。

2. 农业综合开发项目区域确立的指导思想。农业综合开发项目区域确立的指导思想，主要包括农业综合开发的战略、目标、内容、结构、方式、标准、规模、主体、效益九方面指导思想：

(1) 在开发战略上，农业综合开发是在新的历史条件下，国家对农业和农村经济持续发展实行宏观调控，最终为实现农业现代化，而采取的一项战略措施，是国家保护农业、支持农业、发展农业和农村经济的政府行为。

(2) 在开发目标上，要着重提高粮棉油肉糖等农业产品的综合生产能力，增强农业发展后劲；同时，发展多种经营及龙头项目，以尽快增加农民群众收入，把保障社会性农业产品有效供给，促进农民群众致富奔小康的目标统一起来。

(3) 在开发内容上，要将广度开发与深度开发结合起来，从各地区实际情况出发，通过对水土资源的开发治理，改善农业基生产条件，增强抵御自然灾害的能力，同时，在开发项目区，充分利用和发挥当地的农业资源优势，从而带动农业产品的系列开发。

(4) 在开发结构上，要着眼于综合利用资源，优化农业产品结构，促进农林牧渔各业有机结合，一种二养三加工相互衔接。

(5) 在开发措施上，要重点解决农业生产发展的障碍因素，做到山水田林路综合治理，沟渠桥涵闸成龙配套。

(6) 在开发标准上，要坚持高起点、高质量、高标准，做到田成方、树成行、渠相通、路相连，农业基础设施配套，一步到位。

（7）在开发规模上，要求突出重点，以改造中低产田为主，适量开垦宜农荒地，坚持形成规模，集中连片，开发一片，见效一片，巩固一片。

（8）在开发主体上，要坚持农民群众自力更生为主，国家支持为辅，投入的主体应是项目区的农民群众。国家起导向和扶持作用。充分发挥农民群众自觉自愿投资投劳，量力而行，尽力而为。

（9）在开发效益上，要讲求经济效益，取得社会效益和生态效益。这是指促使农民群众增收致富，增加社会性农业产品供给，增强国家和农村集体济实力，保障农业生产与农村经济持续发展。

3. 农业综合开发项目区域的综合治理任务。农业综合开发的核心是"综合"，在综合上下功夫。这是指制定综合规划，综合利用资源，采取综合措施，进行综合治理，实行综合投入，取得综合效益。具体地说，主要有以下五方面：

（1）在制定综合规划上，按照国家扶持农业和农村经济持续发展的方针政策要求，因地制宜、合理布局、全面规划、科学设计、确定项目、核定投资、实施方案。

（2）在综合利用资源上，在农业综合开发项目区内充分利用潜在的农业资源优势，重点提高土地产出率和收益率；同时创造农业产业化经营的条件，提高农产品的转化率和增值率。

（3）在综合开发治理上，按照流域规划，进行区域开发，对山水田林路综合治理，不采取单项治理措施，对制约本地农业发展的因素，相应地采取工程、机械、生物、农艺、科技等综合配套措施。

（4）在实行综合投入上，统筹安排资金、物资、科技、劳力等生产要素，全面提高综合投入水平。

（5）在取得综合效益上，在取得经济效益的基础上，还要取得社会效益和生态效益，实现三个效益的协调统一的目标。

概括说，农业综合开发项目区域综合治理任务，是以农村山水林田路综合治理为中心，以改造中低产田为主，适量开垦宜农荒地，建成旱涝保收、稳产高产农田，加强农业农村公共基础设施建设，增强粮棉油肉糖等农林牧渔业产品综合生产供给能力，提高经济、社会、生态有机统一综合效益，促进农民群众增加收入、改善生活的任务指标。

4. 农业综合开发项目区域投资规模。按农业综合开发项目区域综合治理的任务和投资总额，计算土地治理项目和农业产业化经营项目的任务规模和投资额，以及这两类项目各占投资总额的比例。在投资总额中，中央财政、地方财政、农业银行、农村集体和农民群众等方面的投资额。要搞好农业综合开发项目工程建设，必须多方运筹资金，加大资金投入，促进资金及时到位，全面加强资金管理和监督。1988年以来，为了确保农业综合开发资金及时足额安排落实，国家明确农业综合开发资金筹措机制。

（1）中央财政逐年加大投资额，地方财政相应加大配套投资额。

（2）地方财政按中央财政投资配套投入，各省级财政投资配套投入比例一般为1：1，直辖市、计划单列市级财政投资配套投入比例一般为1：2。

（3）地方各级支配的农业综合开发财政资金，必须保证安排用于国家确定的农业综合开发项目投资，不足部分由地方财政弥补。

（4）国家农业银行逐年增加专项贷款，必须做到有指标有资金。

（5）农村集体和农民群众自觉自愿筹集的资金，必须及时足额落实。

（6）各地区拓宽资金渠道，采用合法形式引进资金，增加资金投入力度。

5. 农业综合开发项目区域通力合作。这是对农业综合开发项目区域在组织管理、项目管理、资金管理、科技管理和监督检查等方面相互配合协作的综合措施。

（1）在统一领导、统一规划的前提下，农业、水业、水利、土地、财政、银行、供销等有关部门积极参与，要同心同德，共同形成合力，共同开发。

（2）农业部门负责搞好土壤改良、培肥地力、良种繁育、科学种养、农机化服务。水利部门负责搞好项目区水利规划，把农田水利建设同骨干工程建设紧密结合起来，灌排设施配套完善，发挥整体效益。林业部门负责搞好农田防护林、水土保持林和水源涵养林建设。土地部门负责搞好国土整治、土地复垦工作。财政、银行部门筹措和管理监督资金工作。供销等物资部门负责生产经营建设物资分配作用工作，确保全面组织完成农业综合开发项目工程建设任务。

6. 农业综合开发项目区域项目管理。国家各级政府及有关部门对农业综合开发项目工程建设，必须按项目管理，项目申报确立前，要经过深入的考察评估，项目是否科学可行；项目审查批准前，要经过有关专家评估论证后，择优立项，按项目确定投资；项目实施中，要加强监督检查；项目竣工后，要按标准严格进行验收；竣工后的项目，要严格管护，确保长期发挥效益。具体地说，主要有以下六方面：

（1）在项目选择上，选择那些投入少、产出多、见效快、贡献大的项目先行开发。项目自下而上申请，自上而下择优确定。不准搞"人情"照顾项目，更不准搞脱离农业综合开发指导思想和方针政策的"要钱"项目。

（2）在项目确定，划定明确的项目区域，并绘图定位。项目区域划定后，按综合治理措施计算投资额，资金跟着项目走，不准按部门分配资金，也不准将资金用于非项目区。

（3）在项目规模上，在安排项目区域上要突出重点，坚持集中连片，实行项目区域开发，发挥规模效益，防止分散化，避免战线拉得过长，做到搞一片、成一片、见效一片、巩固一片。

（4）在项目实施上，在项目工程建设上，要坚持高起点、高标准、高质量，在施工过程中，健全管理制度，及时监督检查，一旦发现质量问题，要及时补救，限期返工。为了保证项目工程质量，要求层层签订责任合同书，实行目标管理责任制，采取有奖有罚的办法。

（5）在项目验收上，项目工程竣工后，要严格进行验收。凡是验收通过的项目，颁发合格证书，不合格的项目要进行"补课"，缺什么补什么，何时达到标准，何时颁发验收合格证书。

（6）在项目管护上，项目工程竣工后，要办理产权移交手续，严格执行管护制度，指定专职管护人员，明确管护责任，建立健全管护档案。

（四）农业综合开发项目审查批准

农业综合开发项目审查批准，一是农业综合开发项目的报批程序和内容；二是农业综合开发项目的审批界限和内容。

1. 国家农业综合开发项目的报批程序。国家农业综合开发项目的报批程序，规定以下两步：

（1）各地区、各单位申请的项目，以项目建议书的形式逐级上报，由省级和国务院有关部门农业综合开发办公室进行初选，并通知入选项目的地区、单位进行评估论证，编制项目可行性评估论证报告。

（2）省级农业综合开发办公室在择优筛选的基础上，按照国家下达的投资控制额度汇总编制省的总项目开发任务和投资计划，上报国家农业综合开发办公室，同时抄报国务院有关部门。由国家农业综合开发办公室，召集国务院有关部门共同审查，提出意见，报国家农业综合开发联席会议审定。

2. 农业综合开发项目的报批内容。国家农业综合开发项目的报批内容，主要包括：农业综合开发项目的选择、分类、周期、内容、层次、主体。

（1）农业综合开发项目选择的原则。国家农业综合开发项目选择的原则，主要有三项：一是自下而上申请，自上而下审定项目；二是选择投入少、产出多、见效快、贡献大的项目；三是不准选择人情照顾、背离农业综合开发方针政策的项目。

（2）农业综合开发项目的分类。国家农业综合开发项目分为两大类：一类为土地治理项目，即对土地资源开发治理，包括中低产田改造、生态综合治理、中型灌区节水配套改造项目，包括扩大宜农耕地、防护植树造林、天然草原草场改良、沙区绿洲农业建设等项目；二类为农业产业化经营项目，即农业产业化龙头和多种经营项目，包括农业产品加工、产地批发市场及贮藏保鲜项目、经济林及设施农业种植基地、畜牧业养殖与水产养殖基地项目。

（3）农业综合开发项目的周期。国家农业综合开发项目的周期分为四个阶段：一是项目选择。即在形成项目可行性报告之后，提出申请项目建议书的基础上进行初步筛选；二是项目准备。即对被初步筛选的项目进行评估论证，编制项目可行性评估论证报告，并组织规划设计，逐级申报，审批；三是项目实施。即对经批准后的项目，由建设单位按照上级批准的规划设计进行施工设计，并严格按照设计图纸施工；四是项目验收。即对按上级批准的项目工程建设期完工后项目，严格组织检查验收。

（4）农业综合开发项目的内容。农业综合开发项目的内容，主要有两方面：

①土地治理项目的主要内容包括：一是土地治理项目的背景，即土地治理项目的自然、社会、经济等现状；二是土地治理项目的必要性和可行性；三是土地治理项目的工程建设范围、地点、规模；四是土地治理项目的工程量和工作量；五是土地治理项目所需资金估算及其来源；六是土地治理项目工程建成后新增生产能力和综合效益被步分析；七是土地治理项目工程建设的组织领导和措施办法。

②农业产业化经营项目的主要内容包括：一是农业产业化经营项目的现状和开发的资源、技术、市场条件；二是农业产业化经营项目的工程建设规模、主要工程、技术措施；三是农业产业化经营项目所需资金估算及其来源；四是农业产业化经营项目工程建成后的经济效益、资产负债、偿还能力的预测和分析。

（5）农业综合开发项目的层次。国家农业综合开发项目分为三个层次：一层是总项目，即省级农业综合开发办公室和国务院有关部门，向国家农业综合开发办公室负责组织项目工程建设；二层是分项目，即地（市）、县和国务院有关部门所属二级机构向省级农业综合开发办公室负责组织项目工程建设；三层是子项目，即建设单位向地（市）、县、国务院有关部门所属二级机构负责实施项目工程建设。

（6）农业综合开发项目的主体。这是指农业综合开发的主体力量。农业综合开发实质是农民群众的事业，农民群众是农业综合开发的主力军，因而应动员农民群众直接参与管理，自觉自愿地成为投资主体，国家实行"民办公助"的政策。在各地区农业综合开发项目工程建设中，把国家扶持的资金当作"引子"，哪里资源潜力大，农民群众积极性高，自力更生精神强，积极投资投劳搞开发，国家就扶持哪里。为了调动农民群众开发的积极性，除了广泛向农民群众宣传农业综合开发的重要意义，抓好开发示范以外，各地还制定和落实了一些鼓励农民群众搞开发的优惠政策，以及引入竞争机制，实行招标承包等政策，激发农民群众投资投劳的积极性，充分发挥农民群众主体的作用。现在，各地区农民群众参加农业综合开发项目区生产建设积极性很高，许多地区在组织开展农业综合开发的"中央工程"建设基础上，还涌现出一批农业综合开发的"地方工程""农民工程"。

3. 农业综合开发项目的审批界限。国家农业综合开发项目的审批界限，就是在国家投资可能的前提下，择优选项，按项目定投资，将选定的若干项目相加，即为每个省级和国务院有关部门的开发任务和投资规模，对未选入的项目，存入项目库。

农业综合开发项目的审批内容。主要包括：农业综合开发项目确立实施的目标任务能否完成，各项资金筹措投入是否落实。各个环节监督管理是否规范，综合效益考核指标能否达到，农业现代化示范导向作用能否发挥。分别说明如下：

（1）农业综合开发总项目确立实施的目标任务能否完成。为此，要全面深入审查核实农业综合开发项目的任务指标。

①国家农业综合开发办公室根据不同建设期的总项目，分别核定其开发任务和投资规模，建设单位要按照核定后的开发任务和投资规模，组织实施项目工程建设。

②建设单位能否按照上级批准的项目规划设计进行施工设计，凡经国家批准的总项目，建设单位必须按省级农业综合开发办公室批准的项目规划设计进行施工设计，并严格按照设计图纸施工，不得擅自变更项目工程建设地点、规模、标准和建设内容。如因特殊情况确需变动时，经省级农业级综合

开发办公室同意，报国家农业综合开发办公室批准，省级农业综合开发办公室应将各子项目的年度实施计划汇总后，上报国家农业综合开发办公室备案。

(2) 农业综合开发项目资金筹措投入是否落实。为此，要审查核实农业综合开发项目资金筹措投入的内容和机制。

①农业综合开发项目资金筹措投入的内容，主要包括：一是要审查核实农业综合开发项目资金来源主要有四个方面：中央财政资金、地方财政配套资金、农业综合开发专项贷款、农村集体经济组织资金和农民群众自筹资金等。二是要审查核实农业综合开发项目资金投向，是否始终坚持以改造中低产田为重点，把土地治理项目与发展多种经营及龙头项目有机地结合起来，能否确保粮食等农林牧渔各业产品生产供应，促进农民群众增加收入、改善生活，走上小康之路。

②农业综合开发项目资金筹措投入机制能否实施。农业综合开发资金投入机制是指"国家引导、配套投入、民办公助、滚动开发"的农业资金投入机制。它是在家庭联产承包经营和市场经济条件下，全面总结农业资金投入经验教训基础上提出来的。这个资金投入机制包含：一是国家引导。这是指国家政策引导和资金来源、资金结构、资金投向、资金运用、资金核算、资金管理等方面的引导，采取世界银行的项目管理方式，实施全新的以项目定资金、资金跟着项目走的管理模式；二是配套投入。这是指在中央财政资金投入的同时，地方各级财政必须按照规定的配套比例落实配套资金。同时，相应配套农业银行专项贷款、农村集体经济组织和农民群众自筹资金；三是民办公助。这是指农民群众成为农业综合开发的投入主体、经营主体，界定了投资性质和产权属性，民办公助的性质决定了农业综合开发项目不同于国有基本建设项目；四是滚动开发。这是指部分农业综合开发资金实行有偿使用，按规定期限偿还以后继续用于农业综合开发项目，形成滚动机制。同时，农业综合开发事业是需要长期坚持、不断投入、滚动发展的事业。通过强化资金投入机制，发展壮大农业综合开发事业。

(3) 农业综合开发项目各环节监督管理是否规范。凡有国家农业综合开发任务的地区、部门，都必须设立主管农业综合开发的机构，以利于加强农业综合开发项目工程各环节的管理，建立健全农业综合开发项目的计划、资金、施工、档案等各项管理规章制度，严格按照各项管理规章制度，组织开展农业综合开发项目工程各环节的管理，加强农业综合开发项目实施过程中的监督检查。

①农业综合开发项目资金在资金管理上，能否从一般化管理提高到规范化管理。在组织开展农业综合开发项目工程建设上，一是否突破农业资金投入零星分散管理方式，实行规范化管理，建立项目资金投入申报审批制度、资金使用分期拨付制度和跟踪问效制度；二是否健全农业综合开发竣工项目资金使用验收制度和资金预决算制度；三是否推行农业综合开发县级项目资金报账制度。

②各级政府投资农业综合开发项目工程建设上，能否发挥示范导向作用。通过农业综合开发资金投入机制，能否采取部分有偿使用、定期回收、滚动投入这种方式，促使农村集体经济组织和农民群众转变"国家的钱不花白不花"的旧观念，提高资金使用效益的观念，推动农民群众走向市场，适应市场经济的发展起到积极的促进作用。同时，由于我国农业基础设施比较脆弱，而各级政府财力又相对不足，无法满足农业综合开发项目工程建设的需要。各级政府通过农业综合开发资金投入机制，可带动社会各界筹措农业综合开发资金，确保农业综合开发事业稳定持续发展的需要。

(4) 农业综合开发项目的效益考核指标能否达到。国家农业综合开发项目的效益考核指标，应按照农业综合开发的对象分别确定。对土地治理项目的效益考核指标规定为：一是粮棉油肉糖等农产品新增生产能力指标；二是农林牧副渔各业产值增加指标；三是农民群众人均纯收入增加指标。对农业产业化经营项目的效益考核指标规定为：一是连接农户的比例；二是当地农户提供农产品的比重；三是农产品的商品率；四是资金利税率；五是信贷资金近期归还的比例。

(5) 农业现代产业化示范引导作用能否发挥。主要审查核实农业综合开发资金投入机制，能否加大农业基础设施建设投入力度，着力改造中低产田，扩大旱涝保收、稳产高产农田面积，提高农业综合生产能力，为我国基本结束粮棉油肉糖等主要农林牧渔各业产品供给"短缺"状况作出重要贡献。要侧重审查核实各地区农业综合开发项目区建成后，能否起到逐年增加粮食、棉花、油料、糖料、瓜菜、果品、肉、蛋、奶、鱼、虾等产品生产供应的示范导向作用。特别着重审查核实农业综合开发项目区改造的旱涝保收、稳产高产农田地面积，能否逐年提高耕地总面积的比例，能否逐年增加粮棉油肉糖等供应量已占全国同期需求量的比重。

（五）农业综合开发项目组织实施

农业综合开发项目的实施要求，主要有五项：一是要确定农业综合开发项目组织实施的主管部门。国家农业综合开发项目组织实施的主管部门是国家农业综合开发办公室，统一负责组织地方各级农业综合开发办公室和国务院有关部门实施项目工程建设工作；二是要在国家农业综合开发项目工程建设过程中，坚持"治理与开发并重"、"骨干工程与田间工程并重"的原则，要保证项目工程建设标准，不准留下尾巴，不准有投资缺口；三是要对农业综合开发项目计划中的主要建设工程推行招标承包责任制。农业综合开发项目工程是以国家投资为导向，农民群众投资为主体建设的。为此，必须对农业综合开发项目计划中的主要项目建设工程，推行招标承包责任制，从严控制标底，切实做到维护农民群众的利益，使农民群众真正受益；四是要经常督促检查有关主管部门所属的勘察设计单位和施工队，为农业综合开发项目建设工程提供优质服务；五是要时刻促使建设单位严格把好项目工程质量关，对不符合质量标准的项目工程，必须追究项目工程建设负责人的责任。

农业综合开发项目工程建设标准的实施要求，主要包括三方面，其一，省级农业综合开发办公室和国务院有关部门，可以参照上述农业综合开发项目的实施要求标准，组织制定实施细则，并报国家农业综合开发办公室备案；其二，国家农业综合开发土地治理项目工程建设投资标准，以1997年为起点，每改造一亩中低产田投资标准为180元，每开垦一亩宜农荒地投资标准为360元。从2004年起，改造一亩中低产田投资标准，平原地区为440元、丘陵地区为570元。从2014年起，全国各地区农业综合开发土地治理项目工程建设投资标准，都依据实际需求，调整投资标准；其三，农业综合开发项目工程建设标准，从中央到地方各级政府及有关部门都在实践中认识到农业综合开发项目工程建设标准是实现政府投资目标、达到预期效益的一项制度。为此，在1988年至2019年期间，凡国家立项投资的农业综合开发项目，都必须参照国家各级农业、林业、水利等部门有关技术规范和工程建设规程，制定相应项目工程建设标准，进一步按照标准要求进行设计、建设、验收。31年来，全国各地区在组织实施国家农业综合开发的中低产田改造、宜农荒地开垦工程建设、植树造林项目工程建设、草场项目工程建设、产业化经营项目工程建设标准上，主要包括以下十一项：

1. 综合治理工程标准。

（1）项目区内制约农业生产发展的主要障碍因素基本排除，农业科技服务体系健全，农业生态环境明显改善，中低产田和新开垦宜农荒地的单位面积产量在二三年内分别达到当地的高产水平。

（2）项目区内水面得到有效利用。

（3）平原地区达到田成方、林成行、渠相连、路相通，实现园田化；丘陵区山区的坡耕地实现梯田化；工程建设不留"尾巴"；项目区及主要工程建筑物设立永久性标志。

（4）项目工程管护制度和管护组织健全，各项工程设施保持完好，能长期发挥效益。

2. 灌溉工程标准。

（1）灌溉保证率一般不低于75%，农业主产区特别是粮食主产区不低于85%，缺水地区不低于60%。

（2）新建、除险加强固和更新改造的小型水库及塘坝等工程符合水利部门规定的设计标准。排灌工程做到地下水资源可靠，利用合理。提灌站的机泵设备及输变电工程相互配套，综合装置效率达到有关规定标准。改造电灌站综合装置效率达到65%。

（3）引水渠道、灌溉渠道及附属建筑物形成整体、相互配套，达到设计标准。支、斗、农渠配套畅通，桥、涵、闸等建筑物配套，运行正常。干旱半干旱、缺水、渗漏严重的地区，斗、农渠衬砌硬化或采用管道输水。

（4）推行先进节水措施，防止大水漫灌和土壤盐碱化。

3. 排涝工程标准。

（1）涝区排涝标准不低于5~10年一遇，主要建筑物设计不低于10年一遇。

（2）排水沟配套畅通，排水有出路，断面及坡度设计合理，桥涵闸等建筑物配套。

4. 土壤改良标准。

（1）项目工程建设期内深翻（松）1~2次。

（2）每年每亩施农家肥2吨以上，秸秆还田率不低于30%。南方稻田区大力种植绿肥，北方粮田种植肥田作物或绿肥。玉米主产区要积极推广秸秆过腹还田，通过土壤改良措施，土壤有机质含量提高0.2个百分点以上。

5. 渍害田、盐碱地、瘠薄地改良标准。

（1）渍害田改造，要求具备配套的排渍沟系统，主支沟用石砌明沟或砼暗管。治理后的渍害田，在正常降雨条件下，地表不积水；三日暴雨后，丘陵地区不淹田，平原及沿湖河圩田三日内排除积水；非水稻农田控制常年地下水位在60厘米以下，砂姜黑土地下水位降到1米以下。

（2）盐碱地改造，建立完善的排灌系统，做到排灌分开，地下水位降到农作物生长的临界深度（2米）以下，土壤盐分基本排除，在返盐盛期，0~20厘米表土层含盐量降到0.2~0.3克/升。

（3）瘠薄地改造，客土加厚土层，使耕作层达到30厘米以上。河滩地引洪淤地。砂姜黑土或土壤中卵石多的要清除砂姜卵石，并掺黏土。

6. 田间工程标准。

（1）末级固定沟渠范围内的田间灌渠、排水沟及附属建筑物配套。河、库灌区，田间灌渠，排水沟及引水、出水口等建筑物配套。井灌区机电井布局合理，机泵、井台、出水池、渠道、10千伏以下输电线路及节水设施配套。

（2）中低产田、新开垦宜农荒地，做到地面平整，符合灌溉需要；旱地面要尽量平整；10度以上坡耕地修筑成梯田，地面平整，土壤活土层厚度不小于30厘米，田面宽度不小于5米，田埂稳定牢固，有排水沟、泄洪沟，达到防洪标准，防止水土流失。

（3）田间道路（机耕道、便道）的密度和宽度合理；平原地区道路通直，丘陵地区也要尽量通直；机耕道路平整，有条件的地方铺沙（石）或炉渣，农业机械能进入田间作业，运输方便。

7. 推广先进农业技术标准。

（1）良种繁育。本地区能自繁良种的，建立与所需良种相适应面积的繁育基地，保证覆盖率达到95%以上。

（2）机械作业。机械作业水平在原基础上有较大提高，平原地区主要作业基本实现机械化。

（3）技术推广。积极推广作物栽培、节水灌溉、植树造林、畜禽养殖、病虫防治、施肥、除草等先进适用技术，发挥科学技术在农林牧渔各业增产中的作用。

（4）技术培训。在农业综合开发项目建设期内，对基层干部、农民技术员和科技示范户进行先进适用技术培训3~4次，每个行政村有3~5名技术骨干，每10户有1户科技示范户，每户有1人掌握先进适用技术。对从事林果业，畜禽养殖业等农林牧渔各业生产的农民群众培训3~4次，全面掌握先进适用技术。

8. 农田防护林工程标准。

（1）当年造林成活率和三年后的保存率达到85%以上，林相整齐，结构合理。项目区林木覆盖率达到林业部门规定标准。

（2）平原地区农田防护林网网格面积200~300亩，最大不超过400亩；人少地多、以机械化作业为主的地区，林网网格面积不超过1000亩。

（3）在不与农作物争地的前提下，利用田间零星小片（100亩以下）空闲地、沙荒地、盐碱地营造经济林或其他林种。

（4）凡是适宜植树造林的农业综合开发项目区主要沟渠和道路两侧，必须形成保水土、防风沙的林带。

9. 农业综合开发成片造林工程建设标准。国家农业综合开发成片造林建设标准，主要有以下三项：

（1）造林面积在30亩以上。当年造林成活率和三年后保存率分别达到85%以上和70%以上，林地内不存在0.5亩以上宜林的无林地块。

（2）建设与造林面积相适应的种苗基地，因地制宜采用容器、地膜等先进适用育苗技术。

（3）封山育林地，每个封育面积不小于500亩，南方地区3~5年、北方地区5~7年后林草覆盖率达到90%以上，不存在1亩以上无林草地块。

10. 农业综合开发草场工程建设标准。农业综合开发草场工程建设标准，主要有以下三项：

（1）天然草场改良标准：一是草地连片，相对平整，成片面积在1万亩以上；草类盖度在90%以上，亩产鲜草量在500公斤以上；二是采用工程和生物措施围栏；对盖度不足或已退化的地块补种优良牧草，改良后不存在1亩以上无草地块；明显减轻毒草、病虫、鼠害。

（2）人工草场标准：一是连片面积在3000亩以上，草类盖度在95%以上，亩产鲜草量在1500公斤以上；二是对已退化草场进行耕翻，播种优良牧草，有水源的草场适当发展灌溉，基本消灭病虫鼠害。

（3）草籽基地标准：一是草籽基地面积在30亩以上，单位面积草籽产量达到每亩15公斤以上；二是选择自然条件和牧草生长好的人工草场作草籽基地，加强管理，消灭病虫、鼠害。

11. 农业综合开发产业化经营项目工程建设标准。农业综合开发产业化经营项目工程建设标准，主要有以下三项：

（1）综合标准：一是做到一头连接市场，一头连接农户，带动的农户占到当地农户总数的50%以上；二是加工产品以当地农产品作原料的占到60%以上；三是要从当地农村吸收一定的剩余劳动力；四是产品加工符合国家产业政策。

（2）建设标准：一是有一定的生产规模，产加销紧密衔接，形成一条龙产业化经营体系；二是生产工艺、设备和技术先进，产品有市场竞争能力；三是有一定的自有流动资金和较强的经济自主能力；四是企业内部有一套严密的管理制度；五是生产无污染、无公害产品，维护生态环境。

（3）效益标准：一是资金利税率、流动资金周转率、产值利润率、销售利润率高于当地同行业水平；二是能源、材料消耗低于当地同行业水平；三是产品成本低于当地同行业水平；四是连接的农户人均收入每年都有较大幅度增长。

（六）农业综合开发项目检查验收

国家农业综合开发项目检查验收是对已建成的农业综合开发项工程结果的检查和评价，对农业综合开发项目计划的工程任务、投资规模、综合效益等方面的实际情况，进行全面、深入、细致的检查和评价。农业综合开发项目检查验收有关事项包括以下十二项：

1. 农业综合开发项目检查验收的内容。首先，国家农业综合开发项目检查验收的内容，有以下六方面：

（1）是否按国家批复的农业综合开发总任务指标完成，农业综合开发总任务是指中低产田改造、生态综合治理、中型灌区节水配套改造、扩大宜农耕地、植树造林、草原草场等项目建设任务完成的数量和质量，是否符合主要项目工程建设设计的要求，是否达到规定的标准。

（2）是否按国家规定及时足额落实农业综合开发投资计划，农业综合开发投资是指中央财政资金、地方财政配套资金、农村集体和农民群众自筹资金等方面资金的落实。

（3）是否符合国家规定安排使用农业综合开发资金，有无违纪违法问题。

（4）是否落实财政有偿资金和专项贷款等债务。

（5）是否达到上级批准的农业综合开发的综合效益指标，农业综合生产能力是否提高，特别是粮棉油肉糖等农业产品新增生产能力是否提高，农民收入是否增加，农村经济实力是否增强。

（6）是否落实农业综合开发项目建成后运行管理的政策措施，有关文件资料、图表是否建立档案，妥善保管起来。

各省（区、市）及地（市）、县对分项目、子项目的验收内容，可仿照办理。

其次，国家农业综合开发总项目成果评价的内容，有以下五方面：

（1）农业综合开发项目确定的指导思想是否正确；农业综合开发项目是否符合国家有关方针政策要求，农业综合开发项目规划是否符合实际，农业综合开发项目工程措施是否得力，制约农业生产的主要障碍是否排除，农业基本生产条件是否明显改善；农业生产发展后劲是否增强。

（2）各级农业综合开发办公室是否坚持自力更生、勤俭办事的原则，各级农业综合开发资金是否能足额落实，特别是各级财政配套资金是否能及时拨付，能否专款专用，是否落实财政有偿资金债务，能否及时足额偿还，农村集体与农民群众自筹资金、农民群众投入劳动力数量是否到位。

（3）农业综合开发总任务、总投资计划是否完成，中低产田改造面积，扩大宜农耕地面积、新增排灌面积、改善排灌面积、新增旱涝保收面积、扩大良种种植面积、新增农田林网面积、适用的新科技推广面积是否如数落实，农业基本生产条件是否改善。

（4）农业抵御自然灾害能力，农业能否增产、增效，农业综合生产能力是否增强，对国家能否多贡献粮棉油肉糖等农业产品，能否保证社会有效供给，对农业综合开发项目区农民群众人均纯收入能否增加，农业综合开发综合效益，即经济效益、社会效益、生态效益能否实现。

（5）农业综合开发项目工程竣工后的工程质量如何，项目工项目工程交接、管护责任制是否落实，能否正常运营与维修，是否能长期发挥效益；各省（区、市）地（市）、县对分项目、子项目工程建设成果评价的内容，可参照办理。

2. 农业综合开发项目检查验收标准。首先，农业综合开发土地治理项目检查验收的标准。国家农业综合开发土地治理项目检查验收的标准，主要有以下五项：

（1）改造中低产田。中低产田改造要相对集中连片，山水林田（土）路综合治理，工程、生物、技术措施相结合，农业基本生产条件明显改善，综合抗灾能力增强，旱涝保收，稳产高产。经改造的低产田和中产田，主要农作物亩产量分别达到当地中产和高产水平；土壤理化性状得到明显改善，土壤肥力上升一个等级，田间水、肥、气、热状况能基本适应高、中产农作物生长的需要；水利排灌渠系和桥、涵、闸等建筑物质量合格，配套达标，运行正常，灌溉保证率在60%～75%以上，排涝工程不低于3～5年一遇；坡耕地改梯田达到保水、保肥、保土；农业机械化水平明显提高；当地适用的农林牧渔各业先进适用技术得到普遍推广应用，优良品种种植面积达到90%以上。

（2）开垦宜农荒地。新开垦的宜农荒地要做到：坐落、范围、面积与计划相一致，并有土地开垦许可证；土地权属明确，符合土地管理部门发证入地籍的要求；不产生新的水土流失；具备基本的生产条件，农作物亩产量二三年内达到当地中产水平。

（3）植树造林工程。农业综合开发项目区主要路、渠、堤两旁和宜林的小片滩地、隙地、荒地要植树造林，农田防护林要网格化，网格合理，严重风沙区的迎风面，林网应加厚；对农业综合开发项目区的宜林荒地、荒坡要绿化，造林成活率达到85%，保存率达到70%以上。

（4）草场建设工程。主要是对草场采取种植、改良、保护和利用等措施，要播种优良品种，亩产草量和载畜量有明显提高。

（5）其他项目工程。其他项目工程按批准的规划、设计任务书及有关部门规定的标准进行验收。

其次，农业综合开发产业化经营项目检查验收的标准。农业综合开发产化经营项目竣工后，应单独组织检查验收。对于各级承办的产业化经营项目，应采取分级检查验收的办法，其中地（市）、县级农业综合开发办公室等部门要对所有竣工项目工程进行逐个检查验收，国家和省级、国务院有关部门农业综合开发办公室则对重点项目工程组织检查验收。凡验收合格的，分别由验收组织单位颁发合格证。农业综合开发产业化经营项目检查验收的标准，主要有以下五项：

（1）项目工程是否按计划任务完成。

（2）项目工程建设是否符合标准，是否达到建设要求。

（3）项目工程所需各种资金是否及时、足额到位，资金使用是否符合有关规定。

（4）项目工程有关经济指标是否达到设计要求。

（5）项目工程的其他效益指标是否完成。

国家和省级、国务院有关部门农业综合开发办公室组织检查验收时，项目建设单位需提供四种类型资料：一是项目工程建设工作总结报告；二是项目工程竣工财务决算报表及审计报告；三是项目工程批复文件及有关图表；四是项目工程管护制度。

最后，农业综合开发资金检查验收的标准。国家农业综合开发资金检查验收的标准：地方（省、地、县）财政配套资金、农村集体和农民群众自筹资金及时足额配套落实、专款专用；财政有偿资金回收债务责任落实；农业综合开发专项贷款配套的数额、投向及回收期，符合国家批准的农业综合开发规章、计划和农业银行有关规定。

3. 农业综合开发检查验收的权限。国家农业综合开发项目按照总项目、分项目、子项目（包括各级的专业性项目），实行分级检查验收，由各级农业综合开发办公室组织或授权有关部门分别进行。

（1）总项目由国家农业综合开发办公室组织或授权有关部门检查验收。

（2）分项目、子项目分别由省（区）、地（市）、县农业综合开发办公室组织或授权有关部门检查验收。

4. 农业综合开发项目检查验收的依据。国家农业综合开发项检查验收的依据是经国家批准的农业综合开发项目规划设计或实施方案，以及主管部门的有关审批、调整文件等。农业综合开发项目技术、经济指标的测定，按照国家和有关部门现行的规程、规范要求执行。

5. 农业综合开发项目检查验收的条件。国家农业综合开发项目检查验收，要具有以下三个条件：

（1）农业综合开发项目工程建设单位按照上级批准下达的农业综合开发项目计划设计要求，完成了农业综合开发项目工程建设任务。

（2）农业综合开发项目工程建设经试运行或技术检测，项目工程质量达到了技术、经济指标。

（3）农业综合开发项目规划设计或实施方案、批复文件、有关图表、工作总结、财务决算、初验报告等文件资料齐全，符合建档要求。

6. 农业综合开发检查验收的资料。国家组织开发农业综合开发项目检查验收时，必须由建设单位提供有关资料。主要有：一是农业综合开发项目工程建设工作总结报告；二是农业综合开发项目投资计划完成报表；三是农业综合开发项目工程竣工图；四是农业综合开发项目工程竣工财务决算报表；五是审计部门的审计报告；六是投资、效益等项目任务，重点验收以下几项内容：一是项目资金配套落实情况；二是项目工程质量情况；三是项目竣工后综合效益情况；四是财政有偿资金回收情况；五是项目工程管护情况。为此，必须做好以下四方面检查验收的工作：

（1）要搞好各方面配合协作。农业综合开发是通力协作的综合系统工程，需要各方面配合协作。为此，一是中央农口有关部门要配合和支援；二是各省（区）级政府及有关部门要理解和支持；三是国家农业综合开发办公室各职能处要协调和互助；四是各验收组之间要相互鼓励和鞭策；五是各验收组内同志要团结和帮助。

（2）要坚持普查与抽查相结合。为了广泛深入地开展项目验收工作，必须做到：一是各项目省（区）农业综合开发办公室必须全面地组织开展普查工作；二是国家农业综合开发办公室检查验收组必须做到：既要检查项目区面上的情况，又要抽查项目区点上的情况；三是国家农业综合开发办公室负责同志必须对各检查验收组的工作开展情况进行检查。

（3）要坚持双方交换检查验收意见。在检查验收后，双方交换意见时，首先，请被查的项目区负责同志讲明对这次验收的想法和意见,而后,由验收组负责同志提出看法和建议。双方在交换意见时,要本着实事求是的原则,肯定成绩,指出实际存在的问题,提出针对性强的措施:一是提出项目工程建设、效益和管护的措施;二是提出项目资金的配套、使用和回收的措施。

(4) 要写出检查验收工作报告。各验收组要切实做好农业综合开发竣工项目验收的总报告和专业报告编写工作,掌握验收报告的内容。包括:验收的土地治理项目和农业产业化经营项目的开发任务完成情况、项目工程质量及工程管护情况、项目投资计划完成和资金管理情况;项目综合效益情况;农业综合开发人员队伍、机构建设和文件档案管理情况;农民群众自筹资金及投工投劳统计;农业综合开发项目档案资料。

7. 农业综合开发项目检查验收的层次。国家农业综合开发项目按批准的建设期竣工后,必须严格组织检查验收。检查验收分为三个层次:一是地(市)、县级自己检查验收;二是省级和国务院有关部门检查验收;三是国家检查验收,即在省级和国务院有关部门验收的基础上进行抽检。通过三个层次检查验收后,凡检查验收合格的总项目,国家农业综合开发办公室颁发合格证;检查验收不合格的,除限期补建或纠正外,还要给予批评或通报。

8. 农业综合开发项目检查验收的程序。农业综合开发项目工程建设中某个单项任务完成后,要及时组织验收,发现问题及时解决,确保农业综合开发项目工程建设的质量。验收按子项目、分项目、总项目的顺序进行。省级农业综合开发办公室对各地农业综合开发总项目要逐个检查验收。县以上各级可采用重点抽验的办法,本级初验合格后,要写出初验报告,报上级农业综合开发办公室,并提出检查验收申请,由上级农业综合开发办公室组织或授权有关部门进行正式检查验收,农业综合开发项目检查验收,采用听取汇报、现场考查、查对材料等相结合的办法进行。

9. 农业综合开发项目检查验收报告。农业综合开发项目检查验收后,负责检查验收的单位要写出验收报告。按照子项目、分项目、总项目,分别报地(市)、省(区)、国家农业综合开发办公室审批。

10. 农业综合开发项目检查验收的要求。组织开展农业综合开发项目检查验收是一项非常关键的工作。为此,具体要求做到以下四项:

(1) 要保持严肃认真的作风。一是要高度重视和严肃对待各个年度综合开发项目检查验收工作,要认清检查验收是对农业综合开发项目和资金管理成果的考核评价,是检验农业综合开发项目工程建设标准、质量和效益的重要手段,是监督农业综合开发资金的分配、使用、回收的有效措施;二是要认真组织开展农业综合开发项目检查验收工作,要切实按照国家农业综合开发资金的方针政策和规章制度,严肃认真组织开展检查验收工作;三是要深入账户、深入农户、深入田间、深入第一线,仔细查询、仔细分析、认真研究。

(2) 要做好充分细致的准备。要全面系统地搜集、了解各级政府及有关部门对农业综合开发项目区计划批复文件、项目工程组织实施情况资料、项目区提供的检查验收文件资料等。要做到:一是尽快搜集已批复的项目计划等文件资料;二是了解项目工程组织实施情况资料;三是审查项目区上报的自验报告和报表;四是确定抽查的土地治理项目区和农业产业化经营项目,在检查验收工作开展之前,必须做好以上几项准备工作。

(3) 要遵守廉洁勤政的纪律。开展检查验收工作的同时,还要注意做好廉洁勤政工作。一是要做到四不准。即不准接受礼品和纪念品;不准超过规定的接待食宿标准;不准参加用公款支付的娱乐活动;不准参加以赌博为目的的各种棋牌和麻将活动。二是要做到四个坚持。即必须坚持农业综合开发项目检查验收的任务和内容;必须坚持农业综合开发项目检查验收的原则和要求;必须坚持农业综合开发项目检查验收的标准和程序;必须坚持农业开发项目检查验收的方式和方法。三是要做到四个统一。即统一思想认识;统一领导指挥;统一开展活动;统一组织食宿。四是每天坚持8个小时检查验收,不迟到、不早退,不能因就餐而占用检查验收时间,要保质、保量、保时间地完成各项检查验收工作任务。

（4）要抓住检查验收的重点。要明确检查验收的重点是国家批复的农业综合开发土地治理项目和农业产业化经营项目计划（包括开发的规模、农业综合开发项目检查验收中发现的问题及解决问题的建议；对农业综合开发竣工项目的成果和问题等方面的总评价；二是要掌握专业检查验收报告的内容。即农业、牧业、林业、渔业和水利检查验收报告内容，应包括土地治理项目和农业产业化经营项目的各项任务完成情况、项目工程建设质量及管护情况、项目综合效益情况、存在的问题及解决问题的建议。对各专业竣工项目的成果、问题等方面的评价。

11. 农业综合开发项目检查验收的问题。各级政府及有关部门在组织开展农业综合开发项目检查验收工作中，还要正确处理好的以下八个问题：

（1）关于检查验收时间问题。今后凡是批复的一年项目计划，检查验收时间，都在批复计划后的第二年开始进行，由于每年上报、批复计划和拨借资金的时间都在半年以上，应给各项目区一年的时间，组织实施项目计划，以保质、保量完成各项任务，发挥项目工程效益。

（2）关于调查与验收相结合的问题。各级农业综合开发办公室调查、检查和验收等项业务工作量很大，需要的人力、财力的投入很多。因此，当在一个项目省（区）遇到同类情况时，就要采取几方面相结合的办法，将几个方面业务工作都一起组织开展起来，一同抓紧、抓实、抓好，以减少各级接待的压力，节约人力、财力。

（3）关于聘请检查验收组人员问题。每年农业综合开发项目检查验收工作任务繁重，都需要采取中央有关部门和北京等地区处级（含高工）以上负责同志参加。为此，聘请农业部（计划司、畜牧局、水产局、科教司）、水利部（农水司、水保司）、国土资源部、国家林业局、国家审计署、财政部（监察司、财政研究会）的专家，聘请北京市及邻近项目区的省、市选派有丰富财务与会计经验的负责同志参加检查验收工作。

（4）关于抽验项目区问题。为了搞清各地农业综合开发项目工程建设和资金安排使用的实际情况，应采取抽验的办法。凡是抽验的项目区，由验收组集体研究决定，在检查验收工作开展时再通知。

（5）关于检查验收组成员问题。每个检查验收组成员由4~5人组成，包括农业（土地）、水利、林业、财务（审计）等方面的人员组成，每个检查验收人员的组成，既不能少于3人以下，又不能多于6人以上，要做到老中青结合，各专业人员结合。

（6）关于检查验收工作时间安排问题。要科学合理安排检查验收工作的时间，对检查验收工作的汇报座谈、访问农户、查阅文件、商讨问题、交换意见、搜集资料的时间不能少于一半验收时间。对实地考察土地治理项目区的工程设施、机械设备、工程管护和农业产业化经营项目的时间，不能多于一半验收时间。

（7）关于搜集检查验收文件资料问题。各验收组要全面搜集检查验收工作的资料，特别是对各竣工项目检查验收统计资料，要及时、准确地搜集、整理出来，并要进一步加工、分析，要达到去伪存真、真实无误的要求。如果检查验收组回京后，还向被验省（区）要有关资料，就是不称职的表现，应给予批评。

（8）关于农业产业化经营项目检查验收问题。各验收组应将农业产业化经营项目验收工作纳入检查验收日程，对每个竣工项目省（区），应抽验1~3个农业产业经营项目，并在检查验收总报告中要简要说明。对农业、林业、畜牧业、水产业等专业报告要具体说明。总之，要切实抓好农业产业化经营项目检查验收工作，督促各地区、各部门及时解决好农业产业化经营项目检查验收中发现的问题。

12. 农业综合开发项目检查验收的评比。为了加强农业综合开发项目管理，保质、保量、保时间地完成农业综合开发项目工程建设任务，建立健全竣工项目工程管护责任制，切实发挥竣工项目工程效益，而对农业综合开发项目工程的规划设计、计划审批组织实施、竣工管护和效益发挥等方面组织开展检查验收，采取考核评比办法。

现将农业综合开发项目工程建设检查验收评比有关十方面事项说明如下：

（1）检查验收评比的依据。以《国家农业综合开发项目建设试行标准》、省部级农业综合开发项目管理办法实施细则（暂行）为依据。

（2）检查验收评比的对象。凡是组织开展国家立项的农业综合开发项目工程建设的各级农业综合开发办公室、配合协作的有关部门、建设的单位和人员，都是检查验收评比的对象。

（3）检查验收评比的方式。检查验收评比，分年度检查验收评比和三年综合检查验收评比。年度检查验收评比是对地（市）、县（市）年度农业综合开发项目进行检查验收评比。三年综合检查验收评比是在验收之年对组织实施三年农业综合开发项目的各级农业综合开发办公室和配合协作的有关部门、建设的单位和人员进行检查验收评比。

（4）检查验收评比的内容。年度检查评比内容为：开发项目计划任务完成情况；开发项目工程建设数量、质量完成情况；项目工程采用技术措施情况；开发项目资金配套落实情况；财政有偿资金债务落实、偿还情况；农业综合开发专项贷款配套落实情况；农民群众投资、投劳落实情况；综合效益指标完成情况；档案管理、报表编报工作情况；农业综合开发机构人员发挥情况；已建项目移交管护落实情况；有关部门参与农业综编开发工作情况；从事农业综合开发项目工程建设的单位和人员工作政绩情况。

（5）检查验收评比的准备。年度检查验收评比前，子项目建设单位必须准备项目工程建设、竣工总结报告；项目工程规划设计方案；项目工程规划设计图和项目竣工图；项目工程建设统计报表；对项目计划的批复；有偿资金的借款合同和还款措施；项目财务档案；审计部门的审计报告；农民群众自筹资金账目及投工投劳统计；项目移交登记和订立的项目管护制度。

检查验收评比前，各省级项目区必须准备：对农业综合开发各年度计划的批复；年度农业综合开发工作总结；年度农业综合开发资金使用情况汇报；年度农业综合开发专项贷款使用情况汇报；年度农业综合开发任务完成情况统计报表；各种报表及财务档案材料；财政有偿资金的借款合同及还款措施；审计部门的审计报告；省级项目的检查评比结论；省级有关部门农业综合开发工作总结，农业综合开发先进个人总结和单位推荐意见。

（6）检查验收评比的程序。对于年度检查验收评比和三年检查验收评比，各省级项目区在自验的基础上，对上一年或三年期所有开发县或地级子项目任务完成情况进行检查验收评比，并向省农业综合开发办公室写出检查验收评比结果报告。省级在地（市）级检查验收初评的基础上，于每年第三季度内进行抽查复评。

（7）检查验收评比的标准。各省级项目区对地（市）、县（市）项目评比的等级分为优秀、良好、及格、不及格四种，对农业综合开发县的检查验收评比，应采用实地检查、综合评比、量化评分方法。对农业综合开发地（市）的检查验收评比，则主要根据农业综合开发地（市）对所有县（市）项目的初评情况，省级应依据农业综合开发县抽查复评情况及地（市）农业综合开发工作情况评出。评为优秀的地（市）应有60%以上的农业综合开发县（市）被评为优秀并无不及格的农业综合开发县（市）。

对于年度检查验收评比结果，应作为三年综合评比的依据。对于年度检查验收评比有不及格或及格的地（市）、县（市），三年综合评比不能获得优秀。对积极支持农业综合开发工作的省级有关部门，成绩突出的评为先进单位。对在农业综合开发工作中做出突出的人员，评为优秀工作者。

（8）检查验收评比的资金。每年从农业综合开发省级财政无偿投资中提取2%作为以奖代补专项资金。由省农业综合开发办公室根据评奖情况提出资金分配方案。各地（市）不得从农业综合开发项项目投资中再提取同类资金。

（9）检查验收评比的奖励。对农业综合开发项目工程建设，每年进行一次检查验收评比，三年进行一次奖励。三年综合评比结果汇总被评为优秀的地（市）、县（市），省将择优颁发农业综合开发优秀奖。县优秀奖的名额不超过全省开发县（市）数的10%，地（市）所属开发县（市）优秀奖的名额由省下达，地（市）初评上报，经省复查后确定，省通过检查验收评比，评出优秀的地（市）。

对被评为农业综合开发优秀奖的地（市）、县（市），将进行表彰并给予奖励。对被评为优秀奖的农业综合开发县（市），其奖励金额的70%用于项目工程建设，奖励金额的20%用于改善农业综合开发办公室工作条件，奖励金额的10%用于农业综合开发的优秀工作者。对被评为优秀奖的地（市），奖励金额使用的比例和用途同县（市）。

对在三年综合评比时被评为先进单位的省级有关部门和农业综合开发优秀工作者也将给予表彰和奖励。对省级检查评比时被评为优秀的地（市）、县（市），将视情况增加下年度投资规模和优先安排新建项目。对检查验收评比不及格的地（市）、县（市），将在全省通报批评，并视情况调减下年度投资规模。对问题严重并屡教不改的，要取消其综合开发立项的资格。

（10）检查验收评比的组织。各级检查验收评比，均由各级农业综合开发领导小组组织进行。对评出的农业综合开发优秀奖、农业综合开发先进单位和农业综合开发优秀工作者，将由省农业综合开发领导小组给予表彰。

（七）农业综合开发项目维护管理

对于经过验收合格的农业综合开发的分项目、子项目，分别由省（区）、地（市）农业综合开发办公室批准颁发验收合格证书，立案存档；对不合格项目，发现问题及时处理，限期达到设计要求。

1. 农业综合开发项目工程建成后，需与有关管理部门办理固定资产交付使用手续的项目，要按有关规定办理转账手续，加强固定资产管理。对于改造后的中低产田，经验收合格，要按国家规定作为基本农田严加保护。

2. 农业综合开发项目工程建成后管护的要求。农业综合开发项目工程建成后，必须切实加强对竣工项目工程的管理，具体要求做到以下三项：

（1）要及时办理移交手续

凡属土地治理项目工程，竣工验收后，必须及时办理移交手续，明确管护主体，严加管护，保证长期正常运转，发挥效益。当地县、乡政府和有关主管部门要建立严格的项目工程管护责任制度，认真落实管护措施。

（2）要依法保护开发治理项目

凡属国家立项改造过的中低产田、开垦完的宜农荒地、营造好的防护林和建设成为沙区绿洲的农业用地，必须依照国家法规进行保护，法定列入基本农田保护区，不准征用或占用。如国家重点项目工程需要征用，须报经省政府批准，归还原来的投资。

（3）要创造以工程养工程的条件

国家农业综合开发项目工程的建筑设施、机械设备的维护、改造、管护人员报酬等项支出，必须创造以工程养工程的条件，由管护单位自行解决，确有困难的，由各级政府统筹解决。

本书主编简介

韩连贵 1963年7月，中央财经大学本科毕业后分配到财政部工作。1963年至1970年，在国防外事司外汇处工作。参加吉林省柳河县"四清"社教工作，担任郭家沟生产队社教组负责人。参加财政部湖北五七干校劳动锻炼，担任连长、干校常务委员；1971年至1979年，在财政部行政事业司综合处担任副处长，在财政部河北五七干校担任副校长、党委常委，在财政部教材编审委员会担任农业农村财政财会教材编审负责人，财政部评定高级经济师。

1980年至1988年，在财政部农业司、农税局工作，参加中共中央党校学习，担任学习班长，先后担任处长、副司长（局长），被湖北、湖南、江西财经学院特聘农财（税）专业教授，主编、撰写《农业经营管理基础知识》《国营农业企业财务会计》《农村社队企业财务会计》《人民公社生产队财务管理》《人民公社财政与财务管理》《农村财税与财会工作手册》《农业事业财务管理》《乡镇企业财务管理与会计核算》《农业经营管理》等书。

1989年至2000年，先后在财政部农税局担任副局长、局长，农发办主任（司长），兼任中国农村财政学会副会长，被中央财经大学财政干部管理学院、北京农业大学、东北农业大学、东北财经大学、中南财经大学特聘为农业农村财经专业教授，主编、撰写《农村税收管理》《农村税收管理与核算》《农业综合开发文集》《走农业综合开发之路》等书。

2001年至2019年，先后在国家农业综合开发办公室担任巡视员，在国家计划生育协会担任常务理事，在农业部中国农业专家咨询团担任领导成员，在中国财政学会县级财经研究专业委员会担任顾问。期间，在"三农"领域和有关专家联合开展《农村土地使用权流转》《新时期农民有关问题》《农业产品产销订单合同》《农村民营企业发展》《我国农业实践与发展之路》《社会主义新农村建设》《农业产业化经营安全保障体系建设》《我国农业实践与发展之路》《农业信息化体系建设》等课题研究，在上述课题研究的基础上，形成《中国财政扶持"三农"发展保障之路探讨》和《新中国农民脱贫之路——中共七届二中全会以来农民脱贫致富奔小康方略规程经验启示》研究成果，在中国财政经济出版社出版。